MASS MEDIA RESEARCH

An Introduction / 10th Edition

매스미디어 연구방법론

Roger D. Wimmer • Joseph R. Dominick 지음
유재천, 김동규 옮김

한 경 사

Cengage

Australia • Brazil • Canada • Mexico • Singapore • United Kingdom • United States

Cengage

Mass Media Research: An Introduction,
Tenth Edition

Roger D. Wimmer
Joseph R. Dominick

Original edition © 2014 Wadsworth, a part of Cengage Learning.
Mass Media Research: An Introduction, 10th Edition by Roger D. Wimmer and Joseph R. Dominick
ISBN: 9781285074603

ISBN: 978-89-6844-038-0

Cengage Learning Korea Ltd.
14F YTN Newsquare 76 Sangamsan-ro
Mapo-gu Seoul 03926 Korea

Cengage is a leading provider of customized learning solutions with employees residing in nearly 40 different countries and sales in more than 125 countries around the world. Find your local representative at: **www.cengage.com**.

To learn more about Cengage Solutions, visit **www.cengageasia.com**.

Printed in Korea
Print Number: 04 Print Year: 2024

역자 머리말

이 책은 위머(R. D. Wimmer)와 도미니크(J. R. Dominick)가 지은 〈Mass Media Research — An Introduction〉 10판 국제판(Wadsworth Cengage Learning)을 완역한 것이다.

유재천 교수가 이 책의 1983년도 판을 처음 번역 출판한 이래로 1994년도 판(4판), 2009년도 판(8판)에 이어 네 번째 번역본인 셈이다. 역자들의 능력 부족에도 불구하고 이 책은 지난 20년 이상 매스미디어 연구방법론의 교재나 입문서로 과분한 사랑을 받아 온 게 사실이다. 아마도 초기 매스미디어 연구방법에 대한 교재나 전문서가 국내에 별로 없었던 덕택이었다고 생각한다.

그러나 그 동안 국내에도 매스커뮤니케이션 분야의 확장과 함께 연구방법론을 본격적으로 다룬 교재용 도서나 전문 서적들이 여럿 등장하였다. 따라서 역자들의 고민은 굳이 이 책의 새로운 판이 나왔다고 해서 번역서를 새롭게 출판해야 하는가 하는 것이었다.

그럼에도 불구하고 역자들은 다시 10판을 번역하기로 결정하였다. 그 이유는 무엇보다도 이 책의 구성이 갖는 체계성과 차별성 그리고 내용의 최신성에 있었다.

먼저 이 책은 잘 알려진 바와 같이 매스미디어 연구와 통계분석의 입문서로서 적합하게 내용이 다양하게 구성되어 있고 서술이 매우 명료하고 간단하다. 그뿐만 아니라 관련 사례 제시가 매우 풍부하고 시의적절하다. 따라서 해당 분야별로 연구에 관심 있는 독자라면 연구 아이디어를 얻거나 이를 바로 연구에 활용할 수 있다는 장점이 있다.

그 다음 특징은 미디어 연구의 최근 변화를 적절하게 반영하고 있다는 점이다. 특히 2부에서는 각 연구방법의 최근의 발전 내용 및 방법 이용의 전반적인 변화 추세를 잘 설명해준다. 아울러 4부에서는 미디어 연구의 핵심 분야인 신문과 잡지, 방송, 광고, PR분야를 대상으로 한 조사 및 연구방법의 최근 내용과 그 사례들을 체계적으로 소개하고 있다.

무엇보다도 인터넷과 디지털 환경의 발달이라는 미디어 환경의 변화를 책 전반에 적극 수용하였다. 저자들이 서문에서 밝히고 있는 바와 같이 미디어 테크놀로지의 급속한 발달에 따른 새로운 미디어, 즉 인터넷과 소셜미디어 등에 관한 최신 연구 성과는 물론 이의 방법론적 활용도 잘 정리 · 소개하고 있다. 특히 연구영역이나 방법별로 온라인 활용의 현황을 소개하고 미래의 가능성까지 제시하였다.

그러다보니 이 책의 내용은 이전 번역본인 8판에 비해 여러 내용들이 추가되고 내용과 범위도 확대되었다. 따라서 역자들이 처음 생각했던 것보다 품이 많이 들어갔고 출판사와 약속한 기일도 상당히 넘기고 말았다.

모든 외국서적 번역들이 그러하듯이, 중요한 개념들을 우리말로 옮기는 일과 우리에게 생소하거나 우리가 경험하지 못한 외국 사례들을 어떻게 처리해야 적절한가의 문제는 이번 번역에서도 여전히 어려움과 한계를 실감케 하였다. 최대한 학술적으로 공통된 용어를 사용하고 역자 주를 통해 내용을 보완 · 설명하며 한국적 적용 가능성을 제시하려고 노력했지만 역자들의 능력 부족을 고백하지 않을 수 없다. 선배, 동료 및 후학들의 충고와 교정을 바라는 마음 간절하다.

이 자리를 빌려 10판 번역을 긴 기간을 인내하며 기다려준 출판사 한경사에게 고마움을 전한다. 특히 이계남 사장, 기획과 편집을 담당해주신 편집부 직원분들께 감사드린다. 원고 정리와 교정을 도와준 서강대 차유리 박사와 건국대 천현진 선생의 정성어린 도움이 없었으면 출판은 훨씬 더 늦어질 수밖에 없었을 것이다. 아울러 늘 관심을 가지고 격려해주신 KAIST 정보미디어경영대학원 오택섭 교수님과 서울대 강남준 교수님 그리고 고려대 최현철 교수님을 비롯하여 학계 여러 선후배님들께도 고마운 마음을 전한다.

2014년 7월

역자 대표 김동규 올림

저자 머리말

1970년대 후반 매스미디어 연구방법을 가르치기 시작할 때만해도 이를 따로 다루는 책이 없어 심리학과 사회학의 방법론 책들을 가져다 쓸 수밖에 없었다. 그러다보니 강의시간에 미디어와 관련된 연구사례를 들어 설명하기가 매우 어려웠다. 그래서 저자들은 1980년대 초반 매스미디어 연구방법을 다루는 책을 쓰기로 뜻을 모았다. 이 책은 그런 의지의 결과이다. 이후 매스미디어 지형을 바꾸는 새로운 테크놀로지들이 등장에 맞추어 그 내용을 강조하고 보완했다.

이전 판에서도 언급한 바와 같이 우리 삶 모든 영역에서 무언가 변화는 끊임없이 일어나고 있으며 때로는 그런 변화를 따라잡기 어려울 때가 있다. 이전의 모든 판들이 그렇듯이 해당 판을 쓸 때만 해도 존재하지 않았던 새로운 테크놀로지와 이를 활용한 새로운 연구기법들이 속속 등장한다. 위성TV와 라디오, CD, 인터넷, MP3플레이어, DVD 그리고 블루레이 등의 발전을 지켜보는 것은 흥미로운 일임에 분명하다. 그러나 최근 요 몇 년간에 걸쳐 일어난 테크놀로지의 급속한 발전 특히 스마트폰, 스마트TV 및 컴퓨터 태블릿의 등장은 가히 충격적이다. 이들 테크놀로지의 등장은 새로운 연구주제와 기회를 풍부하게 제공하고 있어 앞으로 매스커뮤니케이션이 어떻게 변화할지 관찰하는 것 자체가 재미다.

매스미디어에 대해 가르치고 연구하는 저자들로서는 이 책을 통해 가능한 한 가장 자세하면서도 최신의 정보를 제공해주고자 노력하였다. 그러나 매스미디어 내 변화가 너무 자주, 급속하게 일어나고 있어 그 내용을 속속들이 다 담아내기는 어려운 게 현실이다. 이전 판에서 언급한 바와 같이 이 책은 방법론을 처음 듣는 학부학생들, 연구를 수행하고 결과를 해석하는 데 기본적인 참고도서가 필요한 미디어 전문가들을 대상으로 한다.

따라서 이 책에서 다루고 있는 주제들에 대한 더 많은 정보를 얻고자 한다면 이 책에서 소개하는 인터넷 검색 안내를 잘 활용해주기 바란다. 나름 특색 있는 형식으로 검색 안내를 하고 있으니 해당 용어나 정보원들을 잘 검색해보길 권유한다.

인터넷 검색 안내는 고딕체로 되어 있다(예를 들면, Google). 즉 인터넷 검색을 제안할 때마다 그 검색어는 고딕체로 표현하였다. 검색어에 인용부호가 있다면 그것을 찾아봄으로써 검색을 정확하게 할 수 있으며 쓸모없는 정보를 찾는 데 시간을 허비하지 않도록 해줄 것이다. 가령 이 책에 관한 더 많은 정보를 인터넷으로 검색하고자 한다면 "Mass media research" Wimmer Dominick을 검색어로 제시하고 있으니 인용어구를 포함하여 적힌 그대로 정확히 검색어를 입력하면 된다.

만약 인터넷 검색엔진 사용이 낯설다면 이 책의 웹사이트인 'www.wimmerdominick.com'으로 들어와 검색엔진 이용에 관한 안내문을 읽어보기 바란다.

이 책의 구성

이전 판에서 언급한 것처럼 우리의 목표는 독자들이 전문적인 수준에서 매스미디어 연구를 활용하는 데 필요한 도구들을 제공하고자 하는 것이다. 여기에는 목표나 절차의 단순화, 매스미디어 연구에 필요한 정보의 이용 등이 포함된다. 독자들이 연구와 더 친숙해지고 그 무한한 가치를 인식할 수 있기를 바란다. 우리는 오늘날 연구가 어떻게 활용되고 있는 지를 보여주기 위해 광범위하게 그 적용 범위를 소개하고 있다.

이 책은 크게 네 부분으로 나뉜다. 1부에서는 매스커뮤니케이션 연구의 전반을 개괄하고 있는데, 여기에는 연구 요소, 연구윤리, 표본 추출 등이 포함된다. 2부는 질적 연구, 내용분석, 서베이, 종단연구, 실험연구 등과 같은 주요 접근 방법들을 각 장으로 나누어 소개하고 있다. 3부에서는 자료분석 영역으로 통계와 가설검증을 다루고 있다. 4부에서는 미디어 연구의 응용, 특히 새로운 연구영역들을 소개하고 있는데, 여기에는 인쇄미디어, 방송미디어, 광고, PR 등이 포함된다.

새롭게 추가된 내용

이번 10판에는 대부분의 장에 여러 내용들을 새롭게 추가했다. 미디어산업 현장의 변화를 반영하는 내용뿐만 아니라 그동안 이 책을 사용한 교·강사, 학생, 미디어 전문가들의 코멘트도 반영되었다. 특히 인터넷과 소셜미디어가 매스미디어 조사연구에 크게 영향을 미치고 있어서 이를 각 장에 적절히 반영하고자 하였다.

그 구체적인 변화 내용을 소개하면 다음과 같다.

- 1장(과학과 연구): 스마트미디어의 등장에 따른 매스미디어의 새로운 정의와 이들 새로운 미디어에 대한 논의
- 2장(연구 요소): 최신의 다양한 측정도구와 사례들의 소개

- 3장(연구 윤리): 페이스북(Facebook)과 트위터(Twitter) 등과 같은 소셜미디어 관련 연구를 수행할 때 준수해야 할 연구윤리뿐만 아니라, 사람 대상 연구에 관한 최근의 연방규칙 소개
- 4장(표집): 표본 추출 방법과 추출 시 발생하는 여러 문제들에 대한 최신 논의
- 5장(질적 연구방법): 혼합연구방법과 넷노그래피(netnography)의 소개
- 6장(내용분석): 프레이밍 분석기법 소개
- 7장(서베이 연구): 서베이 조사 유형에 대한 최신 논의와 더불어 인터넷(온라인)조사에 대한 소개 추가, 열외자(outlier) 규명방법 소개
- 9장(실험연구): 온라인 실험에서의 중도탈락자를 최소화시키기 위한 논의 소개
- 11장(가설검증): 최신 사례와 논의 소개
- 12장(기초 통계): 자유도(degree of freedom)에 대한 새로운 정의
- 13장(신문과 잡지 연구): 신문과 잡지 독자 열독률에 대하여 아이패드(iPad)와 같은 태블릿 컴퓨터가 미치는 영향에 관한 최신 연구 소개
- 14장(전자미디어 연구): 피플미터나 시청률 측정에 관한 최신 정보나 연구 소개
- 15장(광고연구): 검색엔진과 소셜미디어와 같이 새로운 광고채널에 대한 최신 논의 추가
- 16장(PR연구): 소셜미디어 메시지 분석과 PR연구에서 강조되는 측정들에 대한 내용
- 마지막: 이 책에 다루는 주제들을 강조하는 "자세히보기"에 최신 내용을 추가하고, 참고문헌 및 예시도 최신내용으로 보완

책의 웹사이트에는 이와 같이 구성된 16장 외에 "미디어효과에 관한 연구(Research in Media Effects)"와 "보고서 작성(Writings Reports)", 이 두 장을 업로드시켜 놓았다. 그 사이트에는 8판에서 인용했던 아비트론(Arbitron)사와 닐슨(Nielson)사의 시청률 조사 표본도 같이 제시되어 있다.

부가 안내

이 책과 관련된 웹 사이트인 www.wimmerdominick.com을 방문해주길 기대한다. 여기에 가면 보완 설명(Supplemental Information), 연구아이디어(Research Ideas), 장별 연습문제 풀기(Chapter Questions & Exercises), 자료원(Information Sources), 통계(Statistics), 센게이지러닝사가 제공하는, 교수 및 학생용 자료(Instructor & Student Materials from Cengage), 표본크기 계산기(Sample Size Calculator) 및 더 리서치 닥터 아카이브(The Research Doctor Archive) 등 다양한 정보들을 접할 수 있다.

아울러 우리는 매스미디어 연구자의 흥미를 복돋울만한 것을 발견할 때마다 그 내용을 웹사이트에 수시로 올린다. 사이트에 관한 의견이 있으면 언제든지 우리에게 연락하길 기대한다.

그 외에도 매스미디어 연구방법을 가르치는 데 도움이 되는 많은 정보들을 제공하는 웹사이트를 센게이지러닝 출판사에서도 운영하고 있으니 이용하길 바란다. 학생들은 해당 장의 연습문제를 풀거나 온라인판 용어해설 또는 플래시카드 등을 이용할 수 있다. 강의자용 온라인 매뉴얼도 있다. 이 웹사이트는 www.cengagebrain.com이다. 우리 책 웹사이트와도 링크되어 있다.

감사할 분들

많은 기간 동안 우리에게 도움을 준 많은 분들께 감사드린다. 특히 10판의 경우 센게이지러닝사 출판인과 편집진 여러분들의 도움이 컸다. 아울러 이전 판들을 검토하고 새 판을 구성하는 데 여러 조언을 아끼지 않은 세 분, 즉 버지니아 텍(Virginia Tech)의 아이보리(James.D. Ivory), 버팔로 주립대학(Buffalo State College)의 리아오(Ann Liao), 오하이오 주립대학(Ohio State Univ.)의 맥도날드(Daniel G. McDonald) 등께 감사드린다.

피드백을 기대하며

이전 판에서도 말한 바와 같이 혹시 이 책과 책 웹사이트의 내용이나 형식에 문제가 있을 경우 언제든지 알려주길 바란다. 저자들은 전화나 이메일 등 어떤 방식으로든지 간에 문제에 대한 답을 주기 위해 노력할 것이다. 이 책과 웹사이트를 잘 활용해주기 바란다. 아직도 매스미디어 연구 분야는 도전할만한 멋진 영역이기 때문이다!

로저 D. 위머
덴버, 콜로라도
roger@rogerwimmer.com

조셉 R. 도미니크
에덴스, 조지아
joedom@uga.edu

차례

1부 연구절차

1장 과학과 연구

01 서론

'매스미디어 연구'라는 말을 처음 접하는 사람들은 보통 다음과 같은 두 가지 질문을 한다. 첫째, 매스미디어란 무엇인가와 둘째, 미디어 연구자들은 주로 어떤 유형의 문제들을 연구하는가이다. 연구에 관한 세부적인 내용을 소개하기 전에 이 문제들부터 살펴보자.

먼저, 매스미디어란 무엇인가? 이 질문에 답하기 위해 **매스커뮤니케이션**에 대한 정의가 선행되어야 한다. 매스커뮤니케이션이란 동시에 많은 사람들에게 도달할 수 있는 미디어(채널)를 통해 전송되는 모든 형태의 커뮤니케이션이다. 매스미디어는 매스커뮤니케이션을 전달하는 채널을 말한다. 그러나 매스미디어를 어떻게 범주화할 것인가는 지난 몇 년 동안 복잡해지고 있다. 앞서 정의한 바와 같이 **매스미디어**는 라디오, TV, 신문, 잡지, 광고판(빌보드), 영화, 음반, 책, 인터넷 등등과 같이, 다수의 사람들에게 동시에 도달하는 데 쓰이는 커뮤니케이션 채널이라고 정의할 수 있다.

매스미디어에 대한 전통적인 정의는 새로운 최첨단 커뮤니케이션 채널에 더 이상 적용할 수 없다. 그래서 저자들은 기존 목록에 새로운 범주를 추가한다. 우리가 **스마트**

매스미디어로 명명한 새로운 범주라 함은 근본적으로 컴퓨터에 속하는 **스마트폰**, **스마트TV**, **태블릿** 등을 말한다. 이 세 미디어는 각각 독립적으로 조직이 가능한 장치이기 때문에 개별적인 매스미디어로 기능할 수 있다. 예를 들어, 스마트 미디어를 사용하는 사람이나 조직은 트윗(tweets), 텍스트 메시지, 소셜미디어 게시물, 이메일 등을 통해 수백, 수천, 심지어 수백만 사람들과 동시에 커뮤니케이션할 수 있다. 그러나 스마트 미디어는 인터넷에 접근할 수 있고 게다가 다른 모든 매스미디어의 기능을 제공한다. 예를 들어, 스마트 미디어 기기를 사용하여 TV와 영화를 볼 수 있고, 라디오나 음악을 듣거나 잡지 · 책 또는 신문을 읽을 수 있다. 즉 스마트 미디어는 이제까지와는 다른 매스커뮤니케이션의 형태를 나타내기 때문에, 매스미디어의 정의는 라디오 · TV · 신문 · 잡지 · 빌보드 · 영화 · 음반 · 책 · 인터넷, 그리고 스마트 미디어 등을 포함하는 다수의 사람들에게 동시에 전달되는 커뮤니케이션 채널로 수정될 필요가 있다.

그렇다면 매스미디어 연구자들이 탐구하는 연구문제로는 주로 어떤 유형이 있는가? 몇 가지 사례를 들면 다음과 같다.

- 라디오 방송국은 주로 어떤 유형의 프로그램 포맷을 채택하는가?
- 라디오 방송국은 어떤 노래를 선곡해서 방송하는 것이 효과적인가?
- 라디오 청취자들은 모닝쇼 진행자로 어떤 타입을 선호하는가?
- 신규 TV 프로그램 예고방송을 본 시청자의 반응은 어떠한가?
- 시청자들은 즐겨 보는 지역 TV 뉴스 프로그램의 어떤 점을 가장 좋아하고 싫어하는가?
- TV, 라디오, 인터넷, 신문, 잡지 등 각 미디어를 통한 광고는 얼마나 효과적인가?
- 지역신문 독자들이 가장 자주 보는 광고는 무엇인가?
- 신문의 정기구독자 수는 얼마나 되는가?
- 휴대전화는 사람들의 다른 매스미디어 이용에 어떻게 영향을 미치는가?
- 새로운 소비자 상품의 대변인을 누구로 할 것인가?
- 새로운 TV 게임 쇼의 진행자를 누구로 할 것인가?
- TV 속 폭력 장면은 5년 전 보다 증가했는가?
- 성공한 웹 사이트들의 특징은 무엇인가?
- 출시 이전의 스마트폰 앱의 성공을 예측할 수 있는 방법이 있는가?
- 사보(사내 신문)를 읽는 회사원들은 얼마나 되는가?

- 온라인으로 TV를 시청하는 사람들은 어떤 사람들인가?
- 일부 사람들이 라디오 방송국보다 인터넷 라디오 방송을 더 선호하는 이유는 무엇인가?

이처럼 매스미디어 영역에서 연구해야 할 문제의 유형을 찾기란 끝이 없다. 그러나 위의 여러 질문에서 알 수 있듯이 그야말로 매스미디어 영역 전반에 걸쳐 연구가 일상적으로 활용되고 있으며, 미디어 종사자나 앞으로 미디어에 종사할 계획이 있는 사람이라면 누구나 이러한 연구를 접하게 되거나 아니면 어떤 방식으로든지 관련되기 마련이다. 따라서 매스미디어 연구가 무엇인지를 반드시 이해해야 한다.

이 책에서 저자들이 추구하는 목표는 독자들에게 매스미디어 연구를 소개하고, 연구에 대해 갖고 있을지 모를 부정적인 생각, 특히 수학이나 통계에 대한 두려움을 없애 주는데 있다. 이 책을 공부하면서 스스로가 꼭 수학이나 통계의 귀재가 되어야 할 필요는 없다. 다만 한 가지 필요한 게 있다면 바로 탐구정신이다.

02 연구란 무엇인가

연구라는 단어가 어떻게 사용되든지 간에 '무엇인가를 발견하기 위한 시도'라는 본질적인 의미는 같다. 우리는 매일 이러한 시도를 한다. 이 책은 매스미디어 영역에서 무엇인가를 발견하기 위해 사용되는 많은 다른 방법들에 대해 다룬다.

연구는 구체적인 계획이나 단계가 거의(또는 전혀) 없으면 비형식적인 상태가 될 수도 있고, 연구자가 매우 분명하고 엄격한 절차를 준수한다면 형식적인 상태가 될 수도 있다. 즉 비형식적 연구에서 엄격한 절차가 결여되었다고 해서 그 접근이 잘못되었다는 것은 아니며, 엄격한 절차를 밟았다고 해서 형식적 연구가 정확하다고 보장할 수 없다. 절차가 제대로인지 제대로가 아닌지는 연구를 어떻게 수행하는가에 달려 있다. 모든 연구자들이 이해해야 할 중요한 점은 최상의 결과를 얻으려면 그에 적합한 방법이 수반되어야 한다는 것이다.

연구를 수행하는 대부분의 사람들은 자신의 노력에 대해서 대가를 지불하지 않는다. 조사연구 업계는 새롭게 진출할 수 있는 매우 훌륭한 분야임에도 불구하고, 이 책에서 저자들은 대부분의 독자가 보수를 받는 전문 연구자가 되지 않을 것이라고(또한 현재도 전문연구자가 아닌 경우를) 가정하고자 한다. 저자들은 독자 대부분이 조사를 활용하는 비즈니스나 회사에서 일하고 있거나 일할 예정인 사람들, 또는 단순히 이 분야에 대해 더 많은 것을 발견하는 데 관심 있는 사람들이라고 가정한다. 이 점을 염두에 두면서 연구에 대한 모든 것, 즉 무언가를 발견하기 위해 연구를 어떻게 활용해야 하는지를 보여주고자 한다. 또한 이러한 논의를 통해 독자들이 연구 보고서를 읽거나 해답이 필요한 질문에 직면했을 때 좀 더 쉽게 해결할 수 있기를 기대한다.

자! 이제 우리 모두가 연구자이며, 매일 매일 연구를 수행하고 있다는 생각으로 돌아가 보자. 그리고 연구란 무언가를 발견하기 위한 시도라는 점을 기억하자. 그런 면에서 보면 우리 모두는 매일 수백, 수천 건의 '연구 프로젝트'를 수행하고 있는 셈이다. 우리가 일상적인 업무를 처리하기 위해 분석하고 시험하며 평가하는 일들이 얼마나 많은지 살펴보자.

① 샤워하기에 차갑지도 뜨겁지도 않은 적당한 온도를 찾는다.
② 일상 활동에 어떤 옷이 적합한지 결정한다.
③ 점심 식사까지 견딜 수 있는 아침 식사를 선택한다.
④ 목적지에 제 시간에 도착하기 위해 집에서 언제 출발해야 하는지를 결정한다.
⑤ 목적지까지 가는 가장 직접적인 경로를 찾는다.
⑥ 응급 사이렌 소리를 듣고 언제쯤 도로 옆으로 피할지를 결정한다.
⑦ 다른 사람과 말하기 위해 얼마나 목소리를 크게 할지 결정한다.
⑧ 다른 사람들과 부딪히지 않고 길을 건너려면 얼마나 빠른 속도로 걸어야 할지 예상한다.
⑨ 친구에게 고민거리를 털어놓을 수 있는 가장 좋은 방법을 평가한다.
⑩ 언제 집에 돌아갈 것인지 시간을 결정한다.

보기에 따라서는 위의 항목들이 평범하고 지루하게 보일 수도 있지만, 사실 일상에서 어떤 결정을 내릴 때마다 수없이 시험해보거나 이전에 시험했던 정보에 의존해 행동하게 된다. 즉 우리 모두는 주어진 사건들에 대한 결정을 내리고 무언가를 발견하기 위해 많은 시도를 한다. 그런 면에서 본질적으로 우리 모두는 이미 연구자인 셈이다.

왜 이 책을 읽는가? 그 이유는 앞서 얘기한 바와 같이 무언가를 발견하기 위해 시도하는 좋은 방법과 그렇지 않은 방법이 있기 때문이다. 이 책은 독자들로 하여금 좋은 방법과 그렇지 않은 방법의 차이를 구별할 수 있도록 양자를 같이 소개한다. 전문 연구자가 되지 않더라도 연구결과는 삶의 모든 영역에서 널리 활용되기 때문에, 정보를 수집하고 분석하는 가장 좋은 방법이 무엇인지를 배우는 일은 중요하다.

이 책에서 제시하는 기본 테마는 전문 연구자로서 35년 이상을 활동해 온 저자로부터 이어져 온 성공을 위한 세 단계 철학과 일치한다. 인생의 모든 국면이 그렇듯이 비즈니스에서 성공하려면 다음의 세 가지 기본 단계가 필요하다.

① 사람들(1명 이상의 소비자, 친구, 가족, 동료, 기타 등등)이 원하는 것을 발견하라.
② 원하는 것을 그들에게 제공하라.
③ 당신이 그것을 줬다고 그들에게 말하라.

이 세 단계 철학을 따른다면 실패란 없다. 사람들에게 그들이 원하는 것을 줬는데 어떻게 실패할 수 있겠는가? 사람들이 원하는 것이 무엇인지를 찾아내는 방법이 바로 연구이며, 그것이 바로 이 책에서 다루고자 하는 모든 것이다.

03 시작하기에 앞서

이 책의 핵심은 매스미디어 안에서 무언가를 발견하려는 시도를 논의하는 데 있음을 명심하자. 이 장에서는 지난 수십 년 동안 매스미디어 연구가 어떻게 발전해왔으며, 관련된 정보를 수집하고 분석하는데 어떤 방법이 이용되어 왔는지를 살펴볼 것이다. 또한 과학적 연구방법에 대해서도 논의할 것이다. 이 장에서는 이후 논의될 주제들을 좀 더 자세히 다루는 데 필요한 토대를 제공하고자 한다.

연구의 초보자는 다음의 두 가지, 즉 연구방법과 통계적 절차를 '어떻게' 이용하며, '언제' 이용해야 하는지에 대한 기본적인 지식을 배워야 한다. 방법과 절차를 발전시키는 것도 가치 있는 일이지만 대부분의 연구자에게는 언제, 어떻게 그 방법과 절차를 적용할 것인가가 더 중요하다.

이 책은 통계학자를 위한 것이라기보다 자료를 응용해서 분석해내는 사람, 즉 연구자의 업무와 책임을 다룬다. 실제 매스미디어 연구 '현장'에서는 통계에 관한 광범위한 지식을 요구하지 않기 때문에 이 책에서는 통계학자의 역할을 다루지는 않는다. 대신 실제 '현장'에서 통계를 활용해서 얻은 결과를 이해하고 그 결과를 의사결정과정에서 활용하는 방법들을 강조한다. 지난 수년 동안 수 천 번의 매스미디어 연구를 통해 얻은 결론은, 매스미디어 연구자가 되려는 사람이라면 연구방법이 어떻게 작동하는가보다는 그 방법으로 무엇을 할 것인가를 배우는 데 더 많은 시간을 보내야만 한다는 것이다.

통계학자와 연구자 모두 연구결과를 얻는 데 관여하지만 그 역할은 매우 다르다(물론 한 사람이 두 가지 영역에서 동시에 뛰어날 수도 있다). 통계학자들이 하는 일은 무엇인가? 그들은 여러 복합적인 활동 중에서도 통계적 절차나 **알고리즘**(algorithms)이라는 공식을 만들어낸다. 연구자는 이러한 알고리즘을 **연구문제**(research question)와 **가설**(hypotheses)을 검증하는 데 사용한다. 이와 같은 협력을 통해 매스미디어에 대한 이해를 넓혀갈 수 있다.

예를 들면, 시청률 조사전문회사인 아비트론(Arbitron)사나 닐슨(A. C. Nielsen)사가 제공하는 라디오와 TV 시청률 정보를 이용하는 사람들은 이 회사들이 제공하는 정보가 불안정하다는 문제를 지속적으로 제기해왔다. 동일한 시장 내에 라디오와 TV 방송사의 수용자 정보(시청률과 점유율)를 조사했음에도 불구하고 조사기간이 달라지면 어떤 논리적 근거도 없이 크게 달라지는 경우가 있기 때문이다(14장 참조). 따라서 미디어 시청률 이용자들은 통계학자와 시청률 회사에 이러한 문제가 발생하는 이유를 확인하고 미디어 수용자에 대한 좀 더 신뢰도 높은 정보를 얻는 방법을 모색하기 위해 도움을 요청했다. 이는 통계학자와 연구자가 함께 일할 수 있음을 보여주는 좋은 사례에 해당한다.

20세기 초만 해도 미디어 수용자의 규모나 유형에는 거의 관심이 없었다. 그 이후부터 매스미디어 경영자들은 모든 중요한 결정을 내릴 때 연구결과에 크게 의존해왔다. 수용자 정보에 대한 요구가 증가하면서 민간부문, 즉 미디어 업계는 물론 공공 영역 또한 이 분야에 대한 더 많은 연구자를 필요로 하게 됐고 연구 영역 내에 많은 세분화가 이루어졌다. 연구 책임자는 연구를 계획하고 감독하며, 경영진과의 연결고리 역할을 하고, 방법론 전문가는 통계 처리를 담당하며, 조사 분석가는 연구를 설계, 해석하고, 컴퓨터 전문가는 자료분석에 필요한 소프트웨어와 하드웨어를 담당하게 됐다.

매스미디어 연구결과는 의사결정자들의 본능이나 직관에 의한 결정을 입증하거나 반박하는 데 이용된다. 때로는 상식적 판단이 정확한 경우도 있지만, 미디어의 의사결

자세히 보기 〉〉 인터넷 검색

이 책 전반에 걸쳐 저자들은 독자들이 특정 주제에 대해 좀 더 많은 정보를 얻을 수 있도록 인터넷 검색을 권유하고 있다. 예를 들어 "매스미디어 연구"와 같이 우리가 제안하는 검색어에는 종종 인용부호가 있다. 검색을 할 때 특정 순서로 그 단어를 검색하기 때문에 인용 부호를 포함하여 표시된 대로 정확히 검색해야 한다. 인터넷 검색과 관련된 더 많은 정보는 www.wimmerdominick.com을 참고하기 바란다.

정자들은 문제를 평가하는 데 있어 객관적인 정보를 추가로 얻고자 한다. 특히 큰 액수의 돈과 관련된 결정을 내릴 때는 더욱 그러하다. 이처럼 지난 50년 동안 의사결정 방식은 성공의 확률을 높이기 위해 연구와 직관을 결합시켜 오면서 진화할 수 있었다.

연구는 단지 의사결정 상황에만 국한되어 않는다. 미디어를 설명하고, 소비자에게 미치는 미디어의 효과를 분석하며, 수용자의 행동을 이해하는 등의 이론적 영역에도 광범위하게 활용되고 있다. 매일같이 미디어에서는 수용자 조사나 여론조사, 개별 미디어의 성장 계획이나 현황 보고 혹은 광고나 PR 캠페인 등이 등장하고 있다. 철학자 랭거(Suzanne Langer, 1967)는 “새로운 발견이라고 하는 것들이 대부분 이미 존재하고 있던 것들인데도 불구하고 갑자기 발견된 것처럼 보이는 경우가 많다”라고 말했다. 매스미디어 연구자들은 아직 살펴봐야 할 것들이 많이 남아 있고, 거의 모든 사람들이 매일 이러한 정보에 노출되어 있다.

마지막으로, 미디어 연구를 본격적으로 공부하기에 앞서 독자들이 알아야 할 두 가지 요점이 있다. 첫째, 미디어 연구와 능력 있는 연구자에 대한 필요는 지속적으로 증가하는 반면, 공적 영역은 물론이고 민간 영역, 즉 미디어 업계에서 활동할 수 있는 능력 있는 연구자를 찾기가 어렵다는 점이다. 둘째, 이 책에서 논의하고 있는 모든 주제에 대한 정보를 부가적으로 얻기 위해 인터넷 검색을 잘 활용해야 한다는 점이다. 인터넷 검색을 적극 권유하는 것은 저자들이 나름대로 본문 내용에서 앞으로 더 탐구가 필요한 여러 영역을 제시하고 있기는 하지만 단지 제안수준에 그치는 경우가 많기 때문이다. 인터넷 검색이 주요 조사연구용으로 쓰이는 것은 좋지 않지만, 정보수집의 출발점으로는 유용하다.

04 매스미디어 연구의 발전

매스미디어 연구는 [그림 1-1]처럼 각 미디어별로 연구의 필요성에 따라 비슷한 유형과 단계를 밟으면서 발전해왔다. 매스미디어 연구의 발전 단계를 논의할 때, 가장 최근에 등장한 미디어인 스마트미디어를 예로 들어 살펴보라. 연구의 제1단계는 미디어 그 자체에 관심을 갖는 것이다. 즉 ‘해당 미디어란 무엇이며, 어떻게 작동하는가?’, ‘어떤 테크놀로지들이 관련되어 있는가?’, 그리고 ‘기존 미디어와 유사한 점과 다른 점은 무엇인가?’, ‘어떤 기능과 서비스를 제공하는가?’, 나아가 새로운 미디어를 누가 수용할 것인가?’, ‘비용은 얼마나 들 것인가?’ 등의 문제에 관심을 갖는 단계다.

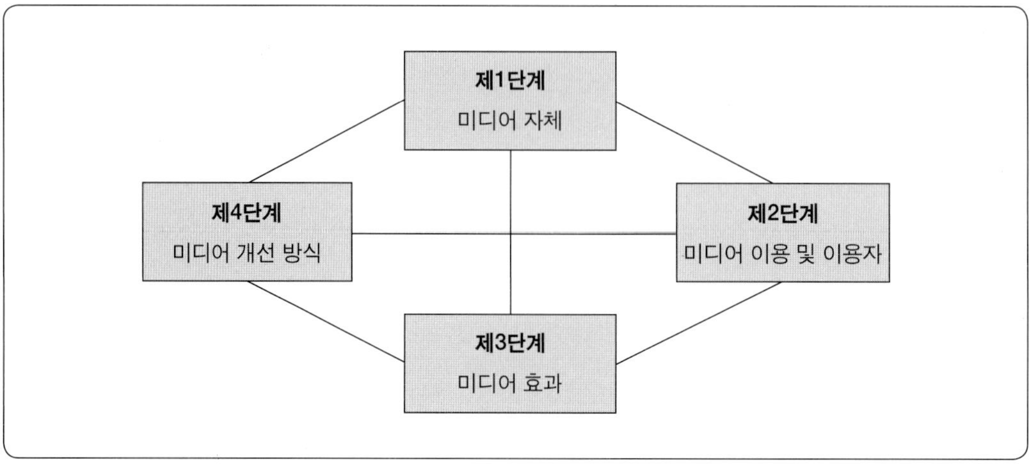

[그림 1-1] 매스미디어 연구 단계

미디어가 발달하게 되면서 연구는 제2단계로 연결된다. 이 단계에서는 미디어의 이용자와 이용에 대한 특정 정보가 축적된다. 사람들이 미디어를 실제 생활에서 어떻게 이용하는가? 단지 정보를 얻기 위함인가 아니면 시간 보내거나 오락 혹은 기타 이유 때문에 이용하는가? 어린이가 이용하는가? 어른들이 이용하는가? 그 이유는 무엇인가? 새로운 미디어의 등장이 가져다주는 충족감은 무엇인가? 새로운 미디어가 대체하는 정보나 오락의 어떤 유형인가? 미디어 이용에 관한 원래의 예측은 정확했는가? 어떤 이용방식이 초기 연구에서 예상한 것보다 더 분명하게 나타나고 있는가?

제3단계에서는 미디어의 사회적, 심리학적, 물리적 효과 등이 탐구대상이다. 사람들은 얼마나 많은 시간을 미디어와 함께 보내는가? 미디어가 사람들의 사물을 보는 관점을 변화시키는가? 미디어 이용자가 원하는 내용이나 듣거나 볼 것으로 예상하는 내용은 무엇인가? 그 미디어를 이용함으로써 나타나는 유해한 효과가 있는가? 어떤 방법으로, 어떤 경우에 미디어가 사람들에게 도움을 주는가? 미디어를 좀 더 유용하게 만들기 위해 다른 미디어나 테크놀로지와 결합될 수는 없는가?

제4단계에서 연구는 미디어 그 자체에 대한 이용이나 테크놀로지의 발달을 통해서 미디어가 앞으로 더 개선될 수 있는가의 문제를 포함한다. 미디어가 더 다양한 유형의 사람들에게 정보와 오락을 제공할 수는 없는가? 미디어가 제공하는 영상이나 음향을 더 완벽하게 하거나 개선하는데 새로운 테크놀로지가 이용될 수는 없는가? 내용을 좀 더 가치 있거나 재미있게끔 만들 수 있는 방법이 있는가?

[그림 1-1]은 연구과정에서 한 단계가 끝나면 다시는 그 단계가 고려되지 않는 연구

단계의 선형성을 보여주려는 것이 아니다. 실제로 어떤 미디어가 초기 발달과정을 거쳐 정착했다 하더라도 연구의 네 단계 모두를 동시에 추구해야 하는 경우도 있다. 예를 들면, 텔레비전이 등장한 지가 수십 년이 됐지만 연구자들은 아직도 미디어 자체(위성이나 온라인 디지털 오디오와 비디오), TV의 이용(PPV(pay-per-view) 프로그램, 컴퓨터와 휴대용 기기(handheld device)를 통한 TV 시청), 효과(폭력적인 프로그램), 개선(3DTV) 등을 연구하고 있다.

연구는 끝이 없는 과정이다. 대개 일련의 질문에 대한 답을 구하기 위해 설계된 연구 프로젝트는 미처 생각하지 못했던 새로운 문제들에 직면하기 마련이다. 사람에 따라서는 마무리를 짓지 못하는 이런 실패가 귀찮기도 하겠지만 그것이 연구의 본질적 특성이기도 하다.

[그림 1-1]에는 연구의 네 단계가 제시되어 있다. 그러나 일반 기업 같은 민간 영역의 미디어 연구에서는 경우에 따라 미디어 연구의 각 단계에서 어떻게 하면 수입을 늘릴 수 있을 것인가와 관련된 부가적인 요소가 스며들기도 한다. 민간 영역에서 수행되는 연구에서 가장 많은 비중을 차지하는 것은 어떻게 하면 돈을 모을 것인가, 또는 돈을 더 벌 것인가, 또는 다른 사람들로부터 어떻게 돈을 벌 것인가 등으로 대부분 수익 창출과 관련된 것들이다. 미디어 내용을 예술적 노력의 산물로 보는 사람들에게는 "어울리지 않는" 생각이지만, 실제 미디어 기업 현장에서 운용되는 방식은 그렇다.

이렇듯 매스미디어 연구가 발달하게 된 데는 적어도 네 가지 주요 사건이나 사회적 영향력이 작용했다고 볼 수 있다.

첫 번째는 선전의 본질을 이해할 필요성을 불러일으킨 1차 세계대전이다. 이 시기 연구자들은 인간의 행위를 자극과 반응(stimulus-response)의 관계로 보는 행동주의 심리학이라는 이론적 관점에서 매스미디어가 사람들에게 미치는 효과를 밝히고자 했다(Lasswell, 1927). 당시에는 매스미디어가 수용자에게 매우 강력한 영향을 미친다고 생각했다. 그리고 매스미디어가 할 수 있는 일과 할 수 없는 일에 대한 몇 가지 가정을 정립했다. 그런 매스미디어 이론 중의 하나가 후에 커뮤니케이션의 **피하주사**(hypodermic needle) 모형으로 명명된 미디어 이론이다. 이 이론은 송신자인 매스미디어가 수용자에게 메시지를 '총을 쏘듯' 보내기만 하면, 그 메시지는 미리 예정된 결과를 초래하며 거의 보편적인 효과를 발생시킨다는 점을 시사했다. 오늘날에는 사람들 사이의 개인적인 차이 때문에 모든 사람이 미디어의 메시지에 따라 매우 유사한 방식으로 행동한다는 단순한 견해로부터 벗어났지만, 그 당시에는 사람들이 미디어 메시지를 수용하면 매우 유사한 방법으로 행동한다는 믿음이 지배적이었다. 드플러와 볼-로키치(DeFleur & Ball-Rokeach, 1989)는 이에 대해 다음과 같이 말하고 있다.

> 이러한 가정들은 당시 명시적으로 구체화되지는 않았지만, 사회 질서의 본질이나 인간의 본성 등에 관한 꽤 정교한 이론들로부터 도출되었다. … 이러한 이론은 미디어를 강력한 것으로 여기는 사람들의 사고에서 유도된 것이었다.

매스미디어 연구의 발전을 자극한 두 번째 요인은 1950년대와 1960년대에 광고주들이 연구를 통해 얻은 자료가 잠재적 소비자들을 대상으로 상품과 서비스를 구매하도록 설득하는 데 유용하다는 사실을 깨달았다는 점이다. 결과적으로 광고주의 이런 관심은 메시지 효과에 관한 연구, 수용자의 인구학적 특성과 규모에 관한 연구, 노출(효율성)을 최대화하기 위한 광고의 배치 연구, 잠재적인 소비자를 설득하기 위해 필요한 광고 빈도 연구, 목표 수용자에게 접근할 수 있는 가장 좋은 기회를 제공하는 미디어의 선택 연구 등을 독려할 수 있었다.

세 번째 요인은 당시 일반 시민들의 관심이 미디어가 공중에게 미치는 효과, 특히 어린이에게 주는 영향으로 모아졌다는 점에서 비롯된다. 이러한 사회적 분위기는 텔레비전 프로그램 속의 폭력이나 성과 관련된 내용 연구나 어린이 프로그램과 함께 방송되는 상업광고연구로 이어졌다. 연구자들은 이 과정에서 연구의 초점을 확대해 텔레비전의 긍정적 · 부정적(친사회적 · 반사회적) 효과까지 연구했다. 텔레비전의 폭력 연구는 여전히 중요한 시도로 매년 새로운 연구결과가 발표되고 있다.

미디어 연구의 발전을 자극한 네 번째 요인은 광고비를 둘러싸고 고조되어 온 미디어 기업 간의 경쟁 증가에 있다. 요즈음 미디어 기업 경영자들은 장기계획을 세우고 목표 지향적 경영을 지향하고 있으며 의사결정과정에서 객관적 조사연구 자료에 대한 의존도도 증가하고 있다. 프로그램 제작자조차 제작과 관련된 조사 자료를 찾기 시작하면서 이제는 프로그램 개발을 위한 창조적 작업 과정에도 조사연구 업무가 포함되고 있다. 나아가 이제 매스미디어는 기존의 대규모 수용자 집단이 소집단이나 틈새시장(엄밀히 말하자면, 매스미디어의 '탈 대중화(demassification)')[역자주 1]으로 분할되는 것을 의미하는 수용자 분화(audience fragmentation)에 초점을 맞추고 있다. 연구자들은 이처럼 소수의 수용자 집단에 대한 정보가 필요해졌다.

역자주 1 가능한 한 최대 다수의 시청자에게 도달하려고 하던 시도에서 이제는 좀 더 작은, 때로는 고소득층의 수용자들을 소구대상으로 하는 매스미디어의 새로운 경향이다. 다품종 소량 생산도 그 한 예다.

수용자와 광고비를 둘러싼 미디어 간 경쟁은 새로운 수준에서 복합적인 양상을 전개시키고 있다. 오늘날 미디어마다 경쟁에서 살아남으려면 소비자들의 변화하는 가치나 취향, 인구통계학적 패턴의 변동, 그리고 생활주기의 진보된 경향에 관한 정보가 필요하다. 수용자가 분화되면서 유행이나 새로운 행위패턴을 대상으로 하는 경향연구(trend study)와 미디어와 주변 환경에 대한 사람들의 인식에 대한 이미지 연구(image study), 사람들을 그룹이나 유형별로 나누어 행위를 설명하는 세분화 연구(segmentation study) 등의 필요성이 증대되고 있다. 과거에는 마케팅이나 심리학, 사회학의 독점물로만 간주되던 연구가 이제는 대규모 조사회사나 컨설턴트 및 미디어 기업 소유자와 운영자들에 의해서도 수행되고 있다. 미디어 간 경쟁이 심화되고 수용자 분화 현상이 나타남에 따라 미디어 기업 운영자들은 시장에서 자사가 차지하고 있는 위치를 정확히 알아내기 위한 시도로 마케팅 전략을 이전보다 더 자주 사용하게 되었다. 일단 시장에서 회사가 차지하고 있는 위치를 확인하면, 미디어는 상품보다 하나의 이미지로 패키지화된다. 이와 유사하게 비누나 치약 등 소비재 생산자들도 상품 내용에는 회사마다 서로 크게 다를 게 없기 때문에 상품에 대한 이미지를 팔려고 하는 것이다.

이러한 패키지화 전략에는 수용자 구성원들이 무엇을 생각하는지, 어떤 언어를 사용하는지, 여가 시간을 어떻게 보내는지 등이 포함된다. 이들의 생각과 행동에 대한 정보는 미디어가 수용자의 일부로 보일 수 있도록 상품화하는 데 활용된다. 따라서 수용자로부터 정보를 수집하고 그 자료를 해석해서 미디어의 마케팅에 활용하는 것이 미디어의 포지셔닝(positioning)이다. 포지셔닝 캠페인과 비즈니스 및 소비자 세계에서의 제품 등에 대한 더 많은 정보는 기업의 이미지화(corporate imaging), 기업의 포지셔닝(corporate positioning), 제품 브랜딩(product branding) 등에 대해 인터넷을 검색해보길 바란다.

1960년대 이전까지만 해도 대부분의 미디어 연구는 대학의 심리학과와 사회학과에서 이루어졌다. 당시 매스미디어 자체의 역사가 짧았기 때문에 미디어를 전공한 연구자는 매우 드물었지만 이러한 상황은 변했다. 1960년대와 1970년대에 대학에 미디어 관련 학과들이 급속하게 성장했고, 미디어를 전공한 연구자가 배출되기 시작했다. 오늘날 매스미디어 연구 분야에서 매스미디어 연구자들이 중심이 되고 이제는 학제 간 연구(cross-disciplinary study)를 위해 사회학자, 심리학자, 정치학자들의 참여를 권유하는 추세로 바뀌어가고 있다. 매스미디어의 대중화로 인해 모든 과학 영역의 연구자들은 미디어와 관련된 연구문제를 해결하기 위해 적극적으로 참여하고 있는 실정이다.

현대 매스미디어 연구에는 심리학적, 사회학적 연구의 다양한 측면을 포함한다. 이를테면 텔레비전 프로그램, 광고, 또는 라디오 음악에 대한 생리학적 반응이나 감정적 반응 등을 연구하는 것이다. 또한 지역, 네트워크나 신디케이트가 제공한 TV 프로그램의 성공 여부를 알아보기 위한 미디어 연구에서 컴퓨터 모델링이나 정교한 컴퓨터 분석방법의 이용이 보편화되고 있다. 한때 낯설게 간주되었던 미디어 연구가 이제는 정당하면서도 높이 평가받는 연구영역으로 자리 잡아 가고 있는 것이다.

05 미디어 연구와 과학적 방법

과학적 연구(scientific research)란 하나 이상의 변인들을 대상으로 체계적이고, 객관적이며, 통제된 질적 또는 양적인 경험적 분석을 말한다. 이 정의에는 과학적 연구방법을 정의하는 데 필요한 기본 개념과 지난 수세기에 걸쳐 채택되어 온 과학적 연구절차가 포함되어 있다. 예를 들면, 이미 16세기에 브라헤(Tycho Brahe)는 아리스토텔레스(Aristotles)의 우주 만물에 대한 이론들 중 많은 면이 잘못되어 있음을 증명하기 위해 수년에 걸쳐 체계적이고 통제적인 관찰을 실시했다.

앞서 언급했듯이, 우리는 일상생활 안에서 매일 나름의 연구를 수행한다. 어떤 것에 대한 질문을 던지고 이에 대한 답을 찾으려고 할 때마다 연구한다. 어린이들은 어떤 것이 뜨겁고 차가운지, 자전거나 스케이트보드는 어떻게 타는지, 부모님을 설득할 수 있는 방법으로 무엇이 좋은 것인지를 알아내기 위해 나름대로 '연구'를 수행한다. 10대들은 운전하고 데이트하고 일하는 것에 대한 여러 아이디어를 놓고 무엇이 좋을지 '연구'하고, 어른들은 가족과 살림살이 그리고 삶에 대한 문제들을 놓고 '연구'한다.

모든 연구는 그것이 공식적이든 비공식적이든 간에 특정 현상에 대한 기본적인 질문이나 명제로부터 시작된다. 예컨대 시청자들은 왜 여러 프로그램 중 특정 프로그램을 선택해서 보는가? 사람들이 가장 자주 읽는 신문의 섹션은 무엇인가? 독자들에게 인기 있는 잡지 표지의 유형은 무엇인가? 더 많은 청취자를 확보할 수 있는 라디오 포맷 유형이 무엇인가? 어떤 웹사이트가 가장 많은 방문자를 유치하는가? 소비자에게 메시지를 전달하는 데 가장 효과적인 광고 유형은 무엇인가? 등이다. 연구가 잘 설계되면 이런 질문에 대한 답을 어느 정도 얻어낼 수 있다. 그러나 더 중요한 일은 여러 자료수집 방법 중 특정 질문에 답을 제공해줄 수 있는 가장 적절한 방법을 결정하는 것이다.

06 지식을 얻는 방법

연구문제에 대한 해답을 구하는 여러 가지 접근방법들이 있다. 커린저와 리(Kerlinger & Lee, 2000)는 피어스(C. S. Peirce)가 거의 한 세기 전에 규정한 정의들을 이용해 문제에 대한 해답을 발견하는 접근법, 즉 **지식을 얻는 방법**(methods of knowing)을 아집 · 직관 · 권위 · 과학의 네 가지로 제시했다. 이 네 가지 방법에 저자들은 자기 발견을 추가하고자 한다.

1) 아집에 의한 방법

아집에 의한 방법(method of tenacity)은 무언가가 항상 참(true)이었기 때문에 참이라는 논리를 따른다. 한 예로, 상점 주인이 "우리 부모가 광고를 믿지 않았기 때문에 나도 광고를 믿지 않는다"라고 말하는 것을 들 수 있다. 아무것도 변하지 않는다는 생각이다. 즉 이전에 좋았거나 나빴던 것, 혹은 성공적이었던 것은 앞으로도 계속 그럴 것이라고 생각하는 것이다.

2) 직관에 의한 방법

선험적 접근이라고도 하는 직관에 의한 방법(method of intuition)은 무언가를 그것이 "자명"하거나 "당연한 이치"이기 때문에 참이라고 가정하는 것이다. 광고회사 내에서도 창조성이 요구되는 분야에 근무하는 사람들은 그들 스스로가 무엇이 소비자를 유인해내는지를 잘 알기 때문에 굳이 여러 광고방법들을 놓고 테스트해볼 필요가 없다고 주장한다. 이들에게 과학적인 연구란 시간낭비일 뿐이며, 그 결과 광고 효과는 보통 손해를 본다고 생각한다.

3) 권위에 의한 방법

권위에 의한 방법(method of authority)은 부모나 신문 기자, 선생님 같은 믿을 만한 정보원이 참이라고 말했기 때문에 자신도 그렇게 믿는 것이다. 정보원이 정보를 얻게 된 방법이 아닌 정보원 자체에 중점을 두고 평가한다. 예를 들어 소비자가 팩스 회사의 말만 믿고 최신판 뉴스 정보를 받아보기 위해 팩스기기를 구입하려 한다면 이는 권위에 의존한 경우에 해당한다. 실제 1990년대 말, 이 방법은 참이 아닌 것으로 드러났다. 당시 몇 안 되는 소비자들만이 이러한 새로운 제품에 가입했다. 이러한 실패 원인을 찾기 위한 연구에서 매우 소수의 사람들만이 집에 팩스기기가 있었고, 직장에서 전송되는 자료에는 관심이 없었다는 점을 밝혀냈다. 답은 간단하다. 팩스 회사들은 이러한 사실을 인지하지 못했던 것이다.

4) 자기 발견에 의한 방법

자기 발견(self-discovery)에 의한 방법은 외부의 간섭 없이 배우고 알게 되는 것을 의미한다. 우리가 어떤 질문이나 문제에 대한 답을 얻기 위해 다른 정보원으로부터 정보를 수집하기도 하지만, 자기 발견이란 개인이 무언가 결정을 내리기 위해 다양한 정보를 모아 분석하는 과정에서 이루어지며 때로는 새로운 상품이나 서비스의 발명을 통해 이루어지기도 한다. 자기 발견은 지식을 얻는 여러 방법들 중 하나 또는 그 이상을 사용하기도 하지만, 차이는 이러한 발견을 스스로 혼자 만들어낸다는 것이다. 자기 발견의 방법은 그것이 공적이지 않음에도 불구하고 본질적으로 과학적 방법과 유사하며, 다른 한편으로는 한 개인이 자신의 경험으로부터 얻는 지식을 기반으로 한다는 점에서 권위에 의한 방법과도 일맥상통한다.

5) 과학적 방법

과학적 방법(scientific method)은 일련의 단계를 거쳐 지식에 접근해간다. 다른 지식을 얻는 방법과 달리 여기에는 몇 가지 한정된 특징이 있다. 다음 절에서 이에 대해 설명하게 될 것이다.

07 과학적 방법의 특성

과학적 방법은 지식을 얻는 여타의 방법들과 구별되는 여섯 가지 기본적 특성을 지닌다. 따라서 이런 특성들을 지니지 않은 연구라면 과학적 방법이라고 할 수 없다.

① 과학적 연구는 공개적이다. 과학은 정보를 자유롭게 이용할 수 있어야 발전할 수 있다. 연구자들(특히 학계)은 연구결과의 정확성을 주장함에 있어 연구자 개인만의 지식이나 방법, 혹은 자료를 근거로 내세울 수 없다. 즉 과학적 연구와 관련된 정보는 연구자들 사이에서 자유롭게 논의되어야 한다. 이에 대해 너날리와 번스타인(Nunnally & Bernstein, 1994)은 다음과 같이 말한다.

> 과학은 과학자들 간의 효율적인 커뮤니케이션이 필수적이라는 점에서 매우 공적인 성격을 지닌다. 과학자 개개인이 진전시킨 연구는 과거에 축적된 지식을 토대로 한 것이다. 또한 그가 발견한 것들을 동일 유형의 문제를 연구하는 다른 과학자들의 연구성과와 끊임없이 비교해야만 한다. … 특정 영역에서 과학적 발전의 속도는 과학자들이 서로의 연구결과를 얼마나 효율적이면서 성실하게 커뮤니케이션할 수 있느냐에 의해 영향을 받는다.

그러므로 연구자들은 연구결과를 발표하는 보고서에 표본추출방법, 측정방법 및 자료수집 절차 등의 정보를 반드시 밝혀야 한다. 그래야만 다른 연구자가 이런 정보를 기반으로 기존 연구를 독립적으로 검증하고 그 결과를 지지하거나 반박할 수 있다. 이러한 반복과정을 통해 이전 연구결과를 검증하고 수정할 수 있다. 미디어 연구와는 관련 없지만 과학적 연구에서 반복의 중요성은 다음의 사례에서 분명히 나타난다. 유타 대학(Univ. of Utah)의 두 화학자가 실내온도에서 핵융합을 발생시켰다는 획기적인 주장을 했지만, 다른 물리학자들은 이 연구를 반복할 수 없었다. 또한 영국 의사 웨이크필드(Andrew Wakefield)는 자폐증과 백신 간의 연계성에 대한 2009년 연구로 인해 신임을 잃었다(www.wimmerdominick.com의 읽을거리(Reading) 섹션에서 "연구 보고서 작성법(Writing a Research Report)"을 참고해보자).

연구자는 다른 연구자가 정보를 요청하면 제공할 수 있도록, 공식 보고서에는 포함시키지 않은 관찰기록(자료)이나 연구자료를 보관해 두어야 한다. 너날리와 번스타인(1994)은 "과학의 핵심 원칙은 한 과학자가 만든 사실에 대한 진술이 다른 과학자들에 의해 독립적으로 검증될 수 있어야 한다"고 주장한다. 연구자가 원 자료에 접근할 수 있어야만 결과를 다시 검증해볼 수 있다. 수정되지 않은 모든 연구자료를 적어도 5년 동안은 보관해 두는 것이 일반 관행이다. 해당 자료는 보통 다른 연구자에게 무료로 제공되지만 사진 복사나 추가적인 자료가 요구될 때는 명목상 규정된 비용이 청구되기도 한다.

② **과학은 객관적이다.** 과학은 연구자로 하여금 궤를 벗어난 유별난 판단을 못하게 한다. 연구는 명백한 규칙과 절차에 따라 전개되고 결과가 어떻게 나오든지 간에 연구자는 그것을 따라야 할 의무가 있다. 행위를 분류하는 규칙은 둘 이상의 관찰자가 특정한 행위 유형을 같은 방식으로 분류할 수 있도록 만든다. 예컨대 TV 광고의 소구를 측정하려고 한다면 연구자는 광고가 방송되는 동안 시청자가 몇 번이나 채널을 바꾸는가

를 세야 할지도 모른다. 시청자가 몇 번이나 채널을 바꾸는지를 세는 것은 누구나 틀리지 않고 할 수 있는 일이기 때문에 객관적 측정이라고 할 수 있다. 반대로 광고가 방송되는 동안 얼마나 많은 사람이 "부정적인 얼굴 표정"을 짓는가를 관찰함으로써 광고 소구를 측정한다면 이는 주관적인 측정이다. 왜냐하면 관찰자마다 부정적인 얼굴 표정에 대한 기준이 각기 다를 수 있기 때문이다. 따라서 이 경우 "부정적인 얼굴 표정"에 대해 정확한 조작적 정의가 내려져야만 잠재적인 코딩오류를 감소시키거나 제거할 수 있다.

또한 과학적 연구는 사실에 대한 해석보다는 사실 그 자체를 다룬다는 점에서 객관성이 요구된다. 만약 직접적인 관찰과 그것에 대한 진술이 서로 모순된다면 과학 자체의 권위를 부정하는 셈이 된다. 심리학자인 스키너(B. F. Skinner, 1953)는 "연구 프로젝트 결과는 보통 연구자의 기대만큼 나오지 않기 때문에, 본인의 기대는 버리고 연구 결과로 나타난 사실을 믿어야 한다. 중요한 것은 연구주제이지 과학자가 아니라는 것을 아는 것이다"라고 기술했다. 이처럼 매스미디어 연구자는 가끔 미디어 경영진들이 원하는 결과가 나오지 않았다는 이유로 연구 프로젝트의 결과를 거부하는 상황에 직면하기도 한다(이 경우 도대체 연구를 왜 해야 하는지 의문이 들기도 한다).

③ 과학은 경험적이다. 연구자는 인식할 수 있고 측정 가능한 세계에 관심을 갖는다(경험주의(empiricism)라는 말은 "경험(experience)"이라는 뜻의 그리스어에서 유래했다). 연구자는 자신이 연구하고자 하는 것을 지각할 수 있고 분류할 수 있어야만 한다. 그리고 현상에 대한 형이상학적 설명이나 앞뒤가 맞지 않는 설명은 거부해야 한다. 예컨대 신문 구독률이 떨어지는 것이 '신의 뜻'이라고 하는 신문 발행인의 주장은 과학자로서 받아들일 수 없는 주장이다. 이러한 진술은 지각하거나 분류하거나 측정할 수 없기 때문이다(연구자들도 점성술과 같이 "사이비 과학"이라 할 수 있는 비과학적인 지식 습득 방법에 의존하는 경우가 있다). 이는 과학자가 추상적인 아이디어나 개념을 외면한다는 의미는 아니다. 오히려 과학자는 일상에서 추상적인 아이디어나 개념과 직면한다. 그러나 과학자는 개념이란 객관적인 관찰과 측정에 따라 엄밀하게 정의해야만 한다는 것을 잘 알고 있다. 과학자는 다양한 측정도구를 통해 직·간접적인 관찰로 얻어진 경험적 세계와 추상적 개념을 연결할 수 있어야 한다. 보통 조작적 정의를 통해 이와 같은 연관성을 확보할 수 있다.

조작적 정의는 과학에서 매우 중요하다. 앞으로 되돌아가 간략히 설명하자면, 개념을 정의하는 데는 기본적으로 두 가지 방식이 있다. 하나는 **구성적 정의**(constitutive definition)로 다른 말이나 개념을 대신 사용해서 정의를 내리는 방식이다. 예를 들면, 아티초크(artichoke)[역자주 2]에 대한 구성적 정의는 "아티초크는 녹색 잎이 무성한 식물로서 학명은 키나라 스콜리무스(Cynara scolymus)이며, 키가 큰 국화과 식물"이다. 대부분의 사전적 정의가 여기에 속한다. 반면 **조작적 정의**(operational definition)는 개념을 경험하거나 측정하기 위해 따라야 할 과정을 구체화한 것이다. 예를 들면, "식료품점에서 진열대에 '아티초크'라고 써 붙인 표지를 찾아 그 표지 아래에 진열되어 있는 야채가 아티초크다"라고 정의하는 방식이다. 조작적 정의가 정밀하다고 해서 타당성이 보장되는 것은 아니다. 위의 예처럼 식료품 점원이 '아티초크'라고 써 붙인 표지 아래에 '양상추'를 잘못 진열해놓을 수도 있기 때문이다. 이러한 실수의 가능성 때문에 어떤 측정의 신빙성을 평가하는 데 있어 두 가지 개념 정의 방식을 모두 심사숙고하는 것이 중요하다. '아티초크'에 대한 구성적 정의를 주의 깊게 검토해보면 조작적 정의가 틀릴 수도 있다는 사실을 알게 될 것이다.

조작적 정의를 활용하면 철학적 논의에 등장하는 생소한 문제들을 해결하는 데도 도움을 받을 수 있다. 예를 들면, 철학과목을 수강하다가 "얼마나 많은 천사가 핀의 머리 부분에 앉을 수 있을까?"라는 질문을 놓고 논쟁이 벌어졌다고 하자. 그 논쟁은 "천사에 대한 조작적 정의를 내려준다면, 답할 수 있다"라는 반박으로 쉽게 끝낼 수 있다. 문자 그대로 독립변인이나 종속변인에 대한 조작적 정의만 있다면 어떤 질문에도 답할 수 있다. 조작적 정의에 대한 자세한 내용은 〈사이코메트릭 이론(Psychometric Theory)(Nunnally & Bernstein, 1994)〉과 〈사회조사연구의 실행(The Practice of Social Research)(Babbie, 2010)〉 등을 참조하고, 인터넷에서 '조작적 정의'를 검색해보기 바란다.

④ 과학은 체계적이며 누적적이다. 어떤 연구도 단독으로 이루어지는 경우란 없다. 치밀한 연구자라면 과거에 이루어진 연구들을 기반으로 본인의 연구를 전개시킨다. 연구를 전개시키는 데 있어 첫 번째 단계 중 하나는 과거 연구에서 현재의 연구를 끌어낼 수 있도록 본인의 연구주제와 관련해 활용 가능한 모든 문헌을 검토하는 것이다. 이러한 문헌 검토를 통해 본인의 연구와 관련되는 중요한 요인을 찾아낼 수 있고 문제영역을 설정하는 데 도움을 받을 수 있다(〈전모(The Whole Shebang)(Timothy Ferris, 1998)〉의 서문을 읽어보길 바란다).

역자주 2 국화과의 여러해살이풀로 지중해 연안이 원산지이며, 바닷가 근처에서 자란다. 줄기는 높이가 1.5~2m이고, 엉겅퀴와 비슷하게 생겼다. 잎은 어긋나고 깃 모양으로 깊게 갈라진다. 잎 표면은 녹색이고 뒷면은 솜 같은 흰색 털이 빽빽이 있다.

그뿐 아니라 과학자는 연구를 통해 알아낸 것들 간의 규칙과 일관성을 찾으려고 노력한다. 가장 이상적인 형태는 과학적 연구가 신중하게 관찰된 단 하나의 사건으로 시작되고 궁극적으로 이론과 법칙을 정립하는 것이다. **이론**(theory)이란 개념들 사이의 규정된 관계에 의해 현상에 대한 체계적인 관점을 나타내는 일련의 관련 명제들이다. 연구자들은 자신의 자료를 설명하기 위해 일정불변(uniformity)의 패턴을 찾음으로써 이론을 발전시킨다. 주어진 조건 아래서 변인들 간의 관계가 서로 변하지 않을 때, 다시 말해 변인들 간의 관계가 항상 같을 때 연구자는 하나의 법칙을 체계화할 수 있다. **법칙**(law)이란 일반적으로 사실이나 보편타당한 것으로 인정되는 하나의 행동 혹은 행동의 집합을 간략하게 설명하는 사실에 대한 진술이다. 이론과 법칙 모두 연구자가 행위, 상황, 현상을 일관성 있게 설명하고 조사할 수 있게 해준다.

⑤ 과학은 예측적이다. 과학은 미래와 현재의 관계에 관심을 갖는다. 사실상 과학자들이 이론을 발전시키려고 애쓰는 이유 중 하나는 이론이 미래의 행위를 예측하는 데 유용하기 때문이다. 이론의 적절성 여부는 그것이 현상이나 사건을 성공적으로 예측할 수 있는가에 달려 있다. 만약 어떤 이론이 자료분석을 통해 지지받지 못하는 예측을 제시했다면 그 이론은 신중하게 재검토되어야 하고, 결과에 따라서는 폐기될 수도 있다. 반대로 만약 한 이론이 자료에 의해 입증되는 예측을 한다면 그 이론은 다른 상황을 예측하는 데도 활용될 수 있을 것이다.

⑥ 과학은 자기 수정적이다. 앞서 언급한 바와 같이 과학적 방법은 일련의 단계를 거쳐 지식에 접근해간다. 즉 하나의 연구 혹은 하나의 자료는 진실일지 아닌지 모르는 지표만을 제공한다. '진리'는 일련의 객관적 분석을 통해서만 발견된다. 이는 이전 연구에서 오류가 발견되면 생각이나 이론, 혹은 법칙의 변화는 적합하다는 점에서 과학적 방법이 자기 수정적이라는 것이다. 미디어 연구의 사례는 아니지만, 1984년 호주 의사 마샬(Barry Marshall)은 위궤양의 원인으로, (스트레스나 불안감으로 인한 위산증가가 아닌) 박테리아균(Helicobacter pylori)을 발견했다. 몇 년 동안 수많은 연구에서 마샬의 연구를 증명했고, 1996년 미국 식품의약국(FDA)은 궤양퇴치용으로 제산제 및 항생제를 조합한 약물을 승인했다.

또 다른 예로, 2011년 말 빛의 속도보다 빠른 중성미자(neutrinos travel)를 발견했다는 연구결과가 발표되었다. 그러나 2012년 초 이전 연구결과가 전선에 접속 불량 등(측정 오류로) 문제점이 있다는 점을 발견했고, 이후 재실험 결과, 중성미자의 속도는 빛의 속

자세히 보기 〉〉 과학적 연구

인터넷이 가치 있는 정보원임에는 틀림없지만, 경우에 따라서는 부정확한 정보나 오해를 불러일으키고 괴담수준의 도시전설(urban legends)들을 굳게 믿게 하는 원천이 되기도 한다. 왜 이런 전설들이 유행한다고 생각하는가? 그리고 그런 전설들을 알아가는 것은 지식을 얻는 여러 방법들 중 어디에 속하는가?

도보다 빠르지 않은 것으로 나타났다.

커뮤니케이션 분야 연구자들은 피하주사 이론과 같이 미디어의 강력한 영향력을 강조하는 초기 아이디어가 잘못되었다는 것을 발견했다. 이후 수많은 연구에서 같은 메시지에 다르게 사람들이 반응하고 커뮤니케이션 정보원의 결합에 의해 행동과 생각이 변할 수 있다고 결론 내렸다. 아시모프(Isaac Asimov, 1990)는 “과학적 노력의 자랑거리 중 하나는 어떤 과학적 신념이 확고히 자리를 잡았더라도 실제로도 보편적으로 유효한지를 끊임없이 검증하고 있다는 점이다”라고 말했다. 그러나 과학적 방법은 예술작품을 평가하거나, 종교를 선택하고, 혹은 우정을 쌓을 때 등 일상생활의 많은 영역에서 부적절할지도 모른다. 그러나 매스미디어 연구에서 정확하고 유용한 자료를 생산하는 데는 가치가 있을 것이다. 다음 절에서는 이러한 지식을 얻는 방법에 대해 상세하게 살펴보도록 하겠다.

08 연구의 절차

과학적 연구의 목적은 자료를 객관적이고 공정하게 수집하고 평가하는 데 있다. 연구문제나 가설을 체계적으로 수립하기 위해 학계나 실무 연구자들은 다음과 같은 여덟 단계의 절차를 따라야 한다. 그러나 단순히 이 여덟 단계에 따라 연구를 수행한다고 해서 연구가 훌륭하고, 타당하고 유용해지는 것은 아니다. 매우 치밀하게 계획된 연구 프로젝트라도 수없이 많은 중개변인들의 영향으로 한순간에 헛수고가 될 수도 있기 때문이다. 이런 상황은 표준 레시피에 따라 케이크를 굽는다고 해서 항상 같은 케이크가 나오지는 않는 것과 마찬가지다. 오븐 온도, 그릇 높이, 재료 등 여러 요인에 따라 케이크의 맛이 결정되기 때문이다. 일반적으로 연구과정은 다음의 여덟 단계로 이루어진다.

① 연구문제 선정
② 관련 문헌이나 이론의 검토
③ 가설이나 연구문제의 정립
④ 적절한 방법론이나 연구설계의 확립
⑤ 자료수집
⑥ 자료분석과 결과의 해석
⑦ 적절한 방식으로 연구결과 발표
⑧ 반복 연구(필요할 경우)

위의 여덟 단계 중 네 번째 단계에서는 작은 표본을 대상으로 한 **질적 연구**(예: 포커스그룹이나 심층 면접 등)를 이용할 것인지, 아니면 연구대상 모집단에 일반화할 수 있을 정도의 큰 표본을 대상으로 한 **양적 연구**(예: 전화 면접)를 이용할 것인지 여부를 결정해야 한다(질적 연구에 대한 논의는 5장을 참조하라).

미디어 업계 연구인 경우 두 번째 단계와 여덟 번째 단계는 선택적이다. 왜냐하면 많은 경우 업계 연구는 기업을 발전시키는 데 앞으로 투자해야 할 자금의 총계가 얼마나 되는가와 같이 미디어 기업의 미래와 연관된 특수하고도 독특한 연구문제를 해결해야 하기 때문이다. 이런 유형의 과제는 일반적으로 이전에 행해진 연구에 의존하지 않으며, 의사결정이 대개 한 번의 조사 분석으로 이루어지기 때문에 연구를 반복해야 할 이유가 없게 마련이다. 그러나 해당 연구가 결정적인 결과를 제공하지 못할 경우 연구는 수정되고 반복된다.

여덟 단계 과정 안의 각 단계는 그 밖의 모든 단계와 의존적이기 때문에 서로가 보완될 때 연구의 효율성이 극대화된다. 예를 들면, 문헌 연구에 들어가기 전에 연구문제를 분명하게 설정해야 한다. 그리고 가장 효율적인 연구설계를 하려면 연구자는 과거 어떤 유형의 연구들이 실시됐는지 등 여러 가지를 알고 있어야 한다. 그뿐 아니라 연구의 모든 단계들은 상호 영향을 주고받기 마련이다. 문헌 연구를 통해 초기에 설정했던 연구문제를 더 세련되게 만들 수도 있고, 경우에 따라서는 연구문제 자체를 변경할 수도 있다. 또한 미디어 업계에서 수행된 이전 연구가 있다면 현재의 연구를 촉진하기도 하지만 오히려 복잡하게 만들 수도 있다.

09 연구의 두 영역: 학계와 미디어 업계

미디어 연구는 학계와 미디어 업계, 두 영역으로 나뉜다. 때로 학계의 연구는 '기초적'이고 미디어 업계의 연구는 '응용적'이라고 간주되기도 한다. 그러나 이 책에는 이러한 구분하지 않으려고 한다. 왜냐하면 학계나 미디어 업계 연구 모두 기초적이거나 응용적일 수 있기 때문이다. 따라서 두 영역의 연구가 모두 중요하며, 많은 경우 이 두 영역은 매스미디어가 당면한 문제를 해결하기 위해 서로 협력해야 한다.

대학에서 학자들에 의해 이루어지는 공적 연구, 즉 학계 연구는 주로 이론적이거나 학술적 접근을 시도한다. 주로 매스미디어와 개인들에 미치는 효과를 설명하는 데 목적이 있다. 이론적으로 인기 있는 연구주제로는 미디어의 이용, 스마트폰이나 다채널 케이블 시스템 같은 다양한 미디어 관련 아이템뿐만 아니라 소비자 라이프스타일의 차이, 수용자들의 미디어 과잉 노출 효과, 프로그램 유형이 어린이에게 미치는 영향 등을 들 수 있다.

산업영역, 즉 **미디어 업계 연구**는 업계 자체나 미디어 연구 전문회사(기관)를 통해 이루어진다. 대부분 이러한 연구들은 그 연구결과가 의사결정에 직결되기 때문에 일반적으로 '응용적' 조사연구로 진행된다. 이 영역의 연구주제로는 미디어 내용과 수용자의 선호도, 부가적인 비즈니스나 시설 취득, 탤런트에 대한 분석, 광고 및 프로모션 캠페인, 특정 문제를 해결하기 위한 PR 전략, 판매 예측, 회사 소유 자산에 대한 이미지 연구 등이 대표적이다. 최근 미디어 기업들의 수용자 감소와 광고 수입 하락으로 인해 미디어 업계 연구는 점차 중요해지고 있다.

이 밖에도 **학계의 연구**와 미디어 업계에서 이루어지는 연구 사이에는 몇 가지 차이점이 있다. 예를 들면, 학계의 연구는 공개적이다. 따라서 연구결과를 이용하기 원하는 연구자나 연구기관이라면 누구든지 원 자료를 가진 연구자에게 정보의 이용을 요청할 수 있다. 반면에 미디어 업계 연구의 대부분은 자료에 대한 독점적 소유권이 설정되어 연구결과도 연구비용을 부담한 기관의 자산에 속하므로 일반적으로 다른 연구자가 이용할 수 없다. 그러나 여론조사나 미디어 미래와 관련된 프로젝트 같은 경우는 연구를 끝내면서 바로 공개하기도 한다. 또한 예외적인 관행이지만 몇 년이 지난 후 공개하는 경우도 있다.

두 영역 연구의 또 다른 차이점은 연구에 투입되는 시간적인 양에 있다. 학계 연구는 일반적으로 정해진 마감시간이 없다(물론 연구 보조금을 받는 경우는 예외다). 학자들은 본업인 강의와 연구를 병행한다. 반면에 미디어 업계의 연구는 항상 어떤 형태로든지 마감시간이 정해져 있기 마련이다. 연구일정은 정책적 의사결정을 내려야 하는 경영진이나 외부 의뢰기관 또는 고객의 필요에 따라 정해진다.

일반적으로 학계 연구가 미디어 업계 연구보다 연구비용이 적게 든다. 그렇다고 학계 연구가 '싼 값이다'라는 뜻은 아니다. 다만 학계 연구의 경우 사무실 임대, 장비 및 시설 사용, 컴퓨터 분석, 협력업체, 인력 등의 간접비(overhead costs)[역자주 3]를 지출하지 않아도 되기 때문에 비용 부담이 덜하다. 그러나 미디어 업계의 경우 회사 자체적으로 연구를 하든, 전문조사기관에 연구를 의뢰하든 간에 그러한 비용 문제를 고려해야만 한다. 종종 대규모 미디어 회사나 그룹이 전문적인 조사회사보다 학계의 연구자에게 연구를 의뢰하는 이유도 여기에 있다.

이런 차이가 있음에도 불구하고 학계와 미디어 업계의 연구가 서로 완전히 별개가 아니라는 점을 초보 연구자는 이해해야 한다. 학자들은 미디어 산업을 위한 연구를 많이 수행해야 하며, 미디어 산업에서도 이론적으로 분류될 수 있는 연구를 수행해야 한다(예컨대 TV 방송사 내에 조사연구 담당부서를 설치하는 것). 실제 많은 대학교수들이 직접 연구를 맡아서 수행하지만, 미디어 업계의 조사나 연구의 자문역할을 담당하기도 한다.

모든 연구자들은 학계와 미디어 업계 간의 '비현실적이다', '현학적이다', '시야가 한정적이다' 등과 같은 비방은 삼가는 것이 중요하다. 두 분야 모두 비용과 규모에 있어 서로 차이가 있다 해도 유사한 방법론과 통계분석을 사용한다. 더구나 연구문제를 해결하고 미래를 예측한다는 공통의 목적을 갖고 있기 때문이다. 과학적 방법에 따라 연구를 실시한다면 연구자는 자신이 무엇을 연구하고 있는지, 현상을 어떻게 관찰하고 측정할 것인지, 관찰된 내용이나 측정치를 검증하는 데 어떤 절차가 필요한지 등을 명확하게 이해하고 있어야 한다. 의문시되는 연구문제를 개념화하고 논리적으로 각 단계를 발전시키는 것은 연구문제나 가설에 대한 답을 구하는 데 필수적이다. 연구절차에 대한 내용은 다음 절에서 자세하게 소개하겠다.

역자주 3 간접비는 발생된 원가나 경비가 특정 제품이나 서비스, 산출물, 목적, 목표와 직접 관련되지 않는 경비를 말한다(출처: 감사원(www.bai.go.kr)의 '공공감사용어집', 검색일: 2014.08.2).

10 연구주제의 선정

어떤 문제에 대한 과학적 평가를 내리려면 그에 적합한 자료를 얻기 위한 일련의 단계를 따라야 한다. 연구자가 적합한 자료를 얻기 위해 일련의 절차를 따르지 않았다면 과학적 연구방법을 따랐다고 할 수 없으며 오히려 오류만 키우게 된다. 이 장에서는 연구문제를 정립하고 발전시키는 것부터 시작해서 연구결과를 재검증하는 작업에 이르기까지 과학적 연구의 모든 과정을 살펴볼 것이다.

먼저 연구문제를 정립하는 단계부터 간략하게 소개하고자 한다. 객관적이고 엄밀한 관찰과 분석이야말로 과학적 방법의 특성이다. 이러한 목표에 부응하기 위해 연구자는 [그림 1-2]에 제시되어 있는 절차를 단계별로 따라야만 한다. 이 연구 모형은 모든 분야의 과학적 연구에서 적용가능하다.

연구자라고 해서 모두가 연구주제를 스스로 선택해서 연구하지는 않는다. 즉 본인이 관심 있는 연구영역을 선택해서 집중적으로 연구할 수 있는 연구자는 소수에 불과하다. 많은 연구자들이 어린이와 미디어 폭력, 신문 독자층, 광고, 커뮤니케이션 법제 등 특수한 유형의 연구를 통해 자신을 드러내고자 노력한다. 이들은 자신들이 관심 있는 연구영역에 대한 큰 그림을 얻기 위해 작은 퍼즐 조각 하나하나를 맞춰가는 식으로 연구해나간다. 나아가 어떤 연구자들은 포커스그룹(focus group)이나 역사적 분석 같은 특수한 접근을 시도하기도 한다. 미디어 업계에서 실시하는 연구의 경우 일반적으로 연구자가 연구할 과제나 문제를 선택하는 데 융통성을 갖지 못한다. 대신에 경영자 측에서 제시한 문제에 대한 답을 찾기 위해 연구를 수행하거나 전문 조사회사에 대행을 맡겨 문제나 쟁점을 연구하도록 한다.

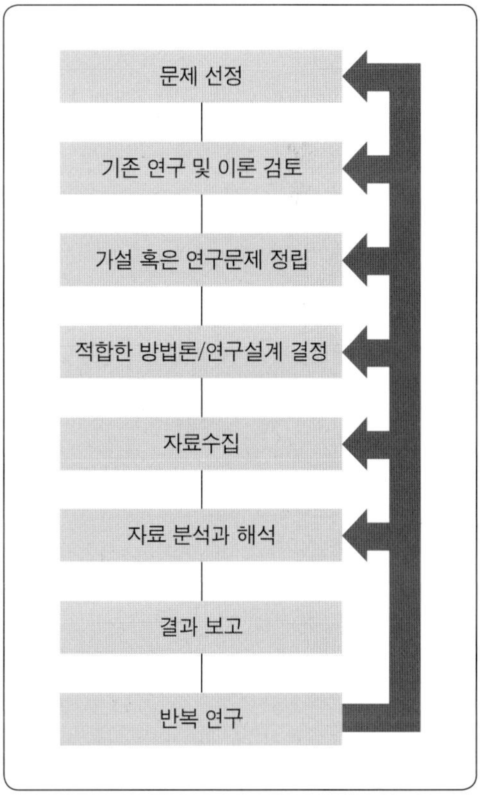

[그림 1-2] 연구 프로젝트의 단계별 추진

업계 연구의 경우 주제 선정에 제한은 있지만 어떻게 문제를 해결할 것인가, 즉 어떤 방법론을 사용할 것인가는 통상적으로 연구자의 결정에 달려 있다. 모든 연구자의 목표는 빠르고, 저렴하며,

신뢰할만하고, 타당한 방법을 개발하는 것이다. 이 모든 기준이 충족되는 경우 연구자로서 유용한 과업을 수행했다고 할 수 있다.

그러나 초보 연구자는 대부분, 특히 학기말 과제 · 논문 · 학위논문을 준비하는 경우, 주제 선정하는 일이 주요한 관심사가 아닐 수 없다. 문제는 어디부터 시작할 것인가를 아는 것이다. 다행히 연구주제를 탐색하는 데 도움을 주는 자료원은 얼마든지 있다. 학술지, 정기간행물, 뉴스 주간지, 일상적 만남 등에서 충분히 아이디어를 얻을 수 있다. 참고할 만한 주요 정보원들을 소개하면 다음과 같다.

1) 전문 학술지

〈저널 오브 브로드캐스팅 앤 일렉트로닉 미디어(Journal of Broadcasting & Electronic Media)〉나 〈저널리즘 앤 매스커뮤니케이션 쿼터리(Journalism and Mass Communication Quarterly)〉 등과 같은 커뮤니케이션 관련 학술지는 훌륭한 정보원이다. 학술지는 초고를 검토하고 수정하는 과정을 거쳐 논문을 게재하기 때문에 보통 집필한지 12개월이나 24개월이 지난 논문이 실리지만, 연구주제에 대한 많은 아이디어를 제공해준다. 대부분의 저자는 연구과정에서 부딪쳤던 문제점과 앞으로 필요한 연구가 무엇인지를 연구의 결론 부분에서 제시한다. 뿐만 아니라 학술지에 따라서는 매호 특정한 연구주제를 중심으로 기획, 편집하는 경우도 있기 때문에 연구계획을 수립하는 데 도움이 된다. 수준 높은 많은 학술지는 연구에 관한 다양한 관점을 제시해준다. 학술지에 따라 매스미디어에 관한 연구만을 전문적으로 다루기도 하고, 때로는 연관 분야의 학술지이면서도 미디어에 대한 내용을 다루고 있는 경우도 있다. 이 교재에서 언급된 학술지는 연구 아이디어를 얻는데 출발점을 제공한다.[역자주 4]

학술지 외에 미디어 산업계에서 발행하는 기관지 역시 매스미디어 관련 연구에 대한 풍부한 정보를 제공해준다. 예를 들면 〈브로드캐스팅 앤 케이블(Broadcasting & Cable)〉, 〈애드버

역자주 4 커뮤니케이션학 관련 논문을 전문적으로 게재하는 국내대표 학술지(학진 등재 및 등재 후보학술지)는 다음과 같다. 「한국언론학보(한국언론학회)」, 「한국방송학보(한국방송학회)」, 「언론정보연구(언론정보연구소)」, 「언론과학연구(한국지역언론학회)」, 「언론과 사회(성곡언론문화재단)」, 「방송과커뮤니케이션(문화방송)」, 「커뮤니케이션이론(한국언론학회)」, 「한국광고홍보학보(한국광고홍보학회)」, 「스피치와 커뮤니케이션(한국소통학회)」, 「언론과 법((사)한국언론법학회)」, 「미디어, 젠더 & 문화(한국여성커뮤니케이션학회)」, 「홍보학연구(한국PR학회)」, 「광고학연구(한국광고학회)」, 「방송통신연구(한국방송학회)」, 「한국언론정보학보(한국언론정보학회)」, 「광고연구(한국광고홍보학회)」, 「방송문화연구(한국방송광고공사)」, 「한국출판연구(한국출판학회)」, 「미디어경제와문화((재)SBS문화재단)」, 「옥외광고연구(한국OOH광고학회)」, 「정치커뮤니케이션연구(한국정치커뮤니케이션학회)」, 「언론학연구(부산울산경남언론학회)」, 「미디어와 공연예술연구(방송 · 예술연구소)」, 「광고PR실학연구(한국광고PR실학회)」 등(출처: 한국연구재단 한국학술지인용색인(www.kci.go.kr), 검색일: 2014.07.22. 주제: 대분류– 사회과학, 중분류 – 신문방송학).

타이징 에이지(Advertising Age)〉, 〈미디어 위크(Media Week)〉, 〈에디터 앤 퍼블리셔(Editor & Publisher)〉 등이 있다.

매스미디어 분야의 최근 쟁점이 무엇인지를 확인하기 위해서는 민온라인(MinOnline)과 같이 "미디어 뉴스레터(Media Newsletter)"로 검색해서 찾을 수 있는 각종 주간 뉴스레터를 보면 된다.

대부분의 대학 및 대학 도서관에서는 연구문헌 데이터베이스를 지원한다. 이러한 데이터베이스는 연구 논문의 전체 또는 요약본을 제공하기 때문에 연구주제를 찾는 데 도움이 되는 중요한 정보원이 될 것이다. 〈아카데믹 서치 컴플릿(Academic Search Complete)〉, 〈커뮤니케이션 앤 매스미디어 컴플릿(Communication and Mass Media Complete)〉, 〈렉시스/넥시스 아카데믹(Lexis/Nexis Academic)〉, 〈소셜로지컬 콜렉션(Sociological Collection)〉 등은 매스미디어 연구자들에게 특히 유용하다.[역자주 5]

2) 잡지와 정기간행물

전문 학술지가 아닌 일반 잡지나 정기간행물의 경우, 일반 독자를 고려하다 보니 '수준이 낮다'고 여기기 쉽다. 일부 그렇기도 하지만, 잡지나 정기간행물에 실린 기사에는 전문 학술지처럼 불필요하게 들어가 있는 기술적 용어가 많지 않기 때문에 오히려 연구문제나 가설의 정립에 도움이 되는 정보를 제공해주는 경우도 있다. 뿐만 아니라 커뮤니케이션 분야의 탁월한 전문가가 쓴 기사들이 〈타임(Time)〉이나 〈뉴스위크(Newsweek)〉 등의 월간지나 주간지에 점점 더 많이 게재되는 경향도 있다. 이러한 정보원들을 잘 활용하면 커뮤니케이션의 복잡한 문제에 대한 유익한 관점을 제공받을 수 있고, 미디어 연구자가 관심을 가질 만한 흥미로운 연구 소재를 많이 찾을 수 있다.[역자주 6]

역자주 5 우리나라 미디어 산업 및 유관단체들 발행 저널들 중 대표적인 것을 소개하면 다음과 같다. 「신문과 방송」(한국언론진흥재단, www.kpf.or.kr), 「방송문화」(한국방송협회, www.kba.or.kr), 「광고정보」(한국방송광고진흥공사, www.kobaco.co.kr), 「관훈저널」(관훈클럽, www.kwanhun.com), 「기자협회보」(한국기자협회, www.journalist.or.kr), 「미디어 오늘」(www.mediatoday.co.kr), 「언론중재」(언론중재위원회, www.pac.or.kr), 「PD저널」(한국PD연합회, www.pdjournal.com), 「동향과 전망」(한국방송통신전파진흥원, www.kcaresearch.kr), 「정보통신방송정책」(정보통신정책연구원, www.kisdi.re.kr), 「magazine journal」(한국잡지협회, www.magazine.or.kr), 「KOCCA 포커스」(한국콘텐츠진흥원, www.kocca.kr) 등이다.

역자주 6 한국의 경우 각 신문과 잡지의 미디어 비평란과 주요 방송사들의 옴브즈맨 프로그램들을 활용하면 매우 유익하다.

3) 연구 요약본

전문적인 연구기관에서는 다양한 분야에서 이루어진 중요한 연구의 내용을 살펴볼 수 있도록 연구 요약본(research summary)을 정기적으로 발행하고 있다. 이런 연구 요약본은 다양한 연구를 폭넓게 개괄해주기 때문에 연구주제 선정에 필요한 정보를 얻는 데 유용하다. 메타 연구(meta-research)로도 알려진 커뮤니케이션 분야 연구 요약본의 좋은 예로는, 콤스톡과 동료들(Comstock et al., 1978)의 〈텔레비전과 인간행동(Television and Human Behavior)〉, 퍼스(Perse, 2001)의 〈미디어 효과와 사회(Media Effects and Society)〉, 셰런과 동료들(Shearon, Lowery, & DeFleur, 1995)의 〈매스커뮤니케이션의 이정표(Milestones in Mass Communication)〉,역자주 7 스파크(Sparks, 2009)의 〈기본개관(A Basic Overview)〉, 브라이언트와 올리버(Bryant & Oliver, 2008)의 〈미디어 효과: 이론과 조사의 발달(Media Effects: Advances in Theory and Research)〉역자주 8 등이 있다.

4) 인터넷

인터넷의 출현으로 연구자는 손가락 끝을 통해 세계를 접할 수 있게 됐으며, 연구주제를 찾고자 할 때마다 인터넷은 주요한 접속 통로가 되고 있다. 다양한 검색엔진을 이용하면 쉽게 어떤 주제든지 관련된 많은 정보를 얻을 수 있다.역자주 9 예를 들어 당신이 '3D TV'에 관심이 있다고 가정해보자. 구글(www.google.com)을 통해 '3D TV'를 검색해보면 비록 연구자가 관심 갖는 특정 주제와는 관련이 없더라도 수백만 개의 관련 정보를 얻을 수 있을 것이다. 즉 고려할 수 있는 여러 자료 중에서 모바일 3D TV에 대해 궁금해한다고 가정해보자. "모바일 3D TV"를 검색해보면 새로운 기술과 관련된 흥미로운 정보를 얻을 수 있을 것이다.

인터넷을 잘 활용하는 방법은 광범위한 카테고리로 검색해보는 것이다. 가령 관련 주제에 대해 '무엇이 처음인지', '어떻게' 진행되고 있으며, '왜' 그렇게 됐는지 등 다양한 질문을 검색하는 것이다. 아울러 관련된 '연구 아이디어'를 검색한다. 그렇게 하면 아이

역자주 7 국내 번역판 제목은 〈매스 커뮤니케이션의 효과연구: 역사, 이론, 방법론(이의자, 송기인, 이효성, 남경태 역(2008). 경성대학교 출판부)〉이다.

역자주 8 국내 번역판 제목은 〈미디어 효과 이론(김춘식, 양승찬, 이강형 역(2008). 나남)〉이다.

역자주 9 구글학술검색(http://scholar.google.co.kr/), 네이버전문정보(http://academic.naver.com/) 등의 포털 서비스 외에도, DBPIA(http://www.dbpia.co.kr/), 한국학술정보(KISS, http://search.koreanstudies.net/), 학술연구정보서비스(RISS, http://www.riss.kr/index.do), 국회도서관(http://www.nanet.go.kr/main.jsp), 기초학문자료센터(https://www.krm.or.kr/) 등을 검색엔진으로 활용할 수 있다.

디어와 관련된 믿을 만한 목록도 얻을 수도 있다.

5) 일상적 상황

우리는 매일 라디오, TV, 신문, 잡지, 영화, 개인 간 토론 등 다양한 형태의 커뮤니케이션과 직면하며 살아간다. 연구자가 그러한 상황을 분석하려는 적극적인 자세를 지닐 때 일상생활 자체가 연구의 훌륭한 원천이 될 수 있다. 이 점을 염두에 두고 다음의 질문들을 생각해보자.

- 스마트폰은 사람들의 미디어 이용을 어떻게 변화시키는가?
- 광고주는 메스미디어에서 왜 특정 유형의 메시지를 이용하는가?
- 연예가 소식 프로그램인 〈엔터테인먼트 투나잇(Entertainment Tonight)〉과 퀴즈 프로그램인 〈제퍼디(Jeopardy)〉, 〈행운의 빵빵이(Wheel of Fortune)〉 등이 인기 있는 이유는 무엇인가?
- 사람들이 TV를 보지 않고 듣기만 할 때도 있는데, 왜 TV 광고는 메시지를 전달하기 위해 영상을 사용하는가?
- 옥외 광고는 상품과 서비스에 대한 정보를 제공하는 데 얼마나 효과적인가?
- 어떤 유형의 사람들이 라디오 토크쇼를 듣는가?
- 광고 효과가 감소되기 전에 얼마나 많은 광고를 사람들이 연속적으로 텔레비전에서 보거나 라디오에서 들을 수 있는가?
- 라디오와 TV 방송 광고는 왜 정규 프로그램보다 더 크게 들리는가?(인터넷에서 "상업광고 음량경감법(The Commercial Advertisement Loudness Mitigation Act: Calm Act)"을 찾아보자)
- TV로 방영되는 리얼리티 프로그램의 소구 유형은 무엇인가?
- 얼마나 많은 사람들이 위성이나 케이블의 음악 채널을 시청하는가?
- 페이스북과 트위터가 대중적으로 성공한 이유는 무엇인가?
- 일기예보 채널을 실제로 시청하는 사람들은 주로 누구인가?

이와 같은 질문은 연구 아이디어를 찾는 데 도움이 된다. TV 폭력, 신문광고의 지면 배열, TV 프로그램에 심의, PR 캠페인에 대한 연구 등은 우리 모두가 일상적으로 직면하는 커뮤니케이션 상황에서 제기된 문제를 기반으로 하는 중요한 연구영역이다. 항상 주변에 관심을 갖고 다른 사람과 대화를 해야 한다. 이러한 접촉을 통해 연구대상이 될 만한 문제들을 많이 찾을 수 있을 것이다.

6) 아카이브 자료

미시간 대학(Univ. of Michigan)의 ICPSR(Inter-University Consortium for Political and Social Research)이나, TGI(Simmons Target Group Index) 여론조사기관 갤럽(Gallup) · 로퍼(Roper), 시청률전문조사회사 아비트론 · 닐슨의 시청률 자료집(15장 참조) 등은 연구자에게 아이디어를 제공해주는 중요한 정보원이다.[역자주 10]

이들이 제공하는 역사적 자료는 본래 수집의도와 관계없이 다양한 문제를 연구하는데 사용될 수 있다. 예를 들면, 시청률 자료집은 특정 시점의 수용자 규모와 구성에 관한 정보를 제공한다. 하지만 연구자들은 이 자료를 역사적인 변화추이를 살펴보는데 이용하거나, 미래의 수용자를 예측하고, 방송사와 프로그램 인기도의 변화를 알아보고, 시청률과 각 방송사 혹은 전체 시장에서의 광고 수입과의 관계를 살펴보는 등 다양한 목적으로 사용할 수도 있다. **2차 분석**(secondary analysis)이라 불리는 이러한 과정은 시간과 자원을 절약할 수 있다는 장점이 있기 때문에 중요한 연구 접근방법 중 하나다.

2차 분석은 연구자에게 입수하기 어려운 자료를 평가할 수 있는 기회를 마련해준다. 베커(Becker, 1981, p. 240)는 2차 분석을 다음과 같이 정의한다.

> 2차 분석에서는 원래 자료를 수집한 연구자가 분석을 끝내고 밀쳐놓은 사회과학 분야의 자료를 재활용한다. 이 자료는 처음 자료를 수집했던 연구자만 이용할 수 있는 것이 아니라 자료수집과는 전혀 무관한 연구자도 다시 이용할 수 있다. 2차 분석은 원래의 연구가 시도했던 바와 관계가 있을 수도 있고, 전혀 관계가 없을 수도 있다.

(1) 2차 분석의 장점

연구자로서 연구의 설계, 자료의 수집과 분석 등의 과정을 제대로 배우려면 상당한 규모의 연구 프로젝트를 수행해보는 것이 바람직하다. 그러나 너무 많은 비용이 소요되기 때문에 이런 이상적인 상황이 주어지기란 여간 쉽지 않다. 더욱이 서베이가 너무 복잡해지기 때문에 개별 연구자가 대규모 연구의 과정 전부를 섭렵하는 전문가가 되기란 쉬운 일이 아니다.

역자주 10 국내 미디어 통계자료는 한국언론진흥재단(www.kpf.or.kr) '자료실'의 '미디어통계', '정보공개창구'의 '공공데이터개방'에서도 제공한다. 방송 · 뉴미디어통계정보시스템(KISDISTAT, stat.kisdi.re.kr) 및 통계청 국가통계포털(kosis.kr)을 통해서도 얻을 수 있다. 기타, 국내 뉴스 및 언론전문 자료는 한국언론진흥재단의 미디어 포털서비스 '미디어 가온(www.mediagaon.or.kr)', 시청률 및 방송광고 전문자료는 한국방송광고진흥공사의 'AD INFORMATION(www.kobaco.co.kr)', PR 전문자료는 '더피알(www.the-pr.co.kr)' 등을 이용할 수 있다.

2차 분석은 이러한 문제를 해결하기 위한 하나의 대안이다. 우선 자료를 이용하는 데 비용이 거의 들지 않는다. 설문지나 측정도구를 만드는 데 드는 비용이 거의 없으며 면접원이나 기타 연구 인력에게 비용을 지불할 필요도 없다. 또한 연구대상자에게 지급하는 비용이나 특수 장비를 사용하는데 들어가는 비용도 없다. 유일한 경비는 복사비 등 자료를 다루는 데 드는 비용이다(경우에 따라서는 그런 자료를 무료로 제공해주는 기관도 있다). 아카이브 자료(archive data)는 경험적 자료수집에 대단히 중요하다. 많은 경우 아카이브들이 보유하고 있는 자료는 연구자에게 미디어와 관련된 중요한 문제나 어려움에 대해 쉽게 해답을 제시해주기도 한다.

초보 연구자라면 소수 내지는 대표성이 없는 표본을 대상으로 설문지를 만들고 조사를 직접 실시해보는 것만으로도 많은 것을 배울 수 있다. 그러나 이런 분석은 외적 타당도가 있는 결과를 제시하기가 힘들다(외적 타당도에 대해서는 이 장 후반부에서 논의한다). 이 경우에는 제한된 가치밖에 지니지 못하는 소규모 연구를 하는 대신에, 이미 수집된 자료를 활용하는 것이 더 유익할지 모른다. 또한 연구자는 충분한 시간을 두고 자료를 이해하고 분석해야 한다(Tukey, 1969). 연구자도 출판을 위해 서둘러 자료를 분석하거나 경영자 측에 보고하기 위한 자료를 수집하고 나서는 다시 보지 않는 경우가 잦다. 어떤 연구에서든지 모든 자료를 단 한 번에 완벽하게 분석하기란 쉬운 일이 아니다. 그럼에도 불구하고 학계나 업계의 연구에서는 그런 경우가 허다하다.

터키(Tukey, 1969, p. 89)는 특히 대학원생에게 자료의 재분석을 강조하고 있는데, 연구자라면 누구든지 그의 주장을 새겨들을 필요가 있다.

> 학위논문의 장점은 연구과정 모두를 포괄하고 있다는 점이다. 연구란 연속성을 지니며 어느 정도 순환적이다. 그런 의미에서 보면 왜 많은 논문이 사전에 수집되거나 이미 분석이 완료된 자료들에 대한 검토를 통해 논문을 시작하는지 알 수 있다. 현장에서의 즉각적인 자료분석은 환상이며, 앞으로도 환상으로 남을 것이다.

2차 분석을 둘러싼 논쟁은 여러 분야의 연구자들 사이에서 펼쳐지고 있다(Glenn, 1972; Hinds, Vogel & Clarke-Steffen, 1997; Hyman, 1972; Tukey, 1969). 최근에는 인터넷을 활용한 2차 분석의 장점도 논의되고 있다. 2차 분석이 가치 있는 지식을 얻는 데 좋은 기회를 제공한다는 점은 분명하지만 보편화되어 있지는 않다. 왜냐하면 2차 분석을 근시안적으로 접근할 경우 오히려 지식의 발전을 제한할 수도 있기 때문이다.

(2) 2차 분석의 단점

2차 분석을 이용하는 연구자는 1차 연구의 가설이나 연구문제의 범주를 벗어날 수 없다. 자료가 이미 존재하고 더 많은 정보를 얻을 수 있는 방법이 없기 때문에 연구자는 원래 수집된 자료의 범주 내에서만 분석을 해야 한다.

게다가 좋은 자료라는 보장도 없다. 자료가 빈약하게 수집되거나 부정확할 수 있으며, 나아가 조작되거나 결함이 있을 수도 있다. 연구에 따라서 연구설계나 표본추출절차, 또는 연구대상자의 응답에 가중치를 부여한 방법 등을 포함한 연구의 여러 절차에 관한 정보를 밝히지 않는 경우가 많다. 매스미디어 분야에서 연구자들은 대부분 자신이 수집한 자료를 다른 사람이 좀 더 손쉽게 이용할 수 있도록 배려하고는 있지만 모두가 정확하게 과학적 절차를 따르는 것은 아니다. 이러한 단점은 2차 분석에 심각한 영향을 미칠 수도 있다.

2차 분석을 이용하는 데 여러 비판의 여지가 있다 해도 이제 하나의 방법론으로 자리 잡고 있기 때문에 2차 분석 이용에 대한 더 이상의 상세한 정당화는 굳이 찾을 필요가 없을 것이다.

11 연구주제의 적절성 검토

기본 연구 아이디어를 선택했다면 다음 단계에서는 해당 아이디어가 연구주제로서 과연 적절한지를 확인해야 한다. 연구주제로서의 적합성을 확인하기 위해서 연구자는 다음의 여덟 가지 질문을 던져볼 필요가 있다.

Q1: 연구주제가 너무 광범위하지 않은가?

대부분의 연구는 하나의 분야에 특정 영역을 집중적으로 다룬다. 하나의 연구에서 전 영역을 다룰 필요는 없다. 그러나 초보 연구자들은 하나의 연구에서 다루기에는 너무 광범위한 주제를 선택하는 경향이 있다. 예를 들면, 'TV 폭력물이 어린이들에게 미치는 효과' 라든지 '대통령 선거에서 매스미디어가 제공하는 정보가 유권자에게 미치는 효과' 등과 같은 주제가 여기에 해당한다. 이러한 문제에 직면하지 않으려면 연구자는 본인이 선정한 연구주제를 일단 종이에 적어놓고 이를 좀 더 작은 하부단위 주제들로 나누어볼 필요가 있다.

예를 들어보자. 콜로라도 대학의 어느 석사과정 학생은 시청자들이 TV 프로그램을 좋아하는 이유 및 시청자들이 프로그램을 평가하는 방법과 TV 비평가들의 평가를 비교하는데 관심이 있다고 하자. 이 연구주제는 너무 광범위하다. 무엇보다 먼저 어떤 유형의 프로그램을 분석할 것인가? 이 학생은 많은 고민 끝에 텔레비전 연속극에서 중요하게 제시되는 프로그램 요소를 연구주제로 설정했다. 그리고 사람들이 연속극을 시청하면서 그들이 중요하다고 평가하는 것은 무엇인지를 질문했고 그 학생은 그 결과를 토대로 성공하는 프로그램에 대한 모델을 발전시킬 수 있었다.

Q2: 현실적으로 연구가 가능한 문제인가?

연구주제가 너무 광범위하지 않은가에 대한 문제와는 별도로, 연구자는 선정한 주제가 현실적으로 연구 가능한지를 따져봐야 한다. 비록 연구범위가 광범위하지 않다고 하더라도 현실적으로 연구가 불가능할 수도 있다.

예컨대 TV 수상기가 없는 사람들이 일상생활에서 대인 커뮤니케이션에 어떻게 반응하는지를 알아보려고 한다면, 연구자는 우선 TV 수상기가 없는 사람들을 찾아낼 수 있을지를 고려해야 한다. 시골의 구석진 곳에서 그런 대상자를 한두 명 찾아낼 수 있을지도 모른다. 그러나 적어도 가구당 TV 수상기가 한 대 이상 보급되어 있는 현대 사회에서 그런 대상자를 찾아내기란 쉬운 일이 아니기 때문에 이 연구는 현실적으로 불가능할 수도 있다. 이러한 문제를 해결하기 위해서 연구자는 본래 생각한 연구주제의 현실적인 실현 가능성을 고려해봐야 한다. 탠(Tan, 1977)은 이러한 문제를 해결하고자 일정 기간 동안 TV 전원을 껐을 때 사람들이 무엇을 하는지 조사했다. 연구대상자를 상대로 일주일 동안 TV를 보지 않도록 설득하고 그동안 대상자가 접촉하는 미디어(TV 외의 미디어)가 무엇이며, 친구나 가족과의 상호작용은 어떻게 변화하는지 등을 연구했다(이런 미디어 박탈 연구에 참여한 대상자는 보통 연구 프로젝트가 끝나기 전에 몰래 해당 미디어를 이용하기 마련이다).

또 한 가지 고려해야 할 점은 연구에서 제시된 모든 용어에 대한 개념 정의가 가능한지 여부다. 측정 가능한 모든 변인은 조작적으로 정의될 수 있어야 한다. 가령 아이들의 미디어 이용을 설명하는데 관심이 있는 연구자는 혼란을 피하기 위해 '아이'라는 용어를 조작적으로 정의해야 한다. 만약 '아이'를 '세 살부터 일곱 살까지의 어린이'라고 조작적 정의를 명시한다면 잠재적 문제의 소지를 사전에 제거할 수 있다.

마지막으로 연구자는 연구하려는 주제가 과거에 연구된 적이 있는지를 기존 문헌 검토를 통해 살펴봐야 한다. 이런 과정을 통해 연구자는 이전의 연구에서 지적된 문제가 무엇인지, 연구문제에 대한 해답을 얻는 데 어떤 방법을 사용했는지, 그리고 어떤 결론에 도달했는지 등을 살펴볼 수 있다.

Q3: 수집된 자료를 분석할 수 있는가?

신뢰도와 타당도 있게 측정할 수 없는 자료를 수집해야 한다면 그 연구주제는 생산적인 연구에 적합하지 않다. 즉 연구자가 TV를 시청하지 않았을 때 나타나는 효과를 측정하고자 한다면 연구대상들의 행동에 대한 정보가 충분하고 신뢰할 수 있는지, 연구대상이 정직하게 대답을 했는지, 수집된 자료가 어떤 가치를 지니게 될지 등을 고려해야만 한다. 연구를 가치 있게 만들기 위해 연구자는 충분한 자료를 수집해야 한다. 앞서 든 연구의 예에서, TV 수상기 전원을 끈 연구대상으로 단 10명만 골라 분석한다면 전체 모집단으로 일반화하기 어렵기 때문에 그 연구결과를 받아들일 수 없을 것이다(10명 정도의 표본은 연구절차를 테스트하기 위한 **예비연구**(pilot study)에 주로 이용된다).

또 하나 고려해야 할 점은 연구자가 자료분석을 위해 선택한 통계처리방법을 잘 이해하고 있어야 한다는 것이다. 연구자는 통계처리방법과 그 결과를 해석하는 방법을 잘 알아야 한다. 본인이 한 번도 써보지 않은 고급 통계방법을 연구설계에 포함시키는 연구자들이 너무 많이 있다. 이런 관행은 자료의 처리와 해석에서 오류를 발생시키기 마련이다. 연구방법과 통계방법은 연구 책임자가 특정 방법을 제안하거나 유행하는 것이라고 해서 선택되어서는 안 된다. 실제 연구에 적합하고, 분석하는 사람이 이해하고 있는 통계방법이어야 한다. 연구를 처음 시작하는 사람들이 일반적으로 범하는 오류를 '**도구의 법칙**(law of the instrument)'이라고 부른다. 이는 통계 절차에 대한 이해 없이 통계방법을 선택하는 것(즉, 통계를 통계 산출된 결과가 무엇을 의미하는지도 어떻게 해석해야 하는지도 모르면서 통계방법을 채택하는 것)을 뜻한다.

제대로 이해하지 못하는 고급 통계방법을 사용해 결국 혼란에 빠지는 것보다는 단순 빈도와 백분율을 이용해 결과를 설명하는 게 훨씬 현명한 일이다.

Q4: 연구문제가 유의한가?

연구를 시작하기 전에, 중요한 것은 연구자가 수행할 연구가 이론적으로 또는 실용적인 면에서 어떤 장점이 있는지 검토하는 일이다. 이를 위해 첫 번째로 연구자들은 "연구결과가 해당 분야의 기존 지식에 보탬이 될 것인가?"를 생각해야 한다. 모든 연구의 목적은 해당 분야의 논쟁거리나 해결이 요구되는 문제들에 대한 이해를 증진시키려는데 있다. 만약 연구가 이러한 역할을 하지 못한다면 이 연구는 연구자가 연구하면서 얻은 경험 외에는 아무런 가치가 없게 된다. 물론 모든 연구가 세상을 뒤집어 놓을 만큼 굉장한 것이어야 한다는 뜻은 아니다. 실제로 작은 수준의 문제들이 더 중요할 때도 있지만 많은 연구자들은 기념비적인 문제를 해결하기 위해 귀중한 시간을 낭비하기도 한다.

두 번째로 연구자들은 "연구의 실질적인 목적이 무엇인가?"를 물어봐야 한다. 이 질문은 아이디어를 한 곳으로 모으는 데 도움이 되기 때문에 중요하다. 연구의 목적이 수업과제인지, 학위논문인지, 저널에 실릴 논문인지, 아니면 회사 경영의 참고자료인지를 분명히 해두는 것이 좋다. 이러한 프로젝트는 각각 예비 지식, 설명의 수준, 도출된 결과에 대한 세부내용 등이 달라지기 때문이다. 예컨대 실무 응용을 목적으로 연구하는 연구자라면 경영자 측이 제기한 문제의 해답을 얻는 동시에 수집된 자료가 실무로 활용될 수 있는 연구를 수행해야 할 것이다.

Q5: 연구결과를 일반화할 수 있는가?

연구 프로젝트가 직접적인 분석 이외에 실용적인 가치를 지니기 위해서는 **외적 타당도**(external validity)를 갖춰야만 한다. 즉 다른 상황에서도 연구결과를 일반화할 수 있어야 한다. 가령 일반화할 목적이 아닌 사례연구인 경우, 소도시의 PR 캠페인에 대한 효과 연구는 여러 소도시에서 이 같은 효과를 분석하는 계획이 적합하다. 그러나 이러한 분석 결과는 외적 타당도가 거의 없으며, 다른 상황과도 관련지을 수 없을 것이다.

Q6: 분석하는 데 비용과 시간은 얼마나 필요한가?

많은 경우에 연구의 실현가능성 여부는 바로 연구조사의 비용으로 결정된다. 연구자에게 아무리 훌륭한 아이디어가 있다고 해도 비용이 지나치게 많이 들어가면 그 연구 프로젝트는 포기할 수밖에 없다. 자금부족으로 취소될 수 있는 연구 프로젝트를 위해 자료를 수집하고 연구를 설계하는 것은 아무 의미가 없으므로 연구비용 분석은 사전에 미리 이루어져야 한다. 특히 정교한 연구일수록 연구비용이 많이 들어가는데, 한 연구당 소요되는 비용이 5만 달러(한화 약 5천만 원 이상)를 쉽게 넘어 가기도 한다.

자세히 보기 〉〉 '오캠'인가 '오컴'인가?

이 교재의 9판에서 저자들은 14세기 영국 철학자의 이름 철자를 '오캠(Occam)'으로 표기한바 있다. 그러나 과학적 방법의 자기 수정적 관점에 따라 저자들은 문제점을 조사하였다. 이후 '오컴(Ockham)'이라는 영국의 작은 마을로부터 윌리엄의 이름이 유래되었다는 것을 알게 되었고, 그의 출생지의 철자에 따라 '오캠'이라는 철자를 더 이상 사용하지 않기로 했다.

연구 프로젝트를 시작하기 전에 필요한 모든 자료나 장비, 편의시설을 빠짐없이 목록으로 만들어야 한다. 만약 비용이 너무 과도하다 싶으면 연구자는 어떤 항목에서 절감해서 같은 목표를 달성할 수 있을지 살펴봐야 한다. 또 하나 고려할 수 있는 방안은 대학원이나 재단, 정부기관 등 연구 프로젝트에 보조금을 주는 기관을 상대로 재정 지원을 받는 것이다. 일반적으로 미디어 업계에 종사하는 연구자는 비용 때문에 심각하게 제약받지는 않지만 경영진에서 책정한 예산 내역을 준수해야만 한다.

시간 역시 연구 계획에서 고려해야 할 중요한 요인이다. 연구는 주어진 기간 내에 완성될 수 있도록 설계되어야 한다. 연구자들이 각 연구 단계별로 충분한 시간을 배정하지 않아 실패하는 경우가 많이 있다. 마감시간에 쫓기다 보면 신뢰도와 타당도를 확보한 결과를 얻기 힘들다(예를 들면, 일치하는 표본을 찾을 수 없어서 다른 대안을 찾다가 실패하는 경우가 여기에 해당한다).

Q7: 계획한 접근방법이 해당 프로젝트를 수행하는 데 적합한가?

좋은 연구 아이디어라도 계획을 잘못 세우면 쓸데없이 방해가 될 수도 된다. 예를 들어 한 연구자가 인터넷 사용 시간 증가로 인해 TV 시청시간 습관에 어떤 변화가 생겼는지 측정한다고 해보자. 연구자는 지난 몇 달 동안에 TV 이용 습관이 어떻게 변했는지를 알기 위해 많은 사람을 대상으로 우편 서베이를 할 수 있다. 그러나 설문지의 인쇄와 발송 비용뿐만 아니라 응답률을 높이기 위해 독촉하는 편지를 보내거나 전화하는 등 추가 비용이 들기 때문에 잘못하면 연구비용이 엄청나게 증가할지도 모른다.

그렇다면 경비의 일부를 줄이고 연구목적도 달성할 수 있는 다른 방법은 없는지 생각해봐야 한다. 연구계획은 연구목적이나 질문하고자 하는 유형에 따라 달라질 수 있다. 앞의 예에서 연구자는 설문지 인쇄 및 우편 발송 비용을 절약하기 위해 전화 서베이나 이메일을 통해 자료를 수집할 수 있다.

그렇게 계획을 바꾸는 경우 전화 서베이나 이메일에 알맞게 고쳐야 할 질문들이 나타날지 모르지만, 핵심 정보를 수집하는 데 별 지장이 없을 것이다. 모든 연구는 최선의 접근방법이 무엇인지를 면밀하게 검토해야 한다. 연구의 모든 절차는 '사고절약의 원칙(parsimony principle)' 혹은 '오컴의 면도날(Ockham's razor)'에 따라 고려되어야 한다. 이러한 원칙은 14세기 철학자 오컴(William Ockham)이 주장한 것으로, 어떤 대상에 대해 필요 이상의 설명이나 필요 없이 많은 가정은 할 필요 없다는 것이다. 이 원칙을 미디어 연구에 적용하면 "가장 단순한 연구방법이 항상 최고"라고 할 수 있다.

자세히 보기 〉〉 오컴의 면도날

'오컴의 면도날'은 여기에서 간단하게 언급되고 있지만, 꼭 기억해야 할 중요한 개념이며 이후에도 여러 차례 언급될 것이다. 이 개념은 연구에서 뿐만 아니라 사람들의 삶의 모든 면에 중요하다. 만약 연구과정에서 표집, 설문지 구성, 자료의 분석 혹은 결과 보고서 작성 등의 문제에 부딪힐 경우 "문제에 접근하는 가장 쉬운 방법은 무엇인가?"를 자문해보라. 대부분의 경우 어려움은 본인이 문제를 너무 복잡하게 만들어놓은 데서 기인한다.

이와 같은 상황은 우리 일상생활에서도 자주 발생한다. 당신이 직면하는 문제가 어떤 문제이든지 간에 그 문제에 대한 가장 단순한 접근방법을 찾아보라. 그것이 바로 최고의 해결책일 것이다.

Q8: 연구대상자에게 미치는 잠재적 해악은 없는가?

연구자는 자신이 수행하는 프로젝트가 연구대상자에게 물리적 또는 심리적 해악을 끼치지 않는지 신중하게 검토해야 한다. 예를 들면 응답자들이 어떻게든 놀라지 않는지, 대답하기 곤란한 질문을 하거나, 오히려 역반응을 일으킬만한 난처한 행동을 요구받고 있지는 않은지, 연구조건에 노출되면 지속적인 효과가 나타날 가능성이 있는지 등이다. 인간을 포함한 대부분의 공공 부문 연구 프로젝트는 시작하기 전에 어떤 식으로든 응답자들이 불이익을 받지 않도록 연구절차에 대해 상세하게 설명해주어야 한다. 이러한 설명은 아무것도 모르는 연구대상자들이 유해한 연구방법에 노출되지 않게 보호하기 위함이다.

연구주제의 선정과정에서 위의 여덟 단계 질문을 강조하는 이유는 이 장 후반부에서 논의할 연구 타당도를 확보하는 데 필요하기 때문이다. 다시 말해, 처음 아이디어 찾기에서부터 자료분석, 해석에 이르기까지 모든 단계가 연구문제의 해답을 찾는 데 타당한가를 묻고 있다.

연구 프로젝트로 신중하게 선정하고 그것에 대해 확신을 갖고 있다고 가정하자. 그런데 누군가가 "아이디어는 좋지만 실행할 수 없다. 주제가 너무 광범위하고, 문제를 실제 조사할 수 없으며, 자료를 분석할 수 없고, 연구문제가 유의하지 않고, 그 결과를 일반화할 수도 없다. 또한 연구비용도 너무 많이 들고, 접근방법이 잘못되었다"고 문제를 제기한다면 당신은 어떻게 대응할 것인가? 먼저 당신이 어떤 것도 간과하지 않았다는 것을 확인하기 위해 비판에 대해 신중하게 살펴봐야 한다. 그럼에도 불구하고 당신이 선정한 과제가 적합하며 연구대상자나 응답자에게 어떤 해악도 주지 않는다고 확신한다면, 연구 프로젝트를 추진해야 한다. 누군가의 엉뚱한 비판에 뒤로 물러서기보다는 아무것도 발견하지 못하더라도 연구를 그대로 진행하는 편이 더 낫기 때문이다.

기존 문헌 검토

과학적 연구절차에 따라 연구를 수행하는 연구자라면 먼저 이용 가능한 기존 문헌을 검토해야 한다. 이를 통해 기존 연구들의 연구방법과, 연구절차, 발견된 연구결과 등에 대해 알 수 있다. 경험이 많은 연구자들은 연구절차 중 기존 문헌 검토가 가장 중요한 단계 중 하나라고 생각한다. 기존 연구를 통해 배울 수도 있고 시간과 노력, 경비도 절약할 수 있기 때문이다. 기존 문헌 검토가 제대로 이루어지지 않으면 이후 연구과정의 어떤 단계를 설명하는 데 실패하는 등 프로젝트에 불이익을 줄 수도 있다.

어떤 연구 프로젝트를 수행하기 전에, 연구자는 다음의 문제들을 고려해야 한다.

- 그 분야에서 지금까지 어떤 유형의 연구가 이루어져 왔는가?
- 기존 연구에서 발견된 것들은 무엇인가?
- 다른 연구자들은 추후 연구를 위해 어떤 점을 제안하고 있는가?
- 검토한 결과 아직 연구되지 않은 주제는 어떤 것들이 있는가?
- 본인이 제시한 연구가 그 분야의 발전에 어떻게 기여할 것이라고 보는가?
- 기존 연구에서 주로 사용한 연구방법은 무엇인가?

이런 질문에 대한 답은 구체적인 연구가설이나 연구문제를 수립하는 데 항상 도움을 줄 것이다.

12 가설 또는 연구문제의 설정

개괄적인 수준에서 연구영역이 확정되고 기존 문헌에 대한 검토가 끝나면 연구자는 실행 가능한 가설이나 연구문제를 정립해야 한다. **가설**(hypothesis)은 연구에서 다룰 변인들 간의 관계에 관한 공식적인 진술이며 직접적인 검증의 대상이다. 변인들 간의 예상되는 관계는 '참'이거나 '거짓', 둘 중 하나다. 한편 **연구문제**(research question)는 검증해야 할 대상이 질문의 형태로 제시되며, 가설처럼 변인들 간의 관계에 대한 검증으로만 한정되지 않는다. 연구문제는 연구자가 연구대상으로 설정한 문제의 본질에 대한 확신이 부족할 때 적합하다. 단지 기초 자료수집이 목적이더라도 검증 가능한 가설은 종종 연구문제를 설정하기 위한 정보를 수집하는 단계로부터 발전되기도 한다.

싱어와 싱어(Singer & Singer, 1981)는 주제의 범위를 좁혀서 발전시키며, 간결한 용어로 진술하는 방식에 대한 예를 제시하고 있다. 그들은 TV 프로그램의 내용이 어린이들의 상징적 행위 능력을 고양시키는지 여부에 관심을 가졌다. 그래서 참고할 수 있는 기존 문헌을 철저히 검토한 후 그들의 관심사를 다음의 세 가지 연구문제로 한정했다.

① TV 프로그램은 어린이들에게 가상놀이(make-believe play)**역자주 11**의 소재와 아이디어를 제공함으로써 어린이의 상상력을 풍부하게 하는가?
② TV 프로그램이 어린이들로 하여금 현실을 왜곡하도록 만드는가?
③ 어린이가 프로그램을 시청하는 동안이나 시청하고 난 직후 어른이 간섭하거나 조정하는 것이 가상놀이에 변화를 초래하는가? 또는 가상놀이를 자극하는가?

이러한 종류의 연구로부터 얻어진 정보는 검증 가능한 가설을 수립하는 데 유용한 정보를 제공해준다. 예를 들면, 싱어와 싱어는 가설들을 검증하기 위한 예비 단계의 연구에서 매우 가치 있는 정보를 수집할 수 있었다.

① 어린이들이 가상놀이에 투자하는 시간은 TV로 방영되는 가상놀이를 시청하는 시간과 직접적인 관계가 있다.
② 어린이가 현실을 왜곡하는 정도는 어린이가 시청하는 프로그램의 종류 및 시간과 직접적으로 관련되어 있다.
③ TV 프로그램의 가상놀이를 시청 전, 시청 도중, 시청 후에 부모가 가상놀이에 대해 어린이와 토론하는 행위는 어린이의 가상놀이 소비 시간을 증대시킨다.

가설과 연구문제의 차이는 연구문제가 일반적인 연구영역을 다루고 있는 데 비해 가설은 변인들 간의 관계에 대한 검증 가능한 진술이라는 점에 있다. 연구자들이 연구문제를 설정하는 목적은 단지 이후 연구에서 가설을 정의하고 검증할 수 있게 해주는 정보를 수집하려는 데 있다.

역자주 11 어린이는 사물을 모방해보거나 가상적인 표현을 해보는 가상놀이를 좋아한다. 가상놀이는 상징놀이(symbolic play), 공상놀이 (fantasy play), 상상놀이(imaginative play), 주제놀이(thematic play), 극화놀이(dramatic play)와 같은 뜻으로 사용된다. 이와 같은 용어의 공통점은 가작화(make-believe) 요소가 놀이 속에 포함되어 있다는 것이다. 이런 놀이를 통해 어린이들은 스스로 역할을 선택하고, 다른 사람의 역할을 가장하여 행동과 언어로 모방하고, 동료들과 상호작용하며 다른 사람의 역할을 수행해보는 과정을 통해 타인의 입장을 이해하는 통찰력이 생기고, 놀이를 잘하려면 서로 협동해야 함을 깨닫는다.

13 자료의 분석과 해석

자료의 분석과 해석에 필요한 시간과 노력은 연구목적과 사용하는 방법론에 따라 달라진다. 분석과 해석은 며칠에서 몇 달이 걸릴 수도 있다. 단 하나의 연구문제를 가지고 수행되는 많은 미디어 업계의 연구는 자료분석과 해석이 단지 몇 분 안에 끝날 수도 있다.

예를 들어 라디오 방송국이 아침에 방송되는 새로운 라디오 프로그램에 대한 청취자의 관심 정도를 알고자 한다면, 조사는 한두 가지 질문으로 끝날 수 있다. 조사결과에 대한 해석은 아침 쇼에 대한 운명을 결정하게 될 것이다.

모든 연구는 마련된 지침에 따라 신중하게 계획되고 실시되어야 한다. 분석이 완료되면 연구자는 반드시 한 발 뒤로 물러서서 연구를 통해 무엇이 발견되었는지를 살펴봐야 한다. 연구자는 다음의 두 가지 질문, 즉 연구결과가 내 · 외적으로 타당한가, 연구결과가 정확한가라는 질문을 던져봐야만 한다.

싱어와 싱어(1981, p. 385)가 요약한 연구결과의 일부를 소개하면 다음과 같다.

> 본질적으로 TV는 시각적 유동성, 시공간적 유연성, 환상 등 상상력적인 요소들을 강조하는 미디어다. … 연령대별 프로그램을 개발하려는 프로그램 제작자와 교육자들이 거의 없다. … 프로그램 개발과 어른들의 조정 역할을 위해 더 많은 연구가 시급히 필요하다는 것을 입증하고 있다.

연구자는 분석을 통해 본인의 연구가 내적 타당도나 외적 타당도를 확보하고 있는지 검토해야 한다. 이 장에서는 외적 타당도의 개념에 대해 간략하게 언급하고자 한다. 외적 타당도를 갖춘 연구 결과는 모집단에 일반화할 수 있다. 한편 **내적 타당도**(internal validity)는 연구자가 제시된 연구문제를 실제로 조사했는지 여부를 따지게 된다.

14 내적 타당도

연구자는 연구결과에 대한 그럴 듯하지만 잘못된 설명을 배제하기 위해 연구조건을 통제할 필요가 있다. 예를 들어 연구자가 "y와 x는 함수관계에 있다" 혹은 "$y=f(x)$"라는 것을 검증하려 한다고 하자. 이때 만약 연구자가 b라는 **외생변인**(extraneous variable)을 통제하지 않으면 $y=f(b)$라는 검증결과를 얻을 수도 있다. 따라서 연구자는 $y=f(b)$가 도출될 가능성을 배제하기 위해 조건을 통제할 필요가 있다. 이와 같이 연구결과를 오도할 가능성이 있는 불필요한 변인을 **가외변인**(artifact, 외생변인 혹은 **혼란변인**(confounding variable)이라고도 함)이라고 한다. 그러므로 가외변인이 존재한다는 것은 내적 타당도가 결여되었다는 것으로, 이는 해당 연구의 가설을 검증하는 데 실패했음을 의미한다.

이를테면 연구자들이 TV를 오랫동안 시청하는 어린이가 그렇지 않은 어린이보다 평균 학교성적이 더 낮을 것이라는 사실을 연구를 통해 발견하려 한다고 가정해보자. 이 연구에서 TV 시청시간과 학교성적이라는 두 변인 외의 변인들을 통제하지 않았다면 그 연구결과는 다른 변인, 즉 가외변인의 영향을 받았을지도 모른다. 예컨대 TV 시청량이 적은 어린이의 경우 집에서 공부를 할 때 부모의 도움(가외변인)을 더 많이 받았을 수도 있다. 만약 그렇다면 두 집단 사이의 학교성적의 차이는 TV 시청량 때문이 아니라 부모의 도움 때문일 수도 있다.

가외변인은 여러 원인들로부터 발생할 수 있는데, 주요 요인을 살펴보면 다음과 같다. 연구자라면 내적 타당도를 확보하기 위해 이 요인들을 잘 알아 두어야 한다 (Campbell & Stanley, 1963; Cook & Campbell, 1979).

① 역사(history) 연구기간 동안에 일어나는 다양한 사건이 연구대상자의 태도나 의견, 행위 등에 영향을 미칠 수 있다. 예컨대 신제품의 판촉을 위해 마련한 석유회사의 PR 캠페인의 성공 여부를 분석하려 한다고 하자. 연구자는 먼저 피험자를 상대로 그 석유회사에 대한 태도를 측정하는 사전검사(pretest)를 실시하고 나서 석유회사의 PR 캠페인(실험처리)에 노출시켰다. 그리고 캠페인에 의해 피험자의 태도에 변화가 일어났는지를 알아보기 위해 사후검사(posttest)를 실시했다. 그리고 사전검사와 사후검사의 결과를 비교 분석한 결과, 연구대상자의 석유회사에 대한 인식이 좋지 않은 것으로 나타났고 연구자는 곧 그 PR 캠페인이 실패했다는 결론을 내렸다. 그러나 연구자는 결과를 보고하기 전에, 그 회사에 대한 나쁜 인식을 초래한 원인이 PR 캠페인이 아닌 다른 특정의 중개변인(intervening variable)이 작용한 것은 아닌지를 검토해봐야 한다. 만약 피험자가 연구기간 동안에 석유회사의 기름탱크에서 수백만 갤런의 원유가 북대서양으로 유출된 사건을 TV 뉴스를 통해 알게 됐다면, 이 경우 석유회사에 대한 나쁜 인식을 갖도록 하는 데 PR 캠페인이라는 변인 외에 기름유출 사건이 가외변인으로 크게 작용했을 수 있다. 사전검사와 사후검사 사이의 기간이 길어질수록 이런 유형의 가외변인들이 연구결과에 혼란을 가져다줄 가능성이 더욱 커진다고 할 수 있다.

연구과정에서 역사의 영향은 1970년대 후반과 1980년대 초반의 경험에서 드러나듯이 매우 참담한 결과를 초래할 수도 있다. 당시 몇몇 방송국과 기업은 케이블 방송 수신율이 낮은 지역에 STV[역자주 12]를 공급할 계획을 세웠다. STV 서비스는 특별히 고안된 안테나를 통해 'HBO(Home Box Office)'나 '쇼타임(Showtime)'과 유사하게 유료 방송 서비스를 각 가구에게 제공하는 서비스다. 아비트론사와 닐슨사가 보고한 케이블 방송 수신율이 낮은 몇몇 도시가 STV 서비스의 주요 대상으로 선정되었다. 이러한 도시들에서 수행된 연구 결과에서도 아비트론사와 닐슨사의 자료와 같은 결과를 얻었다. 또한 케이블 방송 수신이 어려운 가구들이 STV 서비스를 받아들일 것이라는 조사 결과도 나왔다. 그러나 일부 연구가 진행되는 사이에 해당 지역의 케이블 방송사들이 빠르게 성장하는 중이었고, TV용 케이블 회선 설치 작업이 어느 정도 이루어졌었다는 사실이 나중에 밝혀졌다. STV 서비스가 목표로 삼았던 수용자들에게 케이블 방송을 쉽게 볼 수 있는 환경이 마련되었던 것이다. 가장 큰 문제는 연구자들이 STV의 가능성에만 집착한 나머지 연구결과에 영향을 미칠 수 있는 역사적 변화(도시의 회선)를 고려하지 못했다는 점이다. 그 결과 많은 회사가 수백만 달러의 손실을 입었으며 STV는 점차 사라져갔다.

② **성숙**(maturation) 연구가 진행되는 동안 연구대상자의 생물학적 또는 심리학적 특성에 변화가 일어날 수 있다. 연구과정이 길어지면 연구대상자가 배고프고 피곤해진다든지, 또는 나이를 먹게 됨에 따라 연구에 응하는 태도가 변할지도 모른다.

예컨대 신체적인 변화가 연구에 어떻게 영향을 미칠 수 있는가는 1980년대 초반 미국의 라디오 방송국들이 음악 프로그램 청취자를 대상으로 조사한 결과에서 살펴볼 수 있다(14장 참조). 일부 비숙련된 조사회사들은 하나의 세션에서 800곡이나 되는 많은 노래를 청취자에게 들려주는 조사를 시행하고 대체로 600번째 이후의 노래부터 조사 결과가 다르게 나타나는 이유를 궁금해 했다. 다만 몇 안 되는 연구에서 600곡 정도를 들려줬을 때(약 100분 정도의 조사 시간) 연구대상자들이 육체적으로나 감정적으로 고갈되며 주어진 프로젝트를 빨리 끝내기 위해 무성의하게 아무 숫자로 응답하려 한다는 사실을 발견하였다.

이후 기술이 발전하고 연구경험이 축적되면서 방청객 대상의 음악청취 조사방법도 변화해왔다. 2001년 몇몇 연구에서 저자들은 다양한 음악청취 조사 방법으로 조사

역자주 12 공중파를 이용하는 유료 텔레비전 방송으로서, 서브스크립션 텔레비전(subscription television)의 약칭이다. 미국에서 실시되고 있다. 텔레비전 전파에 교란을 걸어서 프로그램을 송신하고, 별도 요금을 낸 가입자만이 이 프로그램을 디코더를 이용해 원래의 신호로 바꾸어 시청하는 방식을 말한다. 기존 텔레비전 방송국의 전파를 사용해서 방송하기 때문에 유선방송(CATV)에 비해 초기 투자가 적게 들고 서비스 범위가 넓은 것이 장점이다.

를 했다. 무엇보다도 전문 제작사들이 일정한 후크(hook)역자주 13를 만들어 사용하고 응답자에게 충분한 휴식시간을 제공하는 경우에는 자료를 손상시키지 않고 한 세션 안에서 600곡 이상의 조사도 가능하다는 것을 알게 되었다.

③ 검사 검사(testing) 그 자체가 가외변인이 될 수도 있다. 특히 피험자에게 유사한 사전검사와 사후검사를 실시하는 경우 더욱 그렇다. 피험자들이 사전검사를 통해 내용을 미리 알게 되어, 주어진 실험 처치의 유형과 관계없이 사후 검사의 점수를 높일 수 있다. 사전검사와 사후검사에서 같은 설문지나 동일한 측정도구를 사용하는 경우 이런 위험성은 매우 커진다. 피험자는 질문에 어떻게 대답해야 하는지, 조사자가 무엇을 요구하는지를 미리 알아차리게 된다.

이와 같은 검사 효과를 없애려면 서로 다른 사전검사와 사후검사를 실시해야 한다. 아니면 사전검사를 실시하는 대신 실험변인이 아닌 다른 변인을 이용해서 유사성(동질성) 여부를 검증할 수도 있다. 사전검사가 실험대상 집단 간의 **선험적 동질성**(실험 전에 동등한 집단을 조사대상으로 확보하는 것)을 확정하는 유일한 방법은 아니다. 무작위나 매칭 등의 표본추출을 통해서도 동질성은 확보할 수 있다. 실험 상황에서 혼란변인을 통제하는 방법은 9장을 참조하기 바란다.

④ 측정도구의 변화 **도구의 마멸**(instrument decay)이라고도 알려진 이 개념은 연구과정에서 일어날지도 모르는 연구도구나 방법의 변질을 의미한다. 즉 연구과정에서 측정도구가 변모하면 그 효과나 정확성이 감소된다는 뜻이다. 연구과정에서 장비가 낡거나 관찰자가 기록에 무관심해질 수도 있고, 면접 담당자가 설문지의 질문항목을 암기한 뒤 설문지를 보지 않고 조사를 하는 경우 질문의 순서를 뒤바꿔 물어볼 수도 있다. 많은 연구자나 통계학자에게 SAT나 ACT 같은 일부 대학 입학시험은 논란의 대상이다. 불만은 현재의 시험들이 최근의 지식을 적절하게 측정하는 것이 아니라 일단 필요하고 중요한

역자주 13 후크(hook)는 일반적인 의미로 갈고리, 갈고리쇠, 거는 것과 걸리는 것, 낚싯바늘 등을 말한다. 그러나 음악에서는 음표의 꼬리를 뜻하며, ♪와 같은 음표를 뜻하기도 한다. 하지만 음악과 후크의 관계는 오히려 처음 정의인 '걸다'와 더 관련이 깊다. 후크는 현대 대중가요에서 빼놓을 수 없는 아주 중요한 자리를 차지하고 있다. 후크는 음악적 테마와 짜임새를 총괄하는 음악적 개념 중의 하나로, 흔히 짧은 가락(riff)으로 멜로디나 가락의 반복적인 진행이 특징이며, 'oscillation(진동)'에서 나온 말인 이탈리아어 'Ostinato'와 유사하다. 이는 노래를 듣는 사람의 귀를 사로잡아, '사람의 마음을 끌기 위한 목적'으로 사용되는 것으로 대중음악, 특히 록음악, 댄스음악, 팝송에 사용된다. 후렴부의 일부분에서 발견되거나, 후렴부 자체를 이루고 있다. 일반적으로, 멜로디나 리듬 혹은 멜로디와 리듬 모두가 될 수 있으며, 노래의 주된 모티프(motif)와 통합되거나 모티프에 접목된다.

것으로 간주된다는 점을 주로 언급한다.

⑤ **통계적 회귀** 매우 높거나 낮은 점수를 얻은 피험자의 점수는 후속 검사를 하는 동안 표본이나 모집단의 평균 점수에 회귀하는 경향이 있다. 종종 연구자들은 이상치(사전검사에 얻은 점수가 집단 전체의 평균 점수와 크게 차이가 나는 피험자)를 상대로 추가적으로 검사하고 평가해본다.

간단한 수학개념 교육용 TV 시리즈를 개발하고 이 프로그램의 학습 효과를 측정하려 한다고 하자. 사전검사에서 수학능력이 매우 낮은 피험자를 선택하고 이들에게 새로 제작한 TV 프로그램 시리즈를 보여주는 실험처치를 한 뒤 피험자들의 수학개념에 대한 지식이 증가했는지 사후검사를 하였다. 그리고 사전검사와 사후검사에서 얻은 점수를 비교한 결과, TV 프로그램을 본 후 점수가 높아진 것으로 나타났다. 이때 사후검사에서 얻어진 높은 점수는 TV 프로그램 시청, 즉 학습에서 기인한 것이 아니라 **통계적 회귀**(statistical regression)의 작용 때문일 수도 있다는 점에 유의해야 한다. 즉 피험자가 TV 프로그램을 시청한 것과는 상관없이 표본에서 얻어진 점수가 단순히 산술평균에 대한 통계적 회귀 때문에 높아질 수도 있다(통계적 회귀는 피험자나 요소를 한 번 이상 검사하는 상황에서 발생할 수 있는 현상이다. 첫 번째 검사에서 낮거나 높은 점수를 받은 피험자나 요소는 후속 검사에서 더 낮거나 더 높은 점수를 받을 수 있다. 이 때문에 피험자나 요소는 검사하거나 측정하는 집단이나 대상의 평균에 더 근접하게 이동하게 된다).

이런 경우에는 사전검사에서 낮은 점수를 얻은 사람만을 대상으로 실험을 실시할 것이 아니라 다양한 유형의 피험자를 대상으로 프로그램의 학습 효과를 검증해야 한다.

⑥ **피험자 탈락** 모든 연구에서 피험자는 이런저런 이유로 연구 도중에 탈락할 가능성이 있다. 특히 장기간에 걸쳐 연구가 실시되는 경우에는 더욱 그렇다. 피험자가 병에 걸릴 수도 있고, 다른 지역으로 이사를 갈 수도 있으며, 학교나 직장을 그만 둘 수도 있다. 피험자 **탈락**(mortality)은 연구결과에 확실히 영향을 미친다. 왜냐하면 대부분의 연구방법과 통계분석은 이용 가능한 피험자의 수를 이미 가정하고 있기 때문이다. 그러므로 예산이 허락하는 범위 내에서 실제로 필요한 수보다 더 많은 피험자를 선정하는 것이 바람직하다. 보통 한 검사에서 다른 검사로 넘어가는 과정에서 50% 이상의 피험자가 탈락한다(Wimmer, 1995).

자세히 보기 〉〉 자료분석—위머와 도미니크의 자료분석 원칙

초보 연구자가 항상 흥미롭게 생각하는 일은 경험이 많은 노련한 연구자들이 수집된 자료를 보자마자 "이 연구는 잘못됐네"라고 지적해내는 능력이다. 초보자들로서는 연구 베테랑들이 어떻게 그런 잘못을 잘 알아내는지 궁금해 할 것이다. 베테랑들은 경험을 통해 무엇이 잘못된 것인지를 바로 알게 되는데, 이는 저자들의 자료분석 원칙에 해당한다. 그 원칙에 따르면 "한 연구 안에서 무언가 잘못된 것처럼 보일 경우 그것은 십중팔구 잘못된 것이다."

예를 들어보자. 1~10까지의 평가척도(rating scales)를 사용한 연구의 몇몇 응답에서 10 이상의 평균 점수가 나왔다고 하자. 1~10의 척도에서 측정치들의 평균값이 10 이상이 될 수는 없으므로 그 자료는 잘못된 것이다. 연구 경험이 쌓이면 이러한 오류를 바로 잡아낼 수 있다. 무언가 잘못된 것처럼 보인다면 그것은 잘못된 것임에 틀림없다는 당신의 판단을 믿어야 한다.

⑦ 표본 선정　대부분의 연구는 종속 효과 측정에서 어떤 차이가 존재하는지를 결정하기 위해 연구대상자를 둘 이상의 집단으로 나누어 비교할 수 있도록 설계된다. 이때 대상 집단은 무작위로 선정해야 하고, 측정결과가 표본 때문이 아니라는 점을 확실하게 하기 위해 표본의 동질성 여부를 검증해야 한다(4장 참조).

⑧ 요구 특성　**요구 특성**(demand characteristics)이란 용어는 실험조건에 대한 연구대상자의 반응을 묘사할 때 사용된다. 오네(Orne, 1969)는 피험자가 실험의 목적을 알게 되면 그것이 그들의 행위방식에 영향을 미칠 수 있다는 점을 지적했다. 즉 실험의 목적을 인지한 대상자는 되도록 연구자에게 도움이 되는 자료를 만들어낸다는 것이다.

이러한 요구 특성은 초보 연구자라도 쉽게 알 수 있다. 예컨대 공영방송인 NPR과 PBS에 대한 시 · 청취 습관을 조사하는 경우 연구대상자는 이 방송을 실제보다 많이 시청한다고 대답하는 경우가 많다. 그러나 같은 연구대상자들에게 NPR이나 PBS 프로그램 중 좋아하는 프로그램명에 대해 물으면 단 하나도 기억하지 못하는 경우가 많다(다시 말하면 응답자들이 진실을 말하고 있지 않는 것이다).

따라서 대상자의 반응이 가장된 것인지 아니면 진실한 것인지를 검증하기 위해 같은 질문을 다양한 방식으로 바꾸어 묻는 **교차확인**(cross-validating) 질문을 잘 활용해야 하며, 이를 통해 연구자는 일반적으로 오류를 유발하는 응답들을 분별할 수 있다. 또한 연구의 진짜 목적을 숨기는 것도 그런 오류를 통제하는 데 도움이 된다. 그러나 이런 기법을 사용할 때는 특히 주의해야 한다(4장 참조).

결론적으로 연구 프로젝트에 참여하는 대부분의 응답자는 연구자가 요구하는 정보를 제공하려고 열성적이기 마련이다. 응답자는 자신의 의견을 말하도록 요구받기 때문에 질문내용이 애매모호하거나 잘못되어 해석이 전혀 불가능한 경우라도 해당 질문에 적극적으로 대답하려는 경우가 있다.

예를 들어 저자는 1990년대에 펜실베이니아 주 지역코드 717 지역에 거주하는 응답자들을 대상으로 전화 면접을 실시할 계획을 세웠다. 그런데 연구과정에서 한 전화 면접원이 실수로 지역 코드 714(캘리포니아 주 오렌지카운티) 거주자들에게 전화를 걸어 조사했다. 캘리포니아에 사는 응답자들은 본인이 사는 지역에서는 수신이 불가능한 라디오 방송국에 관한 서베이에 거의 20여 분에 걸쳐 응답했다. 이 문제는 설문지의 타당도를 검토하는 과정에서 발견되었다.

⑨ **실험자의 편견**(experimenter bias) 로젠탈(Rosenthal, 1969)은 연구자가 여러 방식으로 연구결과에 영향을 미칠 수 있다고 주장한다. 연구자의 편견은 연구대상의 관찰이나 자료의 기록, 또는 수학적 계산, 결과 해석 과정에서 발생하는 실수 등을 포함한다. 실험자가 범하는 실수가 의도적이든 비의도적이든 간에 그것은 보통 본인이 세운 가설을 뒷받침하는 쪽으로 기울기 마련이고 그렇기 때문에 편견을 가질 수밖에 없다(Walizer & Wienir, 1978).

또한 프로젝트 결과에 대한 의뢰인의 의도에 연구자가 휘둘려도 프로젝트의 모든 단계에 연구자의 편견이 개입될 수 있다. 연구자가 전반적인 프로젝트 내내 객관성을 유지하지 못할 경우 이러한 상황은 중대한 문제를 야기할 수 있다. 특히 개인이나 기업에 필요로 하는 결과를 증명하거나 보통 연구자가 잘 모르는 개인이나 회사의 결정을 '지지해줄 정보'를 제공해야 하는 경우 더욱 그렇다. 가령 한 지방 TV 방송국의 보도국장이 특정 뉴스 앵커를 싫어해서 다른 앵커로 교체하려는 목적으로 연구를 의뢰한다고 하자. 연구자는 겉으로는 그 앵커에 대한 시청자의 선호도를 조사하는 명목으로 연구를 의뢰받을 것이다. 그러나 이 경우 보도국장은 의도적이든 비의도적이든 간에 연구의 기획 단계에서부터 연구자와의 대화를 통해 연구결과에 영향을 미치기 쉽다. 그리고 연구자 역시 본인이 의도와 상관없이 그 앵커를 교체하고 싶어 하는 보도국장의 의사를 지지하는 방향으로 결과를 해석할 소지가 있다. 예를 들어 '좋다-싫다' 수치의 경계선에 놓인 측정치를 보도국장의 영향을 받아 '싫다'로 해석하게 되는 것이다.

실험자의 편견은 연구의 전 과정에 걸쳐 잠재되어 있는 문제다. 따라서 연구자는 외부로부터 발생 가능한 모든 종류의 영향을 경계해야 한다. 연구자의 편견이 개입될 가능성을 줄일 수 있는 몇 가지 방법을 예시해보면 다음과 같다. 먼저 연구대상자에게 연구지침을 전달하는 사람이나 연구대상자를 관찰하는 사람에게는 연구의 목적을 알려주지 않는다. 아울러 연구에 관여하는 사람이면 누구든지 연구대상자가 실험집단과 통제집단 중 어디에 속하는지 알지 못하게 한다. 이것을 **이중은폐 실험**(double-blind experiment)이라고 한다. 그리고 모든 연구대상자들에게 통일된 지침을 줄 수 있도록, 녹음기 같은 자동화된 장비를 사용한다.

또한 연구자는 의뢰인에게 연구자가 원하는 정보 외에 연구과제의 의도가 무엇인지를 밝히지 말아달라고 요구할 수 있다. 다시 뉴스 앵커의 연구사례로 돌아가면 보도국장은 앵커가 담당하는 프로그램의 선호도와 관련된 정보만 줘야지 그 결과에 따라 회사 차원에서 내려질 후속 조치에 대해서는 언급할 필요가 없다. 이러한 경우 연구자에게 연구 프로젝트의 목적이 분명하게 제시되거나, 연구를 독립적으로 수행할 수 있어야만 연구의 각 단계에서 연구자의 편견을 억제할 수 있다.

⑩ **평가에 대한 우려**(evaluation apprehension) 평가에 대한 우려는 로젠버그(Rosenberg, 1965)가 사용한 개념으로 요구 특성과 유사하다. 그러나 이 개념은 기본적으로 연구대상자가 측정이나 검사를 두려워한다는 점을 강조한다. 연구대상자는 자신이 연구자나 다른 연구대상자들로부터 긍정적인 평가를 받기 원한다. 대부분의 사람은 사회 규범과 다르게 행동하기를 싫어하며, 비록 그들이 속한 집단의 규범에 전적으로 반대하는 입장이더라도 그 집단을 따르는 경향을 보인다. 그러므로 연구자는 연구대상자로 하여금 어디까지나 개인의 반응이 중요하지 다른 사람의 반응과 같아지려고 노력할 필요가 없다는 점을 일깨워줌으로써 연구대상자가 수동적이지 않게끔 되도록 노력해야 한다.

⑪ **인과적 시간 순서**(causal time order) 실험을 위한 자료수집 및 해석에는 갖가지 어려움이 따른다. 실험결과는 자극(독립)변인보다는 종속변인의 효과에서 기인하는 것일 수 있다. 예를 들어 잡지광고의 레이아웃이 소비자의 구매 행위에 미치는 영향을 연구하는 실험연구를 한다고 하자. 응답자는 몇 편의 광고를 보고 난 후 설문지를 읽거나 완성하면서 자신의 의견을 바꿀 수 있다.

⑫ 처치의 확산이나 모방(diffusion or imitation of treatments) 응답자들이 하루 아니면 며칠에 걸쳐서 연구에 참여하거나 응답자 그룹이 교대로 연구에 참여하는 경우, 연구대상자들끼리 그 연구에 대해 의견을 나눌 기회를 가질지도 모르며 그것이 연구에 영향을 줄 수도

있다. 특히 포커스그룹 인터뷰처럼 새로운 그룹이 면접실에 들어오는 동시에 기존 그룹이 그 방을 떠나야 하는 경우 그럴 가능성이 있다(전문 분야의 서비스와 경험을 갖춘 연구자들은 이러한 상황을 미연에 방지한다).

⑬ **보상**(compensation) 종종 통제집단(실험처치를 받지 않는 집단)에게 뭔가를 '제한해야' 한다는 것 때문에 연구자가 무의식적으로 그 집단을 다른 실험집단과 다르게 대하는 경우가 있다. 이렇게 되면 그 집단은 통제집단으로서 더 이상 적합하지 않다.

⑭ **보상적 경쟁**(compensatary rivalry) 간혹 피험자가 자신이 통제집단에 속해 있다는 것을 눈치 채고 실험집단을 능가하기 위해 다르게 행동하거나 실험집단보다 더 열심히 조사에 응할지도 모른다.

⑮ **의기소침**(demoralization) 통제집단에 속한 피험자는 본인이 실험집단이 아니라는 이유로 조사에 흥미를 잃기 쉽다. 사람에 따라서는 그들이 실험집단에 속하지 않았다는 사실로 인해 사기가 저하되거나 화가 나서 실험을 중도에 포기하거나 정상적인 반응을 보여주지 않는 경우도 있다.

이렇듯 내적 타당도의 근거는 매우 복잡하고 연구의 전 과정에 걸쳐 분포한다. 따라서 일회적인 조사결과만을 가지고 특정 가설이나 이론을 부정하거나 증명하는 수단으로 활용하지는 않는다. 연구자는 내적 타당도를 감소시키는 가외변인들을 통제하기 위해 다양한 실험설계를 도입하며, 연구대상자와 연구자가 무의식중에 연구결과에 영향을 미치지 않도록 하기 위해 연구과정 전반을 완벽하게 통제 하고자 노력한다. 이런 의미에서 하이먼(Hyman, 1954)의 조언을 참고할 필요가 있다.

> 모든 과학적 탐구에는 오차가 있기 마련이다. 그러므로 자료에 내재된 오류를 감추는 것보다는 오차를 줄이기 위한 시도로 출처를 연구하고 결과에서 이러한 오차의 크기를 추정하는 것이 훨씬 더 의미 있는 일이다.

15 외적 타당도

외적 타당도(external validity)는 모집단, 조건, 시간에 구애받지 않고 연구결과를 어느 정도 일반화할 수 있는가와 관련된다(Cook & Campell, 1979). 연구의 외적 타당도는 연구대상자의 선정, 측정도구, 실험조건 등의 변인들 간의 상호작용에 의해 많은 영향을 받을 수 있다(Campell & Stanley, 1963). 외적 타당도가 결여된 연구는 그 결과를 다른 상황에 적용할 수 없고 단지 해당 표본 집단에만 유효하다.

외적 타당도를 확보하기 위한 대부분의 노력은 표본 추출과 밀접한 관계가 있다. 쿡과 캠벨(Cook & Campbell, 1979)은 외적 타당도를 증대시키기 위한 방안으로 다음의 세 가지를 제안했다.

① 무작위 표본을 이용할 것
② 서로 다른 표본을 이용해서 여러 차례 반복 연구할 것
③ 연구결과가 일반화될 수 있도록 대표성을 갖춘 표본 집단을 선정할 것

무작위 표본을 사용하면 편의표본이나 가용표본을 사용하는 경우보다 다양한 정보를 얻을 수 있다. 편의표본이나 가용표본을 이용할 경우 태도나 의견, 생활습관이 비슷한 사람들을 선택할 가능성이 높다. 4장에서 논의하고 있듯이, 무작위 표본(random sample)이란 연구범위 안의 모든 사람이 동일한 가능성을 가지고 연구대상으로 선택될 수 있는 조건 아래서 선정된 표본을 의미한다. 또한 다양한 특성을 지닌 표본을 대상으로 반복적으로 연구를 실시해 가설과 연구문제를 검증함으로써 연구결과를 좀 더 일반화할 수 있다. 연구결과를 일반화할 수 있도록 대표적인 표본을 선정하는 일은 기본 상식이다. 이는 곧 고등학생을 대상으로 한 연구 결과를 대학생에게 일반화해 적용할 수 없는 것과 같은 이치다.

그 외에 외적 타당도를 제고시킬 수 있는 방법은 장기간에 걸쳐 연구를 실시하는 것이다. 매스미디어 연구는 대체로 연구대상자를 짧은 기간 실험적 상황에 노출시킨 뒤 즉시 그 효과를 검증하거나 측정하는 단기 연구 프로젝트로 설계되는 경우가 많다. 그러나 많은 경우 이와 같은 즉각적인 실험처치에서 얻은 효과는 대부분 무시해도 된다. 예컨대 연구자가 상품에 대한 인지도를 측정하기 위해 연구대상자를 단 한 번 광고에 노출시키고 측정하는 경우가 여기에 해당한다. 한 번의 노출만으로는 노출로 인한 설득이나 태도 변화 여부를 알아내기가 어렵다. 이를 위해서는 오랜 시간에 걸쳐 반복적인 노출이 필요하다. 논리적으로 그러한 측정은 몇 주 또는 몇 달에 걸쳐 이루어져야 한다. 단기적으로 볼 때는 태도 변화가 존재하지 않거나 거의 알아차릴 수 없을 만큼 최소한의 변화만 일어날지 모르나, 장기적으로는 의미 있는 변화가 일어날 수도 있다는 소위 수면자 효과(sleeper effect)의 발생을 고려해야 한다.

16 결과 서술

결과를 제시하는 방식은 연구목적에 따라 달라진다. 학술지에 발표하기 위한 보고서는 해당 학술지가 요구하는 형식을 엄격하게 준수해야 한다. 이와 달리 기업 경영진에게 제출할 보고서는 표본추출이나 방법론, 또는 연구문헌 검토 등에 관한 자세한 설명을 생략하고 되도록 단순한 용어로 알기 쉽게 작성하는 경향이 있다. 그러나 모든 결과는 연구문제와 보고서를 읽을 개인들 모두에게 맞춰 명확하고 간결한 방식으로 제시되어야 한다(www.wimmerdominick.com의 읽을거리(Reading) 섹션에 "연구 보고서 쓰기(Writing a Research Report)"를 참고).

반복 연구

이 책 전반에 걸쳐 중요하게 강조하고 있는 점은 어떤 연구라도 일회적 연구결과는 그럴 가능성이 있음을 보여주는 것에 지나지 않는다는 사실이다. 일회적 연구가 제공해주는 정보란 사실상 "이 경우에만 해당한다"라는 것이기 때문이다. 따라서 연구결과에 대해 좀 더 확신을 가지려면 기존 연구를 그대로 반복해봐야 한다. 그러나 연구자들은 종종 단 한 번의 연구결과를 가지고 마치 어떤 이론이나 법칙의 기반을 마련한 것처럼 보고하는 경우가 많다. 이 장에서 살펴본 것처럼 내적 혹은 외적 타당도 기준에 견주어 볼 때 이것은 사실이라고 할 수 없다.

일회적인 연구결과를 가지고 해당 연구문제나 가설의 검증 여부를 얘기하려면 그 이전에 연구결과의 유의도 여부를 여러 관점에서 검토해야 한다. 사용된 연구설계나 연구방법이 연구결과에 영향을 줄 수도 있기 때문에 **특정 설계 효과**를 방지하기 위해 연구방법이나 연구설계를 변경해야만 한다. 마찬가지로 **특정 표본 효과**를 방지하려면 다양한 특성을 지닌 연구대상자들을 다양한 각도로 연구해야 한다. 그리고 **특정 방법 효과**를 방지하기 위해 다양한 통계분석을 활용해야 한다. 다시 말해, 연구자는 본인의 연구결과가 연구에 동원된 방법론 자체의 특성에 의해 영향을 받은 것이 아니라는 점을 확실하게 하기 위해 모든 노력을 기울여야 한다. 그렇기 때문에 연구는 반복되어야만 한다.

연구자는 과학적 사실을 정립하기 위해 **반복 연구**(replication)가 필요하다고 주창한다. 리큰(Lykken, 1968)과 켈리와 동료들(Kelly, Chase & Tucker, 1979)은 과학적 검증의 타당도를 제고시키는 데 도움이 되는 반복 연구의 기본 유형을 다음의 네 가지로 제시했다.

① **완전 반복**(literal replication) 기존 분석의 모든 연구절차, 즉 표본추출, 실험조건, 측정기법, 자료분석방법 등을 그대로 정확하게 되풀이해보는 방식
② **조작적 반복**(operational replication) 연구절차가 같은 결과를 나타내는지를 점검하기 위해 기존의 분석 가운데 표본추출과 실험 절차만을 그대로 되풀이해보는 방식
③ **도구적 반복**(instrumental replication) 기존 연구에서 사용했던 종속 효과 측정은 그대로 반복하고 원래 연구의 실험조건을 변화시켜보는 방식
④ **구성적 반복**(constructive replication) 초기 연구가 채택했던 측정방식과 조작방법을 다르게 하여 그 방법의 타당도를 검증하는 방식. 단순히 이전 연구에서 밝혀진 경험적 '사실'만을 제시하고 같은 '사실'을 반복 연구를 통해 발견하려는 연구자의 시도

이와 같이 반복 연구가 필요하다는 사실을 분명히 알고 있음에도, 매스미디어를 연구하는 연구자 대부분이 반복 연구가 본래 연구만큼 흥미진진하거나 중요하지 않다는 이유로 이 중요한 절차를 무시하는 경향이 있다. 현명한 연구자라면 반복 연구가 흥미진진하지 않을지라도 중요성이 떨어져서는 아니라는 것을 반드시 알아야 한다.

17 조사대행과 현장서비스

대부분의 미디어 연구자들은 모든 프로젝트의 전 과정을 직접 담당하지는 않는다. 연구계획을 입안하여 표본을 선정하고, 측정도구를 준비하지만 일반적으로 직접 응답자에게 전화를 걸거나 면접을 하지는 않는다. 대신에 이런 일을 전담하는 조사대행업체나 현장서비스업체와 따로 계약을 맺는다.

조사대행업체(research supplier)는 다양한 종류의 서비스를 제공한다. 종합 조사대행업체에서는 연구의 설계 단계에서부터 자료의 수집, 정리 및 분석에 이르기까지 모든 분야를 지원한다. 대행업체에 따라 가령 매스미디어, 의료기관이나 병원, 또는 은행 등 분야를 가리지 않고 서비스를 제공하는 회사도 있지만 특정한 한 분야만을 전문적으로 대행하는 곳도 있다. 또한 어떤 회사는 모든 종류의 조사 방법(전화 서베이, 일대일 면접, 쇼핑센터 면접,[역자주 14] 또는 포커스그룹)을 대행하기도 하고 단 한 가지 연구영역만

역자주 14 마케팅 조사 기법 중 하나로 면접을 할 때 거리에서 불특정 다수를 대상으로 하는 것이 아니라 특정 제품을 파는 상점에 출입하는 사람들을 대상으로 특화된 서베이를 하는 것을 말한다. 아무래도 관심 있는 사람들이 많으니 적은 비용으로도 가능하고 설문의 효율성이 높아지는 반면, 젊은 층이나 도시사람이 주 대상이기 때문에 표본추출의 객관성이 결여될 수 있다는 단점이 있다.

을 전문적으로 취급하기도 한다.

현장서비스업체(field services)는 보통 전화 면접이나 쇼핑센터 면접, 일대일 면접 등을 수행하고 **그룹 관리**(central location testing: CLT)[역자주 15] 연구과제와 포커스그룹 조사에 필요한 응답자를 모집하는 일을 전문적으로 수행한다. 후자의 프로젝트를 **사전모집**(prerecruits)이라고 한다(현장서비스업체는 조사에 참여시키기 위한 응답자들을 사전에 모집해둔다). 경우에 따라서 설문지 작성, 자료분석 등에 참여하는 회사도 있지만 대부분은 전화 면접이나 면접조사, 응답자 모집 등을 중점적으로 담당한다.

현장서비스업체는 포커스그룹용 조사실(의뢰인이 진행과정을 볼 수 있도록 일방투시 거울로 된)뿐만 아니라 음식과 요리 연구를 실험할 수 있는 주방 같은 시설을 갖추기도 한다. 물론 매우 세련되고 좋은 시설을 제공하는 업체도 있다. 그러나 많은 업체가 공간이나 조사에 관한 권리를 임대해서 쓰고 있으며 업체에 따라서는 조사의 편의를 위해 사람들이 많이 모이는 장소, 가령 쇼핑센터 같은 곳을 섭외해서 이용하기도 한다.

조사대행이나 현장서비스를 이용하는 일은 매우 간단하다. 연구자가 해당 회사에 전화를 걸어 연구 프로젝트를 설명하고, 견적서를 받는다. 이후 계약 또는 연구과제 확인서에 서명한다. 견적은 경우에 따라 전체 프로젝트에 소요되는 경비를 대상으로 하기도 하지만 대체로 프로젝트의 난이도에 따라 10% 내외에서 결정된다. 때로는 면접한 건당의 경비, 즉 CPI(cost per interview)를 기초로 비용이 계산되기도 한다.

자료수집과정에서 중요한 역할을 하는 것이 **발생률**(incidence)이라는 개념이다. 발생률은 얼마나 용이하게 연구과제에 필요한 소위 적절한 응답자나 피험자를 찾아내느냐를 설명할 때 쓰이는 말이다. 여기서 발생률은 100%를 기준으로 한다. 퍼센트가 낮을수록 연구에 적합한 응답자를 발견하지 못했다는 것을 나타낸다. **총 발생률**(gross incidence)은 접촉이 시도된 총 건수(예를 들면, 전화를 거는 것) 중 실제로 연락이 된 응답자의 비율을 말하고, **순 발생률**(net incidence)은 이들 중 실제로 연구과제에 참여한 응답자나 피험자의 수를 말한다.

예를 들어 하루에 최소 1시간 이상 라디오를 듣는 18세 이상 49세 이하의 여성 청취

역자주 15 조사 대상자가 많이 있는 곳으로 직접 나가 간이 조사장소를 설치하고 여기에 조사 대상자를 불러 모아 간단하게 조사하는 방법을 말한다. CLT는 제품 시음 · 시용, 광고물, 패키지 등의 간단한 테스트에 주로 이용된다. 편의추출에 따른 표본의 오차가 크고 엄격한 절차나 과정을 시행할 수 없어 정확성은 떨어지지만 짧은 시간에 적은 비용으로 다수의 조사 대상자를 조사할 수 있는 이점을 지닌다.

자 100명을 대상으로 전화 면접을 시행한다고 할 때 예상되는 총 발생률을 10%라고 하자(라디오와 TV의 발생률은 아비트론과 닐슨사가 제공하는 시 · 청취율 자료를 이용해 평가할 수 있지만 대부분의 경우 연구자 쪽에서 그 비율을 추측한다). 100명의 여성 청취자를 확보하려면 1,000명을 전화 연결하는 것이 아니라 총 1,818명 정도 전화 연결을 해야 한다. 그 이유는 필요한 전화 연결의 수는 발생률(0.1)로 나눈 목표 표본 수(여기서는 100명)로 계산되는 것이 아니라, 총 발생률로 계산된 전화 연결 수(1,000명)는 이후 **수락률**(acceptance rate)이나 실제 연구에 참여하겠다는 목표 표본으로 나누어져야 하기 때문이다.

따라서 필요한 총 전화 연결은 1,000명/0.55(일반적인 수락 비율)인 1,818명이 된다. 다시 말해 1,818명과 전화 연결이 이루어지면 그중 10%(182명)가 연구대상 응답자가 되고, 이들 중 55%인 100명만이 실제로 연구에 응할 것으로 예측된다(순 발생률).

현장서비스업체와 조사대행업체들은 총 발생률이 아닌 순 발생률을 근거로 비용을 청구한다. 연구 프로젝트 예산을 산정할 때 경험이 없는 연구자일수록 이러한 점을 고려하지 못하는 경우가 많다. 연구에서 평균 발생률(average incidence)에 대한 기준은 없다. 실제 비율은 대상 표본의 복잡성, 조사기간, 조사가 이루어지는 시기, 그 밖의 다양한 이유에 의해 좌우된다. 발생률이 낮을수록 소요되는 경비는 증가한다. 그뿐 아니라 현장서비스업체와 조사대행업체들의 견적서는 예상되는 발생률에 기초해 책정된다. 최종 경비는 연구가 완료된 후 그리고 실제 발생률이 알려진 후 정산된다. 앞서 언급했듯이, 서비스업체들의 견적서는 보통 10% 내외로 책정된다. 그렇기 때문에 굳이 CPI 측정 방법을 이해할 필요가 없다고 생각할지도 모르지만, 서비스업체와 현장에서 계약을 담당해야 할 연구자에게는 중요한 개념이다.

다시 CPI에 대한 논의로 돌아가, 한 연구자가 18세 이상 49세 이하의 성인 400명을 대상으로 전화 면접을 실시하고자 한다고 해보자. 서비스업체 관계자는 연구자가 예상하는 발생률과 면접 길이(분 단위)를 연구자에게 먼저 물어본다. 이 두 가지 변인을 가지고 CPI를 결정한다. 대부분의 조사대행과 현장서비스업체는 CPI를 계산하기 위해 [표 1-1]과 같은 표를 이용한다.

이 표를 이용해 CPI를 찾는 것은 쉽다. 먼저 면접 길이를 표의 가로 위에서 찾은 후 왼쪽 편의 발생률을 찾으면 된다. 예를 들어, 20분간의 면접과 10%의 발생률에 소요되는 CPI는 30달러다. 연구자가 400명을 대상으로 전화 면접을 한다고 할 때 소요 경비는 응답자 면접비용 12,000달러(400×$30)에 설문지 인쇄비용, 우편요금, 자료의 도식화

[표 1-1] CPI 표의 예(면접하거나 대상자를 모집하는데 드는 최종비용($))

	분(단위)					
발생률(%)	5	10	15	20	25	30
5	44.25	45.50	46.50	47.75	49.00	50.00
6	38.00	39.25	40.50	41.75	42.75	44.00
7	34.00	35.00	36.25	37.50	38.50	39.75
8	30.75	32.00	33.00	34.25	35.50	36.50
9	28.50	29.50	30.75	32.00	33.00	34.25
10	26.50	27.75	29.00	30.00	31.25	32.50
20	14.25	15.50	16.75	17.75	19.00	20.25
30	10.25	11.50	12.50	13.75	15.00	16.25
40	8.25	9.50	10.50	11.75	13.00	14.25
50	7.00	8.25	9.50	10.50	11.75	13.00
60	6.50	7.75	9.00	10.00	11.25	12.50
70	6.00	7.25	8.50	9.50	10.75	11.75
80	5.75	7.00	8.00	9.25	10.50	11.50
90	5.50	6.75	8.00	9.00	10.25	11.00
100	5.00	6.50	7.75	9.00	10.00	10.50

(필요하다면) 등에 소요되는 경비를 합한 것이다. 이 경우 자료를 분석해 최종 보고서까지 만든다면 전체 비용은 약 20,000~30,000달러가 소요된다.

포커스그룹과 그룹 관리 같이 응답자를 사전모집해야 하는 경우가 포함된 연구 프로젝트에서는 응답자들에게 지불해야 하는 추가 비용이 있다. 전화 면접에서는 응답자에게 보통 대가를 지불하지 않지만 포커스그룹처럼 응답자가 연구과제에 참여하기 위해 외부로 나오는 경우에는 그에 대한 인센티브로 보통 25~100달러 정도의 경비가 지불된다.

따라서 응답자를 사전모집해야 하는 연구과제인 경우에는 비용이 급격히 증가한다. 예를 들어, 연구자가 전화 면접 대신 400명의 응답자를 직접 면접한다고 가정하자. 전화 면접을 위해 현장서비스업체나 조사대행업체에 지불해야 하는 CPI보다 특정한

자세히 보기 〉〉 발생률과 전화 통화

본문의 예에서는 단지 연구에 필요한 응답자를 모집하기 위해 약 1,818건의 전화통화가 필요하다고 했지만, 실제 통화시도 건수는 훨씬 더 많아지기 마련이다. 잘못된 번호, 통화 중, 팩스, 컴퓨터 모뎀, 연결되지 않는 전화 등이 포함되기 때문이다. 대부분의 경우 설문지 하나를 완성하는 데 약 40번 정도는 전화를 걸어야 하는 게 현실이다.

장소에서 진행되는 회의에 참석하는 응답자를 모집하는 비용이 훨씬 더 많이 들어갈 것이다. 대부분의 회사가 사전모집용 예상 경비 기준을 따로 갖고 있으며 대개 전화 면접보다 비싸게 책정되어 있다. 위의 예에서 다른 경비가 똑같다고 가정해도 사전모집 경비 12,000달러(400 × $30) 외에 최소한 10,000달러(400 × $25)의 응답자 협조비가 추가로 들어간다. 따라서 추가 경비로만 22,000달러가 소요되어 전화 면접 때보다 약 2배의 경비가 필요하다. 여기에 교통비, 음료수, 회의실 대여료, 보조원 비용 등 기타 경비(1,000~4,000달러)가 추가된다.

마지막으로, 400명(각 100명씩 들어가는 4개 세션)을 사전모집하려면 잠재적 불참자를 감안해 더 많은 인원을 모집해야 한다. 사전모집해야 하는 연구과제에서 현장서비스업체는 대개 25~100%에 해당하는 인원을 추가 설정한다. 다시 말해, 400명을 목표한다면 500~800명을 예상인원으로 설정한다.

그렇게 해도 목표한 표본수를 정확히 채우기란 힘들다. 이 경우 목표로 하는 표본크기를 맞추기 위해 후일 다른 집단을 다시 연구해야 한다. 어떤 경우에는 필요한 수보다 더 많은 응답자가 나타나는 바람에 여기에 들어가는 연구비용이 예상을 훨씬 뛰어넘을 때도 있다.

대부분의 사전모집 프로젝트에서, 현장서비스업체와 조사대행업체는 실제 조사에 참여한 사람 수를 기준으로 경비를 지급받는다. 즉 회사가 사전에 모집한 사람 수가 아니라 실제 응답에 참여한 사람들을 대상으로 경비를 지급받는다. 또한 사전모집된 사람들이 실제 조사 현장에 얼마나 나타나는가에 따라 장려금이 추가로 지급된다.

조사대행과 현장서비스를 이용해 조사할 때 당면하는 여러 가지 문제점은 4장에서 좀 더 자세하게 다루겠지만, 초보 연구자를 위해 두 가지 주요한 문제점을 소개하면 다음과 같다.

자세히 보기 〉〉 연구 비용

조사대행이나 현장서비스를 제공하는 회사들과 계약 시 요금에 대한 협상이 가능한데, 그 과정은 연구자가 연구 경험이 많아질수록 더욱 쉬워진다. 예를 들어, 연구자가 어떤 유형의 조사를 수행하는 데 통상적인 CPI가 약 30 달러 정도 들어간다고 알고 있다고 하자. 그런데 서비스대행업체가 CPI를 50달러라고 제시한다면 연구자는 이미 그 가격이 너무 높다는 것을 알 것이다. 이 경우 연구자가 해야 할 일은 간단하다. 해당 서비스 업체에게 가격이 너무 높다고 말하면 된다. 그러면 요금은 재조정될 것이다.

① 조사대행과 현장서비스업체라고 해서 모두 같은 서비스를 제공하는 것은 아니다. 조사대행과 현장서비스업체를 설립하는데 어떤 자격이 필요하지는 않다. 공식적 요건이나 시험, 그리고 국가나 지역정부로부터 면허를 취득해야 할 필요도 없다. 필요하다면 회사를 알리는 간판이나 광고홍보물 그리고 조사연구단체에 가입했다는 회원증 정도가 필요할 뿐이다. 정해진 규제 방법이 없기 때문에 어느 회사가 믿음직하고 과학적이고 전문적인 연구 프로젝트를 수행할 수 있는 능력을 갖추고 있는지를 결정하는 일은 전적으로 연구자에게 달려 있다. 경험이 풍부한 연구자라면 회사의 연구경력이나 다른 연구자의 추천을 근거로 신뢰할 만한 회사들의 명부를 확보할 것이다. 아무튼 조사대행업체와 현장서비스업체의 자격을 확인하는 일은 중요하다. 저자들도 업계에서 지난 35년 이상 동안 조사대행업체와 현장서비스업체를 잘못 선택해서 속은 경험이 몇 번 있다.

② 연구자라면 조사과정 전반을 밀착하여 감독하는 일을 게을리 해서는 안 된다. 아무리 훌륭한 조사대행업체라고 해도 잘 감독해야 한다. 이는 대행을 담당한 회사의 전문성을 의심해서가 아니라 설정한 연구문제에 대한 정확한 해답을 구하기 위해서다. 조사대행업체처럼 연구 보조자 입장에서는 경우 조사대행업체로서는 왜 이 프로젝트가 수행되고 있는지 연구자의 의도를 완전히 파악하기 어려울 수 있기 때문에 연구자는 프로젝트를 통해 자신이 얻고자 하는 정확한 정보를 제공해야 할 필요가 있다.

발생률과 CPI에 대한 보완 설명

발생률은 연구과제의 난이도와 소요되는 비용을 결정하기 때문에 연구에서 중요한 개념이다. [표 1-2]는 표준 CPI 비율표다. 각 숫자는 복잡한 연산과정을 통해 나온 것들이

[표 1-2] CPI 계산

단계		설명
1. 총 발생률	1,000	100 ÷ 0.1
2. 수락률	55%	필요한 전화 연결 수를 결정하는 데 이용하는 표준 값
3. 실제 필요한 연락	1,818	1,000 ÷ 0.55
4. 연결당 시간(분)	4	정확한 응답자를 찾아내는 데 걸리는 시간(분) (잘못된 번호, 통화중 등)
5. 총 연결시간(분)	7,272	4 × 1,818
6. 1시간당 가용 시간(분)	40	면접원이 보통 1시간당 일하는 평균 시간(분) (휴식 등)
7. 총 연결시간(분)	182	7,272 ÷ 40
8. 총 면접시간	33	(100 × 20분) ÷ 60
9. 총 걸린시간	215	총 연결시간 + 총 면접시간
10. 시간당 요금	$15	산업 내 표준
11. 총 비용	$3,225	215 × $15
12. CPI	$32.25	$3,225 ÷ 100명

다. 자세한 내용은 모르더라도 그 표를 보면 CPI가 어떻게 계산되는지를 알 수 있다.

앞서 설명한 것처럼, CPI는 발생률과 면접 소요시간을 기준으로 산출된다. 응답자를 사전모집하는 경우에는 발생률만이 고려되지만, CPI의 계산은 전화 면접의 경우와 기본적으로 같다. 10%의 발생률과 100명을 대상으로 각각 20분 정도 소요되는 전화 면접을 실시한다고 가정해보자. 각 단계에서 이루어지는 연산내용과 그에 대한 설명은 [표 1-2]에 나타나 있다. 표에서 보듯이 일단 1,818명과 연결되어야 한다. 이중 10%(182명)가 면접 대상이 되고, 이 가운데 55%(100명)가 전화 면접을 수락할 것이다. 따라서 100명을 면접 조사하는 데 걸리는 예상시간은 215시간이고 개인당 경비, 즉 CPI는 32달러 25센트가 된다.

요약

초창기 미디어 연구는 심리학과 사회학 분야에서 출발했지만 최근에는 그 자체가 하나의 잘 정립된 분야로 인정받고 있다. 훌륭한 미디어 연구자가 되기 위해 굳이 통계학자가 될 필요는 없다. 오히려 연구를 어떻게 수행할 것인지, 연구절차 안에는 무엇이 포함되는지 등을 잘 아는 것이 더 중요하다.

어떤 현상을 이해하려는 노력의 일환으로 연구자는 여러 연구방법들 중 한 가지를 선택해 따를 수 있다. 이 장에서 논의한 과학적 접근방법은 정보에 대한 체계적이며 객관적인 평가를 포함하고 있기 때문에 매스미디어 연구에 가장 적합하다.

연구자는 먼저 연구문제를 선정한 뒤 과학적 방법이라고 알려진 일련의 절차를 활용해 연구문제를 해결해간다. 나아가 과학적 방법은 연구 결과의 자기 수정을 허용하는 유일한 지식 획득 방식이다. 즉 하나의 연구가 완성됐다고 해서 그것으로 끝나는 것이 아니라 뒤따르는 다른 연구자들이 그 연구결과를 승인하거나 거부하는 일련의 과정을 밟아야만 한다는 뜻이다.

미디어 산업의 테크놀로지가 급속하게 발달함에 따라 매스미디어 연구도 폭발적으로 늘어날 수 있었다. 이렇듯 미디어 연구가 발달하면서 응용적 접근에서나 이론적 접근에서나, 매스미디어 정책을 결정하는 과정과 미디어를 이해하는 일은 이전보다 훨씬 더 중요하게 자리 잡게 되었다. 동시에 학계는 물론 미디어산업 현장에서도 자질을 갖춘 연구자의 충원을 지속적으로 요구하고 있다.

이 장에서는 연구대상이 되는 주제를 찾아 정립하는 일과 관련된 과정을 서술했다. 이를 위해 일상생활을 비판적으로 분석할 필요가 있다는 점을 포함해서 연구자들이 잠재적인 아이디어를 얻을 수 있는 여러 정보원들도 제시했다. 연구주제를 진전시키는 단계는 경험에 따라 자연스럽게 쉬워지기 마련이다. 초보 연구자는 각별히 기존 문헌에 유의할 필요가 있다. 또한 광범위한 연구문제에 도전하려 하지 말고 더 작게 분리해 좀 더 실제적인 문제를 다뤄보는 것이 좋다. 연구자는 적합한 분석방법을 선택하여 자료를 분석하고 해석할 뿐만 아니라 그 결과를 명쾌하고 간결하게 보고해야 한다.

이 장에서는 일회적 서베이나 기타 조사연구를 통해 얻은 결과는 그럴 수 있다는 가능성을 나타낼 뿐임을 강조했다. 연구자는 연구결과가 가설이나 연구문제를 입증했음을 주장하기 전에 그 결과가 불필요한 변인의 영향을 받지 않았는지 여부를 가려내기 위한 반복 연구를 실시할 필요가 있다.

연구자는 연구를 실시하는 동안 결과를 그르칠 가능성이 있는 오류를 범하지 않도록 항상 유의해야 한다. 그럼으로써 연구결과의 내적 타당도를 확보해야만 한다. 즉 차이와 경쟁가설을 배제할 수 있는 경우에만 연구자는 실험집단과 통제집단 간의 차이가 실험변인의 영향 때문이라고 타당하게 말할 수 있다. 중개변인을 배제해야만 좋은 실험결과를 얻을 수 있다. 모든 그럴듯한 대안적 설명도 고려되어야 한다. 그러나 연구결과가 아무리 내적 타당도를 확보했다고 해도 여전히 연구결과는 그럴 수 있다는 것을 말할 뿐이다. 특정 가설이나 이론을 입증하려면 여러 번 다르게 반복 연구해서 유사한 결과를 얻을 수 있어야 한다.

그뿐 아니라 연구결과가 외적 타당도를 지녀야만 매스미디어를 이해하는 데 기여할 수 있다. 다시 말해, 연구결과는 연구대상이 된 개인이나 집단 이외에 다른 개인이나 집단으로 일반화할 수 있어야 한다. 외적 타당도를 최대화하려면 무작위 표본추출을 활용하는 것이 좋다(4장 참조).

핵심용어

가설(hypothesis)
가외변인(artifact)
경험주의(empiricism)
과학적 방법(scientific method)
교차확인(cross-validating)
구성적 반복(constructive replication)
구성적 정의(constitutive definition)
내적 타당도(internal validity)
도구의 마멸(instrument decay)
도구의 법칙(law of the instrument)
도구적 반복(instrumental replication)
도시 전설들(urban legends)
미디어 업계 연구(private sector research)
반복 연구(replication)
발생률(incidence)
법칙(law)
사고절약의 원칙(parsimony principle)
사전모집(prerecruits)
사전인증시점(point of prior equivalency)
성숙(maturation)
순 발생률(net incidence)
스마트TV(Smart TV)
스마트 매스미디어(Smart mass media)
스마트폰(Smart phone)
실험자의 편견(experimenter bias)
아카이브 자료(data archives)
알고리즘(algorithm)
양적 연구(quantitative research)
연구문제(research question)
연구의 여덟 단계(eight steps of research)
예비연구(pilot study)
오컴의 면도날(Ockham's razor)
완전 반복(literal replication)
외생변인(extraneous variable)
외적 타당도(external validity)
요구 특성(demand characteristics)
이론(theory)
이중은폐 실험(double-blind experiment)
인과적 시간 순서(causal time order)
조사대행업체(research suppliers)
조작적 반복(operational replication)
조작적 정의(operational definition)
지식을 얻는 방법(methods of knowing)
질적 연구(qualitative research)
총 발생률(gross incidence)
통계적 회귀(statistical regression)
특정 방법 효과(method-specific results)
특정 설계 효과(design-specific results)

특정 표본 효과(sample-specific results)
평가에 대한 우려(evaluation apprehension)
피하주사 이론(hypodermic needle theory)
피험자탈락(mortality)
현장서비스(field services)
혼란변인(confounding variable)
2차 분석(secondary analysis)
CLT(Central Location Test)
CPI 발생률(CPI incidence)

인터넷 활용하기

1. 인터넷 검색엔진을 이용하면 원하는 정보를 쉽게 찾을 수 있다. 그 밖의 검색엔진은 www.wimmerdominick.com을 참조하라.
2. 다음의 단어를 검색해보자.
   - 매스미디어 연구방법
   - 매스미디어 연구문제
   - 지식을 얻는 방법
   - 피하주사이론의 신뢰도, 타당도
   - 통계학자들이 수행하는 업무에 대한 자세한 내용
   - TV와 폭력, TV 속 폭력 등과 관련된 연구사례
   - 과학적 연구의 발견
   - 2차 분석
3. www.greenbook.org를 이용하여 조사대행업체 목록을 찾아보자.
4. www.snopes.com을 방문해보고, 보고 들은 정보의 진위 여부에 대한 자세한 내용을 찾아보자.

생각해볼 문제

1. 매스미디어 전문 학술지가 주로 다루고 있는 최근 쟁점은 무엇인지 찾아보자. 그리고 학술지에 게재된 논문들이 [그림 1-1]에 제시된 연구의 각 단계에 얼마나 적합한지 살펴보자.
2. 어떤 방법으로, 어떤 경우에 광고에서 연구가 남용되는가?
3. 이론은 체계적인 지식을 발전시키는 데 중요하다. 즉 이론은 연구의 도약대 구실을 한다. 그럼에도 매스미디어 연구에서 보편적으로 알려진 이론이란 매우 드물다. 왜 그런지 그 이유를 생각해보자.
4. 몇몇 시민단체는 음악 가사가 청취자, 특히 젊은 청취자들에게 큰 영향을 미친다고 주장한다. 이 시민단체들이 자신의 주장을 뒷받침하는 증거자료를 어떤 방식으로 수집했는지, 그리고 그들의 주장이 본문에 제시한 지식을 얻는 네 가지 방법 중 어느 것에 토대를 두고 있는지를 살펴보자.
5. 매스미디어 분야 밖의 논쟁거리를 해결하는 데 연구의 적용 가능성을 검토해보자. 예컨대 오토바이를 타려면 보호헬멧을 꼭 착용해야만 한다는 주장을 지지 또는 거부할 것인가를 놓고 연구를 활용하는 경우다.

6. 사이비과학 또는 '나쁜 과학'의 세계를 조사해보자. 이러한 정보에 근거하고 있는 공통된 신념이나 인식은 무엇인가?
7. 과학적 연구에서 반복 연구는 오랜 논쟁의 주제였지만 매스미디어 연구자들은 이 문제에 그리 큰 관심을 보여주지 못했다. 왜 그러한가?
8. 텔레비전 시청 효과 분석에 의하면 주당 평균 시청시간이 적은 학생일수록 학교성적이 높다는 것이 주요한 연구결과다. 그 차이를 설명해주는 다른 대안적 설명이나 변인들이 있다면 무엇인가? 그리고 어떻게 이 변인들을 통제할 수 있을까?
9. 초보 연구자들이라면 응답자들 중에는 질문의 적절성 여부에 상관없이 어떤 유형의 질문이라도 곧바로 응답하려는 사람들도 있다는 사실에 놀랄지도 모른다. 다른 반이나 다른 조의 친구에게 다음과 같은 질문을 던져보자. "당신은 래브라도 해(Labrador Sea) 속으로 그린란드(Greenland)가 가라앉고 있다는 사실이 그 나라의 수산업에 어떤 영향을 미칠 것이라고 생각하는가?"
10. 응답자가 10명 이내인 소규모 조사연구를 진행한다고 하자. 응답자들이 하루 동안 휴대전화를 얼마나 사용하는지 알아보자. 다른 매스미디어와 이용과 비교해보면 그 결과는 어떤가?

이에 대한 추가적인 정보는 www.wimmerdominick.com이나 www.cengagebrain.com에서 찾아보자.

참고문헌 및 권유문헌

Achenbach, J., & Thompson, R. (1993). *Why things are: The big picture*. New York, NY: Ballantine Books.

Agostino, D. (1980). Cable television's impact on the audience of public television. *Journal of Broadcasting*, 24(3), 347–366.

Anderson, J. A. (1987). *Communication research: Issues and methods*. New York, NY: McGraw-Hill.

Asimov, I. (1990). Exclusion principle survives another stab at its heart. *RockyMountain News*, December 9, p. 42.

Babbie, E. R. (2010). *The practice of social research* (12th ed.). Belmont, CA: Cengage.

Beasant, P. (1992). *1000 facts about space*. New Brunswick, Canada: Kingfisher Books.

Becker, L. B. (1981). Secondary analysis. In G. H. Stempel & B. H. Westley (Eds.), *Research methods in mass communications*. Englewood Cliffs, NJ: Prentice Hall.

Becker, L. B., Beam, R., & Russial, J. (1978). Correlates of daily newspaper performance in New England. *Journalism Quarterly*, 55(1), 100–108.

Berliner, B. (1990). *The book of answers*. New York, NY: Prentice Hall.

Bowers, J. W., & Courtright, J. A. (1984). *Communication research methods*. Glenview, IL: Scott, Foresman.

Brown, J. A. (1980). Selling airtime for controversy: NAB self regulation and Father Coughlin. *Journal of Broadcasting*, 24(2), 199–224.

Bryant, J., & Oliver, M. (2008). *Media effects: Advances in theory and research*. New York, NY: Routledge.

Burnam, T. (1975). *The dictionary of misinformation*. New York, NY: Thomas Crowell.

Burnam, T. (1981). *More misinformation*. New York, NY: Thomas Crowell.

Campbell, D. T., & Stanley, J. C. (1963). *Experimental and quasi-experimental designs for research*. Skokie, IL: Rand McNally.

Carroll, R. L. (1980). The 1948 Truman campaign: The threshold of the modern era. *Journal of Broadcasting*, 24(2), 173–188.

Cohen, J. (1965). Some statistical issues in psychological research. In B. B. Wolman (Ed.), *Handbook of clinical psychology*, 95–121. New York, NY: McGraw-Hill.

Cole, J. (1998). *The UCLA television violence report 1997*. Los Angeles, CA: UCLA Center for Communication Policy.

Comstock, G., Chaffee, S., Katzman, N., McCombs, M., & Roberts, D. (1978). *Television and human behavior*. New York, NY: Columbia University Press.

Cook, T. D., & Campbell, D. T. (1979). *Quasiexperimentation: Designs and analysis for field studies*. Skokie, IL: Rand McNally.

Davis, P. J., & Park, D. (1987). *No way: The nature of the impossible*. New York, NY: W. H. Freeman.

DeFleur, M. L., & Ball-Rokeach, S. (1989). *Theories of mass communication* (5th ed.). New York, NY: Longman.

Feldman, D. (1990). *Why do dogs have wet noses*? New York, NY: HarperCollins Publishers.

Ferris, T. (1988). *Coming of age in the Milky Way*. New York, NY: William Morrow.

Ferris, T. (1998). *The whole shebang*. New York, NY: Touchstone.

Glenn, N. (1972). Archival data on political attitudes: Opportunities and pitfalls. In D. Nimmo & C. Bonjean (Eds.), *Political attitudes and public opinion*, 137–146. New York, NY: David McKay.

Graedon, J., & Graedon, T. (1991). *Graedons' best medicine*. New York, NY: Bantam Books.

Gribben, J., & Rees, M. (1989). *Cosmic coincidences: Dark matter, mankind, and anthropic cosmology*. New York, NY: Bantam Books.

Hall, D. G. Personal correspondence, February 2009.

Haskins, J. B. (1968). *How to evaluate mass communication*. New York, NY: Advertising Research Foundation.

Herzog, H. (1944). What do we really know about daytime serial listeners? In P. Lazarsfeld & F. Stanton (Eds.), *Radio research 1943–44*. New York, NY: Duell, Sloan & Pearce.

Hinds, P. S., Vogel, R. J., & Clarke-Steffen, L. (1997). The possibilities and pitfalls of doing a secondary analysis of a qualitative data set. *Qualitative Health Research*, 7(3), 408–424.

Hirsch, E. D., Kett, J. F., & Trefil, J. (2002). *The new dictionary of cultural literacy: What every American needs to know*. New York, NY: Houghton Mifflin.

Hough, D. L. (1995). Are you hanging it out too far? *Motorcycle Consumer News*, 26(9), 38–41.

Hsia, H. J. (1988). *Mass communication research methods: A step-by-step approach*. Hillsdale, NJ: Lawrence Erlbaum.

Hyman, H. H. (1954). *Interviewing in social research*. Chicago, IL: University of Chicago Press.

Hyman, H. H. (1972). *Secondary analysis of sample surveys*. New York, NY: John Wiley.

Katz, E., & Lazarsfeld, P. F. (1955). *Personal influence*. New York, NY: Free Press.

Kelly, C. W., Chase, L. J., & Tucker, R. K. (1979). Replication in experimental communication research: An analysis. *Human Communication Research*, 5, 338–342.

Kerlinger, F. N., & Lee, H. B. (2000). *Foundations of behavioral research* (4th ed.). New York, NY: Holt, Rinehart & Winston.

Klapper, J. (1960). *The effects of mass communication*. New York, NY: Free Press.

Kraus, S., & Davis, D. (1967). *The effects of mass communication on political behavior*. University Park, PA: Pennsylvania State University Press.

Langer, S. K. (1967). *Philosophy in a new key: A study in the symbolism of reason, rite, and art* (3rd ed.). Cambridge, MA: Harvard University Press.

Lasswell, H. D. (1927). *Propaganda technique in the World War*. New York, NY: Alfred A. Knopf.

Lazarsfeld, P., Berelson, B., & Gaudet, H. (1948). *The people's choice*. New York, NY: Columbia University Press.

Lowery, S. A., & DeFleur, M. L. (1995). *Milestones in mass communication research* (3rd ed.). White Plains, NY: Longman.

Lykken, D. T. (1968). Statistical significance in psychological research. *Psychological Bulletin*, 21, 151–159.

Murphy, J. H., & Amundsen, M. S. (1981). The communication effectiveness of comparative advertising for a new brand on users of the dominant brand. *Journal of Advertising*, 10(1), 14–20.

Nesselroade, J. R., & Cattell, R. B. (Eds.). (1988). *Handbook of multivariate experimental psychology* (2nd ed.). New York, NY: Plenum Press.

Nunnally, J. C., & Bernstein, I. H. (1994). *Psychometric theory* (3rd ed.). New York, NY: McGraw-Hill.

Orne, M. T. (1969). Demand characteristics and the concept of quasi-controls. In R. Rosenthal & R. L. Rosnow (Eds.), *Artifact in behavioral research*, 147–177. New York, NY: Academic Press.

Perse, E. (2001). *Media effects and society*. Hillsdale, NJ: Lawrence Erlbaum Associates.

Poundstone, W. (1989). *Bigger secrets*. New York, NY: Houghton Mifflin.

Reid, L. N., Soley, L. C., & Wimmer, R. D. (1981). Replication in advertising research: 1977, 1978, 1979. *Journal of Advertising*, 10, 3–13.

Rensberger, B. (1986). *How the world works*. New York, NY: Quill.

Ries, A., & Trout, J. (1997). *Marketing warfare*. New York, NY: McGraw-Hill.

Ries, A., & Trout, J. (2001). *Positioning: The battle for your mind* (2nd ed). New York, NY: McGraw-Hill.

Rosenberg, M. J. (1965). When dissonance fails: On eliminating evaluation apprehension from attitude measurement. *Journal of Personality and Social Psychology*, 1, 28–42.

Rosenthal, R. (1969). *Experimenter effects in behavioral research*. New York, NY: Appleton-Century-Crofts.

Rubin, R. B., Rubin, A. M., & Piele, L. J. (2000). *Communication research: Strategies and sources* (5th ed.). Belmont, CA: Wadsworth.

Seeds, M. A. (2005). *Foundations of astronomy* (8th ed). Belmont, CA: Wadsworth.

Sharp, N. W. (1988). *Communications research: The challenge of the information age*. Syracuse, NY: Syracuse University Press.

Singer, D. G., & Singer, J. L. (1981). Television and the developing imagination of the child. *Journal of Broadcasting*, 25, 373–387.

Skinner, B. F. (1953). *Science and human behavior*. New York, NY: Macmillan.

Sparks, G. (2009). *Media effects research: A basic overview*. Boston, MA: Wadsworth.

Sutton, C. (1984). *How did they do that?* New York, NY: Quill.

Sybert, P. J. (1980). MBS and the Dominican Republic. *Journal of Broadcasting*, 24(2), 189–198.

Tan, A. S. (1977). Why TV is missed: A functional analysis. *Journal of Broadcasting*, 21, 371–380.

True, J. A. (1992). *Finding out: Conducting and evaluating social research* (2nd ed.). Belmont, CA: Wadsworth.

Tucker, R. K. (1996). S.O.B.s: *The handbook for handling super difficult people*. Bowling Green, OH: OptimAmerica, Ltd.

Tukey, J. W. (1969). Analyzing data: Sanctification or detective work? *American Psychologist*, 24, 83–91.

Tuleja, T. (1982). *Fabulous fallacies: More than 300 popular beliefs that are not true*. New York, NY: Harmony Books.

Walizer, M. H., & Wienir, P. L. (1978). *Research methods and analysis: Searching for relationships*. New York, NY: Harper & Row.

Weaver, R. M. (1953). *The ethics of rhetoric*. Chicago, IL: Henry Regnery.

Whitcomb, J., & Whitcomb, C. (1987). *Oh say can you see: Unexpected anecdotes about American history*. New York, NY: Quill.

Williams, F. (1988). *Research methods and the new media*. New York, NY: Free Press.

Wimmer, R. D. (1995). *Los Angeles radio listening: A panel study*. Denver, CO: The Eagle Group.

Wimmer, R. D., & Reid, L. N. (1982). Willingness of communication researchers to respond to replication requests. *Journalism Quarterly*, 59, 317–319.

Wimmer Research. (2001). Proprietary research conducted by Roger Wimmer.

Winston, D. (1998). *Digital democracy and the new age of reason*. Internet post of speech presented at the Democracy and Digital Media conference, May 27, 1998.

2장 연구 요소

1장에서는 전체적인 연구과정을 개괄적으로 살펴봤다. 2장에서는 연구 진행과정에서 필요한 네 가지 기본요소인 개념과 구성, 측정, 변인, 척도에 대해 정의를 내리고 논의하고자 한다. 정확하고 의미 있는 연구를 수행하기 위해서는 이 요소들을 명확하게 이해하는 것이 중요하다.

01 개념과 구성

개념(concept)이란 관련 관찰 내용을 요약하고, 각 대상의 특징들을 일반화하여 구성한 추상적인 관념을 표현하는 용어다. 예를 들어 연구자는 대중연설가가 연설을 시작하기 전 땀을 흘리고, 계속해서 연필로 무엇인가를 끼적거리는 등 불안해하는 모습을 관찰하게 되었다. 연구자는 자신이 관찰한 연설가의 이런 행위 유형을 요약해 그와 같은 행위 유형을 통틀어 '발표 불안(speech anxiety)'이라는 추상적 용어로 개념화할 수 있을 것이다.

좀 더 일반적인 수준에서 '테이블'이라는 단어는 식당에서 볼 수 있는 가구의 일종에서 벽돌 위에 판자를 얹어놓은 형태에 이르기까지 매우 다양하게 관찰되는 대상물을 나타내는 개념이다. 매스미디어 연구에 다루는 주요한 개념으로는 광고 효과(advertising effectiveness), 메시지 길이(message length), 미디어 이용(media usage), 독이성(readability) 등이 있다.

개념은 적어도 두 가지 이유에서 중요하다. 첫째, 개념은 대상의 개별적 특성이나 개체 혹은 사람들을 일반적인 범주(category)로 결합시킴으로써 연구과정을 간소화한다. 예를 들어 어떤 연구자가 개인용 컴퓨터, 모뎀, MP3 플레이어, 휴대전화, DVD 또는 블루레이(Blue-Ray) 플레이어를 보유하고 있는 가구(家口)를 연구한다고 하자. 이런 가구를 좀 더 쉽게 설명하기 위해 연구자는 이를 '태피족(Taffies)'이라 명명하고 '기술적으로 진보된 가구'라는 개념 아래 분류할 수 있다. 연구자는 이러한 가구들의 각기 다른 독특한 특성을 일일이 설명하는 대신에 좀 더 포괄적이고 사용이 편리한 일반 명사를 갖게 된 셈이다.

둘째, 개념은 공유된 이해를 가지고 있는 사람들 간의 커뮤니케이션을 간단하게 해준다. 연구자는 관찰결과를 의미있는 요약으로 체계화하고 이러한 정보를 다른 사람에게 전달하기 위해 개념을 사용한다. 수용자와 미디어활동 간의 일련의 복합적인 관계를 설명하기 위해 '의제 설정(agenda setting)'이라는 개념을 사용한 연구자는 언급한 개념을 자신의 동료들이 이해하고 있다는 것을 알게 될 것이다. 어떤 개념이 유용해지려면 사람들이 개념에 대한 이해를 공유해야만 한다는 점을 유념해야 한다. 예를 들어 10대들이 '이모(emo)'[역자주 1]라는 단어를 사용했을 때, 어른들은 몰라도 대부분의 10대는 그 개념이 무엇인지 완벽하게 이해한다.

구성(construct)은 세 가지 특수성을 지닌 개념이다. 첫째, 구성은 하위 개념으로 관점을 세분화할 수 있는 추상적인 관념이다. 즉 구성은 개념들의 조합이다. 둘째, 구성은 추상적이기 때문에 보통 직접적으로 관찰할 수 없다. 셋째, 구성은 그 정확한 의미가 연구 상황에서만 발견될 수 있도록 일반적으로 특정한 연구목적을 위해 설계된다. 예를 들어, 광고연구에서 많이 사용되어 온 '관여도(involvement)'의 구성을 살펴보자('광고 관

역자주 1 '이모(emo)'는 '이모셔널(emotional)'의 앞 글자를 딴 것으로 진로, 가치관, 패션 등 모든 삶을 감정적으로 사는 신세대를 일컫는 말이다. "세상에서 내가 가장 슬픈 존재"라는 정신을 담은 '이모' 스타일은 한쪽 눈을 뒤덮고 검게 염색한 헤어스타일부터 뿔테 안경, 자신의 심리 상태를 나타내는 영어 단어가 적힌 반팔 티셔츠, 실버 체인, 실버 벨트, 팔찌 등 현란한 액세서리, 딱 달라붙은 스키니진, 컨버스 운동화 등이 특징이다. 또한 '상처받은 영혼', '멍든 자아'를 나타내기 위해 짙은 아이라이너(남녀의 구분 없이)의 '스모키 화장'과 검은색 매니큐어 칠한다. '비논리, 비합리'가 이들의 행동 강령이며 '우울함 즐기는 법', '신경질 멋있게 부리는 법' 등 자신이 얼마나 우울하고 힘든지 SNS에 알리고 심지어 '왕따', '자해' 등의 정보도 SNS를 통해 서로 나눈다 이처럼 이들의 우울증이 심각해지자 BBC, CNN 등 해외 주요 매체는 '이모키드(emo-kid)' 현상을 사회문제로 다루기도 했다.

여도'에 대해 인터넷에서 검색해보자). 광고 관여도는 직접적으로 이해하기 어려운 구성이며, 주의(attention), 관심(interest), 환기(arousal) 등의 개념을 포함한다. 연구자는 그럴 가능성이나 추정된 현상만 관찰할 수 있다. 어떤 상황에서 관여도는 상품에 대한 대상의 관여도를 의미하기도 하지만 경우에 따라서는 메시지나 미디어에 대한 관여도를 의미하기도 한다. 즉 구성의 정확한 의미는 연구 상황에 따라 달라진다.

매스커뮤니케이션 연구에서 또 다른 예를 살펴보자. 권위주의(authoritarianism)는 특정 성격(personality) 유형을 설명하기 위해 정의된 구성을 나타낸다. 즉 관례, 순종, 미신, 냉소 등 아홉 가지의 다양한 개념들을 포함한다. 권위주의 자체는 볼 수 없기 때문에 그 실체를 파악하기 위해 일부 질문지나 표준화된 검사 등을 이용하게 된다. 이러한 검사 결과는 무엇이 권위주의가 될 수 있는지, 주어진 조건 하에 권위주의가 존재하는지 여부를 나타내지만 구성 그 자체에 대한 정확한 정의를 제공하지 않는다.

구성이나 개념에 경험적으로 상응하는 것이 **변인**(variable)이다. 변인은 이론적으로 경험적인 세계를 연결하기 때문에 중요하다. 즉 변인이란 연구에서 측정하거나 조작하는 현상과 사건을 말한다. 변인은 연속적으로 하나 이상의 값을 가질 수 있다. 예를 들어 '유료 TV 프로그램의 만족도'라는 변인은 다른 값(사람들은 '매우 만족'할 수도 있고, '약간 만족'하거나, '전혀 만족하지 않을'수도 있다)을 얻게 됨으로써 이론상의 '유료 TV 프로그램의 만족도'라는 개념을 경험적 세계를 반영하여 나타낼 수 있는 것이다.

연구자는 변인들 사이에 존재하는 의미나 관계를 알아내기 위해 관련된 다수의 변인들을 검증하려고 한다. 이후 적합한 분석을 통해 가장 중요한 변인들만 남겨두고 그 밖의 변인들은 버린다. 이 중요한 변인들은 연구에서 구성을 정의하거나 강조해주는 경향이 있기 때문에 **도출변인**(marker variable)이라고 한다. 추가 연구를 통해, 구성에 대한 이해를 증대시키거나 좀 더 신뢰할 수 있는 예측을 할 수 있도록 새로운 도출변인을 여기에 추가하기도 한다.

개념과 구성은 이론적 연구에서 유용한 도구다. 그러나 1장에서 언급했듯이, 연구자는 이론적 연구만 하는 것이 아니라 관찰이나 경험적 수준에서 이루어지는 연구도 수행한다. 관찰이나 경험적 수준의 연구가 어떻게 이루어지는지를 이해하려면 변인과 변인의 측정방법을 이해해야만 한다.

02 독립변인과 종속변인

변인은 변인들 간의 관계에 따라 독립변인과 종속변인으로 분류된다.

독립변인(independent variable)은 연구자가 연구목적에 따라 의도성을 가지고 체계적으로 설정하는 변인인데 반해, **종속변인**(dependent variable)은 관찰되는 것이고, 그 값은 독립변인의 효과(영향)에 따라 추정된다.

다시 말해, 종속변인은 연구자가 설명하고자 하는 변인이다. 예를 들어, 카메라 샷이 시청자들이 인지하는 텔레비전 뉴스캐스터의 신뢰도에 어떤 영향을 미치는지 관심있는 연구자가 있다고 가정하자. 그는 이 문제를 연구하기 위해 다음과 같은 실험을 할 수 있다. 먼저 뉴스캐스터를 상이한 각도에서 촬영한 3개의 비디오테이프를 만든다. 하나는 앙각(low angle, 피사체보다 낮은 위치에서 촬영하는 각도)에서 촬영한 것이고, 다른 하나는 부감(high angle, 피사체보다 높은 위치에서 촬영하는 각도)에서, 나머지 하나는 눈높이(eye level, 피사체의 높이와 일치)에서 촬영한 것이다. 대상 집단에 무작위로 3개의 비디오테이프 중 한 가지씩 할당해 보여주고, 뉴스캐스터에 대한 신뢰도를 측정하기 위해 마련한 질문지에 응답하게 한다. 이 실험에서 독립변인은 카메라의 각도다. 여러 카메라의 다양한 촬영 각도 가운데서 세 가지만을 선택한 실험자는 변인들의 값을 순서대로 달리 하였다. 종속변인은 질문지에 의해 측정된 피실험자가 인식한 뉴스캐스터의 신뢰도이다. 만약 연구자의 가정이 옳다면 뉴스캐스터의 신뢰도는 카메라 각도에 따라 달라질 것이다(단, 여기서 종속변인의 값은 조작되지 않았으며 단순히 관찰되거나 측정된 것이다).

변인 유형 간의 구분은 연구의 목적에 따라 달라진다. 어느 한 연구에서 독립변인이었던 것이 다른 연구에서는 종속변인이 될 수 있다. 또한 연구과제에 따라서는 하나 이상의 독립변인과 단 하나의 종속변인 간의 관계를 검증할 수도 있다. 예컨대 앞의 예에서 연구자는 카메라 각도의 효과뿐만 아니라 프로그램을 클로징하는 뉴스캐스터의 매너나 스타일이 시청자들이 인지하는 뉴스캐스터의 신뢰도에 미치는 영향을 연구할 수 있다. 더 나아가 단일 연구에서 다수의 종속변인이 측정되는 경우가 많은데 이런 유형의 연구를 **다변량 분석**(multivariate analysis)이라고 한다.

1) 비연속변인과 연속변인

매스미디어 연구에 이용되는 변인에는 두 가지 종류가 있다. 하나는 **비연속변인**(discrete variable)으로 변인의 값이 주어지면 그 값으로 한정되며 하위 부분으로 나뉠 수 없는 변

자세히 보기 〉〉 매스미디어의 변인들

역사적으로, 사람들이 특정 영화나 잡지, 신문, 라디오나 텔레비전 프로그램을 왜 좋아하는지 그 이유를 분석하는 것은 고려해야 할 변인들 수가 너무 많기 때문에 어려운 일이었다. 이후 연구자들이 노력하여 비교적 안정된 일련의 측정변인들을 개발해 왔음에도 불구하고, 특정 미디어의 대중성을 평가하는 일은 여전히 어렵다. 왜냐하면, 응답자들 중에는 "내 기분에 따라 보는 이유가 다르다"고 말하는 사람들이 많기 때문이다. 미디어 연구자로서 당신은 이 문제를 앞으로 어떻게 풀어야 할 것인가?

인을 말한다. 예컨대 한 가정 내 아이의 수는 단위가 사람이기 때문에 비연속변인이다. 한 사람을 0.24로 개념화하기는 어렵기 때문에 가족구성원을 2.24라고 말하기란 어렵다. 정당 가입, 인구, 성(gender) 등 비연속변인에 해당한다.

연속변인(continuous variable)은 어떤 값(분수 포함)을 갖되 그 값이 더 작은 하위 단위로 의미 있게 나뉠 수 있는 변인을 말한다. 키는 연속변인에 해당한다. 측정도구가 정교하다면 72.12인치의 키와 72.13인치의 키도 구별 가능하다. 다른 예로 텔레비전 시청시간을 들어보면, A 시청자는 3.12시간 시청하는 반면 B 시청자는 3.13시간을 시청했다고 구분해 말할 수 있다. 한 가정 내 평균 아이 수는 연속변인이다. 따라서, 이 경우 사람을 0.24로 나타내도 충분히 의미가 있다.

연속변인을 다룰 때 연구자는 변인과 변인의 측정 간의 차이를 유의해야 한다. 만약 어린이의 텔레비전 폭력물에 대한 태도를 6개 문항에 대한 긍정적인 반응으로 측정한다고 하자. 여기서 긍정은 0에서부터 1, 2, 3, 4, 5, 6점까지 7개의 점수로 측정한다. 이렇듯 개별 문항의 측정은 비연속적인 것으로 이루어졌지만 전체적인 변인의 속성은 연속적인 것으로 제시된다. 실제 분할 척도가 개발되었다 하더라도 여전히 한정된 점수로 제한될 것이다. 일반적으로 매스미디어 연구에서 대부분의 측정은 연속변인의 비연속적 접근(근사치)으로 이루어지는 추세다.

명목적(nominal) 수준으로 측정된 변인은 항상 비연속변인이다. 서열적(ordinal) 수준에서 측정된 변인도 비록 그 저변에 어느 정도 연속적 측정의 차원이 있다고 할지라도, 일반적으로는 비연속적이다(명목적 수준과 서열적 수준은 이 장 후반부에서 논의한다). 등간적(interval) 또는 비율적(ratio) 수준에서 측정된 변인은 비연속적(예: 가구당 잡지구독 수)이거나 연속적(예: 일일 잡지구독 시간)이다. 측정수준과 변인의 유형 모두 유용한 측정척도를 개발하는 데 중요하다.

2) 기타 유형의 변인

변인을 조작하지 않는 비실험적 연구에서는 독립변인이나 종속변인이라는 개념 대신에 다른 용어를 사용하기도 한다. 예를 들면 예측하는 데 활용되거나 인과관계가 있을 것이라고 가정되는 변인(독립변인과 유사한)을 **예측변인**(predictor variable) 또는 **선행변인**(antecedent variable)이라고 한다. 반면 예측되거나 영향을 받을 것으로 가정되는 변인을(종속변인과 유사한) 때때로 **준거변인**(criterion variable)이라고 한다.

연구자는 가끔 연구에 원하지 않는 영향을 줄 것으로 예상되는 것들을 제거할 목적으로 특정 변인을 통제한다. 이런 **통제변인**(control variable)은 연구의 결과에 영향을 줄 수 있는 요인을 제거하고, 독립변인의 영향만을 보고자 할 때 활용된다.

통제변인이 항상 원치 않은 영향을 제거하기 위한 용도로 사용되는 것은 아니다. 경우에 따라서 연구자는 특정 관련 유목으로 연구대상자를 분류하기 위해 연령, 성, 사회경제적 지위 등과 같은 통제변인을 이용한다. 예를 들어보자. 신문 독자수와 독이성 간의 관계를 연구하는 경우, 연구자는 IQ가 이들 관계에 영향을 줄 것이라고 생각한다면 이를 통제해야 한다. 따라서 연구자는 IQ 점수를 근거로 연구대상자를 선정하거나, 유사한 IQ 점수대 그룹 내에서 연구대상자를 선정할 수도 있다.

어떤 연구에서든지 가장 어려운 단계 중의 하나는 비논리적이고 결과에 혼돈을 불러일으키는 변인들 모두를 밝혀내는 것이다. 어떤 연구자는 이러한 문제를 '잡음(noise)'이라고 한다. 잡음은 간단한 연구 프로젝트에서도 발생할 수 있다. 예를 들어, 지난 주 동안 가장 즐겨 들은 지역라디오 방송국의 이름을 응답자들에게 물어보는 전화 서베이를 설계한다고 하자. 연구자는 개방형 질문(구체적인 선택형 응답이 아닌)을 사용하고 면접원은 응답자의 답변을 일일이 기록했다. 완성된 설문을 도표화해보니 연구자는 몇몇 응답자가 WAAA 방송국을 언급했다는 것을 알았다. 그런데 그 지역에 WAAA 방송국이 WAAA-AM 방송과 WAAA-FM 방송을 동시에 운영하고 있는 경우 이 중 어떤 방송의 이름을 언급한 것인지 구분이 쉽지 않다. 연구자의 임의대로 AM 방송이나 FM 방송 중 어느 한쪽으로 응답 처리하거나 양쪽 모두를 언급한 것으로 인정할 수도 없다. 왜냐하면 이것이 실제 청취 습관에 대한 설명을 왜곡할 수 있기 때문이다.

이 경우 면접원들이 'WAAA 방송국'이라고 대답한 모든 응답자에게 일일이 전화를 걸어 그 내용을 확인할 수 있다. 그러나 이 방법은 다음의 두 가지 이유에서 추천하지 않는다. 첫째, 답변에 응해준 사람과 다시 전화로 연결될 가능성이 낮으며, 둘째, 연결이 됐다고 해도 일부 응답자들은 자신이 어떤 방송국을 말했는지 기억하지 못하는 경우도 있다. 그러므로 연구자는 발생 가능한 모든 중개변인을 고려하지 않았기 때문에 신뢰할 만한 자료분석을 제공할 수 없게 된다(연구자는 이러한 문제를 미리 예상하고 면접원에게 각 경우에서 WAAA가 AM 방송인지 아니면 FM 방송인지를 확인하도록 사전에 주지시켜야 한다).

특별한 이유 없이 잘못된 정보를 제공하는 응답자들 때문에 연구과정에서 또 다른 유형의 잡음이 발생하기도 한다. 예를 들면, 라디오와 TV의 일지를 기록하는 응답자가 방송국 혹은 채널번호를 잘못 기입하는 경우다. 즉 시청취한 방송국은 'KAAA'인데 'KBBB'라고 부정확하게 기록할 수도 있다(이것은 닐슨사의 피플미터(people meters)와 아비트론사의 휴대용 피플미터(Portable People Meters)를 이용하면 해결되는 문제다. 14장 참조). 게다가 응답자/연구대상자들은 자신의 무지함이나 어리석음을 드러내고 싶어하지 않기 때문에 선다형이나 양자택일형(예/아니오) 질문에 무작위로 응답하기도 한다. 이런 문제를 최소화하기 위해서 연구자는 측정도구를 구성하는 데 세심한 주의를 기울여야만 한다. 잡음은 항상 존재하지만 연구자는 크고 대표성있는 표본을 통해 연구의 잡음 효과를 줄여야 한다(다음 장부터 잡음을 '오차(error)'라 한다).

연구자들은 경험을 바탕으로 연구에서 발생할 수 있는 단순한 여러 문제들을 해결하는 방법을 배운다. 그러나 많은 경우 연구의 모든 측면을 완전히 통제한다는 것이 불가능하다는 것을 알고 있기 때문에 연구자들은 연구결과의 해석에 있어 완벽한 통제의 불가능성이 있었음을 설명해야 한다.

3) 변인의 조작적 정의

1장에서 언급한 바와 같이, 조작적 정의란 개념을 경험하거나 측정하기 위해 따라야 할 절차를 구체화한 것이다. 연구는 관찰에 의존하기 때문에, 관찰 대상에 대한 명확한 진술 없이는 관찰이 이루어질 수 없다. 조작적 정의는 이러한 진술이다. 조작적 정의는 연구자들이 관련 변인을 측정할 수 있게 해주기 때문에 과학적 연구에서 불가결한 것이다. 어느 연구에서나 독립변인과 종속변인 모두에 대한 조작적 정의를 제공해야 한다. [표 2-1]은 매스커뮤니케이션 연구에 사용된 조작적 정의 몇 가지를 보기로 골라 옮겨 본 것이다.

커린저(Kerlinger, 2010)는 조작적 정의를 측정용 정의와 실험용 정의라는 두 가지 유형으로 제시했다. 측정용 조작적 정의는 변인을 측정하는 방식을 구체화한 것이다. 예컨대 독선주의(dogmatism)와 미디어 이용 사이의 관계를 연구하는 연구자는 20개의 간단한

[표 2-1] 조작적 정의의 예

연구	변인	조작적 정의
Henning & Vorderer (2001)	인지 욕구 (need for cognition)	8개의 인지 항목으로 구성된 5점 리커트 척도의 총점
Wu (2000)	언론의 자유 (press freedom)	프리덤 하우스(Freedom House, 비영리 세계인권단체)에서 매년 평가하는 언론 자유도의 1~100위까지의 순위에 대한 척도
Angelini (2008)	각성(arousal)	전기 피부반응 감지계(GSR, galvanic skin response)[역자주2]로 측정
Buijen & Valkenburg (2000)	어린이들의 선물 취향 (children's gift ideas)	어린이들에게 가장 받고 싶은 크리스마스 선물 두 가지를 적도록 함
Kamhawi & Grabe (2008)	뉴스에 대한 공감도 (appreciation of news stories)	6개의 대조적 형용사 쌍으로 이루어진 의미 분별 척도

항목으로 된 독선주의 척도를 적용하여 연구대상자들이 획득한 점수를 독선주의라고 조작적으로 정의를 내릴 수 있을 것이다. 한편 실험용 조작적 정의는 연구자가 변인을 조작하는 방식을 말한다. 당연히 이 유형의 정의는 실험실 환경에서 독립변인을 정의할 때 사용한다. 예를 들어 TV 폭력물이 주는 영향을 연구할 때 연구자는 8분짜리 영화 두 편을 제작하여 미디어 폭력을 조작할 수 있다. 첫 번째 영화는 '폭력적 조건'으로서 권투시합 장면을 포함하도록 하고, 두 번째 영화에는 '비폭력적 조건'으로 수영경기를 보여줄 수 있다. 이와 유사하게 피험자들에게 의학전문학술지(예: 국제 학술지인 '뉴잉글랜드 저널 오브 메디슨(New England Journal of Medicine)' 등)와 일반 잡지(예: 타블로이드 주간지 '내셔널 인콰이어러(National Enquirer)' 등)에 실린 건강과 관련된 기사를 번갈아 제시함으로써 정보원의 신뢰도를 조작할 수 있을 것이다.

연구자가 변인을 조작적으로 정의하려면 추상적 개념을 구체적인 용어로 표현해야 한다. 간혹 연구자들은 주요 변인에 대한 조작적 정의를 내리는 데 어려움을 겪고 나면, 원래 변인이 너무 애매모호하기 때문에 다시 정의해야 한다고 결론 내리게 된다. 조작적 정의는 매우 구체적으로 표현되어야만 그 용어가 나타내는 의미를 정확하게 전

역자주 2 자극에 대한 피부의 저항을 측정하는 것으로 정서 상태와 무의식적 느낌을 즉각적이고 직접적으로 측정하는 것이다. 긴장이나 자극은 피부를 긴장시키고 자극하여 땀의 분비를 증가시켜 피부의 습도를 증가시키고 전기의 전도성을 증가시켜 피부의 전기 저항이 낮추게 되므로 낮은 전기 피부반응은 긴장을, 높은 전기 피부반응은 이완을 의미한다.

달할 수 있다. 예컨대 연구자는 연구대상자의 '정치적 지식'을 정치와 관련된 20개 항목의 진위형 검사에서 맞춘 정답의 수로 정의할 수 있다. 이 경우 조작적 정의의 타당성(실제로 정치적 지식을 측정하는 검사인가)에 대한 논란은 있을 수 있겠지만, "여성이 남성보다 정치적 지식이 더 풍부하다"라는 진술문이 실제 무엇을 의미하는지에 대한 혼란은 없을 것이다.

끝으로 변인을 조작적으로 정의를 내리기 위한 아주 간단한 방법은 없다. 어떤 조작적 정의도 모든 사람들을 만족시킬 수 없다. 따라서 연구자는 당면한 연구문제에 가장 적합한 방법을 결정해야 한다. '조작적 정의'에 대한 인터넷 검색을 통해 찾아볼 수 있는 수많은 관련 글과 사례에서 다양한 방법을 참조하기 바란다.

03 질적 연구와 양적 연구

다른 모든 분야의 연구와 마찬가지로 매스커뮤니케이션 연구는 질적 혹은 양적인 방법을 이용한다. **질적 연구**(qualitative research)란 포커스그룹, 현지관찰, 심층 면접, 사례연구 등의 다양한 자료수집방법을 활용한 연구를 말한다. 이 방법들을 활용하는 연구방식은 다양하다. 다시 말해, 연구자가 특정한 문제를 해결하기 위해 연구과제를 시작했더라도 필요한 경우 후속 문제들을 계속 발전시켜 나갈 수 있다. 질적 연구에서 변인들은 측정되거나 양화될 수도 있으며 그렇지 않을 수도 있다.

질적 연구는 몇 가지 장점이 있다. 질적 연구에서 연구자는 실험연구나 서베이 연구와 달리 인위성이 배제된 자연스러운 상황에서 행위를 관찰할 수 있다. 뿐만 아니라 질적 방법을 통해 연구자는 연구되고 있는 현상을 좀 더 심도있게 이해할 수 있다. 연구대상이 지금까지 어느 누구에 의해서도 연구되지 않은 경우에는 더욱 그러하다. 마지막으로 질적 방법은 유연성을 지니며 연구자로 하여금 새로운 연구영역에 관심을 갖도록 한다. 서베이는 설문내용 이상의 정보를 얻기가 어렵지만, 현지관찰이나 포커스그룹 방법을 통해서는 연구자가 미처 고려하지 못했던 사실들을 발견할 수 있다.

그러나 몇 가지 단점도 있다. 무엇보다도 표본의 크기가 너무 작은 경우(표본의 수가 하나인 경우도 있음) 연구에 채택한 표본 이상으로 자료를 일반화할 수가 없다. 이러한 이유에서 질적 연구는 연구과제 수행의 마지막 단계라기보다 후속 연구를 위한 예비 단계로 활용된다. 질적 방법을 통해 수집된 자료는 실제 특정 연구에 필요한 모든 정보가 될 수도 있지만 때로는 더 정교한 양적 분석을 준비하는 데 이용되기도 한다.

또한 자료의 신뢰도 문제가 발생하기도 한다. 그 이유는 개별 관찰자마다 거의 유일무이한 사건들을 묘사하기 때문이다. 질적 연구과정에서 연구자는 응답자들과 근접하여 참여해야 하기 때문에 전문가로서의 유지해야 하는 공평무사함(연구로부터의 자신을 격리시키는 초연함)을 잃게 되어 자료수집의 객관성이 떨어질 수 있다.

마지막으로 만약 질적 연구절차가 적절하게 계획되지 못하면 연구과제는 아무 가치없는 일이 된다. 질적 연구가 수행하기 쉬워 보인다 할지라도 연구설계는 연구문제에 대한 초점을 잃지 않도록 주의 깊게 계획되어야 한다. 이 책은 주로 양적 연구에 관련된 내용을 다루고 있지만, 5장에서 몇 가지 질적 연구방법들을 소개하고자 한다.

양적 연구(quantitative research)에서는 전화 서베이, 우편 서베이, 인터넷 서베이 같은 자료수집방법들이 이용된다. 이 방법들에서 활용하는 질문은 고정적이고 표준화되며 모든 응답자는 동일하게 질문받고, 후속 질문은 받지 않는다.

과거 몇몇 연구자들은 양적 연구와 질적 연구의 차이가 있다면 단지 다음의 두 가지라고 주장한다.

① 질적 연구는 소규모의 피험자나 응답자를 표본으로 이용한다.
② 표본크기가 작아서 표본에서 얻어진 질적 연구 결과를 모집단 전체로 일반화할 수 없다.

이 두 가지 지적사항이 질적 연구에만 해당될 수도 있지만, 표본크기는 질적 · 양적 연구 모두에서 동일하게 적용되는 문제다.

양적 연구는 관찰대상인 변인을 측정한다. 이러한 연구방식은 변인이 얼마나 자주 나타나는가와 관련되어 있으며 양을 표시하기 위해 일반적으로 숫자를 사용한다. 양적 연구는 질적 연구에 비해 몇 가지 이점이 있다. 양적 연구는 숫자를 사용하기 때문에 결과를 매우 정확하게 보고할 수 있다. 예컨대 양적 측정도구인 폭력지수(Violence Index)(Gerbner et al., 1980)를 통해 TV 프로그램 속의 폭력적 내용이 하나의 프로그램 시즌보다 다른 시즌에서 얼마나 증가했는지 혹은 감소했는지를 정확하게 보고할 수 있다. 반면 질적 분석은 다소 폭력적이다라고 보고할 수 있을 뿐이다.

과거 수년에 걸쳐, 매스미디어 영역과 기타 학문 영역에서는 질적 연구를 선호하는 쪽과 양적 연구를 선호하는 쪽 간에 일부 갈등이 있어온 게 사실이다. 그러나 최근에 와서는 대부분의 연구자들이 특정 현상을 이해하기 위해 질적 연구와 양적 연구 모두가 중요하다는 사실을 인식하고 있다. 실제로 항법사들의 용어인 **삼각측정법**(triangulation)

이 이제 커뮤니케이션 연구에도 자주 등장한다. 만약 항해 중인 선박이 어느 한 곳으로부터만 항해 신호를 받는 경우에는 그 배가 있는 위치를 정확히 측정할 수가 없다. 그러나 한 곳 이상으로부터 보내오는 신호를 포착하는 경우 기하학을 이용해 정확하게 배의 위치를 파악할 수 있다. 이 책에서 말하는 **삼각측정법**은 연구문제의 본질을 완벽하게 이해하는 데 질적 연구와 양적 연구 모두가 이용되어야 함을 의미한다.

이 책 대부분이 양적 연구와 관련된 기법을 다루고 있지만, 그렇다고 양적 연구가 질적 연구보다 더 낫다는 의미는 결코 아니다. 각각의 접근법마다 나름대로 구별되는 가치를 지니고 있으며, 연구목적에 따라 이용할 수 있는 방법을 선택하면 된다.

04 측정의 본질

매스미디어 연구에서 수학의 중요성은 아무리 강조해도 지나치지 않다. 측정 전문가인 길퍼드(J. P. Guilford, 1954, p. 1)는 다음과 같이 말했다.

> 과학의 진보와 성숙은 종종 수학을 얼마나 성공적으로 활용했는지 정도에 따라 판단된다. … 수학은 과학이나 기술에서 활용되는 매우 효과적이고 편리한 보편적 언어다. 수학적 용어의 범위는 무제한적이다. … 논리적 정확성에서 있어 수학의 연산법칙을 능가할 수 있는 것은 아무것도 없다.

측정(measurement)의 기본 아이디어는 단순하다. 측정은 연구자가 일정한 규칙에 따라 어떤 사물, 사건이나 속성 등에 수치를 배정하는 절차다. 측정의 예는 얼마든지 들 수 있다. “그녀(혹은 그)는 열 살이다”, “실업률이 1% 증가했다”, “지진의 강도는 리히터 척도(Richter scale)로 측정한 결과 5.5였다” 등이 모두 측정의 예에 해당한다. 여기에는 수치, 배정, 규칙이라는 3개의 중심 개념이 내포되어 있다는 점에 유의할 필요가 있다. 수치(numeral)는 V, X, C, 혹은 5, 10, 100 같은 상징이다. 수치라는 상징 자체는 절대적인 양적 의미를 지니지 않는다. 양적 의미가 주어졌을 때 비로소 그것은 수(number)가 되며, 수학적 · 통계적 계산에 사용할 수 있다.

배정(assignment)이란 어떤 사물이나 사건에 수치나 숫자를 지정해주는 것을 뜻한다. 간단한 예를 하나 들어보자. 사람들이 주로 어떤 미디어를 통해 세상소식을 듣는지를 연구하고자 할 때, 연구자는 TV를 통해 소식을 듣는다는 사람들에게는 숫자 ‘1’을 배정하고, 주로 신문을 통해 소식을 듣는다는 사람들에게는 숫자 ‘2’를, 그리고 기타 미디어를 통해 소식을 듣는다는 사람들에게는 숫자 '3'을 배정할 수 있다.

규칙(rule)이란 숫자나 수치를 배정하는 방식을 구체화한 것이다. 규칙은 측정체계에서 핵심이다. 만약 규칙이 잘못되면 측정체계도 그릇될 것이다. 경우에 따라서 규칙이 누구나 알 수 있을 만큼 분명하고 간단할 수 있다. 읽는 속도를 측정하려고 한다면 스톱워치와 표준화된 메시지 정도면 충분할 것이다. 그러나 그렇지 않은 경우도 있다. '정보원의 신뢰도'나 '폭력에 대한 태도' 등의 심리적 특성을 측정하려면 세심하게 마련된 측정기법이 요구된다.

뿐만 아니라 매스미디어 연구를 비롯한 사회과학 연구 어디에서나 연구자는 보통 개인이나 사물 그 자체를 측정하기보다는 개인이나 사물의 속성을 지표를 통해 측정한다. '권위주의'라든지 '신문을 읽는 동기'와 같은 개념들은 직접 관찰할 수 없기 때문에 추측할 수 있는 지표를 통해 추론해야 한다. 그러므로 만약 어떤 사람이 "상급자의 명령에는 항상 이의 없이 복종해야 한다"라든지 "법과 질서는 사회에서 가장 중요한 것이다"와 같은 진술에 찬성한다면, 그 사람은 이 진술에 반대하는 사람보다 더 권위주의적이라고 추론할 수 있을 것이다.

측정체계는 가능한 한 실재(reality)와 동형(同形)이 되도록 만들려고 노력한다. **동형화**(isomorphism)**는 형식이나 구조의 유사성 혹은 동일성**을 의미한다. 물리학 등의 연구에서 동형화는 중요한 문제가 되지 않는다. 왜냐하면 측정의 대상과 측정 대상에 배정된 수 사이에 항상 직접적인 관계가 있기 때문이다. 예를 들어, 전류가 B라는 물체를 통해 흐를 때보다 A라는 물체를 통해 흐를 때 저항을 덜 받는다면 A가 B보다는 더 좋은 도체(conductor)라고 연역할 수 있다. 이 경우 배정된 수는 곧 전도율(conductivity)의 정도를 나타내므로 몇 가지 물체에 전류를 통해 보는 실험을 하고 나면 도체의 등급을 정할 수 있는 것이다. 따라서 이 경우의 측정체계는 실재와 동형이다.

그러나 매스미디어 연구에서는 물리학처럼 명백하게 일치하는 경우는 드물다. 예를 들어 연구자가 특정 형태의 광고와 관련해서 사람들의 '피설득 성향(persuasibility)'을 측정하기 위한 척도를 개발하려 한다고 하자. 연구자는 먼저 측정체계를 개발하고 다섯

자세히 보기 〉〉 질적 연구와 양적 연구

질적 연구와 양적 연구의 차이는 단지 질문하는 스타일에 있다. 질적 연구는 연구자가 융통성을 가지고 질문하는 반면 양적 연구는 표준화된 질문을 이용한다. 표본크기가 충분히 크고 표본이 적합하게 추출됐다면, 두 방법 모두 그 결과를 모집단에게로 일반화할 수 있다.

사람을 상대로 피설득 성향을 검사했다. 그 결과 [표 2-2]와 같은 점수 분포를 얻었다.

그리고 이제 어떤 전지전능한 존재가 이 다섯 사람의 '진짜' 피설득 성향을 알려줬다고 가정하자. 다섯 사람의 '진짜' 피설득 성향을 나타내는 점수도 역시 [표 2-2]에 나타나 있다.

[표 2-2] 동형화의 비교

사람	측정 점수	'진짜' 점수
A	1	0
B	3	1
C	6	6
D	7	7
E	8	12

이 두 점수들을 비교해보면 두 사람(C와 D)은 연구자가 측정한 점수와 '진짜' 점수가 일치하고 있으나 나머지 세 사람은 측정한 점수와 '진짜' 점수 간에 차이가 있다. 그러나 측정한 점수의 서열과 '진짜' 점수의 서열은 일치하고 있다. '진짜' 피설득 성향 점수는 0에서 12까지에 걸쳐 분포되어 있고 측정척도에 의해 측정된 점수는 1에서 8까지 분포되어 있다는 사실을 알 수 있다. 요약하자면 이 검사와 실재 사이에 일반적인 일치는 있지만, 실제로 존재하는 피설득 성향의 정확한 측정과는 거리가 있다는 사실을 알 수 있다.

불행하게도 연구 내에서 측정과 실재 간의 일치도는 거의 알 수가 없다. 경우에 따라서는 연구자 스스로 자신이 측정하려고 하는 것을 실제로 측정하고 있는지 확신하지 못하는 경우도 있다(타당도). 어떤 경우이든지 간에 연구자는 측정과 실재 사이의 동형화의 정도를 주의 깊게 고려해야만 한다. 이 문제는 이 장 뒷부분에서 더 자세히 다루도록 하겠다.

05 측정의 수준

과학자는 대상이나 사건에 숫자를 배정하는 법칙에 따라 사물을 측정하는 방식, 혹은 측정의 수준을 네 가지로 구분해왔다. 주어진 일련의 점수로 수행되는 연산은 측정의 수준에 달려 있다. 측정의 수준 네 가지는 명목적 수준, 서열적 수준, 등간적 수준, 비율적 수준이다.

1) 명목적 수준

명목적 수준(nominal level)은 가장 낮은 수준의 측정방식이다. 명목적 측정에서 숫자나 다른 상징은, 사람, 대상이나 특성을 분류하는 데 사용된다. 예를 들면, 물리학에서는 일반적으로 암석을 화성암, 퇴적암, 변성암이라는 세 유목으로 분류한다. 만약 어느 지질

학자가 연구를 위해 화성암에 '1', 퇴적암에는 '2', 변성암에는 '3'이라는 숫자를 배정했다면 그는 명목적 척도를 적용한 셈이다. 이때 암석의 종류에 따라 배정된 숫자는 단순히 암석이 속한 유목을 나타내는 표시에 불과할 뿐, 아무런 수학적 의미를 갖지 않는다는 점을 유념해야 한다. 즉 암석이 '3'이라는 유목에 분류됐다고 해서 그 암석이 '1'이나 '2'로 분류된 다른 암석들보다 더 크다든가 더 무겁다는 뜻은 아니다. 명목적 측정의 다른 예로, 축구선수들의 배번, 자동차 번호판, 주민등록번호 등을 들 수 있다. 매스미디어 분야에서 명목적 측정의 예는 뉴스 소비에 있어 가장 의존하는 매체에 따라 응답자를 분류하는 것이다. TV에 의존하고 있는 사람은 유목 '1', 인터넷에 의존하는 사람은 유목 '2', 신문에 의존하는 사람은 유목 '3' 등으로 분류할 수 있다.

다른 모든 측정 수준과 마찬가지로 명목적 수준도 특정한 형식적 속성을 지닌다. 명목적 수준이 지니고 있는 기본적인 속성은 등가성(equivalence)이다. 만약 어떤 사물이 '1'이라는 유목에 속한다면 그것은 '1'이라는 유목에 속한 다른 모든 사물과 동등한 것으로 생각된다. 예를 들어 연구자가 잡지에 실린 모든 광고를 그 소구방식에 따라 분류하려고 한다고 가정하자. 광고의 소구방식에 따라 '경제적' 소구를 유목 '1'로 분류하고, '위협' 소구를 유목 '2' 등으로 분류했다. '위협 소구'를 이용한 모든 광고는 광고의 크기나 형태 혹은 광고에 사용된 그림 등의 차이에 상관없이 동등한 것으로 간주된다.

명목적 측정의 또 다른 속성은 모든 유목은 거기에 속한 모든 것을 망라한 것이며 상호배타적이라는 점이다. 이는 곧 각 측정이 선택(option) 가능한 모든 것을 설명해줘야 하며 각 측정은 단 하나의 유목에만 분류되어야 한다는 뜻이다. 잡지 광고의 주요 소구방식의 예를 다시 생각해보자. 먼저 연구자는 잡지에 실린 모든 광고를 분석에 필요한 모든 소구방식(경제적 소구, 위협 소구, 도덕적 소구, 종교적 소구 등)을 포함시켜 유목으로 설정해야만 한다(망라성). 각 광고는 소구방식에 따라 오직 하나의 유목에만 분류시켜야 한다(상호배타성). 명목적 측정은 매스미디어 연구에서 자주 이용되어 왔다. 그 사례는 인터넷 검색을 통해 찾아보자.

명목적 수준에서 측정된 변인을 다른 형식으로 변환시키려면 고급통계를 이용해야 한다. 이와 같은 변환과정을 거친 변인을 **더미변인**(dummy variable, 가변인이라고도 함)이라고 한다. 예를 들어 소속 정당에 따라 다음과 같이 코딩할 수 있다.

공화당 1
민주당 2

무소속 3

기타 4

이 같은 측정 도식은 '기타'로 분류된 사람이 '공화당'으로 분류된 사람보다 세 단위나 더 많은 숫자로 표시되기 때문에 숫자만 보면 더 좋은 것으로 오해할 여지가 있다. 이러한 오해의 여지를 없애면서 사람들의 정당지지 관계를 측정하고, 측정된 자료를 고급통계방법에 사용하기 위해서는 변인을 좀 더 '중립적인' 형식으로 전환시켜야 한다.

모든 분류 유목에 동등한 가치를 두기 위해 변인을 변환시키는 방법 중 하나는 각 선택에 있어 양자택일의 상황을 만드는 더미변인으로 다시 코딩하는 것이다. 위의 예에서 어떤 사람은'공화당'을 지지하거나 그 밖의 당의 지지자다. 이와 같은 이원적 코딩 도식을 사용할 수 있다.

공화당 001

민주당 010

무소속 100

기타 000

이 도식은 각 관계를 동등하게 간주하고 변인은 고급통계방법을 이용할 수 있게 된다. 이때 마지막 유목인 '기타'는 모두 '0'을 사용해서 코딩했다는 점에 유의할 필요가 있다. 이 같은 관행에 대한 자세한 설명은 이 책의 범위 밖이므로 여기서는 생략하기로 한다. 다만 '기타'를 모두 '0'을 사용해서 코딩하는 목적은 기본적으로 불필요한 중복을 피하려는 데 있다는 점만 밝혀둔다. 그렇게 함으로써 다른 유목의 코딩 자료를 통해 '기타'로 분류된 사람들의 수가 얼마인지를 알 수 있다. 만약 표본 100명 중 75명이 앞의 세 가지 유목에 속한다면 '기타'에는 당연히 25명이 해당된다.

2) 서열적 수준

서열적 수준(ordinal level)에서는 보통 대상을 특정 규모에 따라(가장 작은 것에서부터 가장 큰 것까지와 같이) 등급을 매겨 측정한다. 예컨대 연구자가 '사회경제적 지위'라는 변인을 측정하고자 할 때 하, 중하, 중, 중상, 상이라는 다섯 등급에 따라 가구를 구분할 수 있을 것이다. 이때 연구자는 '하'에 '1'을, '중하'에 '2'를, '중'에 '3'을 배정하는 식으로 각 유목별로 등급을 매길 수 있다. 이 경우 각 등급에 배정된 수는 수학적 의미를 지닌다.

즉 유목 '3'에 속하는 가구는 유목 '2'에 속하는 가구보다 사회경제적 지위가 더 높다는 것을 의미한다. 그러나 두 등급 간의 차이가 어느 정도인지 구체적으로 알 수는 없다. 서열 측정은 스톱워치 없는 경마에 비유되곤 한다. 결승점을 통과한 말의 순서는 (스톱워치가 없어도) 상대적으로 쉽게 알 수 있지만 우승한 말과 준우승한 말의 시간차를 계산하기는 어렵다.

서열 척도는 등가성이라는 속성을 지닌다. 앞의 예에서 어느 한 범주로 분류된 가구들 사이에도 수입의 차이가 있을 수 있지만 동등하게 취급된다. 또한 유목들 간에 순서의 속성을 갖고 있다. 임의로 주어진 유목은 다른 유목보다 더 높거나 더 낮다고 정의할 수 있다. 서열 척도의 일반적인 예로 축구나 야구의 팀별 순위나 군대의 계급, 레스토랑 등급, 미인대회 결과 등이 있다.

서열 척도는 매스커뮤니케이션 연구에서 자주 사용된다. 인터넷에서 '서열 척도'를 검색해보면 커뮤니케이션 연구에 적용된 사례를 찾을 수 있을 것이다.

3) 등간적 수준

서열 척도가 지니고 있는 모든 속성을 갖추고 있으면서, 척도의 인접한 점들 사이의 간격이 동일 값을 갖는 척도가 **등간적 수준**(interval level)의 척도이다. 등간적 수준의 가장 확실한 예는 온도계다. 어떤 물체의 온도를 30도에서 40도로 올리는 데 필요한 열량과 50도에서 60도로 올리는 데 드는 열량은 같다. 등간 척도는 동등한 차이라는 형식적인 속성을 포함한다. 즉 숫자는 그 점들 간의 차이 산술 연산을 하는 식으로 등간 척도로 측정된 대상의 위치를 정하게 된다.

등간 척도의 한 가지 단점은 절대 영점(true zero point 혹은 condition of nothingness)이 없다는 것이다. 예를 들면 지능이 아예 없는 사람을 상상하기란 어렵다. 절대 영점이 없다는 것은 연구자가 대상에 대해 비율적 진술을 할 수 없음을 의미한다. 즉 IQ 점수가 100인 사람이 50인 사람보다 2배 더 영리하다고 할 수 없고, 어떤 사람이 공격성 검사에서 30점을 받았다고 해서 같은 검사에서 10점을 받은 사람보다 3배나 더 공격적이라고 볼 수 없다. 이러한 단점에도 불구하고, 등간 척도는 매스커뮤니케이션 연구에서 자주 이용되고 있다.

4) 비율적 수준

비율적 수준(ratio level)으로 측정된 척도는 등간 척도의 모든 속성을 다 지니고 있으면서 절대 영점이라는 특성을 하나 더 갖는다. 이 고정된 절대 영점의 이용에 따라 비율적 판단을 할 수 있다. 예를 들어보자. 시간과 거리는 비율적 측정이기 때문에 시간당 50마일로 달리는 자동차는 시간당 25마일로 달리는 차보다 2배 더 빨리 가고 있다고 말할 수 있다. TV 시청 시간이나 기사당 단어 수 등과 같은 일부 변인을 비율적 척도로 측정하긴 하지만 상대적으로 매스커뮤니케이션 연구에서 드물게 사용되는 편이다.

12장에서 살펴보겠지만, 등간 척도나 비율 척도로 측정한 자료를 이용하는 연구자는 이러한 자료를 위해 특별하게 설계된 모수통계(parametric statistics)를 활용할 수 있다. 측정수준이 '좀 더 낮은' 수준으로 측정된 자료를 분석하기 위해 설계된 통계 절차에서 높은 수준의 측정된 자료에 대한 분석도 할 수 있다. 그러나 높은 수준의 측정치를 분석하기 위해 설계된 통계 절차는 일반적으로 명목적 수준이나 서열적 수준의 측정치를 분석하기 위해 설계된 통계 절차보다 더 강력하다(많은 노력과 절차가 필요하다). 그러므로 연구자가 등간 수준의 측정치를 얻었다면 대부분 모수통계를 이용해야 한다. 등간 척도와 서열 척도의 차이가 중요한가, 그리고 실제로는 서열적일지도 모르는 자료에 등간수준의 통계를 적용하는 것이 정당한가 등에 대해서는 통계학자들 사이에서도 의견이 분분하다. 따라서 이런 논쟁에 깊게 빠져들 필요는 없다. 가장 안전한 절차는 서열적 수준의 통계를 이용할 만한 명백한 근거가 없다면 등간 측정을 가정하는 것이다. 예컨대 연구의 주요 임무가 피험자, 즉 연구대상자들을 그룹별로 순위를 매기는 것이라면 서열적 수준의 통계분석이 이루어져야 한다. 반대로 피험자에게 다양한 질문에 대한 평가 반응을 태도 점수로 부여하는 경우 모수통계 절차가 타당하다.

대부분의 통계학자들은 통계분석이 측정 그 자체가 아니라 측정에 의해 얻어진 수를 근거로 수행되고, 등간 척도의 속성은 수의 체계에 속한다고 본다(Nunnally & Bernstein, 1994; Roscoe, 1975). 아울러 다양한 자료의 유형에 따라 다른 통계분석을 실시한 몇 가지 연구들이 있다. 이 연구들은 서열적 자료와 등간적 자료 간의 차이가 분석 방법을 선택하는 데 별로 중요하지는 않다는 것을 보여준다(McNemar, 1969).

06 측정척도

척도(scale)란 한 변인에 대한 복합적인 측정을 말하며 하나 이상의 항목으로 구성된다. 척도는 일반적으로 하나의 항목이나 하나의 지표로 측정하기에 적합하지 않은 복잡한 변인에 사용된다. 연령, 신문의 발행부수, 가정 내 라디오 보급률 등과 같은 일부 항목은 별도의 척도법 없이도 충분히 측정 가능하다. 그러나 TV 뉴스에 대한 태도, 영화 관람 후 만족도 등의 변인 측정은 일반적으로 척도를 사용해야 한다. 일부 척도법은 수년에 걸쳐 개발되었다. 여기서는 잘 알려진 척도 몇 가지에 대해서만 논의하기로 한다. 여러 유형의 측정척도에 대한 더 자세한 정보는 인터넷을 검색해보기 바란다.

1) 단순 평가척도

평가척도(rating scales)는 매스미디어 연구에서 일반적으로 쓰인다. 연구자들은 응답자들에게 라디오 방송국의 평일 아침 프로그램의 편성 요인과 같은 항목을 평가하거나, 라디오나 TV 생방송 진행자의 선호도를 평가하도록 한다.

그때 연구자는 어떤 유형의 척도를 이용할 것인가를 결정해야 한다. 1~3, 1~5, 1~7, 아니면 1~10 혹은 1~100까지 이용할 것인가? 또는 연구자들이 자주 이용하는 0에서 9까지의 척도를 이용할 것인가? 척도 유형의 선택은 크게는 개인적 선호의 문제이지만 여기에도 몇 가지 고려해야 할 사항이 있다.

① 점수구분이 많은 척도일수록 평가 대상 항목에 대한 응답의 차이를 더 잘 보여준다. 가령 라디오 방송국의 평일 아침 프로그램에 포함되어 있는 편성 요인들의 중요도를 평가한다고 하자. 응답자에게 "당신에게 더 중요한 요인이라고 생각할수록 높은 숫자를 선택하시오"임을 말했다면 1~3까지의 척도보다는 1~10까지의 척도가 그 차이를 더 잘 보여줄 수 있다. 의견, 인식, 감정에 대한 폭넓은 차이는 연구자에게 더 많은 정보를 제공한다는 점에서 중요하다. 인위적으로 평가의 범위를 제한하는 것을 **요인 융합**(factor fusion)이라고 한다. 이는 의견, 인식, 감정을 간결하게 제한하는 것을 의미한다. 응답자와 연구자에게는 평가할 수 있는 점수가 적은 것보다 많은 것이 더 낫다. 너무 협소한 배점의 척도를 이용하여 응답자의 응답을 제한하는 것은 잠재적인 응답의 범위를 감추고 조사연구의 잠재력을 제한할 우려가 있다.

② 경험상으로 보면 남녀노소, 인종 및 국적을 불문하고 1~10 척도를 이용하길 좋아한다. 1~10 척도가 보편적으로 사용되는 것은 사실이다. 특히 올림픽 같은 스포츠 경기에서 평가척도로 사용된다. 거의 대부분이 1~10 평가척도는 잘 안다. '10'은 최고이거나 완벽한 경우이며, '1'은 최저이거나 불완전한 경우를 의미한다. 또한 경험상으로 연구자는 0~9 또는 1~9 평가척도를 잘 사용하지 않는데, 이는 응답자들이 9를 가장 높은 숫자라고 생각하지 않기 때문이다.

③ 단순 평가척도를 이용할 때는 응답자에게 '더 높은 숫자를 선택할수록 더 많이 동의하거나

더 좋아하는 것'이라고 말해주는 것이 가장 좋다. 기존의 많은 연구를 살펴본 결과 응답자에게 "1부터 10 사이에서 1은 싫어하는 것이고, 10은 많이 좋아하는 것을 의미한다"고 말하는 것보다 높은 숫자를 선택할수록 더 많이 좋아하는 것이라고 말해주는 것이 더 낫다.

2) 척도의 변형

경우에 따라, 연구자는 하나의 척도를 이용하여 연구를 수행할 것이며, 이후 다른 평가척도로 측정된 자료와 본인의 자료를 비교하려고 할 것이다. 예를 들어 1~7까지의 평가척도를 이용한 연구자가 1~100까지의 척도로 측정한 결과로 변환시키고자 하는 경우가 여기에 해당한다.

그 절차는 항상 동일하다. 척도를 변형하기 위한 승수(multiplier)를 만들기 위해 더 큰 척도를 더 작은 척도로 나눈다. 1~7 척도를 1~100 척도로 변형시키려면 먼저 100을 7로 나눈다. 그러면 14.2857이라는 값을 얻게 되고, 1~7의 척도 각각에 이 숫자를 곱하면 1~100 척도상의 숫자로 변환된다. 새로 변환된 척도는 다음과 같다.

1 = 14
2 = 29
3 = 43
4 = 57
5 = 71
6 = 86
7 = 100

다른 예로 5점 척도를 7점 척도로 변형시킨다고 하자. 절차는 동일하다. 7을 5로 나누고, 여기서 얻어진 1.4를 5점 척도의 각 숫자에 곱하면 다음과 같이 척도가 변환된다.

1 = 1.4
2 = 2.8
3 = 4.2
4 = 5.6
5 = 7.0

10점 척도를 5점 척도로 변형시키는 등 만약 척도를 다른 방법으로 변환하고자 한다면, 단순히 승수로 척도의 각 숫자를 나누면 된다.

07 주요 평가척도

1) 서스톤 척도

서스톤 척도(Thurstone scales)는 유사 등간 척도(equal-appearing interval scales)라고도 하는데, 이는 척도의 개발에 사용된 기법 때문이다. 이 척도는 대체로 특정 개념이나 구성에 대한 태도를 측정하는 데 사용된다. 서스톤 척도를 개발하려면 연구자는 먼저 측정하고자 하는 개념이나 구성과 관련된 많은 진술문을 수집해야 한다(서스톤은 적어도 100개의 진술문을 권장한다).

그 다음, 11개 범주의 척도에 따라 이러한 진술문을 평가한다. 여기서 각 범주는 측정 개념에 대한 응답자의 호의성(favorableness)이 다른 정도를 표현하는 것이다. 이후 각 문항에 배정된 점수의 평균값이나 중앙값에 따라 순위가 결정되며, 평가의 정도가 어느 정도 균등하게 선택된 20~30개의 항목으로 질문지를 구성한다. 진술문은 응답자들이 동의할 수도 동의하지 않을 수도 있다. 척도는 응답자의 표본에 적용되는데 응답자들의 측정값은 응답자들이 동의한 각 문항들의 평균값이나 중앙값을 계산하여 산출된다. 모든 항목에 동의하지 않는 사람은 영(0)점으로 처리된다.

서스톤 척도의 장점 중 하나는 등간 측정척도라는 것이다. 반면 이 방법은 시간과 노력이 많이 소요된다. 서스톤 척도는 매스미디어 연구에서는 그리 자주 이용되지 않지만 심리학과 교육학 연구에서는 보편적으로 활용되고 있다.[역자주 3]

2) 거트만 척도

스캘로그램 분석(scalogram analysis)이라고도 하는 거트만 척도(Guttman scales)는 각 항목이 연속선상에 배열될 수 있다는 점에 근거한다. 말하자면 한 가지 항목에 동의한 응답자가 그 항목보다는 약간 순화된 입장을 표명하는 다른 항목들도 선택하거나 동의할 수 있다는

역자주 3 서스톤 척도의 예: 통증 측정

① 욱신거린다(1.5)	( )	④ 망치로 치듯이 아프다(7.5)	(O)
② 뜨금뜨금하다(2.5)	( )	⑤ 까무러치게 아프다(8.9)	( )
③ 바늘로 찌르듯이 아프다(5.7)	(O)	∴ 측정값 = (5.7+7.5)/2=6.6	

것이다. 예를 들어, 다음은 4개 항목으로 구성된 가상의 거트만 척도의 예다.

① 선정적인 TV 프로그램은 사회에 해악을 끼친다.
② 어린이들이 선정적인 TV 쇼를 시청하지 못하게 해야 한다.
③ TV 방송 경영진은 선정적인 프로그램을 허용하지 않아야 한다.
④ 정부는 TV에서 선정적인 프로그램을 금지시켜야 한다.

가령, 진술문 4에 동의하는 사람은 진술문 1에서 3까지도 동의할 것이다. 뿐만 아니라, 이 척도가 타당하다면 진술문 2에 동의한 사람은 진술문 1에도 동의하지만 진술문 3과 4에는 동의하지 않을 수도 있다. 각 점수는 독특한 응답 세트를 나타내기 때문에 응답자가 동의한 항목의 수가 그 사람의 거트만 척도의 총 점수가 된다.

거트만 척도를 개발하는 데는 많은 시간과 노력이 필요하다. 거트만 척도는 매스미디어 연구에서는 그다지 많이 사용되지 않지만, 정치학 · 사회학 · 여론조사 · 인류학 등에서 자주 사용된다.

3) 리커트 척도

심리학자 리커트(Rensis Likert)가 1932년 개발한 리커트 척도(Likert scales)는 매스미디어 연구에서 가장 보편적으로 이용되는 척도로서 **합산 평가방식**(summated rating approach)이라고도 한다. 응답자들은 하나의 주제와 관련된 몇 가지 진술문에 대해 '매우 동의함', '동의함', '중립임', '동의하지 않음', '매우 동의하지 않음'을 선택할 수 있다(그림 2-1 참조). 개별 응답 항목에 가중치가 부여되고 각 연구대상자의 응답이 모아져 그 주제에 관한 단일 점수로 계산된다.

리커트 척도를 개발하는 기본 절차는 다음과 같다.

① 특정 주제와 관련된 많은 수의 진술문을 수집한다. 진술문의 일부는 긍정문으로, 일부는 부정문으로 만든다.
② 응답자 중 무작위로 추출된 표본에 척도를 적용한다.
③ 응답이 일관되게 처리될 수 있도록 질문에서 태도에 대한 높은 점수가 강한 동의를 나타낼 수 있도록 한다.
④ 응답을 분석하고 높은 점수를 얻은 사람과 낮은 점수를 얻은 사람을 가장 분명하게 구분해주는 진술문들을 최종 척도로 선택한다.

1. 미국 시민만이 방송사를 소유할 수 있게 해야 한다.

	응답	배정된 점수
________	매우 동의함	5
________	동의함	4
________	중립	3
________	동의하지 않음	2
________	매우 동의하지 않음	1

2. 외국인의 방송사 소유를 금지하는 것은 비즈니스상 나쁘다.

	응답	배정된 점수
________	매우 동의함	1
________	동의함	2
________	중립	3
________	동의하지 않음	4
________	매우 동의하지 않음	5

주: 부정적 항목의 찬반 의견에 배정된 점수는 태도 측정의 일관성 유지를 위해 역으로 주어졌음에 유의해야 한다. 1번 문장은 긍정적 항목이며, 2번 문장은 부정적 항목이다.

[그림 2-1] 리커트 척도 항목의 예

4) 의미분별 척도

매스미디어 연구에서 보편적으로 사용되는 또 하나의 척도가 **의미분별 척도**(semantic differential scales)다. 오스굿과 동료들(Osgood, Suci, & Tannenbaum, 1957)이 개발한 의미분별 척도는 어떤 항목에 대해 개인이 부여하는 의미를 측정하는 일반적인 기법이다. 연구에 의하면 의미분별 척도를 이용해 측정할 수 있는 일반적인 요인은 능동성(activity), 잠재성(potency), 평가(evulation)의 세 가지다. 커뮤니케이션 연구자들은 태도 측정을 하기 위해 의미분별 척도의 평가적 차원을 즉각 적용했다.

이 기법은 양극화된 태도를 나타내는 일련의 7점 척도 위에 측정대상의 명칭이나 개념을 제시한다. [그림 2-2]는 〈타임(Time)〉 지에 대한 태도를 측정하기 위해 마련된 의미분별 척도의 한 예다.

'유쾌한-불쾌한', '가치 있는-가치 없는', '정직한-부정직한', '기분 좋은-기분 나쁜', '깨끗한-더러운', '공평한-불공평한', '좋은-나쁜' 등은 모두 이 척도에서 자주 사용되는 양극화의 예다. 그러나 연구자가 각자의 측정 상황에 따라 적용할 수 있는 의미분별 척도를

〈타임〉지

편향적인	___ :	___ :	___ :	___ :	___ :	___ :	___	편향적이지 않은
신뢰할만한	___ :	___ :	___ :	___ :	___ :	___ :	___	신뢰할 수 없는
유익한	___ :	___ :	___ :	___ :	___ :	___ :	___	가치 없는
불공평한	___ :	___ :	___ :	___ :	___ :	___ :	___	공평한

[그림 2-2] 의미분별 척도의 적용 사례

개발할 것을 추천한다.

엄밀히 말하면 의미분별 척도는 **요인분석**(factor analysis)이라는 고급통계 절차를 통해 특정 개념을 의미 공간에 배치하려는 시도라고 할 수 있다. 연구자들이 태도(사물, 인물, 개념에 대한 이미지나 관점 등)를 측정하고자 의미분별 척도의 일부만을 도입한다면 본래의 취지에서 벗어나는 것이다. 따라서 이 기법은 양극화 평가척도(bipolar rating scales)라고 명명하는 것이 더 적합할 것이다.

08 신뢰도와 타당도

1) 신뢰도

아무런 사전검증 없이 척도를 이용하면 부실한 연구가 되기 쉽다. 새로 개발된 척도의 신뢰도와 타당도를 검증하기 위해 적어도 한 번 이상의 예비연구를 실시해야 한다. 어떤 측정이 유용한 것이 되기 위해서는 2개의 서로 연관된 속성인 신뢰도와 타당도를 확보해야만 한다. 만약 하나의 측정방식을 가지고 시간차를 둔 상이한 시점에서도 일관된 측정결과를 얻었다면 그 측정은 믿을 만하다고 말할 수 있다. 측정에서 **신뢰도**(reliability)는 일반적 맥락에서의 신뢰도와 다를 바 없다. 예를 들면, 시간이 지나도 항상 의지할 만하고 안정되어 있으며 일관성 있는 사람을 신뢰할 수 있는 사람이라고 한다. 반면 불안정하여 미래를 예측할 수 없고 오늘과 내일의 행동이 다른 사람은 신뢰할 수 없는 사람이다. 마찬가지로 하나의 회기와 다른 회기 간에 측정이 일치하는 경우 그 측정은 안정적이고 어느 정도 믿을 만하다고 간주된다.

측정의 신뢰도를 이해하려면 측정이 포함하고 있는 두 가지 요소를 감안해야 한다.

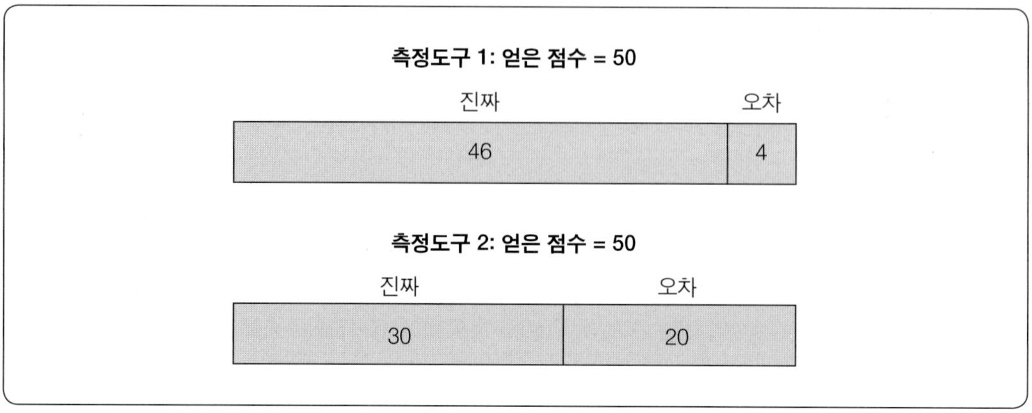

[그림 2-3] 한 척도 내에 진짜 점수와 오류의 관계

첫째는 측정하는 개개인의 '진짜' 점수다. 두 번째는 무작위 오차(random error)인데, 이것은 측정대상에 대한 정확한 평가를 방해한다. 질문이 애매거나 질문에 대한 응답을 잘못 기재하는 등 여러 가지 이유로 측정하는 과정에서 오차는 발생한다.

이유가 무엇이든 모든 측정에는 어느 정도 무작위 오차를 포함하기 마련이다. [그림 2-3]은 이 두 요소를 통한 신뢰도의 이해를 잘 예시해주고 있다.

[그림 2-3]에 나타나 있듯이 측정도구 1은 전체 점수(50점)와 진짜 점수(46점) 간의 차이가 많지 않기 때문에 매우 믿을 만하다. 이에 비해 측정도구 2는 전체 점수(50점)와 진짜 점수(30점) 간의 차이가 크기 때문에 신뢰할 수가 없다.

완벽하게 신뢰할 수 없는 측정은 무의미하다. 만약 어느 한 개인을 대상으로 반복적으로 측정하는 경우 이전의 응답과 이후의 응답이 서로 무관하게 나왔다면 그 측정은 쓸모없다. 그러나 연구자가 의도한 것은 아니지만 적어도 무엇인가 측정할 때마다 결과가 일치하거나 거의 동일하다면 그 측정은 믿을 만한 것이다(이 문제에 대해서는 뒤에서 더 자세히 논의하겠다).

이제 신뢰도의 중요성은 명백해졌다. 신뢰성이 없는 측정은 변인들 간의 관계를 탐색할 수 없다. 변인의 측정이 신뢰할 수 없는 경우 그것은 주로 무작위 오차에서 기인하며 무작위 오차는 그 어떤 것과의 관계도 밝힐 수 없다.

신뢰도는 1차원적인 개념이 아니다. 신뢰도는 안정성, 내적 일관성, 등가성이라는 세 가지 요소로 구성되어 있다. **안정성**(stability)은 결과나 측정이 시기에 관계없이 언제나 일관되게 나타나는 것을 의미한다. 예를 들어, 글의 교정 능력을 측정하기 위한 검사가 편집론 강의의 첫째 주와 둘째 주에 각각 실시됐다고 가정하자. 두 검사의 결과가 일관되게 나타났다면 그 검사는 안정성을 지녔다고 볼 수 있다.

사람이나 사물은 시간에 따라 변화할 수 있기 때문에 신뢰도 측정방법으로 안정성을 사용할 때는 주의가 필요하다. 앞의 교정 능력의 검사 예에서 실제 두 검사 기간동안 학생들의 실력이 향상되어 첫 번째 시험보다 두 번째 시험에서 더 높은 점수를 받을 가능성은 얼마든지 있다. 이 경우 측정이 불안정해서가 아니라 실제로 변화가 발생한 것이다.

신뢰도에 대한 평가는 모든 매스미디어 연구에서 필요하며, 연구결과를 해석하고 평가하는 데 도움이 되도록 연구의 다른 내용들과 함께 반드시 보고서에 밝혀줘야 한다. 신뢰도를 평가하는데 보편적으로 사용되는 통계 중 하나는 r_{xx}로 표시되는 상관계수(correlation coefficient)이다. 상관계수에 대해선 12장에서 좀 더 자세히 다루기 때문에 여기서는 간단히 살펴보겠다.

r_{xx}는 −1.00에서 +1.00에 이르는 범위 내의 수로서 두 변인 사이의 관계의 강도에 대한 측정기준으로 사용된다. r_{xx}가 높을 때, 즉 r_{xx}가 +1.00에 가까울 때 두 변인 간의 관계는 밀접하다고 평가한다. 음수는 역관계(negative relationship, 한 변인의 높은 점수가 다른 변인의 낮은 점수와 연관되어 있는 경우)를 의미하며, 양수는 정관계(positive relationship, 한 변인의 점수가 높을수록 다른 변인의 점수도 같은 방향으로 높아지는 경우)를 나타낸다. 신뢰도 측정에서는 r_{xx}가 정관계이면서 높게 나타나는 것이 바람직하다.

신뢰도를 계산하는데 상관계수를 사용하는 한 가지 방법은 검증-재검증(test-retest) 방법이다. 이 방법은 신뢰도의 안정성 요소를 측정한다. 같은 사람을 대상으로 다른 시점에서 두 번 측정하여 두 점수 사이의 계수를 계산한다. r_{xx}가 +1.00에 수렴할 경우, A 시점에서 얻은 점수와 B 시점에서 얻은 점수가 유사하다는 것이며 이는 일정 기간 동안 일관성을 보였다고 할 수 있다. 검증-재검증 방법은 두 가지 점에서 한계가 있다. 첫째, 처음의 측정방식이 다음 검증의 점수에 영향을 줄 수도 있다. 질문지가 측정도구라면 연구대상자는 이전 응답내용을 기억할지도 모른다. 그렇다면 신뢰도는 과대평가될 것이다. 둘째, 측정되는 개념 자체가 A에서 B라는 시점으로 옮겨감에 따라 변할 수도 있다. 이 경우 신뢰도의 추정치는 낮아질 것이다. **내적 일관성**(internal consistency)은 척도를 구성하고 있는 항목들 사이에 실행결과의 일관성이 있는지를 검사하는 것이다. 만일 척도 내의 각각의 항목들이 측정대상인 개념에 대해 같은 값을 기록했다면 그 척도는 내적 일관성이 있다. 가령 연구자가 신문읽기에 대한 태도를 측정하기 위해 20개 항목의 척도를 만들었다고 하자. 척도가 내적 일관성을 갖기 위해서는 20개 항목 중 앞 절반 항목의 측정점수 합계와 뒤 절반 항목의 측정점수 합계 간에 높은 상관관계가 있어야 한다. 이런 신뢰도 결정방법을 **반분법**(split-half technique)이라고 한다.

반분법은 단지 한 번 시행되지만 하나의 측정도구를 반반으로 나누어 별도로 점수화하는 방법이다. 예를 들어 설문지로 검사한다면 짝수 번호의 설문 항과 홀수번호의 설문 항으로 나눈다. 그리고 이 두 항목의 점수들 간의 상관계수를 계산한다. 이때 상관계수는 전체의 반에서 얻은 점수를 가지고 계산한 것이기 때문에 다음과 같은 공식을 사용해서 바로잡아줘야 한다.

$$r_{xx} = \frac{2(r_{oe})}{1 + r_{oe}}$$

여기서 r_{oe}는 짝수와 홀수 항목들 사이의 상관관계를 말한다.

또 다른 일반적인 신뢰도 계수는 알파(alpha)계수인데(**크론바흐 알파**Cronbach's alpha라고도 함), 측정의 내적 일관성을 평가하기 위해 변량분석(analysis of variance) 방법을 이용한다(12장 참조). 신뢰도를 구성하는 요소인 **등가성**(equivalency)은 교차검증 **신뢰도**(cross-test reliability)라고 하며, 두 가지 유사한 검사 간의 상관관계를 평가하는 것이다. 동일한 개념을 측정하기 위해 서로 다른 척도 항목이나 다른 측정기법을 이용하는 두 가지의 측정도구를 개발한다. 그리고 같은 시점에 같은 집단의 사람들을 대상으로 두 가지 도구를 동원해 측정하고, 두 가지 방식의 검사에서 나온 점수 간의 상관관계를 계산하여 신뢰도를 측정하는 것이다. 이 방법의 주요 문제는 완전히 동등한 두 가지 척도를 개발하는 것이다. 두 방식 간의 유사성이 떨어질수록 신뢰도는 낮아진다.

등가성의 특수한 경우는 내용분석(6장 참조)에서처럼 두 사람 이상의 관찰자가 동일한 현상에 대해 평가할 때 발생한다. 이러한 신뢰도 유형을 **코더 간 신뢰도**(intercoder reliability)라고 하며, 이는 하나의 연구결과가 서로 다른 관찰자를 통해 획득되거나 재현될 수 있는 정도를 평가하기 위해 이용된다. 두 사람이 동일한 조작적 정의와 동일한 측정도구를 이용했다면 그 결과가 동일한 것이 바람직하다. 예컨대 두 연구자가 폭력에 대한 조작적 정의를 바탕으로 텔레비전 내용 중 폭력 행위를 밝히고자 할 경우 그들의 결과가 얼마나 일치하는가가 곧 코더 간 신뢰도의 측정이 된다. 코더 간 불일치는 인식의 차이나 원래 정의에 대한 해석 방법의 차이를 반영한다. 코더 간 신뢰도를 계산하는 공식은 6장에서 자세히 살펴볼 것이다.

2) 타당도

신뢰도와 더불어 어떤 측정이 변인을 연구하는 데 이용되려면 타당도(validity)를 확보해야 한다. 타당도를 갖춘 측정도구는 마땅히 측정해야 할 것을 측정하는 것이다. 다시 말해, 타당도를 평가하려면 특정 변인에 대한 조작적 정의와 그 변인의 개념적 혹은 구성적 정의가 서로 얼마나 일치하는지를 평가해야 한다. 타당도를 평가하는 것은 일정 부분 연구자의 판단이 요구된다. 앞으로 논의할 측정의 타당도에 대한 주요 유형들도 연구자의 판단에 따라 적어도 부분적으로 달라질 수 있다는 점을 알아야 한다. 또한 타당도는 양자택일로 제시되는 경우는 거의 없으며 보통 정도의 문제다. 측정도구가 전적으로 타당하거나 타당하지 못한 경우는 드물다. 대개 중간 어딘가에 위치하게 마련이다.

측정과 관련된 주요한 타당도 평가 유형으로는 안면 타당도, 예측 타당도, 공인 타당도, 구성 타당도 등의 네 가지를 들 수 있다. 이들은 각각 측정방법을 평가하는 데 쓰는 기법과 일치한다.

가장 단순하고 기본적인 유형은 **안면 타당도**(face validity)다.[역자주 4] 안면 타당도는 측정도구가 표면상으로 측정하고자 하는 것을 제대로 측정하고 있는지 여부를 검사함으로써 알 수 있다. 예컨대 글의 교정 능력을 측정하기 위해 설계한 검사에 복잡한 수학 계산 문제가 포함되어 있다면 이 측정은 안면 타당도가 결여되어 있다고 할 수 있다. 반면 사람들에게 특정 단락을 읽고 교정하도록 요청한 검사는 교정 기술의 측정에 있어 외적 타당도를 지닌다. 측정도구가 안면 타당도를 확보하고 있는지의 여부는 주관적인 판단에 의해 어느 정도 달라진다. 이런 주관성을 최소화하기 위해, 주어진 측정도구의 적합성을 여러 전문가들이 독립적으로 판단할 수 있어야 한다.

어떤 미래에 나타날 결과를 측정하는 도구를 확인함으로써 **예측 타당도**(predictive validity)를 평가할 수 있다. 예컨대 어떤 사람이 다가오는 선거에서 투표할 것인가를 예측하는 연구에서 얻어진 점수를 실제 투표 결과와 비교해서 그 타당도를 검증할 수 있다. 연구결과로 나타난 측정치가 사람들의 투표율을 정확하게 예측했다면 그 연구의 측정은 예측 타당도를 지녔다고 할 것이다. 그러나 측정도구에 따라서 예측 타당도는 지니고 있지만 외적 타당도는 결여될 수 있다는 점에 주의할 필요가 있다. 예측하는 방법으로 타당도를 결정하는 유일한 요인은 미래의 행위나 사건을 정확하게 예견하는 측정능력이다. 따라서 관심사는 무엇이 측정되는지가 아니라 측정도구가 무엇인가를 예측할 수 있

역자주 4 내용 타당도(content validity)라고도 하며, 측정도구 자체가 측정하고자 하는 속성이나 개념을 측정할 수 있도록 되어 있는가를 평가하는 것이다.

는지 여부에 있다. 그러므로 사람에 따라서는 매스미디어 연구자로서 성공할 수 있는지를 예측하는 측정을 기하학적인 문제라고 생각하고 접근할 수도 있다. 그리고 거기서 만들어진 측정이 연구자로서의 성공을 잘 예측한다면 그 측정은 예측 타당도는 지니고 있다고 할 수 있지만 외적 타당도는 거의 지니고 있지 않다고 할 것이다. 예측 타당도가 갖는 가장 큰 문제는 측정된 결과를 무엇에 견주어 검증할 것인가 하는 기준을 결정하는 일이라 하겠다. 가령 어떤 기준을 가지고 '성공한 매스커뮤니케이션 연구자'라고 할 수 있겠는가의 문제인 것이다. 박사학위를 받은 사람이 성공한 연구자인가? 아니면 연구논문을 많이 발표한 사람인가? 또는 관련 책을 많이 저술한 사람인가?

공인 타당도(concurrent validity)는 예측 타당도와 밀접한 관계가 있다. 단, 이 방법은 측정도구를 어떤 기존 준거와 대조시켜 검사한다. 예컨대 교정 능력 검사의 타당도는 교정 전문가로 구성된 집단과 교정 전문가가 아닌 일반인으로 구성된 집단을 대상으로 각각 나누어 교정 능력 검사를 실시함으로써 확인할 수 있다. 검사결과에서 두 집단 간의 차이가 잘 나타난다면 그 측정도구는 공인 타당도가 있다고 할 수 있다. 마찬가지로 공인 타당도를 지닌 공격성 검사라면 방과 후 싸움에 연루된 적이 많은 어린이 집단과 그렇지 않은(반사회적 행동으로 징계를 받은 적이 없는) 어린이 집단을 잘 구별해낼 수 있다.

타당도의 네 번째 유형인 **구성 타당도**(construct validity)는 다른 유형의 타당도에 비해 가장 복합적이다. 구성 타당도는 측정이 전체 이론적 틀 내에 논리적으로 다른 개념과 연관될 수 있도록 일부 이론적 틀 속에 관련된 측정도구를 포함시킨다. 이상적으로 말한다면 연구자는 측정의 특성과 다른 변인들 간의 다양한 관계를 제시할 수 있어야 한다. 연구자의 측정이 구성 타당도를 지니고 있음을 증명하기 위해서 연구자는 이들 간의 관계가 실제로 존재하고 있음을 보여줘야만 한다. 예를 들어보자. 연구자는 개인의 TV 뉴스 프로그램 시청 빈도가 해당 프로그램에 대한 그 사람의 태도에 의해 영향을 받을 것이라고 생각한다. 만약 태도를 측정한 결과, 시청 빈도와 높은 상관관계가 있는 것으로 나타났다면 그 측정은 구성 타당도를 지니고 있다고 할 것이다. 다시 말해, 만약 연구자가 이론에 의해 이미 예측된 관계를 변인 측정을 통해서 발견한다면 그 측정은 구성 타당도를 지니고 있는 것이다. [그림 2-4]는 이들 네 유형의 타당도를 정리해놓은 것이다.

마지막으로 신뢰도와 타당도의 관계를 언급하지 않을 수 없다. 신뢰도는 타당도를 확보하는 데 꼭 필요하지만 그렇다고 충분조건은 아니다. 즉 신뢰할 만한 측정이라고 해서 반드시 타당도를 갖춘 것은 아니다. [그림 2-5]는 신뢰도와 타당도의 관계를 보여주고 있다. '×'표는 신뢰도와 타당도를 모두 갖춘 측정을 의미한다. 측정점수가 진짜 점

판단에 근거	기준에 근거	이론에 근거
안면 타당도	예측 타당도 공인 타당도	구성 타당도

[그림 2-4] 타당도의 유형

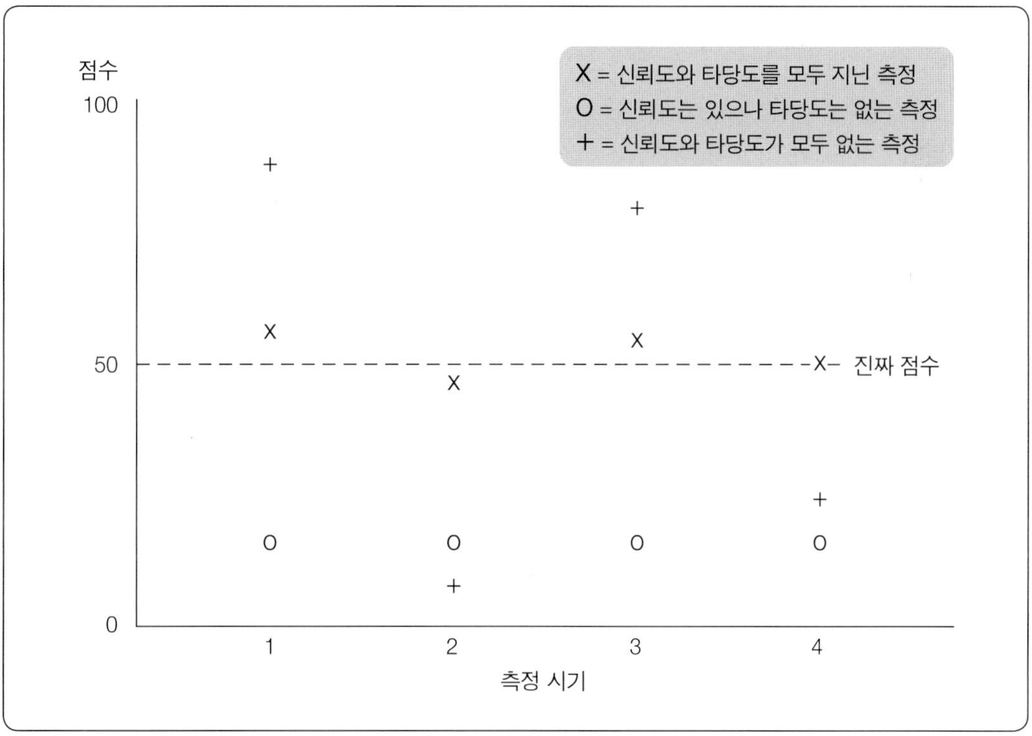

[그림 2-5] 신뢰도와 타당도의 관계

수에 가까우며 측정할 때마다 점수가 거의 일치되고 있다. 'o'표는 신뢰도는 있으나 타당도가 없는 측정결과를 보여주고 있다. 측정할 때마다 점수는 일정하나 진짜 점수와는 거리가 멀다. '+'표는 신뢰도와 타당도 모두 없는 측정을 보여주고 있다. 측정할 때마다 점수가 크게 다를 뿐만 아니라 진짜 점수와도 거리가 멀다.

요약

경험적 연구를 잘 이해하기 위해서는 개념과 구성, 측정에 대한 기본 지식이 필요하다. 개념은 관련된 관찰들을 요약하고, 특수한 것들로부터 일반화한 추상적 관념을 말한다. 개념들 간의 관련성이 명제를 형성하고, 명제는 이론의 정립에 이용된다. 구성은 개념들의 조합으로 이루어져 있으며, 이론 정립에 유용하다.

변인은 하나 이상의 다른 값을 지닌 현상이나 사건을 말한다. 독립변인은 연구자에 의해 조작되는 변인인 반면에, 종속변인은 연구자가 설명하고자 하는 변인이다. 모든 변인은 조작적 정의에 의해 관찰 가능한 세계와 연계된다. 연구자는 종종 복합적인 변인을 측정하기 위해 척도를 이용한다. 매스미디어 연구에서는 서스톤 척도, 거트만 척도, 리커트 척도, 의미분별 척도 등이 주로 사용된다.

측정은 연구자가 일정한 규칙에 따라 사물, 사건, 속성에 숫자를 배정하는 절차다. 명목적, 서열적, 등간적, 비율적 측정 등 네 가지 수준의 측정이 있다. 어떤 측정이 유용하려면 신뢰도와 타당도를 모두 갖춰야 한다.

핵심용어

개념(concept)
거트만 척도(Guttman scale)
공인 타당도(concurrent validity)
교차검증 신뢰도(cross-test reliability)
구성(construct)
구성 타당도(construct validity)
내적 일관성(internal consistency)
다변량 분석(multivariate analysis)
더미변인(dummy variable)
도출변인(marker variable)
독립변인(independent variable)
동형화(isomorphism)
등가성(equivalency)
등간적 수준(interval level)
리커트 척도(Likert scale)
명목적 수준(nominal level)
반분법(split-half technique)
변인(variable)
비연속변인(discrete variable)
비율적 수준(ratio level)
삼각측정법(triangulation)
서스톤 척도(Thurstone scale)
서열적 수준(ordinal level)
선행변인(antecedent variable)
신뢰도(reliability)
안면 타당도(face validity)
안정성(stability)
연속변인(continuous variable)
예측변인(predictor variable)
예측 타당도(predictive validity)
요인분석(factor analysis)
요인 융합(factor fusion)
의미분별(semantic differential)
의제 설정(agenda setting)
잡음(noise)
종속변인(dependent variable)

준거변인(criterion variable)
측정(measurement)
코더 간 신뢰도(intercoder reliability)
크론바흐 알파(Cronbach's alpha)
타당도(validity)
통제변인(control variable)
평가척도(rating scale)

인터넷 활용하기

다음의 단어를 검색해보자.

- 조작적 정의
- 평가척도
- 신뢰도
- 타당도
- 더미변인 코딩
- 빈도 척도의 사례
- 비율 척도의 사례
- 반분 신뢰도
- 측정 타당도 사례
- 의미분별 척도의 사례

생각해볼 문제

1. 다음에 대해 개념적 정의와 조작적 정의를 내려 보자.
   - 예술가적 자질
   - 싫어하는 노래 가사
   - TV 프로그램의 소구
   - 선정성
   - 폭력성

   자신이 내린 조작적 정의와 다른 사람들이 내린 정의를 비교해보자. 이들 정의를 사용해서 실제 연구를 수행한다면 어떤 문제가 제기되는가? TV의 폭력성이나 선정성 등의 주제를 둘러싸고 왜 그렇게 많은 논쟁이 벌어지는지를 해당 개념들에 대한 조작적 정의와 관련시켜 생각해보자. 또한 이 용어들을 인터넷에서 검색해보고 그 내용을 정의해보자.

2. 다음과 같은 개념이나 측정은 어떤 종류의 자료(명목적, 서열적, 등간적, 비율적)에 속하는가?
   - 야구 팀의 순위
   - 청력 검사
   - AC 닐슨 시청률 조사 결과 상위 10위 안의 TV 프로그램 순위 목록
   - 동전 던지기에서 앞면과 뒷면이 나타나는 빈도수
   - 야구선수들의 평균 타율
   - 폭력에 대한 태도를 측정하는 척도
   - 2~13까지의 VHF 채널
   - 시간 간격을 두고 몸무게를 측정하는 데 활용되는 척도
3. 다음 각 개념을 설명하기 위한 측정기법을 개발해보자.
   - 신문구독
   - 공격성향

- 브랜드 충성도(상품 구입 시)
- TV 시청

4. 응답자들에게 라디오 방송국의 프로그램 편성 요소 중 가장 중요한 것은 무엇이라고 생각하는지 평가하도록 하는 연구를 수행한다고 가정해보자. 의미분별 척도를 사용할 것인가 아니면 1~10 척도를 사용하겠는가? 그 이유는 무엇인가?

5. 각기 다른 조사연구에서 독립변인이나 종속변인이 될 수 있는 변인의 세 가지 사례를 제시해보자.

이에 대한 추가적인 정보는 www.wimmerdominick.com이나 www.cengagebrain.com에서 찾아보자.

참고문헌 및 권유문헌

Anderson, J. A. (1987). *Communication research: Issues and methods*. New York, NY: McGraw-Hill.

Babbie, E. R. (2010). *The practice of social research* (12th ed.). Belmont, CA: Cengage.

Bae, H. S. (2000). Product differentiation in national TV newscasts. *Journal of Broadcasting & Electronic Media*, 44(1), 62–77.

Buijen, M., & Valkenburg, P. (2000). The impact of television advertising on children's Christmas wishes. *Journal of Broadcasting & Electronic Media*, 44(3), 456–470.

Gerbner, G., Gross, L., Morgan, M., & Signorielli, N. (1980). The mainstreaming of America: Violence profile no. 11. *Journal of Communication*, 30(3), 10–29.

Guilford, J. P. (1954). *Psychometric methods*. New York, NY: McGraw-Hill.

Henning, B., & Vorderer, P. (2001). Psychological escapism: Predicting the amount of television viewing by need for cognition. *Journal of Communication*, 51(1), 100–120.

Hindman, D. B. (2000). The rural-urban digital divide. *Journalism & Mass Communication Quarterly*, 77(3), 549–560.

Huck, S. W. (2011). *Reading statistics and research* (6th ed.). Boston, MA: Addison Wesley Longman.

Kerlinger, F. N. (2000). *Foundations of behavioral research* (4th ed.). New York, NY:Holt, Rinehart & Winston.

Kerlinger, F. N., & Pedhazur, E. (1997). *Multiple regression in behavioral research* (3rd ed.). New York, NY: Holt, Rinehart & Winston.

Mason, E. J., & Bramble, W. J. (1989). *Understanding and conducting research* (2nd ed.). New York, NY: McGraw-Hill.

McNemar, Q. (1969). *Psychological statistics* (4th ed.). New York, NY: John Wiley.

Nunnally, J. C., & Bernstein, I. H. (1994). *Psychometric theory* (4th ed.). New York, NY: McGraw-Hill.

Osgood, C., Suci, G., & Tannenbaum, P. (1957). *The measurement of meaning*. Urbana, IL: University of Illinois Press.

Robinson, J., & Shaver, P. (1973). *Measures of social psychological attitudes* (2nd ed.). Ann Arbor, MI: Institute for Social Research.

Roscoe, J. (1975). *Fundamental research statistics for the behavioral sciences*. New York, NY: Holt, Rinehart & Winston.

Wu, H. D. (2000). Systemic determinants of international news coverage. *Journal of Communication*, 50(2), 110–130.

3장 연구 윤리

01 윤리와 연구과정

매스미디어 연구의 대부분은 인간에 대한 관찰, 즉 그들에게 질문을 하거나 그들이 무엇을 했는가를 조사하고 연구하기로 이루어진다. 연구자는 이러한 탐구과정에서 연구 참여자의 권리가 침해당하지 않도록 노력해야 한다. 참여자의 권리를 확보해주려면 특히 윤리적인 측면을 많이 고려해야 한다. **윤리**(ethics)란 옳은 것과 그른 것, 적절한 것과 부적절한 것을 구별하는 것이다. 그러나 윤리와 관련된 용어에 대한 보편적인 정의는 없다. 대신에 전문연구자들이 대부분 준수하거나 암묵적으로 수용하고 있는 일련의 지침, 광범위한 일반화, 권고 등이 있다. 이런 지침들이 있다고 해서 발생할 수 있는 모든 윤리적 문제에 답을 제공해주지는 않지만 연구자들이 관련된 쟁점에 대해 좀 더 세심한 배려를 갖도록 하는 데는 기여할 수 있다.

이러한 구체적인 지침들을 논의하기에 앞서 윤리적 문제가 발생할 수 있는 상황을 생각해보자.

- 대학의 한 교수(연구자)가 매스미디어 개론 강의를 듣는 학생들에게 설문지를 나눠주고 만약 학생들이 설문을 작성하지 않으면 그 과목의 점수를 깎을 것이라고 말했다.
- 연구자가 인터넷으로 포르노 영화를 다운로드 받아본 적이 있는지 알아보기 위해 우편 서베이를 실시했다. 설문지상으로는 모든 응답은 익명으로 처리된다고 되어 있었다. 그러나 회신용 봉투에는 보내는 사람이 누구인가를 연구자가 알아볼 수 있는 암호 표시가 되어 있었다.
- 연구자가 페이스북에 거짓 ID를 만들고 학생에게 알리지 않고 대학생들의 커뮤니케이션 행위에 대한 정보를 수집하는 데 사용했다.
- 연구자가 한 그룹의 어린이들에게는 폭력적인 내용의 프로그램을 보여주고 다른 그룹에게는 비폭력적인 프로그램을 보여줬다. 시청이 끝난 뒤 어린이들을 공공 놀이터에 보내고 거기에 이미 와있던 어린이들과 함께 놀도록 했다. 그리고 연구자는 각각 어린이들에게서 나타나는 폭력적인 행위를 기록했다.
- 연구대상자들에게 뉴스 기사를 써서 신문사의 중역에게 제출하라고 한 뒤, 가장 기사를 잘 쓴 사람에게 신문사에 일자리를 줄거라고 했다. 실제로는 '중역'이 실험연구의 공모자였으며 대상자들이 쓴 기사를 심하게 비판하게 했다. 그 후 대상자들에게 스스로 자기 존중감에 대해 평가하도록 했다. 연구자는 짜고 하는 속임수라는 사실을 그들에게 말해주지 않았다.

이와 같이 윤리적으로 문제가 있는 연구설계를 염두에 두고서 매스미디어 연구에서 윤리적으로 따라야 할 지침이 있다면 그것이 무엇인가를 이해해보자.

02 왜 윤리적이어야 하는가

윤리적 행위란 올바른 일을 행하는 것이다. 연구자가 윤리적으로 행동해야 하는 가장 큰 이유는 연구자 본인이 이미 도덕적으로 행동해왔기 때문에 연구를 수행하면서도 그렇게 행동해야 한다는 것이다. 그리고 연구자의 윤리적 행동이 강조되는 또 다른 이유가 있는데, 그것은 비윤리적 행위가 연구 참여자에게 악영향을 미칠 수 있기 때문이다. 특히 매스커뮤니케이션 연구를 수행하는 데는 응답자의 지속적인 참여의지와 협조가 필수적이기 때문에 응답자를 비윤리적 연구 행위나 음모로부터 보호하는 일은 매우 중요하다.

비윤리적인 연구 행위는 연구자로서 전문성이 부족하다는 것을 반영하며, 연구에

자세히 보기 〉〉 왜 윤리적이어야 하는가?

그렇게 하는 것이 옳기 때문이다.

대한 부정적인 여론을 확산시키는 결과를 가져올 수 있다. 독자들 중 많은 사람들은 악명 높은 터스키기 매독연구(Tuskegee syphilis study)[역자주 1]에 대해 들어봤을 것이다. 이 연구는 매독으로 고생하는 흑인 남성들을 위한 연구였음에도 불구하고 대상자의 동의 없이 이루어졌고 병의 진전상황을 보기 위해 환자를 치료하지도 않았다(자세한 내용은 Jones(1981) 참조). 이 실험연구는 연구에 대한 흑인사회의 불신과 의심을 초래했고 AIDS 확산에 대한 음모론의 부상을 낳은 한 요인으로 받아들여지고 있다(Thomas & Quinn, 1981). 지금까지 매스커뮤니케이션 연구 내에서 이 정도 크기의 윤리적 실수가 없었다는 것은 다행스러운 일이지만 터스키기 실험연구는 비윤리적 연구가 초래하는 무서운 악영향을 잘 보여준다고 하겠다.

비윤리적 연구라고 해서 항상 악의적인 동기로부터 출발하지는 않는다. 대신 연구자가 논문을 발표하거나 명성을 얻고자 할 때 혹은 다른 동료연구자보다 본인이 우월하다는 것을 보여주기 위해 앞질러 나가려는 압력을 받는 과정에서 나오는 경우가 대부분이다.

03 일반 윤리 이론

무엇이 옳고 적절한가의 문제는 수백 년에 걸쳐 연구대상이 되어 왔다. 적어도 세 가지 일반적인 유형의 이론적 접근을 통해 그 답을 모색해왔다. 그 세 가지는 첫째 규칙기반 혹은 **의무론**(deontological theory), 둘째 균형론 혹은 **목적론**(teleological theory), 셋째 **상대론**(relativistic theory)이다(이 이론들에 대한 좀 더 자세한 내용을 알고 싶다면 해당 용어를 인터넷으로 검색해보자).

역자주 1 터스키기 매독연구는 미국 연방정부 산하 공중의료서비스(Public Health Service)국이 1932년부터 1972년까지 40년 동안 미국 남부 앨라배마 터스키기 지역에 사는 흑인 399명을 대상으로 한 매독 생체실험연구다. 실험목적은 매독환자가 페니실린 등의 처치를 받지 않을 경우 말기에 어떤 증상을 보이는지를 관찰하기 위한 것이었는데 피험자는 실험에 대해 어떤 내용도 듣지 못한 채 그저 먹을거리와 약간의 금전적 대가에 유혹당했을 뿐이었고 결과는 끔찍했다. 1972년 매독균을 주사 맞은 399명 중 28명은 매독으로, 100명은 합병증으로 사망했으며 그 외에도 40명의 부인이 감염됐으며, 19명의 신생아가 선천성 매독으로 태어났다.

먼저 가장 널리 알려진 의무론은 철학자 칸트(Immanuel Kant)와 연관이 있다. 칸트는 도덕적 법칙이 모든 상황에 적합한 행위를 정의하는 원칙인 **정언 명령**(categorical imperative)[역자주 2]을 구성한다고 가정한다. 이 정언 명령은 모든 인간이 따라야 하는 도덕적 의무를 의미한다. 정언 명령을 정의하려면 개인은 의문시되는 행위가 과연 보편타당한지를 물어야만 한다. 다시 말해, 개인은 다른 모든 사람이 그렇게 행동했으면 하고 기대하는 방식으로 본인도 행동해야 한다. 이러한 칸트식 사고는 많은 면에서 "무엇이든지 남에게 대접받고자 하는 대로 너희도 남을 대접하라"는 황금률(Golden Rule)[역자주 3]과 유사하다.

가령 어느 매스미디어 연구자가 속임수에 대한 정언 명령을 만들 수도 있다. 속임수란 연구자라면 보편적으로 실천하기를 원하는 혹은 그런 속임수에 본인이 넘어가기를 원하는 그런 행위는 아니다. 따라서 속임수(기만)는 그것이 어떤 이익을 가져다주든지 간에 연구에 이용되어서는 안 되는 어떤 것이다.

둘째, 균형론 혹은 목적론은 철학자 밀(John Stuart Mill)의 **공리주의**(utilitarianism) 접근이 좋은 사례다. 이 접근에서는 행동에서 야기되는 이익을 잠재적 해악과 비교하여 검토하거나 견주어본다. 그런 비교가 이루어지면 각 개인은 이익을 최대화하고 해악을 최소화하는 방향으로 행동한다. 즉 어떤 행위의 옳고 그름을 결정짓는 궁극적인 잣대는 그 행위가 발생시키는 결과에 의존한다. 결과가 수단을 정당화하는 셈이다. 후에 언급하겠지만 대학마다 설치되어 있는 윤리심의위원회(Institutional Review Board) 대부분이 연구계획서를 검토할 때 이 원칙을 원용하고 있다.

매스미디어 연구자 중 이런 공리주의적 접근을 따르는 연구자라면 연구과제가 가져다줄 이익과 예상 가능한 부정적 효과를 서로 견주어봐야만 한다.

역자주 2 정언 명령이란 칸트가 같이 말한 가언 명령(hypothetical imperative)과 좋은 비교가 되는데, 가언 명령이란 "남에게 대접을 받으려거든 먼저 남을 대접하라"라는 명령과 같이 그 가정과 목적을 수긍하는 사람에게만 의미가 있는 명령으로서, 보편타당성이 없다. 반면 정언 명령은 수단이나 조건을 내세우지 않는 무조건적인 명령으로 도덕적 명령이라고도 하는데, 행위의 결과나 목적과는 관계없이 행위 그 자체에 가치를 두는 명령이다. 이 정언 명령이 칸트 윤리관의 요체다. 이성적인 존재임을 자부하는 인간이라면, 무조건적으로 이 정언 명령은 따라야 한다. 그래서 칸트의 윤리관을 의무론적 윤리관이라 한다.

역자주 3 "남에게 대접을 받고자 하는 대로 남을 대접하라"는 말로, 황금처럼 고귀한 윤리의 지침을 일컫는다. 원래 예수 그리스도의 산상수훈(山上垂訓) 속에 있는 것으로, 신약성서 마태복음 7장 12절에 나오는 "그러므로 무엇이든지 남에게 대접을 받고자 하는 대로 너희도 남을 대접하라. 이것이 율법이요, 선지자니라"와 누가복음 6장 31절 "남에게 대접을 받고자 하는 대로 너희도 남에게 대접하라"는 예수의 가르침을 말한다. 17세기부터 황금률이라는 표현이 사용됐다고 알려져 있다. 그 기원은 정확히 알 수 없으나, 3세기의 로마 황제 세베루스 알렉산데르가 이 문장을 금으로 써서 거실 벽에 붙인 데서 유래한 것으로 알려져 있다.

이런 상황에서 연구결과를 통해 얻게 될 지식의 긍정적 이익이 연구대상자를 속임으로써 발생할 수 있는 해악적 효과를 능가한다면 연구자는 실험연구에서 속임수를 사용하는 것이 적절하다고 결정할지도 모른다. 이 접근의 문제는, 종종 주어진 연구설계가 발생시킬 수 있는 모든 손해를 예견하기가 불가능한 일은 아니지만 어렵다는 데 있다. 연구자가 여러 윤리 이론적 접근 중 어떤 이론에 의존하느냐에 따라 각기 다른 행위를 선택할 수 있다는 점을 주목해야 한다.

셋째, **상대주의**(relativism) 접근에서는 행위를 하는 데 절대적으로 옳거나 그릇된 방법은 없다고 주장한다. 대신에 연구자의 작업 문화에 의해 윤리적인 평가가 내려진다고 본다. 사실상 특정 문화에서는 옳지 않다고 판단되는 행동이 다른 문화에서는 옳은 행동으로 간주될 수 있다. 한 문화 내 윤리적 규범을 정착시키는 방법 중 하나는 그 분야에서 연구자 대부분이 생각하는 것이 바람직한 행위인지 아닌지를 상세히 설명해주는 행동 규범을 만드는 것이다. 이를 통해 연구자가 특별한 윤리적 문제에 직면하면 이러한 규범이 안내자 역할을 하도록 하는 것이다. 위에서 설명한 세 이론은 다음에서 논의할 윤리원칙을 마련하는 데 기본이 된다.

04 윤리 원칙

연구 분야에 적용될 수 있는 일반적인 윤리 원칙을 정립하는 일은 어렵다. 그러나 적어도 다음의 네 가지 원칙은 꼭 필요하다.

첫째는 정언 명령에 그 뿌리를 두고 있는 **자율성**(autonomy)의 원칙, 또는 자기 결정의 원칙이다. 자율성을 거부하는 것은 연구자가 보편적으로 실행되기를 원하는 것은 아니다. 이 개념의 기저에는 연구자는 다른 사람의 권리, 가치, 결정을 존중해주어야 한다는 요구가 깔려 있다. 개인이 특정하게 행동하는 이유는 존중되어야 하며, 그런 행동은 간섭받아서는 안 된다. 이 원칙의 적용은 연구 절차에서 피연구자의 사전동의를 구해야 하는 데서 그 예를 찾을 수 있다.

사회과학 연구에서 중요한 두 번째 윤리 원칙은 **비유해성**(nonmaleficence)이다. 간단히 말해, 다른 사람에게 고의적으로 피해를 주어서는 안 된다. 세 번째 원칙인 **선행**(beneficence)은 보통 위의 비유해성과 연관된다. 선행은 존재하는 해를 없애고 다른 사람에게 이익을 주는 긍정적인 의무를 규정한다. 이 두 가지 원칙은 함께 작용하며, 연구자는 종종 연구가 가져올 이익(예: 지식의 증대, 이론의 정제)과는 반대로 연구가 발생시킬 해악을 비교 검토해야만 한다. 이들 원칙과 공리주의가 어떻게 연계되는지 유념해야 한다.

사회과학과 관련된 네 번째 윤리 원칙은 **정의**(justice)로, 의무론과 목적론이 모두 관련 있다. 일반적인 수준에서 이 원칙은 상대적인 관점에서 동등한 사람들은 동등하게 대우받아야 한다는 것이다. 연구정황상 이 원칙은 새로운 프로그램이나 정책을 평가할 때 적용되어야 한다. 연구의 긍정적인 결과는 모두에게 공유되어야 한다. 예를 들어, 실험집단이 아닌 통제집단에 원래 배정됐다는 이유로 해당 집단의 어린이들을 새로운 교수법이 가져다줄 이익으로부터 배제시키는 것은 비윤리적이다. 자격이 있는 사람이면 이익은 누구나에게 공유되어야 한다. 프레이와 동료들(Frey, Botan, & Kreps, 2000)은 연구자들이 공통적으로 지지하는 도덕적 원칙을 다음과 같이 제시한다.

① 연구대상자의 자유로운 선택을 보장할 것
② 개인의 사생활을 보호할 것
③ 이롭게 하되 해롭게는 하지 말 것
④ 연구대상자를 존중할 것

매스미디어 연구자는 피험자와 응답자에게 도덕적 의무를 다하기 위해 일련의 규칙을 따라야만 한다. 쿡(Cook, 1976)은 실험실 접근을 논의하면서 이 영역에서 요구되는 행위의 규범을 다음과 같이 제시하고 있다.

- 사람들에게 사전에 알리지 않거나 동의를 구하는 과정 없이 실험에 참여하는 일이 없도록 할 것
- 사람들에게 참여를 강요하지 말 것
- 참여자에게 연구의 성격을 알려줄 것
- 연구의 성격에 대해 참여자에게 거짓말하지 말 것
- 참여자의 자존심을 다치게 하는 행동을 유도하지 말 것
- 참여자 스스로 결정할 수 있는 권리를 연구자가 침해하지 말 것
- 참여자에게 육체적 또는 정신적 스트레스를 주지 말 것
- 참여자의 사생활을 침해하지 말 것
- 참여자에게 통제집단에서 이익을 얻지 못하게 하지 말 것
- 연구 참여자를 공정하게 대하고 배려와 존경을 나타내 보일 것

위의 규범 목록에 저자들은 다음을 첨가하고자 한다.

자세히 보기 〉〉 연구 부정행위와 취소

연구자들의 윤리적 위반은 심각한 부정행위로 연계될 수 있다. 가장 심한 수준의 윤리적 위반 행위는 자료를 위조하거나 연구자의 예상과 다른 자료들을 결과에서 제외시키는 것 또는 연구 절차를 부정확하게 기술하는 것 등이다. 미국 보건복지부(Dep. of Health and Human Services) 산하 연구윤리국(The Office of Research Integrity)에서는 의과학 및 생명과학 분야 연구에서 일어나는 부정행위를 정기적으로 보고하고 있다. 최근의 보고 결과에 의하면 2008년의 경우 자료 변조 10건을 포함 총 13건의 연구관련 부정행위가 발견되었다.

이와 같은 윤리적 위반은 특히 생명과학에서 심각한 문제를 야기할 수 있다. 마요 클리닉(Mayo Clinic)에서 한 연구자가 암 투병에 환자 고유의 면역 체계가 이용될 수 있음을 보여주는 자료를 제시했는데 그게 날조되었음이 밝혀졌다. 이런 연구는 환자들에게 헛된 희망을 품게 할뿐만 아니라, 다른 연구원들을 막다른 골목으로 내몰리게 하여 결과적으로는 시간과 돈 모두를 낭비시킨다. 또 다른 사례를 들면, 어떤 연구자가 고혈압에 관한 개선된 약물 치료법을 발견했다고 주장했다. 많은 의사들이 새로운 치료방법을 믿고 자신의 환자들에게 처방했다. 후속 검토 결과, 자료수집에 대한 의혹이 드러났다. 연구자가 해당 검사에서 이중 은폐 설계(double blind design: 그 설계에서는 누가 가짜 약을 투여 받고, 실험용 약을 투여 받았는지를 연구자가 알지 못함)를 사용하지 않았음을 증명하는 데 실패한 것이다. 그 연구로 인해 수천 명의 개인들이 위태로운 지경에 빠지게 된 셈이다.

이렇게 잘못된 연구결과가 일단 과학 학술지에 게재되면 해당연구의 잘못이 드러나더라도, 그 취소 과정은 대개 2년~3년으로 오래 걸린다. 취소가 이루어진 뒤에도 게재로 인한 피해를 원 상태로 돌리기란 어렵다. 예를 들어 2010년 영국의 일류 의학전문지 〈더 란셋(The Lancet)〉은 공식적으로 1998년 한 연구에 대한 게재취소 결정을 내렸다. 해당 연구에서는 홍역, 유행성 이하선염, 풍진 백신(measles, mumps, and rubella vaccine: MMR)과 자폐성을 연관시켰다. 〈더 란셋〉은 다른 윤리적 문제들도 있지만 그중에서도 특히 연구자가 연구를 통해 일반인들로 하여금 MMR 접종에 대한 불신을 갖게 하는 것 그 뒤에는 보이지 않는 재정적 이해관계가 있음을 강조하였다. 그러나 취소를 통해 연구결과가 믿을 수 없게 되었음에도 불구하고 여전히 부모들은 MMR 백신이 자폐성의 원인이 된다고 믿고 자녀들에게 예방접종을 시키지 않으려는 경향이 있다는 것이다.

매스미디어 분야에서 발생하는 비윤리적 연구행위가 의과학 분야처럼 그렇게 심각한 결과를 낳지 않는다고 할지라도 그리고 아직까지 관련 학술지에서 취소된 경우가 발생하지 않았다고 할지라도, 미디어 연구자라면 누구든지 비윤리적 선택이 얼마나 부정적인 결과와 연결되는지 충분히 유념해야만 한다.

- 모든 응답자나 피험자를 무조건적인 인간애를 가지고 언제나 대할 것(즉 인간을 있는 그대로 받아들이고 존중하되 비난하지 말 것)

연구자가 학문영역과 미디어 업계 중 어디에 속하느냐에 따라 다른 가치를 갖거나 핵심 윤리 원칙이 달라지는가? 츄(Chew, 2000)가 이 두 집단을 대상으로 서베이를 실시한 결과, 두 영역 모두 연구대상자의 비밀보장을 중요시하고 있다는 사실을 발견했다. 다만 학문영역의 연구자가 청렴성과 선행에 더 가치를 두고 있는 것으로 나타났다. 미디어 업계 연구자는 이해관계에 있는 쟁점을 둘러싼 갈등에 더 민감하게 반응하는 것으로 나타났다.

05 구체적인 윤리 문제

여기서는 매스미디어 연구자들이 공통적으로 당면하는 윤리적 딜레마를 논의하고자 한다.

1) 자원 참여와 사전동의

누구든지 특정 연구과제에 참여하기를 거부하거나 어느 때라도 참여를 그만둘 권리를 갖고 있다. 실험, 서베이, 포커스그룹에 대한 개인의 참여는 항상 자발적이며 어떤 형태의 강제성도 있어서는 안 된다.

연구대상자에 비해 권위적인 위치에 있는 연구자(예: 교수가 연구자로서 대학생들에게 설문지를 나눠주는 경우)는 특히 '암시적' 강제에 세심한 주의를 기울여야 한다. 즉 연구자가 비록 학생들에게 참여는 자발적이며 점수에 아무런 영향이 없다고 말한다고 할지라도 많은 학생들은 이것을 믿지 않을 것이다. 그런 경우 설문지를 익명으로 하고, 연구가 진행되는 동안 그런 권위적 위치에 있는 사람은 현장에 있지 않는 것이 좋다.

자원 참여(voluntary participation)는 우편이나 전화 서베이에서 발생할 수 있는 윤리적 문제가 아니다. 그런 유형의 연구에서는 응답자가 마음이 내키지 않으면 전화를 끊어버릴 수 있고, 설문지를 내버릴 수도 있기 때문이다. 그러나 이 경우에도 연구자는 연구를 주관하는 기관을 다르게 나타내거나 연구의 목적이나 중요성을 과장하여 대상자의 참여를 유도해서는 안 된다. 예를 들면, 전화 면접원이 자신을 '정보부(Dept. of Information)' 대표자인 것처럼 밝혀서 사람들이 그 연구를 마치 정부가 주관하는 것처럼 생각하도록 오도하는 일은 없도록 해야 한다. 마찬가지로 우편 서베이에서도 설문지는 국세조사의 서식, 납세 신고서, 사회보장연구용 설문지나 기타 공식 기관의 서식을 모방해서는 안 된다.

자발적 참여와 밀접하게 관련된 것이 **사전동의**(informed consent)라는 개념이다. 사람들이 특정 연구의 자원자가 되려면 연구과제에 대해 충분히 알아야 한다. 연구자는 잠재적 대상자나 응답자들을 대상으로 그들의 참여에 확실히 영향을 줄 것으로 기대되는 연구의 요점 모두를 알려줄 책임이 있다. 응답자로 하여금 면접에 45분이 걸릴 지도 모른다든가, 두 번째 면접이 필요하다든가 또는 우편설문지를 완성한 다음에도 전화 면접 대상자로 선정될지도 모른다는 것 등을 사전에 알려줘야 한다.

실험연구에서 사전동의는 모든 연구대상자에게 실험과정에 불편함이나 불쾌감이 수반될지도 모른다는 사실을 미리 알려주는 것을 의미한다. 어쩌면 전기로 인한 충격을 받게 될지 모르며, 불쾌한 시·청각적 자극을 받을 수도 있고, 우려할 만한 요인일지도 모르는 어떠한 과정을 겪을 수 있음을 사전에 알려줘야 한다. 특별한 측정기법을 이용할 계획이라면 그 설명도 사전동의 내용에 포함되어야 한다. 연구자는 가능한 한 참여자가 연구에 대해서 갖고 있는 모든 의문사항에 대해 솔직하고 진실하게 답할 의무가 있다.

연구설계 안에 속임수를 포함하고 있는 실험연구(다음 절에서 소개됨)의 경우 사전동의를 얻는 문제는 여러 특별한 질문들에 대한 고려가 필요하다. 그 질문들이란 '실험을 위해 꼭 속임수를 이용해야 한다면, 연구자가 피실험자에게 앞으로 실험 도중 속을지도 모른다는 것을 알려줄 의무가 있는가?', '그렇게 알려주는 것이 대상자의 참여에 영향을 줄 것인가?', '또 실험결과에 영향을 미칠 것인가?', '모든 대상자에게 일부 대상자만 속임수와 관계되고 다른 대상자는 그렇지 않을 것이라고 말해서 타협점을 찾아야 할 것인가?' 등이다. 또 다른 문제는 사전동의를 얻기 위해 연구자가 과제에 관한 정보를 대상자에게 어느 정도까지 알려줘야 하느냐를 정하는 것이다. 광고 시청률과 관계있는 실험이라고 설명하는 정도면 충분한가? 아니면 IQ에 따라 선호하는 광고가 다른지를 검사하기 위해 설계된 실험이라고 부연 설명할 필요가 있는가? 경우에 따라서는, 정보를 알려줌으로써 오히려 결과를 오염시킬지 모른다는 두려움 때문에 연구자가 연구계획에 대한 모든 것을 다 밝힐 수 없을 때도 있다. 가령 연구의 목적이 광고를 평가하는 데 동료집단의 압력이 어떤 영향을 주는가를 연구하는 것이라면, 이 사실을 연구대상자에게 상기시키는 것 자체가 그들의 반응에 영향을 줄지 모르기 때문이다.

문맹지역을 대상으로 매스미디어의 영향을 알아보려는 연구가 있다면 여러 문제가 발생할 수 있다. 가령 연구대상자의 교육수준이 낮아 연구목적에 관한 설명내용을 이해하지 못할 수도 있다. 교육수준이 높은 사회에서조차도 많은 사람이 컴퓨터디스크에 저장된 서베이 자료의 비밀보장을 잘 이해하지 못하기 때문이다. 나아가 실험이나 서베이 내용 중 일부가 연구대상자를 감정적으로 거슬리게 할지도 모른다는 사실을 연구자가 사전에 알아채기란 어렵다.

2002년 미국심리학회(American Psychological Association: APA) 대표자 위원회는 사전동의와 관련된 광범위한 윤리적 쟁점을 다룰 수 있도록 새로운 윤리 규범을 채택했다. 매스커뮤니케이션 연구자의 경우도 심리학자들이 직면하는 윤리적 문제와 많은 부분 비슷하기 때문에 이 학회의 사전동의에 관한 여러 조항들을 참조하면 유용할 것이다. 연구자라면 다음 사항들을 대상자들에게 사전에 알려 줘야 한다.

① 연구의 목적, 예상 기간, 절차
② 참여를 거절하거나 참여 중 철회할 수 있는 권리
③ 거절이나 철회로 인해 예상되는 결과
④ 잠재적 위험, 불편, 역효과 등 참여 의사에 영향을 줄 수 있는 예측 가능한 요인들
⑤ 연구의 기대 효과
⑥ 비밀보장의 한계
⑦ 참여에 대한 보상
⑧ 연구와 연구 참여자의 권리에 대해 문의할 수 있는 담당자

미국심리학회의 행동 규범에 대한 자세한 내용은 www.apa.org/ethics/code를 참조하면 된다.

다음의 연구결과를 보면, 연구자가 참여자로부터 사전동의를 얻는 경우 어떤 정보를 제공해줘야 하는지를 알 수 있다. 엡스타인과 동료들(Epstein, Suedefeld, & Silverstein, 1973)은 실험에 참여하기 전 피험자들은 실험에 관한 전반적 내용과 실험자가 자신에게 기대하는 것이 무엇인지를 알기 원한다는 사실을 밝혀냈다. 즉 피험자들은 어떤 위험이 수반되는지, 실험이 얼마나 길어지는지, 실험의 목적이 무엇인지 등을 알고 싶어 했다. 사전동의와 서베이 참여에 관하여, 소발(Sobal, 1984)은 서베이를 응답자에게 소개할 때 연구자별로 소개하는 내용에 많은 차이가 있음을 발견했다. 거의 대부분이 연구기관과 면접하는 사람의 이름, 연구제목 등은 알려주는 것으로 확인됐다. 그러나 연구의 후원자 및 비밀이나 익명보장에 대한 소개는 덜 이루어졌고, 연구에 걸리는 시간과 참여의 자발성 여부를 알려주는 경우는 거의 없는 것으로 나타났다. 그린버그와 개라몬(Greenberg & Garramone, 1989)은 201명의 매스미디어 연구자를 대상으로 서베이한 결과를 보고 했다. 구체적으로 201명 중 96%가 과거에 조사를

할 때 결과에 대한 비밀보장을 대부분 해주었고, 92%는 후원기관에 대해 대부분 알려줬으며, 66%는 응답자에게 참여가 자발적임을 대부분 말했고, 61%는 설문지의 길이를 대부분 알렸던 것으로 밝혀졌다.

마지막으로 연구자는 연구대상자의 동의를 어떤 형태로 얻어내야 할 것인가를 생각해야만 한다. 가령 서면 동의는 정부 지원 연구계획에서 주로 요구하는 것이며, 많은 대학의 연구기관 등도 이를 필요로 한다. 그러나 일반적으로 서명하는 형식은 비현실적인 것으로 여겨진다. 전화 서베이, 우편 서베이, 개인 면접 등의 경우에서 서명한다는 그 자체가 비밀 위반이라는 이유에 해당하기 때문이다. 예를 들면, 익명이 보장된다고 하고 일대일 면접에 참여시킨 뒤 면접 이후에 동의서에 사인할 것을 요청받는다면 응답자는 이를 의심스러워할 것이다. 이 경우에는 사실상 응답자의 참여 자체가 묵시적인 동의로 간주된다. 온라인 조사연구에서 그 연구대상자의 동의를 얻는 문제에 대해서는 이후 논의할 것이다.

일반적으로 연구가 연구대상자에게 끼칠 수 있는 해악이 클수록 동의에 대한 진술을 확보할 필요성도 더 커진다. [그림 3-1]은 동의서의 전형적인 예다.

이 연구의 목적은 TV 토크쇼 시청과 사회적 실재감 인식 간의 관계를 알아보기 위한 것입니다. 당신은 일반적인 TV 시청 행위는 물론 토크쇼 시청과 대인 관계에 대한 태도에 대한 질문을 받게 됩니다. 이 질문을 완성하는 데는 약 20분 정도 소요되며 모든 질문에 가능한 한 정확하게 답해주시길 바랍니다. 참여는 자발적입니다. 당신이 참여하지 않아도 연구에 미치는 영향은 없으며, 당신의 참여는 익명으로 처리될 것 입니다. 참여 과정에서 불쾌감, 스트레스를 느끼거나 위험한 상황은 발생하지 않을 것입니다.

나는 ________________ 대학의 신문방송학과 ________________, (전화번호 000-0000)에 의해 수행되는 "토크쇼 시청과 사회적 실재감"에 대한 연구에 참여할 것을 동의합니다. 전적으로 자발적인 참여입니다. 어떠한 불이익 없이 언제든지 내 참여 동의는 철회될 수 있고, 자신의 것이라고 확인될 수 있는 범위 내에서 참여의 결과를 본인이 되돌려 받을 수 있으며, 본인의 응답내용을 연구 기록에서 삭제시키거나, 무효화시킬 수 있습니다.

________________________	________________________
연구자 서명(날짜)	참여자 서명(날짜)

당신을 연구 대상으로 참여시키는 ____________________ 대학의 연구는 대학 윤리심의위원회에 의해 관리됩니다. 참여자로서의 권리에 대한 문제는 ____________________에서 해결해줄 것입니다.

문의: (전화번호) 00-000-0000, (이메일 주소) *****@****.***

[그림 3-1] 전형적인 동의서 사례

2) 은폐와 속임수

은폐와 속임수는 실험연구에서 가장 많이 제기되는 윤리적 문제다. **은폐**(concealment)란 특정한 정보를 대상자에게 감추는 것이며, **속임수**(deception)는 의도적으로 허위정보를 제공하는 것이다. 두 가지 모두 윤리적인 문제를 야기한다. 참여자의 동의를 얻는 데 따르는 어려움에 대해서는 이미 언급한 바 있다. 두 번째 문제는 실험자들이 거짓말을 하거나 혹은 실험 대상자를 속이는 일은 본질적으로 잘못이라는 일반적인 정서로부터 비롯된다.

많은 비평가들이 속임수는 연구대상자를 인간이 아닌 조작대상으로 변형시키기 때문에 참여자의 품위를 손상시키는 일이라고 주장한다. 더군다나 한 번 속임을 당한 대상자는 다른 연구과제에서도 자신이 다시 속임수에 넘어갈 것이라고 예상하기 쉽다. 다음의 두 연구는 이러한 주장을 입증해주고도 남음이 있다. 스트리커와 메식(Stricker & Messick, 1967)은 고등학생 나이 정도의 대상자들 사이에서 한 번 속고 난 후 의심하는 정도가 높아진다는 사실을 발견했다. 좀더 최근에 제이미슨과 동료들(Jamison, Karlan, & Schechter, 2008)은 어떤 한 실험에 속았던 연구대상자들이 두 번째 실험에는 참여할 가능성이 더 낮다는 사실을 발견했다. 또한 속지 않았던 연구대상자들에 비해 속았던 연구대상자들은 후속 실험에서 다른 행동을 드러내는 것으로 나타났다.

반면, 연구자에 따라서는 속임수를 쓰지 않고는 진행될 수 없는 연구도 있다고 주장한다. 그들은 공리주의적 접근을 기반으로 속은 사람에게 돌아가는 해악보다는 연구를 통해 얻을 수 있는 과학적 지식이 가져다주는 이익이 더 많다고 주장한다. 크리스텐센(Christensen, 1988)은 속임수를 쓰지 않으면 연구할 수 없다는 이유로 중요한 영역에 대한 연구를 포기하는 것 자체가 비도덕적일지도 모른다고 주장한다. 또한 추상적인 도덕 철학의 관점으로만 속임수를 보려고 하기 때문에 연구과정에 등장하는 속임수에 대해 너무 감상적인 해석들이 많다고 주장한다. 많은 경우 대상자는 자신에게 행해진 일들을 '속임수'로 여기는 대신에 연구 절차상 필요한 부분으로 간주한다는 것이다. 크리스텐센은 상대주의적 접근을 통해 속임수의 사용에 관한 결정은 그 전후 맥락과 목적을 고려해서 이루어져야 하며, 속임수가 연구대상자의 사생활을 침해하거나 해를 끼칠 가능성을 증가시킨다면 연구대상자로서는 불안해할 수밖에 없다고 제안한다. 분명 속임수는 확실히 무분별하게 사용되어서는 안 되는 기법이다.

켈만(Kelman, 1967)은 연구자라면 속임수를 실험전략으로 활용하기에 앞서 다음 세 가지 문제를 검토해봐야 한다고 권한다.

① 시행하려는 연구가 얼마나 유의한 연구인가?
② 다른 방법으로 동일한 정보를 얻을 수 있는 길은 없는 것인가?
③ 어떤 정도의 속임수인가? (실험에 참여한 조사대상자가 읽고 있는 내용은 〈뉴욕타임즈(New York Times)〉에 실린 것이라고 말해주는 것과 대상자가 방금 끝낸 검사는 단지 잠재적인 자살 성향을 측정하기 위해 설계된 것일 뿐이라고 속여 말하는 것)

엘름(Elms, 1982)은 사회과학 연구에서 속임수가 윤리적으로 정당하게 여겨질 수 있는 조건 다섯 가지를 다음과 같이 제시했다.

① 원하는 정보를 획득할 수 있는 다른 방법이 없을 때
② 실질적으로 얻을 수 있는 이익이 해악보다 클 때
③ 연구대상자가 어느 때라도 처벌 없이 참여를 그만둘 수 있을 때
④ 연구대상자에게 가해지는 육체적, 정신적 해악이 단지 일시적인 것일 때
⑤ 연구대상자에게 모든 잠재적인 속임수에 대해 미리 알려주고 연구 절차가 공개될 때

파스칼과 동료들(Pascual, Leone, Singh, & Scoboria, 2010)은 속임수가 연구에서 정당화되어 있는지 여부를 결정하는 데 도움이 되도록 신참 연구자용 체크리스트를 개발했다. 다음은 그 체크리스트의 몇 가지 예이다.

(1) 모든 발생할 수 있는 비용과 이익이 속임수가 정당화될 수 있는지 여부를 고려하여 합리적으로 처리되었는가? (Y/N)
(2) 본연구 이외의 방법으로 기만을 하지 않거나 덜 할 수 있는 방법이 있는가?
(3) 속임수와 관련된 최소한의 위험이 하나 이상인가?
(4) 본연구에서 간과하고 있는 발생 가능 위험이 있는가? (Y/N)

저자들이 45명의 연구자를 조사한 결과, 체크리스트는 대학의 윤리 검토 과정을 진척시키는 데 사용하기 쉽고 도움을 주는 것으로 나타났다. 위의 제안들은 연구자들이 연구의 계획 단계에서 좋은 조언을 제공한다.

(특히 은폐나 속임수를 포함시킨) 실험을 마무리 하면 연구자들은 연구대상자들에게 실험에 대해 설명해야 할 책임이 있다. **경위설명**(debriefing)이란 실험 이후에 연구자가 연구의 목적을 완전히 설명하고, 필요하다면 속임수의 사용을 설명하며 연구에 대해 대상자가 의문나는 것을 질문할 수 있게 하는 절차를 말한다. 경위설명은 실험적 조

자세히 보기 〉〉 연구윤리와 페이스북

요즘 대학생들 사이에서 소셜네트워크 사이트인 페이스북(Facebook)의 인기가 폭발적이다. 2012년 현재, 약 9억 명을 회원으로 두고 있고, 인터넷 방문 목적을 조사하면 상위 10위 안에 매번 등장한다. 연구자들에게는 페이스북이 정보를 얻는 핵심 통로가 되고 있기도 하다. 몇몇 대학의 사회과학자들은 자존감, 대중성 및 개인 매력과 같은 주제들을 연구하는 데 페이스북 자료를 이용하고 있다. 페이스북 이용으로 인하여 새로운 윤리적 쟁점들도 등장하고 있다는 점은 놀라울 일이 아니다.

예를 들어 하버드 대학(Havard Univ.)의 어떤 연구자들은 사회적 관계를 연구하기 위해 어느 한 미국 대학의 수강생 전원의 페이스북 프로필을 비밀리에 모니터링하였다. 그 연구프로젝트에 동원된 1,700명의 학생들은 자신들이 연구대상이 되고 있는지를 알지 못했고, 하버드대 연구팀도 이를 허가하지 않았었다. 그러나 해당 연구자들은 참여자들 모두가 사생활을 보장받도록 할 것이라고 약속했다. 이 경우 해당 연구는 기존의 윤리기준을 위반한 것일까?

연방 정부의 인간 피험자 지침은 페이스북 등장 이전 시대에 주로 만들어진 것들이라 다양한 해석의 여지를 남긴다. 그 결과 많은 대학들이 고유의 정책을 만들었는데 이 정책들이 때로는 상충되는 경우도 있다. 예를 들어 인디애나 대학(Indiana Univ.)의 윤리심의위원회에서는 해당 소셜네트워크 자체의 승인이나 연구대상자들의 동의 없이 소셜네트워킹 자료를 이용해 이루어진 연구를 인정하지 않는 데 반해, 다른 대학들은 연구자가 공중들의 행동을 관찰하는 것이라면 굳이 동의가 필요하지 않다는 전통적 원칙을 적용하고 있다.

그렇다면 페이스북 상의 정보는 과연 공적인 것인가 사적인 것인가?

한 편에서는 페이스북 이용자들이 자신들의 페이지에 정보를 게시할 때에는 사생활을 보호받으리라고는 기대하지 않는다고 주장한다. 실제 페이스북 이용자들의 주요 동기는 정보공유로 나타난다. 만약 이용자들이 해당 사이트의 사생활 보호를 받지 않기로 했다면 그들이 게시한 내용을 연구에 활용하는 행위가 정당한 것이 된다.

다른 한편에서는 과연 어떤 사생활 보호도 없다는 가정이 정확한 것인가를 문제제기한다. 페이스북 회원들을 대상으로 한 서베이 결과를 보면 대부분이 일반인 전체가 아니라 주로 자기들만의 작은 서클 안에서 자신들의 프로필이 공유되기를 기대한다는 것이다. 즉 제한된 맥락에서의 정보 공유와 누구나 접할 수 있게끔 게시하는 행위와는 일치하지 않다는 것이다. 나아가 설상 페이스북 회원들이 해당 정보를 일반인들과 공유할 목적으로 만들었다할지라도, 그것이 필수적으로 해당 정보가 다시 한데 모아져서 코딩, 분석되어 결과를 배포하는 것까지 동의했다는 것을 의미하는 것이 아니다. 일단 자료가 출판되고 나면, 그것이 집합된 형태로 제시된다할지라도, 누군가가 그 연구에 대상자로 참여한 사람들이 누군지를 알고자 한다면 확인하는 게 가능할 수도 있다(실제 하버드 대학의 연구 자료가 발표되자마자 다른 연구자들은 그 연구를 어느 대학, 어느 강의에서 실시했는지를 순식간에 알아냈다).

다시 말하지만, 인터넷의 등장으로 연구 윤리에 대한 전통적인 가정들의 재검토가 불가피한 상황을 맞이하고 있다.

작이나 기타 실험의 다른 요소들에 의해 야기될 수 있는 후속 효과를 제거해줄 수 있을 만큼 철저해야 한다. 대상자가 하는 질문에는 반드시 답변을 해줘야 하며, 실험이 지니는 잠재적인 가치를 강조해야 한다.

그렇다면 과연 매스미디어 연구자는 이러한 경위설명을 얼마나 제대로 수행하고 있는 것일까? 그린버그와 개라몬(1989)의 서베이 결과에 의하면 조사대상 연구자들 중 71%가 항상 대상자를 대상으로 경위설명을 하고 있으며, 19%는 가끔, 나머지 10%는 경위설명을 거의 하지 않거나 아예 하지 않는 것으로 나타났다. 경위설명이 윤리적인 필수 요건임에도 불구하고 아직 모든 연구자가 이를 실행에 옮기지는 않고 있는 셈이다.

미국심리학회의 2002년 지침은 속임수에 대해 다음과 같이 제시하고 있다.

a. 심리학자는 속임수의 사용이 해당 연구의 과학적, 교육적, 응용적 가치를 확보하는 데 유의할 것으로 판단되거나, 속임수 외에 효과적인 다른 절차가 불가능하여 속임수를 이용하지 않으면 안 된다는 판단이 이르지 않는 한 연구에 속임수를 동원해서는 안 된다.
b. 심리학자는 예상 참여자에게 해당 연구가 수행되면서 발생시킬 것으로 예상되는 육체적 고통이나 심한 감정적 스트레스에 대해 속여서는 안 된다.
c. 심리학자는 참여자에게 실험계획이나 절차, 참여의 결과에 대해 될 수 있는 한 자료수집이 끝나기 전, 즉 실험 초기에 속임수에 대해 솔직하게 설명해줘야 하며, 참여자가 원할 경우 본인의 자료를 수집된 자료에서 빼주어야 한다.

미국사회학회(American Sociological Association)도 이와 유사한 내용의 지침을 제시하고 있다.

- 사회학자는 ① 속임수의 사용이 연구 참여자에게 해롭지 않고, 연구의 과학적, 교육적, 응용적 가치가 클 것으로 예상되거나 속임수를 사용하지 않고서는 다른 효과적인 대안적 절차가 없다고 판단되지 않는다면, ② 연구대상자의 권리를 보호하기 위한 해당 윤리심의위원회의 승인을 얻지 못했다면 속임수를 사용해서는 안 된다.
- 사회학자는 연구 참여자의 참여의사에 영향을 줄 수 있는 요소인 육체적 위험, 불안, 불쾌한 경험 등에 대해 결코 속여서는 안 된다.
- 속임수가 연구설계와 절차 전반에 걸쳐 이루어진다면 사회학자는 연구가 끝나기 전에 참여자가 가질 수 있는 오해를 바로 잡아주어야 한다.

매스미디어 연구에서 얼마나 속임수 기법이 활용되고 있는지를 말해주는 자료는 없다. 그러나 다른 학문 분야와 관련된 정보는 종종 있다. 시에버(Sieber, 1995)는 최상위 심리학 저널에 23년 동안 게재된 논문을 분석한 결과, 1992년 게재된 논문의 47%가 속임수 기법을 이용한 데 반해, 1969년의 경우에는 66% 정도가 속임수 기법을 이용하고 있음을 발견했다. 최근 문헌조사에 의하면(Hertwig & Ortman, 2008) 사회 심리학의 모든 연구의 절반 정도가 속임수 기법을 사용하는 것으로 나타났다.

3) 사생활의 보호

참여자의 사생활(privacy) 보호 문제는 실험실 연구보다 현지관찰과 서베이 조사연구에서 더 자주 일어난다. 현지연구에서 관찰자는 공공장소에서 대상자(예: 공항 라운지에서 TV를 시청하고 있는 사람들)에 대한 사전지식 없이 이들을 대상으로 연구를 수행해야 할지도 모른다. 그 장소가 공공장소일수록 개인의 사생활에 대한 기대는 줄어들고 직면하는 윤리적 문제 또한 적어진다. 그러나 때론 공적인 상황에서도 윤리 문제가 발생한다. 가령 연구자가 누가 포르노 비디오를 빌려가는지를 관찰하기 위해 비디오 대여 가게가 보유하고 있는 정보를 검색하려 한다면 이는 윤리적으로 적합한 것인가? 어떤 뉴스가 회자되는지 알아보기 위해 사람들의 저녁식탁 대화를 도청하려 한다면? 이와 관련된 윤리적 문제를 요약하자면, 연구자는 자료수집에 필요한 최소한의 정도까지라도 사생활을 침해해서는 안 된다.

서베이 응답자는 연구과정에서 그들의 사생활이 보호될 수 있는지 없는지 그리고 누가 그들의 정보에 보게 될지에 대해 알 권리가 있다. 사생활을 보장하기 위한 방법에는 두 가지가 있다. 익명을 보장해주는 방법과 비밀을 보장해주는 방법이다. **익명**(anonymity)을 약속하는 것은 응답자가 어떤 특정한 응답과도 연관되지 않도록 보장해주는 것이다. 많은 경우 익명보장은 응답자로 하여금 정직하고 솔직한 답변을 하도록 하는 데 기여한다. 엄밀하게 말하자면, 개인 면접과 전화 면접은 면접 담당자가 연구대상 설문지를 해당 대상자나 가구 또는 전화번호와 연결시킬 수 있기 때문에 익명이 될 수가 없다. 이런 경우에 연구자는 **비밀**(confidentality)을 지키기로 약속을 해줘야만 한다. 다시 말해, 응답자가 누구인가를 알아낼 수 있다고 해도 응답자가 제공한 정보는 결코 공개되지 않을 것이라는 점을 약속해 줘야 한다. 연구자가 '익명의(anonymous)'라는 용어를 '비밀의(confidential)'의 동의어인 것처럼 써서는 안 된다.

그 밖에도 응답자들에게 그들이 응답을 통해 제공하는 정보에 접근할 가능성이 있는 사람이 누구인지를 말해줘야만 한다. 비밀을 보장해줘야 하는 연구자의 책임이 자료가 분석되고 연구에 대한 결론이 도출됐다고 해서 바로 끝나는 것은 아니다. 연구가 끝난 후에도 적혀 있는 이름만으로 그 사람이 누구인지 알아낼 수 있는 설문지 뭉치를 공공장소에 보관해서는 안 되며, 또 알아볼 수 있는 표시가 남아 있는 한 다른 연구자들이 이를 보도록 허락해서도 안 된다.

미국심리학회의 지침 안에 사생활과 비밀에 관한 쟁점이 많이 포함되어 있지는 않다. 이는 굳이 자세한 안내 없이도 연구자가 대상자들의 인적사항이 들어 있는 자료를 공유할 계획이 있다면 곧 해당 대상자에게 알려줘야 함을 말해주는 것이다. 한편 미국사회학회의 지침에는 사생활 보호와 비밀 문제를 다음과 같이 좀 더 자세하게 다루고 있다.

- 사회학자는 연구 참여자 · 학생 · 고용인 · 고객 등이 보유한 비밀 권리를 보호하기 위한 정당한 예방책을 마련해야 한다.
- 연구 참여자 · 학생 · 고용인 · 고객 등이 제공하는 정보가 설령 법적으로 보호받을 특권을 지니지 않았다고 하더라도 사회학자는 그에 준해서 취급해야 한다. 사회학자는 대상자들의 비밀스런 정보를 보호해야 하며, 해당 정보가 연구 참여자의 명예를 훼손하는 데 이용되지 않도록 해야 할 의무가 있다.
- 사회학자도 예기치 않게 연구 참여자 · 학생 · 고용인 · 고객 등의 건강상태나 생명과 관련된 정보를 알게 될 수 있다. 이 경우에 사회학자는 비밀보장의 중요성과 윤리 규범, 수행 기준, 적용될 수 있는 법 등 다른 원칙을 통해 이를 균형 있게 검토해야 한다.
- 비밀보장이 공공장소에서의 관찰이나 공적인 행동 혹은 사생활 보호 규칙이 적용되지 않는 다른 상황까지 확대 적용되는 것은 아니다. 공적 기록을 통해 얻을 수 있는 정보인 경우에도 마찬가지다.

06 연구 관련 미 연방정부의 규제

1971년 미국 보건교육복지부(Dep. of Health, Education, and Welfare: HEW)에서는 연구 참여자로부터 사전동의를 얻어내는 규칙과 절차를 모두 문서화했다. 나아가 연구대상자, 즉 대상자의 인간적 권리를 보호하기 위한 **윤리심의위원회**(institutional review board: IRB) 체계를 마련했다. 흔히 "일반 규칙"으로 칭하는 이러한 규칙은 인간 보호를 위한 연방법상 연방 규정 코드의 Title 45 Part 46으로 문서화되었다. 일반규칙은 "지식의 일반화에 기여하거나 개발하기 위해 계획되고, 검증하고 평가하는, 연구 개발을 포함한 체계적인 조사"로서 연구를 정의하고 있다. 또한 정부차원에서 인권 보호를 위해 IRB를 설립한다. 2010년에는 의과대학, 일반대학, 병원, 기관 등에 800개 이상의 윤리심의위원회가 구성되었다.

IRB는 대부분 사회과학자들에게 지속적으로 자극이 되었으며, 일부 겉보기에 의심스러워 보이는 IRB 결정도 공개되었다. 예를 들어 문자 이전의 사회를 연구하는 연구자에게 IRB는 응답자들을 면접하기 전에 동의서를 읽고 서명하도록 요청하였다. 또 IRB는 에세이를 읽은 학생들이 스트레스를 받을 수 있기 때문에 학생 개인의 폭력성을 가중할 것으로 간주하고 영어 교수의 에세이를 차단하려고 했다(미국 대학 교수협의회, 2006, 인간 대상 연구: 학문의 자유와 IRBs, 추가 사례는 www.aaup.org/AAUP/comm/rep/A/humansubs.htm에서 볼 수 있다). 특히 질적 연구자들은 IRB의 승인을 받게 하는 것을 곤혹스러워 했다. 그들은 질적 연구의 목표는 일반화가 아니기 때문에 질적 연구를 일반 규칙 적용 대상으로 삼으면 안 된다고 주장한다(질적 연구에 대한 자세한 정보는 5장을 참고하기 바란다).

대부분의 대학에서는 윤리심의위원회 설치가 아예 제도화됐다. 이 위원회는 정기적인 모임을 갖고 연구대상자나 응답자를 포함하여 연구계획서가 갖춰야 할 내용을 표준화했다. 윤리심의위원회가 어떻게 기능하는지에 대해서는 www.nova.edu/irb/를 참조해보자.

1981년 미국 보건복지부(Dep. of Health and Human Service: HHS, HEW의 후속)에서는 사회과학 연구 관련 규제를 완화하기도 했다. 미국 보건복지부의 연구대상자 보호담당 정책부서에서는 현존하는 공적인 자료를 이용하는 연구들에 대해 검토했다. 여기에는 새로운 교수기법을 교육현장에서 적용하는 연구, 익명의 교육시험을 사용하는 것을 포함하는 연구, 공공장소에서 시행되는 서베이, 면접 연구, 관찰 연구 등이 해당한다. 이들 연구에서 연구대상자는 드러나지 않고 민감한 정보도 수집되지 않는다.

연구대상자 보호담당 정책부서에서는 연구자들에게 자신의 연구가 IRB의 승인을 필요로 하는지 여부를 결정할 수 있는 의사결정 차트를 만들어 도움을 주고 있다. 그 11개 차트에서는 다음의 쟁점과 관련된 문항에 대한 답이 나온다.

- 연구가 IRB에 의해 검토받아야 하는 활동인지 여부
- 리뷰가 신속하게 이루어지는지 여부
- 사전동의나 포기 문서를 작성했는지 여부

관련 차트는 www.hhs.gov/ohrp/policy/checklists/decisioncharts.html에서 찾아볼 수 있다.

비록 연구대상자에게 미치는 해악의 위험이 미미하고 연구정황 외에 필요한 서면동의 절차가 없다면 사인이 필요한 서면동의 형식은 불필요한 것으로 간주된다. 이는 곧 면접상황에서는 서면동의 형식은 더 이상 필요하지 않다는 것을 의미한다. 왜냐하면 보통 사람들이 질문을 받기 전 그런 동의서를 항상 찾지는 않기 때문이다. 이런 새로운 지침에 따라 대부분의 비실험적 사회과학 연구가 연방정부의 규제대상에서 제외됐음에도 불구하고 몇몇 윤리심의위원회에서는 사람을 연구대상자로 삼는 연구인 경우 예외 없이 연구계획서를 여전히 심사하고 있으며, 예전의 보건복지교육국(HEW) 기준을 따르는 윤리심의위원회도 있다. 실제로 몇몇 윤리심의위원회 규제는 정부 지침보다 더 엄격하다. 이 경우 연구자는 윤리심의위원회의 절차를 충족시키기 위한 연구스케줄을 마련하는 데 좀 더 많은 시간을 투자해야만 한다.

매스커뮤니케이션 연구자들이 인터넷 및 소셜네트워크 상의 포르노그래피나 테러리즘의 보도 경향 등에 대한 편파적 발언 등 민감한 주제를 연구하려 한다면, 이들 연구에 대한 IRB의 심사 또한 강화될 것이다. 이러한 상황의 전개는 학문 사회 내에서 더러 논쟁을 불러일으키기도 하며, 특히 윤리심의위원회의 검토가 수정 헌법 제1조를 위반할 가능성이 있다고 보는 저널리스트들도 있다.

미국 보건복지부의 인간 대상 연구 보호담당 부서가 제시한 윤리 지침의 온라인판은 www.hhs.gov/ohrp/humansubjects/guidance/45cfr46.htm.을 참조하기 바란다.

2011년 7월, 미국 보건복지부는 제정 이래 처음으로 일반 규칙의 개정을 제안하였다. 수정된 규칙을 제안하면서, 미국 보건복지부는 인간 대상 연구와 관련된 현재의 규정이 수년 동안의 사회 및 행동 과학 연구의 변화를 포함하여 많은 발전상을 포함하고 있지 않음을 지적했다. 개정안은 많은 의료 및 생물과학을 다루고 있지만, 어느 한 개정안에서는 "교육적 검증, 서베이, 면접과 유사한 절차"를 사용한 연구는 그 연구를 유능한 성인들이 한다는 조건에서라면 IRB 검토 대상에서 면제될 수 있다고 시사한다. 또한 미국 보건복지부는 IRB 검토 면제 대상이 될 수 있는 기타 사회 및 행동과학 방법 영역 규명에 도움이 되는 의견을 연구자들에게 요청했다.

1) 자료분석과 연구보고의 윤리

연구자는 자료를 분석하고 보고하는 데도 전문적 수준의 윤리를 유지할 책임이 있다. 이 분야의 윤리적 지침은 다른 분야보다 논쟁 여지가 적고 좀 더 명확하다. 2000년, 미 과학기술혁신본부는 연구 부정행위를 조작, 위조, 표절 등 세 분야로 정의했다. 가장 명확한 규칙은 연구자가 자료를 함부로 손대거나 변경하지 않아야 할 도덕적, 윤리적인 의무가 있다는 것이다. 즉 설문지 응답과 실험적 관찰을 자의적으로 조작, 변경, 폐기해서는 안 된다. 마찬가지로 연구자는 결과에 영향을 미칠 수도 있는 불필요한 오류에 대비하기 위해 자료를 처리하는 과정에 세심한 주의를 기울여야 한다.

그 다음은 표절하지 않아야 한다는 점이다. 누구든지 원저자에 대한 합당한 인정 없이 이를 재생산해서는 안 된다. 해당 과제에 크게 기여한 개인들에 한해서만 저자로서의 인정이 주어진다. 이 말은 곧 연구에 별로 기여하지 않고서 저자로 편승하려 해서는 안 된다는 뜻이다. 물론 '의미 있는 기여'의 정의가 때론 모호하긴 하지만, 일반적으로 저자로서 명단에 올리려면 개념화와 분석 · 최종 결과물의 작성에 주도적인 역할을 담당해야만 한다.

또 다른 문제는 연구논문이나 보고서의 저자가 여러 명일 경우 그 순서를 어떻게 정하느냐를 놓고 종종 발생한다. 만약 2명 이상의 연구자가 관여한 연구일 경우 누구를 제1저자로 삼을 것인가? 이상적으로는 관련된 연구자들이 과제 초기에 그 순서를 결정하지만 작업을 하면서 기여도에 변화가 생길 경우 다시 논의해야 한다. 보통은 연구에 가장 큰 기여를 한 사람이 제1저자가 된다. 그러나 대학교수가 학생들과 연구를 할 경우 특별한 문제가 발생하기도 한다(이 주제는 이 장 후반부에서 논의할 것이다).

연구자는 결과의 해석에 영향을 미칠 수 있는 어떤 정보도 결코 은폐해서는 안 된다. 예를 들어 실험집단과 통제집단에 대한 실험이 2주일의 시차를 두고 실시됐다면, 이 사실을 보고해서 다른 연구자로 하여금 역사(history) 요인과 성숙(maturation) 요인이 실험 결과에 미치는 영향을 의식할 수 있도록 해줘야 한다. 방법에 대한 전반적이고 완벽한 설명, 특히 표준 절차에서 조금이라도 벗어난 것이 있으면 그 내용을 모두 연구 보고서에서 밝혀줘야 한다.

과학은 공적인 활동이기 때문에 연구자는 자신이 발견한 것과 연구에 사용한 방법을 다른 연구자와 공유해야 할 윤리적 의무가 있다. 연구에 이용한 설문지, 실험재료, 측정도구, 대상자에게 주는 설명 및 기타 관련된 모든 것들을 그것을 이용하고자 하는 사람이 있다면 누구든지 이용할 수 있게 해줘야 한다.

마지막으로 모든 연구자는 자신이 보유한 자료와 일치하는 자료를 가진 경우에는 누구라도 동일한 결론을 도출할 수 있도록 해야 할 윤리적 의무가 있다. 개인적 관점이나 자신이 찬성하는 이론에 맞게 만들기 위해, 또는 연구를 의뢰한 고객의 호의를 얻거나 유지하기 위해 결과에 대한 해석을 확대하거나 왜곡해서는 안 된다. 연구자는 또 본인이 확보한 자료에 대해 검증 이상의 의미나 신뢰도를 부여해서도 안 된다. 예를 들어, 대규모 표본에서 얻은 상관계수를 분석하여 $r=0.1$인 결과를 얻었다고 하자. 이 경우 통계적 유의도 결과를 보고하는 것은 당연하다. 그러나 연구자는 그 상관계수의 예측 활용도가 그리 크지 않다는 사실도 밝혀줘야 한다. 즉 상관값은 전체 변량의 단지 1%만을 설명해주고 있음도 언급해줘야 한다. 한마디로 연구자는 결과를 정직하게 보고해야 한다.

2) 게재과정의 윤리

학술지에 연구결과를 게재하는 것은 과학적인 탐구과정에서 중요한 부분을 차지한다. 과학은 공적인 활동이며 게재는 연구지식을 공유하는 데 가장 효과적인 방법이다. 그뿐 아니라 학계에서 성공은 얼마나 우수한 게재 기록을 갖고 있는가와 연결된다. 따라서 연구자로서 게재 절차와 관련해 지켜야 할 윤리적 지침이 있다. 대외적으로 게재할 목적으로 연구논문을 투고하는 연구자의 관점에서 볼 때, 첫 번째 윤리적 지침은 심사를 위해 연구논문을 보낼 때부터 적용된다. 연구자는 한 번에 한 학술지에만 투고해야 한다. 여러 곳에 동시에 논문을 투고하는 것은 비효과적이고 비경제적이기 때문이다. 논문을 학술지에 투고하면 평가를 위해 일상적으로 2명이나 3명의 심사위원들에게 해당 논문이 보내진다. 한꺼번에 여러 곳에 투고한다는 것은 여러 집단의 심사위원들이 연구가 갖는 동일한 문제점이나 제한들을 지적하기 위해 많은 시간을 투자해야 한다는 것을 의미한다.

이러한 노력의 중복은 불필요하며 심사대기 중인 다른 논문들의 기회를 늦추게 하는 것일 수도 있다. 이와 관련된 또 다른 윤리적 문제는 똑같은 자료를 바탕으로 하여 거의 같거나, 매우 유사한 논문을 게재하려는 것이다. 예컨대 한 연구자가 큰 조직 내의 커뮤니케이션 패턴에 관한 자료를 갖고 있다고 가정해보자. 연구자가 커뮤니케이션 학술지에 싣기 위해 그 자료 중에서 커뮤니케이션학 관련 부분을 강조하는 논문을 하나 쓰고, 두 번째 논문은 비즈니스 학술지에 싣기 위해 경영학적 측면을 강조하는 논문을 썼다고 하자. 이 경우 두 논문은 동일한 자료를 기반으로 하고 있으며 결과 또한 유사한 내용을 포함하기 마련이다. 그렇다면 이런 행위가 윤리적인가? 이에 대한 답은 쉽

자세히 보기 〉〉 윤리 위반의 결과

2009년 초, 미국 여론조사기관협회(American Association of Public Opinion Research: AAPOR)의 상임협의회(Executive Council)는 존스홉킨스 대학(Johns Hopkins)의 한 교수가 협회 윤리 정책을 위반했다고 비판했다. 당사자인 번함(Gilbert Burnham) 교수는 영국 의학 전문지 〈랜싯(Lancet)〉에 도전적인 연구결과를 발표했다. 그 연구에서는 미국의 이라크 침공으로 인해 발생한 이라크 민간인 사망자 수가 거의 65만 명에 달한다고 발표했는데 수치는 다른 추정치보다 몇 배 높은 것이었다.

AAPOR은 회원들 중 한 명이 번함 교수가 제시한 추정치의 정확성에 의문을 제기하자 해당 연구를 조사하기 시작했다. 8개월간의 조사 기간 동안 AAPOR은 번함 교수에게 연구에 이용한 방법론에 대한 설명을 요청했다. 그러나 번함 교수는 AAPOR이 요청한 정보 모두를 제공하는 것을 거부했다.

AAPOR은 비난 성명에서, 번함 교수의 협력 거부는 "과학의 근본 기준을 위반하고, 비판적 쟁점에 대한 공개적인 공중 토론을 심각하게 손상시키는 것이며 모든 서베이 및 여론조사의 공신력을 떨어뜨리는 행위"라고 말했다. AAPOR 성명에서는 번함 교수의 계산이나 방법론의 정확성에 대해서는 어떤 판단도 내리지 않았다. 비난은 단지 그가 자신의 연구 세부 사항 전반을 공개하길 거부했다는 점에 모아졌다.

존스홉킨스 대학 당국은 번함 교수와 그의 소속 학과가 AAPOR 회원이 아니라고 밝힘으로써 AAPOR의 비난에 대응했다. 그러면서도 번함의 연구방법에 대해 자체 조사를 수행하고 있는 중이라고 발표했다.

지 않다. 학술지의 편집인에 따라서 동일한 자료를 기반으로 여러 개의 논문을 쓰는 것을 찬성하지 않을 수도 있다. 그러나 편집인에 따라서는 학술지의 독자가 서로 겹치지만 않는다면 이런 투고방식도 괜찮다고 생각할 수도 있다. 여기에는 한쪽 원고가 다른 쪽 원고와 다르다고 간주되려면 어떻게 작성되어야 할 것인가와 같은 더 어려운 문제들이 포함된다. 캠벨(Campbell, 1987)은 그의 책에서 이 문제를 포함한 여러 복잡한 쟁점을 자세히 다루고 있다.

한편 학술지 편집인과 심사위원 또한 심사를 받기 위해 논문을 투고한 사람들에게 지켜야 할 도덕적 의무가 있다. 편집인과 심사위원은 평가에 걸리는 시간을 지나치게 길게 잡아서는 안 된다. 모든 투고자에게 신속하면서도 적절한 결정을 내려줘야 한다(대부분의 매스커뮤니케이션 학술지는 투고자에게 3개월 이내에 게재 여부를 알려주고 있다). 심사위원은 긍정적이고 도움이 되는 심사를 하려고 노력해야 한다. 심사대상 논문을 무조건 깎아내리려고만 해서는 안 된다. 더구나 심사위원으로서 본인이 선호하는 의견에 반한다고 해서 제출된 논문을 부당하게 평가해서는 안 된다. 모든 논문 투고자는 객관적이고 공정한 평가를 받을 권리가 있다. 또한 심사위원은 논문의 사소한 부분에 필요 이상의 억지를 부리거나 분별없는 수정을 요구해서도 안 된다. 심사위원은 투고자에게 일관된 비평을 해줘야 한다. 만약 심사위원이 원하는 대로 수정 보완했는데도 재평가에서 다시 원본처럼 수정을 원한다면 해당 논문의 저자는 좌절감을 크게 맛볼 것이다.

라이언과 마르틴슨(Ryan & Martinson, 1999)은 1990년대 중반 2개의 매스커뮤니케이션 저널에 실린 논문들의 저자 약 100명 정도를 서베이했다. 이들 저자, 즉 학자들이 언급한 가장 큰 세 가지 불만은 ① 적정한 시간에 심사에 대한 결정을 내리지 않는 편집인들, ② 심사위원의 지연을 비난하는 편집인들, ③ 해당 분야의 전문가가 아닌 심사위원들인 것으로 나타났다.

07 교수-학생 참여 연구의 윤리 문제

시프와 라이언(Schiff & Ryan, 1996)은 교수의 연구조사에 학부수업을 이용하는 경우, 지도 학생의 석 · 박사 학위논문에 기초한 논문의 공동저자를 요구하는 경우 등을 포함하여 대학 사회에 발생 가능한 여러 연구 윤리의 딜레마적 상황들을 제시했다. 첫번째 문제와 관련하여 이들은 최근 학위논문 심사에 참여한 경험이 있는 138명의 교수들 중 36%가 논문용 자료수집에 수업을 이용하는 것은 비윤리적이라고 보고 있으며, 65%는 학부수업을 듣는 학생들을 논문 쓰는 데 참여하도록 요구하는 것은 비윤리적이라고 보는 것으로 나타났다(주목해야 할 점은 시프와 라이언이 검토한 것은 교수들이 수행한 연구 프로젝트가 아니라 학생들이 학위논문 혹은 졸업논문을 쓸 때 학부생을 이용하는 행위가 윤리적인가라는 점이다. 그러나 아마 앞의 경우에도 응답률은 비슷할 것이다).

시프와 라이언은 학위논문을 근거로 한 연구논문의 저작권에 대해서도 동일한 윤리적 규범이 적용되고 있음을 발견했다. 응답자의 약 86%가 학생에게 지도교수가 학위논문에 기반을 둔 논문의 공저자로 올려달라고 요구하는 것은 비윤리적이라고 진술했다.

미국심리학회는 학위논문에 기반을 둔 논문의 공동저자에 대해 다음과 같이 안내하고 있다.

- 박사학위 지도교수는 제2저자로서만 대접을 받을 수 있다.
- 지도교수가 제2저자가 되려면 적어도 데이터베이스를 제공하거나, 변인들을 선정하거나, 해석하는 데 중요한 기여를 해야만 한다.
- 지도교수가 제시한 주제가 연구설계 혹은 과제의 도구나 저술 단계 등과 관련하여

중요한 기능을 했다면 학생은 지도교수에게 예의상 제2저자를 제안할 수도 있다.

- 지도교수가 학생에게 논문을 쓰는 과정에서 재정적 지원, 편의시설 제공, 정기적인 비평을 해줬다고 해서 제2저자가 되려는 것은 부적절하다.

그러나 일부 연구자들은 학위논문이란 독창적이고 독립적인 작업으로 구성되어야 하는 것인데, 공동 저작이라고 하기에 충분할 만큼 지도교수가 관여하는 것은 너무 지나치게 관여하는 것일 수도 있다고 주장한다(Audi, 1990).

1) 연구 참여 학생의 권리

사회과학 연구에서 많은 자료는 대학생들로부터 나온다. 예를 들어 심리학에서는 70% 이상의 연구가 학생들을 조사에 활용한다(Korn, 1988). 사실, 사회과학 연구에 참여하지 않은(혹은 참여를 요구받지 않은) 인문과학 전공자는 거의 없다고 해도 과언이 아니다. 이 경우에도 윤리적 차원이 간과되어서는 안 된다. 콘(Korn, 1988)은 연구대상자로서 참여에 동의한 학생들을 위한 '권리장전'을 다음과 같이 제안하고 있다.

- 참여자들은 연구의 일반적인 목적이 무엇인지, 참여자로서 무엇을 해야 하는지 알아야 한다. 이외에도 연구에 참여하면서 알고자 하는 것이 있다면 책임자에게 모든 것을 물어봐야 한다.
- 참여자는 참여가 시작된 후일지라도 본인이 원하면 언제든지 그만둘 수 있는 권리가 있다.
- 참여자는 참여로 인해 드는 비용이나 위험을 능가하는 보상을 받아야 한다. 교육적인 보상을 얻기 위해 참여자는 질문할 권리와 분명하고 정직한 대답을 들을 권리가 있다. 만약 약속한 대가를 받지 못할 경우, 본인이 제공한 자료를 연구에서 제외시킬 수 있는 권리가 있다.
- 참여자는 본인이 해당 권리를 포기하는 데 동의하지 않는 한, 연구에 참여하는 동안 행하거나 말한 어떤 것에 대해서도 비밀과 익명을 보장 받을 권리가 있다.
- 참여자는 어떠한 연구라도 참여를 거부할 권리를 갖고 있으며 연구에 임하도록 강요받아서도 안 된다. 참여를 통한 연구과정 공부가 그 강의의 필수적인 요구사항이라면 참여에 대한 동등한 대안이 주어져야만 한다.
- 참여자는 본인이 연구과정에서 속임을 당했다면 왜 그 속임수가 연구에 필요했는지에 대해 알 권리가 있다. 만약 속임수가 불합리한 것이라면 참여자는 본인이 제

공한 자료를 철회시킬 수 있는 권리가 있다.

- 앞서 언급한 이러한 권리들을 침해당했거나 참여자로서 해당 연구에 대해 이의신청이 있다면 대학의 해당 업무 담당자에게 이를 알릴 권리와 책임이 있다.

2) 전문적인 윤리 강령

매스미디어 연구 분야를 포함한 모든 전문 협회는 아직까지 공식화된 윤리 강령을 개발하지 않고 있다. 2008년, 저널리즘 및 매스컴 교육학회(Association for Education in Journalism and Mass Communication: AEJMC)는 책임, 성실, 진실, 정의 등 네 가지 핵심 가치를 중심으로 연구 윤리 분야를 포함하는 윤리 강령을 승인하였다. AEJMC 윤리 강령은 다음과 같다.

- 절대 표절하지 말고 다른 연구에 대한 출처를 밝힐 것
- 연구대상자에게 연구에 대한 상황을 알릴 것
- 후원 또는 특정 기관의 이해 관계와 일치시키기 위한 연구결과를 생산하기 위해 자료를 조작하거나 외부 후원사와 특정 기관에 부합한 결과를 위해 자료를 은폐하거나 숨기지 말 것
- 연구 참여자를 보호하고 존중하며, 공정하고 정직하게 다루어야 하며, 참가자들의 동의를 구하고 강제로 참여하지 않도록 할 것

08 온라인 연구와 윤리

이미 많은 연구가 온라인을 통해 수행되고 있지만 이와 관련하여 윤리적 문제가 제기된 경우는 그리 많지 않다. 그러나 연구자라면 질적 연구이든 양적 연구이든 간에 인터넷을 활용하여 연구하려는 시도가 온라인 연구에 대한 일반적인 윤리 원칙을 제도화하려는 노력을 앞서가고 있다는 사실을 잘 알아야 할 것이다. 그 과정에서 나타나는 문제는 온라인 안에는 현존 윤리 지침으로서는 직접적으로 다룰 수 없는 광범위한 영역이 포함되어 있다는 점이다. 이를테면 웹사이트, 이메일, 채팅룸, 인스턴트 메시지 및 페이스북과 트위터 등과 같은 소셜미디어 사이트가 그 영역에 속한다. 따라서 이후의 권고도 연구자가 온라인 연구를 수행하면서 직면하게 될 쟁점을 일반적 수준에서 안내하는 정도에 그칠 수밖에 없다.

먼저, 온라인 연구는 2개의 유형으로 구분할 수 있다. 하나는 **수동적 분석**(passive analysis)

으로, 연구자가 웹사이트나 채팅룸 · 메시지 보드 · 블로그 등의 내용을 분석하는 것이다. 이런 연구에서 연구자는 자신을 참여자에게 알릴 수도 있고, 알리지 않을 수도 있다. 많은 질적 연구와 일부 양적 내용분석이 여기에 해당한다. 관련된 연구의 예로는 특정 TV 프로그램의 웹사이트에 보내진 메시지나 블로그를 대상으로 내용분석을 실시하는 것이 있다.

여기서 윤리적 문제는 연구자가 온라인 자료의 내용을 분석하고 인용할 필요가 있을 때 발생할 수 있다. 해당 사이트가 CNN.com처럼 일반 대중을 대상으로 하는 사이트라면 동의 없이도 연구자가 자유롭게 자료를 분석하고 인용할 수 있다. 마치 신문이나 텔레비전 뉴스 내용을 분석하는 것과 유사하다. 이러한 상황은 신문이나 TV의 뉴스 프로그램의 내용을 분석하는 것과 유사하다. 일례로 그리어와 퍼거슨(Greer & Ferguson, 2011)은 488개의 지역 TV방송국의 **트위터**(Twitter) 게시물 내용분석을 실시하였다.

좀 더 구체적인 사례를 살펴보자. 건강 관련 온라인 포럼에 포스트된 내용을 어떻게 분석할 것인가? 정신 건강 문제와 관련된 어떤 포럼에 대해 연구자가 이 포럼 참가자의 동의 없이 내용을 인용, 발표한다면 그 행위는 윤리적인가? 이 경우 연구자는 다음과 같은 점들을 검토해봐야 한다.

① 그 포럼이 모두에게 공개적인지, 즉 공적인지 사적인지 여부
② 그 사이트에 들어가려면 등록을 해야 하거나 비밀번호가 필요한지 여부
③ 해당 사이트가 내용의 무단인용을 금지하는 정책을 채택하고 있는지 여부
④ 포럼 참여자들이 그들이 게시한 내용에 대해 사생활을 보호받기를 원하는지 여부

이 사례에서 앞의 세 가지 질문에 대한 답은 명확하다 포럼은 모두에게 공개되어 있고, 등록 정보나 비밀번호를 요구하지도 않으며, 내용을 분석하고자 하는 연구자를 대상으로 공표된 정책을 갖고 있지 않다. 그러나 네 번째 질문에 대한 답은 확실치 않다.

사이트에 따라서는 본인이 올린 내용에 일반사람들이 코멘트하는 것을 원하지 않는 회원들을 위한 옵션, 즉 암호화를 채택하는 경우도 있기 때문이다. 이보다 더 복잡한 경우가 발생할 수 있다. 만약 어떤 사이트에서 이용자에게 접속을 위한 암호나 지침을 지켜줄 것을 요구한다면 그것은 곧 회원으로서 사생활을 보장받기 원한다는 뜻이므로, 이 경우 연구자는 참가자의 동의를 구해야만 한다. 그리고 연구자는 "연구목적으로 당신의 코멘트를 기록으로 남겨도 좋겠습니까?"라는 메시지를 해당 사이트에 올리기만 하면 곧 상대방으로부터 호의적인 반응을 이끌어낼 수 있을 것이라고 판단해서는 안 된다. 사실

많은 경우 라이브 채팅룸에서 연구자가 그런 요구를 하면 곧 내쫓기는 신세가 된다. 나아가 허락을 받는다 하더라도 연구자는 그룹으로부터 코멘트를 받아 기록으로 남기는 행위가 참여자에게 어떤 위험을 가져다줄지를 고려할 필요가 있다.

마지막으로 참여자의 신원을 의도적으로 위장하는 문제다. 인용 대상 그룹이나 포럼의 이름을 대면 참여한 개인들의 면면이 드러날지도 모른다. 나아가 연구자가 긴 인용문을 그대로 발표한다면 검색엔진을 통해 그것을 작성한 사람의 출처를 밝혀낼 가능성도 있다. 참여자에게 비밀을 약속한 연구자는 다음의 보호조항을 준수해야만 한다.

- 그룹의 이름을 붙이지 않을 것
- 긴 인용문은 의역할 것
- 일부 정보를 숨길 것(기관명이나 조직명 등)
- 개별 참여자에게 해를 끼칠 수 있는 세부사항은 생략할 것

트위터, 페이스북(Facebook), 링크드인(Linked-in)과 같은 소셜미디어 사이트에 대한 분석은 어떻게 할 수 있을까? 이에 적용할 수 있는 보편적 규칙은 없을 것이다. 한편 자신의 의견을 온라인 상으로 공개하기로 한 사람들의 트위터 스트림을 분석하고자 한다면 약간의 윤리적인 문제를 제기할 수도 있다. 이 상황에서 사생활에 대한 기대는 별로 없는 것 같으니 사전동의를 얻는 것도 불필요할 것이다. 그러나 페이스북의 경우는 덜 명확하다. 페이스북은 친구로 분류되는 사람들이 몇 가지 기본 정보를 통해 접근 가능하도록 하는 개인정보 보호 설정을 사용할 수 있다. 가령 어떤 사람의 이름과 프로필 사진을 모두에게 공개할 수도 있고 상태 업데이트는 친구보기로만 설정할 수도 있다. 수많은 페이스북 사이트를 표집하고 남녀 계정의 비율을 계산하는 데도 몇 가지 윤리적 문제가 발생할 수 있다. 그러나 2011년 말 페이스북의 개인정보 보호 취급방침에는 페이스북 이용자 페이지의 어떤 자료를 이용하는 데 동의를 구해야 한다고 명시하고 있다. 그러므로 정치적 메시지의 유형을 분석할 경우 개인에게 사전동의를 구해야만 한다. 그러나 분석단위를 페이스북 페이지가 아닌 개별 메시지를 이용하여 분석한다면 동의가 필요하지 않을 수도 있다. 가령 알콜 소비와 관련된 사진을 포함하는 페이스북 페이지가 얼마나 많은지 분석하고자 한다면 이는 개인 자료를 포함하고 있지 않기 때문에 알콜 소비 사진 이용에 대한 동의를 받을 필요 없다. 이러한 경우, 일반적인 기준으로 모든 학술 연구자는 소셜 미디어 사이트로부터 자료를 얻어 연구에 착수하기 전에 대학의 연구윤리 지침을 참조해야만 한다. 페이스북으로부터 개인적인 자료를 사용하는

최근 연구에서 비공식적 내용분석은 모든 자료를 얻기 전에 사전동의를 얻었다. 메디자흐(Mehdizadeh, 2010), 버틀러와 동료들(Butler, McCann, & Thomas, 2011)의 연구를 참조하길 바란다.

온라인 연구의 두 번째 유형은 **능동적 연구**(active research)로서, 연구자가 온라인 서베이나 포커스그룹 혹은 실험 방법들을 이용하여 온라인을 통해 정보를 수집하려는 시도를 말한다. 여기서는 앞선 경우 보다 더 많은 윤리적 문제들이 제기된다.

첫째, 인간 대상 연구에 대한 미국 연방정부의 규칙에서는 연구자로 하여금 연구 참가자의 동의를 문서로 증명할 것을 요구하고 있다. 나아가 이 규칙에서는 꼭 참가자의 자필 사인을 확보하도록 요구하고 있다. 이런 일을 온라인에서 수행한다는 것은 불가능하다. 다행스럽게도 성인 대상의 위험성이 거의 없는 연구의 경우에는 이런 서류에 대한 요구가 보류된다. 이 경우 연구자는 동의서의 온라인판을 준비해서 응답자가 그 동의서를 읽고 동의할 경우 버튼만 누르게 해서 동의를 확보하면 된다. 다음은 그 사례들이다.

> 아래에서 적절한 선택을 클릭하시오. '예'를 클릭하면, 18세 이상으로서 이 연구에 참여자로서의 사전동의한다는 것을 나타냅니다.
>
> - 예, 동의합니다. 서베이에 참여하겠습니다.
> - 아니오, 참여하지 않겠습니다.
>
> 나는 이 과제에 자발적으로 참여하는 것을 동의합니다. 나는 언제라도 참여를 그만둘 수 있고, 참여과정에서 얻어진 어떤 정보라도 비밀로 남게 될 것이며, 오로지 연구목적을 위해서만 사용될 것임을 알고 있습니다. 또한 18세 이상이 확실합니다.
>
> - 동의합니다.
> - 계속하지 않겠습니다.

이러한 온라인 서베이는 surveygizmo.com, surveymonkey.com과 같은 일부 온라인 서베이 구축 사이트에서 연구자가 동의를 얻는 방법을 포함하는 페이지와 서베이를 만들 수 있는 옵션을 편리하게 이용할 수 있다. [그림 3-2]는 온라인 서베이에 대한 샘플 동의서 양식의 예이다.

상황에 따라서 참여자들이 참으로 동의서를 이해하고 있는지 연구자로서는 알기 어려운 경우가 있다. 따라서 일부 전문가들(Kraut et al., 2004)은 논리적 순서에 따라이 연구의 목적은 사람들이 텔레비전으로 제공되는 영화를 어떻게 감상하는지를 알아보기 위한 것입니다. 귀하는 이 대학에 등록된 조사참여인단 명부에서 무작위로 선정되었습니다.

이 조사에서는 특별히 귀하가 TV 영화를 얼마나 자주 시청하는지, 그 영화들을 어떻게 입수했는지 그리고 영화들을 시청할 때 이용하는 장치는 무엇인지에 대한 질문을 받게 됩니다. 이렇게 해서 얻어진 연구 결과는 젊은 세대의 미디어 행동에 대한 이해를 넓히는 데 기여할 것입니다. 조사 참여로 인한 위험이나 불편은 없을 것이며 완료까지는 약 10분이 소요될 것입니다.

이 프로젝트에 대한 귀하의 참여 여부는 자발적인 결정사항입니다. 참여를 원치 않으시면 하시지 않아도 되고 어느 문항이든 응답을 거절하셔도 됩니다. 웹기반 온라인 서베이를 시작하시더라도 언제든지 그만 두실 수 있습니다.

귀하의 응답은 자동적으로 스프레드시트에 수집되며, 귀하와 링크되지 않습니다. 모든 자료는 비밀번호로 보호되는 전자 포맷으로 저장될 것입니다. 귀하가 인터넷 서베이에 응답하시더라도 귀하의 IP 주소는 알려지지 않습니다. 아울러 조사 결과는 오직 학술적 목적으로만 쓰일 것입니다. 이 조사를 토대로 한 보고서나 출판물에서는 결과들이 단지 그룹화된 형태로 제시될 것이며, 조사에 참여한 귀하나 그 어떤 개인의 신분도 드러나지 않을 것입니다.

아래의 "시작" 버튼을 누르시면, 해당 정보를 읽고 이 조사에 참여하는 것을 동의하는 것으로 인정됩니다. 언제든지 아무런 불이익 없이 참여를 그만 두실 수 있습니다. 질문이 있으면 부담 없이 연락해주세요 [여기에 연락처 정보 제시].

[그림 3-2] 온라인 서베이용 동의서 양식의 예

동의서 내용을 구분하여 제시하고 참여자에게 각 부분의 "확인을 클릭하시오"라는 박스를 체크하도록 해서 참여자의 수용 여부를 확인할 것을 권유한다. 한편 연구 프로젝트 내에 참여자에게 위험이 될 요소가 포함되어 있거나 18세 이하인 사람도 참여가 가능한 경우에 참여자나 참여자 부모의 문서상 동의를 확보해야만 한다. 이 동의서는 우편이나 팩스로 연구자에게 다시 보내질 수 있어야 한다. 물론 응답자가 나이를 속일 수 있으며 어린이가 부모인 것처럼 가장할 수도 있다. 이런 문제의 발생을 방지하려면 대상자가 성인이어야만 가능한 정보(예: 신용카드번호)를 제시하도록 요구하는 방법이 있을 수 있다. 대상자에게 가져다줄 위험성이 큰 연구라면 오히려 전통적인 자료수집 방법을 고려하는 게 나을 것이다.

두 번째 문제는 경위설명의 어려움에 있다. 전통적인 실험실 상황에서 연구자는 연구대상자에게 실험이 끝난 후에 연구에 대한 전반적인 설명을 해주어야 한다. 게다가 속임수를 사용했다면 속임수에 대해, 그리고 왜 그것이 연구에 필요했는지 설명해주어야만 한다. 온라인에서는 그런 경위를 설명하는 페이지를 링크하는 것이 연구자가 할 수 있는 최선의 방법이지만 연구대상자가 그것을 제대로 읽거나 이해했는지에 대한 확

자세히 보기 〉〉 윤리와 방송 연구

몇 년 전, 저자는 라디오 방송국 경영자를 만난 적이 있었다. 그는 "아침 프로그램 진행자가 눈엣가시 같아서 해고하고 싶다. 내 의견을 뒷받침할 만한 전화 조사를 수행해달라"고 말했다. 당신은 그에게 무슨 말을 해주고 싶은가? 당신 같으면 그런 조사연구를 맡겠는가?

신이 없다. 또한 대상자들이 온라인상의 실험을 끝내기 전에 그만둔다면 어떻게 해야 하는가? 그들도 경위를 설명하는 페이지로 가게 해야 하는가?

해밀턴(Hamilton, 1999)이 지적했듯이, 기술적 수준에서 비밀보장의 문제는 더욱 복잡하다. 그 이유는 웹 대상 프로젝트는 연구자가 원하는 그 이상의 개인이나 조직으로 구성된 사이트들을 포함할 수 있기 때문이다. 자료에 접속하는 사람 모두가 비밀을 확보할 수 있는 방법이 확보되어야만 한다. 그 밖의 기술적 쟁점은 연구가 완료되거나 질문이 끝난 이후 자료를 수집하는 문제와 관련된다. 예컨대 응답자가 연구과정 중에 자신의 생각이 바뀌었다고 하자. 이때 과연 이 응답자는 자신의 이전 응답자료 모두를 지울 수 있는 방법을 알고 있을까?

상품권, 아이팟, 현금 등을 탈 수 있는 기회와 같은 인텐시브(intensives)는 연구 참여를 유도하는데 일반적으로 사용된다. 이것은 보상받을 사람들에게 연락을 위해 취하는 식별 도구를 사용해야 하기 때문에 온라인 연구자에게 또 다른 문제를 야기할 수 있다. 비밀을 보장하기 위해 바카르드와 윌리엄스(Barchard & Williams, 2008)는 연락처 정보와 같은 자료를 주요 연구에서 수집된 자료와 별개로 저장하여 보관할 것을 제안한다. 세컨라이프(Second Life)와 같은 가상 세계를 연구할 경우에도 윤리적 고려 대상이 된다. 각 사이트의 정책을 파악하고 그들의 의견을 보고하기 전에 참여자들의 허가를 얻기 위해 연구자 자신을 밝힐 필요가 있다.

해밀턴(1999)은 온라인 연구에 적용할 수 있는 윤리상의 지침을 다음과 같이 제안한다. 온라인 연구에서도 최소한 다음의 내용들은 제공해야 한다고 권한다.

- 연구자와 연락하는 방법
- 사전동의를 하는 방법
- 비밀 유지와 관련된 모든 위험 요인의 완전 공개
- 경위설명 페이지
- 참여자가 본인이 참여한 연구의 결과를 알고자 할 때 해당 정보를 얻을 수 있는 방법

요약

연구자라면 연구를 수행하면서 윤리적인 고려를 소홀히 해서는 안 된다. 연구의 대부분이 심리적이든 육체적이든, 즉 어떤 방식으로든 연구과정에서 대상자에게 영향을 미칠 수 있다. 그렇기 때문에 연구자는 인간을 대상으로 하는 연구일수록 대상자에게 어떤 잠재적 해도 발생하지 않도록 주의를 게을리 해서는 안 된다. 여기에는 연구를 면밀히 계획하는 것과 연구가 끝난 후 대상자에게 경위를 설명하는 것도 포함된다. 최근에 유행하고 있는 온라인 연구는 연구 윤리에 관해 특별한 문제들을 제기해주고 있다.

핵심용어

경위설명(debriefing)
공리주의(utilitarianism)
목적론(teleological theory)
비밀(confidentiality)
비유해성(nonmaleficence)
사전동의(informed consent)
상대론(relativistic theory)
상대주의(relativism)
선행(beneficence)
속임수(deception)
윤리(ethics)
윤리심의위원회(Institutional Review Board)
은폐(concealment)
의무론(deontological theory)
익명(anonymity)
자원 참여(voluntary participation)
자율성(autonomy)
정언 명령(categorical imperative)
정의(justice)

인터넷 활용하기

연구 윤리에 대한 논의와 자료는 인터넷에 많이 있다. 예를 들어, 다양한 윤리 이론들의 확장된 논의, "의무론적 이론", "목적론적 이론", "결과론적 이론" 등을 검색해보자.

또한 의학이나 인류학 등 다른 분야의 행동 강령을 검색해보자. 이러한 강령들에는 어떤 공통점이 있는가? 만약 당신의 연구가 비윤리적이라고 비난받는다면 어떻게 할 것인가?

(본인의 해당 대학을 포함하여) 다른 대학들의 IRB 정책을 찾아보자. 다른 곳들보다 엄격한가?

생각해볼 문제

1. 이 장 첫 번째 절에 나온 다섯 가지 사례들을 대상으로 윤리적으로 용인될 수 있는 연구를 수행하기 위한 대안적 방법들을 생각해보자.

2. 어떤 유형의 미디어 연구가 참여자, 즉 응답자에게 불공평하다고 생각하는가? 이 장에서 논의된 윤리 지침을 위반하고 있는 연구 유형에는 어떤 것들이 있다고 생각하는가?
3. 연구자가 실제로는 다른 목적을 갖고 있으면서 응답자 모집 단계에서 그렇지 않은 것처럼 인상을 주는 것은 잘못이라고 생각하는가? 이런 행동의 한계는 어디까지라고 보는가?
4. 온라인 연구에서 발생할 수 있는 윤리적 문제들로 어떤 것이 있는지 더 찾아보자. 예를 들어 해커가 야기할 수 있는 위험성은 무엇인가?

이에 대한 추가적인 정보는 www.wimmerdominick.com이나 www.cengagebrain.com에서 찾아보자.

참고문헌 및 권유문헌

AEJMC (2008). Proposed AEJMC Code of Ethics. *AEJMC Newsletter*, 41(4), 12–13.

Audi, R. (1990). The ethics of graduate teaching. In S. M. Cahn (Ed.), *Morality, responsibility and the university*, 119–133. Philadelphia, PA: Temple University Press.

Barchard, K., & Williams, J. (2008). Practical advice for conducting ethical online experiments and questionnaires for United States psychologists. *Behavior Research Methods*, 40(4), 1111–1128.

Beauchamp, T., Faden, R., Wallace, R. J., & Walters, L. (Eds.). (1982). *Ethical issues in social science research*. Baltimore, MD: Johns Hopkins University Press.

Bower, R., & deGasparis, P. (1978). *Ethics in social research*. New York, NY: Praeger.

Butler, E., McCann, E., & Thomas, J. (2011). Privacy setting awareness on Facebook and its effect on user-posted content. *Human Communication*, 14(1), 39–55.

Chew, F. (2000). Cut from the same cloth? Communications researcher ethics. *Journal of Mass Media Ethics*, 15(2), 115–127.

Christensen, L. (1988). Deception in psychological research. *Personality and Social Psychology Bulletin*, 14(4), 664–675.

Cook, S. (1976). Ethical issues in the conduct of research in social relations. In C. Sellitz, L. Wrightsman, & S. Cook (Eds.), *Research methods in social relations*. New York, NY: Holt, Rinehart &Winston.

Elmes, D. G., Kantowitz, B. H., & Roediger, H. L. (1995). *Research methods in psychology* (5th ed.). New York, NY: West Publishing.

Elms, A. (1982). Keeping deception honest. In T. Beauchamp, R. Faden, R. J. Wallace,&L. Walters (Eds.), *Ethical issues in social science research*, 239–242. Baltimore, MD: Johns Hopkins University Press.

Epstein, Y., Suedefeld, P., & Silverstein, S. (1973). The experimental contract. *American Psychologist*, 28, 212–221.

Fischer, C. (2011). A value-added role for reviewers in enhancing the quality of published research. *Journal of Scholarly Publishing*, 42(2), 226–237.

Frey, L. R., Botan, C., & Kreps, G. (2000). *Investigating communication: An introduction to research methods* (2nd ed.). Needham Heights, MA: Allyn & Bacon.

Greenberg, B. S., & Garramone, G. M. (1989). Ethical issues in mass communication research. In G. H. Stempel & B. H. Westley (Eds.), *Research methods in mass communication* (2nd ed.), 262–289. Englewood Cliffs, NJ: Prentice Hall.

Greer, C., & Ferguson, D. (2011). Using Twitter for promotion and branding. *Journal of Broadcasting & Electronic Media*, 55(2), 198–214.

Hamilton, J. (1999, December 3). The ethics of conducting social science research on the Internet. *Chronicle of Higher Education*, B6.

Hertwig, R., & Ortwig A. (2008). Deception in experiments: Revisiting the arguments in its defense. *Ethics and Behavior*, 18(1), 59–92.

Jamison, J., Karlan, D., & Schechter, L. (2008). To deceive or not to deceive. *Journal of Economic Organization & Behavior*, 68(3/4), 477–489.

Jones, J. H. (1981). *Bad blood: The Tuskegee syphilis experiment*. New York, NY: Free Press.

Kelman, H. (1967). Human use of human subjects: The problem of deception in social psychological experiments. *Psychological Bulletin*, 67, 111.

Kelman, H. (1982). Ethical issues in different social science methods. In T. Beauchamp, R. Faden, R. J. Wallace, & L. Walters (Eds.), *Ethical issues in social science research*, 40–98. Baltimore, MD: Johns Hopkins University Press.

Korn, J. H. (1988). Students' roles, rights, and responsibilities as research participants. *Teaching of Psychology*, 15(2), 74–78.

Kraut, R., Olson, J., Banaji, M., Bruckman, A., Cohen, J., & Couper, M. (2004). Psychological research online. *American Psychologist*, 59(2), 105–117.

Mann, T. (1994). Informed consent for psychological research. *Psychological Science*, 5(3), 140–143.

Mehdizadeh, S. (2010). Self-presentation 2.0: Narcissism and self-esteem on Facebook. CyberPsychology, *Behavior & Social Networking*, 13(4), 357–364.

Pascual-Leone, A., Singh, T., & Scorboria, A. (2010). Using deception ethically: Practical research guidelines for researchers and reviewers. *Canadian Psychology*, 51(4), 241–248.

Ryan, M., & Martinson, D. L. (1999). Perceived problems in evaluation of mass communication scholarship. *Journalism and Mass Communication Educator*, 54(1), 69–78.

Saslow, C. (1994). *Basic research methods*. New York, NY: McGraw-Hill.

Schiff, F., & Ryan, M. (1996). Ethical problems in advising theses and dissertations. *Journalism and Mass Communication Educator*, 51(1), 23–35.

Sieber, J. (1992). *Planning ethically responsible research*. Newbury Park, CA: Sage.

Sieber, J. (1995). Deception methods in psychology. *Ethics and Behavior*, 5(1), 67–85.

Sobal, J. (1984). The content of survey introductions and the provision of informed consent. *Public Opinion Quarterly*, 48(4), 788–793.

Strange, K. (2008). Authorship: Why not just toss a coin? *American Journal of Physiology—Cell Physiology*, 295(3), C567–C575

Stricker, L., & Messick, J. (1967). The true deceiver. *Psychological Bulletin*, 68, 1320.

Thomas, S. B., & Quinn, S. C. (1981). The Tuskegee syphilis study. *American Journal of Public Health*, 81(4), 1498–1505.

4장 표집

연구과 표본의 통계학은 밀접한 연관을 갖는다. 이 장에서는 매스미디어 연구에서 널리 사용되고 있는 표집(sampling), 즉 표본 추출 방법의 기초를 살펴보기로 한다. 표집 이론 자체가 별개의 학문 분야로 자리 잡아 가고 있을 정도라서 전국 대상 서베이와 같은 조사연구를 수행하려면 표집의 기술적 문제들에 대한 더 많은 논의가 요구된다.

01 모집단과 표본

과학적 연구가 추구하는 목적 중 하나는 모집단의 특성을 기술하는 것이다. **모집단**(population)이란 사람들이나 변인들 또는 개념이나 현상들의 집단 혹은 부류를 말한다. 어떤 경우에는 이런 집단이나 부류 전체를 연구함으로써 그 같은 목적을 성취하기도 한다. 예컨대 9월 10일부터 16일까지의 한 주일을 대상으로 주 시청 시간대의 TV 프로그램을 연구한다고 할 때 TV를 시청하는 사람 전부를 대상으로 연구를 실시할 수 있다. 이와 같이 모집단 전체를 연구대상으로 삼는 방식을 **전수조사**(census)라고 부른다.

그러나 많은 경우 시간과 자원의 제약 때문에 모집단 전체를 대상으로 조사연구하기란 불가능하다. 또한 모집단의 모든 구성원을 연구한다는 것은 통상 막대한 비용이

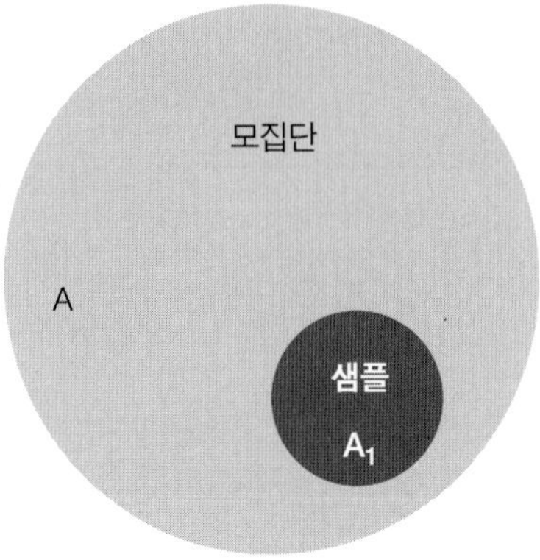

[그림 4-1] 표본 선정 과정

들고, 많은 사람들에 대한 측정은 측정의 질에 영향을 미치기 때문에 사실상 연구를 혼란에 빠뜨릴 가능성도 있다.

이런 경우에 대개 모집단으로부터 표본을 추출해서 연구하게 된다. **표본**(sample)이란 모집단을 대표하도록 선정된 모집단의 부분 집합이다. 이 개념 정의에서 핵심 단어는 대표성이다. 모집단을 대표하지 못하는 표본은 그 크기에 상관없이 연구목적을 검증하는데 적합하지 않다. 왜냐하면 그러한 표본을 대상으로 연구한 결과는 일반화될 수 없기 때문이다.

[그림 4-1]에 예시된 벤 다이어그램(Venn diagram)은 표집과정을 나타낸 것이다. 모집단은 2개의 원 중 큰 구형으로 나타나 있다. 센서스는 모집단(A)의 모든 요소를 검증하거나 측정하는 반면, 표본연구는 모집단의 한 부분집단(A1)을 검증하거나 측정하게 된다. [그림 4-1]에서는 표본이 모집단의 어느 한 부분에서만 선정된 것처럼 보일지만, 실제로는 모집단의 모든 부분에서 추출된다. 표본이 적절한 지침에 따라 선정되고 모집단을 대표한다고 가정하면 그 표본을 통해 얻어진 연구 결과는 모집단으로 일반화할 수 있다. 그렇지만 모든 표집방법에는 오차(error)가 내재되어 있기 때문에 결과를 조심스럽게 일반화해야 한다.

아무리 표집을 정확하게 했다고 하더라도 표본을 이용해 측정한 결과는 전체 모집단을 측정한 결과와 완전히 같을 수 없기 때문에 표집오차는 반드시 고려되어야 한다. 따라서 연구에서의 오차에 대해 자세히 살펴 볼 필요가 있다.

02 연구와 오차

모든 연구에는 마치 벌집처럼 오차가 가득하다. 행동과학에서 오차가 발생하는 대부분의 이유는 연구가 지속적으로 변화하는 인간 피험자/응답자들을 대상으로 하기 때문이다. 행동연구자들은 이를 잘 이해하고 있다. 따라서 연구자들은 연구의 어느 단계를 막론하고 오차란 존재할 수 있으며 조사연구에서 가능한 한 오차를 많이 제거하고 통제하고자 노력한다. 항상 존재하는 오차라는 개념은 1장에서 논의된 과학적 연구에 대한 주의 주장 전반의 실제적 토대가 된다.

여기서는 연구에서 발생하는 오차들의 주요 유형을 소개하고자 한다. 이를 기반으로 연구자들이 연구 프로젝트를 수행하는 과정 전반에 걸쳐 좀 더 많은 주의를 기울여 주길 기대한다.

모든 연구에서는 크게 두 가지 유형의 오차, 즉 (1) **표집오차**(모집단에서 표본을 선발한 것과 관련된 오류 (2) **비표집오차**(측정오차, 자료분석오차, 연구 상황 자체의 영향, 혹은 제거되거나 통제될 수 없고, 확인되거나 알 수 없는 정보원으로부터 발생하는 오차처럼 조사연구의 모든 측면에 의해 생성되는 오차)가 있다.

나아가 비표집오차의 한 형태인 측정오차는 두 가지 범주, 즉 **무작위 오차**(random error)와 **체계적 오차**(systematic error)로 나뉠 수 있다.

무작위 오차는 측정치 및 분석결과가 연구할 때마다 달라지는 문제와 연관된다. 이전 연구에서 보여준 특정한 경향성을 보인 연구결과가 이후 반복 연구 시 반대 경향성을 나타내 보이는 것이다. 무작위 오차는 기존에 알려지지 않았으면서도 예측할 수 없는 변수들이 원인이 되므로 실제적으로 그것을 탐지해내거나 교정하는 것이 불가능하다고 할 수 있다. 한편, 체계적 오차는 동일한 방향이나 맥락에서 틀린, 즉 타당하지 않

자세히 보기 〉〉 측정오차

측정오차가 발생하는 이유는 수없이 많다. 그러나 대부분의 측정오차에는 다음과 같은 문제가 포함되어 있다.

- 설문지 같은 측정도구가 부실하게 설계된 경우
- 틀린 질문을 응답자들에게 하거나 부정확한 질문을 하는 경우
- 자료수집 장비에 문제가 있는 경우
- 자료수집 인력이 비숙련자인 경우
- 다중 측정을 요구하는 데도 한 가지 유형의 측정방법만 활용한 경우
- 자료 입력에 오차가 있는 경우
- 자료분석에 잘못된 통계방법을 적용한 경우

은 결과를 지속적으로 산출해낸다. 무작위 오류와 달리, 연구자들은 체계적 오차의 원인을 확인하여 그 영향력을 제거할 수 있다.

분야를 막론하고, 미디어 연구 보고서나 연구에 대한 논의 안에는 "이 연구는 ...을 '증명했다"와 같은 진술이 흔히 포함되어 있다. 진실, 즉 진짜 점수, 측정치, 또는 관찰을 추구하는 것은 모든 연구의 목표이지만, "진리(truth)", 즉 "참 점수나 측정치, 또는 관찰"을 얻기란 매우 힘들다. 그래서 연구에서 얻어진 모든 점수, 측정치 및 관찰에는 어느 정도의 오차가 수반되기 마련이다. 따라서 종종 연구 결과는 다음과 같이 "증거"를 보여줄 수 있는 공식을 통해 제시된다.

관찰된 점수, 측정치, 관찰 = 참 점수, 참 측정치, 참 관찰

실제적으로, 모든 연구결과는 이러한 공식으로 보고하고 해석해야 한다.

관찰된 점수, 측정치, 관찰 = (참 점수, 참 측정치, 참 관찰) + 오차

표집오차의 전형적인 예는 1936년의 대통령선거 결과를 예측한 여론조사연구에서 찾을 수 있다. 당시 〈리터러리 다이제스트(Literary Digest)〉 지는 표본조사 결과를 토대로 랜던(Alfred E. Landon)이 루즈벨트(Franklin D. Roosevelt)를 누르고 대통령으로 선출되리라고 예측했다. 이 잡지는 백만 명 이상의 투표자를 표본으로 선정했지만 부유한 공화당 지지자들이 주로 표본에 포함되어 있었다.[역자주 1] 결과적으로 선거에서 투표할 수 있는 모집단을 적절하게 대표하지 못한 것이다. 이 조사를 수행한 연구자들은 표본을 선정하기에 앞서 모집단의 모수치(parameters), 즉 모집단의 구조적 특성들을 고려하지 못했던 것이다. 물론 루즈벨트는 1936년 재선되었고 그 잡지는 곧 폐간되었는데, 이는 우연의 일치만은 아닐 것이다.

역자주 1 1936년, 〈리터러리 다이제스트〉지는 대통령선거예측 여론조사로 큰 실수를 저질렀다. 전화번호부와 자동차 등록부에 있던 1천만 명에게 무기명 투표용지를 발송해 2백만 명 이상의 응답자를 표본으로 삼고 조사한 결과, 예상치 않게 도전자였던 공화당의 랜던(Alfred E. Landon) 후보가 루즈벨트(Franklin D. Roosevelt) 후보를 57%대 43%라는 압도적인 차이로 이긴다고 예측한 것이다. 이미 1932년 대통령 선거 때 결과를 정확히 예측케 해준 표본들의 명부에서 뽑아낸 이 표본에 어떻게 왜곡이 들어갈 수 있었을까? 그러나 그 사건의 이후 여러 사후 조사에서 밝혀진 바에 의하면 이 표본은 실제로 왜곡되어 있었다. 문제의 원인 중 하나는 여론조사에서 응답률이 22%라는 사실이었으며, 또 다른 하나는 표집방법에 있었다. 미국 역사상 최악의 경제 불황이 말기였던 1936년 당시에 전화나 자동차를 소유할 수 있을 만큼의 재력을 가진 사람들이란 투표자 전체를 대표하는 표본은 될 수 없었으며 이들은 경제적으로 부유한 층의 사람들로서 공화당 지지층에 가까웠다. 따라서 이 표본 결과는 랜던을 선출했지만 실제 유권자들은 이와 반대로 루즈벨트를 대통령으로 선출했던 것이다.

대통령 선거 관련 여론조사의 정확성은 지난 여러 번의 선거를 거치며 향상되었다. 다음은 2008년 오바마(Barack Obama, 민주당)와 맥케인(John McCain, 공화당) 후보를 대상으로 선거에 앞서 이루어진 주요 언론사와 전문 여론조사회사의 조사결과다.

출처	오바마 %	맥케인 %
실제 득표율	53	46
ABC	53	43
CNN	53	45
CBS 뉴스	51	39
Fox 뉴스	49	40
갤럽	45	38

이 표를 살펴보면 사실상 ABC와 CNN의 예측치는 적중했지만, 선도적인 여론전문조사회사인 갤럽(Gallup)은 약 4.0%의 오차 범위를 고려하면, 실제 투표결과를 잘 예측하지 못했다. 각 조사회사마다 특유의 조사 방법을 이용하므로, 모든 여론조사결과가 같으리라고 기대할 수는 없다. 그러나 2008년 여론조사들에서 나타난 차이는 아마도 두 정당의 선거 캠페인의 특성에서 기인한 것으로 보인다.

그러나 전반적으로 여론조사 결과는 선거결과를 예측하는데 매우 훌륭한 근거가 된다. 오차범위를 고려하면(약 4.0%), 위의 몇몇 여론조사는 2008년 대통령 선거 결과를 정확하게 예측했다고 볼 수 있다. 이 장의 후반부에서는 표집오차에 대해 더 자세하게 논의할 것이다.

03 표집절차의 유형

연구자들에게는 활용할 수 있는 표집방법이 다양하게 있다. 여기서는 공통적으로 자주 이용하는 몇몇 접근들을 강조하여 다루지만, 여기에서 논의하지 않는 접근들도 여럿 존재한다는 것을 유념하자. 이미 실시한 조사의 표집방법상의 문제를 잘 보완하고자 표집에 대한 추가정보를 구하는 연구자들에게는 그런 접근들이 중요하다.

우선 두 가지의 범주, 즉 확률 및 비확률표집의 범주를 중심으로 폭넓게 논의할 필요가 있다.

1) 확률표집과 비확률표집

확률표집(probability sampling)은 모집단을 구성하고 있는 각 단위가 표본으로 선택될 확률이 얼마나 된다는 것을 알 수 있는 수학적 지침을 이용한다. 이에 반해 비확률표집(non-probability sampling)은 수학적 확률의 지침을 따르지 않는다. 이 두 가지 유형의 표본을 구별하는 가장 중요한 특징은 확률표집은 연구에서 나타나는 표집오차를 연구자가 계산할 수 있는 데 반해 비확률표집에서는 그렇지 못하다는 데 있다.

연구자가 확률표본을 사용할 것인지, 비확률표본을 이용할 것인지는 다음과 같은 네 가지 사항을 고려하여 결정한다.

- 연구의 목적: 연구에 따라서 결과를 모집단으로 일반화하기 위해 설계되는 것이 아니라 변인 간의 관계를 알아보거나 질문지 작성이나 측정도구의 형성을 위한 탐색자료를 수집하려는 목적으로 실시되는 경우가 있다. 이 경우에는 비확률표본이 적합할 것이다.
- 비용 대 가치: 표본은 최소한의 투자로 최대한의 가치를 산출해야 한다. 만약 연구의 목적 또는 수집된 정보의 질이나 유형에 비해 확률표본의 비용이 너무 많이 든다면, 비확률표본이 좋은 대안이 될 것이다.
- 시간적 제약: 많은 경우 연구자들은 연구비를 지급한 기관이나 경영자, 혹은 출판일정 때문에 시간의 제약을 받으면서 기초 자료를 수집하게 된다. 확률표본은 비확률표본보다 더 많은 시간을 필요로 하기 때문에 시간에 쫓기는 경우에는 비확률표본을 선택함으로써 시간을 절약할 수 있다.
- 허용된 오차의 크기: 오차의 통제가 주요한 관심사가 되지 않는 예비연구나 사전검사에서는 보통 비확률표본이 적합하다.

비확률표본이 더 많은 장점을 갖는 경우도 있지만, 연구결과가 모집단에 일반화될 수 있으려면 확률표본을 사용하는 것이 가장 좋다. 중요한 가설이나 문제를 지지하거나 반박하기 위해 시행되는 연구에서는 확률표본을 이용해야만 한다.

확률표집은 각 단위가 선택될 수 있는 동등한 기회를 갖도록 하는 난수표와 같이 일반적으로 일련의 체계적인 추출 절차가 추가된다. 그러나 체계적인 선정을 했다고 해도 그것이 항상 모집단을 대표하는 표본이라고 장담할 수 없다. 학생들의 일주일 평균 텔레비전 시청 시간을 알아보기 위해 대학생들 중 50명을 무작위로 추출하는데 우연의 일치로 텔레비전을 소유하지 않은 50명의 학생들이 추출될 수도 있다. 그럴 일은 거의 없지만 일어날 수도 있다. 그렇기 때문에 연구를 반복해볼 필요성이 강조되는 것이기도 하다.

2) 연구 자원자

행동연구에서 자원 응답자/피험자 쟁점은 좀처럼 논의된 바 없다. 대부분 표집에 대한 논의는 확률 및 비확률표집, 표집방법, 표집오차 및 관련 용어들을 중심으로 이루어진다. 여기서는 행동연구에서 매우 중요한 요소인 조사연구의 자원자 문제를 다루고자 한다.

실제적으로 응답자나 피험자를 이용한 행동연구에서는 자원자들을 활용하기 마련이다. 행동 과학 연구자들은 단지 응답자나 피험자들을 조사 프로젝트에 참여하도록 초대(invite)할 뿐이다. 질문에 답하거나 어느 조사연구에 참여하라고 그들에게 강요할 수 없다(또한 조사 프로젝트가 결론 날 때까지 남아 있어 달라고 강요할 수도 없다). 그러나 그러한 응답자/피험자들이 어떤 방식으로 표본에 포함되느냐는 중요한 차이가 있다.

어떤 연구에서는 표본 참여를 원하는 사람에 대한 자격이나 제한(서베이 설계에서 **여과 질문**(screener questions)으로 알려짐)을 아예 두지 않는다. 이런 유형의 표본은 완전히 자기 선발적이면서 비확률적인 표본으로서, 이를 **부적격 자원자 표본**(unqualified volunteer sample)이라고 명명한다.

두 번째 경우는 확률표본이다. 확률을 이용하여 응답자들의 이름을 선택하고, 체계적으로 선발한다. 여기에 포함된 사람들은 연구에 필요한 연령 · 성별 · 미디어이용 등과 같은 질문에 대해 적어도 하나 이상은 통과할 수 있는 자격을 갖춘 사람들이다. 그러나 이러한 표본 유형에서는 연구 프로젝트에 응답자들을 강제로 참여시킬 수 없고 그들이 자발적으로 원해야 표본에 포함시킬 수 있다. 이들을 **적격 자원자 표본**(qualified volunteer sample)이라고 명명한다. 이 점은 행동연구에서 중요한 측면이므로 두 가지 접근 간의 차이를 잘 살펴보도록 하자.

(1) 부적격 자원자 표본

이 접근에서는 조사연구에 참여하는 응답자나 피험자들을 통제할 수 있는 방법이 해당 연구자들에게 없어, 사실상 아무나 참여할 수 있다. 응답자들은 스스로 선발된 사람들이다.

부적격 자원자 표본은 안타깝게도 지난 몇 년 사이 매스미디어 조사에서 흔히 볼

자세히 보기 〉〉 표집

표집은 모든 연구에서 중요한 부분을 차지하지만, 초보 연구자들의 경우 이를 잘못 이해하는 경우가 종종 있다. 이들이 흔히 하는 질문으로 "어떻게 500명의 사람이 전체 뉴욕(또는 어떤 다른 도시) 사람들의 의견과 태도를 대표할 수 있는가?"가 있다. 표집이 정확하게만 이루어지면 그 표본은 항상 모집단의 특성을 잘 대표한다는 점을 초보자들은 명심해야 한다.

어떤 표집절차든지 가장 중요한 점은 편견 없이 각 응답자들은 동등하게 선정될 수 있는 기회를 가져야 한다는 것이다. **표집설계**(응답자들을 선정하기 위해 이용하는 절차)는 편견으로부터 자유로워야만 한다.

수 있는 표본이 되어버렸다. 그 주된 이유는 숙련된 연구자들이나 연구경험이 없는 사람들 할 것 없이 자료수집 도구로 인터넷을 활용하는 사람들이 늘어났기 때문이다. 심지어 부적격 표본은 우연에 의한 것이고, 타당하지 않고 신뢰할 수 없는 결과를 산출할 수도 있지만 이런 표집절차는 매스미디어 조사에 흔히 쓰인다. 왜냐하면 비용이 거의 들지 않거나 아예 안 들어가기 때문이다. 미디어 경영자들 다수가 거기서 얻어진 연구결과들을 과학적으로 신뢰할 수 없다고 알면서도 무시한다. 돈을 아낄 수 있다는 점에 관심을 가지다보니 자료의 타당성 및 신뢰성에 대한 욕구가 흐려진 것이다. 가령 라디오나 TV 방송국은 어떤 특정 뉴스 아이템이나 방송국에서 일어난 해프닝에 대한 투표를 위해 방송국에 전화해달라고 수용자들을 초대한다("경기장 주변에 새 주차장 공간을 마련하려는 시장의 결정에 동의하는지 전화로 말해주세요"). 또 라디오 방송국에서는 자기네 방송에서 틀어준 노래, 아나운서나 DJ들, 또는 다른 방송국 프로그램을 평가하는 온라인 서베이에 참여해달라고 청취자들을 초대하기도 한다. 많은 신문사 및 잡지사들은 "최고의 …" 와 같은 제목의 기사를 만들어내기 위해 독자들에게 최고의 레스토랑, 최고의 영화관 등등에 관한 여론조사를 자주 실시한다. 그런 조사의 자료는 대부분 부적격 자원 응답자들로부터 나온다. 그리고 그 결과는 과학적으로 타당하고 믿을 수 있는 것처럼 구성되어 보고된다.

어느 연구 영역에서나 부적격 자원자표본 내 응답자/피험자들에 대해 우려한다. 그들은 적격 자원자 표본에서의 응답자/표본자들과 상당히 다르고 결과적으로 잘못된 연구결과를 도출할 수도 있기 때문이다.

오래 전에 로젠탈과 로스노우(Rosenthal & Rosnow, 1969)는 여러 연구결과를 토대로, 자원해서 연구에 응하는 사람과 그렇지 않은 사람들 간의 차이를 밝힌 바 있다. 자원해서 응하는 사람들은 교육 수준과 직업적 지위 및 지능 등이 높으며, 덜 권위주의적인 경향을 보인다. 그리고 그들은 더 사교적이고, '각성 추구적(arousal seeking)'이며, 관습에 덜 얽매인다. 또한 집에서 장남일 확률이 높다.

이상과 같은 특성들에 견주어 볼 때, 자원자들로 구성된 표본으로 연구하면 연구결과가 크게 왜곡될 가능성이 있으며 모집단의 다양한 특성들을 정확하게 평가하기 어렵다는 점을 알 수 있다.

어떤 연구자들은 부적격 및 적격 자원 응답자들 간 차이가 유의하지 않다고 말한다. 2005년 스탠포드 대학(Stanford Univ.)에서 수행한 연구결과, 아홉 가지 서로 다른 자료수집 벤더들(vendors) 간에 차이가 거의 없다는 것이 발견됐다고 그들은 주장한다. 그러나 문제는 해당 연구가 두 가지 유형의 자원자 집단 간 차이를 비교한 게 아니라, 표준 모집 방법(전화 등)을 이용한 확률표집 활용 업체와 인터넷을 통한 확률표집 활용 업체를 비교했다는 데 있다(Stanford Univ., 2005).

(2) 적격 자원자 표본

부적격 자원자 표본과 달리 적격 자원자 표본은 확률표집을 이용하여 선발하고, 해당 연구 프로젝트에 참여하도록 초대되는 사람들의 유형을 제한할 수 있도록 통제방법을 쓴다. 그 통제방법은 해당 연구에 포함되어서는 안 될 응답자들에게서 나온 가짜(spurious) 결과를 제거하는 데 유용하다.

가령 라디오 방송국 경영진들이 25~44세 연령의 남성들(라디오 방송국의 "목표대상(target)" 수용자)에게 도달하고자 하는 조사를 수행하길 원하면, 그 조사는 25~44세의 남성들에게만 실시해야 한다. 응답자들은 기존 명부에 있는 전화번호나 기타 연락처를 통해 무작위 연락을 받는다. 방송국 경영자, 혹은 그 연구를 수행하는 조사업체에서는 조사에 참여하는 응답자 유형을 통제하고, 타당하지 않은 자료들은 줄여간다.

나아가 대부분의 확률표집방법에는 프로젝트에 참여할 수 있는 적격자가 줄어든 경우(적격자 거절(qualified refusal)이라고 알려져 있음) 이를 처리할 수 있는 절차가 있다. 예를 들어 어떤 한 가구가 서베이에 응하지 않고 거절하면 대신 옆집에 가서 서베이를 요청하라고 면접원을 교육시킬 수도 있다. 다음 장에서 논의되는 추론통계도 확률표집을 가정하여 이루어진다.

결국 부적격 자원자 표본 및 적격 자원자 표본 간의 주요한 차이는 조사에 자발적으로 참여할 수 있는 기회가 주어진 사람들 대한 통제 여부와 관련 있다. 합법적인 과학적 행동연구는 오직 적격 자원자 표본으로만 수행된다.

결국 모든 조사연구 보고서에는 연구에 이용된 표집절차에 관한 설명이 완결성 있게 포함되어 있어야 하고, 동원된 응답자/피험자들이 부적격 표본인지 아님 적격표본인지를 알 수 있도록 제시되어 있어야 한다.

3) 비확률표집의 유형

이 장의 앞부분에서 언급했듯이, 네 가지 이유들 중 한 가지 때문에 매스미디어 연구자들은 자주 비확률표집을 사용한다. 특히 **가용표본**(available samples)이나 자원 참여자들을 표본으로 삼은 경우, 그리고 **유의표본**(purposive sample) 등이 매스미디어 연구에서 자주 사용되는 비확률표본의 유형이라고 하겠다. 쇼핑센터 면접은 비확률표집을 사용한다. 또한 **편의표본**(convenience sample)[역자주 2]으로 알려진 가용표본은 쉽게 연구에 동원할 수 있는 사람들, 예컨대 매스커뮤니케이션 개론과목을 수강하고 있는 학생들이나 쇼핑몰에서 쇼핑하고 있는 사람들을 표본으로 선정하는 방식을 말한다. 이와 같은 형태의 표본은 탐색적 정보를 수집하는 데 도움을 주고 어떤 경우에는 유용한 자료들을 얻는 데 보탬이 될 수도 있지만, 표본오차를 알 수 없다는 데 문제가 있다. 연구자들은 표본추출로 가용표본을 활용하기에 앞서 그 장 · 단점을 잘 생각해보아야 한다.

가용표본은 많은 연구 분야에서 열띤 논쟁의 대상이 되고 있다. 연구 결과에 상관없이 비판자들이 하는 주장은 가용표본이 모집단을 대표하지 않으므로 외적 타당도를 지니지 못한다는 것이다. 반대로 가용표본을 옹호하는 사람들은 만약 어떤 현상이나 속성, 혹은 특성 등이 실제로 존재한다면 그러한 것들은 어떤 표본에나 존재해야만 한다는 점을 강조한다.

많은 경우, 가용표본 활용은 연구 상황에 맞는 응답자들의 근접성에서 야기되는 편견 때문에 될 수 있는 한 피해야 한다. 그러나 설문지의 사전검사(pretesting)나 다른 예비적(예: 예비연구(pilot study)) 작업에는 가용표본이 유용할 수 있다. 본연구를 실시하기 전에 연구절차, 검증, 방법 등에 내재해 있을 잠재적 문제들을 제거하는 데도 도움이 된다.

비확률표집의 또 다른 유형은 앞에서 언급한 부적격 자원자 표본이다. 여기서는 응답자나 피험자가 어떤 수학적 지침을 따라 선정되는 것이 아니라 자발적으로 참여에 동의함으로써 선정된다. 비록 이와 같은 부적격 자원자 표본이 과학적 조사에는 부적

역자주 2 편의에 의해 선택된 표본이다. 예를 들어 20대 청년 100명을 대상으로 가두에서 여론조사를 할 때 특정 대학교의 도서관 앞에서만 실시한다면, 그 표본은 면접원의 편의에 의해 추출된 비과학적 표본이 될 것이다.

자세히 보기 〉〉 비확률표집

비확률표집방법의 한 예는 외관상 또는 편의상 주변에 있는 사람들이나 특정 요건을 갖추고 있는 사람들(예를 들면 연구과정 중에 자격을 갖추고 있는 것처럼 보이는 대상)을 아무렇게나 선정하는 것이다. 우연적 선정은 연구자의 주관성이 내포되고, 연구자는 항상 일정한 특성에 따라 선정하려 애쓰기 때문에 오차(**표집편견**, sampling bias)가 발생한다.

때로는 우연적 표본이 확률표본인 것처럼 보이게 하는 환상을 가져다주기도 하므로 신중하게 접근해야만 한다. 예를 들어, 쇼핑센터 안으로 걸어 들어가는 사람들 가운데서 열 사람마다 1명씩 면접을 할 경우 마치 그것이 확률표본 추출인 것과 같은 환상을 줄 수 있다. 그러나 모집단을 구성하고 있는 모든 사람들이 그 장소를 동등하게 걸어갈 기회를 가지는 것은 아니다. 그 때 다른 지역에서 거주할 수 있고, 또한 사람에 따라서는 집안에서 일할 수도 있기 때문에 그 같은 방법으로 표본을 선정하는 경우 확률표본이 될 수 없다.

일부 연구자나 조사대행업체, 현장서비스업체 등은 쇼핑센터 면접에서 이용하는 편의표본과 관련된 문제를 **대수의 법칙**(The Law of Large Numbers) 역자주 3이라는 절차를 통해 극복하고자 한다. 이 경우 연구자들은 기본적으로 몇백 명이 아니라 몇천 명의 응답자들을 면접한다. 그 기본가정은 응답자의 수가 많을수록 편의표집이 안고 있는 문제들이 해소될 것이라는 것이다.

그러나 그렇지가 않다. 대수적 접근방식을 이용하더라도 여전히 하나의 편의표본일 뿐 다음에서 논의할 무작위 표집이 이루어지는 것은 아니다. 또한 표본의 규모가 크다고 해서 연구에 적합한 응답자나 요소가 더 많이 포함된다는 것을 보장하지는 않는다. 규모가 큰 표본이라 할지라도 질적으로 보면 작은 표본보다 내용이 충실하지 않을 수도 있다. 표본을 크게 한다고 해서 저절로 좋은 표본이 되는 것은 아니다.

절함에도 불구하고, 미디어와 많은 웹사이트에서는 라디오 및 텔레비전 방송사·TV 네트워크·인터넷·신문 및 잡지 등에서 이루어지는 다양한 여론조사나 "연구들(studies)"을 통해 부적절하게 그 자원자들을 정당한 것처럼 만들어낸다. 미디어들은 거의 매일 지역적 혹은 국가적 관심사를 대상으로 한 시청자, 청취자, 또는 독자 대상 여론조사 결과들을 보도한다. 이를 보도하는 사람이 때때로 해당 조사가 과학적인 여론조사는 아니라고 얘기하기는 하지만 결과적으로는 그것들을 정당화시켜주게끔 제시된다. 해당 조사 결과가 과학적인 증거나 증명이 아니고 기껏해야 징표(indication)일 뿐이라는 점을 고려하면 이는 곧 시청자 및 독자를 기만하는 것에 다름 아니다.

요약하면, 부적격 자원자 표본을 이용한 조사연구는 그 연구에 참여한 사람들이 과연 누구인지를 알 방법이 없기 때문에 소위 나쁜 과학에 해당한다. 어떤 연구이든지 부적격 자원자 표본을 통해 연구가 이루어졌다면 그 결과는 의문의 여지가 아주 많은 것

역자주 3 표본이 클수록 결과가 점점 예측된 확률에 가까워진다는 통계학의 한 정리이다.

자세히 보기 〉〉 비윤리적 행동과 부적격 자원자 표본

부적격 자원자 표본을 둘러싼 비윤리적 행동은 매스미디어 연구, 특히 라디오 연구에서 이미 널리 알려져 있다. 어떻게 그런 일이 발생하는 것일까? 보통 어느 방송사가 청취자들에게 자사의 웹사이트에 방문하여 조사에 참여하기를 요청할 경우, 경쟁 방송사 직원은 그 방송국이 자사 및 자사 프로그램에 대하여 잘못된 결정을 하게 만들려고 그 방송국 웹사이트에 등록해 가짜 대답을 한다. 비윤리적이지만, 그 프로젝트에 참여하거나 서베이에 답한 응답자들을 확인할 방법이 없으므로 이런 일이 자주 발생한다. 미디어 경영자들은 이런 행위가 비윤리적이며, 인터넷을 통하여 매스미디어가 실시하는 연구 대부분이 그런 나쁜 과학(bad science)에 해당한다는 말을 자주 듣는다. 하지만 인터넷 자료를 모으는 데 들어가는 비용은 적거나 전혀 들지 않기 때문에 경영자 대부분은 이러한 경고를 묵살한다. 미국 매스미디어 조사연구의 실상이 대부분 그렇다는 것이다. 이런 현상은 미디어 경영자들이 부적격 자원자 표본을 대상으로 하는 인터넷 자료수집 문제에 대한 연구자들의 경고를 받아들이기 전까지는 계속될 것으로 보인다.

으로 간주되어야 한다.

또 다른 비확률표본은 **유의표본**이다. 구체적인 특성이나 자질을 근거로 선정된 표본이므로, 이러한 기준을 충족하지 못하는 사람들은 표집 대상에서 제외된다. 유의표본은 광고연구에서 자주 사용되고 있다. 즉 연구자는 특정한 상품을 사용하는 사람들을 표본으로 선정하고 그 상품과 새로운 제품을 비교해보도록 한다. 유의표본은 모집단 전체를 대표하도록 표본을 추출하는 것이 아니라 모집단의 특정한 부분을 대표할 수 있도록 표본을 선정하게 된다. 이와 유사한 방법인 **할당표본**(quota sample)은 사전에 이미 결정되어 있거나 알고 있는 비율에 따라서 표본을 추출하는 것이다. 예컨대 DVD 소유자와 비소유자 간의 TV 이용의 차이를 알아내는 데 관심이 있는 연구자가 있다고 하자. 그리고 전체 TV 수상기 소유자 가운데 40%가 DVD를 소유하고 있으며 그들이 누군가인가를 알고 있다고 하자. 이런 경우 연구자가 선정한 표본은 DVD 소유자 40%와 비소유자 60%로 구성될 것이다.

마지막으로 소개하는 비확률표집방법은 **눈덩이 표집**(snowball sampling)이라고 알려진 방법이다('눈덩이 표집'이라는 용어는 학술 연구에서 자주 쓰며 미디어 업계 연구 영역에서는 이 접근이 의뢰(referral)로 알려져 있다). 뭐라고 칭하든지 간에 표본추출 방법은 같다. 연구자(혹은 조사대행업체나 현장서비스업체)는 무작위로 몇몇 적절한 응답자들과 접촉한 후 그들로부터 연구에 적합한 친구, 관계자 또는 지인들을 소개받는다. 소개받은 사람들이 연구에 적합하다고 생각되면 그들과 접촉해서 표본으로 포함시켜가는 절차를 밟는다. 이러한 표집절차가 나름 합리적인 것 같아 보이지만, 표본이 완전히 한쪽으로 치우칠지도 모르기 때문에, 좋은 연구를 위한 표집절차로는 추천할만하지 않다. 연구자는 연구를 시작하고 나서 한참 후에 가서야 본인 연구의 대상이 특정 클럽이나 조직, 또는 집단에 소속된 응답자들로만 구성된 표본임을 발견하게 될지도 모른다.

4) 확률표집의 유형

확률표집의 가장 기본적인 형태는 **단순 무작위 표본**(simple random sample)이다. 무작위 표집에서는 모집단을 구성하고 있는 모든 실체나 단위가 표본으로 뽑힐 확률이 같다. 무작위 표집에는 표집된 사례를 다시 포함하지 않는 경우와 다시 포함하는 경우의 두 가지 방식이 있다. 사례를 다시 포함하지 않는 무작위 표집은 한 번 표본으로 선정된 실체나 혹은 단위는 일단 모집단에서 제외한다. 가장 널리 사용되는 무작위 표본추출방법이다. 이에 비해 사례를 다시 포함시키는 무작위 표집은 한 번 표본으로 선정된 실체나 혹은 단위를 다시 모집단에 포함시켜 표본추출을 계속한다. 그러므로 한 번 표본으로 선정되었던 실체나 단위도 다시 표집될 기회를 갖게 된다. 이 같은 방법은 전국적인 서베이처럼 보다 복잡한 조사에서 자주 사용된다.

연구자들은 단순 무작위 표본에 보통 난수표(a table of random numbers)를 이용한다. 난수표를 이용해 표본을 추출하는 절차를 예시해보면 다음과 같다. 어떤 연구자가 주시청시간대(prime time) TV 프로그램(모집단) 100개 중 10개를 골라 이들 프로그램에서 나이 많은 사람들을 어떻게 묘사하고 있는지 분석하려고 하자. 이 때 연구자는 먼저 100개의 프로그램에 00부터 99까지 숫자를 부여하게 된다. 그런 다음 [표 4-1]과 같은 난수표에서 되는대로 어느 한 쌍의 숫자를 출발점으로 선택한다. 어떤 한 쌍의 숫자를 출발점으로 선택하는가에 대한 구체적인 지침이나 방식은 없다. 다만 무작위로 선택하면 된다. 그런 다음 출발점으로 선택한 한 쌍의 숫자를 중심으로 위로, 또는 밑으로, 혹은 좌우로 가면서 00부터 99 사이에 해당하는 열 쌍의 숫자들을 차례로 뽑으면 된다. 만약 처음에 출발점으로 선택한 한 쌍의 숫자가 00부터 99 사이에 해당된다면 나머지 아홉 쌍의 숫자만 차례로 뽑으면 될 것이다. 예컨대 이 연구자가 [표 4-1]의 난수표에서 44를 출발점으로 선택한 뒤, 거기서부터 시작해서 밑으로 내려오면서 표본을 선정하기로 결정했다고 하면, 출발점으로 선택한 44가 00부터 99 사이에 남아 있는 숫자이므로 이를 포함한 열 쌍의 숫자를 차례로 선정하면 된다. 그렇게 선정한 결과 44, 85, 46, 71, 17, 50, 66, 56, 03, 49가 뽑혔다. 즉 이들 번호에 해당하는 10개의 프로그램이 표본으로 선정된 것이다.

[표 4-1] 난수표

38	71	81	39	18	24	33	94	56	48	80	95	52	63	01	93	62
27	29	03	62	76	85	37	00	44	11	07	61	17	26	87	63	79
34	24	23	64	18	79	80	33	98	94	56	23	17	05	96	52	94
32	44	31	87	37	41	18	38	01	71	19	42	52	78	80	21	07
41	88	20	11	60	81	02	15	09	49	96	38	27	07	74	20	12
95	65	36	89	80	51	03	64	87	19	06	09	53	69	37	06	85
77	66	74	33	70	97	79	01	19	44	06	64	39	70	63	46	86
54	55	22	17	35	56	66	38	15	50	77	94	08	46	57	70	61
33	95	06	68	60	97	09	45	44	60	60	07	49	98	78	61	88
83	48	36	10	11	70	07	00	66	50	51	93	19	88	45	33	23
34	35	86	77	88	40	03	63	36	35	73	39	**44**	06	51	48	84
58	35	66	95	48	56	17	04	41	99	79	87	85	01	73	33	65
98	48	03	63	53	58	03	87	97	57	16	38	46	55	96	66	80
83	12	51	88	33	98	68	72	79	69	88	41	71	55	85	50	31
56	66	06	69	40	70	43	49	35	46	98	61	17	63	14	55	74
68	07	59	51	48	87	64	79	19	76	46	68	50	55	01	10	61
20	11	75	63	05	16	96	95	66	00	18	86	66	67	54	68	06
26	56	75	77	75	69	93	54	47	39	67	49	56	96	94	53	68
26	45	74	77	74	55	92	43	37	80	76	31	03	48	40	25	11
73	39	44	06	59	48	48	99	72	90	88	96	49	09	57	45	07
34	36	64	17	21	39	09	97	33	34	40	99	36	12	12	53	77
26	32	06	40	37	02	11	83	79	28	38	49	32	84	94	47	32
04	52	85	62	24	76	53	83	52	05	14	14	49	19	94	62	51
33	93	35	91	24	92	47	57	23	06	33	56	07	94	98	39	27
16	29	97	86	31	45	96	33	83	77	28	14	40	43	59	04	79

전화 서베이에서의 단순 무작위 표본은 RDD(random digit dialing, 무작위 계수통화)라고 부른다. RDD, 즉 무작위계수통화에는 두 가지 방법이 있다.

하나는 컴퓨터나 난수표를 이용해서 네 자리 숫자를 무작위로 선정한 후 거기에 연구를 실시할 지역의 전화국 번호를 덧붙이는 방법이다. 이때 처음에 선정한 네 자리 숫자는 한 번만 사용할 수도 있고, 또는 다른 국번호를 붙여 사용할 수도 있다.

그러나 이 방법은 표본으로 선정된 전화번호의 상당수가 사용되고 있지 않는 번호이거나 연결되지 않는 경우가 발생할 수 있어 연구에 적합하지 않은 경우가 많다. 이런 이유로 적어도 필요한 전화번호의 3배를 표본으로 선정하는 것이 바람직하다. 예컨대 100개의 전화번호가 표본으로 필요하다면 최소한 300개의 전화번호를 선정해야 한다는 뜻이다.

두 번째 RDD 방법은 위와 같은 문제를 해결하기 위해 전화번호부에서 선정한 임의의 전화번호에 한 자리 수로부터 세 자리 숫자까지 무작위 계수를 보태주는 방식이다. 예를 들면 전화번호부로부터 448-3047이라는 번호를 얻었다고 하면 난수표에서 임의의 숫자를 골라 그 수를 처음에 선정한 전화번호에 더하는 방식이다. 즉 6을 골랐다고 하면 처음의 숫자에 6을 더한 448-3053이 다음 번호가 되는 것이다. 같은 방법으로 만약 두 자리 숫자인 21을 골랐다면 다음 번호는 448-3068이, 세 자리인 112를 골랐다면 448-3159가 될 것이다. 이와 같은 방법은 무작위 선정방법에 포함되는 많은 부적절한 번호들을 제거하는 효과가 있다. 왜냐하면 전화회사는 전화번호를 연속적인 순서에 따라 부여하는 경향이 있기 때문이다. 예를 들어 전화회사가 '30-'대의 전화번호를 가정용으로 부여하고 있다면 위와 같은 방법으로 선정한 전화번호 또한 가정용일 가능성이 높은 것이다.

무작위 선정의 세 번째 방법은 전화가 아니라 가구의 주소를 이용하는 것이다. A.C 닐슨(A.C. Nielson)사는 **주소근거 표집**(address-based sampling: ABS)이라고 칭하는 표집방법을 표본 가구를 모집하는 데 이용한다. 그 방법은 휴대폰만 사용하는 가구(2011년 후반 미국의 약 26.6%), 전화번호부에 실리지 않은 유선 전화 가구를 포함하여 기타 표집방법이 망라하지 못한 미국 가정의 약 34%에 도달하기 위하여 전화번호보다는 무작위로 선정된 주소를 표집에 이용한다.

무작위 수나 가구를 추출하는 방법에는 여러 가지 있지만, 다음 두 가지 지침은 언제나 적용된다. 즉 (1) 모집단을 구성하고 있는 모든 단위나 대상이 표본으로 추출될 수 있는 동등한 기회를 가져야만 하고, (2) 추출 절차에 연구자의 주관이 개입되어서는 안 된다는 점이다. 무작위 표집의 목적은 표집오차를 감소시키려는 데 있다. 그러므로 무작위 표집의 규칙을 어기면 표집오차가 증대하게 된다는 점을 잊지 말아야 한다.

단순 무작위 표집과 어떤 면에서 유사한 표본 추출 절차로써 **체계적 무작위 표집**(systematic random sampling)이 있다. 모집단에서 매 n번째 단위나 대상을 표본으로 선정하는

단순 무작위 표집

장점

1. 모집단에 대한 자세한 지식이 요구되지 않는다.
2. 통계적으로 외적 타당도가 추론될 수 있다.
3. 대표 집단을 쉽게 구할 수 있다.
4. 분류(classification)로 인해 발생하는 오차의 가능성을 제거할 수 있다.

단점

1. 모집단의 목록이 수집되어야 한다.
2. 대표 표본이라도 모든 경우에 적용되지 않을 수도 있다.
3. 절차를 밟는 데 다른 방법에 비해 비용이 많이 들 수 있다.

방법이다. 예를 들어, 어떤 연구자가 100명의 모집단에서 20명의 표본을 추출하거나 또는 1/5의 표집비율(sampling rate)로 표본을 선정하려고 한다고 하자. 이때 연구자는 먼저 시작점과 표집간격(sampling interval)을 무작위로 선정한다. 만약 그 연구자가 숫자 11을 시작점으로 선정했다면 11, 16, 21, 26... 으로 20명이 표본으로 선정될 것이다. 체계적 표집 과정에서 무작위의 성격을 더 부여하려면 연구자는 시작점과 표집간격을 각각 무작위로 선정할 수 있을 것이다. 예컨대 무작위로 선정한 결과 시작점은 29이고 표집간격은 11이었다면 29, 40, 51, 62, 73... 이 표본으로 뽑히게 된다.

체계적 표집은 매스미디어 연구에서 자주 사용된다. 단순 무작위 표집과 비교해볼 때 이 방법을 채택하면 비용과 자원 및 노력을 절약할 수 있다. 사실상 표집절차가 단순 무작위 표집과 매우 유사하기 때문에 많은 연구자들이 체계적 표집을 무작위 표집과 같은 것으로 생각한다. 이 방법은 전화번호부 혹은 조직이나 집단의 명부를 토대로 표본을 추출할 때 자주 쓰인다.

체계적 표집의 정확성은 **표집틀**(sampling frame)의 적합성이나 모집단 구성원을 수록한 명부의 완전성에 달려 있다. 전화번호부는 전화번호를 모두 수록하지 않고 있을 뿐만 아니라 전화를 가지고 있지 않은 가구도 있기 때문에 대부분의 경우 표집틀로는 적합지 못하다. 그러나 모집단의 모든 구성원들이 포함된 명부는 고도의 정밀도를 지니고 있다. 체계적 표집방법을 사용하기로 결정하기 전에 연구자는 연구의 목적과 모집단을 포괄할 수 있는 명부의 이용가능성을 고려해야 한다. 만약 그와 같은 명부를 이용할 수 없을 때 체계적 표집방법을 선택하는 것은 잘못이라 하겠다.

체계적 표집

장점

1. 추출이 쉽다.
2. 단순 무작위 표집에 비해 추출을 더 정확하게 할 수 있다.
3. 절차가 일반적으로 저렴한 편이다.

단점

1. 완전한 모집단 명부를 확보해야만 한다.
2. 주기성으로 인해 추출이 편파적으로 될 수도 있다.

체계적 표집이 지니고 있는 한 가지 주요 문제점은 표집절차가 **주기성**(periodicity)에 의해 영향을 받기 쉽다는 데 있다. 즉 모집단의 명부에 있는 구성원의 배열이나 순서가 어떤 속성에 따라 만들어져 있을 경우 표본이 어느 하나의 속성 쪽으로 치우칠 수도 있다. 예를 들어, TV 프로그램이 나이 많은 사람들을 어떻게 묘사하고 있는지를 분석하고자 했던 앞의 사례를 다시 생각해보자. 이 경우 100개의 TV 프로그램을 수록한 일람표에 매 10번째마다 ABC-TV의 프로그램이 수록되어 있을 가능성은 얼마든지 있다. 만약 연구자가 그런 일람표를 토대로 매 10번째 프로그램을 표본으로 선정한다면 그 표본은 3개의 TV 네트워크의 프로그램을 대표하지 못하게 된다.

표본을 추출하기 위해 전화번호부를 사용할 때도 주기성이 문제가 되는 경우가 있다. 알파벳 순서대로 명부화된 것을 이용할 경우 선정되는 확률이 같다고 볼 수가 없기 때문이다. 이와 같은 문제를 해결하기 위한 한 가지 방법은 번호부에서 이름을 오려내어 모자에 넣고 섞어서 임의로 추출하는 것이다. 분명히 이 같은 방법은 시간이 많이 걸리고 실제로 사용 가능한 대안은 아니다. 보다 쉬운 방법은 번호부의 각 페이지를 오려내어 섞고 임의로 페이지들을 먼저 추출하고 그 다음 인명들을 추출하는 방식이다. 비록 이러한 추출절차가 모든 문제를 해결해주지는 못하지만 단순 무작위 표집방법이 불가능할 때 일반적으로 이용된다. 주기성만 없다면 체계적 표집도 매우 훌륭한 표집방법이 될 수 있을 것이다.

대부분의 연구프로젝트에서 단순 무작위 표집법이 가장 많이 이용되지만 일부 연구자들은 무작위성에 의존하려 하지 않는다. 프로젝트에 따라서 모집단의 특정 하부그룹이 전체를 대표한다고 주장하기도 한다. 이 경우 단순 무작위 표본을 이용하리라는 보장은 없다. **층화표본**(stratified sample)방법은 특정 하부그룹의 대표성이 요구될 때 이용하는 방법이다. 하부그룹을 대표하는 변인으로는 성별, 나이, 종교, 수입 정도, 라디오 청취나 잡지구독 등 미디어 이용 행태 등 거의 무제한적으로 많다. 그러나 층화하고자 하는 변인이 많아질수록 그러한 특성을 지닌 집단이나 개체를 찾기는 더욱 어려워진다. 그러므로 표본을 찾기 위한 비용은 실질적으로 증가하게 된다.

층화표집(stratified sampling)은 모집단 내의 동질적인 하위집단, 즉 유사한 특성을 지닌 모집단으로부터 표본을 추출하는 방식이다. 동질성(homogeneity)은 표본오차를 감소시키는데 도움이 된다. 예를 들어 쌍방향, 즉 인터렉티브 케이블 혹은 위성 텔레비전에 대한 태도를 연구한다고 생각해보자. 이때 연구자가 케이블 및 위성 텔레비전 시스템 가입자들이 그렇지 않은 사람들보다 교육 수준이 더 높다는 것을 알고 있다면, 그는 교육 정도에 따라 모집단을 층화시키고자 할 것이다. 따라서 무작위로 표본을 선정하기 전에 먼저 모집단을 중학교 졸업, 고등학교 졸업 및 대학졸업 등, 세 가지 교육수준으로 층화시킨다. 그런 다음 이들이 모집단 내에서 차지하고 있는 백분율에 일치하도록 표본을 무작위로 추출한다. 즉 대학졸업 정도의 교육수준에 해당하는 사람들이 모집단 내에서 차지하고 있는 비율이 10%였다면 표본에서도 대학졸업자가 전체의 10%가 되도록 하는 것이다. 바비(Babbie, 2010)는 층화표집에 대해 다음과 같이 언급하고 있다.

> 층화표집은 층화 변인들의 적절한 대표성을 확신할 수 있어야 하며, 이런 사실은 차례로 층화 변인과 관련된 다른 변인들의 대표성도 향상시킨다. 그러므로 전체적으로 볼 때 층화표본은 단순 무작위 표본보다 여러 면에서 더 대표성을 띨 가능성이 있다.

층화표집을 할 경우 두 가지 방법이 적용될 수 있다. 먼저 **균형 층화표집**(proportionate stratified sampling)은 모집단에서 차지하는 각 층화의 비율을 기반으로 한다. 만약 18세 이상 24세까지의 집단이 전체의 30% 차지하고 있다면 표본에서도 이들 그룹이 30%의 비율을 유지해야 한다는 것이다. 이 절차는 모집단의 각각의 사람들이 추출될 수 있는 동일한 기회를 주기 위해 설계된다.

반면 **비균형 층화표집**(disproportionate stratified sampling)은 특정 계층의 표집비율을 높이고자 할 때 사용된다. 이 접근방법은 계층(stratum)이 중요하게 고려되는 마케팅이나 광고 등의 분야에서 기본적으로 이용된다. 예를 들어 25~54세의 청취자를 대상으로 하는 한 라디오 방송국의 청취률이 특히 25~34세 그룹에서 낮다고 가정해보자. 500명의 청취자를 대상으로 한 전화 서베이를 한다면 방송국 측에서는 25~34세의 표집비율을 70%,

층화표집

장점

1. 관련 변인의 대표성을 보장한다.
2. 다른 모집단과 비교될 수 있다.
3. 동질적인 집단으로부터 추출이 이루어진다.
4. 표집오차가 감소된다.

단점

1. 추출에 앞서 모집단에 대한 지식이 요구된다.
2. 절차상 비용이 많이 들고 시간이 많이 걸린다.
3. 발생률이 낮은 경우, 표본을 찾기 어려울 수도 있다.
4. 층화된 변인들이 서로 관련 없을 수도 있다.

35~49세의 비율은 20%, 50~54세는 10%로 조정하기를 원할 수 있다. 이러한 비율 조정을 통해 연구자는 25~34세까지의 청취자 집단을 성별, 방송국 혹은 다른 하부 카테고리별로 세분화시켜 연구할 수 있으며, 표집의 크기도 유연하게 조정할 수 있다.

통상적으로 표집절차는 한 번에 하나의 단위나 대상을 표본으로 선정한다. 이렇게 하기 위해서는 연구자가 모집단에 대한 완전한 명부가 필요한데 이를 확보할 방법이 없는 경우도 있다. 이러한 문제를 해결하는 한 가지 방법은 집단이나 범주를 단위로 삼아 표본을 추출하는 것이다. 이와 같은 표집절차를 **집락표집**(cluster sampling)이라고 부른다. 예를 들어 위스콘신 주에 사는 사람들의 잡지 읽는 습관을 분석하고자 할 때 개별 연구대상자를 무작위로 표집하려면 시간도 많이 필요할 뿐만 아니라 절차도 매우 복잡하다. 이럴 때 집락표집방법을 선택하면 간편하게 표집을 끝낼 수 있을 것이다. 즉 위스콘신 주를 카운티나 구획(한국의 경우 군이나 면 단위에 해당)별로, 혹은 우편번호별로 분할하고 거기서 집단을 표본으로 선정하면 된다.

집락표집은 두 가지 형태의 오류를 범할 수 있다. 최초의 집락을 결정할 때 오류가 따를 수 있고, 집락으로부터 표본을 선정할 때도 오류가 발생할 수 있다. 예컨대 우편번호에 따라서 추출할 경우 해당 지역에 거주하는 주민들이 대부분 낮은 사회 경제적 지위를 지닌 사람들로 이루어져 있을 수가 있다. 만약 이런 지역을 표본으로 선정하게 되면 대표성을 잃게 되어 연구결과는 엉터리가 될 것이다. 대부분의 연구자들은 이러한 오류를 통제하기 위해서 가능한 한 작은 규모의 지역이나 집락의 이용을 제안한다. 이들 통

집락표집

장점

1. 모집단의 일부만을 열거해도 된다.
2. 집락만 잘 정의되면 비용은 감소한다.
3. 집락 파라미터들에 대한 평가가 이루어지고 이를 모집단과 비교할 수 있다.

단점

1. 표집오차가 발생할 수 있다.
2. 집락들이 모집단을 대표하지 않을 수도 있다.
3. 특정 집락에 맞게끔 각각 표집 대상이나 단위를 지정해야 한다.

해 집락 내 요소들의 수는 줄이는 동시에 추출할 집락의 수는 최대화시켜야 한다.

전국 규모의 조사연구에서는 **다단계 표집**(multistage sampling)이라 부르는 집락표집방법을 많이 사용하는데 여기서는 그룹이 아닌 각 가구나 개인이 표본으로 선정된다. [그림 4-2]에 나타나 있는 4단계 표집 과정을 자세히 살펴보면 다음과 같다. 첫 단계로 미국 전 지역을 대상으로 집락을 선정한다. 그리고 집락 안에 포함되어 있는 카운티, 구획, 혹은 블록을 무작위 추출한다. 다음은 각 영역 내에서 개별 블록들을 추출한다. 마지막으로 '북동 코너의 세 번째 가구'하는 식의 기준을 설정한다. 이런 단계별 추출 공식으로 적용하면 표집 대상이 된 가구들을 구체화할 수 있다.

대부분의 경우, 연구자들은 각 가구 내에서 누구를 표집 대상으로 할 것인지도 무작위로 추출해야 한다. 면접 당시 우연히 전화를 받는 사람을 면접대상으로 하기에는 무리가 따른다. 특정 연구를 위해 인구학적 비율이 할당되어 있을 수도 있는데 이는 응답자의 일정 비율이 특정 성, 연령에 속해 있어야 한다는 것을 의미한다. 이런 유형의 연구를 수행하는 연구자는 [표 4-2]에 예시되어 있는 바와 같이 난수표를 사용하여 설문지 응답자를 결정해야 한다.

표집된 가구 내에서 각 개인을 무작위로 선정하기 위해서는 면접자가 전화를 받는 사람에게 "댁에는 18세 이상의 가족이 몇 명이나 됩니까?"라고 질문해야 한다. 그리고는 서베이의 요건에 따라 n번째로 나이가 많은 남성에게 질문을 하면 된다.

미디어 자체가 복합적인 시스템이기 때문에 연구자들은 복잡한 표집방법에 자주 직면한다. 이것을 혼합적 상황(hybrid situation)이라고 한다. 예를 들어, 디렉티비(DirecTV)의 액티브

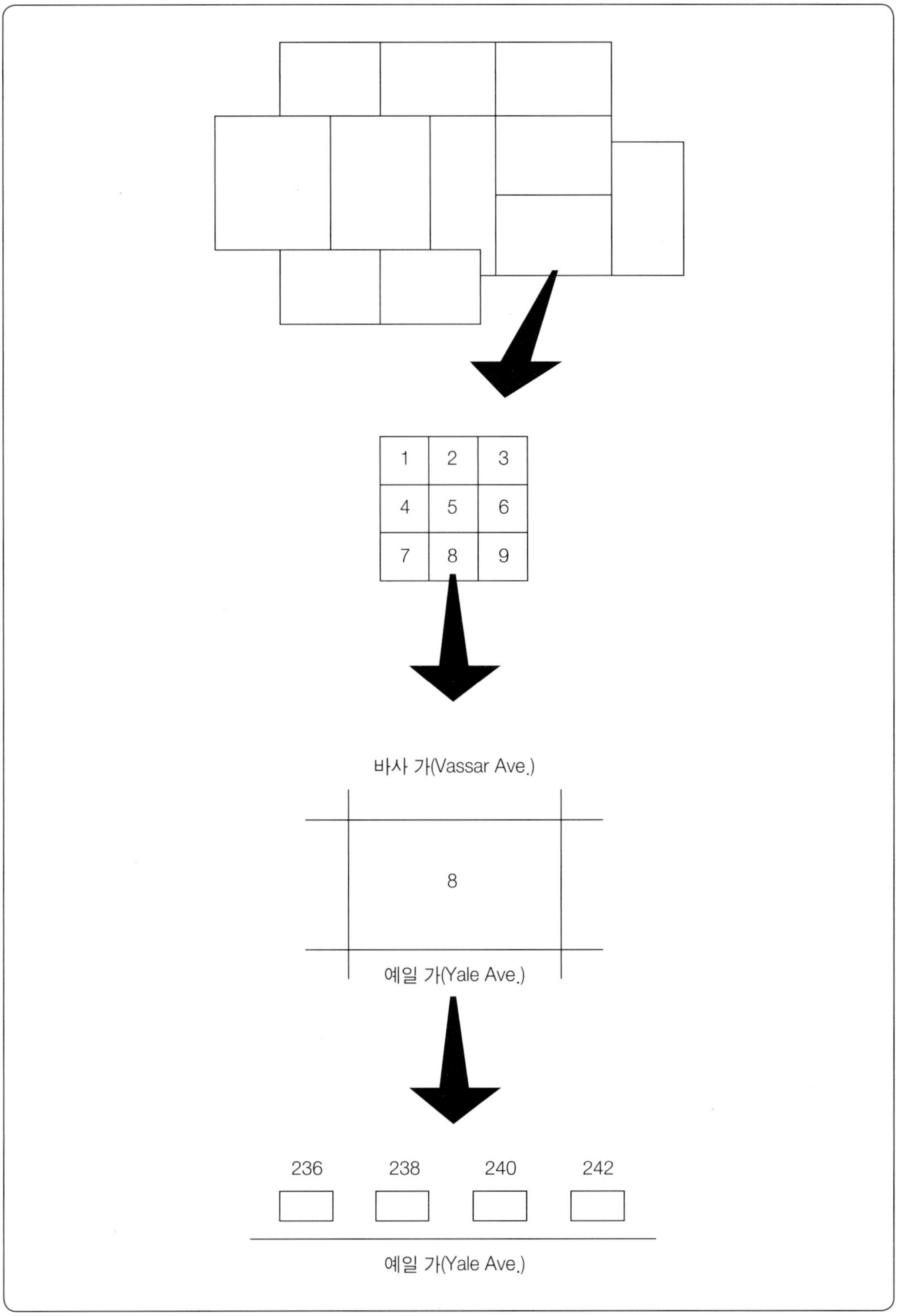

[그림 4-2] 전수조사 표준지역

[표 4-2] 무작위로 응답자를 추출하는 매트릭스의 예

	한 가정 내 사람수						
	1	**2**	**3**	**4**	**5**	**6**	**7**
면접 대상	1	2	1	3	5	5	7
		1	3	4	3	2	6
			2	2	1	4	1
				1	2	6	4
					4	1	3
						3	2
							5

(ACTIVE) 채널과 같이, 케이블 혹은 위성 시스템에서의 지역신문용 인터랙티브 채널의 가능성을 진단하기 위한 연구를 하려 한다고 가정해보자. 이를 위해 연구자는 신문구독자와 비구독자, 케이블 · 위성 시스템 가입자와 비가입자를 구분하여 연구해야 한다. 그러므로 연구자는 다음과 같은 4개의 집단에서 무작위 표집을 할 필요가 있다.

집단 A: 케이블 · 위성 시스템 가입자 / 신문 구독자

집단 B: 케이블 · 위성 시스템 가입자 / 신문 비구독자

집단 C: 케이블 · 위성 시스템 비가입자 / 신문 구독자

집단 D: 케이블 · 위성 시스템 비가입자 / 신문 비구독자

연구자는 이 네 집단에 각각 속하는 대상자를 찾아내야만 한다. 만약 앞의 경우처럼 2개가 아니고 3개의 변인이 연구에 포함된다면 8개의 집단으로 나누어 표집해야 하는 등의 매우 복잡한 표집 상황에 직면하게 된다.

04 표본의 크기

표본의 크기는 어느 정도가 적절한가를 결정하는 것은 표본을 추출하는 과정에서 가장 많이 논란이 되어 온 문제 중 하나다. 만족할 만한 결과를 얻으려면 표본은 어느 정도 커야 하는가? 불행히도 이에 대한 대답은 간단하지 않다. 표본크기를 정하는 데는 다양한

자세히 보기 〉〉 전국 대상 표집

대부분의 초보 연구자들은 나라 전체 표본을 이용한 연구 특히 그 표본을 얻는 것 자체가 불가능한 일일 것이라고 믿는다. 그러나 반대로 나라 전체를 대상으로 한 조사연구는 오히려 그 실행이 간단하다. 이미 많은 서베이 전문회사들이 거의 모든 유형의 전국 표본을 만들어 제공하고 있기 때문이다. 전국적 규모의 연구에 관심이 있다면 인터넷에서 "서베이 표집" 회사들을 검색해보라. 그리고 연구에 필요한 응답자 유형을 설명하기만 하면, 해당 전문회사들이 몇 시간 안에 응답자 목록을 만들어줄 것이다.

통계 절차들을 쓸 수 있다. 모든 연구방법이나 통계절차에 적용될 수 있는 단일 공식이나 방법은 없다. 인터넷을 통해 "표본크기" 공식, "표본크기" 결정 등을 검색해보자.

표본의 크기는 다음 일곱 가지 요인에 따라 결정된다. ① 프로젝트의 유형, ② 프로젝트의 목적, ③ 프로젝트의 복잡성, ④ 허용될 수 있는 오차의 범위, ⑤ 시간 제약, ⑥ 재정적 제약, ⑦ 선행 연구 등이다. 전반적인 현상 파악을 위한 기초연구를 위해서는 대규모의 표본이 필요치 않다. 그러나 중요한 사항, 즉 대규모의 자본과 관련된 결정이나 사람들의 생명에 관한 결정을 내리기 위한 연구의 경우에는 상당히 정확하고 규모가 큰 표본이 필요하다.

연구자가 알맞은 표본의 크기를 결정하는 데 고려해야 할 몇 가지 일반 원칙이 있다. 이러한 원칙들이 수학적 또는 통계학적 이론에 근거한 것은 아니지만 대개의 경우 그 논의의 출발점을 제공해준다.

① 표본의 크기를 결정하는 데에 가장 중요한 것은 어떠한 방법론을 사용할 것인가를 먼저 고려해보는 것이다. 가령 포커스그룹 조사를 방법(5장 참조)으로 채택할 경우 6~12명인 표본도 적절하다. 왜냐하면 연구결과를 모집단에게로 일반화시키는 데 목적이 있지 않기 때문이다. 측정도구를 사전검사한다거나, 예비연구 또는 연구 계획의 실용성 여부를 알아보려는 경우에는 10~50명 정도의 표본이 주로 이용된다. 다양한 포커스그룹 조사가 가능하므로, 연구 접근 사상 동일 혹은 최대 규모의 표본을 구성할 수도 있다는 것을 유념하자(예: 전화 조사연구).

② 통상적으로 연구자들은 각 인구학적 집단(가령 18세~24세까지의 성인집단)마다 100명의 표본을 사용한다. 이 기본단위는 전체 표본크기를 결정하는 데 사용된다. 예컨대 한 연구자가 18~54세까지 성인을 대상으로 전화 서베이를 실시한다고 하자. 일반

적인 매스미디어 연령 구분인 18~24세, 25~34세, 35~44세, 45~54세의 집단을 사용할 경우 연구자는 400명의 표본[각 연령집단, 즉 '칸(cell)'마다 100명]이 적절하다고 생각할 것이다. 그리고 여기서 더 나아가 남성과 여성 간의 의견이나 태도 차이를 연구할 경우, 전체 연구대상 집단의 수는 8개가 된다. 이 경우 각 칸 당 100명씩 총 800명의 표본이 필요하게 된다. 그러나 실제 미디어 기업의 연구에서 많은 의뢰인들은 표본으로서 800명의 응답자를 연구하는데 드는 경비를 지불하려 하지 않을 것이다(20분 전화 면접의 경우 대략 6만5천 달러 정도). 아마 의뢰인은 각 연령집단별 50명의 응답자를 수용하여 총 400명(8×50)의 표본을 채택하려고 할 것이다.

③ 표본의 크기는 항상 연구비용과 시간의 통제를 받기 마련이다. 연구자가 서베이에 1,000명 정도의 표본을 사용하기를 원한다 할지라도 표본의 경제성이라는 측면에서 제한받게 된다. 1,000명을 대상으로 하는 연구의 경우 그 비용이 7만5천 달러는 쉽게 초과한다. 대개의 연구는 계획상의 예산에 맞는 표본을 이용하여 이루어진다. 만약 연구자가 어쩔 수 없이 의뢰인이나 누군가의 강요에 의해 작은 크기의 표본만으로 연구를 강행하게 된다면 그 결과도 그에 따라 해석되어야만 한다. 즉 일반화하는 데 그만큼 신중해야 한다. 그러나 1,000명에서 400명으로 표본크기를 축소시키면 표본 오차가 조금 감소한다는 점을 고려하면, 연구자들로서는 표본의 규모를 줄이려는 시도를 하는 게 현명한 일일지 모른다.

④ 다변량 연구(multivariate studies)는 단일변량 연구(univariate studies)보다 항상 더 큰 표본을 요구한다. 그 이유는 다변량 연구가 복수 응답자료(multiple response data)(동일한 연구대상자에게 여러 번 측정을 실시하는) 분석과 관계되기 때문이다. 다변량 연구에서 권장되고 있는 표본크기에 대해서는 50=매우 불충분, 100=불충분, 200=보통, 300=많은 편, 500=매우 많은 편, 1,000=대단히 많은 편이라는 지침이 있기도 하다(Comrey & Lee, 1992). 한편 다른 연구자들은 분석 시 각각의 종속변수마다 100+1의 표본을 사용할 것을 제안하기도 한다(Gorsuch, 1983).[역자주 4]

⑤ 패널연구나 포커스그룹 그리고 대상자를 사전모집하는 프로젝트들의 경우 언제나 실제 연구에 필요한 수보다 더 큰 표본을 선택해야만 한다. 연구대상자들이 이런저런

역자주 4 표집 연구에서는 표본의 통계치(statistics)를 통하여 모집단의 모수치를 정확히 추정하는 것이기 때문에 표본의 크기는 표집오차에 영향을 주게 된다. 따라서 정확한 모수치의 추정을 위해서는 표집오차를 줄여야 하는데 표본의 크기에 따라 표집오차가 감소하나 무조건 표본이 커진다고 해서 표집오차가 감소하는 것은 아니다. 보통 무작위 표집 시 95% 신뢰수준에서는 최소한 사례가 350~400 이상, 99% 신뢰수준에서는 700 이상이 될 때 비교적 신뢰할 수 있는 결과를 얻을 수 있다.

이유로 연구과정에서 탈락할 수 있기 때문에 표본 선정을 계획할 때 이러한 탈락의 경우에 대비하여 표본의 크기를 실제보다 여유 있게 결정해야 한다. 같은 연구대상 집단을 오랜 기간 동안 자주 검증하거나 측정하는 패널연구에서는 연구대상자의 탈락이 특히 더하다. 보통 연구자들은 연구가 끝나기 전에 표본의 사례 탈락률을 10~25% 정도로 예상할 수 있지만, 50% 그 이상도 흔히 발생한다.

⑥ 기존의 발표된 연구를 통해 표본의 크기에 대한 지식을 얻을 수가 있다. 다른 연구를 참고하면 연구의 출발점으로 제공받을 수 있다. 만약 자신이 실시하려는 것과 비슷한 유형의 연구에서 다른 연구자가 대표적 표본으로 400명을 이용하여 신뢰할 만한 결과를 얻었다면 본인의 연구에서도 400명 이상의 표본은 불필요할지 모른다.

⑦ 일반적으로 표본은 클수록 좋다. 그러나 대표성 없는 큰 표본(대수의 법칙)은 대표성 없는 작은 표본만큼이나 의미가 없으므로 연구자들은 표본의 크기만을 고려해서는 안 된다. 표본 선정에서는 표본의 한낱 크기보다 질이 항상 더 중요하다. 저자들은 지난 35년 이상 연구업계에 있으면서 주어진 칸(cell)당(가령 18~24세 사이의 여성) 표본의 크기가 30 이하일 때 불안정한 연구 결과를 낳는다는 사실을 알 수 있었다.

05 표집오차

연구자들은 모집단에서 추출된 표집을 다루기 때문에 표집에서 나타난 결과를 전체 모집단의 그것과 비교(혹은 추론)할 필요가 있다. 그러나 앞에서 언급했듯이, 어떤 모집단의 어느 표본을 연구하든 특정 표본 효과는 모집단에 이론적으로 존재하는 것(예상된 측정치)과는 어느 정도 차이가 날 것이다. 표집으로 인한 오차를 계산을 하면 관찰된 측정치와 예상된 측정치 간 차이의 견적치가 나오고, 어느 연구에서나 그 오차계산을 통해 해석이 이루어진다.

표집에 따른 오차계산과 연관된 주요 용어로는 두 가지, 즉 (1) 표준오차(standard error) (*SE*로 지정), (2) 신뢰구간이나 오차의 경계(*se*나 *m*, 또는 *CI*로 지정)라고 불리기도 하는 표집오차(sampling error)가 있다. 표준오차는 모집단과 관련된 것으로, 표본들이 어떻게 그 모집단과 연관되는지와 관련 있다. 한 모집단에서 어떤 대규모 표본을 선정한다면 그 자료(혹은 통계적 정보)는 어떤 패턴 유형에 속할 것이다. 한 통계량의 표준오차는 그 통계량의 표집분포상 표준편차(모집단 산술평균으로부터의 평균 점수 차이)다. 표준오차가 표본크기와 밀접하게 연관될수록 표본크기는 증가하므로 표준오차는 감소한다.

표집오차는 표본으로부터 나온 자료가 모집단 평균과 얼마나 가까운지를 알려주는 징표와 같다. 표집오차가 작다는 것은 표집분포 내 폭이나 변산성(variability)이 비교적 낮은 수준이라는 것을 뜻한다.

예컨대 콜로라도(Colorado) 덴버(Denver)에 사는 18~24세의 시청자들을 대상으로 신규 TV 프로그램에 대한 태도를 측정한다고 가정하자. 응답자들이 10점 척도의 평가기준에 평균 6점을 주었다. 어떤 시청자는 그 프로그램을 좋아하지 않기 때문에 1점이나 2, 3점을 주었고, 어떤 시청자는 중간 점수로 4, 5, 6, 7점을 준 반면, 나머지 응답자들을 프로그램을 아주 좋아해서 8, 9, 10점을 주었을지도 모른다. 이와 같이 18~24세의 시청자집단 내에서 발생하는 점수의 차이는 바로 표집오차가 어떻게 발생하는가를 보여준다. 만일 각 시청자에게 프로그램을 평가해 달라고 했는데 모두 똑같이 6점을 주었다면 오차는 존재하지 않는다. 그러나 오차 없는 표본이란 거의 없다.

응답자 간의 차이는 늘 있게 마련이다. 사람에 따라서 특정 프로그램을 좋아하고 싫어할 수 있기 때문이다. 위의 예에서 평균 점수는 6점이었지만 이 점수가 평균이 아닌 다른 표본을 추출할 수도 있었을 것이다. 즉 그 프로그램을 좋아하지 않는 사람들로만 구성된 표본이 추출되었을 수도 있는 것이다. 이 경우 모집단에 대한 표본의 대표성이 떨어지는데 그 이유는 표본의 평균 평가 점수가 실제 평균 점수보다 낮게 나타나기 때문이다. 연구자가 연구결과를 '사실'로 받아들일 경우 나타날 수 있는 위험은 표집오차 수치를 계산함으로써 알 수 있다.

표집오차의 계산은 **확률표본**에만 적용할 수 있다. 비확률표본을 사용한 연구에서는 표본오차를 계산할 수 없는데 이는 모든 사람들이 똑같은 선택의 기회를 갖지 않기 때문이다. 이것이 바로 비확률표본이 예비적 단계의 연구나 오차율이 크게 중요하지 않은 연구에만 사용되는 이유 중의 하나다.

표집오차의 계산은 연구의 아주 중요한 일부이고 이는 **중심극한정리**(central limit theorem) 개념에 기초한 것이다. 이 이론을 아주 간단히 말하면 다수의 분포된 무작위 변인 혹은 **표집분포**(sampling distribution)의 합은 **정규분포**(normal distribution)에 가깝다는 것이다. 이론적으로 표집분포는 가능한 모든 표본의 연합이다. 이 분포의 값들은 종모양의 곡선, 즉 **정규곡선**(normal curve)으로 나타난다[독일의 수학자이며 청문학자인 가우스(Karl F. Gauss)의 이름을 따서 **가우스 분포**(Gaussian distribution)라고도 하는데, 그는 이 개념을 관찰 가능한 오차를 분석하는 데 사용하였다). 정규분포는 표집오차의 계산에 아주 중요하다. 그 이유는 반복측정에서 생겨난 표집오차(표집분포)는 정규분포의 형태를 보이기 때문이다.

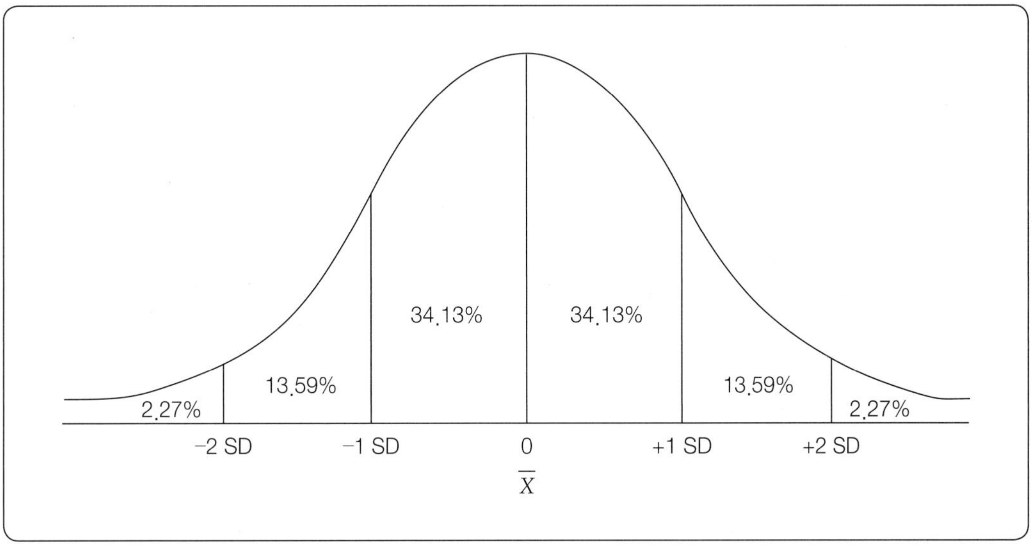

[그림 4-3] 정규곡선 영역

표집오차의 계산은 신뢰수준과 구간을 통해 표집과 모집단 간의 차이를 결정하는 과정이라 할 수 있다. 오차는 우연에 의해 발생하거나 연구과정상의 실수로 인해 생겨난다. 그러나 확률표집이 이용될 경우 오차의 발생은 표집과 정규곡선 간의 관계에 의해 결정될 수 있다. [그림 4-3]에서 볼 수 있듯이 정규곡선은 평균이나 중간점을 기준으로 상호대칭이며, 이는 중간점 양쪽으로 동일한 수의 점수가 놓여 있다는 것을 나타낸다.

1) 신뢰수준 및 신뢰구간

표집오차에 관련된 두 가지 중요한 개념은 **신뢰수준**(confidence level)과 **신뢰구간**(confidence interval)이다. 연구를 마친 후 연구자는 신뢰도 수준이라는 견지에서 연구결과의 정확성을 평가하게 된다. **신뢰수준**은 어느 한 연구결과가 주어진 범위의 값에 해당되는지가 확실한 정도를 (백분율로) 나타낸다. 신뢰수준으로는 95%와 99%가 전형적이다. **신뢰구간**(오차나 표집오차 범위)은 신뢰수준 안에서의 범위를 나타내는 양 또는 음의 백분율이다. 가령 5%의 신뢰구간을 썼을 때, 표본의 50%가 어떤 질문에 특정 응답을 하면 그 질문에 대한 실제 결과는 45~55% 어딘가에 해당된다(50±5). 신뢰수준 및 신뢰구간을 함께 쓰는 경우, 가령 95%의 신뢰수준과 ±5 신뢰구간을 쓰는 연구자들은 그들의 연구결과가 ±5% 아래에서 정확하다는 것을 95% 확신한다고 말할 수 있다.

모든 정규분포에서 표준편차(standard deviation)는 분포의 중간점에서 외곽 한계구간까지의 표준거리 단위로 정의된다. 이러한 표준편차 구간의 단위(값)는 연구에서 허용되는 신뢰구간을 설정하는 데 사용된다. 아울러 표준편차 단위는 표준오차의 양을 나타낸다. 가령 한 단위의 표준편차를 더하거나 빼는 것(즉, 표준오차 1)은 모집단에서 추출된 표본의 68%가 모수치에서 그만큼의 거리 내(즉, 표준편차 1단위)에 있을 경우에 대한 예상치를 나타낸다.

연구자들은 많은 수의 서로 다른 신뢰수준을 사용한다. 결과에 대한 분석 자료가 높은 신뢰구간에서, 가령 95%나 99%에서 검증될 때 더욱 커진다. 예비적인 성격의 연구나 중요한 의사결정과 관련 없는 연구의 경우에는 68%와 같은 좀 더 낮은 신뢰수준을 사용할 수 있다. 인간을 대상으로 하는 연구에서는 충분한 신뢰수준을 확보하는 것 자체가 어렵다. 연구자는 실용성과 필요성의 균형을 이루어야 한다. 예를 들어 연구자는 음악에 대한 기호나 선호도에 관한 연구에서 98%나 99% 신뢰수준으로 검증할 필요가 있는가에 대해 물어볼 수 있는데, 그 대답은 "이도 저도 아니오"이다. 사실 최근 행태론적 연구에서는 신뢰구간의 필요성에 대한 논쟁이 이루어지고 있다. 연구가 지식의 진보에 기여하는가보다는 연구결과가 통계적으로 유의한가에 따라 평가하는 경우가 종종 있다. 통계적인 의미만으로는 연구가 과학적이라 할 수 없다. 통계적으로 유의하지 않은 연구결과일지라도 통계적으로 유의한 연구만큼이나 지식을 쌓기에 중요하다.

부록의 [표 3]에 있는 정규곡선 아래 영역은 신뢰구간을 결정하는 데 사용된다. 예를 들어, 90%의 신뢰구간(평균의 양쪽으로 45%)은 1.645의 표준오차, 95%구간은 1.96 표준오차, 99% 구간은 2.576 표준오차에 해당된다. 표본의 통계자료가 연구자가 설정한 범위 내에 있게 되면 그 연구 결과는 유의한 것으로 간주된다.

2) 표집오차의 계산

통계적 가설검증의 핵심은 대상 모집단으로부터 표본을 추출하고, 통계적 측정을 하여 그 결과를 이론적인 표집분포와 비교하는 데 있다. 비교를 통해 표본의 통계치가 나오게 될 빈도수를 확률적으로 결정하게 된다.

표집오차를 계산하는 방법에는 여러 가지가 있다. 그러나 모든 종류의 표본과 상황에 다 적합하게 쓰일 수 있는 단 한 가지 방법이란 없다. 뿐만 아니라 오차공식도 복잡하고 다양하다. 일정기간 동안 수용자의 크기를 추정하기 위해 설계되었거나, 또는 누적적으로 수용자를 측정하기 위해 설계된 오차공식으로는 단순 무작위 표본(simple random sample)으로부터 나온 백분율의 표준오차를 사용한다(15장 참조). 만약 표본의 백분율이

신뢰수준 %	표본 오차 공식에 사용된 z값
68	1.00
95	1.96
99	2.57

p로 설계되어 있고 표본의 크기가 N, 그리고 표집오차를 se라고 한다면 그 공식은 다음과 같다.

$$se(p) = \sqrt{\frac{p(100 - p)}{N}} \times (\text{신뢰수준에 따른})\ Z$$

가령 500가구를 무작위 표집하여 TV 프로그램 시청률을 연구한 결과, 특정 프로그램의 시청률(또는 시청자의 추정치)이 20%였다고 하자. 이는 곧 전체 가구 수의 20%가 바로 그 시간에 그 프로그램을 시청하고 있었다는 것을 의미한다. 95% 신뢰수준에 따른 z 값 1.96으로 앞의 공식에 따라 표집오차를 계산해보면 다음과 같다.

$$se(p) = \sqrt{\frac{20(80)}{500}} \times 1.96 = \pm 3.2\%$$

99% 신뢰수준에서 표집오차 백분율은 다음과 같다.

$$se(p) = \sqrt{\frac{20(80)}{500}} \times 2.57 = \pm 4.6\%$$

이 자료는 다양한 신뢰수준에서 신뢰구간을 계산하는 데 사용될 수 있다. 예를 들어 신뢰수준 0.68에서 신뢰구간을 구하고자 한다면 간단하게 시청률(백분율)에서 표준오차를 더하거나 빼면 된다. [표 4-3]에서 확인할 수 있듯이(정규곡선에서 68%는 표준오차 ±1 사이에 포함된다는 것을 유념하자), 실제 시청률이 18.21(=20−1.79)과 21.79(=20+1.79) 사이 어딘가에 위치하는 것으로 68% 신뢰할 수 있게 된다.

위 결과에서 더 큰 신뢰도를 가지고 싶다면 신뢰수준 0.95에서 표준편차 단위 2에서 관련된 Z값을 곱함으로써[1.96×$se(p)$] 신뢰수준을 계산하면 된다. 500명의 응답자들과 20%의 시청률이라는 사례에서 신뢰수준에서 표집오차는 95% ±3.50이 된다.

앞에서 언급했듯이, 표집오차는 표본규모와 직접적인 관련이 있다. 표본의 크기가 커질수록 오차의 수치는 개선되기는 하지만 표본의 크기와 오차의 감소가 서로 정비례

[표 4-3] 시청률 20%에 대한 오차율 결과(신뢰수준 68%)

표본크기	오차	최저 한계	최고 한계
600	±1.63	18.37	21.63
700	±1.51	18.49	21.51
800	±1.41	18.59	21.41
900	±1.33	18.67	21.33
1,000	±1.26	18.74	21.26
1,500	±1.03	18.97	21.03

하지는 않는다. 따라서 [표 4-3]에서 나타나듯이 표본의 크기가 증가한다고 해서 정확성이 급격히 증가하는 것은 아니다. 보이는 바와 같이 1,500명이나 되는 표본에서 조차도 표준오차는 이전에 산출된 500명 표본의 경우에 비해 겨우 0.75만이 개선된다. 따라서 연구자는 비례적으로 볼 때 이처럼 작은 정도의 정확성을 높이기 위하여 1,000명의 연구대상자를 추가시키는 것이 옳은 것인지, 즉 그에 따르는 시간과 비용의 증가가 과연 합리적인지를 결정할 필요가 있다.

[표 4-4]는 이분법적인 변인(예/아니오와 같은)이 들어 있는 측정치에 대한 95% 신뢰수준에서의 오차량을 보여준다. 예를 들어 표본 1,000명에 대한 질문에서 "예"의 응답이 30%일 경우 단지 표본의 크기 때문에 발생할 수 있는 오차는 2.9이다. 이것은 그 특정질문에 대한 실제 값은 27.1%와 32.9% 사이에 있다는 것을 95% 확신할 수 있다는 뜻이 된다.

표집오차는 연구의 정확도를 나타내주는 지표이기 때문에 모든 연구영역에서 중요한 개념이다. 아비트론사나 닐슨사와 같은 대규모 수용자조사회사들이 발표한 연구들에는 전자매체시청률협의회(Electronic Media Rating Council: EMRC)가 요구한 표집오차를 결정하는 데 도움을 주는 간단한 표가 포함되어 있다. 그 외에도 각 회사는 어떤 형태로든지 오차에 대하여 설명해야 한다. 다음에 제시되어 있는 것처럼 아비트론사에서도 오차에 대한 설명을 시청률 보고서 및 전자책에서 "방법론 설명(Prescription of Methodology)"이라는 제목 아래 따로 제공하고 있다.

> 아비트론사가 제공하는 측정치는 모집단의 표본으로 얻어진 연구의 통계적 변량에 따른 것입니다. ..... 아비트론사가 제공하는 측정치, 자료와 보고서 및 통계의 정확도는

[표 4-4] 신뢰수준 95 및 99%의 표집오차

95% 신뢰수준에서의 표집오차											
연구결과 / 표본크기	1% 또는 99%	5% 또는 95%	10% 또는 90%	15% 또는 85%	20% 또는 80%	25% 또는 79%	30% 또는 70%	35% 또는 65%	40% 또는 60%	45% 또는 55%	50%
10	6.2	13.5	18.6	22.1	24.8	26.8	28.4	29.6	30.4	30.8	31.0
20	4.4	9.6	13.1	15.6	17.5	19.0	20.1	20.9	21.5	21.8	21.9
30	3.6	7.8	10.7	12.8	14.3	15.5	16.4	17.1	17.5	17.8	17.9
40	3.1	6.8	9.3	11.1	12.4	13.4	14.2	14.8	15.2	15.4	15.5
50	2.8	6.0	8.3	9.9	11.1	12.0	12.7	13.2	13.6	13.8	13.9
75	2.3	4.9	6.8	8.1	9.1	9.8	10.4	10.8	11.1	11.3	11.3
100	2.0	4.3	5.9	7.0	7.8	8.5	9.0	9.3	9.6	9.8	9.8
200	1.4	3.0	4.2	4.9	5.5	6.0	6.4	6.6	6.8	6.9	6.9
300	1.1	2.5	3.4	4.0	4.5	4.9	5.2	5.4	5.5	5.6	5.7
400	0.98	2.1	2.9	3.5	3.9	4.2	4.5	4.7	4.8	4.9	4.9
500	0.87	1.9	2.6	3.1	3.5	3.8	4.0	4.2	4.3	4.4	4.4
600	0.80	1.7	2.4	2.9	3.2	3.5	3.7	3.8	3.9	4.0	4.0
700	0.74	1.6	2.2	2.6	3.0	3.2	3.4	3.5	3.6	3.7	3.7
800	0.69	1.5	2.1	2.5	2.8	3.0	3.2	3.3	3.4	3.4	3.5
900	0.65	1.4	2.0	2.3	2.6	2.8	3.0	3.1	3.2	3.3	3.3
1,000	0.62	1.4	1.9	2.2	2.5	2.7	2.8	3.0	3.0	3.1	3.1
1,200	0.56	1.2	1.7	2.0	2.3	2.5	2.6	2.7	2.8	2.8	2.8
2,000	0.44	0.96	1.3	1.6	1.8	1.9	2.0	2.1	2.1	2.2	2.2
3,000	0.36	0.78	1.1	1.3	1.4	1.5	1.6	1.7	1.8	1.8	1.8
4,000	0.31	0.68	0.93	1.1	1.2	1.3	1.4	1.5	1.5	1.5	1.5
5,000	0.28	0.60	0.83	0.99	1.1	1.2	1.3	1.3	1.4	1.4	1.4

(계속)

[표 4-4] 신뢰수준 95 및 99%의 표집오차

99% 신뢰수준에서의 표집오차											
표본 크기 \ 연구 결과	1% 또는 99%	5% 또는 95%	10% 또는 90%	15% 또는 85%	20% 또는 80%	25% 또는 79%	30% 또는 70%	35% 또는 65%	40% 또는 60%	45% 또는 55%	50%
10	8.1	17.7	24.4	29.0	32.5	35.2	37.2	38.8	39.8	40.4	40.6
20	5.7	12.5	17.2	20.5	23.0	24.9	26.3	27.4	28.2	28.6	28.7
30	4.7	10.2	14.1	16.8	18.8	20.3	21.5	22.4	23.0	23.3	23.5
40	4.0	8.9	12.2	14.5	16.3	17.6	18.6	19.4	19.9	20.2	20.3
50	3.6	7.9	10.9	13.0	14.5	15.7	16.7	17.3	17.8	18.1	18.2
75	3.0	6.5	8.9	10.6	11.9	12.9	13.6	14.2	14.5	14.8	14.8
100	2.6	5.6	7.7	9.2	10.3	11.1	11.8	12.3	12.6	12.8	12.9
200	1.8	4.0	5.5	6.5	7.3	7.9	8.3	8.7	8.9	9.0	9.1
300	1.5	3.2	4.5	5.3	5.9	6.4	6.8	7.1	7.3	7.4	7.4
400	1.3	2.8	3.9	4.6	5.1	5.6	5.9	6.1	6.3	6.4	6.4
500	1.1	2.5	3.4	4.1	4.6	5.0	5.3	5.5	5.6	5.7	5.7
600	1.0	2.3	3.1	3.7	4.2	4.5	4.8	5.0	5.1	5.2	5.2
700	1.0	2.1	2.9	3.5	3.9	4.2	4.5	4.6	4.8	4.8	4.9
800	0.90	2.0	2.7	3.2	3.6	3.9	4.2	4.3	4.5	4.5	4.5
900	0.85	1.9	2.6	3.1	3.4	3.7	3.9	4.1	4.2	4.3	4.3
1,000	0.81	1.8	2.4	2.9	3.3	3.5	3.7	3.9	4.0	4.0	4.1
2,000	0.57	1.3	1.7	2.1	2.3	2.5	2.6	2.7	2.8	2.9	2.9
3,000	0.47	1.0	1.4	1.7	1.9	2.0	2.2	2.2	2.3	2.3	2.3
4,000	0.40	0.89	1.2	1.5	1.6	1.8	1.9	1.9	2.0	2.0	2.0
5,000	0.36	0.79	1.1	1.3	1.5	1.6	1.7	1.7	1.8	1.8	1.8

어떤 명확한 수학적 값이나 정의를 갖는 것은 아닙니다.

아비트론사의 전자책에는 자사가 제공하는 휴대용 피플미터(Portable People Meter: PPM) 시청률에 관해 다음과 같이 기술되어 있다.

> PPM 시청률은 수용자대상 측정치를 바탕으로 한 것이며 아비트론사의 견해입니다. 따라서 이것이 특정 인구학적 시장이나 라디오 시장을 정확하게 대표한다고 믿어서는 안 됩니다.

표집으로 인한 통계적 오차는 모든 연구가 갖는 특징이다. 연구자들은 연구에서나 오차가 발생할 가능성이 있는 요인에 특별히 관심을 가져야 한다. 오차로 뒤엉킨 연구 결과를 내놓는 것은 연구를 전혀 하지 않은 것이나 마찬가지라고 볼 수 있다. 오차의 문제는 그 오차의 크기를 결코 정확하게 평가할 수 없다는 데 있다. 만약 오차의 크고 작음으로 대상을 정확히 평가할 수 있다면 연구자는 단순히 오차의 원인을 찾아내어 수정하기만 하면 된다. 그러나 그렇게 할 수 없기 때문에 연구자는 오차를 연구과정의 일부분으로 받아들여야 하며, 가능한 한 그 영향을 줄이도록 해야 한다. 또한 결과를 해석하는 데 있어 오차가 존재한다는 사실을 항상 염두에 두어야 한다.

이러한 유형의 표를 볼 때에는 먼저 표의 세로 항목에서 응답 비율을 찾고 왼쪽 항목에서 표본크기를 찾아보자. 이후 해당 표준오차 추정치를 찾아보자. 가령 400명의 표본 중 응답자의 50%가 특정 진술문에 동의했다면, 이것으로 알 수 있는 오차 추정치는 ±4.9%이다. 즉 '실제' 응답 범위는 45.1%에서 54.9%가 된다. 99% 신뢰수준에서 이 대답의 오차의 추정치는 ±6.4%가 된다.

06 유한모집단 조정계수

일부 연구자들의 주장에 따르면, 특정 작은 모집단을 대체하지 않고 표집을 한 경우 **유한모집단 조정계수**(Finite Population Correlation Factor: FPCF)로 알려진 인수를 이용해 표집오차를 바로잡을 필요가 있다.[역자주 5]

역자주 5 통계학에서 모집단은 유한모집단과 무한모집단으로 나누어서 고려한다. 모집단을 정의한 경우, 그 성원이 유한개인 경우 이것을 유한모집단이라고 하며, 그 성원의 개수를 N으로 표시하고, '모집단의 크기'라고 한다. 유한모집단에서는 이론적으로 전수조사가 가능하다.

통상적인 접근은 표본이 모집단의 5% 보다 클 경우[역자주 6] 유한모집단 조정계수를 이용해야 한다. 조정계수를 보면, 작은 모집단에서 모수 예측이 잘 이루어지는 경우는 그 모집단에서 차지하는 비중을 더 크게 하여 표본화시킬 때라는 사실을 알 수 있다. 유한모집단 조정계수(FPCF)는 다음과 같은 공식으로 계산된다(N=모집단, n=표본크기).

$$FPCF = \sqrt{\frac{N - n}{N - 1}}$$

이 숫자를 앞서 설명한 공식에서 사용한 표본 오차 값과 곱한다(173쪽 참조).

2007년 앰허스트(Amerst) 소재 메사추세츠 대학(Univ. of Massachusetts)의 학생 피애니아젝(Adam Pieniazek)은 유한모집단 조정계수에 대하여 다음과 같이 설명하고 있다.

> "어떤 표본이 모집단의 5%보다 크고 해당표본이 대체 없이 선정된 경우 유한모집단 조정계수가 이용되어야 한다. 조정된 z값은 정상 z값보다 크게 되는데, 이는 그 값이 조정되기 전의 z값보다 중앙으로부터의 좀 더 표준화된 편차임을 의미한다.
>
> 이 계수를 이용하면 정상보다 더 큰 분수를 가진 모집단이 되기 위한 표본크기는 어느 정도 되어야 하는지를 정확하게 알아낼 수 있다. 표본크기가 커질수록 표준편차는 작아지기 때문에 유한모집단 조정계수를 보면 큰 표본에서 얻어진 특정 값을 작은 표본에서 얻어진 값과 비교했을 때 그 값이 평균으로부터 멀리 떨어져 있는 경우란 거의 없다는 것을 알 수 있다."

가중치 부여

이상적인 연구를 하고자 한다면, 연구자는 모집단의 인구학적 · 심리학적 특징과 생활양식의 특징을 대표하기에 충분한 응답자나 피험자들을 표본으로 삼아야 한다. 그러나 현실적으로는 시간과 예산상의 제약 때문에 대부분의 연구에서 이상적인 표본을 확보하기란 어렵다.

그렇다고 연구계획을 취소하기보다는 이런 경우에 대부분의 연구자들은 **가중치 부여**(weighting) 혹은 **표본 균형화**(sample balancing)라고 알려진 통계적 절차를 이용한다. 이는 곧 전체 연구대상자가 모집단의 백분율에 미치지 못하는 유목(categories)들은 연구대상자의 응답에 가중치를 주어서 그 부족분을 보충하는 것이다. 사전에 결정된 필요한 수준에

역자주 6 모집단이 유한하더라도 $\frac{n}{N} \leq 0.05$이면 수정효과는 거의 없으므로, 무한 모집단 공식을 사용할 수 있다.

도달하기 위해서 연구대상자 한 사람의 반응들에 1.3, 1.7, 2.0 또는 다른 숫자를 곱할 수 있다.

이렇듯 가중치를 부여하는 방법은 경우에 따라서 유용한 기법이지만, 자료조작기법의 절차 상 논란이 많고 특히 방송 시청률 조사 분야에서는 더욱 그렇다. 가장 중요한 문제는 가중치를 과연 (1) 누구에게 (2) 어느 정도 부여해야 하는가이다. 가중치에 관한 문제는 14장에서 더욱 자세히 다룰 것이다.

요약

사건, 개념 또는 현상에 관한 예측을 정확하게 하기 위해서 연구자는 자세하면서도 객관적인 분석을 해야만 한다. 그러한 분석을 위해 사용하는 절차가 모집단 전체를 조사하는 센서스이다. 그러나 연구마다 센서스, 즉 전수조사를 실시하는 것은 비실용적이다. 따라서 연구자들은 대안적인 방법에 의존한다. 가장 널리 사용되는 대안은 모집단으로부터 무작위 표본을 선정해서 조사하고 이로부터 모집단의 특성을 일반화시킬 수 있는 예측을 하는 것이다. 무작위 표본을 구성하는 단위들을 밝혀내는 여러 과정들이 있다.

과학적 절차가 타당하고 유용한 결과를 제공하는 것이라면 연구자들은 표본을 선정하는데 사용하고 있는 방법에 면밀히 관심을 기울여야 한다. 이 장에서는 매스미디어 연구에 보통 사용되는 여러 종류의 표집방법을 기술하였다. 어떤 것은 기초적인 것이어서 많은 시간과 자료를 필요로 하지 않는다. 그러나 상당한 비용과 시간이 요구되는 표집방법도 있다. 그렇기 때문에 연구자는 그렇게 해서 얻게 될 결과가 들어간 비용과 시간을 정당화할 수 있는지 여부를 검토해야만 한다.

과학적 연구라면 표집 과정을 소홀히 해서는 안 된다. 의미 있는 가설이나 연구문제를 서정하고 이를 검증하기 위해 연구설계를 잘 개발했다 하더라도, 표본 수집이 정확이 이루어지지 않으면 그 연구는 의미가 없게 된다. 연구를 통해 얻은 분석 결과가 특정 표본에만 한정된 결과가 되지 않도록 하기 위해서 연구자는 지속적으로 표본 추출 절차에 관심을 가져야 한다. 이는 곧 연구결과가 연구에 이용된 표본유형에 기반을 두게 된다는 것을 의미한다.

핵심용어

가용표본(available sample)
가우스 분포(Gaussian distribution)
가중치 부여(weighting)
균형 층화표집(proportionate stratified sampling)
눈덩이 표본(snowball sample)
다단계 표집(multistage sampling)

대수의 법칙(law of large numbers)
모수(parameters)
모집단(population)
무작위 오차(random error)
무작위 표본(random sample)
부적격 자원자 표본(unqualified volunteer sample)
비확률표본(nonprobability sample)
신뢰구간(confidence interval)
신뢰수준(confidence level)
유의표집(purposive sampling)
유한모집단 조정계수(finite population correction factor)
자원자 표본(volunteer sample)
적격 자원자 표본(qualified volunteer sample)
전수조사(census, 센서스)
정규곡선(normal curve)
정규분포(normal distribution)
주기성(periodicity)
중심극한정리(central limit theorem)
집락표본(cluster sample)
체계적 무작위 표집(systematic random sampling)
측정오차(measurement error)
층화표집(stratified sampling)
편의표본(convenience sample)
표본(sample)
표본 가중치 부여(sample weighting)
표본 균형화(sample balancing)
표준오차(standard error)
표집간격(sampling interval)
표집설계(sampling design)
표집오차(sampling error)
표집틀(sampling frame)
표집편견(sampling bias)
할당표본(quota sample)
확률표본(probability sample)
RDD(random digit dialing)

인터넷 활용하기

인터넷에서 다음 내용을 검색해보자.

- "연구에서 말하는 표집"
- "연구에서 활용되는 표본의 유형"
- 권장하는 "표본의 크기"
- "표본크기"에 대한 제언들
- "무작위 표본"
- "표집방법" 연구
- 표본 가중치

만약 난수 생성기(random number generator)가 필요하다면 인터넷에서 "난수 생성기"를 검색해보자. 표집오차 및 표본크기 계산기는 www.wimmerdomminick.com에서도 구할 수 있다.

생각해볼 문제

1. 가용표본을 연구에 이용하는 것에 대해 오랫동안 열띤 논쟁이 이루어져 왔다. 이 논쟁에서 양측은 서로 다른 입장을 주장한다. 어떤 연구자들은 가용표본이 모집단을 대표하기에 부정확한 것이라고 한다. 또 다른 이들은 어떤 개념이나 현상이 존재한

다면 그것은 무작위 표본의 경우와 마찬가지로 가용표본에도 존재해야 한다고 주장한다. 당신은 어떤 입장에 동의하는가? 그 이유를 설명해보자.

2. 많은 연구가 작은 규모의 표본을 사용한다. 작은 표본의 장 · 단점은 무엇인가? 연구에서 작은 표본을 사용함으로써 비용 절감 이외에 다른 이점이 있다면 무엇일까?
3. 다음 연구계획들에 적합한 표집기법에는 어떤 것이 있을 수 있는지 설명해보자.
   - 전화 설문의 지시내용을 사람들이 잘 이해하고 있는지 여부를 알아보기 위한 예비연구
   - 어떤 사람이 DVD나 아이팟(iPods)을 사는지 알아내기 위한 연구
   - 지방 TV 프로그램 시청자의 인구학적 분포를 알아내기 위한 조사연구
   - 토요일 오전 어린이 프로그램들의 광고에 대한 내용분석
   - 고소득가구와 저소득가구의 신문구독 행위 사이의 차이점을 연구하는 서베이
4. 일반인들은 연구절차에 대한 이해가 부족하다. 그래서 상대방이 자신의 아이디어를 지지하는 논거로 그저 연구(research)라는 용어를 사용만 해도 그 사람의 주장에 대개 설득 당한다. 이를 여러분 스스로 증명해보기 위하여, 레노(Jay Leno)의 "제이워킹(Jaywalkling)"역자주 7 서베이를 자신의 스타일로 실시해보자. 그리고 연구에 대해 무지한 10여명의 사람들을 대상으로 "어느 TV 신규 프로그램에 대한 사람들을 평가를 알아보기 위해 전국규모의 연구를 실시하려고 하는데, 그 결과를 전국적으로 일반화시키려면 얼마나 많은 사람들을 그 연구에 포함시켜야 한다고 생각하는지요?"라고 물어보자. 그 결과에 여러분은 깜짝 놀랄 것이다.
5. 응답자나 피험자 표본을 이용한 논문을 매스미디어 관련 학술지에서 최소 다섯 가지 이상 찾아보자. 표본을 어떻게 선정했는지에 대한 설명이 그 논문에 자세하게 수록되어 있는지 찾아보자. 부적격 자원자 표본이 쓰였다면, 그 표본의 가치는 어떤지 그리고 그 논문에서 스스로 설명하고 있는 해당 연구의 가치는 무엇인지를 살펴보자.
6. 2012년 미국 대통령 선거에 관한 여론조사 결과를 인터넷에서 검색보자. 어떤 여론조사 결과가 실제 선거결과와 가까웠으며 어떤 조사 결과가 유사하지 않았는지 알아보자. 전국 투표 여론조사에 수반되는 잠재적 문제로는 어떤 것이 있는지를 살펴보자.

이에 대한 추가적인 정보는 www.wimmerdominick.com이나 www.cengagebrain.com에서 찾아보자.

역자주 7 미국 코미디 방송 프로그램의 한 코너명이다. 제이 레노라는 코미디언이 LA 주변 공공장소에서 낯선 사람들에게 여러 주제에 대해 질문을 하는데 돌아오는 대답들은 대개 터무니없고 우스운 내용으로 구성된다.

출처: ① www.nbc.com/the-tonight-show/classic/jay-leno

② 위키피디아(wikipedia)

참고문헌 및 권유문헌

Note: New books on sampling are published frequently. Search the Internet for "research sampling books" and "research sampling" to find the most recent additions to the huge list of available materials.

Babbie, E. R. (2010). *The practice of social research* (12th ed.). Belmont, CA: Wadsworth/Cengage Learning.

Comrey, A. L., & Lee, H. B. (1992). *A first course in factor analysis* (2nd ed.). Hillsdale, NJ: Lawrence Erlbaum.

Fletcher, J. E. (Ed.). (1981). *Handbook of radio and TV broadcasting*. New York, NY: Van Nostrand Reinhold.

Gorsuch, R. L. (1983). *Factor analysis* (2nd ed.). Philadelphia, PA: W. B. Saunders.

Nunnally, J. C., & Bernstein, I. H. (1994). *Psychometric theory* (3rd ed.). New York, NY: McGraw-Hill.

Pieniazek, A. (2007). *Finite Population Correction Factor*. Retrieved from *www.adampieniazek.com/statistics/finite-population-correction-factor*

Rosenthal, R., & Rosnow, R. L. (1969). *Artifact in behavioral research*. New York, NY: Academic Press.

Stanford University (2005). *Comparing the results of probability and non-probability sample surveys*. Retrieved from *http://pprg.stanford.edu/currentresearch.html*

Tukey, J. W. (1986). *The collected works of John W. Tukey* (Vols. III and IV). Belmont, CA: Wadsworth and Brooks/Cole.

Walizer, M. H., & Wienir, P. L. (1978). *Research methods and analysis: Searching for relationships*. New York, NY: Harper & Row.

2부 연구방법

2부에서는 연구에 대한 일반적 논의부터 세분화된 연구기법까지를 다룬다. 5장에서는 질적 분석을 다룬다. 질적 분석에서는 일상경험을 반영하는 자료에 대한 (관찰)분석과 언어로 된 자료(단어)에 대한 분석이 주로 다뤄진다. 그리고 6장에서는 담화와 메시지의 특성에 초점을 맞춘 내용분석을 다루는데 여기에서의 분석은 보다 체계적이며 성숙한 방법으로 이루어진다. 7장에서는 앞의 두 방법들보다 수량화와 정교한 측정에 훨씬 더 의존하는 서베이 방법을 다룰 것이다. 그러나 수량화에 대한 의존이 강화되면서 서베이 대상 연구문제의 유형이 좁아지는 대가를 치루고 있다. 8장에서는 종단연구, 그리고 9장에서는 여러 방법들 중에서 가장 명료하면서도 난해한 방법인 실험연구방법을 다룰 것이다.

5장 질적 연구방법

01 목적과 철학

질적인 연구방법을 논의하는 것 자체가 혼란을 일으킬 수 있다. '질적(qualitative)'이라는 용어에 대한 공통된 정의가 없기 때문이다. 사실 이 용어를 정의하게 되면 오히려 방법이나 연구기법을 제한할 위험이 있다고 아예 정의하는 것 자체를 거부하는 연구자들도 있다. 이렇듯 질적이라는 용어의 정의가 복잡하게 된 데는 질적이라는 용어 자체가 서로 다른 여러 수준의 의미로 활용되기 때문이다. 질적이라는 단어가 ① 연구에 대한 광범위한 철학과 접근을 언급하기도 하고, ② 하나의 연구방법론을 의미하기도 하며, ③ 특정의 연구기법을 언급하기도 한다. 해석적 연구를 더 잘 이해하기 위해서는 사회과학 방법론 일반으로 돌아가서 하나하나를 다시 살펴보는 게 필요하다.

노이먼(Neuman, 1997)과 블래키(Blaikie, 1993)는 사회과학 방법에는 세 가지 구별되는 접근, 즉 실증주의(혹은 객관주의) 접근, 해석적 접근, 비판적 접근 등이 있다고 보았다. 이들 각각은 하나의 모델이자 패러다임을 대표한다. 여기서 **패러다임**(paradigm)이란 연구자들이 세상을 어떻게 볼 것인가를 놓고 채택한 일련의 가정, 절차, 이론 체계를 말한다. 패러다임은 보편적으로 '참'이라고 받아들여지는 공리나 진술을 기반으로 한다. 패러다임에 따라 연구방법이 달라지기 때문에 어느 패러다임을 받아들이느냐는 중요하다.

실증주의 패러다임(positivist paradigm)이 가장 오래됐으며 매스미디어 연구에서 가장 널리 이용되고 있는 패러다임이다. 콩트(Comte)나 밀(Mill)과 같은 철학자들의 저작물로부터 나온 실증주의는 자연과학에서 가장 널리 이용되고 있다. 사회과학에서 이 패러다임의 이용이 늘어나면서 연구자들이 자신의 목적에 맞게끔 약간 수정하였다. 수량화, 가설, 객관적 관찰 등이 여기에 해당한다. 실증주의 패러다임은 이 책의 기초를 이루고 있는 내용 중 하나다.

해석적 사회과학의 뿌리는 베버(Max Weber)와 딜타이(Wilheim Dilthey)까지 거슬러 올라간다. **해석적 패러다임**(interpretive paradigm)의 목적은 사람들이 자연스러운 일상적인 생활 속에서 어떻게 주변 세계에서 일어난 사건들에 의미를 부여하고 해석하는지를 이해하는 것이다. 이 패러다임은 1970년대와 1980년대 매스미디어 연구에서 대중성을 확보했으며 1990년대와 새로운 세기에 들어와서 더 주목을 받고 있다.

비판적 패러다임(critical paradigm)은 인문과학적 연구에서 활용된 분석 모델을 기반으로 한다. 비판적 연구자들은 사회와 정치 이데올로기 내 권력의 배분과 같은 개념들에 관심을 갖는다. 많은 유용성을 갖지만 비판적 패러다임에 대한 고찰은 이 책의 범위를 넘어선다. 대신 홀(Hall, 1982)의 책을 참고하기를 권유한다. 과도한 단순화의 위험 때문에 여기서는 실증주의와 해석적 패러다임만을 비교해보고자 한다.

실증주의 패러다임은 다음 세 가지 차원에서 해석적 패러다임과 구별된다. 먼저, 두 방법은 '실재(reality)'에 대하여 서로 다른 철학을 갖는다. 실증주의 연구자에게 실재라는 것은 객관적(objective)이다. 그 실재는 연구자와는 떨어져 존재하며 모든 사람들이 볼 수 있다. 다시 말해 실재는 '저기 저곳에' 있는 것이다. 반면에 해석적 연구자들에게 실재란 존재하지 않는다. 각 관찰자들이 연구과정의 일부로서 실재를 창조해낼 뿐이다. 그런 의미에서 실재는 주관적인 것이다. 그리고 관찰자와의 관계 아래서 존재한다. 실증주의 연구자에 따르면 실재는 여러 작은 부분들로 나누어질 수 있고 그 부분 부분을 연구하다 보면 전체에 대한 지식을 얻을 수 있다고 본다. 그와 반대로 해석적 연구자들은 실재는 전체적인 것이므로 작은 부분으로 나누어질 수 없고 그렇기 때문에 전체적인 과정을 봐야 한다고 주장한다.

두 번째는 개인을 보는 관점의 차이다. 실증주의 연구자들은 모든 인간은 기본적으로 비슷하다고 보고 그들의 감정이나 태도 등을 요약할 수 있다고 본다. 그러나 해석적 연구자들은 인간이란 본질적으로 서로 다르고 어느 특정 범주 안으로 구분해서 넣을 수 없다고 믿는다.

세 번째, 실증주의 연구자들은 행동의 일반 법칙을 만들어내려고 하고 여러 상황을 가로질러 발생하는 현상들을 많이 설명하고자 한다. 반면에 해석적 연구자들은 주어진 상황이나 개인을 대상으로 독특한 설명을 구하려고 노력한다. 실증주의 연구가 넓이를 추구한다면, 해석적 연구는 깊이를 추구한다.

이 두 접근의 실질적인 차이는 연구과정에서 명백히 들어난다. 다음에 제시된 다섯 가지는 두 연구 간의 중요한 차이를 설명해준다.

① 연구자의 역할 실증주의 연구자는 객관성을 추구하고 항상 자료와 거리를 유지한다. 해석적 연구자는 그 자신이 자료의 일부분이라 생각하며 연구자의 능동적인 참여 없이는 자료도 없다는 입장을 견지한다.
② 설계 실증주의자들에게는 연구설계가 연구를 시작하기 전에 만들어진다. 그러나 해석적 접근에서는 연구과정에서 연구설계가 만들어진다. 그리고 진행과정에서 상황에 맞게끔 연구설계가 바뀔 수도 있다.
③ 연구 상황 실증주의 연구자는 통제 가능한 상황에서 연구를 진행시킴으로써 연구에 해를 끼치거나 혼동시키는 요소들을 제한하고자 노력한다. 반면 해석적 연구자들은 현장이나 자연스러운 상황 그대로를 유지하면서 연구를 진행한다. 굳이 외생변인을 통제하지 않으면서 사건들의 정상적인 흐름을 그대로 관찰하려고 한다.
④ 측정도구 실증주의 연구에서는 측정도구가 연구자와는 별도로 존재하며 연구자가 부재 시에도 다른 사람이 연구자 대신 그 도구를 이용하여 측정할 수 있다. 해석적 연구에서는 연구자 자신이 바로 측정도구이다. 다른 사람이 연구자를 대신 할 수 없다.
⑤ 이론 구축 실증주의 연구자는 연구를 이론을 검증하거나, 지지, 반박하는 데 이용한다. 반면에 해석적 연구자는 연구과정에서 이론을 발전시킨다. 이 경우 이론은 자료 주도적이며 연구과정의 부분으로 간주된다.

연구자가 어떤 패러다임을 추구하느냐에 따라 이용하는 연구방법도 큰 영향을 받기 마련이다. 포터(Potter, 1996, p.36)는 그 영향을 다음과 같이 설명하고 있다. "다른 신념(패러다임)을 가진 두 학파는 … 동일한 현상에 대해 관심을 가진다 할지라도 그러한 신념 때문에 연구를 다르게 해나갈 것이다. 왜냐하면, 그들은 증거에 대한 관점이 다르고, 연구의 목적 및 분석에 대한 관점이 다르기 때문이다."

실증주의적 접근은 뒤의 여러 장에서 자세히 소개될 양적인 내용분석, 서베이, 실험 연구기법들과 밀접하게 연관된다. 한편 해석적 접근은 이 장에서 논의될 특수한 범주의 연구방법들과 깊게 연관된다. 그렇다고 연구방법이 해당 패러다임의 철학을 완고하게 준수해야만 하는 것은 아니다. 실증주의자가 포커스그룹 연구나 심층 면접 방법을 이용해서 수행한 연구를 발견하기란 어렵지 않다. 반대로 해석적 연구자들이 서베이나 내용분석을 이용하는 경우도 드물지 않다. 따라서 이장에서 소개되는 포커스그룹 연구 지침이나 이어지는 장에서 소개될 서베이는 양 패러다임과 다 관련된다. 그러나 방법이 같다고 할지라도 연구목적이나 연구문제 그리고 자료를 해석하는 방법은 매우 다르다.

예를 들어, 실증주의 연구자가 부정적인 정치광고가 정치 냉소주의를 확산시킨다는 가설을 검증하는 데 관심이 있다고 하자. 연구자는 포커스그룹을 대상으로 냉소주의를 측정하는 설문지를 가지고 서베이하고, 연구자가 정의한 부정적 광고에 대한 노출을 측정하는 작업을 수행한다. 그리고 통계적 분석을 통해 양 항목 간의 관련성 여부를 검증해서 가설의 지지 여부를 확인할 수 있다.

동일한 연구문제를 해석적 연구자가 포커스그룹을 대상으로 연구를 한다고 하자. 여기서는 주로 포커스그룹 구성원들이 정치적 광고를 어떻게 해석하는지, 부정적 광고로부터 얻은 의미는 무엇인지, 광고 시청시의 상황, 그들을 정치에 대해 냉소적으로 만

자세히 보기 〉〉 방법론과 방법

방법론(methodology)과 방법(methods)이라는 용어는 종종 혼란을 야기한다. 방법론은 방법들에 대한 연구를 의미하며, 연구과정 그 자체를 뒷받침하는 철학적 가정이다. 연구문제가 무엇이냐에 따라 방법론도 달라진다. 인터넷이 저작권법에 어떤 영향을 미치는 지에 관심을 가진 연구자라면 아마도 법적 연구방법론을 택할 것이다. 텔레비전이 도입된 이후 라디오 편성이 어떻게 진화했는지를 추적하고 싶은 연구자라면 아마도 역사적 방법론을 택할 것이다. 텔레비전이 어린이들에게 미치는 영향을 연구하고자 한다면 과학적 방법론을 이용할 것이다. 요약하면, 방법론은 "왜" 특정방식으로 연구를 하는가의 문제를 다룬다. 가치 있는 문제가 무엇이며 그에 대한 연구는 어떻게 진행되어야 할지에 대한 지침을 의미한다.

방법론이 다르다보면 패러다임도 서로 달라지는 경향이 있다. 양적 방법론에서는 일반적으로 실증적(positive) 패러다임을 채택하는 반면에, 질적인 연구자들은 비판적(critical) 패러다임을 선호한다. 비판적 패러다임을 수용하는 사람들은 일반적으로 인문학적 방법론을 따르는 경향이 있다.

이와 대조적으로, 방법은 선택된 방법론의 가정에 따라 정보를 수집하는데 필요한 특정의 기법이다. 실증주의 패러다임을 택한 연구자들은 서베이 및 실험과 같은 방법을 이용할 것이고, 이와 달리 해석적 패러다임을 택한 연구자들은 포커스그룹, 민속지학 및 관찰과 같은 방법들에 의존할 것이다.

든 것이 무엇인가 등에 연구가 집중된다. 포커스그룹은 분석을 위한 자료원일 뿐이다. 해석적 연구자는 설명을 통해 참여자들의 의견 속에서 내재하는 공통점이나 일반적인 주제를 찾아내려고 노력한다. 이렇듯 두 연구자가 전통적으로 질적 연구방법으로 분류되는 포커스그룹 연구를 같이 실시했다고 할지라도 그 이용은 각자 다소 다르다.

이러한 차이점에도 불구하고 요즈음 많은 연구자들은 연구대상 현상을 좀 더 충분히 이해하기 위하여 양적 접근과 질적 접근을 결합하여 사용하고 있다. 마일즈와 허버만(Miles & Huberman, 1984)은 이에 대해 다음과 같이 말하고 있다.

> 어떤 하나의 인식론만을 완고하게 고집하는 방법론자를 찾기가 점점 어려워지고 있다. 많은 '양적' 방법론자들이 검증, 서베이 및 구조화된 면접을 보완하기 위하여... 점점 더 자연주의적이며 현상학적인 접근을 이용해 가는 추세다. 다른 한편으로, 사전에 계획된 개념 틀이나 구조화된 도구를 사용하는 민속지학 연구자나 질적 연구자들 또한 늘어가고 있다. … 이제 대부분의 사람들이 세상을 좀 더 초월된 시각으로 바라보고자 노력하고 있다(p. 20).

지난 몇 년 동안 질적·양적 이 두 가지 접근 간에 "밥그릇 싸움(turf war)"이 종종 터지곤 했다. 저자들이 생각하기로는 양적 접근 대 질적 접근 간 논쟁은 건설적이지 않다. 그러한 논쟁보다는 두 가지 방법론들을 통합할 수 있는 방식을 살펴보는 것이 더 유익

자세히 보기 〉〉 질적 연구의 정의

대부분의 질적 연구프로젝트들은 작은 표본을 이용하기 때문에 연구자로서는 그 결과를 모집단으로 일반화하기가 어렵다. 이 문제를 극복하기 쉬운 방법으로는 표본의 크기를 확대하는 방안이 있다. 미디어 업계는 물론 공공부문의 연구에서도 질적 연구를 반대하는 주장들을 설득하기 위해 이러한 방안을 자주 활용한다. 그렇다면 무엇이 문제일까?

큰 표본을 사용하면 양적 연구와 질적 연구 간의 차이는 없어질까? 그것은 문제를 어떤 방식으로 묻는가와 관련된다. 이런 논쟁거리들을 모두 배제한경우, 질적 연구와 양적 연구 간의 차이는 다음과 같이 요약된다.

- 질적 연구는 유연한 질문방식을 이용한다. 프로젝트를 시작하면서 기본적인 질문들을 사전 설계한다 할지라도 언제든지 연구자가 질문을 변경하거나 후속 질문을 할 수 있다.
- 양적 연구는 정적이거나 표준화된 질문체계를 이용한다. 모든 응답자들에게 동일한 질문이 주어진다. 연구자는 설문 안에 후속질문(혹은 건너뛰는 질문)들이 들어가도록 설계할 수 있지만 그것들도 연구가 시작되기 전 설문지나 측정도구 안에 포함시켜야만 한다.

하다. 닐(Neil, 2007)은 "사회과학자들이 어떤 방법으로 더 우월한지 논쟁하기보다는 쌍방의 영역에서 기술들을 발전시키는 것이 더 좋다"고 말한다. 실제로 최근 동향을 보면, 여러 연구자들이 마일즈와 허버만의 전반적(ecumenical) 관점을 채택하는 추세다. '혼합연구방법'이라고 하는 새로운 접근이 비록 매스미디어 연구에서는 아직 널리 쓰이지 않지만, 여러 사회과학영역에서 인기를 얻고 있다.

비록 질적인 연구가 자료를 수집하고 분석하는 데 뛰어난 방법일지는 모르나, 연구 결과의 해석에는 한계가 있다는 점을 유념해야 한다. 연구결과의 일반화에 관심 있는 연구자라면 더 큰 표본을 이용하거나 다른 방법을 고려하는 게 좋다. 대부분의 경우, 질적인 연구에서는 작은 표본, 즉 모집단을 대표하지 못하는 응답자나 단위들을 사용한다. 질적 연구는 그 한계가 인정될 때에만 매스미디어 연구에 유용한 도구가 된다. 특히 작은 표본을 대상으로 수행한 질적 연구의 결과를 마치 대표본의 실증주의인 기법을 통해 이루어진 것처럼 해석하는 경우가 많은데, 이는 결국 문제만 일으킬 뿐이다.

02 혼합연구방법

크레스웰(Creswell, 2003)이 한 정의에 따르면, **혼합연구방법**(mixed methods)이란 한 연구 안에서 연구자가 질적 자료와 양적 자료를 동시에 수집 · 분석 · 통합하는 것이다. 따라서 질적, 양적 방법의 장점을 다 갖는다. 이 방법을 옹호하는 연구자들은 질적 접근과 양적 접근의 철학적 차이에 대한 논쟁에 덜 관심을 가지며 연구문제를 해결하는 데 무엇이 가장 최선인가에 더 관심을 갖는다.

혼합연구방법의 모델은 여러 가지가 있다. [그림 5-1]은 크레스웰이 채택한 모델로 QUAL은 질적 접근, QUAN은 양적 접근을 의미한다. 먼저 동시모델은 양적 · 질적 자료를 동시에 수집하고 같은 비중으로 분석하고 해석한다. 가령 설문지 구성이나 면접 시 폐쇄형 항목과 개방형 항목을 동시에 이용하는 것이다.

반면 연계모델은 어느 한 방법을 다른 방법에 우선하여 이용하는 것이다. 예컨대 연구자가 서베이 전에 질문항목을 도출하기 위해 포커스그룹 조사를 실행하는 것이다. 아니면 연구결과의 좀 더 완전한 이해를 위해 서베이 후에 응답자들 중 몇몇을 대상으로 심층 면접을 시행하는 것도 여기에 해당한다.

혼합연구방법은 여러 가지 장점이 있다. 첫째, 2장에서 언급한 삼각측정법(triangulation) 개념과 유사하게 양 방법의 적절한 활용을 통해 얻어진 결론은 일반 연구보다 강력한

1. 동시모델

QUAL + QUAN

2. 연계모델

QUAL → QUAN

QUAN → QUAL

[그림 5-1] 혼합연구방법 조사설계

증거를 제공한다. 둘째, 연구자가 연구를 수행하는 과정에서 단일 방법에 의해 제한을 받지 않기 때문에 연구문제에 대해 좀 더 넓은 범위까지 유연하게 답을 얻을 수 있다. 마지막으로 단일 방법을 이용했을 경우 놓칠 수도 있는 정보나 통찰을 확보할 수 있다.

물론 단점도 있다. 양 방법을 이용할 경우 실제로는 2개의 연구를 수행하는 셈이기 때문에 시간과 비용이 더 들어가기 마련이다. 아울러 연구자는 질과 양, 이 두 방법에 대해 다 잘 알아야 한다. 만약 그렇지 못하면 팀을 구성해야 할지도 모른다. 수집 자료를 분석하는 것도 만만치 않다. 특히 양 방법의 결과가 서로 다를 때는 큰 어려움에 부닥칠지도 모른다.

매스미디어 연구에서 혼합방법의 활용은 아직 미미하지만 그래도 그런 연구들이 학술지에 등장하고 있다. 예를 들어 리버만과 동료들(Lieberman, Neuendorf, Denny, Skalski, & Wang, 2009), 그린우드(Greenwood, 2010), 군터와 동료들(Gunther, Kautz, & Roth, 2011)의 연구 등이 있다. 추가 사례들을 검토해보고 싶으면 〈저널 오브 믹스드 메소드 리서치(Journal of Mixed Methods Research)〉를 참고하고, 인터넷에서 "혼합연구방법조사"를 검색해보자.

03 질적 연구의 자료분석

질적 연구의 여러 유형을 살펴보기 전에 일반적인 수준에서의 질적 자료 및 자료분석 방법을 살펴보도록 하자. 질적 자료는 그 형태가 다양하다. 현장에서 관찰하면서 적은 노트, 면접 자료, 기록물, 일지 그리고 관련 저널 등이 여기에 해당한다. 나아가 연구자는 연구를 진행하는 동안 많은 양의 자료를 모으게 된다. 질적 방법을 이용하는 연구자들에게는 이 모든 정보를 조직, 분석하고 이해하는 작업은 특별한 도전이 된다.

분석이 시작되려면 모든 자료들이 숫자화 되어야 하는 양적 접근과는 달리 질적 연구에서는 분석이 자료들의 수집 과정에서부터 이루어지며 프로젝트 전반에 걸쳐 계속된다. 양적 연구자들은 연역적 모델을 따라 지료를 분석해간다. 즉 선행 연구들을 근거로 가설을 세우고 관련 자료를 수집한다. 그리고 그 가설을 받아들일 것인가 여부를 결정하기 위해 자료를 분석한다. 반대로 질적 연구자들은 귀납적 방법을 이용한다. 즉 어떤 주제와 관련된 자료들을 모으고 그 자료들을 적당하면서도 의미 있는 범주별로 구분한다. 설명은 그 자료에 근거한 것이다. 그리고 자료 자체를 대상으로 설명한다. 이 섹션의 나머지 부분은 마일즈와 허버만(1994)이 제언한 질적 자료분석 단계의 수정판(① 자료축소, ② 자료전시, ③ 결론도출, ④ 검증)을 따른다.

1) 자료의 준비: 축소와 전시

질적 연구과정에서는 많은 양의 자료들이 나오기 마련인데 이 자료들을 분석하는 데 잘 이용하려면 연구자는 대개 먼저 정보를 시간적 순서에 따라 체계화한다. 달리 표현하면, 자료를 연구기간 동안 발생한 일련의 시간에 따라 연대기 순으로 정리한다. 나아가 각 정보는 그 출처를 명확하게 코드화해야만 한다. 노트나 증명서 그리고 다른 기록물들에 대해서는 사진 복사본을 여러 개 만들어 놓아야 한다.

그 다음 자료들을 예비 분류 체계에 따라 조직한다. 이 분류 체계는 자료 그 자체로부터 아니면 선행 연구나 이론으로부터 구할 수 있다. 연구자들은 사전 연습을 통해 구분 가능한 범주가 무엇인지를 알고 그것을 자료의 빈 공간에 기록해두는 방법을 선호한다. 예를 들어 10대들의 라디오 청취를 질적으로 연구한다면 많은 분량의 면접 기록이 나올지 모른다. 연구자는 그 내용을 읽고 자료 어딘가에 '동료집단의 권유로', 다음은 '도피 동기' 등등으로 기록해놓을 수 있다. 그 과정이 끝나게 되면 예비 분류체계가 자연스럽게 자료들로부터 나오게 된다. 연구자에 따라서는 자료를 여러 개 복사해서 그것들을 동일한 분석단위별로 잘라 범주별로 구분하는 방법을 이용하기도 한다. 여러 소프트웨어 프로그램을 질적 자료를 체계화하는 데 이용할 수도 있다.

더 나아가 많은 연구자들은 특별히 자료분석용 공간이나 방을 갖는 것을 좋아한다. 이 방은 주로 자료의 시각적 전시가 가능한 시설들을 갖추고 있다. 이 시설을 이용하면 연구 노트 복사물이나 색인카드에 기록된 관찰 내용, 큰 플로우차트, 여타 메모 등을 간편하게 분석용으로 정리할 수 있다. 이런 시설은 팀을 이루어 프로젝트를 진행하는

자세히 보기 〉〉 질적 자료분석을 위한 소프트웨어

수집된 질적 자료분석을 쉽게 해주는 소프트웨어 프로그램들이 있다. 이 프로그램별로 옵션이 있기 마련이니 연구자는 주의해서 활용해야 한다.

Weft QDA	http://www.pressure.to/qda/
QDAP	http://www.umass.edu/qdap/
ALTAS	http://www.atlast.com/
NVivo	http://www.qsrinternational.com/#tab_you
HyperRESEARCH	http://researchware.com/
Ethnograph	http://qualisresearch.com/

경우 효율적으로 한꺼번에 자료를 보여 줄 수 있기 때문에 특히 유용하다.

마지막으로 연구자가 질적 자료의 수집과 분석의 주체이기 때문에 사전 준비가 꼭 필요하다. 메이쿼트와 모레하우스(Maykut & Morehouse, 1994)는 이러한 준비를 **에포케**(epoche, 판단중지)라고 했는데 이는 연구자가 분석에 방해가 되는 편견이나 관점, 가정들을 배제하거나 적어도 그것에 대해 인식하는 과정을 의미한다.

2) 분석기법

질적 자료는 여러 기법을 통해 분석 가능하다. 여기서는 그중 가장 잘 알려진 두 가지 방법인 지속비교법과 귀납적 분석기법을 살펴볼 것이다.

지속비교법(constant comparative method)은 글레이서와 스트라우스(Glaser & Strauss, 1967)가 처음 제시하였고 이후 지속적으로 개선되어 왔다(Lincoln & Guba, 1985). 일반적으로 그 과정은 다음의 네 단계로 나뉜다.

1단계: 비교 가능하게끔 대상을 범주별로 나누어 배정하는 단계
2단계: 범주들을 정교하게 가다듬고 세련시키는 단계
3단계: 범주들 사이의 연관성과 주제를 탐색하는 단계
4단계: 자료들을 일관된 이론적 구조 안으로 단순화시키고 통합하는 단계

① 비교를 위해 대상을 범주별로 배정하는 단계

자료가 분석을 위해 준비되었다면 연구자는 각 분석단위를 중심으로 잠정적이지만 배정을 위한 범주체계를 만든다. 이렇게 해서 새로 만든 분석단위를 검토한 후, 그것이 배정하는 체계로 적합한지 여부를 알아보기 위해 이전의 다른 분석단위들과 비교해본다. 적합하지 않은 분석단위가 나오면 대신 새로운 분류방식이 만들어질 수도 있다. 이

과정에서 중요한 점은 분류단위들을 비교해서 범주에 적합한 단위들 사이의 유사성을 밝혀내는 것이다.

가령 어떤 연구자가 개인들이 왜 AOL(American Online)과 같은 온라인 서비스에 가입하는지를 연구하고자 한다고 하자. 이 경우 몇 사람들과 면접하고 그 내용을 기록한다. 이후 연구자는 각 개인의 주장을 분석의 단위로 정의하고 개인들의 진술 내용을 색인카드에 써넣는다. 분석용 첫 두 색인카드에서 온라인 서비스를 이용하면 뉴스를 좀 더 빨리 접할 수 있기 때문이라는 언급을 얻었다고 하자. 연구자는 이 둘을 일단 잠재적이지만 '뉴스'라는 이름으로 범주화한다. 다음 진술에서는 가입 이유가 이메일 때문이라는 응답을 얻었다면 이전 범주로 같이 구분할 수는 없기 때문에 일단 유보해둔다. 그 다음 카드에서 채팅룸 때문이라는 응답을 얻었다면 연구자는 비슷한 이 둘을 대상으로 '대인커뮤니케이션'이라는 새로운 이름을 붙여 구분한다. 모든 분석단위를 대상으로 이 과정을 거치다보면 지루하고 방대한 일이 될 수 있다. 그러나 연구자는 그 과정 어느 지점에 이르면 앞서 구분했던 범주들을 다시 조율하고 정리하는 작업을 하게 된다.

② 범주들을 정교하게 가다듬고 세련시키는 단계

범주를 정교하게 만드는 과정에서, 연구자는 범주들 기저에 깔려 있는 의미를 설명하기 위한 시도로 법칙이나 가정들을 설정한다. 그 가정들은 연구 수행 과정에서 다시 수정 내지는 보완된다.

연구자는 이들 가정을 근간으로 연구의 초점을 확보하고 새로운 범주체계의 이론적 차원을 검토하게 된다. 그러난 이런 가정들의 궁극적 가치는 연구를 통해 연구주제에 대해 알게 된 게 무엇인지 그리고 연구결과가 무엇인지를 결정하는 데 도움을 준다는 점이다.

예를 들어, 연구자는 '대인 커뮤니케이션' 범주 안에 포함된 모든 카드를 검토해서 관련된 가정을 '사람들은 부담 없는 친구관계의 범위를 확장시키고자 온라인 서비스에 가입한다'라고 설정할 수도 있다. 다른 범주들에도 이와 비슷한 방식으로 진술문을 쓰면 된다.

③ 범주들 사이의 연관성과 주제를 탐색하는 단계

세 번째 단계는 범주들 간의 차별성과 공통적인 패턴을 찾는 것이다. 가정을 검토해서 가정들 간에 의미 있는 연관성이 있는지를 찾는다. 가정들 중에는 개별적으로 존립 가능한 것도 있지만 서로 연관되는 가정들도 있기 때문이다. 어떤 경우이든지 간에 이 단계의 목표는 연구대상 현상을 좀 더 심도 있게 설명할 수 있는 주장을 확보하는 데 있다.

위의 온라인 서비스 가입 사례로 돌아가 보면, 연구자는 본인이 설정한 가정들 중에서 몇 가지 가정이 확장이라는 개념과 연관됨을 주목했을 수 있다. 즉 사람들은 온라인 서비스를 쇼핑 기회를 더 많이 갖기 위해, 온라인 장기 게임의 대상자 명단을 더 많이 확보하기 위해, 그리고 더 많은 뉴스 원을 확보하기 위해 이용한다는 가정들이 여기에 해당한다. 이러한 분석을 토대로 개인의 정보 확장이 온라인 서비스 가입의 본질적 이유라고 일반화시킨다.

④ 자료들을 일관된 이론 구조 안으로 단순화시키고 통합하는 단계

마지막 과정은 연구를 요약해서 보고서를 쓰는 것이다. 앞선 분석에서 확보한 모든 결과들을 현상에 대한 일관된 설명 안으로 통합시키는 일이 여기에 해당한다. 연구자들은 간단히 요약해서 설명하면서도 연구의 기본 취지를 충분히 제공하도록 노력해야 한다. 이 단계의 목표는 연구대상 사람이나 사건에 대해 이해를 얻을 수 있도록 도움을 주는 것이다.

한편 **귀납적 분석기법**(analytical induction technique)은 가설 설정과 자료분석을 혼합한 기법으로 다음의 다섯 단계로 구성된다(Stainback & Stainback, 1988).

1단계: 관심 있는 주제를 정의하고 가설을 만드는 단계
2단계: 가설이 가능한지 사례를 통해 점검하고 수정하는 단계
3단계: 여러 사례를 검토하여 가설을 확정하는 단계
4단계: 가설에 들어맞지 않는 '부정적 사례'를 찾아 다시 가설을 검토, 조정하는 단계
5단계: 가설검증이 적합하게 이루어질 때까지 검증을 계속하는 단계

이 방법에서 주목해야 할 점은 연구 시작 단계에서 현상에 대한 설명이 가설 형태로 주어진다는 점이다. 이 과정은 연구결과를 토대로 설명을 도출해내는 지속비교법과 대조적이다.

이 기법을 이해하려면 사례를 통해 살펴보는 것이 가장 좋다. 연구자가 사람들이 왜 홈쇼핑 채널을 시청하는지를 설명하고자 한다고 하자. 연구자의 동료들은 연구자에게 사람들이 그 채널을 보는 분명한 이유는 상품을 구매하기 위해서라고 말했다. 연구자는 그 이유에 대해 확신이 없어 초기 단계의 가설을 설정하고 이 채널의 중시청자를

찾았다. 면접에서 그 중시청자는 방송 시청 후 몇 가지 물건을 주문했는데도 자기가 그 채널을 보는 큰 이유는 새로우면서도 특이한 상품을 발견하려는 데 있다고 말했다.

연구자는 이런 정보를 토대로 가설을 다시 구성하였다. 즉 사람들은 홈쇼핑 채널을 상품구매하고 신상품을 발견하기 위해 시청한다는 것이다. 다른 응답자 면접에서는 이런 이유 외에 광고상의 가격과 실제 매장 가격을 비교하는 데 홈쇼핑 채널을 이용한다는 사실이 드러났다. 그래서 다시 가설이 조정되었다. 즉 사람들의 홈쇼핑 채널 시청 동기는 실제 소비자의 이유인 싼 상품 찾기, 상품에 대한 학습, 가격비교 등이다.

그 다음 연구자는 이 새로운 가설에 들어맞지 않은 경우가 있는지를 찾기 위해 애쓴다. 연구자의 동료가 면접 대상자 모두가 부유한 사람들이어서 그런 대답이 나왔지 만약 경제적으로 덜 여유가 있는 사람들을 대상으로 면접했다면 다른 시청 이유들이 나올 수 있었다고 지적했다고 하자. 그 지적을 받아 들여 연구자는 기존과는 다른 경제적 배경을 가진 사람을 면접해서 단지 판매하는 것을 오락으로 즐기기 위해 시청한다는 사람을 발견했다. 그리고 연구자는 이 점을 고려하기 위해 이전 가설을 또 다시 수정한다.

이후 연구자는 이 새로운 가설의 타당도를 확인하기 위해 경제적 수준이 다른 응답자들을 찾아서 면접한다. 이렇게 자료를 모으는 작업은 수정된 가설이 적합해질 때가지 계속된다.

이 과정은 소모적일 수 있으며, 연구자가 어디서 그만해야 할지 정확히 멈춰야 할 시점을 결정하기 어렵게 할 수도 있다. 그러나 주변에 가설을 지지하지 않을 수 있는 사례가 언제나 있을 수 있기 때문에 연구자는 이러한 과정을 소홀히 다루어서는 안 된다.

3) 검증: 질적 자료의 신뢰도와 타당도

질적 연구자는 연구의 신뢰도에 문제를 발생시킬 수 있는 몇 가지 사항들에 대해 관심을 기울여야만 한다. 첫째, 자료의 완결성(completeness) 문제다. 연구자가 연구내용을 대충 기록하거나 관찰한 것을 부실하게 기록했다면 자료에 대한 잘못된 해석이 나올 수 있다. 두 번째 문제는 선택적 지각(selective perception)과 관련된다. 원하는 해석에 들어맞지 않는다고 해당 자료를 간단히 처리해서는 안 된다. 오히려 그런 경우를 잘 분석해서 왜 적합하지 않은지에 대한 설명을 제공해야만 한다. 마지막으로 질적 연구는 자주 **반작용**(reactivity, 특정 상황에서의 관찰 행위가 상황 자체를 변화시킴)의 문제를 낳는다. 연구자가 그 자리에 없었다고 해도 똑같은 일이 일어났을까? 반작용은 극복하기 힘든 문제이지만 발생할 때마다 그 영향을 최소화시키려고 노력해야 한다. 따라서 질적 연구자들도 양적 연구자들처럼 자료의 신뢰도와 타당도에 주의를 기울여야만 한다.

그러나 질적 자료의 신뢰도와 타당도 개념은 다른 의미를 갖는다. 양적 방법은 여러 가지 명확한 신뢰도 계산방법과 타당도 측정 방법들을 이용한다. 그러나 이들 개념이 그대로 해석적 패러다임에 적용되는 것은 아니다. 린돌프(Lindolf, 1995)가 지적한 바와 같이 해석적 연구에서는 시간의 경과에 따른 행동과 인식의 변화를 인식하고자 한다. 그렇다고 신뢰도와 타당도가 양적 연구보다 덜 중요하다는 말은 아니다. 이 두 개념은 연구를 소개받는 사람들이 그 연구내용을 얼마나 신뢰할 수 있는지 그리고 연구자가 내린 결론을 믿어야 할지 여부를 결정하는 데 도움을 준다. 린돌프(1995, p.238)는 "기본적으로 우리는 우리가 정확한 해석을 얻었다는 사실을 독자들에게서 확인받기 원한다"고 했다. 또한 햄머스리(Hammersly, 1992)는 "타당도란 관찰된 현상에 대한 묘사가 실제 관찰했던 것을 정확히 그려낼 때 확보된다"고 표현했다.

메이컷과 모어하우스(1994)는 신뢰도와 타당도를 질적 연구의 진실성이라고 표현한다. 그리고 공신력(credibility)을 확보하는 데 도움이 되는 네 가지 요인을 다음과 같이 요약하고 있다.

① 다중적인 자료수집

이 요인은 2장에서 논의한 삼각측정법 개념과 유사하다. 현지관찰을 하면서 면접을 하고 현존하는 문헌자료들을 분석하는 것은 연구주제를 여러 관점에서 검토하려는 시도이며 결과의 신뢰도 확보에도 도움을 준다.

② 감사추적

이는 본질적으로 분석에 활용된 영구 기록용 원 자료, 그에 대한 연구자의 코멘트 및 자료분석 방법을 말한다. 이와 같은 감사추적(audit trail)을 통해 다른 사람들이 연구자의 작업에 포함되어 있는 추리 과정을 검토하고 연구자가 내린 결론의 정확성 여부를 평가할 수 있다.

③ 구성원 점검

여기서는 연구 참여자들을 대상으로 연구자의 연구노트와 결론에 대해 묻고 본인들이 연구자에게 말했던 내용이 정확하게 묘사되었는지를 알아본다.

④ 연구 팀

팀 구성원들이 자료를 기술하고 해석할 때 정직하게 그리고 정확하게 했는지를 서로 검토하는 것이다. 때론 외부인으로 하여금 연구과정을 관찰하고 편견이나 잘못된 해석이 나올 가능성이 있는 문제들을 찾도록 한다.

크레스웰(Creswell, 1998)은 검증을 도울 수 있는 다른 방법으로 경위설명(debriefing)을 제안한다. 이 방법은 프로젝트와 관련 없는 개인이 연구자의 의미, 연구 방법 및 해석 등에 대해 질문하는 방식으로 이루어진다. 보다 자세한 정보가 필요하면, 질적 연구의 타당성 평가용으로 온웨그버지와 리츠(Onwuegbuzie & Leesh, 2006)가 설명한 24가지 방법을 참조할 수 있다.

바루흐와 동료들(Barusch, Gringeri, & George, 2011)은 앞에서 언급한 검증기법들의 이용을 비교할 수 있는 증거를 제공한다. 그들은 질적 방법을 활용한 논문 100건을 연구했다. 그 결과 60%가 다중적 자료수집을 했고, 31%는 구성원 점검을 했으며, 마찬가지로 31%는 연구팀 방법을 이용했다는 것을 발견했다. 반면에 9%만이 감사추적을 했고, 최소 7%가 공통적으로 경위설명을 했다고 밝혔다.

04 직접조사와 온라인조사의 비교

질적 연구자들에게 인터넷은 여러 가지 새로운 가능성을 가져다주었지만 거기에는 장・단점이 자리한다. 직접조사와 온라인조사는 서로 장・단점을 갖는데 대체로 한쪽의 강점이 다른 한쪽의 약점이 된다.

먼저 직접조사의 장점을 살펴보면 다음과 같다.

- 자료수집자가 응답자의 신체 반응이나 주위 환경을 보면서 자료를 모으기 때문에 수집된 자료의 내용이 풍부하다. 바디랭귀지나 얼굴표정도 중요하다.
- 응답자가 컴퓨터나 키보드를 잘 다루지 못해도 된다.
- 연구에 필요한 제품 실현과 가상테스트가 가능하다.
- 응답자들 사이에 집단역학이 어떻게 작동하는지를 봄으로써 분석과 해석의 단서를 찾을 수 있다.
- 연구자 스스로가 자료수집의 일부분이 된다.

온라인 조사의 장점은 다음과 같다.

- 지리적 한계를 뛰어넘을 수 있다.

- 페이스북(Facebook) 이용자들처럼 온라인상의 대규모 그룹의 행동양식에 대한 관찰이 가능하다.
- 응답자들이 좀 더 신중하게 반응하거나 그런 반응에 더 많은 정보가 포함될 수 있다. 조사가 응답자들이 편리한 공간에서 이루어지기 때문에 응답자의 충원이 상대적으로 쉽다.
- 보이지 않는 상태에서 조사가 이루어지기 때문에 튀는 응답자들에 대한 편견이 없다.
- 조사비용이 상대적으로 저렴하다.

두 방법 다 내재적으로 강점과 약점을 갖기 때문에 어떤 방법을 선택할 것인가는 주로 연구문제와 연구목적에 달려있다. 물론 양 방법의 조합도 가능하다. 온라인 포커스그룹 연구를 통해 후속으로 이루어질 실제 생활을 대상으로 한 참여관찰에 대한 지혜를 얻을 수 있다. 이 책에서는 현지관찰, 포커스그룹, 심층 면접, 사례연구, 민속지학의 다섯 가지 질적 연구방법의 균형을 강조한다. 그리고 각 연구방법별로 전통적인 연구절차를 먼저 소개하고 그다음 해당방법의 온라인상의 적용을 소개하고 있다.

05 현지관찰

현지관찰(field observation)은 자료를 수집하는 것뿐만 아니라 가설을 만들고 이론을 정립하는 데도 유용하다. 다른 질적인 연구방법들이 그러하듯이 어떤 현상을 측정하고 수량화하기보다는 현상을 있는 그대로 기술하고 설명하는 일과 더 관련이 깊다. [그림 5-2]와 같이 현지관찰은 두 차원을 축으로 나누어진다. 그 두 가지 차원은 ① 연구자가 관찰 중인 행위에 참여하는 정도, ② 관찰행위가 숨겨지는 정도이다.

제1영역은 '드러난 관찰'로 표현될 수 있다. 여기서 연구자는 연구가 시작될 때 자신의 신원을 밝히고, 관찰 대상자들은 자신들이 연구대상임을 알고 있다. 연구자의 역할은 단지 관찰할 뿐 참여하지는 않는다. 제2영역은 '공개적인 참여'다. 여기서도 앞의 경우처럼 관찰 대상자들에게 연구자가 누구인지 알려져 있다. 그러나 1번의 경우와는 달리 연구자가 관찰자의 역할이 아닌 참여자의 역할을 수행한다. 제3영역에서는 연구자의 역할이 관찰자로 제한되고 관찰대상자들도 자신들이 연구대상이라는 사실을 모른다. 제4영역에서는 연구자가 연구과정에 참여하고 있지만 연구자로서 신분이 드러나지 않는 경우다.

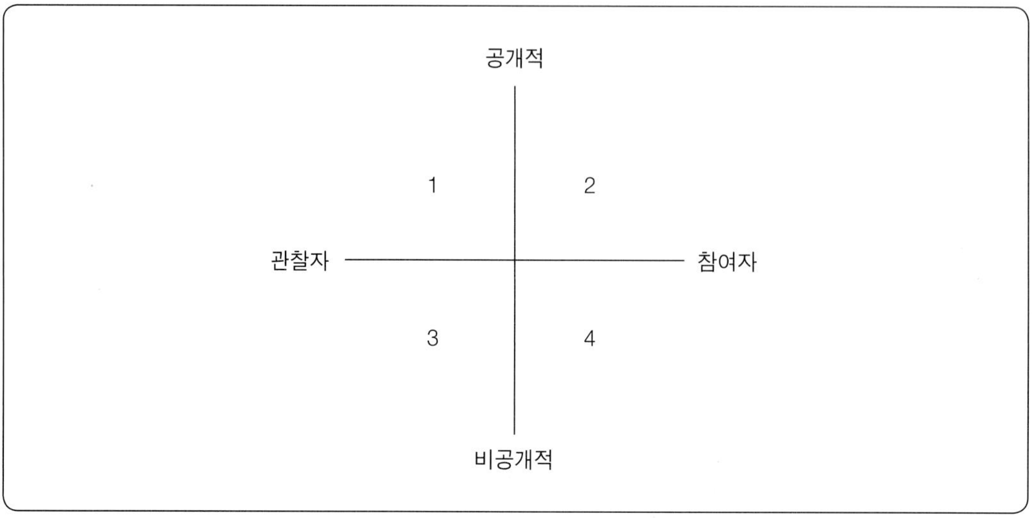

[그림 5-2] 현지관찰의 차원

이들 접근을 서로 구별하기 위하여 TV용 코미디물의 대본이 어떻게 작성되는지를 관찰하고 분석하려는 연구자의 예를 들어 보자. 연구자는 드러나지 않는 관찰자로서 작가 팀의 대본작업이 실제로 이루어지는 동안 컴퓨터 설치 등 무언가를 일을 하러 온 사람처럼 할 수 있다. 연구자가 코미디 대본작업을 연구하기 위해 왔다는 것을 누군가에게 알리고 그 팀의 작업과정을 관찰할 수도 있다. 만약 연구자가 직접 참여하는 것이 최선이라고 결정했다면 연구자라고 밝히고 대본의 집필과정에 참여한다. 드러나지 않는 전략을 이용한다면 연구자를 그 팀에 합류하게 된 신참 작가로 소개할 수 있을 것이다(이와 같은 합의는 고참 작가와 할 수 있으며, 그 고참 작가만이 연구자의 신원을 아는 유일한 사람이 된다).

위의 기법들 중에서 어떤 기법을 선택하느냐는 연구문제, 관찰대상인 개인이나 집단으로부터 얻어낼 수 있는 협조의 정도 그리고 윤리적 고려 등에 달려 있다. 한편, 드러나지 않는 참여는 관찰 대상자들의 행동에 영향을 미칠 수 있으며 그로 인해 위장이라는 윤리적 문제를 낳을 수 있다. 다른 한편으로는 관찰대상자들이 관찰당하고 있다는 것을 의식하지 못하는 상황에서 수집된 정보가 더 타당한 것이 될 수도 있다.

매스미디어 연구에서 현지관찰의 전형적인 예로는, 기에버(Gieber, 1956)의 뉴스룸(편집국)의 게이트키핑(정보흐름)에 관한 연구, 엡스타인(Epstein, 1974)의 네트워크 뉴스의 운용에 관한 연구 등이 있다. 모리아티와 에버트(Moriarty & Everett, 1994)는 가족들을 대상으로 45분짜리 TV 프로그램 여러 편을 시청하는 동안의 행동을 관찰하고 현장에서 모든 것을 기록하는 연구를 수행하였다. 뒤햄(Durham, 1999)은 미디어가 10대 소녀들의 성에 미치는 영향을 연구하기 위해 소녀들을 대상으로 동료 그룹 간의 상호작용을 관찰했다. 비엘비와 동료들(Bielby, Harrington, & Bielby, 1999)은 일일연속극 팬들이 그 연속극의 등장인물들과 어떤 식으로 관계를 맺는지를 알아보기 위해 팬클럽 모임을 관찰했다.

1) 현지관찰의 장점

어느 연구문제든지 현지관찰이 적용 가능한 것은 아니지만 현지관찰을 이용할 경우 독특한 여러 가지 장점을 갖게 된다. 매스미디어 관련 연구문제들 중에는 다른 방법론 가지고는 해결하기 어려운 문제들이 많이 있을 수 있다. 현지관찰은 연구자로 하여금 가설을 구상하고 독립변인과 종속변인을 분리시키기 위해 필요한 기본적인 정보가 무엇인지를 밝혀내는 데 도움을 준다. 예를 들어, 어느 연구자가 광고 제작과정에서 창조적인 결정이 어떻게 이루어지는가를 알아보기 위해 정책결정의 여러 단계를 관찰할 수가 있다. 현지관찰은 중요한 변인이 어떠한 것인지를 밝혀내고 유용한 예비지식을 제공한다는 점에서 종종 훌륭한 예비연구가 된다. 게다가 자료를 현장에서 직접 구하기 때문에 관찰 대상자의 보고 능력이나 개인적 의사 등에 의해 영향을 받지 않는다. 이를테면 어린 아이들은 대부분 질문에 제대로 읽고 대답할 만큼 언어 구사력을 지니고 있지 못하다. 그러나 관찰기법을 이용하면 쉽게 구할 수 있다.

그렇다고 해서 현지관찰이 항상 다른 접근방법들에 대한 예비적 단계로만 사용되는 것은 아니다. 가령 수량화가 어려워 현지관찰만이 연구에 적합한 유일한 접근방법인 경우가 많다. 네트워크 내 보도국에서 이루어지는 게이트키핑에 관한 연구는 특히 현지관찰이 적합한 경우이다. 왜냐하면 게이트키핑 과정을 수량화하는 것은 적합하지 못하기 때문이다.

또한 현지관찰은 관찰이나 연구하기 힘든 집단들에 대한 접근을 보다 쉽게 할 수 있다. 예를 들어 성인용 영화 제작자들을 대상으로 한 서베이에서 높은 회수율을 기대하기란 어렵다. 그러나 현지관찰에서는 관찰자가 이들과 충분히 신뢰를 확보하면 세세한 질문까지도 응답을 유도할 수 있다.

현지관찰은 대개의 경우 비용이 적게 든다. 대부분의 경우 현지관찰에 필요한 것은 필기도구와 작은 녹음기 정도이다. 그러나 관찰자의 수가 많거나, 장거리 여행이 필요하고 특수기기(예를 들어 비디오카메라와 녹음기)나 설비를 이용한다면 비용은 증가한다. 현지관찰의 가장 큰 장점은 아마도 실제로 활동이 일어나고 있는 현장에서 연구와 관찰이 이루어지므로 세밀하고 정교한 자료들이 많다는 점일 것이다. 많은 경우 매스미디어 상황은 복합적이며 또 항상 여러 중재적인 영향들 아래 놓이게 된다. 현지관찰은 관찰자에게 면밀하게 연구할 기회를 제공하기 때문에 관찰이 없었다면 알려지지 않았을지도 모르는 변인들을 규명할 수 있도록 해준다.

2) 현지관찰의 단점

연구자가 만약 외적 타당도(external validity)에 관심을 두고 있다면 현지관찰을 방법으로 선택하는 것은 적합하지 않다. 현지관찰 결과를 검증하기가 어려운 이유는 관찰의 대표성과 표집상의 문제에서 부분적으로 기인한다. 예컨대 탁아소에서 어린이들의 TV 시청행위를 관찰하는 것은 TV 시청의 사회적인 환경에 대한 통찰력을 제공해줄 수는 있으나 취학 전 어린이들이 다른 장소와 환경에 처했을 때 어떤 행동을 하느냐하는 것과는 거의 관련이 없을지도 모른다. 이외에도 현지관찰은 연구자의 지각과 판단 그리고 연구대상에 대한 선입관에 크게 의존하기 때문에, 연구자가 편견이 있을 경우 관찰결과를 선입관을 옹호하는 방향으로 유도하는 반면 선입관과 반대되는 관찰은 무시하거나 왜곡할 수 있다. 관찰자를 한 사람으로 제한하는 연구가 거의 없는 이유도 여기에 있다. 즉 앞선 관찰내용을 두 번째 또는 세 번째 관찰자가 교차 검증하는 작업이 필요하다.

마지막으로 현지관찰은 반작용의 문제를 안고 있다. 관찰당하는 과정 그 자체가 관찰대상자의 행위에 영향을 미칠지도 모른다. 물론 이러한 반작용은 다른 연구방법에서도 문제가 되고 있지만 현지관찰에서 가장 자주 언급된다(Chadwick, Bahr, & Albrechr, 1984). 럴(Lull, 1985)은 가족의 TV 시청행태에 관한 연구에서 관찰자가 집에 직접 나타나 관찰하는 경우 가족들의 시청 행태에 영향을 준다는 사실을 발견했다. 관찰대상 부모들 중 약 20% 그리고 아이들 중 25%가 관찰자의 등장으로 인해 영향을 받았다고 보고했다. 영향을 받았다고 이야기하는 사람들의 대부분은 관찰자의 등장으로 인해 그들의 행동이 점잖아지거나 상냥해졌다고 실토했다. 그러나 연구의 주 관심 대상인 시청행위의 경우 87%의 관찰대상자들은 관찰자의 등장이 자신들의 TV 시청행위에 그리 영향을 주지 못했다고 말했다. 관찰자로부터 영향을 받았다고 주장하는 사람들 때문에 TV 시청행태에 체계적인 변화가 발생하지는 않은 것이다. 이 문제가 명확해지려면 앞으로 더 많은 연구가 필요하겠지만 앞서 언급한 럴의 자료가 제시하는 바는 관찰기법이 반작용의 문제를 안고 있기는 하지만 그렇다고 알려진 것처럼 그렇게 연구

자세히 보기 〉〉 반작용

어느 연구에서나 응답자의 반작용은 중요한 고려 사항이다. 가령 응답자들이 조사받는 과정이 비디오로 촬영되고 있다는 것을 알게 되었을 때의 반응을 고려하는 것이다. 이러한 반작용은 특히 시위나 정치적 행동과 같은 집단행동에서 더욱 분명하게 드러난다. 경험이 많은 노련한 미디어 연구자라면 예상되는 반작용을 사전에 감안하여 그것을 연구설계 안에 포함시킬 것이다.

를 해칠 정도는 아니라는 사실이다.

어떤 경우든 선택적 지각과 반작용의 부정적 효과를 줄일 수 있는 데 두 가지 방법이 있다. 하나는 여러 관찰자를 동원하여 관찰 결과를 서로 교차 검토하여 타당도를 높이는 방법이고, 다른 하나는 삼각측정을 하거나 다른 여타의 방법(예를 들면 설문지나 현존 문헌자료)으로 구해진 자료들을 바탕으로 기존 관찰 자료를 보완하는 방법이다. 다중적인 자료수집 방법을 이용하면 정확성은 제고될 수 있다.

3) 현지관찰 기법

현지관찰을 실행하기 위해서는 적어도 여섯 단계를 거쳐야 한다. 관찰 장소를 물색하고, 대상에 접근해서, 표집하고, 자료를 수집한 다음, 분석하고, 철수하는 단계 등이 여기에 포함된다.

(1) 관찰 장소의 물색

어떤 관찰 장소를 찾느냐는 연구문제의 성격이나 탐구 분야에 달려있다. 연구하려는 분야와 맞아 떨어지는 행동이나 현상이 무엇인지 구체화한 다음 그러한 행동이나 현상이 발생할 만하고 관찰이 가능한 장소를 찾는다. 그리고 그 곳에 기록을 위한 시설이나 관찰 도구 등을 배치한다. 예를 들어 어떤 장면을 녹화하기로 계획을 세웠다면 카메라가 제대로 작동할 만한 조명을 설치해야 한다.

장소 섭외는 개인적 경험, 다른 연구자들의 자문, 그 장소와 관련된 사람들과의 면접, 신문과 잡지 등을 통해 이루어진다. 앤더슨(Anderson, 1987)은 먼저 2~3개의 관찰 장소를 찾아낸 다음 장 · 단점을 비교해서 그중 어떤 곳이 가장 적합한지를 결정할 것을 제안한다.

질적 연구자들은 너무 잘 알려진 장소나 뭔가 개입의 여지가 있는 장소의 선택은 피해야 한다. 예를 들어 본인이 평소 일하던 곳을 선택하는 경우 연구자의 선입견이 작용해 객관성을 해칠 수 있다. 나아가 연구자가 친한 사람이 있는 장소라면 다른 사람이 연구자에게서 동료의식을 느끼기 어렵게 된다.

(2) 대상에 대한 접근

장소를 선정하였으면 그 다음 해야 할 일은 대상을 접촉하는 일이다. 윌리암슨과 동료들(Williamson, Karp, & Dalphin, 1992)은 대상에 대한 접근의 난이도는 다음 두 요인에 의해서 결정된다고 한다. ① 조사환경이 얼마나 대중적인가, ② 대상자들이 그런 연구 환경에서 관찰대상이 되고자 하려는 의사가 있는가이다. 가장 접근이 용이한 경우는 비행장이나 술집, 기숙사 등과 같은 공공장소에서 TV를 보는 것과 같이 공중에게 개방되고 비밀을 지켜야 할 이유가 별로 없는 환경이다. 가장 접근하기 어려운 경우로는 약물 중독 지지 집단처럼 참여자들이 행동을 비밀로 해야 할 충분한 이유를 가져서 사람들의 출입이 통제된 경우다.

공식적 단체(가령 영화제작팀과 같은)의 관찰에도 그 단체의 경영진이나 노조간부의 승인이 필요할 때가 종종 있다. 학교나 다른 관료적 기구들의 경우에는 대개 연구자들의 요청을 전담하는 부서가 있어서 그 부서에서 필요한 허가를 얻어야 한다.

현지관찰 수행하기 위해 허락을 받아내는 일은 인내력과 홍보 기법이 요구된다. 연구자는 연구의 성격에 대해서 어느 정도까지 노출시켜야 할 것인가를 결정해야만 한다. 대부분의 경우 가설과 연구절차를 완전히 다 설명해줄 필요는 없다. 가족 중 누가 TV 수상기를 통제하는가에 대한 문제에 관심이 있는 연구자라면 가족 간의 커뮤니케이션 패턴을 연구하고 있다고 설명할 수 있을 것이다.

린돌프(Lindlof, 1995)는 대상에 접근하는 방법을 다음과 같이 제안하고 있다.

- 현장의 책임자를 찾아서 프로젝트의 중요성을 설명하고 설득하라.
- 프로젝트의 유용성을 인정하고 참여자를 찾는 데 도움을 주는 스폰서를 찾아라.
- 참여자들의 동의를 구하기 위해 협상하라.

노이먼(Neuman, 1997)은 출입용 사다리(access ladder)로 진입과 접근을 설명한다. 맨 밑의 가로장은 연구자가 공용정보를 찾을 수 있는 가장 쉬운 환경을 일컫는다. 사다리의 가장 높은 가로장은 현장에서 가장 많은 시간의 소요를 요구하는 단계로, 민감한 사건 및 정보에 대한 접근과 관계된 것이다.

접근이 이루어졌다고 해도 연구자는 바로 자료수집을 개시해서는 안 된다. 응답자들과의 라포(rapport)가 우선 확립되어야만 한다. 복던과 테일러(Bogdan & Talor, 1998)는 라포 구축을 위한 기법을 다음과 같이 제안한다. 참가자들 간의 공통 관심사를 설정하라. 관계를 천천히 시작하라. 적절한 관계가 되면 공통 사건 및 행위에도 참여하라. 단 참가자들의 일상생활을 방해해서는 안 된다. 상황을 관찰하기가 편안해지기까지 시간이 아마도 몇 주 걸릴 수도 있다.

(3) 표집

현지관찰에서 표집은 다른 대부분의 연구방법들보다 훨씬 모호하다. 먼저 얼마나 많은 수의 개인이나 집단을 관찰할 것인가의 문제다. 연구의 초점이 보도국 내 커뮤니케이션을 살펴보는데 있다면 몇 개의 보도국을 대상으로 관찰해야 할 것인가? 만약 주제가 가족의 TV 시청에 관한 것이라면 얼마만큼의 가구들을 포함시켜야 할 것인가를 정해야만 한다. 불행하게도 이 같은 문제에 쉽게 답을 줄 수 있는 지침은 없다. 연구문제나 연구의 목적이 표본의 크기를 결정하는 지표로 사용된다. 예컨대 연구결과가 모집단에로의 일반화를 의도하고 있다면 한 사람 또는 한 집단대상의 관찰만으로는 적합하지 못하다.

또 다른 문제는 대상자의 행위 중에서 어떤 측면 또는 어떤 부분을 표본으로 할 것인가를 결정하는 것이다. 관찰자가 현장 곳곳을 다 가볼 수도 없고 모든 것을 다 볼 수도 없기 때문에 관찰한 것이 관찰하지 않은 것의 표본이 된다. 관찰자가 만약 보도국 내 편집 회의를 관찰하였다면 그 회의는 곧 관찰하지 못한 동일한 다른 회의를 대표하게 된다. 또 커피 판매대 앞에서 주고받는 이야기를 들었다면 그것은 곧 다른 비슷한 대화 내용들의 표본이 된다. 연구자가 확률표집의 원칙을 따를 수는 없다고 할지라도 대표성은 고려되어야만 한다.

대부분의 현지관찰은 유의표집을 사용한다. 즉 연구자는 연구대상인 관찰대상자들에 관해 자신이 알고 있는 지식을 동원하고 관련된 행동이나 사건들로부터 표본을 선정한다. 때때로 이전의 경험이나 관련 연구들을 보면 앞으로 무엇이 연구되어야 하는지 알 수 있다. 가령 보도국 내 의사결정에 관한 연구에서 편집회의가 결정과정에서 중요한 부분임을 알기 때문에 그것을 관찰하려고 할 것이다. 그렇지만 표집을 편집회의로만 국한시키는 것은 착오를 낳을 수 있다. 사실 많은 의사결정이 분수 가에서 또는 점심식사를 같이 하는 과정에서 또는 복도에서 나누는 대화 속에서 이루어지기도 하기 때문이다. 경험 많은 관찰자들은 특정한 상황을 무시하기보다는 사소한 상황일지라도 분석대상으로 고려한다. 그러므로 연구자는 세부적인 분석을 시작하기 전에 상황에 대한 감을 잡고 어떤 측면이 관찰에 적합한가를 알아내는 데 나름의 시간 투자가 필요하다.

다음의 몇 가지 전략들을 표본추출에 이용할 수 있다(Lindlof, 1995).

- 변량 최대화 표집: 가능한 한 많은 서로 다른 상황과 다양한 상황에서도 목적한 바를 확보할 수 있는 장소와 행동, 사건 및 정보들을 의도적으로 선택한다.
- 눈덩이 표집: 참여자가 연구자에게 정보를 제공해줄 또 다른 사람을 소개해준다. 그리고 이 사람은 다른 사람을 소개하는 방식으로 계속 표집이 이루어진다.
- 전형적 사례 표집: 변량 최대화 기법과는 반대로 연구자가 연구주제를 가장 잘 대표한다고 보는 경우들을 표본으로 선택한다.

마일즈와 허버만(1994)은 여기서 더 나아가 16가지의 광범위한 표집전략을 발견했다. 그 전략에는 연구대상 현상의 아주 예외적 사례들을 표본으로 찾는 극단적 사례 표집(extreme case sampling), 중요한 관심사만을 다루는 경우인 정치적 주요 사례 표집(politically important case sampling) 등이 포함된다. 코빈과 스트라우스(Corbin & Strauss, 2007)는 수집된 자료로부터 나온 개념들을 기반으로 하는 자료수집 방법인 이론적 표집을 주장했다. 주로 위치 · 사람 · 사건 · 행위 등을 표본 조사하는 전통적인 표집방법과 달리, 이론적 표집에서는 한 단계 더 심층적인 자료수집을 위해 기존 자료 세트에 내재된 개념들을 선택한다. 이 방법을 이용하면 연구자는 자료를 분석하는 과정에서 예상치 못하게 얻게 되는 아이디어들을 탐구할 수 있는 유연성을 갖게 된다.

(4) 자료수집

자료수집을 위해 전통적으로 사용해 온 도구인 노트와 연필은 이제 다른 도구들로 대체되고 있다. 1972년 베치텔과 동료들(Bechtel, Achelpohl, & Akers, 1972)은 가족의 TV 시청행위를 기록하기 위해 표본 가구에 TV 카메라를 설치하였다. TV 수상기를 켜기만 하면 두 대의 카메라가 자동적으로 작동하여 수상기 앞의 움직임을 녹화하도록 되어 있다. 물론 카메라가 연구자가 직접 기록하는 것보다 더 많은 정보를 기록할 수 있다고 할지라도 그런 연구를 허락해주는 가정을 찾는 문제라든가, 장비의 유지와 낮은 조명 아래서 촬영된 비디오테이프의 해독 등의 어려움이 뒤따른다.

비슷하게 앤더슨(Anderson, 1987)도 녹취나 녹화가 자료수집에 주는 이점이 매력적이기는 하지만 다음과 같은 단점도 있다고 지적한다.

- 녹취 기구를 설치하고 잘 작동시키기 위해서는 노력이 필요한데 그로 인해 연구에 투자될 시간을 뺏길 수 있다.
- 기계가 현장을 녹취하는 것은 한계를 지닌다. 예를 들어 카메라로 비춰지는 각도가 60°라고 한다면 연구자인 사람이 볼 수 있는 시야의 각도는 180°다.
- 녹취물을 따로 목록화하거나 색인 작업을 시도하려면 추가적인 노력이 필요하다.
- 녹취를 하면 관찰 대상자들 행동이 본래 상황대로 나오지 않게 된다.
- 녹음과 녹화는 대상자의 행위를 파편화시키고 전체적인 과정으로부터 주의를 분산시키는 경향이 있다.

앤더슨이 처음 관찰기법을 썼던 시절에 비하여 비디오카메라와 기록물을 휴대하고 이용하기가 더 쉬워졌다. 그러나 당시 그가 했던 우려는 여전히 유효하다. 아울러 사생활에 대한 우려도 있다. 일반 거리를 걸어 다니며 개인들을 녹취하는 것은 사생활 쟁점을 제기시키지 않을 수도 있지만, 스포츠 바에서의 대화를 은연중에 녹취하는 것은 다른 문제가 될지도 모른다. 참여자들이 녹취를 승낙해주어야 하는 상황들이 여럿 있다. 결과적으로 연구자들은 관찰설계에 녹취를 포함시킬지를 결정하기 전에 장·단점을 신중하게 따져봐야만 한다.

비공개적 조건 속에서 비밀스럽게 이루어지는 참여관찰은 특별한 주의를 요한다. 연구자가 관찰하면서 노트에 계속해서 무엇인가 써내려가다 보면 다른 사람들의 주의를 끌게 되며 연구자에 대한 의혹을 불러일으키고 연구목적이 무엇인가를 본의 아니게 드러낼 수도 있기 때문이다. 차라리 머릿속에 기억해두었다가 기회가 되는 대로 기록해두는 것이 더 낫다. 연구자라는 신분이 공개될 경우 현장의 상황을 노트에 기록하는 문제는 좀 더 수월해질지 모른다. 그렇다 해도 그런 기록은 관찰자에게 추천할 만한 일이 못된다. 관찰자대상자들은 이미 자신이 관찰되고 있음을 의식하고 있으므로 눈에 띌 정도로 기록하는 일은 그들을 불편하게 할 수도 있다. 자연스럽게 상황이 허용될 때를 기다려 순간순간 기록하는 것이 관찰대상자들의 관심을 최소화할 수 있으며, 나중에 간단히 적은 것들을 생각나는 대로 보충하면 된다.

현지연구에서는 현지 노트를 기반으로 자료를 구성하게 마련이다. 관찰자는 현지기록노트에 무슨 일이 발생했고 무슨 말을 했는지 외에 자신의 관찰대상에 대한 개인적인 인상이라든지 감정 및 본인 나름의 해석도 기록하게 된다. 이때 개인적인 의견인 경우 괄호로 묶어 관찰 내용과 구분해두는 것이 일반적이다. 그렇다면 관찰한 내용 중 어느 정도까지를 노트로 기록해야 하는가? 될 수 있는 대로 많이 적어두는 편이 적게 적어두는 것보다 낫다. 첫 번째 관찰기간 동안 중에는 별로 관련이 없어 보이던 관찰기록도 연구계획이 진행되는 동안 중요한 자료가 될 수도 있다. 기록된 자료가 신중을 요하는 것이거나 연구자가 연구를 하고 있다는 사실을 비밀로 하고자 한다면 노트에 기록하지 않고 생략표시나 특별하게 코드화하여 기록해둔다.

현지관찰자는 직접 관찰하는 방법 외에 세 가지의 자료수집 기법을 이용할 수 있다. 즉 일지쓰기, 비개입 측정(unobtrusive measurement), 문헌자료분석 등이 여기에 해당한다.

첫 번째 기법은 연구자가 연구일지를 써서 현지 노트를 보완하는 방법이다. 이 일지에는 개인의 느낌, 감성, 특별한 경험에 대한 회상, 연구과정 자체에 대한 개인적인 생각들이 포함된다. 연구일지는 현지기록에 담긴 원 자료를 해석하는 데 도움이 된다. 뿐만 아니라 연구자는 연구대상자 개인들에게 특정기간 동안 일지를 쓰도록 요구할 수 있다. 이렇게 함으로써 연구자가 관찰하지 못하는 동안에 일어나는 행위에 대해 알 수 있으며, 이를 통해 관찰의 범위를 수평적으로 확대할 수 있다. 각 개인별 특정한 습관(하루 중 책이나 잡지를 읽는 시간과 같은)과 일반적인 감정이나 생각(TV 광고 보는 동안 느끼는 것)을 기록하도록 요구할 수 있다. 일지를 쓰게 함으로써 연구자는 관찰대상자(들)의 눈을 통해 보인 세계를 엿볼 수 있다. 또한 연구자는 대상자에게 카메라를 주고 사진 에세이나 사진일기를 쓰도록 요청할 수 있다. 이렇게 사진을 이용한 분석은 어떻게 관찰대상자가 현실을 인식하고 무엇을 중요하게 여기는지 판단하는 데 도움이 된다. 실례로 질러와 스미스(Ziller & Smith, 1977)는 플로리다 대학에 재학생들과 졸업생들에게 학교를 묘사하는 사진을 찍어오도록 했다. 그 결과, 두 집단의 학교에 대한 인식이 차별적임이 드러났다. 즉 재학생들은 건물을 중심으로 사진을 찍어온 반면에 졸업생들은 인물을 중심으로 사진을 찍어왔다.

현지관찰자가 이용한 두 번째 자료수집 기법은 비개입 측정이다. 이 기법은 연구과제와 관련하여 자연스럽게 발생하는 현상을 찾아냄으로써 반작용의 문제를 극복하고자 한다. 여기서 자료를 연구자에게 제공하는 사람들은 그들이 연구과제를 위한 정보를 제공하고 있다는 사실을 알지 못한다. 비공개 관찰이 이런 기법의 명확한 예에 해당한다. 물론 그 외 다른 자료수집 방법들도 있다. 가령 자동차 기능공들을 대상으로 수리를 위해 카센터에 보내진 자동차들의 라디오다이얼이 어디에 맞추어져 있는지를 살펴보게 함으로써 라디오 방송국들의 인기도를 알아볼 수 있다. 또는 자동차 경주에 참가하는 차들이 주로 어떤 타이어 제품을 사용하는지 알려면 연구자가 경기장 주차장에서 가서 직접 일일이 확인해볼 수가 있다. 자동차 타이어 회사들로서는 여기서 얻어진 정보를 토대로 어떤 자동차 경주 경기를 후원해야 더 효과가 있을지를 결정할 수 있을 것이다.

웹과 동료들(Webb, Campbell, Schwartz, & Secrest, 1968)은 두 종류의 비개입 측정, 즉 마모와 퇴적에 대해서 다음과 같이 설명하고 있다. 첫 번째 범주인 마모(erosion) 방식에서는 특정 대상이나 물질에 대한 첨가와 손실을 평가한다. 예컨대 학생들이 가장 많이 이용하는 교과서가 무엇인지를 연구하기 위해 연구자는 학생들의 책을 대상으로 눈에 띄게 닳은 페이지가 얼마나 되는지, 얼마나 많은 페이지가 접혀 표시되어 있는지, 책이 주름져 있는지 등을 메모할 수 있다. 다른 한편으로 퇴적(accretion)은 교과서의 겉장에 쌓인 먼지의 정도와 같이 시간을 두고 쌓인 침적물의 양을 측정하는 방식이다.

그러나 이들 마모와 퇴적의 측정 방법은 다음의 결함을 가지고 있다. 첫째, 수동적인 측정이며 연구자의 통제 밖에 있다. 둘째, 다른 요소들이 영향을 끼칠 수 있다. 가령 책이 깨끗한 학생도 강제적으로 매일 책에 먼지를 쌓이게 함으로써 잘못된 퇴적 측정을 유도할 수 있다. 이러한 이유로 이 방법은 보통 결론을 도출하기보다는 다른 방법들을 통해 얻은 연구결과를 지지하거나 입증하는 데 사용된다.

마지막으로 현존하는 문헌자료들은 질적인 방법을 이용하는 연구자들에게는 풍부한 자료를 제공해주는 대표적인 자료원이다. 일반적으로 분석이 가능한 문헌의 범주에는 두 가지, 즉 공적인 자료와 사적인 자료가 있다. 공적인 문헌자료로는 경찰의 보고서, 신문 기사, TV 프로그램의 복사본, 자료 아카이브 등이 있다. 덜 공적이기는 하지만 컴퓨터 게시판의 메시지, 블로그, 웹사이트, 기업 사보, 묘비, 포스터, 낙서, 자동차 범퍼스티커 등이 모두 이 범주에 속한다. 이들 메시지 중 어느 것이 질적 연구자에게 풍부한 자료를 제공해줄지 모른다. 예를 들어 샴프(Shamp, 1991)는 온라인상의 커뮤니케이션 파트너에 대한 이용자들의 인식을 알아보기 위하여 컴퓨터 게시판에 남겨진 메시지들을 분석하였다. 프리스트(Priest, 1992)는 〈필 도나휴 TV쇼(Phil Donahue TV Show)〉에 출연한 사람들과의 심층 면접을 시도하기 위해 그 프로그램 복사본을 이용했다.

다른 한편 사적인 문헌자료에는 개인 편지, 일기, 메모, 팩스이용 내용, 가정용 영화와 비디오, 전화 기록, 약속을 기록한 수첩, 보고서 등등이 있다. 가령 한 조직 내 집행부의 커뮤니케이션의 흐름을 연구하는 데 관심이 있는 PR연구자라면 메모, 팩스, 약속, 이메일 및 전화 이용기록의 복사본을 찾을 것이다.

그러나 비개입 측정과 마찬가지로 문헌자료 분석 또한 단점들이 있다. 자료의 분실, 개인적 자료를 내놓기 싫어하는 대상자, 일기나 편지와 같은 개인적 기록을 사용하는 데 따른 윤리적인 문제 등이 여기에 해당한다. 이런 문서자료의 이용에서 발생하는 오류의 가능성을 줄이려면 버그(Berg, 1997)가 제안한 바와 같이 다양한 자료수집 방법을 이용할 필요가 있다.

(5) 자료분석

앞서 질적 자료분석에서 고려해야 할 일반적 내용들을 논의하였다. 현지관찰에서 자료분석은 주로 파일을 정리하고, 그다음에 내용을 분석하는 과정으로 구성된다.

먼저, 파일링시스템(filing system)을 만드는 것은 관찰에서 중요한 단계이다. 파일링시스템을 만드는 목적은 현지자료를 질서 있는 형태로 정리하여 나중에 체계적으로 정보들을 검색하려는 데 있다(자료의 성격에 따라 파일링시스템 방식이 결정된다). 보도국 내의 의사결정에 관한 연구의 경우 '관계', '수평적 상호관계', '수직적 상호관계'와 '논쟁' 등의 범주로 자료들이 구분, 정리될 수 있다. 관찰 내용이 하나 이상의 범주에 포함될 수도 있다. 그렇기 때문에 모든 기록을 대상으로 여러 개의 사본을 만들어 놓는 것도 좋은 아이디어다. 그 외에 관찰기간 중에도 정기적으로 노트한 내용을 분류해놓으면 나중에 시간도 절약되고 혼동도 막을 수도 있다.

모든 노트기록을 일단 적절한 파일로 분류하기만 해도 일단 거칠게나마 내용분석이 이루어진 셈이다. 아마도 보도국 내의 대부분의 의사 결정은 회의실과 같은 공식석상에서 이루어지기보다는 오히려 복도와 같은 비공식적인 자리에서 이루어질지도 모른다. 또한 대부분의 결정들이 상사와 부하직원 간의 의논과 별 상관없이 이루어질지도 모른다. 동시에 일반적인 규범으로부터 일탈된 것도 연구해야만 한다.

현지관찰에서 자료를 분석하는 목적은 연구하고 있는 현상에 대해 일반적인 이해에 도달하려는 것이다. 이 점에서 관찰자는 융통성을 가질 수 있다는 장점이 있다. 실험실 방법 또는 다른 연구방법들에서는 연구자는 특정한 연구설계나 설문지에 의존할 수밖에 없다. 만약 결정적인 변인이 빠져 있다는 사실이 나중에 판명되었다면 연구자로서는 할 수 있는 일이 아무것도 없다. 현지관찰에서는 연구자가 연구를 진행해가면서 자료를 분석할 수 있으며 그에 따라 연구설계를 바꿀 수도 있다.

(6) 철수

참여자로서 연구자는 연구대상 집단이나 환경으로부터 떠날 때를 대비한 계획도 세우고 있어야만 한다. 물론 대상 집단 모두가 그 참여자가 누군지를 안다면 철수는 큰 문

자세히 보기 〉〉 질적 연구에서의 윤리적 문제

3장에서 소개한 윤리적 원칙들 모두가 질적 연구에도 그대로 적용되지만 질적 연구의 특성상 몇 가지 부가적인 문제가 제기된다.

사전동의와 관련해서는 질적 연구자는 응답자의 일상생활에 어려움을 가져다줄지도 모를 프로젝트의 모든 세부적 내용들을 공개해야 한다. 심층 면접을 이용하는 프로젝트에서는 참여자들의 시간적 헌신의 중요 내용이 무엇인지에 대해 말해줘야 한다. 참여라는 것이 여러 면접현장을 돌아다니는 것일 수도 있고 녹음용 면접에 동의하는 것, 추후 재면접이 가능한 경우까지를 의미할 수도 있다. 사전동의의 의무를 다하기 위해서 이 모든 사실들을 정보제공자에게 알려줘야만 한다.

나아가 만약 비공개로 관찰하는 과정에서 참여자의 배우자 학대와 같은 불법적 행동을 알게 되었을 때 연구자는 그 내용을 해당 공적 기관과 공유해야 할 의무가 있는가? 그 경우 참여자와 한 신분보장 약속은 어떻게 되는 것인가? 예를 들어 연구자가 스포츠 바와 같이 공적 장소에서 사람들이 TV를 시청하는 방법을 연구한다고 가정해보자. 신분 보장을 약속하고 그 바의 종업원들과 심층 면접을 수행했다. 면접 과정에서 몇몇 종업원이 불만을 품고 있다는 사실이 드러났다. 그런데 프로젝트 기간 중 그 바에 불이 났고 경찰은 화재 원인을 조사하기 시작했다. 경찰이 프로젝트 얘기를 듣고 연구자에게 그동안의 노트와 면접 자료를 보여달라고 요구했다. 이 경우 연구자는 그 노트를 제공해야만 하는가? 이런 문제도 프로젝트가 시작되기 전에 고려해야만 한다.

제가 되질 않는다. 참여자들이 늘 오가던 장소로부터 철수하는 것도 문제가 아니다. 그러나 연구과정에서 참여관찰자가 누구인지 알려지지 않았을 때는 현장에서 철수하는 것이 쉽지는 않다. 어떤 경우 관찰 대상 집단이 그 참여관찰자, 즉 연구자에게 많이 의존하고 있던 상황이라면 철수는 관찰 대상 집단에게 영향을 미칠 것이다. 다른 경우, 관찰 대상 집단 구성원들이 철수할 때 가서야 다른 사람에 의해 몰래 관찰된 사실을 알아차리게 되면 좋지 않은 감정을 폭발시킬 수도 있다. 연구자는 연구대상자들에게 어떤 심리적, 육체적, 감정적 불이익을 안겨주어서는 안 된다는 윤리적인 책임이 있다. 결과적으로 관찰 장소를 떠날 때는 재치와 절충의 재능이 필요하다.

4) 온라인에서의 현지관찰

오프라인에서의 현지관찰은 일상적인 환경아래서 사람들이 어떻게 행동하는지를 관찰한다. 그러나 온라인에서의 현지관찰이란 컴퓨터 스크린의 텍스트나 이미지를 관찰한다. 연구방법은 관찰 대상 온라인 그룹에게 자신을 아예 연구자라고 소개하고 채팅룸이나 게시판을 이용하는 경우에서부터 아무런 얘기 없이 연구대상 그룹의 메시지를 모니터하고 기록, 분석하는 경우까지 다양하다(이 경우 비밀스런 관찰은 윤리문제를 야기할 수 있다).

온라인에서의 자료에 대한 분석은 전통적인 관찰에서 얻어진 자료의 분석과는 다른 일련의 기술이 필요하다. 전통적인 관찰에서는 관찰자가 보고들은 행동이나 표현, 움직임, 문장 등이 분석 대상이다. 반면 온라인에서는 분석대상이 이메일 내용이나 주고받은 메시지 · 게시된 공지내용 · 대화방에서 나눈 얘기처럼 텍스트이거나, 웹사이트의 레이아웃이나 애니메이션 · 컬러 · 사진 · 비디오클립 등의 그래픽 관련 내용들이다.

관찰의 대상이 사람이 아니라 아바타나 모형일 경우 온라인의 참여관찰은 다른 의미를 갖는다. 인류학자들은 가상의 세계를 연구하는 데 이 방법을 활용한다. 예컨대 윌리엄스(Williams, 2007)는 온라인 그래픽 상의 사회적 공간 연구에 이 방법을 이용하였다.

06 포커스그룹

포커스그룹(focus group) 혹은 집단 면접은 수용자의 태도와 행위를 이해하기 위해 동원되는 연구 전략이다. 여기서는 보통 6~12명의 사람을 동시 면접하는데, 핵심주제에 대해 상대적으로 자유로운 토론을 하게 되고 응답자들을 이끄는 한 사람의 진행자가 있다.

포커스그룹 기법은 다음의 네 가지 특성을 갖는다(Krueger & Casey, 2000).

- 포커스그룹에는 참여자가 필요하다.
- 특별한 속성을 지닌 사람들이 공통된 자질이나 관심의 속성들을 연구자와 공유하기 위해 참여자로 모집된다. 예를 들면 '맥주애호가'나 '렉서스(Lexus) 소유주들', '라디오로 특정 유형의 음악을 즐겨듣는 18~34세의 여성들'이 여기에 해당한다.
- 포커스그룹은 질적 자료를 제공한다. 거기서 얻어진 자료는 대상에 대한 이해를 촉진시키고, 연구자가 기대하지 않았을지도 모를 것들에 대한 광범위한 의견을 드러내는 데 이용된다. 대부분의 경우 이 자료를 가설검증이나 모집단으로의 일반화에 이용하지는 않는다. 그렇게 되려면 만족스러운 표본크기를 확보하기 위해 한 번이 아닌 여러 번에 걸친 포커스그룹 연구가 필요하다.
- 그 이름이 시사하듯이 포커스그룹의 핵심은 집중토론에 있다. 토론에서 물어야 할 질문 대부분이 사전에 결정되며 연속적인 질문이 구성되고 더 나아가 연구목적에 맞게끔 구조화된다. 그러나 참여자들에 의해서 관련된 정보가 제시될 경우 진행자는 그 구조로부터 출발할 필요는 없다.

포커스그룹 연구의 시행에 대해 간략하게 안내받길 원한다면 저자들의 웹사이트인 'www.wimm erdominick.com'을 방문해보자. 이어지는 장점에 대한 논의는 주로 실증주의적 관점에서 나온 것들이다. 한편 룬트와 리빙스톤(Lunt & Livingstone, 1996)은 좀 더 해석적 관점에서 포커스그룹 방법을 논의하고 있으니 참조하기 바란다.

1) 포커스그룹의 장점

포커스그룹이 갖는 장점 중의 하나는 어떠한 주제나 현상에 대해 예비적인 정보를 수집할 수 있게 해준다는 점이다. 포커스그룹은 예비연구에서 쓸 수도 있는 것으로, 다른 연구방법(예컨대 전화 서베이나 기타 양적 방법)을 이용하는 연구 발전용 아이디어를 얻는 데 이용될 수도 있다.

두 번째 중요한 이점은 다른 방법에 비해 빠른 시간 내에 연구가 이루어질 수 있다는 것이다. 연구의 대부분의 시간이 적합한 응답자를 찾는 데 소요된다. 응답자를 전문적으로 모집하는 현장서비스업체에서 연구에 필요한 응답자들을 찾아내는 데 보통 7~10일 정도 소요된다.

비용이 적게 들어간다는 점도 이 방법을 더욱 매력적이게 만든다. 대개 그룹별로 2,000~5,000달러 정도 드는 것으로 알려졌다. 그러나 어떤 사람들을 찾는지, 어떤 지역에서 선택하는지, 어떤 연구기관을 이용하는지에 따라 비용의 크기는 달라진다. 응답자 충원이 힘들고 특별히 훈련된 진행자가 필요할 경우 그 비용은 훨씬 늘어나게 된다. 그러나 대상 집단이 후속 연구를 위해 소중한 자료를 제공하기만 한다면, 그 비용은 그리 많다고 할 수 없다. 학술연구에서 쓰이는 포커스그룹에는 당연히 비용이 더 적다.

포커스집단 방법에서는 설문을 설계 하기가 유연하고 후속 조치를 할 수 있다는 점 때문에도 연구자들은 이 방법을 좋아한다. 전통적인 서베이 조사에서는 면접원, 즉 면접 담당자가 일련의 완고하게 구성된 설문을 가지고 지시문에 따라서 융통성 없이 대상자를 면접하도록 되어 있다. 그러나 포커스그룹 대상 면접에서 진행자는 엄밀하게 정제된 질문뿐만 아니라 광범위한 질문 목록을 가지고 융통성 있게 질문을 할 수 있다. 그래서 포커스그룹 내 참여자들이 제기한 문제들을 적절하게 처리할 수 있다. 이 방법은 응답자들이 내놓은 혼돈스러운 응답들을 정리하는 데도 큰 장점을 지니고 있다.

대부분의 전문적인 포커스그룹 진행자들은 **확장된 포커스그룹**(extended focus group)이라고 알려진 절차를 주로 이용한다. 이 방법에서는 집단 면접을 하기 전에 응답자에게 각자 설문지를 완성하도록 요구한다. 이러한 설문지 작성은 응답자들이 집단 면접 전에 특정질문이나 입장에 대해서 대답을 피하지 않도록 훈련시키는 기능을 한다. 그렇게 함으로써 사람들이 주위 사람들의 눈치를 보거나 자신의 의견이 남과 다를 때 의견을 표출하지 않으려고 하는데서 생기는 문제를 막는다.

마지막으로 포커스그룹을 통한 응답은 종종 개별 면접에서 얻는 응답보다 더 완전하며 응답 시 제약을 덜 받게 한다. 한 응답자가 언급한 것을 듣고 다른 응답자가 그 같은 생각을 더 발전시켜 나가는 것은 개인 면접 상황에서는 이끌어내기 힘든 일일지 모른다. 진행자가 능력만 있다면 토론과정에서 한 응답자가 다른 사람의 견해에 대해 자기의 의견을 표현하게 함으로써 눈덩이 효과(snowball effect)를 기대할 수 있다. 능숙한 진행자들은 다른 사람들이 자기 견해를 개진하는 동안 별로 말을 잘 하지 못하는 사람들의 표정이나 비언어적 행동의 주의 깊게 관찰해 봄으로써 그들의 의견이나 태도를 알아낼 수가 있다.

2) 포커스그룹의 단점

포커스그룹 방법은 완벽과는 거리가 있다. 즉 포커스그룹 방법 또한 문제점들을 안고 있다. 여기서는 그 단점 중 몇 가지만을 다룰 것이다. 다른 단점들은 저자들의 웹사이트를 참조하기 바란다(www.wimmerdominick.com).

경우에 따라 포커스그룹의 리더를 자청한 자가 대화를 독점해서 다른 참가자들에게 자신의 의견을 강요하려는 분위기가 지배하게 되면 자연히 거부감이 생기고 따라서 면접 분위기가 불쾌해지기도 한다. 진행자는 사태가 더 악화되기 전에 그러한 분위기를 지혜롭게 통제해야 한다.

만약 충분한 그룹들을 대상으로 조사가 수행되지 않으면, 4~6그룹 대상의 전형적인 포커스그룹 조사만 가지고 양화시킬 수 있을 만큼의 자료를 수집하기에는 부적합하다. 만약 수량화가 중요하다면 포커스그룹을 다른 연구도구의 보조방법으로 이용하는 것이 현명하다고 하겠다. 포커스그룹 조사에 익숙하지 않은 많은 사람들은 이 연구방법을 통해서도 '얼마나 많은 수'의 또는 '얼마나 많은 양'이라는 질문에 대한 답을 구할 수 있다고 잘못 가정하는 수가 있다. 포커스그룹 조사는 질적인 자료, 즉 '왜'라는 질문과 '어떻게'라는 질문에 답을 구하기 위한 자료를 수집하려는 의도로 이루어진다. 많은 경우 포커스그룹 조사를 해당전문 연구자나 조사회사에 의뢰한 사람들이 그들이 기대한 만큼 정확한 수치와 백분율이 나오지 않는다고 연구 결과에 실망하는 경향이 있다. 그럴 수 있을 만큼의 충분한 포커스그룹 조사를 수행하지 않는 한 그러한 정보는 얻을 수 없다.

앞에서 언급했듯이 포커스그룹은 진행자의 능력에 많이 의존하게 된다. 진행자는 더 상세한 정보를 탐색할 수 있고 응답자들 간의 토론이 적절하지 않은 주제로 접어들면 어디서 막아야 하며 또한 어떻게 해야 모든 응답자들이 대화에 참여하게 할 수 있는가를 알고 있어야만 한다. 이러한 모든 일들은 전문성을 바탕으로 이루어져야 한다. 만약 응답자에게 냉소적이거나 부적합한 코멘트를 한다면 이는 결과적으로 그룹의 성과를 위축시키는 부정적 효과를 낳을지 모른다. 진행자는 끝까지 완전히 객관적 입장을 견지해야 한다.

실증주의적 접근에서 보면 포커스그룹 방법은 다른 약점들도 있다. 작은 규모의 포커스그룹 표본은 대부분 자원자들로 구성되기 때문에 그 표본이 추출된 모집단을 필연적으로 대표하지는 않는다. 그리고 기록용 장비나 기타 장소의 물리적 성격 등이 응답자들을 제한할 수 있다는 점과 응답자들의 토론 내용이 중요한 연구주제에서 벗어나게 될 경우 그 결과는 유용하지 않을 수 있다는 점도 약점이다.

3) 포커스그룹의 활용

모건(Morgan, 1997)은 포커스그룹이 ① 독자적 방법, ② 보조적 수단, ③ 다중 방법 중 하나로 활용될 수 있다고 보았다. 먼저 독자적인 연구방법으로 포커스그룹을 활용한다는 것은 온전히 자료수집 수단으로 이용한다는 것을 의미한다. 여기서 얻어진 자료만으로도 연구문제에 대한 답을 구하기에 충분한 경우다.

보조적인 수단으로 포커스그룹은 양적 연구에서 연구의 출발점으로 내지는 후속 자료원으로 활용하는 것을 말한다. 예컨대 사람들이 온라인 뉴스를 왜 읽는지를 서베이하고자 하는 연구자가 있다면 그 연구자는 포커스그룹을 이용해 해당 주제에 관해 토론시키고 그 내용을 기반으로 설문지를 만들 수 있다. 비슷하게 인터넷 뉴스 이용에 관한 서베이를 실시해서 양적인 자료를 구한 연구자가 좀 더 심층적인 이용 이유를 알고자 한다면 포커스그룹 연구를 시행할 수 있다. 이 두 경우 모두 주 자료의 설명력을 높이기 위해 보완적 수단으로 포커스그룹을 이용한 경우에 해당한다.

다중 방법 접근이란 주제에 대한 자료를 수집하는 데 이용하는 많은 질적 · 양적 방법 중 하나로 포커스그룹을 활용하는 경우다. 포커스그룹으로부터 얻은 결과는 참여관찰이나 사례연구나 서베이 결과와 조합된다. 이때 포커스그룹 연구는 보조적 수단이 아니라 여타 방법들과 동등한 위치에 선다.

4) 포커스그룹의 방법론

연구목적이 무엇이든지 간에 상관없이 통상적으로 포커스그룹 연구에는 다음의 일곱 가지 기본 단계가 포함된다.

(1) 문제 확인

이 단계는 다른 모든 과학적 연구와 크게 다를 바가 없다. 이미 행해진 기존 연구의 기초 위에서 혹은 어떤 것에 대해서 더 알고자 하는 호기심을 기반으로 연구대상 연구문제를 잘 정립해야 한다. 포커스그룹 연구는 아이디어나 계획 또는 신상품을 대상으로 한 예비연구에 적합하다. 즉 의견이나 태도, 행동에 영향을 주는 요인들이 무엇인지, 상황에 맞는 새로운 사고나 아이디어, 개념이나 상품이 무엇인지를 알고자 할 경우에 적합하다. 예를 들어 많은 TV 제작사들은 드라마 시리즈물을 만들기 전에 파일럿 프로그램을 만들어, 그 프로그램의 주 시청자들을 대상으로 10~50번의 포커스그룹 연구를 실시하여 반응을 사전에 점검한다.

(2) 표본 선정

포커스그룹은 그 규모가 작기 때문에(보통 6~12명이 참가) 연구자는 연구대상 수용자들을 한정지어 정의해볼 필요가 있다. 표본의 형태는 포커스그룹의 목적에 따라 달라진다. 예를 들면 특정 유형의 TV 프로그램을 시청하는 소비자, 특정 종류의 음악을 듣는 18~34세 사이의 남성 또는 매년 10개 이상 CD를 구입하는 10대 등이 될 수 있다.

(3) 필요한 그룹 수의 결정

대표성을 갖는 그룹을 선정하는 과정에서 당면하는 문제점들을 일부 제거하기 위해 대부분의 연구자들은 동일한 주제를 놓고 둘 이상의 포커스그룹을 관찰하는 방식을 취한다. 결과가 나오면 비교해서 그룹 간에 유사성이 있는가를 검토한다. 한 그룹만을 이용하는 포커스그룹 연구는 거의 없는데 이는 한 그룹의 결과가 그 그룹에만 특수한 것인지 또는 보다 넓은 범위의 수용자들의 특성을 나타내는 것인지 알 수가 없기 때문이다.

이론적으로 말하자면, 포커스그룹 연구자는 이 정도 수준의 정보를 얻었으면 됐다고 싶을 때까지 많은 수의 그룹을 대상으로 연구를 수행해야만 한다. 사실상 진행자라면 이 말은 사전에 모두 전해 듣는다. 그러나 그 만족의 지점이 언제일까를 예측한다는 것은 불가능하다. 3~4그룹 연구만으로 만족할 수 있지만 12개 그룹을 연구해야 만족할 만한 결과를 얻게 될지도 모를 일이다. 물론 얼마나 많은 그룹을 연구대상으로 해야 하는지는 실질적인 한계가 있을 수밖에 없다. 만족스러운 결과를 얻기 전에 예산과 시간이 바닥날 지도 모르기 때문이다.

(4) 기술적인 준비

포커스그룹의 기술적인 면에 관해서는 이 책의 웹사이트에 좀 더 자세히 설명되어 있다. 기술적인 측면은 응답자의 모집(전화로 하거나 쇼핑센터에서 사람들을 불러 모아서), 관찰에 필요한 시설의 준비, 그리고 녹취 유형을 정하는 단계를 말한다. 진행자를 선정해서 연구의 목적 등에 관해서 설명해줄 필요도 있다. 각 응답자에게 지불할 사례비를 얼마나 할 것인지도 결정해야 한다. 대체로 25~50달러 정도를 지불하지만 응답자 집단이 의사나 변호사 등과 같이 전문직 종사자일 경우에는 500달러 이상을 지불한다.

(5) 포커스그룹에 필요한 재료준비

개별 포커스그룹의 상세한 측면들까지 세밀하게 계획해서 우연의 여지를 남겨서는 안 된다. 특히 진행자의 준비 미비로 인해서 연구를 망치는 일이 없도록 해야 한다. 정확한 답변을 유도하기 위해서는 여과 질문지(screener questionnaire)를 개발해야 하고 응답자들이 보고 듣게 될 시청각 자료들을 잘 준비해야 한다. 사전질문지를 대상으로 질문 목록을 만들고 진행자용 지침을 만들어야 한다.

크루거와 케이지(Krueger & Casey, 2000)는 진행자용 지침을 만들 때 참고할 사항들을 다음과 같이 제시하고 있다. 진행자의 질문이 좋은 질문이 되려면 다음의 특성을 가져야 한다.

- 질문은 편하게 대화하는 것처럼 들려야 한다.
- 참여자들이 자주 사용하는 어휘를 사용해야 한다.
- 쉽게 말해야 한다.
- 질문은 명쾌해야 한다.
- 질문은 항상 짧게 한다.
- 한 주제에 대해서만 질문해야 한다.
- 질문할 때 답하는 방법을 명료하게 제시해줘야 한다.

일반적으로 포커스그룹은 서로 경험을 공유하는 것으로부터 시작하는데, 이는 개인들이 토론에 참여할 공통의 기반을 제공하기 위함이다. 예를 들어 구성원들은 같이 오디오테이프를 듣거나 비디오테이프를 보거나 아니면 신상품을 같이 검토하는 기회를 갖는다.

가끔 활용되는 일반적인 질문 방법 중 하나는 소위 **깔때기 기법**(funnel technique)이라고 불리는데 이는 진행자가 일반적인 질문한 한두 가지를 먼저 던지고 그 다음 세부적인 질문으로 점점 나아가는 방법이다. 가령 첫 번째 한두 질문은 참여자들의 여행경험에 대한 것이라면 그 다음 질문들은 어떤 호텔을 좋아하는지 그리고 마지막에 가서는 특정 호텔 체인에 대한 소감을 묻는다.

진행자 지침서(www.wimmerdominick.com)가 마련되어 있다고 해서 그 지침서대로만 질문한다고 다 되는 것은 아니다. 오히려 그 반대가 진실이다. 포커스그룹의 가장 중요한 장점은 진행자가 진행과정에서 응답자의 코멘트를 엄밀하게 검토할 수 있다는 데 있다. 전문적인 진행자라면 관찰이 시작되기 전에는 누구도 생각지 못했던 질문들을 만들어내고 이를 통해 중요한 정보를 얻어낼 수 있어야 한다. 이러한 능력을 보유하고 있는 전문적인 진행자일수록 더 많은 보수를 받게 된다.

(6) 장소 섭외

포커스그룹 연구는 연구 전문용 회의실에서부터 호텔 방에 이르기까지 다양한 장소에서 이루어질 수 있다. 대부분의 경우 전문적인 회의장을 사용한다. 그러한 시설을 구할 수 없는 경우엔 호텔이나 모텔의 방을 이용하기도 한다.

(7) 자료분석과 요약 보고서 준비

포커스그룹 인터뷰 보고서는 연구가 목적하는 바, 그리고 이용 가능한 시간과 비용에 따라 달라진다. 극단적인 경우 진행자가 참여자들의 대화 내용을 짧게 요약하여 기록하고 관찰대상자들의 반응에 대한 해석을 제공하는 정도면 된다. 보다 상세한 내용분석이나 상황 설명이 필요한 경우 그 진행 내용을 글로 옮기는 작업이 필요하다. 진행자나 연구자는 이 자료를 검토하여 적합한 유목으로 나누어 코딩하게 된다. 미디어 업계에서 실시하는 포커스그룹 조사는 대개 그룹별 토론 내용의 요약 수준을 넘어서지 않는다. 연구 의뢰인으로서 원한다면 해당내용을 기록해놓은 오디오테이프나 비디오테이프를 볼 수 있다.

5) 온라인 포커스그룹

인터넷을 포커스그룹 연구에 활용하는 것은 이제 놀랄 일이 아니다. 물론 여기에는 찬반 양론이 있다. 어떻든지 간에 온라인 포커스그룹 연구와 관련된 두 가지 기술적 변인은 텍스트와 비디오다.

먼저 텍스트를 이용하는 방법이 있는데 동시적 이용과 비동시적 이용으로 나뉜다. 동시적 이용의 경우 특정의 시간에 특정의 사이트에 참여자들을 모은다. 그리고 진행자가 그룹에게 메시지를 전달하고 응답을 요구한다. 이 과정이 약 한 시간에 걸쳐 이루어진다. 연구자는 본인 컴퓨터를 통해 응답자들의 응답메시지를 바로 확인할 수 있다. 그리고 진행자에게 다음 질문을 제시한다. 이 경우 포커스그룹 연구의 핵심인 응답자들 간의 상호작용을 확인할 수 없다는 점에서 과연 포커스그룹 연구라고 할 수 있는가는 논쟁의 대상이 된다. 텍스트를 동시적으로 이용하지 않아도 될 경우 대개 연구자는 온라인 게시판을 활용한다. 진행자가 질문들을 게시판에 올려놓으면 15~25명으로 구성된 응답자들이 편리한 시간에 게시판에 들어와 답을 주고받는 과정을 거친다. 이 방법은 응답자가 바빠서 동시에 온라인세션에 참여하는 것이 어려울 때 알맞다. 게시판 방법을 이용하면 응답자들이 시간적 여유를 갖기 때문에 더 길고 깊게 생각한 답을 얻을 수 있다. 따라서 복잡하거나 민감한 주제를 연구할 때 더 좋다. 그러나 답을 모으는데 상대적으로 시간이 많이 걸린다는 점, 조사과정에서 참여자가 탈락해버릴 수 있다는 점 그리고 비용이 더 들어간다는 점 등이 약점이다.

온라인 그룹을 활용하는 두 번째 방법은 웹 카메라와 스트리밍 비디오를 이용하는 것이다. 여기서 참여자들은 리얼타임으로 질문에 답하도록 설계된 특별한 소프트웨어를 같이 사용하도록 링크되며, 포커스그룹 조사의 진행자는 모니터를 통해 응답자 모두를 볼 수 있다. 즉 누가 그룹에 실제 참여하는 사람은 누군지 그리고 어떤 멤버들이 적극적으로 참여하는지를 알 수 있다. 최근에는 웹 카메라를 활용한 포커스그룹 연구를 진행하는 조사회사들이 많이 늘고 있는 추세다.

이런 형식은 면대면 형식에 비해 몇 가지 장점을 갖는다.

- 보다 저렴하다.
- 참여자 구성에 지리적 제한이 없기 때문에 지역적 편견을 제거할 수 있다.
- 온라인 상황에서는 집단동학의 영향이 덜하다.

반면 단점도 있다. 먼저, 텍스트를 이용하는 경우를 보면

- 응답자들 간의 상호작용이 없어 직접 면접보다 심층적 자료 확보가 어렵다.
- 연구자가 조사 대상 그룹의 비언어적 반응을 볼 수 없다.
- 응답자가 되어 참여하려면 빨리 타이핑하고 읽어 내릴 수 있어야 한다.
- 상황에 대한 통제가 불가능하다. 즉 진행자도 실제 누가 답을 타이핑하고 있는지는 모르며 응답자의 환경을 통제할 방법도 없다. 매우 정확한 답을 요구하는 상황임에도 TV를 시청하면서 한다거나 다른 일을 하면서 해도 이를 통제할 길이 없다.

웹 카메라를 이용하는 경우에는

- 여기에서도 응답자들의 상호작용은 여전히 제한되며, 참여자들이 동시에 응답하는 경우도 생겨 기록이 어려운 경우가 발생할 수 있다.
- 진행자가 되려면 부가적으로 웹 카메라나 관련된 여러 기술을 다룰 수 있어야 한다.
- 꼭 필요한 응답자임에도 웹 카메라가 없거나 이를 이용하는 것을 불편해 하는 응답자들이 있을 수 있다.
- 진행자가 참여자의 얼굴은 볼 수 있지만, 연구에 중요한 바디랭귀지 정보를 놓칠 수 있다.

6) 포커스그룹 연구의 사례

굿맨(Goodman, 2002)은 앵글로계와 라틴계 여성들을 대상으로, 대중잡지에 등장하는 여성들의 이미지에 대한 그들의 반응을 알기 위해 포커스그룹 연구를 수행했다. 그 결과는 응답자들의 문화가 이미지를 해석하는 데 어떤 역할을 하는지를 보여주었다. 비슷하게 펌퍼와 동료들(Pompper, Soto, & Piel, 2007)은 남자 대학생 19개 포커스그룹을 대상으로 열독률과 신체이미지 간의 관계에 대한 연구를 수행하였다. 군터와 동료들(Gunter, Kautz, & Roth, 2011)도 여성스포츠 방송인들에 대한 지각에 어떤 편견이 자리 잡고 있는지를 알아보기 위해 온라인 포커스그룹 연구를 진행하였다.

07 심층 면접

심층 면접 또는 집중 면접은 본질적으로 7장에서 논의하는 일대일 면접의 혼성물이다. 이 면접 방법은 다음과 같은 특징이 있다.

- 일반적으로 적은 수의 표본을 이용한다.
- 응답자가 왜 그러한 답변을 했는가에 대한 세부적인 배경까지도 알 수 있다. 즉 응답자의 의견, 가치, 동기, 경험, 정서 등에 관한 정교한 자료를 얻을 수 있다.
- 응답자의 비언어적 반응을 잘 관찰할 수 있다.
- 긴 시간을 요구한다. 단지 몇 분 동안에 이루어지는 개인 면접 서베이 방법과는 달리 몇 시간 이상 계속될 수도 있고 그러한 면접이 일 회로 그치는 것이 아니라 여러 번에 걸쳐 이루어질 수 있다.
- 이 면접법은 응답자 개개인에 더 많은 관심을 가진다. 개인 면접에서는 모든 응답자가 같은 질문에 답하지만 이 면접에서는 면접원이 각 응답자의 응답을 바탕으로 다양한 질문을 하게 된다.
- 이 면접법은 분위기에 의해 많은 영향을 받는다. 면접의 성패는 면접원과 응답자 사이의 소통의 정도에 따라 크게 좌우된다.

1) 심층 면접의 장 · 단점

심층 면접의 가장 큰 장점은 자세한 응답을 얻을 수 있다는 것이다. 나아가 전통적인 서베이 방법과는 달리 민감한 쟁점들에 대해 좀 더 정확한 답변을 얻어낼 수 있다. 응답자와 면접원 간의 소통이 잘 이루어지면 다른 연구방법에서는 터부시 된 주제들도 쉽게 다룰 수 있다. 나아가 그룹에 따라서는 심층 면접을 통해서만 조사할 수 있는 대상도 있다. 예를 들어 관찰을 통해 미국 상원의원들의 미디어 접촉 습관을 연구한다는 것은 불가능할 것이다. 그리고 그들을 대상으로 설문지를 돌려 응답하게 하는 것도 비현실적인 방법일 것이다. 그러나 면접원이 마주 앉아서 이야기하는 일에는 순순히 응할지도 모른다.

이 방법의 부정적인 측면 또한 적지 않다. 우선 일반화시키기가 어렵다. 표집이 무작위로 이루어지지도 않고 적은 수의 표본을 바탕으로 하기 때문에 그 결과를 일반화하는 데는 무리가 따른다. 대개 면접이 표준화되어 있지 않기 때문에 응답자마다 약간씩 다른 질문을 받을 수도 있다. 또 다른 단점으로 면접원의 편견을 들 수 있다. 오랜 시간 동안 면접을 하다 보면 응답자가 면접원으로부터 많은 정보를 얻게 된다. 많은 연습에도 불구하고 면접원들은 행동이나 목소리 등을 통해 간접적으로 그들의 태도를 표시하게 된다. 이러한 태도가 응답의 타당도에 미칠 영향은 측정하기 힘들다. 마지막으로 자료분석의 어려움을 들 수 있다. 연구자는 면접을 통해서 얻은 자료에 대해 원래와 현저하게 다른 해석으로 마무리할지도 모른다.

2) 절차

심층 면접의 절차는 개인 면접 방법과 비슷하다. 문제정의, 응답자 모집, 자료수집, 그리고 분석으로 이어진다. 차이가 있다면 다음과 같다.

- 응답 사례비용이 많이 든다. 일반적으로 100~1,000달러를 지급한다.
- 수집되는 자료량이 많아서 분석하는 데 몇 주에서 몇 달이 걸리기도 한다.
- 면접하는데 몇 시간 걸리기 때문에 응답자가 지치거나 재미없어 할 수 있다.
- 소요되는 시간이 많아서 면접을 주선하기가 매우 힘들다. 특히 전문직일 경우 더욱 그러하다.
- 표본이 작기 때문에 모집단에 일반화시키기가 힘들다.

3) 심층 면접의 실례

해링턴(Harrington, 2003)은 연속극 〈내 모든 아이들(All My Children)〉의 줄거리에 친숙한 12명을 대상으로 동성애 묘사에 대해 심층 면접을 실시했다. 루이스(Lewis, 2008)는 표절 건 기소로 인해 일자리를 잃거나 집행이 유예된 8명의 언론인들을 대상으로 심층 면접을 시행했다. 그는 표절의 정의 방식이 막연하다는 점이 문제의 일부라는 것을 발견했다. 윈(Winn, 2009)은 사전녹화 비디오물 시청에 관하여 20개 가구의 성원들을 면접했고, 그 가구의 성원들이 이러한 유형의 시청을 가족의 사회적 시간(family social time)으로 여긴다는 것을 발견했다.

4) 온라인 심층 면접

온라인 심층 면접에는 포커스그룹과 유사하게 두 가지 유형이 있다. 그중 하나는 오직 텍스트만 이용하는 방식이다. 이는 이메일 · 채팅방 · 게시판, 또는 페이스북(Facebook)과 같은 소셜미디어를 통해 이루어질 수 있다. 이러한 유형의 온라인 면접이 지니는 강점들 중 하나는 면접이 응답자가 편의에 맞추어 시행된다는 것이다. 면접자는 하나 이상의 질문을 올려놓을 수 있고, 응답자는 원하는 한 (대개 일주일 이내에) 해당 질문에 응답할 수 있다. 응답자들이 자신들의 응답을 곰곰이 생각해볼 수 있도록 그들에게 추가 시간을 허락하므로 연구자들은 더 풍부한 내용 및 부가적인 통찰력을 얻을 수도 있다. 또 다른 이득은 여행 비용 없이 지리적 공간을 가로질러 사람들과 면접을 실시할 수 있다는 점이다. 결국 이 방법은 면대면 상황을 불편해할지도 모르는 사람들로부터 자료를 수집하는 데 유용할 수 있다.

그러나 이 기법에는 몇 가지 약점이 있다. 첫째, 면대면 면접에 비해 소요시간은 더 길고, 얻어낼 수 있는 자료의 양은 적다. 응답자의 자판 타자 능력 및 읽기 기술이 자료의 질에 큰 영향을 미친다. 나아가 비구어적 단서는 포함되지 않고, 농담 · 비꼼 · 억양 등을 명확히 읽어내기가 더 어렵다.

심층 면접은 스카이프(Skype)나 화상회의 소프트웨어를 이용해 실시간으로도 이루어질 수 있다. 이 상황에서 면접자와 응답자는 서로를 볼 수 있고, 연구자는 구어적 반응에 영향을 미칠지도 모르는 비구어적 행동을 관찰하는 것이 가능하다. 더욱이 면접자는 후속 질문을 쉽게 할 수 있다. 게다가 연구자에게도 진행상의 음성기록뿐만 아니라 화상기록 모두를 할 수 있는 선택권이 주어진다.

실시간 기법의 불리함 중 하나는 응답자가 면대면 상황의 경우에 비해 면접을 쉽게 끝낼 수 있다는 점이다. 또한 라이브 영상 조건에서는 라포와 신뢰를 수립하기가 비교적 어렵다.

웹에서 빠른 검색을 해보면, 온라인 심층 면접의 실사서비스를 제공하는 사설 조사업체들이 많이 있다는 것을 알게 된다.

08 사례연구

사례연구(case study) 방법 또한 널리 이용되고 있는 질적 연구기법 중 하나다. 간단히 말해서 사례연구는 개인, 집단, 조직 혹은 사건에 대해 될 수 있는 대로 많은 자료들을 이용하여 체계적으로 연구하는 방법으로 어떤 현상을 설명하거나 이해하려는 의도로 이루어진다. 주로 의학, 인류학, 임상심리학, 경영과학, 역사학 등에서 이용된다. 프로이드(Sigmund Freud)는 그의 환자들을 대상으로 사례연구를 했으며, 경제학자들은 FCC의 의뢰를 받아 케이블 TV산업을 대상으로 사례연구를 수행했다. 이런 연구 목록은 계속 이어질 수 있다.

잉(Yin, 1994)은 좀 더 공식적 수준에서 사례 연구를 정의한다. 그에 따르면, 사례연구란 현상과 배경 간의 경계가 뚜렷치 않은 현실세계 내의 현재적인 현상을 탐구하기 위해 여러 종류의 자료들을 이용하는 경험적 탐색(inquiry)이다. 이 정의는 사례연구가 다른 연구전략과 어떻게 차별화되는가를 강조해준다. 예를 들면, 실험실 연구를 하는 사람들은 연구대상인 현상을 그 현상의 실제 맥락과 분리시킨다. 그 현상의 배경은 실험실적인 환경에 의해 통제되는 것이다. 서베이 조사는 여러 변인들이 개입되는 것을 막기 위해서, 연구대상인 현상을 좁게 정의한다. 사례연구는 한 사례를 택해서 연구하기도 하고 여러 사례를 택하기도 한다. 정치학에서 주로 쓰이는 비교 사례연구는 다수 사례연구기법의 한 예라고 할 수 있다.

메리암(Merriam, 1988)은 사례연구의 특성을 다음과 같이 요약하고 있다.

- 구체적이다. 사례연구는 특수한 상황, 사건, 프로그램, 현상 등 현실 세계의 구체적 문제에 초점을 맞춘다.
- 기술적(묘사적)이다. 사례연구의 최종결과는 연구사례에 대한 자세한 기술이다.
- 자기 발견적이다. 사례연구는 연구대상에 대한 이해를 돕는다. 새로운 해석, 새로운 시각, 새로운 의미, 참신한 통찰력 등이 사례연구의 목표다.
- 귀납적이다. 대부분의 사례연구는 귀납의 논리를 편다. 일반화나 원칙들은 자료의 세밀한 점검으로부터 얻어진다. 많은 사례연구는 기존 가설의 검증보다는 새로운 관계를 찾아내는 데 관심이 많다.

1) 사례연구의 장점

사례연구는 연구자가 연구하려는 주제에 대해 풍부한 정보를 얻고자 할 때 가장 유용하다. 이 방법은 세부적인 정보를 많이 제공해준다. 많은 경우 연구자 자신이 정확히 무엇을 찾고 있는지 모를 때 세부 정보는 도움이 된다. 사례연구는 특히 후속연구를 위한 실마리나 아이디어를 찾고자 하는 연구자들에게 많은 도움을 준다(Simon, 1985). 그렇다고 사례연구가 단지 탐사적 단계의 연구로만 이용된다는 것을 말하는 것은 아니다. 사례연구는 기술적이고 설명적인 자료를 수집하는 데도 이용될 수 있다.

사례연구는 어떤 일이 왜 발생했는가를 알아보는 데도 쓰인다. 예를 들어 이 세기가 시작되면서 많은 도시의 신문사 발행인들은 뉴스 룸, 즉 보도국 내 다양성을 증대시키기 위해 많이 노력하였다. 그중 몇몇 시도는 성공적이었다. 그 성공과 실패의 이유를 알려면 몇 개 도시를 대상으로, 다중적인 사례연구를 시도할 수 있을 것이다. 서베이와 같은 방법으로는 그런 현상의 기저에 깔려있는 근본적인 이유를 밝힐 수 없을 것이다. 최대한의 이해를 얻기 위해서는 사례연구가 이론과 조화를 이루도록 이용하는 것이 바람직하다.

사례연구는 또한 연구자에게 광범위한 증거들을 다룰 수 있는 능력을 제공한다. 문

자세히 보기 〉〉 자료수집과 저장

모든 연구프로젝트가 그렇지만 특히 질적 연구의 경우 수집된 자료의 복사본을 마련해두는 일이 꼭 필요하다. 저자들의 대학 동료들 중에서도 본인 연구실이 있는 건물에 화재가 나는 바람에 3년에 걸쳐 애써 모은 질적 자료들이 다 없어져 버린 친구가 있었다. 이런 실수가 되풀이 되어서는 안 된다. 컴퓨터 하드디스크에 저장해놨다면 USB나 다른 저장장치에 복사본을 마련해두길 바란다. 백업 파일을 꼭 만들어 놓아야 한다.

헌자료, 역사적인 물증, 체계적 면접, 직접 관찰 및 전통적 서베이 등이 모두 사례연구에서 이용될 수 있다. 사실 사례에 적합한 자료원이 많으면 많을수록 그 연구는 타당도가 높아지기 마련이다.

2) 사례연구의 단점

사례연구에 대해서는 크게 세 가지 비평이 있다. 첫 번째 비평은 사례연구에서는 일반적으로 과학적 진지함이 부족하다는 점과 관련 있다. 잉(Yin, 1994, p.21)은 "너무 많이, 사례연구자들이 조심스럽지 못하고 결과나 결론에 … 영향을 미칠 수 있는 편견을 허용해왔다…"고 비판하고 있다. 조잡한 사례연구를 행하기는 쉽지만 진지한 사례연구에는 많은 시간과 노력이 필요하다.

두 번째 비평은 사례연구만 가지고는 일반화가 쉽지 않다는 점이다. 만약 연구자의 목표가 현상의 발생빈도 등을 통계적으로 정리하여 규범적인 진술을 만들어내는 것이라면 사례연구보다는 다른 연구방법이 더 적절할 것이다. 그렇다고 모든 사례연구 결과가 특수한 것이라고 말하는 것은 아니다. 실제로 이론적 명제의 일반화가 연구의 주된 목표라면 사례연구가 가장 적절한 방법이다.

마지막으로 참여관찰처럼 사례연구에서는 종종 너무 시간이 많이 소요되며 연구과정에서 요약하기 어려울 정도로 많은 양의 자료들이 나온다. 결과적으로 연구결과를 얻기 위해 몇 년을 기다려야만 하는 경우도 있다. 그러나 이러한 비평을 극복하기 위해서 비전통적인 보고방법을 실험하는 연구자들도 있다(Peters & Waterman, 1982 참조).

3) 사례연구의 실행

사례연구 실행의 명확한 방법에 대해서는 전통적 서베이나 실험연구처럼 상세하게 잘 기술되어 있지는 않다. 그러나 대체적으로 사례연구를 수행하기 위해서는 설계, 예비연구, 자료수집, 자료분석, 보고서 작성과 같은 다섯 가지의 특징적 단계가 필요하다.

(1) 설계

사례연구를 설계할 때 첫 번째 관심사는 무엇을 질문할 것인가이다. 사례연구는 '어떻게' 혹은 '왜'로 시작되는 질문에 대한 답을 구하는 데 가장 적절한 방법이다. 명확한 연구문제는 사례연구에서 매우 중요하다. 연구설계와 관련된 두 번째 사항은 무엇을 분석한 것인가 하는 점이다. 도대체 사례를 무엇으로 삼을 것인가? 사례는 개인일 수도 있고, 여러 사람들일 수도 있으며 한 사건 아니면 여러 사건들일 수도 있다. 만약 각 개인들의 관련 정보가 모아졌다면 그 결과는 단일 혹은 다수 사례연구 형식으로 보고된다. 그러나 사례의 경계를 정확하게 구분하기가 어려운 경우도 있다. 사례가 어떤 시점의 특정한 결정일 수도 있고 조직체일 수도 있으며, 특정 프로그램이나 사건일 수도 있다. 무엇을 분석단위로 할 것인가에 대한 초보적인 지침은 이용 가능한 기존의 연구들이라 할 수 있다. 연구자들은 기존의 연구결과와 자신의 연구결과를 비교하기를 원하기 때문에 과거 연구에서 행해진 것으로부터 너무 벗어나지 않은 것이 좋은 방법일 수 있다.

(2) 예비연구

예비연구(pilot study)**역자주** 1를 시행하기 전에 사례연구자는 연구 프로토콜(study protocol)을 구성해야만 한다. 여기에는 연구에 이용될 방법뿐만 아니라 자료수집 도구에 관한 내용이 명시되어 있어야 한다. 좋은 사례연구 프로토콜에는 특정 개인이나 조직에 접근하기 위해 필요한 절차, 기록에 접근하는 방법 등이 포함되어 있기 마련이다. 또한 자료수집 계획과 관리의 문제까지 포함되어 있다. 예를 들면, 현장에서 자료 복사용 복사기 이용이 가능한가, 연구자가 이용 가능한 사무실 공간의 크기는 적당한가, 필요한 지원은 무엇인가 등이다. 또한 프로토콜에는 연구의 중심인 질문 목록과 이들 질문에 답을 제공해줄 가능성이 있는 정보원 목록이 준비되어 있어야만 한다. 만약 사례연구에서 면접이 필요하다면 어떤 질문을 할 것인가도 계획안에 적시되어 있어야만 한다.

프로토콜이 갖추어지면 연구자는 이제 예비연구를 시작할 준비가 된 셈이다. **예비연**

역자주 1 예비연구는 연구의 기초자료를 수집하기 위한 단계다. 구체적으로 이 단계에서는 연구목적, 연구대상, 연구 범위 등을 검토, 확인하여 예비 및 탐색적인 기초자료를 수집한다. 이를 통해 잠정적 연구 계획이 작성되고 연구의 주 내용이 재정비된다. 반면에 사전검사(pretest)는 확정된 연구 계획에 의해 수행되는 연구의 한 단계다. 즉 예비연구 이후 단계인 연구과정의 일부분이다.

구는 연구설계와 현장에서의 절차를 재정비하는 데 이용된다. 예비연구를 통해서 연구설계 시에 예상하지 못했던 변인들 연구관리의 문제, 그리고 프로토콜이 갖고 있는 문제들도 다시 드러낼 수 있다. 또한 예비연구는 연구자들로 하여금 다른 자료수집 방법을 찾도록 강구하게 해주고 여러 다른 시각에서 다른 행동들을 관찰하게도 해준다. 이렇게 해서 얻어진 예비연구 결과는 연구 프로토콜을 수정하고 보완하는 데 이용된다.

(3) 자료수집

사례연구에는 적어도 네 가지 정도의 자료원이 이용 가능하다. 첫 번째는 문헌자료다. 풍부한 자료를 제공해주는 대표적인 자료원인 문헌자료에는 편지, 메모, 회의록, 비망록, 역사적 기록물, 팜플릿, 안내장, 포스터 등등이 포함된다. 두 번째 자료원은 면접이다. 사례연구에 따라서 서베이 방법을 이용하여 응답자들에게 설문지를 완성하도록 하거나 심층 면접을 이용해 자료를 얻는 방법을 이용하기도 한다.

관찰/참여가 세 번째 자료수집 방법이다. 이 장의 서두에서 논의했던 관찰/참여 기법이 이 사례연구에도 잘 적용될 수 있다. 마지막 자료원은 물리적인 유물들이다. 도구, 가구, 혹은 컴퓨터 인쇄물 등이 여기에 해당한다. 이들 유물들은 역사학이나 인류학에서 자료원으로 많이 이용되고 있지만 매스미디어 사례연구에서는 거의 이용되고 있지 않다(그러나 미디어관련 법제 연구에서는 자주 이용되고 있다).

많은 사례연구자들이 다중적인 자료원의 이용을 권장하는데, 이는 연구대상의 현상에 대한 삼각측정법이 가능하기 때문이다(Rubin, 1984). 또한 다중적인 자료는 연구의 신뢰도와 타당도를 제고시킨다. 대체로 많은 자료원을 활용하는 사례연구가 단일 자료원에 의존하는 연구보다 훨씬 높게 평가받는다는 사실은 그리 놀랄 일이 아니다(Yin, Bateman, & Moore, 1983).

(4) 자료분석

다른 양적 연구기법과 달리 사례분석에서는 자료분석을 안내해주는 공식이나 안내서가 없다. 그래서 이 분석단계가 사례연구에서 아마도 제일 힘든 부분일 것이다. 모든 사례연구에 적용시키는 것은 무리가 있을지 모르지만 잉(Yin, 1989)은 세 가지 분석 전략을 제안하고 있다. 경향별 매칭(pattern matching), 설명구축 전략(explanation building strategy), 시계열 분석(time series analysis)이 그것들이다.

경향별 매칭 전략에서는 자료에서 나타난 경향과 사전에 예측했던 경향을 비교한다.

이를테면 신문사가 새로운 경영방침으로 편집인들을 제외한 최고경영자와 기자들 간의 정기적인 모임을 도입하려 한다고 가정해보자. 조직이론에 기초하여 연구자들은 먼저 이 방침을 도입하면 기자와 편집인 간의 긴장을 고조시켜 생산성은 높아지고 상하 관계는 약화될 것이라고 결과를 예측할지 모른다. 만약 사례연구 분석 후 그런 결과가 나타나면 경영변화에 대한 예측이 맞는 것으로 결론을 내릴 수 있다. 만약 예측한 경향과 실제 분석 결과가 들어맞지 않으면 초기에 설정한 연구관련 명제들은 재고되어야만 한다.

설명구축 전략을 이용하는 연구자는 연구대상 현상의 원인(들)에 대한 진술을 만들어 가면서 사례에 대한 설명을 구축하려고 노력한다. 이 방법은 여러 형식을 취할 수 있다. 주로 연구자들은 어떤 과정이나 결과에 대한 밑그림 수준의 이론적 진술을 전개하고 그 이론적 진술과 반대되는 사례연구의 결과를 찾아 비교해서 그 진술을 수정하고, 그 다음의 비교 사례 분석으로 넘어간다. 그리고 가능한 이 과정을 계속 반복하는 형식을 취한다. 이 기법은 앞서 논의했던 귀납 분석적 접근과 비슷하다. 가령 어떤 웹사이트가 왜 이윤을 남기는 데 실패했는지를 설명하기 위해 연구자는 초기 가정으로 전문경영진의 부족을 설정했다. 그러나 실제연구에서 전문경영진의 부족은 부분적인 이유이고 부적합한 시장연구가 한 요인임을 발견하였다. 그러면 연구자는 처음의 가정을 수정하고 이 수정된 가정이 얼마나 적합한가를 보기 위해 다시 분석을 시도한다. 그런 식으로 보다 완전한 답을 얻을 때까지 끊임없이 계속 비교, 수정해 나가는 절차를 밟아간다.

시계열 분석 전략에서 연구자는 여러 시점의 자료를 수집하여 연구 전에 예측된 이론적 경향과 들어맞는지를 비교 분석한다. 가령 몇 개 도시에서 신문사들의 파업이 발생하였다면 연구자들은 그 지역 주민들의 정보추구 행위의 변화에 대한 어떤 예측을 할 수 있다. 그런 다음 그 예측들이 들어맞았는지 여부를 사례연구를 통해서 확인할 수 있다.

(5) 보고서 작성

사례분석의 보고서는 여러 형태를 보일 수 있다. 그러나 대체로 전통적인 연구 보고서의 형식을 준수한다. 즉 연구문제, 방법, 결과, 논의가 포함된다. 아니면 비전통적인 보고방법을 이용하기도 한다. 연구에 따라서는 연대기적 배열이 적합할 수도 있고, 사례 간의 비교가 특징인 연구는 그런 관점에서 보고서가 작성될 수 있다. 어떤 형태를 취하든 연구자는 그 보고서의 독자가 누구인가를 고려해야 한다. 정책입안자들을 위한 사례연구 보고서와 학술지에 실릴 보고서는 달라야 한다.

4) 사례연구의 실례

토바레스(Tovares, 2000)는 라틴계의 쟁점을 다루는 뉴스 프로그램인 〈라티노 USA(Latino USA)〉의 발전과정을 연구하였다. 그는 이 사례연구에서 스태프들과의 개인 면접, 직접 관찰, 아카이브 검토 등을 자료수집 방법으로 이용하였다. 라디오방송 연구에서 후드(Hood, 2007)는 현지관찰 · 심층면접 · 내용분석 자료들을 통합하여, "현지(local)" 뉴스가 구분되기 쉽지 않다는 의미의 결론을 내렸다. 브룩클린 대학(Brooklyn College) 인터넷 전용 라디오 연구에서 베이커(Baker, 2010)는 라디오 방송국 직원을 면접했고, 그 대학 재학생들을 대상으로 서베이를 실시했을 뿐만 아니라, 심층면접도 했다.

이러한 전통적인 사례분석 연구에 상응할 수 있는 온라인 사례분석이란 것이 아직 딱히 존재하지 않는다. 온라인은 전통적인 사례분석 연구에 하나 이상의 자료정보원으로 속할 뿐이다. 연구자는 이메일, 블로그, 소셜미디어, 혹은 기타 온라인 문서들을 전통적인 사례분석의 일환으로 분석할 수도 있다.

09 민속지학

민속지학 연구(ethnographic research)라는 용어는 종종 질적 연구와 동의어로 이용된다. 그러나 사실 **민속지학**은 특별한 종류의 질적 연구다. 인류학자와 사회학자에 의해 처음 실행에 옮겨진 민속지학은 연구자가 오랜 기간 동안 자연스런 상황 아래서 다른 문화 속에서 살아가며 그 문화를 관찰하는 과정을 일컫는 말이다. 이렇게 다른 문화에 몰두함으로써 원주민의 시각에서 본 것처럼 다른 삶의 방식을 이해할 수 있게 된다.

그러나 최근에는 민속지학의 개념이 다른 분야, 즉 정치과학 · 교육 · 사회 복지 · 커뮤니케이션 분야에 도입되고 있다. 여기서는 전체 문화의 생활 방식을 기술하기보다는 작은 집단, 즉 하부집단 · 조직 · 제도 · 전문직 · 수용자 등을 분석하는 데 더 관심을 둔다. 혼란을 피하기 위하여 버그(Berg, 1989)는 전체 문화를 대상으로 한 전통적인 연구를 거시 민속지학(macro-ethnography), 그보다 작은 단위를 분석하는 것을 미시 민속지학(micro-ethnography)라고 하였다. 후자의 접근이 매스커뮤니케이션 연구자들이 가장 흔하게 사용하는 방법이다.

나아가 사란타코스(Sarantakos, 1998)는 민속지학을 기술적 민속지학과 비판적 민속지학의 두 유형으로 구분된다고 보았다. 기술적 민속지학(descripitive ethnography)은 좀 더 관례적인 접근으로 뒤에서 다시 논의할 것이다. 반면 비판적 민속지학(critical ethnography)은 이 장 초반에 언급한 비판적 패러다임을 근거로 한다. 여기서는 권력이나 헤게모니 개념을 검토하고 드러나지 않은 의제와 의문시되는 가정들을 드러내기 위해 민속지학적 접근을 시도한다. 이 접근의 목표는 가끔 정치적이며 사회에서 권력을 빼앗긴 그룹의 목소리를 알리기 위한 것이다. 예를 들어 히스패닉 사회에서 스페인어 라디오방송의 역할을 비판적 민속지학으로 연구한다면 히스패닉 소수자 사회가 그들의 문화에서 중요한 역할을 하는 미디어 내용 중 많은 부분에 대해 통제하지 못하고 있는 현실을 드러내고 히스패닉들로 하여금 현존상황을 변화시키도록 해줄 수 있는 정보를 제공하는 것을 중점으로 연구한다.

연구의 초점이 어디에 있든지 관계 없이 민속지학은 다음의 네 가지 특징을 갖는다.

- 연구자는 연구대상 주제의 한 가운데에 위치한다. 즉 우회하기보다는 차라리 연구자가 직접 자료에 접근한다.
- 참여자들의 준거 틀로부터 도출된 주제나 쟁점을 연구하는 데 중점이 있다.
- 현장에서 상당기간을 보내야만 한다.
- 관찰, 면접, 일지기록, 현존 문헌자료의 분석, 사진, 비디오 녹화 등 상당히 다양한 연구기법들을 이용한다.

위의 특징들 중에서도 네 번째 특징이 민속지학 연구를 다른 질적 연구방법들과 구별시키는 요인이다. 민속지학 연구는 각종 자료수집 기법을 다 동원한다. 다른 질적 연구에서는 한 가지의 자료수집 방법만을 이용해도 충분할지 모르지만 민족학적 연구는 일반적으로 이 장에서 논의된 네 가지 질적 기법, 즉 현지관찰 · 심층면접 · 포커스그룹 · 사례연구 중 몇 가지를 동시에 활용한다.

1) 민속지학 연구의 실행

르꽁트와 쉔슐(LeCompte & Schensul, 1999)은 민속지학 연구 실행을 위한 단계별 절차를 마련해 제시하였다. 이 과정의 많은 부분은 다른 질적 방법들과 유사하다.

첫 단계는 탐구 대상 문제나 현상을 정의하는 것이다. 여기서 연구문제란 특정 그룹에 속해 있는 사람들이 어떤 현상을 보거나 인식하는 방법과 같은 것들이다. 민속지학 학자들의 궁극적 목표는 연구대상 그룹이 보는 세상을 이해하는 것이다.

연구문제의 선택과 밀접하게 연관된 요인이 바로 현장 즉 관련 자료가 수집되는 장소다. 어떤 경우에는 연구문제를 먼저 설정하고 그 연구문제에 적합한 장소를 찾는 반면 반대로 연구자가 관심 있는 장소를 먼저 선택하고 그 장소에 적합한 연구문제를 개발하는 경우도 있다.

연구대상 장소가 어떤 방식으로 결정되든지 간에 연구자는 그 다음 누구를 접촉하고 연구해야 할지를 결정해야 한다. 일반 현지연구처럼 민속지학 연구도 대개 유의표본을 이용한다. 연구자는 표본 내 **주요 정보제공자**(key informants)를 이용하여 표본을 연구에 더욱 적합하게 만들 수 있다. 여기서 핵심 정보제공자란 연구대상 집단의 일상생활이나 활동, 커뮤니케이션 패턴 등에 대해 전문가 수준의 지식을 갖고 있는 연구대상 집단 소속의 오래된 구성원들을 말한다. 연구자는 핵심 정보제공자들이 제공하는 지식을 이용하여, 어떤 행동들을 언제 어디서 관찰해야 하는지 그리고 심층 면접을 해야 할 상대는 누구인지, 어떤 자료가 분석을 위한 핵심자료인지 등을 정할 수 있다.

이렇게 표본추출 전략이 면밀하게 마련되면 현장조사가 시작된다. 이 때 현지관찰에서 제시한 자료수집 내용의 많은 부분이 민속지학 연구에도 그대로 적용된다. 에머슨과 동료들(Emerson, Fretz, & Shaw, 1995)은 현지 기록의 네 가지 유형을 다음과 같이 제시하였다.

① 요약 설명: 현장 면접 동안 관찰하거나 발생한 요인들 중 가장 중요한 요인들을 대상으로 녹음한 것 내지는 기록된 간단한 설명이다. 이러한 기술은 이후 설명에서 가설화될 수 있는 것들을 두드러지게 한다.

② 확대 설명: 관찰기간이나 면접이 끝난 후 작성되며 요약설명에는 포함되지 않은 세부적인 설명들로 채워진다. 이 자료는 가능한 완벽하고 철저해야만 한다. 민속지학적 연구에서 자세한 설명보다 더 좋은 것은 없기 때문이다.

③ 현지조사 저널: 연구자의 개인적 반응, 인상 그리고 면접과 현지연구에 대한 개인적 의견 등에 대한 목록이다. 완고한 보고라기보다는 주로 개인적인 코멘트 위주로 작성한다.

④ 분석과 해석 기록: 연구자가 관찰하거나 면접한 자료를 어떤 동질적인 설계 안으로 통합시키기 위해 시도되는 것이다. 연구자가 자료 안에서 어떤 질서나 패턴을 찾으려는 첫 시도를 말한다.

민속지학 연구에서 자료분석은 다른 질적 연구들과 동일한 패턴을 따른다. 연구자는 자료로부터 패턴과 일반적인 주제를 찾고 이를 토대로 분석적인 유목을 도출한다. 동시에 자료를 해석하고 연구대상그룹의 인식과 행동을 좀 더 일반화시킬 수 있는 개념적 기반을 마련한다.

연구자에 따라서는 민속지학 연구가 성공적이려면 연구자로서는 '외부자'적 관점과 관찰 대상 개인들에 대해서는 '내부자'적 관점이 서로 혼합되어야 한다고 제안한다. 이런 접근을 때로는 에틱(etic)과 에믹(emic) 관점의 혼합이라고도 한다.[역자주 2] 에틱적인 접근이 일반적인 과학적 개념, 원칙, 이론들을 기반으로 대상에 대해 의미를 부여하는 반면, 에믹적 접근은 해당 문화의 의미체계 안에서 핵심 정보제공자의 관점을 기반으로 문화적 특성이나 패턴에 의미를 부여하는 방식이다.

다른 질적 접근과 마찬가지로 민속지학 연구의 마지막 단계는 보고서 쓰는 일을 준비하는 일이다(약간 혼란스럽지만 '민속지학'란 단어는 특수한 하나의 연구방법을 의미하기도 하지만 동시에 그런 방법을 이용한 연구의 결과 보고서를 의미할 수도 있다). 보고서는 일반적으로 연구목적이나 연구문제 방법에 대한 기술로부터 시작된다. 그리고 증거와 자료 제시, 연구자의 자료해석, 이론적 의미와 향후 연구를 위한 제언 등이 이어진다. 다른 질적 연구 보고서처럼 분량이 길어질 수 있다.

메이어(Mayer, 2003)는 멕시칸계 미국 여성들의 TV 시청습관을 다룬 민속지학적 연구를 수행하였다. 그녀는 텍사스(Texas) 샌안토니오(San Antonio)에서 수행한 2년 동안의 인류학적 연구를 통해 자료를 확보했다. 얼자벡과 코바식(Erjavec & Kovacic, 2010)은 2년 동안 20군데의 여러 지역 현장에서 1,600시간을 보냈다.

2) 온라인을 활용한 민속지학

가상 내지 온라인을 활용한 민속지학 연구는 질적 연구에서도 상대적으로 새롭게 개발되고 있는 영역이다. 전통적인 민속지학에서는 연구자가 연구대상의 특정 상황에 직접 들어가 생활하면서 조사가 이루어진다. 가상 민속지학에서는 그런 개념을 사이버 공간을 확장시키는데, 여기에는 다양한 기법이 동원된다.

역자주 2 인류학에서 에믹은 원주민들의 관점(folk perspective), 즉 원주민들의 범주 그 자체(natives' own category)를 말한다. 에틱은 분석적 관점(analytic perspective)으로서, 검증할 수 있는 과학적 판단(verifiable scientific judgements)을 말한다. 에믹은 실재에 대한 원주민적 모델의 설명과 표현이고, 에틱은 관찰자의 기준에 따른 사회문화체계의 기술이고 비교이다. 에틱은 보편성의 수준이고 객관적 관찰자에 의해 관찰될 수 있는 사물의 수준이다. 반면 에믹은 특수한 언어나 문화 내에서만 유의한 수준이다.

- 조사 대상자들이 연구주제와 관련한 그들의 생각과 행동에 대한 온라인 일기를 작성하도록 해야 한다.
- 관련된 사진도 찍어 업로드시켜야 한다.
- 일기와 사진을 토대로 온라인상의 심층 면접에 참여시킨다.
- 연구자는 웹 카메라를 이용하여 응답자가 어떤 환경에서 살고 있는지를 파악한다.

또 다른 민속지학적 접근은 소위 온라인에서의 몰입을 이용하는 것이다. 예를 들어 응답자들에게 '가정'에 대한 그들의 생각을 사진, 비디오 그리고 블로그를 통해 묘사하게끔 하는 것이다.

가상 민속지학은 학술 연구보다는 업계 현장에서 더 많이 이용되고 있지만 관련된 테크닉이 유행하면서 이런 상황도 바뀔 가능성이 있다. 광고연구나 10대 소녀들의 블로그 연구에 적용한 예들이 있다. 예를 들어 카운(Kaun, 2010)은 에스토니아 학생들의 커뮤니케이션 행태를 연구하였는데, 8주 간의 온라인 일기와 위키 엔트리를 수집·분석하였다.

3) 다른 온라인 활용기법

여기서는 전통적인 면대면 조사 상대를 확보하지 못한 시장조사회사들이 개발한 두 가지 온라인 기법을 간단하게 논의할 것이다.

온라인 조사 블로그(online research blog)는 공통점(예: 최근 자동차 구입, 융자 신청, 또는 이삿짐센터 이용)이 있는 응답자들 표본이 지닌 개인 일기장이다. 응답자들은 자신들의 경험을 블러그에 사사건건 자세하게 기록할 것을 요구받는다. 이 방법의 장점은 쉽게 볼 수 있다는 것이다. 빠르고 비용이 들지 않기 때문에 응답자들로 하여금 그들 나름의 방식으로 표현할 수 있게 한다. 이를 통해 연구자들이 깨닫지 못할 수 있는 관점들도 얻어낼 수 있다. 나아가 조사 블로그는 온라인 포커스그룹의 중재자가 인위적으로 권유해서라기보다는 응답자들로부터 자연스럽게 나온 것이라는 점이 특징이다. 아직 매스미디어 연구자들이 온라인조사 블로그를 유의하게 이용하고 있지는 않지만, 온라인 조사 블로그의 잠재력은 크다.

온라인 조사 커뮤니티(online research community)는 특정 기간 동안 조사에 참여할 수 있도록 사설 온라인 웹사이트 가입을 권유하여 여기에 응모한 집단을 대상으로 한다. 커뮤니티의 구성원은 종종 수백 명으로, 그 규모가 포커스그룹보다 크다. 그렇다고 해서 엄격하게 중재되지는 않는다. 연구자가 올린 질문에 응답하고, 중재자는 그 응답을 모니터하면서 참여를 장려하며 후속 질문(follow-up questions)을 던진다. 커뮤니티는 채팅방이나 온라인 게시판 형식을 취할 수도 있다. 이 방법의 단점은 중재자의 장려에도 불구하고 구성원 전원이 응답하지는 않는다는 점이다. 추정에 따르면, 그룹의 10~20%만이 능동적인 구성원들일 것이고, 40%정도는 이따금씩만 참여할 것이다.

4) 소셜미디어와 질적 연구

미디어 연구자들은 소셜미디어를 질적 자료를 수집하는 방법으로 새롭게 활용하고자 애쓰고 있다. 소위 넷노그래피(netnography)로 불리는데 여기서는 커뮤니티를 대상으로 한 민속지학 연구에 컴퓨터 매개 커뮤니케이션을 연계시킨다(Kozinets, 2002). 즉 인터넷을 자료원으로 의존, 활용하기 때문에 여러 가지 면에서 전통적인 민속지학과는 다르다. 먼저 직접적인 행동관찰보다는 표현된 메시지에 기반을 둔다. 둘째, 아카이브에 의존한다. 셋째, 공적 공간에서 일어나는 개인들 간의 사적인 상호작용을 알아내는 데 소셜미디어를 이용한다.

넷노그로피의 예로는 시니어 온라인 커뮤니티를 조사한 님로드의 연구(Nimrod, 2011)가 있으며, 페이스북(Facebook)을 주 자료원으로 활용하는 연구자들도 있다.

소셜미디어가 질적 접근에 유용하지만 다음 사항들은 유념해야 한다. 먼저, 자료를 제공하는 많은 게시물들이 익명적이기 때문에 괜히 과장하거나 주제와 관련 없는 메시지를 제공해 자료의 왜곡이 발생할 수 있다. 둘째, 참여자 모두가 동일한 비율로 메시지를 게시하지 않기 때문에 소수에 의해 메시지가 양산되어 결과를 편향시킬 수 있다. 셋째, 조사대상 서비스나 제품에 이미 기득권을 가진 사람들이 자료를 제공하는 정보원이 된다면 보나마나 긍정적인 메시지가 많을 가능성이 크다. 반대의 경우도 가능하다.

10 질적 연구 보고서 작성

양적 연구 보고서를 쓰는 일은 꽤 단선적이다. 그러나 질적 보고서를 쓰는 일은 상당히 복잡하다. 먼저 질적 자료들을 숫자로 표시되는 표와 차트로 요약하는 일은 어렵다. 질적 자료는 문장, 인용, 묘사, 그리고 그림과 다이어그램 등의 형태로 되어 있기 때문이다. 둘째, 질적 연구자들이 이용할만한 표준화된 방법이 별로 없다. 따라서 상대적으로 글로 기술하는 내용이 적은 실험연구방법이나 전화 세베이에서 사용하는 보고서 작성

자세히 보기 〉〉 모바일 미디어와 질적 연구

이제는 미국만 해도 모바일폰 이용자가 2억 8천만 명에 달하며, 그중 98%가 텍스트 메시지를 보낼 수 있다. 따라서 질적 연구자들이 이 새로운 테크닉을 어떻게 자료수집 방법으로 활용할 것인가를 모색하는 것은 그리 놀랄 일이 아니다.

가장 단순하게는 연구자가 텍스로 질문을 던지고 응답자가 텍스트로 답하는 경우다. 더 나가면 응답자에게 사진이나 비디오 클립을 작성하는 것까지 가능하다.

이런 자료수집이 적합한 경우란 다음과 같다.

- 사람들이 왜 특정 TV나 라디오 프로그램을 시청취하는지 알고자 할 때
- 특정 상품의 경쟁상품이 아닌 특정 상품을 사는 이유를 알고자 할 때
- 특정 사건이나 브랜드 내지는 기업에 대한 특별한 경험에 대한 피드백을 얻고자 할 때

이와 같은 텍스트 메시지를 통한 자료수집은 여러 장점을 갖는다. 먼저, 응답 속도가 빠르다. 모바일에서는 자료수집이 즉시 이루어진다. 게다가 대규모 참여자들을 대상으로 한 자료수집이 가능하다. 마지막으로 응답이 익명으로 이루어지기 때문에 솔직한 답을 얻을 수 있다. 반면에 메시지의 양이 적기 때문에, 다른 자료수집 방법에 비해 세세한 답을 구하기는 쉽지 않다. 그리고 조사에 필요한 여러 설명을 응답자에게 자세하게 제공하기 어려우므로 연구설계가 단순해야만 한다.

기법들을 일반적으로 이용한다. 한편 주어진 특정 장소에만 적용되는 기법이나 아니면 여러 기법들의 조합을 통해 다양한 상황에 적용시키기도 한다. 사실 질적 연구자들이 완전히 새로운 자료수립 방법을 만들어낼 수도 있다. 그러다보면 결과 보고서 내용이 길어지고 복잡할 수 있다. 셋째, 질적 연구자는 보고서 독자들에게 연구 환경에 대한 주관적 '감정'까지 전달 할 수 있다. 연구의 주변 상황, 관련된 사람들, 프로젝트에 대한 본인의 주관적 생각 등이 그 대상이다. 마지막으로 질적 보고서를 효율적이고 예측적으로 작성하려다보면 자유분방한 문체를 이용하게 된다. 예를 들어, 케이톤(Keyton, 2001)은 질적 보고서 작성자가 채택할 수 있는 스타일에는 다음의 세 가지가 있다고 제시하였다. 사실주의적 스타일(제3자 관점에서 냉정하게 기술하는 방식), 고백적 스타일(작성자의 많은 것들이 드러나는 제1인칭 관점의 기술방식), 인상주의적 스타일(은유나 상상력을 이용하여 기술하는 방식)이 그 세 가지다.

분명 질적 보고서는 양적 보고서에 비해 그 분량이 많다. 그렇기 때문에 질적 연구 보고서가 학술지보다는 책의 형태로 제시되는 경우가 많다는 것은 놀랄 일이 아니다.

질적 연구 보고서를 작성하는 일반적인 형식을 제시하면 다음과 같다.

1) 머리말

양적 연구와 비슷하게 머리말에서는 프로젝트에 대한 개관, 구체적인 연구문제의 진술, 연구의 필요성, 독자들이 흥미를 가지고 읽어야만 하는 이유 등을 제시한다. 양적 연구와 다른 점이 있다면 기존 문헌연구 부분이 그리 길지 않다는 것이다. 많은 경우 검토해야 할 기존 문헌이 별로 많지 않을 수 있기 때문이다. 게다가 많은 질적 연구자들이 기존 문헌연구가 수행할 연구에 대한 본인의 인식에 영향을 줄 수도 있다고 보기 때문에 별로 선호하지 않는다.

2) 방법

여기서는 그 연구에서 했던 것을 설명한다.

- 자료수집 방법(들)과 선택의 이유: 예를 들어, 자료가 민감하다는 특성을 고려하면 심층 면접을 활용하는 것이 적절할 수 있다는 식의 설명이 가능하다.
- 자료수집 장소: 연구자는 독자들로 하여금 연구자가 적합한 장소를 선택했는지 판단하고, 연구의 '분위기'를 그대로 느낄 수 있도록 상황을 잘 설명해줘야 한다.
- 표본추출: 참여자 혹은 응답자는 다양한 방법으로 충원이 가능한데 연구자는 본인이 이용한 방법을 제시해야만 한다. 표본크기와 최종 자료수집 기준 또한 포함되어야 한다.
- 자료수집: 현지관찰 노트, 포커스그룹 자료, 심층 면접 내용이 담긴 테이프, 일기 등 자료수집방법을 설명해야 한다. 그 설명은 추후 다른 연구자들이 그런 방법을 반복할 수 있도록 자세하게 한다.

3) 결과

질적 연구는 수집된 자료가 많기 때문에 일반적으로 보고서에서 가장 긴 부분이 결과 부분이다. 먼저 해야 할 일은 자료를 다룰 수 있는 크기로 줄이는 것이다. 보고서가 너무 두껍거나 얇아서는 안 된다. 그렇게 자료를 다루는 데는 두 가지 원칙이 있는데, 첫째는 보고서에서 모든 것을 말한다는 것을 불가능하다라는 것을 기억하라는 것이다. 결과를 가장 잘 보여줄 수 있는 비네트(요약문장이나 삽화 등)나 인용, 사례들을 선택하도록 노력해야 한다. 둘째는 수집된 자료를 다양하게 보여주고, 독특한 상황이 반영되어 있는 자료를 선택하라는 것이다.

전반적으로 연구내용을 잘 조직화시키는 틀을 있으면 좀 더 이해하기 쉬운 보고서를 만들어낼 수 있다. 결과물들을 배열할 때 참고할 내용은 다음과 같다(Chenail, 1995).

- 자료들을 연대기 순으로 조직하라.
- 가장 중요한 결과를 맨 먼저 제시하라.
- 드라마틱하게 제시하고 가장 중요한 점을 끝에 제시하라.
- 이론적 내지는 개념적 틀에 따라 자료를 배열하라.

결과 제시에서는 묘사와 분석 사이의 균형을 도모해야 한다. 자세한 인용과 사례 제시가 분석과 일반화를 뒷받침해주어야 한다. 연구자는 자료가 분석과 분리되면서 나타날 수 있는 **분리의 오류**(error of segregation)의 발생을 방지할 필요가 있다. 이 문제를 해결하기 위한 방안을 제시하면 다음과 같다.

- 일반적인 결과의 요약을 먼저 제시하라.
- 결과에 해당하는 사례를 보여주어라.
- 사례에는 해설을 덧붙여라.
- 제2의 사례를 보여주어라.
- 제2사례에도 해설을 덧붙여라.
- 이런 사례 제시 순서가 끝나고 나서 다음 일반적인 결과로 넘어가라.

4) 논의

여기에는 요약, 추후 연구를 위한 본연구의 함의 그리고 연구의 장 · 단점에 대한 논의 등이 포함된다.

요약

매스미디어 연구는 연구자가 지향하는 연구 패러다임이 무엇이냐에 따라 영향을 받을 수 있다. 이 장에서는 주로 양적 방법을 선호하는 실증주의적 접근과 질적 방법을 선호하는 해석적 접근의 차이를 논의하였다. 그리고 다섯 가지의 주요한 질적 접근 방법인 현지관찰, 포커스그룹, 심층 면접, 사례연구 그리고 민속지학 등을 살펴보았다.

현지관찰은 자연스러운 상황에서 이루어지는 현장 조사연구다. 연구자는 연구의 공평한 관찰자가 되거나 그 과정의 참여자가 되기도 한다. 이 연구방법의 큰 장점은 융통성이라 하겠다. 즉 가설 정립을 위해, 혹은 예비적 자료를 수집하기 위해서 쓰일 수도 있으며 다른 방법으로 연구할 수 없는 집단들을 연구할 때도 이용될 수 있다. 가장 큰 단점은 외적인 타당도를 확보하기 어렵다는 점이다.

포커스그룹, 즉 집단면접은 본연구를 위한 예비적 정보를 얻기 위해서 이용된다. 이 방법의 장점은 자료수집의 용이성과 수집되는 정보의 심층성에 있다. 단점으로는 연구에 참여하는 진행자의 기술에 따라 수집되는 정보의 질이 좌우된다는 사실이다.

심층 면접은 적은 수의 응답자로부터 상당히 자세한 정보를 얻고자 할 때 이용한다. 자료의 풍부함이 바로 이 방법의 장점이다. 그러나 항상 작은 수의 비무작위 표본을 대상으로 연구를 수행하기 때문에 일반화의 문제점을 안고 있다. 면접원이 편견을 갖고 있을 경우 이 또한 단점으로 지적된다.

사례연구는 하나의 사건을 연구하기 위해서 가능한 많은 자료원을 동원하여 정보를 얻고자 하는 방법이다. 사례연구는 연구자가 어떤 현상을 설명하거나 이해하려고 할 때 매우 유용하다. 이 방법의 문제점으로 과학적인 정밀성이 없다는 점과 시간이 많이 걸린다는 점, 연구결과를 요약하거나 일반화시키기가 어렵다는 점 등을 들 수 있다.

인류학에서 근원한 민속지학적 연구는 장기간에 걸친 직접 관찰과 현지조사가 특성인데 이는 연구자가 연구대상(자)의 준거 틀로부터 주제를 도출하고자 함이다. 넷노그래피에서는 소셜미디어와 연계하여 인간의 행동을 연구한다.

질적 연구 보고서에는 머리말, 방법과 결과, 사례들에 대한 설명과 결과에 대한 논의가 포함되어야만 한다.

핵심용어

감사추적(audit trail)
귀납적 분석 전략(analytic induction strategy)
깔때기 기법(funnel technique)
넷노그래피(netnography)
민속지학(ethnography)
반작용(reactivity)
분리의 오류(error of segregation)
비판적 패러다임(critical paradigm)
사례연구(case study)
실증주의 패러다임(positivist paradigm)

심층 면접(intensive interview)
에포케(epoche, 판단중지)
예비연구(pilot study)
주요 정보제공자(key informants)
지속비교법(constant comparative technique)
패러다임(paradigm)
포커스그룹(focus group)
포화(saturation)
프로토콜(protocol)
해석적 패러다임(interpretive paradigm)
현지관찰(field observation)
확장된 포커스그룹(extended focus group)

인터넷 활용하기

이 장에서 다룬 개념들의 추가정보를 원하면 "패러다임", "질적 조사", "현지 관찰", "포커스그룹" 및 "민속지학" 등을 인터넷에서 검색해보자. 그 외에도 질적 연구자들에게 유용한 웹사이트들이 많이 있다.

1. http://www.qualitativeresearch.uga.edu/Qual-Page/는 쿠알페이지(QualPage)의 주소다. 이 사이트에는 질적 연구자들이 관심을 가질만한 서적, 논의 포럼, 전자저널, 논문 및 여러 기타 항목에 관한 일반 정보들이 있다.
2. www.focusgroups.com에는 미국 전역의 도시권 내 포커스그룹 시설 목록이 있어서 (예를 들어, 사우스벤드(South Bend), 인디애나(Indiana)에는 조사업체가 두 곳이 있다) 포커스그룹 조사연구 계획에 참고해볼 수 있다.
3. www.qsrinternational.com. QSR 인터내셔널(QSR International)에서는 필기록 및 기타 텍스트에 대한 질적 분석에 유용한 소프트웨어를 만든다. 이 페이지에는 질적 자료분석에 현재 유용할 수 있는 몇몇 프로그램들 중 하나인 엔비보(Nvivo)에 대한 설명이 있다.

생각해볼 문제

1. 다음 방법을 사용하는 데 적합한 연구문제들을 제시해보자.
   a. 심층 면접
   b. 현지관찰
   c. 포커스그룹
   d. 민속지학
2. 비공개 참여 방법을 통하여 연구할 수 있는 적절한 연구주제를 제시해보자. 어떠한 윤리적 문제가 수반될 수 있는가?
3. 포커스그룹 방법을 이용하기에 적합한 연구문제를 선택한 후, 6~8명 정도의 동급생이나 친구들을 모아 표본 면접을 실시해보자. 그리고 모아진 자료를 분석하기 위한 적절한 방법을 선정해보자.
4. 매스미디어 연구 분야의 최근 학술지들을 검토하고 사례연구방법을 이용한 사례들을 찾아보자. 그 다음 각 연구에 동원된 자료원은 무엇인지 그리고 그 자료들을 어떻게 분석하고 보고했는지를 살펴보자.

5. 혼합연구방법 사례를 만들어보자.
6. 실증주의 연구자들이 해석적 연구자들로부터 배울 점은 무엇인가? 반대로 해석적 연구자들이 실증주의 연구자들로부터 배울 점은 무엇인가?
7. 연구자에 따라서는 자료수집 방법을 제외하고는 질적 접근과 양적 접근 사이에는 아무런 차이가 없다고 주장하기도 한다. 이 관점에 대해 어떻게 생각하는가?

이에 대한 추가적인 정보는 www.wimmerdominick.com이나 www.cengagebrain.com에서 찾아보자.

참고문헌 및 권유문헌

Anderson, J. A. (1987). *Communication research: Issues and methods*. New York, NY: McGraw-Hill.

Baker, A. (2010). Reviewing net-only college radio: A case study of Brooklyn College radio. *Journal of Radio & Audio Media*, 17(1), 109–125.

Barusch, A., Gringeri, C., & George, M. (2011). Rigor in qualitative social work research: A review of strategies used in published articles. *Social Work Research*, 35(1), 11–19.

Bechtel, R., Achelpohl, C., & Akers, R. (1972). Correlates between observed behavior and questionnaire responses on television viewing. In E. Rubinstein, G. Comstock, & J. Murray (Eds.), *Television and social behavior* (Vol. IV), 274–344.

Washington, DC: U.S. Government Printing Office. Berg, B. (2004). *Qualitative research methods*. Boston, MA: Allyn & Bacon.

Bickman, L., & Hency, T. (1972). *Beyond the laboratory: Field research in social psychology*. New York, NY: McGraw-Hill.

Bielby, D. D., Harrington, C. L., & Bielby, W. T. (1999). Whose stories are they? *Journal of Broadcasting & Electronic Media*, 43(1), 35–51.

Blaikie, N. W. (1993). *Approaches to social enquiry*. Cambridge, MA: Polity Press.

Bogdan, R., & Taylor, S. (1998). *Introduction to qualitative research methods* (3rd ed.). New York, NY: John Wiley.

Bortree, D. (2005). Presentation of self on the web: An ethnographic study of teenage girls' weblogs. *Education, Communication & Information*, 5(1), 25–39.

Brent, E. E., & Anderson, R. E. (1990). *Computer applications in the social sciences*. Philadelphia, PA: Temple University Press.

Brown, J., Dykers, C., Steele, J., & White, A. (1994). Teenage room culture. *Communication Research*, 21(6), 813–827.

Browne, D. (1983). The international newsroom. *Journal of Broadcasting*, 27(3), 205–231.

Calder, B. J. (1977). Focus groups and the nature of qualitative marketing research. *Journal of Marketing Research*, 14, 353–364.

Chadwick, B., Bahr, H., & Albrecht, S. (1984). *Social science research methods*. Englewood Cliffs, NJ: Prentice Hall.

Chenail, R. J. (1995). Presenting qualitative data. *The Qualitative Report*, 2(3), 1–12.

Christie, E. (2009). A bookstore-cafe: An exploration of the blurring of the public and private spheres. *Kaleidoscope*, 8(1), 1–15.

Corbin, J., & Strauss, A. (2007). *Basics of qualitative research*. Thousand Oaks, CA: Sage.

Cox, K. D., Higginbotham, J. B., & Burton, J. (1976). Applications of focus group interviewing in marketing. *Journal of Marketing*, 40, 77–80.

Creswell, J. (2003). *Research design: Qualitative, quantitative and mixed method approaches*. Thousand Oaks, CA: Sage Publications.

Creswell, J. (2007). *Designing and conducting mixed methods research*. Thousand Oaks, CA: Sage Publications

Creswell, J. W. (2007). *Qualitative inquiry and research design*. Thousand Oaks, CA: Sage.

Daymon, C., & Holloway, I. (2002). *Qualitative research methods in public relations and marketing communications*. New York, NY: Routledge.

Dimmick, J., & Wallschlaeger, M. (1986). Measuring corporate diversification. *Journal of Broadcasting & Electronic Media*, 30(1), 1–14.

Elliot, S. C. (1980). *Focus group research: A workbook for broadcasters*. Washington, DC: National Association of Broadcasters.

Emerson, R., Fretz, R., & Shaw, L. (1995). *Writing ethnographic field notes*. Chicago, IL: University of Chicago Press.

Epstein, E. J. (1974). *News from nowhere*. New York, NY: Vintage.

Erjavec, K., & Kovacic, M. (2010). News producers' pressures on advertisers: Production of paid news in Slovenian television programs. *Journal of Broadcasting & Electronic Media*, 54(3), 357–372.

Erickson, F. (1986). Qualitative methods in research on teaching. In M. C. Wittrock (Ed.), *Handbook of research on teaching*. New York, NY: Macmillan.

Facebook for qualitative research (n.d.). Retrieved from *www.gdc-co.com/work/articles/facebookqualitative-research*.

Fletcher, A., & Bowers, T. (1991). *Fundamentals of advertising research* (4th ed.). Belmont, CA: Wadsworth.

Gieber, W. (1956). Across the desk: A study of 16 telegraph editors. *Journalism Quarterly*, 33, 423–432.

Glaser, B., & Strauss, A. (1967). *The discovery of grounded theory*. Chicago, IL: Aldine.

Goodman, J. R. (2002). Flabless is fabulous: How Latina and Anglo women read and incorporate the excessively thin body ideal into everyday experiences. *Journalism & Mass Communication Quarterly*, 79(3), 712–728.

Greenwood, D. (2010). Of sad men and dark comedies: Mood and gender effects of entertainment media preferences. *Mass Communication & Society*, 13(3), 232–249.

Gunther, A., Kautz, D., & Roth, A. (2011). The credibility of female sports broadcasters: The perception of gender in a male-dominated profession. *Human Communication*, 14(2), 71–84.

Hall, S. (1982). The rediscovery of ideology. In M. Gurevitch, T. Bennett, J. Curran, & J. Woollacott (Eds.), *Culture, society & the media* (pp. 56–90). New York, NY: Methuen.

Hammersly, M. (1992). *What's wrong with ethnography? Methodological explorations*. London: Routledge.

Harrington, C. L. (2003). Homosexuality on All My Children. *Journal of Broadcasting & Electronic Media*, 47(2), 216–235.

Hood, L. (2007). Radio reverb: The impact of local news reimported to its own community. *Journal of Broadcasting & Electronic Media*, 51(1), 1–19.

Ishamel, G., & Thomas, J. (2006). Worth a thousand words. *Journal of Advertising Research*, 46(3), 274–278.

Kaun, A. (2010). Open-ended online diaries: Capturing life as it is narrated. *International Journal of Qualitative Methods*, 9(2), 133–148.

Keyton, J. (2001). *Communication research*. Mountain View, CA: Mayfield.

Kozinets, R. V. (2002). The field behind the screen: Using netnography for marketing research in online communities. *Journal of Marketing Research*, 39(1), 61–72.

Kover, A. (2008). Qual vs. quant ... again. *International Journal of Advertising*, 27(4), 663–666.

Krueger, R. A., & Casey, M. A. (2000). *Focus groups: A practical guide for applied research*. Thousand Oaks, CA: Sage.

LeCompte, M. D., & Schensul, J. J. (1999). *Ethnographer's toolkit*. Walnut Creek, CA: Altamira Press.

Lewis, N. (2008). Plagiarism antecedents and situational influences. *Journalism & Mass Communication Quarterly*, 85(2), 353–370.

Lieberman, E., Neuendorf, K., Denny, J., Skalski, P., & Wang, J. (2009). The language of laughter: A quantitative/qualitative fusion examining television narrative and humor. *Journal of Broadcasting & Electronic Media*, 53(4), 497–514.

Lincoln, Y., & Guba, E. (1985). *Naturalistic inquiry*. Beverly Hills, CA: Sage.

Lindlof, T. R. (1991). The qualitative study of media audiences. *Journal of Broadcasting & Electronic Media*, 35(1), 23–42.

Lindlof, T. R. (2002). *Qualitative communication research methods*. Thousand Oaks, CA: Sage.

Lull, J. (1985). Ethnographic studies of broadcast media audiences. In J. Dominick & J. Fletcher (Eds.), *Broadcasting research methods*. Boston, MA: Allyn & Bacon.

156 Part Two Research Approaches Lunt, P., & Livingstone, S. (1996). Rethinking the focus group in media and communications research. *Journal of Communication*, 46(2), 79–89.

Mayer, V. (2003). Living telenovelas/telenovelizing life. *Journal of Communication*, 53(3), 479–495.

Maykut, P., & Morehouse, R. (1994). *Beginning qualitative research*. Bristol, PA: The Falmer Press.

Merriam, S. B. (1988). *Case study research in education*. San Francisco, CA: Jossey-Bass.

Miles, M. B., & Huberman, A. M. (1994). *Qualitative data analysis* (2nd ed.). Beverly Hills, CA: Sage.

Moriarty, S., & Everett, S. (1994). Commercial breaks: A viewing behavior study. *Journalism Quarterly*, 71(2), 346–355.

Neill, J. (2007). Qualitative versus quantitative research: Key points in a classic debate. Retrieved from *http://wilderdom.com/research/QualitativeVersusQuantitativeResearch.html*

Neuman, W. L. (1997). *Social research methods*. Boston, MA: Allyn & Bacon.

Nimrod, G. (2011). The fun culture in seniors' online communities. *The Gerontologist*, 51(2), 226–237.

Onwuegbuzie, A., & Leech, N. (2006). Validity and qualitative research. *Quality & Quantity*, 41(2), 233–249.

Pompper, D., Soto, J., & Piel, L. (2007). Male body image and magazine standards. *Journalism & Mass Communication Quarterly*, 84(3), 522–545.

Potter, W. J. (1996). *An analysis of thinking and research about qualitative methods*. Mahwah, NJ: Lawrence Erlbaum.

Priest, P. J. (1992). *Self-disclosure on television*. Unpublished doctoral dissertation, University of Georgia, Athens.

Robertson, L., Kelley, A. B., O'Neill, B., Wixom, C. W., Elswirth, R. S., & Haddon, W. (1974). A controlled study of the effect of television messages of safety belt use. *American Journal of Public Health*, 64, 1074–1084.

Rubin, H. (1984). *Applied social research*. Columbus, OH: Charles E. Merrill.

Sarantakos, S. (1998). *Social research*. New York, NY: MacMillan.

Shamp, S. A. (1991). Mechanomorphism in perception of computer communication partners. *Computers in Human Behavior*, 17, 147–161.

Simon, J. (1985). *Basic research methods in social science* (3rd ed.). New York, NY: Random House.

Smith, S., & Krugman, D. (2010). Exploring perceptions and usage patterns of digital video recorder owners. *Journal of Broadcasting & Electronic Media*, 54(2), 248–264.

Stainback, S., & Stainback, W. (1988). *Understanding and conducting qualitative research*. Dubuque, IA: Kendall/Hunt.

Tovares, R. (2000). Latino USA: Constructing a news and public affairs program. *Journal of Broadcasting and Electronic Media*, 44(3), 471–486.

Tull, D., & Hawkins, D. (1990). *Marketing research* (5th ed.). New York, NY: Macmillan.

Webb, E. J., Campbell, D. T., Schwartz, R. D., & Sechrest, L. (1968). *Unobtrusive measures*. Chicago, IL: Rand McNally.

Westley, B. H. (1989). The controlled experiment. In G. H. Stempel & B. H. Westley (Eds.), *Research methods in mass communication* (2nd ed.), 200–220. Englewood Cliffs, NJ: Prentice Hall.

Williams, M. (2007). Avatar watching: Participant observation in graphical online environments. *Qualitative Research*, 7(1), 5–24.

Williamson, J. B., Karp, D. A., & Dalphin, J. R. (1992). *The research craft* (2nd ed.). Boston, MA: Little, Brown.

Winn, J. (2009). Videotime: Selection and structuring family social time with rented commercially prerecorded electronic media. *Journal of Broadcasting & Electronic Media*, 53(2), 227–241.

Wolf, M. (1987). How children negotiate television. In T. R. Lindlof (Ed.), *Natural audiences: Qualitative research of media uses and effects* (pp. 58–94). Norwood, NJ: Ablex.

Woodside, A., & Fleck, R. (1979). The case approach to understanding brand choice. *Journal of Advertising Research*, 19(2), 23–30.

Woodward, B., & Bernstein, C. (1974). *All the president's men*. New York, NY: Simon & Schuster.

Yin, R. (2003). *Case study research* (3rd ed.). Newbury Park, CA: Sage Publications.

Yin, R., Bateman, P., & Moore, G. (1983). *Case studies and organizational innovation*. Washington, DC: Cosmos Corporation.

6장 내용분석

이 장에서는 미디어 전 영역에 걸쳐 자주 이용되는 독특한 연구방법인 내용분석에 대해 살펴보기로 하겠다. 이 분석 방법은 방송이나 인쇄미디어에 등장하는 광고의 유형이나 광고건수와 같이 미디어의 내용을 연구하는 데 효과적인 수단이기 때문에 매스미디어 연구자들 사이에서 인기가 높다. 초보 연구자들도 내용분석이 매스미디어에 대한 의문점들을 해결하는 데 가치 있는 수단이라는 사실을 곧 알게 될 것이다.

최초의 내용분석 사례는 1743년 스웨덴에서 출판된, 90가지 찬송가 연구일 것이다(Dorving, 1954). 현대적인 의미의 내용분석은 그 기원이 2차 세계대전으로 거슬러 올라간다. 당시 연합군 정보국은 유럽의 라디오 방송국들이 방송으로 내보내는 대중가요의 유형과 건수를 모니터하였다. 즉 연합군은 독일방송국들이 방송하는 음악과 유럽 내 독일 점령지역의 방송국들이 내보내는 음악을 비교하여 대륙 내 독일군 부대 이동을 어느 정도 확인해낼 수 있었다. 태평양 지역에서는 일본 본토와 여러 섬 사이의 통신 내용이 면밀하게 분석되었다. 즉 특정 지역과의 메시지 교신량이 늘어난다는 것은 항상 그곳을 기점으로 새로운 작전이 실시된다는 것을 의미하였다.

또한 같은 시기에 내용분석은 역사적인 사료의 원저자를 규명하는 데도 이용되었다. 이들 연구에서는 저자일 것이라고 추정된 사람이 작성한 기록물에 주로 등장하는 단어들과 저자가 알려지지 않은 사료에 등장하는 같은 단어들의 숫자를 비교하는 방법을 이용하였다(Yule, 1944). 보다 최근에는 논란되었던 12개 〈연방주의자 논집(Federalist Papers)〉역자주 1의 원작자가 제임스 메디슨인지 여부를 확인하는 데 이용되었다. 이들 문어적 탐사 작업은 내용분석 방법의 수량화가 갖는 유용성을 잘 보여주었다.

전쟁이 끝난 후 연구자들은 신문과 라디오를 통한 선전연구에 내용분석을 이용하였다. 1952년 베럴슨(Berelson)은 〈콘텐츠 어날리시스 인 커뮤니케이션 리서치(Content Analysis in Communication Research)〉라는 저서를 출간하였는데 이는 곧 내용분석기법이 커뮤니케이션 학자들에게 하나의 분석도구로 인정받게 되었음을 의미하였다. 그 이후 이 방법은 널리 유행하기 시작했다.

리페와 프레이타그(Riffe & Freitag, 1997)는 1971년부터 1995년 사이 〈저널리즘 앤 매스커뮤니케이션 쿼털리(Journalism and Mass Communication Quarterly)〉를 통해 발표된 1,977개의 논문의 약 25%가 내용분석 연구임을 발견하였다. 캄하위와 웨버(Kamhawi & Weaver, 2003)는 1995년부터 1999년 사이 매스커뮤니케이션 관련 주요 학술지에 게재된 연구들의 자료수집 방법으로 내용분석이 가장 많이 활용되고 있음을 보여주었다. 매스커뮤니케이션 연구에 주안점을 둔 세 가지 학술지(저널 오브 브로드캐스팅 앤 일렉트로닉 미디어(Journal of Broadcasting & Electronic Media), 저널리즘 앤 매스커뮤니케이션 쿼털리(Journalism and Mass Communication Quarterly), 매스커뮤니케이션 앤 소사이어티(Mass Communication and Society))의 2009~2010년 내용을 비공식적으로 분석한 결과, 내용분석은 여전히 인기 있는 방법이고, 게재 논문들 전체의 1/3 가량이 내용분석 방법을 이용한 것으로 밝혀졌다.

01 내용분석의 정의

내용분석에 대한 정의는 많다. 왈리저와 위니르(Walizer & Wienir, 1978)는 내용분석이란 "기록된 정보의 내용을 연구하기 위해 고안된 일련의 체계적인 절차"라고 정의한다. 크리펜도르프(Krippendorf, 2004)는 "어떤 자료로부터 그 상황에 신뢰할만하고 타당한 준거를 만들어내는 연구기법"이라고 정의한다. 그중에서도 커린저(Kerlinger,

역자주 1 미국의 정치사상과 헌법연구에 중요한 자료로서, 미국 헌법을 지지하는 85개 논문집을 말한다. 이 논집은 헌법 작성자의 생각과 철학을 엿볼 수 있는 귀중한 자료로 간주된다. 1787년 10월부터 〈인디펜던트 저널〉을 비롯한 뉴욕시의 신문에 해밀턴(Alexander Hamilton), 매디슨(James Madison, Jr.), 제이(John Jay) 등이 헌법지지를 이끌어내기 위해 논문을 썼으며 익명으로 출판하였다. 이 중에 제이가 5편, 메디슨이 14편, 그 나머지는 해밀턴이 저술한 것으로 알려져 있다.

2000)의 정의가 상당히 대표적인데, 그는 “내용분석이란 변인측정을 목적으로 커뮤니케이션을 체계적이고 객관적이며 수량적인 방식으로 연구하고 분석하는 방법”이라 정의하고 있다.

커린저의 정의를 보면 보다 상세한 설명이 필요한 세 가지 개념이 있다. 첫째, 내용분석은 '**체계적**'이라는 점이다. 이는 곧 분석대상 내용을 명백하고 일관성 있는 규칙에 따라 선택하는 것을 의미한다. 즉 적절한 절차에 따라 표본을 선정해야 하며 각 항목은 분석에 포함될 수 있는 균등한 기회를 가져야만 한다. 나아가 평가 과정도 역시 체계적이어야 한다. 즉 고려의 대상이 되는 모든 내용은 정확하게 동일한 방식으로 다루어져야 한다. 코더들이 분석 자료에 노출되는 시간과 마찬가지로 코딩 및 분석절차도 통일성이 있어야만 한다. 분석 절차를 변경하는 것은 결과를 혼란시키는 확실한 방법이다.

둘째, 내용분석은 '**객관적**'이어야 한다. 다시 말해 연구자의 개인적 특성이나 편견이 분석결과에 개입되어서는 안 된다. 다른 연구자가 분석을 반복하면 동일한 결과가 나와야 한다. 변인을 분류하기 위해 사용되는 조작적 정의나 규칙은 다른 연구자가 그 과정을 반복해 보더라도 똑같은 결과가 나올 수 있도록 명백하고, 이해할 수 있게 제시되어야 한다. 표집 및 유목을 나누는 방법을 충분히 설명해주는 일련의 기준과 절차가 확실하게 세워지지 않으면 연구자는 객관성을 충족시킬 수 없으며, 결과의 신뢰도에 대한 의구심을 불러일으킬 수 있다. 그러나 내용분석에서 완벽한 객관성이란 거의 성취하기 힘들다는 점도 유의해야 한다. 분석단위를 세분화하여 명료하게 만들고 관련 유목을 정의하는 일은 어느 정도 연구자의 주관적 선택이 개입되어야만 하는 영역이기 때문이다(내용분석에서의 신뢰도는 이 장의 뒷부분에서 상세히 논의될 것이다).

셋째, 내용분석은 '**수량적**'이다. 내용분석의 목표는 메시지 집합을 정확히 설명하는 것이다. 수량화는 정확성을 확보하려는 연구자들에게 도움을 주기 때문에 이러한 목적을 달성하는데 있어 중요하다. “대부분의 프로그램이 폭력적이다”라고 하는 것보다는 “주 시청 시간대 프로그램의 70%에는 적어도 폭력행위가 하나 이상 포함되어 있다”라는 식의 진술이 보다 더 정확하다. 그 밖에도 내용을 수량화하게 되면 보다 더 간단한 방식으로 연구결과를 요약하고 보고할 수가 있다. 일정한 시간 간격을 두고 측정을 하게 되면 어떤 한 시점의 수량적 자료를 다른 시점의 그것과 비교해 봄으로써 평가절차를 단순하게 하고 표준화시킬 수 있다. 끝으로 수량화를 하면 해석과 분석에 도움을 줄 수 있는 통계수단을 추가로 이용할 수 있다.

그러나 수량화에 의존하다보면 연구자가 미디어 내용의 잠재적인 영향과 효과를 다른 방법으로 평가하는 일에 관심을 덜 갖게 된다. 내용 중 어떤 항목이나 행위가 가장 빈번히 일어난다고 해서 그것이 반드시 가장 중요한 요소가 되는 것은 아니다. 가령 2011년 북아프리카 발생 폭동에 대한 보도를 내용분석 해보면 70%가 비폭력적인 장면을 담고 있었다. 그러나 나머지 30%의 폭력적인 장면을 담은 내용이 너무 강력하였다면 시청자들에 대한 영향력은 비폭력적인 장면보다도 훨씬 컸었을 지도 모를 일이다.

02 내용분석의 활용

지난 10년 동안 매스미디어가 제공하는 상징과 메시지는 학계뿐 아니라 업계에서도 인기 있는 연구주제로 부상해왔다. PR 회사들은 회사 간행물에서 다루어지는 주제가 주로 무엇인지를 알아보기 위해 내용분석을 이용하고 있으며, 〈미디어 모니터(Media Monitor)〉에서는 미디어들이 사회적 · 정치적 문제를 어떻게 다루는지에 대해 정기적인 내용분석 연구 결과를 출판하고 있다.

연구마다 내용분석기법을 이용하는 방식이 다양해서 그것들을 분류하고 유형화하는 작업이 어렵기는 하지만 일반적으로 다음의 여섯 가지 목적 중 하나를 지향하고 있다고 할 수 있다. 이들 여섯 가지 연구목적을 살펴봄으로써 내용분석기법을 어떤 방식으로 활용하는지를 알 수 있다.

1) 커뮤니케이션 내용의 기술

몇몇 연구에서는 특정한 시점 또는 그 이상에 걸쳐 커뮤니케이션 내용 일체에 대한 특성을 유형화시키는 데 내용분석을 이용하였다. 이들 연구는 현존하는 것을 대상으로 하면서, 전통적, 기술적 방식으로 내용분석을 시도한 경우다. 이를테면 사폴스키와 동료들(Sapolsky, Molitor, & Luque, 2003)은 슬래셔 무비(Slasher Movies, 혐오스런 연쇄살인으로 화면이 가득 찬 영화)에 등장하는 성과 폭력의 유형을 분석하였다. 마이어(Maier, 2010)는 웹 뉴스내용을 전통적 매체 보도와 비교했다. 내용분석의 장점 중 하나는 오랜 기간을 두고 연구대상이 어떤 동향을 보이는지를 규명할 수 있다는 점이다. 조(Cho, 2007)는 TV 뉴스방송인들이 30년 동안 성형수술을 어떻게 묘사했는지를 보여주었고, 듀도와 동료들(Dudo, Dunwoody, & Scheufele, 2011)은 나노기술에 관한 20여 년 간의 뉴스보도를 기술했다.

이러한 기술적인 연구들은 사회 변화 연구에도 쓰인다. 예를 들어, 논쟁중인 문제에 대한 여론의 변화는 신문사설이나 독자투고들 대상으로 한 종단연구(8장 참조)를 통해 측정할 수 있다. 특정 사회에서 중요하다고 간주되는 가치가 무엇인가를 알아보려면 각 시대별로 제일 인기 있었던 베스트셀러 중 논픽션 책들을 내용분석해서 추론해보면 될 것이다. 그린버그와 콜레트(Greenberg & Collette, 2007)는 1993~2004년 간 방송사들의 신규 프로그램에 등장하는 인물들의 인구통계학적 구성 변화를 분석하였다. 하몬과 리(Harmon & Lee, 2010)는 파업에 관한 TV 뉴스 방송인들의 보도가 1968~2007년 간 어떻게 달라졌는지를 기술하였다.

2) 메시지 특성에 대한 가설검증

메시지 출처와 메시지의 특성 간의 관계를 보여주려는 내용분석들이 많이 있다. 홀스티(Holsti, 1969)는 이러한 유형의 내용분석이 가설을 설정하고 검증하는 연구에서 많이 사용되어 왔다고 밝히고 있다. 즉 "만약 출처가 A라는 특성을 가지고 있다면, x와 y라는 요소를 지닌 메시지가 생산될 것이다. 그리고 만약 출처가 B라는 특성을 가지고 있다면, w와 z라는 요소를 가진 메시지가 생산될 것이다"와 같은 것이다. 스미스와 보이존(Smith & Boyson, 2002)은 랩 뮤직 비디오들에는 다른 음악 장르에 비해 폭력적 내용이 더 많이 있다는 것을 발견하였다. 즈하(Jha, 2007)는 1999년에 사회에 관한 어떤 특정 시위를 취재한 언론인들이 1967년에 어떤 한 반전시위를 취재한 언론인들에 비해 공식정보원에 더 의존적이라는 것을 알아냈다. 마지막으로 로리와 나서(Lowry & Naser, 2010)는 선거에서 진 후보들의 캠페인 광고에는 자기관련 단어들(예: "나는(I)", "나를(me)" 및 "나의(my)" 등)이 더 많이 들어있는 반면, 선거에서 이긴 후보들의 캠페인 광고에는 긍정적인 용어들이 더 많이 있음을 발견하였다.

3) 미디어 내용과 '현실세계'의 비교

내용분석을 이용한 많은 연구들이 매스미디어가 묘사한 특정 집단이나 현상, 특성을 현실세계의 표준과 비교 평가하는 '현실성 여부의 검토'와 관련되어 있다. 이 분석을 통해 미디어가 제시하는 내용과 실제로 존재하는 상황이 서로 일치하는지의 여부를 논의하게 된다. 아마도 이 유형의 최초 연구는 데이비스(Davis, 1951)의 분석인데 그는 이 분석에서 콜로라도 신문들이 다룬 범죄 기사 내용의 변화와 콜로라도 주의 범죄율의 변화 간에는 아무런 관계가 없음을 발견하였다. NCCPV(the National Commission on the Causes and Prevention of Violence)에서는 TV가 묘사하는 폭력세계와 현실세계의 폭력을 비교해보기 위해 거브너(Gerbner, 1969)가 수집한 내용분석 자료를 이용하였다. 딕슨과 동료들(Dixon,

Azocar, & Casas, 2003)은 네트워크 뉴스에 등장하는 인종과 범죄 관련 내용을 미 법무부의 범죄 보고서 내용과 비교하였고, 젠슨과 동료들(Moriarty, Hurley, & Stryker, 2010)은 미국의 실제 암 발생률과 암에 관한 신문보도를 대조시켜 보았다.

4) 사회 특정집단의 이미지 평가

특정 소수자 집단이나 유명집단에 대한 미디어 이미지를 탐구하는 데 초점을 맞춘 내용분석들이 점점 더 많이 등장하고 있다. 많은 경우 이들 연구는 그런 집단을 대하는 미디어 정책의 변화를 평가하거나 이들 집단을 더 많이 다루어 달라는 요구에 대해 미디어의 반응은 무엇인지를 추론하기 위해 또는 사회적인 경향들을 기록하기 위하여 내용분석을 수행한다. 예컨대 포인덱스터와 동료들(Poindexter, Smith, & Heider, 2003)은 라틴계 미국인, 아시아계 미국인 그리고 원주민인 인디언들은 지역 뉴스 프로그램에 거의 등장하지 않는다는 사실을 내용분석을 통해 발견했다. 마스트로와 오리츠(Mastro & Ortiz, 2008)는 스페인어 TV에서 사회집단들이 묘사되는 방식에 차이가 있다는 것을 알아냈고, 피츠제럴드(Fitzgerald, 2010)는 1966년부터 2008년 동안 황금시간대 TV에서 아메리카 원주민들이 어떻게 묘사되는지를 발견했다.

5) 프레이밍 분석

최근 매스미디어 연구자들 사이에서 인기가 증가하고 있는 것이 프레이밍 분석이다. 마테스(Matthes, 2009)는 1995~2006년 간 커뮤니케이션 저널에 실린 프레이밍 연구가 130건이 넘는다는 것을 규명했다. 대표적인 매스커뮤니케이션 학술지 세 가지에 2009~2010년 간 게재된 내용분석 연구 59건 중에서 15%에 가까운 연구들이 프레이밍 분석 접근을 하였다. 대부분의 분석연구들은 뉴스 보도에서 나타나는 프레임에 초점을 맞추었다.

엔트먼(Entman, 1993)은 프레이밍(framing)이란 지각된 현실의 어떤 측면에 대해 선별하고, 한 커뮤니케이션 텍스트에서 기술된 항목에 관한 특정 문제정의 · 인과적 해석 · 도덕적 평가 및 처방 권고를 조장시키는 방식으로 그 측면을 보다 현저하게 만드는 것이라고 정의하였다. 프레임은 한 항목에 대한 정보의 어떤 부분을 강조하고, 나머지 측면들은 경시하게 만든다. 예를 들어 식량 배급표 수혜자격 변경에 대한 한 뉴스보도는 그 프로그램에 부적격자가 될 사람들의 곤경을 강조하고, 새로운 규정에 따라 납세자들이 아낄 수 있는 금액은 경시할지도 모른다.

프레이밍 분석은 다음과 같이 세 가지 범주로 나누어볼 수 있다. (1) 프레임 구성

(frame building), (2) 프레임에 관한 기술 및 비교(frame description and comparison) 및 (3) 프레이밍 효과(framing effect)가 그것이다. 프레임 구성 분석에서는 편집 정책, 뉴스 가치, 외부압력의 행사, PR 캠페인처럼 어떤 세력들이 뉴스의 프레임 방식을 형성하는지를 다룬다. 프레임 구성 연구에서는 내용분석을 거의 이용하지 않는다. 내용분석은 두 번째 범주 연구에서는 더 흔하다. 연구자들은 뉴스미디어가 일반적, 특정 쟁점들을 어떻게 프레이밍하는지를 규명하고 기술하기 위하여 내용분석을 이용한다. 이 밖에도 프레임은 예를 들어 한 쟁점에 대한 인쇄미디어에서의 프레임이 전자미디어에서의 프레임과 다르다는 것을 알아내기 위해 미디어를 가로질러 비교될 수 있다.

예를 들어 김과 동료들(Kim, Carvalho, & Davis, 2010)은 뉴스미디어가 빈곤의 원인을 어떻게 프레이밍 하는지를 검증하였다. 그들은 두 가지 주요 프레임들을 발견하였다. 한 프레임에서는 개인적 원인을 강조하고 다른 하나는 사회적 원인을 강조하였다. 뉴욕시의 트랜스지방 금지령에 대한 뉴스보도 연구에서 와이즈와 브루어(Wise & Brewer, 2010)는 뉴스미디어가 그 이야기를 공중 건강 쟁점이나 비즈니스 쟁점으로 프레이밍 했다는 것을 발견했다.

세 번째 범주에 해당하는 프레이밍 효과 분석은 다음 섹션에서 논의할 것이다.

6) 미디어 효과연구의 출발점 세우기

1970년 이래로 내용분석은 후속 연구를 위한 출발점으로 쓰여 왔다. 가장 잘 알려진 예가 **배양분석**(cultivation analysis)이다. 이 분석에서는 미디어 내용의 지배적 메시지와 주제가 무엇인지를 체계적 절차에 따라 상세히 기록한다. 다른 한편으론 수용자에 대한 연구를 실시하여, 미디어를 많이 이용하는 사람들 사이에서 미디어 메시지와 비슷한 태도가 형성되고 있는지를 본다.

거브너와 동료들(Gerbner, Gross, Signorielli, Morgan, & Jackson-Beeck, 1979)은 TV 중시청자들이 그들을 둘러싸고 있는 세계를 실제보다 더 위험하게 인식하는 경향이 있다는 사실을 발견했다. 즉 TV 내용(이 경우에는 범죄와 폭력적 내용)이 현실보다 TV가 제공하는 메시지에 더 부합하는 태도를 배양할 수 있다는 것이다. 이와 비슷한 분석틀을 이용한 다른 연구로 크랜달(Crandall, 2003)은 TV 시청과 사회경제적 성공에 대한 인종별 인식의 차이를 연구하였고, 머츠와 니어(Mutz & Nir, 2010)의 분석은 허구를 소재로 한 TV 프로그램이 정책 쟁점에 대한 공중 태도에 영향을 미칠 수 있다는 것을 보여 주었다.

또한 내용분석은 의제설정 연구에도 활용되고 있다. 어떤 주제가 뉴스로서 중요하게 다루어지고 있는지를 알려면 관련된 미디어 내용의 분석이 필요하다. 그리고 후속 연구인 수용자 연구를 통해서 미디어 의제와 수용자 의제 간의 일치도 여부를 비교하게 된다. 연구사례를 살펴보면, 김과 동료들(Kim, Scheufele, & Shanahan, 2002)은 특정 쟁점들에 대해 지역신문들이 두드러지게 보도하면 이들 쟁점을 독자들도 더 중요한 것으로 간주하게 된다는 사실을 발견하였다. 스윗서와 동료들(Sweetser, Golan, & Wanta, 2008)은 2004년 선거 기간의 블로그 내용과 미디어 내용이 강력한 연관 관계라는 것을 발견했다.

프레이밍 효과분석은 의제설정 연구와 유사하다. 이 접근에서는 뉴스 프레임들을 정의한 뒤, 그 미디어 프레임들이 수용자 지각에 어떤 영향을 미쳤는지를 알아보기 위하여 내용분석을 이용한다. 예를 들어 한과 동료들(Han, Chock, & Shoemaker, 2009)은 대만의 2004년 선거에 대한 뉴스 프레임이 미국인 수용자들뿐만 아니라 중국인 수용자들의 지각에도 영향을 미쳤다는 것을 발견했다.

03 내용분석의 제한점

먼저 강조해야 할 것은 내용분석 결과만을 가지고 수용자에게 미치는 효과에 대한 진술은 할 수 없다는 점이다. 예컨대 TV 만화 프로그램에 대한 연구에서 이들 프로그램의 80% 정도가 설탕이 첨가된 시리얼광고를 내보내고 있다는 사실이 내용분석을 통해 밝혀졌다고 해서 프로그램을 시청한 어린이들이 그 시리얼을 구매할 것이라고 주장할 수는 없다. 그 같은 주장을 하려면(배양분석의 경우와 같이) 시청자에 대한 추가 연구가 필요하다. 내용분석 그 자체만 가지고는 미디어 효과에 대한 주장을 펼칠 수는 없다.

또한 내용분석 결과는 그 분석에 사용된 분석 유목(category)과 개념 정의의 틀로 한정된다. 연구자에 따라 동일 개념을 측정하기 위해 여러 다른 정의나 유목 체계를 이용할 수 있다. 매스미디어 연구에서 이 문제는 TV 폭력에 관한 연구에서 가장 분명하게 드러난다. 어떤 연구자들은 코미디나 희극에 나타난 폭력은 제외시키는 반면 다른 연구자들은 그것을 어떤 중요한 차원으로 고려하기도 한다. 따라서 서로 다른 내용분석 결과를 비교할 때는 반드시 세심한 주의를 기울여야만 한다. 측정수단이 다르면 자연스럽게 다른 결론에 도달하게 된다.

내용분석의 또 다른 큰 제한점은 연구와 관련된 내용들이 부족하다는 사실이다. 연구하려는 문제나 인물이 매스미디어에 많이 등장하지 않을 경우 내용을 분석하기 어렵다. 예를 들어, TV광고에서 아메리카 원주민들이 어떻게 묘사되는지를 알려고 한다고 하자. 우선 광고에 아메리카 원주민들이 거의 등장하지 않기 때문에 내용분석 자체가 어렵다. 분석이 가능하려면 그에 걸맞은 충분한 미디어 내용이 확보되어야만 한다.

마지막으로 내용분석을 하다보면 꽤 시간이 많이 걸리고 비용도 많이 든다. 많은 량의 내용을 연구하고 분류하는 작업은 힘들고 지루하기가 쉽다. 100일분의 〈뉴욕타임즈(New York Times)〉나 〈뉴스위크(Newsweek)〉를 대상으로 50개의 쟁점을 분석하려면 상당한 시간과 이에 버금가는 인내심이 필요하다. 게다가 TV 내용을 분석할 경우에는 프로그램을 보존할 수 있는 수단을 필요로 하게 된다. 주로 분석을 위해 프로그램을 녹화하는데 그렇게 하려면 하나 이상의 VCR과 많은 양의 비디오테이프 등, 연구자 모두가 구비하기에는 힘든 재료들이 요구된다.

04 내용분석의 단계

일반적으로 내용분석은 다음의 몇 단계를 거쳐 실시된다. 여기서는 차례대로 열거했지만 반드시 이 순서를 따라야 할 필요는 없다. 실제로 초기 단계들은 서로 겹치기 쉽다. 그렇다 하더라도 단계들을 차례대로 살펴보면 분석의 전체적인 윤곽을 파악할 수 있을 것이다.

① 연구문제나 가설을 구체화해볼 것
② 해당 모집단의 정의를 내려 볼 것
③ 모집단에서 적절한 표본을 선정할 것
④ 분석단위를 선정하고 정의해볼 것
⑤ 분석할 내용의 유목을 구성해볼 것
⑥ 수량화 체계를 정립할 것
⑦ 코더들을 훈련시키고 예비연구를 실시할 것
⑧ 앞서 내려진 정의에 따라 내용을 코딩해볼 것
⑨ 수집된 자료를 분석할 것
⑩ 결론을 도출하고 그 의미를 찾아볼 것

1) 연구문제의 구성

내용분석에서 피해야 할 문제 중의 하나는 '계산을 위한 계산' 증후군이다. 매스미디어 연구에 별로 소용없는 자료를 수집하는 데 노력하는 일을 피하기 위해서는 분석의 궁극적인 목표가 무엇인지를 분명히 밝혀두어야 한다. 예를 들어, 〈뉴욕타임즈〉나 〈에스콰이어(Esquire)〉의 글에 사용된 구두점을 세어서 "〈에스콰이어〉가 〈뉴욕타임즈〉보다 콤마는 45% 많이 사용하지만, 세미콜론은 23%정도 적게 사용하고 있다"고 진술할 수 있다. 그러나 이 같은 정보가 매스미디어 이론이나 정책결정에서 과연 얼마나 가치가 있는 일인지는 의심의 여지가 있다. 자료가 있고 또 그것을 도표화할 수 있다는 이유만으로 내용분석을 시도해서는 안 된다.

매스미디어를 연구하는 다른 방법들과 마찬가지로 내용분석 역시 잘 구성된 연구문제나 가설을 토대로 실시해야 한다. 그 첫 단계는 관련된 문헌들을 검토해보는 일이다. 가설 설정을 하기 위한 자료원은 다른 미디어 연구와 마찬가지이다. 연구문제는 기존 이론, 이전에 행해진 연구, 실제 문제 또는 변화하는 사회적 조건에 대한 반응 등을 토대로 설정할 수 있다. 가령 오토바이에 대한 수용이 늘어나면서 TV 쇼에서 오토바이 타는 사람을 묘사하는 방식에도 변화가 있는가에 대한 연구문제를 설정할 수 있다. 또는 한 신문사의 웹사이트 뉴스가 동일한 신문사의 인쇄본 뉴스와 어떤 차이가 있는지를 알아보기 위해서 내용분석을 실시할 수도 있다. 정의가 잘된 연구문제나 가설은 정확하고 섬세한 내용유목을 개발하는 데 도움을 주며, 이는 보다 가치 있는 자료를 만들어내는 데 도움이 된다.

2) 모집단의 정의

내용분석 절차에서 이 단계는 생각보다 그리 간단하지 않다. '**모집단**(universe)을 정의한다'는 것은 대상이 되는 일체의 내용에 대한 경계를 구체화한다는 것을 의미하기 때문에 관련 모집단에 대한 적합한 조작적 정의가 요구된다. 만약 연구자들이 대중가요의 내용분석에 관심이 있다면 '대중가요'가 무엇을 의미하는지를 정의해보아야 한다. 즉 빌보드 차트 인기 순위 100곡까지로 할 것인가? 아니면 인기 순위 50위까지? 또는 10위까지? 또한 어떤 시기를 대상으로 할 것인가? 6개월? 아니면 한 달만을 대상으로 할 것인가?

연구자가 TV 프로그램에 등장하는 소수자집단의 이미지를 연구하고자 한다면 먼저 TV가 무엇을 의미하는지부터 정의해야만 한다. 방송과 케이블 네트워크를 의미하는가 아니면 유료TV? DVD? 나아가 저녁 프로그램 대상인가? 아니면 종일 프로그램대상인가? 뉴스 내용을 분석할 것인가 아니면 혹은 드라마로 한정할 것인가?

기본적으로 내용분석에 적합한 모집단을 결정하는 데 다음의 두 가지 차원, 즉 연구의 주제 영역(topic area)과 연구기간(time period)이 항상 쓰인다. 주제 영역의 구체화는 연구문제와 논리적으로 일관성을 유지해야 하고 연구의 목적과도 관련되어야 한다. 예를 들어, 연구자가 미국의 이라크 참전에 대한 뉴스보도를 분석하려고 계획했다고 한다면 표집대상 시기를 1990년대 초반까지 거슬러 올라가야 한다. 결과적으로 연구대상 현상이 발생할 수 있는 기회를 많이 갖도록 연구대상 기간을 길게 설정해야 한다.

주제 영역과 연구대상 기간을 명시함으로써 연구자는 내용분석의 기본요건을 갖추게 된다. 그리고 이를 토대로 연구내용을 명확하게 기술할 수 있다. 그 예는 다음과 같다.

> 이 연구는 2012년 9월 1일부터 2013년 8월 31일까지 뉴욕 시 텔레비전 방송사들의 주 시청시간대에 방송된 TV광고를 연구한다.

또는,

> 이 연구는 일요일을 제외한 지난 해 1월 1일부터 12월 31일까지의 〈워싱턴포스트(Washington Post)〉와 〈뉴욕타임즈〉 1면의 뉴스 내용을 연구대상으로 한다.

3) 표본 선정

모집단에 대한 정의가 내려지면 다음 단계는 표본을 선정하는 일이다. 4장에서는 소개한 여러 지침과 절차를 여기에 적용할 수는 있지만, 내용을 표집할 경우에 좀 더 특별히 고려해야 할 점들이 있다.

한편 비교적 소규모 양의 자료를 분석하고자 할 경우 내용 전체를 대상으로 센서스(census), 즉 전수조사를 수행할 수 있다. 그린버그와 콜레트(Greenberg & Collette, 1997)는 1966~1992년 사이 방송 네트워크사 제공 프로그램의 주인공 1,757명을 대상으로 전수조사를 실시하였다. 마테스(Matthes, 2009)는 커뮤니케이션 학술지들에 게재된 미디어 프레이밍 연구논문 131건에 대해 전수조사를 실시하였다. 다른 한편으로는 연구자가 분석하려는 내용의 양이 너무 방대하여 전수조사를 실시하는 것이 비실용적인 경우가 있다. 이 경우에는 표본을 추출해야 한다.

자세히 보기 〉〉 내용분석: 코더의 지각 vs. 수용자의 지각

수용자 효과 연구를 위한 출발점으로 내용분석을 이용할 때 생기는 문제 하나는 동일한 분석대상에 대해 잘 훈련받은 코더가 지각한 것과 일반 수용자가 지각한 것이 같을 것이라고 추정하는 것이다. 예를 들어, 성적 관행에 대한 TV 프로그램의 배양효과 연구를 하려면 특정 TV 프로그램에 대한 내용분석부터 시작할 수도 있다. 이 때에는, 키스 · 포옹 · 애무 및 다른 형태의 성적 행위 등이 얼마나 자주 나오는지 코더들을 훈련시킬 수도 있다. 그 결과를 가지고 프로그램별 성적 내용과 관련된 등급을 매길 수 있다. 이 과정에서 수용자들의 프로그램 시청 행위가 성적인 문제에 대한 그들의 태도와 상관관계가 있을 것으로 간주된다. 여기서 문제는 수용자들이 성적 내용(sexual content)이란 용어를 코더와 같은 방법으로 정의를 내리고 있는지 알 수 없다는 것이다. 예를 들어 다수의 청중은 키스를 성적인 것으로 해석하지 않을 수 있다. 또는 성적 행동이 직접 행위로 나타나는 것보다는 언어적으로 성 표현을 하는 프로그램 내용이 수용자의 태도를 형성하는 데 더 영향을 줄지 모른다. 이 경우 특정 프로그램이 내용분석을 통한 측정에서 낮은 점수를 받았다는 이유로 그 프로그램의 영향력이 간과될 수도 있다.

만가넬로와 동료들(Manganello et al, 2010)은 이 쟁점에 대한 실마리를 제공했다. TV에 나오는 성적 내용에 대한 청소년들의 판단 연구에서 그들은 훈련받은 코더들의 결정과 훈련받지 않은 청소년들의 판단을 비교했다. 분명한 내용에 대해서는 코더들과 청소년들의 판단이 전반적으로 일치했지만, 약간의 재량이 요구되는 변인들(예: 한 캐릭터가 섹시한 의상을 입었는지 여부)에 대해서는 일치하지 않을 가능성이 높다는 것을 발견했다.

대부분의 매스미디어 내용분석에서는 다단계 표집(multistage-sampling)을 이용하며, 두 단계(세 단계가 될 수도 있지만)를 거치는 것이 가장 전형적이다.

첫 단계는 보통 내용분석 자료원을 표집하는 것이다. 예를 들어 한 연구자가 미국의 신문들이 '녹색(green)' 운동을 어떻게 다루는지에 관심이 있다면 우선 1,400여 개의 미국 일간신문들 가운데서 표본을 추출해야 한다. 연구자에 따라 대도시의 일간지가 그 사건내용을 다루는 방식에 주로 관심을 두고 미국의 10대 도시의 발생부수 최고 신문들을 분석대상으로 삼을 수도 있다. 또 다른 예를 들어 보면 잡지광고에서 노년층에 대한 묘사가 어떻게 변화하는지에 관심이 있는 연구자라면 먼저 접할 수 있는 수천 여 잡지 중에서 표본을 추출해야 할 것이다. 이 경우 연구자는 발행부수가 가장 많은 대중잡지 순으로, 10가지(가운뎃 점) 15가지 내지 25가지 잡지만 선정할 수도 있다. 물론 분석대상 모든 잡지들을 다 분석하는 작업이 지나치게 힘들다면 그중에서 표본을 무작위로 추출할 수도 있다. 또한 4장에서 논의된 층화표집(stratified sampling) 방법을 사용할 수도 있다. 예를 들면 환경운동 보도를 분석하는 연구자라면 신문발행부수에 따라 혹은 도시 규모에 따라 대도시 신문, 중간규모 도시 신문, 소규모 도시 신문 등으로 표본을 층화시킬 수도 있다. 잡지 연구의 경우 잡지 종류를 시사 잡지, 여성잡지, 남성잡지 등으로 구분할 수 있을 것이다. TV 내용에 관심이 있는 연구자라면 네트워크별로 또는 프로그램별로 층을 나눌 수 있을 것이다.

일단 자료원을 구체화했다면 다음 표집은 분석 대상 날짜를 결정하는 일이다. 신문이나 잡지의 경우 어떤 시기를 분석 대상으로 선정할 것인가 하는 문제는 연구계획의 목적에 따라 달라진다. 만약 2012년 선거캠페인에 관한 뉴스보도의 성격을 평가하는 것이 목적이라면 표집시기를 실제 선거기간으로 정하는 것이 적절할 것이다. 반면에 연구문제가 한 대통령 후보에 대한 미디어 보도 변화에 관한 것이라면 그 내용은 그가 후보로 임명되기 전, 임명된 당시 및 그 이후로 시기를 나누어 표집해야 할 것이다. 그러나 이 기간 내 신문, 잡지 또는 TV 프로그램 중에서 어떤 호수나 어떤 프로그램을 선정하여 분석하여야 할 것인가가 문제로 제기된다. 왜냐하면 〈워싱턴포스트〉와 〈뉴욕타임즈〉의 장기간 발행분은 각각 분석 작업을 하기에 실로 엄청난 양이 될 것이기 때문이다.

이 경우 대상 기간 중에서 전체를 대표할 수 있도록 표본을 추출하여야 한다. 달력을 이용하여 단순 무작위 방법으로 표본을 정하는 것도 한 가지 방법이다. 즉 무작위로 시작하여 모든 발행물의 n번째 호수를 표본으로 선정하는 것이다. 그러나 이 방법은 표집계획을 세우지 않고는 이용할 수가 없다. 가령 10회 발행분의 신문을 표본으로 추출하기 위해 7일 간격으로 표집 한다면 특정 요일에 발행된 신문만 10회 발행분이 표본으로 선정될지도 모른다(이를 '주기성(periodicity)' 문제라고 한다). 뉴스 내용이 매일 무작위로 분포되는 것이 아니기 때문에 이 표본은 대표성을 갖지 못한다.

발행 일자를 표집하는 다른 방법 하나는 1개월 중 어떤 주를 그리고 1주일 내 어느 요일을 택하는 방법으로 층화시키는 방법이다. 1주일 중에서 이틀 이상을 선택할 수 없다는 표집 규칙을 정하는 것도 표집의 균형성을 확보할 수 있는 한 방법이다.

또 다른 절차는 표본으로 선정된 각 달을 대상으로 **복합 1주간**(a composite week)을 구성하는 것이다. 예를 들어, 1달 내에 있는 4~5개의 월요일 중에서 무작위로 어떤 한 월요일을 표본으로 선정하고 그 다음은 여러 화요일 중에서 하나를 선택하는 식으로 해서 모든 요일들이 표본 안에 포함되도록 선정해가는 방식이다. 그렇다면 얼마나 많은 일자를 선택해야 하는가? 이것은 연구주제가 무엇이냐에 따라 달라진다. 연구자가 주 시청 시간대 TV 프로그램에서 멕시코계 미국인이 어떻게 묘사되고 있는가를 설명하려 한다면 여러 일자를 표집해야만 대표성 있는 분석을 할 수가 있을 것이다. 뉴스 기사 정보원의 지리적 분포에 관심이 있다면 거의 모든 기사가 관련되어 있기 때문에 더 적은 수의 날들이 필요할 것이다. 표집 날짜 수는 질문에서 현상의 발생빈도와 상관관계가 있다. 발생률이 낮다면 더 많은 날짜를 표본으로 삼아야만 한다.

미디어와 관련된 표집방법에는 정교하지는 않지만 여기 몇 가지 지침이 있다. 스템펠(Stempel, 1952)은 특정 신문 1년 치를 6일, 12일, 18일, 24일, 48일 간격으로 표집하여, 특정 주제에 대해 이들 5개 표본의 내용을 비교 분석하였다. 그리고 그는 각 표본의 크기가 나름 유효하며, 12일 주기 아래서는 표본크기를 크게 해도 표본의 정확성이 유의적으로 증가하지는 않는다는 점도 알아냈다. 리페와 동료들(Riffe, Aust, & Lacy, 1993)는 신문내용을 다룰 때에는 복합 1주간 표집기법이 무작위 표본과 연속 일 표본보다 우수하다고 주장했다. 비슷하게 리페와 동료들(Riffe, Lacy, & Drager, 1996)은 주간 시사 잡지 분석에 적합한 표본크기가 얼마인지를 연구했고 레이시와 동료들(Lacy, Robinson, & Riffe, 1995)은 주간신문을 대상으로 동일한 주제를 연구하였다. 그 결과 12일 주기의 층화표집이 잡지나 신문 모두에게 가장 적합하다는 사실을 발견했다. 그 다음의 효율적인 방법은 14일 주기의 단순 무작위 표집이었다.

TV의 경우, 거브너와 동료들(Gerbner, Gross, Jackson-Beeck, Jeffries-Fox, & Signorielli, 1977)은 폭력 행위를 측정하면서 가을철 프로그램 일주일 치를 표본으로 삼아 일 년을 대상으로 한 표본 분석에 서로 견줄만한 결과를 얻을 수 있었다. 리페와 동료들(Riffe, Lacy, Nagovan, & Burkum, 1996)은 방송뉴스의 내용분석에 알맞은 표본크기를 연구한 결과 매월 2일을 무작위로 선택하는 것이 가장 효과적임을 발견하였다. 그러나 일반 법칙처럼 이 경우도 표본이 크면 클수록 좋다. 분석대상이 너무 적게 선정되면 표본의 대표성이 감소될 가능성은 증가한다. 만약 무작위로 추출된다면 큰 규모의 표본일수록 대개 표본이 전형적인 유형에서 벗어날 위험은 줄어든다.

그러나 때로는 유의표집이 유용한 경우도 있다. 스템펠(Stempel, 1989)이 지적했듯이, 남아프리카 관련 신문보도를 분석하는 데는 무작위 표집을 통해 선정한 100개 신문을 연구하는 것보다 아주 정선된 작은 표본(예를 들어 남아프리카에 특파원을 파견하고 있는 국제/국내통신사에 가맹되어 있는 신문사들)을 연구하는 것이 더 많은 것을 알아낼 수 있는 길이다.

표집 단계에서 검토해야 할 또 하나의 문제는 연구대상 내용 자체에 포함된 체계적 편파(systematic bias)와 관련된다. 예를 들어, 일간지에 나오는 스포츠 뉴스량이 얼마나 되는가에 관한 연구에서 3개 이상의 프로 스포츠가 동시에 시즌을 맞는 4월만 표집을 했다면 현실보다 과장된 결과가 나올지도 모른다. 1932~1942년 매년 6월의 〈뉴욕타임즈〉 일요일 판에 게재된 결혼 광고를 연구한 결과를 보면, 유태교도집단에서 결혼한다는 광고는 단 한 건도 없었다(Hatch & Hatch, 1947). 그들은 6월이 전통적으로 유태인의 결혼이 금지되는 시기에 해당한다는 사실을 나중에서야 알 수 있었다. 연구주제를 잘 파악하고 있는 연구자라면 이러한 체계적 편파를 알아내 사전에 대비할 수 있다.

일단 분석 자료와 분석 대상 날짜가 결정된 후에도 표집에는 세 번째 단계가 남아 있다. 연구자는 자신의 관심을 특정한 내용에만 국한시키려고 할지도 모른다. 예를 들어 신문의 일면을 분석하는 것은 일반적인 보도경향을 연구하는 데는 타당할지 모르나 사회적인 뉴스보도를 연구하는 데는 아마도 부적합할 것이다. [그림 6-1]은 내용분석 대상 다단계 표집의 예를 보여준다.

온라인 내용의 표집은 특별한 문제들을 일으키는데 그에 관한 내용을 다음에서 논의할 것이다.

4) 분석단위의 선정

내용분석 절차에서의 다음 단계는 내용분석의 가장 최소의 단위이자 중요한 요소 중의 하나인 **분석단위**(unit of analysis)를 선택하는 것이다. 글로 된 내용인 경우 분석단위는 하나

연구문제: 1980~2000년까지 남성 잡지에 광고된 상품의 종류에 변화가 있었는가?

1단계 표집: 잡지 선정

남성 잡지는 발행부수연구를 통해 80% 이상의 독자가 남성인 잡지라고 정의할 것이다. 이 잡지들은 판매부수가 많은 잡지군과 보통인 잡지군 등의 두 집단으로 나눌 수 있다.

판매부수가 많은 잡지군: 100만 명 이상의 남성이 보는 잡지

판매부수가 보통인 잡지군: 50만 명~1,000만 명의 남성이 보는 잡지

이 두 군에 해당하는 모든 잡지 중 각 집단으로부터 무작위로 세 잡지, 총 6개의 잡지를 선정한다.

2단계 표집: 분석 대상 날짜 선정

각 연도별로 4개월분을 하나로 묶고 각 단위에서 하나씩, 총 세 가지 발행호를 무작위로 선택한다. 그러면 1, 2, 3, 4월호 중에서 하나의 잡지가 선정될 것이다. 이러한 과정을 통해 잡지당 30개월분을 표본으로 선정하며, 결과적으로는 총 180개월분의 잡지를 선정한다.

3단계 표집: 내용의 선택

크기에 상관없이 게재된 모든 광고들을 분석 대상으로 한다.

[그림 6-1] 가설적 분석 연구에서의 다단계 표집

의 단어나 상징, 주제(한 가지 문제에 대한 한 가지 주장) 또는 전체 기사나 스토리 등이 될 수 있다. TV 프로그램과 영화분석에서 분석단위는 인물, 행동 또는 프로그램이나 영화전체가 될 수 있다. 코더 간의 일치도를 높이고 '판단이 요구되는 애매한 경우'를 줄이기 위해서는 분석단위를 결정하기 위한 구체적인 규칙이나 정의가 필요하다.

분석단위가 상대적으로 간단한 경우도 있다. 가령 국제관계 뉴스를 다루는 〈CBS 저녁뉴스(CBS Evening News)〉의 기사 수를 세는 것은 일주일 동안의 네트워크 TV에 등장하는 폭력행위의 횟수를 세는 것보다는 쉽다. 그 이유는 '기사'가 '행위'보다는 쉽게 구별되는 분석단위이기 때문이다. 뉴스기사의 시작과 끝을 알아내기는 쉬운 일이다. 그러나 연구자로서 세 사람의 등장인물이 오랫동안 주먹다짐을 하는 장면에서 폭력적 내용을 구분해야 한다면 어떻게 처리할 것인가? 연속적인 행위 전체가 하나의 폭력 행위인가? 때리는 것 하나하나가 폭력 행위인가? 만약 4번째 등장인물이 동참하게 된다면 그것은 또 다른 행위로 간주되는가? 결정하기 어려운 문제들이다.

따라서 분석단위에 대한 조작적 정의는 명백하고 완전해야 한다. 즉 무엇이 포함될 것인가에 대한 기준이 명확하게 제시되고 쉽게 관찰될 수 있어야만 한다. 이렇게 하려면 많은 노력과 시행착오가 필요하기 마련이다. 예비 단계의 일환으로, 연구자는 먼저 정의를 내려 보고, 그 다음 문제가 있는지 없는지를 알아보기 위하여 대표성이 있는 내용을 표집해야만 한다. 이 과정에서 조작적 정의를 보다 더 세밀히 하거나 수정할 수 있다. [표 6-1]은 매스미디어 연구에서 활용된 분석단위에 대한 조작적 정의의 전형적인 예들이다.

5) 분석유목의 구성

어떤 유형의 내용분석이든 그 분석의 핵심은 분류용 유목체계(category system)에 있다. 물론 이 체계의 구성은 연구주제에 따라 다양하다. 베럴슨(Berelson, 1952)은 "연구가 생산적이려면 유목이 명확하게 잘 구성되고 그것이 어떤 문제나 내용에도 적합하게 적용 가능해야 한다(p. 147)"고 지적한다.

내용을 유목화하는 데는 두 가지 방법이 있다. **발현적 코딩**(emergent coding)은 자료에 대한 사전 연구를 통해 유목들을 도출하는 방법이다. 이 유목체계는 자료 자체로부터 발현된 공통의 요인이나 주제들을 기반으로 구성된다. 포터(Potter, 2002)는 FM라디오 방송국들의 웹사이트 내용을 분석하기 위해 먼저 웹사이트의 다양한 아이템들을 연구한 뒤 그것들을 다음의 네 가지 유목으로 구분하는 것이 가능하다는 것을 발견했다. 방

[표 6-1] 분석단위의 조작적 정의의 예

연구자	주제	모집단	표본	분석단위
Haigh & Heresco (2010)	심야시간대 이라크: 2003년부터 2007년 간의 독백식 농담 내용 및 어조	〈투나잇쇼(Tonight Show)〉, 〈레이트쇼(Late Show)〉 및 〈레이트나잇(Late Night)〉에서의 이라크에 관한 모든 농담	렉시스넥시스 아카데믹 유니버스(Lexis-Nexis Academic Universe)에서, 기간은 2003년 3월부터 2007년 4월, 주요어는 '이라크(Iraq)' 혹은 '전쟁(war)'으로 설정해 집계한 모든 농담	전쟁을 논한 모든 농담
Greer & Ferguson (2011)	프로모션 및 브랜딩을 위한 트위터 활용	트위터 계정을 보유한 미국 TV 방송국	488개 TV 방송국 보유 트위터 계정의 첫 페이지	개별 트윗들
Schwartz & Andsager (2011)	게이 남성 대상 잡지에서의 이미지들	1967년부터 2008년 간, 〈더 애드버킷 앤 아웃(The Advocate and Out)〉의 모든 발행호	3년 주기, 4회 발행호분의 무작위 표본	남자들에 관한 사진이미지들
Aubrey & Frisby (2011)	뮤직 비디오에서의 성적 대상화	팝(pop), 알앤비(R&B), 컨츄리(country) 장르의 인기곡들	2007년부터 2008년 간 빌보드 차트를 토대로 한 비디오들의 무작위 표본	개별 아티스트들 및 전체 뮤직 비디오

송국 접속 관련 변인들, 방송국 정보 소개 관련 변인들, 뉴스와 정보관련 변인들 그리고 기타 등의 그 유목체계다.

반면 자료를 수집하기 전에 어떤 이론이나 개념적 논리를 기반으로 유목을 구성하는 **선험적 코딩**(priori coding) 방법이 있다. 기독교 근본주의자들에 대한 미디어 보도의 내용분석에서 커와 모이(Kerr & Moy, 2002)는 고정관념에 대한 ANES(American National Election Studies)의 보고내용을 근거로 10개 항목의 유목 체계를 개발하였다. 그리고 이 10가지 유목체계를 이용해서 2,000개 이상의 신문 기사를 코딩하였다.

모든 유목체계는 상호배타적이어야 하고 어느 유목에든 분석내용이 남김없이 분류되어야 하며 신뢰할 수 있어야 한다. 유목체계가 **상호배타적**(mutually exclusive)이려면 분석단위가 어느 한 유목 안에 그리고 반드시 하나의 유목에만 속해야 한다. 만약 어떤 분석단위들이 동시에 2개의 서로 다른 유목에 포함된다는 것을 연구자가 발견하였다면 그 유목은 다시 정의되어야 한다. 예를 들어 주 시청시간대에 TV에 등장하는 인물들의 인종별 구성을 설명하고자 ① 흑인, ② 유태인, ③ 백인, ④ 아메리칸 인디언, ⑤ 기타 등과 같은 유목체계를 사용한다고 하자. 여기에서 분명히 유태인은 2개의 유목에 동시에 포함될 수 있으므로 이는 배타성 규칙(exclusivity rule)에 어긋난다. 또는 네트워크 TV 프로그램의 종류를 다음과 같은 유목을 가지고 구분할 수 있을 것이다. 즉 ① 시츄에이션 코미디, ② 어린이쇼, ③ 영화, ④ 다큐멘터리, ⑤ 액션/모험물, ⑥ 퀴즈와 대담, ⑦ 일반 드라마 등이다. 언뜻 보기에 그런대로 받아들일 만한 것처럼 보이지만 〈CSI〉 같은 프로그램을 놓고 보면 문제가 될 수 있다. 즉 이 프로그램을 액션/모험물에 포함시킬 것인가, 아니면 일반 드라마로 구분할 것인가 하는 문제다. 정확한 분류체계를 얻기 위해서는 매우 상세하게 정의를 내려야 한다.

배타성 이외에도 내용분석의 유목은 앞에서 말한 바와 같이 **망라성**(exhaustivity)을 지킬 수 있어야만 한다. 즉 어느 유목에든 반드시 들어갈 수 있어야만 된다. 전체적으로 유목 체계는 분석단위 모두를 설명할 수 있어야만 한다. 매스미디어 내용분석에서 이 같은 원칙을 지키는 데는 별로 큰 문제는 없다. 특별한 경우가 나타나면 '기타'라고 분류된 유목을 만들어 대부분 이 문제를 해결할 수 있다(그러나 너무 많은 항목들이 이 유목에 포함되면 그 유목에 대한 정의를 다시 검토해볼 필요가 있다. 10% 이상의 내용이 '기타' 유목에 포함된다면 기존 유목체계가 내용의 특성 중 중요한 무엇인가를 간과하고 있다는 사실을 의미한다). 그러므로 이 같은 망라성 원칙을 보장하는 또 한 가지 방법은 내용을 양분화 내지는 삼분화시키는 것이다. 가령 문제를 해결하려는 시도들은 공격적 · 비공격적인 것으로 정의한다든가, 진술을 긍정적 · 중립적 · 부정적 등의 유목으로 분류하는 것이다. 마련된 유목체계가 이 망라성의 원칙을 만족시키는지 아닌지를 결정하는 가장 실질적인 방법은 분석대상 내용 중 표본을 추출해서 사전검사를 해보는 것이다. 여기서 예상하지 못했던 항목이 나오면, 분석을 시작하기 전에 수정하면 된다.

또한 유목체계는 신뢰할 수 있어야 한다. 이는 여러 다른 코더들이 분석할 때 각 분석단위가 어떤 유목에 해당하는가에 대해 서로 일치해야만 한다는 것이다. 내용분석에서는 이 같은 일치도를 수량화하여 **코더 간 신뢰도**(intercoder reliability)라고 부른다. 일반적으로 유목에 대한 정의를 정확히 하면 할수록 신뢰도가 증가하며 만약 유목에 대한 정의를 잘못해 놓으면 신뢰도는 감소하는 경향이 있다. 주요 내용을 실제로 처리하기 전에 신뢰도를 알아보기 위해 유목체계를 사전검사해보는 것은 매우 권장할 만한 일이다. 신뢰도는 내용분석에서 매우 중요하며, 이 장의 뒷부분에서 더욱 자세하게 논의될 것이다.

연구자는 얼마나 많은 유목을 유목체계에 포함시켜야 할 것인가라는 문제에 직면할지 모른다. 이와 관련하여 상식과 사전검사 그리고 코딩체계를 이용한 실험 등이 연구자에게 큰 도움이 된다. 즉 이러한 절차들은 유목을 너무 적게 만들어 본질적인 차이가 명확해지지 않은 경우와 너무 많은 유목을 정의하여 각 유목에 속하는 백분율이 매우 작아서 일반화를 기할 수 없는 경우의 두 극단 사이에서 연구자가 적절한 체계를 찾을 수 있도록 도와준다.

6) 수량화 체계의 확립

내용분석에서 수량화는 2장에서 논의한 네 가지의 측정 수준 모두에 적용가능 하지만 보통은 명목적, 등간적 및 비율적 측정 자료의 경우에만 이용되고 있다. 명목적 수준에서는 단순히 각 유목 단위별 발생빈도를 계산하게 된다. 예를 들어, 맥로드와 동료들(McLeod, Signorielli, & Healy, 1994)은 MTV의 광고를 분석하였다. 그 결과 남성 등장인물의 6.5%가 다소 섹시한 의상을 입는 것으로 나타났으며, 매우 섹시한 의상은 아무도 입지 않는 것으로 나타났다. 반면 여성 인물들에게서는, 다소 섹시한 의상을 입는 비율이 24%, 매우 섹시한 의상을 입는 비율은 29%로 나타났다. 주간 TV 프로그램에 등장하는 대화의 주제, 신문사설의 주제 및 수 시청시간대 TV 프로그램에 등장하는 인물의 직업 등은 모두 명목적 측정이라는 수단을 이용하여 수량화할 수 있다.

등간적 수준에서는 코더들이 어떠한 인물이나 상황의 속성을 평가하는 데 사용할 수 있도록 척도를 개발하는 것이 가능하다. 예를 들어 광고에 나오는 여성 이미지를 다루는 연구에서 코더들은 각각의 인물을 다음과 같은 몇 가지 척도로서 평가해볼 수 있다.

독립적 _____ : _____ : _____ : _____ : _____ 의존적

지배적 _____ : _____ : _____ : _____ : _____ 순종적

이와 같은 척도를 이용하면 내용분석의 깊이와 조직의 짜임새가 더해지며 명목적 측정을 통해 얻은 피상적인 자료보다도 더 흥미를 가져다주게 된다. 그러나 평가척도는 분석에 주관성이 개입될 수 있으므로 코더들은 매우 주의 깊게 훈련하지 않으면 코더 간 신뢰도가 낮아질 수 있다.

매스미디어 연구에서 비율적 수준의 측정은 보통 시간과 공간영역에 적용된다. 인쇄미디어의 경우 특정사건이나 현상에 대한 사설이나 광고, 기사를 분석하는 데 칼럼인치 측정을 사용한다. TV와 라디오의 연구에서 비율적 수준의 측정은 시간과 관계되

는데 광고 시간, 방송된 프로그램 유형별 방송시간 등과 같은 것들이 그 예다. 서열적이면서 비율적 수준의 자료인 경우에는 몇 가지 강력한 통계기법의 적용이 가능하다. 조와 레이시(Cho & Lacy, 2000)는 국제 뉴스보도에 조직적 수준의 변인들이 어떤 영향을 미치는지를 설명하는 데 회귀방정식(12장 참조)을 이용하였다.

7) 코더 훈련과 예비연구의 시행

분석단위를 내용유목에 따라 구분하는 것을 **코딩**(coding)이라고 한다. 코딩은 내용분석에서 시간이 가장 많이 걸리고 지루한 부분이기도 하다. 코딩하는 사람을 코더(coder)라고 한다. 내용분석에서 관련되는 코더는 작은 수로 구성되는 경우가 보통이다. 최근에 행해진 내용분석 연구들을 살펴보면 주로 2~6명 정도의 코더들을 이용하는 것으로 나타났다.

내용분석에서 코더들을 잘 훈련시키는 일은 분석의 신뢰도를 높이는 데 매우 중요하다. 연구자 자신은 조작적인 정의나 분류유목 등에 대해 잘 파악하고 있는 데 반해 코더들은 그러한 지식을 공유하고 있지 못하는 경우가 있다. 결과적으로 코더들도 연구과정이나 특수성 등 전반적인 내용에 대해서 아는 것이 필요하다. 이 목적을 달성하려면 여러 번에 걸쳐 표본을 뽑아 코딩시켜 볼 필요가 있다. 이 기간 동안 코더가 모든 내용에 익숙해질 수 있도록 개념을 수정하기도 하고, 분류유목을 명확히 하고, 코딩용지를 개조하기도 한다. 코딩에 관한 구체적인 지침서도 이때 나누어준다.

그 다음에는 코더 간 신뢰도를 검사하기 위해 예비연구를 실시한다. 예비연구는 지침서와 방법 등에 익숙해지도록 훈련받은 코더들을 대상으로 해야 한다. 학자에 따라서는 기존 코더들의 경우 오래 동안 같이 일을 해왔기 때문에 코더 간 신뢰도가 인위적으로 높아질 수 있다고 보고 이 일에는 신규코더들이 더 적합하다고 주장하기도 한다. 로와 맥나이어(Lorr & McNair, 1996)는 “새로운 판단 세트에 대한 평가자들의 일치가 현실적인 신뢰도 지수를 대표하기 위해서는 … 실제적으로는 상당량의 훈련이 필요하다(p.133)”라고 제안한다.

8) 내용의 코딩

코딩을 쉽게 할 수 있도록 표준화된 코딩 용지가 이용된다. 이 용지를 이용하면 코더는 미리 정해진 곳에 간단히 표시를 하거나 사선을 그려 자료를 분류할 수 있다. [그림 6-2]는 표준화된 코딩용지의 사례이고, [그림 6-3]은 코딩 지침이다.

등장인물 기술을 위한 코딩 용지

프로그램 명 ______________________

A. 등장인물 번호 ______________________

B. 등장인물 이름 및 묘사 ______________________

C. 역할

1. 주연	2. 조연	3. 그 외(개인)	4. 그 외(집단)

D. 종류

1. 사람	2. 동물	3. 괴물/유령	4. 로봇
5. 움직이는 사물	6. 분명치 않음	7. 기타	

E. 성별

1. 남	2. 여	3. 분명치 않음	4. 기타

F. 인종

1. 백인	2. 흑인	3. 동물	4. 로봇
5. 인디언	6. 분명치 않음	7. 기타	

G. 나이

1. 어린이	2. 10대	3. 어른	4. 나이 많은 사람
5. 분명치 않음	6. 혼합(집단)		

[그림 6-2] TV만화 연구를 위한 표준 코딩 용지

만약 자료를 손수 도표화해야 한다면 코딩용지는 신속히 도표화할 수 있도록 만들어져야 한다. 어떤 연구는 '4×6'짜리 목록카드에 자료를 코딩하며 정보는 카드의 맨 위쪽부터 옆으로 기록한다. 이 방법을 이용함으로써 연구자는 정보를 유목별로 빨리 구분할 수 있다. 신문지면의 치수를 신속히 측정하기 위해서는 형판(templates)을 이용한다. TV나 비디오 게임들에 대해 연구하는 연구자들은 보통 프로그램을 녹화하여 코더들이 편하게 자료 코딩을 시작하고 중지할 수 있도록 한다. 덧붙여 소프트웨어 프로그램은 시각적 내용을 코딩하는 데 도움이 될 수 있다.

자료를 도표화하기 위해 컴퓨터를 이용하는 경우에는 그 자료를 스프레드시트나 자료파일 아니면 컴퓨터 감지용 용지 등으로 옮기는 방법이 일반적이다. 이들을 이용하면 시간을 절약하고 자료의 오차를 줄일 수 있다.

컴퓨터는 내용분석 자료의 도표화뿐만 아니라 실제 코딩과정에서도 유용하다. 컴퓨터를 쓰면, 분류 규칙이 모호한 코딩작업도 정확하게 수행할 수 있다. 텍스트 자료를

등장인물 기술을 위한 코딩 지침서

TV 화면에 90초 이상 등장하거나 15마디 이상 말하는 모든 인물을 코딩하시오. 한 등장인물당 한 장의 코딩 용지를 사용하시오.

A. 등장인물 번호: 두 자리 수의 프로그램 고유번호를 먼저 적고(이 코딩북의 12쪽에 있는 목록 참조), 다음에 각 등장인물에 무작위로 주어진 두 자리 등장인물 번호를 기입하시오(01부터 시작).

B. 등장인물 명: 정식이름, 별명, 이중명 등을 적으시오. 만약 이름이 나타나지 않을 경우 등장인물에 대해 묘사하시오.

C. 역할

1. 주인공: 주인공은 프로그램상의 대부분의 대화를 주도하고, 극적 행위에서 가장 큰 역할을 하며, 시간상으로 가장 많은 시간이 할애되는 등장인물을 가리킨다.
2. 조연: 주인공에 해당되지 않지만 코딩을 할 만한 인물 모두
3. 그 외(개인): 코딩범주에 해당되지는 않지만 코딩된 등장인물의 행위와 관련된 개인
4. 그 외(집단): 코딩범주에 해당되지는 않지만 코딩된 등장인물들의 행위와 관련된 집단

D. 종류

1. 사람: 사람의 형상을 한 모든 인물
2. 동물: 새나 물고기, 들짐승, 곤충 등의 형상을 한 모든 등장인물
3. 괴물/유령: 초자연적인 인간
4. 로봇: 기계적 피조물
5. 움직이는 사물: 움직일 수 없는 사물(예: 자동차, 전화)이 말을 하거나 생각을 하는 등 감정이 있는 것처럼 묘사될 때. 기억장치에 의해 말하는 기계적인 물체는 포함시키지 말 것
6. 분명치 않음
7. 기타: 만약 집단 안에 여러 종류가 섞여서 존재할 때는 어떤 것들이 있었는지를 명시할 것

E. 성별

1. 남
2. 여
3. 분명치 않음: 이 범주를 많이 사용하지 말 것(만약 동물이 저음의 남성 소리로 이야기하면 남성으로 표기)
4. 기타: 집단에만 표시할 것

[그림 6-3] 코더 지침 용지: [그림 6-2]의 양식과 비교

내용분석하는 데 유용한 소프트웨어 프로그램들이 많이 있는데, 텍스트스마트(TextSmart), 브이비프로(VBPro), 프로필러플러스(ProfilerPlus) 등이 대표적이다.

9) 자료의 분석

내용분석에는 백분율, 평균치, 최빈치 및 중앙치 등 10~12장에서 논의될 기술통계방법(descriptive statistics)이 적합하다. 가설을 검증하려면, 즉 결과를 모집단에 일반화시키려면 보통 추리통계방법(inferential statistics)을 이용할 수 있다. 내용분석 자료는 형태상 명목적 자료인 경우가 많으므로 카이자승 검증(chi-square)을 가장 많이 쓴다. 그러나 등간적 또는 비율적 수준의 자료는 *t*-검증, 변량분석(ANOVA) 또는 피어슨의 상관계수(Pearson's *r*)가 적절할 수도 있다. 그 외에 판별분석, 군집분석, 상황분석(contextual analysis)등의 이용도 논의되고 있다(Krippendorf, 1980).

10) 결과의 해석

만약 연구자가 변인들 간의 관계에 관한 특정 가설을 검증하고자 한다면 그 해석은 상당히 명백할 것이다. 그러나 연구의 성격이 기술적인 것이라면 결과의 의미나 중요성에 대한 의문이 제기될지도 모른다. 연구자는 가끔 "완전히/단지"의 딜레마에 빠지곤 한다. 예를 들어 어린이 TV 프로그램 내용분석에서 광고의 30% 정도가 스낵과 캔디에 관한 것임이 드러났다고 하자. 연구자는 어떻게 결론을 내려야 할 것인가? 이 수치는 높은 것인가 아니면 낮은 것인가? "30%가 완전히 이 유목에 속한다"고 보고해야 할 것인가 아니면 "단지 30%만이 이 유목에 속한다"고 해야 하는가? 명확히 하려면 연구자에게 비교를 할 수 있는 기준이 필요하다. 다른 상품 광고에 비해 30%는 사실, 높은 수치일지도 모르기 때문이다.

도미니크(Joseph Dominick)가 실시한 연구에서는 미국 방송사 뉴스가 여러 주(州)에 대해 보도시간을 얼마나 할애하는지 도표화했다. 워싱턴 주을 제외한 미국 전역에서 캘리포니아 주와 뉴욕 주가 각각 19%, 18%의 비중을 차지했다. 수치 자체는 매우 흥미로웠지만 통계적으로 유의한 것인지는 다소 불명확했다. 따라서 해석에 도움을 얻기 위해 각 주와 관련된 뉴스 시간을 각 주의 인구 크기와 비교하였다. 그리고 뉴스 보도 비율로부터 전체 인구에서 각 주가 차지하는 인구 비율을 빼서 '주목지수(attention index)'를 만들었다. 이를 통해 주별로 '과잉보도'인지 아니면 '과소보도'인지를 알 수 있게끔 하였다. 이후 위트니와 동료들(Whitney, Fritzler, Jones, Mazzarella, & Rakow, 1989)은 이 연구를 반복해 좀 더 정교화된 '주목률(attention ratio)' 지표를 만들었다.

05 신뢰도

내용분석에서 신뢰도(reliability)는 중요한 개념이다. 내용분석이 객관적이려면 분석 수단과 절차가 신뢰할만한 것이어야 한다. 어떤 연구가 신뢰할만하다는 것은 같은 재료를 반복해서 측정했을 때 유사한 결정이나 결론을 얻었다는 것을 의미한다. 코더 간 신뢰도는 독립적인 코더들이 동일한 코딩도구를 이용해서 동일한 내용을 코딩했을 때 일치하는 수준을 말한다. 만약 연구결과가 신뢰도를 확보하는 데 실패했다면 코더나 코딩에 대한 지시, 유목에 대한 정의, 분석단위에 뭔가 잘못이 있거나 이들 요인들이 복합적으로 작용한 경우다. 받아들일 만한 수준의 신뢰도를 얻으려면 다음과 같은 단계를 밟아 가는 것이 좋다.

① 유목의 경계를 최대한 상세하게 정의한다.

유목을 모호하거나 애매하게 정의하면 신뢰도를 확보하기가 매우 어렵다. 코더들에게 분석단위의 예를 들어주고 그 과정 전체를 이해하도록 하나하나를 간단하게나마 설명해주어야 한다.

② 코더들을 훈련시킨다.

자료를 수집하기 전에 코더들을 훈련시키면 방법론에서의 문제점을 없애는 데 도움이 될 것이다. 코더들 전체가 표본을 대상으로 코딩에 참여해야만 한다. 그리고 그 결과에 대해서도 토론을 해야 한다. 코딩에 대한 의견이 일치하지 않으면 그 이유를 분석을

자세히 보기 〉〉 코더 간 신뢰도 보고

한 학술지를 편집하고, 기타 여러 학술지들의 편집위원으로 근무하며 경력을 오래 쌓는 동안 도미니크(Joseph Dominick)는 출판을 위해 제출된 내용분석 연구들을 수십 번 검토해왔다. 더 수정작업을 하라고 돌려보내는 원고들의 공통적인 문제들 중 하나는 코더 간 신뢰도 보고 문제였다. 여러 문제들이 되풀이해서 나타났다. 예컨대 그 연구들은 신뢰도 표본에 수반된 내용이 얼마나 많은지에 대해 전혀 언급하지 않았고, 무슨 통계방법을 이용했는지 밝히지 못했으며, 검사를 수행한 코더들이 몇 명인지 상세히 적지 않았고, 코더 간 불일치를 어떻게 처리했는지 등을 제시하지 않았다.

만약 한 연구에서 코더들이 유목으로 배정한 변인들이 12가지면, 신뢰도 계수도 12가지로 보고해야 한다. 하나로 표현되는 총 평균 신뢰도 계수는 이치에 맞지 않는 것이다. 왜냐하면 쉽게 코딩되는 변인들의 높은 신뢰도는 코딩하기가 어려운 변인들(예: 한 텍스트 표본의 주제들)의 낮은 신뢰도 추정치를 모호하게 만들 수 있기 때문이다. 평균 계수를 하나로 보고하면 연구자들은 그 자료를 실제보다 더 신뢰할 수 있는 것으로 결론지어 버릴 수 있다.

[표 6-2] 재정의되어야 할 유목의 검토*

	유목			
코더	I	II	III	IV
A	1, 3, 7, 11	2, 5, 6, 8, 12, 13	10	4, 9, 14
B	1, 3, 7, 11	5, 8, 10, 12	2, 6, 13	4, 9, 14
C	1, 3, 7, 11	2, 8, 12, 13	5, 6, 10	4, 9, 14
D	1, 3, 7, 11	5, 6	2, 8, 10, 12, 13, 14	4, 9

* 아라비아 숫자는 항목을 가리킴

해야만 한다. 훈련에서 도출한 결론을 자세한 설명과 코딩의 실례가 포함된 '지침서'로 제작하고 그 복사본을 코더마다 한 부씩 갖게 한다.

[표 6-3] 지속적인 불일치를 보이는 코더 확인*

	코더		
항목	A	B	C
1	I	I	II
2	III	III	I
3	II	II	II
4	IV	IV	III
5	I	II	II
6	IV	IV	I
7	I	I	III
8	II	II	I

* 로마 숫자는 유목을 가리킴

③ **예비연구를 실시한다.**

연구대상이 되는 내용의 모집단에서 하위 표본을 선정하여 코더별로 혼자서 코딩 유목에 따라 분석하게 한다. 이 작업은 두 가지 이유에서 유익하다. 첫째, 잘못 정의된 유목을 찾아낼 수 있으며, 둘째, 계속하여 이견을 제시하는 코더가 누구인지를 알아낼 수 있다.

이 같은 문제를 설명하기 위해 [표 6-2]와 [표 6-3]을 보고 생각해보자.

[표 6-2]에서 유목I과 유목IV에 대한 정의는 만족할 만한 것으로 나타난다. 4명의 코더가 모두 분석단위 1, 3, 7, 11을 유목I에 포함시켰다. 그리고 유목IV에서 14라는 항목은 4명의 코더 중 3명이 일관성 있게 분류하였다. 그러나 유목II와 III에 대해서는 코더들 간에 확실히 혼란이 발생하고 있다. 2명의 코더가 항목 2, 6 그리고(혹은) 항목 13을 유목II에 분류시킨 반면, 다른 2명의 코더는 이것들을 유목III에 분류하였다. 따라서 이 두 유목에 대한 정의는 다시 검토함과 동시에 재정의가 필요하다.

[표 6-3]은 코더 간의 불일치 문제를 잘 보여주고 있다. 코더 A와 B는 여덟 번 중 일곱 번은 서로 일치하고 있다. 그러나 코더 B와 C는 여덟 번 중 겨우 두 번만 일치하며,

코더 A와 C는 단 한 번 일치하고 있을 뿐이다. 그렇다면 코더 C가 문제가 될 것이다. 이 경우 연구자는 이 코더에게 유목을 설정할 때 사용된 규칙을 다시 설명해준다. 그럼에도 불구하고 계속해서 불일치가 일어나게 되면 그 이유를 연구해봐야 한다. 이런 노력에도 불구하고 문제가 계속 발생하게 되면 그 코더는 분석에서 제외시키는 게 낫다.

초기 신뢰도 검사에서 만족스러운 결과를 얻었다면 자료 전체를 코딩시킨다. 코딩이 끝나면 전반적인 코더 간 신뢰도계수(overall intercoder's reliability coefficient)를 계산하기 위해 10~25% 정도의 표본을 다시 추출하여 분석한다. 레이시와 리페(Lacy & Riffe, 1996)는 확률표본을 바탕으로 한 신뢰도 검사가 표집오차를 수반할 수도 있다고 지적한다. 그들은 이 오차를 참작하여 코더 간 신뢰도 규모를 계산하는 공식을 제시한다.

코더 간 신뢰도는 여러 방법으로 계산할 수 있다. 홀스트(Holsti, 1969)는 일치도라는 시각에서 명목적 자료의 신뢰도를 결정하는 다음과 같은 공식을 제시하고 있다.

$$\text{신뢰도} = \frac{2M}{N_1 + N_2}$$

여기서 M은 2명의 코더 간에 일치한 코딩의 수이며, N_1과 N_2는 첫 번째 코더와 두 번째 코더가 각각 코딩한 전체수를 가리킨다. 두 사람의 코더가 50개의 하위 표본을 코딩하여 그중에서 35개 단위가 일치하였다면 신뢰도를 다음과 같이 계산할 수 있다.

$$\text{신뢰도} = \frac{2(35)}{50 + 50} = 0.7$$

이 방법은 간단하고 계산이 쉬운 반면, 코더 간의 일치를 보이는 것 중에는 순전히 우연하게 일치하는 경우가 생길 수도 있다는 사실과 그러한 우연의 일치가 분석에서 사용한 유목들의 수에 달려 있다는 점들을 고려하지 않는다는 점에서 비판받는다. 예를 들어 2개의 유목체계에서는 순전히 우연에 의해 코더 간의 신뢰도는 50%가 되며, 5개 유목체계에서 20% 정도가 그럴 수 있다는 것이다. 이 점을 고려하여 스코트(Scott, 1955)는 파이지수(pi index)를 개발하였다. 이 지수는 분석에 이용된 유목의 수는 물론 이용의 확률빈도(probable frequency of use)를 수정한다.

$$\text{스코트의 } \pi = \frac{(\text{관찰된 일치도 \%}) - (\text{기대 일치도 \%})}{1 - (\text{기대 일치도 \%})}$$

하나의 가상적인 예를 들어 설명해보자. 가령 두 사람의 코더가 잡지광고의 설득력을 측정하는 다음과 같은 5개 유목을 정해 100개 광고를 각각 코딩하여 다음과 같은 일치도 매트릭스를 얻었다고 하자.

	코더 A						
	유목	1	2	3	4	5	주변 합
	1	42	2	1	3	0	48
	2	1	12	2	0	0	15
코더 B	3	0	0	10	0	2	12
	4	0	2	1	8	1	12
	5	2	0	1	2	8	13
	주변 합	45	16	15	13	11	100

관찰된 일치도는 대각선 숫자들이 42+12+10+8+8=80을 N(100)으로 나누어 얻는다(80/100=0.80). 기대된 일치도 계산은 약간 복잡하다. 한 가지 방법은 다음과 같은 표를 채우는 것이다.

유목	코더 A의 주변 합	코더 B의 주변 합	주변 합의 합계	결합된 주변 합 비율
1	45	48	93	93/200 = 0.465
2	16	15	31	31/200 = 0.155
3	15	12	27	27/200 = 0.135
4	13	12	25	25/200 = 0.125
5	11	13	24	24/200 = 0.120
합계	100	100	200	1.00

기대되는 일치도는 결합된 주변 합을 제곱하여 더한 것이다. 따라서,

$$\begin{aligned}\text{기대 일치도 \%} &= (0.465)^2 + (0.155)^2 + (0.135)^2 + (0.125)^2 + (0.120)^2 \\ &= (0.216) + (0.024) + (0.018) + (0.016) + (0.14) \\ &= 0.288\end{aligned}$$

이제 다음과 같이 스코트의 파이지수를 계산할 수가 있다.

$$\text{스코트의 } \pi = \frac{0.80 - 0.288}{1 - 0.288} = 0.719$$

자세히 보기 〉〉 신뢰도, 파이 및 카파

내용분석에 2명의 코더들을 동원하여 분석단위를 명목적 범주들에 배치하는 작업을 수행하는 경우가 많다. 이 경우 일반적으로 신뢰도 계수를 계산하여 보고하는데, 스코트(Scott)의 파이(pi) 혹은 코헨의 카파(kappa) 등이 여기에 해당한다. 이 계수들이 유용한 측정치이긴 하지만 연구자라면 각각의 특성에 대해 잘 알아야만 한다.

우선 예1의 행렬을 검토해보자. "예", "아니오"라는 두 명목적 범주로 100가지 항목들을 각자 코딩한 두 코더들의 신뢰도 검사 결과가 제시되어 있다. 코더들의 코딩 결과는 100% 불일치했고, 파이와 카파 값도 논리적으로는 0.00이라는 점에 주목하자.

예1: 완벽한 불일치
(파이(pi)=0.00, 카파(kappa)= 0.00)

		코더 A	
		예	아니오
코더 B	예	0	50
	아니오	50	0

이제 두 번째 예를 보자. 두 코더들의 의견이 그 항목들 중 50%에 대해 일치했지만, 파이와 카파의 수치는 약 -0.10으로 부정적이다. 약간 일치하는 것은 아예 일치하지 않는 것보다 결과가 더 나쁘다는 것을 알 수 있다.

예2: 50% 일치
(파이(pi)=-0.10, 카파(kappa)=-0.09)

		코더 B	
		예	아니오
코더 A	예	10	20
	아니오	30	40

다음으로 예3을 검토해보자. 2명의 코더들이 당시 96% 일치했다. 이 경우 파이와 카파 계수는 0.92로, 일치율이 높은 것으로 간주된다.

예3: 96% 일치
(파이(pi)=0.92, 카파(kappa)=0.92)

		코더 A	
		예	아니오
코더 B	예	48	2
	아니오	2	48

이제 예4를 보자. 아래에 제시된 것과 같이 일치도는 96%이지만, 파이와 카파 값은 겨우 약 0.31이므로, 수용할 수 없는 신뢰도 수준에 해당한다.

예4: 96% 일치
(파이(pi)=0.31, 카파(kappa)=0.32)

		코더 B	
		예	아니오
코더 A	예	9	51
	아니오	3	1

예3과 예4에서 나타난 상반된 값의 차이를 어떻게 설명할 수 있을까?

킬럼(Kilem, 2002)은 문제는 우연히 일치할 경우에 대한 기대 값(기대된 일치의 백분율)을 계산하는 파이와 카파의 방식에 있다고 본다. 그는 "만약 한 평가자의 평가가 무작위로 이루어진다면, 즉 특성에 대한 지침 없이 단위를 분류했다면, 평가자 A와 B사의 일치가 일어날 경우 우연한 일치로 간주될 가능성이 있다"고 주장한다. 그 경우 우연한 일치의 값은 0.5를 초과하지 않아야 한다고 주장한다(이런 주장이 어떤 수학적 근거에서 나왔는지 알고자 한다면 킬럼의 글을 찾아보기 바란다).

자세히 보기 〉〉 신뢰도, 파이 및 카파(계속)

예4에서는, 기대된 일치율이 약 0.94이다. 이는 코더 A가 무작위로 평가하고, 그것에 코더 B의 평가가 94% 일치했다는 것을 가정한다. 킬럼은 두 코더가 이렇게 자주 우연히 일치할 가능성은 매우 낮다고 주장한다. 그러면서 이처럼 논란이 되는 가정을 바로잡기 위한 공식을 제안하고 있다(다시 말하지만, 계산에 관한 세부사항을 알려면 킬럼의 글을 참고해야 한다). 예4에서의 자료에 대한 킬럼의 공식을 적용하면 0.97이라는 새로운 계수가 나온다.

다른 사람들은 높은 수준의 신뢰도 계수를 정당화하려면 코더들이 충분한 공변을 보여주어야 한다고 주장한다(Krippendorf, 2004). 예4에서 코더 A는 "아니오" 코드를 단지 2회 쓴 데 반해, 코더 B는 4회 썼다고 하자. 이 경우 전통적 파이값 및 카파값 계산 결과는 신뢰도 추정치보다 매우 낮게 나온다. 이런 문제의 해결 방법 중 하나는 코더들이 좀 더 재량을 갖도록 서로 다른 코딩스키마를 이용하는 것이다.

어떤 경우든지 간에 연구자로서 내용분석에 대한 신뢰도 값을 계산하고자한다면 파이와 카파 값에 영향을 주는 요인이 무엇인지에 대해 알고 있어야 한다.

코더가 2명 이상일 경우 이와 동일한 계산 기법을 이용해 신뢰도를 계산할 수 있다. 이 경우의 통계는 코헨의 카파(kappa)(Cohen, 1960; Fleiss, 1971)라고 한다.

등간 자료를 가지고 신뢰도를 측정할 때는 특별히 유의할 점이 있다. 상관계수를 이용하고자 할 때 두 항목간의 관계를 검증하는 방법인 피어슨(Pearson)의 r을 이용할 때 주의가 필요하다. 피어슨 r은 −1.00에서 +1.00 사이의 범위를 갖는다. 그러나 내용분석에서 이 값이 높게 나타났다면 그것은 코더들이 분석유목에 따라 정확하게 분석한 결과 서로 높은 일치도를 보여주었다는 것을 뜻할 수도 있지만 그들의 코딩에 어떤 체계적 방법이 개입해 상관관계가 높게 나타날 수도 있다. 두 번째 이유로 신뢰도가 높게 나왔다면 문제가 되지 않을 수 없다.

예를 들어, 1에서 10까지 등간척도를 이용하여 개인이나 특정주제를 다룬 뉴스항목에 대한 호의도 여부를 점수로 매긴다고 가정해보자. 여기서 '1'이라는 점수는 매우 긍정적인 반면 '10'은 매우 부정적이라는 의미를 나타낸다. 두 사람의 코더가 각자 독자적으로 똑같이 10개 항목에 점수를 매긴다고 가정하자. [표 6-4]는 가능한 두 가지 결과를 예시해주고 있다. 상황 I에서는 양 코더가 완전한 일치를 보여주고 있어 상관계수 r은 1.00이 된다. 그러나 상황 II에서는 양 코더 간에 모든 항목에서 3점씩 불일치를 보여주고 있지만 상관계수 r은 역시 1.00이다. 이런 측정치를 사용한 두 상황은 똑같이 신뢰할 수 없다.

[표 6-4] r을 통한 신뢰도 측정의 잘못된 동치

상황 I		
항목	**코더1**	**코더2**
1	1	1
2	2	2
3	3	3
4	3	3
5	4	4
6	5	5
7	6	6
8	6	6
9	7	7
10	7	7
r = 1.00		

상황 II		
항목	**코더1**	**코더2**
1	1	4
2	2	5
3	3	6
4	3	6
5	4	7
6	5	8
7	6	9
8	6	9
9	7	10
10	7	10
r = 1.00		

크리픈도르프(Krippendorf, 2004)는 이와 같은 딜레마를 해결하기 위한 방법으로, 이른바 만능 신뢰도 측정이라고 알려진 알파(alpha)계수[역자주 2]를 제시하고 있다. 알파계수는 명목적, 서열적, 등간적 및 비율적 측정수준에 이용되며 코더가 한 사람 이상일 때 사용될 수 있다. 비록 알파계수는 계산[역자주 3]이 다소 복잡해도 스코트(Scott)의 파이(pi)지수에 비견할 만한 신뢰도를 보여주며, 등간적 측정에서는 피어슨 r의 약점을 개선해준다.

신뢰도 계수를 수작업으로 계산한다는 것은 지겨운 일이다. 이 때 도움이 될 수 있

역자주 2 크론바흐 알파(Chronbach's α)계수라고 하며 문항의 변량과 전체 검사점수의 변량을 고려하여 신뢰도 계수를 산출하는 방식으로 상관계수가 갖는 단점과 변량분석의 한계를 극복하려는 것이다. 하나의 검사에서 오차변량을 제외하고 실제 점수 변량을 추정하여 신뢰도를 계산하는 것이 크론바흐 알파계수이다. 크론바흐는 문항들의 내적 일관성에 의해 신뢰도를 추정하도록 제안하였으며, 각 문항을 1개의 검사단위로 가정하여 코더들의 반응에 대한 일관성 정도를 추정한다. 크론바흐 알파계수는 0~1 사이의 값을 가지며, 값이 높을수록 바람직하나 그에 대한 기준은 학자마다 다르므로 반드시 몇 점 이상의 기준은 없다. 대개 0.8~0.9 사이 값이라면 신뢰도가 상당히 높다고 할 수 있고 0.7 이상이면 바람직하다고 본다. 0.6 이상이면 수용할 정도 수준이고,0.6 이하이면 내적 일관성을 결여한 것으로 받아들여진다. 0.6 이하의 점수인 항목이 있으면 그 항목은 전체 항목과 일관성, 즉 상관관계가 낮은 항목이므로 제거해야 한다.

역자주 3 $\alpha = \frac{N}{N-1}(1-\sum\frac{\delta_i^2}{\delta_j^2})$ N=문항수, δ_i^2=각 문항의 분산, δ_j^2=총 분산

는 소프트웨어 프로그램이 있다. 사이언스플러스(Science Plus)사에서 나온 어그리(Agree)는 2011년 후반 기준 약 275달러의 비용이 들긴 하지만, 코헨의 카파를 계산한다. 박사과정 학생이 개발한 무료 온라인 유틸리티인 리칼(ReCal)은 크리픈도르프의 알파(Krippendorf's alpha)와 기타 신뢰도 계수들을 계산하지만, 초기 이용자들은 학습곡선과 대적해야만 할 것이다. 매크로가 편안한 사람들에게는 www.afhayes.com/public/kalpha를 추천한다. 여기에는 크리픈도르프의 알파를 계산할 수 있도록 SPSS와 더불어 작동하는 매크로가 있다. 다른 신뢰도 프로그램들에 대한 정보는 http://astro.temple.edu/~lombard/reliability/에서 볼 수 있다.

그렇다면 코더 간 신뢰도 수준은 어느 정도일 때 적합한가? 그 답은 연구 상황과 코딩되는 정보의 유형에 따라 달라진다. 코더의 판단이 거의 필요하지 않고 코딩이 기계적으로 이루어지는 경우가 가끔 있다. 가령 신문의 기사에서 한 문장에 나오는 단어의 수를 계산한다든지, 네트워크 특파원이 저녁뉴스에 보도하는 기사 건수가 몇 건인가를 계산하는 경우 등이 여기에 속한다. 이런 경우에는 거의 100%에 가까운 매우 높은 수준의 신뢰도를 예상할 수 있다. 부주의나 과로가 아니면 코더 간의 불일치가 나타나지 않을 것이지 때문이다. 그러나 코딩하는 과정에서 어느 정도 코더의 해석이 요구되는 경우 신뢰도는 낮아지기 마련이다. 코더가 판단해야만 하는 여지가 많아질수록 신뢰도 계수는 더욱 낮아질 수밖에 없다.

학술지에 게재된 대부분의 내용분석을 보면, 신뢰도가 홀스터의 공식을 사용할 경우 최소 90% 이상, 파이(pi)계수나 카파(kappa)계수를 이용할 경우에는 0.75 이상이어야 한다고 보고한다. 뉘엔도르프(Neuendorf, 2002)는 다음과 같은 지침을 제시하고 있다. 상관계수가 0.90 이상이면 거의 모든 경우를 채택하며, 0.80 이상이면 대부분 채택하고, 0.70은 특별한 목적의 연구인 경우에서나 채택이 가능하다.

앞의 논의에서는 적어도 2명 이상의 코더가 같은 내용을 코딩한다는 것을 가정하였다. 그러나 경우에 따라서는 코더별 내부 신뢰도(intracoder reliability) 측정이 필요할 때도 있다. 이런 환경은 소수의 코더를 대상으로 미묘한 메시지를 잘 구분해낼 수 있도록 집중적인 훈련이 필요한 경우에 자주 발생한다. 코더자 개인의 내부 신뢰도를 검사하려면, 한 코더로 하여금 같은 내용을 서로 다른 시점에 다시 코딩하도록 해서 2개의 결과를 놓고 신뢰도를 계산하는 방식을 이용한다.

연구자들은 코더 간 신뢰도를 보고하는 데 특별한 관심을 기울여야 한다. 롬바르드와 동료들(Lombard, Snyder-Duch, & Bracken, 2002)은 최근 1994~1998년 간 학술지에 게재된 내용분석 연구들을 표본 추출해서 분석해본 결과 단지 69%만이 코더 간 신뢰도를 보고했고, 많은 연구들이 신뢰도 계산을 어떻게 했는지에 대한 자세한 보고 없이 전체적 설명만 제시했음을 발견했다. 이렇듯 신뢰도를 보고서에 제시하려는 적극적인 노력들이 부족하자 이들은 연구에서 내용분석을 이용했다면 그 유형에 상관없이, 다음과 같은 신뢰도 관련 정보들을 보고해야 한다고 권고했다.

- 신뢰도 검사 용 표본의 크기와 검사 방법과 그 근거
- 신뢰도 표본과 전체 표본 간의 관계(신뢰도표본이 전체표본인지, 아니면 하부 표본 내지는 전혀 관련 없는 독자적인 표본인지 여부)
- 신뢰도 검사 대상 코더의 수(2명 이상이어야 함)와 연구자 포함 여부
- 각 코더(신뢰도 검사대상 코더와 그렇지 않은 코더 별로)가 코딩한 양
- 신뢰도를 검사하기 위해 선택된 지수와 그 선택의 이유
- 선택된 각 변인 내지는 지수별 코더 간 신뢰도 수준
- 보고된 신뢰수준에 도달하기 위해 요구된 훈련 시간(양)
- 독자들이 코딩도구와 절차 그리고 지시 사항 등 세부사항에 대한 정보를 확보할 수 있는 장소와 방법(예를 들면 연구자들로부터)

나아가 크리펜도르프의 저서(Krippendorf, 2004)에서는 더 대중적인 코더 간 신뢰도 통계들의 기법적인 문제에 대해 논의하고 있다.

06 타당도

내용분석은 신뢰할 수 있어야 함은 물론 타당한 결과를 제시해야만 한다. 2장에서도 언급하였듯이 타당도란 보통 측정도구를 가지고 처음에 측정하고자 한 것을 실제로 측정한 정도로 정의된다. 타당도 문제는 내용분석에서 특히 관심을 기울여야 한다. 타당도는 무엇보다도 분석에 사용된 절차와 매우 밀접한 관계가 있다. 만약 표집설계가 잘못되었거나 유목이 중복된다거나 해서 신뢰도가 낮다면 아마도 그 연구결과는 타당도도 매우 낮을 것이다. 나아가 내용분석에 사용된 정의가 적절한 것이냐 하는 문제 역시 타당도와 직접 관련이 된다.

예를 들어, 많은 내용분석 연구들이 TV 폭력의 묘사에 초점을 맞추어왔지만 무엇이 폭력적 행위를 구성하느냐에 대해서는 연구자들마다 제각기 다르게 정의를 내려왔다.

타당도 문제는 그런 정의 하나하나가 논리적으로 폭력적이라고 지칭할 수 있는 것을 실제로 망라하고 있는지 여부를 결정하고자 할 때 발생한다. 거브너(Gerbner)와 TV 네트워크사 간에 계속되고 있는 논쟁이 그 단적인 예다. 거브너와 동료들(1977)이 내린 폭력에 대한 정의에는 사고나 자연스런 행위 또는 판타지나 유머스런 상황에서 발생하는 폭력들 모두가 포함된다. 그러나 네트워크 쪽의 분석가들은 이러한 현상들을 폭력적 행위로 간주하지 않는다(Blank, 1977). 양쪽 모두 자신의 주장을 뒷받침할 만한 나름대로의 근거를 갖고서 논의를 전개하고 있다. 과연 어느 분석이 더 타당한 것인가? 이에 대한 대답은 부분적이지만 그 정의를 뒷받침하는 이론적 근거가 얼마나 믿을 만한 것인가에 달려 있다.

이 논의는 전통적으로 '안면 타당도(face validity)'라고 부르는 기법과 밀접한 관계가 있다. 이 타당도 측정기법(validation technique)은 유목들이 엄격하고 만족할 만하게 정의되어 있고 분석절차가 적절하다면 그 도구가 목적하는 바를 적절히 측정할 수 있을 것이라고 가정한다. 대부분의 내용분석이 안면 타당도에 의존하고 있으나 다른 방법을 사용할 수도 있다.

내용분석에서 '공인 타당도(concurrent validity)'의 이용은 크라크와 블랑켄버그(Clarke & Blankenburg, 1972)의 연구에 잘 예시되어 있다. 이들은 TV 프로그램 내 폭력에 대해 1952년까지 거슬러 올라가는 종단연구(longitudinal study)를 시도하였다. 그러나 불행하게도 초기 프로그램 복사본들을 거의 구할 수 없어서 저자들은 〈TV 가이드(TV Guide)〉에 게재된 프로그램 요약문에 의존할 수밖에 없었다. 이 프로그램 요약문에 폭력적 내용이 존재한다는 사실을 입증하기 위해 저자들은 줄거리 요약문으로부터 표본을 뽑아 코딩한 결과를 동일한 프로그램을 직접 시청해서 얻은 결과와 비교해보았다. 이 결과 저자들은 자신들의 측정 방법이 충분히 타당하다는 사실을 발견했다. 그러나 이러한 타당도 검사 방법은 오직 준거측정방법(criterion measurement)이 훌륭한 경우에만 유용하다. 즉 직접 시청방법 자체에 타당성이 결여되어 있다면 요약문을 근거로 한 코딩은 아무런 가치도 없게 된다.

지금까지 구성 타당도(construct validity)를 이용한 연구는 소수에 지나지 않는다. 그 한 예로 뉴스 기사에서 선정주의가 어떻게 이용되고 있는지에 대한 분석이 있다. 이 분석에서 구성의 대상, 즉 선정주의는 의미분별 척도와 요인분석을 통해 측정되었다(Tannenbaum & Lynch, 1960; Yannenbaum, 1962).

연구자들이 자주 사용하는 또 다른 타당도 측정 방법에는 '예측 타당도(predictive validity)'

가 있다. 예를 들어 통신사의 기사들을 대상으로 내용분석해보면 그중 특정 통신사가 신문기사로 전달할 아이템들을 예측할 수 있다.

요약하면 내용분석에서 타당도를 평가하기 위해 이용되는 방법에는 여러 가지가 있다. 가장 흔히 사용되는 것이 안면 타당도이다. 그러나 이 방법이 적합하지 않을 수도 있다. 따라서 내용분석을 이용하는 연구자들은 주어진 연구의 타당도를 정립하기 위해 방법들도 검토해보는 것도 좋다.

07 내용분석의 실례

[표 6-5]은 4개의 내용분석 사례를 요약한 것이다. 각 연구마다 분석의 목적, 표본, 분석단위, 유목의 예시 및 통계방법의 종류 등이 열거되어 있다.

[표 6-5] 내용분석 연구사례들의 요약

연구자들	연구제목	표본	분석단위	대표적인 분석유목	통계
Mastro & Ortiz (2008)	황금시간대 스페인어 TV에서의 사회집단에 관한 내용분석	복합 1주간 표집에 따른, 황금 시간대 스페인어 4개 방송국에서의 허구 TV 프로그램	주요 캐릭터들	인구통계학적 변인들, 신체적 속성, 스피치 특성	변량분석 (ANOVA)
Schaefer & Martinez III (2009)	1969~2005년에 걸친 방송국 뉴스 편집 전략 경향	1969년, 1983년, 1996년 및 2005년 6월 방송국 저녁 뉴스 방송 사흘분	각 카메라 샷	샷의 길이, 편집의 유형, 전환 유형	변량분석 (ANOVA)
Kaye & Sapolsky (2009)	황금시간대 방송 및 케이블 편성 프로그램에서의 모욕적 언사	구성 주 표집에 따른, 황금시간대 방송 및 케이블 넷에서의 편성 프로그램 7편	모욕적 단어들	성적 단어, 배설적 단어, 악담	카이자승 검증(chi square)
Calliser, Stern, Coyne, Robinson, & Bennion (2011)	1980~2007년 간, 10대 중심 영화에서의 성적 내용에 대한 평가	30년 동안의 매년 흥행수입 최고 영화 30작	장면들	성적 활동, 성적 대화, 안전한 섹스 행위들	변량분석 (ANOVA)

자세히 보기 〉〉 비디오 게임의 내용분석

여러 미디어 연구자들이 인기 있는 비디오 게임 내용에 초점을 맞추어 캐릭터의 인구통계학적 변인들(Williams, Martin, Consalo, & Ivory), 여성의 신체상(Martins, Williams, Harrison, & Ratan, 2009), 공격적 행동(Lachlan, Smith, & Tamborini, 2005), 신성모독(Ivory, Williams, Martins, & Consalvo, 2009) 및 인종적 고정관념(Burgess, Dill, Stermer, Burgess, & Brown)과 같은 주제들을 살펴본다.

그러나 비디오 게임들의 내용을 코딩하다보면 특별한 문제가 발생한다. 첫째, 분석을 위해 얼마나 많은 내용을 기록해야 하나? 게임이 시작되고 처음 5분? 30분? 비공식적 표집으로 이루어진 최근 비디오 게임 내용분석 연구에서 기록 시간은 10분부터 90분까지 다양하다. 둘째, 게임 플레이의 실제 흐름이 가지각색의 기술이나 난이도 혹은 플레이어의 결정 때문에 달라질 수도 있다. 그렇기 때문에 게임 내용은 보는 사람마다 동일한 것이 아니다. 많은 연구자들이 게임의 오프닝 수준에 초점을 맞춤으로써 이러한 문제를 처리하지만, 그렇게 접근하면 보다 상위 수준에서의 게임내용은 간과될 수밖에 없다. 마지막으로, 비디오 게임은 새로운 버전이 신속히 발행된다. 〈콜 오브듀티(Call of Duty)〉는 2003년 이래로 새로운 버전의 출시를 거듭하여 8판까지 이르렀다.

이러한 문제들을 피하기 위하여 어떤 연구자들은 게임 대신 게임 웹사이트(Robinson, Callister, Clark, & Phillips, 2009)나 게임에 대한 온라인 리뷰들(Ivory, 2006)을 코딩했다.

어쨌든 그러한 문제들에도 불구하고 비디오 게임 내용을 측정하는 가장 타당한 방식은 실제 게임 플레이를 코딩하는 것으로 보인다. 그렇지만 연구자들은 독자들이 연구결과들을 전적으로 해석할 수 있도록, 방법에 관한 세부 정보를 충분히 포함시켰는지를 반드시 확인해야만 한다.

08 내용분석과 인터넷

스템펠과 스튜어트(Stempel & Stewart, 2000)가 언급한 바와 같이 인터넷은 내용연구자들에게 새로운 기회를 제공하고 도전을 요구한다. 기회의 측면에서 인터넷은 그 내용 자체가 거대한 연구대상이다. 가능한 표집을 살펴보면 다음과 같다.

- 온라인 커뮤니티들이 공유하는 메시지들(Ginossar, 2008)
- 페이스북(Facebook) 페이지들(Kolek & Saunders, 2008)
- 온라인 식품 광고들(Moore & Rideout, 2007)
- 온라인 뉴스(Karlsson & Stromback, 2010)
- 트위터의 메시지들(Chew & Eyesenbach, 2010)
- 기업 웹사이트들(Yan, 2008)
- 블로그들(Cho & Huh, 2007)

• 유튜브(YouTube) 비디오들(Duman & Locher, 2008)

나아가 검색엔진과 전자적인 아카이브를 이용하면 관련 내용을 빨리 그리고 효율적으로 찾을 수 있다. 가령 신문사가 과거 신문들을 온라인 아카이브로 관리라는 경우, '선거'와 같은 연구대상 용어를 치면 몇 초안에 해당 내용을 전부 찾을 수 있다. 마지막으로, 사이버 공간에는 존재하지만 종이나 다른 미디어 형태로는 존재하지 않는 내용이 있다. 그런 내용은 물리적으로 확보해서 저장할 필요 없고 하드 카피만 보관하고 있으면 된다.

도전이라는 측면에서 보면 첫째, 표집이 쟁점이 될 수 있다. 많은 주제를 대상으로 한 표집프레임은 존재하지 않는다. 예를 들어 연구자가 메디컬 웹사이트를 대상으로 내용분석을 하고자 한다고 하자. 어떤 사이트를 표집해야 할 것인가? 그러한 웹사이트를 종합해 놓은 목록은 아마 없을 것이다(구글에서 "메디컬 웹사이트(medical websites)"를 검색하면 히트 수가 16,800,000여 회인 사이트들이 뜨는데, 그중 많은 사이트들이 다양한 특성의 다른 메디컬 사이트들과 연결되어 있을 것이다).

이런 상황에서 해당 연구에 적합한 표집틀을 찾는다는 것은 그 자체가 도전적인 작업이다. 유와 동료들(Yu, King, & Yoon, 2010)이 미국, 영국 및 한국 온라인 다이어트 웹사이트 연구에서 직면했던 상황도 이와 유사했다. 그 연구자들은 각 나라의 야후(Yahoo)를 통해 "몸무게 감소(weight loss)"를 검색하였다. 비록 검색엔진은 수백만 개의 결과를 도출했지만, 그들은 각 나라 검색엔진에서 처음 나온 100개 사이트만 분석했다.

한편 연구 소재가 비교적 한정적이면 하나의 표집틀을 생성하기가 더 쉬워질 수도 있다. 친(親) 섭식장애 웹사이트들에 대한 연구에서 보체코프키와 동료들(Borzekowky, Schenk, Wilson, & Peebles, 2010)은 구글(Googles)과 야후(Yahoo)를 통해 친 섭식장애 용어 15가지를 검색했고, 독특한 사이트들 302가지를 찾아냈다. 그들은 이 302개 사이트들 중에서 접속제한 사이트, 의학적 참고자료 사이트 및 식이 장애 내용이 거의 없는 나머지 사이트들을 제외시키고, 처리가 가능한 180개의 웹사이트들만 분석을 위해 남겨두었다.

표집에 관한 또 다른 쟁점은 온라인 내용 연구에서 표본의 기간으로 며칠이 충분한지를 결정하는 것이다. 그러나 실제 가장 인기 있는 표본틀은 대략 1주인 것으로 보인다. 헤스터와 도걸(Hester & Dougall, 2007)은 야후! 뉴스(Yahoo! news) 사이트에 있는 온라인 뉴스 내용의 구성 주 표본(constructed week sample), 단순 무작위 표본(simple random sample) 및 연속 일 표본(consecutive day sample)의 정확성을 서로 비교했다. 그들은 구성 주 표본이 가장 효과적이지만, 인쇄 신문을 표집할 때 요구되는 경우보다 더 큰 표본을 필요로 한다는 것을 발견했다. 왕과 리페(Wang & Riffe, 2010)는 〈뉴욕타임즈〉 웹사이트 분석 연구에서 6일짜리 무작위 표본이 1년분 내용을 충분히 대표한다는 것을 발견했다. 페르난데스와 동료들(Fernandes, Giurcanu, Bowers, & Neely 2010)은 페이스북 게시글 분석 연구에 역주(calendar week, 일요일부터의 연속 7일 기간)를 이용했고, 하이멜보임(Himelboim, 2010)은 뉴스 웹사이트들의 하이퍼링크 연구에서 월요일-금요일 복합 1주간을 구성했다. 코놀리-아헌과 동료들(Connolly-Ahern, Ahern, & Bortree, 2009)의 결론에 따르면, 전자 뉴스정보원 아카이브 내용을 분석하는 경우에는 한 해 전부를 토대로 한 주를 구성하는 것보다 분기별 1주간 구성이 더 바람직하다.

전자 아카이브에는 결점들이 존재한다. 스트라이커와 동료들(Stryker, Wray, Hornik, & Yanovitzky, 2006)은 내용분석 연구에 렉시스넥시스(LexisNexis)와 같은 전자 데이터베이스들이 자주 쓰인다고 지적한다. 6개 커뮤니케이션 학술지의 200여 건에 이르는 내용분석 연구 검토 결과, 약 40%의 표본출처가 데이터베이스였다. 그러나 이들 중 1/3만이 어떤 검색어들을 이용했는지를 보고했고, 겨우 6%만이 그 용어의 타당도를 논했다.

데이터베이스를 선택하는 것도 문제가 될 수 있다. 위버와 빔버(Weaber & Bimber, 2008)는 온라인 뉴스 아카이브들 간의 차이를 규명했다. 그들은 발행부수가 많은 여덟 가지 신문, 〈뉴욕타임즈〉에서의 이야기들을 찾는 데 구글 뉴스(Google News)를 이용한 검색과 '렉시스넥시스'를 이용한 검색을 비교했다. 도출된 결과, 두 가지 아카이브 간 격차가 폭넓게 나타났다. 검색 대상을 〈뉴욕타임즈〉로 한 당시에는 두 가지 아카이브의 검색결과가 80%가 넘게 일치했지만, 발행부수가 많은 여덟 가지 신문들을 검색 대상으로 하자 61%만이 일치했다. 그들의 연구결과는 주어진 토픽에 관한 이야기들을 찾고자 온라인 아카이브들을 이용하는 연구자들이 이 두 가지 데이터베이스들의 제한점을 인지해야 한다는 것을 시사한다.

자료 코딩에 사람 대신 한 가지 소프트웨어 프로그램을 활용을 해도 결점이 존재한다. 콘웨이(Conway, 2006)는 인간 코더들의 도출 결과들과 컴퓨터 코딩 결과들을 비교했고, 소프트웨어 프로그램이 단순작업(예, 단어 집계)에서는 더 우수했으나 보다 미묘한 코딩 작업에 있어서는 사람들이 더 우수했다는 것을 발견했다.

또 다른 도전은 인터넷의 유동성에 관한 것이다. 매 시간 새로운 사이트가 더해지

자세히 보기 〉〉 개요 vs. 전문

텔레비전 뉴스 내용분석으로 가장 잘 알려진 자료원 중 하나는 밴더빌트(Vanderbilt) 텔레비전 뉴스 아카이브이다. 주요 네트워크 뉴스 방송을 저장된 버전으로 수집할 뿐만 아니라 아카이브는 특별한 기사를 찾으려는 연구자를 돕기 위해 개요(abstracts)를 제공한다. 많은 연구자들은 비디오테이프의 대용품으로 이러한 개요를 이용하며, 개요가 테이프로 기록된 모든 기사 내용을 정확히 담고 있다고 여긴다. 그러나 이러한 추측이 모든 경우에 적용되는 것은 아니다.

알도우스와 동료들(Althaus, Edy, & Phalen, 2002)은 같은 기사에 대한 밴더빌트 아카이브의 전문과 개요 내용을 비교하기 위해 걸프전쟁 보도를 분석하였다. 그들은 개요가 몇몇 영역에서 만큼은 충분히 전문을 대체할 수 있음을 발견하였다. 예를 들어, 연구자들은 종종 뉴스의 정보원에 대해 관심을 갖는다. 전문을 비교했을 때, 개요도 뉴스방송 중 뉴스 정보원의 정확한 이미지를 제공해주었다. 그러나 뉴스 정보원의 지위는 개요와 전문 간의 큰 차이를 보여주었다.

일례로 개요에만 의존한 연구자는 분석을 통해 외교부의 44%만이 협상을 통한 갈등의 해결을 선호한다는 사실을 제시하였다. 그러나 전문분석에서는 외교부의 85%가 그 같은 전략을 선호하는 것으로 나타났다. 약 40%의 차이가 난다.

요약하면, 저자들이 보기에는 특정 기록의 목적으로 쓰인 밴더빌트 아카이브의 개요는 내용분석을 필요로 하는 연구자들에게는 부합하지 않는 것 같다. 비록 그 개요들이 일반적으로 다루는 주제가 무엇인가를 설명하기에는 충분할지 모르지만 좀 더 세부적인 항목들을 분석하는 데는 적합하지 않을 수도 있다.

고 삭제되며 현존 사이트 내용도 끊임없이 변화하고 있다. 4월에 수행된 내용분석과 5월에 분석된 내용의 결과는 같지 않다. 연구자들은 코더들이 동일재료들을 조사할 수 있도록 관련 페이지들의 복사가 가능한 프로그램들(예: 웹샷WebShot이나 웹페이지 썸네일Webpage Tumbnail)을 이용할 수 있다. 결국, 분석단위를 결정할 때에는 난제에 봉착하는 경우가 많다. 홈페이지를 분석단위로 삼을 것인가 아니면 전체 웹사이트를 단위로 할 것인가? 사이트에 따라서는 다른 사이트보다 더 많은 웹페이지를 보유하는 경우도 있다. 이것이 편견을 가져오는 것은 아닌가? 다른 사이트로의 링크도 포함시켜야 하는가? 맥밀란(McMillan, 2000)은 웹 대상 내용분석을 수행하면서 당면하는 이런 문제들 및 기타 문제들을 논의한다.

요약

내용분석은 매스미디어 연구에서 매우 인기 있는 연구방법이다. 실험실과 서베이 연구들이 따르는 여러 연구 단계들이 내용분석에서도 같이 적용된다. 특히 표집절차는 객관적이고 치밀해야 하며 조작적 정의를 내리는 것도 필수적이다. 분석유목은 신뢰할만하고, 상호배타적이며, 모든 경우의 수를 망라해야 한다.

코더들은 정확한 자료수집을 위해 주의 깊게 훈련되어야 한다. 그러나 내용분석을 해석할 때는 더 많은 주의를 기울여야 한다. 수용자 조사를 수반하지 않고 단지 메시지 분석만을 가지고 미디어 내용의 효과 여부를 주장할 수는 없다. 내용분석은 적합한 수준의 코더 간 신뢰도와 타당도를 확보해야만 한다. 인터넷은 내용분석 영역에 새로운 기회와 도전의 장을 마련해주고 있다.

핵심용어

망라성(exhaustivity)

모집단(universe)

발현적 코딩(emergent coding)

배양분석(cultivation analysis)

복합 1주간(composite week)

분석단위(unit of analysis)

상호배타적(mutually exclusive)

선험적 코딩(a priori coding)

스코트의 파이(Scott's pi)

코더 간 신뢰도(intercoder reliability)

코딩(coding)

인터넷 활용하기

이 장의 토픽들에 대한 정보를 더 원하면 인터넷에서 "내용분석 사례들", "코더 간 신뢰도", "분석단위" 및 "코헨의 카파"를 검색해보자.

1. 내용분석에 대한 훌륭한 개괄은 다음 사이트에서 볼 수 있다. http://writing.colostate.edu/gudies/research/conent/pop2a.cfm
2. http://academic.csuohio.edu/kneuendorf/content/index.htm는 뉘엔도르프의 내용분석 안내서의 부속 웹사이트다. 이곳에서 도서목록, 관련 사이트에 대한 링크 및 코딩 재료의 예 등을 볼 수 있다.
3. 비디오 내용 코딩에 대한 정보는 www.videoanalysis.org/에서 볼 수 있다.
4. 코더 간 신뢰도에 대한 주도면밀한 논의는 다음 사이트를 방문해서 접할 수 있다. http://astro.temple.edu/~lombard/reliability/

생각해볼 문제

1. 다음 주제들의 내용분석에 이용할 수 있는 분석단위를 정의하여 보자.
   a. TV 프로그램에서 제시한 문제해결 방식
   b. 일간지와 주간신문의 뉴스 강조점
   c. 유행가 가사에 나타난 가치의 변화
   d. 신문만화에 등장하는 여성의 역할
   e. 인터넷 블로그의 내용
2. 질문 1에 예시된 주제를 연구하는 데 알맞은 표본선정 절차를 각각 제시하여 보자.
3. 수용자 조사를 위한 예비연구용 내용분석을 2개 정도 실시해보자.
4. 다음에 열거한 주제 중에서 하나를 골라 간단하게 내용분석을 시도해보자(본인 외한 사람을 더 훈련시켜 본인이 만든 유목체계를 이용하여 독자적으로 코딩하도록 해보자).
   a. 두 TV 방송국의 지역 뉴스의 유사점과 차이점
   b. 선정한 5년 기간 동안 영화주제의 변화
   c. 네트워크 TV에서의 노년층 묘사
5. 질문 4에서 선택한 문제를 이용하여 두 사람의 코더가 점수를 낸 항목들을 대상으로 신뢰도 계수를 계산해보자.

이에 대한 추가적인 정보는 www.wimmerdominick.com이나 www.cengagebrain.com에서 찾아보자.

참고문헌 및 권유문헌

Althaus, S., Edy, J., & Phalen, P. (2002). Using the Vanderbilt Television News Archives to track broadcast news content. *Journal of Broadcasting & Electronic Media*, 46(3), 473–492.

Aubrey, J., & Frisby, C. (2011). Sexual objectification in music videos: A content analysis comparing gender and genre. *Mass Communication and Society*, 14(4), 475–501.

Berelson, B. (1952). *Content analysis in communication research*. New York, NY: Free Press.

Blank, D. (1977). The Gerbner violence profile. *Journal of Broadcasting*, 21, 273–279.

Borzekowski, D., Schenk, S., Wilson, J., & Peebles, R. (2010). e-Ana and e-Mia: A content analysis of proeating disorder websites. *American Journal of Public Health*, 100(8), 1526–1534.

Bramlett-Solomon, S., & Subramanian, G. (1999). Nowhere near picture perfect: Images of the elderly in *Life* and *Ebony* magazines, 1990–1997. *Journalism and Mass Communication Quarterly*, 76(3), 565–572.

Brown, S. (1998, April 20). Television violence stays constant. *Broadcasting & Cable*, p. 20.

Burgess, M., Dill, K., Stermer, P., Burgess, S., & Brown, B. (2011). Playing with prejudice: The prevalence and consequence of racial stereotypes in video games. *Media Psychology*, 14(3), 289–311.

Busselle, R., & Crandall, H. (2002). Television viewing and perceptions of traditional Chinese values among Chinese college students. *Journal of Broadcasting & Electronic Media*, 46(2), 265–282.

Callister, M., Stern, L., Coyne, S., Robinson, T., & Bennion, E. (2011). Evaluation of sexual content in teen-centered films from 1980 to 2007. *Mass Communication and Society*, 14(4), 454–474.

Carlyle, K., Slater, M., & Chakroff, J. (2008). Newspaper coverage of intimate partner violence: Skewing representations of risk. *Journal of Communication*, 58(1), 168–186.

Chan-Olmstead, S. M., & Park, J. S. (2000). From onair to online world: Examining the content and structures of broadcast TV stations' websites. *Journalism & Mass Communication Quarterly*, 77(2), 321–339.

Chang, W. (1975). A typology study of movie critics. *Journalism Quarterly*, 52(4), 721–725.

Chew, C., & Eysenbach, G. (2010). Pandemics in the age of Twitter: Content analysis of tweets during the 2009 H1N1 outbreak. *PLoS One*, 5(11), 1–13.

Cho, S. (2007). TV news coverage of plastic surgery, 1972–2004. *Journalism & Mass Communication Quarterly*, 84(1), 75–89.

Cho, S., & Huh, J. (2007). Corporate blogs as a public relations tool. Conference paper presented to the International Communication Association, San Francisco, CA, May 2007.

Cho, H., & Lacy, S. (2000). International conflict coverage in Japanese local daily newspapers. *Journalism & Mass Communication Quarterly*, 77(4), 830–845.

Clarke, D., & Blankenburg, W. (1972). Trends in violent content in selected mass media. In G. Comstock & E. Rubinstein (Eds.), *Television and social behavior: Media content and control* (188–243). Washington, DC: U.S. Government Printing Office.

Cohen, J. (1960). A coefficient of agreement for nominal scales. *Educational and Psychological Measurement*, 20(1), 37–46.

Connolly-Ahern, C., Ahern, L., & Bortree, D. (2009). The effectiveness of stratified constructed week sampling for content analysis of electronic news source archives. *Journalism & Mass Communication Quarterly*, 86(4), 862–883.

Conway, M. (2006). The subjective precision of computers: A methodological comparison with human coding in content analysis. *Journalism & Mass Communication Quarterly*, 83(1), 186–200.

Cooper, R., Potter, W. J., & Dupagne, M. (1994). A status report on methods used in mass communication research. *Journalism Educator*, 48(4), 54–61.

Coyne, S., & Whitehead, E. (2008). Indirect aggression in animated Disney films. *Journal of Communication*, 58(2), 382–395.

Davis, F. (1951). Crime news in Colorado newspapers. *American Journal of Sociology*, 57, 325–330.

Dixon, T., Azocar, C., & Casas, M. (2003). The portrayal of race and crime on television network news. *Journal of Broadcasting & Electronic Media*, 47(4), 498–523.

Dixon, T., Schell, T., Giles, H., & Drogus, K. (2008). The influence of race in police-civilian interactions. *Journal of Communication*, 58(3), 530–549.

Dominick, J. (1977). Geographic bias in national TV news. *Journal of Communication*, 27, 94–99.

Dovring, K. (1954). Quantitative semantics in 18th century Sweden. *Public Opinion Quarterly*, 18(4), 389–394.

Dudo, A., Dunwoody, S., & Scheufele, D. (2011). The emergence of nana news: Tracking thematic trends and changes in U.S. newspaper coverage of nanotechnology. *Journalism & Mass Communication Quarterly*, 88(1), 55–75.

Duman, S., & Locher, M. (2008). An analysis of the conversation metaphor employed in Clinton's and Obama's YouTube campaign clips. *Multilingua*, 27(3), 193–231.

Evans, W. (2001). Mapping mainstream and fringe medicine on the Internet. *Science Communication*, 22(3), 292–300.

Entman, R. (1993). Framing: Toward clarification of a fractured paradigm. *Journal of Communication*, 43(4), 51–58.

Fernandes, J., Giurcanu, M., Bowers, K., & Neely, J. (2010). The writing on the wall: A content analysis of college students' Facebook groups for the 2008 presidential election. *Mass Communication and Society*, 13(5), 653–675.

Fitzgerald,M. (2010). Evolutionary stages ofminorities in themassmedia. *Howard Journal of Communications*, 21(4), 367–384.

Fleiss, J. L. (1971). Measuring nominal scale agreement among many raters. *Psychological Bulletin*, 76, 378–382.

Gerbner, G. (1969). The television world of violence. In D. Lange, R. Baker, & S. Ball (Eds.), *Mass media and violence* (311–339). Washington, DC: U.S. Government Printing Office.

Gerbner, G., Gross, L., Jackson-Beeck,M., Jeffries-Fox, S., & Signorielli, N. (1977). One more time: An analysis of the CBS "Final Comments on the Violence Profile." *Journal of Broadcasting*, 21, 297–304.

Gerbner, G., Gross, L., Signorielli, N., Morgan, M., & Jackson-Beeck, M. (1979). The demonstration of power: Violence profile no. 10. *Journal of Communication*, 29(3), 177–196.

Gerbner, G., Holsti, O., Krippendorf, K., Paisley, W., & Stone, P. (1969). *The analysis of communication content*. New York, NY: John Wiley.

Ginossar, T. (2008). Online participation: A content analysis of differences in utilization of two online cancer communities by men, women, patients and family members. *Health Communication*, 23(1), 1–13.

Greenberg, B. (1989). On other perceptions toward message analysis. *American Behavioral Scientist*, 33(2), 183–186.

Greenberg, B. S., & Collette, L. (1997). The changing faces on TV. *Journal of Broadcasting & Electronic Media*, 41(1), 1–13.

Greenberg, B. S., & Worrell, T. (2007). New faces on television: A twelve-season replication. *Howard Journal of Communications*, 18(4), 277–290.

Greer, C., & Ferguson, D. (2011). Using Twitter for promotion and branding: A content analysis of local television Twitter sites. *Journal of Broadcasting & Elecronic Media*, 55(2), 198–214.

Haigh, M., & Heresco, A. (2010). Late-night Iraq: Monologue joke content and tone from 2003 to 2007. *Mass Communication and Society*, 13(2), 157–173.

Han, G., Chock, T., & Shoemaker, P. (2009). Issue familiarity and framing effects of online campaign coverage. *Journalism & Mass Communication Quarterly*, 86(4), 739–755.

Harmon, M., & Lee, S. (2010). A longitudinal study of U.S. network TV newscasts and strikes: Political economy on the picket line. *Journalism & Mass Communication Quarterly*, 87(3/4), 501–514.

Hatch, D., & Hatch, M. (1947). Criteria of social status as derived from marriage announcements in the New York Times. *American Sociological Review*, 12, 396–403.

Hennessee, J., & Nicholson, J. (1972, May 28). NOW says: TV commercials insult women. *New York Times Magazine*, 12–14.

Hester, J., & Dougall, E. (2007). The efficiency of constructed week sampling for content analysis of online news. *Journalism & Mass Communication Quarterly*, 84(4), 811–824.

Himelboim, I. (2010). The international network structure of news media: An analysis of hyperlink usage in news websites. *Journal of Broadcasting & Electronic Media*, 54(3), 373–390.

Hinkle, G., & Elliott, W. R. (1989). Science coverage in three newspapers and three supermarket tabloids. *Journalism Quarterly*, 66(2), 353–358.

Holsti, O. (1969). *Content analysis for the social sciences and humanities*. Reading, MA: Addison-Wesley.

Ivory, J. (2006). Still a man's game: Gender representation in online reviews of video games. *Mass Communication and Society*, 9(1), 103–114.

Ivory, J., Williams, D., Martins, N., & Consalvo, M. (2009). Good clean fun? A content analysis of profanity in video games and its prevalence across game systems and ratings. *CyberPsychology & Behavior*, 12(10), 1–4.

Jensen, J., Moriarty, C., Hurley, R., & Stryker, J. (2010). Making sense of cancer news coverage trends: A comparison of three comprehensive content analyses. *Journal of Health Communication*, 15(2), 136–151.

Jha, S. (2007). Exploring Internet influence on the coverage of social protest. *Journalism & Mass Communication Quarterly*, 84(1), 40–57.

Kamhawi, K., & Weaver, D. (2003). Mass communication research trends from 1980 to 1999. *Journalism & Mass Communication Quarterly*, 80(1), 7–27.

Karlsson, M., & Sromback, J. (2010). Freezing the flow of online news. *Journalism Studies*, 11(1), 2–19.

Kaye, B., & Sapolsky, B. (2009). Taboo or not taboo? Offensive language on prime-time broadcast and cable programming. *Journal of Broadcasting & Electronic Media*, 53(1), 22–37.

Kepplinger, H. M. (1989). Content analysis and reception analysis. *American Behavioral Scientist*, 33(2), 175–182.

Kerlinger, F. N. (2000). *Foundations of behavioral research* (4th ed.). New York, NY: Holt, Rinehart & Winston.

Kerr, P., & Moy, P. (2002). Newspaper coverage of fundamentalist Christians, 1980–2000. *Journalism & Mass Communication Quarterly*, 79(1), 54–72.

Kilem, G. (2002). Statistical methods for inter-rater reliability assessment, no. 1. Retrieved from *http://agreestat.com/research_papers/kappa_statistic_is_not_satisfactory.pdf*

Kim, S., Scheufele, D., & Shanahan, J. (2002). Think about it this way: Attribute agenda-setting function of the press and the public's evaluation of a local issue. *Journalism & Mass Communication Quarterly*, 79(1), 7–23.

Kim, S., Carvalho, J., & Davis, A. (2010). Talking about poverty: News framing of who is responsible for causing and fixing the problem. *Journalism & Mass Communication Quarterly*, 87(3/4), 563–581.

Kolek, E., & Saunders, D. (2008). Online disclosure: An empirical examination of undergraduate Facebook profiles. *NASPA Journal*, 45(1), 1–25.

Krippendorf, K. (1980). *Content analysis: An introduction to its methodology*. Beverly Hills, CA: Sage Publications.

Krippendorf, K. (2004). Reliability in content analysis. *Human Communication Research*, 30(3), 411–433.

Lachlan, K., Smith, S., & Tamborini, R. (2005). Models for aggressive behavior: The attributes of violent characters in popular video games. *Communication Studies*, 56(4), 313–329.

Lacy, S., & Riffe, D. (1996). Sampling error and selecting intercoder reliability samples for nominal content categories. *Journalism & Mass Communication Quarterly*, 73(4), 963–973.

Lacy, S., Robinson, K., & Riffe, D. (1995). Sample size in content analysis of weekly newspapers. *Journalism & Mass Communication Quarterly*, 72(2), 336–345.

Lauzen, M. M., & Dozier, D. D. (1999). Making a difference in prime time: Women on screen and behind the screen in the 1994–1995 television season. *Journal of Broadcasting & Electronic Media*, 43(1), 1–19.

Lauzen, M., Dozier, D., & Horan, N. (2008). Constructing gender stereotypes through social roles in prime-time television. *Journal of Broadcasting & Electronic Media*, 52(2), 200–214.

Littleton, C. (1995, September 25). Violence study finds promising signs. *Broadcasting and Cable*, 20.

Lombard, M., Snyder-Duch, J., & Bracken, C. (2002). Content analysis in mass communication. *Human Communication Research*, 28(4), 587–604.

Lorr, M., & McNair, D. (1966). Methods relating to evaluation of therapeutic outcome. In L. Gottschalk & A. Auerbach (Eds.), *Methods of research in psychotherapy* (573–594). Englewood Cliffs, NJ: Prentice Hall.

Lowry, D., & Naser, M. (2010). From Eisenhower to Obama: Lexical characteristics of winning versus losing presidential campaign commercials. *Journalism & Mass Communication Quarterly*, 87(3/4), 530–547.

Martins, N., Williams, D., Harrison, K., & Ratan, R. (2009). A content analysis of female body imagery in video games. *Sex Roles*. Retrieved from *http://dmitriwilliams.com/femalebodies.pdf*

Matthes, J. (2009). What's in a frame? A content analysis of media framing studies in the world's leading communication journals, 1995–2005. *Journalism &Mass Communication Quarterly*, 86(2), 349–367.

Maier, S. (2010). All the news fit to post? Comparing news content on the web to newspapers, television and radio. *Journalism & Mass Communication Quarterly*, 87(3/4), 548–562.

Manganello, J., Henderson, V., Jordan, A., Trentacoste, N., Martin, S., Hennessy, M., & Fishbein, M. (2010). Adolescent judgment of sexual content on television: Implications for future content analysis research. *Journal of Sex Research*, 47(4), 364–373.

Martindale, C., & McKenzie, D. (1995). On the utility of content analysis in author attribution. *Computers and the Humanities*, 29(4), 259–270.

Mastro, D., & Ortiz, M. (2008). A content analysis of social groups in prime-time Spanish-language television. *Journal of Broadcasting & Electronic Media*, 52(1), 101–118.

McMillan, S. J. (2000). The microscope and the moving target: The challenge of applying content analysis to the World Wide Web. *Journalism & Mass Communication Quarterly*, 77(1), 80–98.

Moore, E., & Rideout, V. (2007). *Ready, set, play: A content analysis of online food advertising to children*. Conference paper presented to International Communication Association, San Francisco, CA,May 2007.

Morris, R. (1994). Computerized content analysis in management research. *Journal of Management*, 20(4), 903–931.

Mutz, D., & Nir, L. (2010). Not necessarily the news: Does fictional television influence real-world policy preferences? *Mass Communication and Society*, 13(2), 196–217.

Neuendorf, K. (2002). *The content analysis guidebook*. Thousand Oaks, CA: Sage.

Poindexter, P., Smith, L., & Heider, D. (2003). Race and ethnicity in local television news: Framing, story assignments, and source selections. *Journal of Broadcasting & Electronic Media*, 47(4), 524–536.

Potter, R. (2002). Give the people what they want: A content analysis of FM radio station home pages. *Journal of Broadcasting & Electronic Media*, 46(3), 369–384.

Riffe, D., Aust, C., & Lacy, S. (1993). The effectiveness of random, consecutive day and constructed week sampling in newspaper content analysis. *Journalism Quarterly*, 70(1), 133–139.

Riffe, D., & Freitag, A. (1997). A content analysis of content analyses: Twenty-five years of Journalism Quarterly. *Journalism & Mass Communication Quarterly*, 74(3), 515–524.

Riffe, D., Lacy, S., & Drager, M. W. (1996). Sample size in content analysis of weekly news magazines. *Journalism & Mass Communication Quarterly*, 73(3), 635–644.

Riffe, D., Lacy, S., & Fico, F. G. (2005). *Analyzing media messages*. Mahwah, NJ: Lawrence Erlbaum.

Riffe, D., Lacy, S., Nagovan, J., & Burkum, L. (1996). The effectiveness of simple and stratified random sampling in broadcast news content analysis. *Journalism & Mass Communication Quarterly*, 73(1), 159–168.

Robinson, T., Callister, M., Clark, B., & Phillips, J. (2009). Violence, sexuality, and gender stereotyping: A content analysis of official video game websites. *Web Journal of Mass Communication*, 13 (February).

Sapolsky, B., Molitor, F., & Luque, S. (2003). Sex and violence in slasher films: Re-examining the assumptions. *Journalism & Mass Communication Quarterly*, 80(1), 28–38.

Schaefer, R., & Martinez, T. (2009). Trends in network news editing strategies from 1969 through 2005. *Journal of Broadcasting & Electronic Media*, 53(3), 347–364.

Scharrer, E. (2001). From wise to foolish: The portrayal of the sitcom father, 1950s–1990s. *Journal of Broadcasting & Electronic Media*, 45(1), 23–40.

Schwartz, J., & Andsager, J. (2011). Four decades of images in gay male-targeted magazines. *Journalism & Mass Communication Quarterly*, 88(1), 76–98.

Scott, W. (1955). Reliability of content analysis: The case of nominal scale coding. *Public Opinion Quarterly*, 17, 321–325.

Signorielli, N., McLeod, D., & Healy, E. (1994). Gender stereotypes in MTV commercials. *Journal of Broadcasting & Electronic Media*, 38(1), 91–101.

Smith, S., & Boyson, A. (2002). Violence in music videos: Examining the prevalence and content of physical aggression. *Journal of Communication*, 52(1), 61–83.

Stempel, G. H. (1952). Sample size for classifying subject matter in dailies. *Journalism Quarterly*, 29, 333–334.

Stempel, G. H. (1989). Content analysis. In G. H. Stempel & B. H. Westley (Eds.), *Research methods in mass communications* (132–143). Englewood Cliffs, NJ: Prentice Hall.

Stempel, G. H., & Stewart, R. K. (2000). The Internet provides both opportunities and challenges for mass communication researchers. *Journalism & Mass Communication Quarterly*, 77(3), 549–560.

Stryker, J., Wray, R., Hornik, R., & Yanovitzky, I. (2006). Validation of database search terms for content analysis. *Journalism & Mass Communication Quarterly*, 83(2), 381–396.

Sweetser, K., Golan, G., & Wanta, W. (2008). Intermedia agenda setting in television, advertising, and blogs during the 2004 election. *Mass Communication and Society*, 11(2), 197–216.

Tannenbaum, P. (1962). Sensationalism: Some objective message correlates. *Journalism Quarterly*, 39, 317–323.

Tannenbaum, P., & Lynch, M. (1960). Sensationalism: The concept and its measurement. *Journalism Quarterly*, 37, 381–392.

Walizer, M. H., & Wienir, P. L. (1978). *Research methods and analysis: Searching for relationships*. New York, NY: Harper & Row.

Wang, X., & Riffe, D. (2010). An exploration of sample sizes for content analysis of the New York Times website. *Web Journal of Mass Communication Research*, 20 (May).

Warren, R., Wicks, R., Wicks, J., Fosu, I., & Chung, D. (2008). Food and beverage advertising on U.S. television: A comparison of child-targeted versus general audience commercials. *Journal of Broadcasting & Electronic Media*, 52(2), 231–246.

Weaver, D., & Bimber, B. (2008). Finding news stories: A comparison of searches using LexisNexis and Google News. *Journalism & Mass Communication Quarterly*, 85(3), 515–553.

Whitney, D. C., Fritzler, M., Jones, S., Mazzarella, S., & Rakow, L. (1989). Source and geographic bias in network television news: 1982–1984. *Journal of Broadcasting & Electronic Media*, 33(2), 159–174.

Wilhoit, G., & Sherrill, K. (1968). Wire service visibility of U.S. senators. *Journalism Quarterly*, 45, 42–48.

Williams, D., Martins, N., Consalvo, M., & Ivory, J. (2009). The virtual census: Representation of gender, race and age in video games. *New Media & Society*, 11(5), 815–834.

Wise, D., & Brewer, P. (2010). Competing frames for a public health issue and their effects on public opinion. *Mass Communication and Society*, 13(4), 435–457.

Wu, H., & Bechtel, A. (2002). Website use and news topic and type. *Journalism & Mass Communication Quarterly*, 79(1), 73–86.

Yan, T. (2008). Cultural variance in corporate presentations. *Human Communication*, 11(4), 483–485.

Yu, J., King, K., & Yoon, H. (2010). How much are health websites influenced by culture? Content analysis of online diet programs in the United States, United Kingdom and Korea. *Journal of Promotion Management*, 16(3), 331–359.

Yule, G. (1944). *The statistical study of literary vocabulary*. Cambridge, England: Cambridge University Press.

Zeldes, G., Fico, F., & Lacy, S. (2008). Context and sources in broadcast television coverage of the 2004 Democratic primary. *Mass Communication and Society*, 11(3), 340–357.

7장 서베이 연구

수용자(audience) **대상 서베이**와 **소비자**(consumer) **대상 서베이**는 모든 영역에서 보편적으로 활용되고 있다. 인터넷을 통해 이 용어들을 검색해보면 그 활용도가 어느 정도인지 금방 알 수 있다. 기업의 정책 결정자, 소비자 단체는 물론 정치인 및 미디어기업들도 서베이 결과를 일상적인 과정의 일부로써 이용한다. 이렇듯 서베이를 이용하는 사례가 늘어나면서 서베이를 실시하고 결과를 보고하는 방식에도 여러 변화들이 생기고 있다. 아직도 충분하지는 않지만 그래도 표본 선정, 설문지 구성 및 오차율(error rates) 등에 더 많은 관심을 기울이고 있다.

서베이 연구는 면밀한 계획과 실행을 요구하며 광범위하고 다양한 문제점들을 고려해야 한다. 이 장은 서베이 연구의 기본 내용을 소개하는 데 목적이 있다.

01 기술적 서베이와 분석적 서베이

서베이에는 두 가지 주요 유형, 즉 기술적 서베이와 분석적 서베이가 있다. **기술적 서베이**(descriptive survey)란 현재의 조건이나 태도가 어떤 것인지를 나타내거나 기록하려는 것, 다시 말해 현존하는 것을 '기술'하기 위한 것이다. 예를 들어 미국 정부기구인 노동부는 정기적으로 미국 내 실업 현황에 대한 서베이를 실시한다. 전문적인 여론조사원들은 유권자들을 대상으로 서베이를 통해 입후보자에 대한 의견이나 선거운동의 쟁점들이 무엇인가를 알아낸다. 또한 방송사들은 시청자대상 서베이를 지속적으로 실시해서 시청자들의 프로그램에 대한 선호도, 가치관의 변화 및 생활양식의 변화 등을 알아내고 이를 프로그램 제작에 반영한다. 이렇듯 기술적 서베이 연구자들의 관심은 해당 분야의 현재 상황이 어떠한지를 알아보려는 데 있다.

반면 **분석적 서베이**(analytical survey)는 특정 상황이 '왜' 그렇게 되어 있는가를 기술하고 설명하려는 것이다. 이 접근에서는 보통 연구문제나 연구가설을 검증하기 위해 두 가지 이상의 변인들이 연구된다. 이렇게 해서 결과가 나오면 연구자들은 변인들 사이에 어떤 상관관계가 있는가를 연구하고 추론한다. 가령 TV방송국 소유주들은 서베이를 통해 시청자들의 생활양식이 시청습관에 어떠한 영향을 미치는가를 알아보기도 하고 또 시청자들의 생활양식이라는 변인을 신디케이트 프로그램의 성공 가능성 여부를 예측하는 데 이용할지 여부도 결정한다. TV 네트워크 방송사들은 매년 광범위한 규모의 서베이를 실시하여 일반 대중들의 기호나 욕구가 어떻게 변화하는지 그리고 이 같은 변화가 이들 3대 상업방송네트워크에 대한 시청자들의 인식과 어떠한 관련이 있는가를 연구한다.

02 서베이 연구의 장 · 단점

서베이는 다음의 여러 가지 장점을 갖고 있다.

① 서베이는 연구문제를 현실 환경에서 연구할 수 있다는 것이다. 즉 신문구독, TV 시청 및 소비자 행동의 유형을 인위적인 실험실이 아닌 일상생활 현장에서 연구한다.

② 서베이 조사에 드는 비용은 수집되는 정보량을 고려해볼 때 그리 비싸지 않다(온라인 서베이는 무료인 경우도 있다). 연구자는 주로 다섯 가지 방식, 즉 우편, 전화, 개인 면접, 집단기입 서베이 및 인터넷 서베이 방식 중에서 하나를 선택함으로써, 들어가는 비용을 조정할 수 있다.

③ 많은 양의 자료를 비교적 손쉽게 다양한 사람들로부터 수집할 수 있다는 것이다. 서베이 기법을 활용함으로써 연구자는 많은 변인들(인구학적 속성 및 생활양식에 관한 정보, 태도, 동기, 의도 등)을 연구할 수 있으며, 수집된 자료를 분석하는 데도

다양한 통계방법을 이용할 수 있다.

④ 서베이는 지리적 제한을 받지 않는다. 어느 곳에서든지 연구가 가능하다.

⑤ 서베이는 연구에 도움이 되는 기존 자료들이 많기 때문에 매우 유용하게 이용할 수 있다. 자료 아카이브, 정부 문서, 전수조사 자료, 라디오와 TV 시청률 자료, 선거인 명부 등이 정보를 수집하는 '1차' 자료 또는 '2차' 자료(부수자료)로 이용될 수 있다. 아카이브 자료를 이용하면 설문지를 새로 만들거나 개별 응답자를 접촉하지 않고서도 서베이를 할 수 있다. 장점에 대해 더 많은 정보가 필요하다면 인터넷으로 서베이 연구의 장점을 검색해보기 바란다.

서베이 연구가 다른 접근들에 비해 많은 장점을 갖고 있지만 그렇다고 해서 완벽한 연구방법론이라고는 할 수 없다.

① 가장 중요한 단점은 독립변인을 실험실 내에서처럼 조작할 수가 없다는 점이다. 독립변인의 변화를 통제할 수 없으면 연구자는 독립변인과 종속변인 사이의 관계가 인과적인 것인지 아닌지를 확인할 수가 없다. 다시 말해 서베이는 A와 B가 관련되어 있음을 밝힐 수는 있으나 서베이 결과만을 가지고 A가 B의 원인이라고 결정하는 것은 불가능하다. 많은 중개변인과 가외변인이 개입되기 때문에 인과성을 입증하는 것이 어렵다. 시계열 연구(time series studies)가 이러한 문제를 보완해줄 수 있다.

② 설문의 표현방식이나 문항의 배열이 결과를 왜곡시킬 수 있다. 설문은 적절한 정보를 명확하게 이끌어내도록 작성되고 배치되어야만 한다. 이 점에 대해서는 이 장의 후반부에서 다시 논의하기로 한다.

③ 서베이 대상에 잘못된 응답자가 포함될 수 있다. 예를 들어 전화 면접에서 응답자 본인이 18~24세 사이의 나이라고 말한다고 할지라도 실제로는 30세 이상일 수도 있다. 우편 서베이나 인터넷 서베이의 경우 부모가 대상인 설문지를 어린 자녀가 완성할 수도 있다.

④ 서베이 실행이 점차 어려워지고 있다. 전화 서베이가 특히 그런데 자동응답기가 설치되어 있는 경우와 전화 건 사람의 신분을 밝혀야만 되는 경우 그리고 응답자가 전화 면접에 참여하기를 원치 않는 경우 등이 여기에 해당한다. 텔레마케터, 즉 전화통신판매원이 늘어나면서 매스미디어 조사 실행이 더욱 어려워지고 있다. 많은 사람들이 면접에 응하면 혹시 무엇인가를 판매하려고 시도하는 것이 아닌가 하는 두려움을 갖게 되어 합법적인 연구임에도 불구하고 참여하기를 꺼려한다.

이러한 문제점들에도 불구하고 서베이를 활용하면 유용하고 신뢰할 만한 정보를 얻을 수 있다. 서베이 방법은 특히 수용자와 열독률에 관한 정보 수집에 유용하다.

이 장의 나머지 부분에서는 서베이 설계의 다양한 측면을 논의한다. 그 논의는 대부분 우편 서베이, 전화 서베이, 개인 면접 서베이, 집단기입 서베이 및 인터넷 서베이와 같은 서베이의 모든 유형에 관한 것이다.

03 설문의 구성

대부분 관련된 설문만 마련하면 서베이 설계는 끝난다고 단순하게 생각할지 모르지만 실제로는 많은 일들이 개입된다. 서베이 설문을 잘 설계하려면 다음의 다섯 가지 사항을 고려해야 한다.

- 연구자는 관련된 설문들만 포함되도록 하기 위해서 연구목적이 무엇인지를 이해하고 있어야 한다.
- 설문은 분명하며 모호하지 않아야 한다.
- 응답자가 무엇을 해야 하는지 알 수 있도록 정확히 제시해주어야 한다.
- 응답자들이 그들에게 주어진 설문을 쉽게 이해할 것이라고 가정하지 말아야 한다.
- 설문의 전개와 순서는 어떤 사항을 설명하기 위한 체계는 간결해야 한다는 '오컴의 면도날(Ockham's Razor)' 원리를 따라야 한다.

설문지 설계가 어떤 특성을 지니는가는 어떤 자료수집 방법을 선택하느냐에 달려 있다. **우편 서베이**에서는 응답자가 연구자에게 질문을 할 수 없기 때문에 설문이 읽기 쉽고 이해하기가 쉬워야 한다. **전화 서베이**에서는 응답하기에 너무 긴 설문이나 너무 많은 설문항목을 이용해서는 안 된다. 왜냐하면 응답자는 설문에 응하면서 설문자, 즉 면접원이 마지막 항목을 읽어 줄 때쯤이면 맨 먼저 읽어준 항목을 잊어버릴 수도 있기 때문이다. **집단기입 서베이**에서 설문은 경우에는 응답자들이 답하기에 간결하고 쉬워야 한다. **개인 면접 서베이**에서는 면접원이 응답자와 함께 있다는 사실이 응답자로 하여금 대답을 주저하게 할지도 모른다. 그러므로 면접원은 민감한 설문과 개인적인 설문에는 더욱 주의해야 한다(이 절차에 대해서는 이 장의 뒷부분에서 더 자세히 논의될 것이다).

설문을 설계할 때 항상 연구의 목적이 반영되도록 해야 한다. 정치 캠페인 기간 중의 미디어 이용과 같은 복합적 연구주제는 라디오 방송국이나 잡지의 선호도를 알기 위한 단순 설문보다는 더 상세한 설문들이 필요하다. 이와 같이 연구의 기본 목적에 따라 설문 설계에 차이가 있을 수 있으나 설문지 상의 언어나 설문 순서 또는 설문의 길이를 정하는 데에 지켜야 할 몇 가지 일반적인 지침이 있다.

1) 설문의 종류

서베이의 설문은 기본적으로 개방형과 폐쇄형의 두 종류로 나눌 수 있다. **개방형 설문**(open-ended question)은 응답자가 설문에 대해 자기 의견을 자유롭게 개진하도록 마련된 것이다. 예를 들면,

> 당신이 좋아하는 라디오 방송국이 어떤 점을 개선한다면 그 방송국의 방송을 더 자주 청취하겠습니까?
>
> ____
>
> ____
>
> 당신은 어떤 유형의 TV 프로그램 시청을 좋아하십니까?
>
> ____
>
> ____
>
> 당신은 왜 〈데일리 레코드(Daily Record)〉를 구독하십니까?
>
> ____
>
> ____

위의 예들과 같이 개방형 설문은 응답자가 자유롭게 설문에 답할 수 있으며, 심층적인 응답을 얻을 수 있다. 더 나아가 연구자들에게 "특별히 그 같은 대답을 하신 이유는 무엇입니까?" 라든가 "좀 더 자세히 설명을 해주시겠습니까?" 같은 설문을 부가적으로 할 수 있는 기회를 제공한다. 이 같은 유연성을 이용해서 면접원은 응답자의 답변 이면에 깔려 있는 감정이나 동기에 대한 정보를 수집할 수가 있다.

또한 개방형 설문은 연구자가 설문지를 작성하면서는 예견하지 못했던 응답을 얻을 수 있는데 이런 응답이 다른 응답이나 변인과 관계가 있을 수도 있다. 예를 들어 "당신은 운전할 때, 주로 어느 라디오 방송국들에 주파수를 맞추어 놓고 프로그램을 듣습니까?"라는 설문에 대한 응답에서 지방 라디오 방송국 경영자라면 지방라디오 방송사들의 이름이 나오기를 기대할 것이다. 그러나 응답자로부터 "잘 모르겠습니다. 자동차

자세히 보기 〉〉 설문지 설계

학술용과 일반용 설문지 설계 간에는 큰 차이가 있다. 학술연구에는 보통, 부가적인 설명과 절차, 익명보장 등이 필요하다. 따라서 학술용 연구 프로젝트를 설계할 때에는 설계에 앞서 준수해야 할 규칙들이 무엇이지를 확실하게 하기 위해, 이 문제를 다루는 해당 학술위원회를 접촉하는 것이 매우 중요하다.

만약 당신이 대학 소속이라면 소속 대학에서는 인간 대상 연구를 수행함에 있어 준거가 되는 규칙이나 규제로 어떤 것들을 마련하고 있는지 알아보기 바란다.

딜러들이 방송사들을 이미 프로그램화시켜서요"와 같은 예기치 못한 대답을 들을 수도 있다. 이러한 응답은 지방 라디오 방송국 경영자로 하여금 그가 가지고 있었던 라디오 청취자들에 대한 기존의 인식을 재고하도록 만들 것이다.

마지막으로 개방형 설문은 본연구를 위한 예비연구에 특히 유용하다. 연구자들은 연구대상자에게서 어떠한 종류의 응답이 나올지 모르는 경우 개방형 설문을 이용하여 연구대상자들이 마음대로 대답할 수 있게 한다. 연구대상자로부터 얻어낸 일련의 응답들 가운데서 가장 자주 언급된 항목들을 골라서 이를 선다형 설문, 또는 강제선택형 설문에 포함시킬 수가 있다. 예비연구에서 개방형 설문을 사용하게 되면 모든 가능한 응답들이 최종적인 측정도구에 포함될 수 있으므로 시간과 자원이 절약된다. 설문이 적절하지 못하여 다시 분석을 해야 할 가능성을 크게 줄일 수 있기 때문이다.

개방형 설문의 단점은 응답의 정리 및 분석 소요 시간이 많다는 점이다. 그리고 면접원이 응답을 받아 적는 데 시간이 많이 걸린다. 더욱이 매우 다양한 답변이 나오기 때문에 이것들을 코딩이 가능하도록 유목화하기 위해서는 각 자유응답에 대한 내용분석이 잘 이루어져야 한다. 내용분석을 통해 응답유목을 만든 다음 개방형 설문들을 다시 폐쇄형 응답들로 환치시키는 작업을 해야 한다. 내용분석의 결과들은 개방형 설문들을 코딩할 지침서, 즉 **코드북**(codebook)를 만드는 데 이용한다. 그 코드북이 계량화된 응답 목록인 셈이다. 예를 들어 "나는 TV를 싫어한다"라는 응답은 컴퓨터에 숫자 5자로 코딩하는 것이다.

폐쇄형 설문(close-ended questions)의 경우 응답자는 연구자가 제시하는 일련의 응답들 가운데서 하나를 선택하게 된다.[역자주 1] 이런 유형의 설문은 응답의 통일성을 기할 수 있

역자주 1 학자에 따라서는 폐쇄형 설문을 '구조화된 설문(structured question)'이라고 하기도 한다.

유의사항

설문지에 등장하는 모든 설문에는 비록 그 설문이 매우 단순한 것이라 할지라도 "모르겠음/무응답" 형태의 응답을 포함시켜야 한다.

이 장의 여러 예에서 저자들은 지면을 아끼기 위하여 "모르겠음/무응답" 응답을 포함시키지 않았다. 그러나 실제 설문지에서는 언제나 "모르겠음/무응답"과 같은 유형의 응답(예: 의견 없음, 해당사항 없음 등)을 포함시키고 있다.

고 또한 응답을 쉽게 수량화할 수 있기 때문에 널리 이용되고 있다. 폐쇄형 설문의 가장 큰 단점은 연구자가 종종 일부 중요한 응답항목을 누락시킬 수 있다는 점이다. 응답자들은 본인들에게 제시된 보기 이외의 의견을 지니고 있을 수 있다. 이런 경우를 위해 '기타'라는 항목을 하나 더 만들어서 응답자들이 자신의 의견을 표현할 수 있는 기회를 주어야 한다. '기타' 항목의 답변은 개방형 응답처럼 처리한다. 즉 응답에 대한 내용분석을 통해 코드북을 만들어 처리한다. 예비연구(pilot study)나 설문에 대한 사전검사(pretest)를 통해 폐쇄형 설문들이 갖는 문제점들을 해결할 수 있다.

2) 개방형 설문의 해석상 문제

개방형 설문은 간혹 연구자들에게 당혹감을 안겨다 준다. 많은 경우 답변들이 엉뚱하기 때문이다. 때때로 응답자들은 설문을 전혀 이해하고 있지 못하거나 전혀 상관없는 답변을 하기도 한다. 경우에 따라서는 면접원들이 응답자들을 이해하기 어려울 때도 있다. 어떤 의도로 응답하는지를 잘 알아차리기 힘든 경우가 있다. 이 경우 연구자는 그런 응답들을 잘 해석해야 하며 어떤 코드, 즉 분석이 적합한지를 결정해야 한다.

다음의 사례는 실제 자기기입식(self-administred) 서베이와 전화 서베이로부터 얻어낸 실제 자유응답(**축어**(verbatims)라고 함)이다. 이 사례는 가장 잘 계획된 서베이 설문은 매우 광범위한 응답을 얻는다는 교훈을 우리에게 해준다. 그 서베이 설문은 "귀하가 좋아하

자세히 보기 〉〉 개방형 설문

면접자는 개방형 설문을 통해 응답자에게 추가적인 정보를 요구할 기회를 갖게 된다. 저자들의 경험으로 볼 때 면접자라면 응답자에게" 더 이야기할 것 없으시죠?" 또는 "그게 다지요?" 대신에, "그리고 또?"라고 물어야 한다. "그리고 또?"라는 식으로 접근하면, 응답자로서는 "(할 말이 더) 없는데요"라고 쉽게 말할 여지가 그만큼 줄어들게 된다.

는 라디오 방송국의 편성에 대해서 평소 어떤 의견을 갖고 계십니까?"라는 것이었다.

- 방송은 좋다. 그런데 특정인의 기호에만 초점을 맞추는 것 같다.
- 남편이 좋아해서 나도 들을 뿐이다.
- 나하고는 시간이 잘 맞지 않아 잘 듣지 않는다.
- 좋다. 이 도시에서 그 방송국의 바닥깔개가 가장 좋다.
- 그 방송은 좋다. 그러나 가끔은 나를 구역질나게 만든다.
- 내 앵무새가 말을 배우기 시작했는데 그 방송국이 많은 도움을 주고 있다.
- 아이들이 그 방송국을 싫어한다. 그래서 나는 볼륨을 최대한 크게 해서 듣는다.
- 차의 트렁크를 열어둔 채로 들으면 참 좋다.
- 지금 저녁 식사중이라서 답변하기 어렵다.

그리고 한 여자 응답자는 배우자의 직업을 묻는 설문에 엉뚱하게 '화살과녁판 기술자'라고 썼다. 이렇듯 서베이는 항상 쉬운 것은 아니다. 특히 위와 같이 응답을 해독하기 힘들 때는 더욱 쉽지 않다.

3) 설문 작성의 일반 원칙

설문들이 서베이에 적합한지 여부를 구체적으로 검토하기 전에 설문 작성 시 일반적으로 해야 할 일과 해서는 안 될 일을 제시하면 다음과 같다.

① 설문은 명확하게 할 것

이는 두말할 필요도 맞는 얘기이지만, 연구자들이 본인의 연구문제와 너무도 밀접하게 관계되어 있기 때문에 자신을 응답자의 입장에 서서 설문을 생각한다는 것이 쉬운 일은 아니다. 연구자들이 볼 때는 명백한 설문일지라도 설문에 답하는 사람들에게는 모호한 것일 수도 있다. 예를 들어 응답자가 가장 최근에 듣고 있는 라디오 방송이 어느 것인지를 알아본 후 "당신이 왜 최근 WXXX 방송을 듣지요?"라고 설문을 던지고 "음악을 매우 좋아해서요"와 같은 대답을 듣기를 기대했다고 하자. 그러나 응답자는 "내 라디오가 선택할 수 있는 라디오 채널이 오직 그 방송뿐이거든요"라고 말할 수도 있다. 만약 다음의 형식으로 묻는다면 그 설문은 응답자에게 더욱 분명해질 것이다. "지난 몇 달과 비교해볼 때 최근 들어 즐겨 듣는 라디오 방송이 있다면 말씀해주십시오." "즐겨"라는 말로써 완전히 다른 질문이 되어, 좋은 정보를 유도할 수 있다. 설문지의 각 문항은 무엇을 묻는지 응답자가 정확히 알 수 있도록 치밀하게 구성되어야만 한다.

설문을 명확하게 하려면 어려운 단어나 전문용어, 첫 글자만 따서 만든 약어들(acronyms), 과장된 언어들도 피해야 한다. 신문이나 대중잡지에서 쉽게 접할 수 있는 수준의 어휘가 서베이에는 적합하다. 설문은 일상적인 용어로 구성되어야 하며 사회과학적 용어나 기술적인 내용의 단어들은 제외시켜야 한다. 가령 "프리미엄채널에 가입하지 않고 계시다면 PPV에 가입하실 의향이 있으십니까?"라는 어려운 설문보다는, "만약 홈박스 오피스(Home Box Office)와 쇼타임(Showtime) 같은 유료 채널에 가입하고 있지 않으시다면 소액의 시청료만 지불하고 본인이 원하는 영화를 볼 수 있는 서비스에 대한 가입을 고려해보시겠습니까?"라고 묻는 것이 훨씬 명료한 답을 얻을 수 있을 것이다.

다음의 문항 "시 의회가 상호작용이 가능한 케이블TV시스템의 시설을 승인해야만 합니까?"는 응답자가 "상호작용이 가능한 케이블TV시스템이 무엇인지를 알고 있다"라는 것을 전제로 한다. 이보다는 "상호작용용 케이블TV시스템은 평상시 TV 프로그램을 시청할 수 있을 뿐 아니라 케이블 TV회사에 시청자들의 메시지를 보낼 수도 있는 시스템을 말합니다. 귀하는 시 의회가 이 지역사회를 위해 이와 같은 시스템 도입을 승인해야 한다고 생각하십니까?"라고 하는 편이 더 낫다.

설문의 명확성 여부는 설문하는 데 쓰인 단어가 이중적인 의미를 갖고 있거나 이면에 다른 의미가 포함될 수 있다는 점과 밀접한 관계가 있다. 이러한 점을 연구자들이 명확하게 인식하지 못하면 문제가 발생한다. 가령 "얼마나 많은 TV 프로그램들이 약간(a little) 폭력적이라고 생각하십니까? — 대부분, 약간, 거의 없다 혹은 전혀 없다"라는 설문이 바로 이러한 문제를 갖게 되는 예가 된다. 이 설문에 대해 어떤 응답자들은 TV 프로그램이 매우 폭력적이라고 느끼면서도 '약간'라는 단어의 표현으로 인해 '전혀 없다'라고 응답할 수도 있다. 설문에서 '약간'이라는 용어를 빼버리면 그러한 혼돈을 피할 수 있다. 이 설문은 "얼마나 많은 TV 프로그램이 폭력적이라고 생각하십니까? — 대부분의 프로그램이 폭력적이다. 많은 프로그램이 폭력적이다. 몇몇 프로그램이 폭력적이다. 폭력적인 프로그램이 없다"로 되어야 한다. 설문은 어떠한 응답자도 어려움 없이 공평하게 응답할 수 있도록 작성되어야만 한다.

② 설문을 짧게 할 것

연구자가 정확하고 모호하지 않은 설문을 하려고 애쓰다 보면 때론 본의 아니게 설문이 길어지거나 복잡해지는 경우가 있다. 그러나 가끔 서둘러 설문 응답을 마치려는 응답자들이 설문자의 의도를 정확하게 파악하기 위해 시간을 내지는 않는다. 간단히 말해 오해를 일으키지 않는 짧고 간결한 문항들이 좋다. 좋은 설문은 짧은 문장으로 2개를 넘지 않아야만 한다.

③ 연구의 목적을 항상 기억할 것

설문지에는 연구와 직접적인 관련이 있는 항목들만 포함시키는 것이 중요하다. 예를 들어 응답자의 직장에서의 서열이 서베이 목적과 관련되지 않는다면 묻지 말아야 한다. 초보 연구자들은 종종 설문지를 길게 만들거나 연구해보면 '재미있을 것 같은' 정보를 얻을 목적으로 설문 문항들을 덧붙여가는 경우가 있다. 특히 재미있을 것 같다는 이유만으로 들어간 설문이 있다면 그것은 설문지에서 배제되어야만 한다.

④ 한 번에 2개의 답변을 요구하는 설문을 하지 말 것

겹치기 설문(double-barreled question)은 '하나의 설문에서' 사실상 둘 이상을 묻는 것을 말한다. 문장 내에 '그리고'라는 말이 나올 때 마다 몇 개의 설문을 하고 있는지를 알아보기 위해 항상 문장 구조를 검토해보아야 한다. 가령 설문에 "ABC 네트워크는 재미있고 성적으로 개방된 프로그램들을 방송하고 있습니다. 당신은 이점에 대해 동의합니까, 반대합니까?"라는 설문이 있다고 하자. 한 프로그램이 재미가 있되 성적 개방성 문제와는 관련이 없는 경우, 응답자는 비록 그가 첫 번째 부분(재미있다는 의견)에 동의할지라도 설문의 두 번째 부분(성적으로 개방되었다는 의견)에는 동의하지 않을 수 있다. 이 설문은 2개의 설문으로 나누어야만 한다.

⑤ 편견이 개입된 단어나 어휘를 피할 것

다음 문항을 살펴보자. "당신은 자유 시간이 주어지면 책을 읽겠습니까, 아니면 그냥 TV를 시청하겠습니까?" 이 문항에서 '그냥'이라는 말은 TV 시청이 어쩐지 별로 바람직하지 못한 것이라는 의미를 함축하고 있으므로, 책 읽는 것을 찬성하는 방향으로 유도하게 된다. 같은 예로 "대통령이 발표한 새로운 정책을 어디서 들었습니까"라는 설문은 '들었느냐'는 말이 뉴스원이 '라디오'나 'TV' 아니면 '다른 사람들'이라는 것을 은연중에 암시해주기 때문에, 신문이나 잡지와 같은 미디어를 뉴스원으로 응답하는 데 다소 부정적인 영향을 줄 수도 있다. 설문지의 문항을 "누구누구의 제안에 대하여 찬성하십니까, 반대하십니까"로 시작할 경우 대부분 편견이 개입된다. '누구누구'에 '히틀러'라는 이름을 삽입한다면 이 문항은 부정적인 응답을 높이는 결과를 가져올 것이다. '대통령'을 삽입한다면 긍정적인 편견과 부정적인 편견이 동시에 개입될 가능성이 있다. 설문에서 특정한 사람이나 출처를 언급할 때는 언제나 편견이 개입될 가능성이 있다.

⑥ 유도 설문은 피할 것

유도 설문(leading question)이란 특정한 답을 요구 내지 암시하거나 또는 어떤 전제가 숨어 있는 설문을 말한다. 가령 "대부분의 미국인들처럼 당신도 매일 신문을 읽습니까?"라는 설문은 응답자가 읽지 않는다고 응답하면 자신이 대부분의 미국인들과는 다르다는 것을 인정하는 결과가 되고 만다. 이러한 설문은 응답자에게 일종의 심리적 위협을 가함으로써 특정 응답을 유도하는 것이다. "아직도 마리화나를 피웁니까?"라는 설문 속에는 한 가지 전제가 숨어 있다. 이러한 형태의 설문을 '**이중구속**(double bind)'이라고 부른다. 응답자가 어떤 대답을 하더라도 적극적인 반응은 어느 시점까지 마리화나를 피워왔음을 인정하는 것이 되고 만다.

⑦ 아주 상세한 정보를 요구하는 질문은 하지 말 것

"지난 30일 동안 가족과 함께 TV를 시청한 시간이 얼마나 됩니까?"라는 설문은 비현실적이다. 이런 설문에 답할 수 있는 응답자는 거의 없을 것이다. 좀 더 현실적인 설문은 "어제 가족과 함께 TV를 시청한 시간은 얼마나 됩니까?"라고 하는 것이 될 것이다. 연구자가 만약 30일 동안의 시청시간에 관심이 있다면 응답자에게 스스로 가족의 시청습관을 기록하는 일지를 쓰도록 요구해야 할 것이다.

⑧ 꼭 필요한 경우가 아니면 응답자를 당혹하게 할 수 있는 설문은 피할 것

대개 서베이는 속내를 터놓거나 개인적인 자료를 수집해야 할 경우가 많다. 그러나 지나치게 개인적인 설문은 응답자를 당황하게 하여 솔직한 답변을 하지 못하도록 하는 경우가 있다. 그럴 가능성이 높은 설문 중의 하나가 응답자의 수입 정도이다.[역자주 2] 많은 사람들은 서베이를 하는 낯선 사람에게 자신의 정확한 수입을 밝히기를 원하지 않는다.

응답자 앞에서 직접 "당신의 한 달 수입은 얼마나 되십니까?"라고 물으면 "당신이 무슨 상관이냐"하는 응답을 유발하기 십상이다. 보다 신중하게 하려면 "당신 가정의 수입은 다음에 분류해 놓은 1년 수입 총액 중 어디에 해당되십니까?"라고 묻는 편이 좋을 것이다.

역자주 2 우리나라의 경우 교육정도나 이혼 · 별거 등 혼인관계를 묻는 설문에 대해서도 응답자가 대답하기를 꺼리는 경우가 자주 있다.

_____ 25,000달러 미만

_____ 25,000달러~29,999달러

_____ 30,000달러~39,999달러

_____ 40,000달러~49,999달러

_____ 50,000달러~59,999달러만

_____ 60,000달러 이상

이 분류유목은 어느 정도 응답자의 사생활을 보호할 만큼 범위가 넓으면서 또한 통계분석에 이용될 수 있을 만큼은 범위가 좁혀져 있다. 수입에 대한 분류는 설문의 목적과 연구대상자들의 지리적, 인구학적 분포에 따라 달라진다. 그러나 미국의 한 가구당 연 평균 수입은 63,000달러 수준이었다. 위의 사례를 근거로 할 경우, 예시에서의 60,000달러 이상이라는 구분은 대부분의 미국인과 너무 동떨어져 있다고 할 수 있다.

이 밖에 응답자들이 민감한 반응을 보일 가능성이 있는 설문은 성 생활, 마약사용, 종교, 사업관계 및 신용상태 등이다. 이것과 관련된 설문을 할 때는 예외 없이 응답자의 신상에 대한 비밀은 물론 가능한 한 익명도 보장하는 데 세심한 주의를 기울여야 한다.

가장 단순한 형태의 폐쇄형 설문은 '이분법적인 응답'을 요구하는 것으로 대개 '찬성-반대' 또는 '예-아니오'와 같은 것이다. 예를 들면,

지역 TV 방송은 늦은 저녁 뉴스에 기상정보에 대한 보도를 더 늘려야만 한다.

_____ 찬성

_____ 반대

이 같은 설문은 응답자가 어느 정도로 확신을 가지고 응답했는지를 드러내지 못하더라도 가장 쉽게 도식화할 수 있는 설문 방식이다.

선다형 설문(multiple-choice question)은 응답자가 여러 응답 문항 중에서 어느 하나를 선택하게 하는 방식이다. 예를 들어 살펴보자.

일반적으로 TV 광고는 진실을 말한다.

_____ 항상 그렇다

_____ 대부분 그렇다

_____ 때때로 그렇다

_____ 대부분 그렇지 않다

______ 전혀 그렇지 않다

선다형 설문에는 가능한 모든 응답이 포함되어야 한다. 그렇지 않을 경우 문제가 발생하기 마련이다. 아래의 예를 살펴보자.

가장 좋아하는 TV 네트워크는?

______ ABC

______ CBS

______ NBC

PBS, TNT, UPN, WB, Fox나 다른 네트워크를 선호하는 설문대상자(subjects)는 위에 제시된 설문에 대답할 수 없게 된다.

이 밖에 선다형의 응답은 **상호배타적**이어야 한다. 즉 응답자는 한 설문에 단 하나의 응답만을 선택할 수 있도록 만들어져야 한다. 예를 들면,

신문 업계에 종사한지 몇 년이 됩니까?

______ 1년 미만

______ 1~5년

______ 5~10년

위의 문항에서 근무경력이 꼭 만 5년이 되는 사람은 도대체 어디에 표시해야 하는가? 이 설문은 다음과 같은 문항으로 고쳐야 한다.

신문 업계에 종사한지 몇 년이 됩니까?

______ 1년 미만

______ 1년~5년 미만

______ 5년 이상

평가척도(rating scale) 역시 매스미디어 연구에서 널리 사용되는데(2장 참조) 수평이나 수직 어느 쪽으로도 가능하다.

황금시간대에 TV 광고가 너무 많다.

______ 절대 찬성(분석을 위한 코딩 시 5로 표기함)

______ 찬성(코딩 시 4로 표기함)

_____ 보통(코딩 시 3으로 표기함)

_____ 반대(코딩 시 2로 표기함)

_____ 절대 반대(코딩 시 1로 표기함)

채널 9의 지방뉴스에 대한 당신의 의견은?

공정하다	_____	_____	_____	_____	_____	공정하지 못하다
	(5)	(4)	(3)	(2)	(1)	

의미분별 척도(semantic differential scales)는 또 다른 형태의 평가척도로서, 인물 · 개념 혹은 어떤 대상에 대한 평가를 하는 데 자주 이용된다(2장 참조). 이 척도는 양극단을 표현하는 형용사를 대상으로 중간에 7개의 척도(scale points)를 놓는다.

당신은 공영방송이라는 용어를 어떻게 인식하십니까?

좋다	_____	_____	_____	_____	_____	_____	_____	나쁘다
즐겁다	_____	_____	_____	_____	_____	_____	_____	슬프다
재미없다	_____	_____	_____	_____	_____	_____	_____	재미있다
지루하다	_____	_____	_____	_____	_____	_____	_____	흥미롭다

많은 경우 연구자는 몇 개의 개념이나 문항에 대한 응답자들의 인식의 차이가 어떤지에 관심을 갖게 된다. 이런 경우 '**순위 결정**(rank ordering)' 기법이 적합하다.

다음에 예시된 직업 가운데서 명망이 높다고 생각되는 순서대로 서열을 매겨 주십시오. 명망이 가장 높은 직업에는 1을, 그 다음은 2로 순서를 매기면 됩니다.

_____ 은행원

_____ 법률가

_____ 경찰

_____ 정치인

_____ 신문 기자

_____ 교사

_____ TV 기자

대상이 12개 이상이면 순위결정 기법을 쓰는 것은 적당하지 않다. 그 이유는 등급을 매기는 과정이 지루해질 수 있고 또 지나치게 세밀한 구분이 되기 때문이다. 더구나 순위결정 자료는 통계분석을 할 경우에도 여러 제약이 따르기 때문이다.

최종 연구에 쓰일 설문을 가다듬기 위한 예비연구에는 **체크리스트형 설문**(checklist question)이 자주 이용된다. 예를 들면,

새 TV 수상기를 구입한다면 어떤 것들이 가능한 것을 찾겠습니까? (해당 사항에 모두 응답해주십시오)

_____ 자동화면 조정
_____ 인터넷 접속
_____ 채널 동시 접속
_____ 리모트 컨트롤
_____ 휴대용
_____ 스테레오 사운드
_____ 기타

이 응답 결과 중에서 빈도가 많은 응답 항목들을 골라 선다형 설문을 만들고 전혀 응답이 없는 항목은 제외시킨다.

강제선택형 설문(forced-choice question)은 라이프스타일에 대한 정보를 얻으려는 미디어 연구에서 자주 사용되며 항상 2개씩 쌍으로 제시된다. 강제선택형 설문지는 대개 매우 길며(종종 수십 개의 설문을 포함함), 같은 주제에 대한 설문을 다른 형태로 반복한다. 각 주제 하나하나에 대한 답변을 분석하여 그 주제에 대한 응답자의 관심이 어느 정도인가를 점수화한다. 전형적인 강제선택형 설문지는 다음과 같은 형식이 될 수 있을 것이다.

2개씩 열거된 여러 쌍으로 된 진술문 가운데서 하나만 선택하시오.

_____ 어떤 종류의 광고든지 시간과 돈의 낭비이다.
_____ 나는 모든 유형의 광고에서 많은 것을 배운다.

_____ TV 프로그램의 내용은 정부에 의해 규제받아야 한다.
_____ TV 프로그램의 내용은 정부에 의해 규제받지 말아야 한다.

_____ 나는 매일 라디오를 듣는다.
_____ 나는 혼자 있을 때만 라디오를 듣는다.

강제선택형 설문에 대한 응답자들의 반응은 어느 답변도 만족할 만한 것이 못 되지

만 2개 중 어느 하나를 선택할 수밖에 없다고 불편함을 드러내기 쉽다. 같은 주제 즉 폭력, 생활양식, 직업목표 등에 대한 일련의 설문들을 통해 행동이나 태도의 전반적인 유형이 개발되기 마련이다.

'**빈칸 채우기형 설문**(fill-in-the-blank)'은 서베이에서 자주 사용하지 않는다. 그렇지만 연구에 따라서 특별히 빈칸을 채우는 식이 적합한 경우도 있다. 예컨대 광고 카피 연구에서 피험자들이 연구자가 사전에 보여 준 광고를 얼마나 기억하는가를 알아보기 위해 사용된다. 피험자들로 하여금 광고를 보거나 듣거나 아니면 읽게 한 후 원래 광고 카피에서 몇 개의 단어를 무작위로(보통 다섯 번째나 일곱 번째 단어) 빼버린 설문에 답하게 한다. 이렇게 빈칸을 채우는 설문을 통해서 사람들이 갖고 있는 정보가 어느 정도인지를 알아볼 수도 있다. 예를 들어,

채널 4의 지방뉴스 담당 앵커는 ______ 와 ______이다.

1면의 헤드라인 기사는 ______에 관한 것이었다.

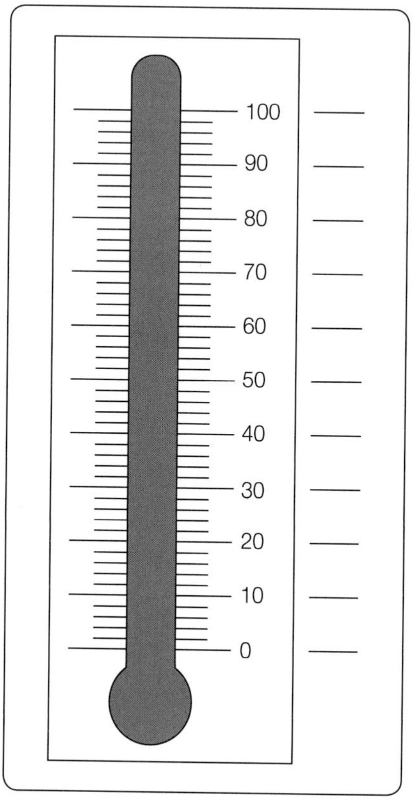

[그림 7-1] 응답자의 해당 항목에 대한 선호도를 기록하는 감정온도계

표나 그래프, 그림 등도 서베이에서 사용된다. 연구대상자들이 생각하고 느끼는 것을 보다 정확하게 기술할 수 있도록 독창적이고 교묘하게 개발된 설문방법도 있다.

이를테면 미시간 대학의 서베이 연구센터에서는 연구대상자들이 특정 아이디어나 대상에 대해 평가할 수 있는 '**감정온도계**(feeling thermometer)'를 개발했다. 보통 쓰이는 수은 온도계의 형태를 따라 만들어진 이 온도계(그림 7-1 참조)는 연구대상자들이 느끼는 호감도를 '덥다' 혹은 '춥다'의 측면에서 점수를 매기기 쉽게 되어 있다. 가령 다음과 같은 것이 여기에 해당한다.

귀하가 살고 있는 곳에서 발행되는 지방신문이 최근 다룬 '학교 이사회의 캠페인'관련 기사에 대해 점수를 준다면? (온도계의 눈금을 보고 당신의 감정을 가장 정확하게 반영한다고 생각

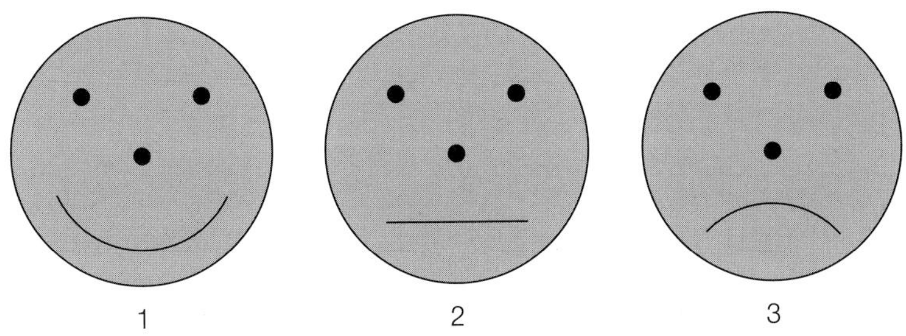

[그림 7-2] 어린이용 그림 척도의 예

되는 숫자에 '×'표를 하십시오. '100'은 강한 찬성을, '0'은 강한 반대를 나타냅니다)

인터넷을 통해 '감정온도계'를 검색해보면 이런 척도가 다양하게 활용되고 있음을 알 수 있을 것이다.

어린이를 대상으로 설계된 설문지는 정보를 수집할 때 다른 방법을 사용하기도 한다. 어린이들은 값을 숫자로 매기는 것이 어렵기 때문에 발전한 논리적 대안이 바로 그림을 이용하는 것이다. 예를 들어 "귀하는 토요일 아침 TV에서 방영되는 만화프로그램에 대해 어떻게 느낍니까?" 설문이 있다고 하자. [그림 7-2]는 다섯 살짜리 어린아이들로부터 이 설문에 대한 응답을 받을 수 있도록 꾸며진 것이다. 질먼과 브라이언트(Zillmann & Bryant, 1975)는 비슷하게 '싫어 싫어(Yucky)' 척도를 만들어 제시하기도 했다.

04 설문지 설계

자기기입식 설문의 경우 외양상 어떤 형태로 설문지를 구성하느냐 뿐만 아니라 설문을 전개하는 방식도 **응답률**(response rate, 접촉한 응답자 중 설문지를 완성해낸 응답자의 백분율)에 영향을 줄 수 있다. 좀 더 유용한 자료를 수집하기 위해서는 항상 좋은 설문지를 만들기 위한 시간과 노력의 투자가 필요하다. 여기서는 이를 위한 몇 가지 유용한 제언을 하고자 한다. 이 제언은 종이 설문지 설계, 레이아웃과 관련된 것이지 컴퓨터를 이용한 전화 면접인 **CATI**(computer-aided telephone interviewing)나 컴퓨터를 이용한 개인 면접인 **CAPI** (computer-assisted personal interviewing)에 대한 것은 아니다. 그렇더라도 연구자라면 누구나 다 설문지 설계의 특성을 이해하는 것이 필요하다.

1) 인사말

어떤 서베이든지 응답률을 높이기 위해서는 응답자들에게 연구의 목적이나 필요성에 대해 설득력 있는 인사말을 하는 것이 필요하다. 백스트롬과 허쉬-세자르(Backstrom & Hursh-Cesar, 1986)는 설문지의 인사말을 쓰는 데 고려해야 할 여섯 가지 특징을 제시하였다. 즉 인사말은 짧아야 하고, 사실적으로 표현되어야 하며, 위협적이어서는 안 된다. 아울러 신중해야 하고, 중립적이어야 하며, 유쾌하되 단호해야 한다는 것이다.

학술용 연구에서는 서베이의 목적이 응답자들에게 자세하게 설명되어야 하지만 업계에서 실시하는 서베이에서는 항상 그럴 필요까지는 없다. 응답자에게 연구의 목적이나 가치 등에 관해서 일일이 설명할 필요는 없다. 그리고 면접이 얼마나 오래 지속될 것인가를 알릴 필요도 없다. 전화 서베이를 할 때 얼마나 걸릴 것이라고 미리 알려주게 되면 바로 시간이 없다고 거절할 수도 있다. 인사말이 짧아야 응답자가 바로 응답할 수 있게 되고 면접자가 바로 설문을 할 수 있게 된다.

전화 서베이의 효과적인 인사말은 다음과 같이 시작한다.

> 안녕하세요. 저는 (연구기관)에서 근무하는 (면접자 이름)입니다. 저희들은 시카고 지역 라디오 방송국들에 관한 여론을 조사하고 있습니다. 저희들은 물건을 팔려고 전화를 드린 것이 아닙니다. 다만 선생님의 의견만을 구하고자 합니다. 선생님께서는 다음의 연령범주 중 어디에 해당하시는지요, 18세 이하, 18~24세, 25~34세, 35~44세, 45~54세, 54세 이상(여기서 18세 이하나 54세 이상이라고 하면 거기서 통화를 끝낸다)

여기에 조금만 변화를 주면 이 인사말을 자기기입식 설문에도 적용할 수 있다. 즉 인사말을 두 문장에서 네 문장 사이로 만들고 마지막 부분에 "가능한 한 솔직하게 빠짐없이 답해주시기 바랍니다."라는 말을 추가할 수 있다.

전화 서베이에서 인사말의 목표는 응답자가 "안 됩니다"라고 하면서 전화를 끊는 일이 없도록 하기 위해 가능한 빨리 면접을 시작하는 것이다. 이런 얘기가 상당히 공격적으로 들릴지 모르지만 실제로 그렇게 하고 있다(그러나 학술연구위원회에서는 이런 접근을 인정하지 않고 면접을 계속하려면 '계속 진행해도 될까요?'라고 물을 것을 요구한다). 자기기입식 설문에서 인사말은 가능한 단순해야만 한다.

어떤 서베이 방법을 이용하든지 간에 잘 구성된 인사말은 단순히 "다음 설문에 답해주십시오…"라고 하는 것보다는 항상 높은 응답률을 가져다준다.

2) 안내문

설문에 응답하는 데 필요한 모든 안내문 또는 지시문(instructions)은 응답자나 면접원들을 위해 명확하게 기술되어야만 한다. 안내문은 서베이의 종류에 따라 다양하다. 우편 서베이와 자기기입식 설문은 응답자가 연구자에게 설문에 관한 설문을 할 수 없기 때문에 구체적인 지시나 설명이 필요하다. 응답자나 면접원 모두가 설문에 대답하는 요령을 분명히 알 수 있도록 안내문은 꾸며져야 한다.

응답자가 응답을 하는 데 필요한 절차와 관련된 안내문은 글자 형태를 달리 한다거나 화살표나 밑줄을 치는 등 기술상의 여러 방법을 활용하여 응답자의 눈에 쉽게 띌 수 있게 하는 경우가 많다. 다음은 우편을 이용한 서베이의 한 예이다.

항상 즐겨 청취하는 라디오 방송국이 있습니까?

______ 예 ______ 아니오

"예"에 답하신 분만 그 이유를 아래 칸에 간략하게 설명해주시기 바랍니다.

____

____

____

어떤 설문지에서는 보기의 항목들의 순위를 정해 달라고 요구하기도 하는데 이 경우 설명이나 지시를 매우 정확하게 해야 한다.

다음의 잡지들을 대상으로 당신에게 중요한 순서대로 등급을 매겨 주십시오. 당신이 가장 중요하다고 생각하는 잡지는 1번은 그 다음으로 중요하다고 생각되는 잡지에는 2번을 매기시면 됩니다. 그런 식으로 5번까지 번호를 매겨주시기 바랍니다.

______ 〈싸이클 월드 매거진(Cycle World Magazine)〉

______ 〈베러 홈스 앤 가든스(Better Homes and Gardens)〉

______ 〈컨슈머 리포트(Consumer Reports)〉

______ 〈포퓰러 사이언스(Popular Science)〉

______ 〈타임(Time)〉

파울러(Fowler, 2002)는 자기기입식 설문지 설계를 위한 몇 가지 원칙을 다음과 같이 명시하고 있다.

- 굳이 추가 설명이 필요 없게 만들어야 한다.
- 설문들은 폐쇄형 항목들로 제한하고, 해당하는 답에 체크를 하거나 동그라미로 표시할 수 있도록 구성해야 한다.
- 제한된 숫자의 설문형식만을 사용해야 한다.
- 설문지의 편집과 인쇄는 명확하고 잘 정돈되어야 한다.
- 안내 또는 지시문의 양을 제한해야 한다. 그렇지 않으면 응답자들이 쉽게 혼동을 일으킬 수 있다.

파울러가 제시한 원칙 중 두 번째 항목은 너무 엄격한 것이라 할 수 있다. 대부분의 응답자들은 일반적으로 개방형 설문을 폐쇄형 설문만큼이나 쉽게 대답할 수 있다. 폐쇄형 설문이든 개방형 설문이든 간에 지시문이 명확한지를 사전 연구를 통해서 점검해야 한다.

면접 진행자를 위한 지시문은 큰 글자로 인쇄하거나 괄호나 박스 처리를 해주는 게 보통이다. 전화 서베이용 지시문의 예를 살펴보자.

TV에 관한 설문부터 시작하고자 합니다. 먼저 가장 좋아하는 TV 프로그램은 무엇인지요?(기록)

1. ________________ 2. ________________

3. ________________ 4. ________________

TV 프로그램 명을 모두 적을 것. 적어도 3개 이상 대답해주시고, '더 있으면 얼마든지' 응답해주십시오.

여과 질문(screener question) 혹은 **선별 질문**(filter question)은 원하지 않는 응답자를 제외하거나, 특별한 응답자나 특별한 방법이 동원되어야만 하는 응답자만을 고려해서 포함시켜야 할 때 이용한다. 이러한 설문들은 종종 응답자나 면접원으로 하여금 설문을 뛰어넘도록 요구한다. 이 때 다른 설문으로 넘어가기 위한 지시가 분명하게 제시되어야 한다. 예를 들면

보통 주 중에 AM 라디오를 들으십니까?

_____ 예(16번 설문으로)

_____ 아니오(만약 아니오 답했으면, 17번 설문으로 넘어갈 것)

자세히 보기 〉〉 설문지 설계

설문지 설계를 시작할 때 최선의 방법은 세탁물 기입표(laundry list)처럼 응답이 필요한 설문들에 대한 목록을 작성해보는 것이다. 목록화 단계부터 설문을 어떻게 할 것인가 혹은 어떤 형태를 취할 것인가에 대해서는 걱정하지 말자. 여기서 얻은 설문 목록은 설문의 흐름, 즉 첫 번째 설문은 무엇으로 하며, 두 번째 질문은 무엇으로 할지를 설계하는 데 도움이 될 것이다.

이는 AM 라디오를 듣는 사람만을 구하기 위해서 던지는 설문이다. 여과형 설문은 응답 대상자가 어떠한 범주에 속하는지를 쉽게 알게 해준다. 만약 '아니오'라고 답했다면 면접원(자기기입식 서베이에서는 응답자)은 다른 설문으로 넘어가거나 면접을 거기서 끝낸다.

전화 서베이나 일대일 면접과 같이 면접을 실시해야 하는 경우에는 응답자가 따라가기 쉽도록 응답 지시문을 제시해주어야 한다(개방형 설문에서는 얼마나 많은 답을 필요로 하는지 포함해서). 또한 건너뛰기의 형태가 단순해야 하고 대답을 기록하기에 충분한 칸을 제공해야 한다(만약 서베이 응답자가 종이에 적는다면). 전화 서베이용 설문지에는 면접을 하는 면접원이 응답자에게 말해주어야 할 모든 것을 포함하고 있어야 한다. 인사말, 설명, 정의, 안내 또는 지시문, 접속어, 발음 등에 대해 명시해줘야 한다. 특히 발음부분은 매우 중요한데 면접자는 설문만큼이나 발음에도 신경을 써야 한다.

모든 지시문은 명확하고 단순해야 된다. 설문지가 복잡하면 면접원이 효과적으로 면접을 못하게 되고 설문에 완전히 답하는 응답자의 수가 줄어들 뿐만 아니라 비용도 늘어나게 된다.

3) 설문 순서

어떤 서베이든지 간에 처음 등장하는 설문이 답하기가 간단하고 쉬울수록 연구가 수월해지는 경향이 있다. 연구자들은 가끔 연구문제와 직접 관련이 없는 한두 개의 '예비' 설문을 넣어 응답자로 하여금 대답에 익숙하게 만들기도 한다. 이 같은 예비 설문은 설문지의 내용에 대한 관심을 끄는 역할을 하기도 한다. 인구학적 자료, 개인적인 설문 및 기타 민감한 반응을 보일 항목은 설문지의 마지막 부분에 배열함으로써 면접원과 응답자 간의 친밀감을 형성할 수 있도록 하게 하거나 아니면 자기기입식 설문방법의 경우 설문에 관한 어떤 의심도 생기지 않게 해주어야 한다. 응답자들에 따라서는 개인적인 설문에 대답하기를 거부하거나 전화를 끊을 수도 있으나 이 경우에 적어도 자료의 중요한 부분은 이미 수집된 셈이 된다. 연령과 성별에 관한 설문은 설문지의 앞부분에 배치하는 편이 좋다. 그러면 응답자 신분에 대한 최소한의 식별이 가능하다.

설문지는 논리적 순서에 따라 일반적인 내용부터 시작하여 구체적인 것으로 옮겨가는 순서로 구성하여야 한다. 비슷한 주제에 대한 설문은 한데 묶고 상이한 주제로 설문이 이행될 때는 명확하고 논리적이어야 한다.

설문의 순서가 잘못되어 있으면 응답자의 대답에 편견이 개입될 수가 있다. 가령 사회 내의 폭력에 대한 설문을 몇 가지 한 다음에 응답자로 하여금 예시된 응답목록에서 현재 이 나라가 당면한 중요한 문제점에 대해 순서를 매기도록 요구한다고 하자.

______ 테러리즘
______ 부패한 정부
______ 고물가
______ TV에 등장하는 폭력
______ 전쟁

위의 예에서 이미 앞에서 폭력에 대한 설문을 많이 했기 때문에 그 영향으로 인해 'TV에 등장하는 폭력'에 대해 실제 이상으로 더 높은 응답률을 보일 것이다.

다른 예를 들면, 홍보 연구자가 대규모 석유회사에 대한 대중의 태도를 알아보고자 한다고 하자. 만약 설문지를 석유의 낭비나 석유회사의 과당 이윤에 대한 태도를 묻는 설문으로 시작한 후 응답자로 하여금 특정 석유회사들에 대해 등급을 매기도록 한다면 바로 앞의 설문 때문에 생긴 이미지로 인해 석유회사들에 대한 평가 등급은 더욱 낮아질 것이다.

설문이 혼합되어 발생하는 문제에 대한 손쉬운 해결책은 없다. 물론 먼저 해야 할 설문이 있고 그 다음에 해야 할 설문이 있다. 연구자가 할 수 있는 최선의 방책은 아마 해당문제를 면밀하게 살펴보고, 예비연구를 통해 설문들을 검사해보는 것이 될 것이다. 만약 A, B, C의 설문순서가 편견을 발생시킬 가능성이 있다고 생각하면 C, B, A의 순서로 설문지를 다르게 구성하는 방안을 시험해봐야만 한다. 그러나 완전히 객관적인 순서를 마련하기란 쉽지가 않다. 응답이 행해지는 순서 때문에 편견이 개입될 것처럼 보이면 설문항목의 순서를 바꾸어야 한다. 설문 다음에 "교대(Rotate)"라고 적혀 있으면 면접원은 응답 대상자용 항목들의 순서를 바꾸어야 한다. 설문 순서의 변형은 자기기입식 설문지에 대해서도 사용될 수 있지만 자료의 입력과 분석 시에는 바로 잡아야 한다. 연구 과정에서 설문지의 변형 판이 여러 개 이용되다 보면 오히려 혼돈을 가져오기 쉽다.

4) 설문지의 레이아웃

설문지의 인쇄나 겉모양이 어떠한가도 중요한 요소 중의 하나이다. 우편 서베이에서 교정을 잘못 보아 틀린 글자가 있거나 잘못 복사되면 응답률을 높이기 어렵다. 또한 한 페이지에 40개의 설문을 빽빽하게 인쇄한 설문지는 응답자로 하여금 설문에 응답할 의욕을 상실하게 만들 것이다. 응답 항목별로 적당한 간격을 두고 보기 좋게 배열되어야 한다. 가령 다음과 같은 형태의 설문지 구성은 문제점이 있다.

TV 광고가 너무 많다.
당신은 이에 대해 [절대 찬성 ___ 찬성 ___ 모르겠다 ___ 반대 ___ 절대 반대 ___] 합니까?

이 경우 응답을 수직적으로 배치하여 선택하면 훨씬 덜 복잡하고 효율적이다.

TV 광고가 너무 많다.

______ 절대 찬성
______ 찬성
______ 모르겠다
______ 반대
______ 절대 반대

어떤 연구자들은 밑줄 친 빈 칸에 표시하는 것을 절대 피하도록 권하기도 하는데 그 이유는 응답자나 면접원들이 한 칸 이상을 차지하는 크기로 표시를 하거나 ×표를 하는 경향이 있어 그 해석이 곤란할 때가 있기 때문이다. 밑줄 친 빈 칸이 문제가 될 것 같으면 네모 칸에 표시를 하게 하든가 숫자에 동그라미로 표시를 하게 할 수도 있다. 그러나 어떤 경우든 설문지 응답 형태는 통일되게 사용해야 한다. 마지막으로 각 설문에는 대답을 모두 적을 수 있도록 충분히 여백을 주어야 한다. 특히 개방형 설문의 경우는 더욱 그렇다. 응답자나 면접원 모두에게 다음과 같은 상태보다 더욱 사기를 저하시키는 경우는 없을 것이다.

왜 영화를 보십니까? ____________________

____

좋아하는 영화배우는 누구입니까? ____________________

____

좋아하는 TV 프로그램은 무엇입니까? ____________________

____

5) 설문지의 길이

설문지의 길이는 매우 중요한 사안이다. 어떤 서베이든지 설문지의 길이가 설문의 완성도와 직결되기 때문이다. 긴 설문지는 응답자를 지루하게 하여 응답의 완성도를 떨어뜨린다. 짧은 설문지일수록 높은 완성도를 확보할 수 있다.

설문지의 길이를 얼마로 정해야 좋은지에 대한 엄격한 지침은 없다. 길이는 다음의 항목들과 관련된다.

- 연구 예산
- 서베이의 목적
- 연구문제의 유형
- 서베이 대상 응답자의 나이
- 설문의 유형과 난이도
- 조사가 행해지는 지역의 특성
- 조사 상황의 특별한 환경
- 조사가 실시되는 계절

자세히 보기 〉〉 설문지 설계

멤피스 대학(Univ. of Memphis)의 웹사이트 퀘이드(Quaid: Question Understanding Aid)는 설문 설계에 유용한 웹사이트다(mnemosyne.csl.psyc.memphis.edu/QUAID/quaidindex.html).

이 사이트의 소개 페이지에는 "퀘이드는 서베이 방법론자, 사회과학자 및 설문 설계자들이 설문의 어법(wording), 구문(syntax) 및 의미론(semantics) 등을 개선시키는 데 도움을 주는 소프트웨어입니다. 이 소프트웨어를 이용하면 응답자들이 설문지 상의 문항들의 의미를 이해하는 데에서 겪을 수 있는 문제들이 무엇인지를 알게 됩니다"라고 되어 있다. 무료이니 부담 없이 이용하길 바란다.

- 조사가 실시되는 시간
- 면접자 유형(전문적 면접자/비전문적 면접자)

대부분의 경우 설문지의 길이는 여러 번의 시행착오를 거쳐 결정된다. 서베이가 완료되지 못하고 끝나는 경우가 10% 이상이다. 너무 길게 얘기하면 갑작스럽게 전화를 끊는 경우도 있다. 그런 문제를 발생키는 데 설문의 길이가 한 요소에 불과할지라도 대체로 설문의 길이가 다른 요인들과 밀접하게 연관되어 있다는 점이 중요하다.

저자들의 지난 25여 년의 연구 경험으로 미루어 볼 때 서베이 방법별로 최대 응답 소요시간은 다음과 같다.

서베이 유형	최대 가능 응답 시간
자기기입식 우편 서베이	60분
연구자 감독의 집단적 상황 아래에서 이루어지는 자기기입식 서베이	60분
일대일 면접	60분
전화 서베이	20분
인터넷/온라인 서베이	20분
쇼핑센터 면접	10분

전화 면접은 응답자로 하여금 묻는 전화를 끊지 않고 설문에 끝까지 답하게 하는 능력을 필요로 하기 때문에 어려운 서베이 방법이다. 전문적인 면접자라해도 응답자의 주목을 계속유지시킬 수 있는 시간은 보통 약 20분 정도에 그친다. 따라서 20분이 지나면 전화를 끊어버릴 위험성이 커진다.

05 사전검사

두말할 나위 없이, 설문지가 적절하게 설계되었는지를 알아보는 가장 좋은 방법은 그것을 가지고 사전검사(pre-test)를 하는 것이다. 즉 연구의 접근방법이 정확한지, 설문 내용상 보완할 점은 없는지를 알기 위해서 작은 표본을 가지고 소규모 연구를 실시한다. 사전검사를 통하면 시간과 경비를 낭비하지 않고 오해나 혼동의 소지가 있는 부분을 쉽게 고칠 수 있다.

설문지를 사전검사하는 방법에는 여러 가지가 있다. 설문지가 완성이 되면 포커스 그룹(focus group)을 대상으로 설문지에 대해 논의하는 방법이 있다. 그러나 이러한 방법은 비용이 많이 든다. 전화 서베이에서 가장 좋은 사전검사 방법으로는 10~20명의 사람들에게 직접 전화를 걸어서 실제로 설문을 해보는 것이다. 그러면 무엇이 문제인지 당장 드러나게 될 것이다. 자기기입식 설문지는 실제 연구에 참가할 응답자와 비슷한 유형의 사람들을 골라 사전검사하면 된다. 다시 한 번 강조하지만 문제가 있다면 바로 이를 고려해야 한다.

어떤 유형의 사전검사일지라도 응답이 끝난 후 응답자들과 그 프로젝트에 대해서 논의하는 과정이 필요하다. 이때 응답자들에게 설문의 내용을 잘 이해할 수 있었는지, 대답하기가 쉬웠는지 등을 물어볼 수 있다. 대개 응답자들은 연구자를 도우려는 의사를 보이기 마련이다.

06 서베이 자료수집

설문지를 만들고 한 번 이상 사전검사를 한 후 본연구를 실시하게 된다. 본연구에서는 표본으로 선정된 사람들을 대상으로 자료를 수집한다. 이 때 자료를 수집하는 기본 방법으로 다섯 가지, 즉 우편 서베이, 전화 서베이, 개인 면접, 집단기입연구 및 인터넷 서베이가 있다. 연구자는 이들 다섯 가지 방법 중에 하나를 선택하거나 CAPI(computer-assisted personal interviewing)이나 쇼핑센터 면접(mall interview)과 같이 이들 방법을 변용하거나 혼합하여 사용할 수도 있다. 연구자는 특정 방법을 선택하기에 앞서 언급한 각각의 방법이 갖는 장·단점을 신중히 고려해야 한다. 지금부터 각 방법들이 갖는 특성들을 살펴볼 것이다.

1) 우편 서베이

우편을 이용한 서베이(mail surveys)는 표본으로 선정된 개인들에게 설문지를 보내 응답자들로 하여금 설문에 응답한 후 이를 다시 우편으로 반송하도록 하는 방식으로 진행된다. 이때 우표를 붙인 회신용 봉투를 동봉해서 응답자로 하여금 완성한 설문지를 다시 연구자에게 보내도록 한다. 우편을 이용한 서베이가 인기가 있는 것은 최소의 시간과 비용을 들이고서도 많은 자료를 얻을 수 있기 때문이다. 그러나 초보 연구자일수록 이 방법이 쉽지 않다는 것을 잘 알아야 한다. 응답자들 대부분이 설문지를 받자마자 쓰레기통으로 직행시키기 때문이다. 우편 서베이의 응답률은 40% 이하일 정도로 매우 낮다.

다음과 같이 우편을 이용한 서베이의 일반적인 절차를 나열하였다. 그렇다고 해서 반드시 이 순서대로 서베이를 실시해야만 하는 것은 아니다. 상황과 필요에 따라서는 순서를 바꿀 수도 있고 몇 가지 절차를 동시에 진행할 수도 있다.

① 표본 선정 표본 선정은 일반적으로 표본으로 선정될 사람들의 이름과 주소가 적혀 있는 명부를 프레임으로 이용하게 된다(4장 참조). 가장 흔히 표본 프레임으로 이용하는 것은 상업적 연구 회사들이 만들어 놓은 **우편명부**(mailing list)이다.[역자주 3]

② 설문지 작성 이미 논의한 것처럼 우편을 이용한 설문지는 잘못된 해석을 바로잡아 주고 설문에 답해주며 어떻게 하라고 지시를 해줄 수 있는 면접원이 없기 때문에 간결하고 구체적이어야 한다.

③ 소개하는 인사말 작성 설문의 목적과 중요성을 설명하는 간단한 인사말은 응답률을 높일 수 있다.

④ 설문지 동봉 설문지, 인사말 및 회신용 봉투를 동봉한다. 연구자들은 때때로 제1종 회신용 봉투를 사용해서 요금별납 우편을 이용하기도 한다. 또 다른 대안으로는 설문지는 1종 우편으로 보내고 사업용 응답 반신봉투(business reply envelope)를 사용하는 것이다. 이 방법은 연구자가 실제로 회신이 되돌아 온 설문지에 대해서만 대금을 지불한다. 어떤 종류의 우편시스템을 선택하느냐 하는 문제는 연구 예산을 참고하여 결정할 일이다.[역자주 4]

⑤ 설문지 우송 우편 번호를 활용한다.

⑥ 회신률(return rates) 검토

⑦ 응답 독촉편지 발송 설문지를 우송한지 2주일 후 첫 번째 독촉편지를 보내고 두 번째는(필요하다면) 첫 번째 편지를 보낸 2주일 후에 보내는 것이 좋다. 독촉편지는 표본 전체를 대상으로 하거나 아니면 아직 응답이 없는 연구대상자만을 대상으로 보낼 수 있다.

⑧ 자료 도표화, 분석

역자주 3 여러 회사들이 소비재 상품회사, 광고주, 연구회사들에게 제공할 목적으로 표본명부를 특별하게 예비하고 있으며, 어떤 회사들은 그 외의 이유로 특수한 명부들을 이용하기도 한다. 이들 명부들이 중요하게 이용되는 경우가 바로 데이트베이스 마케팅이다. 여기서는 제조업자, 도매업자, 소매업자들이 목표로 하는 소비자들의 명부를 구입하여 직접우편(DM)이나 텔레마케팅을 이용한다.

역자주 4 우리나라의 경우는 미국과 다르므로 이 문제는 우리나라 우편제도에 따라야 한다.

(1) 장점

우편 서베이는 비교적 적정한 비용으로 넓은 지역을 커버할 수 있다. 이 방법은 가끔 직접 방문하기가 힘든 지역이나 외국에 사는 사람들로부터 정보를 수집하고자 할 때 좋은 수단이 된다. 또한 전문적인 우편명부를 이용하여 대상자를 선택적으로 표집할 수가 있다. 위에서 언급한 명부 외에도 연 수입이 5만 달러 이상인 사람들만 포함된 명단, 또는 1년 이내에 자동차를 구입한 소비자나 특정 잡지의 구독자 명단을 비롯, 특정 우편번호에 거주하는 지역 주민 등이 들어있는 명단도 구할 수가 있다. 이들처럼 고도로 전문화된 수용자들로부터 정보를 수집하고자 하는 연구자들에게는 우편 서베이가 다른 방법들보다 효과적일 때가 종종 있다.

또 다른 장점은 익명이 보장되기 때문에 연구대상자들이 민감한 설문에 대해 솔직하게 답변할 수가 있다는 것이다. 설문지를 자신의 집이나 사무실에서 완성할 수가 있어서 어느 정도 사생활을 보장해주는 느낌을 갖게 할 수 있다. 면접원이 없으므로 시간적 여유를 가지고 응답할 수 있으며, 특정 사실을 찾아보거나 과거의 정보를 검토해보는 기회를 가질 수도 있다. 또한 직접 면접원을 만나는 일이 없기 때문에 면접원에 의해 생길 수 있는 편견을 제거할 수가 있다.

이런 여러 장점 중에서도 가장 큰 장점은 아마도 비교적 적은 비용이 적게 든다는 점일 것이다. 우편 서베이는 다수의 훈련된 면접원을 동원할 필요가 없다. 들어가는 비용이란 인쇄비, 수취인 명부, 봉투 및 우편요금 등이다. 응답이 완료된 설문지당 비용을 계산해보면 우편한 서베이가 다른 방법들에 비해 비용이 가장 적게 들어간다는 것을 알 수 있다.

(2) 단점

먼저 우편용 설문지는 다른 설명이 필요 없게끔 완벽해야만 한다. 설문에 응답하는 과정에서 잘못 이해하는 부분이 있더라도 다른 도움을 받을 수 없기 때문이다. 또한 우편 서베이는 자료수집이 가장 더딘 방법이기도 하다. 우편물을 처음 보낸 후 약 1주일이 지났을 때부터 회신이 하나 둘 도착하기 시작할 것이며 그 후 몇 주일에 걸쳐 계속 도착한다. 실제로는 회답이 오기까지는 몇 달이 걸릴지도 모른다. 많은 연구자들은 일정한 마감날짜를 정해 그 이후에 도착한 회답은 분석에 포함시키지 않는 방법을 택한다.

다른 문제는 설문에 답한 사람이 과연 누구인지를 알 수가 없다는 것이다. 예를 들어 기업 경영자 대상 설문을 비서가 응답하거나 가정 내 남자 어른 대상 서베이를 어린이가 해도 연구자로서는 알 수가 없다. 나아가 서베이에 관심이 있는 사람들한테서만 회답이 오기 때문에 편견이 게재된 연구결과를 낳을 수 있다. 우편 서베이의 가장 큰 단점은 역시 낮은 회수율이다. 우편 서베이는 대상 지역과 종류에 따라 차이는 있으나 평균 5~40%의 회수율을 보인다. 이같이 낮은 회수율은 연구결과의 신뢰도에 대해 의문을 제기하게끔 한다.

(3) 회수율을 높이기 위한 방안

우편 서베이의 회수율(return rates), 즉 응답률(response rates)을 높이기 위한 노력들이 많이 있어 왔지만 아직 어느 방법도 확실하게 이를 보장해주지는 못하고 있다. 우편 서베이에 관한 많은 연구들을 대상으로 한 메타 분석 결과, 폭스와 동료들(Fox, Crask, & Kim, 1989)은 다음과 같은 방법을 이용하면 회수율을 높일 수 있다고 보았다. 대학이 후원한다는 것을 명시하거나, 우표를 붙인 회신 봉투를 동봉하는 방법, 응답자에게 미리 설문지가 갈 것이라고 알려주는 방법, 엽서를 통해서 독촉하는 방법, 속달우편을 이용하는 방법, 색깔 있는 설문지를 이용하는 방법(흰색보다는 녹색), 마감일을 명시해주는 방법, 자동우편보다 일일이 직인을 찍어 발송하는 방법 등이 여기에 해당한다.

회수율을 50%까지 증가시키는 데 성공적인 방법은 다음과 같다.

- 컬러 TV나 블루레이, 혹은 MP3플레이어를 상품으로 내거는 방법
- (설문지가 회수된 경우) 전화카드 선물
- (해당지역에서 사용가능한) 선물카드
- 10달러 이상의 지폐 제공

2) 전화 서베이

전화 서베이(telephone surveys)와 개인 면접은 모두 말로 설문을 하고 응답을 보통 컴퓨터에 기록하도록 훈련받은 면접원들을 이용한다. 응답자들은 설문지를 볼 기회가 거의 없다. 전화를 이용한 서베이나 개인 면접 기법은 일정 부분 유사점이 있다. 따라서 다음 내용 대부분이 개인 면접에도 적용된다.

전화 서베이는 우편 서베이와 개인 면접의 중간정도에 위치한다고 볼 수 있다. 전화를 이용하면 우편 서베이보다는 관리가 용이하고 응답률도 높지만 물을 수 있는 설문의 종류와 수를 제한받는다. 또한 대체로 우편 서베이보다는 비용이 더 들지만 한 사

람씩 직접 만나서 해야 하는 개인 면접 방법보다는 비용이 덜 든다. 전화 서베이는 여러 서베이 기법을 잘 혼합한 것으로 간주된다. 매스미디어 연구에서 전화 서베이의 활용도가 높아지는 것도 바로 이 같은 이유에 기인할 수도 있다.

면접원은 전화 서베이나 개인 면접 방식 모두에서 매우 중요하다. 면접원은 응답자의 답변이 연구자에게 잘 전달될 수 있게 중립적인 매개 기능을 수행하는 것이 바람직하다. 면접원이 함께 있다는 사실이나 면접원의 어투가 어떠한 형태로든지 응답자의 답변에 영향을 주어서는 안 된다. 적절한 훈련과 교육을 통해 면접원의 편견이 자료수집에 개입되는 것을 최소화해야 한다. 예를 들어 면접원이 응답자의 응답에 대해 멸시하거나 놀라는 태도를 표시하면 응답자로서는 후속 설문들에 솔직하게 대답하기가 어려울 것이다. 또한 특정 응답에 대해 면접원이 맞장구를 치게 되면 응답자는 다른 설문에 대해서도 비슷한 유형의 응답을 할 가능성이 있다. 면접과정에서 설문을 빠뜨린다든지 무성의하게 묻는다든지 해서 응답자를 참을성 없이 대하는 것도 문제를 발생시킬 수 있다.

다음에 제시된 내용은 미국방송인협회(National Association of Broadcasting)가 면접원의 편견이 개입되는 것을 최소화하기 위해 마련한 지침이다. 오래되었지만 여전히 유용하다(A Broadcasting Research Primer, 1976, pp. 37~38.).

- 설문은 표현된 문구대로 정확하게 읽을 것. 순서를 정확히 지켜서 물을 것. 설문을 건너뛸 때에는 설문지에 지시가 있을 때에만 할 것. 여기에는 예외가 없음.
- 절대로 답을 대신 해주거나 설문을 설명해주려고 노력하지 말 것. 어떤 종류의 응답을 원하는지를 암시하지 말 것. 어떤 식으로든 부추기지 말 것.
- 설문을 이해하지 못하면 '다시 읽겠다'고 말하고 천천히 분명하게 되풀이할 것. 그래도 이해를 못하면 '무응답'이라고 보고할 것.
- 응답이나 코멘트는 응답자의 말을 그대로 정확하게 모두 써서 보고할 것. 답변이 모호하거나 충분치 못하면 "그것을 좀 더 설명해주시겠습니까"라든가 "무슨 뜻입니까"와 같은 중립적인 설문으로 탐색해 들어갈 것. 때로는 답을 할 때까지 잠깐 기다려 줄 것.
- 응답자의 협조에 감사를 표할 것. 그러나 응답자의 답변에 대해서는 절대로 코멘트를 하지 말 것. 긍정, 부정 혹은 놀라움을 표시하지 말 것. "아!"라는 말조차 응답자로 하여금 더 나올 설문에 대해 대답을 주저하거나 거부하게 할 수도 있음. 응답자

에게 큰 소리로 얘기하거나 반대로 너무 작게 얘기하지 말 것.

- 지시문의 모든 사항은 동의하든지 안 하든지 충실히 따를 것.
- 응답자 개개인에게 감사를 표시할 것. 다음 면접원을 위하여 좋은 인상을 남길 것.
- 의사소통의 문제가 발생하면 책임 있는 연구자와 즉각 상의할 것.

전화를 이용한 서베이의 일반적인 과정은 다음과 같다. 여기서는 단계별로 제시했지만 여러 작업을 동시에 수행할 수도 있다.

① 표본 선정

전화 서베이를 하려면 연구자는 어느 지역을 대상으로 할 것인가를 분명하게 정하고 연구할 가구마다 어느 사람을 면접할 것인가를 정해야 한다. 많은 연구들이 18세 이상이라든가 세대주라든가 하는 식으로 대상을 한정시키고 있다. 어떤 표집절차를 사용할 것인가 하는 것은 연구목적에 따라 달라진다(4장 참조).

② 설문지 작성

전화를 이용한 서베이의 설문은 간결하고 직접적인 응답 항목으로 구성해야만 한다. 특히 전화로 여러 항목을 길게 나열하는 것은 되도록 피해야 한다. 그 외에도 서베이에 소요되는 시간은 비전문 면접원을 이용할 경우 10분을 초과하지 않도록 해야 한다. 만약 20분 정도의 면접시간이 소요될 긴 설문지라면 전문 면접원에게 맡기는 것이 좋다.

③ 면접자 대상 교육 지침서 준비

이 교육 지침서에서는(통화할 전화번호, 전화를 하기에 적합한 시간, 시간 기록은 어떻게 해야 할 것인가 등) 서베이에 필요한 기본적인 문제들에 대한 교육을 자세히 해주어야 한다. 또 한 가족 중 누구를 지정하여(가장이나 주부를 바꿔 달라고 할 때에는 언제쯤이 좋은가) 면접할 것인가, 설문은 어떻게 하고 응답을 어떻게 기록할 것인가에 대한 일반적인 지침을 마련해주어야 한다.

④ 면접원 훈련

면접원은 설문지 면접을 연습해서, 설문지에 나오는 모든 문항 · 응답 선택지 · 안내문 또는 지시문 등을 숙달해야만 한다. 가장 좋은 방법은 실제로 면접과 유사한 상황을 만들어놓고 각자가 연습을 해보고 설문을 해볼 수 있도록 면접원들을 집단 훈련시키는 것이다. 설문지를 사전 연구하듯이 면접원들도 사전 연구를 해보는 것이 좋다.

⑤ 자료수집

자료수집은 지정된 한 장소에서(이용할 수 있는 전화회선이 충분하다면) 행해질 때 가장 효과적이다. 그래야만 문제가 생겨도 보완하기가 쉬우며, 특정 면접원이 전체에게 적용될 수 있는 중요한 문제를 제기했을 때 이것을 다른 면접원들에게 쉽게 전달할 수가 있다. 전화로 면접하는 장소가 한 곳이면 연구자도 면접원의 작업을 감독하기가 용이하다. 응답 완성률(completion rate)도 매일 확인 검토해보아야 한다.

⑥ 미 통화자 대상 재통화 시도

처음 서베이를 시도했을 때 통화 중이었거나 답변을 하지 않은 면접 대상자들에게는 차후에 최대 3회 추가 전화를 걸어 면접을 해야만 한다. 처음 전화했던 때와 다른 날이나 저녁에 다시 전화 면접을 하는 것이 응답자로 하여금 면접에 응하게 할 가능성이 훨씬 더 높은 경향이 있다. 일반적으로는, 세 번 시도를 하면 75% 정도가 성공한다.

첫 번째 시도에서 통화 중일 경우 한 시간 반 정도 기다렸다 다시 거는 게 좋고, 첫 번째 시도에서 무응답일 경우에는 2~3시간 후에 전화를 거는 게 합리적이다. 저녁에 시도했는데 무응답일 경우에는 다음 날 걸어야 한다. 나아가 면접원들은 표본이 된 전화번호의 상황에 대해 일일이 기록해두어야 한다.

⑦ 결과 검증

모든 설문에 대한 응답이 끝났으면 면접한 설문지들을 모아 그 가운데서 적은 수의 표본(5~10%)을 선정하여 응답자들의 응답내용이 정확하게 기록되었는지를 다시 한 번 확인해보아야만 한다. 그렇기 때문에 처음 서베이를 하는 동안에 각 응답자들에게 차후에 다시 추가적으로 전화를 할지도 모른다는 것을 알려주어야 한다. 그래야 연구대상자들이 두 번째 전화를 받을 때 혼동을 하지 않을 수 있다. 재통화할 때는 이전 면접 대상자가 맞는지 연구대상자들의 이름을 정중하게 물어보는 것이 올바른 절차이다. 예를 들어 "당신은 며칠 전 전화로 TV 시청에 관한 설문을 받으신 적이 있습니까?"라는 식으로 설문을 해야만 한다. 응답자들 대상으로 재확인하는 작업은 시작하여 원래의 설문들(면접원들이 흔히 빠뜨리는 경향이 있는 개방형 설문이나 민감한 반응을 보이는 설문을 우선하여) 중에서 두세 개 정도를 뽑아서 물어 볼 수 있다.

⑧ 자료의 도표화

보통 자료분석 절차에 따라 전화 서베이 연구자들은 완료 면접, 초기의 거절 수, 질 낮은 응답, 통화 중, 언어 장애, 무응답, 통화 중 끊기, 취소, 통화불능 등을 근거로 전체적인 응답률을 계산한다.

(1) 장점

전화 서베이의 비용은 그다지 높지 않다. 최소한의 비용으로 표본을 추출할 수 있으며 수송비도 들어가지 않는다. 재통화하는 것도 간단하며 경제적으로 할 수 있다. 최근의 발달된 전화시스템을 잘 활용하면 어느 지역에서도 전화 서베이를 실시할 수 있다.

우편 서베이와 비교해볼 때 전화 서베이는 보다 상세한 설문을 할 수 있으며 전술한 바와 같이 면접원들을 활용하면 설문을 실시하는 동안에 발생할지도 모르는 여러 오해들을 해결해줄 수 있다.

매스미디어 연구에서 전화 서베이의 응답률은 일반적으로 높은 편이고, 특히 여러 차례 재통화를 시도하는 경우는 더욱 그렇다. 다른 연구에 비해 미디어 연구는 사람들이 보고 듣고 읽은 것에 대한 설문들이기 때문이 응답자들이 즐기며 답할 수 있어서 그렇다고 볼 수 있다. 나아가 전화 서베이는 우편 서베이보다 훨씬 신속하게 이루어진다. 많은 수의 면접원을 동원하면 비교적 짧은 시간 안에 원하는 자료를 수집할 수 있다. 400명 대상 서베이인 경우에는 7일 정도면 자료수집이 가능하다.

(2) 단점

먼저 많은 면접 대상자들이 전화 서베이를 '연구'보다는 사람들에게 무언가를 팔기 위해서 서베이한다는 인식을 가지고 있다는 사실이다. 그러한 인식은 많은 기업들이 판매고를 높이기 위해 서베이를 가장하여 소비자들에게 접근하기 때문에 생긴 오해에서 기인한다. 많은 경우 응답자들은 서베이를 위해 전화 면접을 시도하면 곧바로 전화를 끊어버리고 만다.

또한 응답자들에게 시각적 설명을 동반하는 설문을 할 수 없다는 것도 단점이다. 예를 들어 광고에 대한 연구를 할 경우 상품 사진을 보여주지 못하고 응답자 개개인들에게 그 상품광고를 보았는지를 물어보게 된다.

또 다른 잠재적인 문제점은 표본을 추출하는 데 이용되는 해당지역의 전화번호에 모든 사람의 이름이 다 실려 있지 않다는 점이다. 모든 사람들이 전화를 소유하는 것도 아니고 전화번호부에 게재되지 않은 전화를 갖고 있는 사람들도 많이 있으며, 게재된 전화번호가 정확하지 않을 수도 있고, 최근에 전화를 가설하여 아직 전화번호부에

[표 7-1] 50개 연구의 전화통화내역표 요약본

통화결과	숫자	비율
무응답*	443,200	56.3
초기 거절 수	99,350	2.6
통화 중	74,600	9.5
해당자 없음	34,550	4.4
재통화	30,550	3.9
통화 불능	28,400	3.6
잘못된 번호(나이 부적격)	26,000	3.3
업무상 전화중	9,400	1.2
자동응답기	6,750	0.9
나이/성비 초과	5,250	0.7
언어적 장애	3,750	0.5
보안	3,000	0.4
통화 중 갑작스런 중단	2,800	0.4
면접 완료	20,000	2.5
전체 통화 수	787,600	

* 전화거는 사람의 ID가 부정확한 경우도 포함

이름이 실리지 않은 경우도 있기 때문이다. 아울러, 최근으로 올수록 집 전화를 개설하지 않고 휴대전화만 사용하는 사람들이 늘고 있는 것도 문제다. 이러한 문제들은 만약에 전화를 소유하지 못한 사람, 또는 전화번호부에 실리지 않은 전화를 소유한 사람들이 전화번호부에 실린 사람들과 사회 인구학적 속성 등이 같다면 그리 심각하지 않을 수도 있을 것이다. 불행하게도 연구자들은 일반적으로 그런 사람들이 서로 동질적인지 아니면 이질적인지를 확인해볼 방법이 없다. 따라서 전화번호부로부터 얻은 표본은 모집단과는 유의하게 다를 가능성이 있는 것이다(무작위 전화표집에 대해서는 4장을 참조).

마지막으로 연구자가 원하는 적정한 수준의 표집을 얻기 위해서는 매우 많은 전화를 시도해야 한다. [표 7-1]은 그 사례로서, 위머연구소(Wimmer Research) 주최의 전화 서베이 연구 50개를 무작위로 추출해서 도출한 **전화통화내역표**(call disposi- tion sheet) 요약본이다. 그 연구들에서는 18~54세 응답자들을 대상으로 하여, 라디오 청취 · 텔레비전 시청 · 자동차 구입 · 다른 미디어 주제들을 알아보았다.

[표 7-1]에 제시된 자료는 전문 면접원들이 주로 평일에 시도한 통화내역의 결과다.

자세히 보기 〉〉 전화 무응답?

요즘 많은 조사회사들이 전화 면접을 할 때 **예측 다이얼러**(Predictive Dialer)라는 컴퓨터 시스템을 이용하고 있다. 간단히 설명하면 표본으로 추출된 전화번호 목록을 데이터베이스화하고 이를 컴퓨터시스템으로 연계시켜 자동으로 전화를 걸어 면접을 진행하는 방법이다.

거의 백만 번에 가까운 75만 번 이상의 통화시도에서 단지 2.5%만 면접에 성공했다. 따라서 매일 100통의 전화를 걸면 2.5통만 면접에 성공하는 셈이다. 이보다 낮은 성공률을 갖는 직업은 없을 것이다.

3) 개인 면접 서베이

일대일 면접(one-on-one interviews)이라고도 불리는 개인 면접(personal interviews)은 일반적으로 응답자를 특정 장소나 연구기관 사무실로 나오게 해서 이루어진다. 때로는 면접원이 직접 응답자의 집이나 작업장으로 방문하여 자료를 수집한다.

여기에는 두 가지 유형의 면접, 즉 구조화된 형태의 면접과 비구조화된 형태의 면접이 있다. **구조화된 면접**(structured interview)에서는 이미 표준화되어 있는 설문을 순서에 따라 진행해나가게 되므로 비교적 면접원에게는 재량권이 거의 없다. **비구조화된 면접**(unstructured interview)에서는 광범위한 설문이 허용되기 때문에 필요한 정보를 얻기 위해서 어떠한 설문을 더 할 것인가를 결정할 수 있는 재량권이 면접원에게 부여된다. 구조화된 면접을 통해 얻어진 자료는 도표화하거나 분석하기가 용이하나 비구조화된 면접과 같이 심층적이고 광범위한 자료를 얻을 수는 없다. 반대로 비구조화된 형태의 면접은 보다 상세한 사실을 이끌어낼 수 있으나 그 자료를 계산하거나 분석하는 데는 상당히 많은 시간이 걸린다.

개인 면접 방법을 실시하는 절차는 전화 서베이의 경우와 비슷하지만 차이점도 있다. 실질적으로 전화 서베이 방법과 어떻게 다른가를 살펴보면 다음과 같다.

① 표본 선정

개인 면접 서베이를 하기 위해 표본을 추출하는 방식은 다른 연구방법의 표본추출과 본질적으로는 비슷하다. 일대일 면접에서 응답자들은 미리 정해진 표본추출 방식에 의해 선정되고, 가구별 방문 면접에서는 다단계 표본 추출방법을 이용해 지역과 대상구역을 선정한 다음 무작위로 가구를 선정해낸다(4장의 [그림 4-2] 참조).

② 설문지 작성

개인 면접 방법은 유연하다. 즉 설문을 상세하게 할 수 있으며 완전한 응답을 얻기 위해 면접 시간을 늘려 잡을 수도 있다. 많은 경우 대개 한 시간 정도가 소요된다. 연구자들은 설문을 위해 시각적인 자료, 목록, 사진 등을 이용할 수도 있으며 응답자들에게 사진이나 자료들을 주고 유형별로 분류해볼 것을 요구할 수도 있다. 아울러 본인의 답변을 인쇄된 카드 위에 지적하도록 요구할 수도 있다. 면접이 끝난 뒤 응답자들에게 봉투를 나누어주고 응답한 설문지를 응답자 자신이 봉투에 넣어 봉하게 함으로써 사생활과 익명을 보장할 수 있다.

③ 면접자용 안내 지침서 준비

지침서의 구체적인 사항은 면접의 종류에 따라 달라진다. 일대일 면접상황에서는 지침서에 구체적인 내용을 마련할 필요가 없다. 일대일 상황에서는 면접 장소와 응답자가 이미 선발되어 있고 면접시간도 사전에 약속되어 있기 때문이다. 그러나 각 가구를 방문해야 하는 면접자들을 위한 지침서에는 면접 대상 가구를 선택하는 법, 가구 내에서의 응답자 선택법, 해당 응답자가 집에 없을 경우의 대응 방법 등에 관한 지침을 포함되어 있어야 한다. 면접 안내 지침서에는 면접을 어떻게 할 것인가, 어떤 옷을 입을 것인가, 자료를 어떻게 기록한 것인가, 설문을 어떻게 할 것인가 등에 관한 정보도 담고 있다(미국사회에서 가구별 방문 면접은 비용이 많이 들고 응답자들이 참여를 주저하는 경향이 있어 거의 이용되지 않고 있다).

④ 면접원 훈련

개인 면접에서는 연구해야 할 설문지가 다른 서베이 방법보다 길고 훨씬 상세한 내용을 다루기 때문에 면접원 훈련이 중요해진다. 면접원들은 응답자들에게 접근하는 방법과 그들에게 친밀감을 보여주는 방법, 세부적인 관리 사항에 대한 설명(예를 들어 면접시간과 길이, 면접원의 급여 기준 등)과 추가설문을 하는 방법 등을 잘 교육받아야 한다. 면접 실시 도중에도 여러 차례 연구목적이 무엇인지 알려주고 면접원들이 정해진 지침을 준수하는가를 확인해보는 것이 필요하다.

⑤ 자료수집

개인 면접은 노력과 비용의 집중 투입을 요구한다. 그렇기 때문에 많은 연구자들이 전화 서베이나 우편 서베이를 선호한다. 개인 면접 프로젝트는 총 완료속도가 느려서 끝내려면 며칠에서 몇 주가 걸리기도 한다. 면접원이 하루에 면접할 수 있는 대상도 제한되어 있다. 게다가 면접원들의 인건비와 연구비용 또한 급속히 증가하는 추세이다. 일대일 면접의 경우 연구회사들이 요구하는 비용은 한 응답자당 약 1,000달러에 달하는 게 보통이다.

면접원들의 자료수집은 응답자들의 응답을 일일이 받아 적거나 녹취함으로써 완성된다. 어떤 방법이든지 시간이 많이 걸리며, 세부적으로 다시 적고 편집하는 작업이 필요한 경우도 가끔 있다.

⑥ 필요시 재통화 시도

다시 면접이 필요할 경우 면접원은 처음 표본으로 선정되었던 가구나 지역을 다시 찾아가야 한다. 그에 따라 인건비, 연구비용, 시간 등이 추가된다.

⑦ 결과 검증

전화 서베이에서 처럼 면접원의 면접이 완전히 끝난 응답자의 설문 중에서 약간을 표집하여 검증하는 절차가 필요하다. 이 때 응답자들에게는 전화로 접촉하거나 개인적으로 다시 재면접하는 방법 등이 가능하다.

⑧ 자료의 도표화

개인 면접을 통해 얻어진 자료의 정리 절차는 다른 연구방법과 다르지 않다. 코딩 지침서를 마련하고 그 지침에 따라 자료를 코딩해서 컴퓨터에 입력한다.

(1) 장점

개인 면접이 갖는 여러 가지 장점은 이미 언급한 바와 같다. 이 방법은 정보를 얻기에 가장 유연한 수단인데 그 이유는 서로 얼굴을 마주하는 상황 자체가 보다 깊이 있고 자세한 설문을 할 수 있게 해주기 때문이다.

또한 어떤 정보는 설문지를 길게 만들 필요 없이 면접원이 면접을 하면서 관찰을 통해 얻을 수도 있다. 예를 들어 집안에는 어떠한 잡지들이 놓여 있는가, TV나 라디오를 켜놓았는가, 옥외 안테나가 있는가 하는 것들이다.

그리고 개인 면접의 경우 면접원은 응답자와 친밀감을 형성할 수 있으며 우편이나 전화를 이용한 서베이에서는 응답하기 어려운 민감한 문제들에 대해서도 답변을 구할 수 있다.

아울러 개인 면접에서는 응답 대상자의 신원을 확인할 수 있고 이를 통제할 수 있다. 우편 서베이에서는 가족들이 모두 모여 의논한 후 응답을 작성할 수도 있는 반면 개인 면접에서는 이런 경우를 피할 수 있다.

마지막으로 개인 면접이 한 번 시작되면 응답자는 응답이 다 끝내기 전에는 면접을 도중에서 그만두기가 힘들다는 점도 장점이다. 전화 서베이에서는 응답자가 전화를 끊어버리면 그 순간 서베이는 중단되고 만다.

(2) 단점

앞서 언급한 바와 같이 개인 면접 방법의 가장 큰 단점은 시간과 비용이 많이 든다는 점이다. 또 다른 중요한 단점은 면접원의 편견에 대한 문제이다. 면접원의 용모, 나이, 인종, 성별, 복장, 비언어적 행동 및 코멘트 등이 응답자로 하여금 답변을 불성실하게 만들 수 있다. 게다가 면접원을 모집하여 훈련시키고 관리하는데 필요한 조직이나 수고가 다른 자료수집 방법에 비해 훨씬 크다. 다수의 면접원이 필요할 경우 이들의 작업을 조정해줄 현장 감독이 필요한데 이 또한 서베이의 비용을 증가시키는 요인이다. 마지막으로, 면접을 낮에 실시할 경우 대부분의 응답 대상자는 직장에 다니는 사람들이 아닐 것이다. 따라서 직장에 나가는 사람을 면접하기 위해서는 면접을 주말이나 저녁에 실시하도록 계획해야 한다.

최근 그 대안으로 이용되는 방식이 응답자가 개인용 컴퓨터를 이용해 응답하는 자기기입식 면접이다. 응답자들은 대개 컴퓨터로 보내진 설문들에 응답하는 방식으로 연구회사나 현장서비스업체의 프로젝트에 참여하도록 소개받는다.

개인 면접의 혼성물이 바로 심층 면접(in-depth interviewing)인데 이에 관해서는 5장에서 논의한다.

컴퓨터를 이용한 개인 면접(CAPI)

최근 몇몇 연구 회사들이 개발한 방법이 '컴퓨터를 이용한 개인 면접(Computer-Assisted Personal Interviewing: CAPI)'인데 휴대용 랩탑 컴퓨터를 이용해 개인 면접 서베이를 실시하는 방식이다. 응답자나 전문 면접원이 자료를 직접 컴퓨터에 입력하면 그 결과는 분석용 주 컴퓨터로 업로드된다.

(1) 장점

이 방식의 주요 장점은 면접을 위해 응답자가 전화로 응답하거나 연구장소에 참여할 필요 없이 연구용 설문지를 받게 된다는 점이다. 이 방법을 통하면, 복잡한 설문과 시각적 자료 활용이 가능할 수도 있다.

(2) 단점

CAPI에 응답자 자료가 포함되어 있기만 해도 응답자는 컴퓨터를 이용해서 자신의 응답을 정확히 입력하도록 요구받는다. 아울러 CAPI는 응답자들의 접속 지역 범위를 넓힐 수도 있다. 그러나 한 번에 단 한 설문지만 끝낼 수 있기 때문에 자료수집이 여전히 오래 걸린다. 결국, CAPI는 특정 응용 프로그램으로는 값어치가 있을지도 모르지만, 컴퓨터를 이런 식으로 이용하는 것은 과학기술적으로는 역행하는 것일 수도 있다. 대부분의 경우 조사의 목표는 속도에 있는데, CAPI는 자료수집 소요 시간을 감소시키지는 않는다.

쇼핑센터 면접

쇼핑센터 면접이 개인 면접의 한 형태인 것으로 논의되고 있지만 최근 이 방법의 대중성과 광범위한 확산을 고려할 때 이제는 개별적인 고려가 필요하다.

1980년대 후반 이래로 마케팅 및 소비자 연구자들 사이에서 **쇼핑센터 면접**(mall intercepts)[역자주 5]은 가장 인기 있는 연구방법이다. 슐레이퍼(Schleifer, 1986)는 1984년도의 한 서베이에 참여했던 사람들 중 약 33%가 쇼핑센터 면접의 대상자이었다는 사실을 발견했다. 쇼핑센터 면접의 인기는 오늘날에도 여전히 지속 중이다. 인터넷에서 "쇼핑센터 면접"은 검색해봐도 그 인기를 확인해볼 수 있다.

쇼핑센터 면접의 경우 편의표본의 이용하고 있어 표집오차가 어느 정도인지 결정할 수 없다 할지라도, 점차 많은 연구자들 사이에서 서베이의 표준이 되어 가고 있다. 이제 쇼핑센터 앞에서 카드를 들고 서성거리면서 면접 대상자들을 찾는 면접원을 보는 일은 그리 어렵지 않다. 쇼핑센터 면접법은 점차 보편화되어 가고 있지만 쇼핑하는 사람들 중에는 그런 강요에 불쾌함을 표시하기도 한다. 사실 쇼핑하는 사람들 중에는 면접원을 피할 수 있는 경로까지도 알고 있는 경우가 종종 있다.

쇼핑센터 면접을 수행하는 절차는 개인 면접과 크게 다를 바가 없다. 다만 이 둘의 가장 큰 차이점은 쇼핑센터 면접의 경우 서베이를 실행해줄 현장서비스업체를 찾아야 한다는 사실이다. 현장서비스업체는 쇼핑센터 소유주들에게 라이센스 요금을 지불하고 건물 내에서의 조사를 승인받는다. 현장서비스업체라고 해서 어느 쇼핑센터에서나 조사를 실행할 수 있는 것은 아니다.

역자주 5 쇼핑센터나 거리를 지나가는 사람들을 대상으로 한 대인면접 방식을 말한다.

쇼핑센터 면접 조사의 최근 경향은 자료수집에 개인용 컴퓨터를 이용하고 있다는 점이다. 응답자는 컴퓨터 모니터를 통해 자신에게 주어진 설문에 대해, 현장서비스업체가 시행하는 일대일 면접 방식대로 답하기만 하면 된다.

(1) 장점

쇼핑센터 면접은 개인적 자료를 수집하는 데 있어서 빠르고 비용이 많이 들어가지 않는 방법이다.

(2) 단점

쇼핑센터 면접 방법의 단점은 대부분 이미 이 책의 다른 부분에서 많이 논의되었다. 주요한 세 가지 문제점을 제시하면 먼저 편의표본을 대상으로 하기 때문에 결과의 일반화 문제가 발생한다는 점, 둘째, 면접이 매우 짧은 시간 동안(단지 10분 정도에 그침)에 이루어진다는 점, 셋째, 자료수집에 대한 통제가 어렵다는 점(연구자는 자료수집을 현장서비스업체에 전적으로 의존함)이다.

4) 집단기입 서베이

집단기입 서베이(group administration)[역자주 6]는 우편 서베이와 개인 면접을 조합한 모습을 띄고 있다. 집단기입 서베이는 응답자 한 집단(현장서비스업체가 사전에 모집한)이 모였을 때 설문지를 돌리거나 집단 면접(큰 규모의 포커스그룹)에 참여하도록 하는 방식이다. 집단 모임은 일반적으로 자연스러운 상황에서 이루어지지만 호텔의 넓은 방이나 현장서비스업체 사무실에서 이루어진다. 가령 라디오나 TV 방송에 대한 설문에 답하기 위해 충원된 응답자 집단, 신문구독 습관에 대한 서베이를 위해 모인 강의실의 학생집단, 새로운 영화를 시사한 다음 몇 가지 설문에 응답하기 모인 관객 등이 여기에 해당한다.

집단 모임의 책임을 지고 있는 면접원은 설문을 읽어줄 수도 있지만 그렇지 않을 수도 있다. 큰 소리로 설문을 읽는 것은 글을 잘 읽지 못하는 사람에게 도움을 줄 수 있지만 반드시 그럴 필요는 없다. 가장 좋은 방법은 6~7명의 면접원을 모임 장소에 배치하여 문제가 있는 사람들만 면접원들과 상의토록 하는 것이다.

집단기입 서베이는 경우에 따라서 시청각 자료들을 준비하여 응답자들로 하여금

역자주 6 '조사의 집단 실시'라고도 하며 한 집단 대상 조사를 동시에 실시하여 자료를 수집하는 방법을 말한다.

분석토록 할 수도 있다. 그러나 일반적인 경우는 응답자들이 스스로 응답할 수 있도록 해주고 질문이 있으면 면접원에게 질문하게 하는 방식이다.

(1) 장점

집단기입 서베이는 분명 장점이 있다. 예를 들어 집단기입 서베이의 설문지는 다른 서베이의 설문지보다 길어도 괜찮다. 응답자들이 처음부터 설문을 완성할 목적으로 모였기 때문에 그 완성도가 높다. 연구자가 언제든지 응답자들의 설문에 답해주고 문제를 해결해줄 수 있는 기회를 갖기 때문에 연구의 완성도가 높은 것이다.

(2) 단점

만약 집단기입 서베이에서 무언가 권위적인 분위기가 느껴진다고 인식하면 응답자들은 의혹을 제기하거나 불편해질지도 모른다. 예컨대 한 교사집단이 응답자들로 모였다고 하자. 그 교사들은 분명히 집단기입 서베이가 교육행정당국의 허가를 받아서 행해진다는 사실을 알 것이고 그 결과가 그들의 상급자들 손에 들어간다는 것도 미루어 짐작할 것이다. 또한 집단적인 환경 아래서는 서로 간의 상호작용이 가능하다. 이로 인해 연구자가 그 상황을 통제하기 힘들어질 수도 있다. 나아가 서베이에 따라서는 동일한 속성을 지닌 사람들로 구성된 집단을 요구하기보다는 다양한 배경을 지닌 사람들의 집단을 원하기도 한다. 그러나 다양한 사람들을 섞어놓는다는 것은 연구에 편견을 가져올 수도 있다.

마지막으로 집단기입 서베이는 비용이 많이 드는 자료수집방법이다. 그 비용에는 응답자 충원비용, 협조 사례비, 호텔시설이용료, 다과비용, 면접원 인건비 등이 포함된다. 비용이 많이 들기 때문에 여러 업체들은 더 이상 집단기입 서베이를 이용하지 않는다.

5) 인터넷 서베이

인터넷이 연구조사영역에 미친 영향은 지대하다. 일부 방법에 대해서는 신뢰도와 타당도 문제가 제기되긴 하지만 어느 유형의 연구든지 인터넷을 통해 연구를 실시하고 있는 것이 사실이다. 다만 여기서는 인터넷과 서베이 조사에만 초점을 맞추어 살펴보겠다.

1990년대 후반 연구자들은 자연스럽게 인터넷의 인기를 받아들였고 인터넷 서베이는 이제 평범한 일이 되었다. 그 절차는 매우 간단하다. 응답자를 전화나 문자, 이메일을 통해 충원하고 완성해야 할 설문을 이메일을 통해 보낸다. 마치면 응답자는 단순히 그 설문을 다시 조사회사나 연구를 수행하는 곳으로 전송하면 된다. 최근에는 응답자가 해당 웹사이트를 방문해 설문에 응하는 방법까지 발전하고 있다. 물론 이 때 그 사이트에 접속하기 위한 패스워드가 필요하다. 서베이를 마치면 응답자들은 "제출"을 클릭하든지, 연구를 수행하는 기업이나 조사업체로 이메일 회신하여 설문지를 보내면 된다.

온라인 조사에는 주로 자료수집 기능만 있긴 하지만, 이러한 온라인 조사를 시행하기가 이제는 놀랄 정도로 쉬워졌다. 서베이몽키(Survey Monkey), 주메랑(Zoomerang), 폴대디(PollDaddy), 기타 등등과 같은 웹사이트들을 통해서다. 소규모 조사연구는 많은 경우에 이러한 곳에서 무료로 수행할 수 있다. 그래서 학생들에게나 전문 연구자들에게나 이러한 웹사이트들의 인기는 매우 대단하다. 이들 서베이 웹사이트에서라면 실제 누구나 직접 조사를 해볼 수 있다.

(1) 장점

인터넷 서베이는 많은 장점을 갖는다. 무엇보다 비용이 적게 들며 시공간의 한계를 뛰어넘어 편리하면서도 유연한 응답이 가능하다. 아울러 응답자들에게 거의 모든 종류의 시청각 자료들을 제공할 수 있다.

(2) 단점

인터넷 서베이의 가장 큰 단점은 설문에 응한 사람이 실제 연구를 위해 충원한 사람인지 확인할 길이 없다는 점이다. 예를 들어 성인이 응답자로 선택되었지만 그 어른이 집에 있는 어린이에게 응답하라고 하는 경우다. 다른 전자적인 자료수집 방법들과 마찬가지로 인터넷 서베이도 자료수집 과정을 통제할 수 없다. 이런 문제가 수집된 연구결과와 의사결정에 큰 부정적 효과를 가져다 줄 지도 모른다.

07 인터넷을 이용한 자료수집과 유의사항

연구자라면 실제 조사에 참여하는 사람이 누구인지를 알아내기 위해 여러 방법(여과질문)을 활용한다. 온라인 조사연구에서는 더욱 그렇다. 그러나 지금까지 응답자의 신원을 100% 알아내기란 어렵다. 목표로 하는 표본을 확보하기 위해 여러 통제 방법을 활용하지만 사이비 응답자가 포함되기 마련이다. 이 문제는 노련한 연구자와 초보연구자 공히 당면하는 게 현실이다.

그렇다면 온라인 자료수집 과정에서 이런 오류를 줄일 수 있는 방법은 무엇일까? 이에 대한 완전한 답이란 없다. 대신 자료의 신뢰도와 타당도 문제를 좀 더 고려할 것을 권유한다.

기존의 연구들이 보여준 바와 같이 연구방법에 따라 각기 고유한 특성이 있기 마련이다. 그리고 자료를 많이 수집하다보면 응답이나 응답자들이 결국 정규분포를 그려 보인다는 사실도 알게 된다. 또한 대부분의 연구에서 소수의 응답자들이 소위 극단의 열외자(outlier)(표준편차 > 2.0)로 자리한다는 점도 알게 된다. 온라인 응답자들의 정체성 확인 문제도 마찬가지다. 극단의 열외자들을 어떻게 찾아내느냐 이다. 35년 이상에 걸쳐 저자들의 모든 연구에서 시도된 것도 바로 이것이다. 응답자의 답만 봐도 누구인지 바로 확인이 가능한 경우도 있지만 열외자를 찾아내기 위해서는 단순하지만 한두 가지의 절차가 필요하다.

첫째는 질문 안에 무언가 평가를 메기거나 숫자로 답하게 하는 질문을 포함시키는 것이고, 두 번째는 단순 개방형 질문을 던지는 것이다. 전자는 해당 답에 대한 응답자들의 전체 평균과 표준편차를 계산하고 이를 토대로 열외자들을 찾아내는 것을 말한다. 평균과 표준편차를 이용 ***z*점수**로 전환시키면 비교 가능하다. 연구마다 각자 독특한 특성이 있기 때문에 공통의 지침을 만들기는 어렵다. 충분한 근거를 가지고 열외자를 찾아내면 다른 표본으로 대체하면 된다. 후자는 응답자들을 분류하는 데 이용하는 코드 북 내에 '코드 98(Code 98)'을 포함시키는 것을 말한다. 여기서 코드 98은 코더들이 그 조사에 적합한 응답자인지 여부를 알아낼 수 있는 독특한 답을 말한다.

물론 이 절차들이 열외자들을 걸러내는 데 100% 완전한 방법은 아니다. 그러나 저자들이 지난 35여년 동안 이런 절차들이 열외자들을 걸러내는 데 자주 이용되어 왔고 나름 성공적인 것으로 입증되었다(매스미디어 연구자들 사이에서는 이 절차가 위머의 **열외자 분석**(Wimmer Outlier Analysis)으로 알려져 있다).

마지막으로 자료의 신뢰도와 타당도를 객관적으로 측정하는 방법들을 이용하는 것이다. 최근 뉴멕시코 주의 한 라디오 방송국에서 실시한 온라인 서베이를 예로 들어 보자. 이 서베이에서는 35~54세 사이 성인들 대상으로 보통 일주일에 얼마나 텍스트 메시지를 주고받는지를 조사하였다. 조사결과 응답자 평균은 한 주당 7.5건이었다. 그런데 *z*점수와 코드 98를 활용하여 분석한 결과 5명의 응답자가 주당 200건이 넘는 메시지를 주고받았다고 응답한 것으로 나타났다. 추후 전화나 여타의 방법으로 확인한 결과 이들 5명 응답자 모두 10대인 것으로 밝혀졌고 이들을 조사에서 제외하였다.

08 응답률 확보 방안

어떠한 종류의 서베이를 실시하는지 간에 100%에 달하는 응답률을 확보하기는 어렵다. 서베이의 유형에 따라 연구가 통제할 수 있는 정도도 달라진다. 그러나 어떠한 상황이든지 간에 응답자 모두가 면접에 응하거나 협력하는 것은 아니다. 따라서 연구자는 어떤 환경 아래서도 가능한 한 최고의 응답률을 확보하기 위해 노력해야 한다.

그렇다면 만족할 만한 응답률이란 무엇을 말하는 것일까? 분명히 응답률은 높을수록 좋다. 즉 많은 응답자가 답할수록 응답에 따른 편견이 게재할 가능성이 줄어든다. 그러면 최소한의 응답률이란 것이 있는가? 그 질문에 대한 합의가 도출된 것은 없다. 왜냐하면 어떤 방법을 이용하느냐에 따라 응답자 충원방법, 연구주제, 연구 시기, 장소가 다양하기 때문이다. 그러나 저자들의 연구 경험을 토대로 할 때 다음의 응답률 범위를 제안한다.

- 우편 서베이: 1~5%
- 전화 서베이: 5~80%
- 인터넷 서베이: 15~80%
- 쇼핑몰 면접: 5%
- 개인 면접(충원방법을 활용한): 40%

학술 저널들만으로 제한하여 살펴보면 다음과 같다. 1999~2001년 간 〈저널리즘 앤 매스커뮤니케이션 쿼털리(Journalism and Mass Communication Quarterly)〉, 〈저널 오브 브로드캐스팅 앤 일렉트로닉 미디어(Journal of Broadcasting and Electronic Media)〉, 〈저널 오브 커뮤니케이션(Journal of Communication)〉에 게재된 서베이 이용 연구들을 분석한 결과, 전화 서베이의 경우 완성 응답률은 31~71% 사이였고 평균 응답률은 54%인 것으로 나타났다. 우편 서베이는 응답률이 21~70% 사이였고 평균 응답률은 45%였다. 가장 높은 응답률을 보인 우편 서베이는 특정직업 집단(기자나 PR담당자들)을 대상으로 2~3회의 후속 우송을 시도한 연구였다.

응답률과 상관없이 연구자는 무엇보다도 응답 유형에 어떤 편견이 들어있는지를 점검해볼 책임이 있다. 여성 응답자가 남성 응답자보다 더 많이 응답하려 한 것은 아닌지, 노년층이 젊은 층보다 더 많이 응답한 것은 아닌지, 나아가 백인의 응답 가능성이 더 높지는 않았는지 등이 그 대상이다. 만약 어떤 특정 집단의 목소리가 약하게 고려될 경우 얻어진 자료의 일반화 가능성은 감소된다. 그러한 약점을 보완하기 위해서 연구자는 응답하지 않은 사람들에 대한 정보를 다른 경로를 통하여 확보하도록 해야 한다. 그리고 여기서 얻어진 정보와 응답자들이 제공한 정보를 비교해보면 결과에 어떤 편견이 있는지를 점검할 수 있을 것이다.

상식을 활용하면 응답률을 높일 수 있다. 전화 서베이의 경우 응답자들이 집에 있을 만한 시간, 그리고 응답을 할 수 있을 시간대를 택한다면 응답률을 높일 수 있을 것이다. 응답자들이 식사할 시간대나 잠잘 시간대는 피해야 한다. 일대일 면접에서 면접원은 복장을 단정하게 해야 한다. 연구자는 응답을 하지 않은 사람들을 잘 추적해서 왜 그들이 면접을 거부했는지 혹은 왜 설문에 답하지 않았는지를 알아볼 필요가 있다. "면접원이 별로 감각이 없고 억지를 부렸다", "설문지가 수신자 지불 요금으로 배달되었다", "서베이가 꼭 물건을 팔기 위한 미끼 같다" 등의 응답은 시사하는 바가 크다.

상식과 함께 연구설계상의 요소들이 응답률에 큰 영향을 미칠 수 있다. 유와 쿠퍼(Yu & Cooper, 1983)는 기존에 발표된 93개 연구들을 검토하고 다음과 같은 결론을 내렸다.

- 금전적인 인센티브가 응답률을 높여주었다. 물론 인센티브가 클수록 좋다.
- 사전에 공지해주거나, 설문을 아주 정밀하게 만드는 것, 독촉편지를 보내거나, 문간에 발 들여 놓기(foot-in-the-door)[역자주 7]식의 면접 기술 등 모두가 응답률을 크게 높여주었다.
- 겉표지, 익명의 강조, 마감일 강조 등은 응답률을 높이는 데 크게 도움이 되지 못했다.
- 연구의 사회적 유용성을 강조하거나 연구자를 도와 달라고 응답자에게 호소하는 것은 응답률에 영향을 주지 못했다.

09 서베이 연구의 일반적 문제점

매스커뮤니케이션 연구에서 서베이는 값진 도구(tools)이기는 하지만 몇 가지 장애요인들과 자주 직면한다. 기존의 연구경험을 토대로 할 때 다음과 같은 문제점들이 도출된다.

역자주 7 작은 요구로부터 시작하여 결국 커다란 승낙을 얻어내는 전략.

① 피험자 혹은 응답자들이 때때로 자신의 활동이나 자신에 대한 정보를 회상할 수 없는 경우가 있다. 이런 일은 응답자들이 기억에 실패하거나 본인이 연구에 관련되는 것을 성가시게 느낌으로써 아니면 설문에 대해 혼동을 일으키거나 기타 방해 요인이 개입되어 발생한다. 연구자에게는 간단한 문제도 응답자들에게는 상당히 힘든 문제로 보일 수 있다.

예를 들어 라디오 방송국의 책임자들은 종종 응답자들에게 차량의 라디오 버튼에 설정된 라디오 방송국이 무엇인지를 묻고 싶어 한다. 그러나 응답자들은 어느 방송국이 그들의 라디오 버튼에 프로그램화되어 있는지 모를 뿐만 아니라, 버튼이 라디오에 연관되어 있는지도 아예 모르는 사람들이 많다는 사실에 놀라게 된다.

② 어떤 특정한 주제나 영역에 대해 응답자가 스스로 부적절하다고 느끼거나 지식이 부족할 경우에 모른다고 인정하기보다는 '위신을 세우려는' 답변을 종종 한다. 이를 **위신 편견**(prestige bias)이라고 한다. 가령 TV 시청 습관을 조사하는 서베이에서 응답자들은 상업방송의 연속극이나 시추에이션 코미디에 거의 중독되어 있으면서도 사실과는 달리 공영TV나 라디오 방송을 많이 보고 듣는다고 말한다.

③ 연구대상자들이 의도적으로 정확하지 않은 답변을 함으로써 연구자를 속일 수도 있다. 알면서도 허위로 응답을 하는 대상자들에 대해서 어떠한 조치도 취할 수가 없다. 표본이 충분히 크다면 이런 종류의 응답은 배제시킬 수 있다. 그러나 응답자의 답변이 진실된 것인지 여부를 알 수 있는 만족스럽고 타당한 방법은 없다. 그런 속임수를 발견하기 위해 서베이를 통해 두세 번 같은 설문을 던져보는 방법이 있기는 하지만 응답은 주어진 그대로 받아들여질 수밖에 없다(유의사항: 앞서 제시한 것처럼 거짓응답자를 응답에 대한 *z*점수 계산을 통해 밝혀낼 수도 있음).

④ 응답자들이 간단한 설문에 매우 복잡하게 응답하는 경우가 종종 있다. 이는 응답자들이 연구의 목적을 알려고 하거나 연구자가 무엇을 하려고 그러는지를 알아보려고 하는 경우에 흔히 생기는 일이다. 사람들은 본능적으로 호기심을 지니고 있으며 특히 자신들이 과학적 연구의 대상이 될 때 그 호기심은 더욱 자극받는다. 응답자에 따라서는 설문에 대한 응답을 오히려 자신의 의견을 개진하는 수단으로 이용하려는 경우도 있다.

⑤ 응답자들이 자신들의 진실한 감정이나 신념, 가치 등을 제대로 설명할 수 없어 서베이가 복잡하게 되는 경우가 가끔 있다. 이는 응답자가 그 같은 느낌이나 신념을 갖지 않아서가 아니라 그것을 언어로 잘 표현하지 못하기 때문에 나타난다. "왜 일일

연속극 시청을 좋아합니까?"라는 설문은 어떤 응답자에게는 특히 어려울 수가 있다. 그 프로그램을 매일 시청할지라도 "그냥 좋으니까요"라고만 대답하는 것이다. 그런 응답자에게 설명을 더 자세하게 해주는 것이 도움이 될 수는 있으나 모든 경우가 그런 것만은 아니다.

서베이 연구를 수행하는 일은 흥미 있는 과정이다. 사람들이 왜 특정 방법으로 생각하는지 그리고 특정한 상황에서는 무엇을 생각하는지를 알아본다는 것은 재미있는 일이다. 그러나 연구자는 끊임없이 자료수집을 방해할 수 있는 장애요인들을 인식하고 그로 인해 발생하는 문제들을 다루어야만 한다. 미국은 세계에서 가장 서베이를 많이 하는 나라이며, 그 결과 이제는 많은 시민들이 어떤 유형의 서베이 프로젝트에도 참여하기를 거부하는 경향이 있다. 연구자는 응답자나 피험자들에게 그들의 연구 참여가 어떤 결정을 내리거나 문제들을 해결하는 데 중요하다는 점을 확신시켜주어야만 한다.

서베이의 양태는 끊임없이 변해 가고 있다. 일대일 면접이나 가구별 방문 면접은 이제 실행하기가 매우 어렵다. 대신 인터넷을 통한 조사가 강조되고 있다. 따라서 앞으로 인터넷이 어떻게 서베이 조사과정에 접목되는지를 지켜보는 것은 흥미로운 일이 될 것이다.

요약

서베이는 자료수집을 하는 데에 중요하고 유용한 방법이다. 또한 무엇보다도 이 방법이 지닌 융통성 때문에 가장 널리 이용되고 있는 미디어 연구방법 중의 하나이기도 하다.

그러나 서베이에는 몇 단계가 있다. 연구자들은 먼저 기술적인 접근을 할 것인가 분석적인 접근을 할 것인가를 결정해야 하며 연구의 목적을 정의하고 그 방면의 문헌으로 이용할 수 있는 것이 어떤 것이 있는지를 검토해야 한다. 서베이 방법을 선택하고 설문지와 표본을 설계하며 자료를 분석하고 마지막으로 그 결과를 발표 또는 배포할 것인가를 결정해야 한다. 이 같은 단계는 반드시 위에서 설명한 순서를 따르지는 않는다 해도 서베이를 하기 전에 모두 고려해야 할 사항이다.

서베이 과정의 모든 단계가 조화를 이루도록 하기 위해서는 연구자들은 이 접근 방법에서 어떤 오류가 있는가를 알아내기 위해 예비연구를 해보아야만 한다. 예비연구를 하지 않으면 분석 전체를 모두 다 무효화시킬 수도 있는 오류를 그냥 지나쳐버릴 수도 있기 때문이다. 이런 의미에서 예비연구는 기간과 비용,

그리고 좌절감을 줄여준다.

설문지 설계 또한 어느 서베이 방법을 이용하든지 간에 중요한 단계다. 이 장에서는 특정한 응답을 이끌어낼 수 있는 설문은 어떻게 설계하고 또 면접에서 어떻게 접근해야 하는가를 예를 통해 보여주었다. 설문지 설계의 목적은 응답과정에서 발생할 수 있는 편견을 제거하는 것이다. 설문 작성 시 어휘의 선택, 설문의 길이, 형식 및 순서는 응답자의 답변에 영향을 미칠 수가 있다. 설문을 만들 때 그 설문들이 중립적인 성격을 갖도록 각별히 주의해야만 한다. 만족할 만한 응답을 확보하기 위해서는 연구자는 응답에 따른 보상을 해줄 것인지, 사전에 서베이에 대해 고지를 해줄 것인지, 설문지를 지정할 것인지 등에 관해서 신중히 고려를 해야 한다. 연구자는 연구 보고서에 응답률을 반드시 밝혀야 한다.

마지막으로 연구자는 서베이를 함에 있어 다섯 가지 기본적 유형 가운데서 어느 하나를 선택하게 된다. 즉 우편, 전화, 개인 면접 및 집단기입 서베이, 온라인 서베이 중 하나이다. 연구자는 어느 방법을 선택할 것인가를 결정하기 전에 각각 접근방법의 장・단점을 잘 비교해 봐야 한다. 어떤 형태의 서베이를 할 것인가는 연구의 목적, 연구자가 얼마나 시간을 할애할 수 있느냐 그리고 예산이 어느 정도 되느냐에 달려 있다. 조만간 많은 면대면 서베이의 이용은 줄어드는 반면 컴퓨터의 도움을 받는 전화 면접과 인터넷을 통한 자료수집 방법의 이용이 확대될 것으로 보인다.

핵심용어

감정온도계(feeling thermometer)
갑작스런 중단(breakoffs)
강제선택형 설문(forced-choice question)
개방형 설문(open-ended question)
개인 면접(personal interview)
겹치기 설문(double-barreled question)
구조화된 면접(structured interview)
기술적 서베이(descriptive surveys)
방문 서베이(door-to-door survey)
분석적 서베이(analytical surveys)
비구조화된 면접(unstructured interview)
상호배타적(mutually exclusive)
선다형 설문(multiple choice question)
선별 설문(filter question)
쇼핑센터 면접(mall intercept)
여과 질문(screener question)
우편명부(mailing list)
우편 서베이(mail survey)
위머의 열외자 분석(Wimmer outlier analysis)
위신 편견(prestige bias)
유도 설문(leading question)
응답률(response rate)
인터넷 서베이(internet survey)
일대일 면접(one-on-one interview)
전화 서베이(telephone survey)
전화통화내역표(call disposition sheet)
집단기입(group administration)
체크리스트형 설문(checklist question)
축어(verbatims)
컴퓨터 이용한 개인 면접(CAPI)

컴퓨터 이용한 전화 면접(CATI)
코드북(codebook)
팝업 서베이(pop-up survey)
폐쇄형 설문(closed-ended question)

인터넷 활용하기

이러한 주제들에 대한 추가정보를 인터넷에서 찾아보자.

- "서베이 연구", "서베이", "설문지 설계", "인터넷 조사연구"
- "우편서베이" 장 · 단점
- "설문지 안내문(instructions)"
- 서베이 장점
- "설문의 구성"
- "설문지 설계"
- 설문지 설계와 관련된 문제들

생각해볼 문제

1. 실제적인 조사 본보기
   a. 매스미디어와 연관된 주제의 질문을 5~10가지 포함시켜 설문지를 설계해보자.
   b. 그 서베이 설문지를 서베이몽키(Survey Moneky) 같은 무료 온라인 서베이 웹사이트 중 한 곳에 게시해보자.
   c. 응답자에게서 20~25건의 응답을 직접 수집해보자. 어느 집단을 대상으로 표집할지나 표본 크기가 작은 점에 대해서는 걱정하지 말자. 이 연습의 목적은 온라인 조사 과정, 자료수집 및 자료분석에 익숙해지는 데 있다.
   d. 자료를 분석한 뒤 짧은 분량의 연구보고서를 작성해보자. 거기에는 그동안의 설문과 자료수집 및 결과 처리 과정에서 본인이 직면한 문제가 무엇인지, 그 연구를 다른 누군가가 반복연구를 한다고 했을 때 무엇이 바뀌어야 할지를 논의하는 부분을 꼭 포함시키자.
2. 매스미디어 연구 전문 학술지에 게재된 서베이 연구를 한 건 이상 찾아보고 그 논문과 관련시켜 다음 질문에 답해보자.
   a. 연구의 목적은 무엇인가?
   b. 자료는 어떻게 수집되었나?
   c. 서베이에 의해 어떤 유형의 정보가 나왔는가?
   d. 자료가 특정한 연구문제나 가설에 답해주었는가?
   e. 서베이나 서베이 방법에서 나타난 문제점은 무엇인가?
3. 당신이 선택한 주제에 대한 자료를 수집하는 서베이를 설계해보자. 다음과 같은 점들에 유의하자.
   a. 서베이의 목적은 무엇인가? 무엇이 목표인가?
   b. 검증하게 될 연구문제와 가설은 무엇인가?
   c. 조작적 정의가 필요한가?

d. 문제와 관련된 설문을 적어도 10개 만들어보자.

e. 자료수집에 쓰이게 될 방법을 설명해보자.

f. 연구 소개서나 연구를 위한 면접 일정을 고안해보자.

g. 설문지를 검사해볼 수 있는 간단한 예비연구를 실시해보자.

이에 대한 추가적인 정보는 www.wimmerdominick.com이나 www.cengagebrain.com에서 찾아보자.

참고문헌 및 권유문헌

Babbie, E. R. (1990). *Survey research methods* (2nd ed.). Belmont, CA: Wadsworth.

Beville, H., Jr. (1988). *Audience ratings* (Rev. ed.). Hillsdale, NJ: Lawrence Erlbaum.

Brighton, M. (1981). Data capture in the 1980s. Communicare. *Journal of Communication Science*, 2(1), 12–19.

Chaffee, S. H., & Choe, S. Y. (1980). Time of decision and media use during the Ford–Carter campaign. *Public Opinion Quarterly*, 44, 53–70.

Dillman, D. (1978). *Mail and telephone surveys*. New York, NY: John Wiley.

Erdos, P. L. (1974). Data collection methods: Mail surveys. In R. Ferber (Ed.), *Handbook of marketing research* (90–104). New York, NY: McGraw-Hill.

Fletcher, J. E., & Wimmer, R. D. (1981). *Focus group interviews in radio research*. Washington, DC: National Association of Broadcasters.

Fowler, F. (2002). *Survey research methods* (3rd ed.). Newbury Park, CA: Sage Publications.

Fox, R. J., Crask, M. R., & Kim, J. (1989). Mail survey response rate. *Public Opinion Quarterly*, 52(4), 467–491.

Groves, R., & Mathiowetz, N. (1984). Computer assisted telephone interviewing: Effects on interviewers and respondents. *Public Opinion Quarterly*, 48(1), 356–369.

Hornik, J., & Ellis, S. (1989). Strategies to secure compliance for a mall intercept interview. *Public Opinion Quarterly*, 52(4), 539–551.

Hsia, H. J. (1988). *Mass communication research methods: A step-by-step approach*. Hillsdale, NJ: Lawrence Erlbaum.

Kerlinger, F. N., & Lee, H. B. (2000). *Foundations of behavioral research* (4th ed.). New York, NY: Holt, Rinehart & Winston.

Lavrakas, P. J. (1993). *Telephone survey methods: Sampling, selection, and supervision* (2nd ed.). Newbury Park, CA: Sage Publications.

Marketing News. (1983). Inflation adjusted spending is on rise for consumer research. *Marketing News*, 17(1), 13.

Miller, D. C. (1991). *Handbook of research design and social measurement* (5th ed.). New York, NY: Longman.

National Association of Broadcasters. (1976). *A broadcast research primer*. Washington, DC: Author.

Oppenheim, A. N. (1992). *Questionnaire design and attitude measurement*. New York, NY: Pinter.

Poindexter, P. M. (1979). Daily newspaper nonreaders: Why they don't read. *Journalism Quarterly*, 56, 764–770.

Rea, L. M., Parker, R. A., & Shrader, A. (1997). *Designing and conducting survey research: A comprehensive guide*. New York, NY: Jossey-Bass.

Rosenberg, M. (1968). *The logic of survey analysis*. New York, NY: Basic Books.

Schleifer, S. (1986). Trends in attitudes toward and participation in survey research. *Public Opinion Quarterly*, 50(1), 17–26.

Sewell, W., & Shaw, M. (1968). Increasing returns in mail surveys. *American Sociological Review*, 33, 193.

Sharp, L., & Frankel, J. (1983). Respondent burden: A test of some common assumptions. *Public Opinion Quarterly*, 47(1), 36–53.

Singer, E., & Presser, S. (Eds.) (1989). *Survey research methods: A reader*. Chicago, IL: University of Chicago Press.

Wakshlag, J. J., & Greenberg, B. S. (1979). Programming strategies and the popularity of television programs for children. *Journal of Communication*, 6, 58–68.

Walizer, M. H., & Wienir, P. L. (1978). *Research methods and analysis: Searching for relationships*. New York, NY: Harper & Row.

Weisberg, H. F., & Bowen, B. D. (1996). *An introduction to survey research and data analysis* (3rd ed.). Glenview, IL: Scott, Foresman.

Williams, F., Rice, R. E., & Rogers, E. M. (1988). *Research methods and the new media*. New York, NY: Free Press.

Wimmer, R. D. (1976). *A multivariate analysis of the uses and effects of the mass media in the 1968 presidential campaign*. Unpublished doctoral dissertation, Bowling Green University, Ohio.

Wimmer, R. D. (1995). *Comparison of CATI and non-CATI interviewing*. Unpublished company paper. Denver, CO: The Eagle Group.

Winkler, R. L., & Hays, W. L. (1975). *Statistics: Probability, inference and decision* (2nd ed.). New York, NY: Holt, Rinehart & Winston.

Yu, J., & Cooper, H. (1983). A quantitative review of research design effects on response rates to questionnaires. *Journal of Marketing Research*, 20(1), 36–44.

Zillmann, D., & Bryant, J. (1975). Viewers' moral sanctions of retribution in the appreciation of dramatic presentations. *Journal of Experimental Social Psychology*, 11, 572–582.

8장 종단연구

앞서 논의한 연구들 대부분은 횡단적 조사연구에 해당한다. 횡단연구(cross-sectional research)에서는 대표성 있는 표본을 대상으로 특정한 시점의 자료가 수집된다. 반면 종단연구(longitudinal research)에서는 자료의 수집이 한 번으로 그치는 것이 아니라 시차를 두고 여러 번에 걸쳐 이루어진다. 매스커뮤니케이션 연구에서 종단연구는 상대적으로 그리 많지 않지만 몇몇 연구는 도전적이며 영향력이 큰 연구들로 간주되고 있다.

로우리와 드플러(Lowery & DeFlur, 1995)가 매스미디어 연구의 발전에 이정표를 세운 연구들로 선정한 14개의 연구 중 4개가 종단연구에 해당된다. 그 첫 번째는 2단계 정보유통 모델을 소개한 라자스펠드와 동료들(Lazarsfeld, Berelson, & Gaudet, 1944)의 〈국민의 선택(The People's Choice)〉이고, 둘째는 여론지도자의 역할을 연구한 카츠와 라자스펠드(Kats & Lazarsfeld, 1955)의 〈개인의 영향(Personal Influence)〉이다. 셋째는 레코비츠와 동료들(Lefkowitz, Eron, Walder, & Huesmann, 1972)의 연구에 쓰인 〈TV 및 사회 행동에 관한 공중위생국의 보고서(The Surgeon General's Report on Television and Social Behavior)〉이다. 이 보고서는 TV폭력물 시청이 공격적인 행위들을 야기할 수 있다는 증거를 보여주고 있다. 네 번째 사례는 10년 뒤에 나온 이 보고서 개정판(Pearl, Bouthilet, & Lazar, 1982)으로, TV 폭력물과 공격성 간의 관계를 좀 더 확신시켜주는 종단연구다.

그 외에 이 분야의 뛰어난 종단연구들로는 밀라브스키와 동료들(Millavsky, Kessler, Stipp, & Rubens, 1982)이 참여한 NBC 대상 **패널연구**(panel study)와 휴즈먼과 에론(Huesman & Eron, 1986)의 국가 간 비교연구, 그리고 피터슨(Peterson, 1980)이 요약한 선거와 관련된 매스미디어 연구 등이 있다.

이러한 연구사례들은 비록 종단연구가 널리 이용되고 있지 않는다 할지라도, 이 방법을 잘 이용할 경우 이론적으로 그리고 사회적으로 중요한 연구 결과들을 얻을 수 있음을 보여준다.

01 종단연구의 발전

종단연구는 행동과학 분야에서 오랜 역사를 지니고 있다. 특히 심리학 분야에서 종단연구는 어린이들의 발달과정이나 환자들의 심리적 치유 과정을 추적하는 데 이용되어 왔다. 의학 분야에서도 질병의 영향이나 치료 방법들을 연구하는 데 널리 이용되어 왔다. 사회학자들이 실시한 1924년의 대통령선거 캠페인 연구는 정치학에서 선구적인 작업으로 간주되고 있다. 그 연구가 나온 약간 뒤에 뉴콤(Newcomb, 1943)은 자유스러운 대학환경이 보수적인 가정환경에서 성장한 학생들에게 미치는 영향을 연구하기 위하여 1935년부터 1939년에 걸쳐 시차를 두고 베닝톤 대학(Bennington College) 학생들을 대상으로 반복 면접을 실시하였다.

매스미디어 분야에서 가장 먼저 실시된 종단연구는 라자스펠드와 동료들(Lazarsfeld, Berelson, & Gaudet, 1944)이 1940년에 실시한 대통령 선거 캠페인 연구라고 할 수 있다. 라자스펠드는 동일한 사람들을 여러 번에 걸쳐 면접하는 패널기법을 이용하는 데 있어서 선구자였다. 또한 종단적인 서베이 자료로부터 인과관계를 도출시키는 데 기초가 되는 통계기법인 16배표(16-fold table)의 이용을 개발하였다. 또 다른 형태의 종단연구는 동일한 질문을 상이한 사람들에게 상이한 시점들을 설정하여 묻는 방법인 **경향연구**(trend studies)인데 매스미디어 연구에서는 1960년대부터 이런 연구가 등장하기 시작하였다. 가장 널리 알려진 경향연구 중의 하나는 로퍼 연구소가 실시한 미디어 공신력에 대한 연속적인 서베이 연구였다. 또한 이 시기에는 여러 학자들 중에서도 갤럽(Gallup)과 해리스(Harris)가 경향연구로 명성을 얻었다.

보다 최근에는 **코호트 분석**(cohort analysis)이라는 종단연구가 점차 인기를 끌고 있다. 이 방법은 인구 통계학자들에 의해 개발되었는데 특정 집단을 대상으로 한 장기적인 연구를 실시하고자 할 때 주로 쓰인다. 즉 일정 기간 사이에 태어난 사람들을 한 집단으로 묶어서 그 집단이 시간이 지남에 따라 어떻게 변모해 가는지를 연구한다. 보다 정교한 종단연구기법들도 등장하고 있는데 그 내용은 매그뉴선과 동료들(Magnusson, Bergman, Rudinger, & Toreatad, 1991)의 저서와 툰(Toon, 2000)의 저서를 참고하기 바란다.

교차지연 상관관계(cross-lagged correlation)는 두 변인에 대한 정보가 서로 다른 두 시점에 같은 표본으로부터 수집되었을 때 계산된다. 특정 시점에 연구된 두 변인 간의 상관관계가 다른 시점에 연구된 두 변인 간의 상관관계와 비교된다.

그 외 종단연구와 관련된 세 가지 고급통계분석방법이 있는데, 경로분석 · 로그선형모델 · 구조방정식이 여기에 해당한다. 그중 경로분석(path analysis)은 패널자료 내 방향성을 보여주는 데 이용된다. 로그선형 모델(log-linear model)은 유형화된 패널자료에 이용되며 다변량 분할표(multivariate contingency tables)를 포함한다. 리즈렐(LInear Structural RELations: LISREL)은 조레스코(Joreskog, 1973)에 의해 개발된 모델로서 종단분석에서 널리 적용되고 있는 또 다른 통계 기법이다.

02 종단연구의 유형

앞에서 간단히 언급했듯이 종단연구에는 세 가지 유형이 있는 데 경향연구, 코호트 분석, 그리고 패널연구가 여기에 해당한다.

1) 경향연구

경향연구(trend studies)는 매스미디어 연구에서 가장 널리 쓰이는 종단연구방법이다. 이 연구는 모집단은 같지만 서로 다른 시점에 서로 다른 사람들을 추출, 측정하여 그 안에 어떤 경향성이 있는지를 밝혀내고자 한다. 이런 유형의 연구는 대통령 선거 시에 많이 행해진다.

예를 들어 선거 3개월 전에 유권자들을 표집하였다. 그들 중 57%가 후보자 갑에게, 43%가 후보자 을에게 표를 던지겠다고 응답했다. 약 한 달 뒤 같은 모집단에서 다른 유권자들을 표집하여 연구한 결과 55%가 갑에게 45%가 을에게 투표하겠다고 응답했다. 이는 종단연구의 단순한 예이다. 이렇듯 종단연구는 총체적 수준에서 변화에 대한 정보를 제공해준다. 위의 예를 보면 후보자 갑의 지지율은 2% 하락했다. 그러나 구체적으로 얼마나 많은 사람들이 후보자 갑에서 후보자 을로 아니면 을에서 갑으로 마음을 바꾸었는지 그리고 얼마나 많은 사람들이 처음 먹었던 마음을 계속해서 지키고 있는지는 알 수 없다. 단지 총체적인 결과만을 알 수 있을 뿐이다. 총 변화량과 누적적인 변화량을 동시에 알아보려면 패널연구를 실시해야 한다.

(1) 장점

경향연구는 모집단의 종단적인 변화를 기술하는 데 매우 유용하다. 특정 사안에 관한 시간별 변화나 움직임을 찾아낼 수 있게 해준다. 예를 들어 방송 연구자는 경향연구를 주요 네트워크사들의 시청률 변동과정을 추적하는 데 적용할 수 있다.

경향연구의 또 다른 장점 중의 하나는 다른 목적으로 수집된 서베이 연구의 자료를 기본으로 연구가 이루어질 수 있다는 점이다. 물론 그런 자료를 이용하기 위해서는 연구자가 서베이별로 문항과 내용, 표본, 분석기술 등에서 차이가 있는가를 인식하는 것이 필요하다. 하이만(Hyman, 1987)은 서베이 연구의 자료들을 대상으로 2차분석하는 데 필요한 지침을 제시하고 있다. 이전에 비해서 자료를 보관하려는 움직임이 많고 컴퓨터를 통해서 서로 자료들을 나누어 가지는 것이 점차 보편화되어 가는 추세이기 때문에 서베이 자료의 2차 분석 방법은 앞으로 인기 있을 것으로 보인다.

2차 분석은 시간 · 경비 · 인원을 절약하고, 장시간에 걸친 변화를 쉽게 알아 볼 수 있게 해준다. 사실 매스미디어 연구자들로서는 미디어 행위와 관련하여 사회적으로 중요한 자료들을 정기적으로 모아서 저장해두어야 할 필요성이 크게 부각되고 있다. 경제학자들은 경제 상태를 측정하기 위해 정기적인 경제동향 지표를 발전시켜왔다. 매스미디어 연구에도 미디어나 수용자행위에 관한 사회 지표의 개발이 필요하다.

(2) 단점

경향분석은 기초 자료가 그 성공여부를 좌우한다. 만약 자료가 신뢰할 만하지 못하다면 결과 안에 거짓 경향성이 포함되어 있을 수 있다. 두 번째로 경향분석은 일관성 있는 측정을 전제로 한다. 서로 다른 질문을 했다거나 서로 다른 지표가 적용된 설문지로부터 추출된 변화들은 비교할 수도 없고, 비교할 경우 잘못된 경향만을 손에 넣게 된다. 또한 서로 다른 표본의 결과를 비교하는 경우에도 문제가 있다. 이 섹션의 "자세히 보기: 서로 다른 표본의 이용"을 참조해보자.

(3) 경향연구 사례

대학의 연구기관이나 영리적인 연구기관 모두 전국적 차원의 경향연구를 실시하기 위해 동일한 질문을 여러 번에 걸쳐 많은 사람들에게 묻곤 한다. 예를 들어 미국에서는 대통령의 임무수행에 대한 만족도를 지속적으로 설문 연구한다. 미국의 여론 전문 학술지인 〈퍼블릭 오피니언 쿼털리(Public Opinion Quarterly)〉에는 연구자들이 관련된 주제의 경향을 파악해볼 수 있도록 "더 폴스(The Polls)"라는 고정란을 마련하고 있다. 최근호에 실린 것들을 보면 ① 2년 동안의 줄기세포 연구에 대한 여론연구, ② 33년에 걸친 중국에 대한 태도연구, ③ 29년 동안의 여성운동에 대한 공중의 태도 연구 등이 있다.

미디어 분야에서 이와 같은 자료를 꾸준히 만들어내고 있는 곳은 로퍼 연구소(The Roper Organozation)로서, 30년 이상에 걸쳐 미디어 신뢰도의 변화 유형을 파악할 수 있는 경향 자료를 보유하고 있다(1993년 메이어(Mayer)가 요약함). 잘 알려진 또 다른 경향연구로는 거브너와 동료들(Gerbner, Gross Signorielli, Morgan, & Jackson-Beeck, 1979)의 폭력 지수(Violence Index)연구, 샤오밍(Xiaoming, 1994)이 수행한 텔레비전 시청행태의 인구학적 경향(1960년대부터 1990년대까지의) 연구를 들 수 있다. 루버와 동료들(Lubbers, Scheepers, & Vergeer, 2000)은 5년의 주기를 가지고 신문구독과 소수민족에 대한 태도를 대상으로 한 경향연구를 수행하였으며, 홀과 카펠라(Hall & Capella, 2002)는 라디오 토크 프로그램 참여와 1996년 대통령 선거 결과에 대한 태도를 대상으로 경향분석을 시도하였다. 전문적인 조사기관인 아비트론(Arbitron)사나 A.C. 닐슨(A. C. Nielsen)사가 TV와 라디오의 지역시장을 대상으로 시행하는 일기 서베이 또한 경향연구의 사례이다.

2) 코호트 분석

로마인들에게 '코호트(cohort)'란 군대 조직상 한 군단 내 소속되어 있는 10개 분과 중의 하나를 의미한다. 연구에서 코호트는 어떠한 방식으로든 서로 연결되어 있거나, 주어진 시간에 중요한 사건을 동일하게 경험한 개인들의 집단을 말한다. **출생 코호트**(birth cohort)라고 명명된 집단의 경우 중요한 사건이란 바로 '출생'이다. 결혼, 이혼, 교육 등과 같은 다른 여러 코호트가 존재 가능하다. 가령 1980~1985년 사이에 결혼한 사람들, 1985~1990년 사이에 이혼한 사람들의 집단, 1990년 고등학교를 졸업한 사람들, 월남전 동안 대학을 다녔던 사람들 같은 기타 등등이 있다.

한 가지 이상의 코호트를 대상으로 두 번 이상의 서로 다른 시점에서 측정하는 연구

자세히 보기 〉〉 서로 다른 표본의 이용

대부분의 종단연구, 특히 경향연구는 각 검증 시기 혹은 측정시기별로 서로 다른 표본을 이용한다. 이 방법으로 유명한 회사가 미국 내 약 300개 라디오 시장을 대상으로 라디오 청취 자료를 수집하는 아비트론이다.

그러나 아비트론사가 제공하는 자료는 신뢰도 문제로 수십 년간 비판의 대상이었다. 아비트론사의 보고서들을 비교해보면 자료가 안정적이지 않았다는 것이다. 특정 시기 특정 시장에서 청취율 1위를 차지한 라이도 방송국이 편성에 아무런 변화를 주지 않았음에도 불구하고 그 다음 측정에서 순위가 떨어졌다고 하자! 왜 이런 일이 일어났을까? 거기에는 많은 이유들이 있겠지만 가장 중요한 두 가지가 있다. 하나는 해당 라디오 방송국 청취자가 실제 감소한 경우고 다른 하나는 측정 때마다 다른 표본을 이용한 데서 오는 청취율의 하락이다. 대부분의 경우 두 번째 이유가 원인이 되며, 이런 일은 경향연구에서는 흔히 발생한다(A. C. 닐슨사의 경우 패널연구를 이용하므로, TV시청률자료에서는 이런 문제가 발생하지 않는다).

모든 노력을 기울여 조사에 동원된 표본들을 유사하게 만들려고 하더라도 표본이 같을 수는 없다는 점, 즉 표본들이 완전히 다를 수도 있다는 것 또한 사실이다. 이는 검증과 측정 시기별로 동원된 사람들이 동일하지 않기 때문에 그렇다. 표본마다 그 표본 고유의 특성이란 게 있고, 고유의 표집오차를 안고 있다. 이러한 차이들 때문에 서로 다른 시기의 검증이나 측정을 비교하는 것은 타당하지 않다. 표본들의 차이에 대한 설명 없이는 특정시기별 비교가 불가능하기 때문에 만약 라디오방송국 경영진이 "지난 청취율 보고서부터 우리의 청취율이 상승하고 있어요"라고 말하는 것은 잘못된 것이다.

서로 다른 표본을 이용한 경향연구 간의 비교가 가능하지 않음에도 불구하고 미디어 현장에서는 그런 비교가 비일비재하게 이루어진다. 단지 매스미디어 연구만이 아니라 광고·PR 영역에서는 캠페인의 성공을 알아보기 위해, 정치투표 영역에서는 정치 이슈에 대한 의견이나 선거의 승자를 예상하기 위해, 소비자 연구에서는 대부분 상품과 재화의 잠재적 성공 여부를 검증하기 위해 비교를 한다. 서로 다른 표본을 대상으로 조사해서 얻어진 자료들임에도 불구하고 동일 표본에서 나온 것처럼 2개의 자료를 다룬다. 아주 솔직히 말하자면, 이는 "나쁜 과학(bad science)"의 범주에 속한다.

특정한 하나의 경향연구에서 2개 이상의 표본들로부터 얻은 자료를 비교할 수 있는 유일한 방법은 이 책의 다른 부분에서 언급했듯이, "사과 대 사과(apple to apple)"의 비교가 가능하도록 이들 자료들을 Z점수로 변환시키는 것이다. 다중표본을 활용한 경향연구에서 자료가 Z점수로 변환되지 않은 채 비교가 이루어진다면 그것은 어떤 경우라도 타당하지 않다.

유의사항: 2008년도 들어 아비트론사는 새로운 전자식 휴대용 피플미터(Portable People Meter) 방법론을 도입하면서 패널 설계를 이용하기 시작했다. 이는 기존의 문제를 극복하고 서로 다른 기간에 수집된 자료 간의 비교가 가능하게 하기 위함이었지만, 2012년 중반에도 여전히 아비트론사의 표집에 대해서는 많은 불평들이 제기되고 있다(14장 참조).

를 일반적으로 코호트 분석이라고 칭한다. 코호트 분석은 코호트 효과(cohort effect)를 찾기 위한 시도이다. 즉 종속변인의 변화는 연령 때문에 일어나는가 아니면 표본들이 특정 코호트에 소속되어 있기 때문에 발생하는가를 밝히고자 하는 것이다.

설명을 위해서 예를 하나 들어 보자. 대학교 4학년생의 50%가 시사 잡지를 정기적으로 구독한다고 가정해보자. 그에 비해 대학 1학년생들은 10%만이 구독한다고 답했다고 하자. 어떻게 그 차이를 설명할 수 있을까? 한 가지 가능한 설명은 4학년생의 경우 대학생활을 하면서 점차 독서습관을 변화시킨 결과라고 이해할 수 있을 것이다. 가능한 다른 설명으로 올해의 신입생들은 3년 전의 신입생들과는 굉장히 다른 독서습관을 지니고 있는 학생들이라고 말할 수 있다.

그런데 이러한 설명을 구별하는 두 가지 방법이 있다. 한 가지 방법은 각 집단의 신입생시절의 독서습관에 대해서 묻고 각 집단이 4학년이 되었을 때 다시 꼭 같은 질문을 한 후 응답을 서로 비교하는 것이다(이는 다음에 자세히 논의할 패널연구설계와 비슷하다). 아니면 연구자가 학생 모집단으로부터 시점 1과 시점 2에서 두 표본 집단을 추출한다. 이 때 각 표본은 다른 참여자들로 구성된다(패널연구처럼 같은 사람을 대상으로 다시 질문하는 것이 아님). 그러나 각 표본은 다른 시기의 해당 경력의 대학생 집단을 대표한다. 이를 통해 연구자는 시간이 지나면서 개인들이 습관이 어떻게 변화했는지에 대한 직접적인 정보를 얻지는 못한다 할지라도 시점1에 대학에 들어간 학생 코호트가 4학년이 되었을 때 어떻게 변화했는지에 대한 정보는 얻을 수 있다. 만약 시점 1에서 15%의 신입생이 시사 잡지를 읽고 시점 2에서 4학년생의 40%가 정기적으로 시사 잡지를 읽는다는 자료를 얻었다면 연구자는 대학생들이 학년이 올라가면서 그들의 독서습관을 변화시킨다고 연역할 수 있다.

일반적으로 코호트 분석은 한 가지 이상의 코호트로부터 얻은 자료를 대상으로 하며, 다중 코호트로부터 얻어진 자료를 제시하는 방식은 글렌(Glenn, 1977)이 개발한 방식이 있는데 [표 8-1]이 그것이다. 이 표는 출생년도 코호트별로 시사 잡지의 구독률을 보여 주고 있다. 세로에 제시된 정보는 연령이고 가로의 정보는 자료수집 연도를 나타낸다. 두 시점사이의 측정간격이 연령급간과 일치하기 때문에 시기별로 코호트에 대한 추적이 가능하다. 만약 그 간격이 일치하지 않는다면 코호트별 전개과정을 명확하게 추적할 수 없다.

[표 8-1] 시사잡지 구독률

	연도		
연령	2000	2004	2008
18~21	15	12	10
22~25	34	32	28
26~29	48	44	35

이런 유형의 표를 통해서 연구자는 세 가지의 유형을 비교할 수 있다.

[표 8-2] 순수 연령 효과를 보여주는 코호트 표

	연도		
연령	1992	1996	2000
18~21	15	15	15
22~25	20	20	20
26~29	25	25	25
평균	20	20	20

[표 8-3] 순수 시기 효과를 보여주는 코호트 표

	연도		
연령	1992	1996	2000
18~21	15	20	25
22~25	15	20	25
26~29	15	20	25
평균	15	20	25

[표 8-4] 순수 코호트 효과를 보여주는 코호트 표

	연도		
연령	1992	1996	2000
18~21	15	10	5
22~25	20	15	10
26~29	25	20	15
평균	20	15	10

먼저 세로의 정보를 읽어내려 가는 것은 한 시점에서 연구결과를 읽는 것과 비슷하며 서로 다른 연령 코호트 간의 차이를 찾아낼 수 있다(코호트 간 차이). 둘째, 가로로 정보를 읽으면 코호트가 다른 코호트로 대치되었을 때 해당 연령 수준에서 일어나는 변화의 추세를 보여준다. 셋째, 대각선으로 오른 쪽으로 자료를 읽으면 한 코호트 집단이 어떻게 변해 가는지를 볼 수 있다(코호트 간 연구).

따라서 [표 8-1]은 시사 잡지 구독률이 연령과 함께 증가한다는 사실을 보여주고 있다. 1992년에서 2000년까지 이어지는 시기에서 젊은 독자들의 구독률이 줄어들고 있으며 연령 코호트별로도 나이가 많은 코호트일수록 구독률이 비슷하게 증가하고 있다.

[표 8-1]의 변화는 세 가지의 서로 다른 종류의 효과로 정리될 수 있다. 먼저 성장에 따른 변화를 찾아볼 수 있다. 이를 **연령 효과**(age effect)라고 부른다. 두 번째로 출생 코호트와 연관된 효과로서 이를 **코호트 효과**라고 부른다. 세 번째로 개별 측정시점과 관련된 효과가 있다. 이를 **시기 효과**(period effect)라고 부른다.

이 효과들을 구체적으로 이해하기 위해 [표 8-2], [표 8-3], [표 8-4]의 자료를 예로 검토해보자. 종속변인은 정기적으로 시사잡지를 읽는 사람들의 백분율이다. 먼저 [표 8-2]는 '순수'하게 연령이 종속변인에 미치는 효과를 나타낸 것이다. 가로 숫자들은 모두 동일한 데 반해 세로 숫자들은 일정한 모습으로 변화한다는 사실에 주목해보자. 이 표에서는 언제 태어나고 어느 시기에 세상을 살았느냐 하는 것은 전혀 중요하지 않다. 다만 나이 들수록 시사잡지 구독이 증가하고 있음을 보여준다.

[표 8-3]은 '순수'하게 기간이 미치는 효과를 보여주고 있다. 나이에 따른 변화가 전혀 나타나지 않고 있다. 즉 세로의 자료들이 모두 동일하다. 그리고 시기에 따른 변화의 양도 일정함을 볼 수 있다. 이 표는 출생 시기나 성장이 독서습관에 영향을 미치지 못함을 보여준다. 측정 시기가 중요한 변인으로 등장하고 있다. 언제 서베이가 실시되었느냐가 시사 잡지 구독률의 변화를 예측하게 해준다.

[표 8-4]는 '순수' 코호트 효과를 보여주고 있다. 표에서 대각선에 걸친 자료들이 동일함에 주목하자. 나이에 따른 차이의 모습은 측정시기에 따른 차이의 모습과는 정반대의 방향을 지니고 있다. 여기서 가장 중심이 되는 변인은 출생년도이다. 1959~1962년 사이에 태어난 사람들 중 15% 정도는 나이와 서베이 실시 시점에 관계없이 정기적으로 시사잡지를 구독하는 것으로 나타나고 있다.

물론 위의 표들에 제시된 숫자는 가상의 숫자들이다. 실제 자료는 이렇게 쉽게 이해할 수 있도록 제시되지 않는다. 그렇지만 [표 8-2], [표 8-3], [표 8-4]를 자세히 살펴보면 코호트 분석이 경향성을 파악하는 데 유용함을 알 수 있을 것이다. 아울러 이 표들은 코호트 분석의 저변에 깔려 있는 논리가 무엇인지를 보여준다.

실제 분석 자료는 더욱 도움이 될 것이다. [표 8-5]는 페이서(Peiser, 2000b)가 코호트가 신문구독에 미치는 효과를 분석한 내용 중 코호트 분석을 실시한 결과다. 비록 이 분석이 일부분일지라도 페이서의 연구 결과 전체를 대표한다 해도 과언은 아니다.

[표 8-5]를 보면 연령효과가 나타나고 있으며, 나이든 사람일수록 신문을 구독자가 되는 경향이 있다. 그리고 젊은 사람들이 나이 든 사람들보다 신문을 덜 구독한다.

[표 8-5] 일간신문 구독에 대한 코호트 분석(일일 구독률)*

	연도		
연령	1972	1982	1991
18~22	47	28	20
28~32	66	55	39
38~42	78	51	60

출처: Peiser(2000b)
전체 코호트 표 및 페이서의 풀이 내용을 알고 싶은 독자는 이 논문을 참조하길 바란다.

(1) 장점

코호트 분석은 융통성이 매우 크기 때문에 설득적이며 유용한 기법이다. 연령이나 육체적 성장, 사회적 · 문화적 · 정치적 변화의 효과에 대한 통찰력을 제공한다. 더욱이 1차 자료나 2차 자료 그 어느 것으로든지 분석이 가능하다. 많은 경우 코호트 분석이 실험연구나 서베이 조사보다 비용면에서 더 경제적이다.

(2) 단점

코호트 분석의 가장 큰 단점은 연령, 코호트, 시기 등의 특수한 효과를 순수 표준 코호트 표를 이용한 통계분석만 가지고는 찾아내기가 어렵다는 점이다. 서베이 자료에서는 나타나는 셀 간의 백분율의 변이는 표집의 변동에서 기인한다. 그러나 코호트 분석에서는 그 차이가 무엇을 의미하는지 정확하게 찾아낼 수 있는 검증 방법을 갖고 있지 않다. 코호트 차이가 유의한지를 검증하는 것은 어렵고 고등 수준의 통계학적 기술들을 요한다(예: 앤더슨과 페트너(Anderson & Fetner, 2008)를 참조하라). 더욱이 코호트는 점차 시간이 지나 성장해가면서 그 구성원 중 많은 사람이 죽어 사라지게 된다. 남아있는 코호트 구성원들이 연구대상 변인과 다르다면 코호트 표상의 변량이 그러한 변화를 반영한 것이라고 볼 수도 있다. 마지막으로, 글렌(Glenn, 1977)이 지적했듯이 코호트 분석 결과가 해석되더라도 연령 · 코호트 · 시기, 이 세 가지의 기본 효과는 서로 뒤엉켜서 나타나게 마련이다. 연령 효과와 코호트 효과는 뒤섞여서 세로줄에 나타나 있고, 연령 효과와 시기 효과는 대각선에 나타난 자료들에 숨어 있으며, 코호트 효과와 시기 효과는 각 가로줄의 자료 속에 섞여 있기 마련이다. [표 8-2], [표 8-3], [표 8-4]에서와 같은 '순수' 코호트 분석의 변량조차도 조합된 영향력으로 설명될 뿐이다.

일부 연구자들이 이들 효과를 구분해내기 위한 기법을 개발해왔다. 대표적인 것 세 가지를 소개하면 다음과 같다. 팔모어(Palmore, 1978)는 '삼각법(triad method)'을 개발하였고, 렌쯔와 동료들(Rentz, Reynolds, & Stout, 1983)은 '제한된 다변인 회귀분석 모델(constrained multiple regression model)'을 개발하였다. 그리고 페인버그와 메이슨(Feinberg & Mason, 1980)은 '적합도 기법(the goodness of fit technique)'을 개발하였다. 연구자가 어떤 가정들을 만들고자 한다면 이 기법들은 연령, 기간, 코호트 등의 영향력에 대한 잠정적인 수준에서 증거를 제공해줄 수가 있을 것이다. 그러나 코호트 분석기법을 통해 어떤 변인에 인과관계를 부여하고자 할 때는 주의를 기울여야 한다. 이론과 외부 자료원의 증거를 해석에 동원해야만 한다. 예컨대 글렌(Glenn, 1994)은 언어유창성에 대한 코호트 간 차이에 텔레비전 시청과 신문 읽기가 미치는 영향을 연구하였다. 그 연구에서 그는 연구기간 동안 발생한 성인 어휘의 변화에 시기효과가 개입되지 않을 것이라고 가정했다. 연구결과, 언어유창성의 쇠퇴가 신문 읽기의 감소 및 TV 시청 증가와 관련 있다는 코호트 효과를 설명할 수 있었다.

두 번째 기술상의 단점은 표본의 탈락(mortality) 문제다. 만약 오랜 기간에 걸쳐 연구가 실시된다거나 특정 표본 집단에 접근하기가 어렵다면, 코호트 표의 빈칸이 늘어나거나 표본 구성원이 점차 줄어들어 의미 있는 분석을 할 만한 숫자가 확보되지 못하는 경우도 발생할 수 있다.

(3) 코호트 분석의 사례

코호트 분석은 여론조사연구에 유용하다. 제닝스(Jennings, 1996)는 12학년 학생들과 그들의 부모를 대상으로 정치 지식을 연구한 코호트 자료를 분석한 결과, 시기 효과와 코호트 효과가 동시에 작용하고 있음을 밝혀냈다. 아울러 페이서(Peiser, 2000b)는 미디어이용에 코호트 경향이 있는지를 살펴보았고, 슈먼과 코닉(Schuman & Corning, 2006)은 베트남 전쟁에 대한 회상에서의 코호트 차이를 알아보았다.

03 패널연구

같은 표본을 대상으로 서로 다른 여러 시점에서 측정 연구하는 것을 **패널연구**(panel studies)라고 한다. 경향연구와는 달리 패널연구에서는 종속변인의 변화에 대한 자세한 정보를 구할 수 있다. 가령 시점에 따른 투표의사의 변화에 관한 연구에서 20%의 표본이 후보자 갑으로부터 후보자 을로 옮기고 또 다른 20%가 후보자 을로부터 후보자 갑으로 옮겼다는 결과가 나왔다고 하자. 경향연구에서는 분명히 변화가 없다는 결론을 지을 것이다. 그러나 패널연구에서는 그 자료에 숨어 있는 변화의 내용을 모두 찾아내고 그 변화가 무엇을 의미하는지 해석할 수 있다.

경향연구과 코호트 분석처럼 패널연구도 우편설문, 전화 면접, 개인 면접을 용할 수 있고 인터넷을 통해 웹상의 패널을 연구할 수도 있다. TV 네트워크사, 광고대행사 및 마케팅연구 회사들은 소비자 행위의 변화를 추적해보기 위해 패널연구를 이용한다. 예를 들어 정치광고 효과에 대한 패널연구에서는 선거기간 중 패널에 속해 있는 구성원들을 정기적으로 면접하여 각 피험자들이 과연 언제 투표에 대한 의사결정을 내리는가

자세히 보기 〉〉 패널연구

패널연구를 시행하는 데는 비용이 너무 많아서 실제 연구가 이루어지는 경우가 드물다. 비교적 간단한 연구에 해당하는 '전국 대상 5년 기간의 1,000명 규모의 연구'의 비용도 연간 100,000달러는 소요된다. 이런 유형의 연구가 안고 있는 가장 중요한 문제점 중 하나는 과연 응답자의 지속적인 참여를 어떻게 보증할 수 있는냐이다.

를 연구한다.

연구목적에 따라 연구자는 연속패널(continuous panel)과 비연속패널(interval panel) 중 어느 것을 사용해도 된다. 연속패널은 일정한 근거 위에서 특정한 태도나 행동유형을 정기적으로 연구할 수 있는 사람들로 구성되고, 비연속패널은 정보가 필요할 때 일정한 수의 측정도구(보통은 설문지임)를 완성시킬 때까지만 참여를 동의한 사람들로 구성된다. 패널연구는 정교한 통계분석이 가능한 자료를 제공해주며 연구자로 하여금 원인과 결과 관계를 예측 가능하게 해준다.

1) 장점

패널을 통해 얻어진 자료들은 변화의 역동성에 대한 답을 구하는 데 매우 유용하다. 이에 적합한 연구문제로는 정당 소속감은 어떠한 상황에서 변화하는가, 정치적인 태도의 변화에 미치는 매스미디어나 친구의 영향력은 무엇인가 등이 있다.

응답자들과 반복해서 만나게 됨으로써 연구에 관한 의심도 줄어들게 되고 면접을 통해서 얻게 되는 정보도 많아진다. 물론 한편으론 이것이 단점이 될 수도 있는데 이에 대해서는 단점 부분에서 논의하도록 하겠다.

마지막으로 패널연구는 일회 사례연구(one-shot case study)를 근거로 이론을 정립하려 할 때 발생하는 문제들을 해결하는 데 도움을 준다. 일정 시간을 두고 연구가 전개되기 때문에 연구자는 피험자들이 다른 경쟁적인 자극들의 영향을 받게 된다는 점을 허용할 수 있다.

2) 단점

설문지 작성을 꺼려하거나 수차례 걸쳐 면담에 응해야 한다는 이유 때문에 패널에 필요한 연구대상자들을 모집하는 것이 어려운 경우가 가끔 있다. 패널연구 시 소용되는 시간, 연구를 주관하는 기관의 신뢰도 및 참여에 대한 보상 여부에 따라 패널 참여를 거절하는 경우의 수가 달라진다.

표본이 결정되더라도 표본의 탈락(mortality)이라는 문제가 발생한다. 패널 구성원에 따라 이런저런 이유로 패널에서 빠져나가는 경우가 발생한다. 패널연구의 장점이 동일한 사람을 시간을 두고 여러 번 면접하는 데 있기 때문에 표본의 크기가 감소하면 이러한 장점 역시 줄어들게 마련이다. 사망률이 그러한 문제이므로, 여러 패널연구들은 초기 패널을 대규모표본으로 시작함으로써, 연구 내내 참여하는 사람들의 수를 충분해지

자세히 보기 〉〉 패널연구: 응답자 감소의 최소화

패널연구에서 응답자가 감소하는 공통적인 원인 중의 하나는 원래 응답자를 찾아서 다시 동일하게 배정하기가 불가능하다는 데 있다. 자료수집의 두 시점 간의 시간이 지체되면 될수록 이런 문제가 발생하기가 쉽다. 그러나 이러한 문제를 극복하기 위해 이용 가능한 응답자 추적 전략들이 다양하게 있다. 콜과 동료들(Call, Otto, & Spenner, 1982)은 응답자를 추적하기 위한 전략으로 다음 내용들을 제안하고 있다.

(1) 옮긴 새 주소를 찾기 위해 우편 서비스를 이용한다.
(2) 옮겨간 새 전화번호를 전화국에 문의한다.
(3) 현재 거주지에 대하여 가족과 친척에게 묻는다.
(4) 응답자와 관련된 최신정보를 이웃에게 묻는다.
(5) 급우들을 면접한다.
(6) 고교 동창회를 이용한다.
(7) 이전회사의 고용주를 체크한다.
(8) 대학동창회의 기록을 조사한다.
(9) 지역의 교회에 요청한다.
(10) 운전면허 교부 기록을 조사한다.
(11) 군사 위치탐색 서비스를 이용한다.
(12) 전문적 추적업체를 고용한다.

여기에 덧붙이자면, 사람 찾기 전문 인터넷 웹사이트들 중 하나를 이용해볼 수도 있다.

게끔 한다. 예를 들어 호프만과 이브랜드(Hoffman & Eveland, 2010)는 현지 매체이용에 대한 패널연구에서 4회 수집기간 연구의 1차 수집기간에 3,388명의 응답자들을 포함시켰다. 2년 후에는 본래 패널들 중에서 약 971명으로 최종 서베이를 완료했다. 피어슨과 동료들(Pearson, Ball, & Crawford, 2011)은 TV 시청 및 섭식행동 분석 '연구를 3,264명의 응답자들로 시작했고, 2년 연구의 두 수집기간에서 1,729명으로 서베이를 종료했다.

설리번과 동료들(Sullivan, Rumptz, Campbell, Eby, & Davidson, 1996)은 표본 탈락을 최소화하기 위한 몇 가지 전략을 다음과 같이 제시하고 있다.

- 패널 구성원들에게 봉급이나 보수를 제공하라(다만 위머(Wimmer, 2001)는 현금 인센티브가 응답자들이 패널연구에 참여하고자 하는 의향을 증진시키지 않을 수도 있다는 것을 발견했다).
- 연구프로젝트의 공신력과 가치를 확립시켜라.
- 응답자의 소재를 잘 알 수 있도록 패널 구성원의 친구나 동료, 가족들에 대한 자세한 정보를 확보하라.
- 자료수집 기간과 기간 사이에도 패널 구성원을 접촉하라.
- 패널 구성원들에게 전화 카드를 줘서 주소가 바뀔 경우 알리도록 하라.

또 하나 심각한 문제로는, 면접을 몇 번 반복하다 보면 응답자들이 가끔 측정도구에 민감해져 표본으로서 적절하지 않게 되는 수가 있다. 가령 공공TV 방송의 시청 여부에 대한 면접 일정을 먼저 알게 되면 연구대상자가 자신의 시청패턴을 바꾸어 PBS 방송 프로그램을 더(혹은 덜) 보게 될지도 모른다. 메나드(Menard, 1991)는 순환 패널연구를 통해서 민감화(sensitization) 문제를 극복할 수 있다고 제안했다. 이 설계에서는 첫 번째 측정 이후 패널의 구성원의 일부를 새로운 구성원으로 바꾼다(이 방법은 A.C.닐슨사가 전국 표본에 적용한 것이다). 예컨대 PBS 시청률 증가가 민감화의 결과라고 여겨진다면 연구자는 연구 첫 주에 100명의 시청자를 면접하고 다음 둘째 주에는 그들 중 25명의 표본을 새로운 패널성원으로 대체할 수 있다(원 표본의 25% 이상을 교체해서는 안 된다). 두 번 면접한 대상자들로부터 얻은 시청률 자료와 한 번 면접에 참여한 사람들로부터 얻은 자료를 비교할 수 있다.

마지막으로는 응답오류로서 자기기입식 측정도구에 의존하는 연구 상황에서는 항상 문제가 된다. 예를 들어, 어떤 시점마다 기록하도록 요청받은 참가자들은 하기로 예정된 시점부터 끝날 때까지 직접 기록하지 않을지도 모른다. 또한 패널연구는 다른 유형의 연구보다 많은 시간이 요구되며 상당한 비용이 든다.

3) 패널연구의 사례

매스미디어 연구에서 패널기법을 사용하는 가장 유명한 예는 A.C.닐슨사가 실시하고 있는 전국 규모의 TV수용자 연구다. 닐슨사의 표본은 미국 전역에 산재해 있는 약 21,000가구로 구성되어 있다(곧 37,000가구로 확대될 것임). 이 가구들의 TV 수상기에는 언제 TV를 시청하며 또 어느 채널에 맞추는지를 기록하는 기계장치인 피플미터(peoplemeters, 14장 참조)가 설치되었다. 닐슨//넷레이팅(Nielsoen//NetRating)사도 인터넷 사용을 추적하기 위하여 대규모 패널을 관리한다. 그 외 패널연구를 수행하는 연구기관으로는 마켓 팩트(Market Facts), 내셔널 패밀리 오피니언(National Family Opinion), 홈 테스팅 인스티튜트(Home Testing Institute) 등이 있다.

NBC의 후원으로 이루어진 패널연구도 널리 알려진 예라고 할 수 있다(Milavsky et al., 1982). 이 패널연구의 목적은 어린이의 폭력성향과 TV 폭력물시청 간의 관계를 알아내는 것이었다. 7~12세 사이의 남자아이들을 대상으로 3개의 패널조사가 실시되었다. 폭력성향, TV 시청 및 다른 사회학적인 변인들에 대한 자료를 구하였다. 1,200여 명의 남자아이들이 이 연구에 참가하였다. 패널연구의 시차를 다양하게 조정함으로써 TV 시청효과가 발생하는지를 분석하고자 하였다. 1차 연구와 그 다음 연구 간에는 5개월의 간격을 두었고, 2차 연구와 3차 연구 간에는 4개월, 3차 연구와 4차 연구 간에는 3개월의 간격을 두었다. 그리하여 1차와 6차 연구 간에는 무려 3년이 소요되는 종단연구를 실시하였다. 많은 패널연구들이 그렇듯이 이 연구에서도 표본의 감소라는 어려움을 맛보았다. 그 결과, 최종적으로 남은 소수의 어린이들만이 종단 효과 분석에 이용 가능했다.

NBC의 보고에 의하면 1,200명 중 58명의 어린이들만이 TV폭력물 시청의 장기 효과에 관한 타당한 자료를 제공하였다. 첫 해엔 약 7%정도가 떨어져 나갔고, 둘째 해에 가서는 37%가, 전체적으로 3년 동안 63%가 연구대상으로부터 탈락하였다.

또한 이 연구는 패널 설계가 어떻게 이루어지냐에 따라 그것이 자료의 통계분석에 어떻게 영향이 주는지를 보여주고 있다. 원래대로라면, 강력한 고급 통계기법들을 동원하여 6회에 걸쳐 수집된 자료들을 분석하고 동시에 모든 인과 관계들을 검증하는 것이 가능하다. 그러나 여기서는 그런 것들이 불가능하였다. 왜냐하면 초기 패널 설계와 중간과정에서 발생한 표본의 타락 때문에 통계분석 대상이 되는 표본의 크기가 최소한의 기준에도 못 미치고 있기 때문이다. 그렇게 되자 연구자들은 표본 중에서 15개의 조사 가능한 패널자료를 모아서 분석을 시도하였다. 이 때 쓰인 주요 통계분석기법은 초기 단계의 폭력성향이 결과에 미치는 영향을 제거하기 위한 부분회귀분석이었다. 이를 통해 어린 시절의 TV 시청이 커서 나타날 수 있는 폭력에 대한 예측치로 활용 가능한지를 알아보고자 했다. 모든 가능한 경우를 다 검토한 결과, 연구자들은 TV폭력물의 시청과 이후 폭력행동 간에는 통계적으로 일관된 유의한 관계가 없다는 결론을 내렸다. 그럼에도 불구하고 두 변인 사이에 적지만 그러나 일관된 상관관계가 다수 존재함을 발견하고 이를 기존의 통계방법으로는 잘 감지해내지 못할 수 있음을 제시하였다. 그러나 후속 분석을 통해 연구자들은 그 관계가 다른 변인인 아닌 변화에서 기인한다고 결론을 내렸다. 이 연구는 종단연구에 관심 있는 사람들에게는 매우 가치 있는 사례에 해당한다. 왜냐하면 패널연구에서 직면하게 되는 많은 문제점은 물론 3년의 조사과정에서 연구자가 절충해가야 할 점들에 대해 자세하게 논의하고 있기 때문이다.

패널기법은 TV 폭력물의 영향에 관한 연구에서 인기 있는 연구기법으로 활용되고 있다. 싱어와 동료들(Singer, Singer, Desmond, Hirsch, & Nicole, 1988)은 가족 간 커뮤니케이션 유형, 부모들의 중재, TV 시청 등이 어린이들의 세계관과 폭력 성향에 미치는 영향을 연구하였다. 1, 2학년 학생 91명을 상대로 면접을 실시하였고 일 년 후에 그 중 66명의 학생들을 다시 면접하였다. 연구자들이 표본의 감소를 염려하여 광범위한 인구통계학적 변인을 기본으로 마지막 표본과 최초의 표본을 비교한 결과, 표본의 감소가 두 집단 간의 차이에 영향을 미치지 않는다고 결론지었다. 첫 연구에서는 가족 간 커뮤니케이션 유형이 어린이들의 인지점수의 강력한 예측변인이었지만 감정적이거나 행동적인 변인들과는 거의 관계가 없는 것으로 나타났다. TV 시청이 폭력성향에 미치는 영향은 부모들의 간섭이 없이 TV를 많이 보는 아이들에게서 가장 크게 나타났다.

조와 동료들(Cho et al., 2003)은 미디어이용과 9.11 테러 공격에 대한 공중들의 반응을 연구하기 위해 2개의 서로 다른 연구 간격으로 구성된 패널설계를 이용하여 연구를 실시하였다. 서베이 간격이 4개월이었는데 이 연구의 패널 탈락률은 48%였다.

비교적 최근에 모라아티와 해리슨(Moriarty & Harrison, 2008)은 섭식장애에 대한 텔레비전 시청효과를 조사하기 위해 패널연구를 수행하였다. 그들은 1년 간격의 두 수집기간에서 자료를 수집했고, 텔레비전 시청과 소녀들의 섭식장애 간에는 연관성이 있지만 소년들의 경우에는 그렇지 않다는 것을 발견했다. 오버비와 바스(Overby & Barth, 2009)는 브리검 영 유니버시티 센터(Brigham Young Univ.'s Center)가 〈선거와 민주주의(Elections and Democracy)〉 연구를 위해 수집한 3회 수집기간 패널 자료를 정치캠페인 기간 내 매체 노출에 대한 연구에 활용했다. 그들은 매체 노출이 시민의 정치적 태도에 영향을 미치지만 매체에 따라 그 효과가 달리 행사된다는 것을 발견했다.

04 특수한 패널설계

패널자료를 얻는 데는 경비가 많이 들어간다고 할 수 있다. 하지만 두 번 이상 자료수집 기간이 가동되면 분석이 가능하다. 많은 경우 패널연구를 시행하기 위해서 몇 년이 걸리기도 한다. 시간 제약을 받거나 자원이 부족한 연구자들은 다음과 같은 대안들을 고려해야 한다.

먼저, 슐징거와 동료들(Schulsinger, Mednick, & Knop, 1981)은 **회상패널**(retrospective panel)이라는 연구설계를 구상하였다. 이 연구설계에서는 응답자들이 과거의 교육, 직업, 사건, 상황 등에 관한 태도를 회상하도록 요구받는다. 이렇게 회상된 변인들을 현시점의 변인들과 비교함으로써 즉흥적인 종단연구설계가 성립된다. 벨슨(Belson, 1978)은 이 설계를 조금 변형하여 청소년들이 처음 TV폭력물을 보았을 때를 회상하도록 요구한 다음 지금의 여러 상황들과 비교하여 TV 폭력물들이 청소년의 폭력성향에 미치는 영향을 연구하였다. 오리아(Auriat, 1993)는 응답자들이 특정 사건이 일어난 해보다는 달을 더 잘 기억한다는 사실을 발견하기도 하였다.

이러한 기법은 몇 가지 문제점을 갖는다. 우선 기억력이 완벽한 사람은 그리 많지 않다. 과거를 잘못 이야기할 수도 있고, 어떤 이들은 사회적으로 인정받는 답만을 찾아서 할 수도 있다. 분명한 것은 회상패널을 이용하면 시간과 돈은 절약할 수 있지만 정확성에 관한한 많은 것을 보장할 수 없다는 점이다.

추적패널(follow-back panel)은 현재가 대상이면 횡단적 표본을 선택하고 과거의 경우에는 기존의 아카이브에 보관된 자료를 이용함으로써 종단연구의 형태를 갖추는 방식이다. 이러한 기법의 장점은 매우 명확하다. 오랜 시간에 걸쳐 발생한 변화를 짧은 시간에 분석할 수 있다. 이 설계는 연구할 모집단의 수가 매우 적을 때 유용하다. 이 설계의 단점 또한 분명하다. 추적패널은 아카이브로 보관중인 자료에 의존하기 때문에 관심 있는 분야의 자료가 보관되어 있지 않은 경우에는 연구할 수 없게 된다. 그리고 추적패널의 표본은 대표성을 지니지 않을 수도 있다. 가령 작은 규모 라디오방송국의 경영 실적에 대한 추적연구는 폐업하여 이미 존재하지 않는 방송국들까지 포함하지는 못한다.

포착패널(catch-up panel)은 과거에 행해진 횡단연구를 선택한 다음 이와 관련하여 현재

자세히 보기 〉〉 휴대폰, 뇌종양 및 회상패널

휴대폰을 많이 이용하는 사람일수록 뇌종양에 걸림 위험성이 더 커질까? 휴대폰 이용이 큰 인기를 끌면서 이 질문은 논란의 대상이 되었다. 예상한대로, 이후 이 문제를 다루는 연구들이 많이 있었지만 그 연구결과들은 일치하지 않았다. 2010년 한 연구에서는 휴대폰의 과다이용과 뇌종양 발생 간에 약하게나마 연관성이 있다는 것을 발견했다. 이런 연관성을 발견한 여러 연구들로 인해 '국제연구소(International Agency for Research)'에서 휴대폰에서 나오는 방사능을 커피, 가솔린 엔진 배기, 가죽 먼지와 같은 다른 항목에 더불어 "가능 발암물질(possible carcingen)"로 등재하는 계기가 촉발되었다. 그러나 다른 연구들, 즉 2011년 덴마크 350,000명 대상 연구(그 주제에 대해 수행된 연구로는 사상 최고규모 연구)를 비롯하여 몇몇 연구들은 그 연관성 여부를 발견하지 못했다.

이렇게 연구결과가 잘 일치하지 않는 이유로는 휴대폰 모델별로 방출되는 방사능의 차이, 통화가 이루어지는 장소, 통화가 핸즈프리 장치로 이루어졌는지 여부를 비롯하여 여러 가지가 있다.

앞에서 언급한 바 있는 2011년 덴마크 연구에서는 다른 전략을 이용했다. 덴마크는 출생 시 각 주민에게 고유의 ID 번호를 할당하고, 세월이 흐르면서 그 주민들은 그 번호를 의료 목적(예: 암 치료를 위해 병원에 입원하기), 상업적 거래(예: 휴대폰 서비스 가입)에 이용한다. 그 연구에서는 처음에 350,000명을 휴대폰 가입자와 비가입자로 나누었고, 시간 간격을 두고 그 두 집단에 발생한 암·기타 질병의 비율을 분석했다. 그러나 이 자료에서 뇌종양의 발생과 휴대폰 이용 간 전반적 연관성은 드러나지 않았다.

대표패널이 유용할 수는 있다. 하지만 이용할 수만 있다면, 그보다는 실제 역사적 자료가 더 정확한 경우가 많다.

에서 분석 가능한 모든 단위들을 찾아 배치하는 설계를 말한다. 이 연구설계는 연구자가 아카이브로 보관중인 기초자료들이 많지 않을 때 이용 가능하다. 대부분의 경우 재분석을 할 만한 응답자들의 기록을 지니고 있지 못하지만 만약 이런 기준에 적합한 자료만 있다면 포착패널은 매우 유용할 수 있다.

휴즈만과 동료들(Huesmann, Moise-Titus, Podolski, & Eron, 2003)은 1970년대와 1980년대에 6~10세였던 어린이들을 대상으로 TV 시청과 공격적 행동을 연구했던 자료를 수집하고, 15년 후에 그들을 다시 재면접하였다. 그리고 TV 폭력물에 노출된 시기가 빠른 사람들이 성인이 되어가면서 공격성이 증가하는 것과 연관이 있다는 사실을 발견하였다. 빔과 동료들(Beam, Weaver, & Brownlee, 2009)은 2002년 미국의 언론인들 연구에 참여했던 언론인들을 5년 후에 재면접하였다. 그들은 첫 면접이 진행된 뒤 5년 사이 언론인들이 윤리적으로 보다 신중해졌다는 것을 발견했다.

포착패널연구의 또 다른 문제점은 측정의 비교성과 관련된다. 만약 초기의 연구가 종단연구에 맞춘 설계를 하지 않았다면 그 측정은 수정되어야 한다. 위의 연구를 예로 들어 보자. 10살 때의 폭력성향을 연구하는 데 본인이 아닌 교사들이 점수를 매기는 방법을 썼다면 그 방법은 20살 때의 폭력성향을 측정하는 데는 적절하지 않을 수 있다.

회상패널

1단계: 현재에서 표본을 추출한다.
2단계: 관련 주제에 대해 과거를 회상하도록 표본을 대상으로 면접한다.
3단계: 관련 주제에 대한 현재의 자료를 수집한다.
4단계: 두 자료를 비교한다.

추적패널

1단계: 현재에서 표본을 추출한다.
2단계: 관련 주제에 대한 현재의 자료를 수집한다.
3단계: 관련 주제에 관한 표본들의 아카이브 자료들을 수집한다.
4단계: 두 자료를 비교한다.

포착패널

1단계: 아카이브 보관 자료들을 수집한다.
2단계: 아카이브 자료를 토대로 과거 연구에 참여했던 응답자들을 가능한 한 많이 현재의 표본으로 추출한다.
3단계: 이들을 대상으로 관련 주제에 관한 현재의 자료를 수집한다.
4단계: 두 자료를 비교한다.

[그림 8-1] 회상패널/추적패널/포착패널 설계의 비교

마지막으로 포착패널에서 연구자는 처음 연구에서 측정한 변인들로 연구를 제한할 수 밖에 없는 한계를 지니고 있다. 연구중간에 매우 중요한 변인을 발견하더라도 처음 연구에서 그것이 포함되어 있지 않을 때 연구자는 그 변인을 첨가시키는 것을 포기할 수 밖에 없다.

[그림 8-1]은 이들 세 패널설계의 유사점과 차이점을 보여준다.

05 패널자료와 인과관계 분석

연구자들은 패널설계를 통해 변인들 간의 인과관계를 설명할 수 있다. 인과관계가 성립하기 위해서는 다음의 세 가지 조건이 요구된다. 그 첫 번째가 시간적인 순서다. 원인이 결과보다 선행할 때 인과관계는 성립한다. 두 번째 인과 관계는 변인 A의 변화가 변인 B의 변화를 초래하는 경향이 있을 때 성립한다. 즉 두 변인 간에 관계가 있어야 하는 것이다. 세 번째로 결과를 원인에 귀인 시키기 전에 다른 모든 대안적 원인들이 배제되어야만 한다.

주어진 어느 특정 시점에서 자료가 수집되는 횡단적 서베이의 경우에는 위의 세 가지 조건 중 2개만을 만족시킨다. 횡단적 서베이는 변인 A가 변인 B와 연관되어 있다고 주장할 수 있도록 해준다. 설문지를 잘 구성하거나 편상관관계와 같은 통계기법을 통해 다른 대안적 설명들이 배제될 수 있다. 그런데도 만약 변인 A와 B 간의 시간적 순서가 분명하다면 인과관계가 추론될 수 있다. 예를 들어 응답자의 교육이 직업에 앞서서 발생한다고 하자(다른 모든 것들이 동등하다고 가정된다). 그러면 학력이 직업상 지위를 결정짓는 원인이 된다는 설명할 수 있는 것이다. 그러나 자료들 간에 뚜렷한 시간적 순서가 없다고 한다면(예를 들어 TV 시청과 폭력성향과 같이) 인과관계 설명은 확정적이지 않다. 그러나 패널연구에서는 변인들이 시간적 간격을 두고 측정되기 때문에 인과적 추론이 정당성을 지니게 된다.

그러나 인과관계를 추론할 때는 다음의 두 가지 사항을 중요하게 고려해야 한다. 첫째, 측정시점 간의 간격은 그 원인이 효과를 발생시킬 수 있을 만큼 충분히 길어야 한다. 예를 들어 만약 TV폭력물에 대한 노출이 시청자의 공격적 행동을 유발시키는 데 1년이 걸린다면, 측정 간격으로 6개월을 사용한 패널연구는 어떤 효과도 발견할 수 없을 것이다. 반대 경우도 마찬가지이다. 위의 예를 다시 계속하자면, TV폭력의 효과가 노출 이후 3개월째 나타나 바로 사라진다고 가정하자. 6개월 간격으로 실시되는 서베이 연구는 이 효과를 관찰하는 데 모두 부적당하다. 중요한 점은 적절한 시간 간격을 결정하는 것이다. 대부분의 연구자들은 과거의 연구 및 관련된 적절한 이론을 지침으로 삼는다.

패널자료에서 인과관계를 확정짓는 데 활용되는 통계적 기법은 많다. 그 계산법 등을 모두 설명하고 목록을 제시하는 것은 이 책의 범위를 벗어난다. 그러나 다음의 참고문헌은 이에 대한 자세한 정보를 원하는 사람들에게 도움이 될 것이다. 메너드(Menard, 1991)는 등간척도로 측정된 패널자료를 분석하는 보통의 여러 방법들을 논의하고 있다. 이와 비슷하게 툰(Toon, 2000)은 대중적인 선형기법을 포함하여 패널자료를 분석하기 위한 계산법들을 소개하고 있다. 아셔(Asher, 1983)는 경로분석에 대해 자세히 논의하고 있고, 트룸보(Trumbo, 1995)는 시계열 분석과 그랜저 인과관계 검증(Granger verification)을 포함한 패널자료의 통계적 분석 방법과 이들 방법을 이용한 종단적인 의제설정 연구사례를 소개하고 있다. 일반적인 설명을 찾는 독자들은 프리스(Frees, 2004)를 참고해야 한다. 마지막으로 가장 수학적으로 정교한 통계분석인 선형구조방정식 혹은 리즈렐(LISREL) 기법은 조레스코(Joreskog, 1973), 롱(Long, 1976) 헤이둑(Hayduk, 1996) 및 다이아만토포로스와 시구아(Diamantopoulos & Siguaw, 2000)에 의해 자세히 소개되고 있다. LISREL 기법이 많이 권유되고 있기 때문에, 패널연구를 실시하고자 하는 연구자들은 그 기법의 내용과 가정 등에 더욱 관심을 기울일 필요가 있다.

06 양적 자료와 질적 자료의 결합

지금까지 논의는 주로 양적인 서베이라는 관점에서 종단연구를 검토했지만 양적 자료와 질적 자료의 결합도 가능하다. 가능한 기법 하나는 소규모 표본을 선정해서 간격을 두고 측정함으로써 심층적인 연구를 수행하는 것이다. 이 때 표본으로 선정된 사람들은 포커스그룹이나 심층 면접에 참여하게 될 것이다.

양적기법과 질적 기법을 같이 이용한다는 것은 분명 장점이 있다. 먼저 질적 접근을 통해 얻은 자료는 양적 자료를 해석하는 데 도움을 줄 수 있으며, 양적 자료만 가지고는 간과할 수 있는 통찰력을 제공해줄 수 있다. 예를 들어 미디어 노출과 투표 시 선택 간의 관계를 연구하기 위한 패널 서베이에 이용된 질적 자료수집 방법은 표본으로 추출된 응답자들 사이에서 어떤 변화가 왜 일어나는지를 보여줄 수 있다. 더 나아가 질적 자료는 이어지는 일련의 자료수집과정에서 검증 가능한 새로운 가설들을 제안해줄 수도 있다. 예를 들어 포커스그룹에서 얻어진 자료로부터 부정적인 광고에의 노출이 투표 선택의 주요 요인으로 역할을 할지도 모른다는 가설이 도출되었다면 다음 시기에 이루어지는 패널연구에서는 이를 양적으로 검증할 수 있다. 그러나 양 접근을 같이 사용하려면 연구자의 노력과 자료수집에 시간이 더 요구된다.

맥밀란(McMillan, 2001)은 건강 관련 웹사이트 대상 종단연구에서 질적 자료와 양적 자료를 같이 활용하였다. 사이트 대상 이메일 서베이를 통해서 재정적 지원이 풍부한 사이트가 더 많은 정보를 제공한다는 사실을 그리고 질적 자료를 통해서는 사이트 운영자들은 홍보와 마케팅을 사이트의 유지의 핵심 요인을 간주하고 있다는 점을 알아냈다. 쇼와 동료들(Shaw, Scheufele, & Catalono, 2005)은 어느 한 거대 조직의 인스턴트메시지 연구에서 서베이와 심층 면접을 결합했다. 그들의 양적 연구에서는 인스턴트메시지가 생산성에 긍정적인 영향을 미친다는 것을 밝혔다. 이 때 생산성 증가의 이유들 중 하나로서, 인스턴트메시지 이용자가 전화 및 보이스메일에 시간을 덜 들인다는 점이 심층 면접을 통해 명백해졌다.

07 인터넷에서의 종단연구

인터넷을 이용하면 종단적인 자료를 온라인으로 수집하는 것이 가능하다. 인터넷 서베이에서 패널은 시간을 두고 여러 번에 걸쳐 시행되는 서베이에 참여할 의사를 사전에 밝힌 개인들로 구성된다.

이 방법을 이용할 경우 분명히 여러 장점들이 있다. 많은 수의 개인들을 잠재적인 패널 구성원으로 충원할 수 있다. 예를 들어 아이패드(iPad) 매거진 앱이나 3DTV 보유자와 같이 발생률이 낮은 집단을 목표로 자료를 수집하기가 쉬워진다. 인터넷을 이용한 자료수집은 속도가 빠르며 연구자는 응답자들로부터 사전에 수집된 인구학적 정보에 대한 접근이 가능하다.

반면 인터넷 패널의 단점도 있다. 다른 인터넷 활용 자료수집 방법처럼 인터넷 패널들도 전체 모집단을 대표한다고 볼 수 없다. 모든 사람이 온라인 서베이를 완성시킬 수 있을 만큼 인터넷 사용에 익숙한 것은 아니다. 아울러 패널들이 참여한다고 했다가 일이 많아지자 싫증을 느끼고 탈퇴해버리는 소위 '우왕좌왕'의 문제도 있다. 그 결과 종단 표본의 잠재적인 탈락률이 얼마인가가 관심사가 된다. 셋째, 웹 패널 구성원들이 패널연구에 참여한다는 사실을 의식하며 답변을 달리하는 '전문적인 응답자'가 될 가능성이 있다는 점이다(Dennis, 2001). 예를 들어 본인의 온라인상의 쇼핑습관에 대해 여러 달에 걸쳐 여러 번 온라인 서베이에 참여한 패널 구성원은 온라인 쇼핑을 스스로 장려하게 될지도 모른다. 결국 그 사람이 연구 프로젝트를 실제적으로 완료했는지를 확인할 방법은 거의 없다.

인터넷 내용에 대한 장기연구는 장기적인 경향성을 잘 보여줄 수 있다. 익젠과 린(Xigen & Lin, 2007)은 2000년, 2003년, 2007년에 선정된 웹사이트들의 배너광고 내용을 조사했다. 그들은 세 표본 시기를 통틀어 공리주의적 소구가 지배적이라는 것을 발견했다.

현재 많은 상업적인 연구 회사들이 고객들에게 인터넷 패널연구를 제공하고 있다. 예를 들어 Esearch.com은 20만 명 이상의 응답자 풀을 갖추고 있다.

08 실험연구의 종단설계

앞의 논의들은 서베이 연구와 관련된 것들이지만 실험연구에서도 종단연구를 실시할 수 있다. 대부분의 실험연구에서는 단 한 번의 자극을 준 다음 종속변인을 측정하는 형태를 취한다. 여러 연구에서 이러한 절차들이 적절하게 쓰일 수 있지만, 축적된 효과를 측정하려고 할 때에는 종단 설계가 필요하게 된다. 미디어의 특정한 효과가 지속되는 기간을 알아보기 위해서는 종단적 측정설계가 필수적이다(예를 들어 어떤 설득효과가 완전히 없어지는 데는 얼마나 걸리는가 등의 연구문제).

브라이언트와 동료들(Bryant, Carbeth, & Brown, 1981)이 수행한 실험연구는 종단설계가 갖는 중요성을 잘 설명하고 있다. 그들은 TV 시청과 불안 간의 관계에 대한 연구에서 실험대상을 여러 집단으로 나눈 후 각 집단별로 한 프로그램씩을 시청하도록 할당하였다. 첫 번째 집단은 6주 동안 평범한 프로그램 시청스케줄을 실천하도록 조치를 부여받았고 두 번째 집단은 정의의 승리를 그린 프로그램을 많이 시청하도록 하였다. 그리고 세 번째 집단은 정의가 승리하지 못하는 프로그램을 많이 시청하도록 하였다. 시간의 흐름에 따라 간격을 두고 종속변인들을 측정하였다. 연구자들은 피험자들에게 3주 동안 시청일기를 쓰게 함으로써 그들의 시청자료를 얻을 수 있었다. 이 연구는 정의가 승리하지 못하는 프로그램을 시청한 사람들이 불안을 느끼는 정도가 다른 집단보다 컸다고 결론짓고 있다. 이 연구결과는 거브너의 배양효과 가설을 지지한 셈이다.

질만과 브라이언트(Zillman & Bryant, 1982)도 축적된 효과를 측정하기 위해선 종단적인 연구가 필요하다고 역설하고 있다. 구체적으로 한 피실험 집단에게는 6주 동안

5시간에 걸쳐 포르노 영화를 시청하도록 하였다. 두 번째 집단은 같은 기간 동안 2시간 반 정도의 시청하도록 하였다. 통제집단은 전혀 다른 영화를 보여 주었다. 그 결과 많은 양의 포르노 영화를 접한 사람일수록 강간피해 여성에 대해 동정심을 덜 보이는 것으로 나타났다.

그레이브와 동료들(Grabe, Kamhawi, & Yegiyan, 2009)은 신문, TV 및 웹사이트 뉴스내용 기억에 대한 교육수준별 차이를 검증했다. 그들은 실험 직후 피험자들의 회상도를 측정했고, 이틀 후에 재측정했다. 이들 사례들은 종단연구가 실험연구에도 많은 도움을 주고 있음을 잘 보여준다.

요약

종단연구는 서로 다른 시점에서 자료를 수집한다. 종단연구에는 세 가지 유형이 있다. 경향연구, 코호트 분석 및 패널연구 등이다. 경향연구는 서로 다른 시점에서 다른 집단을 대상으로 같은 질문들을 묻는다. 코호트 분석은 2개 이상의 다른 시점에서 서로 비슷한 삶을 경험한 표본(예: 같은 연령대)의 특성을 측정한다. 패널연구는 같은 응답자를 대상으로 적어도 두 번 이상 측정한다.

패널설계의 장점은 연구자로 하여금 연구대상 변인들의 인과적 서열에 대한 설명이 가능하도록 해준다는 점 그리고 그런 일을 수행하는 데 여러 다양한 통계기법을 이용할 수 있다는 점 등이다.

핵심용어

경향연구(trend studies)
교차지연 상관관계(cross-lagged correlation)
시기 효과(period effect)
연령 효과(age effect)
종단연구(longitudinal study)
추적패널(follow-back panel)
코호트 분석(cohort analysis)
코호트 효과(cohort effect)
패널연구(panel study)
포착패널(catch-up panel)
회상패널(retrospective panel)
횡단연구(cross-sectional research)

인터넷 활용하기

이 장에서 논의한 방법들에 대한 정보를 더 얻고자 한다면, "종단분석", "패널연구", "코호트연구" 및 "경향연구"를 인터넷에서 검색해 보자.

종단적인 자료에 관심 있는 미디어 연구자들이라면, 미디어 연구에 유용한 자료들을 확보하고 있는 아카이브들을 활용할 수 있다. 이용가능한 주요 아카이브들을 소개하면 다음과 같다.

1. 국가여론조사센터(National Opinion Research Center)의 일반 사회 서베이(General Social Survey): 1972년부터 2000년대 후반에 이르기까지의 신문 열독률, 라디오 청취, TV 시청에 관한 자료들을 데이터베이스화하여 보유하고 있음
   www3.norc.org/GSS+Website/
2. 오덤 사회과학연구소(The Odum Institute for Research in Social Science): 1970년부터 현재에 이르기까지의 여론조사 자료가 데이터베이스화되어 있음. 노스캐롤라이나 대학(Univ. of North Carolina)에 소재한 이 연구소의 데이터베이스를 이용하려면 사전 허락을 받아야 하지만 누구나 이용할 수 있게끔 공개되어 있는 자료도 있음
   www.irss.unc.edu/odum/jsp/home.jsp
3. 갤럽(The Gallup organization): 1985~2005년에 이르기까지의 매스미디어 이용, 미디어 공신력, 편견 및 뉴스원 등에 관한 자료를 보유하고 있는 여론조사 전문회사임
   www.gallup.com
4. 로퍼 센터(The Roper Center): 1930년대까지 거슬러 올라가는 여론조사 자료를 보유하고 있으며 자료를 이용하려면 회원 가입과 회비 부담을 해야 함(대부분의 대학들이 회원으로 가입하고 있음)
   www.ropercenter.uconn.edu
5. 퓨 조사센터(The Pew Center): 뉴스 미디어에 대한 공중들의 태도를 조사하는 특화된 연구기관임. 1997년부터 현재에 이르기까지의 여론조사 결과들을 자료로 아카이브화하여 보유하고 있음
   www.people-press.org/

생각해볼 문제

1. 종단연구 연구의 예들을 최근 학술지에서 찾아보자. 이 장에서 논의한 세 가지 유형 중 어떤 설계를 택했는가? 상업적 조사업체에서 실시한 종단연구를 찾아보자. 그 연구들에서 주로 하는 설계는 어떤 것인가?
2. 매스미디어 관련 변인들 중에서 코호트 분석방법을 이용하면 가장 좋은 변인들로는 어떤 것들이 있는가?
3. 2차 경향분석용으로 자료 아카이브에 저장되거나 정기적으로 연구되는 수용자의 특성 및 매스미디어 관련변인들로 어떠한 것들이 있는가?
4. 패널연구를 실험기법에 이용하려면 어떻게 해야 하는가?
5. 아비트론사는 새로운 표집방법으로 휴대용 피플미터(Portable People Meter) 자료수집방법론을 도입했는데, 이에 대한 정보를 찾아보자. 이 기술의 장·단점은 무엇일까?

이에 대한 추가적인 정보는 www.wimmerdominick.com이나 www.cengagebrain.com에서 찾아보자.

참고문헌 및 권유문헌

Andersen, R., & Fetner, T. (2008). Cohort differences in tolerance of homosexuality. *Public Opinion Quarterly*, 72(2), 311–330.

Asher, H. (1983). *Causal modeling* (2nd ed.). Beverly Hills, CA: Sage Publications.

Auriat, N. (1993). A comparison of event dating accuracy between the wife, the husband, and the couple, and the Belgian population register. *Public Opinion Quarterly*, 57(2), 165–190.

Barnes, N., & Mattson, E. (2009). Social media in the 2009 Inc. 500: New tools and new trends. *Journal of New Communications Research*, 4(2), 70–79.

Beam, R., Weaver, D., & Brownlee, B. (2009). Changes in professionalism of U.S. journalists in the turbulent twenty-first century. *Journalism & Mass Communication Quarterly*, 86(2), 277–298.

Belson, W. (1978). *Television violence and the adolescent boy*. Hampshire, England: Saxon House.

Bickham, D., Vandewater, E., Huston, A., Lee, J., Caplovitz, A., & Wright, J. (2003). Predictors of children's electronic media use. *Media Psychology*, 5(2), 107–138.

Bryant, J., Carveth, R., & Brown, D. (1981). Television viewing and anxiety. *Journal of Communication*, 31(1), 106–119.

Call, V., Otto, L., & Spenner, K. (1982). *Tracking respondents*. Lexington, MA: Lexington Books.

Cho, J., Boyle, M., Keum, H., Shevy, M., McLeod, D., Shah, D., & Pan, Z. (2003). Media, terrorism, and emotionality. *Journal of Broadcasting & Electronic Media*, 47(3), 309–327.

Dennis, J. M. (2001). Are Internet panels creating professional respondents? *Marketing Research*, 13(2), 34–38.

Diamantopoulos, A., & Siguaw, J. (2000). *Introducing Lisrel: A guide for the uninitiated*. London: Sage.

Fienberg, S. E., & Mason, W. M. (1980). Identification and estimation of age-period-cohort models in the analysis of archival data. In K. F. Schuessler (Ed.), *Sociological methodology* (pp. 1–67). San Francisco, CA: Jossey-Bass.

Frees, E. (2004). *Longitudinal and panel data: Analysis and applications in the social sciences*. New York, NY: Cambridge University Press.

Gerbner, G., Gross, L., Signorielli, N., Morgan, M., & Jackson-Beeck, M. (1979). The demonstration of power: Violence profile no. 10. *Journal of Communication*, 29(3), 177–196.

Glenn, N. (1977). *Cohort analysis*. Beverly Hills, CA: Sage Publications.

Glenn, N. (1994). Television watching, newspaper reading and cohort differences in verbal ability. *Sociology of Education*, 67(2), 216–230.

Grabe, E., Kamhawi, R., & Yegiyan, N. (2009). Informing citizens: How people with different levels of education process television, newspaper and web news. *Journal of Broadcasting & Electronic Media*, 53(1), 90–111.

Hayduk, L. A. (1996). *LISREL: Issues, debates, strategies*. Baltimore, MD: Johns Hopkins University Press.

Hoffman, L., & Eveland, W. (2010). Assessing causality in the relationship between community attachment and local media use. *Mass Communication & Society*, 13(2), 174–195.

Huesmann, L., Moise-Titus, J., Podolski, C., & Eron, L. (2003). Longitudinal relations between children's exposure to TV violence and violent behavior in young adulthood: 1977–1992. *Developmental Psychology*, 39(2), 210–222.

Huesmann, L. R. (1986). Psychological processes promoting the relation between exposure to media violence and aggressive behavior by the viewer. *Journal of Social Issues*, 42(3), 125–139.

Huesmann, L. R., & Eron, L. D. (1986). *Television and the aggressive child*. Hillsdale, NJ: Lawrence Erlbaum.

Hyman, H. H. (1987). *Secondary analysis of sample*. Middletown, NY: Wesleyan University Press.

Jennings, M. K. (1996). Political knowledge over time and across generations. *Public Opinion Quarterly*, 60(2), 228–252.

Johnsson-Smaragdi, U., & Jonsson, A. (2006). Book reading in leisure time: Long-term changes in young peoples' book reading habits. *Scandinavian Journal of Educational Research*, 50(5), 519–541.

Joreskog, K. (1973). A general method for estimating a linear structural equation system. In A. Goldberger & O. Duncan (Eds.), *Structural equations models in the social sciences* (pp. 85–101). New York, NY: Seminar Press.

Katz, E., & Lazarsfeld, P. F. (1955). *Personal influence*. New York, NY: Free Press.

Korhonen, P., & Lahikainen, A. (2008). Recent trends in young children's television-induced fears in Finland. *Journal of Children & Media*, 2(2), 147–162.

Lazarsfeld, P., Berelson, B., & Gaudet, H. (1944). *The people's choice*. New York, NY: Columbia University Press.

Lefkowitz, M., Eron, L., Walder, L., & Huesmann, L. (1972). Television violence and child aggression. In E. Rubinstein, G. Comstock, & J. Murray (Eds.), *Television and adolescent aggressiveness* (pp. 35–135). Washington, D.C.: U.S. Government Printing Office.

Lindstrom, P. B. (1997). The Internet: Nielsen's longitudinal research on behavior changes in use of this counterintuitive medium. *Journal of Media Economics*, 10(2), 35–40.

Long, J. (1976). Estimation and hypothesis testing in linear models containing measurement error. *Sociological Methods and Research*, 5, 157–206.

Lowery, S., & DeFleur, M. (1995). *Milestones in mass communication research* (3rd ed.). White Plains, NY: Longman.

Magnusson, D., Bergman, L., Rudinger, G., & Torestad, B. (1991). *Problems and methods in longitudinal research*. Cambridge: Cambridge University Press.

Markus, G. (1979). *Analyzing panel data*. Beverly Hills, CA: Sage Publications.

Mayer, W. (1993). Trends in media usage. *Public Opinion Quarterly*, 57(4), 593–610.

McMillan, S. J. (2001). Survival of the fittest online: A longitudinal study of health-related websites. *Journal of Computer Mediated Communication*, 6(3). *www.ascusc.org/jcmc/vol6/issue3/mcmillan.html*

Menard, S. (1991). *Longitudinal research*. Newbury Park, CA: Sage Publications.

Milavsky, J., Kessler, R. C., Stipp, H. H., & Rubens, W. S. (1982). *Television and aggression*. New York, NY: Academic Press.

Moriarty, C., & Harrison, K. (2008). Television exposure and disordered eating among children: A longitudinal panel study. *Journal of Communication*, 58(2), 361–381.

Newcomb, T. (1943). *Personality and social change*. New York, NY: Dryden.

Norlen, V. (1977). Response errors in the answers to retrospective questions. *Statistik Tidskrift*, 4, 331–341.

Overby, L., & Barth, J. (2009). The media, the medium, and malaise: Assessing the effects of campaign media exposure with panel data. *Mass Communication & Society*, 12(3), 271–290.

Palmore, E. (1978). When can age, period and cohort effects be separated? *Social Forces*, 57, 282–295.

Pearl, D., Bouthilet, L., & Lazar, J. (1982). *Television and behavior: Ten years of scientific progress and implications for the eighties*. Washington, DC: U.S. Government Printing Office.

Pearson, N., Ball, K., & Crawford, D. (2011). Mediators of longitudinal associations between television viewing and eating behaviors in adolescents. *International Journal of Behavioral Nutrition and Physical Activity*, 8(23), 1–9.

Peiser, W. (2000a). Cohort replacement and the downward trend in newspaper readership. *Newspaper Research Journal*, 42(3), 380–389.

Peiser, W. (2000b). Cohort trend in media use in the United States. *Mass Communication & Society*, 3(2/3), 185–203.

Peterson, T. (1980). *The mass media election*. New York, NY: Praeger.

Porter, W. J. (1992). How do adolescents' perceptions of television reality change over time? *Journalism Quarterly*, 69(2), 392–405.

Powers, E., Goudy, W., & Keith, P. (1978). Congruence between panel and recall data in longitudinal research. *Public Opinion Quarterly*, 42(3), 380–389.

Rentz, J., Reynolds, F., & Stout, R. (1983). Analyzing changing consumption patterns with cohort analysis', *Journal of Marketing Research*, 20(1), 12–20.

Roessler, P., & Brosius, H. B. (2001). Do talk shows cultivate adolescents' views of the world? A prolonged-exposure experiment. *Journal of Communication*, 51(1), 143–163.

Schulsinger, F., Mednick, S., & Knop, J. (1981). *Longitudinal research*. Boston, MA: Nijhoff Publishing.

Schuman, H., & Corning, A. (2006). Comparing Iraq to Vietnam: Recognition, recall and the nature of cohort effects. *Public Opinion Quarterly*, 70(1), 78–88.

Shaw, B., Scheufele, D., & Catalano, S. (2005). *The role of presence awareness in organizational communication*. Conference paper presented to the International Communication Association, New York, NY, May 2005.

Singer, J. L., Singer, D. G., Desmond, R., Hirsch, B., & Nicol, A. (1988). Family mediation and children's cognition, aggression and comprehension of television. *Journal of Applied Developmental Psychology*, 9(3), 329–347.

Sullivan, C. M., Rumptz, M. H., Campbell, R., Eby, K. K., & Davidson, W. S. (1996). Retaining participants in longitudinal community research. *Journal of Applied Behavioral Science*, 32(3), 262–276.

Toon, T. W. (2000). *A primer in longitudinal data analysis*. London: Sage Publications.

Trumbo, C. (1995). Longitudinal modeling of public issues. *Journalism and Mass Communication Monographs*, 152, 1–53.

Wimmer, R. D. (2001). *An analysis of panel study participation methods: Replication of 1995 results*. Denver, CO: Wimmer Research.

Xigen, L., & Lin, Z. (2007). Cultural values in Internet advertising. *Southwestern Mass Communication Journal*, 23(1), 57–73.

9장 실험연구

실험연구방법은 매스미디어 연구에서 가장 오래된 방법이자 미디어 연구자들에 매우 풍부한 정보를 제공해주는 방법이지만 기실 그 이용은 상대적으로 적은 편이었다. 그나마 최근 들어 다시 대중성을 확보해가고 있는 형편이다.

가장 많이 이용되는 연구방법이 무엇인가를 주요 학술지를 대상으로 분석한 연구 결과(Kamhawi & Weaxer, 2003)를 보면, 1980~1984년 사이에는 발표된 논문의 11%만 실험연구에 해당하였지만 1995~1999년 사이에는 그 비율이 21%로 증가한 것으로 나타났다. 반면 서베이를 자료수집 방법으로 이용한 논문의 비율은, 1980~1984년 기간에는 37%이었지만 1995~1999년 기간에는 24%로 감소한 것으로 나타났다. 2009~2010년 기간 내 주요 매스커뮤니케이션 학술지 세 가지를 대상으로 조사한 결과에서는 서베이가 35%이고 실험연구가 16%로 나타나 그동안 약간의 변화가 있음을 시사한다.

이 장에서는 통제된 **실험실 연구**와 의사 실험설계와 현장실험 등을 대상으로 그 기본적인 내용을 살펴보고자 한다. 그 이상의 고급 실험연구방법들에 대한 자세한 내용은 몽고메리(Montgomery, 1997)의 저서와 크리스텐센(Christensen, 2001)의 저서를 참조하기 바란다.

01 실험실 연구의 장 · 단점

연구에 실험 방법을 이용하는 데는 몇 가지 이유가 있다.

1) 실험실 연구의 장점

(1) 인과관계의 명료성

실험은 원인과 결과 관계를 확립하는 데 도움을 준다. 두 변인 간의 인과관계를 찾는 일이 과연 가능한가에 대해 과학철학자들은 끊임없이 질문을 제기하지만 사회과학에서 실험은 인과성을 확립하는 가장 유용한 방법으로 간주되고 있다. 연구자는 두 변인 중 시간상으로 먼저 발생할 수 있는 것을 원인으로 설정하고 결과에 선행하게끔 한다. 또 이 방법에서는 연구대상 다른 변인들을 통제할 수 있다는 이점을 지니고 있다.

(2) 통제의 용이성

앞서 밝힌 바와 같이 통제는 실험연구방법의 장점이다. 연구자는 쉽게 연구 환경, 변인, 피험자를 통제할 수 있다. 실험실 상황에서는 현실 세계에 나타나는 다양한 변인들을 연구의 용이성을 위해 제거할 수 있으며 가상적인 연구 상황을 얼마든지 자유롭게 조성할 수도 있다. 조명의 조정, 실험실의 온도조정, 측정도구의 변화, 음향의 변화 등을 통해서 여러가지 가상의 상황을 얼마든지 만들 수 있다. 하지만 가상적인 상황을 얼마든지 만들 수 있다는 사실은 실험상황과 실제상황이 일치하지 않을 가능성을 동시에 내포하기 때문에 단점으로 지적될 수도 있다.

또한 실험실 연구는 독립변인과 종속변인의 수와 유형, 그리고 이들 변인을 조작하는 방법을 통제할 수 있다는 장점이 있다. 변인을 통제할 수 있다는 사실은 연구의 내적 타당도(internal validity)를 높여주고 영향 요인들 간의 혼란을 제거해준다. 예를 들면 길버트와 쉬레더(Gilbert & Schleuder, 1990)는 스틸사진의 컬러와 복합성이 갖는 효과에 관한 실험실 분석에서 거의 모든 세부 조건들을 통제할 수 있었다.

실험실 연구는 또한 피험자를 통제할 수 있다는 장점을 지니고 있다. 선택과정, 실험할당, 실험처치에 이르기까지 어느 상황에서나 피험자를 통제할 수 있다. 먼저 연구자는 실험에 필요한 피험자의 숫자를 통제할 수 있고 그중 어느 정도를 실제 실험상황에 노출시킬 것인가도 조정할 수 있다. 앞의 예에서 연구자들은 어느 미디어를 통해서 뉴스 정보를 얻는가에 따라 피험자를 할당할 수도 있었으며, 어떤 것이 가장 효율적인가를 알아내기 위해서 다양한 유형의 광고를 각 피험자에게 차이를 주면서 실험처치도 할 수 있었다.

(3) 저렴한 비용

실험은 다른 연구방법에 비해서 적은 비용으로 연구할 수 있다는 장점이 있다. 예를 들어 광고연구자가 40~50명 정도의 피험자로 구성되는 실험설계로, 2개의 서로 다른 광고 설계의 효과를 연구할 수 있다는 사실을 감안하면 현지연구방법에 비해 상당히 적은 비용으로 연구할 수 있음을 알 수 있다. 현장에서 이루어지는 비교검사는 훨씬 저렴하다.

(4) 반복연구의 용이성

연구시의 실험실 상황을 자세히 기술함으로써 다른 연구자로 하여금 같은 실험을 반복할 수 있도록 도와줄 수 있다. 사실 많은 연구들은, 실험조건만 조금씩 바꾸어놓은 상황에서, 원래 결과가 유일무이하지 않다는 것을 확인하기 위해 고전적인 실험을 자주 반복한다.

2) 실험실 연구의 단점

그러나 실험실 연구기법이라고 완벽한 것은 아니다. 실험실 연구는 다음과 같은 세 가지 단점을 지닌다.

(1) 인위성

실험 상황이란 작위적일 수밖에 없다는 것이 가장 큰 단점일 것이다. 실험 상황의 행위는 모두 통제된 것들이다. 그런데 그런 행위들은 실험실 외적인 상황에는 항상 가변적이 되기 마련이다. 다양한 사회적 자극을 받고 있는 현실세계의 사람들을 상정해본다면 실험 상황이 현실세계에 그대로 적용될 수 없음을 알 수 있다. 실험실 연구를 비판하는 사람들은 항상 이러한 비현실성을 꼬집는다.

밀러(Miller, 2002)는 그런 비평가들이 실험절차의 인위성에 대해 가끔은 애매하고 선언적인 주장으로 일관하고 있음에 주목하였다. 그리고 '현실세계'와 '비현실세계'를 대비시키는 것은 실제로는 단지 의미론상의 문제일지도 모른다고 보았다. 실험실 방법과 현지실험방법 모두 커뮤니케이션 행위를 연구하는 것이라고 보고 그런 관점에서 볼 때, 행위를 '현실적'이니 '비현실적'이니 나누는 것은 무의미하다고 주장한다. 한마디로 모든 행위는 현실적이라는 게 그의 핵심적 주장이다.

밀러는 또한 실험실 내 절차에서 발생하는 인위성 문제를 피하기 위해 연구결과가 특정 수용자에게만 적용된다고 주장하거나, 특정한 분석조건 아래서 그리고 연구가 수행된 기간에만 적용가능하다고 연구를 폄하시키는 것은 만족스럽지 못하며 비과학적인 것이라고 지적했다. 연구의 외적 타당도가 과학적 연구의 주요한 목표이기 때문에 그런 본질을 부인하는 것은 비생산적이라고 본 것이다. 만약 연구자들이 그들의 관심을 하나의 분석이라는 범위 이상으로 확장시키기를 주저한다면 그 연구는 단지 사실을 발견하는 정도의 가치밖에 없을 것이다. 따라서 매스미디어에 대한 지식을 증진시키는 데 아무런 기여도 할 수 없을 것이다.

많은 연구자들이 실험실이라는 인위성을 극복하려는 시도로 현장 실험이라는 방법을 시행하고 있다. 이를 통해 비록 좀 더 자연스러운 분위기 아래서 연구가 이루어진다 하더라도 이 방법 또한 통제가 갖는 문제로부터 자유롭지는 못하다.

(2) 연구자(실험자)의 편견

실험은 실험자의 편견으로부터 영향을 받을 수 있다(1장 참조). 로젠탈과 제이콥슨(Rosenthal & Jacobson, 1966)은 사전에 실험에서 어떤 결과가 기대된다고 들은 연구자와 듣지 못한 연구자를 비교 분석하였다. 어떠한 결과가 기대된다고 귀띔을 받은 연구자의 경우 그렇지 않은 연구자보다 실험 결과가 연구가설과 높은 일치도를 보일 것이라고 말한다는 사실을 발견하였다. 이러한 문제점을 상쇄시키기 위해 어떤 연구자들은 **이중은폐 기법**(double-blind technique)을 구사한다. 이 기법에선 연구자, 즉 실험자와 피험자 모두 피험자가 실험집단에 속하는지 통제집단에 속하는지를 모르고 실험에 임하게 한다.

(3) 영역의 제한

연구문제에 따라서 실험적 접근이 적합하지 않은 경우가 있다. 매스커뮤니케이션 연구주제 중 흥미 있는 많은 주제는 수백만 사람들의 집합적 행동과 관련되어 있다. 이런 규모의 실험은 너무 커서 실행할 수 없다. 예를 들어 텔레비전이 사회에 미치는 장기적 효과를 설명하는 **배양효과**(cultivation effect)를 고려해보자. 배양효과를 '검증'하기 위한 실험설계는 시간 낭비이고 비용도 너무 많이 소요될 것이며 윤리적으로도 문제가 제기될 것이다. 물론 소규모의 피험자를 대상으로 이 주제에 대한 실험연구를 수행할 수 있겠지만 그 결과를 매우 큰 규모의 현상에 어떻게 연계시킬 것인가는 여전히 막연하다.

02 실험연구의 실행

실험방법은 크게 조작과 관찰로 이루어진다. 가장 단순한 형태의 실험연구에서는 연구자가 독립변인을 조작한 다음 피험자의 반응을 관찰한다. 실험연구에 따라 차이가 있기는 하지만 연구 수행에는 대체로 다음과 같은 여덟 단계가 필요하다는 데 연구자들은 동의한다.

1) 실험상황의 선택

많은 실험들이 실험실이나 연구자가 직접 통제 가능한 환경에서 잘 이루어진다. 경우에 따라서는 연구자가 실험 상황을 통제하지 않는 좀 더 자연스러운 분위기 아래서 실험이 최고로 잘 이루어지기도 한다. 후자의 경우는 이 장의 뒷부분에서 좀 더 자세히 다루겠다.

2) 실험설계의 선택

실험설계의 선택은 다음과 같은 요소들을 잘 고려해서 이루어지도록 해야 한다. 연구문제나 가설의 성격, 측정하거나 조작하려는 변인의 유형, 피험자의 유용성, 이용 가능한 자원의 양 등이다.

3) 변인의 조작정의

일반적으로 실험연구에서 독립변인은 항상 조작이라는 측면에서 정의된다. 이에 반해 종속변인은 관찰한 행동을 분류할 수 있는 규칙이나 척도 등과 연관되어 정의된다.

4) 독립변인의 조작

독립변인의 조작을 위해선 먼저 피험자에게 가해질 자극이나 처리 등이 먼저 선택되어야 한다. 기본적인 조작의 유형에는 두 가지가 있다.

먼저 '**직접 조작**(straightforward manipulation)'은 문서나 구두지시 혹은 다른 형태의 자극이 피험자에게 직접 가해지는 것을 말한다. 바란과 동료들(Baran, Mok, Land, & Kang, 1989)은 한 광고연구에서 독립변인인 '상품의 포지셔닝'을 조작하는 데 직접 조작의 방법을 이용했다. 피험자 그룹을 3개로 나누고 첫 번째 그룹에게는 '일반 명칭의' 아이스크림, 냉동식품, 겨자, 커피 등의 쇼핑목록을, 두 번째 그룹에게는 보던(Borden)의 아이스크림, 스완슨(Swanson)의 냉동식품, 프랑스산 겨자, 맥스웰하우스(Maxwell House)의 커피 등과 같이 '실용적인' 상품목록을 제시하였다. 그리고 마지막 세 번째 그룹에게는 하겐다즈(Häagen-Dazs)의 아이스크림, 린 퀴진느(Lean Cuisine)의 냉동식품, 그레이 푸폰(Grey Poupon)사의 겨자, 제너럴 푸드 인터내셔널(General Foods International)사의 커피 등과 같이 두 번째 그룹보다는 '고가'의 상품목록을 제시하였다. 그 다음 각 그룹에게 그 쇼핑목록을 가지고 쇼핑하는 사람들의 성격에 관해 판단하도록 했다. 실험결과 예측했던 바와 같이 피실험자들이 어떤 상품 목록을 제시받았느냐가 그 목록 작성자의 선량함과 책임감을 평가하는데 영향을 미친다는 점을 알 수 있었다.

조와 동료들(Cho, Shah, Nah, & Brossard, 2009)은 TV 토론물에서의 제작 변인 연구에서 직접조작 방법을 이용했다. 한 실험집단은 각 후보가 말하는 것을 단일 화면으로 나타내는 방영물을 시청하게 한 반면에, 또 다른 실험집단은 두 후보를 분할 화면으로 보여주는 방영물을 시청하게끔 했다. 그 결과, 해당 TV 토론을 무례하다고 지각한 정도는 단일화면 버전을 시청한 집단에 비해 분할 화면 버전의 방영물을 본 시청자들에게서 더 크게 나타났다.

또 다른 조작의 유형인 '**연출된 조작**(staged manipulation)'은 독립변인을 조작할 수 있게끔 연구자가 사건이나 상황을 구성하는 것을 말한다. 연출된 조작은 상대적으로 단순하거나 보다 정교하다. 그리고 공모자를 필요로 한다. 공모자는 피험자 집단의 한 사람인 양 자신을 숨기고 피험자 집단에 참여한다. 예를 들어 한센과 한센(Hansen & Hansen, 1990)은 미디어가 반사회적 행동에 영향을 미치는가 하는 실험연구에 연출된 조작과 공모자를 이용한 독립변인 조작 방법을 이용하였다. 표본으로 추출된 피험자의 절반에게는 반사회적 행동을 묘사한 뮤직 비디오 3개를 보여주고 나머지에게는 '중립적인' 행동을 담은 록 뮤직 비디오를 3개 보여주었다. 그 후 피험자들에게 대학 TV방송의 록 뮤직 비디오 프로그램 담당 지원자의 면접 내용이 담긴 비디오테이프를 감상하도록 하였다. 이 비디오테이프의 한 버전에는 면접원의 등이 보이는 동안 지원자(실제로는 그 실험의 공모자임)가 외설적인 제스처를 하는 모습을 보여주고 다른 버전에서는 지원자가 그러한 제스처를 하지 않는 모습을 보여주었다. 이 실험을 통해, '중립적' 행위를 묘사한 록 뮤직 비디오를 감상한 피험자들이 반사회적 행동을 묘사한 비디오를 본 피험자들에 비해 지원자의 외설적 행동을 훨씬 부정적으로 평가한다는 사실을 발견하였다.

호이트(Hoyt, 1977)는 TV보도가 법정 행동에 미치는 영향을 연구하였다. 연출된 조작을 이용해 피험자들을 세 집단으로 나누고, 그들이 직전에 본 영화에 대해 각 집단별로 질문하였다. 첫 번째 집단은 법정 바로 앞에 TV카메라를 설치한 상태에서 질문에 응답케 하였고, 두 번째 집단은 원거리 거울 뒤에 카메라를 감춰 놓은 상태에서, 세 번째 집단은 카메라로 녹화하지 않는 상태에서 질문에 응답하도록 하였다. 연구결과 세 가지 조건의 변화에도 불구하고 피험자들의 언어적 행동에는 별 차이가 없음을 발견했다.

휴대전화 이용과 운전자 공격성 연구에서 맥가바와 동료들(McGarva, Ramsey, & Shear, 2006)은 가공 연출된 조작방법을 이용했다. 그 실험에서 한 공모자는 느리고 오래된 자동차를 운전하다가 빨간불 앞에서 멈춰 섰다. 연구자들은 그 실험 공모자에게 신호들의 빨간불이 파란불로 바뀌면, 공모자 차량 뒤에 있는 자동차들이 경적을 울리지 않는 한 15초간 그대로 있으라고 지시했다. 반은 공모자가 앞쪽을 바라보도록 했고, 나머지 반은 휴대전화를 귀에 대고 대화 중인 것처럼 보이도록 했다. 연구팀의 두 번째 일원은 보행자인척하고 운전자의 반응을 몰래 녹화했다. 이 연구는 공모자가 휴대전화를 이용하지 않는 와중에 운전자들이 신호등 앞에서 오래 정지하게 된 경우보다는 공모자가 휴대전화를 이용해서 그렇게 된 경우에 여성 운전자들이 눈에 띌 정도로 더 화를 내지만, 경적은 남성들이 더 빨리 울리기 시작한다는 것을 밝혔다.

어떤 조작기법을 사용하더라도, 연구자가 준수해야 할 기본적인 원칙은 피험자 집단 간의 차이를 극대화할 수 있도록 조작을 구성하거나 선택해야 한다는 것이다. 만약 어떤 연구자가 신문에 대한 신뢰도가 신문의 정확성을 평가하는 데 미치는 영향력을 연구한다고 하자. 이 경우 한 피험자 집단에게는 〈뉴욕타임즈(News York Times)〉와 같은 권위지를 제시하고 다른 집단에게는 대중지인 〈내셔널인콰이러(National Enquirer)〉나 〈내셔널스타(National Star)〉 등을 제시함으로써 그 차이를 극대화하도록 도모할 수 있다. 조작이 강력할수록 독립변인의 효과를 검증할 수 있는 기회는 최대화될 것이다.

5) 피험자의 선택과 배정

1장에서 논의한 바와 같이 외적인 타당도를 높이기 위해선 피험자를 전체 모집단에서 무작위로 추출해야 한다. 4장에서 살펴본 다양한 무작위 추출법은 실험연구에서도 유용하게 사용된다.

6) 예비연구 실행

적은 수의 피험자를 대상으로 하는 예비연구(pilot study)는 실험상황 아래서 발생할 수 있는 문제점들을 점검할 수 있게 해주고 조작이 제대로 됐는지를 알 수 있게 해준다. 독립변인의 조작에 따라 실험조작이 의도했던 효과를 발생시키는지를 **조작검증**(manipulation check)해볼 수 있다. 예를 들어 시청자들이 TV 프로그램을 볼 때 관여도가 프로그램 광고들을 기억하는 데 영향을 주는지에 관심이 있다고 하자. 연구자는 먼저 프로그램을 고관여(high involvement, 긴장의 연속인 암벽타기), 중관여(medium involvement, 가족용 드라마), 저관여(low involvement, 국회 청문회) 프로그램으로 나눈다. 그리고 이들 프로그램에 대한 관여도가 실제로 차이가 있는지를 검증하기 위해 피험자들이 실제로 그 프로그램에 관여하는 정도를 측정해야 한다. 그 측정방법으로는 자기보고서, 관찰보고(예를 들어 피험자가 화면으로부터 눈을 돌리는 횟수를 계산하는 것) 혹은 신체적 반응을 측정하는 방법들이 있을 수 있다. 만약 측정결과 조작이 효과가 없는 것으로 나타난다면 실험자는 실험에 들어가기 전에 그 조작을 수정할 수 있을 것이다(또한 실험 그 자체에 조작검증을 포함시키는 것도 좋은 방안이다).

7) 실험의 실행

문제점을 파악, 정리, 제거하고 조작의 효용성을 점검한 다음 본연구가 시작된다. 실험조작은 피험자 개인별로 주어질 수도 있고 집단으로 묶어서 가해질 수도 있다. 종속변인을 측정하고 피험자에게는 그 실험에 대한 **경위설명**(debriefed)을 해준다. 이때, 실험자는 연구의 목적, 의미 등을 설명한다. 만약 실험 조작에 속임수가 있었다면 그 속임수가 왜 어떻게 이용되었는지 설명해야만 한다(속임수와 연구의 다른 윤리 문제 등에 관해서는 3장 참고).

8) 결과 분석 및 설명

종속변인에 대한 피험자의 점수를 표로 만들고 자료는 통계처리 한다. 10장과 12장에서 논의된 통계분석 기법들이 실험연구의 분석을 위해 쓰일 수도 있다. 마지막으로 연구자는 결과가 의미하는 바가 무엇인지를 결정해야 한다. 많은 실험에서 이 일이 가장 힘든 일이다.

03 혼란변인의 통제

앞의 장들에서 논의한 바와 같이, 실험자는 결과에 오차를 발생시킬지도 모른 **혼란변인**(extraneous variables, 외생변인)들의 영향을 통제해서 연구의 내적 타당도를 확보해야만 한다.

자세히 보기 〉〉 실험연구와 생리학적 측정

생리학적 측정이 심리학에서는 자주 이루어지지만 매스미디어 연구에서는 아직 낯설다. 아주 간단한 생리학적 측정으로는 신체 내 신경체계의 변화를 양적으로 측정해내는 경우가 있다. 특히 주의와 흥분, 관심 그리고 습관화 등과 같은 종속변인들이 생리학적 측정에 적합한 대상이다.

자주 이용되는 생리학적 측정들 중 세 가지를 대상으로 간단히 설명하면 다음과 같다.

- GSR(Galvanic skin response), 즉 전기피부반응에서는 사람 피부의 땀샘에서 일어나는 미세한 변화를 전자적으로 측정한다. 사람의 손가락에 2개의 전자적 장치를 부착하여 피부표면의 변화를 감지하는 방식인데, GSR의 변화를 통해 피험자가 특정 메시지에 대해 어떻게 반응하는지를 측정할 수 있다.
- 심장 수축기와 이완기의 혈압측정을 통해 얻어진 두 지수를 가지고 피험자의 흥분정도나 참여도 여부를 측정한다.
- 사람의 동공의 크기는 빛의 양, 자극의 종류나 관심사 등에 따라 확장되거나 축소되는데, 그것을 측정하는 동공측정이 있다. 동공에 초점을 맞춘 특수 카메라를 통해 동공의 변화를 기록한다. 광고연구에서는 이 기법을 통해 광고에 대한 주목도나 매력도를 측정하고 있다.

이런 생리학적 측정이 갖는 강점은 피험자의 반응, 즉 결과에 거짓이 없다는 점이다. 다시 말하자면, 피험자의 자기 기록에 대한 왜곡이나 사회적 바람직성에 기인한 편견이 발생한 가능성이 거의 없다. 반면 측정을 위한 별도의 특수 장치가 필요하다.

이들 변인의 통제는 환경이나 조작, 실험설계 그리고 피험자의 배정 등을 통하여 가능하다. 그리고 이 항목들은 모두 실험주체인 연구자의 직접적인 감독 아래에 있다.

여기서는 실험처치가 이루어지기 전에 실험에 참여하는 여러 집단을 비교하는 데 이용되는 방법을 집중적으로 소개할 것이다. 이 점은 중요한 고려 사항이다. 왜냐하면 이들 방법을 이용하면 사람들 간의 자연스런 차이에 기반을 둔 모든 대안적 설명을 배제할 수 있기 때문이다.

어떤 실험연구자가 TV광고 음악이 그 광고를 기억하는 데 어떤 영향을 주는지에 대해 관심을 갖고 있다고 하자. 이 연구자는 실험을 위해 미디어 연구방법을 수강하는 학생들을 표본으로 선정하고 첫 줄에서 세 번째 줄까지의 학생들에게는 랩 음악을 실은 광고를 들려준다. 나머지 세 줄의 학생들에게는 같은 광고지만 헤비메탈 음악을 배경음악으로 들려준다. 그 다음 두 집단을 대상으로 회상 검사를 실시한 결과 랩 사운드트랙을 광고 배경음악으로 들은 집단이 광고에 대한 정보를 더 많이 기억하는 것으로 나타났다. 그렇다고 연구자가 이 결과를 확신할 수 있을 것인가? 이 연구 결과를 너무 과신해서는 안 된다. 첫 번째부터 세 번째 줄까지 앉았던 학생들과 뒤에 앉은 학생들이

자세히 보기 〉〉 혼란변인

연구를 수행하고 거기서 얻어진 결과를 해석하고자 할 때마다 그런 결과를 가져온 요인이 무엇인가를 결정하려면 연구의 모든 단계를 다시 검토해보자. 당신이 얻은 자료가 정확하다고 바로 인정하려 하지 말자.

기본적으로 다른 특성을 지닌 학생들일지도 모르기 때문이다. 즉 '앞자리에 앉은 학생들'이 '뒷자리에 앉은 학생들'보다 더 지적이고 참여적이며 명석하기 때문에, 선택되어 앞자리에 앉았을 경우도 있을 것이다. '앞자리에 앉은 학생들'이 광고를 더 잘 기억해내는 것도 랩 사운드 효과보다 그런 요인들이 작용한 때문인지도 모를 일이다.

그렇다면 연구자가 이들 피험자 집단을 동등하게 만드는 방법은 무엇인가? 여기에는 무작위화, 매칭, 실험설계 안에 혼란변인을 포함시키는 것 등 세 가지 방법이 있다.

1) 무작위화

외생변인의 영향을 제거하는 강력한 방법은 **무작위화**(randomization)이다. 즉 피험자를 다양한 처치 집단에 무작위적으로 배정하는 것이다. 무작위 배정이란 개별 피험자가 각 실험처치 집단에 동등하게 배정받을 기회를 갖는 것을 의미한다. 이 방법은 통제되어야 할 변인을 모든 집단에 동일한 방식으로 배분하기 때문에 작동한다.

위의 예에서 연구자가 학생들이 앉은 자리를 기준으로 실험집단을 배정하는 대신 무작위적으로 배정했다고 가정하자. 이 경우 두 실험 집단 구성원들의 참여도나 민첩성뿐만 아니라 지적 수준도 평준화될 가능성이 매우 높다. 따라서 대안적 설명을 가능하게 해줄 수 있는 다른 변인들을 제거할 수 있다. 더 나아가 무작위화는 가령 성별 차이가 광고를 기억하는 데 미칠지도 모르는 영향과 같이, 연구자가 방심함으로써 발생하는 다른 혼란 요인들 또한 평준화시킨다. 무작위 배정을 통해 집단들 사이에 성별 배정이 잘못되어 결과가 편향되는 것을 막을 수 있다. 지정학적 배경도 마찬가지이다. 무작위화를 통해 도시와 시골 출신자들을 각 실험 집단에 골고루 배정할 수 있다.

무작위화 방법에는 여러 가지가 있다. 만일 실험에 두 집단만 이용된다면 단순하게 동전던지기를 이용할 수 있다. 앞면이 나오면 집단 1에, 뒷면이 나오면 집단 2에 배정한다. 두 집단 이상이 이용되는 실험설계에서는 난수표를 이용하여 피험자를 배정할 수도 있을 것이다. 네 집단설계에서는 두 자리 숫자를 피험자 각각에게 배정한다.

00~24까지는 집단 1에, 25~49까지는 집단 2에게, 50~74까지는 집단 3에, 그리고 75~99까지는 집단 4에 배정한다.

그러나 무작위화를 너무 확신해서는 안 된다. 실험에서 표본의 크기가 작으면 작을수록 무작위화가 동질성이 낮은 집단을 낳을 위험성도 크다. 따라서 실험 시 연구자들은 적정한 크기의 표본을 이용해야만 하는 것이다.

2) 매칭

혼란변인의 영향을 통제하는 또 다른 방법은 피험자를 종속변인과 관계가 있을지도 모르는 특성과 **매칭**(matching)시키는 것이다. 매칭, 즉 대응의 방법에는 두 가지가 있다.

첫 번째는 일관성을 통한 매칭(matching by constancy)으로 모든 실험집단을 하나의 변인으로 통일시키는 것이다. 예를 들어 연구자가 두 종류의 비디오 게임이 어린이들의 공격성향에 미치는 영향을 평가하는 데 관심이 있다고 하자. 과거의 연구에 의하면 성별이 공격적 행위의 수준이나 유형과 관계가 있다는 게 강력한 주장이다. 그렇다면 연구자는 표본에 일관성있는 매칭 방법으로 남자아이들만을 실험에 이용하거나 여자아이들만을 대상으로 실험을 시행함으로써 결과적으로는 성별 효과를 통제할 수 있는 것이다.

두 번째 유형은 짝짓기를 통한 매칭(matching by pairing)이다. 이 방법에서는 피험자를 서로 다른 집단으로 배정하기 전에 관련된 변인에 대해 비슷한 값을 가진 사람들끼리 짝지어놓는다. 앞서 언급한 비디오 게임의 경우를 예로 들어 만약 실험자가 피험자의 기존의 공격적인 성향이 피험자가 폭력적인 비디오 게임을 통해 영향을 받는 방식에 효과를 미친다는 점을 의심한다고 하자. 실험자는 모든 피험자를 대상으로 공격성을 검증하여 그 지수를 계산해낼 수 있을 것이다. 그 검증에서는 단지 높음, 중간, 낮음 등의 세 가지의 점수만이 가능하다고 하자. 연구자는 이 검증에서 높은 점수를 받는 두 사람을 찾아내어 그들을 짝지어놓고 무작위로 한 사람은 첫 번째 실험처치 집단에 다른 한 사람은 두 번째 집단에 배정하는 것이다. 비슷한 절차를 통해 나머지 중간점수와 낮은 점수를 얻은 사람들도 배정할 수 있다. 이런 작업이 끝났을 때 연구자는 공격성에서 차이가 나는 피험자들을 동등하게 각 실험집단에 배정했다고 확신할 수 있을 것이다. 물론 이 과정이 꼭 짝짓기에만 국한되는 것은 아니다. 만약 실험이 세 집단을 필요로 한다면 피험자들을 세 사람이 한 조가 되게끔 대응시키고 나서 각 집단에 무작위로 배정하면 될 것이다.

피험자의 매칭은 혼란변인에 대한 통제를 원활하게 해줄 뿐만 아니라 나아가 실험설계도 더욱 민감하게 해준다. 왜냐하면 실험처치집단의 동질성이 강화되어 개인적 변인에 의해 모호하게 될 가능성이 있는 조그만 차이도 감지되기 때문이다.

한편 이 방법은 몇 가지 단점을 지닌다. 일관성에 의한 매칭은 연구의 일반성을 제한하며 표본으로 이용 가능한 모집단의 크기를 제약할 수 있다. 피험자들을 매칭키려면 어떤 형태이든지간에 적어도 피험자에 관한 약간의 사전 지식을 가져야 하며, 그리려면 사전검증이라는 또 다른 노력이 요구되는 것이다.

3) 실험설계 안에 혼란변인을 포함시키는 방법

혼란변인을 통제하고 실험의 민감성을 제고시키는 또 다른 방법은 혼란변인을 아예 실험설계 안에 포함시키는 것이다.

다시 비디오 게임의 경우로 돌아가 보자. 연구대상을 남자어린이나 여자어린이만으로 제한함으로써 성별효과를 통제하는 대신에 연구자는 성별을 하나의 독립변인으로 포함시킬 수 있다. 따라서 최종설계에는 네 집단이 포함된다. 비디오 게임A를 즐기는 남자어린이들, 비디오 게임B를 즐기는 남자어린이들, 비디오 게임A를 즐기는 여자어린이들 그리고 비디오 게임B를 즐기는 여자어린이들 등이다(이는 이 장 뒷부분에서 설명될 요인설계의 예이다).

이 설계의 부가적인 장점은 상호작용(혼란변인과 독립변인 간의 조합효과)에 대한 정보를 제공해준다는 점이다. 그러나 이 방법에도 약점은 있다. 설계에 또 다른 요인이 첨가되면 피험자 수가 늘어나야 한다는 점, 그리고 그것을 완성시키기 위해서 노력과 시간이 더 많이 투자되어야 한다는 점 등이다.

04 실험설계

실험연구에서 '설계(design)'라는 용어는 두 가지 의미를 지닌다. 첫째, 자료분석을 위해 사용된 통계적 절차를 의미한다. 그래서 흔히들 변량분석 설계니, *t*-검증(*t*-test) 설계니 하는 말을 쓴다. 둘째로, 전체적인 실험 계획이나 구조를 뜻한다. 이 경우 설계는 연구문제에 대한 전체적인 실험 방법을 선택하고 계획하는 것을 의미한다.

이 장에서는 후자의 의미로 설계라는 용어를 사용할 것이다. 이후 소개되는 다양한 실험설계별 적절한 통계분석방법에 관해서는 이 책의 3부에서 논의될 것이다.

실험설계라고 해서 반드시 복잡한 진술이나 도표 혹은 그림일 필요는 없으며, 간단히 표현하면 사전검사(pretest) → 실험처치(experimental treatment) → 사후검사(posttest)로 구성된다. 변인이나 표본 선정, 통제 및 측정도구의 구성 등이 설계에 포함되며, 특히 도표는 연구의 출발을 어떻게 해야 하는지를 제공한다.

실험설계에 관한 논의를 보다 쉽게 하기 위해 다음과 같은 기호들을 사용해 설명하기로 한다(Campbell & Stanley, 1963).

- R: 무작위 표본 혹은 무작위 배치(random assignment)를 의미한다.
- X: 독립변인이 종속변인에 미치는 영향을 측정하기 위하여 변인을 실험처치하고 조작하는 것을 의미한다.
- O: 관찰 또는 측정 과정을 지칭한다. O의 아래에 쓴 숫자는 관찰 수를 나타낸다. 예컨대 O_1은 관찰 1을 표시하는 것이다.

이 기호들을 R, O_1, X, O_2와 같이 왼쪽에서 오른쪽으로 열거하는 것은 실험의 순서를 나타낸다. 이 경우 피험자는 무작위로 선정되거나 집단에 배치되고(R), 관찰되거나 측정된다(O_1). 그 다음에 독립변인을 어떤 형태로 실험처치하거나 조작하게 되고(X), 이어 두 번째 관찰과 측정(O_2)이 따른다. 각 선은 단일집단의 경험을 지칭한다. 다음 설계를 보자.

자세히 보기 〉〉 사전검사의 중요성

다음의 사례는 실험연구에서 사전검사가 얼마나 중요한가를 예시해준다. 한 연구자가 고등학교 학생들을 대상으로 연구를 수행하려고 계획을 세웠다. 연구자는 실험을 위한 준비 작업을 완료하고 나서, 실험날짜와 자료수집 방법까지 계획을 세웠다. 그리고 그 학교 교장에게 부탁하여 약 70명의 학생을 강당에 모으고 자료수집 시간으로 45분을 배정받았다. 연구자가 볼 때 아무런 문제가 없었다. 피험자들도 단지 몇 개의 음악을 듣고 평가척도에 따라 평가만 하면 되었다. 연구자는 평가척도를 포함한 종이를 학생들에게 나누어주고 연필이나 펜을 준비하게 했다. 그러자 학생들은 당황스러워했다. 많은 학생들이 연필이나 펜을 가져오지 않았다고 불편을 토로했다. 연구자가 평상시 연구대상으로 삼아 왔던 대학생들과는 달리 고등학생들은 펜이나 연필을 습관적으로 가지고 다니지 않는다는 점을 간과한 것이다. 배당받은 시간이 자꾸 지나가자, 연구자는 교장실로 달려가서 연필을 빌려달라고 요구했다. 다행히 캐비닛 속에 연필이 몇 통 있었다. 연구자가 급히 강당으로 돌아와 연필을 나눠주려고 보니 그것들은 안 깎인 것이었다. 강당을 다 뒤졌지만 1930년대 것으로 보이는 연필깎이 하나를 얻을 수 있었을 뿐이었다.

말할 것도 없이 실험 일정을 다시 조정해야 했다. 다음에 연구자는 200개의 잘 깎여진 연필들을 가져갔다. 이러한 경험 때문에 이후 그 연구자는 실험하기 전에 꼭 사전검사를 하게 되었다.

R	O_1	X	O_2
R	O_1		O_2

이 설계는 2개의 서로 다른 집단을 대상으로 실험조작이 동시에 이루어지고 있음을 보여준다. 두 번째 집단은 실험처치를 받지 않는다는 점에 주목해야 한다.

1) 기본 실험설계

각 실험설계마다 연구자가 수집하기 원하는 자료의 유형에 대한 가정을 만든다. 왜냐하면 수집을 원하는 자료가 다르면 연구방법도 달라지기 때문이다. 연구자는 어떤 유형의 설계를 구성할 것인가를 결정하기 전에 다음 몇 가지 질문을 고려해보아야 한다.

① 연구의 목적은 무엇인가?
② 무엇을 측정하고 검사할 것인가?
③ 얼마나 많은 수의 요인(독립변인)이 관련되어 있는가?
④ 얼마나 많은 수준의 요인이(독립변인의 변화 정도) 관련되어 있는가?
⑤ 어떠한 형태의 자료가 요구되는가?
⑥ 자료를 수집하는 데 가장 간편하고 능률적인 방법은 무엇인가?
⑦ 어떤 형태의 통계분석이 수집된 자료분석에 적합한가?
⑧ 연구에 소요되는 비용은 얼마나 되는가?
⑨ 연구비용을 절감할 수 있는 방법은 없는가?
⑩ 연구를 시행하면서 이용할 수 있는 편의 시설에는 어떤 것이 있는가?
⑪ 같은 분야에서 실시되었던 기존 연구로는 어떤 것들이 있는가?
⑫ 이 연구는 어떤 유익한 결과를 가져다 줄 것인가?

이들 각 항목에 대한 답은 연구의 진행과 관련이 있다. 예를 들어서 한정된 예산으로 연구를 해야 한다면 시행하기에 복잡한 네 집단 대상 연구설계 방안은 제외시켜야 한다. 혹은 이전에 행해진 연구가 '사후검사 설계(posttest only design)'가 유용하다는 점을 제시해주었다면 이와 다른 연구설계를 사용하는 것은 부당할지도 모른다. 이 장에서는 모든 실험설계를 다루지는 않지만 가장 널리 쓰이는 설계들을 고찰해보고자 한다. 그 밖의 설계에 대해서는 이 장의 마지막 부분에 제시된 참고문헌을 참조해주기 바란다.

R	O_1	X	O_2
R	O_1		O_2

[그림 9-1] 사전/사후검사 통제집단설계

R	X	O_1
R		O_2

[그림 9-2] 사후검사 단독 통제집단설계

(1) 사전/사후검사 통제집단설계

사전/사후검사 통제집단설계(pretest-posttest control group design)는 모든 연구 분야에서 기본으로 널리 사용되는 실험 절차이다. 이 설계는 가외변인에 의해 생긴 여러 경쟁 가설들을 통제한다. 즉 각각의 집단은 같은 조건 아래서 실험이 이루어지기 때문에 성숙(maturation), 검사(testing), 역사(history) 및 기타 요인들의 효과가 통제된다. 이 설계는 [그림 9-1]에 나타난 것과 같은 형식을 취한다.

[그림 9-1]에서처럼 이 실험설계에서는 먼저 피험자를 두 집단에 무작위로 배치하고 각 집단을 사전검사한다. 그리고 첫 번째 집단만 실험처치를 받게 된다. 그 다음 집단 1의 O_1과 O_2 사이의 차이는 집단 2의 O_1과 O_2 사이의 차이와 비교된다. 만약 중요한 통계적 차이가 발견되면 집단 1과 집단 2의 차이를 가져온 실험처치를 가장 중요한 원인으로 가정하게 된다.

(2) 사후검사 단독 통제집단설계

연구자가 만약 사전검사를 한 결과가 피험자들에게 어떤 영향을 주어 사후검사에 방해를 초래할 가능성이 있다고 판단한다면 [그림 9-1]의 설계를 변경하여 [그림 9-2]에 나타난 것 같은 **사후검사 단독 통제집단설계**(posttest only control group design)를 할 수 있다. 이 설계는 집단 1을 실험처치 변인에 노출시킨 뒤 사후검사를 할 수 있다. 그 다음 두 집단을 비교하여 그 차이가 과연 통계적으로 유의한지 여부를 결정한다.

사후검사 단독 통제집단설계도 역시 경쟁적 설명을 통제하는 데 널리 이용된다. 두 집단은 모두 성숙요인, 역사요인 등에 의해 똑같이 영향을 받는다. 또한 두 집단은 모두 t-검증을 실시해야 하는데 이것은 두 집단 간의 유의성(significance)을 비교하고 통계적으로 의미하는 차이가 있는지를 결정하기 위한 것이다(12장 참조).

R	O_1	X	O_2
R	O_3		O_4
R		X	O_5
R			O_6

[그림 9-3] 솔로몬 4집단설계

집단				
1	R	20(O_1)	X	40(O_2)
2	R	20(O_3)		20(O_4)
3	R		X	40(O_5)
4	R			20(O_6)

[그림 9-4] 솔로몬 4집단설계용 가상 자료

(3) 솔로몬 4집단설계

솔로몬 4집단설계(Solomon four-group design)(그림 9-3참조)는 앞의 두 설계를 결합시킨 것이다. 이 설계는 사전검사를 실시하는 것이 부정적인 요인으로 작용할 때 유용하다. 사전검사, 사후검사에 대한 대안이 설계 속에 포함되는데 바로 이 점이 실험연구자들에게는 매력적인 요인이 된다.

[그림 9-4]에 제시된 가상의 자료를 통해 설명을 해보자. 그림 안의 숫자는 대학생들의 시사상식 점수를 나타내고 X는 정기적인 신문구독을 나타낸다.

이 신문구독이 시사상식 점수에 어떤 효과를 갖는지를 검증하려면, O_2는 O_1과 확실히 다르게 나타나야 하며 또한 O_4와도 유의하게 달라야 한다. 나아가 O_2는 O_6, O_3과 유의하게 관찰 값이 다르게 나타나야만 한다. [그림 9-4]에 나타난 바와 같이 20점이 차이가 난다고 가정할 경우, 위의 예에서 독립변인, 즉 신문읽기가 대학생들의 시사 상식에 정말로 영향을 미친다고 할 수 있는 것이다. 이 설계에서는 다른 비교도 가능하다. 사전검사의 효과를 검증하기 위하여 O_4와 O_6을 비교할 수 있다. 또한 O_1과 O_3을 비교하여 무작위화의 효율성을 점검할 수도 있으며, O_2와 O_5를 비교하여 사전검사와 조작의 상호작용 효과도 찾아낼 수 있다.

솔로몬 4집단설계의 가장 큰 단점은 과연 그런 4집단을 구성할 수 있느냐이다. 이전 설계들에 비해 더 많은 피험자와 시간이 필요하고 더 많은 비용이 들어가기 때문이다. 게다가 경우에 따라서는 해석이 어려운 결과를 얻을 수도 있다. 예를 들어 O_5가 O_6보다 유의하게 작음에도 불구하고 O_2가 O_4보다 크다면 그것은 무엇을 의미하는 것일까?

2) 요인설계

둘 이상의 독립변인을 동시에 분석하는 것을 **요인설계**(factorial design)라고 하고 이 때 각 독립변인을 **요인**(factor)이라 부른다. 이 접근은 시간과 경비 및 자원을 절약하며 연구자로 하여금 변인 간의 상호작용 효과를 연구할 수 있게 해준다. 그것은 곧 많은 경우에 둘 이상의 독립변인들이 종속변인에 미치는 영향이 상호의존적일 수 있다는 것을 의미한다. 그런 관계는 단지 2개의 단순 무작위 설계만을 이용해서는 발견할 수 없을 것이다.

2 요인설계(two-factor design)는 2개의 독립변인이 조작되는 설계를 말한다. 마찬가지로 3 요인설계는 3개의 독립변인을 포함하는 설계이다(1 요인설계는 단지 하나의 독립변인만이 관계되기 때문에 단순 무작위 설계다). 그러므로 어떤 연구가 요인설계 연구가 되려면 적어도 2개 이상의 요인이나 독립변인들이 필요하다.

요인들은 2개 이상의 수준으로 나누어진다. 그래서 2×2 요인설계는 각각 2개의 수준을 가진 2개의 독립변인을 포함한다. 3×3 요인설계는 2개의 독립변인이 각각 3개의 수준을 갖는다. 2×3×3 요인설계는 3개의 독립변인이 포함되는 데 첫째는 2개의 수준을, 두 번째와 세 번째는 각각 3개의 수준으로 구분된다.

수준에 관한 개념을 보다 잘 이해하기 위해 어떤 TV방송제작자, 즉 PD가 새로운 주말 영화시리즈에 관한 홍보 캠페인의 성공 여부를 연구하려 한다고 가정해보자. 이 PD는 그 새로운 시리즈물을 라디오와 신문에 광고할 계획을 세운다. 무작위로 추출된 피험자들을 [그림 9-5]의 2×2 요인설계의 각 칸에 배치한다. 이와 같은 방법으로 라디오 노출과 신문 노출이라는 독립변인의 두 가지 수준을 검사할 수 있다.

이 연구에는 4집단이 포함되어 있다. 집단I은 신문 광고물과 라디오 광고물에 모두 노출시킨다. 집단II는 신문에만 노출시키고 집단III은 라디오에만, 집단IV는 통제집단

	라디오 광고에 노출	라디오 광고에 노출되지 않음
신문광고에 노출	I	II
신문광고에 노출되지 않음	III	IV

[그림 9-5] 2×2 요인설계

으로서 라디오나 신문 어느 것에도 노출시키지 않는다. 이 집단들에 실험처치를 한 후에 PD는 피험자들에게 간단한 설문지를 주고 응답하게 한 후 그 결과를 분석한다. 이를 통해 어느 미디어를 사용할 것인지, 또는 두 미디어를 혼합할 것인지 가장 효과적인 방안을 결정하게 된다.

2×3 요인설계는 두 번째 독립변인에 또 하나의 수준을 더하는 것으로 [그림 9-6]과 같다. 이 설계를 통해 PD는 라디오 광고에로의 노출 효과를 측정하면 동시에 신문광고를 완전 컬러로 하는 것과 흑백으로 하는 것의 상대적 효과를 동시에 연구할 수 있다.

만약 PD가 실험설계에 라디오와 신문뿐만 아니라 TV광고까지 포함시키기 원한다면 그 설계는 2×2×2 요인설계에 해당한다. [그림 9-7]의 경우처럼 여덟 가지의 경우의 수가 나온다. 집단I에 속하는 피험자들은 신문 · 라디오 · TV방송에 전부 노출되는 반

	라디오광고에 노출	라디오 광고에 노출되지 않음
전면컬러 신문광고	I	II
흑백 신문광고	III	IV
신문광고에 노출되지 않음	V	VI

[그림 9-6] 2×3 요인설계

	라디오광고에 노출		라디오광고에 노출되지 않음	
	TV광고에 노출	TV광고에 노출되지 않음	TV광고에 노출	TV광고에 노출되지 않음
신문광고에 노출	I	II	III	IV
신문광고에 노출되지 않음	V	VI	VII	VIII

[그림 9-7] 2×2×2 요인설계

면, 집단VIII에 속하는 피험자들은 어느 미디어에도 노출되지 않는다.

3 요인설계의 검사절차도 이전의 방법과 비슷하다. 8개의 각 집단에 속해 있는 피험자들을 대상으로 특정 형태의 측정도구를 이용 측정한 후 각 집단 간의 차이가 통계적으로 유의한지를 검사한다. 예를 들어 윌리엄스(Williams, 2011)는 2×2 요인설계를 이용하여 비디오 게임의 폭력에 대해 실험연구를 실시하였다. 요인I은 게임의 내용(폭력적인지 아닌지), 요인II는 게임플레이어 아바타와 플레이어 간의 물리적 유사성(비슷한지 아닌지) 여부였다. 이 연구 결과는 게임플레이어가 자신과 닮은 아바타를 가지고 폭력적 비디오 게임을 하면, 자신과 닮지 않은 아바타를 가지고 폭력적 비디오 게임을 하는 경우에 비해 적대성 수준이 더 높아진다는 것을 보여준다.

3) 기타 유형의 실험설계

연구설계는 연구자가 해결하고자 하는 연구문제나 가설들만큼이나 독특하면서도 다양하다. 다른 연구설계는 다른 유형의 정보를 제공해준다. 만약 다중 조작의 효과에 대한 정보가 필요하다면 **반복측정설계**(repeated-measures design, 동일집단을 대상으로 여러 번 측정)를 사용하는 것이 좋다. 이 설계에서는 다른 사람들을 대상으로 서로 다른 조작을 하는 대신 같은 피험자들을 대상으로 다중적인 조작을 한다. 따라서 다양한 조작의 효과가 다른 집단들 간의 차이로 나타나기보다는 같은 사람들 대상으로 한 반복측정 내에서 발생하는 변이로 나타나는 것이다. [그림 9-8]은 단순 반복측정설계의 예이다.

이런 반복측정설계가 지닌 가장 큰 강점이라면 적은 수의 피험자만으로 연구가 가능

피험자	실험처치1	실험처치2	실험처치3
1	X_1O_1	X_2O_2	X_3O_3
2	X_1O_1	X_2O_2	X_3O_3
3	X_1O_1	X_2O_2	X_3O_3
4	X_1O_1	X_2O_2	X_3O_3
5	X_1O_1	X_2O_2	X_3O_3

[그림 9-8] 피험자 5명을 대상으로 실험처치를 3번한 반복측정설계

하다는 점이다. 또한 이 설계에서는 피험자가 자신의 통제에 따라 행동하기 때문에 실험 처치의 차이를 찾아내는 데 매우 민감하다. 그러나 이 설계는 이월효과(carryover effect)가 나타날 수 있다는 약점이 있다. 즉 한 조작의 여파가 그 다음 조작으로 연계되어 나타날 수 있다는 것이다. 또 다른 단점으로 피험자가 다양한 조작을 당하면서 실험의 의도를 알아차릴 수 있다는 점이다. 그렇게 되면 실험의 의도를 알아차리지 못했을 때와는 전혀 다른 행동을 보일 수도 있다.

만약 실험연구자가 이 반복측정 실험설계 안의 독립변인의 제시 순서가 문제라고 생각한다면 **라틴방격설계**(Latin square design)[역자주 1]가 유용하게 쓰일 수 있다. [그림 9-9]는 4명의 피험자를 대상으로 반복측정하는 라틴방격설계를 보여준다. 모든 피험자는 개별

역자주 1 n개의 서로 다른 기호를 써서 n행(行) n열(列)의 정사각형으로 늘어놓을 때 각 행 각 열에 어느 기호도 꼭 1개씩만 나타나도록 한 것을 n차의 라틴방진이라고 한다. 여기에 사용되는 기호가 라틴문자이기 때문에 라틴방격설계라고 부르게 되었다.

피험자	실험조건			
A	1	2	3	4
B	2	3	4	1
C	3	4	1	2
D	4	1	2	3

[그림 9-9] 라틴방격설계

자세히 보기 〉〉 반복측정설계

많은 연구에서 응답자나 피험자들이 해당 연구의 목적을 "알아낸다"고 하더라고 그리 큰 문제가 되지는 않는다. 알아봤자 별 의미가 없는 경우가 많기 때문이다. 라디오 조사연구에서 공통적으로 이용하는 반복측정설계 테스트인 오디토리움 뮤직 테스트(auditorium music test)도 그 예에 해당한다. 응답자들은 수백 가지의 노래 마디인 후크를 평가한다. 이 경우 조사연구과정에서 숨길 게 없고, 특정 노래에 대한 응답자들의 평가가 다른 노래의 평가에 영향을 주지 않는다. 다시 말하자면, 응답자들로서는 먼저 듣는 노래로부터 그 다음 노래에 대해 아무것도 학습할 수 없다.

실험조건에 노출되고 각 실험조건은 행과 열에서 한 번 씩만 배정되도록 꾸며져 있다. 이 실험설계는 반복측정이 개별 피험자보다는 독립집단을 대상으로 이루어진 경우에도 이용될 수 있다.

4) 유사 실험설계

연구자가 피험자를 실험조건에 무작위로 배정하는 것이 어려울 때가 종종 있다. 예를 들어 연구자가 지역 라디오 방송국이 팔린다는 소식을 듣고 난 후 그런 소유권 변화가 방송국 종사자들의 사기에 미치는 영향을 알아보려 한다고 하자. 연구자는 소유권 변화 이전/이후의 사기를 측정할 것이다. 동시에 같은 지역 내 비슷한 규모의 방송국 종사자들의 사기도 측정할 것이다. 이 설계는 앞에서 논의한 사전/사후 통제집단설계와 매우 비슷하지만 피험자를 실험집단에 무작위로 배당하지 않는다는 점에서 다르다. 캠벨과 스탠리(Campbel & Stanley, 1963)는 이러한 유형의 실험설계를 **유사 실험설계**(quasi-experimental designs)라고 불렀다. 유사 실험은 정보를 얻는 데는 매우 유용하지만 자료의 해석을 하는 데 신중함을 기해야만 하는 많은 설계상 결함을 지니고 있다.

여기서는 두 종류의 의사 실험설계만을 다루도록 하겠다. **이질적 통제집단 사전사후검사 설계**(pretest-posttest nonequivalent control group design)와 **단절적 시계열설계**(interrupted time series design)이다. 이에 대한 보다 자세한 논의는 캠벨과 스탠리(Campbell & Stanley, 1963)와 쿡과 캠벨(Cook & Campbell, 1979)의 저서를 참고하기 바란다.

(1) 이질적 통제집단 사전사후검사 설계

[그림 9-10]에 나타난 바와 같이, 이 설계가 방송국 직원의 사기 연구에 이용되었다고 가정하자. 이 설계에서는 한 집단은 실험조작에 노출되고 그런 다음 실험조작에 노출

O_1 X O_2

O_2 O_4

주: 두 집단 사이의 선은 두 집단에 대한 피험자의 배정이 무작위로 이루어지지 않았음을 의미한다.

[그림 9-10] 이질적 통제집단 사전사후검사 설계

O_1	O_2	O_3	O_4	O_5	X	O_6	O_7	O_8	O_9	O_{10}

[그림 9-11] 단절적 시계열설계

되지 않은 집단과 비교된다. 사전, 사후 간 측정치의 차이는 실험 조건이 과연 효과가 있는지 여부를 알기 위해 비교된다.

위의 예에서 종사자들의 사기에 대한 사전검사 결과 두 방송국 종사자들이 비슷한 정도의 측정치를 나타내 보였다. 그런데 사후검사 결과 소유권 변화가 일어난 방송국 종사자들의 사기가 현저히 떨어지고 다른 방송국의 경우 이전 수준을 그대로 유지하고 있었다는 연구결과가 나왔다고 하자. 이것은 방송국의 소유권의 변화가 종업원들의 사기에 영향을 미친다는 것을 보여준다. 그러나 이것은 진실이 아닐 수도 있다. 즉 두 집단의 사전검사 때 다른 변인들에서는 차이를 보였을 수도 있기 때문이다. 예를 들어 두 집단 구성원들의 나이에서 많은 차이가 있었다고 가정해보자. 방송국의 소유권 이전이 나이 많은 종사자들에게 더 많은 영향을 미쳐서 두 피험자 집단의 사후검사 결과가 다르게 나타날 수도 있기 때문이다. 유사 실험설계는 이러한 대안적 설명을 완전히 배제하지 못한다는 약점을 지닌다.

(2) 단절적 시계열설계[역자주 2]

이 설계는 한 집단을 대상으로 주기적으로 측정이 이루어지도록 하는 방법이다. [그림 9-11]에서 보는 바와 같이 실험처치에 의해 일련의 측정이 중단되었다가 다시 계속된다.

이 설계는 내적 타당도를 해치는 몇 가지 불안요소를 제거할 수 있다. 만약 O_5와 O_6 사이에 차이가 있다면 조작 전에 다른 측정들 간의 차이를 연구하여 비교하고 성숙(maturation) 요인을 제거할 수 있다. 다시 말해서 성숙요소가 있다면 실험처치가 없는 O_1과 O_2 사이 그리고 O_2와 O_3 사이 등에 차이가 나타날 것이다. 만약 O_5와 O_6 사이에서만 차이가 나타난다면 성숙요소가 없는 것으로 단정할 수 있다. 마찬가지 방법으로, 피험자가 연구의 내용을 알아 버림으로써 나타나는 검사(testing) 요인도 제거할 수 있다. 이 설계에서 가장 문제가 되는 것은 '역사(history) 요인'이다. 즉 실험처치 이후에 나타나는

역자주 2 한 집단을 대상으로 실험처치 전에 여러 번, 실험 처치 후에도 여러 번에 걸쳐 관찰하는 준 실험설계 방법을 말한다.

변화가 다른 사건으로 인해서 발생할 수도 있다는 사실을 배제할 수 없기 때문이다. 도노휴와 동료들(Donohew, Lorch, & Palmgreen, 1998)은 단절적 시계열설계 사례를 보여준다. 그들은 서로 대응하는, 즉 매칭되는 두 도시의 청소년 표본 100명에게 32개월에 걸쳐, 대마초 반대 공익광고 노출 및 대마초 이용에 대한 태도를 매달 면접했다. 대마초 반대 공익광고가 주가 되는 4달짜리 공익캠페인은 두 도시에서 서로 다른 시점에 이루어졌다. 월 단위 자료를 비교해 본 결과, 태도와 행동이 변하는 것으로 나타났다.

05 현지실험

실험실 내에서 행해지는 실험은 다음과 같은 점들이 단점이 되는 경우가 많다. 즉 자연스런 환경이 아닌 통제된 조건 아래서 실험이 실시됨에 따라 일반적으로 외적 타당도가 결여된다는 점, 그리고 피험자들이 검증 상황을 불가피하게 의식하게 된다는 점 등이다. 이러한 약점 때문에 많은 연구자들이 현지실험(field experiments)을 선호한다(Haskins, 1968).

실험실 실험과 현지실험 간의 정확한 차이가 무엇이냐는 지난 수년간 특히 관련된 상황의 '현실성'을 중심으로 논쟁이 있어 왔다. 많은 연구자들은 현지실험과 실험실 실험이 '현실'이라는 연속선의 양 극단에 위치한다고 생각한다. 그러나 두 접근법의 중요한 차이는 환경이다. 이에 대해 웨슬리(Westley, 1981)는 다음과 같이 지적하고 있다.

> 실험실 실험은 연구자 자신의 통제 영역 안에서 실시된다. 즉 피험자가 실험실로 온다. 그러나 현지실험에서는 연구자가 피험자가 있는 영역으로 들어간다. 일반적으로 실험실에서는 현지(field)에서보다 물리적 통제를 더욱 강화할 수 있다. 이러한 이유로 종종 통계적 통제(statistical controls)가 현지에서의 물리적 통제(physical controls)를 대신할 수 있다.

이 두 가지 접근법은 또한 실험조건을 통제하는 규칙이나 절차가 있느냐 없느냐는 점과 피험자 자신이 피험자가 되었다는 사실을 의식하느냐 못 하느냐 라는 점에서 구별될 수 있다. 만약 연구자가 피험자의 행동에 대한 통제를 엄격하게 유지하고 피험자들이 그들의 일상생활과 아주 다른 상황에 와 있다고 인식한다면 그 상황은 실험실 내 실험이라고 하는 편이 나을 것이다. 반면에 피험자가 연구자의 간섭이나 환경의 조작 없이 일상적인 생활을 수행해 간다면 이 같은 상황은 아마도 현지실험에 보다 가까울 것이다. 기본적으로 실험실 실험과 현지실험의 차이점은 정도의 차이이다.

1) 현지실험의 장점

현지실험의 큰 장점은 외적 타당도에 있다. 즉 연구조건이 일상적인 현실과 거의 유사하고, 피험자들은 대개 자신들의 평상시 활동과 가까운 행동을 보여주며 실험이라는 상황으로부터 영향을 받지 않기 때문이다.

가령 TV광고를 2개의 다른 형태로 만들어 그 광고효과를 검증하도록 설계된 실험실 내 연구를 생각해보자. 한 집단에는 A형 광고를 보여주고 다른 집단에게는 B형 광고를 보여준다. 그 다음 두 집단 모두에게 광고대상 상품에 대한 설문지를 주고 그들의 구매의사를 측정한다. 이 결과를 토대로 B형 광고가 상품 판매에 더 효과적이라는 결론을 도출할 수도 있다.

이 결과가 사실일지라도 타당도 면에서는 고려의 대상이 된다. 그 이유는 피험자들은 자신들이 연구대상이 되고 있다는 점을 의식하고 있을 수 있었기 때문이다. 예를 들어 피험자들은 그 광고가 별로 마음에 들지 않으면서도 연구자의 비위를 맞추려고 상품을 구매하겠다고 하였을지도 모른다(1장의 피험자 반응특성 참조). 또 다른 문제는 설문지에 답한다는 사실과 실제로 상품을 구매한다는 것과는 반드시 일치하는 것은 아니라는 점이다. 더욱이 실험상황 속에서 광고를 보는 것은 시청을 방해하는 여러 가지 다른 자극(어린아이가 운다든지 전화벨이 울린다든지 하는 등)이 있기 쉬운 일상적인 시청환경과는 다르다.

똑같은 연구를 현지실험을 통해 연구한다면 다음과 같이 할 수 있다. 즉 해당 상품을 직접 파는 시장 2개를 선택한 후 한 시장에서는 A형 광고를 보여주고 이와 비슷한 다른 한 시장에서는 B형 광고를 보여준다. 그런 다음 각 시장에서 그 상품에 대한 실제 판매고를 연구, 비교함으로써 어느 광고가 시청자들로 하여금 상품을 구매하도록 설득하는 데 더 성공적인지를 알 수 있다. 여기서 알 수 있듯이 현지실험의 결과는 현실과 좀 더 밀접하게 연관되지만 관련된 통제의 정도는 실험실 실험보다 현저하게 낮다.

현지실험은 반작용의 효과가 없다는 이점이 있다. **반작용성**(reactivity)이란 자신이 관찰되거나 측정되고 있다는 피험자의 의식이 다시 그들의 행동에 주는 영향을 말한다. 실험실 내 피험자들은 대부분 자신이 측정되고 있음을 거의 의식한다. 현지실험에서도 이러한 경우가 없지 않은 것은 아니나, 많은 경우 피험자는 본인이 실험에 참여하고 있다는 사실을 모른 채 실험이 이루어진다.

현지실험은 복합적인 사회적 과정과 상황을 연구하는 데 유용하다. 힘멜바이트와 동료들(Himmelweit, Oppenheim, & Vince, 1958)은 영국의 한 지역사회에 TV가 등장하면서 나타난 영향에 대한 연구에서 현지실험이 유용하다는 것을 알게 되었다. TV의 도입은 여러 생활양식에 영향을 미치기 때문에 연구자들은 일기, 개인 면접, 직접관찰, 설문지, 학생에 대한 교사의 평가 등을 포함하는 광범위한 분석기법을 사용하여 그 영향의 내용을 기록하였다. 이같이 광범위한 연구주제는 실험실 연구를 통해서는 쉽게 이루어질 수 없는 것들이다.

현지실험은 비용이 적게 들 수 있다. 대부분의 연구가 특별한 장비나 시설을 필요로 하지 않는다. 그렇지만 연구의 규모나 범위에 따라 연구비용은 급속하게 늘어나기도 한다(Babbie, 2005). 마지막으로 현지실험이 연구자가 선택할 수 있는 유일한 연구방법인 경우도 있다. 한 연구자가 TV방송국의 경영진이 바뀌기 이전과 바뀐 후의 커뮤니케이션 패턴을 알아보는 데 관심이 있다고 할 때 실험실 연구를 통해 그 변화 내용을 유추해내는 것이 불가능하지는 않을 것이다. 그러나 이는 매우 어려운 문제이다. 이 때 유일한 연구연구방법은 현지, 즉 방송국에 가서 연구를 실시하는 것이다.

2) 현지실험의 단점

현지실험의 단점은 대개 실제적인 것들이다. 연구문제에 따라서는 윤리적으로 연구가 불가능한 경우도 있다. TV 폭력물이 청소년에게 미치는 영향이란 주제가 좋은 예이다. 이 분야에서 행해질 수 있는 가장 유익한 연구는 한 집단의 청소년들에게 폭력적인 TV 프로그램만을 보여주고 다른 집단에게는 비폭력적인 프로그램만 보여주는 현지실험이 될 것이다. 이 두 집단을 수년 동안 자세히 관찰하여 각 집단의 청소년들이 행한 공격적 행동을 보인 횟수에 유의한 차이가 있는지를 측정해볼 수가 있을 것이다.

그러나 이렇게 할 경우 불행하게도 TV 시청행위의 통제, 즉 폭력적 프로그램이 실제로 해당 청소년들의 공격적 행동들을 촉진시킬 수도 있기 때문에 윤리적인 면에서 큰 문제를 야기할 수 있다. 따라서 지금까지 과학자들은 이 문제를 연구하는 데 주로 실험실 연구와 서베이 방법을 이용해왔다.

더 실질적인 문제로 현지실험은 실험 과정에서 가끔 예상하지 못한 외부적인 제약에 부딪히는 경우가 있다. 그 예로, 연구자가 수주일에 걸쳐 실시될 여름 캠프기간을 활용하여 학생들의 미디어 이용을 실험연구를 하려 한다고 하자. 이 때 캠프 지도자나 몇몇 부모들이 아이들을 실험실용 쥐와 같은 '실험재료'로 이용하려 한다고 반대하고 나온다면 연구계획을 포기할 수밖에 없다. 또 현지실험을 시작하기 전에 연구자들은 현지 사람들과 사귀고 협조를 구하며 필요로 하는 허가를 얻기 위해 많은 시간을 보내야 한다. 많은 경우 이와 같은 현지 실험에 필요한 조건을 만들기 위해 몇 주일 또는 몇 달씩 걸릴 수도 있다.

결국 현지실험에서 무엇보다도 중요한 약점은 연구자가 모든 중개변인을 다 통제할 수 없다는 점이다. 외생변인에 대한 통제가 제한됨에 따라 실험의 정확성이나 연구자들의 실험결과에 대한 신뢰도도 영향을 받게 된다.

3) 현지실험의 종류

현지실험은 기본적으로 두 종류로 구분된다. 연구자가 독립변인을 조작하는 경우와 독립변인의 조작이 다른 환경의 결과로서 자연스럽게 이루어지는 경우이다.

첫 번째 형태를 설명하기 위해 다음과 같이 가정해보자. 가령 신문을 읽을 수가 없게 되면 어떠한 결과가 나타날 것인가에 대해 관심이 있는 연구자가 있다고 하자. 이때 연구자는 비교 가능한 2개의 표본을 선택해서 한 집단은 상당한 기간 어떤 신문도 읽을 수 없게 하고, 두 번째 집단(통제집단)은 평상시와 같이 신문을 읽도록 하는 방식으로 실험을 할 수 있을 것이다. 그런 다음 신문을 읽지 않은 것이 대인 커뮤니케이션과 같은 다른 영역에 어떠한 영향을 미치는가를 알아낼 수 있을 것이다.

두 번째 형태는 독립변인의 조작이 자연스럽게 이루어지는 경우이다. 위성텔레비전 시스템이 도입되지 않은 지역에 머지않아 이 시설을 도입된다고 가정해보자. TV 시청 및 다른 미디어 이용에 위성방송 서비스의 등장이 미치는 영향을 측정하기 위한 시도로 연구자는 위성방송서비스가 시작되기 이전에 그 지역의 TV수상기 소유자를 대상으로 대규모 표본을 선정하여 연구를 시작할 수 있다. 그리고 위성방송이 도입되고 난 몇 달 후 연구자는 다시 원래의 표본을 대상으로 위성방송서비스 가입을 신청한 가구와 그렇지 않은 가구로 구분한 후 위성방송 도입의 영향을 측정한다. 이 경우 독립변인(위성방송서비스)에 대한 직접적인 통제는 없었으나 연구자는 기존의 환경을 이용하여 독립변인의 조작을 대신한 셈이 된다.

현지실험에서는 연구자가 피험자를 무작위로 배당할 수 없음에 주의해볼 필요가 있다. 그로 인해 많은 현지실험을 유사 실험으로 분류하고 있다. 쿡과 캠벨(Cook & Campbell, 1979)이 지적한 바와 같이, 현지실험 결과를 토대로 어느 정도까지 인과적 진술을 할 수 있느냐는 다른 대안적 설명을 얼마만큼 배제할 수 있느냐에 달려 있다. 결과적으로 현지실험 방법을 이용하는 연구자는 내적 타당도를 위협하는 요소들에 크게 주의해야 한다.

4) 현지실험의 사례

탠(Tan, 1977)은 시청자가 TV를 볼 수 없는 일주일 동안 어떠한 행동을 할 것인가에 관심을 가졌다. 이 연구를 위해 그는 51명의 성인을 실험대상 표본으로 선정하여 일주일 동안 TV를 보지 못하게 하고 그 대가로 매일 4달러씩을 지불하였다. 탠은 사전에 이들 피험자를 TV에서 격리시키기 전 1주 동안 TV를 평상시와 같이 보게 하고 이들이 무엇을 했는가에 대하여 자세하게 일기를 기록하게 하였다. 실험 첫 주에 연구 보조원들은 피험자의 집을 방문하여 TV수상기의 플러그를 테이프로 감아놓아 시청유혹을 덜 받도록 하였다. 그런 다음 다시 피험자들로 하여금 TV를 시청하지 못하도록 한 실험기간 동안 자신이 한 일들을 기록하도록 요구하였다. 실험에 대한 적절한 통제를 유지하기 위해 일주일 동안 연구 보조원들이 피험자의 집을 정기적으로 방문하여 TV를 시청여부를 확인하게 했다.

일주일 뒤에, TV를 시청하지 못한 일주일 동안 피험자들이 기록한 일기가 수집되었고, 그 자료를 실험 전에 평상시 TV를 시청하면서 기록했던 일주일 동안의 일기와 비교해보았다. 그 결과 탠은 TV가 없으면 피험자들이 오락과 정보를 얻기 위해 라디오와 신문에 이전보다 더 의존하게 된다는 것을 알아냈다. 또한 TV를 시청할 때보다 시청하지 않는 동안 친구나 가족들과 사회적인 활동에 더 많이 참가하는 경향을 보였다고 밝혔다.

이 연구는 현지실험의 장점 및 단점을 예시해준다. 먼저 이런 특수한 주제의 경우 이와 같이 하는 것만이 아마 유일한 방법일 것이다. 서베이(7장 참조)에서는 연구자가 피험자들이 TV를 보는지 안 보는지를 통제할 수 없으며, TV수상기를 소유하고 있지 않은 사람들을 대표할 수 있게 표본을 선정한다는 것은 아마도 불가능할지도 모른다. 또 사람들을 실험실로 데리고 가서 일주일 내내 TV를 시청하지 못하게 하는 것은 더 더욱 어려운 일이다.

한편 여기서는 독립변인을 통제하는 현지실험연구자의 능력이 명백하게 나타나 있지 않다. 즉 탠은 자신의 표본이 일주일 내내 정말로 TV 시청을 하지 않았는지를 확인할 방법이 없었다는 것이다. 피험자들은 친구 집이나 근처 술집에서 TV를 보았을지도 모를 일이다. 또한 어떤 사람들은 집에서 플러그의 테이프를 떼어내고 TV를 시청하지 않은 대가로 하루에 겨우 4달러를 받는다는 이유로 표본의 대상이 되는 것을 거절하였다고 언급하고 있다. 그 결과 얻어진 비확률표본(nonprobability sample)은 그 지역의 일반적인 특징을 정확히 반영하지 못했다고 볼 수 있다.

스미스와 핸드(Smith & Hand, 1987)는 자연스럽게 포르노그래피의 시청효과를 측정할 수 있는 현지실험연구 상황을 맞이하게 되었다. 연구대상이 된 어느 소규모의 대학에서는 매년 XXX 등급의 영화를 상영하였다. 그리고 그 대학 남학생 중 1/3이 매년 여기에 참가하였다. 영화가 상영되기 전에 이들 두 연구자는 이 대학의 여학생 230명을 대상으로 남학생들로부터 공격(폭력)을 당한 경험이 있는가 여부를 서베이 연구했다. 동일한 측정을 그 XXX등급 영화가 상영된 월요일과 상영된 지 일주일 후에 다시 시행하였다. 연구자들은 남자친구가 있는 여학생들을 대상으로 영화를 본 경우와 안 본 경우의 집단으로 나누어 여학생들의 폭력의 경험과 빈도를 분석하였다. 그 결과 양 집단 사이에 별 차이가 없는 것으로 나타났다.

이 연구는 포르노그래피에 대한 노출효과를 측정하는 연구연구 중 실험실 밖에서 실시된 몇 안 되는 연구 중 하나이다. 그렇지만 이 연구는 현지실험이 당면하는 몇 가지 문제점을 안고 있다. 첫째, 연구자가 표본이 되는 피험자들을 무작위로 배정할 수 없었다는 점이다. 따라서 이 연구는 유사 실험으로 분류하는 게 더 정확하다. 왜냐하면 영화를 보러 간 남학생들과 보러 가지 않은 남학생들 간에 차이가 있을지도 모르는 일이 때문이다. 둘째, 연구자가 실험처지에 해당하는 상영되는 영화의 내용을 통제할 수 없다는 점이다. 실제 영화 내용이 너무 자극적이지 않아서 공격성을 불러일으키지 못했을지도 모르기 때문이다. 셋째, 연구자는 얼마나 많은 여학생들이 그리고 어떤 여학생들이 남자친구와 XXX등급 영화를 함께 보러 갔는지를 통제할 수 없다. 230명 중 단지 38명만이 보러갔다면 이들이 모집단의 전형이 되기는 어렵다.

윌리암스와 동료들(Williams et al., 1986)은 TV가 한 지역사회에 미치는 영향을 연구하기 위하여 아주 정교한 현지실험을 시행하였다. 연구자들은 1973년 지리적인 위치 때문에 TV를 수신할 수 없었던 캐나다의 한 작은 동네를 찾아냈다. 당시 이 지역은 일 년 안에 TV를 수신할 수 있도록 사업이 계획되어 있었다. 이 기간을 이용하여 연구자들은 이 지역과 비슷한 속성들을 가진 다른 두 지역을 연구에 포함시켜 비교 연구하였다. 세 지역 주민들의 폭력성향, 습관, 창의성, 성 역할에 대한 인식, 독서능력, 지능 그리고 어휘능력 등을 측정하였다. 연구팀은 2년이 지난 후 다시 그 지역을 대상으로 같은 항목에 대한 연구를 실시하였다. 이 연구의 설계는 [그림 9-12]에 나타나 있다. 이 설계는 앞에서 논의하였던 유사실험의 한 유형인 이질적 통제집단 사전사후검사 설계의 변형에 해당한다.

이 현지실험은 풍부한 자료를 제공해주었다. 그중에서도 연구자들은 이 연구에서 TV의 도입이 독서능력을 떨어뜨리고, 사교적인 모임의 참석률도 저하시키고, 성역할

지역	1회	2회
A	TV 수신 없음	TV 채널 1개
B	TV 채널 1개	TV 채널 2개
C	TV 채널 4개	TV 채널 4개

[그림 9-12] 캐나다 현지실험설계

에 대한 고정관념을 키우고, 언어적·물리적으로 어린이들의 공격적인 성향을 부추긴다는 사실을 발견할 수 있었다.

한편 상당히 야심적인 2개의 현지실험이 컬럼비아 방송국TV 네트워크의 협조로 밀그램과 쇼틀랜드(Milgram & Shotland, 1973)에 의해 시도되었다. 이들은 당시 인기 TV 연속물인 〈종합병원(Medical Center)〉 역자주 3을 세 가지 유형으로 달리 구성하였다. 하나는 반사회적 행동이 처벌받는 것(감옥형을 받음)으로 묘사하고, 다른 하나는 반사회적 행동이 처벌받지 않는 것으로, 그리고 세 번째는 친사회적 행동을 내용으로 하는 것이었다. 반사회적 행동은 정신착란을 일으킨 젊은 사람이 플라스틱으로 된 자선함을 부수고 돈을 꺼내 가는 것으로 구성되었다.

첫 번째 실험에서 연구자들은 두 가지 방법으로 피험자를 모았다. 하나의 방법은 뉴욕 시의 한 신문에 광고를 내어 한 시간짜리 TV 프로그램을 보러 오면 누구든지 트랜지스터 라디오를 무료로 제공하겠다는 방법을 택했고 다른 방법은 가까이 있는 몇 개의 지하철역에서 보행자들에게 같은 내용이 들어 있는 상업용 반신엽서를 나누어주는 방식을 택하였다. 그 프로그램을 보려는 피험자들은 특별히 마련된 TV극장에 신청하도록 하였다. 그리고 신청자는 도착 즉시 한 사람씩 4개의 집단 가운데 한 집단에 무작위로 배치하고 각각 실험집단은 모두 다른 프로그램(위에서 설명한 세 가지 프로그램에다 폭력적 내용이 전혀 없는 다른 프로그램을 추가함)을 보게 하였다(이때 실험이 방해받지 않도록 하기 위해 프로그램에서 광고는 제외했다). 프로그램을 시청하도록 한 다음 미리 마련된 간단한 설문지에 응답하게끔 하고 피험자들을 시내 중심가에 있는 지정된 장소에 가서 무료로 주는 라디오를 받아가도록 했다.

역자주 3 국내에서는 '닥터게논'이라는 제목으로 방영된 바 있다.

여기서 흥미 있는 것은 라디오를 받도록 지정된 시내 중심가의 사무실 자체가 실험의 일부였다는 사실이다. 이곳에는 사무실을 모니터하기 위해 몰래 카메라 장치를 해두고 피험자들이 시청한 프로그램인 〈종합병원〉에 나오는 것과 유사한 약 5달러가 들어 있는 플라스틱으로 된 자선함을 놓아두었다. 아울러 트랜지스터 라디오가 이제는 더 이상 없다고 피험자들에게 알리는 공고문을 붙여 놓았다. 그 공고를 보고 난 뒤의 피험자들의 행동이 종속변인이 되었다. 즉 얼마나 많은 사람이 프로그램에서 본 것과 같은 반사회적 행동을 흉내내어 자선함에서 돈을 가져갈 것인가를 관찰하기 위한 것이었다. 그 결과 연구자들은 각 집단별로 차이가 없다는 것을 발견했다. 다시 말하자면, 자선함을 부순 사람은 아무도 없었던 것이다.

두 번째 실험연구는 TV로 방영되는 반사회적 행동이 시청자에게 미치는 직접적인 영향을 측정하는 것이었다. 뉴욕시(New York City)의 타임스퀘어(Times Square) 지역 내 거리에서 모집한 피험자들을 컬러 TV 수상기와 4달러 45센트가 들어 있는 플라스틱 자선함이 있는 방으로 안내했다. 피험자들에게 그들을 관찰하지 않겠다고 약속한 다음 피험자의 행동을 몰래카메라를 통해 모니터하는 방식으로 실험을 했다. 이 실험에서도 다시 집단별 차이는 나타나지 않았다.

이 두 가지 연구는 현지실험의 부정적 또는 긍정적 측면 몇 가지를 보여준다. 우선 연구자들은 이처럼 비용이 많이 드는 연구를 하기 위하여 CBS방송의 협조를 얻어야만 했다. 둘째, 스스로 실험에 참여하겠다는 사람들을 동원했으므로 표본이 일반적인 모집단을 대표할 수 없다고 보는 것이 합리적이다. 셋째, 첫 번째 실험에서 연구자들은 프로그램을 시청한 후 시내 중심가에 있는 지정된 검증 장소에 도착하기까지 소요된 시간량을 통제하지 않았다. 어떤 실험참가자는 〈종합병원〉이라는 프로그램을 본 다음 24시간이 지나 도착하였으며 또 다른 사람은 며칠 후에 오기도 했다. 그 기간 사이에 있었던 피험자들의 경험은 확실히 그들의 반응에 영향을 주었을 것이다. 마지막으로 연구자들은 두 번째 실험에서 피험자들 중에서 연구자가 통제할 수 없는 행동을 하는 사람들이 나타가기 시작했기 때문에 실험을 일찍 끝마쳐야만 했다고 보고하였다. 한편 긍정적인 측면을 지적한다면, 첫 번째 연구에서 보는 것처럼 실험이 일상적인 환경조건과 유사한 상황에서 이루어졌다는 점을 들 수 있다. 이 점은 현지실험이 지니고 있는 큰 잠재력이라 할 수 있다. 프로그램을 본 후 극장을 떠나면서부터는 피험자 자신들이 또 다른 국면에서 실험관찰의 대상이 되고 있다고는 느낄 수 없게 되어 있었다는 점이다. 따라서 대가로 선물을 나누어주던 장소에서 그들이 취한 행동은 실험상황에 대한 반작용적인 반응은 아니었을 것이라고 측정할 수 있다.

이들의 연구는 현지실험이 당면하기 쉬운 주요 윤리적 문제를 제기한다. 피험자들은 자기 자신들이 관찰되고 있다는 사실을 알지 못했으며 연구의 원래 목적에 대하여 들은 바 없다는 것이 명백하고 더욱이 자신들이 실험연구에 관련되어 있다는 사실도 알지 못했다는 점이다. 몰래 카메라의 사용이 사생활을 침해하는 것은 아니었을까? 실험상황이 함정을 만들지는 않았는가? 자선함에서 돈을 훔친 피험자들을 어떻게 볼 것인가? 과연 그들은 범죄를 저지른 것인가? 현지실험은 때때로 이 같은 윤리적으로 어려운 문제들을 제기한다. 이러한 윤리적인 문제점은 실험이 끝난 다음에 검토하기보다 실험을 시작하기 전에 신중히 고려하는 것이 옳다. 왜냐하면 실험이 끝난 다음에 만약 피험자가 어떤 영향을 받았다면 때는 이미 늦은 것이기 때문이다.

또 다른 현지실험의 예는 미디어가 정치에 미치는 영향과 관련된 것들이었다. 돈박과 동료들(Donsbach, Brosius, & Mattenklott, 1993)은 정치적 사건에 직접 참여한 사람들과 그 사건을 TV보도를 통해 접한 사람들 간의 인식의 차이를 비교하였다. 그 결과 양 집단 간에 중요한 차이는 없는 것으로 나타났다. 그러나 TV보도를 통해 접한 사람들이 그렇지 않은 사람들보다 더 극단적인 견해를 갖는 경향이 있었다. 카펠라와 재미슨(Capella & Jamieson, 1994)은 몇몇 TV네트워크사들이 1992년의 대통령 선거 기간 동안 유권자들에게 그릇된 인상을 심어주는 정치광고를 분석한 애드워치(adwatches) 보고서의 효과를 평가하기 위해 현지실험을 시도하였다. 이들은 전국에 걸쳐 12개 도시를 대상으로 피험자를 모집하였으며 연구에 참여하는 사람들에게는 매일 10달러를 지불하였다. 그 결과 165명으로부터 유용한 자료를 확보할 수 있었다. 응답자들은 6개 집단으로 나뉘어 몇 개의 뉴스 아이템과 같은 애드워치의 서로 다른 버전을 담은 비디오테이프를 감상하였다. 물론 집단별 비디오 노출 수 또한 조작되었다. 한 집단에게는 단지 뉴스 보도만을 담은 테이프가 주어졌다. 모든 응답자들은 집에서 테이프들을 시청하도록 지시받았다. 비디오 감상 후 개별 참여자들은 애드워치 보고서를 포함하여 감상한 내용 전반에 대해 질문을 받았다. 결과는 애드워치 시청 여부가 그 광고의 형평성과 중요성을 인식하는 데 영향을 준다는 것이었다.

이 연구는 현지실험의 실행하는 데 얼마나 많은 복잡한 일들이 발생하는지를 보여주는 또 다른 사례다. 실험용 비디오테이프는 CNN방송의 도움을 받았으며, 각 지역별로 사이트상의 연구 협조자가 필요하였다. 또한 참여자들에게는 수고에 대한 보상을 했고, 나아가 통제와 일반화에도 여러 어려움이 제기되었다. 응답자들은 자원자들이라

모집단을 대표한다고 볼 수 없었고 연구자들로서는 정치적 지식을 형성시키는 다른 소스들을 통제할 수 없었다. 연구목적에 대한 응답자들을 민감하게 만들었을지도 모를 일이다. 현지실험이 좀 더 많은 외적 타당도를 확보하기 위해서 갈 길이 멀지만, 연구를 실행하는 데 실질적인 노력들을 쏟아야 할 것이다.

06 온라인 실험

인터넷은 실험연구에도 새로운 가능성을 열어주고 있다. 그러나 아직까지 이 새로운 접근의 장점을 이용하는 매스커뮤니케이션 연구자는 거의 없는 편이다. 오히려 심리학자들이 온라인 실험의 잠재성을 규명하려는 의지를 보여 왔다. 2011년에는 온라인에서의 심리실험이 100개 이상 이루어졌는데, 그중에는 비디오게임 시청의 심리적 결과와 의사결정에 대해 개인의 성격이 미치는 영향 등에 관한 실험연구들도 있다(최근 사례를 좀 더 살펴보려면 웹 실험 목록 www.wexlist.net을 찾아보기 바란다).

1) 장 · 단점

레입스(Reips, 2000)는 인터넷 실험의 주요 장점을 다음과 같이 간결하게 정리하고 있다. 먼저 인터넷 실험이 다른 실험방법에 비해 유리한 면은 다음과 같다.

- 전통 실험실 연구에서는 잘 포함되지 않았던 개인들을 포함하여 대규모이면서도 인구학적으로 다양한 표본에 대한 접근이 가능하다.
- 인터넷 실험에서는 통계의 힘을 보여줄 수 있는 큰 규모의 표본도 이용 가능하다.
- 피험자는 마음만 먹으면 인터넷 실험에 하루 종일 아니면 일주일 동안도 참여가 가능하다.
- 실험자가 나타날 필요가 없다.
- 실험실이나 특별한 장치 혹은 감독자가 필요하지 않게 때문에 비용이 적게 들어간다.
- 실험 장소를 찾아가기 위해 굳이 노력할 필요 없이 실험내용이 곧바로 피험자들에게 전달되기 때문에 참여자들로서 훨씬 편리하다.
- 실험자의 편견이 개입될 가능성이 없다.

반면, 불리한 면은 다음과 같다.

- 연구에 참여하는 피험자들의 환경을 통제할 수 없다.
- 참여자에 따라서 한 번 이상 참여를 했음에도 처음이라고 거짓말하고 참여하는 경우도 있을 수 있다(최근에는 이 문제를 해결하기 위한 다양한 소프트웨어들이 개발되고 있다).
- 스스로 참여를 선택하기 때문에 해당 연구주제에 관심 있는 사람들만 참여할 가능성이 있다.
- 피험자들이 설문의 지시사항이나 방법에 대해 의문을 갖더라도 이를 해결하기 어렵다. 반면 전통적인 실험실 실험에서는 그런 의문들을 현장에서 바로 해결할 수 있다.
- 인터넷 실험은 기술적 문제들에 직면할 가능성이 클 수 있다. 예를 들어 웹사이트 접속이 제대로 되지 않는다거나 모니터의 디스플레이 모드가 잘못 세팅된 경우 등등이 여기에 해당한다.
- 온라인 실험은 참여자가 언제든지 그만둘 수 있기 때문에 탈락률이 훨씬 높을 수 있다.

2) 참여자 모집

대학에서 이루어지는 전통적인 실험연구의 경우 피험자를 모집하는 것은 별로 문제가 안 된다. 강의를 듣는 학생들 중에서 구하거나, 연구에 참여하면 추가 점수와 같은 인센티브를 주는 방식 등으로 피험자를 충원한다. 심리학과 중에는 아예 실험 참여를 강의의 필수 요소로 해놓은 곳도 있다. 그러나 인터넷 실험은 피험자 모집에 새로운 도전을 요구한다.

베일리와 동료들(Bailry, Foote, & Throckmorton, 2000)은 피험자 충원이 가능한 몇 가지 방법을 제시하고 있다. 만약 목표 수용자들의 목록이 있다면 이들 전부 혹은 일부를 대상으로 참여를 권유하는 이메일을 보낼 수 있을 것이다. 또한 관련된 뉴스집단 사이트들을 대상으로 모집 메시지를 보낼 수도 있다. 또 다른 방법은 관련 웹사이트들에 협조를 구하는 배너광고를 올리는 것이다.

또 다른 대안은 여러 검색엔진을 통해 실험을 알아보게 하는 방법이다. 핵심용어들을 메타태그(meta-tags)를 이용해 올려놓으면 이용가능하다. 그렇게 되면 관련 용어만 검색해도 실험에 대한 정보가 뜨게 된다. 마지막으로 실험을 '망을 이용한 심리연구(Psychological Research on the Net)'나 '웹 실험실(Web Experimental Psychology Lab)'과 같은 사이트들과 링크시켜 놓을 수 있다.

자세히 보기 〉〉 웹상의 실험: eBay 활용 사례

요즈음은 하루에도 수백만 명이 다양한 품목들을 사고팔기 위해 eBay를 이용한다. 그런 eBay를 활용하여 그래그와 월작(Gregg & Walczok, 2008)이 실행한 온라인 실험은 eBay와 같은 대형 웹사이트를 통해 일상생활 속에서의 소비행동을 어떻게 연구할 수 있는지를 잘 보여주었다.

이들의 실험연구를 소개하면 다음과 같다. 이들은 웹디자인을 어떻게 하느냐가 온라인 경매에 영향을 줄 것이라고 가설을 설정하였다. 그리고 '고품질' 사이트와 '저품질' 사이트로 구분되는 2개의 사이트를 개설하였다. '고품질' 사이트에서는 제품의 사진, 전문적 이미지의 판매자 이름, 자세한 제품 설명, 고객서비스 정책, 고급스런 레이아웃 등을 제시한 반면, '저품질' 사이트에서는 그 반대로 경매 항목은 제시하되, 전문가가 아닌 판매자의 이름 · 제품 · 고객서비스 정책에 대한 소개도 없고 디자인도 평범한 수준에 그치게 하였다. 그리고 평가자들로 하여금 두 웹사이트의 질을 평가하게 하여 '고품질' 사이트가 더 바람직하다는 결과는 얻었다. 그리고 연구자들은 DVD 같은 여러 전자 제품을 대상으로 위의 두 가지 웹페이지를 동시에 만들어 실제로 경매를 실시하였다. 실험은 1년이라는 기간 동안 계속되었다.

실험 결과 웹사이트의 질이 많은 변인들에 영향을 준다는 사실을 발견하였다. '고품질' 사이트가 '저품질' 사이트에 비해 하루 먼저 첫 입찰이 이루어졌고 이후에도 더 많은 입찰과 응찰자들이 모였다. 그리고 같은 항목의 제품 경매라 할지라도 '고품질' 사이트에서 평균 17%이상 더 팔린 것으로 나타났다.

우리로서는 이 연구에서 사이트 질의 영향에 대한 발견도 중요하지만, eBay가 온라인상의 구매행위에 대한 여러 가설을 검증하는 실험실이 될 수 있다는 점을 더 주목해야 할 것이다.

3) 중간 탈락자를 다루는 법

앞서 언급한 바와 같이 온라인 실험 참가자는 실험실 실험의 참가자보다 쉽게 실험에서 빠져나갈 수 있다. 레이프(2002)는 이런 중간탈락자들을 최소화하기 위해 두 가지 방법을 제안하였다. 하나는 하이 허들(high hurdle)식 접근으로 피험자에게 솔직하게 참여시간이 많이 소요되며 피험자의 ID가 추적될 수도 있다는 점 등을 알려주고 끝까지 참여하게끔 동기부여를 해주는 것이다.

이와 관련된 조사에 의하면 온라인 실험 시 중간 탈락은 대부분 실험 초반에 발생하는 것으로 나타났다. 이를 극복하려면 본 경기에 앞서 운동선수들이 준비운동 하듯이 웜업(warm-up)식 접근도 필요하다. 우선은 피험자들이 시험 삼아 참여하여 쉽게 응답하게 하거나, 후속 실험과 연계되는 예비연구를 실시하는 것이 여기에 해당한다. 이 경우 중간탈락자들은 본 실험이 시작되기 전 대부분 떠나게 된다.

4) 온라인 실험과 타당도

1장에서 논의한 타당도의 두 가지 유형, 즉 내적 타당도와 외적 타당도 내용을 다시 떠올려보자. 내적 타당도는 연구자로 하여금 결론 중 그럴듯하지만 사실을 부정확한 설명들을 배제시키도록 해준다. 외적 타당도는 어떻게 특정 연구의 결과가 집단과 상황, 시기를 뛰어넘어 일반화될 수 있는가에 관련된다. 온라인 실험은 두 영역 모두에 걸쳐 새로운 도전과 가능성을 제기한다.

거기서 언급한 바와 같이 내적 타당도를 위협하는 여러 요인 중 하나가 '역사(history)' 요인인데 이는 연구 도중 일어난 사건들이 결과에 영향을 주는 경우를 말한다. 전통적인 실험은 단지 몇 시간 내지 며칠 안에 끝나는 경우가 대부분이다. 그러나 온라인 실험은 몇 주에서 몇 달이 걸리기도 한다. 따라서 '역사' 요인이 결과에 중요한 역할을 할지도 모른다.

피험자의 탈락도 위협요인이다. 실험이 끝나기도 전에 사라져버릴지도 모른다. 앞서 언급한 바와 같이 온라인 실험에서는 전통적인 실험실 실험과는 달리 피험자들이 그만두기가 쉽기 때문에 내적 타당도를 위협하는 또 다른 혼란 요인이 된다. 다른 한편 전통적인 실험에서는 실험자의 편견이 한 요인이 되지만 온라인 상황에서는 그렇지 않다.

외적 타당도에 관해 살펴보면 사회과학 내 많은 실험연구에 대한 가장 오래된 비판 중 하나가 바로 실험연구는 본질적으로 외적 타당도가 제한적이라는 것이었다. 이미 멕네마르(McNemar, 1942, p.333)는 "현존하는 인간행동과학은 대부분 미숙한(sophomore) 수준의 행동과학이다"라고 언급하였다. 웹 실험은 좀 더 다양한 피험자 군을 대상으로 한다(Reips, 2000). 온라인을 이용하는 사람들이 많아지면서 인터넷 모집단이 전체 인구 모집단과 비슷해져 가고 있다. 뮐러와 동료들(Muller, Jacobson, & Schwarzer, 2000)은 인터넷 표본이 다른 어느 자료수집 형태보다 '현실 세계'를 더 잘 반영한다고 주장한다. 프라레이(Fraley, 2007)는 최근 대학에서 이루어지는 많은 사회심리학적 실험연구가 중간계급의 젊은 층을 대상으로 하며 점차 여성 대상 조사가 증가하고 있음에 주목한 가운데, 인터넷을 활용한 실험이 더 폭넓은 연령대, 다양한 사회적 수준, 더 많은 남성 참여자를 확보할 수 있다고 주장하였다. 그리고 IP(Internet Protocol) 주소 확보를 통해 피험자의 복수 응답을 체크할 수 있다면 온라인에서 한 피험자가 여러 번 반응, 즉 응답하는 것을 막을 수 있다고 보았다.

쉬미트(Schmidt, 1997)는 인터넷 연구자들에게 결과의 일반화 가능성을 판단하기 위해서 피험자들의 인구학적 분포에 대한 자료를 수집해볼 것을 권유하고 있다. 게다가 몇 연구에서는 웹 실험의 결과와 일치하는 전통적인 실험실 연구 결과도 나타나고 있다(Krantz & Dalal, 2000). 요약하면 외적 타당도의 확대가 인터넷 실험의 가장 큰 장점 중 하나가 될지도 모른다는 것이다.

레입스(2002)는 온라인 실험에는 생태학적 타당도가 있다고 주장한다. 일반적으로 웹 실험에서는 피험자가 실험실의 경우와 달리 친숙한 실생활 환경에 있는 상태이므로, 비친화적 환경으로 인한 효과가 발생하지 않는다는 것이다.

요컨대 연구자는 온라인 실험이 갖는 강점과 약점을 비교해볼 필요가 있다. 대학생이 아닌 일반인 대상으로 실험을 시도하고 싶다면 웹 실험이 더 적합할 것이다. 비슷하게 실험상황에 대한 완고한 통제가 그리 중요하지 않은 연구라면 온라인 실험은 좋은 대안일 것이다.

특별한 사례를 하나 살펴보면, 조(Cho, 2003)는 제품에 대한 관여도가 웹사이트 상의 배너광고 클릭에 미치는 영향을 연구하는 인터넷 실험을 시행하였다. 연구자는 광고와 마케팅을 주제로 다룬, 피험자 모집 메시지를 165개 메일링 리스트를 통해 발송했다. 그리고 메시지에 응답한 사람들을 실험집단에 무작위로 배정했다. 이 연구에서 조는 751명의 표본을 확보할 수 있었는데 이는 전통적인 실험의 표본보다 훨씬 크다. 연구 결과, 제품 관여도가 높은 사람들이 관여도가 낮은 사람들보다 배너광고에 대한 클릭이 통계적으로 유의할 만큼 많은 것으로 나타났다. 윌리엄스(Williams, 2006)는 온라인게임 〈애쉬론스콜(Asheron's Call)〉을 즐기는 사람들을 대상으로 배양효과 검증 실험연구를 실시하였다. 게임 사이트의 게시판을 이용하여 참여자를 모집하고 이들을 실험처치집단과 통제집단에 무작위 배정하였다. 그리고 처치집단에게는 게임의 무료 복제본을 주고 한 달 동안 게임을 얼마나 이용했는지를 기록하게 하였다. 한 달 후 두 집단에게 게임에 등장하는 다양한 범죄의 희생자가 될 가능성이 어느 정도인지를 묻는 설문을 조사했다. 배양효과는 실재 범죄에 대해서가 아니라 게임의 상황에서만 발견되었다.

요약

매스미디어 연구자들이 주어진 연구주제를 분석하고자 할 때 선택할 수 있는 연구설계는 많다. 실험실 내 실험 방법은 수십 년 동안 매스미디어 연구에서 주요 도구로 이용되어 왔다. 비록 많은 연구자들이 실험실 내 실험이 인위적이라고 비난하기는 하지만, 연구자에게는 유용한 많은 이점을 제공해주고 있다. 특히 중요한 점은 연구자들이 실험상황을 통제하고 실험처치를 조작할 수 있다는 데 있다.

이 장에서는 또한 실험설계－연구자들이 실험을 하기 위해 사용하는 청사진－의 여러 과정과 유형들을 제시하였다. 실험설계는 가설 혹은 연구문제를 증명하거나 반증하기 위하여 연구자가 거쳐야 하는 단계를 마련해준다. 어떤 실험설계는 매우 단순하고 시행하는 데 별로 시간도 들지 않으나 어떤 설계는 여러 개의 서로 다른 집단들과 수많은 실험처치가 뒤따르게 된다.

유사 실험설계는 피험자의 무작위 추출이나 무작위 배당이 불가능할 때 주로 쓰인다. 현지실험은 자연스러운 상황 아래서 이루어지는데 그 자연스러운 실험상황이란 특성이 연구결과의 일반화의 가능성을 제고시켜 주는 반면 통제가 제한적이라는 문제를 낳는다. 인터넷은 실험연구자들에도 새로운 시대가 도래했음을 잘 보여주고 있다.

핵심용어

(실험에 대한) 경위설명(debriefing)
단절적 시계열(interrupted time series)
라틴방격설계(latin square design)
매칭(matching)
무작위화(randomization)
반복측정설계(repeated-measures design)
반작용성(reactivity)
배양효과(cultivation effect)
사전/사후검사 통제집단(pretest-posttest control group)
사후검사 단독 통제집단(posttest-only control group)
솔로몬 4집단설계(solomon four-group design)
실험설계(experimental designs)
실험실 실험(laboratory experiment)
연출된 조작(staged manipulation)
요인(factor)
요인설계(factorial designs)
유사실험(quasi-experiment)
이중은폐 기법(double-blind technique)
조작 검증(manipulation check)
직접 조작(straightforward manipulation)
혼란변인(confounding variables)

인터넷 활용하기

1. 이 장에서 언급한 주제들에 대해 더 학습하려면 인터넷에서 “실험 설계”, “라틴방격설계”, “현지 실험”, “반복측정설계” 및 “인터넷 실험”을 검색해보자.

2. http://allpsych.com/psychology101/experiment.html에 있는 실험방법 입문서는 훌륭하니 참조해보자.
3. 웹페이지 www.experiment-resources.com/conducting-an-experiment.html에서는 실험을 어떻게 실시하는지에 관해 이용자 친화적으로 단계별 안내를 해주고 있다.

생각해볼 문제

1. 매스미디어 분야와 관련된 연구문제나 가설 4개를 만들어보자. 그리고 이 장에서 설명한 연구설계 가운데 어느 것이 해당 문제들을 연구하는 데 가장 적절한지를 설명해보자.
2. 다음 실험설계의 장 · 단점은 무엇인가?

   a. X O_1
      O_2

   b. R X O_1

   c. R O1 X O_2
      R X O_3

   d. R O1 X O_2
3. 현지실험에 적합한 연구문제들은 찾아보자.
4. 온라인 실험에 적합한 연구문제들을 찾아보자.

이에 대한 추가적인 정보는 www.wimmerdominick.com이나 www.cengagebrain.com에서 찾아보자.

참고문헌 및 권유문헌

Babbie, E. R. (2010). *The practice of social research* (11th ed.). Belmont, CA: Wadsworth.

Bailey, R., Foote, W.,&Throckmorton, B. (2000). Human sexual behavior: A comparison of college and Internet surveys. In M. Birnbaum (Ed.), *Psychological experiments on the Internet*. New York, NY: Academic Press.

Baran, S. B., Mok, J. J., Land, M., & Kang, T. Y. (1989). You are what you buy. *Journal of Communication*, 39(2), 46–55.

Bolls, P., & Muehling, D. (2007). The effects of dualtask processing in consumers' response to highimagery and low-imagery radio advertisements. *Journal of Advertising*, 36(4), 35–48.

Bruning, J. L., & Kintz, B. L. (1997). *Computational handbook of statistics* (4th ed.). Chicago, IL: Scott, Foresman.

Campbell, D. T., & Stanley, J. C. (1963). *Experimental and quasi-experimental designs and research*. Skokie, IL: Rand McNally.

Cappella, J., & Jamieson, K. (1994). Broadcast adwatch effects. *Communication Research*, 21(3), 342–365.

Cho, C. (2003). The effectiveness of banner advertising. *Journalism & Mass Communication Quarterly*, 80(3), 623–645.

Cho, J., Shah, D., Nah, S., & Brossard, D. (2009). Split screens and spin rooms: Debate modality, postdebate coverage, and new video malaise. *Journal of Broadcasting & Electronic Media*, 53(2), 242–261.

Christensen, L. B. (2004). *Experimental methodology*. Boston, MA: Allyn & Bacon.

Cook, T. D., & Campbell, D. T. (1979). *Quasiexperimentation: Designs and analysis for field studies*. Skokie, IL: Rand McNally.

Donohew, L., Lorch, E. P., & Palmgreen, P. (1998). Applications of a theoretic model of information exposure to health interventions. *Human Communication Research*, 24(3), 454–468.

Donsbach, W., Brosius, H., & Mattenklott, A. (1993). How unique is the perspective of television? *A field experiment. Political Communication*, 10(1), 37–53.

Fraley, R. (2007). Using the Internet for personality research. In R. Robins, R. Fraley, & R. Krueger (Eds.), *Handbook of research methods in personality psychology* (pp. 130–148). New York, NY: Guilford.

Gilbert, K., & Schleuder, J. (1990). Effects of color and complexity in still photographs on mental effort and memory. *Journalism Quarterly*, 67(4), 749–756.

Gregg, D., & Walczak, S. (2008). Dressing your online business for success: An experiment comparing two eBay businesses. *MIS Quarterly*, 32(3), 653–670.

Hansen, C., & Hansen, R. (1990, December). Rock music videos and antisocial behavior. *Basic and Applied Social Psychology*, 11, 357–369.

Haskins, J. B. (1968). *How to evaluate mass communication*. New York, NY: Advertising Research Foundation.

Haskins, J. B. (1981). A precise notational system for planning and analysis. *Evaluation Review*, 5(1), 33–50.

Himmelweit, H., Oppenheim, A. N., & Vince, P. (1958). *Television and the child*. London: Oxford University Press.

Hoyt, J. L. (1977). Courtroom coverage: The effects of being televised. *Journal of Broadcasting*, 21(41), 487–496.

Kamhawi, R., & Weaver, D. (2003). Mass communication research trends from 1980 to 1999. *Journalism & Mass Communication Quarterly*, 80(1), 7–27.

Keppel, G., & Wickens, T. (2004). *Design and analysis: A researcher's handbook* (3rd ed.). Englewood Cliffs, NJ: Prentice Hall.

Kim, Y., & Kelly, J. (2010). Public reactions toward an ethical dilemma faced by photojournalists. *Journalism & Mass Communication Quarterly*, 87(1), 23–40.

Krantz, J., & Dalal, R. (2000). Validity of web-based psychological research. In M. Birnbaum (Ed.), *Psychological experiments on the Internet* (pp. 35–60). New York, NY: Academic Press.

McBurney, D. H. (1990). *Experimental psychology*. Belmont, CA: Wadsworth.

McGarva, A., Ramsey, M., & Shear, S. (2006). Effect of cell-phone use on driver aggression. *The Journal of Social Psychology*, 146(2), 133–146.

McNemar, Q. (1942). Opinion-attitude methodology. *Psychological Bulletin*, 43, 289–324.

Milgram, S., & Shotland, R. (1973). *Television and antisocial behavior*. New York, NY: Academic Press.

Miller, D. C. (2002). *Handbook of research design and social measurement* (5th ed.). White Plains, NY: Longman.

Montgomery, D. C. (2008). *Design and analysis of experiments*. New York, NY: John Wiley.

Mueller, J., Jacobsen, D., & Schwarzer, R. (2000). What are computing experiments good for? In M. Birnbaum (Ed.), *Psychological experiments on the Internet* (pp. 196–214). New York, NY: Academic Press.

Nunnally, J. C. (1994). *Psychometric theory* (3rd ed.). New York, NY: McGraw-Hill.

Reips, U. (2000). The web experiment method: Advantages, disadvantages, solutions. In M. Birnbaum (Ed.), *Psychological experiments on the Internet* (pp. 89–120). New York, NY: Academic Press.

Reips, U. (2002). Standards for Internet-based experimenting. *Experimental Psychology*, 49(4), 243–256.

Roscoe, J. T. (1975). *Fundamental research statistics for the behavioral sciences*. New York, NY: Holt, Rinehart & Winston.

Rosenberg, M. J. (1965). When dissonance fails: On eliminating evaluation apprehension from attitude measurement. *Journal of Personality and Social Psychology*, 1, 28–42.

Rosenthal, R. (1976). *Experimenter effects in behavioral research* (2nd ed.). New York, NY: Irvington.

Rosenthal, R., & Jacobson, L. (1966). Teacher's expectancies: Determinants of pupils' IQ gains. *Psychological Reports*, 19, 115–118.

Rosenthal, R., & Rosnow, R. L. (1969). *Artifact in behavioral research*. New York, NY: Academic Press.

Schmidt, W. (1997). World wide web survey research. *Behavior Research Methods, Instruments and Computers*, 29, 270–273

Smith, M. D., & Hand, C. (1987). The pornography/aggression linkage: Results from a field study. *Deviant Behavior*, 8(4), 389–400.

Tan, A. S. (1977). Why TV is missed: A functional analysis. *Journal of Broadcasting*, 21, 371–380.

Walizer, M. H., & Wienir, P. L. (1978). *Research methods and analysis: Searching for relationships*. New York, NY: Harper & Row.

Westley, B. H. (1989). The controlled experiment. In G. H. Stempel & B. H. Westley (Eds.), *Research methods in mass communication* (pp. 200–220).

Englewood Cliffs, NJ: Prentice Hall. Williams, D. (2006). Virtual cultivation: Online worlds, offline perceptions. *Journal of Communication*, 56(1), 69–87.

Williams, K. (2011). The effects of homophily, identification, and violent video games on players. *Mass Communication and Society*, 14(1), 3–24.

Williams, T. B. (1986). *The impact of television*. New York, NY: Academic Press.

3부 자료분석

10장 통계입문

통계는 자료를 수집하고 조직하며, 요약하고 분석하는 수학적 방법을 말한다. 그렇다고 하더라도 통계가 기적을 만들어낼 수는 없다. 연구문제의 방향이 잘못 설정되었거나 문제 자체가 애매모호하다면, 그리고 측정 및 연구 설계가 조잡하다면 어떤 통계 기법을 이용하더라도 이를 바로 잡을 수는 없다. 아울러 자료수집과 연구방법이 기존의 잘 정립된 과학적 절차를 따랐을 때 비로소 통계는 타당하고 신뢰할만한 결과를 제공해줄 것이다.

통계학과 통계자료를 쉽게 이용할 수 있게 된 것은 컴퓨터의 발전이 이루어지면서부터이다. 몇 십년 전만 하더라도 연구자는 수집된 자료를 수작업으로 통계 처리하는데 몇 주 또는 몇 달을 보내야 했다. 그러나 지금은 PC나 개인용 계산기를 이용하면 과거 몇 주, 몇 달이 걸렸던 계산을 단지 몇 초, 몇 분이면 해결할 수 있다. 게다가 어떤 종류의 통계 검증이든지 간에 계산 가능한 수십 개의 우수한 소프트웨어 프로그램들, 스프레드시트들이 개발되어 있으며, 이 모든 것들이 모든 통계분석을 더욱 단순화시켜주고 있다.

통계 기초의 대부분은 벨기에의 수학자이자 천문학자인 케틀레(Lambert Adolphe Jacques Quetelet, 1796-1874)가 1835년에 저술한 〈인간과 능력개발에 관한 연구(On Man and the Develope of His

Faculties)〉를 통해 확립되었다. 케틀레는 정규분포의 기본 아이디어들을 개발하였으며, 프랑스 수학자이자 물리학자인 라플라스(Pierre-Simon Laplace)와 다른 사람들이 해놓은 사전 작업을 토대로 확률이론의 토대를 마련하였다.

통계의 발전에 기여한 다른 학자들과 마찬가지로 케틀레도 그 지적인 배경이 다양하다. 당시 르네상스 사람들이 그러했듯이 천문학, 수학, 물리학, 철학 등의 영역을 고루 섭렵하였다.

이 장에서는 기술통계와 매스미디어 연구자들이 사용하는 방법 몇 가지를 소개하고자 한다. 더 많은 정보를 원하는 사람들에게는 다른 문헌들의 참조를 권한다.

01 기술통계

기술통계(descriptive statistics)의 목적은 일련의 자료들을 요약하여 해석을 보다 쉽게 하는 데 있다. 가령 어떤 연구자가 무작위로 100명을 추출한 후 어제 라디오를 얼마나 오래 청취했는가 묻고 나서 100개에 달하는 응답 모두를 일일이 기록했다고 가정해보자. 단순히 응답 목록만 연구해서 결론을 도출한다는 것은 어려운 일이다. 만약 기술통계의 기능을 이용해 응답 자료를 의미 있는 방식으로 조직화시킬 수 있다면 보다 쉽게 자료를 분석할 수 있을 것이다. 기술통계방법을 이용하면 연구자는 무작위 자료를 수집해서 나름의 질서에 따라 이들 자료를 조직화시킬 수 있기 때문이다.

연구과정에서 연구자는 주로 어느 한 표본의 사람들에 대한 측정이나 관찰 혹은 항목들로 이루어진 자료를 수집한다. 이렇게 얻어진 자료는 대개 기술통계방법 중 어느 한 가지를 이용해서 요약하거나 제시되기 이전까지는 아무런 의미나 유용성도 없다. 매스미디어 연구자가 수집한 자료를 좀 더 유용하고 다루기 쉬운 것으로 만드는 방법은 두 가지가 있다. 자료의 분포와 요약통계가 그것이다.

1) 자료의 분포

연구자가 자료를 나타낼 수 있는 하나의 방법은 표와 그래프이다. 자료분포(data distribution)란 간단히 말해 숫자를 모아 놓은 것이다. [표 10-1]은 "지난 이틀 동안 라디오와 TV를 시청취하는 데 몇 시간을 보내셨습니까"라는 질문에 대한 20명의 응답을 가상적으로 분포시켜놓은 것이다.

[표 10-1]처럼 분포표가 외관상으로는 그럴듯하게 보일지라도 이처럼 무질서하게

[표 10-1] "지난 이틀 동안 라디오와 TV를 시청취하는 데 몇 시간을 보내셨습니까?"에 대한 응답 분포

응답자	시간
A	12
B	9
C	18
D	8
E	19
F	21
G	15
H	8
I	11
J	6

응답자	시간
K	14
L	16
M	23
N	25
O	11
P	14
Q	12
R	19
S	21
T	11

[표 10-2] "지난 이틀 동안 라디오와 TV를 시청취하는 데 몇 시간을 보내셨습니까?"에 대한 응답 빈도분포

시간	빈도(N = 20)
6	1
8	2
9	1
11	3
12	2
14	2
15	1
16	1
18	1
19	2
21	2
23	1
25	1

모아놓은 점수만 가지고 연구자가 어떤 결론을 도출해내거나 일반화하여 말한다는 것은 매우 어려운 일이다.

이들 숫자를 좀 더 다루기 쉽게 만들기 위한 예비단계로서 이 자료들을 빈도분포(frequency distribution)에 따라 배열할 수 있다. 즉 가능한 점수 하나하나를 크기, (여기서는 시청시간의 길이)와 실제 발생빈도에 따라 순위를 정하는 것이다. [표 10-2]는 위의 가상 서베이 결과로부터 얻은 자료를 빈도분포로 나타낸 것이다.

[표 10-3] 라디오 청취와 TV 시청에 대한 빈도분포 구간

시간	빈도
0~10	4
11~15	8
16~20	4
21~25	4

그렇게 하면 자료는 하나의 패턴을 보여준다. 전형적인 빈도분포표는 2개의 열로 나뉜다. 왼쪽 열은 연구대상 변인의 값을, 오른쪽 열은 각 변인 값의 발생빈도를 보여준다. 빈도 열의 합계는 분포를 구성하는 개인이나 항목의 숫자인 N으로 표시된다.

빈도분포는 또한 몇 개의 점수대를 한데 묶어 구간(interval)으로 나타낼 수도 있다. [표 10-3]에 제시된 '라디오 및 TV 시청취' 연구 자료는 몇 개의 점수를 함께 묶어 구간으로

표시하고 있다. [표 10-3]이 [표 10-2]보다 더 간결한 빈도분포이기는 하나 점수 하나하나가 구체적으로 어떤 것인지를 알 수 없다는 점에 주의해야 한다.

빈도분포표에 또 다른 열을 포함시켜 볼 수가 있다. 예를 들어 자료를 비율이나 백분율로 변형시켜 나타낼 수 있다. 해당 응답의 백분율을 구하려면 간단히 응답빈도를 *N*, 즉 분포의 총 응답사례수로 나누면 된다. 백분율은 *N*에 대한 상이한 수를 토대로 빈도분포들 간 비교를 가능하게 해준다.

빈도분포에서는 또 하나의 열을 만들어 **누적빈도**(cumulative frequency)(*cf*)를 제시하기도 한다. 누적빈도는 해당 구간에 나온 점수의 수와 바로 위 구간에 있는 수를 더해서 만든다. [표 10-4]는 [표 10-2]의 빈도분포를 백분율, 누적빈도 및 총 응답사례수(N)에 대한 누적빈도의 백분율 등을 보여주고 있다.

가끔 자료를 그래프 형태로 제시하는 것이 바람직할 때가 있다. [그림 10-1]에 설명된 그래프는 빈도분포와 똑같은 양의 정보를 가지고 있다. 그래프는 보통 2개의 수직선, 즉 가로축(abscissa)인 x축(수평)과 세로축(ordinate)인 y축(수직)으로 되어 있다. 관행은 x

[표 10-4] 라디오 청취와 TV 시청 점수의 빈도분포

시간	분포	백분율	누적빈도(*cf*)	누적빈도 백분율
6	1	5	1	5
8	2	10	3	15
9	1	5	4	20
11	3	15	7	35
12	2	10	9	45
14	2	10	11	55
15	1	5	12	60
16	1	5	13	65
18	1	5	14	70
19	2	10	16	80
21	2	10	18	90
23	1	5	19	95
25	1	5	20	100
	$N = 20$	100%		

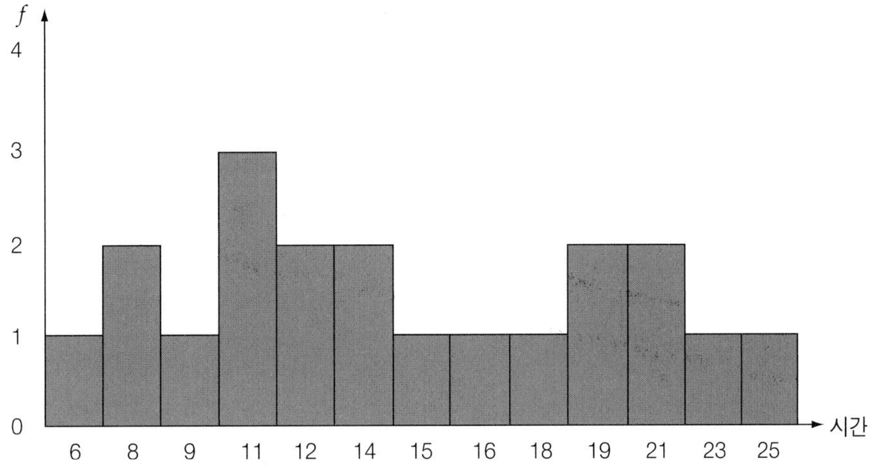

[그림 10-1] 라디오청취와 TV 시청 점수에 대한 히스토그램

축을 따라서는 점수를 열거하고 y축을 따라서는 빈도나 상대적 빈도를 표시하는 것이다. 이렇게 해서 만들어진 선이나 막대기의 높이가 점수의 빈도를 나타내게 된다.

널리 쓰이는 그래프의 형태로는 **히스토그램**(histogram), 혹은 **막대그래프**(bar chart) 등이 있는데 이들은 수직 막대로서 빈도를 나타낸다. [그림 10-1]은 [표 10-1]의 자료를 가지고 만든 히스토그램이다. x축을 따라 적힌 점수들은 가장 낮은 값부터 가장 높은 값까지의 시간이며, y축의 점수들은 빈도수를 나타낸 것이다.

각 간격의 맨 위 중간지점에서부터 다음 간격의 맨 위 중간지점으로 y축을 따라 선을 그은 결과 생긴 그래프를 **빈도절선**(frequency polygon) 그래프라고 부른다. [그림 10-2]는 [그림 10-1]의 히스토그램 위에 빈도절선 그래프를 추가한 것이다. 다음에서 볼 수 있듯이 두 가지 그림은 같은 정보를 다르게 나타낸 것이다.

빈도곡선(frequency curve) 그래프는 선 대신에 연속적으로 이어지는 곡선으로 연결되었다는 것 이외에는 빈도절선 그래프와 다른 점이 없다. 그와 같은 곡선은 빈도절선 그래프에 어떤 불규칙성이 나타난다면 그것은 단순히 우연에 의한 것이고 연구하고자 하는 변인은 모집단 전체에 걸쳐 연속적으로 분포되어 있는 것으로 가정한다. [그림 10-3]은 [그림 10-2]가 보여주는 빈도절선 그래프 위에 빈도곡선 그래프를 추가한 것이다.

빈도곡선은 **정규곡선**(normal curve)과의 관계를 설명한다. 대칭적 종 모양 곡선의 특성은 이장의 후반부에 더욱 자세히 다룰 것이다. [그림 10-4]는 정규곡선을 설명하고 빈도

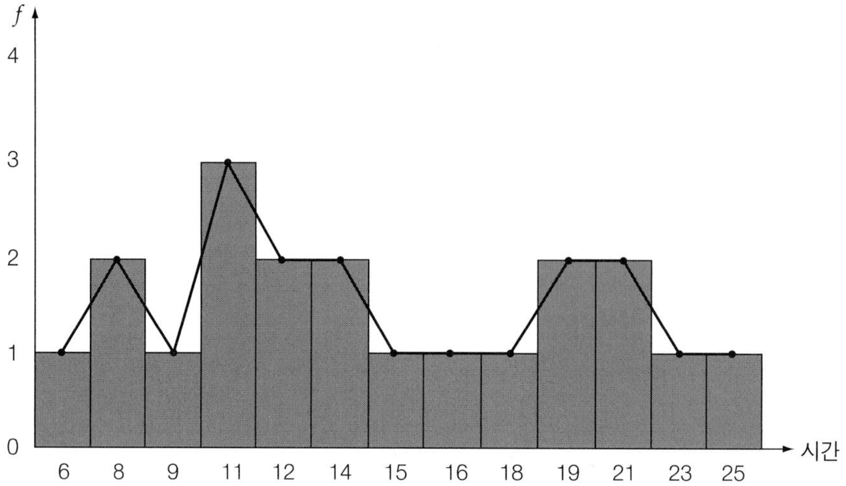

[그림 10-2] 라디오청취와 TV 시청 점수에 대한 빈도절선

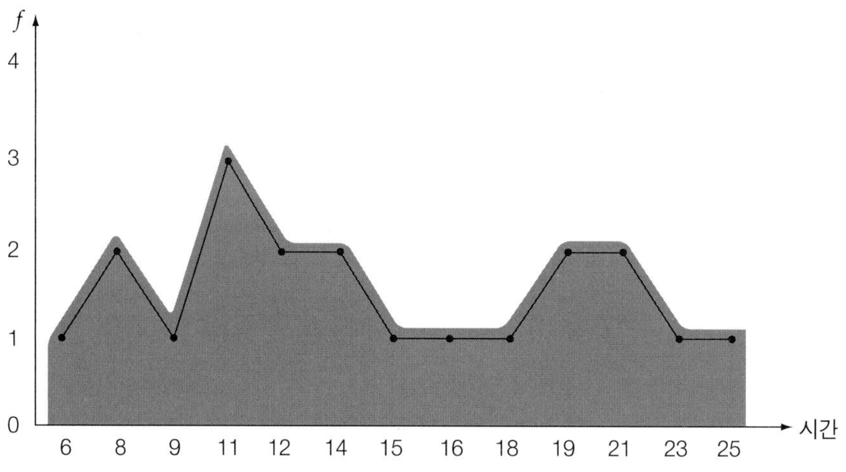

[그림 10-3] 라디오청취와 TV 시청 점수에 대한 빈도곡선

곡선이 그것으로부터 얼마나 벗어나 있는지를 보여준다. 이러한 편차의 형태를 편포도(skewness)라 부른다.

편포도(왜도라고도 함)란 x축 위의 어떤 점을 둘러싸고 점수들이 집중되어 있는 정도를 가리킨다. 이 같은 집중이 척도의 낮은 끝 쪽을 향해 있어 곡선의 꼬리가 오른쪽으로 길게 끌리면 그 곡선을 '정적 편포도(positively skewed or skewed to the right)'라고 한다. 만약 곡

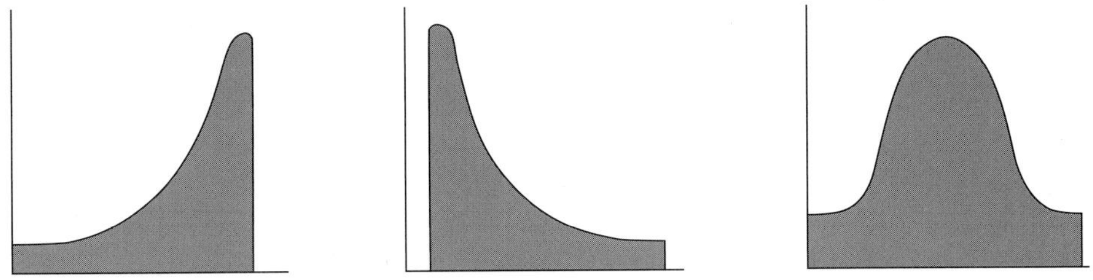

[그림 10-4] 편포도와 정규곡선

자세히 보기 〉〉 편포도

'편포도'는 여전히 타당한 통계 용어이지만, 실제 연구에서는 그리 많이 사용되지 않는다. 대신, '~치우쳐 있다(lean)' 등의 단어로 표현된다. 즉 연구자들은 "자료가 인구학적으로 어린 집단들에게로 치우쳐 있다"라는 식으로 자료가 한쪽으로 쏠리고 있음을 표현한다(다시 말하면, 자료가 좀 더 어린 응답자나 피험자들 쪽으로 분포한다는 것이다).

선의 꼬리가 왼쪽으로 끌리면 '부적 편포도(negatively skewed)'라고 한다. 곡선의 반쪽이 서로 똑같은 경우 그 곡선은 '대칭'이다.

정규분포에서는 어느 한쪽으로도 편포되지 않는다. 빈도분포가 정규분포로부터 지나치게 벗어나 있다는 것을 알게 되면 연구자는 보다 정규적 분포를 얻기 위해 어떤 식으로든지 자료를 변환시켜야만 할지도 모른다(자료의 변환에 관해서는 이 장의 마지막에서 논의한다).

2) 요약통계

요약통계(summary statistics)를 이용하면 [표 10-1]의 자료를 더 요약할 수 있다. 요약통계에서는 두 가지 기본적인 분포 경향, 즉 집중 경향(central tendency)과 분산(dispersion) 또는 변산성(variability)을 측정하여 자료를 보다 처리하기 쉽게 만들어 준다.

(1) 집중 경향

집중 경향(central tendency) 통계는 "전체 분포의 대표 점수(typical score)가 무엇이냐?"라는 질문에 대한 답을 제공해준다. 전체 분포의 특징을 대표해주는 숫자를 계산해냄으로써 분

[표 10-5] 혼동할 가능성이 있는 통계: 최빈치

점수	빈도
70	2
35~69	0
34	1
33	1
32	1
31	1
30	1
29	1
28	1
27	1
26	1

포상의 숫자 군에 대한 정보를 제공한다. 과연 무엇이 "대표" 점수를 구성하는 것인가는 측정수준과 그 자료를 어떻게 사용할 것이냐에 따라 달라진다.

분포마다 세 가지 형태의 대표적인 숫자를 찾아낼 수 있다. 하나는 **최빈치**(mode: Mo)로 가장 빈번하게 일어나는 점수 또는 점수들을 말한다. 최빈치를 결정하는 데는 계산이 필요하지 않고, 대체로 분포를 검사해보면 바로 찾을 수 있다. [표 10-1]의 자료에서 최빈치는 11이다.

최빈치가 어떤 것인가를 알아보기는 쉽지만 최빈치는 기술통계로서 몇 가지 중요한 결함이 있다. 최빈치는 하나의 점수만을 주로 보기 때문에 홀로 떼어서 생각해볼 때는 자료의 중요한 사실을 제시해주지 못할 수가 있다. [표 10-5]의 자료가 이를 잘 설명해주고 있다. 여기서 최빈치는 70이지만 이 숫자들이 보여주는 가장 두드러진 특징은 이 숫자들이 30을 중심으로 어떻게 집중되어 있는가 하는 것이다. 또 다른 중요한 결함으로는 분포에 따라 하나 이상의 최빈치를 가질 수 있다는 점이다. 이런 경우가 발생할 때, 최빈치는 자료분석에 효과적이지 않다.

두 번째 대표적인 점수는 **중앙치**(median: Mdn)인데 이것은 위와 아래 점수들이 각각 50%인 분포의 중간점을 말한다. 분포의 수가 홀수로 되어 있다면 중앙치는 중간점수가 되며 짝수라면 중앙치는 2개의 중간점수 사이에 있다고 가정된다. 중앙치를 알아내려면 점수를 최소부터 최대까지 순서를 매겨서 그 중간점을 검사를 통해 확인하면 된다. ([표 10-1]의 표본자료에서 중앙치는 14이다). 또 다른 예를 살펴보자 여기 9개의 정수가 있다.

0 2 2 5 ⑥ 17 18 19 67

여기서 중앙치는 위로 4개의 수가 있고 또 아래로 4개의 수가 있는 6이다. 이번에는 다음과 같은 10개의 숫자로 된 경우를 생각해보자.

0 2 2 5 6 ↑ 17 18 19 67

11.5

어떤 점수로도 이 분포를 분명하게 둘로 나눌 수가 없다. 중앙치를 결정하기 위해서는 중앙에 있는 2개의 점수를 합쳐서 2로 나눈다.

$$\text{Mdn} = \frac{6 + 17}{2} = 11.5$$

분포에서 같은 점수가 여러 개 있으면 중앙치를 계산하는 방법은 더 복잡해진다. 중간 점수가 중복되었을 때 중앙치를 계산하는 방법에 대한 상세한 설명은 헐버트(Hurlburt, 1998, p.52)의 〈행동통계의 이해(Comprehending Behavioral Statistics)〉를 참조하길 바란다.

집중 경향 통계의 세 번째로는 **산술평균**(mean: M, X)이 있다. 산술평균은 아마도 가장 친숙한 요약통계방법일 것이다. 산술평균은 일련의 점수들의 평균을 나타낸다. 수학적으로 말하면 산술평균이란 모든 점수의 합을 *N*으로 나눈 것이라고 정의할 수 있다. 산술평균은 기술통계와 추리통계에서 널리 이용되는 방법이므로 여기서 좀 더 자세히 설명하겠다.

첫 단계에서 필요한 것은 몇 가지 기본적인 통계 기호들을 이해하는 것이다.

X = 일련의 정수들 중 어떤 값

$\overline{X}$ = 산술평균("엑스바"라고 읽는다. M도 산술평균을 나타내는 데 흔히 쓰인다)

$\sum$ = 수열의 합(그리스어 문자인 시그마(sigma)로 나타낸다)

N = 분포에 있는 점수의 총 사례 수

이 기호를 사용해 산술평균을 계산하는 공식을 나타내면,

$$\overline{X} = \frac{\sum X}{N}$$

이 등식에서 산술평균이란 모든 점수들의 합계($\sum X$)를 점수의 총 사례 수(N)로 나눈 것임을 말해준다. [표 10-1]의 자료를 사용하면 산술평균은 다음과 같다.

$$\overline{X} = \frac{293}{20} = 14.65$$

만약에 자료가 빈도분포로 만들어져 있다면 산술평균을 계산할 때 이와는 약간 다른 공식이 사용된다.

[표 10-6] 빈도분포상의 산술평균 계산

시간	빈도	fx
6	1	6
8	2	16
9	1	9
11	3	33
12	2	24
14	2	28
15	1	15
16	1	16
18	1	18
19	2	38
21	2	42
23	1	23
25	1	25
	$N = 20$	$\sum fx = 293$
	$X = \frac{293}{20} = 14.65$	

$$\overline{X} = \frac{\sum fX}{N}$$

이 경우 X는 주어진 구간의 중간점을 나타내며 f는 그 구간의 빈도를 나타낸다. [표 10-6]은 이 공식을 사용해서 [표 10-2]의 빈도분포의 산술평균을 계산한 것이다.

최빈치 및 중앙치와는 달리 산술평균은 분포 안의 모든 값을 모두 고려하기 때문에 **이상치**(outlier)**역자주 1** 및 **극한치**(extreme outliers)에 대해 특히 민감하다. 이상치는 그 점수의 방향으로 산술평균을 끌어낸다. 예를 들어 [표 10-1]에서 응답자 U의 TV와 라디오 이용시간이 100시간이었다고 가정해보자. 그렇다면 산술평균은 정확히 18.71이 되며, 이것은 단 하나의 큰 점수가 첨가되면서 약 28%의 증가를 가져온 경우에 해당한다.

산술평균은 만약 합계를 내어 모두에게 골고루 나눠준다고 하면 개개인에게 돌아갈 몫이라고 생각할 수 있다. 이후에 살펴보겠지만, 이러한 이유로 산술평균은 광범위하게 사용된다. 이는 또 산술평균을 계산하기 위한 자료는 등간척도 또는 비율척도 이상으로 측정된 것이어야 한다는 것을 의미한다(2장 참조).

주어진 자료세트를 놓고 세 가지 집중 경향 통계치 중 어느 것을 사용해서 보고를 할 것인가를 결정해야 할 경우, 연구자는 다음의 두 가지 요소를 고려해야 한다. 첫째, 어떤 측정척도를 사용했느냐를 고려해야 한다. 가령 자료가 명목척도라면 최빈치를 쓰는 것이 의미가 있으나 서열적 자료라면 최빈치를 사용하거나 중앙치를 사용해도 될 것이다. 그러나 세 가지 측정 모두 등간적 자료와 비율적 자료에는 적합하기 때문에 이 경우 연구자는 한 가지 이상의 측정치를 보고하는 것이 바람직하다.

둘째, 통계의 목적이 중요하다. 궁극적인 목적이 일련의 자료를 기술하는 데 있다면

역자주 1 평균적인 자료와 동떨어진 이례적인 자료를 가리키는 통계학 용어다.

분포를 가장 잘 대표하는 값을 사용해야 한다. 예를 들어 통계학 시험 점수 분포가 100, 100, 100, 100, 0, 0이었다고 가정하자. 이때 산술 평균치가 67이라고 하는 것은 분포를 정확히 나타내주지 못하며 최빈치가 이 분포의 특징을 좀 더 정확하게 기술해준다.

(2) 분산

기술통계의 두 번째 유형은 **분산**(dispersion)을 측정하는 것이다. 집중 경향치가 분포를 대표하는 점수가 무엇이냐를 알아보는 것이라면 분산 측정은 점수들이 중앙점(central point)을 중심으로 어떻게 펴져 있는가를 기술하는 것이다. 분산 측정은 서로 다른 분포를 비교할 때 특히 유용한 통계방법이다. 예를 들어 2개 반의 시험점수 평균이 똑같다고 가정하자. 그러나 한 반에는 우수한 학생이 몇 명 있고 열등한 학생이 많고, 다른 한 반은 모든 학생이 거의 다 평균적이다. 이 같은 차이점을 살펴보기 위해서는 분산 측정이 요구된다. 많은 경우, 집중 경향치 측정(주로 산술평균)과 분산 목록만으로도 자료의 특성을 충분히 기술할 수 있다.

분산 혹은 변산(variation)을 측정하는 데는 세 가지 방법이 있는 데 범위, 변량, 표준편차 등이다(통계학자에 따라서 네 번째 측정방법으로 '자승합(sum of squares)'을 포함시키기도 한다).

가장 간단한 측정인 범위(range: R)는 점수의 분포에서 최고 점수와 최저 점수 사이의 차이로 정의된다. 범위를 계산하는 공식은 다음과 같다.

$$R = X_{hi} - X_{lo}$$

이때 X_{hi}는 최고점수, X_{lo}는 최저 점수를 가리킨다. 범위는 때때로 가령 "점수들 사이의 범위가 40이다"라는 식으로 표현되기도 한다. 범위는 전체 분포 가운데서 2개의 점수만을 사용하기 때문에 자료 전체를 정확히 기술해주지는 못한다. 그 밖에도 표본의 크기가 커질수록 범위도 커지는 경우가 많은데 그 이유는 표본이 크면 이상치들도 더 많이 포함되기 때문이다. 이런 이유 때문에 매스미디어 연구에서 범위 하나만을 분산측정의 유일한 방법으로 사용하는 경우란 거의 없다.

두 번째 측정인 **변량**(variance)은 점수가 산술 평균으로부터 어느 정도 벗어나 있는지(차이가 나는지)를 수학적으로 표현해준다. 변량이 작다는 것은 분포에서 대부분의 점수가 산술평균에 가까이 모여 있다는 것을 나타내며 변량이 크다는 것은 점수가 널리 펴져 있음을 의미한다. 달리 말하면 변량은 분산도와 직접적으로 비례한다.

분포의 변량을 계산하기 위해서는 우선 각 점수에서 산술평균을 뺀다. 이렇게 해서 나온 **편차점수**(deviation score)를 제곱하고 다시 그 제곱한 것을 합해서 N으로 나눈다. 변량의 공식은 다음과 같다(교과서마다 다른 부호를 사용하기는 하지만 대개는 기호를 S^2으로 나타낸다).

$$S^2 = \frac{\sum (X - \overline{X})^2}{N - 1}$$

[표 10-7] 변량 계산(X = 점수)

X	$\overline{X}$	$X-\overline{X}$	$(X-\overline{X})^2$
6	14.65	8.65	74.8
8	14.65	6.65	44.2
8	14.65	6.65	44.2
9	14.65	5.65	31.9
11	14.65	3.65	13.3
11	14.65	3.65	13.3
11	14.65	3.65	13.3
12	14.65	2.65	7.0
12	14.65	2.65	7.0
14	14.65	0.65	0.4
14	14.65	0.65	0.4
15	14.65	0.35	0.1
16	14.65	1.35	1.8
18	14.65	3.35	10.2
19	14.65	4.35	18.9
19	14.65	4.35	18.9
21	14.65	6.35	40.3
21	14.65	6.35	40.3
23	14.65	8.35	69.7
25	14.65	10.35	107.1
$S^2 = \frac{\sum (X-\overline{X})^2}{N-1} = \frac{558}{19} = 29.4$			

많은 책에서 x^2의 표시를 $(X-\overline{X})^2$으로 나타내기도 한다. 이 공식에서의 분자, 즉 $\sum(X-\overline{X})^2$을 '자승합'이라고 부른다. 자승합이라는 수치가 보통 기술통계에서는 보고되지 않지만 자승합은 여러 다른 통계 계산에도 사용된다. [표 10-7]은 이 변량공식을 사용한 예를 보여준다.

이 등식은 변량을 계산할 때, 특히 N이 클 때는 편리한 공식이 되지 못할 수도 있다. 그에 상응하는 좀 더 간단한 공식은 다음과 같다.

$$S^2 = \frac{\sum X^2}{N} = \overline{X}^2$$

$\sum X^2$이라는 표현은 각각의 점수를 제곱한 다음 이들을 합한다는 것을 의미 한다(모든 점수를 합한 다음 그 합계를 제곱하는 것을 의미하는 $(\sum X)^2$과는 다르다는 것에 유의해야 한다).

변량은 분산을 측정하는 데 널리 이용되고 매우 유용하게 쓰이는 방법이다. 사실 이 변량 측정은 추리통계에서 널리 사용되는 **변량분석**(analysis of variance)(12장 참조)이라는 검정력이 높은 통계 기법의 핵심이 된다. 그러나 변량에서도 사소하기는 하나 다소 불편한 점이 있는 데 그것은 해당 값이 본래의 측정치라기보다는 산술평균의 편차의 제곱이라는 점이다. 원 자료처럼 같은 단위로 구분되어 있는 자료의 분산을 측정하려면 변량의 제곱근이 필요하다.

그 결과를 **표준편차**(standard deviation)라고 하는데 이것이 바로 세 번째 형태의 분산 측정방법이다. 표준편차는 그것을 계산하기 위해 사용된 측정처럼 같은 단위로 표현되기 때문에 변량보다 더 의미 있는 개념이다.

예를 들어, 가정의 총 수입에 관한 질문을 포함하는 문제를 설명하기 위해서 9만 달러의 변량을 사용하기로 하자. 여기서 9만 달러는 '제곱된 달러(수입)'로 해석된다. 이때, '제곱 달러'의 개념을 이용하기엔 혼동이 발생하므로 연구자는 가능하면 표준편차는 300달러($\sqrt{90,000}=300$)로 보고하기를 선택할 것이다. 보통 *S*(또는 *SD*)라고 표시되는 이 표준편차는 아래 공식 중 어느 하나를 사용해서 계산한다.

$$S = \sqrt{\frac{\sum(X-\overline{X})^2}{N-1}}$$

$$S = \sqrt{\frac{\sum X^2}{N-1} - \overline{X}^2}$$

위의 두 등식은 위에서 설명한 두 변량공식과 일치한다는 점에 유의해야 한다. 표준편차는 분포의 산술평균으로부터 특정 점수가 얼마나 떨어져 있는가를 보여준다. 표준편차는 표준화된 검사의 결과를 설명하는 데 특히 유용하다. 예를 들어 현재 널리 쓰이는 지능검사는 산술평균이 100이 나오고 표준편차가 15가 나오도록 만들어져 있다고 하자. 그 경우 115점인 사람은 평균보다 표준편차가 위로 1이고, 85점인 사람은 평균보다 표준편차가 아래로 1인 사람이다.

변량과 표준편차라는 개념을 시각적으로 나타내 보면 보다 이해하기가 쉽다. [그림 10-5]에는 두 쌍의 빈도곡선이 그려져 있다. 각각의 평균은 점선으로 표시되어 있다. 어느 곡선이 더 큰 S^2과 *S*를 갖게 되는가?

각 점수나 측정들을 대상으로 평균과 표준편차를 계산하여 자료 분포 대상 **표준점수**(standard score: *z* score)를 도출해낼 수가 있다. 연구자는 이 표준점수를 가지고 완전히 다른 방법을 통해 얻어진 점수나 측정치를 서로 비교할 수 있다. 즉 '사과와 오렌지'의 비교가 가능해지는 것이다. 그것은 모든 표준점수 계산이 동일한 매트릭스를 기반으로 하기 때문에 가능하다. 모든 표준점수는 평균은 '0'이고 표준편차는 '1'이다.

표준점수는 유용하고, 계산과 해석하기가 쉽다. 즉, 미디어 업계의 매스미디어 연구에서 아마 가장 널리 쓰이는 통계일 것이다(저자의 교재 웹사이트(www.wimmerdominick.com)에서 '읽을거리(Reading)' 섹션을 참조). 표준점수 계산공식은 단순히 평균에서 뺀 점수 값

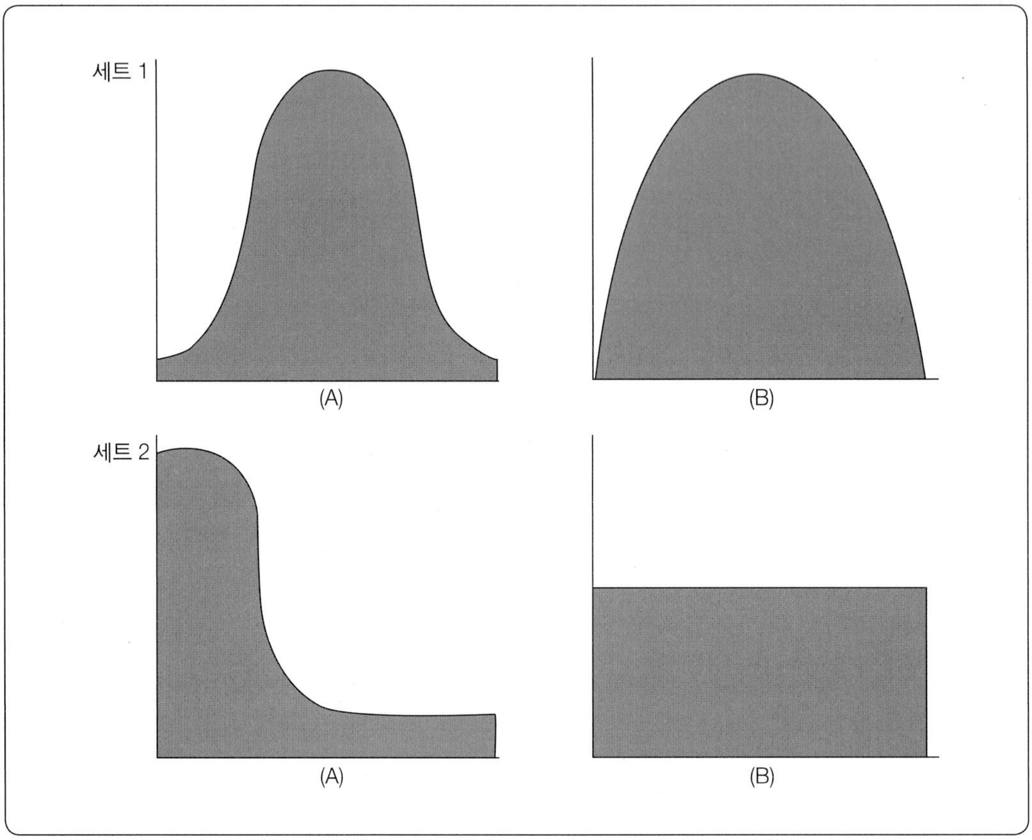

[그림 10-5] 빈도곡선으로 나타낸 변량

을 표준편차로 나누면 된다.

$$z = \frac{X - \overline{X}}{S}$$

개별 점수가 얼마나 많은 표준편차 단위만큼 전체 평균 위 또는 아래 있는가를 나타내기 때문에 해석하기 쉽다. 수치로 나타낸 표준점수 값은 측정치의 상대적 위치를 반영한다.

간단한 예를 통해 표준점수의 계산과 다른 측정치 또는 측정방법과 비교해볼 수 있다. 같은 과 소속 두 친구가 미디어 연구방법론 과목의 서로 다른 반에 속해 있다고 가정하자. 어느 날 각 반이 서로 다른 시험을 치룬 후 두 학생이 같이 73점을 받았다. 그런데 한 친구는 C학점을 받은 반면 다른 친구는 A학점을 받았다. 왜 교수가 서로 다른 학점을 주었는가를 이해하기 위해서는 각 반의 표준 점수를 구해보는 것이 필요하다.

자세히 보기 〉〉 *z*점수

연구에서 *z*점수를 어떻게 이용하고 있는지를 살펴보기 위해 인터넷에서 '*z*점수 연구', '*z*점수 예측', '*z*점수 계산', '*z*점수 연구 이용' 등을 검색해보자. 추가적으로 위머(Roger Wimmer)의 〈더 리서치 닥터 아카이브(The Research Doctor Archive)〉에서의 "W-X-Z"문제들을 찾아보고 *z*점수에 대한 해답을 찾아보자(http://www.rogerwimmer.com).

[표 10-8]은 가상적인 두 반의 자료이다. 각 반은 20명의 학생으로 구성되어 있다. 첫 번째 반의 학생들의 점수는 최저 68점에서 최고 84점으로 범위가 16인 반면 두 번째 반의 경우 최저 38점에서 최고 73점으로 범위가 35이다. 이와 같은 점수의 차이는 시험의 난이도, 각 반 학생들의 능력, 교수의 교수방법 등을 포함하는 다양한 요인에서 기인한다고 할 수 있다.

한 반의 산술평균은 74.6이며 표준편차는 4.9이고 다른 한반의 평균은 43.9이며 표준편차는 7.5이다. 만약 교수가(이 장의 뒷부분에서 논의될) 정규곡선을 엄격하게 따른다면 왜 73점인 두 점수가 서로 다른 학점을 받게 되는가를 쉽게 이해할 수 있다. 첫 번째 친구의 성적은 그 반 다른 학생들과 비교할 때 평균에 가깝다. 두 번째 친구는 다른 학생들의 성적에 비해 확실히 우수하다.

[표 10-8]의 점수 분포는 뒤에서 논의할 정규분포가 아니다. 실제로는 정규분포에 더 가깝게 하기 위해 교수들이 점수들을 변형시킬 수 있다. 원 점수를 *z*점수로 변형시키면 그 결과로 나온 분포는 어떤 특징이 갖게 된다. 산술평균보다 아래에 있는 점수는 어느 것이든 마이너스(−) *z*점수가 되는 반면 산술평균보다 높은 점수는 어느 것이든 플러스(+) *z*점수가 된다. *z*점수 분포의 산술평균은 0인데 그것은 원래 점수가 산술평균과 같은 사람에게 주어지는 *z*점수다. 앞서 언급한 것처럼 *z*점수 분포의 변량과 표준편차는 모두 1.00과 같다(평균은 0이다). 표준점수는 표준편차라는 단위로 표시된다. 그래서 *z*점수 3.00은 그 점수가 산술평균 위로 3단위 표준편차의 위치에 있다는 것을 의미한다.

표준점수는 모든 유형의 연구에서 자주 이용된다. 그 이유는 연구자들로 하여금 다른 피험자들을 대상으로 다른 측정방법을 이용하여 검사한 결과들을 직접적으로 서로 비교할 수 있게 해주기 때문이다(분포가 같은 형태라고 가정할 때). 즉 문자 그대로 서로 다른 과일인 사과와 오렌지를 비교하는 데 사용될 수 있다. 가령 사과는 에이커당 연평균 22부셸(용량 단위)이 수확되고 그 표준편차는 10인데 어느 해의 수확이 에이커

[표 10-8] 가상적인 z점수 자료

	한 친구의 반			다른 친구의 반			
	점수	(계산)	표준점수 (z점수)	점수	(계산)	표준점수 (z점수)	
	84	(84-74.6)/4.9 =	1.9	73	(73-43.9)/7.5 =	3.9	A학점
B학점	81	(81-74.6)/4.9 =	1.3	50	(50-43.9)/7.5 =	0.8	
	81	(81-74.6)/4.9 =	1.3	50	(50-43.9)/7.5 =	0.8	
	79	(79-74.6)/4.9 =	0.9	47	(47-43.9)/7.5 =	0.4	
	79	(79-74.6)/4.9 =	0.9	46	(46-43.9)/7.5 =	0.3	
	79	(79-74.6)/4.9 =	0.9	45	(45-43.9)/7.5 =	0.2	
	78	(78-74.6)/4.9 =	0.7	43	(43-43.9)/7.5 =	-0.1	
	77	(77-74.6)/4.9 =	0.5	43	(43-43.9)/7.5 =	-0.1	
	77	(77-74.6)/4.9 =	0.5	42	(42-43.9)/7.5 =	-0.2	
C학점	75	(75-74.6)/4.9 =	0.1	41	(41-43.9)/7.5 =	-0.4	
	73	(73-74.6)/4.9 =	-0.3	41	(41-43.9)/7.5 =	-0.4	C학점
	71	(71-74.6)/4.9 =	-0.7	41	(41-43.9)/7.5 =	-0.4	
	71	(71-74.6)/4.9 =	-0.7	40	(40-43.9)/7.5 =	-0.5	
	71	(71-74.6)/4.9 =	-0.7	40	(40-43.9)/7.5 =	-0.5	
	70	(70-74.6)/4.9 =	-0.9	40	(40-43.9)/7.5 =	-0.5	
	70	(70-74.6)/4.9 =	-0.9	40	(40-43.9)/7.5 =	-0.5	
	70	(70-74.6)/4.9 =	-0.9	40	(40-43.9)/7.5 =	-0.5	
	69	(69-74.6)/4.9 =	-1.1	39	(39-43.9)/7.5 =	-0.6	
D학점	68	(68-74.6)/4.9 =	-1.3	38	(38-43.9)/7.5 =	-0.8	
	68	(68-74.6)/4.9 =	-1.3	38	(38-43.9)/7.5 =	-0.8	
	평균(M)		74.6	평균(M)		43.9	
	표준편차(S)		4.9	표준편차(S)		7.5	

당 24부셸이었다고 가정하자. 오렌지의 경우 매년 에이커당 평균 16부셸을 수확하고 표준편차는 8인데 같은 해 오렌지 수확이 18부셸이었다고 하자. 그 해는 사과와 오렌지 중 어느 품목이 더 수확률이 좋은 건지 알 수 있을까? 표준점수 공식에 대입해보면 사과의 z점수가 0.20[(24-22)/10]이고, 오렌지가 0.25[(18-16)/8]임을 알 수가 있다. 비

교해서 말하자면 그 해는 오렌지 수확이 더 좋은 해였다고 할 수 있다.

	사과	오렌지
평균 생산량	22	16
표준편차	10	8
올해 생산량	24	18
표준 점수(z점수)	0.20	0.25

3) 정규곡선

통계분석에서 중요한 도구는 4장에서 간단히 언급한 정규곡선[역자주 2]이다. 표준점수는 서로 다른 측정치들을 상호 비교할 수 있게 해줄 뿐만 아니라 정규곡선과의 연관을 이용하면 특정 변인의 발생 빈도에 대해서도 설명할 수 있다. [그림 10-6]은 전형적인 정규곡선의 예다. 정규곡선은 대칭이며 산술평균에서 최고 높이가 되고 산술평균이 중앙치인 동시에 최빈치가 된다. [그림 10-6]에서의 곡선이 표준점수 단위로 계산된 것을 주목하라. 이런 방식으로 나타낸 곡선을 **표준정규곡선**(standard normal curve)이라고 부르며 z점수 분포의 속성을 모두 가지고 있다.

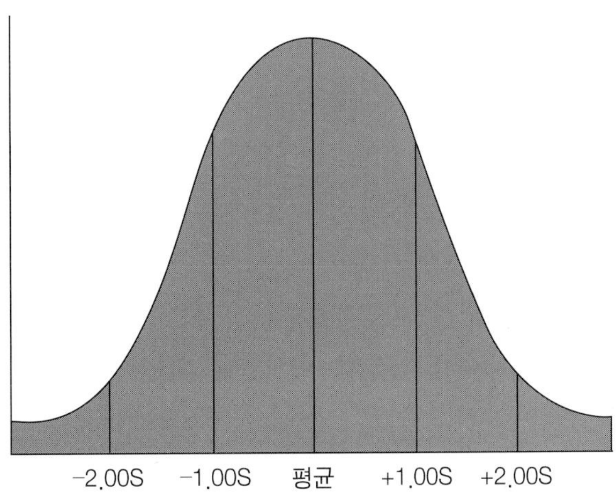

[그림 10-6] 정규곡선

역자주 2 정규분포를 나타내는 예형 곡선으로서 1733년 드 무아브르(De Movire)에 의해 수학적 방정식이 유도되었다.

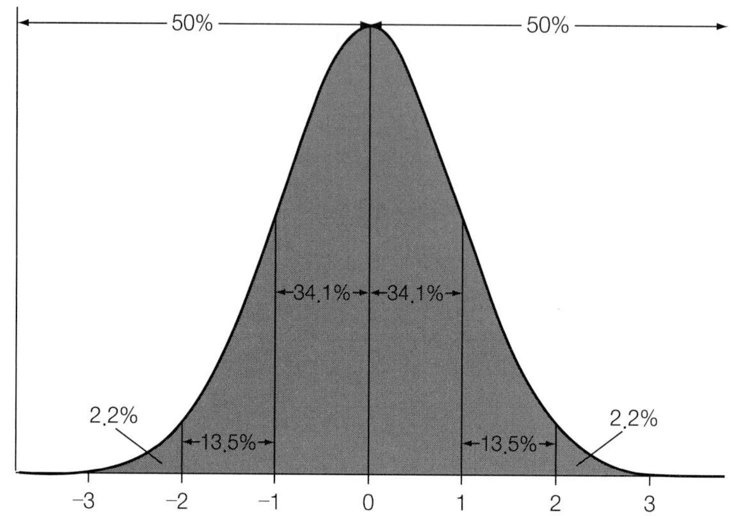

[그림 10-7] 정규곡선의 각 영역

통계학자들은 정규곡선의 속성을 설명하기 위해 면밀히 연구했다. 그 논의의 대부분은 인터넷을 통해 접근 가능하다. 이들 속성 중에서 가장 중요한 속성은 곡선 아래 일정 비율이 산술평균과 표준편차의 어떤 단위 사이에 놓이게 된다는 점이다. 곡선의 일정 부분 아래의 영역은 그 안에 속하는 점수의 빈도를 나타낸다. [그림 10-7]은 중요한 몇 개의 표준편차 단위 사이의 정규곡선 아래에 포함된 영역을 나타내고 있다. 전체 영역의 대략 68%가 산술평균으로부터 +1과 −1의 표준편차 사이에 있다고 말할 수 있다. 또 영역의 95%는 +2와 −2의 표준편차 사이에 있게 된다.

연구자가 이런 내용과 정규곡선을 연계시키면 예측하는 진술을 만들어낼 수 있다. 예를 들어 TV 시청 연구에서 하루 평균 TV 시청시간이 2시간이고 표준편차는 0.5인 정규분포 곡선을 얻었다고 하자. 그렇다면 TV를 평균 2시간에서 2시간 반 정도 시청하는 사람들이 모집단에서 차지하는 비율은 얼마일까? 먼저 첫째 원 점수를 표준점수로 전환시켜야 한다.

$$\frac{2-2}{0.5} = 0 \qquad \text{and} \qquad \frac{2.5-2}{0.5} = 1.00$$

위 계산을 말로 표현하면 2시간 TV 시청의 z점수는 0이고 2시간 반 시청의 z점수는 1.00이다. [그림 10-7]은 곡선 아래 대략 34%정도 영역이 산술평균과 표준편차 1 사이에 있음을 보여준다. 따라서 모집단의 34%가 매일 2시간에서 2시간 반 정도 TV를 시청한다고 말 할 수 있다.

같은 자료를 사용해서 매일 3시간 이상 TV를 시청하는 모집단의 비율이 얼마나 되는지도 알아낼 수도 있다. 역시 첫 번째 단계는 원 점수를 *z*점수로 바꾸는 것이다. 이 경우에 3시간은 2.00의 *z*점수에 해당한다. [그림 10-7]을 보면 곡선 아래 약 98% 영역이 *z*점수 2.00 안에 포함되는 것을 알 수 있다(곡선 왼쪽 절반의 50%에다 산술평균에서 2.00인 지점까지의 48%를 합한 것). 따라서 모집단의 경우 2%만이 TV를 매일 3시간 이상 시청하고 있다고 말할 수가 있다.

부록의 [표 3]에는 산술평균과 특정거리 사이에 있는 정규곡선 아래에서의 면적 비율이 제시되어 있다. 이 표를 이용하려면 표준점수가 제시하는 열과 행을 매치시켜야 한다.

예를 들어 정규분포상의 한 변인의 표준점수가 1.79라고 하자. 먼저 [표 3]의 열에서 1.7에 해당하는 지점을 찾고 그다음 행에서 0.9에 해당하는 난을 찾는다. 양쪽을 매치시킨 지점에서 0.4633이라는 숫자를 얻는다. 이를 해석하면 정규곡선의 평균과 표준점수 1.79사이의 영역(면적)은 0.4633이며, 대략 표현하면 전체의 약 46%가 여기에 포함된다는 것이다.

또 다른 예로면 그 정규곡선의 중간 지점부터 표준점수 −1.32까지의 거리는 얼마나 될까? [표 3]을 기준으로 하면 그 곡선의 40.66%영역이 두 값 사이에 있다(왼쪽 열에서는 1.3을 찾고, 0.02라는 표시된 열을 찾는다). 주목해야 할 점은 표준점수가 (−)값으로 표현되었다 할지라도 영역, 즉 면적은 항상 (+)로 표현된다는 것이다.

이런 연습을 좀 더 의미 있게 하기 위하여, 같은 과 소속 두 친구의 예로 다시 돌아가 보자. 평균이 72점이며 표준편차가 5.0인 반의 점수들이 정규분포를 보인다고 가정하자. 교수가 그 반의 50%에게 C학점을 주기로 결정했다면 몇 점부터 몇 점까지가 그 학점을 받게 될 것인가? 먼저 학점의 50%란 '평균 위로 25%, 아래로 25%'를 의미한다는 점을 기억하자. 이 거리에 일치하는 표준편차 단위는 얼마인가? 이 질문에 답하기 위해서는 위에서 했던 과정을 역으로 밟아 가는 것이 필요하다.

먼저 부록1의 [표 3]에서 0.2500의 지점을 찾아야 한다. 그런데 불행하게도 그런 숫자는 없을 것이다. 이 경우 근접한 2개의 숫자인 0.2486(z=0.67)과 0.2517(z=0.68)을 검토한다. 0.2486이 0.2500에 보다 더 가깝기 때문에 그것을 영역으로 삼자. 0.2486을 교차하는 열과 행을 찾아보면 그것이 0.67이라는 표준편차 단위와 일치함을 발견할 것

자세히 보기 〉〉 통계적 계산

이 책에서 논의한 통계 모두는 마이크로소프트사의 엑셀(Microsoft's Excel)과 같은 스프레드시트 프로그램을 이용하면 계산 가능하다. 이들 소프트웨어 안에는 통계 내용들이 여럿 들어 있지만, 브루닝과 킨츠(Bruning & Kintz)의 저서인 〈계산통계안내서(Computational Handbook of Statistics)〉에 제시된 단계들을 이용하여 그러한 통계적 계산 절차를 이해할 수 있다.

이다. 그렇게 되면 이제는 C학점을 받게 되는 점수를 쉽게 계산할 수 있다. 먼저 우리는 평균(74.6점)에 0.67×4.9 혹은 3.28를 더하면 C학점 범위의 상위 한계 77.88이 나온다. C학점 하위 한계는 평균에서 0.67×4.9 혹은 3.28를 빼면 된다. 그 점수는 71.32이다. 반올림하면, 71~78점 사이의 점수를 기록한 학생들이 C학점을 받게 될 것이다.

매스미디어 연구자들에게 정규곡선은 중요하다. 왜냐하면 이들이 연구에서 접하는 많은 변인들이 정규적으로 분포되어 있거나 정규분포에서 벗어난 정도가 매우 미세하여 충분히 정규적이라고 볼 정도로 분포되어 있기 때문이다. 나아가 정규곡선은 추리통계에서 중요한 확률 분포(probability distribution)의 한 예에 속한다. 마지막으로 다음 장들에서 논의하게 될 고급 통계방법들에서는 고려 대상 변인들이 정규적으로 분포되었다고 가정한다.

02 표본분포

표본분포(sample distribution)[역자주 3]는 모집단에서 추출한 일정한 개수의 표본의 분포 상태를 말한다. 만약 무작위로 추출한 1,500명의 대학생 표본을 대상으로 지난달에 영화를 몇 편이나 보았느냐고 묻는다면 "관람한 영화의 수"라는 변인으로부터 나온 결과의 분포가 표본분포이며, 이 분포는 산술평균값 X와 변량 S^2을 갖는다.

(현실에서는 아니지만) 이론적으로는 미국의 대학생 모두에게 같은 질문을 던지는 것이 가능하다. 이 경우 평균값(μ)과 변량(σ^2)을 가진 **모집단 분포**(population distribution)를 얻을 수 있을 것이다. 통계가 표본에 기반을 둔 측정인 반면 모수는 모집단으로부터 얻어진 측정이다. 보통은 모집단 분포의 정확한 형태나 모집단의 평균값(μ)와 변량 값(σ^2)은 알려지

역자주 3 주어진 모집단에서 확률적으로 뽑힌 같은 크기의 여러 표본들로부터 얻어지며, 어떤 통계량으로서 추정될 수 있는 모든 가능한 값들의 분포를 말한다.

지 않고 표본으로부터 추정된다. 이 추정(estimate)을 **표집분포**(sampling distribution)라고 한다.

특성	표본 통계	모집단 모수
평균	$\overline{X}$ (또는 M)	μ(mu)
변량	S^2	σ^2(시그마스퀘어)
표준편차	S(또는 SD)	σ(시그마)

특정한 모집단으로부터 추출한 표본은 어느 표본이든지 그 평균 $\overline{X}$값은 모집단의 평균값 μ와는 조금은 차이가 나기 마련이다. 예를 들어 지난 달 모든 미국 대학생들이 본 영화의 평균 숫자가 정확히 평균 3.8이라고 가정하자. 이 모집단으로부터 10명의 학생을 무작위로 추출하여 표본으로 삼았을 때 정확히 평균값 3.8을 얻기는 어렵다. 모집단의 평균인 μ와 표본으로부터 얻어진 평균값 간의 차이의 양을 **표집오차**(sampling error)라고 한다. 만약 이 모집단으로부터 10명 이상의 무작위 표본을 더 많이 추출해서 측정하면 모집단의 평균 μ에 근사한 $\overline{X}$값을 얻을 수 있을 것이다. 이 과정을 수없이 되풀이하여 각각의 평균을 빈도곡선으로 나타낸다면 그 곡선이 표집분포의 형태를 취할 것이다.

표집분포가 밝혀지면 어떤 값이 발생할 수 있는 확률에 대한 진술이 가능하게 된다. 확률이라는 개념을 정의하는 데는 여러 가지 방법이 있다. 간단히 말해 어떤 사건이 일어하는 확률이란 모집단 내 그 사건의 상대적인 발생 빈도와 같다(Roscoe, 1975). 예를 들면 1,000개의 탁구공이 들어 있는 커다란 항아리가 있는데 그중 700개는 빨간색이고 300개는 하얀색이라고 하자. 무작위로 집어서 빨간 탁구공을 꺼내게 될 확률은 700/1000 혹은 70%이다.

또한 상대적 발생 빈도를 이론적으로 결정해야 할 때도 확률 계산이 가능하다. 예를 들어 진위(true/false) 문제에 대해 무작위로 대답해서 맞힐 확률은 얼마인가? 답은 둘 중의 하나, 즉 50%이다. 사지선다형 문제에서 정답을 맞힐 확률은 얼마인가? 넷 중의 하나 즉 25%이다. 확률은 0(전혀 가능성이 없는)에서 1(확실한)까지의 범위를 갖는다. 모집단 내에서 일어날 수 있는 모든 사건의 합계는 1.00과는 같아야 하는데 이것은 일어나는 사건과 일어나지 않는 사건의 확률의 합계이기도 하다. 예를 들어 동전을 던질 때 표면이 나올 확률은 0.50이다. 따라서 0.50+0.50=1.00이 된다.

확률에는 다음의 두 가지 중요한 법칙이 있다. 먼저 '덧셈법칙'이 있는데 이 법칙에서는 상호배타적인 일단의 사건이 일어날 확률은 별개 사건들의 확률의 합계라고 본다(하나가 발생하면 다른 것이 발생하지 않게 되는 두 사건을 상호배타적이라고 한다. 예를 들어 탁구공에 대한 보기에서 공의 색은 빨강거나 하얀 색 중 하나이지 두 가지 색을 동시에 가질 수는 없다). 덧셈법칙을 설명하기 위해 예를 들면 20%의 사람들이 매달 잡지를 하나도 읽지 않고, 40%는 다만 한 권을, 20%는 두 권, 10%는 세 권 그리고 10%는 네 권을 읽는 모집단이 있다고 생각해보자. 한 달에 적어도 두 권 이상의 잡지를 읽는 사람을 무작위로 추출할 수 있는 확률은? 답은 0.40(0.20+0.10+0.10)이 되며 별개 사건이 발생할 확률을 모두 합한 것이 된다.

둘째는 '곱셈법칙'인데, 독립적으로 발생하는 사건들의 조합이 일어날 확률은 사건 개개의 확률을 곱한 것과 같다는 것이다(한 사건의 발생이 다른 사건의 발생에 아무런 영향이 없을 때 두 사건은 독립적이다. 예를 들어 한 번 동전을 던져서 뒷면이 나온 것은 다음번에 다시 던질 때 어떤 면이 나올 것인가에 아무런 영향을 미치지 않는다). 다음과 같은 예를 들어 곱셈법칙을 설명해보자. 즉 아무런 준비도 없는 학생이 4개의 진위형 질문에 정답을 정확히 맞힐 수 있는 확률을 계산해보자. 답은 각 사건의 확률을 곱한 값이다. 다시 말해 0.5(질문 1의 정답을 맞힐 가능성)×0.5(질문 2의 정답을 맞힐 가능성)×0.5(질문 3의 정답을 맞힐 가능성)×0.5(질문 4의 정답을 맞힐 가능성)=0.0625가 된다.

추리통계에서 확률개념이 중요한 까닭은 표집분포가 일종의 확률분포이기 때문이다. 일단 확률 개념을 이해하면 '표집분포'에 대한 공식적 정의(formal definition)가 가능해진다. 즉 표집분포란 "주어진 모집단 대상 일정 크기의 모든 가능 표본들로부터 얻어진 통계치의 확률분포다." 표집분포를 이용하면 개별 결과의 발생확률을 결정할 수 있다.

예를 들어 모집단이 6명의 대학생으로 구성되었다고 가정하자. 다음의 내용은 6명의 대학생들이 지난달 영화 관람 횟수에 대한 것이다.

학생	관람한 영화의 수
A	1
B	2
C	3
D	3
E	4
F	5

$$\mu = \frac{1+2+3+4+5}{6} = 3.00$$

가령 이 모집단으로부터 2개의 표본(N=2)을 사용해서 연구를 한다고 하자. 표집을

[표 10-9] 모집단 표집분포의 일반화 = (1, 2, 3, 4, 5), N = 2

$\overline{X}$	$\overline{X}$를 만들 수 있는 표본 조합의 경우의 수	발생확률
1.5	2 (1,2) (2,1)	2/30, 즉 0.07
2.0	4 (1,3) (1,3) (3,1) (3,1)	4/30, 즉 0.13
2.5	6 (1,4) (2,3) (2,3) (3,2) (3,2) (4,1)	6/30, 즉 0.20
3.0	6 (1,5) (2,4) (3,3) (3,3) (4,2) (5,1)	6/30, 즉 0.20
3.5	6 (2,5) (3,4) (3,4) (4,3) (4,3) (5,2)	6/30, 즉 0.20
4.0	4 (3,5) (3,5) (5,3) (5,3)	4/30, 즉 0.13
4.5	2 (4,5) (5,4)	2/30, 즉 0.07
		1.00
		가능한 표본 조합의 총 수 = 30

다른 것으로 대치하지 않고 연구한다고 가정할 때, 만들어낼 수 있는 가능한 조합은 한계가 있기 마련이다. [표 10-9]는 그 가능한 조합의 결과를 보여준다.

이 표집분포의 평균은 모집단의 평균인 μ와 같다. 평균이 2.0 혹은 1.5인 것, 다시 말해 특정 평균값을 가진 표본이 얼마나 추출될 것인가, 즉 발생 확률을 알려면 맨 오른쪽 난의 숫자를 읽어보면 된다.

[표 10-9]는 실제로 측정된 평균들로 만들어진 표집분포의 예이다. 그러나 많은 표집분포는 이렇듯 수학적 계산에 의해 나오는 것이 아니라 그냥 이론적으로 결정된다. 예를 들어 표집분포는 자주 정규곡선의 형태를 취한다. 이럴 경우 연구자는 정규곡선의 모든 특성을 이용할 수가 있다. 이분적 자료(단지 2개의 값만이 가능한 자료)를 가상적인 예로 들어서 살펴보자(이분적 자료를 선택하는 이유는 수학적으로 덜 복잡하기 때문이다. 같은 논리가 연속적 자료에도 그대로 적용되지만 계산이 복잡해진다).

시청률 연구회사가 표본의 결과를 토대로 모집단 가운데서 특정 프로그램을 시청한 사람의 수가 얼마나 되는지를부터 추정하고자 한다고 하자. 100명으로 구성된 표본에서 처음에는 추정치가 40%, 다음 표본으로부터는 42%, 세 번째 것은 39%의 추정치가 나왔다. 이런 작업을 계속해서 표본들로부터 나온 결과가 표집분포로 제시되었다면, 확률이론을 통해 그것이 μ와 같은 평균을 가진 그런 정규곡선의 형태를 띨 것이라는 예측이 가능하다. [그림 10-8]은 이 분포를 보여준다. 여기서 어떤 사람이 주어진 모

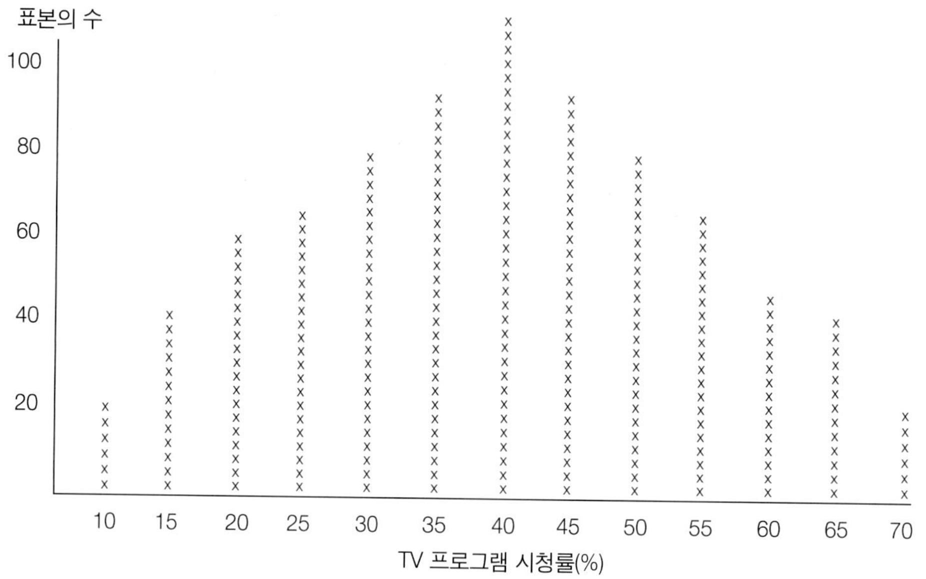

[그림 10-8] 가설적 표집분포

집단으로부터 N 크기의 표본을 추출하고자 한다면 N이 충분한 크기라 가정할 경우 이 표본들의 평균의 표집분포는 거의 정규분포일 것이다. 이 가정은 모집단 자체가 정규분포가 아닐지라도 유지된다. 나아가 표집분포의 평균은 모집단의 평균, 즉 모수치와 동일할 것으로 추정된다.

앞서 정규곡선에 대한 설명에서 곡선의 밑 부분을 따라 수평적으로 분할한 것을 표준편차단위로 표현했다. 표집분포에서는 이 단위를 평균의 **표준오차**(standard error of the mean(*SE*))[역자주 4]라고 부르는데 추정의 확률 정확도를 결정하는 기준으로 쓰인다. 정규곡선의 경우와 같이, 대강 표본의 68%가 모집단 평균의 표준오차의 +1과 −1 사이에 있을 것이며, 95%는 +2와 −2의 표준오차 안에 있을 것으로 추정한다.

대부분의 연구에서는 실제로 많은 표본을 취해 각각의 가능한 결과를 계산하여 표집분포를 만들지는 않으며 또 평균의 표집분포를 만들어 표준편차를 계산해서 표준오

역자주 4 표본 평균치 분포의 표준 편차를 말함. 평균의 표준오차는 표본 평균치의 분포에서 변산성의 정도 또는 특정한 표본 평균의 값이 오차 내에 있을 가능성이 어느 정도인지에 대한 아이디어를 제공함. 큰 표준오차는 커다란 변산성을 가리키고, 반면에 작은 표준오차는 특정한 표본 평균치가 실제 모집단의 평균치에 매우 근접해 있음을 알려준다. 그러므로 평균의 표준오차는 매우 유용한 숫자임.

차를 계산하지도 않는다. 그 대신에 연구자는 다만 하나의 표본을 취해서 모집단 평균과 표준오차를 추정한다.

하나뿐인 표본으로부터 모집단 평균과 표준오차를 유추해 나가는 과정은 다음과 같은 방법으로 행해진다. 먼저 표본의 평균을 모집단 평균을 추정하는 최선의 추정치로 사용하고 그 다음 표준오차를 표본의 자료로부터 계산한다. 가령 위에 든 TV 시청의 예에서 100명의 표본 가운데 40명이 특정 프로그램을 시청하고 있다는 것을 알아냈다고 하자. 이 경우에 평균은, 자료가 이분적이기 때문에 ρ로 표시되는데, 40%이다(이분적 자료는 이 같은 특수한 공식을 요구한다). 이 같은 이분적 상황의 표준오차(SE)는 다음 공식에 의해 계산된다.

$$SE = \sqrt{\frac{pq}{N}}$$

p = 시청하는 비율

$q = 1-p$

N = 표본의 수

위에 든 보기에서 95% **신뢰수준**(confidence level)(z점수 1.96에 일치하는)의 표준오차는

$$\sqrt{\frac{(0.4)(0.6)}{100}} \times 1.96 = \sqrt{\frac{0.24}{100}} \times 1.96 = 0.96 \text{ or } 9.6\%$$

표준오차는 연구자가 설정한 **신뢰구간**(confidence interval: CI)과 맞물려 이용된다. 4장에서 살펴본 것과 같이, 신뢰구간은 어떤 통계적 결과가 특정 확률 정도로 그 안에 포함될 것이라고 연구자가 진술한 구간을 나타낸다. 앞의 예를 들면 68%의 신뢰구간의 평균값이란 모든 표본의 68%가 ±표준오차, 즉 35.2(40−4.8)~44.8(40+4.8) 사이에 포함되며, 95%의 신뢰구간에서는 모든 표본의 95%가 ±1.96(SE) 사이, 즉 30.4(40−9.6)에서 49.6(40+9.6) 사이에 포함될 것이다.

가장 많이 이용되는 신뢰구간은 0.95 수준인데 다음의 공식으로 표시된다.

$$0.95\text{CI} = p \pm 1.96SE$$

p = 표본에서 얻은 비율

SE = 표준오차

1.96 = 정규분포에서 정확히 95%를 포함하는 특정 값

예를 들어 TV 시청률 연구회사가 400명을 표본추출해서 그중 20%가 특정 프로그램을 시청하고 있다는 것을 알아낸 경우를 생각해보자. 모집단 평균에 대한 0.95의 신뢰구간의 추정치는 무엇인가? 표준오차 [(0.20)(0.80)]÷400의 제곱근, 즉 0.02와 같다. 이 값을 앞서서 제시한 공식에 대입하면 신뢰구간이 0.20±(1.96)(0.2), 즉 0.16~0.24로 나온다. 바꾸어 말하면 모집단의 평균치가 16~24% 사이에 올 확률이 0.95인 것이다. 또한 5%는 오차로서, 모집단의 μ가 이 구간의 밖에 놓일 확률이 5%라는 것이다. 이 5% 오차 확률이 너무 큰 위험이 된다면, 0.99 신뢰구간 추정치로 위 공식의 1.96 대신 2.58을 넣어 계산하면 된다(정규곡선에서 모든 점수의 99%는 평균±2.58의 표준오차 안에 들어간다는 의미다). 이분적 자료가 아니고 연속적 자료를 사용한 신뢰구간에 관한 논의를 보려면 헤이스(Hays, 1973)의 저서를 참조해보기 바란다.

표집분포의 개념은 통계적 추론을 하는 데 중요하다. 신뢰구간은 추리통계에서 사용되는 표집분포의 하나의 방법을 나타낼 뿐이다. 또한 표집분포는 가정된 모집단 조건 아래서 특정표본으로부터 얻어진 결과의 확률을 통해 가능한 가설검증과정에서도 중요하다.

03 자료의 변환

대부분의 통계절차는 자료가 정규적으로 분포되어 있다고 가정한다. 많은 통계적 절차가 정규적으로 분포되어 있는 자료를 강력하고 철저하게 요구하지만 편포도(skewness)나 첨도(kurtosis)를 보여주는 자료를 사용할 경우 연구결과의 타당성이 없어지는 경우가 있다. 어떤 연구든지 간에 자료의 정규성(정규분포) 여부를 검토해야만 하며 그 과정은 대부분 통계 소프트웨어를 이용하면 매우 쉽게 이루어질 수 있다.

비정규분포의 대부분의 원인은 이상치(outliers) 때문이다. 그런 경우가 발생하면 연구자는 자료를 변환시켜 정규성을 확보할 수 있다. 기본적으로 자료의 변환은 편중된 자료들을 집단의 평균에 근접하게 하기 위해 각 점수에 일종의 수학적인 조정을 가해주는 것이다. 이것은 각 점수를 어떤 수로 곱하거나 나누는 형태를 취하며 제곱근 또는 로그(log)의 형태를 취하기도 한다.

전체 자료에 똑같은 절차만 적용한다면 어떤 방법을 사용해도(어떤 방법들이 다른 방법들보다 효과적이라 할지라도) 아무런 차이가 없다. 보통 이를 **단조 변환**(monotonic transformation)이라고 한다(표 10-10 참조).

[표 10-10] 단조 변환의 예

	원점수	제곱근	Log10
	98	9.9	1.99
	84	9.2	1.92
	82	9.1	1.91
	78	8.8	1.89
	75	8.7	1.88
	68	8.2	1.83
	61	7.8	1.79
	50	7.1	1.70
	48	6.9	1.68
	11	3.3	1.04
평균(M)	65.5	7.9	1.8
표준편차(SD)	24.6	1.9	0.3
최고점	98	9.9	1.99
최저점	11	3.3	1.04

변환은 통계소프트웨어 패키지나 스프레드시트(표 계산)를 통해 쉽게 계산되는 단순한 과정이다. [표 10-10]은 제곱근과 로그라는 두 가지 변형을 통해 어떻게 이상치들을 바로잡는지를 보여준다. 모든 점수에 대해 똑같은 변환이 이루어지는 한 원 자료의 특성은 그대로 유지되게 된다. 즉 제곱근이나 로그(log)를 이용한다면 원점수로 수행된 어떠한 통계적 검증이라도 동일한 결과를 얻을 수 있을 것이다.

요약

이 장에서는 많은 기술통계와 추리통계방법 중 매스미디어 연구자들이 흔히 사용하는 몇 가지를 소개했다. 제시된 공식이나 원칙들이 수학적으로 어떤 유래를 갖는 것인가에 대해서는 거의 설명하지 않았다. 오히려 여기서는 (이 책 전반이 그렇듯이) 이들 통계의 저변의 논리가 무엇인지 그리고 이들 통계들을 어떻게 적용할 수 있는 지를 이해하는 데 중점을 두었다. 만약 연구자가 '평균', '표준편차', '표준오차'와 같은 개념의 저변에 깔려 있는 논리를 이해하지 못한다면, 통계 그 자체로는 아무런 의미가 없기 때문이다.

핵심용어

가로축(abscissa)
극한치(extreme outlier)
기술통계(descriptive statistics)
누적빈도(cumulative frequency)
단조 변환(monotonic transformation)
막대그래프(bar chart)
모집단 분포(population distribution)
범위(range)
변량(variance)
분산(dispersion)
분포(distribution)
빈도곡선(frequency curve)
빈도분포(frequency distribution)
빈도절선(frequency polygon)
산술평균(mean)
세로축(ordinate)
시그마(sigma)
신뢰구간(confidence interval)
신뢰수준(confidence level)
요약통계(summary statistics)
이상치(outlier)
자료 변환(data transformation)
정규곡선(normal curve)
중앙치(median)
집중 경향(central tendency)
최빈치(mode)
편포도(skewness)
평균의 표준오차(standard error of the mean)
표본분포(sample distribution)
표준점수(standard scores)
표준정규곡선(standard normal curve)
표준편차(standard deviation)
표집분포(sampling distribution)
히스토그램(histogram)
z점수(z-score)

인터넷 활용하기

1. 대부분의 좋은 통계소프트웨어 패키지는 비싸지 않은 가격으로 이용가능하다. "통계적 방법", "통계 검증", "통계소프트웨어 패키지" 등을 인터넷으로 찾아보자. 아무

래도 가장 인기 있는 소프트웨어 패키지들 중 하나는 SPSS다. SPSS 활용에 대한 단계적 설명은 이 텍스트에서 다룰 내용이 아니다. 하지만 SPSS에 대한 탁월한 개괄을 바비(Earl Babbie)의 웹사이트에서 찾아 볼 수 있다. 그 웹사이트의 주소는 다음과 같다. http://www.wadsworth.com/sociology_d/templates/student_resoruces/0534519040_babbie/primers/SPSS_11.0_complete/index.html

2. 언론인들이 주로 활용하는 통계에 대한 논의를 살펴보려면 http://nilesonline.com/stats을 가보자.
3. z점수는 주식시장과 은행 등에서도 이용되고 있다. 미디어 외의 분야에서 그 통계가 어떻게 활용되고 있는지를 알아보고자 하면 인터넷에서 'z점수'를 검색해보자.

생각해볼 문제

1. 다음에 제시된 자료들을 대상으로 평균, 변량 및 표준편차를 구해보자.
   (답은 생각해볼 문제 끝부분에 제시되어 있음).
   (그룹 1) : 5, 5, 5, 6, 7, 5, 4, 8, 4, 5, 8, 8, 7, 6, 3, 3, 2, 5, 4, 7
   (그룹 2) : 19, 21, 22, 27, 16, 15, 18, 24, 26, 24, 22, 27, 16, 15, 18, 21, 20
2. 보통 전체 트럼프 카드에서 무작위로 에이스가 나올 확률은 얼마인가? 에이스나 9가 나올 확률은? 스페이드나 페이스 카드가 나올 확률은 얼마인가?
3. 매스미디어 역사시험 점수의 μ가 50이고 집단의 표준편차가 5인 모집단으로 정규분포되어 있다고 가정하자.
   a. 무작위로 뽑힌 누군가가 50~55 사이의 점수를 갖게 될 확률은 얼마인가?
   b. 무작위로 뽑은 누간가의 평균보다 위로 표준편차 2의 점수를 갖게 될 확률은 얼마인가?
   c. 무작위로 뽑힌 누군가가 58 이상의 점수를 갖게 될 확률은 얼마인가?
4. 〈2, 4, 5, 5, 7, 9〉의 점수로 이루어진 모집단이 있다고 가정해보자. N=2 (뽑힌 사례들을 다시 포함시키지 않는 표집)일 때 평균의 표집분포를 만들어 보자.
5. 인터넷을 비롯하여 기타 다양한 공간에서 신뢰구간 및 확률을 논의한다. 여러분이 알아낼 수 있는 정보에 따르면, 두 개념은 어떻게 연관되는가?

질문 1에 대한 답은 다음과 같다.

집단 1: $\overline{X}$ = 5.35, S^2 = 3.08, S = 1.76
집단 2: $\overline{X}$ = 20.6, S^2 = 16.2, S = 4.0

이에 대한 추가적인 정보는 www.wimmerdominick.com이나 www.cengagebrain.com에서 찾아보자.

참고문헌 및 권유문헌

Blalock, H. M. (1972). Social statistics. New York, NY: McGraw-Hill.

Bruning, J. L., & Kintz, B. L. (1997). Computational handbook of statistics (4th ed.). New York, NY: Longman.

Champion, D. J. (1981). Basic statistics for social research (2nd ed.). New York, NY: Macmillan.

Hays, W. L. (1973). Statistics for the social sciences. New York, NY: Holt, Rinehart & Winston.

Hurlburt, R. T. (1998). Comprehending behavioral statistics (2nd ed.). Pacific Grove, CA: Brooks/Cole.

Jaccard, J., & Becker, M. A. (1996). Statistics for the behavioral sciences (3rd ed.). Belmont, CA: Wadsworth.

Lehmann, E. L. (2005). Testing statistical hypotheses (3rd ed.). New York, NY: Springer.

Maleske, R. T. (1995). Foundations for gathering and interpreting behavioral data: An introduction to statistics. Pacific Grove, CA: Brooks/Cole.

Mason, R. D., Lind, D. A., & Marchal, W. G. (1998). Statistics: An introduction. Belmont, CA: Duxbury.

Moore, D. S. (1998). Introduction to the practice of statistics. New York, NY: W. H. Freeman.

Nunnally, J. (1994). Psychometric theory (3rd ed.). New York, NY: McGraw-Hill.

Rasmussen, S. (1992). An introduction to statistics with data analysis. Pacific Grove, CA: Brooks/Cole.

Roscoe, J. T. (1975). Fundamental research statistics for the behavioral sciences. New York, NY: Holt, Rinehart & Winston.

Rummel, R. J. (1970). Factor analysis. Chicago, IL: Northwestern University Press.

Siegel, S. (1988). Nonparametric statistics for the behavioral sciences. New York, NY: McGraw-Hill.

Toothaker, L. E. (1996). Introductory statistics for the behavioral sciences (2nd ed.). Pacific Grove, CA: Brooks/Cole.

Williams, F., & Monge, P. R. (2001). Reasoning with statistics: How to read quantitative research (5th ed.). New York, NY: Harcourt.

11장 가설검증

과학자가 검증해야 할 문제 없이 조사연구를 시작하는 경우는 거의 없다. 만약 검증대상이 없다면 이는 달리기시합 참가자들에게 어디서부터 출발하라는 말도 없이 경주를 시작하라는 것과 다를 것이 없다. 두 경우 다 첫 단계의 준비가 필요하다. 즉 경주에서는 출발선이 필요하며, 연구에는 검증해야 할 연구문제나 관련된 진술이 필요하다. 이 장에서는 연구문제를 전개시키는 절차 및 그 검증과 관련된 내용을 설명하고자 한다.

01 연구문제와 가설

매스미디어 연구자들은 연구문제에 대한 답을 구하기 위해 다양한 접근법을 이용한다. 연구에 따라서 어떤 경우에는 비공식적이며 상대적으로 간단하게 연구문제를 취급하는 반면 이론에 근거를 두고 공식적인 문장으로 표현되는 연구문제들을 다루는 경우도 있다. 그러나 연구자라면 예외 없이 둘 이상의 변인들 간의 관계에 대해 잠정적인 일반화를 가정하고 연구를 시작해야 한다. 일반화에는 두 가지 형태가 있다. 즉 '연구문제'와 '통계적 가설'이다. 이 두 유형은 예측이라는 측면만 빼놓고는 같다. 즉 가설은 실험결과를 사전에 예측하는 형태로 구성되지만 연구문제는 그렇지 않다.

1) 연구문제

연구문제(research question)란 연구결과가 통계적으로 유의한지를 검증하는 데 별로 관심이 없는 문제 지향적 혹은 정책 지향적인 연구들에서 자주 사용된다. 예를 들어 TV 프로그램 선호도나 신문 발행부수를 분석하려는 연구자라면 보편적인 특징을 찾아내는 데 관심이 있지 통계적 검증을 위한 자료를 수집에는 크게 관심이 없을 것이다. 그러나 연구문제도 통계적인 유의도 여부를 검증할 수 있다. 많은 연구 유형에서 연구문제는 단순히 약한 수준의 가설에 그치는 것이 아니라 유용한 도구로 이용된다.

연구문제는 기존 연구가 있어도 아직 미약하거나 거의 연구되지 않은 분야의 연구에서 자주 사용된다. 이런 성격의 연구는 연구자들이 무엇이 발견될 것인가에 대해 사전에 전혀 아이디어가 없기 때문에 **탐색적 연구**(exploratory research)로 분류된다. 그들은 예측을 할 만한 충분한 예비지식을 가지고 있지 않다. 탐색적 연구는 인과성을 밝혀내려는 것이라기보다는 자료가 암시하는 바를 찾으려는 데 목적이 있다(Tukey, 1962, 1986). 목표는 예비 자료를 모아서 연구문제를 정교하게 하고 가능하면 가설로 발전시키려는 것이다. 대학원 학생들이 학위 논문을 쓸 때 자주 이용하는 접근이기도 하다.

연구문제는 둘 이상의 변인 사이의 관계, 혹은 현상을 이루는 구성요소에 대한 단순한 질문이라고 할 수 있을 것이다. 투키(Tukey, 1986)가 말했듯이 탐색적 연구는 "무슨 일이 일어났는가?"에 대한 답을 구하고자 하는 연구다. 예를 들어 연구자가 "환경담당 기자들의 특성은 무엇일까?(Detjen, Fico, Li, & Kim, 2000)" 아니면 "세계 여러 지역에 보도되고 있는 AIDS_HIV에 대한 보도가 통신사별로 어떻게 다른가?(Bardhan, 2001)" 등과 같은 질문을 갖는 것이다. 웰쉬-차일더스와 동료들(Walsh-Childers, Chance, & Swain, 1999)은 일간 신문들이 건강관리를 보도하는 방법에 대한 연구문제를 다음과 같이 제시하였다. ① 일간신문들이 건강 관련 쟁점을 다른 주제들에 비해 어느 정도까지 다루고 있는가, ② 건강서비스 조직, 지원 그리고 재정 등에 대한 정보가 얼마나 자주 보도되고 있는가, ③ 주요 전국신문이나 지역신문의 건강 쟁점 보도가 다른 유형의 신문들의 해당 보도와 차이가 나는가 등이다.

2) 연구가설

많은 경우 연구자들은 기존 이론의 기초 위에서 연구를 발전시키고 이를 토대로 연구결과를 예측할 수 있다. 투키(1986)는 **가설**(hypotheses)을 통해 묻는 것은 "이러이러한 일이 발생하고 있는(혹은 발생해왔다는) 것에 대해 명확한 증거를 확보하고 있습니까?" 라는 것이라고 말한다.

연구 검증에 대한 논의를 쉽게 하기 위해 이 장의 나머지 부분에서는 가설이란 단어를 사용할 것이다. 그러나 연구문제와 가설의 관계는 전자에서 예측 요소가 없다는 점을 제외하고는 서로가 동일하다는 점을 기억하자.

3) 가설의 목적

가설은 연구자에게 여러 가지 이점들을 제공한다. 첫째, 연구 방향을 제공해준다. 이 장의 서두에서 지적했듯이 가설 없이 시작되는 연구는 출발점이 없는 것과 같다. 즉 따라가야 할 일련의 단계, 즉 청사진이 없게 된다. 가설의 전개는 보통 문헌을 정확히 검토한 후에 이루어지며 연구 전개 과정의 자연스러운 단계다. 가설이 없으면 그 연구는 초점과 명확성을 잃게 된다.

둘째, 연구의 시행착오를 없애준다. 연구에서 시행착오란 연구자가 어떤 결과가 나오리라는 가능성에 대해 아무 생각 없이 다만 무언가 중요한 것을 발견할 것이라는 희망에서 주제를 두서없이 연구하는 것을 말한다. 가설을 전개하려면 연구자가 연구대상 특정 분야를 따로 분리해내고 부적합한 주제는 제거해야만 한다. 연구에서 시행착오를 겪게 되면 시간이 많이 걸리고 낭비도 심하다. 가설을 발전시키면 이 같은 낭비를 줄일 수 있다.

셋째, 가설은 중개변인과 가외변인들을 제거하는 데도 도움을 준다. 가설을 세우면 정확하고 검증 가능한 진술에 초점을 맞추게 됨으로써 다른 변인들은 제외된다. 예를 들어 소비자에게 정보를 제공하는 데 미디어가 어떻게 이용되고 있는가를 아는 데 관심이 있는 연구자라면 어떤 미디어와 어떤 제품을 연계시켜 검증할 것인지 등과 관련된 구체적인 가설을 도출해내야만 한다. 이렇게 좁혀 가는 과정을 통해 가외변인과 중개변인이 제거되거나 통제된다. 그렇다고 해서 가설이 연구 내 모든 오차를 없애준다는 뜻은 아니다. 연구에서 오차를 모두 없애는 방법이란 없다. 오차는 어떤 형태로든 어느 연구에나 항상 나타나기 마련이다.

마지막으로, 가설은 변인을 수량화할 수 있게 해준다. 2장에서 이야기했듯이, 어떤 개념이나 현상이든지 적합한 조작적 정의가 내려진다면 수량화가 가능하다. 가설에 쓰이는 모든 용어는 조작적으로 정의되어야만 한다. 가설검증의 한 예를 들어 보자. "저주파 방송과 고주파 방송에 노출된 대상자들 사이에는 TV 광고를 기억하는 데 유의한 차이가 있을 것이다"는 가설의 경우, 연구자는 '기억', '저주파 방송' 및 '고주파 방송'에 대해 측정 가능한 수준의 조작적 정의를 내릴 필요가 있다. 양화할 수 없는 용어는 가설 안에 포함될 수 없다.

나아가 개념들 중에는 정의가 다양한 개념들이 있다. 그 한 예가 '폭력'이다. 폭력을 연구하는 많은 연구자들이 곤란을 겪는 이유는 폭력을 수량화시킬 수 없기 때문이 아니라 폭력에 대해서 내릴 수 있는 조작적 정의 방법이 한 가지만 있는 것이 아니라는 데 있다. 그래서 미디어 폭력에 관한 연구결과들을 비교하려면 연구별로 사용된 '폭력'에 대한 정의가 무엇인지를 고려해볼 필요가 있다. 폭력의 존재 유무를 떠나 어떤 정의를 사용하느냐에 따라 상반된 결과가 나올 수 있기 때문이다.

가설의 장점

- 연구의 방향성 제공
- 연구의 시행착오 제거
- 중개변인과 가외변인의 통제에 도움
- 변인의 수량화

4) 유용한 가설의 기준

가설이 유용하려면 필수적으로 다음과 같은 네 가지 특성을 적어도 가져야만 한다. ① 해당분야의 최근 지식과 서로 양립할 수 있는 것이어야 한다. ② 논리적인 일관성이 있어야 한다. ③ 간결한 형태로 진술되어야 한다. ④ 검증할 수 있는 것이라야 한다.

먼저 가설이 최신 지식과 일치하는 것이라야 한다는 것은 자명한 일이다. 문헌연구 결과 어떤 관점이 강하게 지지받고 있는데, 연구자가 아무 근거도 없이 이에 반하는 가설을 전개시키려고 한다면 이는 곧 그 분야의 지식의 발전을 저해하게 될 뿐이다. 예를 들어 그 동안 알려진 바대로 대부분의 사람들이 뉴스를 신문이 아닌 인터넷을 통해 접한다는 것은 의심할 나위가 없다. 그런데도 어떤 연구자가 이것이 사실이 아님을 제안하는 가설을 전개한다면 우스꽝스러운 일이 될 것이다. (그렇다고 현존하는 지식에 도전하는 것이 불가능하다는 것은 아니다. 과학에서 중요한 발전은 때때로 기본의 굳어진 지식체계에 의문을 제기함으로써 이루어진다. 그러려면 연구자는 그렇게 도전하지 않으면 안 될 이유를 확보해야만 할 것이다.)

논리적 일관성이라는 기준이 뜻하는 바는 만약 가설에서 A=B이고 B=C라고 제시했으면 A=C가 되어야 한다는 것이다. 다시 말해 〈뉴욕타임즈(New York Times)〉를 읽는 것이 최근 일어나고 있는 사태를 잘 알고 있음을 의미하고 또 최근 사태를 잘 알고 있다는 것이 사회활동에 대한 보다 많은 참여를 뜻한다면 〈뉴욕타임즈〉를 읽는 것은 곧 보다 많은 사회활동에 참여함과 같은 것이 되어야만 한다(논리적 일관성은 아리스토텔레스의 **삼단논법**(syllogism)의 개념과 관련된다. 대중문화와 관련된 '논리적 일관성'의 예를 들면 다음과 같다. "신은 사랑이다/사랑하면 눈이 멀게 된다/(그러므로) 스티비 원더는 신이다"라는 것이다.)

가설은 가장 간결한 형태라야만 한다는 것은 조금도 놀라운 일이 아닐 것이다. "개인이 소유하는 지적, 정신운동적인 창조성은 표준화된 지능평가 절차가 나타내주는 것처럼 개인의 지능수준과 확실히 일치한다"는 표현은 별로 간결한 것이 못된다. 이 가설은 간단히 "정신운동 능력과 IQ는 확실히 관계가 있다"고 하면 된다.

연구자라면 검증할 수 없는 가설을 세우는 것은 비생산적이라는 데 동의할 것이다. 그리고 무엇이 검증될 수 있고 없는지에 대한 명확한 경계도 존재한다. 검증할 수 없는 가설들이란 아마도 수많은 실패를 낳고, 여기서 얻어진 정보들 또한 지식의 발전에 아무런 기여도 하지 못할 것이다. 물론 수업 첫날 선생님들이 하는 말, 즉 "질문하는 것이 어리석다고 생각될지라도 질문하는 것을 결코 두려워하지 말라. 우둔한 질문이란 바로 질문되지 않은 질문이다"와 같은 상황도 있을 수 있다. 가설 만들기도 이와 똑같다. 아무것도 없는 것보다 검증할 수 없는 가설이라도 만들어 보는 것이 더 좋다. 여기서 제안하고자 하는 바는 검증할 수 없는 가설들을 시도하고 발전시키라는 것이 아니라 그런 경우가 발생했을 때 차라리 그것을 수용하고 바로잡아 나가라는 것이다. 초보 연구자들일수록 거창한 연구문제들을 해결하려고 해서는 안 된다. 작은 단계부터 차근차근 밟아가야 한다.

비현실적이고 검증할 수 없는 가설이란 무엇인가? 다음에 제시된 목록들(몇 개는 매스미디어보다 다른 영역과 관련된)을 읽고 각각 무엇이 잘못되었는지를 판단해보자. 이 진술들을 마련하는 데 펠드먼(Faldman, 1987)의 논의를 이용했다.

① TV 연속극을 많이 시청하면 반사회적 행동이 나타난다.
② 대부분의 사람들이 오른손잡이기 때문에 시계는 오른쪽으로 돈다.
③ TV를 시청하지 않는 학생일수록 TV를 시청하는 학생보다 높은 학점을 받는다.
④ 선생님들에게 선물을 가져다주는 학생들이 높은 학점을 받는 경향이 있다.
⑤ 신문을 읽는 사람들이 그렇지 않은 사람들보다 손을 더 자주 씻는다.

자세히 보기 〉〉 삼단논법

삼단논법은 첫 두 가정이 세 번째 가정 즉 결론을 함축하는 일련의 세 가정으로 이루어진다. 삼단논법에는 세 가지 주요 유형이 있는 데 그중에서도 본문의 스티비 원더(Stevie Wonder) 사례에서 제시된 것과 같은 '가언 삼단논법'이 가장 보편적이다. '가언 삼단논법'은 첫 번째 명제를 조건 가정으로 이용한다. 즉 'P가 Q이고, Q가 R이면 P는 R이다'라는 식이다.

⑥ XXX등급의 영화는 XX등급보다는 10배, X등급보다는 20배 나쁘다.
⑦ 수업에 빠지는 대학생들이 그렇지 않은 학생들보다 친척들 중에 죽은 사람이 많다.
⑧ 아인슈타인이 TV를 접했다면 그의 상대성이론은 발견되지 않았을 것이다.
⑨ 만약 렉서스(Lexus)가 없었다면 미국에서 포드자동차 판매고는 더 높았을 것이다.
⑩ 만약 닉슨(Richard Nixon)이 대통령이 아니었더라면 미국에 대한 세계의 여론은 달라졌을 것이다.

좋은 가설의 기준

- 해당 분야 최근 지식과의 양립성
- 논리적인 일관성
- 진술의 간결성
- 검증 가능성

5) 영가설

영가설(null hypothesis, '차이 없는 가설(hypothesis of no difference)'이라고 불리기도 함)은 연구결과 나타난 통계적인 차이 또는 분석된 관계들이 우연에 의한 것이거나 무작위 오차(random error) 때문이라고 주장한다. 영가설(H_0)은 연구가설(H_1)에 대한 논리적 대안이다. "라디오 광고에 주의를 기울이는 정도와 그 광고를 기억하는 정도와는 아무런 관계도 없다"는 가설을 예로 들 수 있다.

실제 연구과정에서 연구자들은 영가설을 거의 진술하지 않는다. 모든 연구가설은 논리적 대안을 갖기 때문에 영가설을 진술하는 것은 중복적인 일이기 때문이다(Williams & Monge, 2001). 그러나 영가설은 항상 존재하고, 논리적인 가설검증 과정에서 중요한 역할을 차지한다.

02 가설검증과 통계적 유의수준

가설검증, 즉 유의도 검증을 통해서 연구자는 영가설을 채택하거나 거부한다. 즉 만약 H_0을 받아들인다면 H_1은 거부되는 것이고, H_0가 거부되면 H_1을 받아들여야만 한다.

연구자는 수행한 연구의 통계적인 유의도를 결정하기 위해서 **확률수준**(probability level), 즉 **유의수준**(significance level)을 설정해야만 한다. 만약 연구결과가 이 수준보다 낮은 확률을 나타내면 연구자는 영가설을 거부할 수 있다. 반대로 연구결과가 높은 확률을 나타내 보이면 연구자는 영가설을 지지해야만(보다 정확히 말하면 거부할 수 없게) 된다. 실제 연구에서 영가설은 진술되지 않는 것이 보통이기 때문에, 채택과 거부가 적용되는 것은 연구가설이지 영가설이 아니다.

확률수준은 확률을 의미하는 소문자 p(probability)로 표현되며, p다음에는 부등호가 오고 그 다음에는 값이 온다. 예를 들면 '$p \leq 0.01$'처럼 표시된다. 이 표현은 영가설을 0.01의 유의수준에서 검증하고 있으며, 그 확률이 이 수준과 같거나 보다 낮으면 연구결과가 통계적으로 유의한 것으로 간주됨을 뜻한다. 유의수준 0.05는 연구자가 영가설을 거부(다른 말로는 연구가설을 채택)하는 데 있어서 잘못된 결정을 할 경우가 5%임을 의미한다. 유의수준을 얼마로 결정하냐는 연구자가 오차량을 어느 정도까지 수용할 것인가에 달려 있다. 오차에 관한 문제는 이 장의 뒷부분에서 보다 상세히 논의된다.

매스미디어 연구에서는 보통 확률수준을 0.01이나 0.05 중 하나로 결정하는데, 이는 유의한 연구결과를 백 번 얻었다면 그 가운데서 한 번 혹은 다섯 번은 그 유의도가 무작위 오차나 우연(무작위 확률)에 의해 나온 것이라는 의미이다. 이 같은 수준들을 이용하는 데는 무슨 논리적인 이유가 있어서가 아니라 유의도 검증(significance testing)이라는 개념을 개발한 피셔 경(Sir Ronald A. Fisher)이 0.01 그리고 0.05 수준에서 정의된 정규곡선 아래 영역을 기초로 하여 표를 만들었기 때문이다. 그러나 많은 연구 분야의 최근 동향을 보면 그런 일반적인 관행보다는 연구목적에 따라서 연구자가 유의수준을 결정하는 경우가 있다. 즉 연구목적에 따라 0.10이나 0.20 수준을 사용할 수도 있다. 탐색적 연구에서는 보통 때보다 자유롭게 유의수준을 정하며, 연구대상에 대한 정보가 더 많이 축적된 주제일수록 유의수준들을 더 완고하게 제한한다.

이론적으로 표본분포 안에서 영가설이 부정되는 영역을 **부정한계영역**(region of rejection)이라고 부른다. 이 영역은 연구자가 선택한 유의수준에 따라 규정된다. 만약 0.05의 유의수준을 이용한다면 표본분포의 5%가 부정한계영역이 된다. 역으로 영가설은 2개의 부정한계 값(또는 부정한계 수준) 사이에서 긍정된다.

[그림 11-1]이 보여주듯이 부정한계영역은 표본분포의 가장자리에 위치한다. 부정한계영역의 대한 논의에서 일방향 검증(one-tail test)과 양방향 검증(two-tail test)이라는 용어는 연구결과를 토대로 만들어진 예측의 방향을 언급하는 것이다. **일방향 검증**은 긍정적이든 아니면 부정적이든 단지 한 가지 방향으로만 결과를 예측한다. 이 접근은 방향을 예측하지 않는 양방향 검증보다 더 엄격하다. **양방향 검증**은 대개 연구 분야에 대한 지식이 거의 없는 경우에 사용된다. 일방향 검증은 연구자가 그 분야에 대해 좀 더 많은 지식을 가지고 있고 연구결과를 보다 정확하게 예측할 수 있는 경우에 사용된다.

가령 수학에 관한 TV 프로그램 시리즈를 시청한 연구대상 집단의 수학 실력의 향상 여부에 관한 연구를 한다고 하자. 가설은 '그 프로그램 시리즈를 본 집단의 수학점수는 보지 않은 나머지 모집단 구성원들의 점수와 유의한 차이가 있을 것이다'이다. 영가설이 거부되는 기준을 나타내는 유의수준을 0.05로 정했다면 표본의 평균 통계치는 '$p \leq 0.05$'라고 진술한 특정 정규분포상의 경계 밖으로 떨어져야만 한다. 양 경계치의 값은 간단한 계산으로 정할 수 있다. 첫째 경계 값은 정규분포표를 참조하면 얻을 수 있다(부록의 [표3] 참조).

[그림 11-1]에서 분포의 중간, 즉 가상의 평균점(점선으로 표시된)인 μ부터 끝까지의 영역은 각 50%에 해당한다. 양방향 검증 시 0.05 수준에서 각 꼬리부분은 각각 2.5%(0.0250)이고, 부정한계까지의 영역은 47.5%이다. 결과적으로 분포의 중간점부터 부정한계까지의 영역은 47.5%(50%−2.5%=47.5%)와 같다.

결국 μ로부터 각 가장자리 부분까지를 47.5%(0.4750) 영역에서 절단하는 것은 해

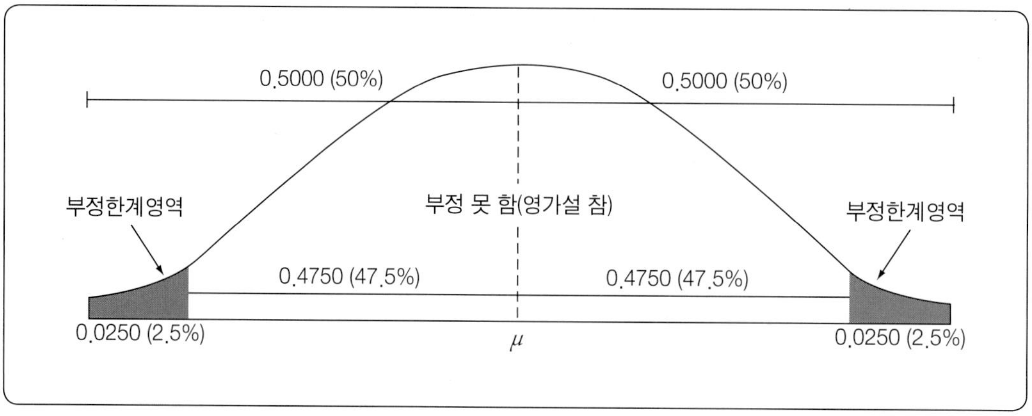

[그림 11-1] $p \leq 0.05$ 수준에서의 부정한계영역(양방향 검증의 경우)

당 z값이다. 이 z값을 발견하려면 부록의 [표 3](정규분포 곡선 아래의 면적 비율)을 이용하면 된다. 이 표는 곡선의 중간점부터 끝 부분을 향하여 측정된 다양한 영역들의 비율을 일람해놓은 것이다. 가장 왼쪽 세로 줄은 z값의 첫 번째 두 숫자를 나타낸다. 표 윗부분 가로 줄은 세 번째 숫자를 나타낸다. 예를 들면 왼쪽 세로줄의 1.0줄을 찾는다. 다음은 이 줄에서 0.08 세로 줄 아래에 그 기입된 값을 찾는다. 그 값은 0.3599이다. 이것은 중간점과 +1.08이라는 z값 사이에 그 분포 곡선의 35.99%가 자리한다는 것을 의미한다. 물론 중간점에서 z값 −1.08 사이의 또 다른 35.99%가 다른 방향에 자리한다.

위의 예로 돌아가 다시 적용시켜보자. 먼저 우리가 정의하기 원하는 영역(즉, μ에서 좌우로 0.4750)을 알아내고 이와 일치하는 z값을 확인할 필요가 있다. [표 3]을 보면 0.4750과 일치하는 z값은 ±1.96임을 알 수 있다.

이 값들은 부정한계영역을 정하는 데 이용된다.

$$-1.96(\alpha_{m}) + \mu = \text{하한계}$$
$$+1.96(\alpha_{m}) + \mu = \text{상한계}$$

α_{m} = 분포의 표준편차

μ = 모집단의 평균

앞서 언급한 수학시험에서 모집단의 평균이 100이고 표준편차가 15라고 가정하자. 이 연구결과가 통계적으로 유의한 것이 되려면 표본 집단의 수학점수 평균이 70.60보다 낮거나 129.40보다 높아야만 한다.

$$-1.96(15) + 100 = 70.60$$
$$+1.96(15) + 100 = 129.40$$

만약 연구결과 얻어진 점수가 70.60~129.40 사이에 있다면 영가설은 부정될 수 없다. 즉 수학 교육 TV 프로그램시리즈가 수학능력 향상에 영향을 주지 못한 것이다. [그림 11-2]에는 정규분포 곡선 아래서 그 경계를 보여주는 부정한계영역이 양쪽으로 제시되어 있다.

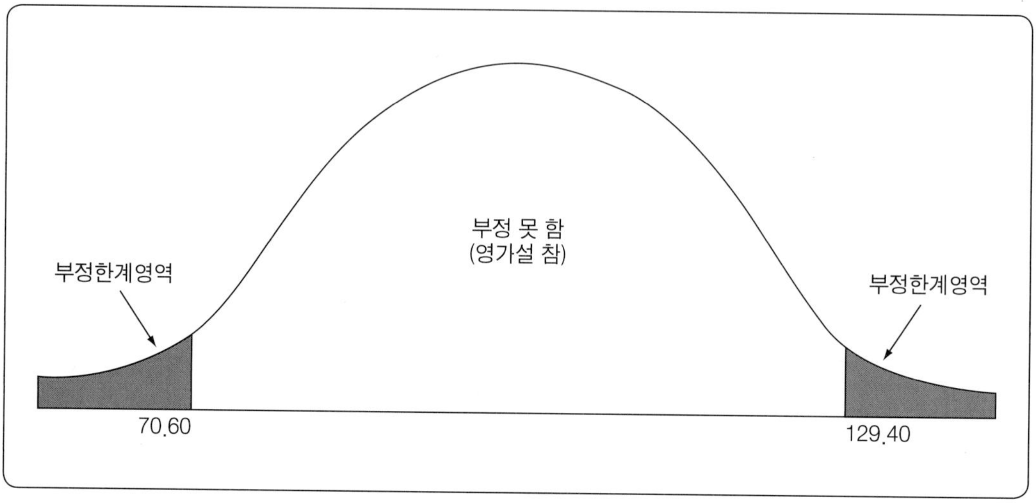

[그림 11-2] 수학시험의 부정한계영역

1) 유의도의 중요성

유의도 검증이라는 개념은 많은 사람들에게 문제를 낳는 원인이 된다. 그 이유는 **통계적 유의도**(statistical significance)의 중요성을 지나치게 강조하는 연구자들이 너무 많기 때문이다. 연구자들이 연구 결과가 유의하지 못하다는 것을 알게 되면 그 결과를 경시하는 게 보통이다. 그러나 그럴 필요가 전혀 없다.

결과가 유의하다는 것을 발견한 연구나 그렇지 못한 연구나 모두 연구의 가치라는 면에서는 큰 차이가 없다. 두 연구 모두 소중한 정보를 제공한다. 어떤 변인이 중요하지 않다는 것을 안다는 것은 어떤 변인이 중요하다는 것을 밝혀내는 것과 똑같이 중요하다. 유의하지 못한 연구결과는 가치 없는 변인을 제외시켜 줌으로써 같은 분야에 종사하는 다른 연구자들의 시간을 절약시켜 줄 수 있다. 유의하지 못한 결과를 얻은 연구도 특정 이론이나 개념에 대한 정보를 수집하는 데 중요하다.

또한 영가설을 연구가설로 제안하려는 생각에도 아무런 잘못이 없다. 가령 연구자가 "자막이 있는 TV 프로그램을 시청하는 성인집단(18~49)과 같은 프로그램이지만 자막 문구가 없는 프로그램을 시청하는 성인집단 간에 그 프로그램 내용을 이해하는 데는 별다른 차이가 없을 것이다"라는 가설을 세울 수도 있다. 과학적인 연구는 꼭 유의한 관계만을 보기 위해 검증을 하는 것은 아니며, 유의하지 않은 관계도 검증해볼 수가 있다.

그렇지만 허술한 연구기법과 잘못된 측정 절차로 인해 연구결과 내 오차변량(error

variance)이 커졌다면 이는 연구 전체를 위태롭게 할 뿐만 아니라 집단 간 차이가 없다는 영가설을 거부하는 데도 실패하도록 하는 요인이 될 수 있다.

마지막으로 통계적으로 유의한 결과라고 해서 꼭 유의한 결과가 되지는 않는다는 점을 기억하는 것이 중요하다. 통계적 유의도 검증은 단순히 연구자에게 관찰된 결과가 우연이나 무작위 오차에 의한 것이 아니라는 것을 말해주는 것이다. 그 결과가 사회적으로 어떤 의미가 있느냐는 연구자가 결정해야 할 몫이다. 예를 들어 키보드 기술을 개선시킨다고 주장하는 새로운 소프트웨어 프로그램을 구입하려는 회사가 있다고 가정하자. 연구자가 그 소프트웨어 프로그램을 이용하는 집단과 그렇지 않은 집단을 대상으로 실험을 시행할 수 있다. 그리고 두 집단의 키보드 기술을 측정한다. 측정 결과 소프트웨어 프로그램을 이용한 집단은 분당 평균 65단어를 친 반면 그렇지 않은 다른 집단은 분당 평균 63단어를 친다는 결과를 얻었다. 만약 주어진 표본이 크고 점수의 변량이 작다면 2점, 즉 2단어의 차이는 0.05 수준에서 통계적으로 유의할 지도 모른다. 그러나 2점의 차이가 과연 유의한 차이일까? 소프트웨어 프로그램을 구입해서 모든 키보드를 바꾸어 사용하도록 하는 데 상당한 비용이 드는 데도 괜찮을 만큼 그 차이가 충분한가? 통계적 유의도는 의사결정을 하는 데 필요한 몇 가지 요인들 중 그저 한 요인에 지나지 않는다.

살킨드(Salkind, 2000)는 통계적 유의도의 중요성을 평가할 때 고려해야 할 사항들을 다음과 같이 제안하고 있다.

- 유의도는 그 연구가 결과에 의미를 부여할 만큼 견고한 개념적 기반을 갖추었을 때 비로소 의미가 있다.
- 유의도는 그 발생상황과 무관하게 해석될 수 없다.
- 유의도가 모든 연구의 요체가 되어서는 안 된다. 연구가 정확하게 설계된다면 영가설의 거부에 실패해도 그 연구는 중요한 결과를 얻은 것과 같다.

2) 오류

연구과정의 모든 단계가 그러하듯이 통계적인 유의도 검증에도 오류(error)가 관련되기 마련이다. 가설검증에는 두 종류의 오류가 관련되는데, 하나는 **제1종 오류**(type I error)이고, 다른 하나는 **제2종 오류**(type II error)이다.

제1종 오류가 받아들여야 할 영가설을 거부하는 것이라면, 제2종 오류는 거부되어야 할 영가설을 받아들이는 것이다. 좀 더 자세하게 말하자면 연구를 수행할 때마다 대안적 가설이 참이 아니면서도 단순이 우연이나 무작위적인 사건 때문에 우리가 수집한 자료가 대안을 지지하게 되는 개연성이 존재한다. 이 경우가 발생하면 우리는 부정확하게 영가설을 기각하게 되는데, 이것을 제1종 오류라고 한다. 비슷하게 대안적 가설이 참임에도 불구하고 수집한 자료가 이를 거부하는 것으로 끝나는 경우가 발생할 수 있다. 이 경우에는 거부되어야만 하는 영가설을 기각시키는 데 실패하게 되며, 이를 제2종 오류라고 한다.

다음의 유추는 이에 대한 이해를 도울 것이다. 당신이 소유한 차의 조향장치에 문제가 있는 것 같아 정비공에게 고장 수리를 맡기려고 한다고 하자. 한발 더 나아가 당신이 평소 차에 대해 전문지식을 갖고 있어 실제로는 조향장치에 아무런 문제가 없다는 사실을 알고 있다고 하자. 이 경우 정비공이 당신에게 할 수 있는 이야기는 두 가지, 즉 조향장치에 '문제가 있다'와 '문제가 없다'이다. 만약 정비공이 검사해본 뒤 '문제가 없는데요'라고 했다면 좋은 일이고 정확한 판단이다. 그러나 정비공이 '문제가 있는데요'라고 정비공의 검증결과를 오판했다면 이것은 오류다. 이런 상황에서 우리는 참인 영가설('조향장치는 이상이 없다')을 기각하는 제1종 오류를 범한 셈이다.

바꿔서 실제로 조향장치에 문제가 있는 경우를 상정해보자. 만약 정비공이 '차에 문제가 있어요' 했다면 정확한 판단이다. 그러나 정비공의 기분이 언짢아서 몇 가지 검사 결과를 놓치고 '문제가 없어요'라고 말한다면 오류다. 우리는 영가설을 기각하는 데 실패하게 되는 제2종 오류를 범한 셈이다. 이들 오류의 유형들이 [그림 11-3]에 제시되어 있다.

	H_0 부정	H_0 채택
H_0(참)	제1종 오류	정확
H_0(거짓)	정확	제2종 오류

[그림 11-3] 제1종 오류와 제2종 오류

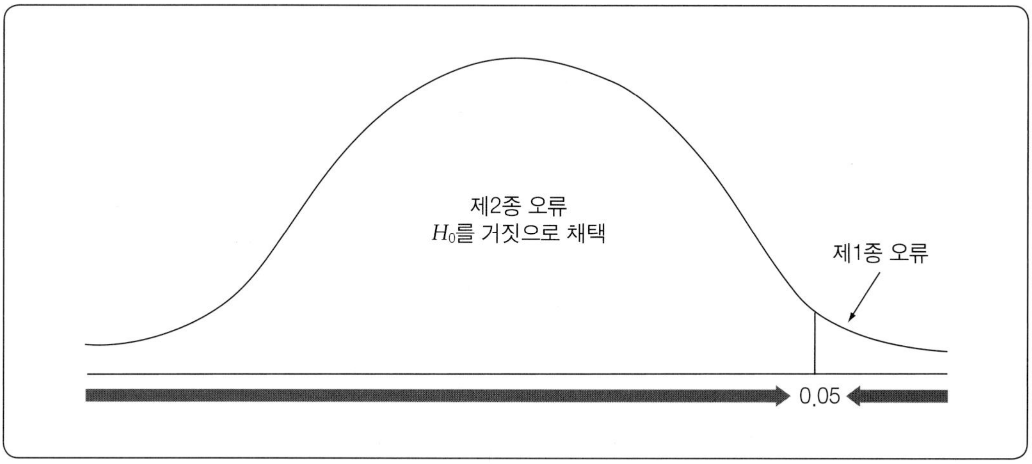

[그림 11-4] 제1종 오류와 제2종 오류와의 관계

종종 α 오류(alpha error)라고도 불리는 제1종 오류를 범할 확률은 설정된 유의수준과 같으며, 따라서 연구자가 직접 통제할 수 있다. 즉 제1종 오류의 확률을 줄이기 위해 연구자는 유의수준을 보다 0에 가깝게 설정하면 된다.

제2종 오류는 β 오류(bata error)로 불리는데 개념화하기가 조금 더 어렵다. 연구자는 직접 제2종 오류를 통제할 수 없다. 대신에 비록 간접적이기는 하지만 연구설계를 통해 통제할 수 있다. 나아가 제2종 오류의 수준은 제1종 오류의 수준과 반비례한다. 즉 제2종 오류가 증가하면 제1종 오류는 감소하며 그 역의 경우도 마찬가지이다. 제2종 오류의 잠재적인 크기는 확률수준과 가능한 대안적 가설이 참일 가능성 등에 달려 있다. [그림 11-4]는 두 오류 사이의 반비례 관계를 보여준다.

이미 언급했듯이 대부분의 연구에서 영가설은 그런 것으로 가정되기 때문에 문장으로 진술되지 않는다. 영가설을 고려하지 않더라도 제1종 오류와 제2종 오류를 그림으로 나타낼 수가 있다. 이 방법은 제1종 오류와 제2종 오류 사이의 관계를 제시하는 데 도움이 된다. [그림 11-5]가 잘 보여준다. 표 왼쪽의 원하는 가로줄부터 세로 줄을 읽어서 가설검증을 완료하면 된다. 예를 들어 '사실이 존재하지 않는데' 유의한 차이를 발견했다면 = '제1종 오류'가 되고, '사실이 존재하는데' 그 차이를 발견하지 못했다면 = '제2종 오류'가 된다.

제1종 오류와 제2종 오류의 또 다른 예로, 자동차의 안전벨트 사용에 대한 단기 PR 캠페인의 효과를 알아보기 위한 연구가 있다고 생각하자. 가령 그 캠페인이 매우 성공적이었으며 캠페인의 대상이 되었던 대다수 사람들의 행동에 실제로 변화를 주었다고

	존재하는 사실	존재하지 않는 사실
유의한 차이 있음	정확	제1종 오류
유의한 차이 없음	제2종 오류	정확

[그림 11-5] 연구가설을 이용한 제1종 오류와 제2종 오류의 구분

하자(연구자는 이 같은 정보를 물론 모르고 있다). 만약 연구자가 그 캠페인으로 해서 의미 있는 효과를 거두었다는 것을 알게 되면 그 결론은 정확한 것이다. 만약 연구자가 효과가 있었는지를 검증을 통해 알아내지 못했다면 그는 제2종 오류를 범한 것이다. 반면 그 캠페인이 실제로 아주 효과가 없었는데 연구자가 그것을 성공적이었다고 결론 내린다면 그는 제1종 오류를 범한 것이다.

3) 1종 오류와 2종 오류의 균형

연구자라면 누구든지 본인의 결과가 매번 옳기를 원한다고 할지라도 그것은 불가능하다. 영가설을 기각하거나 기각하는 데 실패할 가능성은 상존한다. 이런 환경아래서 연구자는 제1종 오류와 제2종 오류의 다양한 결과들을 평가해야만 한다. 어떤 선택을 하느냐에 따라 결과가 달라진다. 유의수준을 0.001로 설정하면 제1종 오류는 눈에 띄게 줄어들지만 예상치 못한 제2종 오류가 극적으로 증가할 것이다.

두 유형의 오류의 균형을 잡는 문제는 그리 간단하지 않다. 그러나 이 문제를 다루는 데 도움을 주는 절차가 바로 '검정력 분석(power analysis)'이다.

03 검정력 분석

모든 행동과학자들이 인간을 대상으로 연구를 수행하는 과정에서 내려야 하는 중요한 결정 중 하나는 바로 표본의 크기다. 본인이 설정한 연구문제를 조사하기 위해서 얼마

나 많은 응답자가 필요한지를 결정해야 한다. 응답자가 너무 적을 경우 응답자 간의 어떤 차이도 발견할 수 없거나 유의한 결과를 얻어낼 수 없을지도 모른다. 심리학자 코헨(Jacob Cohen, 1923~1998)은 1960년에 처음으로 표본의 크기 문제를 언급하고, 이어 통계적 검정력 분석을 개발하였다. 요약하면, 검정력 분석을 통해 우리는 어떤 현상이 연구에서만이 아니라 실제로도 존재하는지 여부를 발견하는 데 필요한 최대 확률을 제공해주는 최소규모의 응답자 수를 알아낼 수 있다.

검정력(power)이란 개념은 제1종 오류 및 제2종 오류와 밀접한 관계가 있다. 검정력은 참인 영가설을 거부할 수 있는 확률을 말한다. 다시 말해 검정력이란 영가설에 대한 통계적 검증 결과를 통해, 연구주제로 삼은 특정 현상이 실제 현실에서도 존재하는지에 대해 결론을 낼 수 있는 확률을 가리킨다(Cohen, 1969). 이는 연구자가 도달하기 원하는 상황이다.

앞서 예로 든 차의 조형장치와 정비공의 문제로 돌아가 보자. 먼저, 그 상황에서 제1종과 2종 오류의 결과는 무엇인가? 만약 차의 조형장치가 '실제' 고장 났음에도 불구하고 정비공이 무슨 이유로든지 간에, 그 사실을 당신에게 알려주는 데 실패했다면(제2종 오류), 결과적으로 당신은 차를 몰고 낭떠러지로 향하는 꼴이 된다. 반면 조형장치가 잘 작동하고 있음에도 불구하고 정비공이 고장 났다고 잘못 진단했다면(제1종 오류), 그 결과는 수리비를 부담해야 되기 때문에 나쁘지만 그래도 위의 경우처럼 차를 낭떠러지로 몰고 가는 것보다는 낫다.

통계적 검정력은 세 가지의 모수치, 즉 ① 확률수준, ② 표본의 크기, ③ 효과의 크기의 함수다. 우리가 아는 것처럼 확률수준은 연구자의 직접적 통제 아래 있으며 제1종 오류를 범할 확률을 미리 정한다. 표본의 크기는 연구대상자 수를 가리킨다. 가장 어려운 개념이 '**효과의 크기**(effects size)'이다. 효과의 크기는 기본적으로 영가설이 거부되는 정도로서 일반적 용어(0이 아닌 값)나 정확한 용어(0.40)로 기술될 수 있다. 즉 영가설이 거짓이면 효과의 크기도 어느 정도 거짓이다. 그래서 연구자는 영가설이 거짓이라고 말하고 그대로 두든가 아니면 구체적으로 어느 정도까지 거짓인가를 명시할 수 있다. 효과의 크기가 크면 클수록, 연구주제로 삼은 현상이 실제 현실에 나타나는 정도는 높아진다(Cohen, 1988).

문제는 연구자들이 효과 크기의 정확한 값을 거의 모른다는 것이다. 그 경우 연구자는 다음 세 가지 대안들 가운데서 하나를 선택하여 쓸 수 있다.

① 해당 연구 분야의 지식체계나 이전 연구들로부터 얻은 암시에 근거를 두고 효과의 크기를 추정하든가, 효과의 크기를 단순히 '작다', '중간이다' 혹은 '크다'라고 진술하는 것이다(코헨은 이 같은 값들에 대해 더 상세히 설명해주고 있다).

② 효과 크기를 '중간'이라고 가정한다.

③ 일련의 효과의 크기를 선택해 실험해본다.

통계적 검증의 검정력에 대한 기술적 정의는 ①, 즉 제2종 오류의 확률이다. 연구자가 확률수준, 표본의 크기 및 효과의 크기를 알게 되면, 검증표를 보고 연구의 검정력 수준을 결정한다. 검증표는 서로 다른 표본크기와 유의수준(0.05 등) 그리고 검증의 형태(일방향 혹은 양방향)를 나타내는 곡선들로 구성된다. 가령 표본 10명을 대상으로 0.05 수준에서 양방향 검증을 한다고 할 때 영가설이 기각될 가능성은 0.37이고 그 가설이 채택될 가능성은 0.63이다. 표본의 크기가 20명으로 커지면 영가설의 기각 가능성이 0.62로 증가하며, 채택 가능성은 0.38로 떨어짐을 보여준다. 이런 계산을 통해 0.80의 검정력을 가져올 수 있는 표본의 크기를 찾아낼 수 있다.

검정력을 결정하는 것은 다음 두 가지 이유에서 중요하다. 가장 중요한 이유인 첫째, 만약 검정력 수준이 낮으면 연구자가 통계적인 유의도를 확보하는 데 방해받을 수 있으며 그로 인해 제2종 오류를 범할 가능성이 있다. 그러나 통계적 검증의 검정력이 증가하면 결과는 더 유의한 것이 될 것이다. 둘째, 검정력 수준이 높으면 연구결과를 해석하는 데 도움을 줄 수 있다. 만약 어떤 실험결과가 유의수준에는 가까스로 도달했지만 검정력이 높다면 연구자는 그 결과를 더 확신할 수 있다. 검정력 계산이 없다면 연구자는 그 해석에 좀 더 신중을 기해야 한다.

연구라면 어떤 것이든지 통계적 검정력을 고려해야만 한다. 검정력이 비록 근사 값에 불과하지만, 그 값의 계산이 제2종 오류를 통제하는 데 도움이 된다. 나아가 검정력이 증가한다고 하더라도 그것이 제1종 오류에 미치는 직접적인 효과는 없다. 즉 검정력은 제1종 오류와 관계없이 작용한다.

마지막으로 www.spss.com/sample-power/index.htm에 가면 있는 SPSS 프로그램처럼, 인터넷 상에는 검정력을 분석하는 계산기들이 여럿 있다. 다른 계산기를 찾아보려면 인터넷에서 '검정력 분석계산기(power analysis calculator)'을 검색해보길 바란다.

EPA의 통계 프라이머

가끔 흥미롭고 관련된 정보를 전혀 엉뚱한 곳에서 발견할 때가 있다. 검정력 분석의 경우에는 바로 EPA(Environment Protection Agency) 웹사이트가 그에 해당한다. EPA 웹사이트의 한 부분에는 검정력 분석에 관한 내용을 다루는 통계 프라이머(statistical primer)가 있다. 해당 사이트(www.epa/bioiweb1/statprimer/power.html)에 가면 연관 정보 및 검정력 분석을 다른 관점에서 다루는 내용이 제시되어 있다.

통계적 검정력이란 우리가 찾고자 하는 변동량(혹은 효과의 크기), 채택하고자 하는 불확실성의 수준, 표본크기, 지표 변량의 함수로서, 검증에 이용하는 통계 모델이다.

$$\text{검정력} = \text{ES} \times \alpha \times \sqrt{n/\sigma}$$

이 방정식에서 검정력이란 효과의 크기에 검증의 알파수준을 곱하고, 표본의 크기를 표준편차로 나눈 것의 제곱근(변량의 제곱근)을 곱한 것이다.

효과의 크기: 찾고자 하는 차이의 규모가 클수록 그것을 찾을 확률이 커진다. 위의 방정식이 요약해주는 바와 같이 효과의 크기를 나타내는 값이 커질수록 그 검증의 검정력 또한 증가한다.

알파 (제1종 오류): 방정식에 제시되어 있는 것과 같이 알파 값이 클수록 통계적 검정력도 커진다고 해석된다. 검정력 분석에서 알파의 수준은 가끔 0.05에서 0.10으로 완화된다.

N: 표본의 크기가 클수록 변동을 찾을 확률도 증가한다. 검정력은 *N*에 따라 증가한다.

변량: 검정력 계산에 이용되는 변량 값은 주로 반복표집과 연관된 측정오차를 말한다. 통계적 검정력과 변량은 역관계로 변량이 증가하면 검정력은 감소한다.

여기서 명심해야 할 점은 검정력 분석 결과가 연구자가 이용한 어떤 통계적 검증이 무엇이냐에 달려있다는 사실이다. 예를 들어 표본의 규모가 서로 다르면, ANOVA 모델 분석보다는 회귀분석으로 10% 변동을 찾아내야 한다.

요약

과학적 연구에서 가설의 전개는 중요하다. 왜냐하면 그 과정을 통해 연구자는 가외변인을 제거시키고 변인들을 수량화시킴으로써 연구를 정교하게 하고 연구 자체에 집중할 수 있기 때문이다. 어느 형태의 연구든지 간에 연구문제와 가설이 없이 연구를 시작하는 경우란 거의 없다. 혹자는 많은 발명이나 이론, 새로운 정보가 연구문제나 가설 없이도 이루어졌다고 주장할지 모르지만, 초점이 없는 연구란 시간 낭비일 뿐이다.

적합한 가설이란 현존하는 관련 지식들과 양립할 수 있고 논리적으로 일관성을 지녀야 할 것이다. 또한 가설은 가능한 단순하게 진술되어야 하고 좀 더 일반적으로 말하면 검증될 수 있어야만 한다. 가설들은 통계적 유의도 여부를 검증받아야만 한다. 이 검증에는 오류, 특히 제1종오류 및 제2종 오류가 포함된다. 오류란 모든 연구에서 고려되어야만 한다. 제1종오류 및 제2종 오류를 이해한다고 해서 연구를 완벽하게 수행할 수 있는 것은 아니다. 그러나 오류를 고려함으로써 연구자가 연구와 관련된 요소들에 더 주의를 기울이게 되기 때문에 연구과정이 좀 더 수월해진다.

유의도 검증에 너무 많은 관심을 쏟는 경우가 종종 있다. 유의도 검증결과가 유의하지 않더라도 '해당 변인들이 영향을 미치지 않는다' 혹은 '연구되지 않아야만 한다'라는 결과를 통해 새로운 지식 형성에 기여할 수 있다. 다만 유의하지 않은 몇몇 연구들의 검정력을 분석한다면 그 연구의 가치가 더 커질지도 모른다.

핵심용어

가설(hypothesis)
검정력 분석(power analysis)
부정한계영역(region of rejection)
연구문제(research question)
영가설(null hypothesis)
일방향-양방향 검증(one-tail and two-tail tests)
제1종-제2종 오류(type I and type II error)
탐색적 연구(exploratory research)
통계적 검정력(statistical power)
통계적 유의도(statistical significance)
확률수준(probability level)
효과의 크기(effects size)

인터넷 활용하기

다음 내용들을 인터넷으로 검색해서 이 장에서 논의된 내용 외에 추가적인 정보가 있는지를 찾아보자.

- "가설검증"
- "연구문제"의 예
- "가설검증" 방법
- "가설검증"의 예
- "영가설"
- 제1종 오류, 제2종 오류
- "표본크기" 계산
- "표본크기" 연구

- "검정력 분석"
- "표본크기" 검정력
- "검정력 분석 계산기" (인터넷에 몇 가지가 있음)

생각해볼 문제

1. 매스미디어와 관련하여 검증 가능한 연구문제와 가설을 세 가지 만들어보자.
2. 탐색적 연구에서 유의수준을 0.10 이상을 이용하는 것에 대해 어떻게 생각하는가?
3. 학술지에 게재된 바 있는 매스미디어 연구들을 대상으로, 검정력 분석 결과를 보고하고 있는 경우가 얼마나 되는지 살펴보자.
4. 제1종 오류와 제2종 오류의 관계를 설명해보자.
5. 매스미디어 연구자가 0.001의 확률수준을 사용할 수 있는 환경은 어떤 경우인가?
6. 연구자가 유의수준을 $p \leq 0.02$로 설정하고 연구 결과가 영가설을 기각할 수 없다면 제1종 오류가 발생할 확률은 얼마인가?

이에 대한 추가적인 정보는 www.wimmerdominick.com이나 www.cengagebrain.com에서 찾아보자.

참고문헌 및 권유문헌

Bardhan, N. (2001). Transnational AIDS-HIV news narratives. *Mass Communication & Society*, 4(3), 283–309.

Cohen, J. (1960). A coefficient of agreement for nominal scales. *Educational and Psychological Measurement*, 20, 37–46.

Cohen, J. (1962). The statistical power of abnormalsocial psychological research: A review. *Journal of Abnormal and Social Psychology*, 65(3), 145–150.

Cohen, J. (1969). *Statistical power analysis for the behavioral sciences*. Hillsdale, NJ: Lawrence Erlbaum Associates.

Cohen, J. (1988). *Statistical power analysis for the behavioral sciences* (2nd ed.). Hillsdale, NJ: Lawrence Erlbaum Associates.

Cohen, J. (1992). A power primer. *Psychological Bulletin*, 112(1), 155–159. PDF reprint: www.education.wisc.edu/elpa/academics/syllabi/2006/06Spring/825Borman/Cohen1992.pdf

Detjen, J., Fico, F., Li, X., & Kim, Y. (2000). Changing work environment of environmental reporters. *Newspaper Research Journal*, 21(1), 2–12.

Feldman, D. (2006). *Why do clocks run clockwise*? New York, NY: Harper & Row.

Roscoe, J. T. (2004). *Fundamental research statistics for the behavioral sciences* (2nd ed.). New York, NY: Holt, Rinehart & Winston.

Salkind, N. (2007). *Statistics for people who think they hate statistics*. Thousand Oaks, CA: Sage.

Smith, B. (2010). *Making sense of statistics in research. http://nichcy.org/research/basics/makingsense*

StatSoft Electronic Statistics Textbook. *Power analysis*. www.statsoft.com/textbook/power-analysis/

Tukey, J. W. (1962). The future of data analysis. *Annals of Mathematical Statistics*, 33, 1–67.

Tukey, J. W. (1986). *The collected works* of John W. Tukey (Vols. III–IV). Belmont, CA: Wadsworth and Brooks/Cole.

Walsh-Childers, K., Chance, J., & Swain, K. (1999). Daily newspaper coverage of the organization, delivery and financing of health care. *Newspaper Research Journal*, 20(2), 2–22.

Williams, F., & Monge, P. (2001). *Reasoning with statistics: How to read quantitative statistics* (5th ed.).New York, NY: Harcourt, Rinehart&Winston.

Note: Several eBooks on the topic of statistics and testing statistical hypotheses are now available. Search the Internet to see the variety available.

12장 기초 통계

통계에 대한 논의를 시작하기 전에 다음의 질문을 반복해볼 필요가 있다. 왜 굳이 통계에 대해서 알아야만 하는가?

다소 귀찮게 여겨질지라도 과학적 연구방법을 따라 연구를 수행하려면 통계는 필요하다. 어떤 연구문제이든지 간에 신뢰성 있고 타당한 결과를 얻으려면 여러 통계방법들을 이용해서 자료를 분석해야만 하는 경우가 대부분이다. 그렇지 않을 경우 분석결과가 직관이나 아집 내지는 권위에 의존할 가능성이 있다. 그럴 경우 앞서 살펴본 바와 같이 그 결과를 대개 검증할 수가 없다. 그런 의미에서 보면 통계를 배우는 것은 필요악이라고 표현해야 할 것이다. 통계란 매스미디어에 대한 이해를 포함하여 모든 대상에 대한 우리의 지식을 발달시키는 방법이다.

연구자들은 종종 단순히 표본을 설명하기보다는 그 이상을 설명해내기를 원한다. 즉 연구결과를 가지고 모집단에 적용하고, 추론하고 싶어한다. 터키(Turkey, 1986)는 통계의 네 가지 목적을 아래와 같이 정의하였다.

① 요약에 도움을 준다.
② '무엇이 일어나고 있는지 알려고 할 때' 도움을 준다.

③ 자료로부터 '정보'를 추출하는 데 도움을 준다.

④ 커뮤니케이션에 도움을 준다.

이들 네 가지 목적을 꼭 기억해 두자! 이 장에서는 매스미디어 연구에 사용되는 기초적인 추리통계방법 중 몇 가지를 설명하고자 한다. 또한 이들 방법이 연구문제를 해결하는 데 어떤 도움을 줄 수 있는지를 설명할 것이다.

01 소표본 통계의 역사

이제는 어떤 문제를 연구하기 위해 모집단으로부터 표본을 선택하는 일이 보편적인 일이 되었지만 과학적 연구에서 표본을 처음 이용하기 시작한 기록은 1627년으로 거슬러 올라간다. 1627년에 베이컨 경(Sir Francis Bacon)은 밀이 자라는 데 준 비료가 무엇인지에 따라 그 성장률을 어떻게 다른지를 측정하면서 수행했던 검사들을 설명하는 보고서를 발표하였다. 이후 1763년 영(Arthur Young)은 가장 수확이 많은 경작법이 무엇인지를 알아내기 위해 일련의 실험을 시작했고, 1849년 스톤(James Johnston)은 과학적 연구에 대한 내용을 담은 〈실험농업(Experimental Agriculture)〉이라는 책을 출판했다(Cochran, 1976).

20세기 초반에 연구자들 가운데 영향력 있는 사람들 중 한 사람인 고세트(William S. Gosett)는 1908년 〈평균의 오차확률분포(The Prolable Error of the Mean)〉라는 제목의 논문에서 실험결과를 수량화시키기 위한 시도를 하였다. 그는 아일랜드 더블린의 한 양조장에서 일하면서 실시한 소표본 대상 연구결과들을 '스튜던트(Student)'라는 필명으로 출간했다. 고세트가 개발한 *t*-분포(t-distribution) 통계방법은 당시에는 널리 받아들여지지 않았다. 다른 연구자들의 그의 연구에 관심을 갖게 된 것은 15년 이상이 지난 뒤였다. 그리고 앞으로 알게 되겠지만 그가 발전시킨 *t*-검증은 모든 분야의 연구에서 가장 널리 사용되는 통계방법들 가운데 하나가 되었다.

영국의 수학자 피셔 경(Sir R. Fisher, 1890-1962)은 초기 통계학과 표집방법이 현대적 통계추리 기법으로 발전하는 디딤돌을 마련해주었다. "우도(likelihood)"라는 개념을 만들었고 0.01과 0.05라는 확률검증의 수준을 확립시킨 사람이 바로 그였기 때문이다(10장 참조). 피셔 경 이전까지 통계는 이들 방법이 개발된 본거지인 농업 분야 이외에서는 그리 유용한 것으로 간주되지 않았다.

02 자유도

기본적인 통계방법을 논의하기에 앞서, **자유도**(degrees of freedom: *df*)로 알려진 통계용어를 이해하는 것이 중요하다.

그 개념은 예컨대 N-1, N-2, K-1, R-1 등과 같이, 한 집단(K), 줄(R), 칼럼(C) 등의 하위집단 표기(subset designation)에 대한 한 숫자(대개 1이나 2)의 감산과 관련된다. 논의를 위해 저자들은 자유도에 관한 모든 문자 및 숫자의 변량을 상징하는 데 N-1을 활용할 것이다.

표본 규모 혹은 하위집단 규모(이제부터는 표본 규모만 언급할 것임)는 사실상 모든 통계 공식의 근본요소다. 결과에 도달하려면 표본 규모에 무언가를 더하고 곱하거나 나누는 것이 불가피하다. 표본 규모가 지니는 결정적 중요성에 대한 이해를 통해 자유도 개념이 발달하게 된다.

자유도는 사실상 모든 통계방법과 관련되므로, 그 개념의 실제적 의미가 무엇인지 이해하는 것은 중요하다. 그러나 자유도에 관한 대부분의 정의들은 자칫 혼란을 유발시키기 쉽다.

가령 자유도는 대부분 "마음껏 변동할 수 있는 요소들의 수"와 같이 정의되고 대개 그 예로 다음과 같은 설명이 뒤따른다. "5명의 각기 다른 응답자들이 10점 척도에서 매긴 다섯 가지 값이 우리에게 주어지고, 그 다섯 가지 값의 합이 32인 상황을 가정해보자. 우리가 1명의 값이 2점이라는 것을 안다면, 나머지 네 가지 값이 남아있는 30점을 설명하기 위해 변동할 수 있는 자유가 있다(5-1=자유도 4)." 우리가 다섯 가지 값들 중 하나가 2라는 것을 알기 때문에 나머지 네 가지 점수는 6, 9, 8, 7 혹은 3, 9, 9, 9 혹은 6,

자세히 보기 〉〉 통계적 계산

이 장에서 언급한 여러 통계를 계산하는 방법으로 최소한 다음의 네 가지가 있다.

1) 직접 자기 손으로 통계를 계산하기
2) 온라인에서 찾은 통계 계산기를 이용하기
3) 엑셀(Excel) 같은 스프레드시트 이용하기
4) SPSS 같은 통계 프로그램 이용하기

대부분의 학생들이 직접 통계 값을 계산해야 할 필요는 없을지라도 통계 저변의 기본 논리를 잘 알게 되면 후에 매우 유용하다. 그렇기 때문에 이 책에서도 독자들이 알아야 할 공식 및 관련된 사례들을 제시하고 있다. 통계 처리가 어떻게 이루어지는지 그 절차를 알게 되면 온라인상의 통계 계산, 통계패키지, 스프레드시트 및 SPSS 등을 이용해 나온 결과들에 대해서도 이해하기 쉽다.

5, 9, 10처럼 1부터 10까지 변동이 자유로운 가운데, 1부터 10까지의 어느 점수도 될 수 있다는 것이다.

자유도의 정의에서 "마음껏 변동할 수 있는"이라는 용어를 쓰는 것은 흥미를 자아낼 뿐만 아니라, 그 정의는 거의 100년 동안 쓰여 왔다. 그럼에도 불구하고 그 정의는 "그래서 뭐? 마음껏 자유로운 효과가 무엇이며, N−1이 자료나 자료의 해석에 무슨 역할을 하는데?"라는 물음을 제기시킨다. 이는 탁월한 질문이기에 우리는 그 수수께끼를 해결해보려 한다. 하지만 그에 앞서 자유도라는 개념 발달에 관한 역사를 좀 알아볼 필요가 있다.

자유도의 개념은 영국 수학자 피어슨(Karl Pearson, 1857-1936)이 1900년 무렵 처음 고안했지만, 피셔 경이 1922년에 출판한 논문에서 보다 적절하고, 정확하게 다듬었다는 것에 통계역사학자들 대부분이 아마 동의할 것이다. 피어슨과 피셔는 둘 다 틀리는 것을 혐오했고(전해지는 바로는 서로를 혐오하기도 했다), 정확성을 기하기 위해서는 자료수집 · 분석 · 해석에서 생길 수 있는 오류들을 보완시킬 어떤 통계적 계산이 필요하다고 여겼다. 오류 발생에 대한 우려가 자유도 발달의 실제 이유가 된 것이다.

피어슨과 피셔는 한 모집단(population)으로부터 선정한 하나의 표본에서 자료를 분석하는 데 쓰일 수 있는 통계를 만들어내고, 그 결과가 그 개체군에 대해 일반화될 수 있도록 하는 작업에 집중했다. 애초에 그들은 통계에서 표본규모가 중요하다는 것을 알았고, 저자들이 논의했듯이 하나의 조사연구에 통제적 조처를 아무리 취하더라도 그 개체군에 대한 표본으로부터 결과들을 예상하는 데에는 언제나 어떤 오류가 수반될 것이라는 점도 알았다.

피어슨은 표본 규모와 직접적으로 연관되는 그 문제를 설명하는 방법을 현실적으로 오류가 항상 존재한다는 점을 고려해 발달시킨 것이고, 피셔는 그 방법을 정제했던 것이다. 그러나 지적했듯이, '자유도'라는 용어의 주요 문제는 기타 통계 용어들의 문제와 유사하게 그 용어 자체가 혼란을 유발시킨다는 데 있다. 예를 들어 '표준편차(standard deviation)' 개념을 이해하기 어려워하는 학생들은 흔한데, 저자들이 그 용어가 기본적으로 의미하는 것이 "산술평균(mean)으로부터의 평균 차(average difference)"라고 말하면 그 학생들은 "이제 이해가 되네요. 처음부터 그렇게 좀 말해주시죠"와 같이 답하는 경우가 대부분이다. '자유도'도 애매한 용어라는 점에서 그와 동일한 범주의 문제를 안고 있다. 다른 용어를 쓸 수 있었더라면 그 개념에 대한 혼란이 그렇게 심하지 않았을 것이다.

자유도의 배경이 되는 철학을 떠올리는 것은 매우 간단하다. 바로, 틀리는 것에 대한 우려다. 대부분의 조사연구들이 한 표본에서 자료를 분석하여 모집단에 대한 결과들을 예상하므로, 자료수집·분석·해석에서 발생된 오류를 보완시킬 수 있는 약간의 조치가 필요하다. 연구자들이 모집단 모수(parameter, '실제'자료)를 아는 경우는 극히 드물기 때문에, 실재할 수 있는 오류들을 보완하도록 (정정되고, 조정된) 어떤 보수적 결과들이 요구된다. 간단한 예를 보면 도움이 될 것이다.

한 모집단에서 선정된 10명의 응답자 표본이 있다고 가정해보자(이처럼 규모가 작은 표본은 단지 자유도의 개념을 설명하기 위한 것이고 정통 조사연구에는 결코 쓰이지 않을 것이다). 그 표본의 응답자들에게 하나의 신규 TV 프로그램을 1~10점 척도(큰 숫자일수록 응답자들이 그 프로그램을 좋아하는 것임)로 평가해달라고 요청한다. 다음의 표는 그 가상 표본의 표준편차 계산을 요약한 것이다. 표준편차에 대한 공식을 돌이켜보면, 다음과 같다.

$$S = \sqrt{\frac{\sum(X-\overline{X})^2}{N-1}}$$

[표 12-1]에서 응답자들 10명에 관한 산술평균값은 5.8로 제시된다. 둘째 열은 편차 점수 $(X-\overline{X})$, 셋째 열은 편차를 제곱한 점수를 보여주는데, 이들은 표준편차 공식의 분자에 쓰이는 자승합을 산출하는 데 이용된다. [표 12-1]의 하단에 있는 라인 A는 표준편차 공식의 분모에 있는 N을 이용하여 계산한 표준편차(편파적이라고 일컬음)를 나타낸 것으로, 2.56이다. 라인 B는 그 공식의 분모에 있는 N-1로 계산한 표준편차(편파적이지 않다고 일컬음)를 나타내는 것으로, 2.70이다.

[표 12-1] 자유도 예시

응답자	평정	x	x^2
1	4.0	-1.8	3.2
2	5.0	-0.8	0.6
3	3.0	-2.8	7.8
4	8.0	2.2	4.8
5	3.0	-2.8	7.8
6	9.0	3.2	10.2
7	9.0	3.2	10.2
8	7.0	1.2	1.4
9	2.0	-3.8	14.4
10	8.0	2.2	4.8
산술평균	5.8		
자승합			65.6
A. N으로 계산한 표준편차			2.56
B. N-1으로 계산한 표준편차			2.70

두 가지 표준편차에서 0.14(2.70-2.56)의 차이는 비록 작더라도, 분모에 있는 n-1(자유도)을 사용하는 것이 N만 사용하는 경우보다 표준편차를 약간 더 크게 발생시킨다는 것을 설명한다. 이는 약간 더 보수적인 추정이므로, 편파적인 표준편차 공식(분모의 N)이 그 결과

를 모집단에 일반화시키기에는 너무 제한적일 수 있다는 점을 보완한다. 이 상황은 공식에 $N-1$(혹은 다른 변량)을 이용하는 비모수통계 및 모수통계(다음에 논의할 것임)의 경우에도 늘 해당된다. 표본 규모는 최소한 1이 줄어들기 때문에, 두 가지 계산(N 혹은 $N-x$) 간의 차이는 표본 규모가 커질수록 점점 더 작아진다.

언급했듯이, 자유도의 또 다른 명칭이나 정의가 있다면 자유도라는 개념을 둘러싼 혼란이 감소될 수도 있다. 저자들이 앞에서 한 논의에 따르면, 본질적으로 자유도를 이해하기 위한 '열쇠'는 자료가 마음껏 변동한다는 개념에 있다기보다는, 자료수집 및 분석 혹은 해석에서 생길 수 있는 오류를 보완시키기 위하여 자료가 좀 더 보수적으로 추정치를 제공할 수 있도록 자료에 대해 이루어지는 조치와 연관된 개념에 있다고 말할 수 있다. 이에 따라 '자유도'의 정의를 공식적으로 진술하면 다음과 같다.[역자주 1]

> 조사 오류를 만회하기 위한 보수적인 자료 보정을 위해 표본크기 안에서 이루어지는 의도적이고 미리 결정되는 축소

03 비모수통계

통계적 방법은 두 가지, 즉 **모수통계**(parametric statistics)와 **비모수통계**(non parametric statistics)로 나뉜다. 역사적으로 연구자들은 모수통계와 비모수통계 사이에는 다음의 세 가지 주요 차이점이 있다고 보았다.

① 비모수통계는 명목적이며 서열적인 자료들에 적합하다. 반면에 모수통계는 등간적이며, 비율적인 자료들에 적합하다.

② 비모수 결과를 모집단에게로 일반화시킬 수 없다. 일반화는 오직 모수통계를 통해서만 가능한 일이다.

③ 비모수통계에서는 정규분포를 가정하지 않지만, 모수통계에서는 정규성(정상성)을 가정한다. 비모수통계는 분포로부터 자유롭다고 말한다.

대체로 ①과 ②의 차이는 줄어들고 있다. 대다수의 연구자들은 모수통계와 비모수

역자주 1 달리 표현하면 주어진 조건 하에서 자유롭게 변화할 수 있는 점수, 변인의 수 또는 한 변인의 범주의 수를 말한다. 기호로는 df라고 표시한다. 어떠한 제한 없이 임의로 3개의 숫자를 써보라고 한 경우에는 3개의 숫자를 완전히 마음대로 선택할 수 있으므로 자유도 df=3이다. 통계적 분석의 경우 자유도는 사례의 수(표본의 수) 및 통계적 제한조건의 수와 관계가 있다.

통계가 모든 형태의 자료에 성공적으로 이용될 수 있으며 둘 다 결과를 모집단에 일반화하기에 적당하다고 주장한다. 이 책의 저자들도 여기에 동의한다.

다음부터는 매스미디어 연구에서 자주 이용되는 기본적인 통계방법 몇 가지를 소개할 것이다. 앞서도 언급한 바와 같이 이 책이 통계교재는 아니다. 따라서 이들 통계방법들에 대해서 더 많이 알고자 할 때는 통계를 다룬 전문교재나 인터넷 검색을 잘 활용하기 바란다.

1) 카이자승 적합도 검증

매스미디어 연구자들은 종종 연구 대상의 관찰빈도(observed frequency)와 기대빈도(expected frequency)를 비교한다. 예를 들어 4개 제조업체의 올해 TV 수상기 판매고가 전년도 판매고와 같은지 여부를 검증할 수 있다. 연구자는 "4개 제조업체의 금년 TV 수상기 판매가 전년도의 그것과 매우 다르다"는 가설을 설정할 수도 있다.

가령 전년도 TV 수상기 판매고가 다음과 같은 분포를 보인다고 하자.

제조업체	판매율
알씨에이(RCA)	22%
소니(Sony)	36%
샤프(Sharp)	19%
미츠비시(Mitsubishi)	23%

표본이 1,000명인 자료에서 연구자는 각각의 판매율에다 1,000을 곱하여 각 제조업체의 기대빈도를 아래와 같이 계산할 수 있다.

제조업체	기대빈도
알씨에이(RCA)	220
소니(Sony)	360
샤프(Sharp)	190
미츠비시(Mitsubishi)	230

그 다음 연구자는 금년도에 4개 제조업체가 제조한 TV 수상기를 산 가구들 중에서 무작위로 추출한 1,000가구를 표본으로 서베이한다. 이 서베이의 자료가 다음과 같은

분포로 보인다고 가정하자.

제조업체	기대빈도	관찰빈도
알씨에이(RCA)	220	180
소니(Sony)	360	330
샤프(Sharp)	190	220
미츠비시(Mitsubishi)	230	270

이제 연구자는 이런 빈도의 변화가 실제로 어떤 '의미가 있는지'를 해석해야만 한다. 이 경우 자료를 카이자승 통계방법으로 환원시켜 카이자승 적합도(Chi-square goodness of fit)라고 알려져 있는 검증을 실시하면 된다.

카이자승(χ^2)은 단순히 기대빈도와 관찰된 빈도 사이의 관계를 보여주는 값이다. 그 값은 다음 공식으로 계산한다.

$$\chi^2 = \sum \frac{(O_i - E_i)^2}{E_i}$$

O_i = 관찰빈도

E_i = 기대빈도

계산과정은 기대빈도와 관찰 빈도의 차이를 제곱한 후 그것을 기대 빈도로 나누는 것으로 이루어진다. 각각 계산된 값의 합계가 그 빈도들에 대한 **카이자승**이다. 위의 빈도분포에 대한 카이자승 계산은 다음과 같다.

$$\begin{aligned}
\chi^2 &= \frac{(O_1 - E_1)^2}{E_1} + \frac{(O_2 - E_2)^2}{E_2} + \frac{(O_3 - E_3)^2}{E_3} + \frac{(O_4 - E_4)^2}{E_4} \\
&= \frac{(180-220)^2}{220} + \frac{(330-360)^2}{360} + \frac{(220-190)^2}{190} + \frac{(270-230)^2}{230} \\
&= \frac{(-40)^2}{220} + \frac{(-30)^2}{360} + \frac{(30)^2}{190} + \frac{(40)^2}{230} \\
&= \frac{1600}{220} + \frac{900}{360} + \frac{900}{190} + \frac{1600}{230} \\
&= 7.27 + 2.50 + 4.73 + 6.95 \\
&= 21.45
\end{aligned}$$

카이자승 값을 알면 적합도 검증을 통해 이 값이 통계적으로 유의한 차이를 나타내지 아닌지를 알아낼 수 있다. 그 검증을 위해 연구자는 2개의 값, 즉 확률수준(probability level)과 **자유도**(degree of freedom: *df*)를 알아야만 한다.

적합도 검증에서 자유도는 *K*=1이라는 용어로 표시되는데 여기서 *K*는 유목의 수를 나타낸다. TV 수상기 판매고에 대한 연구의 경우 *K*=4-1=3이 된다. 다음 연구자는 카이자승 표(부록의 [표 4] 참조)를 보아야만 한다. 이 표는 확률수준과 자유도에 의해 정해진다. 표를 어떻게 이용하는지 보여주기 위해 가상적인 연구에 알맞은 카이자승 표의 일부를 여기에 싣는다.

	확률			
df	0.10	0.05	0.01	0.001
1	2.706	3.841	6.635	10.827
2	4.605	5.991	9.210	13.815
3	6.251	7.815	11.345	16.266
4	7.779	9.488	13.277	18.467

계산한 카이자승 값이 표에서 찾은 값과 같거나 그보다 많을 때는 관찰빈도의 차이가 사정에 결정된 알파수준에서 통계적으로 의미를 갖는 것으로 간주되지만 만약 계산한 값이 그보다 적으면 그 결과는 의미가 없는 것을 뜻한다.

TV 수상기 판매의 예에서 연구자는 카이자승의 값이 21.45이고 자유도가 3이라는 것을 알았고 확률수준을 0.05로 정했다고 하자. 카이자승 표는 *df*=3일 때 이 수준에서의 값이 7.815로 되어 있다. 21.45가 7.815보다 크기 때문에 빈도의 차이는 의미가 있는 것이고, 따라서 가설은 받아들여지고 입증된 셈이다. 즉 4개 제조업체의 금년 TV 수상기 판매는 전년도의 그것과 통계적으로 유의한 차이가 있다는 것이다.

카이자승 적합도 검증은 변화를 측정하기 위해 여러 방법으로 이용될 수 있다. 예를 들어 일정기간 동안의 광고 메시지에 노출된 수용자의 인식의 변화를 연구하거나, TV 프로그램 편성의 변화를 계획하거나 홍보 캠페인의 결과를 분석하고자 할 때 등에 이용될 수 있다.

그러나 적합도 검증을 사용하는 데는 제한점이 있다. 이 검증은 비모수통계 절차이기 때문에 명목적 수준이나 서열적 수준에서 변인이 측정되어야만 한다. 변인의 분석

유목들은 상호배타적이어야 하고, 각 유목 내의 각 관찰치는 다른 모든 요인들로부터 독립적이어야 한다. 그 밖에도 카이자승 분포는 소표본에서 뚜렷하게 비대칭이 되는데 (10장 참조), 이것은 곧 제2종 오류(11장 참조)가 일어날 수 있다는 것을 의미한다. 이는 곧 큰 표본을 사용해야만 의미 있는 결과를 얻을 수 있는 경우인데도 소표본으로 측정할 경우 유의한 결과를 얻지 못할 수도 있다는 것을 의미한다. 대부분의 연구자들은 이 같은 문제를 직면하지 않으려면 각 유목의 관찰빈도가 적어도 5 이상이 되도록 해야 한다고 권유한다. 연구자에 따라 전체 칸의 20%가 적어도 5의 기대빈도를 가져야만 되고 어느 것도 기대빈도가 0이어서는 안 된다고 제안한다.

카이자승 적합도 검증에 대한 대안으로 연구자들에 따라서는 그보다 더 강력한 것으로 여겨지는 콜모고로프-스미르노프 검증(Kolomogorov-Smirnov test)을 선호하기도 한다. 이 검증에서는 카이자승 검증에서와 같은 각 칸의 최소 기대 빈도수가 필요하지 않다.

2) 유관표 분석(교차분석)

매스미디어 연구에서 자주 사용되는 또 하나의 비모수통계 검증 방법은 종종 **교차분석**(crosstabulation, 간단하게는 Crosstabs)이라고 부르는 **유관표 분석**(contingency table analysis)이 있다. 교차분석이란 근본적으로 적합도 검증의 연장인데 가장 큰 차이는 2개 이상의 변인을 동시에 검증해볼 수 있다는 것이다. 신상품에 대한 정보를 얻는 미디어가 남녀 간에 다른지를 알아보려는 연구를 예로 생각해보자. 연구자가 무작위로 성인 210명을 추출하여 연구한 결과 [그림 12-1]과 같은 분포를 얻었다고 가정하자.

다음 단계는 각 칸 하나하나의 기대빈도를 계산하는 것이다. 이 절차는 적합도 검

		신상품 정보원			
		라디오	신문	TV	
성별	남성	3	26	71	100
	여성	18	31	61	110
		21	57	132	

[그림 12-1] 신상품 정보원 연구에서 미디어 이용자 무작위 표본의 분포

중에서 사용된 것과 같지만 공식이 조금 복잡하다.

$$E_{ij} = \frac{R_i C_j}{N}$$

E_{ij} = i행 j열에 있는 칸에 대한 기대빈도

R_i = i행에 있는 빈도의 합

C_j = j열에 있는 빈도의 합

N = 전체 칸에 대한 빈도의 합

이 공식을 이용하여 예로 든 가설에 대해 다음과 같은 기대빈도를 계산할 수 있다.

$$\text{남성/라디오} = \frac{100 \times 21}{210} = \frac{2{,}100}{210} = 10$$

$$\text{여성/라디오} = \frac{110 \times 21}{210} = \frac{2{,}310}{210} = 11$$

그 다음은 [그림 12-2]와 같이 각 칸의 오른쪽 윗부분에 있는 작은 칸에다 해당 기대빈도를 적어놓는다.

기대빈도를 계산한 다음, 다음 공식을 사용해서 카이자승 값을 계산해야 한다.

$$\chi^2 = \sum \frac{(O_{ij} - E_{ij})^2}{E_{ij}}$$

위의 경우를 예로 들어 계산하면 다음과 같다.

신상품 정보원

		라디오	신문	TV	
성별	남성	3 (10)	26 (27)	71 (63)	100
	여성	18 (11)	31 (30)	61 (69)	110
		21	57	132	

[그림 12-2] 미디어 이용자 무작위 표본의 기대 빈도

$$\chi^2 = \frac{(3-10)^2}{10} + \frac{(26-27)^2}{27} + \frac{(71-63)^2}{63} + \frac{(18-11)^2}{11} + \frac{(31-30)^2}{30} + \frac{(61-69)^2}{69}$$

$$= \frac{49}{10} + \frac{1}{27} + \frac{64}{63} + \frac{49}{11} + \frac{1}{30} + \frac{64}{69}$$

$$= 4.90 + 0.04 + 1.01 + 4.45 + 0.03 + 0.92$$

$$= 11.35$$

통계적인 유의도를 정하려면 연구자는 카이자승 표를 참조해야만 한다. 교차분석에서 자유도는 $(R-1)(C-1)$로 표시되는데 여기서 R은 행(row)의 수, C는 열(column)의 수를 가리킨다. 위의 예에서 $p \leq 0.05$라고 할 때, 요구되는 카이자승 값은 5.991로 되는데, 그것은 위에서 계산된 값 11.35보다 낮다. 따라서 응답자가 남성이냐 여성이냐 하는 것과 신제품에 관한 정보를 얻기 위해 그들이 사용하는 미디어 사이에는 통계적으로 유의한 관계가 있다고 할 수 있다. 이 검증은 2개의 변인이 어떻든 서로 관계가 있음을 가리키지만 그 관계가 정확히 어떤 것인지는 말해주지 않는다. 이를 알아내기 위해서는 원래의 교차분석 자료(그림 12-1)로 되돌아가서 살펴 볼 필요가 있다. 분포를 보면 여성들이 남성들보다 신상품 정보원으로 라디오를 더 많이 이용하고 있음을 알 수 있다.

2×2 교차분석(df=1)의 경우, 해당 칸을 다음과 같이 A, B, C, D의 글자로 나타내면 계산이 보다 수월해진다.

A	B
C	D

그런 다음 공식을 사용해서 카이자승 값을 계산한다.

$$\chi^2 \frac{N(\mathrm{AD}-\mathrm{BC})^2}{(\mathrm{A}+\mathrm{B})(\mathrm{C}+\mathrm{D})(\mathrm{A}+\mathrm{C})(\mathrm{B}+\mathrm{D})}$$

교차분석은 매스미디어 연구에서 널리 사용되는 통계기법이며 대부분의 컴퓨터용 통계 패키지에서 이용 가능하다.

04 모수통계

모수통계방법은 보다 높은 수준의 측정 자료인 등간적 자료 및 비율적 자료의 분석에 활용되며, 자료가 정규분포되어 있다고 본다. 가장 기초적인 모수통계는 *t*-검증이며 매스미디어 연구 분야에서 널리 이용되고 있다.

1) *t*-검증

두 집단의 대상자들을 대상으로 검증하려는 연구들이 많다. 이 경우 한 집단은 어떤 종류의 실험처치를 받고 또 다른 집단은 통제집단 역할을 하기도 한다. 실험 처치를 행한 다음 두 집단을 모두 연구하고 그 결과를 비교하여 두 집단 사이에 통계적으로 유의한 차이가 있는지, 다시 말하면 실험 처치가 연구의 결과에 영향을 미쳤는가를 알아보려는 것이다. 이 경우 각 집단의 평균점수(mean score)를 *t*-검증을 이용하여 비교하는 방법이 있다. 자세한 논의는 인터넷으로 *t*-검증 계산기를 찾아보거나 부르닝과 킨즈(Bruning & Kintz, 1997)의 저서를 참조하기 바란다.

***t*-검증**(*t*-test)은 두 집단의 평균치를 비교하는 가장 기초적인 방법이다. 다양한 유형의 연구들에 *t*-검증 방법을 대안으로 이용할 수 있다. *t*-검증 방법을 변형하면 독립집단 및 종속집단 모집단의 평균을 알거나 모르는 상황에서도 검증이 된다.

t-검증은 표본을 추출한 모집단 내 해당 변인이 정규분포(10장 참조)되어 있다고 가정한다. 또한 그 자료의 변량이 동질성을 가지고 있다고 가정한다.

t-검증의 기본 공식은 비교적 단순하다. 이 공식에서 분자는 표본의 평균과 가설화한 모집단 평균과의 차이고 분모는 평균(S_m)에 대한 표준오차의 추정치다.

$$t = \frac{\overline{X} - \mu}{S_m}$$

$$S_m = \sqrt{\frac{SS}{N-1}}$$

$$SS = \sum(X - \overline{X})^2$$

보다 널리 쓰이는 *t*-검증 가운데 하나는 독립집단(independent group)이나 평균치를 검증하는 것이다. 이 방법은 두 독립집단의 차이를 알아내려는 경우에 쓰인다(이 앞에서 설명한 것과 같은 종류의 연구). 독립집단 *t*-검증 공식은 다음과 같다.

$$t = \frac{\overline{X}_1 - \overline{X}_2}{S_{\overline{X}_1 - \overline{X}_2}}$$

$\overline{X}_1$ = 집단 1의 평균

$\overline{X}_2$ = 집단 2의 평균

$S_{\overline{X}_1 - \overline{X}_2}$ = 두 집단의 표준오차

표준오차는 t-검증 공식의 중요한 부분으로서 다음과 같이 계산한다.

$$S_m = \sqrt{\left(\frac{SS_1 + SS_2}{n_1 + n_2 - 2}\right)\left(\frac{1}{n_1} + \frac{1}{n_2}\right)}$$

SS_1 = 집단 1의 제곱의 합

n_1 = 집단 1의 사례수

SS_2 = 집단 2의 제곱의 합

n_2 = 집단 2의 사례수

t-검증을 살펴보기 위해, TV에 새로 등장한 가정용 청소기 광고를 얼마나 기억하는가를 두 집단을 대상으로 알아보려는 연구가 있다고 가정해보자. 여기서 두 집단은 10명의 남성, 10명의 여성으로 각각 구성되어 있다. 이들 두 집단 구성원들은 해당 광고를 한 번 보고 난 다음 광고에 들어 있는 정보에 관해 15개항의 설문지를 완성하도록 요구받는다. 연구 가설은 남녀 양 집단의 광고에 대한 기억 점수에 유의한 차이가 있을 것이라는 것이다.

다음 단계는 [표 12-2]의 자료를 가지고 t-검증 공식을 사용하여 앞에서 사용한 공식에 의해 두 집단의 표준오차를 계산하는 것이다.

$$S_{\overline{X}_1 - \overline{X}_2} = \sqrt{\left(\frac{110 + 106}{10 + 10 - 2}\right)\left(\frac{1}{10} + \frac{1}{10}\right)}$$

$$= 1.55$$

연구자는 그 다음 이 표준오차의 값을 다음과 같이 t-검증공식에 대입하였다.

$$t = \frac{8 - 6}{1.55} = 1.29$$

여기서 얻어진 1.29라는 t값이 통계적으로 유의한지를 알아보려면 t-분포표를 참조

[표 12-2] 남성집단과 여성집단의 기억점수

여성들의 기억점수		
X	x	x^2(SS)
4	−4	16
4	−4	16
5	−3	9
7	−1	1
7	−1	1
8	0	0
9	1	1
9	1	1
12	4	16
15	7	49
80		110
$\overline{X} = 8$		

남성들의 기억점수		
X	x^2	x^2(SS)
2	−4	16
3	−3	9
4	−2	4
4	−2	4
4	−2	4
6	0	0
6	0	0
8	2	4
10	4	16
13	7	49
60		106
$\overline{X} = 6$		

[표 12-3] 양방향 검증에 의한 t-분포표의 비율

n	확률			
	0.10	0.05	0.01	0.001
1	6.314	12.706	63.657	636.619
2	2.920	4.303	9.925	31.598
*				
*				
*				
17	1.740	2.110	2.898	3.965
18	1.734	2.101	2.878	3.992
19	1.729	2.093	2.861	3.883
*				
*				
*				

해야 한다. t-분포는 정규곡선과 매우 유사한 곡선이다. [표 12-3]은 예로 든 연구문제에 해당되는 부분만을 추출한 것이다. 이 표를 해석하기 위해서는 다시 2개의 값이 필요하다. 즉 자유도와 확률수준이다(전체 t-분포표는 부록에 있다).

t-검증을 목적으로 했을 때 자유도는 $(n_1+n_2)-2$와 같으며 이때 n_1과 n_2는 집단들의 크기를 나타낸다. 위의 사례에서 자유도 $df=18(=10+10-2)$이다. 만약 이 문제를 0.05의 유의수준에서 검증하여 그 결과가 통계적으로 유의하다고 여기려면 2.101이상의 t값이 요구된다. 그러나 여기서의 가설은 남녀 양 집단 사이에 얼마나 차이가 있느냐는 것만을 예측할 뿐이다. 양 집단 중 어느 집단이 더 높은 평균치를 갖고 있다는 것은 예측하지 않는, 즉 양방향 검증을 하기 때문에, 실제로 요구되는 값은 $t \leq -2.101$ 혹은 $t \geq +2.101$이다. 이를 기준으로 할 때 얻어진 t값이 요구되는 t값보다 작다. 그러므로 위의 연구가설에 대한 결론은, 광고에 대해 기억하는 점수는 남녀 집단 간에 통계적으로 유의한 차이가 없다는 것이다.

매스미디어 연구에서 t-검증 방법이 얼마나 다양하게 이용되는지를 보여주는 예는 수없이 많다. 고전적인 예로, 개러몬(Garramone, 1985)은 정치 광고에서 스폰서(메시지 원)와 반박광고(상대편 광고의 주장을 거짓이라고 몰아붙이는 메시지)의 역할을 탐구하였다. 서로 다른 여섯 개의 가설들을 검증하였는데 그중 몇 가지만 살펴보면 다음과 같다.

가설 1. 부정적 내용의 정치 광고를 본 시청자들은 후보자 스폰서보다 독립 스폰서를 더 진실하다고 지각할 것이다.

가설 2. 특정 후보에 반대하는 독립 광고를 본 시청자는

a. 그 특정 후보의 이미지를 좀 더 부정적으로 지각할 것이다.
b. 그 특정 후보에게 투표할 가능성이 그 특정 후보 측이 낸 광고를 본 시청자들에 비해 적을 것이다.

가설 3. 특정 후보에 반대하는 독립 광고를 본 시청자는

a. 그 특정 후보의 경쟁후보를 좀 더 긍정적으로 지각할 것이다.
b. 그 특정 후보의 경쟁후보에게 투표할 가능성이 그 특정 후보 측에서 낸 광고를 본 시청자들에 비해 클 것이다.

검증된 내용을 토대로 개러몬이 내린 결론은 다음과 같다.

첫 번째 가설은 … 지지되지 않았다. (그러나) 가설 2와 3은 …지지되었다. 특정 후보를 반대하는 광고를 본 시청자들은 그 후보자의 이미지를 더 부정적으로 인식하며 [t(110)=2.41, $p \leq 0.01$] 그 후보자에 대한 투표 가능성이 그 후보자 측이 낸 광고를 본 시청자에 비해 더 적었다[(t(110)=1.83, $p \leq 0.05$]. 또한 예상한 것처럼, 특정 후보에 반대하는 독립 광고를 본 시청자들은 그 특정 후보자의 경쟁 후보자를 보다 긍정적으로 지각하며[t(110)=1.89, $p \leq 0.05$] 그의 경쟁 후보에게 투표할 가능성이 그 후보자 측에서 낸 광고 시청자들에 비해 큰 것으로 나타났다.[t(110)=2.45, $p \leq 0.01$].

2) 변량분석(ANOVA)

연구자는 t-검증을 하면 두 표본 집단에 대해 하나의 독립변인이 지니는 효과를 검증할 수 있다. 예를 들어 실험연구에서 실내온도가 피험자의 실험성과에 미치는 효과를 연구할 경우 한 집단은 70°F의 실내에서 검사를 받도록 하고 다른 집단은 100°F 실내에서 같은 검사를 받도록 한다. 그 후 각 집단의 평균 점수에 대한 검증 방법으로 t-검증을 사용할 수 있다. 그러나 많은 경우 연구자는 한 독립변인 내 여러 가지 수준을 검사하기를 원한다. 예를 들어 실내온도를 70°F, 80°F, 90°F, 100°F로 나누어 설정할 수 있다. 또한 가능하면 열이나 빛과 같은 여러 개의 독립변인과 서로 다른 집단(1학년, 2학년 등등)을 대상으로 연구하기를 원한다. 이 경우 t-검증은 적합하지 않다. 왜냐하면 t-검증은 오직 단순비교의 경우에만 타당한 방법이기 때문이다. 이 경우 적합한 통계방법은 **변량분석**(analysis of variance: ANOVA)이다.

변량분석은 기본적으로 t-검증의 연장이다. 변량분석의 장점은 요인설계에서도 사용할 수 있다는 점이다. 요인설계는 둘 이상의 독립변인들('요인들'이라고도 함)을 다루는 연구를 말한다. 변량분석 분석은 얼마나 많은 요인들이 관계되느냐에 따라 다르게 분류된다. 일원변량분석(one-way ANOVA)은 하나의 독립변인을 대상으로 연구하는 분석방법이며, 이원변량분석(two-way ANOVA)은 2개의 독립변인을 대상으로 연구 분석하는 통계방법이다. 또한 어떤 독립변인을 여러 가지 다른 수준에서 분석할 수도 있다.

따라서 2×2 변량분석은 각각 2개의 다른 수준을 가진 2개의 독립변인을 연구 연구하는 방법이다. 예를 들어 앞서 언급한 실내온도가 피험자의 실험성과에 미치는 효과 연구에서 변량분석을 시도하고자 했다면 실내온도의 두 수준(70°F와 100°F) 외에 실내조명의 두 수준(침침한 수준과 환하게 밝은 수준)을 포함시킬 수 있다. 이를 통해 70°/침침한 조명, 70°/밝은 조명, 100°/침침한 조명, 100°/밝은 조명과 같은 네 가지의 서로 다른 조건이 미치는 효과를 검증할 수 있다.

변량분석은 매스미디어 연구에서 널리 사용되는 다용도 통계방법 중의 하나다. 그러나 통계학이라는 이름 아래 변량분석을 약간 혼동하는 경우가 있다. 가장 흔히 이용되는 변량분석은 둘 이상의 집단 평균 사이의 유의한 차이를 검증하지만 변량의 차이에 대한 분석에 대해서는 아무것도 말해주지 않기 때문이다. 또한 변량분석은 한 단위 자료의 전체 변산도(variability)를 구성하는 **변량원**(sources of variation)으로 분할시킨다. 다시 말해 변량분석은 하나 이상의 독립변인에 대해 일련의 점수들을 대상으로 그 변량원을 '설명'해주는 통계방법인 것이다.

변량분석은 두 가지 종류의 변량, 즉 체계적 변량과 오차변량을 밝히거나 설명해준다. 주어진 자료 내에서 **체계적 변량**(systematic variance)이란 대상이 되는 모든 점수들을 예상대로라면 증가 혹은 감소시키는 것으로 알려진 요인들로부터 발생한다. 매스미디어 연구를 통해 흔히 알 수 있는 요인으로는 성별(sex)요인이 있다. 즉 연구대상자가 남성이냐 여성이냐에 따라 해당 점수의 증감을 예상할 수 있는 경우가 가끔 있다.

반면 주어진 자료 내 **오차변량**(error variance)은 해당 연구에서 완전히 연구할 수가 없거나 통제하기가 어려운 미지의 요인들 때문에 발생한다. 모든 연구의 최우선의 목표는 가능한 한 오차변량을 최대한 제거하거나 통제하는 것이다(이와 같은 목표는 일반적으로 실험실 내 연구 환경에서 달성하기가 더 쉽다).

변량분석 모델에서는 다음과 같은 네 가지 가정을 전제로 한다. ① 각 표본은 정규분포한다. ② 각 집단의 변량은 동일하다. ③ 연구대상자, 즉 피험자는 모집단으로부터 무작위로 추출된다. ④ 분석 대상 점수들은 통계적으로 독립적이다. 즉 다른 변인이나 점수와 어떤 공변 관계(concomitant relationship)도 없다.

변량분석 절차는 먼저 2개 이상의 표본을 무작위로 선택함으로써 시작된다. 표본은 같은 모집단에서 선정할 수도 있고, 서로 다른 모집단으로부터 선정할 수도 있다. 그 다음 각 집단을 서로 다르게 실험처치한 후 측정을 실시한다. 그 다음 측정을 통해 얻은 점수는 ***F*值**(F ratio: F)이라고 알려진 변량의 비율(ratio of variance)을 계산하는 데 사용된다.

이 *F*값 계산방법을 이해하려면 **자승합**을 구하는 절차를 좀 더 자세히 알아볼 필요가 있다. 자승합은 음수(negative number)들을 계산할 때 발생하는 복잡한 문제들을 없애기 위해 원 점수(raw score)나 편차를 제곱하여 이를 다시 합하는 것이다. 자료 전체에 제곱을 할 경우 자료가 갖는 의미에는 전혀 변화가 없다(단조 변환(monotonic transformation)이라고 알려짐). 이는 자료를 보다 쉽게 해석할 수 있도록 바꾸는 절차에 해당할 뿐이다.

변량분석에서 자승합은 '(피험자)집단 간', '(피험자)집단 내', 그리고 '전체 집단(집단 간과 집단 내의 합)'으로 계산한다. 집단 간 및 집단 내 자승합을 각각의 자유도로 나누어 **평균자승값**(mean square)을 얻는다. 집단 간의 평균자승값은 MS_b이고, 집단 내의 평균자승값은 MS_w이다. 그런 다음 다음의 공식을 이용해서 F값을 계산한다.

$$F = \frac{MS_b}{MS_w}$$

$MS_b\ df = K-1$

$MS_w\ df = N-K$

K = 집단의 수

N = 전체 표본

자료에서 추출한 F값은 F-분포표(부록의 [표 5]와 [표 6])에서 알맞은 자유도와 적절한 확률수준을 가진 값과 비교한다. 계산을 통해 얻어진 값이 이 분포표에 있는 값과 같거나 크면 변량분석은 통계적으로 유의한 것으로 간주될 수 있다. F-분포표는 2개의 다른 자유도가 이용된다는 것만 제외하고는 t-분포표 및 카이자승표와 비슷하다.

변량분석 통계방법을 이용한 광고연구를 예를 들어 설명해보자. 가령 한 집단에 5명씩 세 집단을 무작위로 뽑아서, 신문에 게재된 새로운 세탁세제 광고에 대한 신뢰도 여부를 알고자 한다고 가정하자. 먼저 신문광고를 세 가지 형태, 즉 이해하기 쉬운 것 · 보통 · 어려운 것 등으로 광고를 설계하여 복잡한 정도를 다르게 반영한 형태로 만들고 이를 세 집단에 노출시킨다. 그 다음 각 피험자들에게 10은 가장 신뢰할 만한 것, 1은 가장 신뢰할 만하지 못한 것을 의미하는 1~10 척도를 이용하여 광고에 등급을 매기게 한다. 이 때 영가설은 "세 가지 형태의 광고에 대한 대상자들의 신뢰도에는 유의한 차이가 전혀 없다"는 것이다.

이 가설을 검증하기 위해서 연구자는 먼저 전체집단, 집단 내 그리고 집단 간의 세 가지 자승합을 계산한다. 자승합(SS)의 공식은 다음과 같다.

$$\text{전체 자승합}(T_{ss}) = \sum X^2 - \frac{(\sum X)^2}{N}$$

$$\text{집단 내 자승합}(W_{ss}) = \sum X^2 - \frac{\sum(\sum X)^2}{N_k}$$

$$\text{집단 간 자승합}(B_{ss}) = \text{전체 자승합}(T_{ss}) - \text{집단 내 자승합}(W_{ss})$$

여기서 N은 표본 전체의 크기를 말하며 n_k는 각 표본의 크기를 말한다. 세 집단의 점수들을 아래와 같은 자료로 나타낼 수 있다.

집단A(쉬운)		집단B(중간)		집단C(어려운)	
X	X^2	X	X^2	X	X^2
1	1	4	16	6	36
2	4	5	25	7	49
4	16	6	36	7	49
4	16	6	36	8	64
5	25	8	64	10	100
16	62	29	177	38	298

$$\sum X = (16 + 29 + 38) = 83$$

$$\sum X^2 = (62 + 177 + 298) = 537$$

연구자는 이 숫자를 앞의 공식에 대입하여 자승합을 다음과 같이 계산할 수 있다.

$$T_{ss} = \sum X^2 - \frac{(\sum X)^2}{N} = 537 - \frac{(83)^2}{15}$$

$$= 537 - 459.2 = 77.8$$

$$W_{ss} = \sum X^2 - \frac{\sum(\sum X)^2}{N_k} = 537 - \frac{16^2}{5} - \frac{29^2}{5} - \frac{38^2}{5}$$

$$= 537 - 51.2 - 168.2 - 288.8 = 28.8$$

$$B_{ss} = T_{ss} - W_{ss} = 77.8 - 28.8 = 49$$

이 정보를 가지고 연구자는 집단 간과 집단 내 평균의 자승(SS/df)을 계산할 수 있으며, 그 다음 그것을 나누어(=MS_b/MS_w) F값을 얻는다. 이렇게 해서 나온 결과가 [그림 12-3]에 나타나 있다.

유의수준을 0.05라고 정하고 F-분포표(부록의 [표 5])를 보면, 자유도가 2와 12인 경우 F값이 3.89 이상이 되어야만 통계적으로 유의함을 나타내준다. 계산된 값 10.2는 확실히 3.89보다 크다. 따라서 세 종류의 광고에 대한 피험자들의 신뢰도에는 통계적으로 유의한 차이가 있다고 할 수 있다. 따라서 연구자는 영가설을 거부하게 된다.

변량원	df	자승합	평균 자승	F
집단 간	2 $(K-1)$	49	24.50	10.19
집단 내	12 $(n-K)$	28.8	2.4	xxxx
전체	14 $(n-1)$	77.8	xxxx	

[그림 12-3] 일원변량분석

3) 이원변량분석

연구자는 종종 연구과정에서 하나 이상의 독립변인들을 연구해야 할 경우를 만난다. 예를 들어 바로 전의 검증에서 연구자는 제2의 독립변인인 제품에 대한 지식 정도를 새로운 변인으로 추가하여 동시에 연구해볼 수도 있다. 그럴 경우 연구자는 **이원변량분석**(two-way ANOVA)을 이용해야만 한다. 이원변량분석에서도 연구자는 자료를 수집해서 일원변량분석과 마찬가지로 그것을 표의 형태로 나타낼 수 있지만, 이원변량분석 표에는 행과 열이 포함되어야 하며, 이 행과 열은 각각의 독립변인을 나타낸다. 숫자 X로 표시되는 각 대상자에 대한 종속변인의 점수는 그 도표의 각 칸에 들어간다. 이 방법은 [그림 12-4]에 표시되어 있다.

이원변량분석은 사실상 2개의 연구를 동시에 행하는 것이기 때문에 시간과 자원을 절약할 수 있다. 나아가 연구자로 하여금 독립변인이 종속변인에 미치는 두 가지 유형의 영향을 계산할 수 있게 해준다. 즉 두 종류의 영향이란 주 효과(main effects)와 상호작용 효과(interactions)를 말한다(일원변량분석은 주 효과만을 검증해준다). **주 효과**는 단순하게 독립변인이 종속변인에 미친 영향을 말한다. **상호작용효과**는 둘 이상의 독립변인이 하나의 종속변인에 대해 동시에 끼친 영향을 가리킨다. 가령 피험자의 교육배경이 그의 미디어의 오락적 이용에는 어떤 영향도 미치지 않는 것으로 나타날지 모르지만 교육정도와 사회경제적 지위라는 두 변인이 상호 작용하게 되면 중요한 효과가 나타날지도 모를 일이다.

이원변량분석에서는 주 효과에 상호작용 효과를 더하면 일원변량분석 [그림 12-3]

과는 조금 다른 유형의 요약 표(그림 12-4)를 만들 수 있다. 일원변량분석처럼 *F*값을 하나만 계산하는 대신 이원변량분석에서는 4개, 즉 '열 간', '행 간', '상호작용', '칸들 내'의 *F*값을 계산하고, 각각을 *F*-분포표에 비추어 통계적으로 유의한지를 검증한다. 주 효과인 '열 간'은 독립적인 변량 수준들에 대한 검증을 의미한다(앞의 예로 설명하면 이것은 신문광고에 대한 이해가 쉬운, 보통인, 어려운 피험자 집단 간의 점수의 차이에 대한 검증이 될 것이다). '행 간'에서 또 하나의 주 효과를 검증할 수 있다. 행 쪽 독립변인의 각 수준들(제품에 대한 지식이 있는 것과 없는 것) 사이에 통계적으로 유의한 차이가 있는가를 검증하는 것이다. '상호작용'은 독립변인들 간의 상호작용을 검증하는 것이고, 각 집단들이 어떤 영향을 미치는지 보기 위해 각 칸들 사이의 유의한 차이를 검증하는 것이 '칸들 내' 검증이다. '전체'를 대상으로 한 *F*값은 계산되지 않는다.

4) 상관관계 분석

잡지 표지에 등장하는 사진의 수와 판매대에서 팔리는 잡지 부수 사이에 어떤 관계가 있을 것이라고 어떤 연구자가 가정한 경우를 생각해보자. 관찰 결과 전면에 사진이 많이 게재될수록 더 많은 부수의 잡지가 팔렸다면 두 변인 사이에는 관계가 있다고 할 수

	집단 A (쉬운)	집단 B (중간)	집단 C (어려운)
상품에 대한 지식 없음	$X_{111}, X_{112}.....$	$X_{121}, X_{122}.....$	$X_{131}, X_{132}.....$
상품에 대한 지식 있음	$X_{211}, X_{212}.....$	$X_{221}, X_{222}.....$	$X_{231}, X_{232}.....$

*X*는 종속변인을 측정한 점수를 나타낸다.
작게 쓴 숫자는 해당 점수를 받은 대상자를 말한다.
예를 들어,

X_{111} — 집단 A / 상품에 대한 지식 없음 / 대상자 번호가 1임

[그림 12-4] 이원변량분석

있다. 두 변인이 상관되어 변화하는 정도를 숫자로 표시한 것을 연관도(measures of association) 혹은 **상관관계**(correlation)라고 한다.

같은 사람이나 집단을 대상으로 2개의 다른 측정을 할 때 하나는 *X* 변인으로 다른 하나는 *Y* 변인으로 지정하는 것이 보통이다. 예를 들어 연구대상자 가족의 크기와 연구대상자가 신문을 읽는 빈도 사이에 어떤 관계가 있는지 측정하고자 할 경우 가족의 크기라는 측정은 *X* 변인으로, 신문 구독이라는 측정은 *Y* 변인으로 표현할 수 있다. 연구대상 집단 내 연구대상자 한 사람 한 사람을 대상으로 두 가지 변인을 측정해야 한다는 점에 유의해야 한다.

[그림 12-5]에는 8명의 연구대상자들로부터 수집된 가상적인 자료가 제시되어 있다. *Y* 변인은 한 주에 신문을 읽는 횟수이고 *X* 변인은 연구대상자의 가족 구성원 수이다. 이 점수들은 2개 이상의 변인 사이의 관계를 나타내주는 그래프 기법인 **산포도**

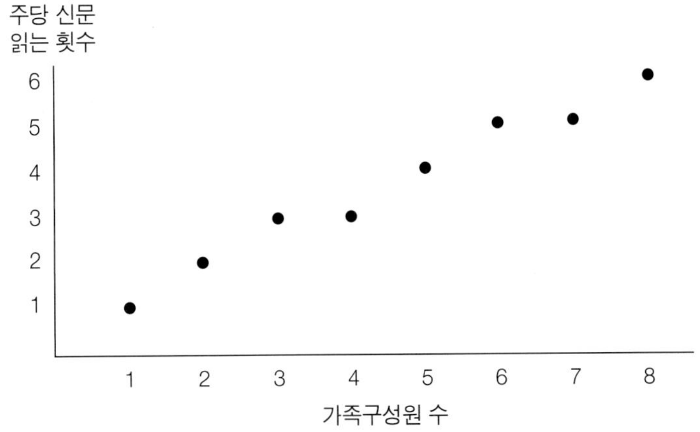

대상자	가족구성원 수(*X*)	주당 신문 읽는 횟수(*Y*)
A	1	1
B	2	2
C	3	3
D	4	3
E	5	4
F	6	5
G	7	5
H	8	6

[그림 12-5] 가족구성원 수와 신문구독 점수의 산포도

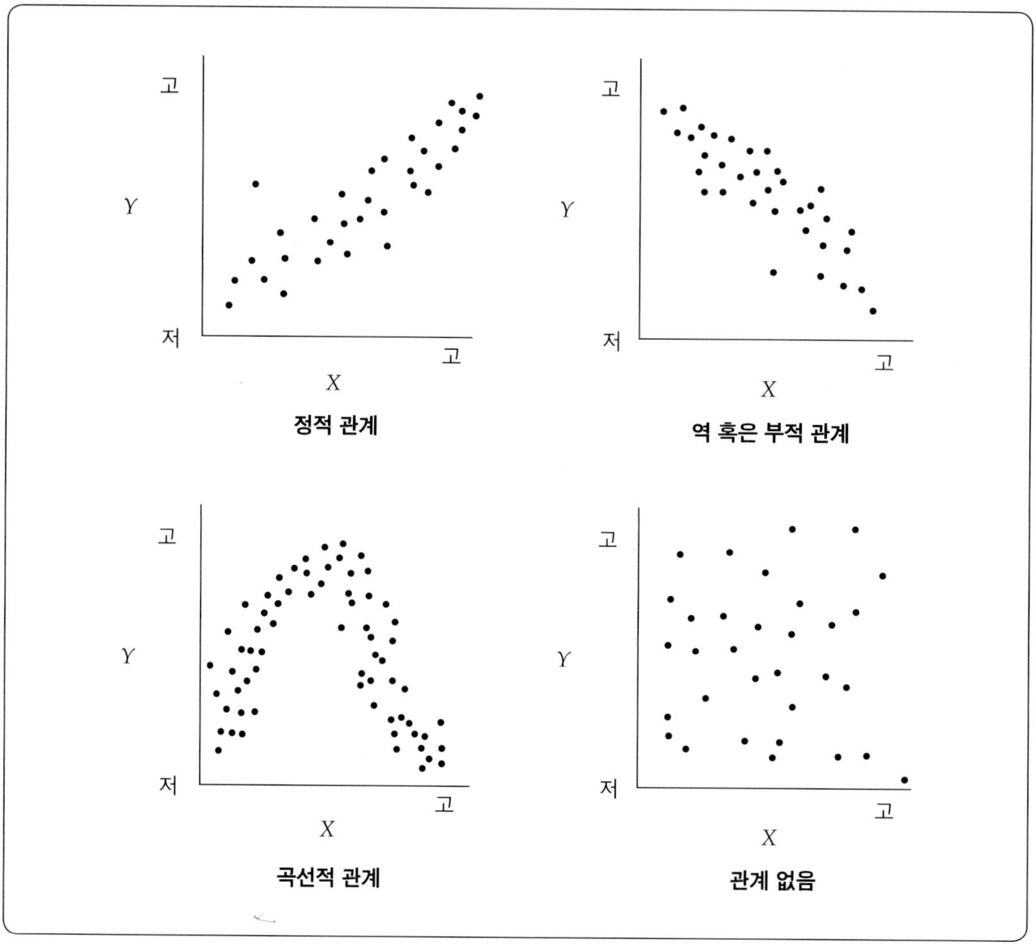

[그림 12-6] 변인들 간의 관계를 보여주는 산포도

(scattergram)로 표시되었다. 연구대상자 한 사람당 두 가지 점수가 산포도 위에 도표로 표시된다. 그림에서 보듯이 가족의 크기와 신문을 읽는 횟수는 함께 증가한다. 이는 정적 관계(positive relationship)의 한 예이다.

반대로 한 변인은 증가하는데 다른 변인이 상응하여 감소하는 경우는 역(inverse) 혹은 부적 관계(negative relationship)라고 한다. 종종 두 변인들 사이의 관계가 어느 정도까지는 정적이다가 역으로 되는 (혹은 그 반대로) 경우도 있다. 이런 관계를 곡선적(curvilinear)이라고 한다. 한 변인의 높은 점수가 다른 변인의 점수가 높아지거나 낮아지는 경향과 아무런 관련이 없을 때 이 두 변인은 아무런 상관관계도 없다고 표현한다. [그림 12-6]은 이 같은 관계들을 보여준다.

두 변인 사이의 관계의 정도를 측정하는 방법에는 여러 통계방법이 이용되고 있지만 가장 널리 사용되는 방법으로 보통 r로 표시하는 피어슨 적률상관관계(pearson product-moment correlation)가 있다. r은 −1.00과 +1.00 사이에서 변화한다. +1.00이라는 상관계수는 완전히 정적인 상관관계를 의미한다. 즉 이 경우 X와 Y 두 변인은 완전히 공변 관계에 있다고 볼 수 있다. −1.00의 피어슨 r은 부적 방향에서 완전한 상관관계를 나타낸다. 피어슨 r이 가질 수 있는 최저 값은 0.00이다. 이것은 두 변인들 사이에 전혀 상관관계가 없음을 나타낸다. 그래서 피어슨 r을 보면 ① 숫자가 나타내는 관계의 강도, ② + 또는 − 기호를 보고 알 수 있는 관계의 방향을 알 수 있다. 관계의 강도는 숫자만 보고 해석해야 한다는 점에 유의해야 한다. 즉 관계의 강도는 절대 값을 놓고 해석해야만 한다. −0.83의 상관관계는 +0.23의 상관관계 보다 강한 상관관계가 두 변인 사이에 형성되어 있음을 말해준다.

r을 계산하는 공식은 복잡하게 보인다. 그러나 사실 이 공식에서 생소한 부호는 하나밖에 없다.

$$r = \frac{N\sum XY - \sum X \sum Y}{\sqrt{[N\sum X^2 - (\sum X)^2][N\sum Y^2 - (\sum Y)^2]}}$$

X와 Y는 서열적 점수를, N은 점수의 쌍이 몇 개인가를 그리고 $\sum$는 다시 합계를 나타내는 부호이다. 생소한 용어는 $\sum XY$로서 X와 Y 각각에서 나온 것을 합한 것을 의미한다. 이 값을 구하려면 단순히 X 변인의 값을 그에 일치하는 Y 변인 값과 곱하고 그 결과를 합산하면 된다. [표 12-4]는 r을 계산하는 방법을 보여준다.

상관계수는 순수한 숫자이지 피트, 인치 또는 파운드로 표시되지 않는다. 그렇다고 비율이나 백분율도 아니다. 피어슨 r값은 원래의 자료의 크기 및 측정 단위와는 상관이 없다(실제로 원래 점수를 같은 단위로 표시할 필요가 없다). r값은 그 추상적 특성 때문에 해석할 때 주의해야 한다. 특히 상관관계가 높은지 낮은지를 결정하는 일은 그리 쉬운 일은 아니다. 어떤 저자들은 r의 어떤 범위를 설명하기 위해 몇 가지의 형용사를 제시한다. 예를 들어 0.40~0.70 사이의 r은 '적당한' 혹은 '상당한' 관계로 표현되는 반면, 0.71~0.90까지의 r은 '매우 높은'이라는 용어로 나타낼 수가 있다.

이 같은 용어의 이용이 도움이 되기도 하지만 때때로 혼란을 야기할 수도 있다. 핵심은 연구의 본질이 무엇인가이다. 예를 들어 TV폭력물의 시청빈도와 폭력 범죄자의 체포빈도 사이의 r이 0.70이라면 그 결과는 '상당한' 것 이상으로 놀랄 만한 내용이 될 것이다. 그와는 반대로 저녁뉴스에서 뉴스 한 건당 소요된 방송시간(량)을 측정하는 데

[표 12-4] r의 계산

대상	X	X^2	Y	Y^2	XY
A	1	1	1	1	1
B	2	4	2	4	4
C	3	9	3	9	9
D	4	1	3	9	12
E	4	1	4	16	16
F	5	2	5	25	25
G	6	3	5	25	30
H	8	6	6	36	48
$N = 8$	$\Sigma X = 33$	$\Sigma X^2 = 171$	$\Sigma Y = 29$	$\Sigma Y^2 = 125$	$\Sigma XY = 145$

$$(\Sigma X)^2 = 1{,}089$$

$$(\Sigma Y)^2 = 841$$

$$r = \frac{(8)(145) - (33)(29)}{\sqrt{[(8)(171) - 1{,}089][(8)(125) - 841]}}$$

$$= \frac{203}{(279)(159)} = \frac{203}{(16.7)(12.6)}$$

$$= \frac{203}{210.62} = 0.964$$

r 공식: $$\frac{N\Sigma XY - \Sigma X \Sigma Y}{\sqrt{[N\Sigma X^2 - (\Sigma X)^2][N\Sigma Y^2 - (\Sigma Y)^2]}}$$

동원된 두 코더 간의 일치도, 즉 r이 0.70이라면 그 수치는 너무 낮아 연구의 신뢰도를 의심할 만한 수준이 된다. 나아가 상관관계가 그 자체로 인과관계를 의미하는 것은 아니다. 신문구독과 소득은 서로 밀접한 관계가 있을지 모르지만 높은 수준의 월급을 받는다고 곧 그것이 신문을 읽게 하는 '원인'이 된다고 볼 수는 없다. 상관관계는 인과성(causality)을 결정하는 하나의 요소에 불과하다.

더 나아가 r이 크다는 것이 필연적으로 상관관계에 있는 두 쌍의 점수들이 꼭 같다는 것을 뜻하지도 않는다. 가령 신문을 읽는 데 소비하는 시간은 TV 뉴스를 시청하는 시간과 0.90의 상관관계를 가질 수도 있을 것이다. 즉 신문을 읽는 시간의 양과 TV 뉴스를 시청하는 시간의 양은 상관관계가 있다. 그러나 상관계수는 각 매체별로 소비한 시간의 '양'이 얼마인지에 대해선 아무것도 말해주지 않는다. 단지 사람들이 신문을 읽는데 소비한 시간과 TV 뉴스를 시청하는 시간 간에는 강한 유사성이 있음을 말해줄 뿐이다.

r을 해석하는 최선의 방법은 아마도 **결정계수**(coefficient of determination), 즉 한 측정치가 다른 변인에 의해 결정될 수 있는 변인의 비율이 얼마인가라는 견지에서 보는 것이다. 그 작업은 두 변량의 비율을 구하기 위해 피어슨 r을 제곱(r^2)해서 계산하는 것이다. 이 비율(ratio)에서 분모는 변인들 중 한 변인의 전체 변량(total variance)이고 분자는 전체 변량 중 다른 변인에 귀속될 수 있는 변량이다. 예를 들어 만약 r=0.40이라면 r^2=0.16이 되는데 이것은 다시 말해 이 변인 하나에 대한 다른 변인의 변량이 16%라는 것을 의미한다. 다른 말로 말하면 하나의 변인을 가지고 다른 하나의 변인을 완벽하게 예측하는 데 필요한 정보 중 16%를 가지고 있다는 것이다. 만약 r=1.00이라면 r^2=100%가 된다. 이 경우 하나의 변인을 가지고 다른 변인을 완전히 예측할 수 있다. 1−r^2이라는 수치는 설명되지 않은 채 남아 있는 변량의 비율을 나타내기 때문에 항상 **비결정계수**(coefficient of nondetermination)라고 부른다.

가령 어린이의 공격성과 TV 폭력물 시청량 사이에 0.30의 상관관계가 있다고 하자. 이것은 곧 공격성과 관련된 전체 변량의 9%를 TV 폭력물을 가지고 설명할 수 있다는 뜻이 될 것이다. 다른 91%의 변량은 TV 변인만 가지고는 설명될 수 없다. 여기서 결정계수는 등간척도로서는 측정할 수 없다는 사실을 유의해야 한다. 즉 0.80은 0.40보다 2배 크지만 0.80의 r이 0.40의 r보다 2배의 상관관계가 있다는 것을 나타낸다는 의미는 아니라는 점이다. 사실 0.40의 r은 변량의 16%를 설명해주는 반면 0.80의 r은 64%, 즉 4배를 설명해준다.

피어슨 r은 두 점수체계 사이에서 계산될 수 있다. 통계를 이용하여 변인 간의 관계에 대한 타당한 설명을 할 수 있으려면 다음의 몇 가지를 가정해야만 한다. 그것은 (1) 자료는 등간적 또는 비율적 척도로 측정되어야 한다는 것, (2) X 변인과 Y 변인의 관계는 곡선적인 것이 아니라 직선적이어야 한다는 것, (3) X 변인과 Y 변인의 분포는 서로 대칭적이며 필적해야 한다는 것 등이다(피어슨 r은 추리통계로도 사용될 수 있다. 그럴 경우 X 변인과 Y 변인은 정규적으로 분포된 모집단으로부터 추출되었다는 점을 가정할 필요가 있다).

이런 가정들이 만들어질 수 없는 경우, 연구자는 스피어만(Spearman)의 로우(rho)나 켄달(Kendall)의 부합성계수 W와 같은 다른 종류의 상관계수를 이용할 수 있다. 이들 다른 상관계수에 대한 보다 자세한 논의에 관심이 있으면 너날리(Nunnally, 1984)의 저서를 참조해보자.

5) 편상관관계 분석

편상관관계(partial correlation)는 연구자가 보기에 혼란변인(confounding variable)이나 가짜변인(spurious variable)이 독립변인과 종속변인 사이의 관계에 영향을 미칠 수 있다고 여겨질 때 사용하는 방법이다. 만약 그러한 영향이 감지되면 연구자는 혼란변인들을 '부분적으로 떼어내거나' 조정할 수가 있다. 예를 들어 TV 광고에 대한 노출 정도와 광고제품의 구매사이에 관계가 있는지를 연구한다고 가정해보자. 연구자들은 액체 세제에 대한 두 종류의 광고—특별한 비디오 효과나 오디오 효과가 없는 단순판매소구(straight sell)형 광고와 특수효과가 있는 강성판매소구(hard sell)형 광고—를 두 집단의 피험자들(분말세제만을 사용하는 집단과 액체세제만을 사용하는 집단)에게 보여 주기로 했다. 연구설계는 [그림 12-7]에 나타난 바와 같다.

연구결과, 두 변인 사이에 매우 약한 상관관계가 있는 것으로 나타냈다고 하자. 연구자는 그 결과가 혹시 혼란변인들 때문에 나온 것이 아닌지 살펴보아야만 한다. 가령 혼란변인을 검토해보면 녹화과정에서 색상의 선명도를 조정하는데 문제가 있었다는 사실이 드러날 수도 있을 것이다. 그 이유로 세제가 TV 스크린에 원래 색인 푸른색이 아니라 칙칙한 갈색으로 나왔을 수 있는 것이다. 이 경우 색 조정 장치를 적절히 조정하여 이 광고를 다시 찍은 다음 연구를 다시 반복해볼 수도 있다. 그러면 이 연구문제

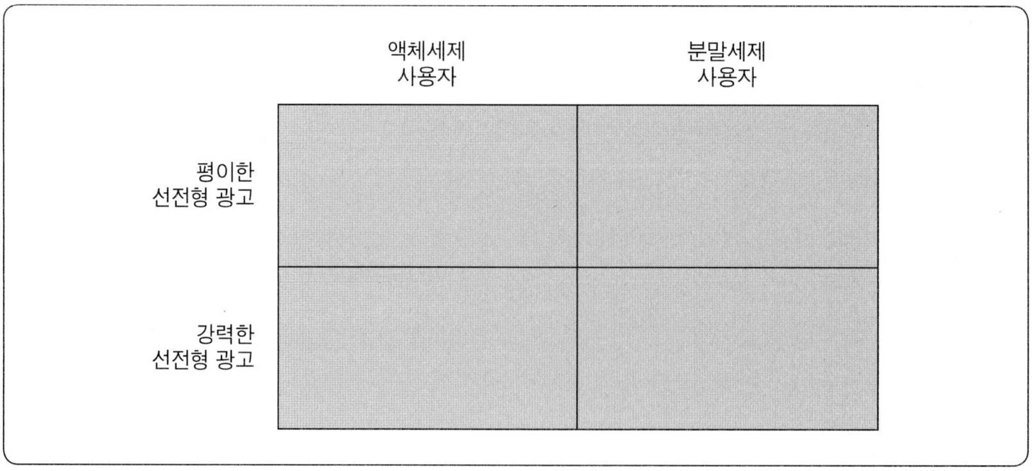

[그림 12-7] 상품구매에 대한 연구설계

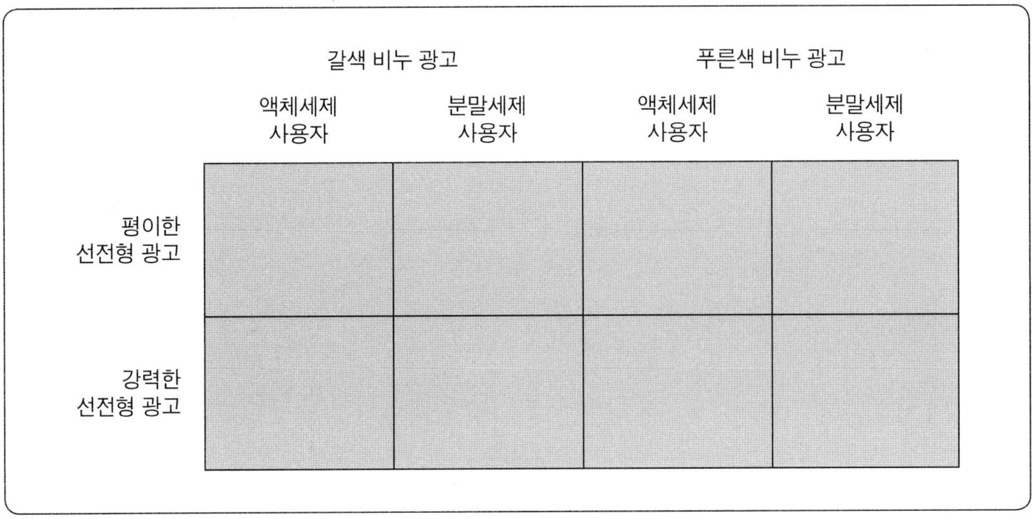

[그림 12-8] 편상관분석을 위한 상품구매 연구설계

를 다시 [그림 12-8]과 같이 연구를 설계할 수 있을 것이다.

연구자는 편상관관계를 이용하여 통제 변인의 영향을 밝혀낼 수 있다. 이 경우 새로운 통계방법을 이용함으로써 원래 연구에서 보다 상관관계가 강해질지도 모른다.

6) 단순선형 회귀분석

단순 상관계수는 두 변인 사이의 관계에 대한 측정이다. 이 통계는 한 변인이 변화함에 따라 다른 변인이 어느 정도 변화하는지를 알아보기 위해 이용한다. **선형 회귀분석**(linear regression)은 두 변인 간의 연관을 이용해서 예측하는 방법 중 하나다. 그 논리적 배경을 설명하기 위해 가장 단순한 사례를 들어 살펴보자.

완전하게 상관관계(r=1.00)인 두 변인이 있다고 한자. 이 경우 연구자는 한 변인의 점수를 가지고 다른 변인의 점수를 결정할 수 있을 것이다. [그림 12-9]는 그러한 상황을 그려놓은 산포도다. 모든 점들이 회귀선, 즉 직선 위에 있음을 주목하자. 그러나 실제 상황에서는 보통 변인들 간의 관계는 결코 그리 단순하지 않으며 산포도 또한 [그림 12-10(a)]와 유사하기 마련이다. 분명한 것은 산포도에서 아무리 단순한 선일지라도 모든 점들을 통과하는 직선은 그려질 수 없다는 점이다. 그러나 모든 관찰 값들을 최고로 많이 표현해내는 선을 수학적으로 구성하는 것은 가능하다. 이 선은 비록 모든 관찰 값들을 통과하지 않지만 가장 가까이에 있는 선이다. 수학자들은 그런 선을 계산할 수 있는 기술을 산출해냈다. '최소자승법(least squares)'이라는 방법이 1794년 독일의 수학자인

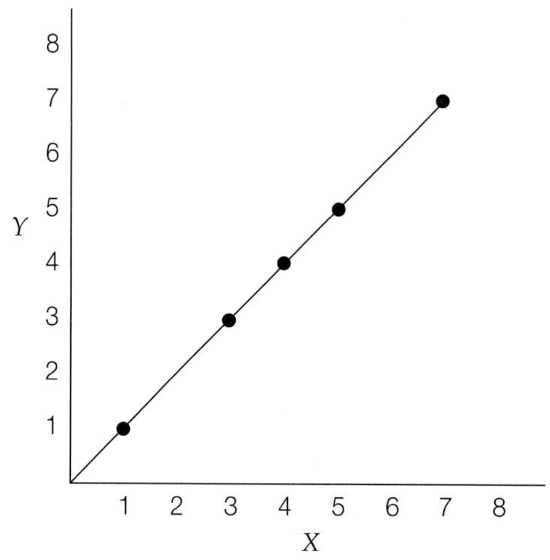

[그림 12-9] 완전선형 상관관계

가우스(Karl Gauss)에 의해 개발되었다.

최소자승법은 두 변인 사이의 관계에 대하여 최고로 요약된 선을 산출해준다. 예를 들어 [그림 12-10(a)]는 X 변인과 Y 변인 사이의 관련성을 표현한 8개의 점을 보여준다. 최소자승법의 원리는 가장 많은 수의 점들이 지나가거나, 그 점들에 가까이 있는 선을 토대로 방정식을 결정하는 것이다. 그 다음 계산된(그럴 것으로 예측된) 선은 실제 선 혹은 완벽한 선과 비교된다. 계산된 선이 실제 선과 가까우면 가까울수록, 그것을 기반으로 한 예측은 더욱 정확하게 된다.

[그림 12-10(b)]의 직선은 가장 많은 자료 점들이 옆에 있거나, 지나간 최고 적정선을 표현한 것이다. 점선은 실제 자료를 근거로 한 점들을 연결한 선이다. 여기서 점선이 실선과 일치하지 않음을 알 수 있다. 즉 자료상의 점들은 실선과 어느 정도 거리를 두고 있다(이는 예측이 완전하지 않음을 보여준다).

최소자승법 원리는 자료상의 점들로부터 최적 선까지의 거리에 대한 측정을 수반한다. 그다음 부정적인(-) 값을 제거하기 위해 제곱하며, 제곱된 값들을 더한다. 컴퓨터는 거리 자승합이 최소가 될 때까지의 반복하여 계산한다. 거리의 자승합이 작아지면 작아질수록 종속변인을 예측하는 회귀선의 정확성은 더욱 더 높아지기 때문이다.

여기서는 기초 분석 기하학 몇 가지를 검토해볼 필요가 있다. 선에 대한 일반적인 방정식은 $Y=a+bX$로, 여기서 Y는 우리가 예측하려고 시도하는 변인이며, X는 그로부

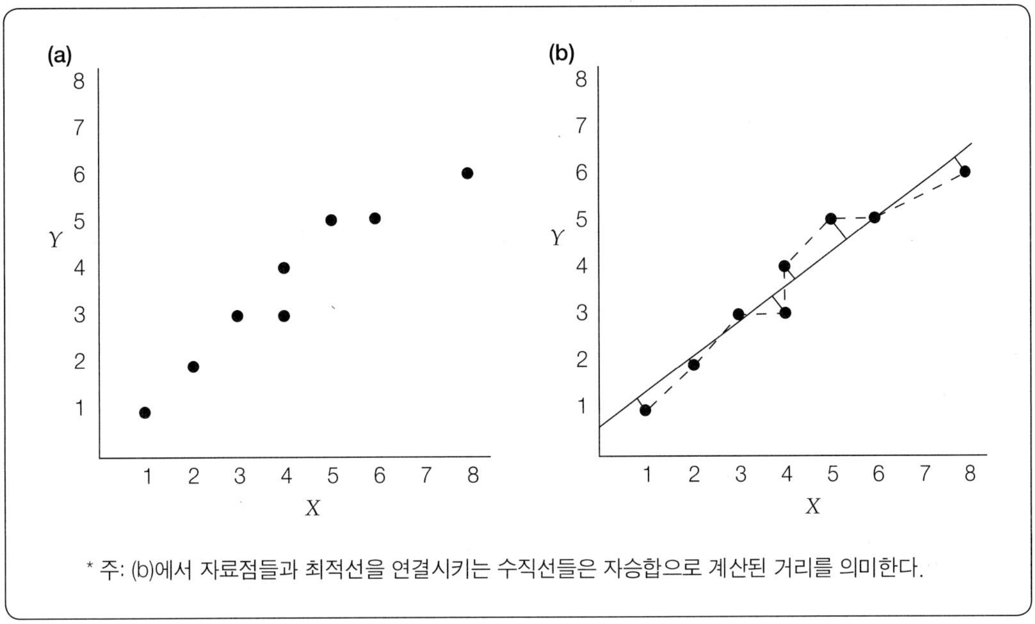

[그림 12-10] (a) X와 Y의 산포도; (b) 회귀선과 산포도

터 예측되는 변인이다. *a*는 *Y*축(수직축)과 교차할 때 생긴 점을 나타내며, *b*는 선의 기울기(경사)이다. 다른 말로 하면 *b*는 *Y*가 *X*의 각각의 변화에 의해 얼마나 변했는지를 알려준다. *X*와 *Y* 사이의 관련성에 의존하기 때문에, 기울기는 긍정적이거나 부정적일 수 있다. [그림 12-9]를 토대로 살펴보면 *X*가 한 단위 증가하면 *Y* 역시 한 단위 증가함을 보여준다. 선이 수직 축과 만나는 점인 *a*값은 '0'이다.

엄격하게 말하자면 회귀선 방정식과 일반 선의 방정식은 꼭 일치하지는 않는다. 왜냐하면 회귀방정식 안의 *Y*가 실재변인 *Y*를 그대로 표현하지는 않기 때문이다. 그러므로 회귀방정식의 *Y*는 보통 $\hat{Y}$로 표시하며, 회귀방정식은 $\hat{Y}=a+bX$로 표현된다.

이제 이 일반 방정식을 구체적으로 적용해보자. 교육 정도와 하루 신문을 읽는 데 보내는 시간 사이의 연관에 대한 자료를 가지고 있다고 가상해보자. 회귀방정식은 다음과 같다.

$$\text{신문 읽는 시간(분)}=2+3\times\text{교육}$$

우리는 이 방정식으로부터 무엇을 연역할 수 있는가? 첫째로 *a*값은 우리에게 정규교육을 전혀 받지 못한 사람의 신문 읽는 시간이 하루 평균 2분이라는 것을 말해준다. *b*값은 신문 읽는 시간이 교육정도가 증가함에 따라서 3분씩 증가하고 있음을 나타내준다. 교육 연수가 10년인 사람에 대해서 무엇을 예측할 수 있을까? 대입해보면, 매일 신문 읽는 시간은 $\hat{Y}$=2+3(10)=32분이다.

다른 예를 들어보자. 사람의 IQ점수를 가지고 하루 평균 TV 시청시간을 예측하는 가설적 회귀방정식 $\hat{Y}$=5-0.01(IQ)이 있다고 하자.

이 경우, IQ가 100인 사람이 TV 시청하는데 하루 평균 얼마의 시간을 보낼까?

$$\hat{Y}=5-0.01(100)=5-1=4\text{시간}$$

이 방정식에 따르면 일일 TV 시청시간은 IQ 점수 당 0.01시간씩 감소한다.

회귀방정식의 산술적 계산은 직접적이다. 첫째로 선의 기울기인 b는 다음과 같이 구한다.

$$b = \frac{N\Sigma XY - (\Sigma X)(\Sigma Y)}{N\Sigma X^2 - (\Sigma X)^2}$$

분자는 상관계수 r의 그것과 같다. 분모는 r공식의 분모 안의 첫 번째 내용과 일치한다. 따라서 b의 계산은 쉽게 이루어진다. [표 12-4]의 자료를 이용하여 계산하면 다음과 같다.

$$b = \frac{8(145)-(33)(29)}{8(171)-(1089)} = \frac{203}{279} = 0.73$$

절편 값(a)은 다음과 같이 계산된다.

$$a = \overline{Y} - b\overline{X}$$

다시 [표 12-4]의 자료를 이용하여 a를 계산하면, 다음과 같다.

$$a = 3.63-(0.73)(4.125) = 3.63-3.01 = 0.62$$

이를 통해 완성된 회귀방정식은 $\hat{Y}$=0.62+0.73X이다.

물론 단순 회귀방정식은 그 이름이 시사하는 바와 같이 X와 Y 사이의 관계가 선형임을 가정한다. 만약 산포도 연구에서 곡선 관계가 나타난다면 다른 회귀 기법이 필요할 것이다. 회귀(regression)라는 개념은 단일 준거변인의 값을 예측하기 위해 다양한 예측변인을 활용하는 경우로까지 확장될 수 있다.

7) 다중 회귀분석

다중 회귀분석(multiple regression)은 단순선형 회귀분석의 확장으로 2개 이상의 독립변인들과 하나의 종속변인(준거변인) 사이의 관계를 분석하기 위해 사용하는 또 다른 통계기법이다. 다중 회귀분석은 변량 분석과 여러 가지 면에서 비슷하나 기본적인 목적은 여러 독립변인들의 분석을 통해 종속변인을 '예측'하는 데 있다.

어느 연구에서든지 간에 종속변인은 다양한 독립변인들로부터 영향을 받는다. 다중 회귀분석의 가장 큰 목적은 가능한 한 종속변인 내의 많은 변량을 설명해주는 공식을 만들어내는 것이다. 연구자들은 이 분석 방법을 대학입시성적, 제품의 판매수준을 예측하는 데 광범위하게 이용하고 있다. 이들 종속변인은 독립변인들의 **가중선형조합**(weighted linear combinations)을 토대로 예측된다. [그림 12-11]은 간단한 다중 회귀분석의 모형을 보여준다.

변인들의 선형조합은 고급 통계에서 중요한 역할을 한다. 가중선형조합의 개념을 이해하기 위해 대학에서 과목 수강생들의 기말 성적을 구하는 방식에 대해 생각해보자. 한 교수는 학생들이 다섯 번의 시험을 어떻게 치렀는가를 가지고 최종성적을 내려고 한다. 이 경우 다섯 번의 시험점수를 합해서 평균을 구해 학생 개인의 최종 점수를 구한다. 한 학생이 다섯 번의 시험에서 다음과 같은 점수를 얻었다고 가정해보자. B(3.0), D(1.5), B(3.0), B+(3.5), A(4.0) 등을 얻었다. 이 학생의 최종성적은 B(15/5=3.0)가 될

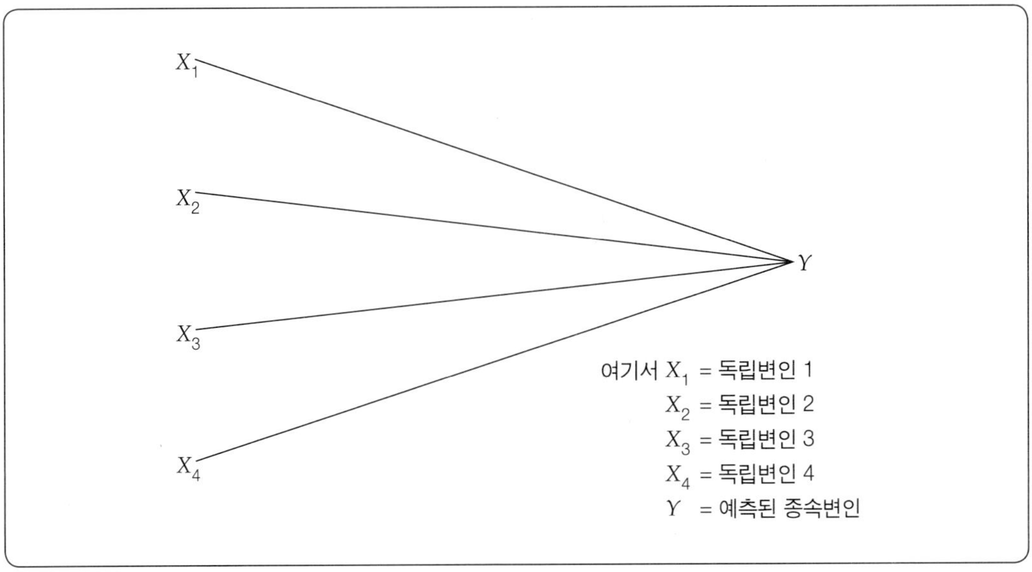

[그림 12-11] 다중 회귀 모델

것이다. 이 때 학점은 5개 시험성적(독립변인)의 선형조합으로 결정되는 종속변인이다. 이 경우 모든 시험이 똑같이 간주되었을 뿐 어느 시험도 다른 시험보다 더 중요하게 고려되지 않았다. 따라서 이 선형조합은 가중치를 준 것이라고 할 수 없다.

같은 경우를 대상으로 다른 교수가 성적을 내려고 한다고 하자. 그런데 이 교수는 첫 번째 시험은 30%, 마지막 시험은 40%, 그리고 나머지 세 번의 시험은 각각 10%로 계산해 성적을 내기로 결정하였다. 이럴 경우 위 학생의 최종성적은 3.3이 될 것이다. 이 점수는 가중치가 주어진 선형조합이다. 즉 첫 번째와 마지막 시험은 다른 시험보다 최종성적에 더 많은 비중을 갖는다. 이와 같이 성적을 구하는 방식에 다중 회귀분석에 이용된다. 즉 종속변인을 예측하기 위해 독립변인들에 가중치를 주고 그 합계를 낸다. 선형조합에서 각 변인의 가중치를 '계수(coefficient)'라고 한다.

다중 회귀방정식은 종속변인의 복잡성에 따라서 독립변인들의 수가 달라질 수 있다. 그런 유형의 방정식을 다음과 같은 형태로 간단히 나타낼 수가 있다(각 변인의 가중치는 가상적인 수치이다).

$$\hat{Y} = 0.89X_1 = 2.5X_2 - 3$$

$\hat{Y}$ = 예측점수나 예측변인

X_1 = 독립변인 1

X_2 = 독립변인 2

이 공식에서 3이라는 숫자는 각 대상자들의 점수에서 빼낸 상수이다. 다중 회귀분석을 통해 만들어진 모든 방정식은 공간 속의 어떤 직선을 나타낸다. 다시 말해 종속변인은 독립변인의 선형조합 혹은 선으로 해석된다. 이 선의 기울기는 변수들에 주어진 '회귀계수'에 의해 결정된다. 따라서 연구자의 목적은 종속변인의 실제 선(true line, 완전한 예측을 나타내는 수학적으로 결정된 선)에 가능한 한 최대로 일치하는 직선 방정식을 끌어내는 것이다. 이렇게 하여 계산해서 나온 직선이 실선에 가까우면 가까울수록 보다 정확히 예측이 가능하게 된다.

다중 회귀분석에서 계산해야 하는 또 하나의 중요한 값이 상관계수 R이다. 이것은 예측된 Y 점수와 X 점수의 가중선형조합 사이의 적률조합(product-moment combination)을 나타낸다. 이 계수의 제곱(R^2)은 예측변인(predictor variable)에 의해 설명되는 종속변인 내의 변량의 비율을 가리킨다. R^2이 크면 클수록(다시 말해 숫자가 1.00에 가까울수록) 예측은 더 정확해진다고 볼 수 있다.

[표 12-5] 드류와 리브스의 다중 회귀분석

예측변인(β)	베타 가중치
좋아하는 프로그램	0.15**
신뢰도	0.10*
정보내용	0.39***
좋아하는 기사	0.25***
다중 상관계수 R	0.546
R^2	0.298

* $p < 0.05$

** $p < 0.01$

*** $p < 0.001$

드류와 리브즈(Drew & Reeves, 1980)는 TV 뉴스 기사로부터 어린이들이 학습하는 방식에 어떤 요인들이 영향을 미치는지를 알아보기 위해 다중 회귀분석을 했다. 이들은 '학습'이라는 종속변인을 실험실 상황에서 '어린이들이 TV 뉴스 프로그램 보고나서 설문지에 10점 만점 기준으로 평가해서 얻어진 점수'로 정의하였다. 이미 기존에 행해진 연구결과를 기초로 독립변인을 선정하고, 다음의 네 가지를 측정하기로 하였는데 ① 어린이들이 TV 뉴스 프로그램을 좋아하는지 여부, ② 어린이들이 특정 뉴스 기사를 좋아하는지 여부, ③ 프로그램에 대한 신뢰도 여부, ④ 특정한 기사의 정보 내용 등이 그것이다. [표 12-5]에서 보듯이 결과는 독립변인들 모두가 어린이들의 학습과 통계적으로 유의한 관계인 것으로 나타났다. **베타 가중치**가 보여주듯이, '정보내용' 변인은 학습의 가장 좋은 예측변인이고 '신뢰도' 변인의 설명력은 가장 낮다. 여기서 0.546이라는 다중 상관계수 $R_{(\text{multiple R})}$ 값은 매우 유의한 것으로 생각될 수 있다. 그러나 이들 4개의 예측변인들이 설명해주는 변량은 전체의 30%(0.546²)만을 설명하기 때문에 이 값만 가지고는 충분히 설명하지 못할 수도 있다.

요약

그동안 매스미디어 연구는 양적인 성장과 함께 통계방법의 이용이라는 측면에서도 괄목할 만한 성장을 가져왔다. 이 장의 목적은 하나의 종속변인과 하나 이상의 독립변인의 연구에 관련되어 널리 이용되고 있는 기초 통계 몇 가지를 소개하는 데 있었다. 여기서 다룬 내용은 초보 연구자들이 이들 통계 절차를 이용해서 쓴 기존 논문들을 읽고 분석하는 데 도움을 주기 위한 것이다.

이 장에서 강조하는 것은 통계 자체보다도 통계를 어떻게 '이용'하느냐 하는 것이다. 각 통계방법의 기본 공식을 간략히 설명함으로써 초보 연구자들로 하여금 어떤 과정을 통해 자료가 나오게 되었는가를 이해할 수 있게 하고자 했다. 그러나 이 장의 더 큰 목적은 각각의 통계방법을 언제, 어떻게 사용해야 하는가에 대한 지식을 전달하고자 하는 데 있다. 연구자라면 무엇을 연구문제나 연구주제로 삼을 것인가를 결정하는 일뿐만 아니라 어떤 통계방법이 본인이 설정한 연구문제를 해결하는 데 가장 적합한가를 판단할 수 있어야만 한다.

핵심용어

가중선형조합(weighted linear combination)
결정계수(coefficient of determination)
교차분석(crosstab, cross-tabulation)
다중 회귀분석(multiple regression)
모수통계(parametric statistics)
베타 가중치(beta weight)
변량분석(analysis of variance, ANOVA)
변량원(sources of variation)
비모수통계(non parametric statistics)
산포도(scattergram)
상관관계(correlation)
상호작용 효과(interaction)
선형 회귀분석(linear regression)
오차변량(error variance)
유관표(contingency table)
이원변량분석(two-way ANOVA)
자승합(sum of squares)
자유도(degrees of freedom)
주 효과(main effect)
체계적 변량(systematic variance)
카이자승 적합도(chi-square goodness of fit)
편상관관계(partial correlation)
피어슨 상관관계계수 r(Pearson r)
F값(F ratio)
t-검증(t-test)

인터넷 활용하기

1. 몇몇 온라인 통계패키지와 통계 계산기는 온라인에서 이용 가능하다. 온라인 "통계 패키지", "통계 계산기" 등을 인터넷에서 검색해보자.

2. 인터넷에는 통계에 대한 훌륭한 정보원들이 많이 있다. "변량 분석", "선형 회귀분석", "피셔 경", "다중 회귀분석", "다중선형성" 등을 검색해보자.

생각해볼 문제

1. 카이자승법을 이용하기에 적합한 매스미디어 연구를 설계해보자. 시작 전에 인터넷에서 "매스미디어 연구문제"를 검색하여 참조해보자.
2. 본문의 TV 수상기 판매에 대한 카이자승 분석 사례에서, 관찰된 판매 빈도가 210(알씨에이), 350(소니), 200(샤프), 240(미츠비시) 등으로 나타났다고 가정해보자. 이 경우 카이자승 값은 얼마인가? 이 값은 통계적으로 유의한가?
3. 동일한 현상에 대해 t-검증을 실행하는 대신 ANOVA 검증을 이용할 때 생기는 이점은 무엇인가?
4. 한 피험자의 텔레비전 시청, 라디오 청취, 뉴스 구독 행위를 예측하고자 할 때 다중 회귀분석을 어떻게 이용할 수 있는가?
5. 앞에서 피어슨 상관관계계수 r은 두 가지 점수체계끼리 계산될 수 있다고 언급하였다. 이 말은 곧 모든 피어슨 상관관계는 논리적이라는 것을 의미하는가? 그러면 어떤 상관관계들은 왜 사이비과학이나 초자연현상이라고 불리는가?
6. 다음의 주어진 점수들을 가지고 r값을 계산해보자.

   X: 1 1 3 2 2 4 5 7

   Y: 8 6 5 4 3 5 2 3

   답: 0.65. 열 A, B, 행 1부터 8에 자료를 기입할 때 엑셀(Excel)을 이용한다면 답을 계산하는 데 "=CORREL(A1:A8, B1:B8)"를 이용해보자.
7. 문항 6에서 짝 지워진 자료들을 다른 순서로 입력하여 상관관계를 다시 계산해보자. 상관관계가 어떻게 되는가?
8. 문항 6에서의 모든 점수에 10을 더하고 상관관계를 다시 계산해보자. 상관관계가 어떻게 되는가?

이에 대한 추가적인 정보는 www.wimmerdominick.com이나 www.cengagebrain.com에서 찾아보자.

참고문헌 및 권유문헌

Bruning, J. L., & Kintz, B. L. (1997). *Computational handbook of statistics* (4th ed.) New York, NY: Longman.

Cochran, W. G. (1976). Early development of techniques in comparative experimentation. In D. B. Owen (Ed.), *On the history of statistics and probability*. New York, NY: Marcel Dekker.

Cohen, J., & Cohen, P. (1975). *Applied multiple regression/correlation analysis for the behavioral sciences*. Hillsdale, NJ: Lawrence Erlbaum.

Drew, D., & Reeves, B. (1980). Learning from a television news story. *Communication Research*, 7, 121–135.

Fisher, R. A. (1922). On the mathematical foundations of theoretical statistics. *Philosophical Transactions of the Royal Society, (A)* 222, 309–368.

Garramone, G. (1985). Effects of negative political advertising: The roles of sponsor and rebuttal. *Journal of Broadcasting & Electronic Media*, 29, 147–159.

Kerlinger, F. N., & Pedhazur, E. J. (1997). *Multiple regression in behavioral research* (3rd ed.). New York, NY: Holt, Rinehart & Winston.

Nie, N. H., Hull, C. H., Jenkins, J. G., Steinbrenner, K., & Bent, D. H. (1975). *Statistical package for the social sciences*. New York, NY: McGraw-Hill.

Nunnally, J. C. (1994). *Psychometric theory* (4th ed.). New York, NY: McGraw-Hill.

Reeves, B., & Miller, M. (1977). A multidimensional measure of children's identification with television characters. *Journal of Broadcasting*, 22, 71–86.

Thorndike, R. M. (1978). *Correlational procedures for research*. New York, NY: Gardner Press.

Tukey, J. W. (1986). *The collected works of John W. Tukey* (Vols. III–IV). Belmont, CA: Wadsworth.

4부 연구응용

13장 신문과 잡지 연구

이 장의 원래 제목은 인쇄미디어 연구였다. 그러나 이제 그런 제목은 적합하지 않다. 왜냐하면 이제 인쇄미디어는 더 이상 인쇄미디어가 아니고 온라인 미디어와 공존하기 때문이다. 현실적으로 전통적인 인쇄판 신문이나 잡지보다는 온라인판 신문이나 잡지가 더 중요한 역할을 하고 있다. 100년 이상의 전통의 지닌 〈크리스천 사이언스모니터(The Christian Monitor)〉지도 2009년부터는 더 이상 인쇄판을 발행하지 않고, 〈시애틀 포스트 인텔리전서(Seattle Post-Intellgencer)〉지처럼 무게중심을 인터넷으로 옮겼다. 〈디트로이트뉴스(The Detroit News)〉와 〈디트로이트 프리 프레스(The Detroit Free Press)〉는 인쇄판 가정배달을 일주일에 3일로 줄이고 나머지 다른 날들은 독자들이 직접 신문 웹사이트를 방문하여 기사를 접할 것을 요구하였다. 잡지사들 중에서도 아예 인쇄본은 찍지 않고 온라인판만 제공하는 경우가 늘고 있다.

이런 변화는 주로 경제적이 이유에서 비롯된다. 신문사의 광고수입을 감소하고 있다. 21세기 초부터 시작된 경기후퇴의 영향으로 인해 광고주들은 광고예산을 줄여가고 있다. 나아가 많은 사람들 특히 젊은 세대일수록 뉴스나 오락을 웹사이트를 통해 접하기 때문에 신문구독을 점점 줄어들고 있다. 그 결과 요즈음 출판비즈니스와 관련된 연구의 대부분은 어떻게 하면 사업을 유지할 수 있느냐에 관한 것들이다. 나아가 웹페이지로 신문을 구독하는 사람에게 어떻게 돈을 지불하게 할 것인가, 신문이나 잡지 구독에 모바일 미디어(스마트폰, e-리더기, 태블릿 컴퓨터 등)가 미치는 영향은 무엇인가 그리고 온라인 독자들에게 적합한 애플리케이션은 무엇인가 등의 주제가 연구대상이 되고 있다. 이런 관심에도 불구하고 아직까지 이에 관한 학술 연구가 많은 것은 아니다.

인쇄미디어 연구라고 해서 다른 분야의 연구방법들과 차별적이지는 않다. 학술연구 및 미디어 업계의 상업적 연구 모두 신문과 잡지 연구에 내용분석, 실험, 포커스그룹 연구 및 서베이 방법 등을 주로 이용한다. 그렇지만 인쇄미디어 연구를 다른 미디어 연구와 비교해볼 때 관심 대상이 몇 가지로 집중되며, 보다 실용 지향적인 경향을 보인다. 이 장에서는 신문과 잡지연구의 보편적인 유형들에 대해 오프라인과 온라인을 개괄해서 소개하고자 한다.

여기서는 이 분야 기초적인 수준의 연구인 시장조사와 광고노출 연구는 다루지 않는다. 기초적인 시장조사는 신문이나 잡지의 잠재적인 독자군을 대상으로 인구학적 속성과 심리학적 특징을 다룬다. 이 같은 시장조사 기법에 대한 내용은 아커와 동료들(Aaker, Kumer, & Day, 2004)이 자세히 설명하고 있다. 광고노출에 대한 연구(구독자 트래픽연구(reader traffic studies)라고도 함)는 주로 독자들이 어떤 광고물을 주목하고 읽는지를 알아보기 위해 이루어진다. 이런 유형의 연구에 대한 자세한 내용은 15장을 참조하기 바란다.

01 배경

초기 인쇄미디어 연구의 대부분은 질적 연구이었다. 〈저널리즘 블루틴(Journalism Bulletin)〉을 계승해서 1928년에는 〈저널리즘 쿼털리(Journalism Quarterly)〉가 창간되었고, 그 창간호에는 언론법 · 언론사 · 비교신문론 · 언론 윤리를 다룬 논문들이 수록되었다. 1930년부터 이 학술지에 양적 방법을 이용한 연구들이 등장하기 시작하였다. 그 해 3월에 이 학술지에 게재된 한 논문은 당시 신문과 잡지 종사자들이 어떤 문제에 관심을 가지고 있는지를 연구한 내용이었다. 그 결과는 신문내용에 대한 독자들의 관심사가 무엇인지를 연구해보고 싶다는 의견이 대부분이었다. 1930년 6월호에는 나프지거(Ralph Nafziger)의 논문, 즉 "위스콘신 주 메디슨 시의 독자들의 관심도 서베이"가 포함되어 있었는데 이 논문은 이후 실시된 수백 개 조사연구의 모델이 되었다.

또한 1930년대는 인쇄미디어 광고의 효과를 평가하기 위해 설계된 수많은 연구가 발표된 시기였다. 이후로 이를 응용한 연구들이 등장했고 많은 출판사들이 열독률 서베이를 후원하기 시작하였다. 그렇지만 대체로 연구 결과는 연구 주체가 독점하는 것으로 간주되었다.

양적 연구기법이 널리 채택되면서 신문과 잡지에 대한 연구도 점점 더 경험적인 방법을 원용하게 되었다. 슈람(Wilbur Schramm, 1957)은 〈퍼블릭 오피니언 쿼털리(Public Opinion Quarterly)〉에 실린 그의 논문에서 그 동안 〈저널리즘 쿼털리〉에 보고된 20년간의 연구들을 분석했다. 그 결과, 양적 연구의 확산을 처음으로 발견하였다. 즉 1937~1941년 사이에 게재된 101개 논문 중 겨우 10%만이 양적 분석을 이용한 것이었지만, 1952~1956년 사이에 게재된 143개 논문 중 거의 절반이 양적인 연구로 나타나 불과 15년 만에 무려 5배나 그 양이 증가했음을 보여주었다. 슈람은 이렇게 양적 연구가 증가한 이유로 연구대상 기초 자료를 이용하기가 이전보다 쉬워졌고, 보다 전문화된 연구 수단들이 개발되었으며, 연구에 대한 후원이 제도화되었다는 점 등을 들었다.

1960년까지 신문과 잡지는 수용자들의 관심을 모으고 광고주의 투자를 얻어내기 위해 라디오는 물론 TV와도 경쟁해야 하였다. 이 같은 상황 전개는 민간영역에서 연구의 증가에 크게 기여하였다. 미국신문발행인협회(American Newspaper Publishers Association: ANPA)의 광고국은(지금은 신문광고국Newspaper Advertising Bureau이라고 함) 언론사와 수용자의 모든 측면을 연구하기 시작하였다. 1970년대에 들어서면서 광고국에서는 뉴스연구센터(News Research Center)를 만들고 연구 결과를 담은 연구 보고서를 각 신문사 편집자들에게 제공하였다. 잡지출판인협회(Magazin Publishers Association: MPA) 또한 서베이 조사를 후원하기 시작하였다. 이와 같은 지속적인 관심은 1979년 〈뉴스페이퍼 리서치 저널(Newspaper Research Journal)〉의 탄생으로 이어지는데, 이 학술지는 전적으로 신문경영에 실제적으로 기여할 연구를 수행할 목적으로 간행되었다.

1976년, 발행부수와 신문독자의 감소에 대한 문제를 연구하기 위한 〈신문 열독률 프로젝트(Newspaper Readership Project)〉가 수행되었다. 이 연구를 위해 6년 동안 5백만 달러의 비용이 지원되었다. 시라큐스 대학(Syracuse Univ.) 내에 연구센터를 세우고 300개 이상의 연구들을 종합했고 신문구독습관에 대한 연구물들을 발행하였다. 신문광고국에서도 많은 연구와 심층적인 포커스그룹 연구를 실시하였다. 또한 편집자 대상으로 조사연구의 이용 방법과 한계를 설명하기 위한 워크숍을 전국적으로 개최하였다. 그 결과, 열독률 프로젝트가 끝나갈 즈음에 가서는 대부분의 신문사 편집자들이 조사연구를 경영의 필수도구로 받아들이게 되었다. 보가트(Bogart, 1991)는 이 열독률 프로젝트 전반을 잘 설명하고 있다.

1977년에는 신문광고국의 하부 단체인 신문연구협회(Newspaper Research Counci: NRC)에 75명의 회원이 가입하였다. 이 협회는 미국신문편집인협회(American Society of Newspaper Editors)와 함께 발행부수 유지 연구에 관한 조사를 같이 했고, 국제신문마케팅연합회(International Newspaper Marketing Association)와 일요판만 구독하는 독자를 일간 독자로 전환시키는 방법에 관한 연구를 수행하였다. 1992년 신문광고국은 미국신문발행인협회와 합병하여 미국신문협회(Newspaper Association of American: NAA)를 창설하였다. 미국신문협회(NAA)는 많은 연구지원을 통해 신문연구협회(NRC)의 노력을 지속해갔으며 젊은 독자들을 유치하고 광고를 통해 신문구독을 고무시키는 방안들을 연구하였다. 미국신문협회(NAA)의 최근의 노력은 신문내용과 독자 간의 관계를 연구하는 5개년 계획의 1단계 열독률 연구를 시작하도록 한 것이다. 노스웨스턴 대학(Northwestern Univ.)의 미디어 경영센터(Media Management Center) 내 열독률연구소(Readership Institute)가 이 연구를 지휘 감독하였다. 2000년에 들어서면서 이 열독률연구소는 열독률 증대를 목표로 37,000명의 독자와 100개 신문사로부터 자료를 수집하는 임팩트 연구(Impact Study)를 시작하였다. 이 연구결과는 2004년 미국신문협회(NAA)와 미국신문편집인단체 주최의 컨벤션에서 보고되었다.

퓨 조사센터(Pew Research Center)는 2004년부터 뉴스미디어의 현황을 소개하는 연차 보고서를 발행하고 있다. 이 보고서에는 신문과 뉴스 잡지의 독자에 관한 유용한 통계가 소개되어 있다. 예를 들어 2011년도 보고서에는 독자 확보 상위 15개 온라인판 신문사들이 어떤 신문사들인지가 나와 있다.

02 연구 유형

신문과 잡지 연구자들은 다음의 네 가지 기본적인 유형의 연구를 수행한다. 즉 ① 열독률(readership), ② 발행부수(circulation), ③ 경영(management), ④ 웹사이트 유용성(website usability) 등이다.

대부분의 연구가 열독률과 관련된 것들이며 그다음은 발행부수, 경영의 순이다. 여기에 웹사이트 유용성 연구가 새롭게 부상하고 있다.

1) 열독연구

2차 세계대전을 전후로 하여 미국에서는 열독률 조사연구를 많이 했다. 갤럽은 열독률 조사 방법론을 개발한 개척자로서, 응답자를 직접 만나 신문을 보여주고 그들이 읽은 기사가 어떤 것인지를 물어 보는 방식을 취하였다. 신문 열독률에 관한 가장 완벽하다고 볼 수 있는 연구는 미국신문발행인협회(ANPA)가 실시한 〈**뉴스 평생 연구**(Continuing Studies of Newspaper)〉인데 1939~1950년 사이에 130개 일간신문 구독자 5만 명 이상과 면접을 실시한 연구다(Swanson, 1955).

1960년대와 1970년에 들어서 대도시권 지역의 신문발행부수가 줄어들기 시작하면서 열독률 연구는 더욱 중요하게 되었다. 편집자와 발행인들이 독자들의 관심을 끌 수 있는 방안에 관심을 가지면서 수용자에 대한 자세한 정보를 얻기 위해 서베이 조사에 의존하기 시작하였다. 새로운 세기에 접어들면서 경제적 불확실성이 증가하고 전통미디어와 온라인 미디어간의 경쟁이 증가하면서 열독률 조사연구는 더욱 중요하게 자리 잡고 있다. 이미 열독률연구소가 수행한 연구들에서 분명하게 드러난 예측이기도 하지만 웹사이트, 스마트폰 및 태블릿 컴퓨터와 같은 뉴미디어가 신문과 잡지 소비에 미치는 영향을 조사하려는 연구들이 전에 없이 많이 증가하고 있다.

오늘날 신문열독률 연구의 형태는 독자 프로파일, 아이템 선별 연구, 독자-비독자 연구, 이용과 충족 연구, 기자-독자 비교라는 다섯 종류로 나누어볼 수 있다.

(1) 독자 프로파일

독자 프로파일(reader profile)에는 두 가지 유형이 있다. 전통적인 의미에서 독자 프로파일이란 특정 온·오프라인 독자들을 대상으로 그 인구학적 속성을 요약(demographic summary)하여 제공하는 것이다. 예를 들어 2011년도 people.com 독자들은 70%가 여성이고 평균나이는 38세이며 독자 중 26%의 가구수입이 10만 달러가 넘는 것으로 보고되었다. 한편 〈**뉴욕타임즈**(New York Times)〉의 독자는 보통 49세의 남성이고, 대학수준의 학력을 지녔으며, 가구당 평균수입은 10만 달러 정도인 것으로 밝혀졌다. 이런 자료는 해당 출판물의 핵심 콘텐츠를 무엇으로 해야 할지, 광고 홍보는 어떻게 준비해야 할지, 독자 확장을 어디서 어떻게 할 것인지를 논의하는 데 이용된다.

같은 인구학적 특성을 지니고 있는 사람들 사이에도 온·오프라인 신문과 잡지의 구독 양식에 큰 차이가 있을 수도 있기 때문에, 최근 연구자들은 독자 프로파일에 사이코그래픽[역자주 1]과 **라이프스타일 세분화 연구**를 이용하기도 한다. 두 과정은 전통적인 인구

역자주 1 개인의 라이프스타일, 습관, 태도, 신념과 가치체계를 연구하는 분야다. 소비자들은 인구통계학적, 지리적특성이 같더라도 구매특성은 매우 다르게 나타나는데 이것은 개인마다 특성이 다르기 때문이다. 인구통계학적인 접근방식으로 고객 세분화를 하는 방식이 한계에 봉착함에 따라 이런 사이코그래픽 접근법은 갈수록 설득력을 얻어가고 있다.

학적 특성을 초월하여 독자들이 무엇을 생각하며 어떻게 사는지를 그려보는 것이다.

사이코그래픽 연구(psychographic studies)에서는 독자들로 하여금 많은 진술문을 대상으로 동의하는지 혹은 동의하지 않는지에 대해 묻는다. 그리고 응답들이 어떻게 관련되어 있는지 혹은 어떻게 군집을 이루는지를 보기 위해 응답의 유형을 분석한다. 사람별로 높은 수준의 동의응답들을 모아 그 본질을 요약해주는 이름을 명명한다. 가령 "나는 쾌락추구자다", "나는 야행성이다" 혹은 "혼외정사는 건강한 것일 수도 있다" 등의 질문에 동의하는 사람은 '진보적'이라고 명명할 수 있다. 반대로, "여성해방운동은 물 건너갔다", "요즘 젊은 사람들은 너무 많은 자유를 요구한다", "옛날이 더 좋았다" 등의 질문에 강하게 동의한 사람은 '전통주의자'라고 명명할 수 있다.

라이프스타일 세분화 연구(lifestyle segmentation research)[역자주 2]도 사이코그래픽 연구와 비슷한 접근방식이다. 응답자들은 그들의 활동, 취미, 흥미, 태도 등에 대한 답변을 요구받는다. 그리고 응답 결과는 몇 개의 군으로 나뉜다. 같은 태도와 활동을 공유하는 사람들은 같은 이름 아래 묶인다. 데이비스(Davis, 2001)는 독자들이 시간을 어떻게 조작하느냐를 가지고 세분화 연구를 한 결과 3개 집단으로 구분할 수 있었다. 일상적 집단, 느슨한 집단, 서두르는 집단 등이다. 그리고 각 집단별 맞춤형 열독률 제고 전략을 제시하였다.

사이코그래픽과 라이프스타일 세분화 연구 모두 편집자의 의도, 목표 수용자, 발행부수 목표에 맞는 경영 전략 마련을 위한 통찰력을 제공하기 위해 설계된다. 나아가 이 연구들은 광고주에게 독자에 대한 다차원적인 정보를 제공해준다. 이 변인들을 측정하기 위해 고안된 2개의 가장 인기 있는 척도가 있는데 LOV(List of Values)와 VALS II(Values and Life Styles test)가 그것이다. 이들 척도의 내용과 비교는 노박과 맥코비(Novak & MacEvoy, 1990)에 의해 이루어졌다.

그러나 위의 두 가지 유형 중 최근 후자가 더욱 중요하게 부각되고 있다. 최근 자료를 보면 신문의 인쇄판보다는 온라인판으로부터 뉴스를 구하는 사람들이 더 많아지고 있다. '어제' 뉴스를 접한 경로를 물어보면 응답자의 34%가 온라인에서 접한 반면, 신문이라고 한 응답자는 31%라는 조사결과가 있다(Pew Research Center, 2010)

이런 변화에 따라 발행인들의 관심은 전통적인 신문을 읽는 사람과 웹이나 모바일 미디어를 통해 뉴스를 접하는 사람들의 특성을 비교해보는 것이다. 바레트(Bartlett,

---

역자주 2 인구통계학적 특성들과 라이프 스타일상의 특성들을 함께 고려하여 소비자를 몇 개의 집단으로 세분화하는 접근방식이다.

자세히 보기 〉〉 열독률 조사: 미지의 영역

전국을 대상으로 하는 많은 광고주들이 삽입형 광고(잡지나 신문(주로 일요판))를 이용하고 있으면서도 그 효과에 대한 조사는 하지 않고 있다. 실제로 광고주들은 어떤 유형의 메시지가 삽입되어 전달되는지 알지 못한다. 그저 시행하고 그 효과를 낙관하고 있을 뿐이다.

2001)는 이와 관련된 서베이를 실시하였는데 조사결과 인터넷 접속 경험이 많은 젊은 친구들이 인쇄신문보다는 인터넷에 더 의존함을 알게 되었다. 카야니아와 옐스마(Kayani & Yelsma, 2000)도 서베이를 실시하여 비슷한 결과를 얻었는데 인터넷사용이 증가함에 따라 신문읽기가 감소함을 보여주었다.

퓨 조사센터의 뉴스소비 서베이 결과에 의하면, 인쇄신문을 읽는 사람의 비율이 2006년 34%에서 2008년 25%로 줄어들었다. 반면에 같은 시기 같은 신문의 온라인판을 읽는 사람의 비율은 5%에서 9%로 증가하였다. 이 조사에서는 코호트연구도 실시했는데 1977년생을 기준으로 소비행태가 바뀌는 것으로 나타났다. 인쇄판을 읽는 경우에도 연령이 높은 코호트일수록 신문을 덜 읽는다는 점도 밝혀졌다(Pew Research Center, 2009). 관련된 서베이에서는 온라인판 뉴스 독자일수록 나머지 인구집단에 비해 더 젊고 교육을 많이 받았으며 유복한 것으로 나타났다(Pew Research Center, 2006).

옴스테드와 동료들(Olmstead, Mitchell, & Rosenstiel, 2011)은 두 가지 유형의 온라인 뉴스 독자가 있다고 본다. 하나는 비정규적인 독자로, 한 달에 몇 번 뉴스사이트를 방문하고 머문 시간도 몇 분 안 되는 경우가 여기에 해당한다. 예를 들면 USA.com 방문자 중 85%가 한 달에 두세 번 방문하는 사람들이다. 반면 한 달에 열 번 이상 특정 뉴스사이트를 방문하여 머문 시간이 한 달 평균 한 시간 이상인 파워독자가 있다. 연구자들은 뉴스 웹사이트에게 이 두 집단에 대한 차별화된 전략이 필요하다고 권유한다.

2011년말 현재 3억 개 이상의 아이패드(iPad)가 팔렸다. 많은 신문사들이 새로운 수입원이 될 것이라는 기대 속에 이 새로운 기기를 대상으로 한 자신만의 앱을 개발하였다. iPAD는 과연 기존 오프라인 신문사들에게 어떻게 영향을 줄 것인가? 지금부터 소개할 2개의 서베이 결과는 이에 대한 예비적 정보를 제공해준다.

퓨 조사센터의 2011년 보고서에 의하면 조사대상 응답자의 반 이상이 뉴스를 소비하는데 태블릿컴퓨터(주로 아이패드)를 이용하는 것을 나타났다. 응답자의 대다수가 기존의 컴퓨터나 인쇄신문 및 TV보다는 자신의 보유한 태블릿을 통해 뉴스를 접하는 것을 선호하고 있었다. 그러나 이들중 14%만 뉴스 이용의 대가로 비용을 지불할 의사가 있다고 밝혀 태블릿이 잠재적 수입원이 되는 데는 한계가 있음을 보여주었다.

미주리대학(Univ. of Missouri)의 레이놀즈 저널리즘 연구소(Reynolds Journalism Institute)의 2011년 서베이 결과를 보면, 여러 소스로부터 정보를 얻는 집합적인 앱을 이용하여 뉴스를 접하는 경우가 가장 많았고 신문 자체의 앱을 통해 뉴스를 읽는 경우는 그 다음이었다. 정기적으로 가장 많이 이용되는 뉴스 앱은 〈뉴욕타임즈〉와 〈USA 투데이(USA Today)〉의 앱이었다.

(2) 아이템 선별 연구

아이템 선별 연구(item-selection study)는 독자들이 주로 신문 인쇄판이나 온라인판의 내용 중 어떤 부분을 읽느냐를 밝혀내는 데 쓰인다. 특정 한 기사의 아이템을 읽느냐 안 읽느냐는 것은 보통 **보조회상법**(aided recall)[역자주 3]을 이용하여 측정하는 데 이 방법은 면접원이 응답자에게 신문을 보여주고 응답자가 읽었거나 훑어본 기억이 있는 기사가 어느 것인가를 알아내는 방법이다. 이 방법을 조금 변형시키면, 면접원이 수집된 열독률 자료로부터 아이템들을 사전에 선정하고 연구대상자들에게 그 아이템들을 기억하고 있는지 물어볼 수 있다. 대안적인 방법으로 응답자로 하여금 해당 신문의 온라인 복제판 사이트에 가서 본인이 읽었던 기사들을 찾아내 표시하게 하는 방법이 있다.

열독률 자료수집 방법으로 개인 면접은 비용이 많이 들기 때문에 요즈음은 전화면접을 주로 이용한다. 면접원이 신문발행 당일에 독자에게 전화해서 해당 신문을 전화 앞으로 가져오도록 부탁한다. 면접원 자신도 그 신문을 한 부 가지고 응답자와 함께 한 페이지 한 페이지 넘기면서 조사하게 되는데 그때그때 응답자로 하여금 자기가 읽은 기사의 아이템이 어떤 것인지를 묻는 방식이다. 이렇게 하면 비용은 절약되지만 그 날 신문을 가까이에 두지 못한 독자는 누락된다는 단점이 있다. 대인적 기법은 응답자들에게 종이신문의 복제판이 있는 웹사이트에 들어가 달라고 해서 그들이 읽은 기사가 어떤 것인지를 표시해달라는 것이다.

아이템 선별 연구의 분석단위는 1면의 화재 관련기사 같은 '특정 기사나 범죄 · 스

역자주 3 방송이나 인쇄광고물을 보여준 후 일정기간(하루 혹은 일주일)이 지난 후에 수용자가 광고의 내용이나 광고상품 등을 기억하고 있는지 연구하는 방법으로, 특히 보조회상은 수용자의 기억에 도움이 되는 단서를 제공하는 방법이다. 한편, 비보조회상(unaided recall)은 같은 방법을 사용하되 아무런 단서도 제공하지 않고 수용자의 회상도를 측정하는 방법이다.

포츠 · 사망 등과 같은 특정 내용 관련 유목이다. 그리고 특정 아이템이나 유목에 대한 열독은 이후의 수용자의 인구학적 특성이나 사이코그래픽 연구로 이어진다. 예를 들어 거쉬(Gersh, 1990)는 10대 독자들의 읽기 습관이 성인들과 어떻게 다른지를 연구 보고하였다. 10대들에게 가장 인기 있는 섹션은 만화, 스포츠 그리고 오락인 데 반해 재정, 음식, 가정 섹션은 가장 인기가 없었다. 스톤과 보르도(Stone & Boudreau, 1995)는 1985년의 독자들의 선호도 서베이와 1994년도 서베이 자료를 비교분석한 결과 내용선호도가 그리 많이 바뀌지 않았음을 발견하였다. 아이템 열독률에 대한 산업연구(Astor, 2000) 결과를 보면, 독자들이 가장 선호하는 뉴스 범주는 지역뉴스였다. 취하위는 패션뉴스였다.

2004년도에 시행된 신문의 특별 섹션 대상 열독률 서베이 결과에 의하면 비즈니스/재정 섹션이 1순위고, 그다음은 분류광고(구인, 구직, 임대 등), 만화 순이었다("Who's Reading What?", 2004). 비교적 최근인 2011년 미국신문협회의 자료에 의하면 메인 뉴스가 가장 인기 있고 그 다음으로 지역뉴스 · 스포츠 · 엔터테인먼트 · 국제뉴스의 순이었다.

신문이나 잡지 웹사이트의 아이템, 혹은 앱의 특정 아이템 열독률을 측정하는 일은 좀 더 복잡하다. 이 경우 시간 프레임을 어떻게 설정하느냐가 문제다. 전통적인 신문이나 잡지의 열독률은 신문이나 주간 또는 월간 잡지 발행호 중 어느 하루 분에 대한 읽기를 근거로 산출하는 게 보통이다. 그러나 인터넷 아이템은 게시되는 기간이 다양하다. 그 결과, 해당 아이템의 열독률이 일간 · 주간 · 월간 읽기를 근거로 나오는 경우도 있다. 따라서 많은 신문사나 잡지들로서는 해당 아이템의 인기를 판단하는 자료로 그 기사에 대한 히트 수(hits)에 더 관심을 갖는다.[역자주 4]

또 다른 웹사이트상의 아이템별 인기도를 측정하는 방법으로는 추적 방법이 있다. 한 개인의 시선이 어떻게 움직이는지를 추적할 수 있는 장치인 **아이 카메라**(eye camera)를 이용하여 측정하는 것이다. 예를 들어 미네소타 대학(The Univ. of Minnesota)에 있는 디지털 이펙트 스토리랩(The Digital Effects Story Lab)의 연구에서는, 온라인 독자들이 세세한 설명이 첨부된 헤드라인보다는 전체 기사를 읽게끔 유도해주는 헤드라인을 선호하는 것으로 나타났다. 그리고 독자들은 한 기사 중간에 들어간 삽입 광고 주변의 내용을 잘 읽으며, 텍스트 위주의 정적인 기사보다는 모션이나 세부 정보에 대한 옵션이 많은 동적 기사

역자주 4 히트 수란 어느 한 웹사이트에서 어느 한 이야기가 요청된 횟수이다.

형태를 선호한다는 사실을 알아냈다(www.disel-project.org 참조).

아이템 열독률 조사에는 질적 기법들도 이용할 수 있다. 노스웨스턴 대학(Northwestern Univ.)의 미디어 경영 센터(The Media Management Center)에서는 27명의 온라인 중이용자들을 대상으로 심층 면접을 실시하였다(Lynch, 2008). 그리고 온라인 뉴스 아이템 열독의 과정은 인쇄판의 그것과 다름을 알아냈다. 즉 온라인 독자들의 열독률 유형은 특정 아이템을 스캐닝하고 찾는 방법, 거기에 소비하는 시간에 따라 여러 가지로 나뉘었다. 그리고 스스로를 온라인 경이용자라고 하는 독자들의 경우 뉴스 웹사이트상의 많은 기사들에 압도되어 대부분의 정보를 그냥 지나친다는 점도 알아냈다. 이 연구는 또한 온라인상에서는 전국뉴스와 지역뉴스들이 더 선호된다는 사실도 밝혀냈다.

(3) 독자-비독자 연구

세 번째 유형의 열독률 연구는 **독자-비독자 연구**(reader-Nonreader studies)이다. 이 유형의 연구는 개인 면접, 전화, 온라인 또는 약간 수정된 우편 면접 등을 통해 이루어진다. 특히 신문사들이 온라인 독자들에 관심을 갖게 되면서 이 연구의 중요성이 더욱 강조되고 있다.

독자-비독자 연구의 핵심 문제는 비독자(nonreader)라는 용어의 조작적 정의를 어떻게 하느냐다. 연구에 따라서 비독자를 "당신은 보통 신문을 읽습니까?"라는 질문에 "아니오"라는 대답을 하는 것으로 정의했는가 하면 좀 더 구체적으로 "당신은 어제나 오늘 신문을 읽은 적이 있습니까?"라는 질문을 이용하기도 하였다(그 논리적 근거는 응답자들이 '신문을 전혀 읽지 않는다'고 답하는 것보다는 '읽는데 어제나 오늘은 읽지 않았다'고 답하기가 더 쉽다 데 있다). 비독자를 가려내는 세 번째 방법은 다중응답 유목을 이용하는 것이다. 응답자들에게 "신문을 얼마나 자주 읽습니까?"에 주어진 5개 응답(매우 자주, 자주, 이따금, 거의, 전혀 등) 가운데서 하나를 선택하도록 한다. 비독자란 "전혀 읽지 않는다"라는 아이템에 답한 사람으로 하거나, '거의' 혹은 '전혀' 읽지 않는다는 응답 아이템 중 어느 하나에 표시한 사람으로 정의된다.

이렇게 보면 질문의 형태에 따라 비독자로 분류되는 기준이 달라짐을 알 수 있다. 비독자가 가장 많이 나오는 경우는 "당신은 어제나 오늘 신문을 읽은 적이 있습니까?"라고 물을 때이며(Penrose, Weaver, Cole, & Shaw, 1974) 가장 적게 나오는 경우는 다중응답 질문에서 신문을 읽은 적이 "전혀 없다"는 답에 표시한 사람을 비독자로 정의할 때이다(Sobal & Jackson-Beeck, 1981).

일단 비독자들에 대한 정의가 내려지면 연구자는 전통적인 인구학적 변인을 가지고 그들을 설명하려고 노력한다. 소발과 젝슨-백(Sobal & Jackson-Beeck, 1981)은 비독자의 특성으로 신문 독자들에 비해 나이가 많고 교육 정도와 수입이 낮으며 결혼과 이혼을 자주 하는 사람이라고 보고하였다. 스톤(Stone, 1994)은 18~34세 연령층 표본을 대상으로 연구한 결과, 인종보다는 교육정도가 신문열독률을 더 잘 예측하는 요인임을 발견하였다. 데이비스(Davis, 2001)는 오늘날의 청년들이 나이 들어갈수록 비독자가 되어가는 경향이 있음을 발견하였다. 보다 최근 연구들은 젊은 층일수록 인쇄판 신문을 훨씬 더 멀리하려는 경향이 있다는 것을 보여준다. 예를 들어 인터넷평가회사 콤스코어(comScore)가 2008년 수행한 서베이 결과, 18~24세 연령집단에서 일주일 내내 신문을 한 번도 읽지 않을 가능성이 평균보다 약 40% 더 높은 것으로 나타났다. 이 조사에서는 인쇄신문을 읽지는 않지만 그래도 뉴스에 대한 관심은 여전하며 그런 뉴스를 온라인으로 접하는 것을 더 선호한다는 사실도 드러났다. 즉 비독자도 〈뉴욕타임즈〉나 〈로스엔젤스타임즈〉의 웹사이트를 자주 방문한다는 것이다. 이 점은 기존 인쇄신문의 뉴스 사이트가 단순히 전통적인 신문의 확장이 아니라 기존과는 다른 온라인 수용자층을 가지고 있음을 의미한다("Younger, Heavey Online-News Consumers Don't Read Newspapers," 2008).

이 분야의 경계 영역에 있는 연구자들은 신문 외의 변인들을 포함시켜 연구를 확장시켰다. 채피와 최(Chaffiee & Choe, 1981)의 종단연구가 그 예다. 그들은 결혼 상태, 거주지, 직업상의 변화가 신문 열독률에 영향을 미친다는 사실을 발견하였다. 콥-월그린(Cobb-Walgren, 1990)은 왜 10대들이 신문을 읽지 않는가에 대해 연구했다. 그 결과, 10대들의 가정환경과 신문에 대한 이미지가 신문을 읽지 않게 하는 결정적인 요인임을 밝혀냈다. 10대 비독자들은 신문을 읽는 데 너무 많은 시간과 노력이 소요된다고 생각하고 있으며, 또한 신문을 읽지 않은 사람들을 부모를 둘 가능성이 높은 것으로 나타났다. 대학신문 독자 연구에서 콜린스(Collins, 2003)는 캠퍼스 밖에 거주하고 학생들 모임에 소속되지 않는 학생들이 비독자가 되는 경향이 있음을 발견하였다.

엘로넨과 동료들(Ellonen, Tarkiaainen, & Kuivalainen, 2010)은 웹사이트 이용과 인쇄 잡지 열독률에 대해 검토했다. 그 결과, 해당 잡지의 웹사이트를 방문하는 사람들일수록 그 잡지 인쇄판의 비독자가 되는 경향이 있음을 알아냈다.

(4) 이용과 충족 연구

이용과 충족 연구(uses and gratification study)는 신문뿐만 아니라 모든 미디어의 내용을 연구하는 데 이용되고 있는 방법이다. 이 방법은 신문을 읽는 동기는 무엇이며 그 결과 얻게 되는 개인적 · 심리적 보상은 무엇인가를 알아보는 데 이용된다. 이용 및 충족 연구방법은 그리 복잡하지 않다. 응답자들에게 신문의 이용과 충족에 관한 목록을 제시하고 이것이 그들의 신문 구독 동기인지 여부를 묻는다. 이 방법은 인쇄판과 온라인판 모두에게 적용가능하다.

예를 들어, 독자에게 다음과 같은 질문들을 할 수 있다.

당신은 아래 내용에 대해 얼마나 찬성 또는 반대하십니까?

① 신문이 재미있어서 읽는다.
② 그저 시간을 보내기 위해서 읽는다.
③ 내 주변에서 무슨 일이 일어나고 있는지를 알기 위해 읽는다.
④ 좀 쉬고 긴장을 풀려고 읽는다.
⑤ 내게 중요한 것들에 대해 다른 사람들은 어떻게 이야기하고 있는지를 알 수 있기 때문에 읽는다.

이후 개별응답을 모두 점수화해서 합하고 각각의 동기에 대한 평균점수를 계산한다. 이런 접근을 이용해 열독률을 설명한 연구들이 몇몇 있다.

열독률연구소에서는 신문열독의 일반적 동기 목록을 얻기 위해 서베이를 실시하였다. 이 서베이를 통해 신문열독률을 증대시키는 데 관련된 26개의 동기를 발견하였다(2001). 여기에는 “나를 더 똑똑하게 만든다”, “나를 감동시키고 고무시킨다”, “나를 좀 더 흥미롭게 만든다” 등이 포함되었다. 이 분야의 가장 최근 연구는 인쇄신문으로부터 얻는 만족과 인쇄신문의 온라인 버전으로부터 얻는 만족을 비교하는 것이다.

파파차리시와 루빈(Papacharissi & Rubin, 2000)은 인터넷을 이용하여 신문의 온라인판을 읽는 데 대인관계의 유용성, 시간보내기, 편리함, 정보추구 및 오락 등의 다섯 가지 주요동기가 자리 잡고 있음을 발견하였다. 리(Lee, 2001)는 대학생들을 대상으로 인쇄본과 온라인판을 읽는 동기를 비교하는 서베이를 실시했다. 그 결과, 대체로 이용 동기들이 비슷하지만 온라인 독자들에게는 편리함과 오락 요인이 비교적 중요한 동기임을 알아냈다. 살웬과 동료들(Salen, Garrison, & Driscoll, 2005)은 온 · 오프라인 뉴스 충족요인들을 비교한 결과, 이용 동기는 전반적으로 비슷하지만 온라인판의 경우 편리함이 더 많은 충족을 가져다주는 것으로 나타났다. 이런 결과들은 신문의 인쇄판에 좋은 징조는 아니다. 인쇄판의 모든 충족요인들이 온라인에도 그대로 적용되지만 온라인의 경우 이를 더 쉽게 충족시켜줄 수 있기 때문이다.

(5) 기자-독자 비교

마지막으로 **기자-독자 비교**(journalist-reader comparison)를 통한 열독률 연구가 있다. 이 유형의 연구에서는 기자 집단에게 특정한 주제에 관한 질문을 하고 그들의 응답을 독자들의 응답과 비교하여 두 집단 간의 일치 여부를 찾는다.

보가트(Bogart, 1989)는 두 연구를 예로 들었다. 한 연구에서는 수백 명의 기자들을 하나의 집단으로 해서 그들에게 고품위 신문의 속성 23가지에 대해 등급을 매기도록 하였다. 기자들은 고품위 신문의 속성으로 "자사 기사가 통신 기사보다 높은 비율을 차지하는 것"을 제일 으뜸으로 쳤고 "비광고 내용의 비율이 높을 것"을 두 번째로, "뉴스해설이… 스퍼트 뉴스보다 높은 비율을 차지할 것"을 세 번째로 중요하게 여겼다. 똑같은 목록을 독자 표본에게 제시하였다. 기자들이 중요하다고 한 세 가지 속성을 독자들은 각각 7번째, 11번째, 12번째 중요한 것으로 등급을 매겼다. 독자들이 제일 으뜸가는 속성으로 평가한 것은 '현안을 다룬 칼럼이 있는 것'이고, 두 번째는 '전체 뉴스에서 스포츠와 피처뉴스가 차지하는 비율이 높을 것'이며, 세 번째로는 '뉴스 요약이 있는 것'과 '쟁점마다 편집자에게 보내는 편지의 수가 많은 것'이 차지하였다. 간단히 말해 고급품위의 속성을 인식하는 데 있어서 두 집단 사이에는 일치하는 것이 거의 없었다.

그라드니(Gladney, 1996)는 좋은 신문의 구성요소에 대한 신문편집자 집단과 독자 집단 간의 의견의 일치 여부를 알아보기 위해 서베이를 실시하였다. 그 결과, 두 집단 모두 언론활동의 기준들이 좋은 신문의 구성요소로 중요하다고 보고 있었지만 독자집단은 편집자집단이 강조한 전문가 집단으로서 목표와 기획보도에 대해서는 그리 가치를 두지 않았다. 번트와 동료들(Bernt, Fee, Gilfford, & Stempel, 2000)은 독자들이 관심을 보일 뉴스 주제라고 편집자들이 평가한 내용과 실제 독자 대상 서베이에서 얻은 내용을 비교하였다. 그 결과, 편집자들은 범죄 · 종교 · 주식시장 · 지역비즈니스 뉴스에 대한 독자들의 관심을 과대평가하고 있음을 알 수 있었다. 보다 최근에 보도인과 토르손(Beaudoin & Thorson, 2002)은 기자들이 일반 미디어 보도에 대해 일반인들보다 더 긍정적으로 보고 있음을 발견하였다.

비슷한 접근이 온라인 뉴스에서도 가능하다. 커틴과 동료들(Curtin, Dougall, &

Mercey, 2007)은 야후 뉴스 웹사이트를 대상으로 뉴스 생산자와 이용자의 주제 선호도를 비교하였는데 생산자들은 뉴스속보에 가치를 더 두는 반면, 소비자인 이용자들은 인간흥미 · 오락 · 특이성 기사에 더 방점을 두는 것으로 나타났다. 2010년 퓨 조사센터에서 전통적인 미디어가 다루는 주제와 트위터 · 유튜브 · 블로그에서 다루는 주제를 비교분석한 결과, 소셜미디어에서 대중적으로 다루어지는 쟁점 및 기사와 전통적인 미디어의 그것 간에 실질적인 차이가 있음을 발견하였다. 기존 주류언론에 비해 블로거들이 정치적인 쟁점들을 더 선호한다면 트위터는 과학기술 관련 뉴스에 더 중점을 두고, 유튜브는 국제뉴스를 더 강조한다는 것이다(Pew Research Center, 2010b).

(6) 잡지 열독률 서베이

잡지 열독률 서베이(magazine readership survey)는 신문 열독률 서베이와 기본적으로는 비슷하지만 세부적인 측면에서는 다소 다른 경향이 있다. 잡지연구에서는 개인 면접을 통해 열독률 조사를 진행시키기도 한다. 즉 응답자에게 연구대상인 잡지의 실제 기사자료를 보여주고 각 기사를 4점 척도(모두 다 읽음, 거의 읽음, 약간 읽음, 읽지 않음)에 평가하도록 요구한다. 우편 서베이 방법도 자주 사용된다. 서베이용 복사자료에 열독의 정도를 표시하도록 한다. 예를 들어 대충 훑어 본 기사에는 체크표시를 하라든가, 전부 다 읽은 기사 전체에다 X표를 하라든가, 그리고 부분적으로만 읽은 기사에는 밑줄을 그으라고 하는 방식이다. 레이틴(Laitin, 1997)은 잡지 구독자를 서베이하는 방법에 대한 기본적인 내용을 제시하고 있다.

대부분의 잡지사들은 익스피리언 사이먼스(Experian Simmons)사(전 사이먼스 마켓 리서치 뷰러(Simmons Market Research Bureau)사), GfK MRI(전 미디어마크 리서치(Mediamark Research Inc.)사)가 제공하는 독자 자료를 활용한다. 이 두 회사는 대규모 무작위 표본으로 가구를 추출하고 가구 내 구성원들에게 조사 대상 잡지 타이틀을 보여주고 독자로 확인되면 후속질문들이 주어진다. GfK MRI에서는 특별히 확보한 1만 명의 표본을 이용하여 독자들의 구독행위를 추적해가는 기법을 활용하고 있다. 이때 변인으로는 열독에 투자하는 시간, 장소, 해당 쟁점을 잡지를 통해 처음 접하는 것인지 여부 등이 포함된다.

점차 세분화된 독자층을 대상으로 한 열독율 조사에 대한 잡지사들의 요구가 많아지면서 이 조사업체들도 어려움에 봉착하고 있다. 통계적으로 유의한 결과를 얻기에 충분한 표본을 확보하기가 어렵기 때문이다. 2011년의 경우 GfK MRI는 약 26,000명을 면접해야 했다.

많은 잡지사들은 예정된 어느 기간 동안 조사에 참여시키기 위해 선택한 25~30명의 사람들을 독자 패널로 구성한다. 잡지가 나올 때면 실린 모든 피처 기사를 패널 구성원들에게 보내면 그들은 각 기사를 관심도, 독이성, 유용성 등으로 나누어 미리 마련된 척도에 따라 등급을 매긴다. 회를 거듭하면 기사의 성공 여부를 평가할 수 있는 일련의 지침이 마련되고 잡지사는 그 지침에 견주어 기사를 계획하게 된다. 이런 형태의 패널 서베이가 갖는 가장 큰 장점은 별로 큰 비용을 들이지 않고도 독자의 반작용에 대한 정보를 얻을 수 있다는 점이다.

최근의 추세는 온라인 독자 패널을 이용하는 것이다. 패널의 크기는 전통적인 방법보다 훨씬 크고 얻어내는 정보도 훨씬 많다. 약점은 대표성 있는 표본이 아닐 수 있다는 점이다. 그럼에도 불구하고 온라인 패널은 비용이 적게 들어가고 자료수집이 빠르기 때문에 많은 잡지사들이 이용하고 있다(Lindsay, 2002). 예를 들어 〈롤링스톤(Rolling Stone)〉지는 2001년 10,000명의 패널을 구성하였다. 〈YM〉지는 잡지내용을 평가하고 새로운 추세를 파악하기 위해 수백 명의 10대 여학생들로 구성된 온라인 패널을 확보하고 있다. 〈틴피플(Teen People)〉지는 기사에 대한 아이디어를 얻기 위해 12,000명의 10대 패널을 가동해 이메일서베이와 직접적인 메시지 주고받기를 하고 있다(Ambroz, 2004)

잡지연구에 따라서는 아이템 선별과 기자-독자 비교방법을 같이 포함시켜 연구하기도 한다. 맥그로우-힐(McGraw-Hill) 잡지그룹은 열독률 조사연구에 약 25만 달러를 매년 투자한다. 〈굿 하우스키핑(Good Houswkeeping)〉지는 다달이 독자를 대상으로 무작위 표본 추출연구를 실시하여 어떤 기사를 좋아하는지 그리고 다음은 무엇을 준비해야 하는지 등을 연구한다. 하코트 브레이스 요바로비츠(Harcourt Brace Jovanovich)사에서는 건강관리 잡지 대상 사전, 사후연구를 실시한다. 한 장의 종이에 15개 정도의 기사거리를 인쇄하여 400~500명의 의사에게 보낸다. 응답자는 자신의 관심 정도를 높음-보통-낮음의 정도로 표시한다.

미국잡지발행인협회(MPA)는 미디어 경영센터(Media Management Center)에 잡지 열독률을 주제로 하는 광범위한 조사연구를 의뢰하였다. 이 센터에서는 프로젝트 안에 열독 경험을 39개 차원으로 구분하고 이용과 충족 접근을 포함시켰다(Magazine Reader Experience Study, 2004) 그 내용 중에는 "시간과 돈을 의미 있게 쓰기 위해", "더 똑똑해지기 위해", "일상의 일부분이어서" 등이 포함되어 있다.

2) 발행부수 조사

인터넷이 등장하기 전까지만 해도 발행부수란 구독자 가입이나 가판대를 이용하여 신문이나 잡지를 사보는 사람의 수를 언급하였다. 그러나 컴퓨터 · 태블릿 · 스마트폰 · e-리더기 같은 멀티 플랫폼을 통해 신문과 잡지의 이용이 가능해진 오늘날 발행부수는 이전과 비교하여, 그리 유용한 측정이 아니다. 신문이나 잡지 하나를 사서 여러 사람이 이용가능하며 인쇄본 아니더라도 전자장치를 이용해 얼마든지 접근 가능하다. 그러므로 신문이나 잡지 발행인들에게 **도달률**이나 전체 수용자란 인쇄본뿐만 아니라 디지털기기를 통해 기사를 접한 사람까지를 포함해야 의미가 있게 된다.

여러 플랫폼을 관통하여 도달률을 측정하는 작업은 쉽지 않은 도전적인 일이며 여기에는 여러 가지 기법들이 있다. 예를 들어 스카보로우 리서치(Scarborough Research)사에서는 해당시장에서 지난 5주 동안에 걸쳐 혹은 일요일에 신문을 읽거나 아님 해당 신문 웹사이트를 방문했거나 지난 일주일동안 앞의 두 가지를 같이한 성인의 백분율로 정의한다. ABC(Audit Breau of Circulations)에서는 7일간과 30일간을 대상으로 온라인 수용자를 조사 보고한다. 나아가 2011년을 기준으로 ABC에서는 출판물의 인쇄판과 디지털판을 다 포함시킨 수, 즉 전체 평균 발행부수를 발표한다.

출판물 웹사이트의 트래픽을 측정하는 데는 여러 문제들이 상존한다. 먼저 측정단위의 문제다. 웹사이트를 얼마나 이용한사람들을 대상으로 할 것이냐 그리고 컴퓨터와 스마트폰을 같이 이용한 사람을 어떻게 처리할 것이냐 등이다.

다른 측정들로 이용가능하다. 인터넷 조사회사인 콤스코어(comScore)에서는 일일평균방문자 수, 방문자별 평균방문횟수, 페이지뷰 건수, 방문시 머무는 시간(분)등을 조사해서 보고한다. 특히 광고주들이 자신들의 요구에 부응하는 측정들에 더 관심을 갖게 되면서 이런 측정들이 업계표준으로 더욱 세련되어가고 있다. 〈AMS(American Magazine Study)〉를 발행하는 시장조사회사인 어피니티(Affinity)에서는 특정 잡지의 도달율에 관한 정보를 조사해서 제공해주고 있다. 6만 명의 표본을 기준삼아 잡지의 인쇄본뿐만 아니라 여러 디지털 플랫폼을 거친 디지털 독자들에 대한 정보를 수집하여 제공한다. 예를 들어 2011년 봄 AMS에서는 〈보그(Vogue)〉의 인쇄판을 읽는 사람은 약 9백만 명이고 디지털판으로 접하는 사람은 또다른 2백만명이라고 보고하고 있다.

현행 **발행부수조사**의 많은 부분은 어떻게 하면 광고주들에게 매력적이고 수익성도 확보되는 발행부수 수준을 유지하느냐에 관심이 있다. 예를 들면, 린드세이(Lindsay, 2009)는 수요자 수익성 분석(customer profitability analysis)을 통해 그런 작업이 어떻게 가능한지

자세히 보기 〉〉 열독률: 일간 또는 주간 측정

신문에 대한 열독률 조사가 시작된 이래로, 일간 신문 대상 열독률의 측정이 주류를 이루어 왔다. 열독률을 측정하는데 가장 공통적으로 쓰이는 질문들 중 하나는 "신문을 오늘 읽었습니까? 아니면 어제 읽었습니까?"이다. 그러나 이 질문은 주간 신문 읽기를 측정하는 데에는 적당하지 않다. 만약 조사가 월요일이나 화요일, 수요일, 또는 토요일 및 일요일에 이루어진다면 매주 목요일에 발행되는 주간신문의 열독률은 정확하게 평가가 이루어지지 못하게 될 것이다.

써로우와 밀로(Thurlow & Milo, 1993)는 주간지 열독률 조사가 더 많아져야 한다고 제언한다. 그들이 실시한 대학생 대상 연구 결과를 보면 대학생들 중의 반 정도가 주간 지역신문 및 대학에서 발행하는 주간신문을 매번 빼놓지 않고 읽는다는 것이다. 반면에 학생들의 56%는 지역 일간신문을 아예 읽지 않으며, 약 3%만이 매일 읽는 애독자로 분류되었다.

저자들은 이들 대학생들이 앞으로도 계속해서 일간지보다 주간지를 더 선호할지 여부 아니면 비독자의 일원이 될지 여부를 추적하는 연구가 중요하다고 본다.

를 보여주고 있다. 이 기법을 활용하면 이윤극대화를 목표로 수익성이 있는 구독자와 광고주들을 그렇지 않은 구독자와 광고주들과 구별해낼 수 있다.

두 번째 전통적인 발행부수조사 유형은 신문의 내용과 관련된 변인이 발행부수에 미치는 영향을 조사하는 것이다. 레이시와 피코(Lacy & Fico, 1991)는 신문 내용의 질이 발행부수 증가와 긍정적인 관계가 있음을 보여주었다. 하와 리트먼(Ha & Litman, 1997)은 10개 잡지를 대상으로 광고혼잡도가 발행부수에 미치는 영향을 조사했는데 뉴스잡지가 아닌 오락잡지의 경우 혼잡도가 증가하면 할수록 발행부수에 부정적인 영향을 준다는 사실을 발견했다. 최근에 조와 동료들(Cho, Thorson, & Lacy, 2004)은 지역뉴스를 많이 다룰수록 해당신문의 발행부수도 증가한다는 연구결과를 보고하였다.

세 번째 영역은 경제력 요인들이 발행부수에 미치는 영향이다. 레이스(Lewis, 1995)는 가격이 상승하면 발행부수는 감소함을 발견하였다. 마르체티(Marchetti, 1996)는 경제적 요인들을 좀 더 세분화하였는데, 즉 광고비용의 증가, 가판대의 축소 및 핵심 시장영역에로의 집중 등이 발행부수의 감소와 관련 있다는 것이다. 한편 바커(Bakker, 2007)는 신문사 간의 경쟁이 발행부수에 미치는 영향은 미미하다는 사실을 발견하였다. 최근 들어 신문사나 잡지사들은 어떻게 하면 디지털환경에서 유료구독모델을 구현할 것인가를 찾는 데 주목하고 있다.

네 번째 유형은 개인 독자를 분석의 단위로 하여 배달체계가 구독행위에 미치는 영향이다. 예를 들어 맥콤스와 동료들(McCombs, Mullins, & Weaver, 1974)은 사람들이 왜 구독하던 신문을 취소하는가를 연구하였다. 연구결과, 신문 구독을 그만두는 가장 큰 이유는 신문의 내용 때문이라기보다는 배달시간이 불규칙하다든가 도저히 읽을 수 없는 상태로 신문이 배달된다든가 하는 유통과정상의 문제 때문이라는 것을 알아냈다. 시몬(Seamon, 2000)은 여러 가지의 배달관련 요인들을 연구한 결과, 배달자의 연령이 배달이 아예 안 되거나 지연되게 하는 요인은 아니라는 점을 밝혔다.

잡지 발행인들은 이러한 유형의 발행부수 조사를 자주 실시한다. 다른 지역의 구독자들을 표본으로 뽑아 자사 출판물들이 배달되는 날짜와 받았을 때의 상태를 검토하는 식이다. 출판사에 따라서는 구독을 연장하지 않는 구독자와 접촉하여, 구독 취소를 막기 위해 어떤 조치가 필요한지는 알아낸다(Sullivan, 1993). 구독자들이 구독료 청구서

자세히 보기 〉〉 뉴미디어와 새로운 조사연구주제들

많은 신문과 잡지들이 디지털 버전을 발행하면서 새로운 연구주제들이 중요하게 부각되고 있다.

다음은 미디어 업계의 조사업체들이 전통적인 인쇄미디어와 전경이 다른 새로운 미디어 지형 아래서 최근 수행한 몇 가지 조사연구 사례들이다.

- 앱(app) 이용 분야로 특화된 조사회사인 로카리틱스(Localytics)에서는 아이패드(iPad) 이용자들의 뉴스사이트 방문 시간이 전체 사이트 방문 평균시간의 2.5배에 달한다고 보고했다.
- 디지털 조사업체인 엘투씽크탱크(L2 Think Tank)는 1977~2002년 사이에 출생한 미국인들을 대상으로 서베이를 실시한 결과, 그중 19%가 인쇄본 신문을 읽는데 비해 65%는 컴퓨터를 통해 신문 내용을 접한다는 사실을 발견했다. 나머지 14%는 전화나 e-리더기로 뉴스를 읽는 것으로 나타났다.
- 시장조사회사인 아웃셀사(Outsell Inc.)에서는 온라인 뉴스 이용자 대상 서베이를 실시하여 이용자 44%가 구글뉴스(Google News)의 헤드라인만 대충 훑어보고 그 외 다른 어느 신문 사이트에도 접속하지 않는다는 사실을 알아냈다.
- 산업관련 출판사인 애드위(Adweek)사가 실시한 연구에서 43%의 사람들이 인터넷 배너광고를 무시하고 넘어가지만, 신문광고는 단지 6%의 사람들만이 무시하고 넘어간다는 사실이 발견되었다.
- 퓨센터(Pew Center) 조사에서 대상 표본의 19%만이 온라인 뉴스를 유료로 구독할 의사가 있는 것으로 나타났다. 사람들에게 온라인 뉴스 구독료 지불해야 하는지 여부를 물었을 때에 54%가 개별 기사별 지불보다는 전체 대상 지불을 선호하는 것으로 나타났다.
- 조사 자문가 스나이더(Chris Snider)는 페이스북 팬 규모에서 최상위에 해당하는 3개 신문이 뉴욕타임즈(New York Times), 월스트릿저널(Wall Street Journal) 및 워싱턴포스트지(Washington Post) 등이라는 사실을 발견했다.

(이 저서의 초판이 출판되었을 때만해도 그런 테크놀로지가 존재하지 않았기 때문에 위에서 언급한 조사들이 불가능했었다는 점을 유의하자. 새로운 테크놀로지의 등장은 불가피하게 새로운 조사연구주제들을 낳기 마련이다.)

를 받았을 때 바로 구독료를 지불하지 않는 이유를 알아보려는 연구들도 이루어지고 있다. 칼바카(Calvacca, 2003)는 ABC의 지원을 받아 소비자들 대상으로 가판대에서의 잡지 구독 행태를 묻는 서베이를 실시하고 그 결과를 발표하였다. 그 결과는 낱권 구입자들의 경우 구독가격이 적합하다면 정기 구독할 의사가 있으며 직접적인 우편캠페인이 아직도 발행부수 확보에 효과적임을 보여주었다.

발행부수조사는 경우에 따라서 경영자들이 전혀 알지 못하는 사실들을 밝혀내주기도 한다. 가령 〈위치타 이글(Wichita Eagle)〉 신문사 경영진은 부수의 감소에 당황하고 있었다. 서베이 결과, 비오는 날 신문배달에 사용되는 플라스틱 배달 가방이 부실하여 신문이 물에 자주 젖게 되고 그로 인해 독자들은 물에 젖은 신문에 질려서 구독을 취소하는 것으로 나타났다. 요컨대 이러한 유형의 연구에서는 발행물의 내용과는 무관한 다른 변인들이 열독률 혹은 정기구독률에 미치는 영향을 연구한다.

최근으로 올수록 온라인 발행부수조사가 부상하고 있다. 이런 조사의 한 흐름은 온라인 독자들의 지리학적 차이를 조사하는 것이다. 만약 멀리 떨어져 사른 사람들이 해당 웹사이트를 주로 로그인한다면 해당지역 광고주들에게 그런 웹사이트는 별로 매력적이지 않기 때문에 이런 조사는 중요한 주제다(관련 연구: Sylvie & Chyi, 2007).

다른 흐름은 온라인 콘텐츠 유료화(paywall)가 지불요구가 구독에 미치는 영향에 관한 조사들이다. 앱이나 브라우저에 대한 수용자의 선호도가 특정신문과 잡지 접속에 미치는 영향, 인쇄본 구독에 태블릿컴퓨터 · e-리더기 · 스마트폰이 미치는 영향 등이 여기에 해당한다.

3) 신문사 경영 조사

인쇄 신문 산업이 사양길에 접어들면서 경영 조사가 다시 주목받고 있다. 지금처럼 경기침체가 오기 전에는 신문사 종사자의 직업만족도가 주요 연구주제였다. 그러나 지금의 상황은 다르다. 오히려 언론인이라는 직업을 유지하는 것에 만족해야 하는 상황이다.

신문사 기업의 규모 축소를 다루는 연구들이 등장하고 있다. 베스레이와 로버츠(Besley & Roberts, 2010)는 신문사의 고용인 감축은 공개석상에서의 보도 감소로 이어짐을 발견하였다. 레이나르디(Reinardy, 2010)는 23개 신문사의 편집인들을 대상으로 서베이를 실시했다. 그 결과, 편집국의 인원감축은 업무과중에 대한 불만을 낳고, 여러 중견 언론인들은 웹상 보도가 갈수록 중요시되는 것에 대해 불만스러워 한다는 것을 발견했다.

신문사와 잡지사 경영구조 변화의 효과는 여전히 중요한 연구영역이다. 뉴질과 동료들(Neuzil, Hansen, & Ward, 1999)은 참여경영과 주제별 팀 편성이 종사자들의 권한위임 의식에 미치는 영향을 분석하였다. 그들은 그런 접근이 유용하다는 증거를 별로 찾지 못하였다. 열독률연구소(Readership Institute, 2001)는 미국 전역에 걸쳐 90개 신문사들을 대상으로 경영문화를 연구하였다. 그 결과, 70여 개 신문사들의 조직문화가 '방어적'이었으며, 단지 17개사만이 '적극적' 분위기의 조직문화를 갖춘 것으로 나타났다. 아담스(Adams, 2008)는 대부분의 주간 신문사들이 온라인판이 발달함에도 불구하고 이에 대한 어떤 경영전략도 마련하지 않았다는 것을 알아냈다.

또 다른 경영 조사 영역으로 신문 산업 내 소유권 집중의 영향을 살펴보는 것이 있다. 이에 관한 연구로는 아카반-마지드와 동료들(Akhavan-Majid, Rife, & Gopinah, 1991)에 의해 이루어진 가네트(Gannett)계 소유 신문사들의 편집자의 위상에 관한 연구가 있다. 그들은 가네트계 신문사들이 다른 신문사들보다 편집자에게 더 많은 것을 위임하고 있다는 것을 알아냈다. 쿨손(Coulson, 1994)은 독립적인 신문사와 그룹소유 신문사 언론인 773명을 대상으로 소속 신문사의 내용, 즉 질에 대해 어떻게 평가하는지를 연구하였다. 그 결과, 독립신문사 소속 기자들이 소속신문사의 지역 보도의 질이 우수하다고 평가하는 경향이 있음을 보여주었다. 쿨손과 한센(Coulson & Hansen, 1995)은 〈루이빌 쿠리어-저널(Louisville Courier-Journal)〉이 가네트 계열로 소유구조가 넘어간 뒤 뉴스 내용의 변화가 있는지를 연구하였다. 그 결과, 전체적인 뉴스량을 증가했으나 기사의 평균길이와 경성뉴스의 양은 줄어든 것으로 나타났다. 레이시와 블랜차드(Lacy & Blanchard, 2003)는 신문사의 소유구조가 공적일수록 편집국 규모는 작고 이윤을 많이 남기는 경향이 있다는 것을 발견하였다. 마틴(Martin, 2003)은 군집화된 신문사 소유구조가 운영의 효율성을 증대시킨다는 점을 발견하였고, 빔(Beam, 2008)은 공적 소유신문사의 내용과 사적 소유 신문사의 내용 간에 큰 차이가 없다는 것을 알아냈다.

4) 독이성 조사

독이성(readability)은 간단히 정의하자면, 특정 인쇄물의 성공에 영향을 미치는 모든 요소 및 그 요소들 간의 상호작용을 통틀어 말한다. 여기서 성공이란 독자가 그 인쇄물을 얼마나 이해하고, 최적의 속도로 읽을 수 있는가 그리고 흥미를 얼마나 갖는가의 정도로서 측정된다(Dale & Chall, 1948).

텍스트의 독이성을 객관적으로 측정하기 위해 만들어진 공식에는 여러 가지가 있다. 이들 중 가장 잘 알려진 공식의 하나는 **플레쉬**(Flesch, 1948)의 **독이성 공식**(reading ease formula)이다. 이 공식은 연구자가 ① 원문에서 100개 단어를 체계적으로 선택하고, ② 그 단어들의 음절수가 모두 얼마인지를 세고(wl), ③ 한 문장에 단어의 수가 평균 몇 개인가를 센 다음(sl), ④ 다음의 공식을 이용하여 계산하면 된다.

$$\text{독이성(RE)}=206.835-846wl-1.015sl$$

이 점수를 문장 스타일(예: 매우 쉬운)이나 읽기에 알맞은 학년 수준을 나타내는 차트와 비교할 수 있다(마이크로소프트 워드(Microsoft Word)를 이용하면 플레쉬 점수와 **플레쉬-킨케이드**(Flesch-Kincaid) **점수**[역자주 5](학년수준)를 자동으로 계산할 수 있다. 예를 들어 지금 읽고 있는 이 장은 플레쉬-킨케이드 점수가 12.0으로 12학년 수준의 문장으로 되어 있다는 것을 의미한다.

독이성을 측정하는 또 다른 방법은 **포그 지수**(Fog Index)로 거닝(Gunning, 1952)이 개발한 것이다. 포그 지수를 계산하는 방법은 다음과 같다.[역자주 6] 연구자는 ① 각각 100개의 단어로 된 표본을 체계적으로 선택한다. ② 단어의 수를 문장의 수로 나누어 문장의 평균길이를 계산한다. ③ 3음절 이상으로 된 단어의 수를 센다. ④ 3음절 이상으로 된 단어의 수에다 문장의 평균길이를 더한다. ⑤ 이 합계에 0.4를 곱한다. 플레쉬 지수처럼 거닝의 공식은 원문을 이해하는 데 필요한 교육 수준이 어느 정도이어야 하는지를 제시해준다. 포그 지수의 가장 큰 장점은 음절을 세는 것과 전체적인 계산이 보다 단순하다는 점이다(포그 지수를 계산하는 온라인 프로그램은 인터넷을 검색해서 찾아보기 바란다).[역자주 7]

테일러(Taylor, 1953)는 ***Cp***(Cloze procedure, 빈칸 채우기 식 독이성 검사)라고 부르는 독이성 측정

역자주 5 이 테스트는 미국 학교의 학년 등급을 기준으로 한다. 예를 들어 8.0은 8학년 수준의 문서를 의미한다. 대부분의 문서에서 목표 점수는 약 7.0에서 8.0 사이이다. 플레쉬-킨케이드식 분류의 점수 공식은 다음과 같다.

(0.39 x ASL) + (11.8 x ASW) − 15.59 ASL = 평균 문장 길이(단어 수/문장 수), ASW = 단어당 평균 음절 수(음절 수/단어 수).

역자주 6 '포그 지수'를 계산하는 공식은 0.4 x 단어 수÷ 문장 수 + (어려운 단어 수 ÷ 단어 수)이다.

역자주 7 사례분석의 예: 마이크로소프트(MS) 빌 게이츠 회장의 CES 2008 기조 강연과 애플 스티븐 잡스 CEO의 맥월드 컨퍼런스 & 엑스포에서의 기조 강연을 비교 분석한 '포그 지수'에서 게이츠의 연설은 9.37의 수치를 기록한 것에 비해 잡스는 6.79였다. 또 게이츠는 사용한 말의 5.2%가 3음절 이상의 '난해어'로 분류되는 단어였는데 잡스는 대략 3%에 지나지 않았다(http://www.zdnet.co.kr/).

방법을 개발하였다.[역자주 8] 이 방법은 단어나 음절을 실제로 셀 필요가 없다는 점에서 위에서 열거한 공식들과는 다르다. 단어나 음절을 실제로 세는 대신 연구자는 ① 원문에서 약 250~300단어로 된 구절을 고른다. ② 무작위로 출발한 지점으로부터 다섯 번째 단어를 뺀 다음 그 자리를 공백으로 대치한다. ③ 대상자들에게 그 구절을 주고 그들이 정확한 단어라고 생각하는 것으로 공백을 채워 놓도록 한다. ④ 정확한 단어로 채워진 공백의 숫자가 몇 개인지를 세어 본다. 정확한 단어의 수, 또는 정확하게 대치된 비율이 그 구절의 독이성 점수가 된다. 아래 문단은 *Cp*를 측정하기 위해 제시된 어떠한 것인지를 보여주는 표본이다.

> 일반적으로 신문독자들이 관심을 많이 가지고 ______ 있게 읽는 신문기사는 독자 자신이 알고 있는 ______이나 ______과 관련된 것이라고 한다. 자기 자신은 말할 것도 없고 ______나 또는 가까이 알고 지내는 ______과 관련된 기사에 대해 ______이 많은 ______과 흥미를 가지게 되는 것은 마치 자기가 받은 ______를 열심히 읽는 것과 동일한 ______이라고 할 수 있다. 사람들은 친구나 친지로부터 ______를 받으면 반가운 마음으로 처음부터 끝까지 읽는 것은 물론 ______해서 읽기도 한다.

네스트볼드(Nestvold, 1972)는 *Cp* 점수가 독자 자신이 평가한 내용의 난이도와 높은 상관관계가 있다는 점, 흔히 이용하는 다른 독이성 검사보다 평가를 더 잘 예측한다는 점을 발견하였다.

비록 이와 같은 독이성 연구가 인쇄미디어 연구에서 널리 사용되고 있지는 않지만, 잘 활용하면 매우 가치 있는 정보를 얻을 수 있다. 스미스(Smith, 1984)는 신문내용도 기사유형에 따라 독이성이 다르다는 사실을 발견하였다. 즉 오락이나 피쳐 기사가 국제뉴스나 주 정부와 지역 관련 뉴스보다 읽고 이해하기 쉬웠다. 아울러 그는 같은 표본을 대상으로 위의 세 가지 공식을 적용시켜봤지만 결과가 같지는 않다는 사실에 주목하였다. 최근 보드레(Bodle, 1996)는 대학신문과 일반신문의 독이성을 비교한 결과, 일

역자주 8 Close(빈칸 채우기)란 근원적으로 'closure'에서 유래한 형태 심리학의 용어로서 인간의 지각, 기억, 행동 등이 안정을 이루는 과정이다. 다시 말하면 전체를 구성하기 위하여 불완전한 형태를 완성하거나 삭제된 부분을 채우려는 인간의 심적 경향에 기초를 두고 있다. *Cp* 테스트는 대체로 세 가지 종류로 나타난다. 첫째는 가장 일반적인 형태로서의 규칙 빈칸 채우기 시험이다. 이 방법은 *n*번째마다 기계적으로 단어를 삭제하는 방법이다. 둘째로 변형 규칙 빈칸 채우기 시험(modified cloze test)이 있다. 특별한 문법 구문을 의도적으로 측정하기 위하여 단어를 *n*번째마다 기계적으로 삭제하는 것이 아니라, 용도에 따라 무작위로 삭제하는 다른 형태의 방법이다. 셋째로 선택 규칙 빈칸 채우기 시험(multiple-choice cloze test)이 있다. 이 방법은 *n*번째마다 기계적으로 선택형답지를 주어 적절한 답을 고르는 방법이다.

반신문이 대학신문보다 높은 점수를 받았다고 보고하였다.

www.read-able.com과 http://juicystudio.com/services/readability.php 등에서는 온라인에서 독이성을 측정하기도 한다. 이 책의 웹사이트 wimmerdominick.com의 플레쉬-킨케이드 수준은 8학년 급에 해당한다.

5) 질적 연구와 인쇄미디어

미디어 업계의 연구자들은 인쇄미디어 열독률 연구에서 양적 방법들이 간과했을지도 모르는 요인들을 드러내기 위해 질적 연구기법들을 자주 사용한다.

리온(Lyon, 1998)은 왜 사람들이 신문을 읽으려 하지 않는지 그 이유를 포커스그룹 연구를 통해 밝혀냈는데, 재활용하기 · 인지된 편견 · TV 뉴스 의존 등이 그 이유에 해당한다. 메이손(Mayson, 2000)은 도너츠 가게에서 참여관찰과 면접을 실시한 결과, 사람에 따라서 자판기에서 신문을 사야 할 만큼 변화의 필요성을 느끼지 못하기 때문에 신문을 읽지 않는다는 사실을 알아냈다. 사바(Saba, 2004)는 10대들이 신문구독에 대해 갖는 태도를 연구하기 위해 포커스그룹 연구를 시리즈로 실시하였다. 그 결과, 10대들은 간결한 뉴스를 좋아하며 신문에 대한 이미지가 별로 좋지 않다는 사실도 알 수 있었다. 그리고 10대들이 신문을 읽고 있는 사진을 보여주고 반응을 물었을 때 참여자들은 낄낄 웃었으며 그중 몇 친구들은 사진 속의 아이들이 바보 같다고 말하였다.

열독률연구소 또한 신문과 잡지의 열독 경험에 대한 연구에 질적 방법들을 이용하였다. 신문과 잡지 구독자를 대상으로 1시간 이상에 걸쳐 심층 면접을 시도하였다. 연구자들은 이 면접 결과들을 모아서 양적 서베이의 설문항목을 만드는데 이용하였다.

03 웹사이트 유용성 조사

2011년 현재 1,200개 이상의 신문사들이 인쇄본과 그 온라인 버전을 동시에 발행하고 있다. 온라인 잡지의 수는 셀 수 없을 정도다. 2010년 미국잡지발행인협회 리스트에는 13,000개 이상의 온라인 잡지들이 등장하고 있다. 온라인 열독율에 대한 관심은 증가되고 있으며 특히 발행인들의 핵심 관심사가 되고 있다. 그에 따라 최근 웹사이트의 **유용성**(usability)에 관한 연구가 인기를 끌고 있다. 일반적 수준에서 유용성 조사란 특정 제품이나 서비스 이용자들을 대상으로 그 제품이나 서비스의 용이성, 과업 시간, 경험에 대한 이용자의 자각 등을 조사하는 것이다. 신문이나 잡지의 경우엔 해당 출판물 웹사이트나 앱의 유용함이나 편리함을 주로 다룬다.

스튜어트(Stwart, 2008)는 지역신문이 작은 규모로 수행한 유용성 조사에 대해 설명한 바 있다. 그 조사에서는 해당 신문 웹사이트에 먼저 설문지를 올려놓고 16명의 독자를 사무실로 초대해 조사에 참가하도록 유도하였다. 그들 중 한쪽 사람들에게는 오래된 버전의 웹사이트를 보여주고, 다른 사람들에게는 새로운 버전과 오래된 버전을 연속적으로 보여주고 비교하게끔 하는 조사를 실시하였다. 이런 과정을 통해 연구자는 해당 웹사이트를 네비게이팅하는 과정에서 나타나는 문제들을 찾아낼 수 있다.

린치(Lynch, 2009)는 15명의 인터넷 중이용자들 대상 심층 면접을 이용한 질적 유용성 연구를 하였다. 면접 내용을 분석한 결과, 가장 유용하고 편리한 웹사이트들은 공통적으로 다음의 여러 특성들을 지닌 것으로 나타났다. 즉 제공해야 하는 정보를 분명히 전달했고, 이용자들이 정보를 어디에서 찾아야 할지를 도와주고, 새로운 정보가 어느 것인지 말하기 쉽게 해주고, 적당량의 정보로 이용자에게 부담을 주지 않았다.

이런 유용성 조사는 온라인 잡지에도 적용가능하다. 페이드예브(Faydeyev, 2009)는 잡지사나 다른 온라인사이트들이 유용성을 높이는 데 범하는 실수들로 이용자들이 클릭하기에는 너무 좁게 디자인이 구성된 경우, 스캔하기 어려운 콘텐츠, 해당 콘텐츠 작성자와의 접촉이 어렵게 된 경우, 사이트를 찾기 어려운 경우 등을 제시하였다. 부디우와 닐슨(Budiu & Neilsen, 2011)은 〈USA 투데이〉 신문 앱의 유용성에서 나타난 변화를 조사하였는데 아주 작은 아이콘와 검색박스가 유용성을 떨어뜨린다는 사실을 알아냈다. 쿠르그(Krug, 2005)의 저서를 보면, 유용성과 웹디자인에 대한 논의가 자세하게 나와 있다(그가 말하는 유용성의 첫 번째 법칙은 '이용자로 하여금 생각하게 하지마라(Don't Make Me Think)'이다).

요약

잡지와 신문연구는 1920년대부터 시작되었고, 초기 연구의 대부분은 특성상 질적 분석이 그 주류를 이루었다. 전형적인 연구유형으로는 법, 역사 및 국가 간 언론 비교연구 등이 있었다. 1930년대와 1940년대에 들어서면서 열독률 서베이와 인쇄미디어 광고의 효율성에 대한 조사연구가 기업 중심으로 자주 실시되었다. 1950년대에 와서는 양적 연구방법이 적용이 인쇄미디어 연구에서도 일반화되었다. 근 30년간 광고주와 수용자를 놓고 TV와 라디오와의 시장경쟁이 치열해지면서 미디어 업계에서 해당조사연구가 활발하게 진행되어 왔다. 전문적인 협회들이 자체적으로 연구하기 시작하였다.

인쇄 미디어 연구에는 열독률 연구, 발행부수 연구, 경영 조사, 타이포그래피와 지면구성 연구, 독이성 연구 등이 있다. 열독률 연구는 가장 범위가 넓은 영역이다. 여기에서는 누가 출판물을 읽고, 어떠한 아이템이 더 읽히며, 독자가 어떠한 충족을 얻는가 등이 고찰된다. 발행부수연구는 가격 및 배급 체계뿐만 아니라 다양한 시장을 대상으로 신문, 잡지의 확장 수준이 어느 정도인지를 연구한다. 경영 조사는 직업만족도와 경영구조 그리고 소유구조의 집중이 신문과 잡지의 내용과 질에 미치는 영향 등을 연구한다.

독이성 연구는 메시지 이해에 영향을 미치는 문맥적 요소들을 조사한다. 보다 최근에는 신문이나 잡지의 유용성을 조사하는 연구들이 등장하고 있다.

핵심용어

기자-독자 비교(journalist-reader comparison)
도달률(reach)
독이성 연구(readability study)
독자-비독자 연구(reader-nonreader study)
라이프스타일 세분화 연구(lifestyle segmentation studies)
발행부수 조사(circulation research)
보조회상법(aided recall)
사이코그래픽 연구(psychographic studies)
아이 카메라(eye camera)
아이템 선별 연구(item-selsction study)
유용성 조사(usability research)
이용과 충족(uses and gratifications)
잡지 열독률 서베이(magazine readership survey)
추적연구(tracking study)
포그 지수(fog index)
플레쉬 공식(Flesch formula)
Cp 빈칸채우기(cloze procedure, 독이성)

인터넷 활용하기

이 장에서 언급한 주제에 관한 추가정보를 원하면, 인터넷에서 "트래킹 연구", "아이 카메라", "열독률 연구" 및 "유용성 조사" 등을 검색해보자. 신문 및 잡지 연구에 관심 있는 이들에게 유용한 정보를 제공하는 웹사이트들이 많이 있다. 다음에 언급한 웹사이트들은 그런 웹사이트들 중 일부에 해당될 뿐이다.

1. www.empowermemagazine.com/index.php/category/readers-panel/ 이 사이트의 임파워미 잡지(Empower Me! magazine) 온라인 독자 패널에 가입할 수 있다. 잡지사가 독자들에 대해 알고 싶어 하는 정보 유형이 무엇인지 알아보자.
2. http://readership.org 노스웨스턴 대학(Northwestern Univ.)의 미디어경영센터 내 열독률 연구소(Readership Institute of the Media Management Center) 홈페이지다. 여기에는 신문과 연관된 서베이, 내용분석 및 경영 조사 등이 링크되어 있다.
3. www.magazine.org 미국 잡지발행인협회(The Magazine Publishers of America) 홈페이지다. 여기에는 잡지 열독률 및 광고 자료들이 링크되어 있다.
4. www.naa.org 미국신문협회(The Newspaper Association of America)의 홈페이지다. 인쇄신문뿐만 아니라 온라인신문에 관한 조사연구들이 링크되어 있다.

생각해볼 문제

1. 자신이 발행부수감소에 직면한 어느 석간신문의 편집자라고 가정해보고, 열독률을 증가시키는 데 도움이 될 만한 연구들로 어떤 것들이 있는지 찾아보자.
2. 여성스포츠를 다루는 새로운 잡지를 발행하기로 결정하였다고 가정해보자. 잡지를 발행하기에 앞서 어떤 형태의 연구를 할 것인지, 그 이유는 무엇인지 생각해보자.
3. 약 15~20명의 사람들을 대상으로 그들이 왜 지역 일간지를 읽는지를 알아보기 위한 이용과 충족연구의 예비연구를 직접 수행해보자.
4. 이 장에서 5개 페이지를 표본으로 추출하여 플레쉬의 독이성 지수, 거닝의 포그 지수를 계산해보자.
5. 지역 신문기자에게 필요한 웹사이트 목록을 만들어보자. 또한 사회과학자로서 관심있는 사이트들의 목록도 만들어보자. 그리고 이들 목록 사이에 어떤 유사성은 없는지 검토해보자.

이에 대한 추가적인 정보는 www.wimmerdominick.com이나 www.cengagebrain.com에서 찾아보자.

참고문헌 및 권유문헌

Aaker, D., Kumar, V., & Day, G. (2009). *Marketing research*. New York, NY: Wiley.

Adams, J. (2008). Innovation management and U.S. weekly newspaper websites. *International Journal on Media Management*, 10(1), 64–73.

Akhavan-Majid, A. M., Rife, A., & Gopinah, S. (1991). Chain ownership and editorial independence. *Journalism Quarterly*, 68(1/2), 59–66.

Ambroz, J. (2004). From the reader's modem to the advertiser's ear. *Folio*, 33(1), 10–11.

Astor, D. (2000). Relative readership of syndicated stuff. *Editor & Publisher*, 133(33), 21.

Bakker, P. (2007). The impact of free daily newspapers on the circulation of paid newspapers. Conference paper presented to the International Communication Association.

Bartlett, M. (2001, June 22). Study predicts black skies ahead for newspapers. Retrieved August 18, 2001, from *www.newsbytes.com*

Beam, R. (2008). Content in publicly, privately owned newspapers more alike than different. *Newspaper Research Journal*, 29(4), 74–80.

Beaudoin, C., & Thorson, E. (2002). Journalists, public differ on perception of media coverage. *Newspaper Research Journal*, 23(4), 52–62.

Besley, J.,&Roberts, M. (2010). Cuts in newspaper staffs change meeting coverage. *Newspaper Research Journal*, 31(3), 22–35.

Bernt, J. P., Fee, F. E., Gifford, J., & Stempel, G. (2000). How well can editors predict reader interest in news? *Newspaper Research Journal*, 21(2), 2–11.

Bleyer, W. (1924). Research problems and newspaper analysis. *Journalism Bulletin*, 1(1), 17–22.

Bodle, J. V. (1996). Assessing news quality: A comparison between community and student daily newspapers. *Journalism & Mass Communication Quarterly*, 73(3), 672–686.

Bogart, L. (1989). *Press and public*. Hillsdale, NJ: Lawrence Erlbaum.

Bogart, L. (1991). *Preserving the press*. New York, NY: Columbia University Press.

Budiu, R., & Nielsen, J. (2011). *Usability of iPad apps and websites*. Fremont, CA: Nielsen Norman Group.

Calvacca, L. (2003). The sweet buy and buy. *Folio*, 32(11), 19.

Chaffee, S., & Choe, S. (1981). Newspaper reading in longitudinal perspective. *Journalism Quarterly*, 58(2), 201–211.

Ciotta, R. (1996). Baby, you should drive this CAR. *American Journalism Review*, 18(2), 34–39.

Click, J. W., & Stempel, G. (1982). *Reader response to front pages with modular format and color* (ANPA News Research Report No. 35). Reston, VA: ANPA News Research Center.

Cobb-Walgren, C. J. (1990). Why teenagers do not read all about it. *Journalism Quarterly*, 67(2), 340–347.

Collins, S. (2003). Level of on-campus activities predicts student paper readership. *Newspaper Research Journal*, 24(4), 102–106.

Coulson, D. (1994). Impact of ownership on newspaper quality. *Journalism Quarterly*, 71(2), 403–410.

Coulson, D., & Hansen, A. (1995). The Louisville Courier-Journal's news content after purchase by Gannett. *Journalism & Mass Communication Quarterly*, 72(1), 205–215.

Curtin, P., Dougall, E., & Mersey, R. (2007). Study compares Yahoo! news story preferences. *Newspaper Research Journal*, 28(4), 22–36.

Dale, E., & Chall, J. S. (1948). A formula for predicting readability. *Education Research Journal*, 27(1), 11–20.

Davis, N. (2001). Measures for measures. *Presstime*, 23(4), 38–44.

Ellonen, H., Tarkiainen, A., & Kuivalainen, O. (2010). The effect of magazine website usage on print magazine loyalty. *The International Journal on Media Management*, 12(1), 21–37.

Faydeyev, D. (2009). 9 common usability mistakes in web design. *Smashing Magazine*. Retrieved March 15, 2009, from *www.smashingmagazine.com/2009/02/18/9-common-usability-blunders*

Fidler, R. (2011). RJI-DPA spring 2011 iPad survey results. Reynolds Journalism Institute. Retrieved November 12, 2011, from *www.rjionline.org/news/rji-dpa-spring-2011-ipad-survey-results*

Fisher, C. (1993, July 26). Newspaper readers get choosier. *Advertising Age*, 64(28) p. 22.

Fitzgerald, M. (2000). Reading edge report. *Editor & Publisher*, 133(41), 22–27.

Flesch, R. (1948). A new readability yardstick. *Journal of Applied Psychology*, 32(2), 221–233.

Gersh, D. (1990, April 7). Reaching the teenage reader. *Editor & Publisher*, 123(15) p. 18.

Gladney, G. A. (1996). How editors and readers rank and rate the importance of eighteen traditional standards of newspaper excellence. *Journalism & Mass Communication Quarterly*, 73(2), 319–331.

Gunning, R. (1952). *The technique of clear writing*. New York, NY: McGraw-Hill.

Ha, L., & Litman, B. R. (1997). Does advertising clutter have diminishing and negative returns? *Journal of Advertising*, 26(1), 31–42.

Harper, C. (1996). Online newspapers: Going somewhere or going nowhere? *Newspaper Research Journal*, 17(3/4), 2–13.

Janofsky, M. (1993, July 22). A survey shows Tina Brown's New Yorker is attracting more and wealthier readers. *New York Times*, p. D21.

Kayani, J. M., & Yelsma, P. (2000). Displacement effects on online media in the socio-technical contexts of households. *Journal of Broadcasting & Electronic Media*, 44(2), 215–229.

Kaye, B. (2010). Going to the blogs. *Atlantic Journal of Communication*, 18(1), 194–210.

Krug, S. (2005). *Don't make me think*. Berkeley, CA: New Riders Press.

Lacy, S., & Blanchard, A. (2003). The impact of public ownership, profits and competition on number of newspaper employees and starting salaries at midsized daily newspapers. *Journalism & Mass Communication Quarterly*, 80(4), 949–968.

Lacy, S., & Fico, F. (1991). The link between content quality and circulation. *Newspaper Research Journal*, 12(2), 46–56.

Laitin, J. A. (1997, June 1). Subscriber surveys that sing. *Folio*, 26(8), 88–89.

Lee, D. W. (2001). *A comparative study: Use of online vs. print media newspapers and gratifications*. Unpublished master's thesis. Department of Telecommunication, University of Georgia, Athens, Georgia.

Lewis, R. (1995). Relation between newspaper subscription price and circulation. *Journal of Media Economics*, 8(1), 25–41.

Lindsay, G. (2002). Lights, camera, research. *Folio*, 31(7), 22–25.

Lindsay, M. (2009). *Customer profitability analysis*. Conference paper presented to the Newspaper Association of America, San Diego, CA., April, 2009.

Lynch, S. (2008). *What it takes to be a web favorite*. Evanston, IL: Northwestern University Media Management Center.

Lynch, S. (2009). *How to become "easy to use" online*. Evanston, IL: Northwestern University Media Management Center.

Lyon, C. (1998). Women grade the newspaper. *Presstime*, 20(12), 65.

Magazine reader experience study. (2004). Evanston, IL: Northwestern University.

Martin, H. (2003). Clustered newspapers operate more efficiently. *Newspaper Research Journal*, 24(4), 6–22.

Mason, K. (2000). Price vs. sales. *Presstime*, 22(11), 37–40.

Marchetti, M. (1996). The scoop on circulation. *Sales & Marketing Management*, 148(3), 61–62.

McAdams, K. (1992/1993). Readability reconsidered. *Newspaper Research Journal*, 13/14(4/1), 50–59.

McCombs, M., Mullins, L. E., & Weaver, D. (1974). *Why people subscribe and cancel: A stop-start survey of three daily newspapers* (ANPA News Research Bulletin No. 3). Reston, VA: ANPA News Research Center.

Nafziger, R. (1930). A reader interest survey of Madison, Wisconsin. *Journalism Quarterly*, 7(2), 128–141.

Nestvold, K. (1972). Cloze procedure correlation with perceived readability. *Journalism Quarterly*, 49(3), 592–594.

Neuzil, M., Hansen, K., & Ward, J. (1999). Twin Cities journalists' assessment of topic teams. *Newspaper Research Journal*, 20(1), 2–16.

Newspaper Association of America. (2011). Daily newspaper section readership. Retrieved November 16, 2011, from *http://www.naa.org/Trends-and-Numbers/Readership/~/media/NAACorp/Public%20Files/TrendsAndNumbers/Readership/Daily_Sections_2011.ashx*

Novak, T. P., & MacEvoy, B. (1990, June). On comparing alternative schemes: LOV and VALS. *Journal of Consumer Research*, 17(1), 105–109.

Olmstead, K., Mitchell, A., & Rosenstiel, T. (2011). *Navigating news online: Where people go, how they get there and what lures them away*. Washington, DC: Pew Research Center's Project for Excellence in Journalism.

Papacharissi, Z., & Rubin, A. R. (2000). Predictors of Internet use. *Journal of Broadcasting & Electronic Media*, 44(2), 175–196.

Penrose, J., Weaver, D., Cole, R., & Shaw, D. (1974). The newspaper non-reader ten years later. *Journalism Quarterly*, 51(4), 631–639.

Perse, E., & Courtright, A. (1993). Normative images of communication media. *Human Communication Research*, 19(4), 485–503.

Pew Research Center for People and the Press, (2006). *Online papers modestly boost newspaper readership*. Washington, D.C.: Pew Research Center.

Pew Research Center for People and the Press (2009). *Newspapers face a challenging calculus*. Washington, DC: Pew Research Center.

Pew Research Center for People and the Press (2010a). *Americans spending more time following the news*. Washington, DC: Pew Research Center.

Pew Research Center for People and the Press (2010b). *New media. Old media*. Washington, DC: Pew Research Center.

Pew Research Center for People and the Press (2011). *The tablet revolution*. Washington, DC: Pew Research Center.

Porter, W. C., & Stephens, F. (1989). Estimating readability: A study of Utah editors' abilities. *Newspaper Research Journal*, 10(2), 87–96.

Readership Institute. (2001). *Impact study*. Evanston, IL: Northwestern University Media Management Center.

Reinardy, S. (2010). Need for speed onto Internet clashes with journalistic values. *Newspaper Research Journal*, 31(1), 69–84.

Saba, J. (2004). Study says papers not reaching teens. *Editor & Publisher*, 137(5), 18.

Schramm, W. (1957). Twenty years of journalism research. *Public Opinion Quarterly*, 21(1), 91–108.

Seamon, M. (2000). How demographic variables affect newspaper delivery. *Newspaper Research Journal*, 21(1), 91–101.

Smith, R. (1984). How consistently do readability tests measure the difficulty of newswriting? *Newspaper Research Journal*, 5(4), 1–8.

Stewart, S. (2008). News sites large and small can measure usability. *Online Journalism Review*. Retrieved March 15, 2009, from *www.ojr.org/ojr/stories/08117/stewar/*

Stone, G. (1994). Race yields to education as predictor of newspaper use. *Newspaper Research Journal*, 15(1), 115–126.

Stone, G., & Boudreau, T. (1995). 1985, 1994: Comparison of reader content preferences. *Newspaper Research Journal*, 16(4), 13–28.

Sullivan, C. (1993, November 1). Expire research is no dead end. *Folio*, 22(11), pp. 39–40.

Swanson, C. (1955). What they read in 130 daily newspapers. *Journalism Quarterly*, 32(3), 411–421.

Sylvie, G. (1996). Departmental influences on interdepartmental cooperation in daily newspapers. *Journalism & Mass Communication Quarterly*, 73(1), 230–241.

Sylvie, G.,&Chyi, H. (2007). One product two markets: How geography differentiates online newspaper audiences. *Journalism & Mass Communication Quarterly*, 84(3), 562–581.

Taylor, W. (1953). Cloze procedure: A new tool for measuring readability. *Journalism Quarterly*, 30(4), 415–433.

Thurlow, G., & Milo, K. (1993). Newspaper readership. *Newspaper Research Journal*, 14(3/4), 34–43.

Wanta, W., Hu, Y. W., & Wu, Y. C. (1995). Getting more people to read more newspapers. *Newspaper Research Journal*, 16(1), 103–115.

Who's reading what? (2004). *Editor & Publisher*, 137(8), 49.

Younger, heavy online-news consumers don't read newspapers. (2008). Retrieved November 17, 2011, from *www.marketingcharts.com/print/younger-heavy-online-news-consumers-dont-readnewspapers-3841*

14장 전자미디어 연구

방송이 핵심인 전자미디어 연구는 지난 수십 년 동안 미디어 경영의 성공을 위한 주요한 도구로서 역할을 담당해왔다. 왜냐하면 경영자라면 목표 수용자들이 무엇을 원하는지를 알아야했기 때문이다. 미국 뉴저지(New Jersey)의 주요 프로그램 기획자 로카시오(Phil LoCascio, 2012)는 다음과 같이 말하고 있다.

> 조사연구는 방송이 목표대상으로 하는 청취자들이 무엇을 원하는지를 알 수 있는 유일한 길이다. 우리는 이들 조사를 통해 청취자들의 새로운 요구를 만족시키려면 무엇을 해야 하는지 결정하는 데 도움을 받을 수 있다. 방송에서 변화는 순간순간 발생할 수 있기 때문에 이 점은 중요하다. 인터넷이 출현하면서 경쟁이 극단적으로 증가하였다. 우리는 이제 지역 방송뿐만이 아니라 전 세계의 방송사들과 경쟁하고 있는 것이다. 어떻게 하면 수용자들에게 최대로 봉사할 수 있을까? 수용자들에게 물어야 한다.
>
> 방송사 간의 시청률 경쟁에서 이기려면 질 높은 조사를 이용하고 거기서 얻어진 자료를 정확히 분석해야 한다. 어떤 방송사가 조사를 이용했음에도 불구하고 시청률에서 뒤졌다면 그것은 수준이 낮은 조사를 이용했거나, 잘못된 결론에 도달했기 때문이다. 방송에서 질 높은 조사연구가 제공해주는 정보를 대체할만한 것은 없다.

많은 유형의 조사 및 연구기관들이 전자미디어에 대한 수준 높은 정보를 제공하고 있다. 예를 들어 전문적인 조사회사들, 각 방송사(라디오, TV네트워크, 케이블, 위성) 내 조사담당부서 그리고 많은 대학 연구소 등이 여기에 해당한다. 전자미디어 연구는 테크놀로지의 발전과 연구방법론의 개선 등에 힘입어 이제는 수백만 달러의 비즈니스의 장이 되고 있다. 이 장에서는 이 분야에서 널리 이용되고 있는 연구방법들을 소개하고자 한다.

01 배경

1920년대를 기점으로 방송연구는 그 양의 증가와 함께 정교함이 급속히 발달해 왔다. 방송이 시작된 처음 몇 년 동안(1920년대)은 방송인들이 그저 실험삼아 아니면 취미로 신호를 정확히 송・수신하는 데 관심을 가지는 수준이었다. 당시로서는 라디오의 인기가 잘 알려지지 않았기 때문에 청취자의 규모에 관심을 둘 이유가 없었다.

이 같은 상황은 1930년대 들어서 라디오가 대중적인 미디어로 등장하자 급격히 변화하였다. 라디오가 많은 청취자들을 끌어 모으면서 재정을 어떻게 마련해야 하는가가 관심거리로 부상하였다. 많은 논란 끝에 정부의 재정지원이나 기기 판매에 과세하는 방안보다 광고를 재원으로 채택하게 되었다. 라디오의 광고 수용이 전자미디어 연구의 발전을 가져 온 단초인 셈이다.

방송을 대상으로 연구를 처음 시작한 사람들은 방송인이 아닌 광고주들이었다. 상업광고가 일단 방송을 타기 시작하자 광고주들은 그들의 광고메시지에 노출된 청취자가 과연 얼마나 되며, 얼마나 효력이 있는지 자연히 궁금해지기 시작하였다. 그 결과 청취자의 규모나 특징에 대한 경험적인 정보를 제공하는 것이 방송인들의 책임이 되었다. 이는 오늘날에도 여전하다. 광고주들은 항상 자신들의 광고를 보고 듣는 사람들에 대하여 더 많은 정보를 얻기를 원하기 때문이다.

광고주들은 청취자의 규모에 대한 정보를 원하는 것 외에 사람들의 행위양식에 대해서도 흥미를 갖게 되었다. 이로 인해 '**사이코그래픽스**(psychographics)'라고 알려진 연구분야가 발전하게 되었다. 그러나 사이코그래픽스 자료는 다소 모호하기 때문에 수용자의 행태를 예측하는 데는 그리 적절하지 못했고 광고주들은 더 많은 정보를 원하였다. 따라서 '라이프스타일' 패턴과 그것이 미디어의 이용 및 구매행동에 어떤 영향을 미치는가를 연구하기 위한 연구절차가 설계되었다.

여기서 얻어진 정보는 광고 캠페인을 디자인하는 데도 중요하다. 만약 광고주들이 상품 구매자들의 라이프스타일을 알게 될 경우 라이프스타일에 알맞은 광고를 설계할 수 있기 때문이다.

오늘날 전자미디어의 연구는 두 가지 주요 유형, 즉 시청률 조사연구와 비시청률 조사연구로 나뉜다. 이 장의 나머지 부분에서는 이 두 분야에 대해 논의할 것이다.

02 시청률 조사

라디오가 인기를 끌게 되고 광고주들이 라디오의 가능성을 인식하게 되었을 때 당면한 문제는 청취자 규모의 정확한 측정이었다. 인쇄미디어는 발행부수와 같은 자료를 이용할 수 있었지만 방송은 그에 상당하는 확실한 정보가 없었고 다만 청취자 수를 추산하는 정도였다. 청취자들을 측정하려 했던 초기의 시도는 정확한 자료를 제시하는데 실패하였다. 청취자로부터 우편과 전화를 받아서 1차 자료로 이용하였지만 우편과 전화로 정보를 보내주는 사람들이 일반청취자를 대표하지는 않았기 때문이다. 편지나 전화 한통이 10명의 청취자들을 대표한다는 것은 먼 옛날 어떤 사람들로부터 시작되어 오늘날까지 많은 사람들이 믿는 하나의 신화다. 광고주와 방송종사자들로서는 보다 정확한 정보가 필요하게 되었다.

1930년 CAB(Cooperative Analysis of broadcasting)라고 불리는 단체가 최초로 라디오 청취자 대상 서베이를 실시한 이후 일부 조사자들과 회사들이 복합적 수용자 정보를 제공하기 위한 조사를 시도하였다. 현재는 두 전문 조사회사가 라디오, TV, 케이블 등에 대해 신디케이트화된 정보를 제공하고 있다. 닐슨미디어리서치(Nielsen Media Research)사는 TV 시장에 관한 자료를 제공하고 있고 아비트론(Arbitron Inc.)사는 라디오에 관한 정보를 제공하고 있다. 미국은 366개 이상의 대도시권 시장/영역으로 나누어진다. 닐슨사는 210개 시장/영역에서 TV 시청률 조사를 실시하고, 아비트론사는 284개 시장/영역에서 라디오 시청률 조사를 실시한다. 두 회사 모두 전국시장을 대상으로 특정 시기만이 아니라 일년 내내 시청률 자료(이를 연속 측정이라고 함)를 제공하고 있다.[역자주 1]

역자주 1 한국의 경우 TNmS(www.tnms.tv)와 닐슨코리아주식회사(http://www.agbnielsen.co.kr)의 시청률 조사가 대표적이다.

1) 닐슨사

닐슨미디어리서치사는 일리노이주 노스부룩에 위치하며 닐슨사(Nielsen Company)의 자회사다(www.nielsen.com을 참조). 모회사인 A. C. 닐슨(A. C. Nielsen)사는 1945년에 설립되었으며 현재, 투자집단인 닐슨 홀딩스 N.V(Nielsen Holdings N.V, 여기서 N.V.는 Limited Lisability Corporation의 의미에 해당하는 두 네덜란드 단어의 축약어임)사의 소유로 있다. 닐슨은 세계 최대 규모의 시장조사회사들 중 하나이다.

여러 나라들의 TV 시청률조사를 담당하는 닐슨미디어리서치사는 전국방송, 케이블네트워크, 지역네트워크, 신디케이터, TV방송사, 지역 케이블시스템, 위성배급자, 광고대행사, 방송국 임원과 구매담당 등을 대상으로 시청률 정보를 제공하고 있다(www.nielsenmedia.com).

닐슨미디어리서치사는 자료수집 방법으로 크게 두 가지 유형, 즉 일기와 전자미터기를 이용한다. 시청률 자료는 크게 두 가지, 즉 '전국'과 '지역'으로 나눌 수 있다. 닐슨사에 대한 간략한 요약문의 출처는 그 회사 웹사이트다.

미터기와 일기

닐슨미디어리서치사의 시청률 평가 프로세스의 핵심은 닐슨 피플미터(Neilsen People Meter)라는 전자적 계량시스템에 있습니다. 닐슨사는 두 가지 유형의 미터기, 즉 셋미터스(Set Meters, 시청한 채널이 무엇인지 포착)와 피플미터(시청한 사람에 대한 정보를 추가)를 이용합니다. 일기는 닐슨사의 측정도구상자에서 귀중한 도구로 자리매김 되어, 미국 내 거의 모든 표본가구의 시청정보를 수집하는 데 쓰입니다. 닐슨사는 매년 "스위프(sweep)"역자주 2로 알려진 시청률 집중조사기간 11월, 2월, 5월, 7월에 전국에 걸쳐 약 2백만 건의 종이일기를 처리합니다. 이러한 현지 시청정보는 현지 텔레비전 방송국들, 케이블 시스템들, 광고주들에게 프로그램 일정관리 및 광고 결정에 관한 근거를 제공합니다. 비교적 규모가 큰 몇몇 시장들에 대해서는 시청률 집중 조사기간에 최장 3개월(10월, 1월 및 3월)을 추가하여 시청자 정보를 제공합니다.

매주 신규 패널 가구들을 대상으로 시청률 집중조사 기간의 달 내내 일기 양식을 발송합니다. 월말에는 개별 주간 시청 자료 전부를 집계합니다.

역자주 2 방송국의 광고요금산정을 위해 텔레비전 프로그램의 시청률을 연속 4주 동안 연구하는 기간을 말한다.

피플미터 표본

닐슨사의 전국표본(미국 전역의 횡단적 대표가구로 구성)은 1987년 이래로 자리 잡아온 과학기술인 피플미터로 측정합니다. 이 계량기는 텔레비전에서 뭘 시청하는지 뿐만 아니라, 그 가구에서 정확히 어떤 성원들이 시청하는지에 관한 정보를 닐슨사에 줍니다.

그 피플미터는 문고판 도서 크기의 "상자(box)"인데, 각 텔레비전에 부착되어 있고 리코컨으로 작동됩니다. 한 표본가구의 각 가족성원은 개인시청버튼을 배정 받는데, 그 버튼은 그 사람의 연령과 성에 맞추어진 것입니다. TV를 켤 때마다 빨간 불이 커지고 해당 시청자들에게 부여된 버튼을 눌러 그들이 보는 텔레비전을 표시하라고 알려줍니다. 손님으로 온 사람도 자신들의 연령 · 성 · 시청 상태를 피플미터에 있는 부가 버튼을 통하여 그 시스템에 입력함으로써 표본에 참여자가 될 수 있습니다. 닐슨사는 전국적인 측정만 하지 않고 LPMT(Local People Meter Technology)를 이용하여, 전국에서 가장 규모가 큰 지역 시장도 측정합니다(예: 뉴욕(New York), 로스엔젤레스(Los Angeles) 및 시카고(Chicago)).

셋미터스 표본

규모가 중간정도인 지역시장(예: 시애틀(Seattle), 샌안토니오(San Antonio) 및 멤피스(Memphis))은 다른 유형의 미터기로 측정하는데, 이 미터기는 텔레비전 채널 선택(set-tuning)에 대한 정보만 줍니다. 이들 시장의 인구통계학적 정보는 7일치(이거나 DVR를 가진 가구들에서는 8일치) 일기를 작성한 개별표본의 사람들이 제공한 것입니다.

일기 표본

규모가 비교적 작은 시장에서는 … 종이일기로만 측정합니다. 텔레비전을 통해 보는 것이 무엇이고, 누가 보는 것인지를 기록하도록 해 놓은 7일치(이거나 DVR를 가진 가구들에서는 8일치) 일기 양식을 가구에 발송합니다.

닐슨사는 전국대상 NTI(National Television Index)와 지역별 측정인 NSI(National Station Index) 등과 같은 다양한 수용자 측정 보고서를 만들어내고 있다. 이들 보고서 외에 닐슨사가 제공하는 다른 정보에 관한 내용은 닐슨사 웹사이트, 그중에서도 제목이 "Measurement"와 "News & Insights" 인 부문에 제시되어 있다.

미터기로 측정된 자료는 NTI와 NSI 보고서를 작성하는 것뿐만 아니라, **오버나이트**

(Overnights)역자주 3을 작성하는 데도 이용된다. 오버나이트에 동원된 표본의 크기가 작기 때문에 해당 프로그램에 대한 실질적인 시청률은 부가표본을 통해 통계적인 신뢰도를 높인 다음에야 비로소 알 수 있다.

나아가 닐슨사는 두 가지 인터넷 조사에도 참여하고 있다. 첫째로, 닐슨 온라인(Nielsen Online)을 생산한다. 이는 인터넷에서의 각종 측정서비스(예: 수용자 측정, 인터넷 마케팅 및 온라인 광고 등으로 www.nielsen-online.com을 참조해보자)다. 둘째로 넷 레이팅(Net Ratings)을 생산한다. 이는 비즈니스와 웹사이트뿐만 아니라 소비자 정보를 함께 제공하도록 설계된 소비자 연구와 더불어, 인터넷 이용자들의 서핑을 살펴볼 수 있는 하나의 패널연구다.

마지막으로 닐슨사는 라디오방송국 모니터링용 사운드스캔(SoundScan)과 같은 매스미디어에 관한 다양한 조사 프로그램을 만들어내고 있다. 그 회사의 조사 프로그램들에 대한 완전한 설명을 보려면 닐슨사의 웹사이트를 참조해보자.

2) 아비트론사

아비트론사(www.arbitron.com)는 1949년에 ARB(American Reasearch Bureau)이란 이름으로 창립하였으나 1972년에 AC(Arbitron Company)라는 이름으로 바뀌었다. 이후 1982년 ARC(Arbitron Ratings Company)라는 명칭으로 개명하였으나, 1989년부터는 다시 AC(Arbitron Company)라는 이름을 사용하였다. 현재는 **아비트론사**(Arbitron Inc.)다. 아비트론사의 본부는 메릴랜드 주(Maryland)의 콜롬비아(Columbia)와 뉴욕시(New York City)에 있다. 보다 상세한 자료는 베빌(Bevile, 1988)의 저서를 참고하길 바란다.

아비트론사의 웹사이트를 출처로 관련 정보를 살펴보면 다음과 같다.

> 아비트론사(Arbitron Inc. (NYSE: ARB))는 전 세계 광고 회사 및 광고주들, 여러 미디어(라디오, 텔레비전, 케이블 및 옥외)는 물론, 모바일 산업에까지 서비스를 제공하는 국제적인 미디어 및 마케팅 조사회사입니다. 아비트론사의 비즈니스에는 미국 전역에 걸쳐 네트워크 및 지역 시장의 라디오 수용자를 측정하는 일, 미국 소비자들의 매장 이용, 미디어 및 상품 이용 패턴에 대해 서베이하고, 미국 · 유럽 · 아시아 · 호주에서 모바일 수용자에 대한 측정과 분석을 제공하며, 마케팅 정보 자료와 미디어 수용자 분석용 응

역자주 3 대도시인 뉴욕 · 시카고 · 로스앤젤레스 등에서 집계되며, 저녁 프라임 타임대 시간의 시청률을 연구하고 그 다음날 이를 발표하는 것이다.

용 소프트웨어를 개발하는 일 등이 포함됩니다.

아비트론사는 미디어와 마케팅 조사연구용 신기술인 PPM ™(Portable People Meter™)**역자주 4**과 PPM 360™을 개발하였습니다.

아비트론사의 본사와 조사연구 및 엔지니어링 조직은 매릴랜드 주의 콜롬비아에 위치합니다.

아비트론사는 1995년까지 지역 텔레비전들을 대상으로 시청률 조사결과를 제공했지만, 이제는 라디오에만 초점을 맞추어 이 장의 다음에 논의할 **휴대용 피플미터**(Portable People Meter: PPM)와 일기를 통해 정보를 수집한다.

비록 아비트론사는 미국 내 큰 시장 대부분을 대상으로 측정을 계속하고 있지만, 가장 중요한 시청률 조사 결과는 4계절에 한 번씩 "책(book, 인쇄형태로 나오기 때문에 역사적으로 그렇게 불림)"으로 묶어져 나온다. 4계절의 이름을 따라서 WI, SP, SU, FA로 식별된다. 아비트론사는 또한 RADAR(Radio's All-Dimension Audience Research)라는 서비스를 이용해서 네트워크 라디오 청취률 조사결과를 제공하고 있다. 이에 대한 나머지 설명은 www.arbitron.com/national_radio/radar_accountability.htm에 있다.

아비트론사가 제공하는 여러 조사 프로그램이나 서비스 및 방법론에 대한 정보를 더 많이 보려면 아비트론사의 웹사이트를 방문해보길 권한다. 저자들은 특히 독자들에게 퍼플북(Purple Book)으로 더 잘 알려진 〈아비트론사의 라디오 시장 참조 가이드(Arbitron Radio Market Report Reference Guide)〉라는 제목의 출판물을 출력해보길 제안한다. www.arbitron.com/downloads/purplebook.pdf에서 보면 된다. 이 참고문헌에는 아비트론사가 활용하고 있는 여러 방법과 절차들이 잘 요약되어 있다.

끝으로 아비트론사는 보통 〈크로스플랫폼서비스(Cross-Platform Services)〉라고 부르는 서비스도 실시하고 있는데, 해당 웹사이트(www.arbitron.com/crossplatform/home.htm)에서는

역자주 4 아비트론사의 PPM(휴대용 피플미터 시스템)은 소형 휴대폰 크기의 수동식 수용자 측정 장비를 사용해 미디어 및 엔터테인먼트에 대한 소비자 노출 정보를 수집한다. 여기에는 ① 공중파 방송, 케이블 방송, 위성 TV, ② 공중파, 위성, 온라인 라디오, ③ 영화 광고, ④ 다양한 장소 기반 전자 미디어 노출 정보가 모두 포함된다. 임의 선정된 서베이 참여자들은 기기를 착용하고 하루를 보내게 되며 PPM 장비는 그들이 언제 어디에서 TV를 시청하고 라디오 방송을 들으며 다른 형태의 미디어나 엔터테인먼트에 어떻게 반응하는지를 체크하게 된다. PPM은 또한 방송사나 컨텐츠 사업자 및 배급업자들이 제공하는 각종 미디어나 엔터테인먼트 컨텐츠 신호에 입력된 귀에는 들리지 않는 암호화된 코드를 추적한다. 하루가 끝날 무렵 도킹 스테이션에 장착된 미터기가 해당 코드를 추출, 중앙 컴퓨터로 전송한다. PPM에는 품질 제어 특허 기술인 모니터 센서가 장착되어 있으며 이로 인해 아비트론사는 매일 조사 참여자들의 순응도를 확인할 수 있다.

이 서비스를 다음과 같이 기술하고 있다.

> 미디어는 진화하여, 소비자의 거실을 넘어 업무 공간 · 매장 · 레스토랑 · 바, 그 외 여러 곳으로 확장되고 있습니다. 거의 매일 매 시간 소비자의 일상으로 통합되고 있습니다.
>
> 텔레비전 프로그램과 이벤트는 더 이상 우물가에서의 일회성 수다거리가 아니고, 한 번이 아닌 여러 번 소비되며 다중 플랫폼에 올려집니다. 비디오는 인터넷상에서 친구처럼 모바일폰, 소셜사이트, 이메일 및 인스터트메신저를 통해 링크, 공유됩니다.
>
> 이제 미디어 기업, 광고주, 에이전시에게는 광고 시장에서의 변화를 수용자와 연계하여 진화시킨 조사연구가 훨씬 더 요구되고 있습니다. 기존 미디어 도달률의 속박에서 벗어나 모바일 소비자들을 따라야 할 때입니다.
>
> **소비자에 초점 맞추기**
>
> 아비트론사의 크로스-플랫폼 서비스(Arbitron Cross-Platform Services)에서는 옥내 · 외 여부를 가리지 않고 소비자에 초점을 맞추어 조사합니다. 휴대용 피플미터 시스템을 이용하여 개인을 측정하고 여기서 얻어진 결과들을 토대로 미디어기업은 광고주들에게 해당 미디어의 수용자들에 대한 완전한 그림과 광고 인상에 대한 종합적인 측정결과를 제공할 수 있습니다.
>
> **자사 수용자의 파워 드러내기**
>
> 아비트론사에서는 해당 미디어에 대한 개인별 노출 정보를 조사하여 네트워크 및 개별 방송사들에게 제공함으로써 각사의 도달률(reach)이 어느 정도인지를 잘 알 수 있게 해줍니다. 이를 통해 광고주들은 각 미디어를 대상으로 효과적인 의사결정을 할 수 있습니다.
>
> 아비트론사의 조사를 이용해 미디어기업들은 각사가 보유하고 있는 많은 플랫폼의 가치를 높이는 방안이 무엇인지에 대한 모색이 가능해졌고, 광고주들은 광고노출을 비즈니스결과로 연계시킬 수 있게 되었습니다.

시청률 논쟁

방송 시청률은 많은 영역에서 논쟁거리다. 즉 TV 시청자들은 시청률 때문에 '좋은' 프로그램이 없어졌다고 불만을 제기한다. 라디오 청취자들은 자기가 좋아하는 방송사가 청취률 때문에 프로그램 포맷을 바꾸었다고 불평한다. 프로듀서나 연기자 그리고 아티스트들은 예술 품질을 시청률과 같은 숫자로 평가할 수 없다고 주장한다. 라디오와 TV 방송사 소유주나 운영자들은 조사 결과를 믿을 수 없다고 불평한다. 광고주는 신뢰할 만한 정보가 부족하다고 난색을 표현한다. 비록 시청률이 이런 불만을 제기 받아 마땅한 부분도 없지 않지만 한 가지 부정할 수 없는 기본적인 사실이 있다. 시청률에 대한 많은 비평에도 불구하고 여전히 프로그램과 광고 관련 의사결정에서 중요한 도구로 활용되고 있다는 점이다.

시청률이 여전히 프로그램 편성 여부를 결정하는 데 이용되고 있기 때문에 다음의 두 가지 사실을 이해는 것이 중요하다. (1) 시청률은 단지 해당 프로그램 수용자 크기를 나타내는 측정치일 뿐이고 프로그램의 질이나 프로그램에 대한 의견을 측정한 것이 아니라는 점이다. (2) 조사회사마다 자사만의 시청률 조사방법을 이용하기 때문에 모든 조사결과가 다 믿을 만한 것은 아니라는 점이다.

방송 시청률은 단지 측정치이기 때문에 오차로부터 자유롭지 못하다. 따라서 자료를 해석할 때는 여러 제한점을 고려하면서 해석해야만 한다. 이는 아비트론사와 닐슨사의 시청률 자료집에 항상 등장하는 내용이다. 예컨대 이에 대해 아비트론사 PPM 웹사이트에서는 다음과 같이 말하고 있다.

> PPM이 제공하는 시청률은 수용자 측정치를 바탕으로 한 아비트론사의 의견이며, 인구학적 분포나 라디오 시장을 정확하거나 정밀하게 대표하지는 않습니다.

라디오 및 텔레비전 시청률을 (한치의 오류도 없는) 사실인 것처럼 해석하는 것은 자료를 오용하는 것이라는 점을 유념하자.

3) 시청률 방법론

닐슨사와 아비트론사가 이용하는 조사방법은 복합적이며 각 사마다 조사 방법과 절차를 설명해놓은 여러 책들을 발행하고 있다. 앞서 언급했듯이 현재 시청률 서베이 자료는 일기와 전자미터기/기록기를 이용해서 수집된다. 각 방법은 각각 특유의 장·단점을 가지고 있다.

방송에서의 시청률 조사는 모집단에서 표본을 추출해서 실시하는 조사연구의 고전적인 예에 해당한다. 2012년 약 1억 1,470만에 달하는 미국 가구 전체를 대상으로 미디어 이용에 대한 전수조사, 즉 센서스를 실시한다는 것은 불가능하다고 할 것이다. 따라서 자연히 표본을 추출하여 자료를 얻고 이를 전체 인구에 일반화시키는 방법을 선택하게 된다. 예를 들어 닐슨사의 전국 표본은 전국 전수조사 자료를 이용하고, 표본이 실제 인구분포를 반영하도록 '다단계지역 확률표집(multistage area probability sampling)' 방법을 활용한다. 만약 로스앤젤레스가 미국 내 TV 보유가구 수의 10%를 차지한다면 시청률 연구 표본에도 로스앤젤레스 가구 수가 꼭 10%가 되도록 배정하는 것이다. 닐슨사의 표집은 다음의 4단계로 이루어진다.

① 전국적으로 군(county)을 선정한다.
② 군 집단 안에서 블록집단을 선정한다.
③ 블록집단 내에서 특정 블록을 선택한다.
④ 그 블록 내에서 가구를 선정한다.

닐슨사는 약 21,000가구로 구성된 NTI 표본의 20%를 매년 새로 교체시킨다.

표본 추출 시에 아비트론사와 닐슨사는 오직 휴대전화만 사용하는 가구는 물론, 전화번호부에 실린 가구나 그렇지 않은 가구를 포함하여 모집한다. 모든 시청률 조사회사가 전화번호부를 이용해서 표본을 추출하면서도 동시에 전화번호부에 실려 있지 않은 번호를 포함시키기 위한 통계적인 절차를 이용한다. 이러한 접근은 전화번호부에 실린 사람들이나 가구만을 대상으로 했을 때 발생할 수 있는 편파성을 없애려는 것이다. 닐슨사는 이러한 표집절차를 '총 전화 프레임(Total Telephone Frame)'이라고 하고, 아비트론사에서는 '확장표본 프레임(Expanded Sample Frame)'이고 표현한다.

지역별로 목표 표본의 크기는 시장마다 다르다. 각 회사마다 최소 표본크기를 정립하기 위한 공식을 사용하지만 그 숫자만큼의 대상자를 완전하게 확보할 수 있다는 보장은 없다. 많은 사람들이 시청자 조사에 참여하겠다고 동의하였다고 해서 그들로 하

자세히 보기 〉〉 시청률 일기와 보고서

저자들은 이 책의 이전 판에 아비트론과 닐슨, 이 두 회사의 시청일기 사례를 제시하였다. 그러나 문제는 이들 내용이 빨리 업데이트 되지 않으면 너무 예전 것이 된다는 것이다. 인터넷이 우리 저자들의 기존 접근에 변화를 가져다주었다. 독자들이 보다 최근 사례들을 볼 수 있도록 일기 대신에, 바로 이들 조사회사의 웹사이트를 안내하였다. 시청률 자료집의 양장본은 더 이상 발행되지 않는다. 방송인과 광고주들 모두 해당 정보를 오직 온라인에서만 이용할 수 있다. 그러나 저자들은 이 장의 '6) 시청률 자료집 읽어내기' 부분에서 그 대안을 제시하고 있다. 그러한 추가 정보원들을 간과하지 말기 바란다.

여금 시청일기를 완성하거나 전자미터를 정확하게 이용하도록 강요할 방법은 없기 때문이다. 완성되어 수집된 일기 중에서도 읽을 수 없거나 내용이 부정확해서 폐기되는 경우도 있다. 지역시장 측정에서 50%의 응답률만 얻어도 다행이다.

마지막으로, 소수인종 집단을 대상으로 할 경우에는 그 응답률은 평균 이하로 떨어진다. 따라서 전화번호부로 표본가구들과 연락한다든가 개인적 접촉을 통해 일기 작성을 부탁하는 등 별도의 노력을 기울여야 한다(이런 방법은 스페인계 미국인들이 밀집한 지역 대상 연구(HDHA)와 흑인밀집지역 연구(HDBA)에 이용된다). 그렇지 않으면 응답 회수율이 너무 낮아 시청관련 어떤 측정치도 제공할 수 없기 때문이다. 회수율이 낮을 경우 부족한 부분에 대해 통계적 가중치 부여나 표본 균형화를 통해 이를 만회할 수 있다. 이에 대해서는 나중에 설명하겠다.

자료수집

표본으로부터 시청률 자료를 수집하는 방법으로 가장 잘 알려진 방법은 아마도, 이 장의 앞에서 언급했듯이 닐슨사의 피플미터(Nielsen People Meter)와 아비트론사의 휴대용 피플미터(Arbitron's Portable People Meter: PPM) 같은 전자식 시청률 수집 기기를 이용하는 것일 것이다. 닐슨사의 피플미터는 1936년 '오디미터(audimeter)'로 처음 소개되었는데 당시에는 움직이는 두루마리 종이 위에 라디오 이용을 기록하는 것이었다(A.C.닐슨은 오디미터를 메사추세츠 공과대학(Massachusetts Institute of Technology) 엘더(Robert Elder) 교수와 우드루프(Louis Woodruff) 교수로부터 인수하였다).

1973년에는 오디미터는 새로운 기술과 함께 변화하였는데 이를 SIA(storage instantaneous audimeter)라고 한다. 마지막으로, 닐슨사는 1987~1998년 텔레비전 조사 시즌부터 새로운 피플미터로 서비스를 제공했다. 미터기가 시청자료를 기록하면, 플로리다 주 듀내딘(Dunedin)에 있는 컴퓨터 센터에서는 매일 각 NTI 표본 가구의 시청자료를 수집한다. 그리고 NTI(National Television Index)를 통해 시청률을 계산한다. 모든 자료수집은 자동적으로 이루어지며 표본가구 구성원 누구의 도움도 필요로 하지 않는다.

아비트론사의 휴대용 피플미터, 즉 PPM은 라디오 청취율의 타당도와 신뢰도를 증진시키기 위하여 1990년대 중반에 도입되었다. PPM이 처음 도입되었을 때 아비트론사는 그 조사 절차를 이렇게 기술했다.

아비트론사의 PPM 시스템은 기존의 개인 일기시스템을 작고 휴대가능하며 개인별로 측정하는 전자식 미터기로 대체하여, 코드를 배정받은 방송사들에 대한 노출을 자동적으로 기록합니다. 방송사에서 아비트론사의 코드화 장비를 설치해 해당 방송사를 코드화하면, 그 코드에만 적용되는 오디오 시그널을 끼워 넣습니다. PPM이 시그널을 탐지할 때마다 미터기에는 노출 날짜와 시각을 비롯하여 해당 코드가 기록됩니다. 한 방송사 코드에 15분 안에 5분 이상 노출된다면 15분 청취로 인정받을 것입니다.

2012년 초 아비트론사의 웹사이트에는 다음과 같이 PPM에 대한 추가정보가 등장한다.

아비트론사는 수년간의 조사연구 · 현장 검증 · 산업적 검토 끝에 혁신적인 라디오 수용자 측정 시스템, 즉 PPM™을 새롭게 선보입니다.

PPM 서비스는 현재의 일기 중심 시청률 조사를 수동적이며, 전자적인 측정으로 대체할 것입니다. 계획상으로는 2010년까지 48개의 주요 라디오 시장에 PPM을 배치하는 것입니다.

동시에 아비트론사는 51+에 랭크된 시장을 대상으로 전자 측정을 이용하는 다양한 방법들을 연구 중에 있으며 앞으로 현장 검증을 실시할 계획입니다.

코드화

PPM 시스템은 수용자의 노출여부를 방송 시그널에 내장된 청취 불가능 코드로 기록한다.

아비트론사는 상위 50개 시장을 대상으로 FCC가 허용한 AM 및 FM 라디오 방송사(참여를 원하는 비상업적 방송사 포함) 전부를 대상으로 PPM 인코더를 무료로 제공하고 PPM 수용자 조사를 실시한다. 그러나 여기서 얻어진 PPM 자료는 오직 PPM 서비스 가입한 사람들에게만 제공된다.

새로운 PPM 시장에서 일반인들 중 응답자를 유선전화, 오직 휴대전화만 사용하는 표본 프레임들을 토대로 무작위 선정한다. "패널리스트(panelists)"라고 불리는 이 응답자들은 일어났을 때부터 잠자리에 들 때까지 매일 미터기를 착용하고 휴대할 것을 요구받는다. 참여 가구의 6세 이상 연령층의 각 개인들은 자기만의 미터기와 접속용 도킹 스테이션을 받는다. 그 패널리스트들은 잠자리에 들 때 그 미터기를 접속시킨다. 이 접속 장치를 통해 각 패널리스트의 정보가 수집기로 보내진 뒤 아비트론사에 전송된다. 도킹 즉 접속되어 있는 동안 미터의 배터리도 재충전되고, 내장 시계도 리셋된다. 나아가 집에서 청취가 일어날 때 미터기가 탐지할 수 있도록 저출력의 라디오 주파를 내보낸다.

PPM에서는 인터넷 라디오 방송 청취를 포함한 모든 유형의 라디오 청취를 측정한다. 그러나 PPM이 특정 라디오 방송국을 인식하려면 그 방송국의 시그널이 코드화되어야만 한다. 아비트론사는 "PPM 패널리스트들에 배정된 미터기를 통해 청취가능한 개별 코드들이 방송사(FM/AM/HD Radio/Internet)별로 포함되어 있습니다. 코드화된 방송사들만이 PPM 서비스를 이용한 측정이 가능합니다. 특정 방송사가 코드화를 위하여 PPM 자료를 구독할 필요는 없습니다"라고 안내하고 있다.

아비트론사의 PPM에 대한 자세한 설명을 보려면 회사 웹사이트에 있는 정보를 참고하길 바란다(www.arbitron.com/downloads/guide_to_using_ppm_data.pdf. 만약 링크가 유효하지 않다면, "아비트론사의 PPM 안내(Arbitron PPM guide)"를 검색하길 바란다).

2012년 3월에 아비트론사는 PPM 360이라고 하는 새로운 PPM을 도입할 예정임을 발표하였다. 이 새로운 미터기는 이동이 가능하므로, 초기 PPM에서 필수적이었던 것처럼 전화선 연결을 하지 않고도 패널자료를 확보할 수 있다. PPM 360은 2012년 후반에 서비스를 본격화할 것으로 계획되었다.

시청률 자료수집의 두 번째 방식은 일기쓰기로 여기서는 대상자들에게 그들이 보거나 듣는 채널이나 방송사, 시청 시간 그리고 개별 프로그램별 시청자 수 혹은 주시청시간대(저녁 8시~11시)와 같은 **방송시간대**(daypart)별[역자주 5] 시청여부를 직접 기록해주도록 부탁한다. 아비트론사는 라디오 시청률 조사에 일기방식을 이용하고 있고, 닐슨사는 NAC 표본가구를 대상으로 일기방식 조사를 실시한다.

세 번째 자료수집 형태는 전화를 이용하는 경우인데 현재는 대부분의 시청률 조사들이 이용하지 않고 있다. 그러나 아비트론사와 닐슨사 모두 초기 표본 모집과 다양성이 요구되는 조사의 경우 아직도 전화를 이용하고 있다. 가장 자주 쓰이는 방법은 **전화동시연구**(telephone coincidental)이다. 이 방법은 전화 서베이와 실제 시청행위를 일치시켜 주어진 시간에 수용자의 규모를 측정하는 것이다. 프로그램 방송 기간 중 무작위로 몇몇 가구를 선정하여 전화를 건다. 그리고 단순하게 지금 어느 TV나 라디오 프로그램을 보거나 듣는지를 묻는다. 전날의 시청내용을 회상하는 과정이 없다. 동시 조사는 비용이 저렴하며, 특정 프로그램의 성공 여부를 바로 알고자 하는 방송국 경영진들이 자주 이

역자주 5 하루의 방송시간을 프로그램의 유형이나 시청자의 특성 등에 따라 나누어 놓은 몇 개의 시간대. 텔레비전 방송에서 '주시청시간대(prime time)', 라디오 방송에서 '아침 드라이브 시간대(morning drive)', '낮 시간대(daytime)' 등을 예로 들 수 있다.

용한다. 대부분의 경우 광고판매 목적을 위해 사용된다.

요약하면, 각 수용자 자료수집 방법에는 비판의 여지가 남아있다. 전자미터기는 세분화된 수용자 정보를 제공하지 않고, 수용자에게 피로를 야기할 수 있다는 점에서 비판받는다. 일기방법은 대상자가 시청이나 청취를 기록하는데 실패할 수 있고, 주말에 일기를 쓴다면 오로지 기억에 의존해야 한다는 점 때문에 비판받는다. 나아가 많은 비평가들은 일기 조사가 특정 프로그램의 찬반을 묻는 데 이용되고 있으며 일기의 경우 실제 시청행위를 있는 그대로 기록하지는 않는다는 점에서 비판한다. 아비트론사의 PPM의 경우도 그 장치가 모든 유형의 응답자들이 보편적으로 수용하는 장치가 아니기 때문에 표본 규모를 감소시키는 경향 있다고 비판받는다. 그리고 비평가들은 전화를 이용한 자료수집은 전화 응답을 꺼리는 노년층보다는 기꺼이 응하는 젊은 층의 반응에 편향되고, 휴대전화만 이용하는 가구들이 늘어나고 있는데 이들 가구의 많은 유효한 응답자들을 놓친다고 말한다. 전화를 통한 자료수집은 발신자 번호 표시장치, 전화 차단 및 낮은 응답률 등의 이유로 이용하기 점점 더 어려워지고 있다.

분명한 사실은 이들 다양한 시청률조사방법들을 대상으로 그 정확성에 대한 논쟁은 계속될 것이라는 점이다. 아울러 아비트론사와 닐슨사와 같은 전문조사회사들의 보다 타당하고 신뢰할만한 자료수집 절차를 개발하기 위한 노력도 계속되리라는 점이다.

4) 시청률 해석

방송 시청률을 해석하고 그 해석에 이용되는 용어들을 이해하는 데는 사례를 동원해 살펴보는 것이 최선이다. 여기서는 TV네트워크들을 사례로 들고 있지만 그 과정은 라디오 청취율의 경우도 같다.

닐슨사가 네트워크 텔레비전의 특정 방송시간대에 대한 TV 시청정보(표 14-1 참조)를 수집했다고 가정해보자(3대 TV 네트워크만을 대상으로 함으로써 보기를 단순화시켰다. 실제 목록에는 수십 개의 TV 방송국, 케이블채널, 네트워크들이 포함된다).

[표 14-1] 가상의 TV 시청 자료

네트워크 명	시청가구 수
ABC	4,620
CBS	4,200
NBC	3,780
시청하지 않음	8,400
계	21,000

닐슨사의 NTI 표본에는 미국 전역에 걸쳐 약 21,000가구가 포함되어 있으며 이들로부터 수집한 자료의 결과를 1억 1,470만이 넘는 TV 소유가구 전체로 일반화시킨다는 것을 상기해

보라. 첫 번째 계산은 각 네트워크사별 시청률이다.

(1) 시청률

시청률은 TV 수상기나 라디오 수신기를 보유한 가구에 대한 특정 방송국이나 네트워크의 TV 그리고 라디오를 시청취하고 있는 사람(혹은 가구)의 백분율이다. 즉 시청률은 각 방송국이나 네트워크의 수용자를 TV를 보유한 전체 가구 수로 나누어 나타낼 수 있다.

$$\text{시청률} = \frac{\text{사람 또는 가구수}}{\text{모집단(TV 보유가구 전체)}}$$

이것은 매스미디어 조사연구에서 전형적인 공식이다. 이 공식의 분자는 사람들이나 가구들의 TV 시청 혹은 사람들의 라디오 청취다. [표 14-1]의 가상 자료를 활용하여 ABC의 시청률을 계산하면 다음과 같다.

$$\text{시청률} = \frac{4,620}{21,000} = 0.22\text{, 즉 } 22\%$$

이는 21,000 표본 가구 중 거의 22%가 서베이 당시 ABC에 채널을 맞추고 있었음을 의미한다(시청률 및 점유율 자료를 보고할 때에는 소수점 이하 점수와 % 기호를 없애야 하는 것을 유념하자).

특정 시기동안(방송시간대) 네트워크나 방송국들의 시청률을 모두 합하면 '**전체 TV 시청 가구**(homes using television: HUT)' 수가 나온다. 이와 비슷하게 라디오 청취율은 가구 수 대신에 사람 수를 대상으로 때문에 '**라디오 청취자**(persons using radio: PUR)'라는 용어를 사용한다. HUT나 PUR의 계산은 라디오나 TV를 이용하는 가구나 사람들을 합하거나, 전체 시청률을 계산하고 거기에다 표본의 수(일반화할 때는 전체 인구 수)를 곱해서 알아낼 수 있다. [표 14-1]의 자료에서 전체 시청률은 60%인데, 그 계산 과정은 다음과 같다.

$$\text{ABC 시청률} = \frac{4,620}{21,000} = 0.22\text{, 즉 } 22\%$$

$$\text{CBS 시청률} = \frac{4,200}{21,000} = 0.20\text{, 즉 } 20\%$$

$$\text{NBC 시청률} = \frac{3,780}{21,000} = 0.18\text{, 즉 } 18\%$$

$$\text{HUT} = 12,600$$

$$\text{전체 시청률} = 0.60\text{, 즉 } 60\%$$

바꾸어 말하면 TV를 가지고 있는 전체 가구(households: HH)의 약 60%가 서베이 당시에 3개 네트워크 중 어느 한 방송 채널을 선택했다는 것이다. 이미 언급했듯이 HUT 역시 전체 청취율에 표본의 크기를 곱해서, 즉 0.60×21,000=12,600으로 계산된다. 같은 공식이 모집단에도 적용된다. 모집단 HUT=0.60×114.7백만=68,820,000이다.

방송사, 네트워크사 및 광고주 입장에서는 당연히 HUT에서 특정 방송에 채널을 맞추고 있는 가구 수를 알고 싶어 한다. 2,1000 표본 가구로부터 얻어진 자료는 [표 14-2]에 제시되어 있듯이, 각 네트워크(또는 방송사)의 채널을 선택한 시청가구 수에 대한 '어림(rough)' 추정치를 제공하는 데 쓰인다.

(2) 점유율

수용자 **점유율**(share)은 특정 채널이나 네트워크를 시청취하고 있는 HUT나 PUR의 백분율이다. 즉 점유율은 특정 채널이나 네트워크를 시청취하는 가구나 사람의 수를 조사 당시 TV나 라디오를 시청취하고 있던 전체 가구 수나 사람 수로 나누는 방식으로 계산한다.

$$\text{점유율} = \frac{\text{사람 또는 가구수}}{\text{HUT 또는 PUR}}$$

보기에서 표본의 HUT는 3,100(1,200+1,000+900) 혹은 5,100의 60.7%이다. 따라서

[표 14-2] 시청률과 점유율을 이용한 가구별 측정치

네트워크	시청률		모집단		모집단의 HH 추산치
ABC	22.0	×	114,700,000	=	25,234,000
CBS	20.0	×	114,700,000	=	22,940,000
NBC	18.0	×	114,700,000	=	20,646,000
Total	60.0	×			68,820,000
네트워크	**점유율**		**HUT**		**실제 모집단의 HH의 추정치**
ABC	36.7	×	68,820,000	=	25,256,940
CBS	33.3	×	68,820,000	=	22,710,600
NBC	30.0	×	68,820,000	=	20,646,000
Total	100				68,613,540

ABC의 시청점유율은,

$$\text{ABC 점유율} = \frac{4,620}{12,600} = 0.367, \text{ 즉 } 36.7\%$$

이는 서베이 조사 당시 TV수상기를 켜고 있던 표본가구 가운데서 38.7%가 ABC에 채널을 맞추고 있었다는 의미다(여기에는 켜놓고만 있었지 실제로는 TV를 '시청'하고 있지 않았는데도 일기에 기록했거나 피플미터기가 기록한 사람들이 포함되어 있을 수도 있다). CBS와 NBC의 시청 점유율도 이와 같은 방식으로 계산할 수 있다.

$$\text{CBS 시청점유율} = \frac{4,200}{12,600} = 33.3\%$$

$$\text{NBC 시청점유율} = \frac{3,780}{12,600} = 30.0\%$$

점유율은 또한 목표 모집단 내의 가구 수를 '정밀한(exact)' 측정치를 제공하는데도 이용되는 데 점유율에 HUT나 PUR을 곱하면 된다. 각 네트워크의 어림 측정치와 정밀 측정치가 [표 14-2]에 제시되어 있다.

특정 채널 및 네트워크를 선택한 가구의 수를 평가해냄으로써, 넓은 의미에서 수용자 크기가 암시하는 바를 알아낼 수 있다. 그러나 TV 시청률을 이용하는 방송인들, 광고주들 및 기타 사람들은 특정 채널이나 네트워크를 선택한 사람들에 대한 측정치에도 관심을 갖는다. 책과 인터넷상의 참고자료들에서는 닐슨이 특정 채널이나 네트워크를 선택한 사람들을 추정하기 위하여 측정 가구 수에 미국 내 평균 가구 규모(가구 당 평균 사람 수)와 실제적 숫자인 3, 4, 5를 곱한다고 말하는데 두 내용 모두 틀렸다. 닐슨사는 가구 수에 3, 4, 5 혹은 기타 숫자와 같은 상수 하나를 곱하지 않는다. 아울러 2012년에 미국 가구당 평균 사람 수로 3, 4, 혹은 5를 이용한 참고자료도 잘못된 것이다. 지역마다 그 수가 다르지만 2012년 미국 가구당 평균 사람 수는 2.6명이다.

만약 닐슨사가 시청자들의 수를 추정하기 위하여 가구당 평균 사람 수(상수)를 가구 측정치에 곱하지 않는다면 어떻게 그 회사는 측정치를 산출한 걸까? 그 절차를 설명하기 위하여 2012년 2월 27일이 있는 주 대상 닐슨사의 실제 측정 자료를 이용할 것이다. 그 자료인 주간 탑 10 프로그램이 [표 14-3]에 제시되어 있다. 이 표의 정보는 단지 1년 동안(2+ 수용자라고 언급함)의 총 가구 및 총 시청자만을 보여주기 때문에 일반 공개가 가능하다.

[표 14-3] 닐슨제공 황금시간대 방송 네트워크 TV 프로그램 TOP 10(2012.2.27 해당 주)

순위	시청률	네트워크	시청률	가구 추정치(000)	시청자 추정치(000)	VPHH
1	NCIS	CBS	11.3	12,961	18,200	1.40
2	아메리칸 아이돌-화요일	FOX	10.8	12,388	18,452	1.49
3	아메리칸 아이돌-수요일	FOX	10.1	11,585	17,228	1.49
4	NCIS: 로스엔젤레스	CBS	9.9	11,355	15,853	1.40
5	아메리칸 아이돌-목요일	FOX	9.4	10,782	16,110	1.49
6	보이스	NBC	8.7	9,979	14,894	1.49
7	FOX NASCAR 데이토나 500	FOX	8.0	9,176	13,669	1.49
8	크리미널 마인드	CBS	7.8	8,947	12,539	1.40
9	FOX 데이토나 500 레드 플래그	FOX	7.5	8,603	12,471	1.45
10	두 남자와 1/2	CBS	7.5	8,603	11,921	1.39

왜냐하면 이 자료는 총 수용자에 대한 것이므로 방송인이나 광고주들에게는 별로 관심 없는 자료이기 때문이다. 이들의 관심은 특정의 인구학적 목표집단에 있다. 예를 들어 25~34세의 여성과 같은 집단이다. 모든 TV 프로그램이 특정 인구학적 집단을 목표집단으로 계획된다. 그리고 광고주는 자신이 도달하고 싶어 하는 특정한 수용자들을 유인해야 하므로 그런 수용자를 대상으로 만든 프로그램의 시간을 구매한다(이 장 말미의 '유의사항: 인구(통계)학적 변인들'에 관한 내용을 잘 살펴보자).

이제 [표 14-3]을 참고해보자. 실제 닐슨사의 자료에는 HH당 시청자(Viewers Per HH: VPHH)로 명명된 열의 내용은 없지만 저자들은 수치를 따로 계산하여 제시했다(닐슨사의 공개 자료에는 VPHH 수치가 별 용도가 없다는 이유로 거의 포함되지 않음). VPHH 열을 보면, 닐슨이 어떻게 시청자 수를 계산하는지 잘 알 수 있다. 닐슨사는 가구당 평균 사람 수에 상수를 이용하지 않고, 3, 4, 5를 곱하지도 않는다. 그렇다면 VPHH는 어디로부터 나온 것인가?

VPHH가 상수가 아니라는 것을 보여주기 위하여, 저자들은 간단한 방식인 "돌아가는(backed into)" 방식으로 VPHH를 계산했다. 즉 저자들은 시청자 측정치를 시청가구 수로 나누었다. 예를 들어 NCIS에 대한 VPHH는 1.40(18,200/12.961= 1.40)이다.

[표 14-3]은 VPHH가 상수도 아니고, 2012년 미국 내 가구당 평균 사람 수인 2.6도

아니라는 것을 보여준다. VPHH가 각기 다른 이유는 프로그램별로 다른 수용자들을 유인하기 때문이다. 어떤 프로그램은 다양한 수용자 층에게 인기가 있을 수 있지만, 어떤 프로그램은 비교적 소규모 집단의 사람들에게 어필한다. 예를 들어 〈아메리칸아이돌(American Idol)〉 프로그램과 **NASCAR** 프로그램은 1.49로 VPHH 수치가 가장 큰데, 이유는 이들 프로그램이 폭넓은 수용자 층, 즉 전 연령대의 남성 및 여성을 대상으로 설계되었기 때문이다. 반면에, 〈두 남자와 1/2(Two and a Half Men)〉은 VPHH가 1.39로 가장 낮은데, 비교적 폭 좁은 시청자 집단이 그 프로그램을 좋아하기 때문이다. 요약하면, HH당 시청자들은 특정의 상수로 계산되는 것이 아니다. 그것은 시청률조사 기간 이전에 닐슨이 산출한 하나의 가중치이고, 그 숫자는 [표 14-3]에 제시되어 있는 것처럼 닐슨이 계산해낸 가중치이며 "시청자 추정치(Viewers Estimate)(000)"를 산출하기 위하여 가구 추정치와 곱해진 수치이다. 여기서 가중치는 프로그램의 대상 인구통계, 프로그램이 방송되는 시간이 언제인지, 이전 시청률 평가기간으로부터의 역사적 시청자료 등을 포함하되 이들에만 제한되지 않는 여러 항목들을 이용하여 계산된다(부수적으로, 1위를 점한 〈NCIS〉 에피소드의 시청률은 겨우 11.3에 머물렀다. 이는 불과 몇 년 전 1등인 TV 프로그램 시청률보다 50% 더 낮은 수치다. 이는 TV 수용자의 분절화를 의미한다.

마지막으로 주목해야 할 점은 텔레비전의 경우에는 광고 판매 및 의사 결정에 시청률과 점유율을 모두 이용하는 데 반해 라디오는 시청률이 너무 낮고 제공되는 정보가 거의 없기 때문에 점유율만 이용한다는 것이다.

(3) CPM

어느 방송국이나 네트워크에 광고하는 것이 비용 대비 가장 효과적인가를 알려면 라디오광고와 TV 광고의 효율성을 평가해볼 필요가 있다. 광고 효과를 표시하는 흔한 방법은 **1천명의 수용자에게 도달하는 데 드는 광고비용**(cost per thousand: CPM)이다. 단 CPM은 광고 메시지의 효과에 대해서는 아무런 정보도 제공하지 못하며 다만 얼마나 많은 숫자가 광고를 보느냐를 비용으로 계산할 뿐이다. 공식은 다음과 같다.

$$\text{CPM} = \frac{\text{광고비용}}{\text{수용자의 크기(천 명 단위)}}$$

[표 14-2]의 가상의 TV에 관한 어림측정치를 활용하여, ABC에서 30초짜리 광고 하나를 내는데 275,000달러가 든다고 가정하자. 그 광고의 CPM은 다음과 같이 계산될 것이다.

$$CPM = \frac{\$275,000}{25,234(000)} = \$10.90$$

이는 한 광고주가 특정 시간대에 ABC의 특정 프로그램을 시청하는 1,000가구에 도달하려면 10.90달러의 비용이 든다는 것이다. 같은 방법으로 CBS와 NBC의 CPM을 계산하면 CBS=11.99(달러)이고 NBC=13.32(달러)가 된다.

CPM은 광고주들이 광고시간을 구입할 때도 정기적으로 이용한다. 광고주와 방송사 또는 네트워크는 종종 CPM을 이용해서 광고계약 여부를 놓고 협상을 벌인다. 광고주는 1,000가구당 11.50달러를 지불하는 데 동의할지도 모른다. 경우에 따라서는 협상이 필요 없을 수도 있다. 방송사나 네트워크가 어떤 프로그램을 지정된 CPM으로 광고주들에게 단순히 제공할 수 있고, 혹은 광고주가 지정 CPM에만 지불할 수도 있다.

그러나 CPM만이 광고 시간 구입을 결정하는 유일한 기준이 되는 것은 아니다. 다른 정보, 가령 수용자의 인구학적 특성 및 방송 프로그램의 종류 등도 계약을 체결하기 전에 고려된다. 광고주에 따라서는 제품판매에 적합한 수용자들이 시청하는 네트워크나 방송국에 보다 높은 CPM을 지불할 의사를 가질 수도 있다. CPM은 다른 모든 것, 즉 인구학적 특성 · 프로그램 · 광고정책 등이 모두 동일한 조건일 경우에만 유일한 구매 기준으로 이용되어야 할 것이다.

5) 시청률 관련 개념들

시청률과 점유율 그 외 여러 통계치들은 서베이 지역별로 다양하게 계산되며 여러 인구학적 범주로 구분되어 설명된다. 오늘날에는 시청률 정보를 온라인으로 배포하기 때문에 얼마든지 소비자 맞춤형 정보를 제공할 수 있게 되었다. 수용자 조사에서 시청률과 점유율이 중요하기는 하지만 수집된 자료를 가지고 다른 계산도 얼마든지 가능하다.

대도시 서베이 지역(metro survey area: MSA)은 미 정부에 의해 정의된 광역도시권(consolidated metropolitan statistical areas: CMSA)과 일치한다. 다른 말로 하면 MSA에는 일반적으로 방송국의 송신소에 가장 가까이 있는 도시, 군, 또는 기타 지정된 지역 등이 포함된다. 한편 **지정된 시장 지역**(designated market area: DMA)[역자주 6]은 시청률 자료가 수집되는 또 다른 지역으로 개별 TV나 라디오 시장을 정의한다(한 때 아비트론사는 DMA를 ADI(area of dominant influence)라는 용어를 사용하기도 하였다). 미국의 각 카운티는 단 하나의 DMA에 속하며, DMA

역자주 6 닐슨미디어리서치사가 시청률을 연구하기 위해 만든 시장으로 총 210개로 나뉜다.

자세히 보기 〉〉 라디오 청취율의 안정성

라디오 관계자라면 누구든지 해당 방송국의 청취율과 점유율이 시기마다 서로 다른 경우에 직면하곤 한다. 이는 방송사들이 조사회사인 아비트론에 대해 갖는 공통적인 불만이며 동시에 방송사들로서는 이해해야만 하는 사항이기도 하다. 라디오 방송국의 청취율과 점유율의 변화가 실제 청취의 변화에서 기인한 것이라 할지라도 주된 이유가 각 조사시점별로 이용하는 표본이 다르다는 데 있기도 하다. 다른 표본을 조사했기 때문에 표집오차 또한 다를 수밖에 없다.

이 문제를 극복하기 위해 닐슨사는 응답자 패널방식을 이용하고, 아비트론사에서는 PPM 방법으로 패널들을 이용한다.

내 TV 보유가구 수에 의해 등급이 매겨진다. 라디오 청취율도 TV가구 수로 정해진 DMA를 이용한다.

전체 서베이 지역(total survey area: TSA)에는 DMA 인접지역이라고 알려진 여타 방송범위는 물론 DMA와 MSA가 포함된다. 방송종사자들이 가장 관심을 갖는 자료는 TSA자료인데 그 이유는 이것이 가장 큰 규모의 가구 수 내지는 사람 수를 나타내기 때문이다. 그러나 사실 광고 대행사들은 TV광고 시간을 구매할 때는 DMA 자료를 보며, 라디오 시간을 구매할 경우에는 MSA 수치를 본다. TSA는 광고시간 판매나 구입 시 자주 이용된다. 즉 방송도달범위나 특정 채널이나 방송을 시청취하는 사람이나 가구 총 수를 결정하는 데 주로 기여한다. 아비트론사의 TSA에 해당하는 것이 닐슨사의 NSI 영역이다.

시청률 보고서에는 TSA/NSI, DMA 및 MSA 정보가 포함된다. 방송사와 광고주에게 지역은 여러 이유로 중요하다. 예를 들어 새로운 비즈니스를 지역방송 스파트 광고를 통해 알리고 싶은 사람은 광고 도달 범위가 어디까지인지가 관심일 것이다. 이때 광고주나 그 사업가는 DMA와 메트로 수치는 무시하고 오로지 TSA/NSI 숫자가 얼마인지를 물을 것이다.

누적 수용자(cumulative audience estimate: cume) 또는 **도달률**(reach)은 하루 중 주어진 방송시간대에 적어도 5분간 듣거나 본 사람들의 숫자계산이다(그 5분이 연속적일 필요 없다). 누적 수용자는 또한 '중복되지 않은 수용자(unduplicated audience)'라고도 언급된다. 예를 들어 월요일부터 금요일까지 매일 적어도 5분간 일일 연속극을 시청하는 사람은 누적적 시청에서는 단 한 번으로만 계산되는 데 반해, 15분 평균수용자(AQH)를 계산할 때는 다섯 번 중복 계산될 것인데, 이는 아래에서 논의할 것이다.

15분 평균 수용자(average quarter-hour: AQH)는 15분의 시간 분할 중에 적어도 5분 동안 특

정 방송사에 채널을 맞춘 사람이나 가구 수의 평균치를 말한다(그 5분은 연속적일 필요가 없다). 누적수용자와 달리 월~금에 프로그램을 방송하는 동안 매일 듣거나 본 사람은 5번 계산된다.

누적수용자는 수용자에 해당하는 각기 다른 사람들의 수를 의미한다. AQH는 수용자에 해당하는 사람들의 평균 수를 나타낸다. 어느 시청률 서적에서나 누적수용자와 AQH 추정치를 TSA나 NSI, DMA, MSA에 쓴다. 방송국은 모든 인구통계학적 영역에서 AQH 수치를 높이는 데 관심이 있기 마련이다. 이 숫자는 수용자들이 그 방송국에 얼마나 오랫동안 채널을 맞추고 충성할지를 시사 하기 때문이다. AQH 자료는 평균 라디오 청취자의 **청취소비시간**(time spent listening: TSL), 아비트론사 PPM 시장에서의 **주평균노출시간**(average weekly time exposed: AWTE), 특정일 · 기간 · 방송시간 대의 텔레비전 **시청소비시간**(time spent viewing: TSV) 결정에 쓰인다. 모든 방송국이 그 방송국에 대해 수용자들이 소비하는 시간을 늘리려고 한다. 특정 방송국의 청취율이나 시청률이 증가한다는 것은 수용자들이 계속해서 타 방송국으로 채널을 돌리고 있다거나 그 방송국의 라디오나 TV를 꺼버린 게 아니라는 것을 의미하기 때문이다.

총 시청률(gross rating points: GRPs)[역자주 7]은 이틀 이상에 걸쳐 특정 시간대 특정 방송사의 시청률 전체를 말하며 총 시청자의 크기를 나타낸다. 이 GRPs값을 토대로 광고구매 결정이 이루어지기도 한다. 예를 들어 한 광고주가 어느 방송국에서 10개의 광고를 내보내고 싶다면 그는 방송도달 범위 안의 총 시청자 수를 알기 원할 것이다. 가상적인 자료를 사용해서 GRPs를 계산하면 [표 14-4]가 같다. 이 자료를 토대로 보면 청취자의 32.4%가 10개의 광고에 노출될 것으로 예측되고 있다.

라디오 방송사들에게 유용한 수치로서 **수용자 전환율**(audience turnover), 즉 주어진 시간대에 수용자 이동이 일어난 횟수가 있다. 전환율이 높다고 광고시간 판매에 꼭 부정적인 것은 아니다. 전환율이 본래 높은 방송사들이 있다(가령, 젊은 사람들이 주시청자인 Top-40 방송국이 그런 경우다. 젊은이들은 자주 방송채널을 바꾸는 경향이 있기 때문이다). 전환율이 높다는 것은 광고주에게는 그 방송사의 청취자들에게 다가가기 위해서는 더 많은 광고를 해야 할 필요가 있다는 것을 뜻한다. 대개 그런 방송사들은 전환율이 낮은 방송사들보다 광고 가격을 낮게 책정하여 보완하려 한다.

역자주 7 일정기간 동안의 미디어 운용을 통하여 얻어진 각각의 시청률을 모두 합친 수치로서 특정 표적 집단에 대한 미디어 운용의 가중치를 산출하기 위한 기본 수단으로 사용된다. 이것은 동일한 개인이나 가구가 반복적으로 노출된다 할지라도 그것과는 상관없이 몇 번이건 노출된 모든 경우를 다 포함하여 얻어지는 수치다.

[표 14-4] 5개 시간대별 총 시청률(GRP)

시간대	광고방송 횟수		방송 시청취율		GRP(%)
월~금, 오전 6~9시	2	×	3.1	=	6.2
월~금, 오후 12~3시	2	×	2.9	=	5.8
월~금, 오후 1~6시	2	×	3.6	=	7.2
토, 오전 6~9시	2	×	2.5	=	5.0
일, 오후 3~6시	2	×	4.1	=	8.2
	10				32.4

전환율 계산은 방송국의 누적 수용자를 전체 평균 인원수(average persons total)로 나누는 방식이(두 수치는 모두 시청률조사 자료에 보고되어 있다). [표 14-5]에 나와 있는 바와 같이 월요일에서 금요일까지 오후 3~6시 시간대를 예로 들어 살펴보자. C방송사를 이용하려는 광고주가 청취자 전부가 자기네 광고방송을 듣게 하려면 A 방송사나 B 방송사를 이용하는 광고주보다 더 많은 광고를 내보내해야 할 것이다. 그러나 C방송사는 비록 상대적으로 작은 규모의 청취자라 할지라도, 광고상품에는 가장 적합한 인구학적 분포의 청취자를 확보하고 있을 수도 있다.

6) 시청률 자료집 읽어내기

앞서 언급했듯이, 아비트론사와 닐슨사는 시청률 자료집을 더 이상 양장본으로 출판하지 않는다. 어느 보고서든 오직 온라인으로만 이용가능하다. 아비트론사나 닐슨사 모두 고객들에게 거의 모든 시청률 정보에 대한 접근이 가능하게끔 하고 있기 때문에 고객들은 이를 이용하여 프로그램별, 방송시간대별 내지는 인구통계학적 구분에 따른 결

[표 14-5] 3개 방송국의 전환율 계산

방송국	누적수용자(CA)		평균 인원수		전환율
A	2,900	÷	850	=	3.4
B	1,750	÷	850	=	2.1
C	960	÷	190	=	5.1

과를 무제한적으로 만들어낼 수 있다(유의사항: 아비트론사는 탑라인(총 6+ 수용자용 정보)에 대한 무상이용을 허용한다. 아비트론사 홈페이지 화면의 오른쪽에 있는 "라디오 시청률(Radio Ratings)"을 클릭해서 적절한 이름과 이메일 주소를 기입해보자. 어느 시장이든 해당 시장의 탑라인 정보를 볼 수 있을 것이다).

아비트론사와 닐슨사의 시청률 자료를 처음 접하는 사람들 대부분은 페이지 내용마다 등장하는 수천 개의 숫자들 때문에 충격을 받는다. 라디오 및 TV 시청률이 서로 다르게 조직화되어 있긴 하지만, 그 배치를 이해하기만 하면 훨씬 읽어내기 쉽다. 시청률 자료집에 있는 대부분의 수치들이 % 관련 수치들이지만 모든 소수점 이하 및 % 기호는 표시하지 않고 제시되어 있다는 점을 기억하자. 덧붙여 모든 숫자들은 10의 배수로 표시된다.

아비트론사의 웹사이트에서 이용 가능한 PPM 자료를 한 예로 살펴보자. [표 14-6]에 제시된 자료는 콜로라도 주의 덴버볼더(Denver-Boulder) 지역을 대상으로 얻은 자료 중 일부분이다. 이 PPM 서베이는 2012년 2월에 실시된 것이다. 월요일부터 일요일, 오전 6시부터 정오까지('총 일간(Total Day)') 6+ 수용자('총 수용자(Total Audience)' 대상 상위 방송사 100곳의 점유율 분포를 보여준다.

그러나 PPM 자료를 논의하기에 앞서, 시청률 정보를 정확히 읽어내기 위하여 지켜야 할 일련의 규칙들을 구체화시켜볼 필요가 있다. 따라서 다음 내용을 알아두어야 한다.

① 서베이가 실시된 시장의 이름
② 지리(도심, DMA, TSA, 국가, 혹은 독특한 특별지역)
③ 인구통계(연령 및 성별)
④ 출처(가구 또는 사람)
⑤ 방송시간대(방송시간대, 프로그램, 일간 총합, 혹은 주간총합)
⑥ 자료의 유형(시청률, 점유율, 누적수용자, 15분 평균 수용자(AQH))
⑦ 서베이가 실시된 시기(경향성 파악을 위한 다른 서베이 자료들)

이러한 항목들을 기억하면서 이제 아비트론사의 자료를 살펴보자. (유의사항: 가운데 열 "HOL 11"은 12월 8일~2012년 1월 4일 간의 "연휴 대상 시청률(Holiday Ratings)"로 매년 PPM 보고서가 13개가 되는 이유가 된다. 매월에 해당하는 12개에 특별 보고서 1개가 더해진 것이다.)

첫째, 1월 12일 열을 보면, KOA-AM, 즉 뉴스/담화 라디오 방송사는 5.9의 점유율로 시장을 주도하고 있는데, 이는 1월 11일 점유율과 동일하다. KOA-AM의 HOL 11일 점유율은 5.6에 약간 못 미치지만, 표집오차를 고려하면 해당 라디오방송사의 결과는 3회의 조사에 걸쳐 일관성이 있다.

그러나 연휴기간 내 방송된 프로그램이 어떻게 방송사의 성과에 영향을 미치는지는 KOSI-FM 자료를 보면 된다. KOSI-FM은 12월11일 조사에서는 6.2의 점유율을 보여주었으나 HOL 11조사에서는 9.3으로 점유율이 유의하게 뛰어 올랐고, 이후 1월 12일 조사에서는 다시 4.8로 되돌아갔다. PPM 시청률조사는 이렇듯 단기간의 시청률 변화 추이를 알아보는 데 강점이 있다. 실제로 특정 라디오 방송사의 프로그램별, 시간대별 분 단위 점유율을 계산해내는 것도 가능하다.

[표 14-6]은 라디오 방송사의 성과를 분석하는 것이 가끔 얼마나 어려운지를 잘 보여주는 사례다. 한 방송사의 점유율 증대나 감소를 방송사의 성과로 연결시키는 게 맞

[표 14-6] 아비트론사의 PPM 시청률 자료

아비트론사의 PPM 자료: 콜로라도 주의 덴버볼더 6+ 수용자들에 대한 AQH의 점유율, 월요일~일요일, 오전 6시~정오 (방송국 TOP10만 제시). 비교적 최근(2012년 1월) 조사에서의 순위					
순위	아울렛	포맷	12월 11일	HOL 11일	1월 12일
1	KOA-AM	뉴스/담화정보(News Talk Information)	5.9	5.6	5.9
2	KQMT-FM	클래식록(Classic Rock)	4.6	4.3	5.1
3	KLDV-FM	콘템포러리 크리스찬(Contemporary Christian)	3.6	4.0	4.9
4	KOSI-FM	어덜트 콘템포러리(Adult Contemporary)	6.2	9.3	4.8
5	KBCO-FM	앨범 어덜트 얼너터티브(Album Adult Alternative)	4.2	4.2	4.6
6	KXPK-FM	멕시코 지역(Mexican Regional)	4.7	5.1	4.5
7t	KALC-FM	모던 어덜트 콘템포러리(Modern Adult Contemporary)	4.2	4.2	4.3
7t	KTCL-FM	얼터너티브(Alternative)	4.2	4.2	4.3
7t	KYGO-FM	컨츄리(Country)	3.9	4.1	4.3
10t	KQKS-FM	리드믹 콘템포러리 히츠(Rhythmic Contemporary Hits)	4.9	4.2	4.2
10t	KXKL-FM	어덜트히츠(Adult Hits)	3.8	3.5	4.2

을까? 혹은 일 년 중 어느 계절인가가 결과에 영향을 줄 수 있을까?

KOSI-FM의 경우 점유율이 1월 12일 조사에서는 4.8로 떨어졌는데 이는 12월 11일의 6.2보다 더 낮은 것이다. 이 경우 방송사 경영진은 청취자들이 (12월 11일부터 1월 12일 사이) 왜 떠났는지 그리고 HOL11 조사에서 나타나 것처럼 그 많던 청취자들이 연휴 시즌이 끝나자 자사 프로그램을 듣지 않고 왜 떠났는지 그 이유를 분석해야만 한다.

아비트론사의 시청률 조사를 시기별로 비교하는 것은 조사 대상 표본이 동일한 패널 표본이므로 PPM 시장에서는 타당하다. 그러나 일기 자료를 대상으로 한 시장에서는 그런 비교가 타당하지 않다. 아비트론사나 닐슨사의 자료를 비교하는 것은 *z*점수로 변환하지 않는 이상 타당하지 않다는 통계 관련 논의내용을 떠올려보자.

[표 14-6]의 내용을 정리하면 다음과 같다.

① 덴버볼더 시장에서 1월12일 조사에서 1등을 한 방송사는 AM 뉴스/담화 라디오 방송사다. 라디오 시장에서는 대부분 음악 방송사가 1등을 차지하므로 이는 매우 드문 경우다. 아울러 여러 AM 라디오 방송국들이 있음에도 불구하고, KOA-AM만이 AM 방송국으로는 유일하게 TOP 10에 들어 있다.

② KOSI-FM을 제외하고, TOP 10의 기타 라디오 방송국들은 연휴시즌의 덕을 보지 못하고, 계속 정체되어 있다.

③ 제시된 포맷 이름은 라디오 업계에서 쓰는 명칭들로 보통 시청자들이 쓰는 것은 아니다.

④ 덴버볼더의 탑 10에는 다양한 유형의 방송사들이 분포한다. 따라서 이 시장은 "록(Rock)"이나 "올디스(Oldies)"와 같이 한 가지 유형의 음악시장으로 분류될 수 없다.

⑤ 라디오 업계 종사자 어느 누구도 광고 판매나 편성여부 결정에 있어서 [표 14-6]에 제시된 정보를 이용하지 않을 것이다. 그 이유는 여기에는 6+수용자 대상 정보만 포함되어 있기 때문이다. TV 프로그램처럼, 모든 라디오 방송사도 25~34세 여성이나 35~49세 남성과 같이 목표대상 수용자가 있다. 미국에는 6+ 수용자를 목표대상으로 하는 라디오 방송사가 하나만 있는 것이 아니다. 그래서 6+ 자료는 아비트론사가 일반에게 공개하는 유일한 자료다. 구체적인 목표대상 정보는 아비트론 서비스 가입자들만 이용할 수 있다.

⑥ HOL 11일 조사 결과에서 KOSI-FM의 성공을 제외하고 보면 덴버볼더 라디오 시장은 매우 경쟁적이라는 것이 분명하다.

아비트론사가 제공하는 PPM 자료에 대한 추가적인 정보를 보려면 www.arbitron.com/portable_people_meters/home.htm를 가보자. 아비트론과 닐슨을 출처로 한 시청률 정보의 옛날 버전을 보려면 이 책 웹 사이트인 www.wimmerdominick.com에 가서 "추가 자료(Additional Materials)"를 클릭하고 "보완설명(Supplemental Information)"을 클릭해보자.

7) 시청률과 점유율의 감소

성공에 대한 정의는 영역별로 다양하다. 방송의 경우 시청자 수가 성공 여부를 결정한다. 즉 가장 높은 시청률과 점유율을 기록한 네트워크나 방송사가 성공, 즉 승자가 된다. 그러나 얼마나 많은 사람들이 봐야만 성공적일까? 그 크기는 어느 정도여야 하는 것일까?

몇 년 전까지 성공적인 TV방송사라면 주 시청시간대와 저녁 네트워크 뉴스 프로그램에서 20~30%의 시청률과 30~40%의 점유율은 확보해야 하였다. 그리고 라디오 방송의 경우에는 대부분의 시간대에서 10~20%의 점유율을 기록해야 하였다. 그러나 이제는 더 이상 그렇지 않다.

TV의 경우 이제는 시청률 6.0%와 점유율 14%면 수위를 달리고 라디오는 3.0~5.0 사이의 점유율만 확보해도 성공적이다. 거대 규모의 시청자 시대는 사라진 것이다. 그 이유는 시청자들로서는 너무 많은 선택의 기회가 제공되고 있고, 많은 방송사들도 시청자들이 보고 듣기 원하는 것이 무엇인가에 대한 관심이 줄어들었기 때문이다.

8) 대표성 없는 표본의 조정

시청률이란 전체 인구로부터 뽑은 표본을 이용하여 계산되기 때문에 항상 자료에 일정량의 오차가 있게 마련이다. $SE(p)$로 나타내는 이 오차는 **표준오차**(standard error)라고 알려져 있다. 항상 시청률을 해석하기에 앞서 이 표준오차를 고려해야만 하는데, 이는 특정한 성/연령 집단이 적게 표집되거나 혹은 지나치게 많이 표집되었는지를 알아보기 위함이다.

표준오차를 계산하는 데는 여러 가지 방법이 있다. 그 가운데 하나를 소개하면 다음과 같다.

$$SE(p) = \sqrt{\frac{p(100 - p)}{n}} \times 1.96$$

p = 표본의 백분율 또는 시청취율

n = 표본의 크기

SE = 표준오차

* 1.96은 신뢰수준 95%에서 z점수와 일치

예를 들어 1,200가구의 무작위 표본에서 0.20%라는 시청률을 계산해냈다고 가정하자. 이 때 표준오차는 다음과 같이 표시될 수 있다.

$$\begin{aligned} SE(p) &= \sqrt{\frac{20(100-20)}{1,200}} \times 1.96 \\ &= \sqrt{\frac{20(80)}{1,200}} \times 1.96 \\ &= \sqrt{1.33} \times 1.96 \\ &= \pm 2.26 \end{aligned}$$

20%시청률의 표준오차가 ±2.26점이라면, 이것은 95%신뢰수준에서 시청률이 17.74에서 22.26 사이에 있다는 의미다. 표준오차 공식은 아비트론과 닐슨사 모두에게 유효한 것이다.

가중치를 부여하는 방법(weighting)은 모집단을 대표하지 못하는 표본들을 조정하기 위해 시청률조사회사들이 사용하는 또 하나의 절차다. 특정 성/연령 집단을 대표할 적절한 표본을 구할 수 없을 경우 조정이 필요하게 된다.

가령 DMA 모집단 내 18~34세의 남자가 41,500명이 있고 이 집단이 12세 이상 인구의 8.3%를 차지한다고 하자. 연구자들은 DMA모집단의 표본을 대상으로 일기를 배포했고 그중 950개가 회수되었다고 하자. 연구자들은 이 일기중 약 79개가 18~34세 남자들로부터(950개의 8.3%) 온 것일 것이라고 기대하였다. 그러나 실제로는 단지 63개가 이 연령집단으로부터 회수되었다. 즉 기대했던 수치보다 16개가 부족하다(0.066=63/950). 이 경우 그 부족분을 조정하기 위해 가중치를 부여할 수 있다. 가중치를 주는 공식은 다음과 같다.

$$\text{가중치}_{\text{MSA, 남자, 18~34}} = \frac{0.083}{0.066} = 1.25$$

이 숫자(1.25)에다 각 일기 집단별 사람 수를 곱해야만 정규적으로 나타낼 수 있다. 즉 525명(41,500÷79) 대신에 각 일기는 656명(525×1.25)으로 설명해야 한다. 이상적인 가중치는 1.00이며 이것은 그 표본이 집단을 적절히 대표하고 있음을 가리킨다. 경우에 따라 집단이 지나치게 많이 표집될 수도 있는데, 이때 가중치는 -1.25와 같이 음수이다.

아비트론사와 닐슨사 모두 오차율과 가중치 및 다른 방법론적 고려사항 등에 대해 상세한 설명을 제공하고 있다. 조사 보고서 내의 정보란을 이용하여 각 회사는 서로 다른 표본의 크기와 가중치를 고려한 자료해석의 방법에 대해 설명한다. 그러나 이런 상황에 대한 고려 없이 인쇄된 수치만을 마치 복음성가처럼 간주하고 있는 것이 현실이다. 만약 오차율, 표본의 크기와 다른 요인들이 고려된다면 방송사 소유주나 경영진들의 시청률을 보는 시각도 달라질 것이다.

03 비시청률 조사

시청률이 방송에서 이용되고 있는 가장 눈에 띄는 조사 자료이기는 하나 방송종사자, 프로덕션, 광고주 및 방송컨설턴트들이 사용하는 연구방법론에는 그 외에도 여러 가지가 많이 있다.

시청률은 수용자의 규모와 구성에 대한 평가다. 비시청률 조사에서는 수용자의 선호도, 유형별 프로그램 분석, 수용자의 인구학적 속성 및 라이프스타일에 관한 정보 그리고 그 외 많은 자료를 얻고자 한다. 이 자료들이 제공하는 정보는 의사결정자들로 하여금 수용자들이 원하는 것이 무엇인가를 파악할 때 추측에 의존하지 않도록 하는 데 기여한다. 비시청률 조사연구는 의사결정을 뒷받침하는 데 사용될 수 있다.

방송분야에 처음 진입한 신참에게 비시청률 조사연구의 중요성은 무엇일까? 유명한 방송인 벨(Frank Bell, 2012)은 다음과 같이 말하고 있다.

> 본인이 파일럿인데 비행장치가 고장 나고 폭풍우가 몰아치는 속에서 비행기를 안전하게 유도해야 하는 위기에 처해 있다고 상상해보자. 난기류 때문에 조종기술이 난관에 봉착하자 승객들이 저마다 거들고 나섰다. "당겨, 앞에 산이 있잖아요!", "구름 속으로 비행하지 마세요. 번개치고 있잖아요", "여기 오른쪽에 다른 비행기가 있어요". 오늘날 지역시장에 대한 조사연구의 도움이 없다면 라디오 방송사나 TV방송사가 직면할 처지와 비슷한 경우다.
>
> 만약 당신이 소유한 방송사의 장 · 단점과 예비 경쟁자들에 대해서 잘 모른다거나

> 시장의 선호도를 다룰 수 있는 방안이 없다면, 그리고 만약 새로운 경쟁자가 내일 등장할지도 모를 상황이라면 진짜로 '무작정 비행'하고 있는 셈이다. 차라리 낙하산을 준비하는 게 좋을 것이다.
>
> 지역시장 조사연구를 이용하면 라디오나 TV방송사 내부로부터는 얻기 어려운 무언가를 얻을 수 있다. 매주 실제로 방송을 즐겨듣거나 보는 사람들의 때묻지 않는 관점을 얻고 이를 비즈니스로 연결시킬 수 있다.

벨이 말했던 것처럼 의사결정자들이 "멋모르고 행동(fly blind)"하지 않도록 정보를 제공하기 위해, 방송 미디어 현장에서 실행되고 있는 몇 가지 비시청률 조사 방법들에 대해 지금부터 소개하겠다.

1) 프로그램 테스팅

조사는 이제 프로그램 및 광고의 개발과 제작에서도 거쳐야 할 하나의 단계로 받아들여지고 있다. 요즘은 초기 아이디어나 계획 단계, 편집 전 단계의 러프 컷 단계, 제작 후 편집 단계 등 단계별로 그 산물을 테스트하는 것이 보통이다. 테스트의 목적, 검토에 소요될 수 있는 시간, 결과를 만들어낼 수 있는 결정의 유형에 따라 다양한 조사 방법이 각 단계별로 이용될 수 있다. 조사 담당자는 의사결정자가 알아야만 할 정보가 무엇인가를 정하고 그 다음에 그 정보를 제공하기 위해 분석을 설계해야만 한다.

한 편의 방송 프로그램과 광고 제작에는 매우 많은 비용이 소요되기 때문에 프로듀서나 감독들은 계획된 프로젝트에 대한 시청자들의 예상 반응을 수집하는 데 관심을 갖는다. 시청자에게 아무런 호소력도 갖지 못하는 프로젝트에 수천 혹은 수백만 달러를 쓰는 것은 수차례 계속되어 왔지만, 어리석은 일이기 때문이다.

메이저 TV 네트워크사, 대규모 광고대행사와 제작사 대부분이 프로그램 테스팅을 실시하고 있으며, 많은 지역 TV방송사들도 프로그램 테스트에 대해 관심을 갖는다. 방송사들은 홍보 캠페인, 황금시간대 편성, 광고 만족도 및 다양한 편성전략 등을 테스트 대상으로 삼는다.

예비 수준의 자료를 수집하는 하나의 방법은 프로그램이나 광고를 요약한 내용을 응답자들에게 읽게 하고 그 아이디어에 대한 의견을 비롯하여 만약 제작했을 경우 그 프로그램을 보고 싶은 마음이 드는지 그리고 상품을 사고 싶은 마음이 생기는지 등에 대해 물어 보는 것이다. 여기서 얻어진 의견들은 프로그램이나 광고의 성공 가능성에 대한 지표 역할을 해줄 수 있다.

그러나 이런 자료수집 방식이 갖는 문제점은 프로그램 등장인물들과 그들이 다른 등장인물들과 맺는 관계를 보여 줄 수가 없다는 것이다. 이는 프로그램 내에서의 대사와 화면상의 연기에 의해서만 보여 줄 수 있다. 예를 들면 ABC TV의 〈로스트(Lost)〉는 그 프로그램의 웹사이트에 기술된 내용처럼 소구하지 않는 것으로 여겨질 수도 있다.

> 태평양의 한 섬에 815항공기가 공중에서 부서져 태평양의 한 섬에 불시착한 이후에 그 섬의 생존자들은 살아남기 위하여 그동안은 몰랐던 내부의 힘을 찾도록 압력을 받는다. 그러나 그들은 그 섬에는 불가사의한 연소괴물, 북극곰, 이상한 프랑스 여자 및 "나머지 사람들"로 알려진 섬의 또 다른 거주자 집단을 포함하여, 많은 비밀들이 있다는 것을 발견한다. 그뿐만 아니라 생존자들은 하마이니셔티브(Dharma Initiative, 최근에 섬에 서식한 과학 연구자 집단) 소유의 벙커를 비롯하여, 고대 조각상이라는 유물 · '더블랙록(The Black Rok)'이라고 하는 19세기 범선과 같이, 그들 전에 그 섬에 방문한 사람들이 남긴 신호를 발견했다.

이 같은 설명은 일반 드라마 프로그램을 설명하는 것처럼 여겨질 수도 있다. 그러나 좋은 대본, 화면상에 나타난 캐릭터들 간의 관계가 〈로스트〉를 히트시킨 것으로 보아야 한다. 만일 프로듀서들이 조사에서 프로그램 설명에만 전적으로 의존했다면 많은 수의 성공적인 프로그램이 결코 등장할 수 없었을 것이다.

만약 테스트의 예비 단계에서 아이디어가 좋은 것으로 통과되면(혹은 프로듀서나 광고주가 테스트 결과와는 상관없이 프로젝트를 밀고 나가기를 원한다면), 다음 단계는 작품 모델이나 시뮬레이션을 만드는 일이다. 이를 일컬어 러프 컷(rough cut), 스토리보드(story board), 포토매틱스(photomatics), 애니매틱스(animatics), 혹은 엑시큐션(execusion)이라고 한다. **러프 컷**은 보통 아마추어 배우를 써서 편집은 거의 안하거나 전혀 하지 않고 임시 세트를 사용하여 간단히 제작한 것을 말한다. 또 다른 모델은 프로그램이나 광고의 기본 아이디어를 시청자들에게 보여주기 위해 제작되는 주요 장면에 대한 사진, 그림, 드로우잉이다.

러프 컷 테스팅에는 비용이 별로 들어가지 않는다. 만약 테스트 결과 작품에 대한 수용과 이해가 부족한 것으로 나타날 경우도 있기 때문에 비용문제는 중요하다. 테스트를 통해 대본, 인물, 인물 간의 관계, 세팅, 영화적 접근 및 전반적 호소력 등에 관한 정보를 얻을 수 있다. 러프 컷 테스트는 대부분의 경우에 정확한 원인을 규정하기보다는 무엇이 잘못이고 어떤 세부적인 검사가 필요한지에 대한 정보를 제공해준다.

마지막으로 작품이 제작되어 나오면 제작 후 편집에 대한 테스트가 이루어질 수 있다. 완성된 작품은 실험용 극장이나 쇼핑센터 등을 이용해 테스트한다(이동식 밴의 이용이 가능한). 케이블의 경우 응답자가 가정에서 테스트용 채널을 통해 응답하며, (라디오 광고의 경우에는) 전화를 통해서 조사한다. 완성 작품 대상 제작 후 편집에 대한 조사 결과, 최종 작품을 받아들일 수 없다는 시청자들의 반응이 나오면 다시 편집하거나 재촬영해야 한다. 또한 제작후 편집 테스트에서는 제작 중에는 예측하지 못했던 문제점들이 드러날 수도 있다.

주요 TV 네트워크사들의 경우에는 신규 프로그램을 테스팅하는 데 자체적으로 마련한 접근법을 이용하기도 한다. 한 예로 케이블 TV는 전국에 걸쳐 사전에 응답자들을 모집하여 사전제작 프로그램을 테스팅하는 방식을 이용한다. 또 다른 접근으로는 대규모 포커스그룹 세팅을 통해 사전제작 프로그램을 테스팅하는 방식이다. 사전검사의 유형에 관계없이 네트워크사들은 포커스그룹과 전화 면접과 같은 다양한 양적 접근과 질적 접근을 이용해 조사하기도 한다.

광고나 프로그램을 테스트 하는 데에는 여러 방식들이 존재한다. 어떤 연구자들은 소비자들이 케이블방송을 통해 다양한 버전의 광고를 보고 응답하는 방식으로 광고 및 소비자 제품들을 테스트한다. 즉 프로토타입(테스트용) 광고를 조사대상 가구에서 볼 수 있도록 광고 속에 끼워 넣어(다시 말해 정규 광고 대신에 테스트용 광고를 넣는 것) 조사한다. 이 때 다른 가구들을 정규 광고를 보게 된다. 짧게 목표 가구 대상 테스트용 광고가 방송되고 나면 그 광고의 성공여부를 알아보기 위한 후속 조사가 수행된다.

광고의 경우에는 포커스그룹이나 쇼핑몰 면접, 강당형 상황을 이용해서 테스트할 수도 있다. 시장을 선도하는 회사와 광고대행사들은 이런 다양한 상황 아래서의 테스트가 끝나기 전에는 해당 광고를 방송에 내보내지 않는다. 왜냐하면 이 회사들은 수용자들에게 잘못된 메시지를 전달하는 광고를 원치 않기 때문이다.

2) 음악 조사

음악 라디오 방송사에게 음악은 일종의 상품이고, 그 상품을 분석하는 데 실패하면 청취율 재앙이 발생할 수 있다. 라디오 편성담당자들은 청취자들이 듣고 싶어하는 음악을 제공하고 이른바 식상한 노래를 제외시키기 위해서 주요한 세 가지 연구 절차, 즉 오디토리움 음악 테스팅(AMT), 전화번호부 조사 및 온라인 음악 테스팅(online music testing: OMT)을 이용한다.

오디토리움 테스트(auditorium tests)는 최근 몇 년간 인기 있는 노래인 '최신 유행가(recurrents)'와 10년 이상의 '고전 유행가(oldies)'를 평가하기 위해 고안되었으나, 이 방법은 실시하는 데 비용이 많이 들기 때문에 최근에는 별로 쓰이지 않는다. 전화로 실시하는 **전화번호부 조사**(callout research)는 현재 방송중인 음악(최신곡)뿐만 아니라 최신 유행가 및 고전 유행가 대상 테스트에 쓰인다. 그러나 이 조사를 오디토리옴 테스팅과 같이 하면 소요되는 비용이 늘어나므로 라디오 방송국 경영진으로서는 음악 조사를 아예 배제시키거나 아니면 세 번째 음악테스트 방법인 인터넷을 선택하게 된다. 온라인 뮤직 테스트(OMT)에서는 응답자들이 자신의 집 컴퓨터에서 노래를 듣고 평가하게 한다. 곡 전체를 포함할 수 있기 때문에 신곡을 포함한 모든 유형의 음악이 테스트될 수 있다.

음악에 대한 세 가지 유형의 테스트 목적은 동일하다. 즉 피디나 음악감독은 사람들이 좋아하거나 싫어하는 곡은 무엇인지, 듣기 피곤하거나 친숙하지 않은 곡은 무엇인지 등에 대한 정보를 얻고, 이러한 정보를 토대로 감정이나 추측이 아닌 수용자 반응을 기반으로 한 의사결정을 내릴 수 있게 하기 위해서다.

세 가지 음악 테스팅 방법 모두 표본으로 선정된 청취자들에게 **후크**(hook, 짧은 마디)을 들려준다. 후크란 그 노래에 친밀감을 느낀 청취자라면 바로 어떠한 곡인가를 식별해낼 수 있고, 이에 대해 평가등급을 내릴 수 있도록 만들어진 5~10초 정도(대개 8초)의 작은악절(악구)이다. 저자들의 경험에 따르면, 노래에 친숙한 응답자라면 3초 안에 그것을 식별해낼 수 있다.

해당 전문조사회사와 프로그램 제작자들은 청취자들이 음악을 듣고 평가하는 데 이용할 수 있는 다양한 척도를 개발해왔다. 예를 들어 보면, 응답자로 하여금 후크를 듣고 5점에서 7점, 10점으로 만들어진 척도에 평가하도록 방법도 있다. 1은 '몹시 싫어하는', 5나 7 또는 10은 '매우 좋거나', '선호하는' 평가를 의미한다. 또는 그 척도를 명명하지 않은 채 써서, 그 척도(숫자가 클수록 그 노래를 좋아하는 것임)에 노래들을 평정하도록 응답자들을 지도할 수 있다. 응답에 '친숙하지 않은', 또는 '듣기에 피곤한' 등의 평가척도도 이용된다. 어떤 척도가 최고일까? 저자들의 경험에 따르면 7점이나 10점 척도가 가장 신뢰할만한 결과를 제공한다.

때로는 조사자가 응답자들에게 각 노래를 대상으로 그 노래가 그들이 좋아하는 방송사에 '적합한지' 여부를 묻기도 한다. 이런 부가적 질문을 통해 프로그램 제작자는 테스트 대상 노래들이 본인 소속의 방송사의 음악방송에 맞는지 여부를 결정한다.

중요한 점은 모든 음악 테스트에서 얻어진 자료를 프로그램 제작자는 소속 라디오 방송사의 음악 선정의 가이드로만 활용해야만 한다는 점이다. 얻어진 자료를 마치 '바이블'처럼 이용해서는 안 된다.

(1) 오디토리움 테스트

이 방법에서 연구자는 75~200명 정도의 응답자를 큰 홀, 대개는 호텔의 회의실로 초대한다. 이때 응답자는 라디오 방송사나 조사업체의 요구에 맞는 사람들로 구성된다. 예를 들어 조사를 의뢰한 고객이 관심 있는 시장인 소프트 록 방송을 듣는 25~40세 사이의 청취자들이 여기에 해당한다. 이 테스트에서 대상자들을 모집하는 일은 보통 포커스그룹이나 다른 유사한 조사 프로젝트를 위해 사람 모으는 일을 전문으로 하는 현장서비스업체들이 담당한다. 응답자들은 대가로 보통 25~150달러 정도를 받는다. 이렇게 사람이 일정한 장소에 모이면 조사자는 보통 90~120분 동안 수백 개의 후크를 테스트한다. 일반적으로 200~600후크가 조사되나 일부 회사에서는 800여 후크를 테스트하기도 한다. 그러나 600곡이 넘어가게 되면 피험자의 피로가 눈에 띄게 나타난다(방 주위를 둘러본다거나, 안절부절 하거나, 잡담을 하는 등의 행동). 따라서 600곡 이후의 점수는 신뢰할 수 없다고 보는 게 맞다(Wimmer, 2001).

오디토리움 테스트는 단지 최근 유행하는 노래와 지속적으로 불리는 노래를 테스트하기 위해 설계된다. 따라서 배포용 신곡에 대해서는 이용할 수 없는데 그 이유는 응답자들이 5~15초의 후크를 기초로 해서 익숙하지 않은 곡에 등급을 매긴다는 것이 불가능하기 때문이다.

겉보기에는 오디토리움 테스트가 쉽게 보이지만 고려해야 할 사항들이 많이 있다. 많은 절차와 단계 중에서 기본적인 것 몇 가지를 소개하면 다음과 같다.

① 응답자들이 테스트를 위해 방에 들어가기 전에는 응답자가 모집된 사람이 맞는지 여부를, 참여하기 위해 온 모두를 대상으로 사진ID 제시를 포함한 여러 과정을 거쳐 확인해야 한다(가끔 참여하려고 나이를 속이는 경우도 있다).

② 테스트 성공의 핵심은 테스트의 목적을 잘 소개하고 설명하는 것과 응답자들의 답이 라디오가 좋은 음악을 제공하는 데 중요하다는 것을 어떻게 잘 설명하느냐에 달려있다. 테스트에서 정답이란 없으며 테스트의 목표가 다양한 의견을 모으는 데 있다는 점을 강조해야 한다.

③ 응답자들끼리 의견을 나누거나 다른 사람의 응답에 영향을 주지 않도록 하기 위해

테스트 진행자가 전체 상황을 잘 통제해야 한다.

④ 응답자가 200곡 이상을 계속 듣는다는 것은 어렵기 때문에 테스트 중 휴식시간이 중간 중간 적당하게 필요하다.

⑤ 진행자는 모든 응답자들이 점수매기는 방법을 잘 이해할 수 있도록 해야 한다. 테스트가 시작되면 진행자는 응답자들이 노래를 정확하게 평가하고 있는지를 확인해야 한다.

⑥ 진행자는 응답자들이 노래를 따라 부르지 않도록 해야 한다. 전체 분위기를 해칠 수도 있기 때문이다.

⑦ 진행자가 예상치 못한 일들이 일어날 수 있다. 갑자기 전원이 나가고 응답자들이 아프다거나, 장비가 고장 나는 경우, 호텔 예약에 문제가 발생하는 경우 등이 여기에 해당한다.

1990년대 후반 라디오 조사회사들은 이런 오디토리움 테스트를 개선하기 위한 대안적 접근들을 개발하기 시작하였다. 그중 하나는 음악 후크를 전화로 테스트하는 것이고 다른 하나는 인터넷을 통해 후크들을 테스트하는 방식이다. 두 방법 모두 테스트 상황에 대한 통제를 포기해야 하는 문제를 지닌다. 그리고 누가 실제로 노래를 평가하는지도 알 수 없다. 저자들의 경험상 전화나 인터넷을 통한 음악 테스트는 신뢰도와 타당도를 근거로 해야 하는 공개적인 조사연구가 아니기 때문에 이용되면 안 되지만, 많은 프로그램 제작자나 일반 경영인들이 이 방법을 많이 활용할 것으로 보인다. 다만 충고한다면 거기엔 따르는 위험부담이 있다는 것을 알아야 한다.

(2) 전화번호부 조사

전화번호부 조사의 목적은 오디토리움 테스트와 유사하지만 다만 자료를 모으는 절차에 차이가 있다. 응답자를 큰 홀에 초청하는 대신 무작위로 표집하고 이들에게 전화로 묻는다. 응답자들은 오디토리움 테스트에서와 마찬가지로 지시받는다. 다만 후크를 듣고 전화상에서 말로 응답한다. 전화번호부 조사는 신곡을 테스트하는 경우에만 이용된다(전화번호부 조사에서 전화를 이용하는 것의 신뢰도와 타당도는 오디토리움 테스트보다 높다. 왜냐하면 적은 수의 노래만을 전화번호부 조사로 테스트하기 때문이다).

전화번호부 방법은 몇 곡의 노래만을 테스트할 때 적합하다는 장점이 있지만 테스트 대상 노래가 소수로 제한된다는 점이 가장 큰 약점이기도 하다. 제대로 설계하면 최대 20곡 정도까지 가능하다. 다른 문제는 응답자가 전화 받는 집안의 산만함, 전화상의 기계적 잡음, 누가 그 질문에 답하고 있는지를 알 길이 없다는 점 등이 있다.

이런 제약에도 불구하고 전국에 걸쳐 많은 라디오 방송사들이 이 방법을 이용하고 있다. 왜냐하면 전화번호부 조사는 오디토리움 테스트에 비해 값이 저렴한 편이기 때문에, 특정 시장에서 거두는 노래들의 실적을 계속해서 추적할 수 있도록 해준다. 대략 800곡을 검사하는 데 20,000~40,000 달러의 비용이 드는 오디토리움 테스트는 기껏해야 일 년에 한두 번 정도 하는 것이 보통이다.

(3) 온라인 음악 테스트

이 방법은 음악을 테스트하는 데 편리하고 단순한 방법으로 응답자에게 보상하지 않는다면 그 비용 또한 매우 저렴하다. 곡 전체를 포함하는 수백 개의 노래들은 테스트하는 게 가능하다. 응답자는 본인 편리한 시간에 주어진 평가척도에 따라 테스트에 참여하면 된다. 결과 또한 응답자가 응답을 완성하는 순간 바로 계산될 수 있다.

이 OMT 기법은 이전의 두 테스트 방법에 여러 가지 장점을 갖지만 심각한 문제도 안고 있다. 즉 누가 온라인테스트에 참여했는지를 검증할 방법이 없다. 응답자가 아닌 친구나 친척, 다른 누군가가 했어도 알 길이 없다. 조사자들이 이 문제를 해결하기 위해 응답자의 신원을 확인하기 위한 다양한 질문들을 조사에 포함시키지만 응답자가 이를 피해갈 수 있는 방법은 여전히 있다. 이런 결정적인 약점에도 불구하고, 라디오 업계 현장에서는 조사하는 데 드는 비용을 결과로 얻는 정보의 신뢰도와 타당도보다 더 중요하게 고려하기 때문에 OMT 기법을 널리 이용하고 있다.

3) 표집을 위한 정확한 측정

정통 연구자들은 OMT 연구나 전화번호부 조사방법을 이용할 경우에 나타날 수 있는 결과의 부정확성에 대해 경고한다. 그럼에도 불구하고, 라디오 방송사들이 두 조사 방법을 계속 이용할 것이라는 사실도 여전히 변함이 없다. 왜 그럴까? 답하자면, “그것은 저렴하기도 하거니와, 아무것도 없는 것보다는 더 낫기 때문이다.” 그러나 적어도 OMT 조사의 경우에는 “어떤 것” 보다 더 나을 게 “전혀 없는 것”으로 보인다. 이를 염두에 두고, 7장에서 다룬 바 있는 위머의 열외자 분석(Wimmer Outlier Analysis)의 중요성을 다시 다루고자 한다. 이 분석 절차는 **응답자 확인**(respondent verification)을 위한 탁월한 접근이기 때문이다.

모든 연구가 여러 방식으로 변화하는 응답자들을 이용한다. 그러나 거의 모든 경우 응답자들을 모집할 때 일련의 여과(screener) 문항들을 통해 모집하고, 그렇기 때문에 응답자들은 여러 면에서 유사하기 마련이며 반응 또한 유사한 경향이 있다. 이러한 반응의 유사성이 응답자 확인의 방법의 열쇠가 된다.

조사연구에 아무리 여러 보호막을 설치해도 표본에 포함시키면 안 되는 응답자들이 1명 이상 포함되기 마련이다. 이는 그저 음악 테스팅에만 국한되는 것이 아니라 인간 행동을 연구하는 조사라면 어떤 조사든지 해당된다. 100% 완벽하지는 않지만, 저자들이 개발한 응답자 확인절차는 부적절한 응답자들을 제거하기 위한 것이다.

위머의 열외자 분석에서는 평가척도를 활용하여 응답자들 전원을 대상으로 응답의 표준편차를 계산한다. 예를 들어 음악을 테스팅할 때에는 그 테스트에 포함된 모든 노래에 대한 각 응답자들 평가의 산술평균(mean) 및 동위 표준편차(corresponding strandard deviation)를 계산한다. 여기서 얻어진 표준편차는 해당 표본에 열외자가 있는지 여부를 결정하기 위해 이후 z점수로 전환된다. 대부분의 경우 응답자들의 표준편차 점수는 전체 표본의 평균표준편차 근처에 있다. 그런데 한 응답자가 이와는 유의하게 점수를 가진다면 (대부분은 z점수≥± 2.0이거나 심지어는 ±1.5) 그 사람의 응답은 검토해보아야 한다. 만약 예외적인 답을 했다면 조사 대상에서 제거해야 한다.

평가척도를 사용한 조사연구라면 어떤 연구라도 이러한 응답자 확인 절차를 이용해야 한다. 특히 음악 테스트 방법들에 들어맞는 얘기다.

4) 편성관련 연구와 컨설팅

여러 조사회사들이 매스미디어 조사를 수행한다. 각 회사마다 특정 방송영역을 전문으로 하면서 다른 연구절차를 이용하고 있지만 이들 회사 모두 공통의 목적을 가지고 있다. 그것은 방송사 경영진들이 의사결정을 내리는데 이용할 자료를 제공하는 것이다. 이 회사들은 방송영역 전반을 대상으로 한 소비자 조사를 제안한다. 여기에는 호출부호(call letter)와 슬로건 조사에서부터 탤런트, 광고, 음악, 편성 요소의 중요도, 특정 방송사의 음향에 이르기까지 모두가 대상으로 본다.

방송 컨설턴트들 역시 다양하다. 이들은 대부분 방송 유경험자로 라디오, TV방송사에 조언한다. 이들의 조언은 경우에 따라 조사결과에 의존하기도 하고, 경험에 의존하기도 한다. 좋은 컨설턴트란 방송사를 '세우기도 부수기도' 한다. 국제적으로 잘 알려진 전 라디오 컨설턴트인 칼(Karl, 2012)은 컨설턴트의 업무를 다음과 같이 설명하고 있다.

> 컨설턴트는 방송사의 경영진들이 조사 자료를 가지고 방송사에 관한 전반적 전략을 고안하는 데 도움을 주는 일을 한다. 조사결과를 토대로, 목표대상 수용자들에 관한 중요 편성요소가 확실히 방송되도록 하는 전략적 행위계획을 개발해내고, 해당 방송사가 청취자들에게 제대로 각인될 수 있도록 한다. 또한 시장전략을 마련하는 일을 돕기도 하고, 청취자들이 방송을 듣게끔 방송사 광고전략을 모색하기도 한다. 음악방송 간격을 조정하거나, 시보방송(clock hours)을 멋지게 제작하기도 하고 … 탤런트 선발에 관여하거나, 방송국 안내광고 등을 개발하기도 하고, 청취자들이 듣도록 요청하기 위해 직접마케팅 캠페인을 실행하며, 웹사이트 내용을 설계하기도 한다. 이러한 일들을 방송국 스텝들과 함께 하는데 그 목적은 방송국의 위상을 안정 궤도에 올려놓기 위함이다.

5) 퍼포머 Q

방송에 종사하는 프로듀서와 감독들은 연주자나 배우, 가수 등 여러 연예인들의 인기도를 알고 싶어 한다. 어느 프로그램을 막론하고 기획 단계에서 기본질문은 "어느 연예인 또는 연예인 집단을 써야만 프로그램이 가장 어필할 수 있을 것인가"이다. 프로듀서들이 무명 연예인을 기용하는 데서 오는 위험부담을 떠맡기보다 유명하고 인기 있는 연예인을 선호하는 것은 당연하다.

뉴욕 맨하탄에 위치한 마케팅 에발루에이션(Marketing Evaluation Inc.)사는 연예인이나 명사에 관한 정보를 수집하는 회사이다(www.qscores.com). 이 회사에서는 약 1,250가구 패널을 이용하여 6세 이상의 5,400명을 대상으로 면접하는 전국적인 전화 서베이를 수행하고 있다. 이 연구는 퍼포머 Q(Perfomer Q), TV Q, 카툰 Q 등을 포함한 일곱 가지 유형의 Q 점수로 나뉜다.

퍼포머 Q 분석은 1,000명 이상의 인물들을 대상으로 개별적인 친근감과 어필 정도를 보여준다. 목표 수용자 순위(target audience ranking)는 목표 수용자별(예컨대 18~49세 사이의 여성들) 연예인들의 순위를 제공해준다. 그 순위는 해당인물이 어떤 인구학적 집단에게 어필하는지의 정보를 프로듀서나 감독에게 제공해준다.

6) 포커스그룹

앞서 5장과 www.wimmerdiminick.com에서 소개한 포커스그룹은 그 방법이 지닌 다양성 때문인지는 몰라도, 전자미디어 연구에서 보편적인 연구방법으로 활용되고 있다. 포커스그룹은 후속 연구를 하는 데 이용되는 설문지 개발에 사용되며, 포맷과 프로그래밍의 변경 · 등장인물 · 방송국에 대한 이미지 · 시청자의 생활양식과 같은 다양한 주제에 대한 예비 정보를 얻고자 할 때 이용된다. 시청자의 라이프스타일에 대한 자료는 포커스 그룹이 특정 인구학적 속성을 지닌 사람들로 구성되어 있을 때 특히 유용하다.

7) 기타 연구방법

전자미디어는 독특한 특성이 가지고 있으며, 각기 다른 형태의 연구를 필요로 한다. 방송국에 의해 수행되고 방송국을 대상으로 수행되는 연구들의 예는 다음과 같다.

① 시장 연구

시장연구(market study)는 보통 특정 세대(예컨대 25~54세)를 중심으로 전체 시장에 대한 의견과 인식을 연구한다. 시청취하는 방송국에 따른 응답자들은 요건은 없으며 표본은 모집단 분포 및 시장구조와 일치시킨다.

② 포맷연구

라디오 방송국 대상 포맷연구(format study)는 특정유형의 음악을 좋아하거나 듣는 사람들을 응답자 표본으로 선택한다. 응답자들에게 음악, 뉴스, 교통정보, 지역사회 활동 등 다양한 영역을 대상으로 어느 방송국의 서비스가 가장 좋은지 질문한다.

③ 포맷탐색 연구

제목 자체가 연구의 목적을 잘 설명해주는 것처럼 해당 시장에서 가능한 라디오 포맷이 무엇인가를 찾는 연구다. 경험이 풍부한 연구자들은 특별하게 설계된 3단계 설문지(three module questionnaire)를 이용하여 잠재적인 포맷 전체를 정확하게 예측할 수 있다.

④ 프로그램 요소

프로그램 요소 중요성 연구(program element importance study)는 라디오나 TV의 여러 특수한 요소들 중에서 수용자에게 가장 중요한 것은 어떤 요소인가를 찾아내는 연구다. 경영진에서는 수용자들이 원하는 것을 그들이 제공하고 있다는 확신을 갖고자 할 때 이 정보를 이용한다.

⑤ 방송국 이미지

방송국 경영진이 일반 공중이 해당 방송국 및 그 방송국이 제공하는 서비스에 대해 어떻게 인식하고 있는가를 아는 것은 중요하다. 경영진의 목적이 공중에게 잘못 인식되면 시청자의 규모가 감소하고 따라서 광고수입도 줄어들기 마련이다. 예를 들어 10년간 〈CHR(Contemporary Hits Radio)〉를 방송해 온 어떤 라디오 방송국이 그것을 컨트리 포맷으로 바꾸기로 정하였다고 하자. 방송국 입장에서는 청취자와 광고주에게 이와 같은 변화를 제대로 인식시키고, 그들의 의견을 듣는 것이 중요하다. 이 경우 그 답은 방송국 이미지 연구를 통해서 얻을 수 있는데, 이 연구에서는 가령 "WAAA-FM 라디오 방송국에서는 어떤 종류의 음악을 주로 방송합니까?", "어떤 사람들이 WAAA방송을 듣는다고 생각하십니까?", "당신은 WAAA방송국이 컨트리 음악을 방송하고 있다는 것을 알고 계십니까?"와 같은 질문을 전화로 응답자들에게 묻고 답을 얻는다. 연구 결과 포맷의 변화를 알고 있는 사람이 거의 없다는 것이 드러나면 경영진으로서는 새로운 홍보 전략을 만들어내야 할 것이다. 결과가 그 반대라면 방송국 측으로서는 현재 그들이 펼치고 있는 홍보 노력이 성공적이며 굳이 전략을 변경할 필요가 없을 것이다.

방송국 이미지 연구는 시청자들이 자기네 방송국에 대해 어떻게 인식하고 있는지 최근의 정보를 얻기 위해 대부분의 규모가 큰 방송사들이 정기적으로 수행하는 연구기도 하다. 방송국 경영자로서 시청자들이 원하는 서비스를 제공하고자 한다면 수용자의 변화 추세와 사회적 변화와 보조를 맞추려고 노력해야 한다.

⑥ 인물(방송인) 연구

성공적인 방송국 경영자들은 방송 출연자들을 끊임없이 검사한다. 아나운서(DJ나 운동선수)와 뉴스 앵커 및 기타 모든 출연자들의 전체적인 어필 정도와 다른 방송국의 해당 인물들과 어울리는지도 검사한다. 인물 연구(personality studies)는 방송국이 신인 탤런트를 찾아내거나, 다른 방송국에 있는 사람을 차후에 고용할 목적으로 검사하기 위해 시행된다.

⑦ 광고주(회계) 분석

많은 방송국 행정담당자들은 더 많은 광고주를 확보하기 위해 지역 비즈니스 담당자들을 대상으로 연구를 실시한다. 전형적인 질문으로는 다음과 같은 것들이 있다. "언제 사업을 시작했습니까?", "소유권과 관계있는 사람은 몇 명입니까?", "매년 광고에 투자하는 비용은 얼마나 됩니까?", "광고구매 결정을 내린 것은 언제입니까?", "광고에서 기대하는 것은 무엇입니까?" 하는 질문 등이 있다. 질문으로부터 얻은 정보는 보다 효과적인 광고 문안을 쓰거나 보다 나은 광고 계획안을 개발하는 데 그리고 판매부서 직원들이 고객 개

자세히 보기 〉〉 그냥 켜놓은 것인가? 제대로 시청하는 것인가?

이 장에서는 텔레비전 시청에 대해 논의할 때 'watch'라는 용어 대신 '튠(tune)'이라는 용어를 다양하게 썼다.

그 이유는 단일시간적(monochronic) 및 다중시간적(polychronic) 행동이라고 알려진 개념과 연관된다. 단일시간적인 사람은 한 번에 한 가지 일만 하는 경향이 있다. 반면에 다중시간적인 사람은 한 번에 한 가지 이상의 일(멀티태스킹으로 더 잘 알려져 있음)을 한다. 이 용어들은 미디어 이용과도 연관된다.

저자는 과거 35년 동안 18~54세 연령대의 사람들이 TV를 시청하고나 라디오를 듣는 동안에 무엇을 하는지 발견하기 위하여 수십 종류의 연구를 수행했다. 그 연구들 전부가 실제적으로 동일한 결과를 내놓았다. TV 시청에 관한 연구 결과, 18~54세 연령의 성인들 75%가 TV를 시청하면서 동시에 다른 행위를 같이 했다. 즉 75%는 다중시간적 TV 시청자들이고, 25%는 단일시간적 TV 시청자들이다("앉아서 TV를 시청하면 그게 내가 하는 전부예요"). 다중시간적 시청자들의 활동 목록은 광범위하지만, 먹기 · 읽기 · 가족이나 친구들과 직접 혹은 전화로 이야기 나누기 · 아이들과 놀기 · 과제 수행 · 취미 · 일과 관련된 내용 등이 주요한 공통 행위 목록이다.

덧붙여, 다중시간적 시청자들에게 30분이나 60분짜리 프로그램을 시청할 때 TV화면을 보지 않는 시간 양을 추정해줄 것을 요구해보면 평균 양은 약 30% 정도로 나타난다. 다시 말해 성인연령의 TV 시청자들 약 75%는 TV를 "시청(watching)"하는 시간의 약 30% 동안 TV 화면을 보지 않는다는 것이다(한 시간짜리 프로그램이면 18분 정도 해당). 이런 시청자들은 TV 프로그램을 보는 것이 아니다. 따라서 TV를 시청하는 것으로 분류되어서는 안 된다. TV 화면을 실제로 시청하지 않는 행위는 여러 가지 의미를 갖지만 광고주들에게 특히 중요하다. 그러나 많은 광고주들이 이런 시청현실을 제대로 이해하고 있는 것 같지는 않다. 왜냐하면 아직도 현장에서는 배경음악 이상의 오디오 정보를 담은 광고를 만들기보다는 단지 제품이나 서비스에 대한 시각적 정보를 담은 광고를 만드는 데 치중하고 있기 때문이다. 이 경우 75%의 시청자를 놓치는 셈이다. 광고를 하는 목적은 소비자와 커뮤니케이션하기 위함이다. TV광고의 상당수가 그렇지 못하고 있는 것이다.

여러분도 이점에 관해 스스로를 대상으로 한 번 검증해보라! TV를 시청할 때 여러분의 시선이 화면으로부터 멀어질 때, 당시 광고 중인 제품이나 서비스에 대해 얼마나 알게 되는지를 생각해 보기 바란다. 모든 TV 광고는 광고하는 제품이나 서비스에 대한 청각적, 시각적 정보를 모두 포함해야 한다. 시각적이기만 한 접근은 시간과 돈을 낭비하는 것이다.

다중시간적 행동은 라디오 청취에도 영향을 준다. 다시 말하지만, 저자들은 모든 연령집단 중에서도 18~54세 성인 집단의 경우 그들이 청취한 비음악 자료 중 35%는 아예 듣지 않거나 그 내용을 잘못 이해하고 있다는 사실을 여러 조사에서 반복적으로 발견했다. 라디오 방송 관계자들은 그들의 청취자들이 프로그램 변화, 콘테스트, 뉴스 아이템, 또는 라디오방송국에 대한 어떤 것에 대해서도 잘 알지 못한다는 점을 간과해서는 안 된다. 본인들은 수용자들이 방송 중인 모든 것을 듣는다고 생각하지만 사실은 그 반대다.

단일시간적 행동과 다중시간적 행동에 대한 추가적인 정보는 15장을 참조하기 바란다.

개인에 대한 정보를 더 많이 알 수 있도록 하는 데 사용된다. 일반적으로 서베이는 아직 광고주가 아닌 비즈니스 영역을 대상으로 실시되지만, 방송국과 몇 년 동안 광고주로 거래를 해 온 비즈니스 영역을 대상으로도 실시한다.

⑧ AE(Account Executive)[역자주 8] 조사

전국의 라디오, TV 경영자들은 광고 구매자인 광고 대행 담당을 대상으로 서베이를 실시한다. 왜냐하면 구매자가 판매자를 어떻게 인식하는지를 아는 것이 매우 중요하기 때문이다. 서베이를 통해 경영자들은 판매 담당이 업무를 잘 수행하는지, 도움이 필요한 부분은 무엇인지를 알 수 있다. 이러한 서베이 조사결과는 종종 판매책임자와 구매자 간 문제가 개인적 특성의 차이 때문이라는 것을 알게 해준다. 이 경우 방송사는 해당 비즈니스나 광고에이전시에 다른 판매원을 배정함으로써 문제를 쉽게 해결할 수 있다.

⑨ 판매량 조사

판매량을 높이기 위한 노력으로 많은 방송국들은 스스로 그 지역 고객을 위한 조사를 실시한다. 예를 들어, 어떤 방송국은 지역 주민들이 각 은행과 그 은행이 제공하는 서비스에 대해 어떻게 인식하고 있는지를 알기 위해 지역 내의 전 은행을 대상으로 '은행 이미지' 조사를 실시할 수도 있다. 그 결과를 가지고 지역 내 은행들을 상대로 광고를 제안할 수 있다.

⑩ 다양성 분석

어떤 사업이건 그 목표는 사업을 확장하고 전년보다 더 많은 이익을 내는 것이다. 이 같은 목표를 달성하기 위해 규모가 큰 방송국, 제휴회사, 일반회사들은 신규 투자 여부를 결정하기 위해 다양한 연구를 시행한다. "다른 방송사를 사들여 하는 것인가?", "비즈니스에 투자한다면 어떤 유형의 활동에 투자를 해야 할 것인가?" 등과 같이 보다 큰 규모의 방송사와 회사들이 시행하는 연구의 대부분이 이런 질문들과 관련된 것들이다. FCC가 방송소유권 조항을 개정하면서 합병과 관련된 연구들이 증가하고 있다.

⑪ 질적 연구

성공한 방송국이나 케이블 회사의 경영자들을 살펴보면 우연이란 없다. 이는 그들이 해당 방송사나 네트워크의 모든 면들을 검사한다는 것을 의미한다. 게시판 광고, 로고

역자주 8 광고대행사를 대표해서 광고주와의 연락 업무를 담당하는 사람이며 광고주의 account을 집행하는 사람을 의미한다.

디자인, 범퍼 스티커, 버스광고, 우편 캠페인, 프로그램 이익 등을 테스트하기 위해 연구를 한다.

⑫ **TV 편성연구**

TV 편성연구는 넓은 범주의 연구로서, 지역 뉴스 프로그램 · 방송사의 홍보자료 · 오락 프로그램 등의 테스트가 그 범주에 포함된다.

요약

이 장의 목적은 방송에 관한 조사연구에서 많이 공유되는 방법들 중 몇 가지를 소개하는 것이다. 시청률은 방송사의 정책결정과정에서 가장 영향력 있는 요인일 뿐만 아니라 방송에서 가장 자주 이용하는 조사에 쓰인다. 그러나 포커스그룹, 음악 조사, 이미지 연구, 프로그램 테스팅 등과 같은 비시청률 조사들도 자료수집에 자주 이용되고 있다. 이런 조사연구의 중요성은 방송 시청자 및 그들의 미디어 이용에 대해 알고자 하는 경영진의 요구가 증대되면서 더욱 강조되고 있다.

이제 방송 미디어계에서 시청자 세분화는 피할 수 없는 현실로 나타나고 있으며, 그 결과로 인하여 시청자를 대상으로 미디어 간 경쟁이 확대되면서 조사에 기반을 둔 자료의 필요성 또한 강조되고 있다. 방송사 소유주와 경영자들은 이제 프로그램을 만들거나 팔 때 그리고 마케팅관련 결정을 해야 할 때 더 이상 '직감'에만 의존할 수 없음을 잘 알고 있다. 이 장에서 논의된 내용은 방송 전 분야에 걸쳐 조사연구의 중요성을 강조하기 위함이었다.

핵심용어

누적 수용자(cume)
다중시간적 행동(polychronic behavior)
대도시 서베이 지역(metro survey area, MSA)
도달률(reach)
라디오 청취자(pur)
러프 컷(rough cut)
방송시간대(daypart)
비시청률 연구(nonratings research)
사이코그래픽스(psychographics)
수용자 전환율(audience turnover)
시(청)취율(rating)
시청률 집중조사기간(sweeps)
아비트론사(Arvitron, inc)
오디토리움 테스트(auditorium music test)
오버나이트(overnights)
전체 TV 시청 가구(hut)

전체 서베이 지역(total survey area, TSA)
전화 동시연구(telephone coincidental)
전화번호부 조사(callout research)
점유율(share)
지정된 시장 지역(designated market area, DMA)
청취소비시간(time spent listening, TSL)
총 시청률(gross rating points, GRPs)
표준오차(standard error)
피플미터(people meter)
후크(hook)
휴대용 피플미터(Portable People Meter, PPM)
15분 평균 수용자(average quarter-hour, AQH)
A. C. 닐슨사(A. C. Nielsen)
CPM(1천명당 광고비용, cost per thousand)

인터넷 활용하기

다음의 내용들을 인터넷으로 검색해보자.

1. 방송 시청률 논쟁과 "방송 시청률" 조사 방법론
2. 라디오 역사, 텔레비전 역사, 케이블 텔레비전
3. 라디오 TV 시장 순위: 닐슨사 TV 시장과 아비트론사 라디오 시장조사
4. 시장 일기 정보(www.arbitron.com/diary/home.htm)
5. 아비트론사의 PPM(www.arbitron.com/portable_people_meters/home.htm)
6. 닐슨사의 피플미터 역사(www.nielsenmedia.com/lpm/history/History.html)

생각해볼 문제

1. 어느 지역에 TV 채널 2, 채널 7, 채널 9 등의 세 방송국이 있다고 하자. 그 지방의 TV 보유가구 수는 20만 명이다. 어느 시청률 연구회사가 그중 1,200가구를 무작위로 표집하여 연구한 결과, 표본의 25%가 채널 2, 15%가 채널 7, 10%가 채널 9를 주로 시청한다는 사실을 알았다.
   a. 방송국별 시청 점유율을 계산해보자.
   b. 각 채널을 시청하는 총 가구 수를 산정해보자.
   c. 채널 2의 1,000달러짜리 30초 스파트 광고에 대한 CPM을 계산해보자.
   d. 채널 2의 시청률과 관련된 표준오차를 계산해보자.
2. 다음 자료수집 방법들의 문제점은 무엇인가?
   a. 일기
   b. 전화 면접
   c. 개인용 피플미터
   d. 피플미터
3. A. C. 닐슨사는 라디오 수용자를 대상으로 측정할 때 "스티커 다이어리(sticker diaries)"라는 것을 이용한다. 이에 관한 A.C. 닐슨사의 의도를 여러분이 찾아볼 수 있는지 알아보자.

4. 당신이 거주하고 있는 지역의 라디오와 TV 방송사의 웹사이트들을 찾아보고, 방송사들이 자신들의 사이트를 설계하는데 동원한 조사의 유형이 무엇인지 찾아보자. 내용 영역뿐만 아니라 다른 웹사이트들과의 링크에도 주의를 기울여보자.
5. 자신이 가지고 있는 음악에 대해 전화번호부 조사를 직접 해보자. 5~15초짜리를 몇 개 골라 편집하고 사람들에게 그것을 듣고 7점 척도로 등급을 매기도록 해보자. 그리고 그 결과에 대한 산술평균과 표준편차를 계산해보자. 또한 결론을 제시해보자.
6. 2009년 초기 아비트론사는 휴대전화 가구를 포함한 표집을 시작할 것이라고 발표했다. 아비트론사의 웹사이트(www.arbitron.com/home/cell_phone_markets.htm.)를 방문하여 그 새로운 방법론의 진전에 대해 알아보자.

참고문헌 및 권유문헌

Arbitron, Inc. (2012). *Arbitron radio market report reference guide*. Arbitron, Inc. Retrieved from *www.arbitron.com/downloads/purplebook.pdf*

Arbitron, Inc. (2012). *PPM encoding handbook for radio*. Arbitron, Inc. Retrived from *www.arbitron.com/downloads/ppm_encoding_handbook.pdf*

Bell, F. (2012). Personal correspondence to Roger Wimmer.

Beville, H. M. (1988). *Audience ratings: Radio, television, cable* (Rev. ed.). Hillsdale, NJ: Lawrence Erlbaum.

Hawkins, W. J. (1990, February). TV views viewers. *Popular Science*, 236, pp. 74–75.

Karl, E. (2012). Personal correspondence to Roger Wimmer.

LoCascio, P. (2012). Personal correspondence to Roger Wimmer.

Webster, J., & Lichty, L. (2006). *Ratings analysis*. Hillsdale, NJ: Lawrence Erlbaum.

Wimmer, R. D. (2000). Research in advertising. In C. Chakrapani (Ed.), *Marketing research: State-ofthe-art perspectives*, pp. 454–478. New York, NY: American Marketing Association.

Wimmer, R. D. (2001). *An analysis of the reliability of auditorium music tests*. Denver, CO: Wimmer Research. (Proprietary data.)

유의사항: 인구(통계)학적 변인들

모든 미디어 그중에서도 라디오와 TV의 경우, 성인 수용자는 연령별로 크게 다음과 같이 나뉜다.

연령별 구분: 18~24, 25~34, 35~44, 45~54, 55~64, 65세 이상(어린이는 2~11, 청소년은 12~17)

이런 연령 구분은 프로그램 편성시 목표 집단을 설정하는 데 그리고 광고판매 시 널리 이용된다.

그러나 실제 현장에서 편성여부를 결정하고 광고를 판매할 때 55세 이상의 시 · 청취자들에게는 별로 관심을 두지 않는다. 편성과 판매에서 55세 이상의 연령대는 거의 배제되기 때문에 업계에서 실제 활용하는 연령구분은 '18~24세', '25세~34세', '35~44세', '45~55세', '55세~사망'으로 나뉜다. '55세~사망까지'라는 유목이 세련되지 못하고 경멸적인 내지는 얕보는 인상을 주지만 실제로는 방송의 많은 영역에서 공유되고 있는 게 현실이다. 예를 들어 라디오 방송사 경영진은 다음과 같이 말할지도 모른다. "지난 몇 개의 아비트론 조사에서 우리 방송 청취자의 대부분이 '55세~사망' 연령대인 것으로 나타났는데 왜 그런지 조사해야 한다. 그 이유를 발견해야 한다."

저자들은 이들 연령층을 다시 돌아보길 기대한다. 다시 한 번 말하지만 그런 구분이 거기에 속하는 사람들의 품위를 떨어뜨리려고 의도된 것은 아니다. 단지 편성과 광고에서 목표를 설정할 때 보통의 상위한계인 54세를 넘어선 사람들을 묘사하기 위해 공통적으로 사용되는 용어일 뿐이다.

편성과 광고에서 점차 55세 이상 집단에 대한 고려가 늘고 있는데, 이는 두 가지 이유에서 비롯된다. 하나는 55세 이상 연령층의 규모가 증가하고 있다는 점이고, 다른 하나는 이들 집단이 상대적으로 다른 연령층에 비해 경제적 여유가 있는 집단이라는 점이다.

15장 광고연구

광고 분야에서는 오랫동안 조사연구가 널리 이용되지 않았으며, 대부분의 결정이 직관에 근거해서 이루어졌다. 그러나 시장 규모가 커지고 경쟁이 증가하면서 그리고 광고비의 크기가 확대됨에 따라 많은 광고주들이 조사를 경영의 기본 도구로 더욱 활용하는 추세다.

광고연구의 대부분은 **응용조사**(applied research)에 해당된다. 응용조사는 특정한 문제를 해결하고자 하는 연구로서 이론을 정립한다거나 다른 상황에 일반화시키는 것과는 별 관련이 없다. 광고연구자들의 관심이란 "상품을 파란색으로 포장할까? 아님 빨간색으로 포장할까?", "〈코스모폴리탄(Cosmoplitian)〉 지보다 〈보그(Vogue)〉 지에 광고하는 것이 더 효과적일까?"와 같은 문제의 답을 구하는 데 있다. 광고연구라고 해서 광고영역만의 특수한 조사 방법이 있는 것은 아니다. 이미 논의된 연구방법들, 즉 실험 · 서베이 · 현지조사 · 포커스그룹 · 내용분석 등이 일반적으로 이용된다. 그렇지만 이 방법들이 산업적 요구를 충족시키기 위한 정보를 제공하기 위해 채택된다는 점이 다르다.

이 장에서는 광고연구에서 일반적인 조사 영역은 무엇이며 그 영역들과 관련된 조사 유형으로는 어떤 것들이 있는가를 살펴보고자 한다. 이들을 살펴보는 가장 큰 목적은 독자들이 조사연구에 사용된 방법들을 이해하고 또 그것들을 현명하게 사용할 수

자세히 보기 〉〉 광고연구와 통계

최근 유와 동료들(Yoo, Joo, Choi, & Reid, 2012)은 1980~2010년까지 4개 주요 광고학술지에 실린 논문들을 대상으로 어떤 통계기법들을 이용하는지를 분석하였다. 해당 논문들은 5년 단위로 구분되었으며, 각 논문에 이용된 통계기법들은 기초(기술통계와 변량분석, 카이자승 검증, 상관)와 중급(회귀분석, 공변량분석, 편상관) 혹은 고급(요인분석, 경로분석, 정준상관, 기타)의 세 유형으로 분류되었다.

여기서 나타난 주요 결과를 소개하면 다음과 같다.

- 분석대상에 걸쳐 통계분석을 활용한 논문은 대상 연도별로는 약 52~83%였다. 전반적으로는 전체 논문의 약 69%가 통계분석을 이용한 것으로 나타났다.
- 해당 기간 동안 기초통계이용 비율은 줄어든 반면 중급과 고급 통계 이용비율은 증가하였다.
- 논문 전체를 대상으로 하면 기초통계 이용률은 56%, 중급통계 이용률은 23%, 고급통계 이용률은 21%를 차지하였다.
- 기초통계를 내용분석연구에서 가장 많이 이용하였고 서베이와 실험연구에서는 중급, 고급통계를 더 많이 이용하는 것으로 나타났다.

이 분석 결과를 보면서 저자들이 내린 결론은 앞으로 해당 전공자들이 좋은 경력을 쌓거나 학자, 교육자가 되기 위해서는 기초통계와 중급 통계뿐만 아니라 고급통계기법들도 숙지해야 한다는 것이다.

있도록 하기 위함이다.

이 분야 조사연구의 상당 부분은 상업적인 조사업체들이 수행하는 시장조사들이 차지한다. 이들 시장조사는 학계나 미디어 업계가 수행하는 특수한 조사들을 토대로 한다. 따라서 이런 유형의 시장 조사들도 중요하지만 이 장에서는 해당 조사들을 그리 자세히 다루지는 않을 것이다. 시장조사방법들에 대해 더 자세히 알고자 한다면 맥콰리에(McQuarrie, 1996)와 맥다니엘과 게이트(McDaniel & Gates, 2005)의 저서를 참조하기 바란다.

광고 조사연구에는 카피 테스팅, 미디어 조사, 캠페인 평가 연구라는 세 가지 영역이 있다. 여기에서는 각각에 대한 소개와 함께 필요할 경우 적용 가능한 통합적 연구도 소개할 것이다. 그 다음에는 최근 광고조사연구에서도 질적 조사가 점차 인기를 얻어가고 있기 때문에 광고의 효과를 조사하는데 이용되고 있는 세 가지 특수한 질적 접근방법에 대해서도 논의하고자 한다. 마지막 부분에서는 온라인광고 수용자, 전략, 성과를 연구하는 데 이용 가능한 조사 기법들에는 어떤 것들이 있는지를 소개할 것이다. 광고주들의 예산에서 인터넷이 차지하는 비중이 커감에 따라 온라인광고에 대한 관심이 실무자, 연구자의 경우를 막론하고 커가고 있기 때문이다.

01 카피 테스팅

카피 테스팅(copy testing)은 효과적인 광고를 만들어내기 위한 조사를 말하며 여러 광고들 중 어떤 광고가 가장 효과적인 광고인가를 알기보기 위함이다.[역자주 1] 카피 테스팅은 인쇄는 물론 오디오, 비디오 디지털 등 모든 미디어 광고의 전 단계에 걸쳐 이루어진다. 캠페인이 시작되기 전에는 어떤 점을 강조하고 어떤 점을 무시할 것인가를 결정하는 데 사용된다. 일단 광고의 내용이 결정되면 그 내용을 가장 효과적으로 구성하는 방법을 찾기 위해 조사가 이루어진다. 예를 들어 잡지에 실릴 광고 일러스트레이션에 대한 카피 테스팅을 한다면 조사자는 둘 이상의 조사대상 집단을 대상으로 서로 다른 각도에서 촬영한 광고 일러스트레이션을 보여준다. 헤드라인 평가는 여러 유형으로 제작된 광고의 활자체를 대상으로 평가받는다. 카피 테스팅에서는 독이성과 기억 정도를 조사한다. 어떤 경우이든지 간에 카피 테스팅의 목적은 소비자들로 하여금 광고를 좋아하게 되거나 기억하게 하는 데 핵심적으로 영향을 주는 변인들이 무엇인가를 알고자 하는 데 있다.

TV의 경우 전체 광고의 러프 컷을 제작할 수 있다. 러프 컷은 파이널 컷이 아니며, 아마추어 연기자들을 쓰고 배경도 단순화시켜 편집이나 내레이션 없이 만드는 광고필름이나 테이프 버전을 말한다. 이런 방식을 이용하면 큰 예산 부담 없이 다양한 조사를 해볼 수 있다.

완성된 광고가 나온 후 이루어지는 카피 테스팅의 마지막 단계는 캠페인이 의도한 효과를 얻을 수 있는가를 알아보기 위한 단계다. 만약 부정적 효과나 비의도적 효과가 있다면 회사의 실적과 평판에 심각한 손해를 가져오기 전에 바로 잡아야 한다.

이러한 유형의 카피 테스팅은 목표에 대한 명확한 정의가 필요하다. 예를 들어 광고에 따라 경쟁회사로부터 소비자를 분리시키기 위한 목적으로 제작된 경우도 있고, 현재의 고객들을 그대로 유지하려는 데 목적을 둔 광고 캠페인도 있을 수 있다. 또한 소비자의 구매 선호도와는 관계없이 회사의 이미지를 제고시키기 위해 제작되는 광고도 있다. 나중에 언급하겠지만 이런 유형의 카피 테스팅은 캠페인 평가조사와 중복된다.

카피 테스팅 방법들을 범주화시키는 데는 여러 가지 방식이 있다. 그중 가장 유용한 방식은 레켄비와 웨딩(Leckenby & Wedding, 1982)이 정리한 방식으로, 설득과정

역자주 1 메시지조사라고도 하며, 광고문안과 실행 스타일 결정의 토대를 제공하기 위한 조사로서 광고 컨셉트, 카피, 실행스타일 및 시각적 · 언어적 표현 등을 개발하는 데 필요한 정보와 메시지의 효과에 관한 조사를 포함한다.

[표 15-1] 카피 테스트 효과의 유형

효과 차원	주요 종속변인
인지적 차원	주목 노출 자각 재인 이해 회상(기억)
정서적 차원	태도 변화 좋음/싫음 관여도
능동적 차원	구매의사 구매행위

에서 나타나는 영향을 세 가지 차원으로 나누고 각 차원별 적절한 카피 테스팅 방법들을 제시하고 있다. [표 15-1]에서 보는 바와 같이 그들은 인지적 단계(알기)에서 시작하여 정서적 단계(느끼기)와 행위적 단계(행동하기)를 이어지는 단선적인 과정을 모델로 제시하고 있다. 항상 이러한 과정들이 단계별로 발생하는 것은 아니지만, 이 모델은 카피 테스팅 방법에 대한 논의에 있어 유용한 길잡이 역할을 한다.

1) 인지적 차원

인지적 차원에서 주요 종속변인들은 주목(attention), 자각(awareness), 노출(exposure), 재인(recognition), 이해(comprehension), 회상(recall) 등이다. 광고에 대한 주목을 측정하는 데에는 다양한 방법이 쓰이고 있다. 그중 하나가 소비자 배심원 전략이다. 50~100명으로 구성된 소비자 집단에게 광고들을 보여준 뒤 어느 광고가 가장 주목을 끄는지를 묻는 방식이다. 13장에 소개된 시선 추적(eye-tracking)연구로 알려진 생리학적 측정법도 광고의 어느 부분이 주목을 끄는지를 알아보는 방법 중 하나다. 아이 카메라(eye camera)는 대상자가 인쇄되거나 도상으로 제시된 광고를 볼 때 대상자의 안구운동을 기록하는 장치이다. 눈의 움직임과 눈길을 분석하여 광고의 어느 부분이 가장 주목을 끄는지 알 수 있도록 되어 있다.

순간노출기(tachistoscope, T-scope)도 광고에 대한 재인 여부를 측정하는 방법이다. 순간노출기는 빛의 층위와 투사속도를 조절할 수 있는 슬라이드 투사기로 투사방법을 초로 나누어서 세밀한 부분까지 조절할 수 있도록 되어 있다. 이것을 이용하여 소비자가 광고 상품, 헤드라인이나 상표명을 재인하는 데 어느 정도의 시간이 걸리는지를 알 수 있다.

광고에 대한 이해는 광고연구에서 중요한 요인이다. 어떤 연구는 조사에 이용된 광고 60개 모두가 소비자에 의해 잘못 이해되고 있음을 발견하기도 하였다(Jacoby & Hofer, 1982). 이러한 결과를 예방하기 위해서 광고연구자들은 신규 광고를 조사할 때 주로 포커스그룹(5장 참조)을 이용하여 그들이 의도한 메시지가 제대로 전달되어 이해되고 있는지를 조사한다. 또한 순간노출기를 이용하여 해당 광고의 주제를 이해하는 데 시간이 어느 정도 소요되는지를 측정하기도 한다. 특히 옥외광고의 경우에는 운전자들에게 오직 1, 2초 정도만 광고에 노출되기 때문에 이런 조사가 중요하다.

자각, 노출, 기억 정도는 몇 가지 연관된 방법을 통해 측정한다. 인쇄미디어에서는 이들 변인들을 가볍게 측정한다. 즉 신문이나 잡지 한 부를 보여준 뒤 어느 광고가 가장 인상에 남는지를 묻는 것이다. 이 결과를 이용하여 각 광고에 대한 독자 수용점수(reader traffic score)를 표로 작성한다.

이 방법은 때로 비판받기도 한다. 왜냐하면 응답자에 따라서 그들이 본 광고를 혼동해서 실제보다 더 많이 본 것처럼 기록하는 경우가 나타나기 때문이다. 이런 문제를 통제하기 위해서 조사자는 **보조회상**(aided recall) 기법을 이용한다. 가령 대상자들에게 광고주 명단을 보여준다. 그 명단에는 실제 광고주와 그렇지 않은 광고주가 섞여 있다. 이런 유형의 **회상연구**(recall study)는 라디오나 TV광고 조사에는 적합하지 않다. 이 경우 더 일반적으로 이용하는 조사 방법은 전화나 온라인 서베이다. 이러한 접근에서 변형된 두 가지 방법은 때에 따라 사용된다. 보조회상 기법은 면접원이 응답자에게 상품의 종류를 말해주고 해당 종류의 상품 중에 가장 먼저 머리에 떠오르는 상표 이름이 무엇인지를 묻는다. 구체적으로 "최근 음료수 광고를 본 적이 있습니까?"라는 질문이 가능하다. **비보조회상**(unaided recall) 기법에서는 면접자가 "최근의 광고 중 흥미롭게 보거나 들은 것이 있습니까?"라는 식으로 질문한다. 이런 경우 소비자로서는 두 번째 유형의 질문에 더 응답하기 어렵다. 이 측정에서는 실제 기억한 광고가 높은 점수를 받게 된다. 일부 연구자들은 광고에 흥미를 가지고 있는 소비자에게 최근에 특정 브랜드에 대한 광고를 기억하는지 여부를 물어보는 것을 회상(기억)을 측정하는 가장 신중한 방법이라고 말한다.

사후검사 서비스를 제공하는 조사회사들도 있다. 갤럽 & 로빈슨(Gallup & Robinson)사의 InTeleTest 서비스가 여기에 해당한다. 이 서비스는 광고를 본적이 있다고 기억하는 사람들의 백분율과 특정 사항을 기억하는 사람들의 백분율을 측정하여 제공한다. 또한 응답자와의 면접에서 나온 긍정적 답변들을 토대로 작성한 상품에 대한 호의도 점수도 제공된다.

갤럽 & 로빈슨사는 잡지광고를 대상으로 사전검사와 사후검사도 시행하고 있다. 그들이 하는 MIRS(Magazine Impact Research Service)는 일반적 관심사를 주요 내용으로 하는 잡지에 게재된 광고들에 대한 회상도를 측정한다. 연구대상 광고가 들어 있는 특정 잡지를 약 150명 독자들에게 우송한다(사전검사의 경우 MIRS는 지정된 광고를 각 잡지 안에 집어넣는다). 잡지가 배달된 다음 날 응답자에게 전화를 걸어 잡지를 보면서 주목한 광고가 어느 것이었으며, 그 광고의 어떤 점을 상세히 기억할 수 있는지 묻는다. 그 결과를 광고주에게 보고한다.

가장 잘 알려진 전문 조사회사들 가운데 스타치 어드버타이징 리서치(Starch Advertising Research, Gfk MRI 소속)사가 있는데, 이 회사는 사후 회상조사를 수행한다. 이 회사의 MRS(Message Report Service)에서는 정기적으로 100개 이상의 잡지와 신문을 대상으로 광고 열독률을 측정한다. 약 300명을 표본으로 선정하여 스타치사의 면접자들이 간행물 복사본을 응답자의 가정으로 가지고 간다. 대상자가 이미 그 잡지나 신문을 보았다면 그 내용을 상세하게 질문한다. 면접원은 응답자에게 광고를 보여주고 그중 어느 부분을 보고 읽었지 등을 묻는다. 만약 '아니오'라는 대답이 나오면, 면접자는 다른 광고를 제시하며, '예'라는 대답이 나오면 과연 얼마나 읽었는지를 질문을 계속한다. 이 같은 과정은 그 잡지나 신문에 게재된 모든 광고를 대상으로 계속한다(90번째 정도가 되면 응답자가 피로해지기 때문에 면접을 끝낸다). 스타치사는 응답자를 다음과 같은 네 가지 범주로 분류하고 있다.

① 비독자(광고를 전혀 기억하지 못하는 사람)
② 주의해서 본 독자(광고를 기억한 사람)
③ 연상 가능한 독자(광고를 보았을 뿐만 아니라 그중 상표명이 나온 부분을 읽은 사람)
④ 대부분을 읽은 독자(광고에 적힌 내용의 반 이상을 읽은 사람)

스타치사에서는 새로운 방식으로 실시된 회상연구 결과들을 내놓고 있다. 광고주들에게 연구대상 잡지의 광고 하나마다 열독률 점수가 적힌 노란색 스티커를 붙여 놓은 잡지 카피본을 제공한다.

최근의 광고와 미디어 연구에서는 **관여**(engagement)라는 다차원 측정을 이용한다. 여기서는 인지적 측정과 정서적 그리고 행위적 측정들을 조합하여 소비자가 광고나 미디어 내용에 어떻게 관계되는지를 설명하고자 한다. 관여의 측정방법에는 여러 가지가 있는데 광고에 대한 회상, 광고 선호도, 광고내용에 대한 다른 사람들과의 대화 등이 조사대상이다. 관여의 측정값과 상품의 구매의도 간에 정적인 상관관계가 있다는 연구결과가 있기도 하다(Kilger & Romer, 2007).

피코크와 동료들(Peacok, Purvis, & Hazlett, 2011)은 라디오와 TV에 동시에 광고된 16개 광고물을 대상으로 관여 측정을 실시하였다. 그 결과 관여가 브랜드 회상과 정적인 관계임을 밝혀냈다. 다만 TV 광고의 경우 약간 높은 수준의 부정적인 감정적 반작용이 나타났다. 머시와 동료들(Mersey, Malthouse, & Calder, 2010)은 온라인 미디어의

자세히 보기 〉〉 광고조사에 대한 경고

광고계에 속해 있지 않은 사람들로서는 광고 비즈니스와 광고대행사들이 이용하는 광고가 당연히 최신의 그리고 최고의 효과적인 광고형식일 것이라고 생각하기 쉽다. 그리고 인쇄광고와 방송광고가 그 첨단에 위치한다고 생각할 것이다. 이 모든 찬사는 사실이 아니다. 다음의 예가 그런 판단을 바로잡는 데 도움을 줄 것이다.

TV 시청자 중 약 75%가 시청시간 내내 화면을 주목하는 것은 아니다. 이들은 TV화면을 지속적으로 보는 대신 다른 활동, 즉 읽기 · 먹기 · 아이들과 놀기 등을 하면서 TV를 소위 그냥 듣는다. 둘 이상의 활동을 동시에 하는 사람들을 **다중시간적 행동**(polychronic behavior) 집단으로 구분지을 수 있다. 최신 용어로는 멀티태스킹(multitasking)이라고 한다. 한편 둘 이상의 활동을 동시에 하지 않는 사람들은 **단일시간적 행동**(monochronic behavior) 집단으로 구분한다. 단일시간적 행동 집단에 속한 사람들은 TV 시청 외에 다른 것은 하지 않는다.

오늘날 TV 시청자들의 대부분이 다중시간적 행동을 하기 때문에 광고가 시각 및 청각적 정보를 모두 포함해야 한다는 것은 과학적으로 타당하다. 여기서 청각적 정보는 음악을 의미하는 것이 아니라 말로 표현된 단어를 말한다. 시각적 정보만을 내보내는 TV 광고는(단어를 읽어야만 하는 광고를 포함) 75% 이상의 시청자를 완전히 포기하는 것이다. 달리 표현하면 다중시간 행동적 시청자들은 시각적인 광고로부터 어떠한 정보도 얻을 수 없다는 것이다. 이는 응답자들에게 TV화면에 눈길을 다른 데로 돌리도록 하고 광고를 평가하도록 하는 TV 광고 테스트를 이용하면 쉽게 알 수 있다. 응답자에게 시각적인 정보만 있는 광고에서 그들이 얻은 정보가 무엇인지 광고에 대해 평가하도록 하면, 모든 질문에 대한 대답이 항상 "잘 모르겠다"이다.

이는 기존의 수많은 시각중심 광고의 성과를 통해 명확해졌다. 그 대신 광고대행사들은 다른 이유를 근거로 광고를 제작한다. 즉 상을 타기 위해, 예술적이라는 평가를 받기 위해 아니면 다른 광고 회사를 모방하기 위해 등을 이유로 든다. 이 경우 광고의 성공여부를 광고 메시지와 연계시키는 데는 별 관심이 없다. 많은 광고주들이 상당한 돈을 낭비하고 있는 셈이다. 이 주제에 대해 더 자세한 정보를 보려면 위머(Wimmer, 2000)의 저서를 참고하길 바란다.

경우 두 가지 유형의 관여, 즉 개인적 관여와 사회 상호작용적 관여가 있으며 둘 다 온라인 광고의 열독률과 관련되어 있음을 발견했다.

2) 정서적 차원

정서적 차원(affective dimension)은 보통 소비자가 특정 제품에 대한 태도가 특정 광고나 캠페인에 노출된 이후 변화가 일어났는지 여부를 조사하는 것이다. 정서적 차원의 연구에서는 투사 검사, 극장 조사, 생리적 반응 측정, 의미분별 척도, 평가척도 등의 방식을 이용한다.

투사 검사(projective tests)는 "이 광고가 마음에 듭니까?"와 같은 직설적인 측정 방식이다. 응답자는 직설적인 질문에 대한 응답 대신 광고자체나 광고에서 다루는 상품에 대한 그림을 그리거나 스토리를 완성시키도록 부탁받는다. 이 반응에 대한 분석을 통해 통찰력을 가지고 소비자의 감정을 깊게 들여다볼 수 있다.

극장 검사(theater test)는 수용자들을 일정한 시설 안에 모은 뒤 그들에게 TV 프로그램에 삽입된 광고를 보여준다. 응답자에게는 그들이 광고를 보는 즉시 반응을 나타낼 수 있는 전자반응계기(electronic response indicator: ERI)를 나누어준다. ERI는 '매우 긍정적으로 느낀다'에서부터 '매우 부정적으로 느낀다'까지 범위를 가진 5개의 버튼으로 구성된 장치로 응답자들은 광고를 보면서 이 버튼을 누르면 된다. 이 장치가 소형화되면서 포커스 룸이나 쇼핑몰 밖에 주차된 차안에서도 검사를 실시할 수 있게 되었다. 이런 유형의 검사는 응답자들에게 너무 많은 응답을 요구하고, 너무 사소한 내용까지 분석하려 하며, 응답 즉시 컴퓨터에 기록되기 때문에 응답자가 답을 바꿀 수 없다는 등의 이유로 비판받고 있다. 종종 기술을 사용하여 고객을 감동시키고자 하는 조사자의 욕심 때문에 조사의 타당도와 신뢰도를 무색하게 만드는 경우가 있다.

이 영역에서는 9장에 소개된 네 가지의 생리적 반응 검사가 이용되고 있다. 그중 하나인 동공크기 검사기(pupilometer)는 작은 카메라를 대상자의 눈에 고정시켜놓고, 광고를 보여주면서 그 광고를 보는 동안 동공이 확대되는 정도를 측정하는 것이다. 이것은 인간은 자극에 긍정적으로 반응할 때 동공이 확대되고 역으로 거부감을 느끼는 자극에 반응을 보일 때는 동공이 수축된다는 정신생리학의 이론에 근거한 것이다. 두 번째 조사 기법은 피부전기반응 또는 GSR(galvanic skin response)을 측정하는 것이다(자극에 대한 감정 반응에 의해 일어나는 피부의 전기 전도 변화를 측정). 피험자가 광고를 보면서 현저한 감정개입이나 감정적인 흥분이 일어나면 GSR 계수에 변화가 일어난다. 세 번째 기법은 뇌파분석(brain wave analysis)으로 시청자의 관심과 관여도 수준을 측정하기 위하여 TV광고에 노출되는 동안의 두뇌 활동을 모니터하는 방식이다(Perscy & Rossiter, 1997). 신경과학이 발전하면서 뇌 연구가 광고연구에도 중요하게 되었다. 그 결과 **신경마케팅**(neuromarketing)이라는 새로운 영역이 등장했다(Marci, 2008).[역자주 2] 2011년 들어 광고연구재단(Advertising Research Foundation)에서 신경마케팅을 추천하는 보고서를 발행하였다(Stipp, Weber, & Varan, 2011).

역자주 2 제품 마케팅에 노출됐을 때 뇌의 반응이나 정신적 상태에 대한 신경학 연구를 말한다.

하즐렛(Hazlett, 1999)은 TV 광고에 대한 소비자반응을 소비자의 안면근육 활동을 통해 측정하는 기술인 안면 근전도 검사(facial electromyography: fEMG) 방법을 기술하고 있다. 결과에 의하면 감정을 측정하는 데는 시청자의 자기 기록보다는 fEMG를 활용하는 것이 더 낫다는 평가다. 갤럽 & 로빈슨사에서는 광고를 시청하는 동안에 일어나는 소비자의 감정적 흥분을 추적하는 데 fEMG를 이용하는 CERA서비스를 제공하고 있다. fEMG의 가장 큰 장점은 자극에 반응하는 안면근육이 각기 다르기 때문에 이를 이용하여 부정적 흥분과 긍정적 흥분을 구분해낼 수 있다는 데 있다.

의미분별 척도와 평가척도(2장 참조)는 조사자들이 태도변화 측정에 가장 많이 이용하는 방법이다. 이들 측정이 가장 유용한 측정이 되기 위해서는 다음의 세 가지 전제조건이 충족되어야 한다. 우선, 소비자가 광고를 접하기 이전의 태도가 어떤지를 알아야 한다. 두 번째는 광고에 대한 소비자의 노출을 철저히 조사해야 한다. 세 번째는 소비자의 태도를 광고에 노출 후에 다시 측정해야 한다.

TV광고 조사에서 이런 조건들을 갖추기 어려울 때는 많은 연구자들이 **강제노출**(forced exposure)방식을 택한다. 강제노출 방식은 우선 응답자들을 TV화면이 설치된 극장으로 소집한다. 광고를 보여주기 전에 여러 상품에 대한 소비자들의 태도를 묻는 설문을 하는데 그중 하나만이 연구대상 상품이다. 그 다음 연구대상 제품 광고를 포함한 여러 편의 광고를 보여준다. 광고를 본 후 다시 설문을 실시하는데, 제품에 대한 평가에 변화가 있는지가 주요 연구 변인이다. 인쇄광고의 경우도 이 같은 방식이 적용될 수 있는데 차이점이 있다면 인쇄광고 조사는 응답자가 집에서 개별적으로 응답한다는 점이다. 이 경우도 대상자 상품에 대한 태도를 측정한 후 조사대상 상품을 포함한 여러 상품광고가 실린 간행물을 읽어보도록 요청한다. 곧바로 면접자가 전화를 걸어서 간행물을 읽어 보았는지를 물어보고 보았다고 답하면 상품에 대한 태도를 다시 측정한다.

워커와 두비츠키(Walker & Dubitsky, 1994)는 정서적 차원의 중요성에 대해 강조한다. 그들은 광고에 대한 소비자의 호감 정도가 자각, 회상, 설득 정도와 중요한 관련이 있다고 보았다. 실제로 광고조사자들은 광고에 대한 선호도가 그 영향을 결정하는 데 가장 중요한 요인 중 하나라고 말한다(Haley, 1994).

감정에 대한 다차원 측정은 유용하다. 미쿠와 플럼머(Micu & Plummer, 2010)은 정서를 측정하는 세 가지 유형인 심리 측정(예: GSR, 심장박동율, fEMG), 상징 측정(예: 그림 분류기법)과 자기보고측정(예: 언술과 ERI) 등의 장 · 단점을 평가하고, 이들 방법들을 조화롭게 활용할 것을 권유하였다.

3) 능동적(행위적) 차원

능동적 차원은 소비자들의 실제 행위와 관련된 분야이고, 여러 사례에서 드러나듯이 모든 종속변인 연구에 적절한 분야이다.

소비자의 태도 중에서 측정 대상이 되는 주된 두 가지 범주는 구매성향과 실제 구매행위이다. 첫 번째 범주에서는 일반적으로 광고 전의 구매성향에 관한 자료를 수집하고 광고가 나간 후에 다시 면접을 한다. 전형적으로 응답자에게 하는 질문은 다음과 같다. "만약 당신이 내일 아침 식사용 시리얼을 사러 간다면, 어떤 상표의 제품을 사시겠습니까?" 다음에는 "다른 상표 상품도 고려하겠습니까?"와 "절대로 사지 않겠다는 상표가 있는지요?" 등이다(마지막 질문은 광고 캠페인이 부정적 효과를 가져오지는 않았는지를 알아보기 위함이다). 나아가 조사자들 중에는 구매의도를 측정하는 척도를 이용해서 구매의사를 측정하기도 한다(Hakins, 1976). 그 척도는 다음과 같은 것일 수도 있다.

______ 이 시리얼을 되도록 빨리 살 것이다.
______ 언젠가는 이 시리얼을 사게 될 것이다.
______ 이 시리얼을 언젠가 사겠지만 언제가 될지는 잘 모르겠다.
______ 이 시리얼을 사는 일은 아마도 없을 것이다.
______ 누가 이 시리얼을 준다 해도 나는 먹지 않겠다.

이 척도를 이용하면 광고 캠페인 기간 동안과 이후 소비자의 구매 선호가 어떻게 변하는지를 알 수 있다.

아마도 가장 신뢰할 만한 사후검사방법은 아마도 실제 판매액, 직접적인 반응 및 기타 쉽게 수량화할 수 있는 행동패턴을 측정하는 것일 것이다. 신문이나 잡지의 경우 독자들에게 무료 샘플을 받아 볼 수 있는 쿠폰을 반송하게 함으로써 반응을 바로 측정할 수 있다. 여러 종류의 간행물에 다양한 형태의 광고를 게재하여 어떤 것이 가장 호기심을 끄는지를 알아볼 수 있다. 인쇄미디어 광고와 전자미디어 광고 모두에 적용할 수 있는 방식으로는 무료 전화나 인터넷 주소를 개설하여 더 많은 정보를 제공하거나 직접 상품 구입 주문을 받게 하는 것이다.

최근에 실시된 세 연구는 어떻게 행위적 반응을 조사할 수 있는가를 잘 보여준다. 먼저 베이츠와 버클레이(Bates & Buckley, 2000)는 인구조사 참여를 독려하는 TV광고에의 노출이 실제 참여율에 영향을 주는지를 조사하였다. 그 결과 광고 노출이 인구조사에 대해 더 많이 알게는 했지만 광고와 실제 참여율 간에는 아무런 연관이 없음을 보여주었다. 한편 버튼과 동료들(Burton, Lictenstein, & Netemeyer, 1999)은 소매 슈퍼마켓 대상 세일광고가 광고 제품 판매율을 100% 이상 증가시켰다는 사실을 발견하였다. 보다 최근인 2010년 브로넨버그와 동료들(Bronnenberg, Dube, & Mela, 2010)은 DVR 사용이 해당광고상품 판매에 어떤 해를 끼치는지를 연구했는데 결과에서 영향 여부가 통계적으로 검증되지는 않았다.

일부 조사회사에서는 실험용 상점을 개점하여 소비자의 즉각적 반응을 측정한다. 보통 극장검사와 함께 실시되는 이 기법은 사람들에게 실험용 상점에서 상품을 구매하도록 전표를 나누어준다(대부분의 경우 특수 트레일러나 현지서비스 회사의 방을 상점으로 꾸민다). 그 다음 광고를 보여준 뒤 전표를 더 나누어주고 다시 구매를 하도록 한다. 그리고 광고 노출 이전과 광고 노출 이후의 구매 변화를 기록한다. 심포니 IRI사에서는 이 방식을 온라인에서 적용하고 있다. 즉 소비자가 직접 가게에 가서 상품을 고르고 사는 것처럼 온라인으로 가상의 쇼핑 경험을 제공하고 있다.

실제 판매 자료는 여러 방법으로 측정할 수 있다. 구매자들에게 "가장 최근에 구입한 아침 시리얼은 어떤 회사 제품입니까?"라고 직접 물을 수도 있다. 그러나 이런 설문은 소비자의 기억착오, 예의상 대답 등으로 인해 오류가 발생하기 쉽다. 이러한 이유에서 보다 직접적인 방법이 더 많이 쓰이고 있다. 시간과 비용이 충분하다면 조사자가 실제 상점에 가서 소비자들이 어떤 제품을 구매하는가를 관찰하여 자료를 얻을 수 있다. 상점의 총 판매량을 기록한 회계 결산표를 입수하는 것도 하나의 방법이 된다. 마지막으로, 가장 비용이 많이 드는 방법으로는 직접 소비자 가정을 방문하여 부엌에 있는 시리얼의 상표를 조사하는 것이다. 추가적인 심사로 전통적인 서베이는 광고에 대해 응답자들이 느끼는 감정에 대한 보다 심층적인 정보를 얻는 데 이용되고 있다.

02 미디어 조사

미디어 조사에서 중요한 두 가지는 도달률과 빈도이다.[역자주 3] **도달률**(reach)은 특정 미디어의 메시지에 특정기간(보통 4주) 동안 적어도 한 번 이상 노출되는 가구나 사람 숫자

역자주 3 효율적인 미디어 프로그램을 수립하고 실행하기 위한 조사를 말한다. 크게 네 가지 영역을 포함하는데 광고투입량 조사(효율적인 도달률과 빈도 그리고 효과와 강도를 결정하기 위한 조사), 미디어 유형의 선정에 관한 조사(미디어믹스), 구체적인 미디어 수단 선정에 관한 조사, 광고실행시기 및 실행스타일을 결정하기 위한 조사가 여기에 해당한다.

를 말한다. 도달률은 누적적 시청자라고 생각할 수 있는데 보통 특정메시지에 노출된 적이 있는 가구의 백분율로 표현된다. 예를 들어 100가구 중 25가구가 노출되었다면 도달률은 25%이다. **빈도**(frequency)는 각 가구가 같은 메시지에 노출된 횟수이다. 물론 각 가구가 같은 빈도로 메시지를 접하지는 않는다. 광고주들은 다음과 같은 공식으로 산출되는 노출의 평균 빈도 이용을 선호한다.

$$\frac{\text{모든 가구에 대한 총 노출횟수}}{\text{도달률}} = \text{평균 빈도}$$

따라서 모든 모집단 가구의 노출횟수가 400이고 도달률이 25이면 평균 빈도는 16이다. 다시 말하자면 각 가구는 평균 16회에 걸쳐 메시지에 노출되었다는 의미다. 도달률이 80%였다면 평균 빈도는 5가 된다. 도달률이 증가할수록 평균 빈도는 떨어진다(도달률과 빈도 모두를 극대화하려면 엄청난 예산이 소요되기 때문에 광고주들에게는 무리한 시도일 수 있다).

도달률 및 빈도의 개념과 유사한 것으로 14장에서 설명한 총 시청률, 즉 **GRPs**(gross rating points)[역자주 4]가 있다. GRPs는 두 가지 미디어 사이에서 취사선택을 할 때 유용하다. 예를 들어 A프로그램이 30%의 도달률과 2.5의 평균빈도를 그리고 B프로그램은 45%의 도달률과 1.25의 평균빈도를 나타내 보인다고 가정하자. 어떤 프로그램이 더 좋은 도달률-빈도의 관계를 갖는다고 말할 수 있을까? 우선 다음의 공식을 사용하여 양 프로그램의 GRPs를 알아보자.

$$\text{GRPs} = \text{도달률} \times \text{평균빈도}$$

$$\text{A의 경우: GRPs} = 30 \times 2.5 = 75.00$$

$$\text{B의 경우: GRPs} = 40 \times 1.25 = 56.25$$

위의 사례에서 도달률-빈도의 관계 점수에서 프로그램 A가 더 좋은 점수를 보여주며 이는 어느 쪽을 구매할지 결정하는 데 영향을 미치는 한 요인으로 작용할 것이다.

미디어 조사는 일반적으로 다음의 세 가지 범주로 나뉜다. 즉 특정 미디어 수용자의 규모와 구성을 연구하는 것(도달률 연구), 다양한 미디어의 결합을 통해 광고노출의 상대적 효율성을 연구하는 것(도달률과 빈도 연구), 경쟁사들의 광고행위를 연구하는 것 등이다.

역자주 4 시청률 혹은 열독률의 산술적 합계치를 의미한다.

1) 수용자 크기와 구성

인쇄미디어와 전자미디어 연구에 가장 흔히 사용되는 광고조사는 수용자 분석이다. 인쇄미디어와 전자미디어에 많은 비용을 투자하는 광고주들이 그들이 보내는 메시지를 접하는 수용자들에 대해 관심을 갖는다는 것은 당연한 일이다. 대부분의 경우, 수용자 정보를 수집할 때 이용하는 방법들은 현실과 이상의 조합을 추구한다.

13장에서 언급한 바와 같이 신문이나 잡지의 독자의 크기는 보통 하루에 배포되는 부수로 측정된다. 이 숫자를 간행물의 **발행부수**(circulation)라고 하는데, 이 발행부수에는 가판대나 다른 판매경로를 통해 구매한 것은 물론 정규적으로 가입해서 보는 구독 부수 모두가 포함된다. 해당 간행물의 광고 효율성은 발행부수와 직접적인 관련이 있기 때문에 인쇄미디어는 발행부수를 측정하는 표준화된 방법을 개발해냈고, 또한 각 미디어들이 주장하는 숫자가 정말로 들어맞는지를 증명하는 발행부수공사(Audit Bureau of Circulation: ABC)를 제도화하였다(ABC가 이용하는 구체적인 방법은 이 장의 뒷부분에서 논의한다).

발행부수는 여러 간행물들의 CPM[역자주 5]을 계산하는 데 사용된다. 예를 들어 ABC가 공인한 발행부수는 18만인 X신문이 특정 광고에 대해 광고요금으로 1,800달러를 요구하고, Y신문은 발행부수가 30만인데 같은 크기의 광고에 2,700달러를 요구한다 하자(표 15-2 참조). 어느 신문이 광고매체로 더 효율적일까? [표 15-2]에 의하면 Y신문이 더 효율적인 광고수단이다.

이 방법은 신문이나 잡지의 발행부수만을 고려한 것임에 주의해야 한다. 이 정보가 유용하기는 하지만 그렇다고 그 숫자가 해당 간행물 독자 수 전체를 필연적으로 의미하지는 않는다. 전체 독자수를 평가하기 위해서는 발행부수에 각 호수별 평균 독자수를 곱해야만 한다. 평균수를 보아야만 한다. 이 정보는 독자 서베이를 통해 얻는다.

[표 15-2] 광고비와 발행부수에 따른 광고의 효율성 측정

	X 신문	Y 신문
광고비용(달러)	1,800	2,700
발행부수(부)	180,000	300,000
CPM(달러)	$\frac{1{,}800}{180} = 10.00$	$\frac{2{,}700}{300} = 9.00$

역자주 5 광고노출 1,000회당 소요되는 광고비를 말한다.

이러한 서베이를 실시하기 위한 예비단계는 '잡지 독자'나 '신문 독자'라는 개념을 조작적으로 정의하는 일이다. 많은 유형의 정의가 있을 수 있겠지만 '독자란 발행물을 읽었거나 아니면 적어도 전체를 훑어본 사람'이라는 상당히 개방적인 정의가 가장 널리 이용되고 있다.

열독률을 측정하는 데에도 세 가지 방법의 이용이 가능하다. 가장 정확한 방법은 응답자의 기억에 의존하는 비보조회상 방법을 이용하는 것이다. 여기서는 응답자들에게 지난 달(혹은 다른 특정 시기)에 신문이나 잡지를 읽었는지 여부를 묻는 방식을 취한다. '예'라는 답이 나오면 대상자에게 읽은 신문이나 잡지를 구체적으로 밝히도록 요구한다. 간행물의 이름이 나오면 면접자는 그 간행물 내용에 대해 물어서 과연 읽었는지 여부를 확인한다. 응답자의 기억에 의존하는 이 방법은 응답자가 종종 구체적인 내용까지 기억하기 어렵기 때문에 (전에도 논의한 바와 같이) 신뢰도 문제를 낳는다.

두 번째 방법은 보조회상 방법이다. 이 방법에서는 면접자가 몇 가지 간행물 이름을 대고 그 가운데서 최근 읽은 것이 있는지를 묻는다. 응답자가 읽었다고 주장하는 간행물이 있을 경우 가장 최근호를 본적이 있느냐고 묻는다. 이 때 면접자는 1면이나 표지가 어떻다는 것을 설명해줌으로써 응답자의 기억을 일깨울 수 있다. 마지막으로 응답자에게 특정 호수에서 보거나 읽은 것을 기억할 수 있는가 묻는다(이 과정을 조금 변경시킨 것을 **가면 회상법**(masked recall)이라고 부르는데 여기서는 응답자에게 표제를 지워버린 간행물의 1면이나 표지를 보여주고 그 호를 읽은 기억이 있냐고 묻는다. 읽은 기억이 있다면 보거나 읽은 항목들을 기억해보라고 요구한다).

세 번째는 **재인법**(recognition method)[역자주 6]인데 이 방법은 응답자에게 간행물의 로고(logo)나 표지를 보여주는 것이다. 응답자가 보았거나 읽은 간행물 하나하나를 면접자가 제시하면 응답자는 페이지를 쭉 넘어가면서 본인이 재인하는 기사나 스토리를 찾아낸다. 그 간행물을 읽은 것으로 확실하게 기억하는 응답자는 모두가 독자로 계산된다. 응답자의 기억이 정확한가는 체크해보기 위해, 가짜 기사를 끼워 넣을 수도 있다. 가짜 항목을 읽었다고 주장하는 응답자는 표본에서 제외시키거나 분석할 때 비중을 적게 부여하는 방법이 있다. 많은 광고 조사자들은 이 인지법이 열독률 점수를 예측하는 가장 정확하다고 본다.

역자주 6 피험자가 광고, 프로그램 등을 어느 정도까지나 기억하고 있는가를 카피 등의 보조 자료를 제시해서 측정하는 방법이다. 주로 인쇄매체의 각종 광고 간의 재인상태를 측정하는 데 이용된다. 즉 보조 회상법에 의해서도 대상물을 회상하지 못하는 경우에 구체적으로 대상물의 이름 등을 제시해서 기억의 유무를 측정하는 것이다.

[표 15-3] 확장된 자료에 근거한 광고 효율성 측정

	X 신문	Y 신문
광고비용(달러)	1,800	2,700
발행부수(부)	180,000	300,000
CPM(달러)	10.00	9.00
광고가 게재된 신문을 읽은 독자수(명)	630,000(한 부당 3.5명)	540,000(한 부당 18명)
측정된 CPM(달러)	2.86	5.00

일단 개별 잡지나 신문의 전체 독자수가 계산되면, 광고주는 어떤 간행물이 가장 효과적으로 구매되고 있는가를 알 수 있다. 위에 든 사례로 되돌아가서 X신문과 Y신문의 독자 수치가 [표 15-3]에 나와 있는 수치와 같다고 하자. 이 수치를 토대로 하면 X신문을 선택하는 것이 보다 효율적이라고 볼 수 있다.

신문이나 잡지의 광고 효율성(혹은 **미디어 효율성**)을 결정하는 데에 고려해야 또 하나의 변인은 개인이 각 호수를 읽은 횟수다. 예를 들어 2개의 신문이나 잡지가 정확하게 같은 수의 독자를 확보하고 있다고 생각해보자. 그런데 간행물 A는 주로 사진이 많고 본문은 거의 없어서 사람들이 한 번 읽고 나서는 다시 보지 않는 경향이 있는 반면, 간행물 B는 몇 개의 장문으로 된 흥미 있는 기사들을 있어서 사람들이 여러 번에 걸쳐서 읽는 경향이 있었다. 이 경우 두 간행물은 같은 가격이지만 간행물 B가 독자를 광고에 여러 번 노출시킬 가능성이 있기 때문에 보다 효과적인 광고수단이라는 점은 능히 짐작할 수 있다. 그러나 불행히도 호수당 노출 횟수를 측정하는 실제적이고 신뢰할 만한 방법은 아직 개발되지 않고 있다.

광고 효율성을 측정하는 가장 중요한 기준은 아마도 수용자가 어떻게 구성되어 있느냐일 것이다. 농기구에 대한 광고를 10만 명의 사람들이 본다 해도 그중 그 제품을 사려는 사람이 겨우 몇 명뿐이라면, 많은 사람이 보았다는 것이 아무런 의미가 없다. 수용자들 가운데서 잠재고객이 얼마나 될 것인가를 추정해보려면 광고주는 먼저 특정 제품을 구매하기 쉬운 사람들을 대상으로 그 인구학적 특성을 조사해야만 한다. 예를 들어 맥주 잠재고객은 전형적으로 18~49세 사이 연령층의 남자들이라고 할 수 있을 것이다. 또한 패스트푸드 음식점의 잠재고객은 아마 주요 소득자인 18~35세 사이의 가장이며, 적어도 12살 미만의 아이가 2명은 있을 것이다. '전형적 소비자'의 인구학적 특성이 파악되

[표 15-4] 인구통계학적 조사 결과에 따른 광고 효율성 계산

	X 신문	Y 신문
광고비용(달러)	1,800	2,700
발행부수(부)	180,000	300,000
CPM(달러)	10.00	9.00
광고가 게재된 신물을 읽은 독자수(명)	630,000	540,000
잠재적인 맥주 고객수	150,000	220,000
잠재적인 패스트푸드 소비자수	300,000	200,000
CPM(맥주고객)(달러)	12.00	12.27
CPM(패스트푸드 소비자)(달러)	6.00	13.50

면 이것을 해당 간행물 수용자의 특성과 비교한다. 그리고 이들 수용자들에게 도달하는 데 드는 비용은 [표 15-4]에 제시한 바와 같이 CPM단위로 표시된다. [표 15-4]를 살펴보면, X신문이 맥주 구매가능 고객에 도달하는 수단으로 약간 더 효율적인데 반해 패스트푸드식당 이용자에게 도달하는 데는 훨씬 더 효율적임을 알 수 있다.

라디오와 TV 방송의 단명, 즉 하루살이 식 특성으로 전자미디어에서 수용자의 크기와 구성을 알아내는 일이 광고 조사자들에게 몇 가지 특별한 문제점을 안겨준다. 그중 한 가지 문제는, 특히 미디어 계획을 세우기 위해 이용하는 CPM 측정과 관련된다. 14장에서 소개된 다양한 프로그램 수용자 측정들이 실제로 그 프로그램을 보는 사람의 수를 반영할 수도 있고 그렇지 않을 수도 있기 때문이다.

자세히 보기 〉〉 목표 수용자(target audience)의 축약어

매스미디어마다 목표로 하는 수용자 집단이 여럿 있기 마련인데, 대개 광범위한 목표 수용자 집단과 (TV 프로그램, 라디오 쇼나 신문의 삽입형 광고처럼) 구체적인 요소별 수용자 집단들이 여기에 해당한다. 보통 편성이나 편집 및 광고 판매 현장에서는 목표 수용자집단을 "타겟(target)"이나 "데모(demo)"라는 용어로 줄여 쓴다. 따라서 현장에서 "이 프로그램의 데모는 누구지요?"와 같은 질문을 듣기란 어렵지 않다.

2) 미디어 스케줄[역자주 7]에서의 노출빈도

적은 예산으로 제품이나 서비스 판촉을 도모하는 광고주로서는 미디어를 이용하는 데 제한이 있을 수밖에 없다. 그러나 예산이 허락하면 종종 여러 미디어를 동시에 이용하는 시너지 광고(synergistic advertising) 혹은 시너지 마케팅(synergistic marketing)을 동원하기도 한다. 이때 관건은 광고 도달률과 빈도를 최대화시키기 위해 어떻게 미디어를 조합시키느냐이다.

최근 미디어 조사의 상당수가 이 문제와 관련되어 있다. 이들 연구의 대부분은 광고 미디어 및 그 수용자를 대상으로 수학적 모델을 개발하는 데 집중되고 있다. 이들 모델의 수학적 기원에 대한 논의는 이 책의 범위를 넘어서는 것이다. 그러나 단계별 분석(stepwise analysis)과 의사결정 계산법(decision calculus)이라는 중요한 개념에 대해 다음의 자료들을 통해 간단히 기술하고자 한다. 더 자세하게 이 주제를 알고 싶은 독자는 러스트(Rust, 1986)의 저서를 참조하기 바란다.

단계별 분석은 반복적 모델로 불리는데 그 이유는 만족할만한 해결책이 도출될 때까지 컴퓨터를 대상으로 일련의 명령 수행을 계속 반복하기 때문이다. 광고대행사인 영앤루비캄(Young & Rubicam)은 이 분야 선구자인데 '하이 아세이(high-assay)'모델[역자주 8]을 개발하였다. 단계별 분석은 우선적으로 잠재적 소비자에 도달하는 데 비용이 가장 싸게 드는 미디어를 선정함으로써 증가하는 미디어 스케줄을 수행한다. 1차 선정이 끝나면 나머지 모든 미디어를 대상으로 재평가를 하여 과연 최적의 광고노출이 있었는지를 조사한다. 그렇지 않다는 결론이 나오는 경우에는 차선의 미디어를 선정하여 최적의 노출비율에 근접할 때까지 그 과정을 반복한다. 이러한 방법을 '하이 아세이'이라 하는데 마치 금광을 캐는 것과 비슷하다고 해서 붙여진 이름이다. 금을 얻는 가장 쉬운 방법은 먼저 광맥을 따라 금광을 파는 것이다. 이와 마찬가지로 가장 접근이 용이한 소비자를 제일의 표적으로 삼고, 그 다음은 좀 더 대하기 어렵고 비용이 많이 드는 소비자들을 표적으로 삼는 방식이다.

역자주 7 광고목표를 효과적으로 달성하기 위하여 광고미디어의 선택, 광고기간의 결정, 광고물 계출방법 등을 구체적으로 명시한 것이다. 특정미디어별 광고 스페이스, 시간이 시장별 · 지역별 · 시기별로 책정된다.

역자주 8 선형계수법이 미디어믹스의 동시 선정에 관한 것인데 반해 이 모델은 연속선상에 기초를 두었다. 즉 첫 주에 입수 가능한 미디어믹스 중 단위당 비용이 가장 저렴한 미디어 하나를 선정하고 만약 채택된 미디어의 노출률이 최적률에 미달할 때는 제2의 미디어를 선정한다. 이러한 순서가 계속되는 최적노출률에 도달되는 미디어가 선정되면 그 후 새로운 미디어선택은 다음 주를 위해 남게 된다. 동시에 이 모델은 ① 일정도 작성할 수 있고, ② 수용자 중복 문제와 미디어비용의 할인도 취급하며, ③ 표준변경률과 같은 중요변수나 복합적인 노출률 계수도 받아들인다는 장점이 있다(이강원(2010). 광고효과와 매체기획(239쪽) 참고).

의사결정 계산법 모델은 **목적 함수**(objective function)를 이용하여 만든다. 목적 함수란 주어진 미디어 조합에서 얻어진 수량화된 값(또는 '스케줄'이라고도 한다)을 제공하는 수학적 진술을 말한다. 이 값이 나타내는 의미는 미디어 스케줄이 광고노출에 얼마나 효과적인가 하는 것이다. 광고 조사자는 다양한 미디어 스케줄의 목적 함수를 계산해서 그중 어떤 스케줄이 제품에 대한 최대 노출을 가져다주는가를 제시한다.

목적 함수의 계산은 각 광고수단이나 미디어수용자의 크기와 구성을 연구해서 나온 값을 토대로 한다. 그 밖에 다음과 같은 변인들도 고려된다. 광고가 잊혀질 가능성, 미디어 스케줄의 전체 비용이 광고자의 예산에서 차지하는 비중 그리고 '미디어 선택 효과(media option source effect)'(다시 말해 특정 광고 수단 안에서 나타나는 노출의 상대적 영향력, 예: 남성용 의류광고는 〈트루 디텍티브(True Detective)〉 지보다는 〈젠틀맨 쿼털리(Gentleman's Quarterly)〉 지에 게재하는 것이 더 영향이 클 것이라고 봄) 등이다.

최근 20여년 내에 들어서면서 도달률과 빈도 그리고 비용의 최적 조합을 예측하는 많은 수학적 모델들이 새롭게 개발되었다. 최근 모델일수록 전통적인 광고채널과 디지털 광고채널을 같이 고려한다. 정과 동료들(Cheong, Leckenby, & Eaton, 2011)은 아홉 가지의 다변량 미디어 노출 모델들을 비교하고 최근에 개발된 측정방법인 MBBD(the Multivariate Beta Binomial Distribution)을 가장 우수하다고 평가하였다.

3) 민간기업의 미디어 조사

이미 언급했듯이 ABC(Audit Bureau of Circulation)는 광고주들에게 신문과 잡지의 발행부수에 관한 자료를 제공한다. 2012년의 경우 ABC는 미국과 캐나다에 있는 모든 인쇄미디어의 약 75%를 대상으로 발행부수를 측정하고 있다. ABC는 발행인들에게 6개월마다 발행부수에 대한 자세한 보고서를 제출하도록 요구한다. ABC에서는 현지 실사관들을 파견하여 보고서 내용을 검증하게 한다. 실사관들은 발행부수에 관한 기록 및 기타 관련 서류는 물론 그 출판물 발행사의 인쇄부수, 신문용지 대금청구서와 다른 청구서들에 관한 기록들을 주로 조사한다.

2010년 ABC에서는 신문 발행부수에 대한 새로운 계산법을 발표했다. 그 계산법에서는 신문의 스페인어판 같은 "브랜디드(branded)" 에디션까지 고려했다. 그리고 인쇄판이든 웹사이트나 모바일미디어 등 어떤 경로를 통하든지 간에 기사를 접하기만 하면 구독자로 계산되도록 하였다. 나아가 인쇄판 독자와 온라인 독자를 다 포함하는 수용자 측정치를 제공하도록 하였다.

13장에서 제시한 바와 같이 Gfk MRI(Mediamark Research, INC.)사에서는 잡지 열독률에 대한 포괄적인 피드백을 제공하고 있는 데 '최근 독서범위 방법(recent-reading method)'을 쓰고 있다. 이 조사회사에서는 대규모 무작위 표본을 선정하고 이들에게 70여 개의 잡지 로고를 보여주고 응답자들을 대상으로 최근에 읽거나 대강이라도 본 적이 있는 잡지들을 조사한다. 동시에 여러 제품이나 서비스의 소유권, 구매 및 이용에 대한 자료도 수집하고 있다. Gfk MRI사는 이런 정보를 토대로 각 잡지 수용자들의 구매행위에 대한 인구학적 분포를 내용으로 하는 일련의 상세 보고서를 온라인으로 만들어 배포한다. 이들 자료를 이용할 경우 광고주들로서는 그들이 만든 제품이나 서비스의 잠재적 구매자에게 해당 광고가 도달하는 데 드는 비용을 구할 수 있다.

아비트론, A. C. 닐슨 두 조사회사는 광고주들에게 방송 시청자에 대한 자료를 제공한다. 아비트론사는 미국 전역을 약 270개 시장으로 나눠 라디오 청취율을 측정하고 있다. A. C. 닐슨사는 네트워크 TV와 지역TV시장을 대상으로 시청자 측정치를 제공하고 있다(이 두 회사 및 기타 조사회사들이 이용하는 방법들에 대하여 자세히 알려면 14장을 참조).

4) 경쟁자들의 활동

광고주들은 경쟁 광고주들이 어떤 미디어를 광고대상으로 선택했는지를 알고 싶어 한다. 이 같은 정보는 광고주로 하여금 상대적으로 실패하는 경쟁자가 되지 않도록 해주고 성공적인 경쟁자가 될 수 있는 전략을 세우는 데 도움이 된다. 더구나 신제품을 판촉하려는 광고주로서는 만약 앞선 세 경쟁자들이 똑같은 미디어 믹스 전략을 이용하고 있음을 안다면, 그들의 접근이 타당하게 보일 것이다(그러나 항상 그런 것만은 아니다).

광고주는 경쟁자들의 활동에 대한 자료를 특별조사팀을 구성하거나 신디케이트 조사회사 서비스를 이용하여 수집할 수도 있다. 많은 수의 회사들의 미디어 활동을 직접 모니터한다는 것은 매우 어려운 일이기 때문에 대부분 신디케이트 회사가 제공하는 서비스에 의존한다.

신디케이트 조사회사들은 직접 관찰을 통해 자료를 모은다. 다시 말해 해당 미디어에 등장하는 광고들을 표로 만든다. 나아가 이들 회사가 제공하는 광고 빈도와 비용 정보는 유용하다. 이런 측정치들은 다양한 미디어 대상 공인된 평가 카드로부터 확보된다.

또한 광고주들로서는 경쟁자들이 광고를 통해 말하고자 하는 것이 무엇인지를 아는 것이 도움이 된다. 따라서 많은 광고 대행사들이 경쟁자들의 광고에서 표본을 추출하고 그 광고메시지를 체계적으로 내용분석하고 있다. 이를 통해 광고주는 경쟁자들이 내보내는 광고의 설득 포인트, 전략 및 목적 등에 대해 통찰력을 갖출 수 있다.

칸타르 미디어(Kantar Media)에서는 광고주들의 활동과 광고비 내역에 대한 자세한 정보를 제공하고 있다. 여기서 제공하는 보고서에는 신문과 잡지, TV, 라디오 및 웹 등에 쓰인 광고비 내역이 있다.

03 캠페인 평가조사

캠페인 평가조사(campaign assessment research)는 앞의 카피 테스팅와 미디어조사를 토대로 한다.[역자주 9] 그러나 그 연구전략은 다르다. 일반적으로 두 종류의 평가조사가 있다.

먼저 사전/사후검증 방법은 캠페인의 실시 전과 실시 후의 차이를 측정하는 방법이고, **추적연구**(tracking studies)는 캠페인의 진행과 과정 중 여러 번의 효과측정을 통해 캠페인의 영향을 평가하는 방법이다.

추적연구의 최고 장점은 캠페인 과정 중에 광고주에게 중요한 내용에 대한 피드백을 제공할 수 있다는 점이다. 이 피드백을 통해 독창적인 전략이나 미디어 전략상의 변화를 도모할 수 있다. 어떤 유형의 평가조사를 선택하든지 간에 종속변인을 무엇으로 하는가 하는 문제가 발생한다. 캠페인 시작 전에 내건 객관적인 목표가 평가조사에서는 가장 유용한 종속변인이다. 예를 들어, 브랜드 인식에 목표가 있었다면 광고내용의 회상이나 판매 증가율보다는 브랜드 인식 제고가 종속변인이 되어야 한다. 슐츠와 반즈(Schulta & Barnes, 1994)는 브랜드, 광고 회상, 브랜드 선호도, 구매행위 등과 같은 것들이 캠페인 목표로 조사가능하다고 보았다.

사전/사후검사 방법은 개인 면접을 통해 자료를 수집하는 전형적인 방법이다. 동일 인물을 상대로 캠페인 실시 이전과 이후의 변화를 측정하는 방식(패널연구panel study)이나 2개의 집단을 선정해서 같은 질문을 던지는 방식(경향연구trend study, 8장 참조) 등이 있다. 어떤 경우든지 모두 광고 효과를 측정하기 위해 캠페인 전과 후를 측정한다는 점은 같다. 윈터스(Winters, 1983)는 대규모 석유회사를 대상으로 수행했던 여러 사전/사후검증의 결과들을 보고하고 있다. 그중 한 연구의 사전검사 결과, 응답자의 약 80%가 특정 석유회사가 과다한 이윤을 챙기고 있다고 보고하였다. 5개월 뒤 사후검사에서 그

역자주 9 캠페인 평가조사란 광고 캠페인 활동을 실행하고 통제하기 위한 목적으로 광고의 효과를 평가하는 조사를 말한다.

회사 신문 광고를 본 사람들은 석유회사에 대한 생각이 약간은 바뀐 것으로 나타났지만, 광고를 보지 못한 사람들의 평가는 그대로였다. 후속연구에서 TV광고와 인쇄광고 모두를 접한 사람이 TV 광고만을 접한 사람보다 태도변화가 적은 것으로 나타났는데, 이는 인쇄광고가 효과를 제어하는 요인일지도 모른다는 것을 암시한다.

홀(Hall, 2007)은 영국의 IPA(Institute of Practitioners in Advertising)가 실시한 사전/사후설계의 변형 연구를 사례로 검토하였다. 이 연구에서는 광고소구효과를 알아보기 위해 880개 광고사례를 대상으로 사후검증과 비슷한 준-실험설계를 이용하였다. 그 연구결과에 따르면, 분석결과 감정적 소구 중심 캠페인이 궁극적으로 더 효과적이다.

추적연구도 자료수집을 개인 면접이나 전화 면접에 의존하고 있기는 마찬가지이다. 토마스(Thomas, 1997)는 추적연구가 연속적(면접이 특정기간 동안 매일 내지는 매주 이루어질 수 있음)이거나 파동처럼 일정한 간격을 가지고(3개월 내지 6개월의 간격을 가지고 면접이 이루어짐) 이루어질 수 있다는 데 주목하였다. 연속 추적은 비용이 많이 들어가지만 나쁜 날씨나 좋지 않은 평판과 같은 단기요인들이 발생시키는 효과를 완화시킬 수 있다. 파동 추적은 특정 광고 스케줄과 일치시켜 볼 수 있기 때문에 사전/사후검증의 비교가 더 명확하게 이루어진다.

예를 들어, 블록과 브레즌(Block & Brezen, 1990)은 88주 동안 223가구를 대상으로 스파게티 소스 구매에 관해 추적연구를 시도하였다. 그리고 브랜드 충성도가 구매행위를 예측하는 데 가장 중요한 변인임을 발견하였다. 존스(Jones, 1995)는 1년에 걸쳐 2,000가구와 142개 브랜드를 대상으로 구매행위와 광고에 대한 정교한 추적연구를 시행하였다. 그 결과 단기간 광고 효과의 증거는 발견할 수 있었지만 장기간 효과는 구별해내기 어려웠다.

추적연구가 매우 유용한 방법이기는 하지만 단점이 없는 것은 아니다. 아마도 가장 큰 단점은 비용일 것이다. 추적연구에는 대규모 표본이 동원된다. 표본 수가 매년 1,500사례보다 적은 경우는 드물다. 만약 하부 집단별로 세밀한 조사가 필요하다면 표본의 규모는 더욱 커지게 된다. 게다가 제품이 전국적 규모로 유통되고 있으면 전국 시장을 대상으로 조사를 해야 정확한 결과를 얻을 수 있다. 결국 단일 원천 자료(single source data)와 같은 세련된 연구방법을 이용할 경우 연구비용은 증가한다. 하지만 연구비용을 충당할 수 있는 경우라면 추적연구는 캠페인의 효과에 대한 연속적인 측정을 가능하게 하고 카피와 미디어 스케줄을 섬세하게 조정해낼 수 있는 정점이 있다.

04 광고연구에서의 질적 연구방법

5장에서 논의한 질적 방법들에 덧붙여 광고연구자들은 소비자의 태도와 행위를 조사하기 위한 독특한 방법들을 발전시켜 왔다.

1) 투사 기법[역자주 10]

그중 하나가 **투사 기법**(projective technique)이다. 대부분의 독자들이 가장 유명한 투사 기법 중 하나인 로르샤흐 잉크블롯 검사(Rorschach ink-blot test)[역자주 11]와는 친숙할 것이다. 이 잉크블롯 검사와 다른 투사 기법들 저변에 깔려 있는 아이디어는 사람들이 특정 제품이나 회사에 대해 그들의 진실한 감정과 태도를 드러내지 않으려 한다는 것이다. 왜냐하면 조사자와 개인적 의견을 많이 공유하는 것에 대해 그리 편안하지 않게 느끼기 때문이다. 게다가 제품 구매 동기에 대해 인식조차 못하고 있는 사람들도 있을지 모른다. 투사 기법에서는 응답자들로 하여금 자기감정을 타인이나 다른 상황에 투사하도록 하여 이런 문제들을 드러낸다. 이 방법을 이용하는 조사자들은 위협적이지 않은 상황에서만 응답자들이 무의식적이거나 속 깊이 자리한 신념들을 드러낸다고 본다(Donoghue, 2000).

소비자들은 주로 구조화되지 않은 일이나 자극에 노출되고 응답하게 된다. 그 반응들이 분석을 위한 자료원이 되지만 이어지는 투사검사가 더 가치 있는 자료가 된다. 여기서 응답자들은 왜 그들이 그렇게 대답했는지 그 이유에 대해 설명할 것을 요구받는다. 그들의 표현을 기록되고 내용은 그 안에 자주 언급된 토픽과 기초적인 주제를 중심으로 분석된다.

투사의 유형에는 연상(association), 투입(immersion), 역할놀이(role playing) 등이 포함된다. 연상

역자주 10 프로이트 학파의 이론에서 발전된 검사법으로서, 인간의 잠재된 심층심리를 분석하는 방법이다. 개인의 다양한 성격과 성격의 역동성을 묘사하고 발견해낸다. 객관적인 검사들이 지나칠 수 있는 감정과 태도 등을 잘 발견할 수 있도록 검사지가 구성되어 있다. 투사(projection)란 인간의 무의식적 충동, 감정, 사고 및 태도를 다른 대상에 투사시킴으로써 자신의 긴장을 해소하려는 일종의 방어기제이다. 모호하거나 구조화되지 않은 자극에 개인의 내면심리를 투사시켜 피험자의 성격 · 욕구 · 정서 · 태도 등을 분석할 수 있다

역자주 11 1921년 로르샤흐(Rorschach)가 창안했다. 일련의 막연하고 무의미한 잉크얼룩에 의해 일어나는 지각반응을 분석하여 개인의 인격성향을 추론하는 검사이다. 투사 검사법(projective test)의 하나이다. 이 검사는 10장의 카드로 되어 있고 각각의 카드에는 잉크얼룩의 무늬가 있다. 흑백카드가 5장, 색채카드가 5장 있는데 순서대로 카드를 보여 주며 무엇으로 보이는가 또는 어느 부위를 무엇으로 생각했나 등을 물으며 이에 답하게 된다. 각각의 카드에 대한 반응내용, 반응방식, 반응의 수 등에 의해 해석을 한다.

접근은 정신요법이나 다른 영역에서 사용되는 "팝음악하면 첫 번째로 떠오르는 단어는 무엇입니까?"라고 묻는 기법과 유사하다. 광고조사에서도 응답자들에게 단어 리스트를 주고 생각나는 첫 번째 단어를 말하라고 해서 조사한다. 덧붙여 소비자가 응답하는데 얼마나 걸리는지, 단어 리스트에서 나타나는 응답의 패턴이 있는지도 조사한다. 예를 들어 조사자가 특정 세탁용 세제 브랜드의 이미지를 조사하고자 한다면 경쟁 제품 브랜드명 외에 '깨끗한', '신선한', '점잖은' 등의 단어들을 응답자에게 제시하는 것이다.

역할놀이 방법은 응답자들에게 이야기체로 되어 있는 그림이나 사진 시리즈를 제시하고 본인을 사진속의 사람이라고 가정하고 이야기를 완성해보도록 요구한다. 예를 들어, 응답자들에게 자동차 전시실 내 판매원을 그리는 일련의 사진들을 보여준다. 한 쪽 사진시리즈는 Saturn자동차 전시실 상황을 묘사하는 것이고, 다른 사진시리즈는 다른 전시실을 묘사한다. 이 때 각 상황에서 응답자들로 하여금 차를 쇼핑하는 사람의 역할을 수행하도록 하고, 그 이야기가 어떻게 끝나는지는 설명하게 한다. 이런 방법을 약간 변형시키면 포커스그룹에도 이용가능한데, 즉 그룹 내 몇 사람을 선정하여 수행할 역할을 제시해주고 나머지는 수용자가 되는 방식이다.

완성 기법은 응답자들에게 단어나 구절 또는 질문을 주고 답을 완성하도록 한다. 예를 들어 "커피를 생각할 때마다 나는 ______이 생각난다" 또는 "내가 가장 좋아하는 커피 브랜드가 영화스타라면, 그 사람은 ______일 것이다" 등이 있다. 비슷하게 "내 브랜드를 사람이라고 가정한다면, ______같이 보이는 것이다"도 있다. 이런 기법을 변형하면 응답자들은 응답하는 과정에서 그들의 상상력을 발휘할 수 있다.

조사자는 다음과 같이 말할 수 있다. "밀러라이트 맥주 한 캔을 치켜든 손을 상상해보자. 그 손이 무엇처럼 보이는가? 손 주인은 무엇을 하는 사람처럼 보이는가? 그 주인은 어디서 살까?" "자, 이제는 상표를 달리해서 미켈롭라이트 맥주 한 캔을 치켜든 손을 상상해보자. 그 손은 무엇을 하는 것처럼 보이는가?" 한편 업계를 리드하는 광고대행사인 WPP그룹에서는 부가가치(added value)라는 방법을 이용하고 있는데 여기서는 소비자들로 하여금 특정상품사용을 스스로 상상하게 만들고, 이후 그 경험을 스토리로 써보도록 한다(Halliday, 2007).

이 기법의 다른 응용사례는 소비자들에게 만화 캐릭터와 함께 그들 머리 쪽에 빈 말풍선(많은 만화그림에서 사용되는 것과 같은)을 함께 제시하는 것이다. 그리고 조사자는 소비자들에게 캐릭터가 생각하거나 말하고 있는 것을 비어있는 부분에 채워보도록 요구한다. 예를 들어, 슈퍼마켓에서 커피판매 통로에 서 있는 사람을 만화의 형태로 보여주고 응답자들에게 그 사람이 커피를 쇼핑하면서 무슨 생각을 하고 있을지에 대해 채워 넣도록 하는 것이다.

장 · 단점

아마도 투사법의 가장 큰 단점은 자료분석이 어렵다는 점이다. 질문들이 복합적이기 때문에 대답도 항상 간접적으로 표현되고 특정 브랜드나 제품에 대한 명쾌한 결론을 도출하기 어렵다. 또한 확보된 많은 수의 응답 중에서 진실로 의미 있는 응답들을 분류해내기가 어렵다.

두 번째 단점은 다른 모든 질적 자료들과 공유하는 것이다. 즉 응답들이 어떻게 타당한가? 역할 놀이 상황에서 보여준 소비자 행위가 실제 상황에서도 그대로 재현될 것인가? 소비자가 만화캐릭터의 말풍선 속에 채워넣은 말이 타당한가? 소레이(Soley, 2010)는 투사법이 다른 질적 방법들만큼이나 타당하고 신뢰할 수 있는 기법임을 강조한다.

이 기법의 궁극적인 약점은 자료를 수집하고 분석하는 데 상대적으로 많은 양의 시간이 소요된다는 점이다.

반면 긍정적인 측면을 살펴보면 투사법은 풍부하고 상세한 자료를 제공해준다. 또한 서베이나 다른 양적 방법으로는 잘 드러나지 않았을 태도나 인식에 관한 심층적 내용을 제공해준다. 부가적으로 투사법은 질문 항목에 대답하는 능력이 부족한 어린이나 여타 사람들에게 잘 맞는다. 마지막으로 투사법은 많은 양적 방법들의 출발점 역할을 담당한다.

2) 일기법

일기법(diary method)은 라디오와 TV 프로그램 시청률 조사에서 널리 이용되고 있다(14장 참조). 그러나 일기법은 질적인 자료수집 도구로도 이용가능하다. 일기법은 5장에서 논의한 관찰법의 확장으로 간주될 수 있다. 조사자들은 이 방법을 통해 응답자의 가정이나 길에서 얻는 정보처럼 쉽게 관찰할 수 없는 정보들을 얻을 수 있다.

보통 정보제공자에게는 지갑이나 포켓에 넣어가지고 다닐 수 있을 정도로 작은 일기장을 제공하고 행위를 수행하면서 느낀 인상, 태도와 감정 등을 간단히 메모해둘 뿐만 아니라 특정 행동을 추적해서 정보를 기록하도록 요구한다. 예를 들어 정보제공자 집단은 일기장에 레스토랑에서 식사를 할 때도 무슨 음료를 마셨는지 기록해야 할 경우도 있다. 또한 이 경우 정보제공자는 본인이 소비한 여러 음료수들에 대한 인상과 식사 자리에서 어떤 방식으로 음료 선택이 이루어졌는지도 기록할 수 있다. 사례를 들면 일기장 내용에는 사람들이 거대한 와인 리스트에 기가 죽어서 레스토랑에서 와인을 주문하는 것을 삼간다는 것이 있을 수 있다. 또한 특정 제품을 대상으로 한 일기도 가능하다. 소비자그룹을 대상으로 천천히 특정 상품 구매 기록과 함께 가격, 구입 장소 등을 쓰게 하고 만약 그 구매에 어떤 광고가 영향을 주었거나 제품에 대해 만족하였다면 그 내용도 기록하게 한다.

일기는 구조화된 것을 이용하기도 하고 그냥 자유롭게 기록하기도 한다. 구조화된 일기일수록 응답의 길이는 제한받기 마련이고, '사건들', '활동', '느낌' 등과 같은 하부 제목들이 주어지기도 한다. 자유로운 형식의 일기에서는 응답자 스스로가 무엇을 포함시키고 배제할 것인가를 결정해야 한다. 이 둘의 절충안은 자유로운 형식으로 기록하되 길이는 규정되는 방식이다.

이 기법을 응용한 사례로는 응답자들에게 특정상품이나 브랜드와 관련된 사진일기를 만들게 하는 경우가 있는데 이스마엘과 토마스(Ishmael & Thomas, 2006)은 스킨케어 상품에 이 기법을 적용하였다. 응답자들에게 본인이 일상적으로 거주하는 공간 안에 있는 건강과 미 관련 상품들을 디지털 사진기를 이용하여 찍게 하고, 각 사진별로 구매 등 관련된 이야기를 쓰게 하였다. 그리고 이후 심층 면접을 통해 사진 속 내용이 어떤 연관이 있는지를 조사하였다.

장 · 단점

일기 내용은 본질적으로 소비자가 사용하는 언어로 표현된다. 따라서 거기서 얻어진 자료를 이용할 경우 응답자가 특정 제품이나 서비스에 대해 가지고 있는 관점을 보다 더 잘 이해할 수 있다. 간단히 말하면 조사자가 응답자의 눈을 통해서 세계를 볼 수 있다. 일기는 응답자 패널을 대상으로 일기법을 이용할 경우 시간을 두고 천천히 기록된 반작용과 감정들을 확보할 수 있다. 예를 들면 이런 패널 일기들을 분석하면, 간과할 수 있었던 쇼핑행위 패턴 같을 것들을 찾아낼 수 있다.

그러나 정보제공자에게 너무 많은 것을 요구한다는 단점이 있다. 일기를 쓰는데 시간과 에너지가 필요하기 때문에 많은 사람들이 그런 노력을 굳이 하지 않으려고 한다. 게다가 실패율이 높다. 처음에는 참여에 동의하였다가도 너무 많은 노력이 요구되면 중단해버리는 경우가 비일비재하다. 결론적으로 이 방법은 글쓰기를 좋아하는 사람들에게는 매우 적합한 방법이다. 글 쓰는 재주가 없거나 부족한 사람들을 대상으로 할 때는 그리 유용한 자료수집 방법이 아니다.

3) 직접 관찰

이 방법은 5장에서 논의한 참여관찰법의 변용이다. 광고조사자라면 목표 시장의 다양한 행태에 대한 특별한 정보를 발견해내기를 원했던 경우가 여러 번 있었을 것이다. 이런 상황을 만들기 위해 조사자들은 하나나 둘로 대상을 좁혀서 집중적으로 관찰한다. 직접 관찰에는 동반 쇼핑과 저장고 관찰의 두 유형이 있다.

먼저 **동반 쇼핑**(accompanied shopping)은 이름처럼 조사자가 1명 이상의 정보제공자와 함께 쇼핑 경험을 공유하는 방법이다. 예를 들어 태블릿 컴퓨터 제조업자가 그 기기를 구입할 때 가장 중요한 요인들이 무엇인지를 알기 원한다고 가정하자. 광고조사자는 태블릿을 구입하고자 하는 소비자 1명 이상과 같이 쇼핑하러 간다. 이때 조사자는 다음과 같은 점들에 주목해야 한다.

- 소비자들이 선택한 쇼핑 장소
- 특정 상점에서 머문 시간
- 판매원에게 했던 질문들
- 포장에 관심을 두었는지 여부
- 제품 안내문을 읽었는지 여부
- 견본 모델을 보는 데 든 시간 여부

모리슨과 동료들(Morrison, Haley, Sheehan, & Taylor, 2002)은 동반 쇼핑을 '이동형 면접'이라고 불렀다. 많은 경우 면접자는 소비자가 쇼핑하면서 어떤 특징을 찾는지, 가격이 요인인지, 다양한 상표와 모델들에 대한 소비자의 일반적 인상은 무엇인지 등을 질문한다. 이 기법을 이용하면 조사자와 조사를 의뢰한 고객은 소비자들이 쇼핑 경험에 대해서 어떻게 이해하는지 알게 되고, 같이 경험하지 않았으면 몰랐을 그런 태도들을 파악할 수 있다.

저장고 관찰(pantry checks)은 자주 소비자 패널을 대상으로 이루어지며, 시간을 두고 일어나는 구매행위의 변화를 도표화하고자 할 때 이용한다. 이 관찰의 장점 중 하나는 브랜드 이미지나 브랜드 태도의 차원을 넘어서는 측정을 가능하게 해주며, 광고주들이 가상이 아닌 실제 구매행위를 평가하도록 해준다는 점이다. 조사자는 정기적으로 시간을 정

자세히 보기 〉〉 광고와 모바일 시선추적

구매의사 결정이 일어나는 과정을 자세하게 살펴볼 필요가 있다. 이를 위해 기존에는 동반 쇼핑방법이 이용되었지만 최근 호주에서 새로운 기법이 개발되었다.

소위 '마음을 읽는 안경(magic glasses)'이라는 이 기법은 13장에서 논의한 바와 같이 시선추적을 기반으로 한다. 소비자는 2개의 작은 비디오 카메라가 장착된 안경을 쓴다. 하나는 밖으로 향하여 소비자의 가시범위를 기록하고 다른 하나는 소비자의 눈을 향해 소비자가 가시범위 내에 있는 것들 중 무엇에 초점을 맞추는지를 정확하게 기록한다. 그리고 여기서 얻어진 비디오를 분석하여 각각의 쇼핑 행위를 정확하게 분석한다.

초기 연구는 슈퍼마켓을 대상으로 하였는데 어떤 사람들은 무엇을 살 것인가를 결정하는 데 몇 분이 걸리는 반면 어떤 사람들은 주저 없이 단번에 결정하는 것으로 나타났다.

최선의 결과를 얻고자 한다면 '마음을 읽는 안경' 기법과 심층 면접을 조합하는 것이 필요하다. 이를 통해 소비자가 특정상품을 보면서 무슨 생각을 하는지를 알아낼 수 있을 것이다.

해서 소비자의 저장고(의약품 캐비넷이나 화장서랍처럼 관심의 대상이 되는 저장 공간을 의미)를 조사할 수 있도록 허락받는다. 저장고 조사를 통해 최근에 구입한 제품은 무엇이고, 이미 사용한 제품과 폐기처분된 제품은 무엇인가 등을 알아낸다. 더 나아가 소비자들을 대상으로 왜 특정 브랜드를 구입했는지, 그런 브랜드들에 대한 소비자의 생각은 무엇인지, 다시 구입할 의사가 있는지 여부를 면접한다. 저장 창고 관찰은 특정 광고 캠페인이 왜 장기간에 걸쳐 성공을 거두었는지를 측정할 때도 종종 이용된다.

장 · 단점

직접 관찰의 장점은 브랜드 그 수준이 이미지나 브랜드 개성과 같은 추상적 개념 측정을 넘어선다는 점이다. 현실세계로 들어가서 광고주들이 가장 관심을 갖는 활동인 실제 구매행위를 조사한다. 조사자는 이를 통해 가끔 방관해왔던 일상의 창문을 열고 제품구매를 실제적으로 조사하면서 고려하게 된다.

단점의 측면을 살펴보면 직접관찰에서 조사자는 먼저 연구대상자들로부터 허락을 얻어야만 한다. 누구나 이방인으로 하여금 동료처럼 자기 저장 창고를 열게 하거나 같이 쇼핑몰에 쇼핑하러 가고 싶어 하지는 않기 때문이다. 따라서 허락을 받아내는 데 얼마간의 시간이 필요할지도 모른다. 나아가 모든 관찰조사의 경우처럼 관찰행위 자체가 연구대상 행위에 영향을 줄 수 있다. 쇼핑하는 데 누군가 어깨 너머에서 자신의 행위를 기록한다고 생각하면 평소와는 다르게 행동할지도 모른다.

05 광고연구와 인터넷

1) 인터넷 수용자의 측정

인터넷의 발달로 수용자 측정도 여러 특별한 문제들에 직면하고 있다. 웹페이지와 배너광고를 살펴보기 위해서는 신뢰할만한 자료의 확보가 무엇보다 중요하다. 왜냐하면 이러한 자료가 없다면 광고주들이 인터넷 광고에 돈을 쓰기 꺼려하기 때문이다. 다른 미디어에서처럼 광고주들은 누가 해당 웹사이트를 방문하며 어떤 방식으로 방문하는지 CPM계산은 합리적인지 등을 알기 원하지만 그런 자료를 확보하기 어렵다.

웹페이지 트래픽, 즉 소통량을 모니터하는 첫 번째 시도는 '사이트 방문 수(hit)'를 측정하거나 웹페이지에 로그인한 횟수를 측정하는 소프트웨어 프로그램을 마련하는 것이다. 그러나 사이트 방문 수는 각 서버에 따라 측정하는 방법이 달라 신뢰할만하지 못하다. 게다가 사이트 방문 수를 부풀릴 수 있는 프로그램들도 등장하고 있다. 광고주들은 사이트 방문 수를 독립적으로 측정하는 기구의 필요성을 제기하였고(Green, 1998), 그로 인해 인터넷 평가 회사의 등장이 현실화되었다.

2012년 현재, '컴스코어 미디어 매트릭스(comScore Media Metrix)'와 '닐슨//넷레이팅스(Neilsen//NetRatings)'이라는 두 회사가 인터넷 수용자 측정에서 가장 눈에 띈다. 이 두 회사 모두 자료수집에 미디어 소비자 패널을 이용하고 있다. 미디어 매트릭스사에서는 패널 구성원들에게 측정 프로그램을 제공하여 온라인과 오프라인 활동을 모니터할 뿐만 아니라 인구통계학적, 행위적 자료도 수집한다. 아울러 가정과 직장에서의 인터넷 활동도 측정한다. 이와 비슷하게 닐슨//넷레이팅스사도 미국과 전 세계를 대상으로 패널 구성원들로부터 자료를 수집한다. 미국 내 패널표본에는 가정 내 이용자와 직장 이용자들로 구성되어 있다. 미디어 매트릭스사처럼 닐슨사에서도 패널의 온라인 활동을 추적하는 소프트웨어를 제공한다.

그러나 이 회사들 모두 정확한 웹자료를 얻는 데는 어려움을 겪고 있다. 업무 중에 웹서핑을 많이 하고 있기 때문에, 평가 회사들이 회사 컴퓨터에 추적 소프트웨어를 설치하면 회사 기밀자료나 판매 자료에 접근할 수도 있다. 그래서 일반 회사들은 그런 소프트웨어 설치를 내키지 않아 한다. 그 결과 모든 조사회사들은 사무실 이용에 있어 불충분하게 보고하게 된다.

두 회사 외에도 특정 웹사이트 트래픽을 측정하고 검증하는 기관들이 있다. 예를 들면, ABC에서는 ABC 인터랙티브 오딧(ABC Interactive audit)을 설치하여 웹사이트 로그인

보고 자료가 정확한지 등을 보증하는 일을 하고 있다.

이 과정에서 측정되고 있는 것이 과연 얼마나 정확한가에 대해서는 문제가 제기된다. 광고주들은 특정 페이지를 방문한 전체 수를 대상으로 얼마나 서로 다른 사람들이 방문했는지 각 방문자마다 얼마나 머물다 갔는지 등에 관심을 갖는다. 웹 수용자 측정에서는 이렇듯 다양한 개념들이 이용된다.

패널연구를 이용하면 웹사이트 방문자들의 인구학적 특성을 보여주는 자료들을 얻을 수 있다. 예를 들면, 〈월스트리트 저널(Wall Street Journal)〉의 웹사이트(wjs.com) 방문자들중 64%가 남성, 39%가 50대 이상, 35%가 가구수입이 10만 달러 이상인 것으로 나타났다. 웹사이트 이용자들의 심리적 특성을 조사하는 사이코그래픽스(psychographics)는 특정 사이트 방문자들을 무작위로 추출하여 온라인 서베이를 통해 측정한다(Bulik, 2008).

2) 인터넷 광고 효과의 측정

인터넷이 새로운 광고매체로 부상함에 따라 많은 기업들은 어떻게 하면 효과적으로 광고를 할 것인가에 대해 관심을 갖게 되었고, 하나의 비즈니스로 자리잡아가고 있다. 인터넷은 전통미디어와는 달리 직접 측정결과를 알 수 있다는 장점을 갖는다. 그동안 광고주들은 광고노출과 판매를 연계시키는 데 있어 항상 어려움을 갖고 있었다. 그러나 인터넷의 경우에는 다르다. 소비자는 웹사이트의 배너광고를 보고 클릭해서 제품에 대한 자세한 정보를 얻을 수 있고 온라인으로 구매할 수도 있다. 웹사이트를 몇 번 방문했는가에서 나아가 광고주들은 이용자들이 방문해서 무엇을 했는지에 대한 정보도 원한다는 것은 놀랄 일도 아니다.

첫 번째 유형의 측정은 행위적인 것으로 'CT(click-through)' 측정이 있다. 여기서는 한 방문자가 특정 웹사이트의 배너광고를 몇 번이나 클릭했는지를 측정한다. 또한 광고주는 이 클릭으로 인해 실제 판매가 얼마나 이루어졌는지를 추적할 수 있다. 많은 기간 동안 이 방법이 업계의 표준이 되어 왔으며 모든 사람들로부터 환영받았다. 1990년대 중반까지 배너광고의 CTR(Click Through Rate, 노출된 광고 중 실제로 클릭이 일어날 확률)은 30% 내외의 수준이었다. 그러나 몇 년 사이에 배너광고의 신기함이 사라지고 많은 배너광고들이 한꺼번에 쏟아져 나오면서 CTR은 급격하게 감소하였다. 2001년 연구에서 CTR은 단 0.3%인 것으로 나타났다(Green & Elgin, 2001).

이로 인하여 이후 배너광고의 효과를 개선하기 위한 방법들이 연구되기 시작하였다. 한 예로 웹페이지의 배너광고가 줄어들면서 남아있는 배너광고의 클릭률, 즉 CTR은 크

자세히 보기 〉〉 인터넷 수용자 측정에 쓰이는 용어들

웹사이트 방문자들을 대상으로 많은 변인들을 측정할 수 있다. 그중 몇 가지를 소개하면 다음과 같다.

- 히트 수(hits) – 특정 파일(비디오 파일과 같이 한 페이지 내에 있는 여러 요소들이나 페이지 자체를 의미)이 인터넷 사이트에 노출된 횟수
- 페이지뷰(page views) – 측정기간 동안 사람들이 특정 페이지에 접속한 횟수를 말하며 여기에는 중복 방문 횟수가 포함될 수 있다.
- 순 수용자(unique audience) – 분석대상 기간 동안 해당 사이트를 방문한 사람이라면 누구라도 포함된다. 그러나 보고 기간 동안 한 번 이상 방문한 사람이라면 다시 집계되지는 않는다. 사이트 방문 시 등록이 필수적인 경우에는 방문자의 컴퓨터에 있는 쿠키, IP 주소나 회원명을 통해 순 방문자가 결정된다.
- 실제 도달률(active reach) – 분석 대상 기간 동안 특정 사이트를 방문한 실제 "웹 이용자"들의 백분율을 말한다. 여기에는 측정 기간 동안 최소한 한 번 온라인이나 인터넷 애플리케이션을 이용하여 해당사이트를 방문한 사람이라면 누구든지 포함된다.
- 개인당 시간(time per person) – 분석대상 기간(대개 1개월) 동안 한 사람이 해당사이트를 이용하는 데 쓴 평균 시간

게 증가한 것으로 나타났다(Klaassen, 2007). 로빈슨과 동료들(Robinson, Wysocka, & Hand, 2009)은 클릭 자료를 활용하여 배너광고가 효과적이려면 어느 규모의 메시지 길이와 크기를 가져야 하는지를 계산해냈다.

그 외에도 스카이 스크래퍼 광고(수직타워형 광고skyscraper ad),[역자주 12] 팝업광고(pop-up ad) 및 팝언더광고(pop-under ads)[역자주 13]와 웹사이트 여러 곳에 나타나는 큰 규모의 정사각형과 직사각형 광고 등을 대상으로 디스플레이의 효과를 상대적으로 측정 비교하는 조사들이 시행되었다(Burns & Lutz, 2006).

다나허와 물라키(Danaher & Mullarkey, 2003)는 웹페이지에 노출되는 시간이 길수

역자주 12 모니터를 마주보고 있는 상태에서 사용자의 시선을 끌기 쉬운 웹페이지의 오른쪽 시야에 위치하며, 수직으로 길게 내리 뻗은 직사각형 모양의 광고 형태이다.

역자주 13 팝업광고는 웹 브라우저가 새로 열릴 때마다 새로운 창(window)과 함께 그 위로 나타나는 배너광고의 일종을 의미한다. 일반적으로 배너광고(banner ad)가 웹 사이트 혹은 웹 페이지의 어느 한 공간을 차지하는 형태의 광고라고 한다면, 팝업광고는 해당 사이트나 웹 페이지 위에 겹쳐서 단독으로 뜨는 광고 형태로, 방문자들은 원래 보고자 했던 콘텐츠나 배너광고보다도 먼저 팝업광고를 만나야 하는 경우가 대부분이다. 한편 팝언더광고는 웹 브라우저가 새로 열릴 때마다 새로운 창과 함께 창 아래(under)로 나타나는 배너광고를 말한다. 즉 팝언더광고는 팝업광고의 무례함을 한 번 걸러낸 것으로 새로 열린 창 아래에 은근 슬쩍 나타나 있는 배너광고로, 팝업광고의 변형된 형태라고도 볼 수 있다.

록 광고를 더 잘 기억하는 경향이 있으며, 사이트 방문동기가 온라인 광고의 회상에 영향을 준다는 사실도 발견했다.

3) 새로운 광고채널 연구

소비자에게 도달하는 광고채널들이 새롭게 등장하면서 그런 채널들의 영향에 대한 연구자들의 관심도 증가하고 있다. 새로운 광고채널들에 대한 최신 연구는 많지만 크게 ① 바이럴, ② 엔진검색, ③ 소셜미디어, ④ 모바일 등의 네 가지 유형으로 나뉜다.

바이럴광고는 브랜드 인식이나 판매를 제고시키는 데 기존의 소셜네트워크를 활용하는 마케팅기법이다.[역자주 14] 360개의 바이럴광고를 대상으로 내용분석한 결과를 보면 유머와 섹슈얼리티를 주제로 한 자아 지향적 소구가 이들 광고의 주요 메시지 전략인 것으로 나타났다(Golan & Zaidner, 2008). 올숍과 동료들(Allsop, Bassert, & Hoskins, 2007)은 하리스조사회사(Harris Research Company)의 자료를 이용하여 분석한 결과 바이럴광고의 경우 소셜네트워크 이용자들이 비이용자들보다 더 중요하며 바이럴 캠페인이 이루어지는 상황조건들이 광고효과를 결정짓는 주요요인임을 알아냈다. 사우스게이트(Southgate, 2011)는 102개의 바이럴 TV광고를 분석였다. 그 결과, 기쁨이나 관여, 브랜딩과 같은 전통적인 광고의 사전측정 요소들이 어떤 광고가 구전될지를 예측하는 데 도움이 된다는 점을 발견하였다. 아울러 해당 광고 비디오가 식별 가능한지, 유명인 출연했는지 여부 또한 중요한 역할을 하는 것으로 나타났다.

키워드 검색광고는 광고주가 목표로 하는 특수한 웹 방문자와 광고를 연계시켜준다. 만약 어떤 사람이 '신발 끈'을 검색한다면, 스폰서 링크된 신발 끈을 파는 회사들이 검색결과로 짧은 메시지와 함께 뜰 것이다. 유(Yoo, 2011)는 실험연구를 통해 제품에 대한 피험자들의 관여도가 어느 정도인가 그리고 스폰서링크 메시지가 긍정적 프레임인지 아닌지가 해당 링크를 클릭하게 하는 데 영향을 준다는 사실을 발견하였다. 유안(Yuan, 2006)은 대학생들을 대상으로 서베이를 했다. 그 결과, 대학생들은 스폰서링크가 팝업광고에 비해 더 많은 정보와 즐거움을 제공하고 더 진실하며 덜 성가신 것으로 지각한다는 것을 알아냈다. 찬과 동료들(Chan, Yuan, Koehler, & Kumar, 2011)은 지

역자주 14 바이럴 마케팅(viral marketing)이라고도 하며 누리꾼이 이메일이나 다른 전파 가능한 미디어를 통해 자발적으로 어떤 기업이나 기업의 제품을 홍보하기 위해 널리 퍼뜨리는 마케팅 기법으로 2000년대 말부터 확산되면서 새로운 인터넷 광고 기법으로 주목받기 시작하였다. 기업이 직접 홍보를 하지 않고 소비자의 이메일을 통해 입에서 입으로 전해지는 광고라는 점에서 기존 광고와 다르다. 입소문 마케팅과 일맥상통하지만 전파하는 방식이 다르다.

불광고 링크(paid ad link)에 대한 클릭이 어떻게 늘어나는지를 조사했다. 그 결과, 광고주의 사이트를 방문할 때 결제창으로 연결되지 않는 경우에 클릭 수가 89% 이상 늘어남을 발견하였다.

소셜 미디어로 돌아가 보자. 2012년 현재 8억 명 이상이 페이스북을 이용하고 있고, 트위터 계정을 가진 사람은 2억 명, 유튜브 비디오를 보는 사람도 수백만 명에 달한다. 광고주로서는 당연히 어떻게 이 거대한 수용자들에게 다가갈 것인가에 관심을 가질 수밖에 없다. 테일러와 동료들(Taylor, Lewin, & Strutton, 2011)은 소셜미디어 사이트 이용자들을 대상으로 광고에 대한 태도를 조사하였다. 그 결과, 광고가 재미있거나 정보를 제공하거나 아니면 사회적 가치를 가질 때 소셜미디어 상의 광고에 대해 좀더 옹호적인 태도를 보이는 것으로 나타났다. 채터지(Chatterjee, 2011)는 소셜네트워크의 구성원들이 제품에 관한 의견을 줄 때 상품 판매자가 추천하는 내용보다 더 영향을 준다는 점을 발견했다.

많은 아마추어들이 상품 광고를 진지하게 혹은 유머러스하게 만들어 유튜브에 올리고 있다. 이런 이용자들이 만든 메시지의 영향 정도를 밝히려는 연구들이 있다. 백과 동료들(Pack, Hove, Jeong, & Kim, 2011)은 소비자들 사이에서 동료처럼 간주되는 사람이 만든 광고가 전문가가 만든 광고보다 광고에 대한 긍정적 태도를 형성하는 데 더 효과적임을 알아냈다. 반덴버그와 동료들(Vanden, Bergh, Lee, Quilliam, & Hove, 2011)은 실제광고를 아마추어가 패러디해서 소셜미디어에 게시한 경우를 조사했다. 그 결과, 소셜미디어 이용자들은 그런 패러디에 대해 긍정적 태도를 가지고 있으며 그것을 다른 구성원들에게 전달하려는 경향이 강했다. 재미있는 점은 그런 광고패러디가 패러디 대상이 되는 브랜드를 향한 소비자들의 태도에는 어떤 영향도 주지 않는다는 사실이다.

마지막은 특히 휴대폰을 향한 모바일 광고가 요즘 큰 주목을 받고 있다. 구글이 스폰서한 2011년 서베이 결과를 보면, 모바일 폰 이용자 10명 중 8명 이상이 모바일 광고를 알고 있으며 그중 반은 해당 웹사이트를 방문하거나 아님 구매를 하는 것으로 나타났다(Ipsos OTX, 2011).

피터스와 동료들(Peters, Amato, & Hollenbeck, 2007)은 이용과 충족접근을 활용하여 소비자들이 휴대폰 광고를 어떻게 인식하는지를 조사하였다. 응답자들은 모바일 광고가 자신들을 다른 사람보다 뭔가 더 잘 아는 사람으로 위치시키고 또 해당 제품회사와의 관계를 설정하는 데 도움을 주는 것으로 생각하고 있었다. 박과 동료들(Park, Shenoy, &

Salvendi, 2008)은 53개 모바일 광고에 대한 사례분석을 실시하여 광고의 특성, 수용자 변인 및 환경적 요인들이 광고효과에 영향을 준다고 결론내렸다. 콜세이커와 드라카토스(Kolsaker & Drakatos, 2009)는 자신이 보유한 핸드폰에 강한 애착을 가진 소비자들일수록 그렇지 않은 사람들보다 모바일 광고에 더 수용적임을 밝혀냈다.

테크놀로지의 발전과 함께 앞으로도 광고연구에 대한 새로운 도전은 계속될 것이다. 예를 들어 2009년 초 광고회사 WPP와 구글은 3년 동안 460만 달러를 투입하여 온라인 광고가 소비자들에게 어떤 영향을 미치는지를 조사하는 대형 연구 프로그램을 시작한다고 발표하였다.

요약

광고연구의 주요한 세 가지 영역은 카피 테스팅, 미디어 조사, 캠페인 평가조사 등이다.

카피 테스팅은 광고 그 자체를 조사하는 것이다. 카피 테스팅에서 다루는 영향의 세 가지 차원은 인지적, 정서적, 능동적 차원 등이다. 미디어 조사는 어떤 광고수단이 가장 효과적인지, 어떤 미디어 스케줄이 가장 영향력이 큰지를 알아보는 것이다. 캠페인 평가조사는 캠페인을 끝마치기까지 소비자들의 전반적인 반응을 조사한다. 여기에는 사전/사후검사와 추적연구의 두 가지 유형이 있다.

광고 현장에는 광고주들에게 이들 카피나 미디어, 평가 관련 자료를 공급하는데 전문화된 민간 조사회사들이 여럿 있다. 최근에는 투사법이나 일기, 직접 관찰과 같은 질적인 조사 방법들도 광고연구자들에게 인기를 얻고 있다.

온라인 광고도 점차 연구대상으로 부상하고 있다. 핵심 연구주제는 온라인 수용자의 측정, 온라인광고 효과의 측정, 새로운 광고채널 조사 등이다. 그 외에 소셜미디어와 스마트폰 상의 광고도 새로운 연구 영역이다.

핵심용어

가면 회상법(masked recall)
강제노출(forced exposure)
관여조사(engagement research)
다중시간적 행동(polychronic behavior)
단일시간적 행동(monochronic behavior)
도달률(reach)
목적 함수(objective function)
미디어 효율성(media efficiency)
발행부수(circulation)
보조회상(aided recall)
비보조회상(unaided recall)
빈도(frequency)
시너지 광고(synergistic advertising)
시너지 마케팅(synergistic marketing)

신경마케팅(neuromarketing)
응용조사(applied research)
인지(recognition)
총 시청률(gross rating points, GRPs)
추적연구(tracking study)
카피 테스팅(copy testing)
투사 기법(projective techniques)
회상연구(recall study)

인터넷 활용하기

이 장에서 논의한 몇 가지 개념들의 추가정보를 원하면. 인터넷에서 "카피테스팅", "관여조사", "광고 캠페인" 및 "모바일 광고" 등을 검색해보자.

다음의 사이트들은 광고 조사에 대한 유용한 정보를 제공하고 있다.

1. www.arfsite.org 이 사이트는 1936년 설립된 광고조사재단(Advertising Research Foundation)의 사이트로, 광고주 · 광고회사 · 조사회사 · 미디어 회사와 관련 대학 등이 가입되어 있다. 여기에는 다양한 광고 관련 연구 보고서와 뉴스레터, 수상 광고 캠페인 등의 정보들이 링크되어 있다.
2. www.esomar.org ESOMAR은 세계 조사전문 협회이다. 이 사이트는 광고조사를 하는 전 세계적인 회사의 목록을 보유하고 있으며, 광고 · 시장조사에 관한 좋은 사례, 광고 조사연구에 대한 최신 정보를 제공한다.
3. www.ipsos-asi.com Ipsos-ASI는 광고 조사회사이다. 이 사이트에서는 다양한 유형의 보고서를 설계해주고, 큰 조사회사로부터 입수한 다른 보고서들을 제공한다. 광고 추적 서비스도 링크되어 있다.
4. www.aef.com 광고교육재단(Advertising Educational Foundation)의 사이트다. 이 사이트에 등록하면, 조사관련 논문들을 보유하고 있는 〈애드버타이징 앤 소사이어티 리뷰(Advertising & Society Review)〉의 온라인 버전을 읽을 수 있다.
5. 여러 미디어를 동시에 이용하는 것에 대한 추가 정보를 원한다면 '여러 미디어 동시 광고'를 검색해보자.

생각해볼 문제

1. 자신이 방금 새로운 다이어트 음료를 개발해서 시장에 내놓을 준비가 되었다고 가정하자. 그것을 광고하는데 강조해야만 할 요소와 주제를 알아내기 위해 이용할 수 있는 조사연구를 설계해보자.
2. 한 페이지 전체광고를 A잡지에 내는데 1만 6천 달러가 들고 B잡지에 내는 데는 2만 6천 달러가 든다. A잡지는 권당 독자가 2.5명(발행부수: 10만)이고 B잡지는 1.8명(발행부수: 15만)이다. CPM 면에서 볼 때 어느 잡지가 효율적인 광고 수단인가?
3. 경쟁관계에 있는 두 제품의 신문과 잡지 광고의 표본을 선정해보자. 그리고 각각 광고를 대상으로 주제 혹은 주요 판매 포

인트에 대한 내용분석을 실시해보자. 어떤 유사점과 차이점이 있는가?

4. 휴대전화 광고에 대한 여러 사람들의 태도를 서베이해보자.

이에 대한 추가적인 정보는 www.wimmerdominick.com이나 www.cengagebrain.com에서 찾아보자.

참고문헌 및 권유문헌

Allsop, D., Bassett, B., & Haskins, J. (2007). Wordof-mouth research. *Journal of Advertising Research*, 47(4), 398–411.

Bates, N., & Buckley, S. K. (2000). Exposure to paid advertising and returning a census form. *Journal of Advertising Research*, 40(1/2), 65–73.

Block, M. P., & Brezen, T. S. (1990). Using database analysis to segment general media audiences. *Journal of Media Planning*, 5(4), 1–12.

Bronnenberg, B., Dube, J., & Mela, C. (2010). Do digital video recorders influence sales? *Journal of Marketing Research*, 47(6), 998–1010.

Bulik, B. (2008). Finally find out who LinkedIn users are. *Advertising Age*, 79(42), 12.

Burns, K., & Lutz, R. (2006). The function of format: Consumer responses to six online advertising formats. *Journal of Advertising*, 35(1), 53–64.

Burton, S., Lichtenstein,D.R.,&Netemeyer, R.G. (1999). Exposure to sales flyers and increased purchases in retail supermarkets. *Journal of Advertising Research*, 39(5), 7–14.

Chan, D., Yuan, Y., Koehler, J., & Kumar, D. (2011). Incremental clicks: The impact of search advertising. *Journal of Advertising Research*, 51(4), 643–647.

Chatterjee, P. (2011). Drivers of new product recommending and referral behavior on social networks. *International Journal of Advertising*, 30(1), 77–101.

Cheong, Y., Leckenby, J., & Eakin, T. (2011). Evaluating the multivariate beta binomial distribution for estimating magazine and Internet exposure frequency distributions. *Journal of Advertising*, 40(1), 7–23.

Danaher, P., & Mullarkey, G. (2003). Factors affecting online advertising recall. *Journal of Advertising Research*, 42(3), 252–263.

Donoghue, S. (2000). Projective techniques in consumer research. *Journal of Family Ecology and Consumer Sciences*, 28, 47–53.

Golan, G., & Zaidner, L. (2008). Creative strategies in viral advertising. *Journal of Computer-Mediated Communication*, 13(4), 959–973.

Green, H. (1998, April 27). The new web ratings game. *Business Week*, pp. 73–78.

Green, H., & Elgin, B. (2001, Jan. 22). Do e-ads have a future? *Business Week*, pp. EB46–51.

Green, P. E., Tull, D. S., & Albaum, G. (1988). *Research for marketing decisions*. Englewood Cliffs, NJ: Prentice Hall.

Haley, R. (1994). A rejoinder to conclusions from the ARF's copy research validity project. *Journal of Advertising Research*, 34(3), 33–34.

Hall, E. (2007). Effective ads work on the heart, not the head. *Advertising Age*, 78(28), 30.

Halliday, J. (2007). WPP shop tries to rewrite research. *Advertising Age*, 78(47), 8.

Haskins, J. (1976). *An introduction to advertising research*. Knoxville, TN: Communication Research Center.

Hazlett, R. L. (1999). Emotional response to television commercials. *Journal of Advertising Research*, 39(2), 7–23.

Ipsos OTX. Smartphone user study shows mobile movement underway. Retrieved December 21, 2011, from *http://googlemobileads.blogspot.com/2011/04/smartphone-user-study-shows-mobile.html*

Ishmael, G., & Thomas, J. (2006). Worth a thousand words. *Journal of Advertising Research*, 46(3), 274–279.

Jacoby, J., & Hofer, W. D. (1982). Viewers' miscomprehension of televised communication. *Journal of Marketing*, 46(4), 12–27.

Jones, J. (1995). Single-source research begins to fulfill its promise. *Journal of Advertising Research*, 35(3), 9–11.

Kilger, M., & Romer, C. (2007). Do measures of media engagement correlate with product purchase likelihood? *Journal of Advertising Research*, 47(3), 313–326.

Klaassen, A. (2009). SmartMoney finds fewer ads can boost click-throughs. *Advertising Age*, 80(8), 6.

Kolsaker, A., & Drakatos, N. (2009). Mobile advertising: The influence of emotional attachment to mobile devices on consumer receptiveness. *Journal of Marketing Communications*, 15(4), 267–280.

Leckenby, J., & Wedding, N. (1982). *Advertising management*. Columbus, OH: Grid Publishing.

Loughney, M., Eichholz, M., & Hagger, M. (2008). Exploring the effectiveness of advertising on the ABC.com full-episode player. *Journal of Advertising Research*, 48(3), 320–329.

Marci, C. (2008). Minding the gap: The evolving relationship between affective neuroscience and advertising research. *International Journal of Advertising*, 27(3), 477–479.

Marich, R. (2008). Measuring engagement. *Broadcasting & Cable*, 138(17), 12–13.

McDaniel, C., & Gates, R. (2011). *Marketing research*. Hackensack, NJ: Wiley.

McQuarrie, E. F. (2011). *The market research toolbox*. Thousand Oaks, CA: Sage Publications.

Mersey, R., Malthouse, E., & Calder, B. (2010). Engagement with online media. *Journal of Media Business Studies*, 7(2), 39–56.

Micu, A., & Plummer, J. (2010). Measurable emotions: How television ads really work. *Journal of Advertising Research*, 50(2), 137–153.

Morrison, M., Haley, E., Sheehan, K., & Taylor, R. (2002). *Using qualitative research in advertising*. Thousand Oaks, CA: Sage.

Paek, H., Hove, T., Jeong, H., & Kim, M. (2011). Peer or expert? *International Journal of Advertising*, 30(1), 161–168.

Park, T., Shenoy, R., & Salvendi, G. (2008). Effective advertising on mobile phones. *Behavior Information and Technology*, 27(5), 355–373.

Peacock, J., Purvis, S., & Hazlett, R. (2011). Which broadcast medium better drives engagement? *Journal of Advertising Research*, 51(4), 578–585.

Percy, L., & Rossiter, J. R. (1997). A theory-based approach to pretesting advertising. In W. D. Wells (Ed.), *Measuring advertising effectiveness* (pp. 267–282). Mahwah, NJ: Lawrence Erlbaum.

Peters, C., Amato, C., & Hollenbeck, C. (2007). An exploratory investigation of consumers' perceptions of wireless advertising. *Journal of Advertising*, 36(4), 125–145.

Robinson, H., Wysocka, A., & Hand, C. (2007). Internet advertising effectiveness. *International Journal of Advertising*, 26(4), 527–542.

Rossi, P., & Freeman, H. (1982). *Evaluation: A systematic approach*. Beverly Hills, CA: Sage Publications.

Rust, R. T. (1986). *Advertising media models*. Lexington, MA: D. C. Heath.

Ryan, M., & Martinson, D. C. (1990). Social science research, professionalism and PR practitioners. *Journalism Quarterly*, 67(2), 377–390.

Schultz, D., & Barnes, B. (1994). *Strategic advertising campaigns*. Lincolnwood, IL: Business Books.

Soley, L. (2010). Projective techniques in U.S. marketing and management research. *Qualitative Market Research*, 13(4), 334–353.

Southgate, D. (2011). Creative determinants of viral video viewing. *International Journal of Advertising*, 29(3), 349–368.

Stipp, H., Weber, R., & Varan, D. (2011). *Developing best practices in neuromarketing research*. New York, NY: Advertising Research Foundation.

Taylor, D., Lewin, J., & Strutton, D. (2011). Friends, fans and followers: Do ads work on social networks? *Journal of Advertising Research*, 51(1), 258–275.

Thomas, J. W. (1997). Tracking can determine if your advertising works. *Business First—Louisville*, 13(42), 38–41.

Vanden Bergh, B., Lee, M., Quilliam, E., & Hove, T. (2011). The multidimensional nature and brand impact of user-generated ad parodies in social media. *International Journal of Advertising*, 30(1), 103–131.

Walker, D., & Dubitsky, T. (1994). Why liking matters. *Journal of Advertising Research*, 34(3), 9–18.

Wimmer, R. D. (2000). Research in advertising. In C. Chakrapani (Ed.), *Marketing research: State-of-the-art perspective*, 454–478. New York, NY: American Marketing Association.

Winski, J.M. (1992, January 20).Whowe are, how we live, what we think. *Advertising Age*, 63(4), pp. 16–20.

Winters, L. (1983). Comparing pretesting and posttesting of corporate advertising. *Journal of Advertising Research*, 23(1), 33–38.

Yoo, C. (2011). Interplay of message framing, keyword insertion and levels of product involvement in clickthrough of keyword search ads. *International Journal of Advertising*, 30(3), 399–424.

Yoo, K., Joo, E., Choi, H., & Reid, L. (2012). Use of statistical techniques in major advertising and public relations journals, 1980–2010. Paper presented to the 2012 conference of the American Academy of Advertising. Myrtle Beach, SC, May 15–18, 2012.

Yuan, X. (2006). Assessing college students' attitudes toward two forms of Internet advertising: Pop-up ads and search engine sponsored links. Paper presented to the International Communication Association. Dresden, Germany, June 19–23, 2006.

16장 PR연구

PR 분야도 광고영역처럼 최근 연구 지향적 경향을 보이고 있다. 다음의 발췌 내용은 이를 잘 설명해준다.

> 조사연구는 PR과정에서 매우 중요한 기능을 담당한다. PR 실천에 앞서 필요한 정보를 제공하고 그 효과를 측정 가능하게 해준다. 경영진으로서는 직관이나 추측보다는 사실에 관한 정보가 필요하다(Baskin, Aronoff, & Lattimore, 1997, p. 107).

덧붙여, 바르셀로나에서 개최된 2010 "측정 방법에 대한 유럽 정상회의(European Summit on Measurement)"에서 위원들은 PR 측정 및 평가를 안내하기 위한 원칙에 대한 진술을 채택했다(Barcelona Declaration, 2010). 여기서 채택한 일곱 가지 원칙을 축약된 형태로 소개하면 다음과 같다.

① 목표 설정 및 측정은 PR의 기본이다.
② 매체 측정에는 양적인 것과 질적인 것이 모두 요구된다.
③ PR효과를 측정하는 데 광고 환산가치(advertising value equipvalents)들은 그리 유용하지 않다.
④ 소셜미디어는 측정될 수 있고 또 측정되어야만 한다.
⑤ 결과 측정은 매체결과 측정을 우선시한다.

⑥ 가능하다면, 비즈니스 결과도 측정해야 한다.

⑦ 음향 측정은 투명도(transparency)와 반복성(replicability)을 토대로 한다.

위의 원칙들에서 나타나듯이, 바르셀로나 선언(Barcelona declaration)은 PR 업계 실무자들에게 업무 수행에 연구 지향 접근을 채택할 것을 제안하고 있다.

양적 · 질적 연구기법들은 전통적인 기법들로서 현장에서 폭넓게 쓰여 왔지만, 최근 증거들에 따르면 양적 방법의 인기가 더 커지고 있다. 폼퍼(Pompper, 2006)는 1975~2005년 기간 내 PR 학술지 두 가지에 게재된 연구들을 대상으로 전수 조사를 실시했다. 이를 통해 연구들의 약 58%가 질적 연구를 이용했고, 37%가 양적 연구를 이용했으며, 그 나머지는 혼합적 방법을 이용했다는 것을 발견했다. 가장 인기 있는 질적 방법은 심층 면접이고, 가장 많이 쓰이는 양적 방법은 서베이였으며, 그 다음이 내용분석이었다. 파나도스와 동료들(Pasadeos, Lamme, Gower, & Tian, 2011)은 학술지 표본과 시간 프레임(1989~2007)을 다양하게 이용하여, 그 연구들의 35%가 질적 연구기법을 이용한 반면 65%는 양적 기법을 이용했다는 것을 발견했다. 가장 많이 쓰인 양적 기법은 서베이(56%)였고, 내용분석과 실험이 그 뒤를 이었다. 질적 영역에서 1위는 역사연구(historical studies)이고, 사례연구(case studies)가 그 뒤를 이었다. 유와 동료들(Yoo, Joo, Choi, & Reid, 2012)은 〈저널 오브 퍼블릭 릴레이션스 리서치(Journal of Public Relations Research)〉와 〈퍼블릭 릴레이션스 리뷰(Public Relations Review)〉에 1980~2010년 동안 게재된 논문 326편을 검토했는데 그중 47%의 논문에 통계분석 내용이 있다는 사실을 발견했다.

01 PR연구의 유형

파블릭(Pavlik, 1987)은 PR에서의 연구를 세 가지, 즉 응용조사, 기초조사, 자기성찰조사로 정의하였다.

응용조사(applied research)는 구체적 실행을 연구하는 것인데 이는 실질적인 문제점을 해결하기 위해 많이 이용된다. 응용조사의 한 갈래로 **전략조사**(strategic research)가 있는데, 주로 PR캠페인과 프로그램을 개발하는데 이용된다. 브룸과 도지어(Broom & Dozier, 1990)는 전략조사란 "미래에 당신이 어디에 있고 싶고 … 어떻게 거기에 이를 것인가를 결정하는 것(p.23)"이라고 보았다. 두 번째 갈래인 **평가조사**(evaluation research)는 PR 프로그램의 효과를 평가하기 위한 것으로, 이 장의 뒤에서 좀 더 자세히 논의될 것이다. 질렌

(Jelen, 2008)은 내용분석 연구 결과, 지난 20년 동안 출판된 PR연구 약 80%가 응용조사이고, 20%가 기초조사라는 사실을 발견했다.

PR에서 **기초조사**(basic research)는 PR상황에 관한 전반적인 지식을 제공한다. 여기서는 PR과정을 설명하는 이론들을 구축하고, 근원적인 과정을 검증하는 데 가장 관심을 둔다. 알도리와 토쓰(Aldoury & Toth, 2002)는 한 이론의 시작 부분만을 가지고도 현장에서의 젠더 불일치를 설명할 수 있다는 점을 제시했고, 시스코(Sisco, 2012)는 상황적 위기 커뮤니케이션 이론의 응용가능성을 검증하는 연구를 실시했다.

세 번째 분야는 **자기성찰조사**(introspective research)인데 여기서는 PR 현장을 연구한다. 샬롯과 동료들(Sallot, Lyon, Acosta-Alzuru, & Jones, 2003)은 PR 학술지에 실린 700여 개의 초록과 논문들을 범주화하여 구분했는데, 그중 약 40%가 자기성찰적 범주에 해당된다는 사실을 알아냈다. 관련된 연구사례 몇 가지를 살펴보면, 위리그래이(Wrigley, 2002)는 여성들은 직장 내 보이지 않는 '승진의 상한선'에 대해 어떻게 느끼는지를 연구하였다. 에드워드(Eedwards, 2008)는 PR 전문가들의 문화적 자본(지식, 전문성 및 그들을 성공적으로 만들 수 있는 사람들과의 연관성)을 알아보기 위하여 서베이조사를 실시했다. 멩과 동료들(Meng, Berger, Gower, & Heyman, 2012)은 현장에서 가장 중요한 리더십 자질이 무엇인지를 알아보기 위하여 PR 영역 중견급 임원들을 대상으로 조사를 실시하였다.

02 PR 과정에서의 연구

PR연구를 더 잘 체계화할 수 있는 방법은 PR 과정 안에서 각 단계별로 주로 이용된 방법들이 무엇인가를 조사하는 것이라고 본다. 선도적인 PR 교재(Broom, 2012)에서는 PR 과정을 다음의 네 단계 모델로 제시하고 있다.

① PR 문제 정의
② PR 프로그램 계획
③ PR 프로그램의 실행(행동과 커뮤니케이션을 통하여)
④ 프로그램의 평가

여기서부터는 이 모델을 이용하여 다양한 형태의 PR연구를 체계화할 것이다.

1) PR 문제의 정의

PR 과정의 첫 단계는 정보를 PR 문제를 발견하고 정의하는 데 도움이 되는 정보를 수집하는 것이다. 이 단계에 유용한 몇 가지 기법들이 있다. 환경 모니터링(또는 경계 연구), PR 감사(audit), 커뮤니케이션 감사, 사회적 감사 등이 여기에 해당한다.

(1) 환경 모니터링 프로그램

연구자들은 환경 모니터링 프로그램(environmental monitoring program)을 사용해서 해당 조직에 중요한 영향을 미칠 수 있는 여론과 사회적 사건의 추세를 관찰한다. 환경 모니터링에는 내용분석과 서베이 방법, 모두가 이용가능하다.

PR 실무자들은 고객들로부터 어떤 언급을 얻어내기 위해 가끔 전통적인 미디어들을 모니터한다. 모니터 결과에는 정보원별 언급들에 대한 표가 포함되며 그런 언급들이 긍정적, 부정적, 혹은 중립적이었는지가 자주 정리 보고된다. 블로그와 소셜미디어의 이용이 많아지면서 이런 업무도 더 복잡해졌다. 고객들이 전통 미디어에서 나아가 이들 미디어를 일반 공중들이 블로그나 소셜미디어에 대해 무엇이라고 하는지에 대해 관심을 갖게 된 것이다. 그에 따라 PR 실무에서도 블로그, 페이스북 및 트위터와 같은 소셜미디어를 모니터할 수 있는 새로운 기법들을 개발하였다. 메시지 분석(message analytics)은 온라인 메시지의 크기(volume), 어조(tone), 개입(engage)을 검증하는 데 이용하는 일련의 자세한 내용분석 통계를 말한다. 여기서는 기본적으로 소셜미디어, 블로그, 온라인 뉴스 정보원들을 대상으로 어떤 언급(mention)들이 있는지를 추적한다. 덧붙여, 고성능의 컴퓨터 프로그램을 활용해 내용의 톤을 물론 시간이 지남에 따라 그 톤의 느낌이 어떻게 변하는지까지 알아낼 수 있다. 이 프로그램의 분석은 거의 80% 정도 정확하고, 해당 언급들이 긍정적인지 아닌지 제시해준다. 아울러 시간에 따라 그런 경향이 어떻게 변하는지를 보여주기 때문에 고객들로서는 자기들의 톤이 경쟁사들의 그것과 어떻게 다른지 비교해볼 수 있다. 또한 질적 분석을 통해서는 메시지 기저에 깔린 주제가 무엇인지 그리고 메시지가 주어진 상황이 어떤 조건인지를 밝혀낼 수 있다. [그림 16-1]에는 가설적 메시지 분석에 대한 분석 결과가 제시되어 있다.

온라인 데이터베이스를 이용하면 모니터링 조사를 매우 효율적으로 수행할 수 있다. 게다가 여러 상업적 회사에서 인터넷 모니터링 서비스를 제공하고 있어 더욱 그렇다. 예를 들어 사이버알럿(CyberAlert)에서는 웹에서 특정회사의 평판을 추적하거나 수많은 뉴스와 정보 사이트나 토론 그룹 등의 성과를 추적하고 있다. Pollingreport.com에서는 정치

기간: 2012년 1월 1일 - 2012년 12월 31일	
변인	총계
블로그 멘션	378
긍정적 멘션	78
부정적 멘션	100
중립적 멘션	200
코멘트	240
논의의 주목 횟수	16
트위터 멘션	109
페이스북 스레드의 평균 길이	8
페이스북 "좋아요"	690

[표 16-1] 표본 메시지 분석 보고

부터 경제에 이르기까지의 다양한 주제에 관한 여론조사를 데이터베이스화하여 제공하고 있다.

그루닉(Grunig, 2006)은 환경 모니터링이 회사의 전략적 경영 기능에 통합되어야 한다고 주장했다. 여기에는 일반적으로 두 가지 양상으로 나타난다. 첫째는 새롭게 부각되는 문제가 무엇인지를 알기 위한 '조기 경보' 단계의 조치로서, 여기서는 종종 새로운 변화의 신호를 알려주는 간행물들을 대상으로 체계적인 내용분석을 실시한다. 예를 들어 경제 · 정치 · 과학 분야의 학술지들을 대상으로 내용분석을 실시하거나, 무역신문과 일반종합신문에 대한 분석을 시행해 변화를 읽어내기도 한다. 경우에 따라서는 웹사이트 메시지 분석을 모니터할 수도 있다. 그레고리(Gregory, 2001)는 모니터해야 할 주변 환경 영역을 정치, 경제, 사회와 라이프스타일 등의 네 가지로 구분하여 제시하고 있다. 그론스테드(Gronstedt, 1999)는 외부 환경의 위협과 기회에 직면하여 특정 회사가 갖는 강점과 약점을 분석하는 기법인 SWOT 분석을 소개하고 있다.

이와는 다른 대안적 방법으로는 해당지역의 지도자나 기타 영향력 있는 시민들을 대상으로 패널조사를 실시하는 방법이 있다. 이들을 대상으로 정기적으로 그들이 중요하게 여기는 아이디어들은 무엇인지 서베이 조사하거나, 새로운 관심사를 규명하기 위해 면접을 실시하고 내용을 분석한다. 이 기법의 이용 여부는 여러 요소들에 의해 좌우될 수 있다. 오쿠라와 동료들(Okura, Dozier, Sha, & Hofstetter, 2009)은 어떤 방법을 이용하느냐는 환경적 조건 그리고 또한 해당 조직의 내부적 특성에 따라 달라진다는 점을 알아냈다.

브로디와 스톤(Brody & Stone, 1989)은 그 외의 다양한 모니터링 기법들을 제시하고 있다. 그중 하나는 공중들의 관심사가 되는 사건이나 행동을 말하는 **트리거 이벤트**(trigger event)를 찾아내는 것이다. 예를 들어, 알래스카에서 발생한 엑손발데즈(Exxon Valdez)사의 기름유출 사건과 멕시코 걸프만에서의 BP오일 유출 사건은 환경에 대한 큰 관심을 불러일으켰다. 그러나 어떤 사건이 트리거 이벤트가 되는지를 알 수 있는 과학적인 방법이란 없다. 다만 모니터하는 사람들의 직관과 결정에 달려 있을 뿐이다.

또 다른 방법인 **전조분석**(precursor analysis)은 트리거 이벤트 방법과 유사하다. 전조분석에서는 선도자들이 어떤 추세를 만들어내고 궁극적으로는 이 추세가 사회 전반으로 파급된다고 가정한다. 예를 들어, 일본식 비즈니스가 혁신적 경영기법의 트렌드가 되자 나중에는 미국에까지 파급된다는 것이다. 미국 내에서 찾아보면 캘리포니아 주에서 보험가입에 대한 관심이 흐름을 형성하자 반대쪽인 플로리다주에서도 이 문제가 관심사가 되었다.

환경 모니터링의 두 번째 양상은 주요 쟁점들에 대한 여론을 추적하는 방법들로 구성된다. 여기에 주로 동원되는 연구방법은 일정 간격을 두고 동일한 응답자를 대상으로 여러 번 면접하는 종단 패널연구, 아니면 무작위 표본을 대상으로 일회에 한하여 실시되는 횡적인 여론연구방법이다. AT&T, GE, GM, 도우케미컬컴퍼니(Dow Chemical Company) 등은 정교한 추적연구를 실시하고 있다. IRC(Insurance Research Council)에서는 PAMS(Public Attitude Monitoring Series)라고 불리는 프로그램을 가동시키고 있다. 여기서는 전국을 대상으로 여러 조사를 실시해서 생명보험 산업에 중요한 정보를 제공하고 있다. 2011년 조사에서는 지방정부가 교통사고에 우발적 반응요금(accident response fees)을 개인들에게 부과해야 한다고 여기는지를 소비자들에게 물었다. PDFA(Partnership for a Drug-Free America)에서는 매년 7,000명의 10대를 대상으로 서베이하는 추적연구를 진행하고 있다.

옴니버스 서베이(omnibus survey)는 정규적으로 개인 면접을 실시해서 고객들에게 제공한다. 서베이 질문은 정치적 의견부터 기초적인 시장연구정보에 이르기까지 주제가 다양하다. 예를 들어, ORC(Opinion Research Corporation)는 전국의 소비자들을 대상으로 여론에 대한 옴니버스 서베이를 실시하는 CARAVAN를 후원하고 있다. 이 방법은 정치캠페인을 전문적으로 다루는 PR전문가들이 여론연구 서베이를 수행할 때 광범위하게 이용하고 있다. 관련된 몇 가지 여론연구기법을 소개하면 다음과 같다.

- 기준선 여론조사(baseline polling)—특정 후보자를 도울 수 있도록 특정 주나 지역을 대상으로 현재의 여론의 추세를 조사하고 분석함
- 임계 여론조사(threshold polling)—서비스나 세금 부과, 요금 등의 변화에 대한 여론의 수용 여부를 평가하기 위하 서베이. 다양한 쟁점에 대한 입장들을 살펴볼 수 있음
- 추적 여론조사(tracking polls)—기준선 여론조사 이후에 실시되는 조사들을 말하며 시간의 경과에 따른 추세를 파악하는 데 유용함

(2) PR 감사

PR 감사(public relations audit)는 말 그대로 한 조직 내에서 PR이 어느 정도 위치에 있는가를 포괄적으로 연구하는 것이다. 이러한 연구는 내적으로는 사원들의 눈에 비친 회사의 지위를 측정하고, 외적으로는 고객 · 주주 · 그 지역의 지도자들의 의견을 통해서 본 회사의 위치가 어느 정도인지를 측정하는 데 사용된다. 사이몬(Simon, 1986)이 정리한 것처럼 PR 감사는 "한 조직체의 PR활동을 설명, 측정, 평가하고 미래의 PR 프로그램에 관한 지침을 마련하는 데 사용되는 연구 도구(p. 150)"이다. 감사는 조직이 알지 못할 수도 있는 기본 쟁점들을 발굴할 수 있으므로 유용하다. 예를 들어 어느 회사의 제품 용어(terminology)가 리포터들과 고객들을 혼란스럽게 만든다는 것을 간단히 밝혀낼 수도 있다.

PR 감사의 첫 단계는 그 조직체에 가장 중요한 내 · 외부 집단을 대상으로 그 구성요소들을 목록화하는 것이다. 이 단계를 조직관련 핵심 이해관계자들을 규명하는 것이라고도 한다. 여기에는 고객, 종사자, 투자자, 규제자, 공중이 포함될 수 있다. 이런 이해관계자 분석(stakeholder analysis)은 보통 각 부서의 핵심인사들과의 면접과 회사의 대외 커뮤니케이션에 대한 내용분석을 통해 이루어진다.

두 번째 단계는 이들 각자가 그 조직체를 어떻게 보고 있는지를 알아보는 것이다. 즉 기업이미지 연구를 수행하는 것으로 수용자 성원들 대상 서베이 조사인 셈이다. 여기서 묻는 질문에는 그 조직체에 대한 태도나 인식을 물론이고 조직체와의 친밀도를 측정하는 것이다(응답자가 그 회사의 로고를 인지할 수 있는가, 생산하는 제품이 무엇인지 확인할 수 있는가, 사장의 이름을 기억하는가 등).

그 과정에 평가척도를 자주 이용한다. 가령 [그림 16-2]와 같이 쌍을 이루는 형용사들

이상적인 전력회사

좋다	___	___	___	___	___	___	___	나쁘다
관심 없다	___	___	___	___	___	___	___	관심 있다
민감하다	___	___	___	___	___	___	___	둔감하다
냉정하다	___	___	___	___	___	___	___	따뜻하다
크다	___	___	___	___	___	___	___	작다

[그림 16-2] 전력 회사에 대한 지각 유도용 의미분별 척도

이상적인 전력회사와의 비교

좋다	O	___	X	___	___	___	___	나쁘다
관심 없다	___	___	___	___	___	X	O	관심 있다
민감하다	O	X	___	___	___	___	___	둔감하다
냉정하다	___	___	___	___	___	X	O	따뜻하다
크다	X	O	___	___	___	___	___	작다

[그림 16-3] PR 감사의 예(이상적인(O) 전력회사와 실제적인(X) 전력회사의 프로필)

로 된 7점 척도를 준비한 뒤, 응답자들이 이상적인 전력회사의 이미지를 상정하고 그 회사를 척도를 통해서 평가하라고 요구한다. 그 다음에는 특정 전력회사에 대해 동일한 척도를 이용하여 평가해달라고 한다. 그리고 각 척도의 평균 점수를 표로 만들어, 지그재그 선으로 평균을 연결해서 총체적인 프로필을 만들어 본다. [그림 16-3]은 이상적인 전력회사의 입지는 O, 실제 전력회사의 입지는 X로 보여주고 있다. 2개의 선을 비교해 봄으로써 연구자는 조사 연구대상인 전력회사가 이상형에 미치지 못하는 영역이 어딘가를 쉽게 찾아낼 수 있다. 전체 이미지 연구는 PR 캠페인을 시작하기 전에 할 수도 있으며 캠페인을 마무리 지으면서 그 효과를 평가하기 위해 다시 할 수도 있다. 인터넷 검색을 해보면, 여러 마케팅 회사들이 PR 감사서비스를 제공한다는 것을 알 수 있다.

요컨대 PR 감사는 최근 PR 과정이 조직의 목표를 얼마나 잘 충족시켰는지를 평가한다. 이는 PR 프로그램에 있을 수 있는 문제들을 발굴하는 데 귀중한 도구다.

(3) 커뮤니케이션 감사

커뮤니케이션 감사(communication audit)는 PR 감사와 비슷하나 그 목적의 범위가 좁다. 즉

여기서는 회사 전체의 PR 프로그램보다는 한 조직이 대내 · 외적으로 어떤 커뮤니케이션 수단을 이용하느냐에 관심을 갖는다.

코펙(Kopec, n.d.)에서는 내 · 외부 커뮤니케이션 감사를 수행하는 절차를 단계별로 제시하고 있는데 다음 내용은 내부 검사에 해당한다.

① 커뮤니케이션 문제를 정확하게 파악하기 위해 최상위 경영진과 면접한다.
② 해당 조직체의 모든 간행물과 다른 커뮤니케이션 도구들 중에서 표본을 추출해내용을 분석한다.
③ 종업원들을 대상으로 회사 내 커뮤니케이션에 대한 태도를 연구하기 위해 포커스그룹과 심층 면접을 실시한다. 여기서 얻어진 정보를 토대로 서베이용 설문을 만든다.
④ 서베이를 실시한다.
⑤ 분석한 결과를 종업원들에게 보고한다.

외부 커뮤니케이션 감사도 동일한 절차를 밟지만, 수용자(고객) · 주주 · 기타 외부 집단을 대상으로 포커스그룹 · 면접 · 서베이를 실시한다.

바호니(Vahouny, 2009)는 커뮤니케이션 감사에 포함될 수 있는 항목을 다음과 같이 제시한다.

- 커뮤니케이션 계획 및 정책 검토
- 커뮤니케이션 구조 및 스태프 구성에 대한 검토
- 커뮤니케이션 수단에 대한 분석
- 중견 관리직, 커뮤니케이션 스태프 및 기타 주요 구성원과의 면접
- 뉴스 매체 분석
- 수용자 서베이
- 강점과 약점에 대한 평가

열독률 서베이 조사는 얼마나 많은 사람들이 사보나 연차 보고서 같은 회사 간행물을 읽는지 그리고 그 안에 포함된 메시지를 얼마나 기억하는지를 측정하기 위해 설계된다. 그리고 그 결과는 회사 간행물의 내용, 외형, 배포 방법들을 개선하는 데 이용된다. 예를 들어 스파크(Sparks, 1997)는 회사의 뉴스레터가 얼마나 큰 효용성을 갖는지 알아보기 위해 종사자들과 은퇴자들의 태도를 측정하였다. 그에 따라, 그 독자들이 개

선되었으면 하는 영역이 무엇인지가 몇 가지 밝혀졌다.

마요클리닉(Mayo Clinic)은 〈임바디헬스(Embody Health)〉 뉴스레터 독자 7,000여명을 대상으로 서베이를 실시하여, 그들 중 68%가 쟁점 관련 기사 전부를 읽고 72%가 가족 및 친구들과 해당 뉴스레터를 공유한다는 사실을 알아냈다(Mayo Clinic, n.d.).

독이성 연구는 회사의 종사자 대상 출판물이나 언론사 보도자료 내용들이 얼마나 쉽게 읽히는가를 평가하는 데 도움이 된다. 갈리아노(Galiano, 2010)는 마이크로소프트 워드(Microsoft Word)의 플레쉬-킨케이드(Flesch-Kincaid) 도구를 활용하여 DIY(Do-it-yourself) 신문 독이성(readability) 검사를 제공하고 있다(13장 참조).

(4) 사회 감사

사회 감사(social audit)는 한 조직체의 사회적 성과, 즉 조직에 주어진 공적 책임을 얼마나 충실히 수행하고 있는가를 측정하기 위해 설계된 소규모 환경 모니터링 프로그램이다. 이 감사에서는 소수 인종 고용, 청결한 환경의 유지 및 고용자의 안전과 같이 회사가 약속한 사회 활동 프로그램의 준수 여부를 알려준다.

사회 감사는 가장 새로운 형태의 PR연구고 또 가장 도전해볼 만한 연구영역이다. 현재 이 분야 연구자들이 관심을 가지고 연구하는 문제들로는 어떤 활동을 감사할 것인지, 자료수집은 어떻게 할 것인지, 프로그램의 효과는 어떻게 측정할 것인지의 문제 등이 있다. 그럼에도 불구하고 GE나 셀라니즈(Celanese)사 같이 몇몇 규모가 큰 회사들은 이미 상당한 정도의 사회 감사를 실시해오고 있다. 2000년에 유니레버(Unilever)사는 벤앤제리스(Ben & Jerry's)사를 인수하면서, 벤앤제리스사가 원래 약정했던 사회적 공약들을 그대로 준수하기 위해 사회감사를 실시할 것에 동의하였다.

2002~2003년 사이에 터진 여러 기업스캔들의 결과로 인하여 몇몇 회사들은 통합감사(integrity audits)를 수행하기 시작하였다. 이 통합 감사에서는 해당 기업의 윤리적 수준에 대해 종업원들과 일반 공중들이 어떻게 보고 있는가에 관심을 갖는다. 그 결과는 기업이 내건 가치와 실천이 합치하는지를 보여준다. 주요 영국신문인 〈가디언(Guardian)〉지에서는 기업의 업무수행이 기업의 핵심원칙으로서의 독립성, 자유주의, 불의노출 시 개입과 잘 조화를 이루는지를 알아보기 위해 사회감사를 실시했다. 여기서는 미션 충족 여부를 판단하기 위하여 독립적인 자문가들 및 독자를 대상으로 서베이를 실시하였다(Jaehnig & Onyebadi, 2011).

자세히 보기 〉〉 PR과 독이성

2011년 미국에서 칸탈루프 리스테리아균으로 식중독이 발생했을 때, FDA(Food and Drug Administration)과 USDA(Dep. of Agriculture)에서는 이를 경고하는 정보를 제공하는 가운데 해당 웹사이트 내용도 정비하였다. 이런 절차를 밟은 것은 정보를 웹사이트에 올릴 경우, 사이트를 접속한 개인들이 그 내용을 이해하고 지시대로 따라할 것이라는 점을 전제한 것이다. 그러나 모든 사람들이 이해할 수 있는 방식으로 작성된 웹사이트 메시지라는 것이 과연 존재할까? 이는 PR 연구자 노박과 비스컵(Novak & Biskup, 2011)이 제기한 질문이다.

이들은 2008년 1월부터 6월까지 FDA와 USDA에 게시된 경고문과 보도자료 88건을 수집하였다. 그리고 해당 메시지들을 플레쉬(Flesch)의 독이성(Reading Ease) 척도, 그루닉(Gunning)의 포그 지수(Fog Index), SMOG 지수(13장을 참조) 등과 같은 독이성 측정도구들을 이용하여 분석했다. 이 측정도구들을 이용할 경우 해당 메시지의 독이성 등급 추정이 가능하다.

분석결과 두 기관 모두, 세 가지 척도에서 경고문과 보도 자료의 독이성 수준이 상대적으로 높은 수준인 약 12등급으로 비교적 높은 수준을 유지하고 있는 것으로 나타났다.

이런 결과를 보고 저자들이 내린 결론은 "(이들 메시지들은) 미국 인구 거의 반의 독이성 수준보다 더 높은 등급의 수준으로 만들어진 것이다. … 그러므로 공중으로서는 '위기와 관련된 커뮤니케이션 내용'을 이해하고 거기에 맞는 대처 행위를 하기가 어려웠을 것이다"이다.

이 연구를 통해 우리는 특정 메시지가 해당 수용자의 수준에 맞추는 것이 얼마나 중요한가를 다시 알 수 있다. 위기가 지속되는 기간에는 관련된 커뮤니케이션 내용이 수용자가 이해할 수 있게끔 되어 있는가가 무엇보다 우선이라는 것이다.

2) PR 프로그램의 계획

다양한 방법으로 환경 모니터링을 실시해서 정보를 얻은 다음 단계는 그 정보를 해석해서 문제들을 도출하고 체계적인 PR 프로그램을 만드는 일이다. 예를 들어 PR 감사를 통해 핵심 이해관자그룹들의 요구 사항을 알게 되었다면 각 그룹을 만족시키는 행동 목표를 설정하는 것이다. 고객관련 행동 목표는 가끔 이용하는 손님을 충성도 높은 단골고객으로 변화시키는 것일 것이다. 투자자 대상 목표는 소규모 투자자들로 하여금 주식구매를 늘리는 일일 것이다.

가령 미국 국방부가 실시한 환경 모니터링에서 신병 모집률이 낮아지고 있으며 젊은 세대의 군에 대한 태도가 부정적인 것으로 나타났다. 그래서 국방부가 신병 모집을 늘리기 위한 프로그램을 PR 대행사에게 요구하였다. 첫 단계는 국방부가 당면한 PR 문제가 무엇인지를 찾아내는 일이었다. 서베이와 포커스그룹 조사를 실시한 결과, 젊은 세대는 본인들이 지향하는 가치가 독립과 개인주의인데 반해 군대에서는 그런 가치들

자세히 보기 〉〉 연간 보고서 분석

큰 회사의 최고경영진일수록 회사의 연간 보고서가 어떻게 활용되는지에 매우 관심 있어 한다. 따라서 연간 보고서에 대한 반응을 분석하는 데 5만 달러 이상을 쓰는 경우가 보통이다.

이 별로 강조되지 않고 있다고 보는 것으로 나타났다. 오히려 군대는 권위적으로 억압적인 것으로 보고 있었다. 17~20세 사이 젊은이들의 군대에 대한 이미지는 '고함치는 장군들', '팔굽혀 펴기(push-up)', '관심 없음' 중 하나였다.

대행사는 이 정보를 토대로 새로운 마케팅과 PR 프로그램을 계획하였다. 2001년 프로그램에서는 이전 슬로건인 "될 수 있는 모든 게 되라(Be All You Can Be)"[역자주 1]를 개인의 개성을 강조하는 "유일한 해군(An Army of One)"으로 바꿨다. 대행사에서는 이 테마를 놓고 예비연구를 여러 번 시행하였다. 그리고 그중 하나를 선택하여 프로그램을 시작하였다. 신병 모집 확충이라는 프로그램 목표의 측정은 GoArmy.com의 히트 수와 프로그램용 전화인 아미800(Army 800)의 수신치로 이루어졌다("How Research Helps," 2001).

PR 프로그램은 2002년과 2003년도 신병모집 수준을 높이는 데 성공을 거두었지만, 또 다른 이해관계자 그룹(베테랑 국방관리들)으로부터 비판받았다. 이들은 프로그램 슬로건이 군대에서 강조하는 팀워크와 대치된다고 지적하였다. 그러자 2006년 국방부는 신병에만 초점을 맞춘 것이 아니라 신병 가족들을 대상으로 하는 '튼튼 해군(Army Strong)'이라는 캠페인을 도입하였다. 나아가 또 다른 캠페인 통로로 '미국 해군(America's Army)'이라는 컴퓨터 게임를 도입하여 온라인에서 무료로 이용가능하게 했다. 소셜 미디어도 캠페인에 포함시켰다. 즉 군인들이 이용하는 공식 블로그인 '튼튼 해군 이야기(Army Strong Stories)'를 개설하여 이를 페이스북(Facebook), 트위터(Twitter)와 통합했을 뿐만 아니라 앱도 만들었다. 그 캠페인의 효과는 기대를 넘어섰다. 시작한 해인 2010년에 100만 명 이상이 방문했는데 이는 2009년에 비해 250% 증가한 것이다("Weber Shandwick wins best use of social media", 2011).

부가적으로 5장에서 논의한 질적 기법들도 프로그램 기획 단계에서 이용할 수 있다. 예를 들어 보험회사인 스테이트 팜(State Farm)사에서는 미국에서 가장 위험한 교차로 10곳을 알리기 위한 캠페인을 시행하였다. 소비자들에게 그 취지가 쉽게 전달될 수 있는 캠페인 이름을 짓기 위해 많은 포커스그룹 연구를 실시하였다. '위험한(deadly)', '사고나

역자주 1 의역하자면, 해군에서 네 꿈을 모두 이루어라.

기 쉬운(crash-prone)', '유해한(hazardous)' 등과 같은 형용사를 놓고 조사한 결과 포커스그룹 참여자들은 '위험한'이라는 형용사를 가장 적합한 것으로 선정하였다. 최종적으로 이 보험회사에서는 그 캠페인 이름을 '10개의 가장 위험한 교차로(The Ten Most Dangerous Intersection)'이라고 명명하였다. 그리고 '10개의 가장 위험한 교차로' 목록에 포함된 위험한 교차로들에 대해서 해당 지역 관리들을 어떻게 반응하는지를 심층 면접하였다. 그 결과 대부분의 관리들이 교차로의 위험성 문제를 다시 생각하게 만들었기 때문에 그런 홍보를 환영하였다(Rusell, 2000).

기획단계에는 어떤 미디어가 그 프로그램을 전달하는 데 가장 효과적인가를 결정하기 위한 연구도 포함된다. 이 연구에는 기초적으로 다양한 미디어를 대상으로 도달범위, 빈도, 수용자의 인구학적 특성 등이 포함된다.

두 번째 유형의 미디어 연구는 **미디어 감사**(media audit)다. 미디어 감사는 기자, 편집자 그리고 여타 미디어 종사자들을 대상으로 그들이 선호하는 기사와 PR 대행사 고객들에 대한 인식 등을 서베이한다. 대부분의 미디어감사 서베이에서는 50~75명 사이의 미디어 전문가를 접촉한다("Media Audit," 2000). 예를 들어 선도적인 텔레컴 시장조사회사들 중 어느 한 회사의 PR 부서에서는 상업(매매) 관련 16개 간행물 소속 기자들을 대상으로 미디어 감사를 시행하였다. 서베이 결과, 기자들은 그 조사회사에 대해서나 그 조사회사가 하는 일에 대해 잘 모르고 있었다. 그 조사회사가 제공하는 기업관련 정보 중에서 가장 얻기 원하는 정보 유형이 무엇인지를 물어본 결과, 기자들은 사례연구 형태를 가장 선호하였다. 그 결과를 받아들여 그 조사회사는 〈USA 투데이(USA Today)〉 같은 전국지(national publication)와 업계지(trade publication) 기사를 배치할 수 있도록 그 회사의 PR 접근방식에 변화를 도모하였다("Score Big Hits," 2001).

아담스(Adams, 2002)는 플로리다 언론인들을 대상으로 미디어 감사를 시도하고 보도 자료를 평가하는 과정에서 '지역주의(localism)'가 별로 중요하게 고려되고 있지 않음을 알아냈다. 기자들은 보도 자료를 평가할 때 뉴스가치와 흥미 있는 기사, 이 두 요인을 가장 중요하게 고려하고 있었다. 아울러 기자들의 큰 불만은 PR 실무자들이 접촉하는 간행물에 대해서 잘 모르면서 실무를 담당하고 있다는 점이었다. 레딩험과 브루닉(Ledingham & Bruning, 2007)은 또 다른 사례를 제공한다. 비교적 최근의 미디어 감사에는 대규모 페이스북이나 트위터 수용자들는 물론 파워 블로거들과 개인들까지 포함시키고 있다(Bruell, 2011).

3) PR 프로그램의 실행

실행에서 가장 일반적인 연구 유형은 PR 프로그램을 전개하는 과정에 투입되는 노력들을 모니터링하는 것으로 구성된다. 가장 자주 이용되는 세 가지 모니터링 방법은 **게이트키핑 연구**(gatekeeping study)와 **산출 분석**(output analysis), **평가조사**(evaluation research)이다.

(1) 게이트키핑 연구

게이트키핑 연구는 언론사 배포용 보도 자료와 비디오 뉴스의 특성을 분석해서 어떤 뉴스가 게이트를 통과해서 미디어에 등장하는가를 분석한다. 내용과 스타일 요인이 주요 분석 대상이다. 예를 들어 모턴과 와렌(Morton & Warren, 1992)은 신문사 내 게이트키퍼들은 어떤 유형의 삽화를 선호하는가를 연구한 결과 발행부수가 작은 신문들이 현재 살고 있는 도시와 관련된 사진들을 좋아한다는 사실을 발견하였다. 월터스와 동료들(Walters, Walters, & Starr, 1994)은 보도자료 원본과 인쇄본의 문법과 구성의 차이를 비교하였다. 그 결과, 신문사 편집자들은 주로 보도자료 문장을 짧게 줄이고 읽기 쉽게 만든다는 사실을 발견하였다. 홍(Hong, 2007)은 보도 자료의 뉴스가치가 자료 이용 여부의 강력한 예측요인이기는 하지만, 기사를 크게 부각시키는 것과는 관련이 없다는 것을 보고하였다.

가첸(Gaschen, 2001)은 TV방송사들을 대상으로 VNR(비디오뉴스 보도자료)의 이용에 대한 서베이를 실시해서 전체를 패키지로 가져다쓰기보다는 기사와 관련된 부분만을 이용한다는 사실을 발견하였다. 하몬과 화이트(Harmon & White, 2003)는 미국 전역에 걸쳐 4,000번 이상 방송된 14개의 VNR을 분석하였다. 분석 결과, 대부분의 VNR이 초저녁 뉴스에 이용되었으며 어린이나 건강 관련 VNR이 가장 많은 노출빈도를 기록하는 것을 알 수 있었다. 젠센과 동료들(Jensen, Coe, & Tewksbury, 2006)은 VNR을 외부 조직의 산물로 명명하더라도 그것이 해당기사나 리포터, 또는 뉴스 산업의 공신력 판단에 영향을 주지 않는다는 점을 발견했다. 코놀리-아헌과 동료들(Connolly-Ahern, Grantham, & Cabrera-Baukus, 2010)은 VNR이 정부 대행사로 여겨질 때와 그렇지 않을 때의 VNR 공신력 평가 점수를 비교했다. 그 결과 공신력이 VNR의 소속은 어떻게 여기는지의 영향은 받지 않지만, 당파심(partisanship)의 영향은 받는다는 것을 발견했다.

(2) 산출 분석

린든먼(Lindenmann, 1997)은 산출(output)을 '특정 PR 프로그램이나 활동이 거둔 단기적 내지 즉시적 결과들'이라고 정의한다. 산출 분석에서는 그 조직체가 다른 사람들에게 스스로를 얼마나 잘 드러내고 있는지, 조직체가 받은 노출량이나 주목도를 측정한다. 산출 분석에는 여러 가지 방법을 쓸 수 있다. 그 한 방법은 대상 매스미디어에 등장하는 기사나 논설 수 전체를 측정하는 것이다. 덧붙여 기사의 논조도 측정할 수 있다. PR 캠페인이 많은 기사를 낳았다고 하더라도 그것들이 조직체에 부정적인 경우 그 캠페인은 긍정적인 보도를 가져온 캠페인보다 훨씬 유용하지 않다. 또한 연설할 약속, 백서, 특정 PR 이벤트에 참석한 사람 수와 같은 미디어 밖의 산출도 측정할 수 있다. 블로그와 소셜미디어에서의 언급들(mentions)을 모니터하는 것이 지난 몇 년 사이 점점 더 중요해지고 있다.

린든먼(2003)은 산출 분석의 몇 가지 유형을 목록으로 만들었다. 예를 들어, 전통적인 내용분석을 이용하여 미디어에 등장하는 기사 유형(뉴스, 피쳐, 사설, 블로그 멘션 등), 정보원(보도자료, 언론 간담회, 사건), 노출정도(인쇄미디어의 칼럼인치, 전자미디어의 방송시간, 유튜브(YouTube)의 검색 수, 웹사이트의 히트 수, 페이스북(Facebook)의 "좋아요(likes)" 수 등), 공식 인용과 같은 주제 변인들, 보도된 쟁점, 경쟁자 관련 보도량 등을 측정한다. 나아가 좀 더 섬세한 질적 내용까지 분석 가능하다. PR연구자들은 기사의 논조가 긍정적인지 아니면 부정적인지, 균형적인지, 바람직한지 여부 등을 판단할 수 있다. 린든먼이 지적한 것처럼, 이런 유형을 분석하려면 긍정과 부정을 평가하기 위한 명확한 기준을 정의해놓아야 한다.

이런 산출 분석을 사이버 공간으로까지 확장할 수 있다. PR 캠페인에 영향을 줄 수 있는 웹사이트나 채팅룸, 포럼, 뉴스 집단 등에서 관련 회사가 어떻게 묘사되고 있는지를 분석하는 것이다. 회사 웹사이트의 히트 수와 부가적인 정보를 얻기 위해 사이트를 방문한 사람 수나 피드백 포럼 참가자 수 또한 측정 가능하다.

산출 분석에서는 특별 이벤트와 시사회 참석과 같은 비미디어적 활동도 연구할 수 있다. 참석자들은 현장 참여 형태와 영향력 수준별로 분석할 수 있다. 또한 배포용 홍보 자료 수와 이벤트 관련 면접한 사람 수나 연설회 수 등을 표로 만들 수 있다.

산출 분석의 또 다른 국면은 PR 캠페인 관련 모든 노출 건수를 측정하는 일이다. 이 측정은 얼마나 많은 사람들이 PR 메시지에 노출되었는가를 알아보기 위해 캠페인 관련 기사가 등장한 미디어들의 도달률과 빈도를 계산하는 것으로 이루어진다(14장, 15

장 참조). 인쇄물의 도달률은 대개 전체 발행부수를 기본으로 계산된다. 예를 들어 PR 캠페인 관련기사가 게재된 〈샌프란시스코 크로니클(San Francisco Chronicle)〉 지의 발행부수가 약 200,000 정도라면 그 기사는 200,000번의 노출 또는 기회를 생기게 하였다고 볼 수 있다. 만약 기사가 2개라면 400,000번의 노출을 발생시킨 셈이다. 나아가 그 인상 중 PR의 목표 집단에 해당되는 노출은 어느 정도인지에 대한 분석도 MRI와 닐슨(Neilsen)사 같은 회사들이 수집해서 제공하는 미디어 수용자 자료를 이용하면 분석 가능하다.

이와 같은 노출을 이용하는 데서 발생하는 문제는 연구자들이 몇 가지를 사전에 가정하고 분석해야만 한다는 점이다. 즉 발행부수 보고에 포함된 모든 독자는 캠페인 관련 기사를 실제로 다 읽었으며 또한 모두가 다 그 회사 웹사이트를 방문한 것으로 가정하고 분석에 들어간다. 그 연관성 여부에 대하여 브로디(Brody, 2003)는 다음과 같이 지적하고 있다. 특정 시장 내 가구의 60%가 보는 신문에 기사화된 보도 자료를 독자의 50%가 주목했고 25%가 읽었다고 가정해보자. 이 경우 실제 노출률은 단지 7.5%(0.60×0.50×0.25)에 불과하다. 요약하면 위의 노출 측정 방법만으로는 '실제 노출'을 정확하게 측정할 수는 없고, 다만 도달 가능한 잠재적 수용자 크기가 어느 정도인지를 평가할 수 있을 뿐이다.

또 다른 측정 방법 하나는 **광고 환산가치**를 계산하는 것이다. 이는 조사 의뢰인을 위해 신문이나 잡지의 칼럼크기와 방송에서의 노출되는 시간(초 단위)을 측정하여 그것을 등가의 광고비용으로 전환시키는 것이다. 예를 들어 지역 TV 방송사가 30초 광고에 1,000달러를 요구한다고 가정해보자. PR 회사가 해당 방송사 뉴스에 90초 VNR을 배정하였다면 그 환산가치는 3,000달러가 될 것이다. 이 방법의 문제는 PR 회사가 해당 뉴스기사의의 내용이나 아이템을 통제할 수 없다는 데 있다. 해당 방송의 90초 뉴스스팟에서 의뢰인과 관련된 모든 레퍼런스 및 시각적 자료가 편집될 수도 있다. 결국 이 장의 서두에서 언급한 바르셀로나 원칙이 제시하고 있는 바와 같이, 효용성을 측정하는 데 있어서 광고 환산가치는 그리 유용하지 않다.

(3) 평가조사

평가조사는 프로그램의 기획, 실행, 그리고 영향력의 효과를 평가하는 과정을 말한다. 바스킨와 동료들(Lattimore, Baskin, Heiman, & Toss, 2011)은 평가가 프로그램 모든 단계를 다 포함해야 한다고 보았다. 이들이 제안한 평가 단계는 다음과 같다.

① 실행 체크　이 단계는 메시지가 의도한 목표 수용자에게 도달되고 있는가를 연구하는 단계이다.

② 진행 중 모니터링　캠페인이 시작된 직후 연구자는 프로그램이 원하는 대로 전개되고 있는지를 검사한다. 만약 의도하는 않는 결과가 나타나고 있거나 원래 목적과 달리 진행되고 있다면 프로그램은 수정되어야 할지 모른다.

③ 결과 평가　캠페인이 종료된 후 프로그램 결과를 평가하는 것이다. 얻어진 결과는 미래를 위한 변화를 제안하는 데 이용된다.

브룸과 도지어(Broom & Dozier, 1990)는 평가 연구를 현지실험(5장에서 논의한)과 비교하고 있다. PR의 캠페인은 실험처치와 비슷하고, PR의 목표 공중은 실험에서 피험자와 유사하다. 가능하다면 PR연구자들은 캠페인 효과를 다른 거짓 요인들로부터 분리시키기 위하여 통제집단을 구성하려고 노력해야 한다. 사전/사후검사를 실시하여 어떤 차이가 있는지도 연구해봐야 한다. 그러나 이들은 대부분의 현지실험연구처럼 PR 캠페인도 역동적인 상황에서 이루어지기 때문에 가외변인을 통제하기가 쉽지 않다고 지적한다. 따라서 PR 프로그램을 연구결과의 원인이라고 과학적으로 입증하기 어려울지도 모른다. 그러나 경영진 입장에서 보면 체계적인 평가연구가 프로그램의 효과를 알 수 있는 가장 유용한 증거가 된다.

위에서 언급한 세 가지 단계들 중 가장 중요한 것은 아마 결과 평가일 것이다. 미켈손과 스택스(Michaelson & Stacks, 2011)는 결과 평가를 위한 표준 용어(standard terminology)가 필요하다고 주장한다. 그들은 결과 평가에서는 인식(awareness), 지식, 연관성, 행위 및 옹호(advocacy) 같은 변인들에 초점을 맞추어야 한다고 제시한다. 인지 측정에는 자기 집행 혹은 면접 집행된, 겨냥된 혹은 그렇지 않은 회상 질문이 포함된다. 지식은 PR 캠페인에 포함된 사실들에 대해 묻는 일련의 문항들로 측정된다. 미켈손과 스택스는 "내가 아는 바에 따르면, 이 제품은 매우 좋다", "이 제품은 나랑 뭔가가 비슷한 것 같다", "내가 아는 바에 따르면 나랑 비슷한 것은 나에게 탁월한 선택이다"와 같은 진술을 평가하는 일련의 리커트 척도를 활용하여 연관성을 측정할 것을 추천한다. 행위에 대한 측정은 한 사람이 한 항목이나 서비스를 구매하는지 묻는 항목들이 포함된다. 이들은 "나는 이 제품/서비스를 친구나 지인들에게 추천할 것이다", "사람들이 이 제품/서비스를 이용하면 이로울 것이다"라는 진술문에 대한 리커트 척도 측정을 권유한다.

PR연구자들은 평가조사에 영향을 줄 수 있는 몇 가지 점들을 항상 주의해야 한다.

바스킨과 동료들(Baskin, Aronoff, & Lattimore, 1997)은 다음의 사항들을 조심해야 한다고 경고한다.

① 크기와 결과를 서로 혼동하는 일: 산출연구를 결과에 대한 연구로 혼동하는 경우가 여기에 해당한다. 엄청난 규모의 언론 기사들을 파일로 만들었다고 해서 그 파일의 크기가 기사의 영향력을 대변하지는 않는다.
② 추정을 측정으로 대체하는 일: PR실무자들은 직관이나 추정을 객관적인 측정으로 대체해서는 안 된다. 추측은 평가연구(어떤 연구든지)에 포함될 여지가 전혀 없다.
③ 대표성 없는 표본을 이용하는 일: 자의적 혹은 편의표본만을 가지고 분석하는 것은 오류를 범할 수 있다.
④ 지식과 태도를 혼동하는 일: PR 캠페인의 결과로 사람들이 더 많은 지식을 갖게 되었을지 모르다. 그렇다고 해서 지식의 증가가 곧 태도를 긍정적으로 변화시켰다는 것을 의미하지는 않는다.
⑤ 태도와 행동을 혼동하는 일: 4번 항목과 비슷하게, 호의적 태도가 곧 호의적 행동으로 이어질 것이라고 가정하는 것은 정확하지 않은 가정이다.

벤치마킹(benchmarking)은 영향을 평가하는데 이용하는 한 방법으로서 점차 대중성을 확보해가고 있다. 벤치마크란 특정 회사가 PR의 성과를 추적하는 데 이용하는 비교의 기준을 말한다. 즉 연구자는 캠페인을 시작하기 전 비교할 수 있는 기준을 마련한다. 비교기준은 현존 자료를 대상으로 해당 산업의 평균, 과거 성과 등을 참고해서 만든다.

그론스테드(Gronstedt, 1997)는 유럽의 최고 디자인회사가 수행한 연속적인 벤치마킹 조사를 소개한다. 그 회사는 매년 종업원들을 대상으로 "내 직장은 능력 발휘에 잘 맞는다", "현 직장은 기술을 발전시킬 수 있는 충분한 기회를 제공해주고 있다" 등과 같은 질문내용으로 서베이를 실시하였다. 그 후 종업원들의 응답치를 40개국 이상의 나라의 다른 종업원들을 대상으로 한 대규모 서베이 결과로부터 계산해낸 평균치와 비교하였다.

IPR(Institute for Public Relation)의 웹사이트에 가면 평가조사와 관련된 많은 논문들이 있다(www.instituteforpr.org/topic/measurement-and-evalation/).

4) PR과 질적 방법

PR연구에서 질적 기법의 이용이 인기를 더해가고 있다. 데이몬과 할로웨이(Daymon &

Holloway, 2002)는 이렇게 인기를 더해 가게 된 배경 중 하나로 PR 실무자의 관심이 기존의 일방적 커뮤니케이션과 통제에서 대화와 협조를 얻는 방향으로 바뀐 데 있다고 보았다. 조직체들이 대화해야 할 상대를 찾아내고, 그들로부터 듣고 그들을 이해하는 데는 질적 방법이 가장 적합하다.

PR실무자들이 이용하는 질적 방법들은 5장에서 언급한 방법들과 다르지 않다. 예를 들어 위글레이(Wrigley, 2002)는 PR산업 내 "(여성이나 소수파의) 승진을 막는 보이지 않는 장벽"에 대해 여성들이 어떻게 보는지를 연구하는 데 포커스그룹을 이용하였다. 레버와 동료들(Reber, Cropp, & Cameron, 2003)은 노포크사우던(Norfolk Southern)사와 콘트레일(Contrail)사의 적대적 경영권 취득이 갖는 PR적 의미를 연구하기 위해 사례연구를 수행하였으며, 바단(Bardhan, 2003)은 인도 내 PR의 문화적 상황 연구에서 심층 면접을 실시하였다.

그러나 다음의 두 가지 특수한 질적 방법, 즉 중요사건 기록법과 담론분석이 더욱 대중성을 확보해가고 있다.

(1) 중요사건 기록법

중요사건 기록법(critical incident technique)은 심층 면접과 사례연구의 조합이다. 이 방법의 가장 큰 가치는 연구자가 관련 당사자들의 관점에서 가장 중요하다고 정의한 사건에 대해 심층적인 정보를 수집할 수 있다는 점이다. 중요한 사건이나 관찰자가 보기에 행위의 목적이나 의도가 명료한 사건으로 결과가 명확하다. 나아가 그 사건은 시작과 끝이 분명하고 연구자가 그 사건에 대한 상세한 설명을 확보할 수 있어야만 한다.

일반적으로 중요사건 분석은 다음의 특징을 포함한다.

- 특별한 사건이나 현상에 집중한다.
- 그 현상을 경험한 정보제공자로부터 상세한 내용의 이야기식 설명을 얻어낸다.
- 이들 설명 내용을 분석하는 데 내용분석을 활용한다.
- 내용분석 결과를 토대로 해석의 주제를 도출한다.

가장 평범한 방법은 긍정적 사건과 부정적 사건을 동시에 묻는 것이다. 존슨(Johnson, 2002)은 라스베가스의 거대 호텔과 카지노 고객들을 대상으로 고객들의 경험이 갖는 PR적 의미를 연구하는 데 중요사건 기록법을 이용하였다. 먼저 고객들에게 거기서 체류하는 동안 가장 만족했던 일과 불만스러웠던 일이 무엇이었는지를 물었다. 그 다음

종사자들에게도 똑같이 묻고 고객의 입장에서 답할 것을 요구하였다. 그리고 그 응답들을 주요 주제별로 범주화하고 분석하였다. 그 결과를 토대로 경영진에서는 고객들을 대상으로 한 PR의 개선을 강조할 수 있었다. 중요사건기록 분석을 더 상세하게 알고 싶으면 슈웨스터(Schwester, 2012)의 저서를 참조하기 바란다.

장 · 단점

이 기법의 주요한 장점은 관련된 당사자의 눈으로 본 실제 세계의 사건들에 연구가 집중한다는 점이다. 나아가 수많은 서로 다른 중요한 사건들이 연구되고 비교될 수 있기 때문에 그 과정에서 PR의 작용에 대한 좀 더 이론적인 이해와 더 나은 PR실무 공식을 유도해낼 수 있다. 이 기법의 제한점은 자료를 정보제공자의 기억에 의존해야만 한다는 점이다. 사람에 따라서 좀 더 상세하게 기억하는 경우도 있고, 선택적 지각 때문에 왜곡된 기억을 가질 수도 있다. 따라서 이 기법을 이용하는 연구자는 수집한 정보의 신뢰도 여부를 고려해야 한다. 두 번째 제한점은 중요사건의 본질적 특성에서 기인하는데, 특히 부정적 이벤트와 관련된 사건인 경우가 더욱 그렇다. 가령 종업원이라면 그들이 일하는 조직체나 상사들을 나쁘게 표현해야 하는 정보를 폭로하는 데 주저할지 모른다. 연구자는 중요사건 분석과정에서 본의 아니게 알게 된 정보의 기밀성 유지에 관한 윤리적 기준을 세워놓아야만 한다(3장 참조).

(2) 담론분석

담론분석(discourse analysis)은 최근 들어 PR 커뮤니케이션 연구에 이용되고 있는 분석방법이다. 과도한 단순화의 위험이 있음에도 불구하고 담론분석은 언어조직을 구문이나 문장을 넘어선 분석 수준에서 연구한다. 전체 대화나 문자로 쓴 메시지와 같이 좀 더 큰 언어적 단위에 집중한다. 또한 담론분석은 언어가 어떤 사회적 상황 아래서 사용되었는지 그리고 사람들이 서로의 메시지를 어떻게 이해하는지 등에 관심을 갖는다. 반 뒤크(van Dijk, 1997)가 요약한 것처럼 담론분석은 누가, 어떻게, 왜, 언제 언어를 사용하는지를 연구한다.

데이몬과 할로웨이(2002)는 담론분석을 이용하는 연구자들은 언어의 세 가지 측면을 분석한다고 제시하고 있다.

① 사용된 언어의 형태와 내용

② 사람들이 아이디어나 신념을 커뮤니케이션하기 위해 언어를 사용하는 방법

자세히 보기 〉〉 문의연구

린든먼(Lindenman, 2006)은 PR 실무자들에게 또 다른 유형의 질적 연구, 즉 문의연구를 제안한다. 문의연구란 다양한 범위 및 유형의 임의 문의들을 체계적으로 검토 · 분석하는 것인데, 이 문의들은 조직이 커뮤니케이션하는 주요 공중집단이 임의로 문의한 것이다. 이러한 연구는 전통적인 내용분석이 아니면, 전화 또는 온라인 면접을 통해 가능하다. 예컨대 어떤 조직이 그 조직이 구하는 배경, 정보 · 표본, 또는 판촉 자료들과 연계된 사람들을 면접하면 이득을 얻을 수도 있다. 물론 그러한 집단 사람들은 자기선발적 · 비과학적 표본이긴 하지만, 조직이 도달하고자 하는 최우선 목표 수용자 정보를 이들에게서 받을 수 있다.

③ 언어 사용 방법에 영향을 주는 제도적, 조직적 요인들

담론분석에서 자료수집은 연구대상 문제와 관련된 텍스트와 메시지 사례들을 모으는 것이다. 여기에는 회사대표의 연설문, 보도자료, 내부 메모, 광고 등과 같은 기록들이 포함된다. 나아가 연구자는 핵심 정보제공자들과 면접을 통해 새로운 자료를 만들어낼 수도 있다.

담론분석을 수행하는 데 있어서 명확한 절차는 없다. 자료분석은 항상 텍스트 내의 핵심 단어, 주제. 표현, 패턴 등을 찾아내기 위하여 언어 분절들을 집중적으로 연구한다. 게다가 다양한 주장들이 어떻게 구성되고 주어진 언어 체계 안에서 어떻게 배열되는지를 연구하기 위해 수사학적 분석을 수행하기도 한다. 마지막으로 연구자는 언어가 사용되는 콘텍스트(상황), 즉 누가 메시지를 말하는지, 메시지를 둘러싼 환경, 의도한 대상 등과 같은 상황적 요인들에 특별히 관심을 기울인다.

레빈과 베렌즈(Levin & Behrens, 2003)는 나이키(Nike)사의 대내 · 외적 커뮤니케이션에 대한 담론분석을 실시하였다. 그들은 의미론적 연상, 대립, 분해, 장르 조작, 대명사 선택, 난독화, 편향, 발화 행위, 제한된 스타일, 메타포 등과 같은 언어학적 구조를 분석하였다. 분석결과, 나이키의 명성이 최고였던 기간 동안 회사 발행물과 언론보도 내용은 긍정적인 수사적 표현이 더 우세하였음을 발견하였다. 그러나 이 회사가 부당한 노동행위로 제소당하면서 이런 경향은 변화하였다. 언론들은 긍정적인 묘사를 표기하기보다는 부정적인 이미지를 낳는 언어적 장치들을 이용하였다. 한편 홀츠하우젠과 보토(Holtzhauzen & Voto, 2002)는 PR 전문가들을 대상한 면접 내용을 담론분석했다. 그 결과, 많은 내용이 포스트모던 가치들을 강조하고 있음을 발견하였다. 브룩스와 웨이

머(Brooks & Waymer, 2009)는 남아메리카 기업인 CIC(Crystallex International Corporation)의 광산업 운영을 검증하는 데 담론분석을 이용하였다. 그들은 이 기업이 배포한 보도자료 아카이브, 베네수엘라 신문들의 뉴스, 광고 아카이브, 광산 미디어 아카이브에 보존된 자료들을 찾아 분석하였다. 그리고 이 기업의 PR 활동이 기업의 사회적 책임을 강조하면서 개선되었다는 사실을 발견하였다. 마지막으로 월시와 맥알리스터-스푸너(Walsh & McAllister-Spooner, 2011)는 영국 타블로이드지에서 마리화나를 피는 사진이 게재된 뒤 마이클 펠프스(Michael Phelps, 세계적 수영선수)의 이미지를 회복시키려는 목적으로 전개된 PR 캠페인을 분석했다. 그들은 이 캠페인이 성공적인 결과를 만들어내기 위하여 굴욕, 속죄, 보강과 같은 테마들을 이용했음을 알아냈다.

장 · 단점

담론분석은 매우 다양한 상황과 주제들을 연구하는 데 이용될 수 있다. PR연구자들로서는 이 방법을 통해 다른 방법으로는 잘 드러나지 않는 특정 조직체의 이미지와 커뮤니케이션 실천에 중요한 태도와 인식들을 깊게 드러낼 수 있다.

한편 담론분석을 수행하기 위해서는 많은 시간과 노력이 들어간다. 이 방법의 두 번째 약점은 단지 언어에만 집중한다는 점이다. 언어가 PR 실행에 중요한 요인이기는 하지만 전체를 말해주지는 않는다. 따라서 담론분석은 관찰이나 포커스그룹 인터뷰와 같은 다른 질적 방법들의 도움을 받아야만 한다.

03 PR연구: 인터넷과 소셜미디어

PR 영역에서의 최신 연구들 대부분이 인터넷과 소셜미디어에 초점을 맞추고 있다. 구체적으로 그 연구들은 다음의 네 가지 영역, 즉 ① 인터넷과 소셜미디어에 대한 PR실무자들의 태도, ② PR 영역에서의 소셜미디어 역할, ③ PR용 웹사이트들의 특성, ④ 유용성 연구로 세분화될 수 있다.

연구의 첫 번째 범주는 장의 서두에서 언급했던 자기성찰조사(introspective research)의 한 분야다. 여러 연구들은 PR 전문가들이 인터넷의 다양한 측면을 이용하는 것에 대해 어떻게 느끼는지를 분석하려고 한다. 예를 들어 라이트와 힌슨(Wright & Hinson, 2009)은 실무자 대상 서베이를 실시하였는데, 응답자의 73%가 블로그가 소속된 PR 조직의 소통 방식을 변화시켰다는 점에 동의하고 있으며, 71%는 블로그를 전통미디어에 대한 감시견으로 느끼고 있었다. 아울러 25%는 소속회사가 블로그 내용을 조사하는 데 관심을 기울여야 한다고 대답하였다. 이리치와 동료들(Eyrich, Padman, & Sweetser, 2008)은 PR 전문가들을 대상으로, 18가지 소셜미디어 도구에 대한 채택 여부와 소셜미디어가 PR을 어떻게 변화시키는지에 대한 지각 등에 대해 서베이를 실시하였다. 보다 최근에 스윗서와 켈허(Sweetser & Kelleher, 2011)는 PR실무자들의 소셜미디어 이용을 예상하는 데 있어 내적 동기가 중요 요인임을 발견했다.

소셜미디어가 PR 활동 전 영역에 걸쳐 어떻게 작동하는지를 기술하는 연구들이 새롭게 부상하고 있다. 워터스와 동료들(Waters, Burnett, Lamm, & Lucas, 2009)은 페이스북에 있는 비영리 PR조직의 프로필 275건을 분석하여 대부분이 해당서비스를 소셜네트워킹화 하는 데서 오는 장점을 이용하고 있지 않다는 사실을 발견했다. 리발코와 셀처(Rybalko & Seltzer, 2010)는 〈포춘(Fortune)〉지 선정 500개 기업이 이해관계자들과 소통할 때 트위터를 어떻게 이용했는지를 분석하였다. 930건의 개인 "트윗들(tweets)"을 대상으로 분석한 결과, 의견과 아이디어의 교환을 장려한 기업들이 그 회사가 제공하는 온라인상의 여러 창구들에 방문자들을 더 많이 끌어들인다는 사실을 발견하였다. 보보로누(Vorvoreanu, 2009)는 양적 접근을 활용했다. 그 결과, 대학생들은 페이스북(Facebook)을 통해 실시하는 기업의 PR활동에 대해 비우호적 태도를 지닌다는 것을 발견했다. 끝으로, 앞선 연구들과는 다른 관점을 취한 연구로서 라리시와 동료들(Lariscy, Avery, Sweetser, & Howes, 2009)의 연구가 있다. 이들은 비즈니스를 다루는 언론인들이 기사에 대한 아이디어를 얻는 데 소셜미디어를 어떻게 활용하는지 조사하였다. 그 결과, 해당 언론인들은 소셜미디어의 개념에는 동의하지만 실제 이용은 별로 하지는 않는다는 사실을 알아냈다.

또 다른 연구자들은 "위기 수습책(damage control)"이기도 한 소셜미디어의 이용에 대해 연구했다. 지난 십년 이상 많은 조직 및 개인들은 자신들의 명성을 손상시키는 위기상황에 직면할 때, 전통미디어 채널과 더불어 소셜미디어를 이용하여 손상된 이미지를 회복하고자 PR 전문가들에게 기대를 걸어왔다. 루와 동료들(Liu, Austin, & Jine, 2011)은 수용자 성원들이 소셜미디어보다는 전통적인 미디어를 통해, 방어적, 지지적, 회피적 위기반응들을 더 쉽게 수용하는 경향이 있음을 발견했다. 슐츠와 동료들(Shultz, Utz, & Goritz, 2011)은 메시지 전략이 메시지를 운반하는 매체보다 덜 중요하다는 사실을 발견하였다. 트위터를 이용한 위기커뮤니케이션은 블로그나 신문기사를 이용했을 때에 비해 부정적인 위기 대응을 더 적게 만든다. 김과 리우(Kim & Liu, 2012)는

2009년 돼지 독감 유행에 대한 반응으로, 13개 기업과 정부 기관들이 생산한 메시지들을 대상으로 내용분석을 실시했다. 그 결과 위기에 대응하는 데 전통적인 미디어보다 소셜미디어를 보다 자주 이용한다는 사실을 발견하였다.

PR 웹사이트들의 특성을 분석한 연구들도 많이 있다. 인겐호프와 코릭(Ingenhoff & Koelling, 2009)은 비영리조직 웹사이트를 분석하여 이들 사이트들이 상호작용적 특성보다 기술적이며 디자인적 측면을 강조하고 있다는 사실을 알아냈다. 힉슨과 톰슨(Hickeson & Thompson, 2007)은 위키(wiki) 건강 웹사이트를 분석했다. 그 결과, 위키가 다른 사이트들에 비해 대화적인 PR 기법을 많이 쓰는 경향이 있다는 것을 발견했다. 마지막으로 고메즈와 차메타(Gomez & Chalmeta, 2011)는 미국 기업 웹사이트의 기업적 책임에 대해 검토했다. 그 결과, 미국 기업 웹사이트들에서는 표상적인 특징들보다는 상화적인 특징들이 더 많이 발달해 있다는 것을 알 수 있었다.

마지막으로 유용성 연구가 있는데 여기서는 13장에서 논의한 유용성 연구와 유사한 방법을 이용한다. 보보로누(Vorvoreanu, 2008)는 이 방법을 웹사이트 경험분석(Website Experience Anaysis: WEA)이라고 표현한다. 이 방법은 연구 참여자들로 하여금 웹사이트를 이용하도록 하고, 그 경험에 대해 일련의 질문을 던져 조사하는 방식이다. 첫 인상이 중요하기 때문에, 연구자들은 참여자들이 홈페이지를 클릭하는 순간 내지는 웹사이트 접속 10초 후쯤에 우선 첫 인상에 대해 질문을 던질 수도 있다. 이 기법의 단점은 웹사이트 이용을 인위적인 환경에서 살펴본다는 점이다.

요약

PR연구는 PR 전 과정에 걸쳐 이루어진다. 환경 모니터링, PR 감사, 커뮤니케이션 감사, 사회감사 등은 PR 문제를 정의하는 데 이용된다.

계획 단계에서 양적 방법과 질적 방법들을 통해 다양한 PR 전략을 검증해볼 수 있으며 미디어 감사를 통해서는 캠페인에 가장 효과적인 미디어가 무엇인가를 알아낼 수 있다. 게이트키핑 연구와 산출 분석은 PR 프로그램의 실행 단계에서 이루어진다. 평가조사는 원래 설정한 목표가 달성되었는지를 평가하기 위해 캠페인 실시 전과 후에 이루어진다. PR연구에서도 이전보다 질적 연구방법의 이용이 더욱 보편화되고 있다. PR과 인터넷, 소셜미디어 간의 관계를 검증하는 것 또한 주요 연구영역이 되고 있다.

핵심용어

게이트키핑 조사(gatekeeping research)
결과 분석(outcome analysis)
광고 환산가치(advertising equivalency)
기초조사(basic research)
담론분석(discourse analysis)
미디어 감사(media audit)
벤치마킹(benchmarking)
사회 감사(social audit)
산출 분석(output analysis)
옴니버스 서베이(omnibus survey)
응용조사(applied research)
자기성찰조사(introspective research)
전략 연구(strategic research)
전조분석(precursor analysis)
중요사건 분석(critical incident analysis)
커뮤니케이션 감사(communication audit)
트리거 이벤트(trigger envet)
평가조사(evaluation research)
환경모니터링(environmental monitoring)
PR 감사(public relations audit)

인터넷 활용하기

이장에서 논의한 개념에 대해 더 많은 정보를 알아보려면, 인터넷에서 "환경적 스캐닝", "PR 감사", "옴니버스 서베이" 및 "바르셀로나 원칙"를 검색해보자.

1. www.pollingreport.com 이 사이트는 스스로를 미국 여론의 추세로부터 독립적이고 당파적이지 않은 정보원이라고 일컫는다. PR에 대한 많은 자료를 포함하고 있다.
2. www.prsa.org/awards/silveranvil/ TV 프로그램에 에미상(Emmy Award)이 있듯이 PR캠페인 분야에는 실버 앤빌상(Silver Anvil Award)이 있다. 이 사이트를 이용하면 역대 수상 캠페인들을 볼 수 있다. 방문자들은 캠페인이 계획되고 실행되고 평가되는 방법에서 연구가 어떠한 역할을 하는지 알 수 있다.
3. www.prsa.org PRSA(Public Relations Society of America)의 홈페이지는 연구자들에게 유용한 전문 정보 센터를 보유하고 있다.
4. www.instituteforpr.org 이 PR 단체는 연구와 교육 사업을 주로 하는 독립 재단이다. 이 사이트를 접속하면 PR연구와 직접적으로 관련된 글들을 볼 수 있다.

생각해볼 문제

1. 본인을 큰 자동차 회사의 PR 책임자라고 가정하고 환경 모니터링을 실시한다면 어떻게 할 것인지 설명해보자.
2. 사람들이 물을 절약하는 데 동참하도록 권유하는 PR 캠페인의 효과를 평가한다면 어떻게 평가할 것인지 말해보자.
3. 산출 측정과 결과 측정 사이의 차이는 무엇인가?
4. PR 분야에서 자기성찰연구를 상대적으로 많이 하는 이유는 무엇인가?

5. PR연구를 할 때 소셜미디어 메시지를 이용하는 것의 장·단점은 무엇일까?

이에 대한 추가적인 정보는 www.wimmerdominick.com이나 www.cengagebrain.com에서 찾아보자.

참고문헌 및 권유문헌

Adams, W. (2002). South Florida media audit challenges assumptions, reveals journalist complaints. *Public Relations Quarterly*, 47(1), 40–45.

Aldoury, L., & Toth, E. (2002). Gendered discrepancies in a gendered profession. *Journal of Public Relations Research*, 14(2), 103–126.

Barcelona declaration of measurement principles (2010). Gainesville, FL: Institute for Public Relations.

Bardhan, N. (2003). Rupturing public relations metanarratives: The example of India. *Journal of Public Relations Research*, 15(3), 225–248.

Brody, E. W. (2003). For public relations success, track results not messages. *Public Relations Quarterly*, 48(4), 37–38.

Brody, E. W., & Stone, G. C. (1989). *Public relations research*. New York, NY: Praeger.

Brooks, K., & Waymer, D. (2009). Public relations and strategic issues management challenges in Venezuela. *Public Relations Review*, 35(1), 31–39.

Broom, G. (2012). *Cutlip and Centers effective public relations*. New York, NY: Pearson.

Broom, G. M., & Dozier, D. M. (1990). *Using research in public relations*. Englewood Cliffs, NJ: Prentice Hall.

Bruell, A. (2011). PR's new best friend: Socialmedia-savvy journos. *Advertising Age*, 82(33), 63.

Bush, L. (2009). Student public relations agencies: A qualitative study of the pedagogical benefits, risks, and a framework for success. *Journalism & Mass Communication Educator*, 64(1), 27–38.

Connolly-Ahern, C., Grantham, S., & Cabrera-Baukus, M. (2010). The effect of attribution of VNRs and risk on news viewers' assessments of credibility. *Journal of Public Relations Research*, 22(1), 49–64.

Daymon, C., & Holloway, I. (2002). *Qualitative research methods in public relations and marketing communication*. New York, NY: Routledge.

Edwards, L. (2008). PR practitioners' cultural capital. *Public Relations Review*, 24(4), 367–373.

Eyrich, N., Padman, M., & Sweetser, K. (2008). PR practitioners' use of social media tools and communication technology. *Public Relations Review*, 34(4), 412–414.

Gagliano, K. (2010). Test your e-newsletter's readability. Retrieved Jan. 20, 2012 from *www.amplifymarketinggroup.com/blog/email-content/testyour-e-newsletters-readability*.

Gaschen, D. (June, 2001). What TV stations really think about VNRs. *Public relations tactics*, 8(6), 10.

Gomez, L., & Chalmeta, R. (2011). Corporate responsibility in U.S. corporate websites: A pilot study. *Public Relations Review*, 37(1), 93–95.

Gregory, A. (2001). Public relations and management. In A. Theaker (Ed.), *The public relations handbook* (pp. 35–51). London: Routledge.

Gronstedt, A. (1997). The role of research in public relations strategy and planning. In C. Caywood (Ed.), *The handbook of strategic public relations & integrated communications*. (pp. 34–57) New York, NY: McGraw Hill.

Grunig, J. (2008). Conceptualizing quantitative research in public relations. In B. van Ruler, A. Vercic, and D. Vercic (Eds.), *Public relations metrics*. (pp. 88–119) New York, NY: Routledge.

Grunig, J. (2006). Furnishing the edifice. *Journal of Public Relations Research*, 18(2), 151–177.

Harmon, M., & White, C. (2003). How television news programs use video news releases. *Public Relations Review*, 27(2), 213–223.

Hickerson, C., & Thomas, S. (2007). Dialog through wikis. Conference paper presented to the National Communication Association. Chicago, November 15-18, 2007.

Holtzhausen, D., & Voto, R. (2002). Resistance from the margins: The postmodern public relations practitioner as organizational activist. *Journal of Public Relations Research*, 14(1), 57–82.

Hong, S. (2007). Gatekeeping of news releases. Conference paper presented to the International Communication Association. San Francisco, May 24–28, 2007.

How research helps the Army be all it can be. (2001). *Ragan's PR Intelligence*, 4(1), 1.

Ingelfoff, D., & Koelling, M. (2009). The potential of websites as a relationship building tool for charitable fundraising NPOs. *Public Relations Research*, 35(1), 66–73.

Jaehnig, W., & Onyebadi, U. (2011). Social audits as media

watchdogging. *Journal of Mass Media Ethics*, 26(1), 2–20.

Jelen, A. (2008). The nature of scholarly endeavors in public relations. In B. van Ruler, A. Vercic, and D. Vercic (Eds.), *Public relations metrics*. (pp.36–59) New York, NY: Routledge.

Jensen, J., Coe, K., & Tewksbury, D. (2006). The impact of video source labeling on the perceived credibility of news. Conference paper presented to the International Communication Association. Dresden, Germany, June 19–23, 2006.

Johnson, L. (2002). Using the critical incident technique to assess gaming customer satisfaction. *Gaming Research and Review Journal*, 6(2), 1–13.

Kim, S., & Liu, B. (2012). Are all crises opportunities? A comparison of how corporate and government organizations responded to the 2009 flu pandemic. *Journal of Public Relations Research*, 24(1), 69–85.

Kopec, J. (n.d.). Tips and techniques: The communications audit. Retrieved June 14, 2004, from *www.prsa.org/resources/resources/commaudit.asp*

Lariscy, R., Avery, E., Sweetser, K., & Howes, P. (2009). An examination of the role of online social media in journalists' source mix. *Public Relations Review*, 35(3), 314–316.

Lattimore, D., Baskin, O., Heiman, S., & Toth, E. (2011). *Public relations: The profession and the practice*. New York, NY: McGraw-Hill.

Ledingham, J., & Bruning, S. (2007). The media audit. *Journal of Promotion Management*, 13(3/4), 189–203.

Levin, L., & Behrens, S. (2003). From swoosh to swoon: Linguistic analysis of Nike's changing image. *Business Communication Quarterly*, 66(3), 52–65.

Lindenmann, W. (1997). *Public relations research for planning and evaluation*. Gainesville, FL: The Institute for Public Relations.

Lindenmann, W. (2003). *Guidelines and standards for measuring and evaluating PR effectiveness*. Gainesville, FL: The Institute for Public Relations.

Liu, B., Austin, L., & Jin, Y. (2011). How publics respond to crisis communication strategies: The interplay of information form and source. *Public Relations Review*, 37(4), 345–353.

Mayo Clinic (n.d.). A summary of key findings and implications of a Mayo Clinic *EmbodyHealth Newsletter*. Retrieved January 20, 2012, from *www.mayoclinichealthsolutions.com/products/EmbodyHealth-Newsletter-Readership-Survey-Results.cfm*

Media audits are a growing trend. (2000, June 5). *Media Relations Report*, p. 1.

Meng, J., Berger, B., Gower, K., & Heyman, W. (2012). A test of excellent leadership in public relations. *Journal of Public Relations Research*, 24(1), 18–36.

Michaelson, D., & Stacks, D. (2011). Standardization in public relations measurement and evaluation. *Public Relations Journal*, 5(2), 1–22.

Novak, J., & Biskup, P. (2011). Food warnings and recalls: Remembering readability in crisis communication. *Public Relations Journal*, 5(2), 1–11.

Okura, M., Dozier, D., Sha, B., & Hofstetter, C. (2009). Use of scanning methods in decision making. *Journal of Public Relations Research*, 21(1), 51–81.

Pasadeao, Y., Lamme, M., Gower, K., & Tian, S. (2011). A methodological evaluation of public relations research. *Public Relations Review*, 37(2), 163–165.

Pavlik, J. V. (1987). *Public relations: What the research tells us*. Beverly Hills, CA: Sage Publications.

Pompper, D. (2006). 30 years of public relations scholarship. Conference paper presented to the International Communication Association. Dresden, Germany, June 19–23, 2006.

Reber, B., Cropp, F., & Cameron, G. (2003). Impossible odds: Contributions of legal counsel and public relations practitioners in hostile takeover bid for Contrail, Inc. by Norfolk Southern Corporation. *Journal of Public Relations Research*, 15(1), 1–25.

Russell, F. (2000). Dangerous intersections. *Marketing News*, 34(5), 18–19.

Rybalko, S., & Seltzer, T. (2010). Dialogic communication in 140 characters or less: How Fortune 500 companies engage stakeholders using Twitter. *Public Relations Review*, 36(4), 336–341.

Sallott, L., Lyon, L., Acosta-Alzuru, C., & Jones, K. (2003). From aardvark to zebra: A new millennium analysis of theory development in public relations academic journals. *Journal of Public Relations Research*, 15(1), 27–90.

Schwester, R. (Ed.). (2012). *Handbook of critical incident analysis*. Armonk, NY: M. E. Sharpe.

Score big hits with audits. (2001). *Ragan's PR Intelligence*, 4(1), 2.

Shultz, F., Utz, S., & Goritz, A. (2011). Is the medium the message? Perceptions of and reactions to crisis communication via Twitter, blogs and traditional media. *Public Relations Review*, 37(1), 20–27.

Simon, R. (1986). *Public relations: Concepts and practices*. Columbus, OH: Grid Publishing.

Sisco, H. (2012). Nonprofit in crisis: An examination of the applicability of situational crisis communication theory. *Journal of Public Relations Research*, 24(1), 1–17.

Sparks, S. D. (1997). Employee newsletter readability for a large public utility. *Public Relations Quarterly*, 42(3), 37–40.

Sweetser, K., & Kelleher, T. (2011). A survey of social media use, motivation and leadership among public relations practitioners. *Public Relations Review*, 37(4), 425–428.

Vahouny, K. (2009). Get started on your communication audit. *Communication World*, 26(4), 35–37.

van Dijk, T. (1997). *Discourse studies*. London: Sage.

Vorvoreanu, M. (2008). Website experience analysis. *Journal of Website Promotion*, 3(3/4), 222–249.

Vorvoreanu, M. (2009). Perceptions of corporations on Facebook: An analysis of Facebook social norms. *Journal of New Communications Research*, 4(1), 67–86.

Walsh, J., & McAllister-Spooner, S. (2011). Analysis of the image repair discourse in the Michael Phelps controversy. *Public Relations Review*, 37(2), 157–162.

Walters, T., Walters, L., & Starr, D. (1994). After the highwayman: Syntax and successful placement of press releases in newspapers. *Public Relations Review*, 20(4), 345–356.

Waters, R., Burnett, E., Lamm, A., & Lucas J. (2009). Engaging stakeholders through social networking: How nonprofit organizations are using Facebook. *Public Relations Review*, 35(2), 102–106.

Weber Shandwick Wins Best Use of SocialMedia and PR Innovation of the Year at 2011 PRWeek Awards, (2011). Retrieved January 25, 2012, from *www.webershandwick.com/Default.aspx/AboutUs/PressReleases/2011/WeberShandwickWinsBestUseofSocialMediaandPRInnovationoftheYearat2011PRWeekAwards*.

Wright, D., & Hinson, M. (2009). *An analysis of increasing impact of social and other new media*. Gainesville, FL: Institute for Public Relations.

Yoo, K., Joo, E., Choi, H., & Reid. L. (2012). Use of statistical techniques in major advertising and public relations journals, 1980–2010. Paper presented at the 2012 Conference of the American Academy of Advertising. Myrtle Beach, SC, May 15–18, 2012.

부록: 표

[표 1] 난수표

0	8	9	5	6	4	4	8	9	4	0	7	5	9	7	0	4	5	3	1	2	7	8	6	6
8	2	4	4	8	8	0	2	6	5	5	0	3	5	9	1	3	8	6	8	8	3	1	8	5
3	1	2	3	7	6	4	1	1	4	3	5	2	7	4	9	3	2	7	5	5	4	7	6	2
2	3	8	1	8	6	6	1	0	8	4	1	0	5	0	4	8	5	3	7	8	7	6	5	7
0	0	4	3	6	5	5	2	3	5	2	4	3	3	9	3	2	5	2	0	8	4	6	2	1
1	2	8	9	7	5	8	9	7	8	6	7	4	0	4	0	4	9	7	8	5	0	2	9	8
9	8	4	6	9	9	0	8	0	2	3	2	8	0	5	4	5	0	6	7	6	2	3	9	8
0	7	3	6	9	5	1	6	3	8	0	5	9	0	0	2	0	9	3	6	8	8	2	4	3
2	2	3	9	5	7	9	4	0	6	7	3	6	9	6	4	1	7	3	6	5	1	8	2	6
4	9	5	6	9	3	1	4	7	8	1	5	6	7	2	2	4	6	3	6	5	4	2	1	2
4	0	6	6	8	5	4	3	7	8	3	2	6	8	1	2	2	7	0	6	5	3	5	8	4
6	3	3	2	0	3	9	7	0	2	3	6	9	5	3	4	1	6	1	8	3	9	4	3	3
0	6	1	8	4	2	1	8	6	7	5	4	1	9	0	3	2	4	1	5	7	7	4	0	8
2	2	4	2	9	6	8	5	8	2	6	1	0	7	6	1	7	9	2	0	9	2	8	7	8
8	3	2	3	0	7	4	3	5	8	9	0	8	0	5	8	8	7	1	3	6	0	1	3	9
2	3	1	8	2	3	1	0	9	0	0	8	9	1	2	0	3	7	0	2	0	1	8	1	7
0	8	7	3	4	4	5	1	8	7	4	5	1	9	9	0	3	2	2	3	1	2	6	4	6
5	8	5	6	7	6	1	0	1	6	7	0	2	1	9	1	6	3	2	0	1	1	5	5	9
6	1	1	0	5	1	3	6	7	7	7	8	2	4	5	9	3	0	7	6	7	9	1	1	6
5	3	6	1	2	7	2	6	2	7	3	3	6	8	2	6	5	5	8	4	2	4	2	1	8
8	7	3	9	5	1	1	8	4	1	8	5	6	6	0	6	9	2	2	6	8	2	5	8	5
2	9	1	9	9	5	6	1	8	6	6	4	0	5	0	0	8	8	2	5	9	2	0	1	2
8	1	0	2	1	7	2	0	2	7	6	8	4	8	0	2	6	2	8	0	8	3	6	0	7
9	7	1	5	5	7	4	6	1	5	6	5	9	9	2	2	7	1	2	7	0	0	5	0	9
6	3	7	9	8	8	7	4	9	5	0	3	3	0	3	7	0	7	5	8	1	2	8	3	1
9	4	2	2	1	3	2	0	5	6	0	6	0	9	0	9	3	1	7	8	1	2	3	1	1
5	2	8	5	1	0	2	4	6	0	8	3	4	2	9	0	2	4	0	5	2	7	8	8	8
7	9	7	1	3	7	2	4	6	3	8	4	0	2	5	5	4	6	1	6	5	4	6	3	0
0	1	5	0	6	5	1	1	8	0	9	4	1	1	2	6	1	4	2	0	8	6	3	1	0
5	8	1	7	4	7	5	6	2	1	9	3	7	4	0	4	6	4	6	9	6	7	5	0	6
2	5	0	7	5	1	6	0	4	0	4	1	9	4	9	8	3	6	3	8	0	0	1	7	9
8	8	3	7	8	1	4	6	3	8	0	5	6	4	4	3	5	0	6	9	5	5	0	6	0
4	3	1	8	7	3	4	1	7	1	6	1	5	2	7	9	4	0	2	9	9	6	8	7	6
9	1	4	7	7	4	3	7	4	2	5	5	0	2	1	1	1	4	0	6	4	7	5	9	6
8	6	0	8	2	9	3	4	3	4	7	6	9	6	1	8	2	3	3	8	3	4	6	8	3
3	3	0	6	2	3	8	7	4	3	8	3	1	1	5	9	7	4	4	4	9	7	6	0	9
1	8	2	0	2	9	8	8	0	1	6	8	0	7	5	6	0	8	3	9	2	1	1	2	0
4	7	4	1	1	8	5	9	6	9	7	7	8	0	8	0	8	5	7	2	6	9	4	6	7
7	2	8	1	1	0	4	0	5	0	0	8	2	5	7	4	9	4	0	6	9	7	1	8	0
8	4	0	0	8	1	8	7	1	5	0	1	3	7	3	1	1	4	1	9	7	1	7	8	5
1	5	0	5	3	1	9	7	5	0	3	7	6	3	4	7	2	2	0	5	0	0	7	5	1
6	8	5	1	2	4	1	0	4	6	2	5	9	9	3	2	5	6	0	1	2	0	6	7	7
7	6	5	5	4	6	1	9	1	1	7	9	9	9	6	6	7	1	3	7	7	4	8	8	2
7	8	2	4	2	1	6	4	3	9	7	2	6	6	5	7	0	1	2	8	9	7	1	4	5
9	0	3	3	8	1	3	5	1	4	2	8	7	7	0	3	5	8	0	8	4	2	6	6	4
5	5	4	8	6	5	6	8	0	3	2	0	4	8	4	5	6	6	5	4	7	1	3	1	2
0	6	4	9	7	7	9	8	0	6	4	0	9	2	4	7	8	2	5	1	7	2	3	5	2
6	0	6	7	8	0	8	7	6	8	5	0	1	3	4	3	0	4	7	0	5	2	4	1	3
1	6	3	6	4	9	6	5	3	5	5	3	0	3	3	8	3	7	9	1	1	5	8	2	2
2	1	5	9	7	1	2	6	4	4	5	0	2	1	4	5	1	1	7	0	4	0	1	3	0

[표 1] 난수표(계속)

5	0	3	9	1	8	3	8	9	5	5	6	7	3	0	6	7	9	7	1	4	9	2	3	3
3	5	8	1	8	1	6	3	4	7	0	6	7	7	8	9	6	2	0	8	5	0	4	3	7
7	0	6	4	0	6	9	0	5	9	3	3	7	7	1	1	4	4	3	8	0	6	2	1	8
1	0	4	9	2	7	8	1	6	4	4	9	3	2	9	6	7	3	2	4	2	6	4	9	6
7	7	7	0	3	2	5	7	9	3	0	5	6	6	5	8	7	6	2	8	5	2	5	3	8
3	1	4	2	0	1	2	3	5	8	0	4	9	9	9	5	6	4	8	6	4	3	5	0	8
8	7	9	8	4	6	4	1	7	0	8	6	0	0	6	1	7	0	9	0	2	9	8	4	2
5	0	6	9	7	6	4	6	4	9	6	6	0	5	3	2	7	9	2	4	4	4	0	6	5
0	9	7	6	2	3	7	3	6	5	7	7	4	8	5	9	4	9	6	6	0	9	5	6	3
1	1	2	9	9	4	6	0	0	6	3	7	1	3	1	9	1	2	6	6	0	8	7	5	2
9	5	5	5	1	9	7	5	9	0	3	2	1	5	6	1	1	1	2	8	3	5	9	5	5
5	6	2	2	6	5	2	0	4	0	5	8	1	8	6	1	2	3	9	0	3	4	3	0	3
3	0	8	5	5	8	7	5	1	7	1	0	7	0	2	7	4	9	9	5	4	9	3	4	6
1	9	4	1	2	5	8	1	2	4	4	9	7	5	9	7	5	8	8	6	2	2	2	4	0
1	6	0	1	7	5	6	9	4	1	7	3	2	2	6	5	1	4	5	9	8	9	9	2	4
9	4	3	4	6	5	3	2	3	0	8	5	6	6	1	1	0	6	6	6	9	6	0	1	1
3	8	5	2	2	5	3	1	3	4	8	8	2	8	7	5	4	6	4	6	4	0	3	3	4
6	5	9	8	7	5	1	5	0	1	3	1	3	5	7	1	1	7	6	6	6	6	8	4	5
9	9	7	6	9	8	8	7	0	6	1	5	7	9	7	1	5	9	7	9	2	6	7	1	1
3	2	8	0	3	7	7	6	8	3	1	2	6	3	0	8	1	4	8	6	1	2	6	6	8
8	9	9	2	9	7	7	4	2	3	3	5	9	2	3	5	8	6	7	3	0	6	4	9	9
5	2	2	0	3	2	8	7	3	4	1	2	6	8	9	6	8	9	4	1	7	6	8	2	9
9	3	7	1	9	8	3	6	0	2	8	6	3	5	3	0	1	6	1	3	3	8	3	4	8
0	6	7	9	9	0	3	7	7	2	6	0	7	7	1	1	8	1	2	9	9	7	8	0	6
6	5	3	1	0	4	2	4	5	1	4	9	5	3	9	0	2	2	4	5	9	9	9	0	0
4	1	8	9	1	7	4	3	6	4	4	6	6	6	0	7	6	3	2	5	8	2	0	6	8
4	5	4	7	1	1	4	5	0	4	7	9	4	0	6	1	2	1	9	4	9	9	0	2	3
2	5	4	3	3	6	3	1	4	0	9	3	7	9	1	1	8	8	1	8	0	3	1	9	5
4	3	6	4	0	1	7	8	2	0	4	9	5	9	7	9	0	3	3	7	2	9	9	4	0
2	3	8	5	4	4	3	3	0	6	1	0	7	3	5	3	1	3	2	0	6	0	9	1	7
1	6	4	8	7	9	9	9	1	3	1	0	8	6	7	5	6	9	0	3	1	6	8	2	0
4	8	1	6	3	4	5	0	2	7	5	7	0	8	3	2	4	8	5	3	2	9	6	8	1
4	2	1	9	4	6	2	3	0	1	1	6	1	0	7	2	2	3	4	8	7	9	1	4	6
4	0	7	6	5	4	2	9	5	3	3	9	0	6	3	0	2	5	4	9	5	3	6	0	8
8	4	9	3	0	8	2	8	4	0	4	5	6	9	0	6	8	1	1	4	6	7	4	8	1
1	7	6	3	8	1	4	6	2	2	9	4	5	0	3	5	7	0	0	2	4	1	7	1	2
5	6	4	6	9	0	1	5	1	5	5	0	3	1	4	5	1	2	7	0	2	4	9	9	6
0	3	6	0	7	1	4	8	0	3	5	4	8	8	0	4	0	6	7	3	3	1	1	7	4
6	7	2	9	0	4	2	9	2	6	4	6	4	6	4	6	9	4	6	2	3	9	4	8	8
0	3	1	4	5	9	5	0	8	2	6	5	0	8	5	8	0	7	5	0	9	5	3	1	5
7	3	0	9	3	6	1	9	3	1	3	9	8	3	9	7	7	6	6	5	3	0	2	6	8
8	6	7	9	6	6	8	3	4	0	5	9	5	1	7	8	0	1	0	8	9	7	1	4	6
4	9	5	8	6	8	0	4	4	4	5	6	7	4	8	1	7	1	4	9	2	9	5	1	9
6	0	3	9	9	5	8	4	4	1	5	4	0	6	8	6	0	2	0	0	1	8	8	8	0
4	1	0	5	3	6	3	5	0	6	4	0	0	1	2	1	8	2	9	5	4	8	7	2	5
5	2	7	9	6	5	7	4	5	1	3	3	8	8	4	4	0	4	1	8	9	1	1	6	5
3	4	6	1	2	1	8	7	4	7	6	3	3	5	0	0	7	9	1	6	4	0	7	4	6
8	2	2	0	8	8	8	7	3	8	3	1	5	8	4	9	5	1	9	1	7	9	7	9	9
4	8	7	0	7	8	9	4	3	0	9	2	3	5	4	7	2	1	4	6	6	8	6	3	2
9	0	4	3	8	0	1	5	7	6	7	1	6	3	0	5	7	3	7	1	0	9	5	6	6

[표 1] 난수표(계속)

8	2	8	9	7	9	6	9	7	9	0	8	2	9	8	1	5	6	9	3	2	9	2	3	3
9	4	6	9	2	6	8	4	4	7	8	3	5	1	0	1	3	9	9	2	9	0	4	0	8
5	6	7	4	2	7	4	1	2	7	3	1	5	8	3	1	0	7	3	8	7	5	2	5	1
8	0	9	9	8	3	2	9	7	5	5	8	0	5	2	1	3	4	2	3	8	6	8	3	6
6	7	0	3	7	9	8	8	2	0	9	1	0	6	0	7	2	4	5	1	3	3	5	1	0
8	1	3	0	0	8	3	4	8	8	3	4	8	9	9	2	0	4	3	9	6	7	6	5	7
1	7	6	2	5	8	6	2	6	6	8	0	8	3	9	8	8	7	4	2	1	3	3	3	2
9	9	7	1	7	5	9	1	3	2	4	6	0	5	9	0	7	3	8	2	3	5	4	7	1
0	4	6	4	0	1	7	9	9	3	6	8	1	5	3	7	1	1	9	5	1	0	1	4	8
9	7	8	2	1	2	9	7	2	0	6	4	2	5	2	7	0	8	1	1	9	7	7	7	0
2	4	6	4	6	3	6	7	5	2	0	0	5	4	7	3	3	4	1	0	7	4	4	0	9
8	5	4	5	4	7	7	4	0	0	5	0	6	4	2	8	8	0	8	0	9	9	0	5	8
5	8	6	7	6	6	4	7	0	1	4	9	9	5	7	2	1	4	1	1	9	7	7	3	5
1	3	8	1	4	7	0	7	4	8	8	4	4	0	1	2	5	1	4	8	1	7	7	3	2
4	1	5	9	7	9	5	6	6	7	4	5	6	1	8	8	8	2	8	9	0	0	9	2	5
9	5	4	7	0	6	8	1	2	1	4	0	4	5	8	3	1	6	0	1	9	7	5	6	0
3	7	2	7	4	1	4	8	3	6	4	1	6	1	9	0	4	1	3	2	6	8	9	2	5
9	7	1	8	1	0	8	3	6	0	1	7	5	0	6	3	2	7	9	2	5	6	2	9	9
9	9	9	9	1	9	4	2	6	9	5	8	5	6	8	3	9	8	6	9	9	6	8	2	5
9	3	0	1	8	1	5	8	8	1	1	4	4	6	6	4	1	0	9	6	6	7	5	5	8
7	9	4	6	8	9	0	6	6	9	5	4	3	1	9	5	1	9	5	6	2	8	2	7	4
3	5	5	4	5	2	5	2	2	1	4	8	2	0	9	1	8	4	3	5	0	3	2	6	5
6	7	2	1	9	0	5	4	3	3	9	8	9	0	1	2	6	6	1	3	0	4	5	4	1
4	0	5	3	9	2	6	3	2	2	0	4	2	0	9	1	0	0	8	8	8	0	2	8	1
2	1	5	7	3	7	3	6	2	8	9	3	2	8	7	9	6	7	9	5	1	9	5	5	4
8	2	9	1	7	6	5	0	5	7	4	2	4	7	5	1	4	2	8	4	0	2	0	4	5
0	4	9	2	5	9	9	8	7	4	7	3	2	2	1	7	7	1	9	5	1	4	4	9	4
3	8	6	7	5	6	1	5	3	0	9	0	8	4	0	4	6	7	2	2	6	8	4	3	5
7	1	8	8	3	6	3	7	4	3	6	3	3	0	1	3	4	9	7	3	8	9	2	3	6
2	3	0	4	7	4	6	9	9	9	8	7	4	4	2	8	1	4	4	4	0	0	6	0	8
8	6	4	4	0	7	1	2	9	6	3	1	3	4	9	1	6	2	9	3	7	6	1	1	0
0	5	5	4	6	7	7	9	6	9	0	2	5	5	3	5	8	5	1	2	9	6	9	3	9
5	7	4	3	2	8	8	4	4	2	0	8	9	6	3	0	5	1	1	2	7	3	7	8	0
8	3	2	7	1	2	7	0	2	9	1	1	7	1	5	4	8	1	9	1	2	5	0	5	3
3	1	2	1	0	7	7	3	0	4	7	1	3	8	9	3	8	7	2	7	5	1	4	8	9
0	7	9	7	0	6	4	5	3	0	5	8	2	7	3	7	3	0	6	2	4	3	3	9	1
9	0	3	4	4	3	1	8	2	1	0	4	5	9	7	2	9	0	5	5	4	7	1	5	9
1	5	7	9	2	9	5	2	8	9	1	8	6	4	2	3	4	0	6	1	4	1	7	9	9
7	3	8	2	7	8	4	7	5	9	3	4	2	9	9	4	8	3	1	1	6	5	1	5	6
2	4	0	4	4	0	4	5	0	7	6	4	9	2	0	5	3	9	2	8	1	1	8	0	2
2	9	9	9	6	6	8	0	6	9	4	0	8	4	2	4	0	4	6	0	2	1	2	2	4
5	8	2	2	2	1	7	7	2	5	9	4	2	1	7	2	1	7	7	9	3	3	5	9	8
7	3	7	4	3	6	3	0	9	9	1	6	3	9	2	3	0	2	6	8	9	8	9	0	7
8	8	9	7	6	2	9	9	0	1	2	0	0	1	0	2	4	7	8	9	6	6	9	7	8
1	4	0	9	6	1	0	9	8	7	0	5	8	0	6	5	8	0	5	0	1	9	3	0	1
1	6	4	2	4	7	6	7	7	3	5	9	3	2	2	9	2	7	8	6	3	7	7	8	1
1	2	9	8	1	2	5	7	7	9	6	8	4	4	0	6	3	3	1	1	6	7	2	5	8
5	7	7	5	3	5	5	5	6	7	9	4	3	1	5	7	2	7	6	9	7	6	1	0	3
2	4	7	9	1	7	2	8	3	4	4	1	1	1	3	0	6	9	1	4	8	8	7	5	6
0	2	5	9	4	0	8	2	5	6	0	4	7	1	6	3	6	5	5	6	1	1	6	7	6

[표 1] 난수표(계속)

8	9	0	8	8	8	7	4	1	9	9	9	5	5	1	8	2	1	3	7	5	7	8	7	1
1	1	0	4	2	7	2	3	9	9	5	7	5	0	9	5	3	9	6	8	6	7	4	9	0
0	0	6	6	6	3	1	5	6	3	8	9	7	2	9	0	9	8	4	9	4	2	5	0	0
2	8	5	9	9	3	5	2	5	2	1	1	7	4	0	7	9	0	1	4	9	1	9	8	9
7	5	8	0	7	9	4	5	7	9	3	2	0	7	6	3	2	6	3	6	0	9	7	8	5
2	8	1	2	4	9	9	2	0	1	9	7	9	7	2	0	8	1	4	9	2	8	6	5	9
1	6	5	9	5	2	6	8	5	8	1	8	0	6	1	2	2	7	1	0	8	6	1	9	9
3	8	0	2	2	2	0	4	5	5	5	4	5	6	9	9	1	4	2	6	7	3	9	3	5
7	0	7	8	2	1	9	6	3	1	1	8	1	1	7	8	1	6	0	3	9	6	7	1	0
9	5	9	2	6	6	6	7	4	1	9	5	1	9	8	4	2	7	9	3	8	5	5	0	8
9	9	3	7	7	0	5	3	1	2	2	4	7	0	2	2	4	0	2	1	4	5	2	6	9
2	8	6	7	5	0	2	8	7	0	4	2	5	4	1	5	3	3	7	0	7	8	8	0	8
5	8	4	6	5	0	3	6	4	5	2	4	7	9	6	7	7	3	1	5	9	7	7	4	2
2	7	9	4	0	0	1	7	0	7	2	0	0	5	1	8	6	4	9	7	9	7	0	4	8
3	2	0	4	1	5	9	2	4	0	8	3	9	0	6	9	8	3	7	7	2	6	0	6	8
9	4	4	2	4	3	1	3	1	3	0	2	2	8	2	7	5	6	8	5	3	2	9	9	9
1	4	7	7	0	3	1	3	3	5	9	6	5	1	6	4	0	6	9	7	3	9	2	1	6
2	7	4	6	7	2	6	2	7	2	5	1	3	8	7	7	8	2	1	9	2	5	0	9	0
5	3	2	1	6	4	9	4	4	6	2	5	3	3	3	5	2	5	4	9	5	7	4	4	6
6	0	9	6	4	0	0	9	3	2	7	7	6	6	7	9	7	8	1	8	0	4	1	8	1
6	8	6	5	0	5	3	4	2	3	3	7	5	7	7	9	7	4	7	0	5	6	5	1	3
7	2	1	3	4	1	7	8	1	8	4	4	1	6	6	6	2	5	6	6	2	0	4	1	9
7	5	9	1	3	2	7	1	2	6	3	1	3	3	1	2	9	0	9	8	9	8	6	9	8
8	7	7	6	8	8	8	1	6	8	6	1	8	8	6	1	7	5	6	8	6	4	3	6	9
0	4	6	4	6	1	9	6	1	4	5	9	1	1	3	6	1	4	5	7	0	8	2	5	4
9	6	8	6	1	6	3	0	3	7	0	4	9	8	8	7	7	6	8	1	7	1	5	0	8
7	6	9	7	0	9	8	7	1	2	0	9	0	3	8	5	3	9	3	7	4	1	1	5	7
3	2	7	0	9	2	7	5	8	0	4	7	8	1	4	2	4	0	0	9	6	5	9	2	5
4	2	6	8	9	1	9	0	4	2	1	3	4	3	2	0	6	7	4	7	1	3	9	7	9
6	8	6	5	1	4	1	3	0	6	7	0	9	5	2	8	7	0	9	3	8	5	1	3	5
6	3	5	7	2	0	2	8	6	3	3	8	5	3	1	0	4	6	6	3	1	7	9	9	7
7	3	7	7	3	4	5	2	3	6	2	3	6	5	5	3	9	2	1	7	0	6	4	2	0
6	0	1	2	5	0	2	9	4	9	8	3	5	9	5	7	4	5	2	8	4	7	6	6	4
2	6	6	8	6	5	0	7	7	5	5	4	9	1	2	0	3	4	8	9	6	4	9	8	9
3	6	8	7	2	9	9	2	7	5	6	0	9	0	6	5	8	8	2	8	3	4	7	4	0
4	2	5	5	7	2	6	5	9	4	3	8	7	5	6	5	3	6	3	4	3	8	5	4	7
3	2	3	1	1	5	6	5	8	3	9	6	2	2	0	2	9	0	9	3	1	1	3	1	4
0	2	3	6	6	9	4	4	6	6	0	9	9	7	4	0	1	3	2	5	6	9	4	5	1
6	5	6	9	4	1	6	8	8	6	7	0	0	6	0	8	8	3	9	7	8	4	1	7	6
7	3	1	3	9	1	2	0	7	1	5	2	1	2	0	7	0	1	7	8	6	4	6	6	3
3	5	2	5	5	9	9	0	1	5	3	2	1	7	0	1	9	3	6	3	3	4	5	0	9
2	7	6	2	3	9	6	7	5	3	6	1	5	0	2	0	3	2	9	1	6	2	1	4	6
7	8	9	1	3	0	3	0	0	2	8	5	5	4	3	8	9	6	8	2	2	1	8	8	1
1	1	0	8	2	7	9	9	8	5	5	1	9	0	7	1	2	5	7	6	8	5	8	2	8
9	6	3	9	6	2	1	1	1	0	3	2	1	7	5	0	6	9	0	6	2	0	9	5	1
1	0	3	2	4	6	1	9	9	8	8	6	5	7	6	9	8	9	1	2	4	9	1	3	5
2	3	7	1	5	7	2	5	8	1	1	7	6	6	4	9	1	3	0	3	5	2	6	3	3
2	3	6	4	7	5	3	4	7	7	7	6	4	3	5	9	6	3	8	7	8	0	1	3	2
9	3	6	1	5	4	4	5	3	3	5	4	1	5	2	3	4	6	4	5	3	7	6	9	2
0	4	0	4	6	7	0	2	9	4	3	5	9	9	7	4	9	0	6	8	7	5	9	3	6

[표 1] 난수표(계속)

9	3	6	4	8	6	5	9	2	6	4	5	1	6	9	9	0	8	6	7	4	5	7	2	8
1	1	5	8	8	6	9	0	3	3	6	8	4	1	8	1	3	9	0	8	3	4	5	6	5
7	2	8	1	8	8	3	7	4	4	3	5	0	2	1	3	1	9	9	1	1	1	7	0	0
1	8	4	9	4	8	6	2	6	5	1	7	6	9	5	8	8	2	8	4	0	6	2	7	8
2	7	3	0	6	1	3	6	4	1	9	2	4	5	4	4	9	5	4	7	1	4	2	0	0
2	1	0	3	9	9	3	2	8	0	0	3	4	6	2	9	2	5	5	9	6	5	0	7	8
5	1	2	1	7	3	1	5	7	1	5	8	7	7	5	7	9	8	0	8	5	3	2	5	8
2	5	3	5	4	8	4	5	2	5	7	7	2	8	7	1	8	2	3	9	3	1	5	9	9
0	6	1	5	3	1	9	8	0	4	3	2	0	1	4	5	4	2	9	8	2	9	1	5	5
4	7	0	9	2	7	5	8	6	1	5	4	0	9	9	7	3	9	6	5	5	4	0	1	4
4	6	1	4	8	5	7	1	9	7	0	9	4	2	8	0	1	3	6	4	0	4	9	7	2
8	5	2	7	5	0	5	6	6	3	3	3	1	8	1	6	7	3	2	4	9	6	6	8	9
1	9	5	1	2	4	1	4	7	2	9	8	7	7	4	9	5	1	2	8	6	7	0	0	7
1	1	7	5	2	6	4	7	5	9	2	9	2	7	0	9	3	3	1	6	2	1	0	8	2
6	0	4	0	7	7	9	9	5	0	3	8	6	9	8	9	1	2	5	2	6	3	3	6	5
4	2	8	8	4	2	2	6	5	9	7	6	4	5	2	4	4	4	7	2	3	3	8	0	1
6	3	1	3	5	0	4	8	3	4	1	7	2	9	0	6	3	3	5	0	4	0	4	5	1
4	9	9	6	2	8	3	1	8	4	8	1	1	0	9	4	6	4	2	1	5	9	4	8	6
5	5	8	5	7	3	5	3	1	0	8	9	8	0	1	0	6	2	1	6	9	7	3	5	1
0	8	3	6	4	9	7	5	6	2	8	7	3	8	9	0	2	2	0	0	4	9	9	0	9
5	6	2	1	3	3	7	4	0	7	1	9	3	8	7	6	5	8	9	0	8	3	7	1	4
6	7	6	6	5	2	7	1	5	0	1	5	8	3	1	5	3	5	5	2	2	4	2	5	4
1	0	2	9	2	0	9	5	4	1	6	9	6	8	4	0	2	6	5	3	2	2	1	3	9
9	7	3	0	4	1	8	8	6	5	9	3	9	1	2	2	0	7	2	3	8	9	9	7	8
3	6	6	7	1	6	5	6	6	9	6	7	8	6	2	1	4	1	1	0	8	8	5	4	0
2	4	3	9	7	6	0	0	6	2	8	4	3	4	4	1	1	5	9	3	7	9	4	8	3
0	4	7	0	4	1	0	7	2	9	6	4	5	2	7	2	9	8	3	4	5	6	8	8	2
6	0	5	9	1	1	1	4	4	6	9	7	8	8	6	3	6	7	6	0	5	1	0	5	5
1	1	5	1	6	6	0	5	1	5	6	0	7	5	2	7	3	7	2	4	8	6	2	5	4
3	4	2	3	2	5	9	4	7	1	7	8	4	1	3	8	8	5	3	7	6	8	8	6	4
8	3	3	6	5	8	0	5	9	6	6	1	3	4	5	4	2	8	3	9	5	0	8	9	1
9	2	1	2	4	7	6	5	9	3	6	0	5	0	7	5	3	7	9	3	8	5	1	7	6
2	6	6	8	4	7	5	4	7	0	8	4	2	6	8	3	1	4	5	9	8	7	5	0	6
6	6	4	6	5	8	8	5	9	8	5	9	4	6	5	2	4	0	7	1	4	1	8	7	0
1	1	6	5	4	5	4	0	4	1	7	2	1	5	7	5	8	5	7	4	4	8	2	6	2
3	0	8	3	7	1	3	1	9	0	7	7	5	2	2	7	6	3	9	9	9	0	3	8	6
8	0	2	6	1	8	5	9	3	1	7	9	4	7	5	5	4	9	6	4	6	1	6	0	1
4	5	2	7	5	1	0	6	4	2	1	6	2	4	9	1	8	3	1	8	8	2	7	4	1
0	5	6	1	3	8	3	9	8	3	6	9	4	9	1	5	2	5	6	5	8	4	5	1	9
7	4	1	5	0	4	4	3	4	8	7	4	8	7	4	5	1	3	9	2	4	1	2	2	5
7	4	5	7	0	9	8	3	4	9	7	8	1	3	2	2	8	3	7	3	8	5	2	6	1
5	8	8	2	4	5	4	9	5	6	5	5	0	1	7	6	3	6	1	6	6	5	6	8	9
1	4	9	9	2	0	5	4	1	2	6	4	3	8	4	3	4	3	2	4	4	2	9	5	6
2	3	5	4	3	3	6	9	2	8	2	1	1	5	5	0	7	1	4	5	0	5	6	3	0
9	6	1	5	9	9	1	2	9	2	5	3	9	9	4	1	6	2	3	4	0	8	8	6	9
0	7	2	9	3	7	5	5	5	0	5	7	3	3	6	8	6	2	7	2	1	5	0	0	3
6	2	8	1	5	1	1	4	8	2	9	5	5	6	5	2	0	6	7	3	3	9	2	2	2
2	7	8	8	9	0	4	1	4	6	9	7	5	4	9	2	4	4	0	6	9	5	4	4	4
4	3	3	9	1	2	1	3	6	3	4	3	4	8	8	6	9	3	2	3	3	4	7	1	2
8	8	0	5	2	2	8	0	8	5	3	0	3	7	4	9	6	0	1	8	5	3	8	6	4

[표 2] *t*-분포

	일방적 검증에서의 유의수준					
df	0.10	0.05	0.025	0.01	0.005	0.0005
	쌍방적 검증에서의 유의수준					
	0.20	0.10	0.05	0.02	0.01	0.001
1	3.078	6.314	12.706	31.821	63.657	636.619
2	1.886	2.920	4.303	6.965	9.925	31.598
3	1.638	2.353	3.182	4.541	5.841	12.941
4	1.533	2.132	2.776	3.747	4.604	8.610
5	1.476	2.015	2.571	3.365	4.032	6.859
6	1.440	1.943	2.447	3.143	3.707	5.959
7	1.415	1.895	2.365	2.998	3.499	5.405
8	1.397	1.860	2.306	2.896	3.355	5.041
9	1.383	1.833	2.262	2.821	3.250	4.781
10	1.372	1.812	2.228	2.764	3.169	4.587
11	1.363	1.796	2.201	2.718	3.106	4.437
12	1.356	1.782	2.179	2.681	3.055	4.318
13	1.350	1.771	2.160	2.650	3.012	4.221
14	1.345	1.761	2.145	2.624	2.977	4.140
15	1.341	1.753	2.131	2.602	2.947	4.073
16	1.337	1.746	2.120	2.583	2.921	4.015
17	1.333	1.740	2.110	2.567	2.898	3.965
18	1.330	1.734	2.101	2.552	2.878	3.992
19	1.328	1.729	2.093	2.539	2.861	3.883
20	1.325	1.725	2.086	2.528	2.845	3.850
21	1.323	1.721	2.080	2.518	2.831	3.819
22	1.321	1.717	2.074	2.508	2.819	3.792
23	1.319	1.714	2.069	2.500	2.807	3.767
24	1.318	1.711	2.064	2.492	2.797	3.745
25	1.316	1.708	2.060	2.485	2.787	3.725
26	1.315	1.706	2.056	2.479	2.779	3.707
27	1.314	1.703	2.052	2.473	2.771	3.690
28	1.313	1.701	2.048	2.467	2.763	3.674
29	1.311	1.699	2.045	2.462	2.756	3.659
30	1.310	1.697	2.042	2.457	2.750	3.646
40	1.303	1.684	2.021	2.423	2.704	3.551
60	1.296	1.671	2.000	2.390	2.660	3.460
120	1.289	1.658	1.980	2.358	2.617	3.373
∞	1.282	1.645	1.960	2.326	2.576	3.291

출처: R. A. Fisher & F. Yates, Statistical Tables for Biological, *Agricultural and Medical Research*, 6e © Pearson Education, Ltd. 정식 허가를 받아 사용함.

[표 3] 정규곡선 아래에서의 면적비율

x/O or z	0.00	0.01	0.02	0.03	0.04	0.05	0.06	0.07	0.08	0.09
0.0	0.0000	0.0040	0.0080	0.0120	0.0160	0.0199	0.0239	0.0279	0.0319	0.0359
0.1	0.0398	0.0438	0.0478	0.0517	0.0557	0.0596	0.0636	0.0675	0.0714	0.0753
0.2	0.0793	0.0832	0.0871	0.0910	0.0948	0.0987	0.1026	0.1064	0.1103	0.1141
0.3	0.1179	0.1217	0.1255	0.1293	0.1331	0.1368	0.1406	0.1443	0.1480	0.1517
0.4	0.1554	0.1591	0.1628	0.1664	0.1700	0.1736	0.1772	0.1808	0.1844	0.1879
0.5	0.1915	0.1950	0.1985	0.2019	0.2054	0.2088	0.2123	0.2157	0.2190	0.2224
0.6	0.2257	0.2291	0.2324	0.2357	0.2389	0.2422	0.2454	0.2486	0.2517	0.2549
0.7	0.2580	0.2611	0.2642	0.2673	0.2704	0.2734	0.2764	0.2794	0.2823	0.2852
0.8	0.2881	0.2910	0.2939	0.2967	0.2995	0.3023	0.3051	0.3078	0.3106	0.3133
0.9	0.3159	0.3186	0.3212	0.3238	0.3264	0.3289	0.3315	0.3340	0.3365	0.3389
1.0	0.3413	0.3438	0.3461	0.3485	0.3508	0.3531	0.3554	0.3577	0.3599	0.3621
1.1	0.3643	0.3665	0.3686	0.3708	0.3729	0.3749	0.3770	0.3790	0.3810	0.3830
1.2	0.3849	0.3869	0.3888	0.3907	0.3925	0.3944	0.3962	0.3980	0.3997	0.4015
1.3	0.4032	0.4049	0.4066	0.4082	0.4099	0.4115	0.4131	0.4147	0.4162	0.4177
1.4	0.4192	0.4207	0.4222	0.4236	0.4251	0.4265	0.4279	0.4292	0.4306	0.4319
1.5	0.4332	0.4345	0.4357	0.4370	0.4382	0.4394	0.4406	0.4418	0.4429	0.4441
1.6	0.4452	0.4463	0.4474	0.4484	0.4495	0.4505	0.4515	0.4525	0.4535	0.4545
1.7	0.4554	0.4564	0.4573	0.4582	0.4591	0.4599	0.4608	0.4616	0.4625	0.4633
1.8	0.4641	0.4649	0.4656	0.4664	0.4671	0.4678	0.4686	0.4693	0.4699	0.4706
1.9	0.4713	0.4719	0.4726	0.4732	0.4738	0.4744	0.4750	0.4756	0.4761	0.4767
2.0	0.4772	0.4778	0.4783	0.4788	0.4793	0.4798	0.4803	0.4808	0.4812	0.4817
2.1	0.4821	0.4826	0.4830	0.4834	0.4838	0.4842	0.4846	0.4850	0.4854	0.4857
2.2	0.4861	0.4864	0.4868	0.4871	0.4875	0.4878	0.4881	0.4884	0.4887	0.4890
2.3	0.4893	0.4896	0.4898	0.4901	0.4904	0.4906	0.4909	0.4911	0.4913	0.4916
2.4	0.4918	0.4920	0.4922	0.4925	0.4927	0.4929	0.4931	0.4932	0.4934	0.4936
2.5	0.4938	0.4940	0.4941	0.4943	0.4945	0.4946	0.4948	0.4949	0.4951	0.4952
2.6	0.4953	0.4955	0.4956	0.4957	0.4959	0.4960	0.4961	0.4962	0.4963	0.4964
2.7	0.4965	0.4966	0.4967	0.4968	0.4969	0.4970	0.4971	0.4972	0.4973	0.4974
2.8	0.4974	0.4975	0.4976	0.4977	0.4977	0.4978	0.4979	0.4979	0.4980	0.4981
2.9	0.4981	0.4982	0.4982	0.4983	0.4984	0.4984	0.4985	0.4985	0.4986	0.4986
3.0	0.4987	0.4987	0.4987	0.4988	0.4988	0.4989	0.4989	0.4989	0.4990	0.4990
3.1	0.4990	0.4991	0.4991	0.4991	0.4992	0.4992	0.4992	0.4992	0.4993	0.4993
3.2	0.4993	0.4993	0.4994	0.4994	0.4994	0.4994	0.4994	0.4995	0.4995	0.4995
3.3	0.4995	0.4995	0.4995	0.4996	0.4996	0.4996	0.4996	0.4996	0.4996	0.4997
3.4	0.4997	0.4997	0.4997	0.4997	0.4997	0.4997	0.4997	0.4997	0.4997	0.4998
3.5	0.4998									
4.0	0.49997									
4.5	0.499997									
5.0	0.4999997									

위머(Roger D. Wimmer)가 마련한 표로, 마이크로소프트 엑셀의 함수 NORMSDIST을 활용함.

[표 4] 카이자승 분포

	확률					
	0.20	0.10	0.05	0.02	0.01	0.001
1	1.642	2.706	3.841	5.412	6.635	10.827
2	3.219	4.605	5.991	7.824	9.210	13.815
3	4.642	6.251	7.815	9.837	11.345	16.266
4	5.989	7.779	9.488	11.668	13.277	18.467
5	7.289	9.236	11.070	13.388	15.086	20.515
6	8.558	10.645	12.592	15.033	16.812	22.457
7	9.803	12.017	14.067	16.622	18.475	24.322
8	11.030	13.362	15.507	18.168	20.090	26.125
9	12.242	14.684	16.919	19.679	21.666	27.877
10	13.442	15.987	18.307	21.161	23.209	29.588
11	14.631	17.275	19.675	22.618	24.725	31.264
12	15.812	18.549	21.026	24.054	26.217	32.909
13	16.985	19.812	22.362	25.472	27.688	34.528
14	18.151	21.064	23.685	26.873	29.141	36.123
15	19.311	22.307	24.996	28.259	30.578	37.697
16	20.465	23.542	26.296	29.633	32.000	39.252
17	21.615	24.769	27.587	30.995	33.409	40.790
18	22.760	25.989	28.869	32.346	34.805	42.312
19	23.900	27.204	30.144	33.687	36.191	43.820
20	25.038	28.412	31.410	35.020	37.566	45.315
21	26.171	29.615	32.671	36.343	38.932	46.797
22	27.301	30.813	33.924	37.659	40.289	48.268
23	28.429	32.007	35.172	38.968	41.638	49.728
24	29.553	33.196	36.415	40.270	42.980	51.179
25	30.675	34.382	37.652	41.566	44.314	52.620
26	31.795	35.563	38.885	42.856	45.642	54.052
27	32.912	36.741	40.113	44.140	46.963	55.476
28	34.027	37.916	41.337	45.419	48.278	56.893
29	35.139	39.087	42.557	46.693	49.588	58.302
30	36.250	40.256	43.773	47.962	50.892	59.703
32	38.466	42.585	46.194	50.487	53.486	62.487
34	40.676	44.903	48.602	52.995	56.061	65.247
36	42.879	47.212	50.999	55.489	58.619	67.985
38	45.076	49.513	53.384	57.969	61.162	70.703
40	47.269	51.805	55.759	60.436	63.691	73.402
42	49.456	54.090	58.124	62.892	66.206	76.084
44	51.639	56.369	60.481	65.337	68.710	78.750
46	53.818	58.641	62.830	67.771	71.201	81.400
48	55.993	60.907	65.171	70.197	73.683	84.037
50	58.164	63.167	67.505	72.613	76.154	86.661
52	60.332	65.422	69.832	75.021	78.616	89.272
54	62.496	67.673	72.153	77.422	81.069	91.872
56	64.658	69.919	74.468	79.815	83.513	94.461
58	66.816	72.160	76.778	82.201	85.950	97.039
60	68.972	74.397	79.082	84.580	88.379	99.607
62	71.125	76.630	81.381	86.953	90.802	102.166
64	73.276	78.860	83.675	89.320	93.217	104.716
66	75.424	81.085	85.965	91.681	95.626	107.258
68	77.571	83.308	88.250	94.037	98.028	109.791
70	79.715	85.527	90.531	96.388	100.425	112.317

출처: R. A. Fisher & F. Yates, Statistical Tables for Biological, Agricultural and Medical Research, 6e © Pearson Education, Ltd. 정식 허가를 받아 사용함.

[표 5] F-분포(0.05 유의수준)

df_1 \ df_2	1	2	3	4	5	6	7	8	9	10	12	15	20	24	30	40	60	120	∞
1	161.4	199.5	215.7	224.6	230.2	234.0	236.8	238.9	240.5	241.9	243.9	245.9	248.0	249.1	250.1	251.1	252.2	253.3	254.3
2	18.51	19.00	19.16	19.25	19.30	19.33	19.35	19.37	19.38	19.40	19.41	19.43	19.45	19.45	19.46	19.47	19.48	19.49	19.50
3	10.13	9.55	9.28	9.12	9.01	8.94	8.89	8.85	8.81	8.79	8.74	8.70	8.66	8.64	8.62	8.59	8.57	8.55	8.53
4	7.71	6.94	6.59	6.39	6.26	6.16	6.09	6.04	6.00	5.96	5.91	5.86	5.80	5.77	5.75	5.72	5.69	5.66	5.63
5	6.61	5.79	5.41	5.19	5.05	4.95	4.88	4.82	4.77	4.74	4.68	4.62	4.56	4.53	4.50	4.46	4.43	4.40	4.36
6	5.99	5.14	4.76	4.53	4.39	4.28	4.21	4.15	4.10	4.06	4.00	3.94	3.87	3.84	3.81	3.77	3.74	3.70	3.67
7	5.59	4.74	4.35	4.12	3.97	3.87	3.79	3.73	3.68	3.64	3.57	3.51	3.44	3.41	3.38	3.34	3.30	3.27	3.23
8	5.32	4.46	4.07	3.84	3.69	3.58	3.50	3.44	3.39	3.35	3.28	3.22	3.15	3.12	3.08	3.04	3.01	2.97	2.93
9	5.12	4.26	3.86	3.63	3.48	3.37	3.29	3.23	3.18	3.14	3.07	3.01	2.94	2.90	2.86	2.83	2.79	2.75	2.71
10	4.96	4.10	3.71	3.48	3.33	3.22	3.14	3.07	3.02	2.98	2.91	2.85	2.77	2.74	2.70	2.66	2.62	2.58	2.54
11	4.84	3.98	3.59	3.36	3.20	3.09	3.01	2.95	2.90	2.85	2.79	2.72	2.65	2.61	2.57	2.53	2.49	2.45	2.40
12	4.75	3.89	3.49	3.26	3.11	3.00	2.91	2.85	2.80	2.75	2.69	2.62	2.54	2.51	2.47	2.43	2.38	2.34	2.30
13	4.67	3.81	3.41	3.18	3.03	2.92	2.83	2.77	2.71	2.67	2.60	2.53	2.46	2.42	2.38	2.34	2.30	2.25	2.21
14	4.60	3.74	3.34	3.11	2.96	2.85	2.76	2.70	2.65	2.60	2.53	2.46	2.39	2.35	2.31	2.27	2.22	2.18	2.13
15	4.54	3.68	3.29	3.06	2.90	2.79	2.71	2.64	2.59	2.54	2.48	2.40	2.33	2.29	2.25	2.20	2.16	2.11	2.07
16	4.49	3.63	3.24	3.01	2.85	2.74	2.66	2.59	2.54	2.49	2.42	2.35	2.28	2.24	2.19	2.15	2.11	2.06	2.01
17	4.45	3.59	3.20	2.96	2.81	2.70	2.61	2.55	2.49	2.45	2.38	2.31	2.23	2.19	2.15	2.10	2.06	2.01	1.96
18	4.41	3.55	3.16	2.93	2.77	2.66	2.58	2.51	2.46	2.41	2.34	2.27	2.19	2.15	2.11	2.06	2.02	1.97	1.92
19	4.38	3.52	3.13	2.90	2.74	2.63	2.54	2.48	2.42	2.38	2.31	2.23	2.16	2.11	2.07	2.03	1.98	1.93	1.88
20	4.35	3.49	3.10	2.87	2.71	2.60	2.51	2.45	2.39	2.35	2.28	2.20	2.12	2.08	2.04	1.99	1.95	1.90	1.84
21	4.32	3.47	3.07	2.84	2.68	2.57	2.49	2.42	2.37	2.32	2.25	2.18	2.10	2.05	2.01	1.96	1.92	1.87	1.81
22	4.30	3.44	3.05	2.82	2.66	2.55	2.46	2.40	2.34	2.30	2.23	2.15	2.07	2.03	1.98	1.94	1.89	1.84	1.78
23	4.28	3.42	3.03	2.80	2.64	2.53	2.44	2.37	2.32	2.27	2.20	2.13	2.05	2.01	1.96	1.91	1.86	1.81	1.76
24	4.26	3.40	3.01	2.78	2.62	2.51	2.42	2.36	2.30	2.25	2.18	2.11	2.03	1.98	1.94	1.89	1.84	1.79	1.73

[표 5] F-분포(0.05 유의수준)(계속)

df_1 \ df_2	1	2	3	4	5	6	7	8	9	10	12	15	20	24	30	40	60	120	∞
25	4.24	3.39	2.99	2.76	2.60	2.49	2.40	2.34	2.28	2.24	2.16	2.09	2.01	1.96	1.92	1.87	1.82	1.77	1.71
26	4.23	3.37	2.98	2.74	2.59	2.47	2.39	2.32	2.27	2.22	2.15	2.07	1.99	1.95	1.90	1.85	1.80	1.75	1.69
27	4.21	3.35	2.96	2.73	2.57	2.46	2.37	2.31	2.25	2.20	2.13	2.06	1.97	1.93	1.88	1.84	1.79	1.73	1.67
28	4.20	3.34	2.95	2.71	2.56	2.45	2.36	2.29	2.24	2.19	2.12	2.04	1.96	1.91	1.87	1.82	1.77	1.71	1.65
29	4.18	3.33	2.93	2.70	2.55	2.43	2.35	2.28	2.22	2.18	2.10	2.03	1.94	1.90	1.85	1.81	1.75	1.70	1.64
30	4.17	3.32	2.92	2.69	2.53	2.42	2.33	2.27	2.21	2.16	2.09	2.01	1.93	1.89	1.84	1.79	1.74	1.68	1.62
40	4.08	3.23	2.84	2.61	2.45	2.34	2.25	2.18	2.12	2.08	2.00	1.92	1.84	1.79	1.74	1.69	1.64	1.58	1.51
60	4.00	3.15	2.76	2.53	2.37	2.25	2.17	2.10	2.04	1.99	1.92	1.84	1.75	1.70	1.65	1.59	1.53	1.47	1.39
120	3.92	3.07	2.68	2.45	2.29	2.17	2.09	2.02	1.96	1.91	1.83	1.75	1.66	1.61	1.55	1.50	1.43	1.35	1.25
∞	3.84	3.00	2.60	2.37	2.21	2.10	2.01	1.94	1.88	1.83	1.75	1.67	1.57	1.52	1.46	1.39	1.32	1.22	1.00

위머(Roger D. Wimmer)가 마련한 표로, 마이크로소프트 엑셀의 함수 NORMSDIST을 활용함.

[표 6] F-분포(0.01 유의수준)

df_1 \ df_2	1	2	3	4	5	6	7	8	9	10	12	15	20	24	30	40	60	120	∞
1	4052	4999.5	5403	5625	5764	5859	5928	5982	6022	6056	6106	6157	6209	6235	6261	6287	6313	6339	6366
2	98.5	99.00	99.17	99.25	99.30	99.33	99.36	99.37	99.39	99.40	99.42	99.43	99.45	99.46	99.47	99.47	99.48	99.49	99.50
3	34.12	30.82	29.46	28.71	28.24	27.91	27.67	27.49	27.35	27.23	27.05	26.87	26.69	26.60	26.50	26.41	26.32	26.22	26.13
4	21.20	18.00	16.69	15.98	15.52	15.21	14.98	14.80	14.66	14.55	14.37	14.20	14.02	13.93	13.84	13.75	13.65	13.56	13.46
5	16.26	13.27	12.06	11.39	10.97	10.67	10.46	10.29	10.16	10.05	9.89	9.72	9.55	9.47	9.38	9.29	9.20	9.11	9.02
6	13.75	10.92	9.78	9.15	8.75	8.47	8.26	8.10	7.98	7.87	7.72	7.56	7.40	7.31	7.23	7.14	7.06	6.97	6.88
7	12.25	9.55	8.45	7.85	7.46	7.19	6.99	6.81	6.72	6.62	6.47	6.31	6.16	6.07	5.99	5.91	5.82	5.74	5.65
8	11.26	8.65	7.59	7.01	6.63	6.37	6.18	6.03	5.91	5.81	5.67	5.52	5.36	5.28	5.20	5.12	5.03	4.95	4.86
9	10.56	8.02	6.99	6.42	6.06	5.80	5.61	5.47	5.35	5.26	5.11	4.96	4.81	4.73	4.65	4.57	4.48	4.40	4.31
10	10.04	7.56	6.55	5.99	5.64	5.39	5.20	5.06	4.94	4.85	4.71	4.56	4.41	4.33	4.25	4.17	4.08	4.00	3.91
11	9.65	7.21	6.22	5.67	5.32	5.07	4.89	4.74	4.63	4.54	4.40	4.25	4.10	4.02	3.94	3.86	3.78	3.69	3.60
12	9.33	6.93	5.95	5.41	5.06	4.82	4.64	4.50	4.39	4.30	4.16	4.01	3.86	3.78	3.70	3.62	3.54	3.45	3.36
13	9.07	6.70	5.74	5.21	4.86	4.62	4.44	4.30	4.19	4.10	3.96	3.82	3.66	3.59	3.51	3.43	3.34	3.25	3.17
14	8.86	6.51	5.56	5.04	4.69	4.46	4.28	4.14	4.03	3.94	3.80	3.66	3.51	3.43	3.35	3.27	3.18	3.09	3.00
15	8.68	6.36	5.42	4.89	4.56	4.32	4.14	4.00	3.89	3.80	3.67	3.52	3.37	3.29	3.21	3.13	3.05	2.96	2.87
16	8.53	6.23	5.29	4.77	4.44	4.20	4.03	3.89	3.78	3.69	3.55	3.41	3.26	3.18	3.10	3.02	2.93	2.84	2.75
17	8.40	6.11	5.18	4.67	4.34	4.10	3.93	3.79	3.68	3.59	3.46	3.31	3.16	3.08	3.00	2.92	2.83	2.75	2.65
18	8.29	6.01	5.09	4.58	4.25	4.01	3.84	3.71	3.60	3.51	3.37	3.23	3.08	3.00	2.92	2.84	2.75	2.66	2.57
19	8.18	5.93	5.01	4.50	4.17	3.94	3.77	3.63	3.52	3.43	3.30	3.15	3.00	2.92	2.84	2.76	2.67	2.58	2.49
20	8.10	5.85	4.94	4.43	4.10	3.87	3.70	3.56	3.46	3.37	3.23	3.09	2.94	2.86	2.78	2.69	2.61	2.52	2.42
21	8.02	5.78	4.87	4.37	4.04	3.81	3.64	3.51	3.40	3.31	3.17	3.03	2.88	2.80	2.72	2.64	2.55	2.46	2.36
22	7.95	5.72	4.82	4.31	3.99	3.76	3.59	3.45	3.35	3.26	3.12	2.98	2.83	2.75	2.67	2.58	2.50	2.40	2.31
23	7.88	5.66	4.76	4.26	3.94	3.71	3.54	3.41	3.30	3.21	3.07	2.93	2.78	2.70	2.62	2.54	2.45	2.35	2.26
24	7.82	5.61	4.72	4.22	3.90	3.67	3.50	3.36	3.26	3.17	3.03	2.89	2.74	2.66	2.58	2.49	2.40	2.31	2.21

[표 6] F-분포(0.01 유의수준)(계속)

df_1 \ df_2	1	2	3	4	5	6	7	8	9	10	12	15	20	24	30	40	60	120	∞
25	7.77	5.57	4.68	4.18	3.85	3.63	3.46	3.32	3.22	3.13	2.99	2.85	2.70	2.62	2.54	2.45	2.36	2.27	2.17
26	7.72	5.53	4.64	4.14	3.82	3.59	3.42	3.29	3.18	3.09	2.96	2.81	2.66	2.58	2.50	2.42	2.33	2.23	2.13
27	7.68	5.49	4.60	4.11	3.78	3.56	3.39	3.26	3.15	3.06	2.93	2.78	2.63	2.55	2.47	2.38	2.29	2.20	2.10
28	7.64	5.45	4.57	4.07	3.75	3.53	3.36	3.23	3.12	3.03	2.90	2.75	2.60	2.52	2.44	2.35	2.26	2.17	2.06
29	7.60	5.42	4.54	4.04	3.73	3.50	3.33	3.20	3.09	3.00	2.87	2.73	2.57	2.49	2.41	2.33	2.23	2.14	2.03
30	7.56	5.39	4.51	4.02	3.70	3.47	3.30	3.17	3.07	2.98	2.84	2.70	2.55	2.47	2.39	2.30	2.21	2.11	2.01
40	7.31	5.18	4.31	3.83	3.51	3.29	3.12	2.99	2.89	2.80	2.66	2.52	2.37	2.29	2.20	2.11	2.02	1.92	1.80
60	7.08	4.98	4.13	3.65	3.34	3.12	2.95	2.82	2.72	2.63	2.50	2.35	2.20	2.12	2.03	1.94	1.84	1.73	1.60
120	6.85	4.79	3.95	3.48	3.17	2.96	2.79	2.66	2.56	2.47	2.34	2.19	2.03	1.95	1.86	1.76	1.66	1.53	1.38
∞	6.63	4.61	3.78	3.32	3.02	2.80	2.64	2.51	2.41	2.32	2.18	2.04	1.88	1.79	1.70	1.59	1.47	1.32	1.00

출처: R. A. Fisher & F. Yates, Statistical Tables for Biological, Agricultural and Medical Research, 6e © Pearson Education, Ltd. 정식허가를 받아 사용함.

주: df_1 = 표의 가로줄(분모의 자유도) — 집단 내

df_2 = 표의 세로줄(분자의 자유도) — 집단 간

용어해설

가면회상법(masked recall): 특정 발행물에 대한 비보조 회상 여부를 검사하기 위해 면접원이 일부러 제목을 가린 상태에서 해당 신문이나 잡지의 전면을 조사대상자들에게 보여주고 조사하는 서베이 기법

가설(hypothesis): 특정 결과를 예측하는 둘 이상의 변인들 사이의 관계에 대한 잠정적인 일반화

가외변인(artifact): 결과에 대한 대안적 설명을 생성하는 변인(혼란변인)

가용표본(available sample): 접근 가능성을 기반으로 추출된 표본

가중치(weighting): 주어진 모집단의 특성을 잘 나타낼 수 있도록 표본을 조정할 때 이용하는 수학적 절차로서, 표본 균형화(sample balancing)라고도 함

감정온도계(feeling thermometer): 반응자들이 자신의 태도를 0~100까지 척도로 평가할 수 있도록 온도계를 본떠서 만든 측정 척도

강제노출(forced exposure): 조사대상자로 하여금 특정 독립변인이나 종속변인에 노출되도록 요구하는 실험상황

개념(concept): 일반화를 통해 형성된 아이디어

개방형 설문(open-ended question): 주어진 항목 중에서 답을 선택하게 하는 것이 아니라 응답자들 스스로가 질문에 대한 답을 만들어가도록 한 설문(예: TV 프로그램 중 당신이 가장 좋아하는 프로그램 유형은 무엇입니까?)

개인 면접(personal interview): 훈련받은 면접원이 응답자를 직접 방문하여 얼굴을 마주보는 상황에서 질문지에 기입하는 서베이 기법

개입(engagement): 광고주가 사람들이 어떻게 특정 광고나 브랜드와 연관되는지를 알고자 할 때 이용하는 측정방법

거트만 척도(Guttman scale): 누적척도의 대표적인 형태로 태도의 강도에 대한 연속적 증가 유형을 측정하고자 할 때 이용하는 척도

검정력(power): 대안적인 가설이 참일 때 영가설을 부정할 수 있는 확률

결정계수(coefficient of determination): 상관관계 통계에서 선행변인으로 설명할 수 있는 준거변인 내의 변량

겹치기 설문(double-barreled question): 질문은 하나지만 실제로는 2개의 답을 요구하는 질문(예: 당신은 이 아이템의 가격과 스타일이 마음에 드십니까?)

경위설명(debriefing): 자료수집 이후에 참여자들을 대상으로 연구자가 연구의 목적을 자세하게 설명하고 연구에 대해 의문사항이 있으면 질문할 수 있도록 하는 절차

경향연구(trend studies): 동일 주제에 대해 서로 다른 응답자 집단을 대상으로 다시 조사하는 종단연구의 유형(예: 로퍼(Roper)사의 미디어 신뢰도 연구)

경험주의(empiricism): 인식 · 지식의 근원을 오직 경험에서만 찾는 철학적 입장 및 경향

공리주의(utilitarianism): 어떤 결정이 가져올 잠재적 이익을 잠재적 해악과 비교하는 윤리체계

공인 타당도(concurrent validity): 분석에 활용한 측정 도구가 얼마나 타당한가를 현존하는 기준과 비교함으로써 타당도를 판단함

과학적 방법(scientific method): 자연 현상 가운데서 있음직한 관계에 대한 가설을 설정하고 이를 체계적이고 통제적이며, 경험적이고 비판적으로 탐구 하는 것

광고에서의 도달률(reach in advertising): 특정 기간 동안에 적어도 한 번 이상 광고메시지에 노출된 사람이나 가구의 총합

광고 환산가치(advertising equivalency): PR 캠페인에서 신문이나 TV 또는 라디오에 특정 기사를 배치시키는데 드는 비용을 광고식으로 환산한 것

교차분석(cross-tabulation analysis/crosstabs): 카이자승 통계기법을 참조할 것

교차지연 상관관계(cross-lagged correlation): 동일한 표본을 대상으로 2개의 다른 시점에서 측정된 상이한 변인에 대한 정보를 종적으로 연구하는 유형으로 동일 시점의 상관관계를 상이한 시점의 상관관계와 비교함

교차확인(cross-validation): 타당도를 입증하기 위해 측정도구 혹은 피험자의 반응을 서로 비교하는 과정

구성(construct): 특정한 상황(예: '권위주의')을 기술하기 위해 만들어진 개념들의 조합

구성적 반복(constructive replication): 반복연구의 한 형태로 이전 연구에서 사용된 방법들의 중복 사용을 의도적으로 피하기 위해 이전 연구에서 사용된 가설을 대상으로 다시 분석을 시도함

구성적 정의(constitutive definition): 하나의 단어를 정의하기 위해 다른 단어나 개념들이 동원되는 정의의 한 유형

구성 타당도(construct validity): 변인들 사이의 논리적 관계에 기반으로 하며, 측정도구가 관련된 이론적 틀에 비추어볼 때 적절한가를 가지고 타당도여부를 판단함

구조화 면접(structured interview): 사전에 정해진 순서에 따라 표준화된 질문을 던지는 면접 방법

군집분석(cluster analysis): 집단이나 부분의 특성을 분류해내기 위해 이용하는 다변량 통계분석

권위에 의한 방법(method of authority): 권위 있는 정보원이 진실이라고 말했기 때문에 본인도 그렇다고 믿는 식으로 지식을 얻는 방법

균형 층화표집(proportionate stratified sampling): 특수한 층 혹은 특성을 대표하는 모집단을 비례적으로 표집하는 표본추출방법

기술적 서베이(descriptive survey): 현재의 상황 혹은 태도를 있는 그대로 나타내거나 보고하려 하는 서베이

기술통계(descriptive statistics): 수집된 자료를 좀 더 쉽게 해석을 내릴 수 있도록 축약시켜주는 통계기법들

기자-독자 비교(journalist-reader comparison): 기자 집단에게 특정한 주제에 관한 질문을 하고 그들의 응답을 독자들의 응답과 비교하여 두 집단 간의 일치 여부를 찾는 방법

내적 일관성(internal consistency): 한 척도 내 항목들 사이에서 나타나는 성과의 일관성 수준

내적 타당도(internal validity): 연구결과가 외생변인들보다는 기대했던 조건들에서 기인한다는 것을 보여주는 연구의 속성

누적빈도(cumulative frequency): 도수분포표에서 각 계급의 빈도수를 더해가는 빈도

누적 수용자(cume): 주어진 시간대에 적어도 5분 이상 특정 방송을 시청한 사람 수를 말하며 도달이라고도 함

눈덩이 표본(snowball sample): 조사자가 조사대상의 소재를 잘 몰라서 어떻게 접근해야 할지 모를 때 처음 접근이 가능한 소수의 사례를 조사하고 조사된 사례의 협조를 얻어 이들로부터 추가적 사례를 계속 확보해나가는 표집방법

다단계 표집(multistage sampling): 집단이 아니라 개별 가구나 개인을 선정하는 집락표본의 한 유형

다변량분석(multivariate analysis): 여러 종속변인들이 측정되는 통계적 분석

다중 회귀분석(multiple regression): 둘 이상의 독립변인들과 하나의 종속변인을 대상으로 한 분석으로서, 종속변인을 예측하기 위한 통계분석

단절적 시계열(interrupted time series): 여러 시점에서 관찰되는 자료를 통해 변인의 효과를 분석하고자 함

단조 변환(monotonic transformation): 자료로 확보한 측정된 모든 점수들에 대하여 동일한 수학적 조정을 적용하는 것

담론 분석(discourse analysis): 텍스트뿐만 아니라 언어의 의미 표출 방식과 서사구조에 대한 분석을 시도함

대도시 서베이 지역(metro survey area, MSA): 미국의 예산 및 행정당국이 정의내린 연합 대도시 통계영역(CSMA) 중 하나를 대표하는 지역

더미변인(dummy variable): 명목적 수준의 변인을 좀 더 높은 수준의 통계기법의 적용이 가능하도록 변형시키고자 할 때 만드는 변인

데이터베이스 마케팅(database marketing): 최근 TV 수상기를 구입한 사람 목록이나 특정 클럽이나 조직의 구성원들과 같이 데이터베이스 안에 포함된 응답자들을 대상으로 이루어지는 조사

도구적 반복(instrumental replication): 이전 연구의 종속변인에 대한 반복적인 조사연구

도출변인(marker variable): 조사대상 구성을 정의하거나 강조해주는 변인

독립변인(independent variable): 연구자가 체계적으로 변화를 주는 변인

독이성(readability): 특정 인쇄물에 내재하면서 사람들의 이해도를 높이고 흥미를 끄는 데 영향을 주는 요소들의 합

독자-비독자 연구(reader-nonreader study): 신문이나 잡지의 비독자와 정기독자를 서로 비교하는 연구

독자 프로필(reader profile): 특정 간행물을 구독하는 독자들의 인구학적 속성을 요약해놓은 것

독점소유 자료(proprietary data): 미디어 업계의 조직이 수집해놓은 자료로서, 해당 기관이 배포하거나 허용해야만 일반 대중의 이용이 가능함

동질성(homogeneity): 실험이 실행되기 전의 통제집단과 실험집단 간에 내재한 동질성을 말하며 선행적 동일점이라고도 함

동형화(isomorphism): 형태 혹은 구조의 유사성

등가성(equivalency): 측정의 내적 일관성

등간적 수준(interval level): 척도상 인접한 점들의 간격이 동일한 측정체계(예: 온도계)

라이프스타일 세분화 연구(lifestyle segmentation study): 응답자들의 활동, 관심사, 태도와 행동들을 조사하거나 유형화하려는 연구 프로젝트

러프 컷(rough cut): 최종 산출물의 모델이나 시뮬레이션

리커트 척도(Likert scale): 응답자의 특정 진술에 대한 동의하는 정도를 강하게 동의, 동의, 중립적, 반대, 강하게 반대 등으로 나누어 측정하는 척도

막대그래프(bar chart): 히스토그램(histogram)을 참조할 것

망라성(exhaustivity): 모든 분석의 단위가 제시한 세부 항목 중 어디에로든지 속하게끔 구성된 유목체계의 특성

매칭(matching): 혼란변인의 영향을 통제하는 방법으로서, 피험자를 종속변인과 관계가 있을지도 모르는 특성과 매칭시키는 것

메타 분석(meta analysis): 많은 연구결과들의 양적 집합

명목적 수준(nominal level): 사람과 대상 혹은 특징들을 분류하기 위해서 자의적인 숫자나 다른 심볼을 이용하는 측정수준

명제(proposition): “만약 A라면 B이다”라는 식으로 2개 이상의 개념들을 연결시켜주는 진술문

모수(parameters): 모집단의 특징이나 속성

모수통계(parametric statistics): 등간 또는 비율적 수준에서 측정된 변인 분석에 적합한 통계절차

모집단(population): 연구대상이 되는 일군 또는 일단의 조사대상이나 주제 또는 단위

모집단 분포(population distribution): 전체 모집단을 서베이한 결과로 나타난 변인들의 빈도 분포

목적론(teleological theory): 특정 결정의 효과에 대한 균형성을 근거로 한 윤리체계

목적 함수(objective function): 광고연구에서 미디어 스케줄에 대한 양화된 값들을 다양하게 제공해주는 수학적 함수로서 미디어 스케줄을 컴퓨터로 시뮬레이션할 때 이용함

무작위 오차(random error): 조사과정에서 발생하는 오차로서 연구자들이 통제할 수 없는 오차

무작위 표본(random sample): 모집단 내의 각 단위들이 똑같이 뽑힐 수 있는 기회, 즉 확률조건 아래서 추출된 모집단의 하위집단 또는 부분집합(subset)

뮤(μ): 모집단의 평균

미디어 감사(media audit): PR연구에서 기자, 편집자 및 여타 미디어 종사자들이 선호하는 기사거리와 PR 대행사 고객들에 대한 인식 등을 조사함

미디어 변인(medium variable): 내용분석에서 분석대상 미디어에만 존재하는 독특한 측면(예: 신문 혹은 잡지의 타이포그래피)

미디어 효율성(media efficiency): 최소의 비용으로 최대의 수용자에게 도달하는 정도

민속지학(ethnography): 현지조사를 바탕으로 여러 민족의 사회조직이나 생활양식 전반에 관한 내용을 체계적으로 수집하고 분석하는 연구방법

반복측정설계(repeated-measures design): 동일한 피험자들을 대상으로 여러 번 측정을 하도록 만들어진 연구설계

반분법(split-half technique): 측정의 신뢰도를 결정하는 한 방법으로 동일한 검사를 통계적인 기준을 통해 두 부분으로 나누고(예: 문항의 짝수 번과 홀수 번) 두 부분 간의 상관관계를 구하는 형식임

반응집합(response set): 1~10점 평가 척도에서 모든 질문에 대해 5점으로 평가하는 것과 같이 응답자의 응답에서 나타나는 패턴을 말하며 이런 자료는 항상 자료에서 배제됨

반작용성(reactivity): 자신이 측정이나 관찰의 대상이 된다는 피험자의 인식과 그런 인식이 피험자의 행위에 미칠 수 있는 영향

발생률(incidence): 모집단이 해당 연구를 수행하는 데 바람직한 특징을 갖고 있는 구성원들을 얼마나 보유하고 있느냐를 보여주는 비율

발행부수(circulation): 신문이나 잡지와 같은 인쇄미디어를 대상으로 구독자에게 배포된 부수에 가판 및 다른 통로를 통해 판매된 부수를 더하여 구함

발행부수 조사(circulation research): (1) 신문, 잡지의 시장진출 현황 조사 (2) 신문, 잡지의 배포 및 가격체계에 관한 조사

발현적 코딩(emergent coding): 자료에 대한 사전 분석을 통해 유목들을 도출하는 방법으로서, 자료 자체로부터 추출된 공통의 요인이나 주제들을 기반으로 유목체계가 구성됨

방송시간대(daypart): 방송을 내보내는 시간을 시간 대별로 나눔(예: 주시청시간대-저녁 8시부터 11시 사이)

배양분석(cultivation analysis): TV를 많이 보는 중시청자일수록 TV에 등장하는 세계를 가공이 아닌 현실세계로 인식하게 된다고 보는 접근

범위(range): 특정의 분포 안에서 최고 점수와 최하 점수 사이 차이에 근거한 분산도(dispersion) 측정

베타 가중치(beta weight): 한 변인이 예측이나 가중선형조합에 기여하는 정도를 나타내기 위해 수학적으로 도출된 값

벤치마킹(benchmarking): 기업이 목표달성을 위해 설정하는 측정기준으로 어느 특정 분야에서 우수한 상대를 표적으로 삼아 자기 기업과의 성과 차이를 비교하고, 이를 극복하기 위해 그들의 뛰어난 운영 프로세스를 배우면서 부단히 자기혁신을 추구하는 경영기법

변량(variance): 점수들이 평균으로부터 얼마나 떨어져 있는지를 보여주는 수학적 지수

변량분석(analysis of variance, ANOVA): 둘 이상의 독립변인을 대상으로 변량 원을 분석해내는 데 사용되는 통계 절차

변인(variable): 측정 또는 조직될 수 있는 현상이나 사건

보조 회상법(aided recall): 면접원이 응답자에게 신문이나 잡지 또는 TV 편성표나 기타 자료들을 보여 줌으로써 응답자로 하여금 자신이 보거나 읽은 특정한 기사나 프로그램, 광고 등을 기억해내도록 도움을 주는 서베이 기법

복제(replication): 특정 연구에 대한 독립적인 검증

부적격 자원자 표본(unqualified volunteer sample): 표본으로서의 적격 여부와 상관없이 스스로 지원하여 선발된 비확률표본

부정한계영역(region of rejection): 유의수준과 동등한 표집분포의 영역의 비율

분리의 오류(error of segregation): 자료가 분석과 분리되면서 나타날 수 있는 오류

분산(dispersion): 일련의 점수 군에서 나타나는 변량의 양

분석단위(unit of analysis): 내용분석에서 가장 최소의 구성요소를 말하며 분석 시 해당 요소가 등장할 때마다 건수로 계산됨

분석적 서베이(analytical surveys): 가설검증을 통해 특정한 조건들이 존재하는 이유를 기술하고 설명하려는 서베이

분포(distribution): 점수나 측정치들의 집합

불연속변인(discrete variable): 개념적으로 유한한 숫자로만 구분되는 변인(예: 가족 내 아이들 수)

비결정계수(coefficient of nondetermination): 상관관계 통계에서 설명하지 않은 채로 남겨진 준거변인 내의 변량

비구조화 면접(unstructured interview): 면접원이 응답자들에게 광범위하고 일반적인 문제들을 질문으로 던지는 면접방법을 말함. 그러나 논의를 벗어나는 것에 대해서는 통제를 유지함

비균형 층화표집(disproportionate stratified sampling): 모집단의 특정 층이나 속성을 더 많이 표본으로 추출하여 해당 층이나 속성을 과도하게 대표하도록 하게 하는 방법

비모수통계(nonparametric statistics): 명목적 혹은 서열적 수준에서 측정되는 변인들을 대상으로 이루어지는 통계처리

비밀(confidentiality): 연구자는 연구과정에서 응답자들이 누구인지를 알 수 있더라도 해당 정보를 비밀 한다고 약속함

비보조 회상(unaided recall): 응답자들로 하여금 연구자의 도움 없이 특정 정보를 회상하게 하는 설문 유형

비시청률 연구(nonratings research): 수용자의 선호 도, 유형별 프로그램 분석, 수용자의 인구학적 속 성 및 라이프스타일에 관한 조사 등이 여기에 해당함

비유해성(nonmaleficence): 연구자는 연구를 통해 어떤 해악도 발생시켜서는 안 된다는 윤리 원칙

비율적 수준(ratio level): 등간수준의 척도가 갖는 속성을 모두 지니면서 절대 영점이 있는 측정 수준

비확률표본(nonprobability sample): 수학적 확률법칙에 의존하지 않고 추출된 표본

빈도(frequency): 광고에서 특정 사람이나 가구들이 특정 메시지에 노출되는 건수의 합

빈도곡선(frequency curve): 빈도자료를 연속적인 곡선의 형태로 그래프에 나타낸 것

빈도분포(frequency distribution): 점수를 크기별로 그리고 건수별로 모아 놓은 분포

빈도절선(frequency polygon): 점수의 빈도를 나타내는 점들을 연결하여 만든 일련의 선들

사고절약의 원칙(parsimony principle): 가장 간단한 것이 가장 바람직하다는 전제로서 오컴의 면도날(Ockham's razer)이라고 알려짐

사례연구(case study): 하나의 연구문제를 대상으로 다양한 자료원을 활용하는 실증 연구기법

사이코그래픽스 연구(psychographics): 사람들의 행동이나 사고를 지배하는 심리학적 요인들을 검토하는 연구

사전동의(informed consent): 연구 참여자들은 연구에 참여하기 전에 연구와 관련된 기본 정보들을 알고 있어야 함을 강조하는 윤리적 지침

사전모집(prerecruits): 조사에 참여할 응답자들을 미리 충원하는 것

사회 감사(social audit): PR 조사에서 실시하는 특정 조직의 사회적 성과 분석, 즉 조직에 주어진 공적 책임을 얼마나 충실히 수행하고 있는가를 측정하기 위해 설계된 소규모 환경 모니터링 프로그램

산포도(scattergram): 두 변인 사이의 관계를 보여주는 그래픽 기법

삼각측정법(triangulation): 연구문제를 해결하기 위해 양적 접근과 질적 접근을 조합하여 이용하는 것

상관관계(correlation): 두 변량을 대상으로 한쪽이 증가함에 따라 다른 한쪽이 증가 또는 감소할 때의 관계를 말함

상대주의(relativistic): 어떤 결정을 하게 된 상황을 고려하는 윤리체계

상호배타적(mutually exclusive): 하나의 분석단위가 하나의 유목에만 일치할 수 있도록 만들어진 유목 체계

상호작용(interaction): 하나의 종속변인에 2개의 독립변인이 동시에 영향을 주는 것에 기반을 둔 실험처치 효과

서열적 수준(ordinal level): 항목들이 연속성을 가지면서 순위가 매겨지는 측정수준

선별 질문(filter question): 연구 참여자 중 연구에 필요하지 않은 사람들이 포함되어 있으면 이들을 배제시키려고 고안된 질문으로서, 흔히 여과 질문이라고 함

선행(beneficence): 연구자는 연구의 긍정적인 결과 모두를 공유해야만 한다는 점을 강조하는 윤리원칙

선행변인(antecedent variable): (1) 서베이: 다른 변인을 예측하는 데 사용되는 변인, (2) 실험연구: 독립 변인을 예측하는 데 사용되는 변인

속임수(deception): 연구 프로젝트 내 참여자들을 대상으로 이루어지는 의도적인 호도

쇼핑센터 면접(shopping center interview): 쇼핑몰 안에서 응답자들을 모집하고 면접하는 비확률적 조사방법

수용자 전환율(audience turnover): 라디오 조사에서 수용자가 주어진 시간대에 방송채널을 몇 번이나 바꾸는지를 측정한 평가

순 발생률(net incidence): 조사에 실제로 참여한 응답자나 피험자 수

스마트 TV(smart TV): 인터넷 접속이 가능한 컴퓨터 결합 TV이며 스마트폰과 더불어 모든 미디어에 접속 가능한 TV임. 달리 설명하면 TV와 휴대폰, PC 등 3개 스크린을 자유자재로 넘나들면서 자료의 끊김 없이 동영상을 볼 수 있는 TV를 말하며 커넥티드 TV 라고도 불림

스마트미디어(smart media): 가장 새로운 미디어로서, 스마트폰, 스마트TV, 태블릿 등이 여기에 해당함

스마트폰(smartphone): 인터넷 접속이 가능한 휴대폰으로 기능면에서 휴대폰과 컴퓨터가 결합된 형태임. 휴대전화에 인터넷 통신과 정보검색 등 컴퓨터 지원 기능을 추가한 지능형 단말기로서, 사용자가 원하는 애플리케이션을 설치할 수 있는 것이 특징임

스모그 측정(SMOG Grading): 한 단어당 음절수가 몇 개인가를 기반으로 하는 독이성 측정

시그마(sigma, Σ): 그리스 문자로 '합계'를 의미하는 수학 기호

시청률(rating): 어떤 모집단에서 특정한 방송이나 네트워크를 시 · 청취하는 사람이나 가구 수를 백분율로 나타낸 것

시청률 집중연구기간(sweeps): 닐슨사가 모든 TV 시청 시장을 대상으로 실시하는 전국 서베이로서, 2월, 5월, 7월, 11월에 이루어짐

신뢰구간(confidence interval): 모수치(parameter)의 정확한 값이 놓여 있다고 확률적으로 말할 수 있는 영역

신뢰도(reliability): 다른 시점의 측정에서도 동일한 결과를 지속적으로 얻게 하는 측정의 속성

신뢰수준(confidence level): 영가설을 부정할 수 있는 유의수준(예: 0.05 또는 0.01)을 말하며 알파 수준이라고도 함

실험설계(experimental design): 실험연구를 수행하기 위한 청사진 혹은 일련의 계획

실험실 연구(laboratory experiment): 실험실 내에서 수행되는 조사나 관찰

실험자의 편견(experimenter bias): 실험자들이 실험에 관한 정보를 잘 알고 있어서 나타나는 편견

아이템 선별 연구(item-selection study): 한 신문의 특정 부분들을 누가 읽는지 알아보기 위해 이용하는 열독률 연구

아집에 의한 방법(method of tenacity): 어떤 대상을 놓고 항상 그것이 옳았다고 믿어왔기 때문에 그대로 믿는 방식으로 지식을 얻는 방법

안면 타당도(face validity): (주로 전문가가) 겉으로 보기에 평가도구가 평가하고자 하는 내용을 포함하고 있는지를 여부를 살피는 타당도 측정방법

안정성(stability): 상이한 시점에서 측정했을 경우 연구결과의 일치의 정도

알고리즘(algorithm): 통계 절차 혹은 공식

알파수준(alpha level): 실제 참인 영가설을 기각할 확률

양적 연구방법(quantitative research method): 표준화된 방식으로 연구문제를 풀어가는 연구방법

여과(screener): 연구에 적합한 응답자들만을 선택하기 위해 설계된 간편 서베이 혹은 부분 서베이

연구문제(research question): 두 가지 이상의 변인들 간의 관계에 대한 잠정적 일반화

연속변인(continuous variable): 일정 범위 내에서 어느 값이라도 취할 수 있고, 의미 있는 보다 작은 하부 단위로도 나뉠 수 있는 변인(예: '높이')

연출된 조작(staged manipulation): 독립변인을 조작하기 위해 연구자가 사건이나 실험환경을 구성하는 상황

영가설(null hypothesis): 연구가설을 부정하거나 거부하는 가설

예비연구(pilot study): 연구설계와 방법이 적절하고 효과적인지를 알아보기 위해 사전에 소규모로 실시해보는 시험적인 연구

예측변인(predictor variable): 앞의 선행변인(antecedent variable)을 참조할 것

오디토리움 테스트(auditorium music test): 응답자 집단들이 동시에 음악 후크를 듣고 평가하도록 하는 테스트

오버나이트(overnights): 닐슨사가 미국의 5대 도시를 대상으로 집계한 심야 TV 시청률 조사

오차변량(error variance): 지금까지 알려지지 않은 요인으로부터 발생하는 오차

오컴의 면도날(Ockham's razor): "가장 단순한 접근이 언제나 최고다"라는 명제로 어떤 현상을 설명할 때 불필요한 가정을 해서는 안 된다는 것을 의미

완전 반복(literal replication): 과거 연구를 정확하게 그대로 반복해보는 연구

외적 타당도(external validity): 한 실험의 결과를 다른 경우들에로까지 일반화할 수 있는 정도

요구 특성(demand characteristics): 피험자들이 실험조건을 사전에 알게 되면 그것이 실험결과에 영향을 미칠 수 있다고 보는 전제를 말하며 호손 효과(Hawthorne effect)라고도 함

요약통계(summary statistics): 산술평균이나 표준편차처럼 특정 분포에 대한 수많은 수량화된 정보들을 일목요연하게 요약해주는 통계

요인 분석(factor analysis): 주로 자료의 축약, 구성의 도출 및 변인 간의 관계에 대한 검증 등의 목적으로 이용되는 다변인 통계 절차

요인설계(factorial design): 둘 이상의 독립변인이나 요인들에 대한 동시적 분석

요인융합(factor fusion): 평가 범위를 인위적으로 제한시키는 통계적 절차

요인점수(factor score): 요인 분석으로 산출된 복합내지 요약 점수

우편명부(mailing list): 우편서베이의 표본추출 프레임으로 사용되는 이름과 주소 모음집으로 종종 상업적인 회사들이 사전에 마련해놓고 있음

우편서베이(mail survey): 자기기입식 설문지를 조사 대상자에게 우송하여 회답이 연구자에게 돌아오도록 하는 조사기법

월드 와이드 웹(world wide web, www): 컴퓨터와 전자정보 사이트들을 연계시켜주는 시스템

웹 브라우저(web browser): www를 검색하는 프로그램

위신 편견(prestige bias): 응답자들이 스스로를 남보다 교육을 더 많이 받았고 성공한 사람이며, 경제적으로도 안정된 사람인 것처럼 보이려고 답변하는 경향

유관표(contingency table): 한 변인의 값들이 다른 변인의 각 수준에 어떻게 분포하는지를 보여주는 교차표

유도 질문(leading question): 응답자에게 특정한 반응을 유도하거나 암묵적인 가정을 세워 놓은 질문(예: "당신은 얼마나 오랜 기간 알코올 중독자였습니까?")

유사실험(quasi-experiment): 피험자들을 실험집단에 무작위로 배정하지 않는 조사설계

유의표집(purposive sampling): 모집단을 대표할 수 있도록 의도적으로 선택된 표본

유한모집단 수정계수(finite population correction factor): 표본이 모집단의 5% 이상일 경우 유한모집단 수정계수를 이용해 표집오차를 추정할 수 있는데, 이때 수정은 모집단의 단위를 크게 분할하여 표본화할 때 모수를 작은 모집단으로부터 추정하는 것이 더 낫다는 사실을 설명해줌

은폐(concealment): 연구에 대한 정보를 참여자에게 알려주지 않고 보류하는 행위

응용 연구(applied research): 이론 구축보다는 오히려 주어진 특정 문제에 대한 답을 얻기 위한 연구

의무론(deontological theory): 법칙에 기반을 둔 윤리체계

의미분별(semantic differential): 2개의 극단적인 형용사 사이를 7단계로 나누어 평가하는 척도(예: "좋은 __ __ __ __ __ __ __ 나쁜")

의제 설정(agenda setting): 미디어가 수용자들에게 토론 주제와 주제의 중요도 여부를 제공해준다는 이론

이론(theory): 개념들 사이의 관계를 명확히 밝혀줌으로써 현상에 대한 체계적 관점을 제시해주는 연관된 명제 체계

이용과 충족 연구(uses and gratifications study): 미디어를 이용하는 동기와 추구하는 보상에 대한 연구

이원변량분석(two-way ANOVA): 둘 이상의 독립변수와 종속변수 간의 관계를 분석하는 것

이중은폐 실험(double-blind experiment): 연구자를 포함하여 실험에 관련된 그 어느 누구도 특정 피험자가 실험집단과 통제집단 중 어느 곳에 속하는지 알 수 없는 실험연구

익명(anonymity): 연구 참여자들이 제공한 정보만 가지고는 참여자들이 누군지 알 수 없는 경우

인센티브(co-op): 참여의 대가로 연구 참여자에게 지불되는 것

인지(recognition): 응답자들에게 잡지나 신문의 로고를 보여주고 그들의 열독률을 측정하는 방법

인터넷 서베이(Internet survey): 인터넷을 이용한 서베이 기법으로 신속성과 저렴성 외에 전화 조사 또는 개인 면접보다 훨씬 더 다양하게 설문을 조사할 수 있다는 게 장점임. 인터넷을 통해 한 컴퓨터에서 다른 컴퓨터로 파일을 전송할 수 있도록 하는 방법과 그러한 프로그램을 통칭

일대일 면접(one-on-one interview): 응답자들을 대상으로 한 번에 한 사람씩 면접하는 방식

자기성찰조사(introspective research): PR연구에서 현장을 대상으로 직접 조사하는 것

자료 아카이브(data archives): 조사에서 얻은 자료를 다른 연구자들이 이용할 수 있도록 보관하는 자료 저장 시설

자원자 표본(volunteer sample): 서베이나 실험에 자원하여 참여하는 일군의 사람들로 구성된 표본

자원 참여(voluntary participation): 연구 프로젝트에 참여하는 피험자는 언제든지 연구에 참여하거나 아니면 참여를 그만둘 수 있는 권리를 갖는다는 것을 말해주는 윤리 지침

자유도(degrees of freedom): 연구오차를 만회하기 위한 보수적 자료 조정을 위해 표본 크기 안에서 이루어지는 의도적이면서도 사전에 결정된 축소

자율성(autonomy): 각 개인은 자신의 결정에 책임이 있으며 타인에 의해 이용돼서는 안 된다는 윤리 원칙

잡지 열독률 서베이(magazine readership survey): 독자들이 잡지의 여러 섹션 중 어떤 섹션을 보거나 읽었는지 아니면 둘 다를 동시에 했는지 여부를 알아보기 위한 서베이

적격 자원자 표본(qualified volunteer sample): 참여를 자원한 사람들 중에서 표본이 될 자격을 묻는 문항(하나 이상이 될 수 있음)을 통과한 피험자들로만 구성되는 확률표본

전수조사(census): 모집단 전체를 대상으로 하는 분석(예: 인구 센서스)

전조분석(precursor analysis): 트렌드를 선도하는 리더들이 있으며 그렇게 해서 형성된 트렌드가 궁극적으로는 사회의 나머지 부분으로 확산된다고 가정하는 연구

전체 서베이 지역(total survey area, TSA): 수용자 대상 서베이가 실시되는 지역

전체적 관찰(total observation): 관찰자는 단지 관찰만 할 뿐 관찰대상 현상 안에서 아무런 역할도 하지 않는 현지관찰의 한 형태

전체적 참여(total participation): 관찰자가 관찰대상이 되는 상황에 온전히 참여하여 관찰하는 현지관찰의 한 형태

전화 동시연구(telephone coincidental): 표본으로 무작위하게 선정된 조사대상자 또는 대상가구에 전화를 걸어 현재 어느 방송을 시·청취하는지 묻는 방송조사방법의 한 유형

전화번호부 조사(callout research): 음반의 인기 정도를 알아보기 위한 라디오 조사연구의 한 형태로서, 후크(hook) 참조

전화 서베이(telephone survey): 훈련된 면접원으로 하여금 전화로 질문하고 응답자의 답변을 기록하게 함으로써 자료를 수집하는 서베이 방법

점유율(share): 특정 방송이나 네트워크를 시청취하는 사람이나 가구 수에 대한 백분율 평가

정규곡선(normal curve): 특수한 수학적 특징을 갖는 대칭형 및 종 모양의 곡선

정규분포(normal distribution): 측정치들이 어떻게 분포하는가는 보여주는 수학적 모델로서 정규분포의 그래프는 연속적이고 대칭적이며 종 모양의 곡선임

정밀 저널리즘(precision journalism): 뉴스를 수집하는 데 사회과학적 연구방법을 이용하는 저널리즘 기법

정언 명령(categorical imperative): 절대적이고 보편적인 도덕법칙을 말하며 칸트의 도덕철학에 기초한 윤리관으로서, 모든 인간들이 보편적으로 인정하는 절대적인 윤리적 기준이 있음을 전제함

정의(justice): 모든 사람들이 동등하게 대접받아야 한다는 윤리 원칙

제1종 오류(type I error): 받아들여야 하는 영가설을 부정하는 오류

제2종 오류(type II error): 부정해야 할 영가설을 받아들이는 오류

조사대행업체(research supplier): 고객에게 자료수집에서부터 최종보고서 분석 및 자료 요약에 이르기까지 다양한 유형의 조사를 제공하는 업체

조사의 집단실시(group administration): 여러 명의 피험자들을 대상으로 동시에 측정을 실시하는 것

조작 검증(manipulation check): 독립변인의 조작이 실제로 의도한 효과를 발생시키는지 여부를 알아보기 위한 테스트

조작적 반복(operational replication): 이전 연구를 반복하되 표본추출방법과 실험과정의 측면에서만 반복하는 연구

조작적 정의(operational definition): 특정 개념을 측정하거나 경험적으로 조사하기 위해 필요한 행위 패턴이나 절차를 구체화시키는 것으로 추상적인 개념을 측정 가능한 구체적 현상과 연결시키는 과정

종단연구(longitudinal study): 상이한 여러 시점에 걸쳐 자료를 수집하는 방법

종속변인(dependent variable): 관찰대상 변인으로서 독립변인의 변화에 따라 영향을 받을 것으로 가정되는 변인

주기성(periodicity): 무작위화되어 있지 않은 조사대상자(피험자)나 항목에서 표본을 선정한 결과로 나타나는 편향(bias)의한 형태

주 효과(main effect): 종속변인에 대한 독립변인의 효과(어떤 상호작용도 발생하지 않은 경우)

준거변인(criterion variable): (1) 서베이 연구에서 효과변인으로 가정되는 변인 (2) 실험연구에서의 종속변인

중심극한정리(central limit theorem): 정규분포를 갖는 많은 독립변인과 무작위로 배분된 변인들의 합

중앙치(median): 점수 분포에서 중앙에 위치하는 점수

중요사건 분석(critical incident analysis): 질적 연구의 한 방법으로서, 어떠한 활동에 긍정적 혹은 부정적인 영향을 미치는 중요한 사건을 찾아낸 후 내용분석을 통해 새로운 분류체계를 개발하는 방법

직관에 의한 방법(method of intuition): '자명하기 때문에' 혹은 '당연한 결과'라는 이유로 지식을 얻는 방법을 말하며 선험적 추론이라고도 함

직접 조작(straightforward manipulation): 피험자에게 글이나 말로 지시하거나 다른 형태의 자극을 피험자에게 직접 가하는 것

질적 연구방법(qualitative research method): 유연하게 연구문제를 풀어가는 연구방법

집락표본(cluster sample): 특정 집단이나 유형별 분류에 의해서 선택된 표본

집중 경향(central tendency): 평균, 최빈치, 중앙치 등 과 같이 특정 점수 분포를 대표하는 숫자

집중 면접(intensive interview): 일대일 개인 면접의 혼성물

채택률(acceptance rate): 연구 프로젝트에 참여하기로 동의한 목표 표본의 백분율

척도(scale): 10점 척도, 리커트 척도, 거트만 척도, 의미분별 척도 등의 측정 척도

청취시간(time spent listening, TLS): 청취자가 라디오 방송을 듣는 평균시간에 대한 양적 진술로서 시간과 분으로 나타냄

체계적 무작위 표집(systematic random sampling): 전화번호부에서 장마다 열 번째 사람을 선택하는 것처럼 매번 n번째의 대상자를 표본으로 선택하는 방법

체계적 변량(systematic variance): 수집된 모든 점수나 자료 안에서 이미 알려져 있는 특정 요인에 의해 규칙적으로 발생하는 증감

체크리스트형 설문(checklist question): 응답자에게 질문 항목들을 제시하고 본인이 적합하다고 생각하는 응답에 체크하게 하는 유형의 설문

총 발생률(gross incidence): 접촉이 시도된 총 건수 중 실제로 응답이 이루어진 비율

총 시청률(gross rating points, GRPs): 특정 라디오나 TV 방송사의 전체 시청자 크기를 나타내기 위한 둘 이상의 기간을 대상으로 조사한 시 · 청취율의 합

최빈치(mode): 빈도분포에서 가장 많이 등장한 점수

추적연구(tracking study): 열독률 측정의 특수한 유형으로 응답자들에게 여러 가지 색깔의 연필을 주고 조사대상 읽을거리(예: 신문이나 잡지에 실린 기 사) 중 자신이 읽은 부분을 구분하여 표시하게끔 하는 조사방법

추적패널(follow-back panel): 현재에서 추출한 횡단적 표본의 자료와 아카이브상(옛 조사)의 자료를 서로 연계시켜 분석하는 기법

측정(measurement): 연구자가 특정한 규칙에 따라 대상과 사건 속성에 숫자를 부여하는 과정

측정도구의 마멸(instrument decay): 조사과정에서 측정도구가 마멸되는 것을 말하며 도구의 효과성과 정확도를 감소시킴

측정오차(measurement error): 조사에 사용된 측정 도구로부터 발생한 불일치

층화표본(stratified sample): 모집단을 유형별로 구분한 후 추출한 표본

친사회적(prosocial): 해당 사회에 긍정적인 결과를 가져오는

카이자승 통계방법(chi-square statistics): 관찰빈도와 기대빈도의 차이를 측정하는 통계방법으로서, 보통 교차분석(crosstabs)이라고도 함

카피 테스팅(copy testing): 메시지(예: 광고 메시지)를 어떻게 구성해야 의도한 결과를 얻을 수 있을지 그 효과적인 방법을 알아내는 데 이용하는 방법으로서, 메시지 조사로도 알려짐

커뮤니케이션 감사(communication audit): 한 조직이 이용하는 내적·외적 커뮤니케이션 수단에 대해 PR분야에서 하는 검토

컴퓨터 이용한 전화 면접(CATI, Computer-assisted telephone interviewing): 컴퓨터를 활용한 전화 조사 방법으로서, 면접원이 질문지를 쓰는 대신에 컴퓨터 모니터에 나타난 질문을 읽어주고 응답결과를 키보드에 바로 입력하는 조사방법

코더 간 신뢰도(intercoder reliability): 내용분석에서 독립적인 두 코더 간 내지는 여러 코더들 사이에 존재하는 일치의 정도

코드북(codebook): 개방형 질문을 코딩하는 데 사용하는 응답 목록이나 메뉴

코딩(coding): 내용분석에서 분석대상을 분석단위에 따라 특정 유목으로 분류하는 것

코호트 분석(cohort analysis): 시간에 걸쳐 변화하는 특정 집단(예: 같은 연령대)에 대한 연구

타당도(validity): 어떤 검사가 원래 측정하고자 하는 바를 실제로 측정했는지의 정도를 말함

탈락(mortality): 패널연구를 비롯한 종단연구의 원표본 구성원들 중에서 이런저런 이유로 연구에서 탈락해가는 사람들이 차지하는 비율

태블릿(컴퓨터)(tablet (computer)): 터치스크린이나 펜 사용이 가능한 인터페이스를 탑재한 이동형 컴퓨터

통계(statistics): 자료의 수집, 조직, 요약, 분석을 위해 수학적 방법을 사용하는 과학

통제변인(control variable): 연구자가 영향력을 제거하고자 하는 변인

통제집단(control group): 실험처치를 받지 않는 피험자 집단으로서, 실험에서 비교의 기준이 됨

통합 감사(integrity audit): 해당 기업의 윤리적 수준에 대해 종업원들과 일반 대중들이 어떻게 인식하고 있는지를 조사함

투사기법(projective techniques): 응답자들의 내면의 태도나 동기를 이끌어내는 조사기법

트리거 이벤트(trigger event): 대중들의 관심을 끌어 모으는 사건이나 활동

특정 방법 효과(method-specific results): 이용한 연구방법에서 기인하거나 그 연구방법에만 한정된 연구결과

특정 설계 효과(design-specific results): 연구에 이용된 설계에 기반을 두거나 설계 고유의 특성으로 인해 발생한 결과

특정 표본 효과(sample-specific results): 연구에 이용된 표본 고유의 특성에 근거한 연구결과

판별분석(discreminant analysis): 변인의 유사성에 따라 집단을 분류하거나 가중치가 주어진 단선적 복합변인들이 통계적으로 유의한지 여부를 분석하기 위해 사용하는 다변량 통계방법

팝업 서베이(pop-up survey): 이용자가 해당 사이트를 방문하면 연구에 대해 알 수 있도록 이용자의 모니터 한 부분에 연구 참여를 권유하는 작은 팝업창을 띄워 서베이하는 방법

패널연구(panel study): 동일한 응답자로 구성된 표본을 시차를 두고 여러 차례 측정하는 연구기법

패러다임(paradigm): 특정한 시대 사람들의 견해나 사고를 지배하고 있는 이론적 틀이나 개념의 집합체

편상관(partial correlation): 독립변인과 종속변인들 사이의 관계에 영향을 줄 수 있는 혼란변인을 통제하기 위해 사용되는 방법

편의표본(convenience sample): 쉽게 이용가능한 조사대상자나 피험자들로 구성된 비확률표본(예: 강의실 내 학생들)

편집자-독자 비교(editor-reader comparison): 편집자와 독자의 인식을 비교하는 열독률 연구

편포도(skewness): 곡선이 정규분포로부터 벗어난 정도를 지칭(정적 편포와 부적 편포가 있음)

평가에 대한 우려(evaluation apprehension): 조사대상자가 자신이 측정이나 검사의 대상이 되고 있음을 인식하는 데서 발생하는 두려움을 말하며 타당성 없는 연구결과를 낳을 수 있음

평가 연구(evaluation research): 한 조직의 사회적 성과를 측정하기 위해 설계된 소규모 환경 모니터 프로그램

평균(mean): 일련의 점수에 대한 산술적인 평균

평균으로의 회귀(regression toward the mean): 매우 높거나 매우 낮은 점수들이 후속 측정에서는 평균에 가깝게 이동하는 경향

폐쇄형 질문(closed-ended question): 미리 준비된 조건에 따라 선택항목을 제시하고 응답자로 하여금 그중에서 본인에게 적합한 응답을 선택하게 하는 질문 형태

포그 지수(Fog Index): 문장의 길이와 단어당 음절 수를 기반으로 한 독이성 측정 척도

포착패널(catch-up panel): 이전 연구의 횡단적 표본 구성원들 중에서 후속 연구를 위해 재배치되는 구성원들

포커스그룹(focus group): 6~12명의 참여자들을 대상으로 동시에 이루어지는 집단면접으로서, 1명의 사회자가 특정 주제에 관해 집중적으로 토론을 이끌어가는 형식임

표본(sample): 모집단이나 전체의 하위집단이나 부분 집합

표본분포(sample distribution): 한 표본으로부터 추출된 모든 변인들에 대한 빈도 분포

표준오차(standard error): 측정에서 발생하게 되는 오차량에 대한 평가

표준점수(standard scores): 특정 분포의 산술평균과 표준편차와 관련된 표준화된 측정치

표준편차(standard deviation): 변량의 제곱근(분산의 수학적 지수)

표집간격(sampling interval): 체계적인 표집방법 안에서 피험자나 단위를 선택할 때 이용하는 무작위 간격

표집분포(sampling distribution): 주어진 모집단으로부터 추출가능한 일정 크기의 모든 표본을 취하여 통계적으로 얻을 수 있는 모든 값들의 확률분포

표집오차(sampling error): 표본에서 얻어진 측정치와 모집단에서 얻어진 측정치 간 차이의 정도

표집틀(sampling frame): 특정한 모집단 구성원 리스트

프레이밍(framing): 미디어들이 보도 대상을 묘사할 때 선택하는 틀이나 방법

프로토콜(protocol): 현지연구에서 이용되는 절차가 들어 있는 기록

플레쉬의 독이성 공식(Flesch reading ease formula): 각 문장별 단어의 수와 단어별 음절수에 바탕을 두고 만들어진 초기의 독이성 측정 공식

피플미터(people meter): 개인 시청 행위를 기록할 수 있게 고안된 TV 수용 관련 전자적인 자료수집

피하주사이론(hypodermic needle theory): 미디어가 수동적이고 원자화된 수용자들을 대상으로 직접적으로 강력한 효과를 발생시킨다고 보는 관점

하이퍼텍스트(hypertext): 전자문서를 링크시키는 시 스템

할당표본(quota sample): 연구자의 관심사를 잘 대표할 수 있도록 선택된 표본

항목에 대한 사전검사(item pretest): 피험자들이 잡지나 신문기사를 읽는 과정에서 무엇에 관심을 갖는지를 검사하는 방법

해석적 패러다임(interpretive paradigm): 인간의 행위나 상호작용은 행위자가 의미를 부여하여 해석하고 그에 따라 상호작용하면서 나타나는 과정이라고 봄

현장서비스업체(field service): 조사용 면접이나 응답자 모집 혹은 이 두 가지 일을 같이 수행하는 조사 업체

현지관찰(field observation): 자연스러운 상황 아래서 이루어지는 특정 현상에 대한 연구

혼란변인(confounding variable): 독립변인의 여러 수준들에 체계적으로 변화를 발생시키는 변인으로서, 이러한 변인이 존재하게 되면 실험결과가 독립변인에 의한 것인지 혼란변인에 의한 것인지 아니면두 변인의 상호작용에 의해 발생하는 것인지를 알지 못함

확률수준(probability level): 연구자들이 수집한 자료의 통계적 유의 여부를 검증하기 위해 사전에 결정해놓은 기준 값

확률표본(probability sample): 수학적인 확률법칙에 따라 추출된 표본

확장된 포커스그룹(extended focus group): 집단 면접을 하기 전에 응답자들로 하여금 각자 설문지를 완성하도록 요구함으로써 사전에 특정 질문이나 입장에 대해서 대답을 회피하지 않도록 훈련시키고 이후 집단 면접을 실행하는 것

환경 모니터링 프로그램(environmental monitoring program): PR연구 중 하나로, 해당 조직에 중대한 영향을 미칠 수 있는 여론의 동향과 사회 환경 내의 주요 사건들에 관한 연구

회상연구(recall study): 응답자들이 조사대상 미디어를 통해 본 적이 있다고 기억하는 광고란 무엇인지를 조사하는 연구

회상패널(retrospective panel): 개별 응답자를 대상으로 자신의 일생 동안 발생한 사건들과 이에 대한 태도를 질문하는 연구

횡단연구(cross-sectional research): 주어진 특정 시점을 기준으로 모집단을 대표하는 표본을 추출 하고 이 표본으로부터 자료를 수집하는 연구 유형

후크(hook): 짧은 분량의 음반 표본으로서, 전화번호부(call-out) 조사에 쓰임

휴대용 피플미터(Portable People Meter, PPM): 개인 시청 행위를 기록할 수 있게 고안한 이동식 전자 TV 수용 자료수집 장치

히스토그램(histogram): 빈도와 점수를 나타내주는 막대그래프

15분 평균 수용자(average quarter-hour, AQH): 15 분의 시간분할 중에 적어도 5분 이상 특정 채널이나 방송을 시청한 사람 혹은 가구 수의 평균

2차 분석(secondary analysis): 연구를 할 때 다른연구자나 조사기관에 의해 수집된 자료를 다시 이용 하는 것을 말하며 자료의 재분석이라고도 함

CLT(central location testing): 여기서는 현장서비스업체가 마련한 시설이나 지역에 집결한 응답 자들을 대상으로 조사가 이루어짐

CPI(cost per interview): 1명의 응답자를 면접하거나 충원하는 데 드는 비용

CPM(cost per thousand): 특정 미디어나 광고 수단을 이용해 1,000명의 사람이나 가구에게 해당 메시지가 도달되도록 하는 데 드는 비용

***Cp* 빈칸 채우기 식 독이성 검사(cloze procedure):** 각 문장 중에서 n번째 단어만을 삭제해 독자들로 하여금 그 공란을 채워넣도록 하여 독이성 혹은 회상 정도를 측정하는 방법

DBM 서베이(disk-by-mail survey): 조사대상자들로 하여금 여가시간에 응답하도록 컴퓨터 디스켓에 설문지를 담아 보내는 서베이

DMA(designated market area): 특정 TV 시장영역을 말하며, 미국의 경우 각 카운티가 하나의 DMA로 구분됨

HTML(Hyper Text Markup Language): 웹 페이지를 개발하는 데 이용되는 컴퓨터 언어

ISP(Internet Service Provider): 이용자에게 인터넷 접속을 제공하는 회사

PR 감사(public relations audit): 특정 조직의 PR 상황에 대한 포괄적인 조사

RDD(random digit dialing): 전화 소유 가구들이 똑같이 뽑힐 수 있는 확률을 확보한 가운데 전화 번호를 선정하는 방법

***t*-검증(t-test):** 두 집단의 평균의 차이가 유의한가를 알아볼 때 이용되는 통계방법

찾아보기

아

하

번호 및 기호

영어

역자소개

유재천 (전 상지대 총장, 명예 사회학 박사)
서울대 사회학과 졸업
미 미네소타대 대학원 졸업
한국언론학회장 및 한국방송학회장 역임
서강대, 한림대 교수 및 방송위원회 부위원장 역임

김동규 (건국대 교수, 언론학 박사)
서강대 신문방송학과 졸업
서강대 대학원 졸업
한국방송학회 편집위원장 역임
한국언론학회장 역임
건국대 언론홍보대학원장 (현)

매스미디어 연구방법론(10e)

Mass Media Research — An Introduction (10e)

역자 유재천 • 김동규
발행일 2024년 9월 20일 4쇄
발행처 **한경사**
발행인 이계남
등록사항 제10-1951호 2000년 4월 14일
주소 서울시 마포구 신수로 59-1 3층
전화번호 02_717_7264/5
팩스번호 02_717_7226
홈페이지 hankyungsa.co.kr
전자우편 hankyungsa@hanmail.net
ISBN 978-89-6844-038-0 (93320)
가 격 29,000원